全国高等学校自动化专业系列教材

教育部高等学校自动化专业教学指导分委员会牵头规划

普通高等教育“十一五”国家级规划教材

Multi-source Information Fusion Theory and Its Applications

多源信息融合理论及应用

潘 泉 程咏梅 梁 彦 杨 峰 王小旭 编著

Pan Quan Cheng Yongmei Liang Yan Yang Feng Wang Xiaoxu

清华大学出版社

北京

内 容 简 介

本书是关于多源信息融合理论与应用的一本教材，主要内容包括多源信息融合的基本概念及发展过程、估计理论基础、信息融合数学基础、检测融合、估计融合、目标跟踪、数据关联、目标识别融合、图像融合、组合导航与信息融合、态势估计、威胁估计、信息融合中的性能评估及与教材内容相关的实验等，且每章后面都附有习题，以供学生课后练习和巩固知识。

本书可作为高等院校控制科学与工程各类相关专业的本科生及研究生教材，也可作为信息融合、电子对抗、信息处理及系统工程等相关专业研究人员和高等院校师生学习的参考用书。

图书在版编目(CIP)数据

多源信息融合理论及应用/潘泉等编著. --北京：清华大学出版社，2013.2(2024.9 重印)
全国高等学校自动化专业系列教材
ISBN 978-7-302-30127-1

Ⅰ. ①多… Ⅱ. ①潘… Ⅲ. ①信息融合－高等学校－教材 Ⅳ. ①G202

中国版本图书馆 CIP 数据核字(2012)第 222527 号

责任编辑：王一玲
封面设计：傅瑞学
责任校对：时翠兰
责任印制：杨 艳

出版发行：清华大学出版社
网　　址：https://www.tup.com.cn，https://www.wqxuetang.com
地　　址：北京清华大学学研大厦 A 座　　**邮　　编**：100084
社 总 机：010-83470000　　**邮　　购**：010-62786544
投稿与读者服务：010-62776969，c-service@tup.tsinghua.edu.cn
质量反馈：010-62772015，zhiliang@tup.tsinghua.edu.cn
印 装 者：涿州市般润文化传播有限公司
经　　销：全国新华书店
开　　本：175mm×245mm　　**印　　张**：41　　**字　　数**：873 千字
版　　次：2013 年 2 月第 1 版　　**印　　次**：2024 年 9 月第 13 次印刷
定　　价：118.00 元

产品编号：017434-04

出版说明

《全国高等学校自动化专业系列教材》

为适应我国对高等学校自动化专业人才培养的需要，配合各高校教学改革的进程，创建一套符合自动化专业培养目标和教学改革要求的新型自动化专业系列教材，"教育部高等学校自动化专业教学指导分委员会"（简称"教指委"）联合了"中国自动化学会教育工作委员会"、"中国电工技术学会高校工业自动化教育专业委员会"、"中国系统仿真学会教育工作委员会"和"中国机械工业教育协会电气工程及自动化学科委员会"四个委员会，以教学创新为指导思想，以教材带动教学改革为方针，设立专项资助基金，采用全国公开招标方式，组织编写出版了一套自动化专业系列教材——《全国高等学校自动化专业系列教材》。

本系列教材主要面向本科生，同时兼顾研究生；覆盖面包括专业基础课、专业核心课、专业选修课、实践环节课和专业综合训练课；重点突出自动化专业基础理论和前沿技术；以文字教材为主，适当包括多媒体教材；以主教材为主，适当包括习题集、实验指导书、教师参考书、多媒体课件、网络课程脚本等辅助教材；力求做到符合自动化专业培养目标、反映自动化专业教育改革方向、满足自动化专业教学需要；努力创造使之成为具有先进性、创新性、适用性和系统性的特色品牌教材。

本系列教材在"教指委"的领导下，从 2004 年起，通过招标机制，计划用 3～4 年时间出版 50 本左右教材，2006 年开始陆续出版问世。为满足多层面、多类型的教学需求，同类教材可能出版多种版本。

本系列教材的主要读者群是自动化专业及相关专业的大学生和研究生，以及相关领域和部门的科学工作者和工程技术人员。我们希望本系列教材既能为在校大学生和研究生的学习提供内容先进、论述系统和适于教学的教材或参考书，也能为广大科学工作者和工程技术人员的知识更新与继续学习提供适合的参考资料。感谢使用本系列教材的广大教师、学生和科技工作者的热情支持，并欢迎提出批评和意见。

《全国高等学校自动化专业系列教材》编审委员会

2005 年 10 月于北京

《全国高等学校自动化专业系列教材》编审委员会

序

FOREWORD

自动化学科有着光荣的历史和重要的地位，20 世纪 50 年代我国政府就十分重视自动化学科的发展和自动化专业人才的培养。五十多年来，自动化科学技术在众多领域发挥了重大作用，如航空、航天等，两弹一星的伟大工程就包含了许多自动化科学技术的成果。自动化科学技术也改变了我国工业整体的面貌，不论是石油化工、电力、钢铁，还是轻工、建材、医药等领域都要用到自动化技术，在国防工业中自动化技术的作用更是巨大的。现在，世界上有很多非常活跃的领域都离不开自动化技术，比如机器人、月球车等。另外，自动化学科对一些交叉学科的发展同样起到了积极的促进作用，例如网络控制、量子控制、流媒体控制、生物信息学、系统生物学等学科就是在系统论、控制论、信息论的影响下得到不断的发展。在整个世界已经进入信息时代的背景下，中国要完成工业化的任务还很重，或者说我们正处在后工业化的阶段。因此，国家提出走新型工业化的道路和“信息化带动工业化，工业化促进信息化”的科学发展观，这对自动化科学技术的发展是一个前所未有的战略机遇。

机遇难得，人才更难得。要发展自动化学科，人才是基础、是关键。高等学校是人才培养的基地，或者说人才培养是高等学校的根本。作为高等学校的领导和教师始终要把人才培养放在第一位，具体对自动化系或自动化学院的领导和教师来说，要时刻想着为国家关键行业和战线培养和输送优秀的自动化技术人才。

影响人才培养的因素很多，涉及教学改革的方方面面，包括如何拓宽专业口径、优化教学计划、增强教学柔性、强化通识教育、提高知识起点、降低专业重心、加强基础知识、强调专业实践等，其中构建融会贯通、紧密配合、有机联系的课程体系，编写有利于促进学生个性发展、培养学生创新能力的教材尤为重要。清华大学吴澄院士领导的《全国高等学校自动化专业系列教材》编审委员会，根据自动化学科对自动化技术人才素质与能力的需求，充分吸取国外自动化教材的优势与特点，在全国范围内，以招标方式，组织编写了这套自动化专业系列教材，这对推动高等学校自动化专业发展与人才培养具有重要的意义。这套系列教材的建设有新思路、新机制，适应了高等学校教学改革与发展的新形势，立足创建精品教材，重视实践性环节在人才培养中的作用，采用了竞争机制，以激励和推动教材建设。在此，我谨向参与本系列教材规划、组织、编写的老师致以诚挚的感谢，并希望该系列教材在全国高等学校自动化专业人才培养中发挥应有的作用。

吴启迪教授

2005 年 10 月于教育部

序

FOREWORD

《全国高等学校自动化专业系列教材》编审委员会在对国内外部分大学有关自动化专业的教材做深入调研的基础上，广泛听取了各方面的意见，以招标方式，组织编写了一套面向全国本科生(兼顾研究生)、体现自动化专业教材整体规划和课程体系、强调专业基础和理论联系实际的系列教材，自 2006 年起将陆续面世。全套系列教材共 50 多种，涵盖了自动化学科的主要知识领域，大部分教材都配置了包括电子教案、多媒体课件、习题辅导、课程实验指导书等立体化教材配件。此外，为强调落实“加强实践教育，培养创新人才”的教学改革思想，还特别规划了一组专业实验教程，包括《自动控制原理实验教程》、《运动控制实验教程》、《过程控制实验教程》、《检测技术实验教程》和《计算机控制系统实验教程》等。

自动化科学技术是一门应用性很强的学科，面对的是各种各样错综复杂的系统，控制对象可能是确定性的，也可能是随机性的；控制方法可能是常规控制，也可能需要优化控制。这样的学科专业人才应该具有什么样的知识结构，又应该如何通过专业教材来体现，这正是“系列教材编审委员会”规划系列教材时所面临的问题。为此，设立了《自动化专业课程体系结构研究》专项研究课题，成立了由清华大学萧德云教授负责，包括清华大学、上海交通大学、西安交通大学和东北大学等多所院校参与的联合研究小组，对自动化专业课程体系结构进行深入的研究，提出了按“控制理论与工程、控制系统与技术、系统理论与工程、信息处理与分析、计算机与网络、软件基础与工程、专业课程实验”等知识板块构建的课程体系结构。以此为基础，组织规划了一套涵盖几十门自动化专业基础课程和专业课程的系列教材。从基础理论到控制技术，从系统理论到工程实践，从计算机技术到信号处理，从设计分析到课程实验，涉及的知识单元多达数百个、知识点几千个，介入的学校 50 多所，参与的教授 120 多人，是一项庞大的系统工程。从编制招标要求、公布招标公告，到组织投标和评审，最后商定教材大纲，凝聚着全国百余名教授的心血，为的是编写出版一套具有一定规模、富有特色的、既考虑研究型大学又考虑应用型大学的自动化专业创新型系列教材。

然而，如何进一步构建完善的自动化专业教材体系结构？如何建设基础知识与最新知识有机融合的教材？如何充分利用现代技术，适应现代大学生的接受习惯，改变教材单一形态，建设数字化、电子化、网络化等多元形态、开放性的“广义教材”？等等，这些都还有待我们进行更深入的研究。

本套系列教材的出版，对更新自动化专业的知识体系、改善教学条件、创造个性化的教学环境，一定会起到积极的作用。但是由于受各方面条件所限，本套教材从整体结构到每本书的知识组成都可能存在许多不当甚至谬误之处，还望使用本套教材的广大教师、学生及各界人士不吝批评指正。

吴澄 院士

2005 年 10 月于清华大学

前言

PREFACE

自然界中，人类和动物首先通过视觉、听觉、触觉、嗅觉和味觉等多种感官对客观事物实施多种类、多方位的感知，从而获得大量互补和冗余的信息；然后由大脑对这些感知信息依据某种未知的规则进行组合和处理，从而得到对客观对象的统一与和谐的理解与认识，并作出相应的行动决策。这种由感知到认知的过程就是生物体的多源信息融合过程。人们希望用机器来模仿这种由感知到认知的过程。于是，一门新的边缘学科——多源信息融合便诞生了。

随着传感器技术、计算机技术和信息技术的快速发展，20 世纪 70 年代首先在军事领域产生了"数据融合"的全新概念，即把多种传感器获得的数据进行所谓的"融合处理"，以得到比单一传感器更加准确和有用的信息。之后，基于多源信息综合意义的融合一词开始出现于各类公开出版的技术文献中，逐渐地这一概念不断扩展，要处理的信息不仅包含多平台、多传感器、多源的信号，还包括了知识、经验等在内的多种信息，它的研究对象和应用领域不但涉及国防、工业、农业、交通、运输等传统行业，还涉及生物、通信、信息、管理等新兴行业，于是一种共识的概念逐渐被人们所接受，称之为"多源信息融合"。

多源信息融合综合了控制、电子信息、计算机以及数学等多学科领域，是一门具有前沿性的高度交叉学科。近年来，随着国家对各种多传感器平台和系统的需求急剧增加，信息融合进入了一个蓬勃发展的时期，人们对它的理论和工程应用研究方兴未艾，各种关于信息融合的新理论、新方法、新技术层出不穷。国内外学者已经在信息融合领域出版了一批高水平的学术专著。不过，对于刚进入信息融合领域的青年学生，或者开始从事信息融合应用的工程技术人员，迫切需要一本信息融合的入门教材。在《全国高等学校自动化专业系列教材》，普通高等教育"十一五"国家级规划教材等项目的资助下，我们承担了《全国高等学校自动化专业系列教材》中《多源信息融合理论及应用》的编写任务。该教材包含信息融合的数学基础、主要进展、典型应用，可作为自动化及相关专业本科生及研究生的教材，亦可作为研究人员从事信息融合的工具性参考书。

全书共分三部分，总计 15 章。第一部分绪论包括第 1 章，介绍了多源信息融合的基本概念、功能模型、系统结构、发展过程等；第二部分为信息融合基础理论，包括第 2～8 章，详细介绍了多源信息融合理论赖以发展的理论基础，包括估计理论、不确定推理理论、随机集理论、支持向量机、贝叶斯网络、检测融合、估计融合、识别融合及图像融合等；第三部分为信息融合应用，包括第9～15章，详细阐述了目标跟踪、数据关联、组合导航与信息融合、态势与威胁估计、性能评估及传感器管理等。

为使概念原理论述清楚准确且反映主要研究成果，本教材在撰写过程中，参考了一批国内外学术专著，包括《多源信息融合》(韩崇昭等著)、《信息融合理论及应用》(何友等著)、《雷达数据处理及应用》(第二版 何友等著)、《多传感器多源信息融合理论及应用》(彭冬亮著)、《信息融合技术及应用》(李弼程等著)、《融合估计与融合控制》(王志胜等著)、《现代目标跟踪与信息融合》(潘泉等著)、《复杂系统的现代估计理论及应用》(梁彦等著)、《Multi-Sensor Data Fusion with MATLAB》(Jitendra R. R. 著)、《High-level Data Fusion》(Subrata K. D. 著)、《Image Fusion: Algorithms and Applications》(Stathaki T. 著)、《Image Fusion: Theories, Techniques and Applications》(Mitchell H. B. 著)及《Estimation with Applications to Tracking and Navigation》(Bar-shalom Y. 等著)等书中的研究成果，在此向他们表示深深谢意。

由于作者水平有限，书中难免存在错误和不足之处，殷切期望广大读者批评指正。

作者

2012年9月

目录

CONTENTS

第1章 绪 论

1.1 多源信息融合的一般概念

当今信息融合技术已被广泛应用于航空航天工程、环境、石化精炼、航海安全、电力、运输、无人机导航与制导、智能制造、医疗、商业工程、社会经济过程、冲突管理和决策等领域，例如战略预警系统、多机器人自主定位与导航系统、智能交通监控系统、环境监测系统、公共安全监控系统、物流感知与调度网络等。

战略预警系统是一类典型以信息融合技术为基础的大尺度感知系统，其任务是在远程、超远程距离上对弹道导弹、战略轰炸机等威胁目标进行监视与探测，以便早期发现并组织拦截威胁目标。其感知平台如远程预警雷达、预警卫星、预警机等在很大跨度的时间、空间、频谱上进行探测和协作。被探测目标具有高机动、高速度、强隐身、强干扰对抗等特性，环境背景复杂时变受季节、天气、大气、电离层、等离子体、光照、时间、地形、视角等多种因素的影响。战略预警系统需要实时估计目标的运动状态，辨识目标的身份、类别、态势、威胁以及环境参数。目标和环境的辨识结果可以优化目标的运动模型；目标的运动估计也可以修正目标和环境的辨识。目标运动状态的估计与目标、环境的辨识深度耦合，需要联合优化。感知平台间协同探测与处理结构如图1-1所示。

多机器人自主定位与导航系统在信息维数和时间尺度等方面具有典型的大尺度特性。系统中多个机器人在自身位姿不确定、完全未知的环境中，首先通过其自身的传感器提取和辨识环境路标的特征，得到相对观测信息，同时对自身位置和路标位置进行估计，在多机器人协同工作下，随着机器人的移动，融合各机器人的特征子地图形成单一完整的公共环境地图，并同时得到各机器人本身的运动轨迹。感知手段包括超声波、激光、红外以及CCD相机等传感器。应用包括无人机、水下机器人、探月车等机器人自主运动。机器人自身位置的估计和环境地标的辨识深度耦合，其处理一般是交互迭代的过程。感知平台间协同探测与处理结构如图1-2所示。

智能交通系统通过对关键基础理论模型的研究，有效地运用信息、通信、自动控制和系统集成等技术，实现了大范围内发挥作用的实时、准确、

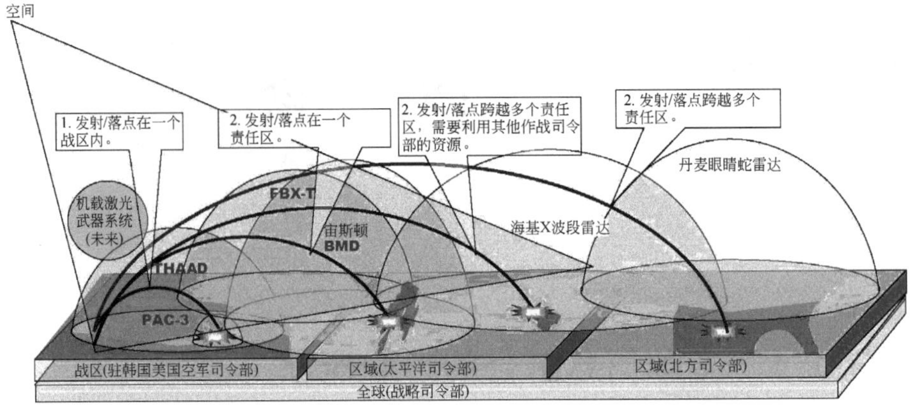

图 1-1 美国战略预警系统协同探测与处理结构示意图

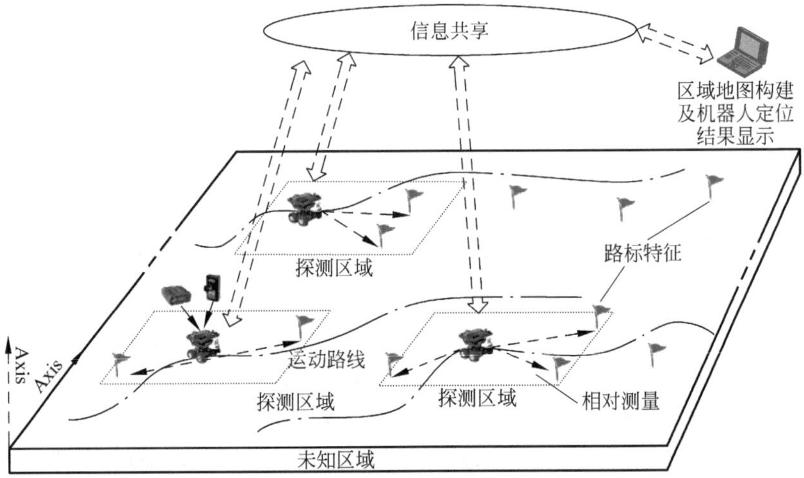

图 1-2 多机器人自主定位与导航系统协同探测与处理结构示意图

高效的交通运输管理。系统利用CCD、RFID、电磁感应等传感器进行组网协作实现车辆识别和运动状态估计，提供道路车辆的流量、路况、违章、突发事故、调度等处理。感知平台间协同探测与处理结构示意图如图1-3所示。

无线传感器网络是一种由大量通过无线自组织网络连接的传感器节点所构成的感知系统，它将MEMS、计算机网络、无线通信和信息融合等技术有机地结合为一体，利用大量布置的小型、廉价、异类、低能耗的传感器节点，实现对大范围内的自然环境探测或对感兴趣目标的监控，具有抗毁、抗干扰、隐蔽性强、应用广泛等优点。无线传感器网络中传感器节点可以采集包括声音、视频、图像、温度、湿度、磁场、振动等多种信息，这些信息本身具有时空及频谱的冗余关联特性，并且与环境之间存在着较强的耦合关系。利用这些信息对环境及目标参数进行准确有效的估计和辨识，需要设计分布式协同处理算法，并且要求算法对系统或环境的不确定具有较强的鲁棒处理能力。感知平台间协同探测与处理结构示意图如图1-4所示。

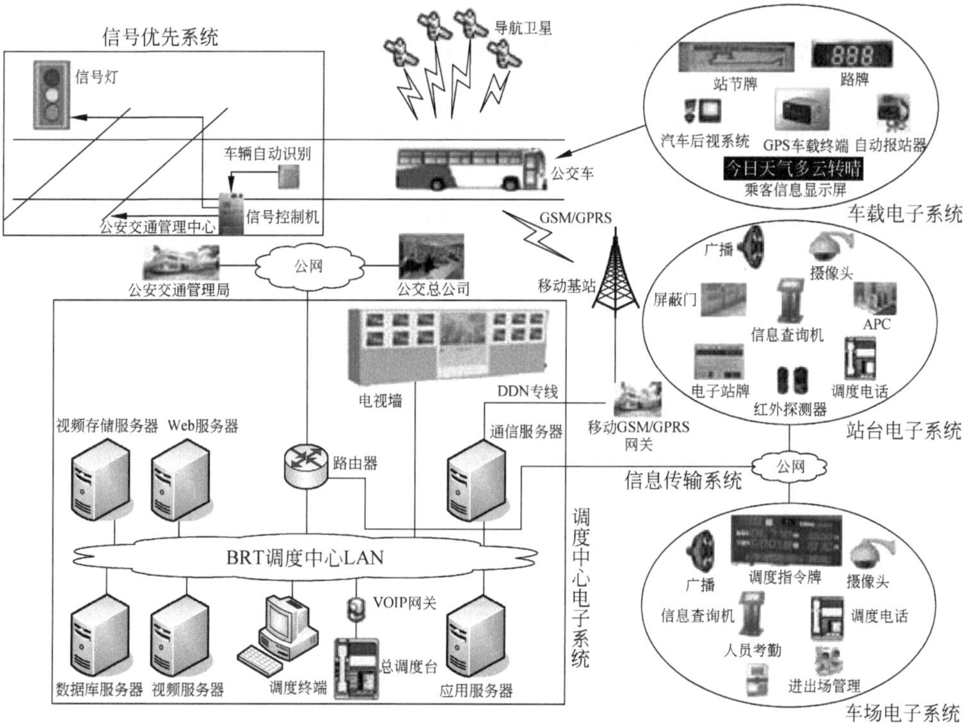

图 1-3　智能交通系统协同探测与处理结构示意图

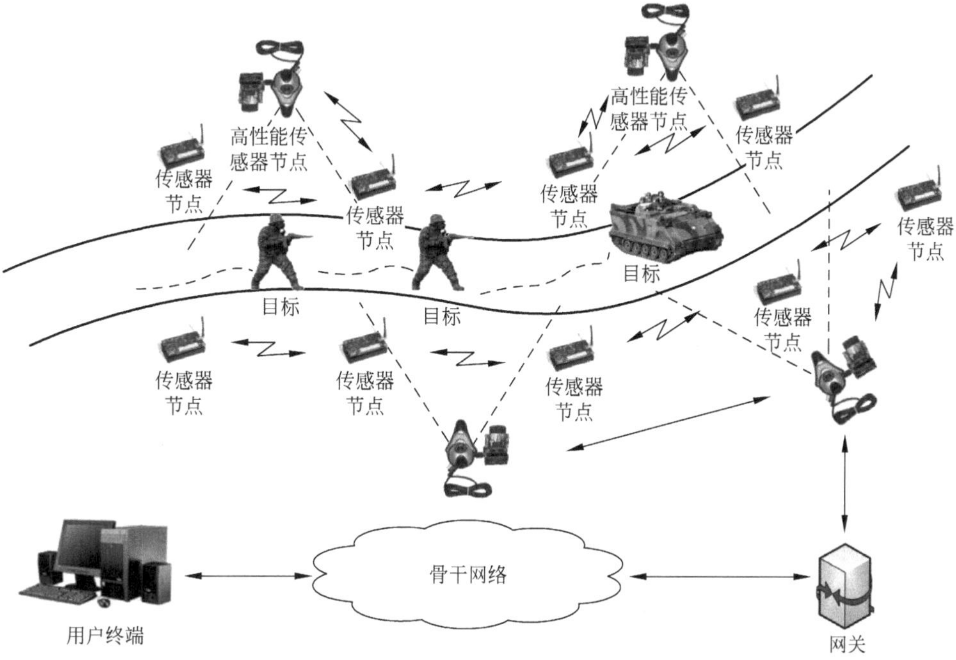

图 1-4　无线传感器网络结构示意图

1.1.1 多源信息融合的提出及定义

关于多源信息融合的研究最早可追溯到第二次世界大战末期，当时出现了一个使用雷达、光学和测距装置综合利用雷达和光学两种信息的系统，但此时多源信息融合并未成为一门独立学科。之后，1964 年 Sittler 发表了数据互联的研究论文，而真正的多源信息融合理论和技术研究工作始于 1973 年美国开展的多声呐信号融合系统的研究，研制了可自动探测出敌方潜艇位置的信息融合系统，随后开发的战场管理和目标检测系统(BETA)，进一步证实了信息融合的可行性和有效性，这些尝试的成功促进了多源信息融合学科的形成和发展。20 世纪 70 年代末，基于多源信息综合意义的融合一词开始出现于各类公开出版的各种技术文献中，随后经过 20 世纪 80 年代初直到现在的持续的研究热潮，多源信息融合理论和技术进一步得到了飞速发展，多源信息融合逐渐作为一门独立学科已被成功应用于军事指挥自动化系统、战略预警与防御、多目标跟踪与识别、精确制导武器等军事领域，并逐渐辐射到遥感监测、医学诊断、电子商务、无线通信、工业过程监控和故障诊断等众多民用领域[1~5]。

目前，在信息融合领域，人们经常提及与信息融合类似的称谓，如数据融合、传感器融合等。实际上，这几个概念之间既有差别又密切相关。大多学者认为，数据融合主要针对各类用数据形式化表达的信息融合；当需要融合的信息是传感器的量测数据时，数据融合也可以称为传感器融合；信息融合包含数据融合和传感器融合，信息融合较数据融合和传感器融合更加宽泛，其融合的信息除了数据之外，还可以扩大到图像、音频、符号、知识、情报等其他信息。目前在大多数研究中，对这几个概念已经不再做明确区别，但信息融合更通用化，因此本书统一采用信息融合这一概念。

尽管人们对多源信息融合(multi-source information fusion)这一学科的研究已经有很长的历史，但信息融合是一门新兴的边缘交叉学科，所涉及的内容具有广泛性和多样性，各行各业会按自己的理解给出不同的定义，且在不同的历史时期人们所关注的焦点不同，因此要给出信息融合统一和公认的定义很困难。目前能被大多数研究者接受的信息融合的定义，是由美国三军组织实验室理事联合会(Joint Directors of Laboratories，JDL)提出来的[6~9]，在不同的时期，JDL 从军事应用的角度给出了以下几种信息融合定义。

定义 1.1 JDL 早期定义：对来自单源和多源的数据和信息进行关联、相关和组合，以获得目标精确的位置和身份估计，完整、及时地评估战场态势和威胁。

定义 1.2 JDL 修正定义：信息融合就是一种多层次、多方面的处理过程，主要完成对多源数据的自动检测、关联、相关、组合和估计等处理，从而提高状态和身份估计的精度以及对战场态势和威胁的重要程度进行适时完整的评价。

定义 1.3 JDL 当前定义：信息融合是一个数据或信息综合过程，用于估计和预测实体状态。

从 JDL 对信息融合定义的演变过程可以看出,JDL 始终把信息融合看成是一个信息综合过程,但信息融合所适用的范围却越来越宽,例如将对目标位置和身份的估计推广到更广义的状态估计;另外,信息融合的定义越来越简化,但包含的内容也越来越宽广。

除了强调信息融合是一个过程外,一些学者也从信息融合实现的功能和目的方面对其进行了定义。

定义 1.4　Hall 的定义[4]:信息融合是组合来自多个传感器的数据和相关信息,以获得比单个独立传感器更详细更精确的推理。

定义 1.5　Wald 的定义[10]:信息融合是一个用来表示如何组合或联合来自不同传感器数据的方法和工具的通用框架,其目的是获得更高质量的信息。

定义 1.6　Li 的定义[11]:信息融合是为了某一目的,对来自多个实体的信息进行组合。

1.1.2　多源信息融合的优势

1. 单传感器系统存在的问题[12]

(1) 单个传感器或传感器通道的故障,会造成量测的数据丢失,从而导致整个系统瘫痪或崩溃;

(2) 单个传感器在空间上仅仅能覆盖环境中的某个特定区域,且只能提供本地事件、问题或属性的量测信息;

(3) 单个传感器不能获得对象的全部环境特征。

2. 传感器系统的优势[1,13]

与单传感器系统相比,多传感器系统主要具有如下优点:

(1) 增强系统的生存能力——多个传感器的量测信息之间有一定的冗余度,当有若干传感器不能利用或受到干扰,或某个目标或事件不在覆盖范围时,一般总会有一种传感器可以提供信息;

(2) 扩展空间覆盖范围——通过多个交叠覆盖的传感器作用区域,扩展了空间覆盖范围,因为一种传感器有可能探测到其他传感器探测不到的地方;

(3) 扩展时间覆盖范围——用多个传感器的协同作用提高检测概率,因为某个传感器在某个时间段上可能探测到其他传感器在该时间段不能顾及的目标或事件;

(4) 提高可信度——因为多种传感器可以对同一目标或事件加以确认或一个传感器探测的结果可以通过其他传感器加以确认,因而提高探测信息的可信度;

(5) 降低信息的模糊度——多传感器的联合信息降低了目标或事件的不确定性;

(6) 增强系统的鲁棒性和可靠性——对于依赖单一信息源的系统,如果该信源出现故障，那么整个系统就无法正常工作，而对于融合多个信息源的系统来说，由于不同传感器可以提供冗余信息，当某个信息源由于故障而失效时，系统可以根据其他信息源所提供的信息依然正常工作，系统具有较好的故障容错能力和鲁棒性；

(7) 提高探测性能——对来自多个传感器的信息加以有效融合，取长补短，提高了探测的有效性；

(8) 提高空间分辨率——多传感器的合成可以获得比任何单个传感器更高的分辨率；

(9) 成本低、质量轻、占空少——多个传感器的使用，使得对传感器的选择更加灵活和有效，因而可达到成本低、质量轻、占空少的目的。

1.2 多源信息融合的功能模型

功能模型是从融合过程的角度，表述信息融合系统及其子系统的主要功能、数据库的作用，以及系统工作时各组成部分之间的相互作用关系。在信息融合功能模型的发展过程中，JDL 模型及其演化版本占据十分重要的地位，是目前信息融合领域使用最为广泛、认可度最高的一类经典的功能模型，并被广泛应用于军事和民用领域。其他的功能模型还包括修正瀑布模型[14]、情报环模型[15]、Body 模型[16]、混合模型[17]等。

1.2.1 经典的功能模型

1. JDL 模型

1984 年，美国国防部成立数据融合联合指挥实验室，提出了 JDL 模型，经逐步改进和推广使用，JDL 模型已成为美国国防信息融合系统的一种实际标准。最初的 JDL 模型包括一级处理即目标位置/身份估计、二级处理即态势评估、三级处理即威胁估计、四级处理即过程优化、数据库管理系统等功能，之后 1992 年人们将信息预处理模块引入 JDL 模型中，从而形成了信息融合功能模型的基本结构，如图 1-5 所示。

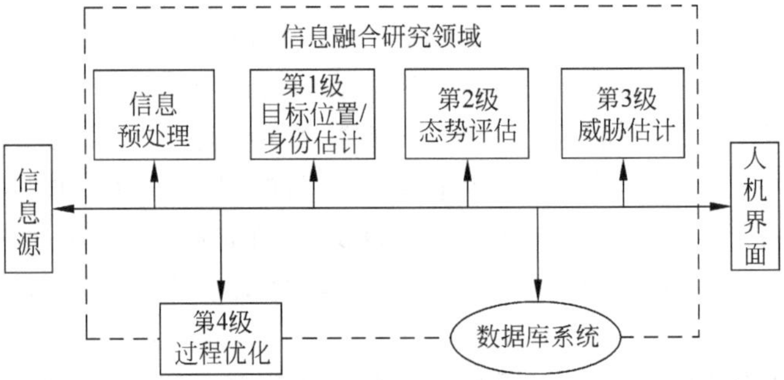

图 1-5 JDL 模型示意图

信息预处理功能主要指初级过滤，它自动控制进入融合系统的数据流量，即根据观测时间、报告位置、数据或传感器类型、信息的属性和特征来分选和归并数据，以控制进入融合中心的信息量。此外，信息预处理功能还将数据进行分类，并按后续处理的优先次序进行排列。

第 1 级处理即目标位置/身份估计，由数据校准、互联、跟踪和身份融合组成。数据校准将各传感器的观测值变换为公共坐标系，包括坐标变换、时间变换、单位转换等；互联将各传感器的数据分为一系列组，每一组代表某一目标；跟踪是融合各传感器信息，获得最佳融合航迹；身份融合是综合与身份有关的数据进行身份识别，采用技术主要有聚类方法、神经网络、模板法、D-S 证据理论及贝叶斯推理方法等。

第 2 级处理即态势评估，包括态势的提取和评估，首先由不完整的数据集合建立一般化的态势表示，对前几级处理产生的兵力分布情况给出一个合理的解释，然后通过对复杂战场环境的正确分析与表达，导出敌我双方兵力的分布推断，给出意图、行动计划和结果。

第 3 级处理即威胁估计，包括确定我方和敌方力量的薄弱环节，我方和敌军的编成估计、危险估计、临近事件的指示和预警估计、瞄准计算和武器分配等。

第 4 级处理即过程优化，主要包括采集管理及系统性能评估功能。采集管理用于控制融合的数据收集，包括传感器的选择、分配及传感器工作状态的优选和监视等。传感器任务分配要求预测动态目标的未来位置，计算传感器的指向角，规划观测和最佳资源利用。性能评估进行系统的性能评估及有效性度量。此外，过程优化还进行各融合功能的需求分析，对通信设施、武器平台等资源的管理。

此外，数据库管理系统、人机界面也是信息融合系统的重要组成部分。

信息融合系统并没有刻意去规定数据融合级别的严格顺序，这一点从图 1-5 就可以看出，即模型构造是以信息总线的形式而不是用流程结构来表示。但是一般来讲，系统设计者都习惯假定一个处理顺序。很明显，在应用中需要用户来规定某种顺序，以便解决不同级别、不同层次系统的各种问题。在 JDL 模型中，信息融合级是按照一个有序的流程执行的。但在实际环境中，信息融合系统的各个级别中会有大量的并发行动，尤其在第 2、3、4 级中，这也是 JDL 模型没能描述清楚的地方。

2. JDL-User 模型

2002 年 Erik. P. Blasch 在基本的 JDL 模型基础上提出了更符合工程实际、也更具操作性的 JDL-User 模型[18]，如图 1-6 所示。

在 JDL-User 模型中，信息融合分为 6 级，下面对其各级别的功能进行简要的介绍。

第 0 级为预处理过程，在像素/信号级数据关联的基础上估计、预测信号/目标的状态。

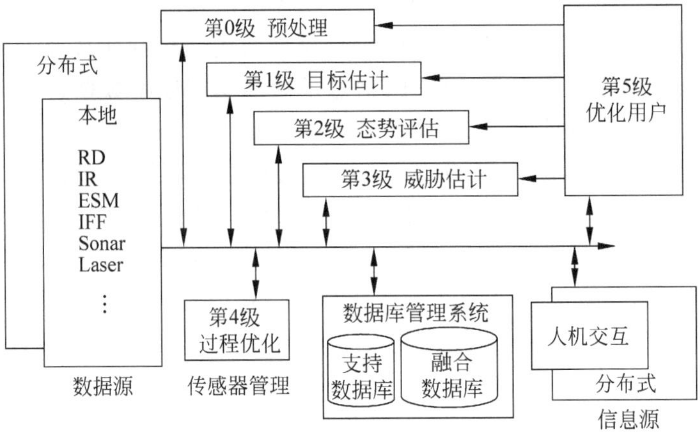

图 1-6 JDL-User 模型

第 1 级为目标估计过程，包括目标状态和属性估计两个方面。在关联量测与跟踪的基础上，估计目标的状态，例如空间位置和速度；对传感器数据进行特征提取和处理，估计目标的身份。其中目标的状态估计即传统 JDL 中位置融合。

第 1 级融合处理要考虑的第二类问题是属性融合，也称身份融合。属性融合按功能或结构可分为数据级、特征级和决策级。在数据级融合中，将每一传感器的属性观测数据进行融合，提取特征矢量，进一步转变成身份报告。数据级属性识别常用的方法有模板法、聚类分析、自适应神经元网络等。在特征级融合中，首先将每一传感器的属性观测数据进行特征矢量提取，使用神经网络或聚类算法将这些特征矢量进行融合，得到融合目标身份报告。决策级融合则是将每个传感器根据各自的属性量测数据进行目标身份的初步报告，可使用数据级及特征级的算法来完成；再进一步应用决策级融合技术，如经典推理、贝叶斯推理、D-S 证据推理、广义证据处理等，将各个传感器提供的目标身份的初步报告进行融合，完成目标身份估计。

位置融合与属性融合并不是截然分开的，位置与属性融合能够解决单纯的位置融合或属性融合不能解决的问题。例如在跟踪算法中融入属性信息可以提高分辨目标的能力。在数据关联时，引入属性信息，可提高杂波环境中多目标跟踪的性能。

第 2 级为态势评估过程，根据第 1 级处理提供的信息对战场上战斗力量分配情况等进行评估，从而构建整个战场的综合态势图。

第 3 级为威胁估计过程，在态势评估的基础上，考虑各种可能的行动以及武器配置等，估计出作战事件出现的程度和严重性，并对作战意图做出指示与告警。

态势评估和威胁分析一般采用基于知识的数据融合方法实现，解释第 1 级处理系统的结果。主要分析以下问题：被观察目标所处的范围、目标之间的关系、目标的分级组合、目标未来行动预测等。态势评估和威胁分析的任务密切相关，但侧重点不同。态势评估是建立关于作战活动、事件、机动、位置和兵力等要素组织，形成一张视图，并由此估计出可能发生和已经发生的事情。而威胁分析的任务是根据当前态势估计出未来作战事件出现的程度或严重性。它们的区别在于，前者仅指出了敌军的行为模式，而后者对其威胁能力给出了定量估计，并指出了敌军的意图。评估除了依据通过各种传感器所获得的数据外，还包括地理、气象、水文、运输乃至政治、经济等各种因素。

第 4 级为过程优化过程，它可在整个融合过程中监控系统性能，识别增加潜在的信息源，并根据实际需要，随时改变传感器部署，这一部分也称为传感器管理。传感器管理构成了信息融合的闭环反馈环节，有助于实现整个系统性能的优化。

传感器管理的目的是利用有限的传感器资源，在满足某种具体的战术要求下，在要求的空域，对多个目标进行跟踪，以某一综合最优准则，对传感器资源进行合理分配，包括选择何种传感器，该传感器的工作方式及参数。

多传感器资源管理系统可对多种(个)传感器，包括单平台及多平台多传感器系统，地理上分布的多传感器网络(例如多雷达组网)实行时间、空间管理及模式管理，它完成的功能有目标排列、事件预测、传感器预测、传感器对目标的分配、空间和时间控制以及配置与控制策略。

第 5 级为优化用户过程，自适应地决定查询和获取信息的用户，自适应地获取和显示数据以支持决策制定和行动。

其他的辅助支持系统包括数据库管理系统和人-机交互等部分。

在 JDL-User 模型中，如何发现被观测对象的空间位置，也就是目标跟踪，是多源信息融合的最基本的功能，位于六级模型的第 1 级。这部分是目前多传感器融合最活跃和发展最快的研究领域。

3. JDL 其他修正模型

1999 年 Steinberg 等提出一种 JDL 修正模型[19]，该模型将图 1-5 中的“威胁估计”改为“影响估计”，从而将功能模型的应用从军事领域推广到民用领域。之后，随着信息融合技术应用领域越来越宽，所要解决的问题日益复杂，因此许多专家在多源信息融合功能模型中增加了人的认知优化功能，相应的 JDL 模型可以修改为图 1-7 所示的结构。

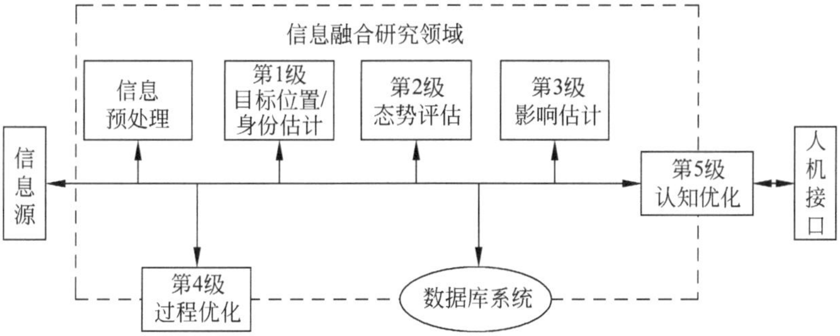

图 1-7 JDL 模型示意图

1.2.2 其他功能模型

1. 修正瀑布模型(MW：modified waterfall fusion model)

瀑布模型由 M. Bedworth 等于 1994 年提出，广泛应用于英国国防信息融合系统，并得到了英国政府科技远期规划数据融合工作组的认可，如图 1-8 所示。它重点强调了较低级别的处理功能。它的信号获取和处理、特征提取和模式处理环节相对应于 JDL 模型的第 0、1 级处理，而态势评估和决策制定分别对应于 JDL 模型的第 2,3 和 4 级处理。尽管瀑布模型的融合过程划分得最为详细，但是它并没有明确的反馈过程，这是瀑布模型的主要缺点。为此，有学者提出修正瀑布模型，在修正瀑布模型中存在反馈循环，包括开环控制和反馈回路控制。

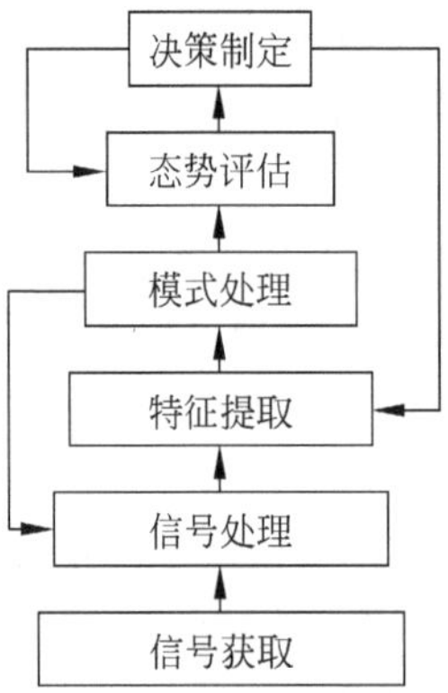

图 1-8 修正瀑布模型示意图

修正的瀑布模型是一种面向行为控制的模型。它包含了修正的局部反馈环：

(1) 从决策制定到态势评估，反映态势改进及作出的新的控制行为。

(2) 从模式处理到信号处理，反映改善的模式处理对态势评估的影响。

(3) 从决策制定到特征提取，反映改善的决策对提高特征的处理和制定行为的影响。

2. 情报环模型(IC：intelligence cycle-based model)

该模型是宏观数据处理的数据融合模型，它对应于修正瀑布模型的顶层。尽管该模型的底层模块没有清楚的表示出来，即底层的行为和处理模块没有在情报环模型中具体细化，该模型比 JDL 模型和瀑布模型更抽象，如图 1-9 所示。

由于数据融合处理中一些循环处理在 JDL 模型中无法体现，情报环模型旨在体现出这些循环特性，它主要由以下四部分组成：

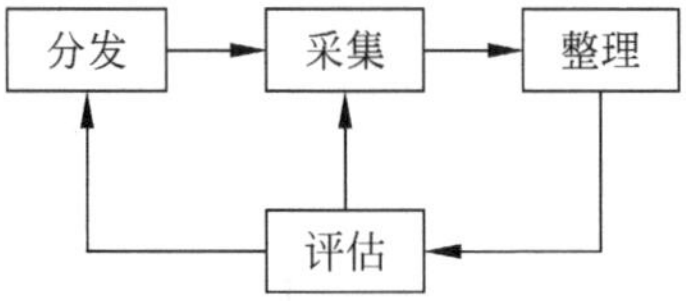

图 1-9 情报环模型

(1) 采集：获取传感器信息和原始情报信息。

(2) 整理：对所获得的信息进行分析、比较和相关处理。

(3) 评估：对经整理后的信息进行融合和分析，并在情报分发阶段将融合信息传带给用户，以便做出行动决策和下一步的情报收集工作。

(4) 分发：把融合结果和决策分发给用户。

3. Boyd 模型(BD：Boyd model)

Boyd 循环回路模型(观测、定向、决策和执行：OODA 控制回路)用于军事指挥处理，现在已经大量用于信息融合。从图 1-10 可以看出，Boyd 模型使得问题的反馈迭代特性显得十分清楚，而且与 JDL 模型有一定的对应性。Boyd 模型包括四个处理阶段：

(1) 观测阶段：获取传感器数据，相应于 JDL 的第 0、1 级处理和情报环的采集阶段。

(2) 定向阶段：对数据进行综合处理，以了解态势的变化，确定"大方向"，这一阶段包括 JDL 的第 2、3 级处理和情报环的采集与整理阶段。

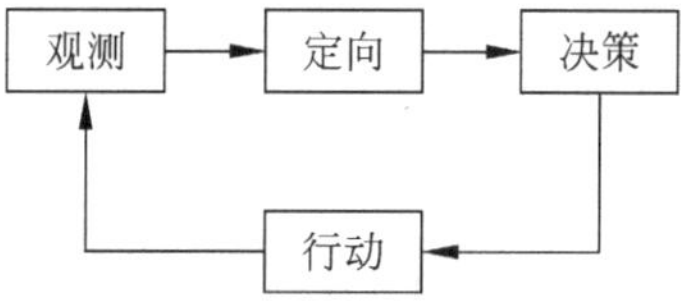

图 1-10　Boyd 模型示意图

(3) 决策阶段：制定反应计划，包括 JDL 的第 4 级过程优化和情报环的分发行为，还有诸如后勤管理和计划编制等。

(4) 行动阶段：执行计划。

Boyd 模型的优点是它使各个阶段构成了一个闭环，表明了数据融合的循环性。随着融合阶段不断递进，传递到下一级融合阶段的数据量不断减少。但是 Boyd 模型的不足之处在于，决策和执行阶段对 Boyd 模型其他阶段的影响能力欠缺，并且各个阶段也是顺序执行的。

4. 混合模型(OB：Omnibus model)

混合模型综合了其他模型的优点，如图 1-11 所示。混合模型制定处理中的循环特性，以使循环特性更明确。它的循环特性类似于 Boyd 循环回路模型(BCL)。与 BCL 模型相比，它提供更详细合理的处理过程。不同的处理层模块如下：

(1) 传感器和信号处理模块对应 BCL 模型中的观测阶段。

(2) 特征提取和模式处理模块对应 BCL 模型的定向阶段。

(3) 关系处理和决策制定模块对应 BCL 模型的决策阶段。

(4) 控制和资源分配模块对应 BCL 模型的执行阶段。

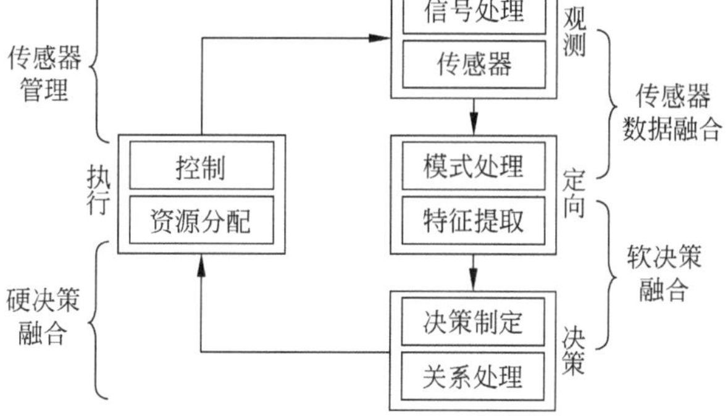

图 1-11　混合模型示意图

从观测阶段到定向阶段是传感器数据融合过程。定向阶段经软决策融合到达决策阶段。从决策阶段经硬决策融合到达执行阶段，且从执行阶段经传感器管理可返回到观测阶段。

混合模型比修正瀑布模型、情报环模型和 BCL 模型更完整，原因在于该模型包含了以上这些模型中的许多重要特性和功能。混合模型简便，且能被广泛应用于许多非军事数据融合领域。此外，混合模型比其他 3 种模型更具一般性、循环特性和闭环回路特性。因此，混合模型可被看作广泛用于非军事数据融合处理和应用的标准融合处理模型。

1.3 多源信息融合的系统结构

根据系统需求（成本、安全性、可维护性等）以及外界环境（自然环境、人为对抗环境），信息融合系统的结构一般可划分为：集中式结构、分布式结构以及混合式结构，下面以目标跟踪为背景，分别介绍这三种结构。

1.3.1 集中式结构

集中式结构的特点是将各个信源的量测传给融合中心，由融合中心统一进行目标跟踪处理。该结构充分利用了信源的信息，系统信息损失小，性能比较好，但系统对通信带宽要求较高，系统的可靠性较差。

根据信源量测是否处理，集中式结构具体分为两种形式：无跟踪处理的集中式结构和有跟踪处理的集中式结构。

无跟踪的集中式结构见图 1-12(a)。在该结构中，所有信源的量测不经过跟踪处理，只是起数据收集作用，得到量测后，将量测直接传送给融合中心，由融合中心集合所有信源的量测进行跟踪处理。无跟踪的集中式结构最大可能地利用信源信息，可对无法由单信源跟踪的弱目标形成航迹，并且结构简单，仅仅在融合中心存在跟踪处理过程。在无跟踪的集中式结构中，融合中心的处理能力要求非常高，各信源的处理能力要求比较低，通信带宽的要求非常高，系统可靠性差。系统的跟踪结果完全取决于融合中心，融合中心一旦出现故障，整个系统完全崩溃。需要注意的是由于各信源不在同一参考空间带来配准误差，无跟踪的集中式结构产生虚假航迹的概率相对于各信源自行跟踪要高很多，并且会大大降低系统的性能。

有跟踪处理的集中式结构见图 1-12(b)。在该结构中，信源模块本身具有跟踪处理能力，利用信源自身获取的量测形成目标航迹，将跟踪处理关联的量测传送给融合中心，由融合中心进一步实现各信源量测的综合跟踪处理。相对于无跟踪的集中式结构，有跟踪的集中式结构的系统信息损失较大，性能略差，融合中心处理能力要求降低，信源处理能力要求升高，通信带宽要求降低，系统可靠性增强。融合中心的跟踪结果可以反馈回各信源的跟踪处理环节，改善各信源局部航迹的性能，但通

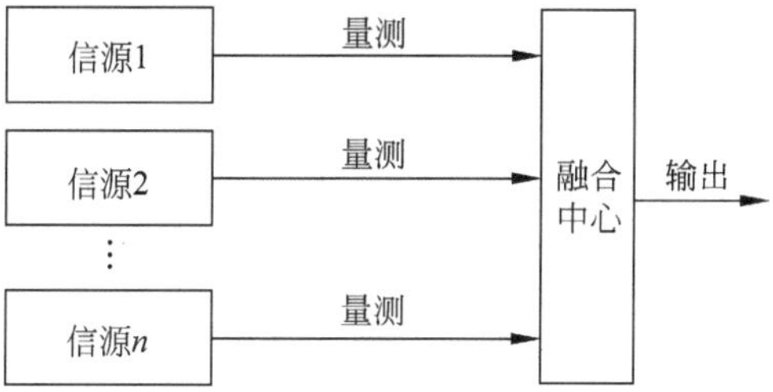

(a) 无跟踪处理

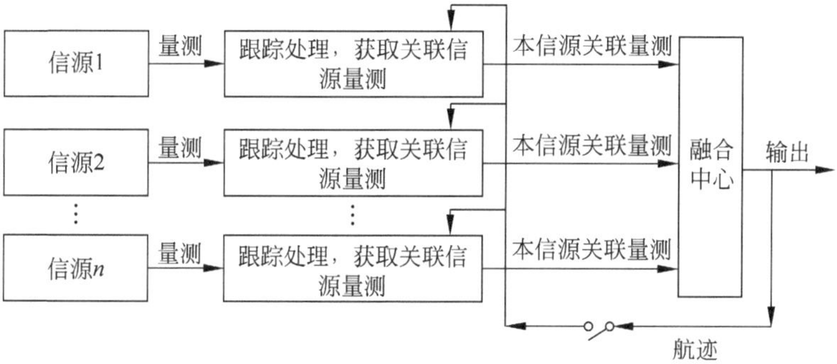

(b) 有跟踪处理

图 1-12　集中式结构

信带宽的要求明显增加，信源的跟踪处理复杂度上升。

1.3.2　分布式结构

分布式结构的特点是先由各个信源模块对所获取的量测进行跟踪处理，然后再对各个传感器形成的目标航迹进行融合。该结构的信息损失大于集中式结构，性能较集中式略差，但可靠性高，并且对系统通信带宽要求不高。

分布式结构具体分为三种形式：有融合中心的分布式结构，无融合中心、共享航迹的分布式结构，以及无融合中心、共享关联量测的分布式结构。

有融合中心的分布式结构见图 1-13(a)。该结构中，信源本身具有跟踪处理能力，利用信源自身获取的量测形成目标航迹，将形成的目标航迹传送给融合中心，由融合中心进一步实现各信源航迹的融合处理。有融合中心的分布式结构与有跟踪处理的集中式结构近似，差别在于有跟踪处理的集中式结构在各信源模块跟踪处理后，传递给融合中心的是关联量测，有融合中心的分布式结构在各信源模块跟踪处理后，传递给融合中心的是目标航迹。与有跟踪处理的集中式结构相比，有融合中心的分布式结构的系统信息损失略大，性能略低，系统可靠性基本相当，融合中心处理能力要求降低，信源处理能力相当，通信带宽基本在同一数量级。在有融合中心的分布式结构中如果存在反馈环节，可以改善各信源局部航迹的性能，但通信带宽的要求明显增加，信源的跟踪处理复杂度上升。反馈环节的加入并不能改善融合系

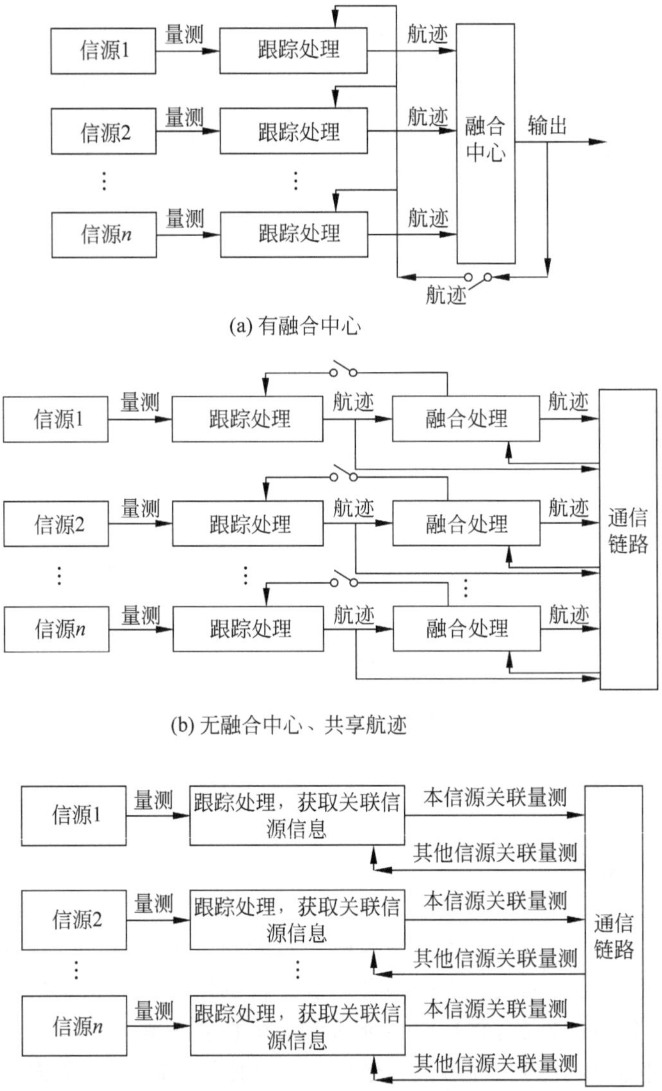

(a) 有融合中心

(b) 无融合中心、共享航迹

(c) 无融合中心、共享关联量测

图 1-13　分布式结构

统的性能，但可以提高信源局部航迹的估计精度。

无融合中心、共享航迹的分布式结构见图 1-13(b)。在该结构中，信源模块本身具有跟踪处理能力，利用信源自身获取的量测形成目标航迹，将形成的目标航迹传送到通信链路，同时信源从通信链路中接收其他信源发送的航迹信息，将本信源的航迹信息与其他信源的航迹信息进行航迹融合处理。航迹融合处理结果可以反馈到本信源模块的跟踪处理环节，改进本信源的跟踪性能。与有融合中心的分布式结构相比，无融合中心、共享航迹的分布式结构的系统信息损失相当，性能也基本相当，不再存在融合中心节点，信源处理能力要求提高，通信带宽要求相当。特别要强调的是，由于不存在融合中心，这种结构的系统可靠性非常高，任何一个节点的损坏，对于整个系统的影响非常小，系统仍然可以鲁棒地工作。

无融合中心、共享关联量测的分布式结构见图 1-13(c)。在该结构中，信源模块本身具有跟踪处理能力，利用信源自身获取的量测形成目标航迹，将跟踪处理关联的量测传送到通信链路，同时信源从通信链路中接收其他信源发送的关联量测信息，将其他信源的关联量测信息引入跟踪处理环节，改进本信源的跟踪性能。与无融合中心、共享航迹相比，无融合中心、共享关联量测的分布式结构的系统信息损失较小，性能略高，同样不存在融合中心节点，对信源处理能力要求、通信带宽要求基本相当。同样，由于此结构中不存在融合中心，系统可靠性非常高，任何一个节点的损坏，对于整个系统的影响非常小，系统仍然可以鲁棒地工作。

1.3.3　混合式结构

混合式结构是集中式和分布式两种结构的组合，同时传送各个信源的量测以及各个信源经过跟踪处理的航迹，综合融合量测以及目标航迹。该结构保留了集中式和分布式两种结构的优点，但在通信带宽、计算量、存储量上一般要付出更大的代价。

1.4　多源信息融合中的数学方法

多源信息融合是一门综合性很强的交叉学科，所涉及的知识领域很宽，因此信息融合具有本质的复杂性。随机性是信息融合所面临的最主要问题，传统的估计理论为解决信息融合中随机性问题提供了不可或缺的理论基础。另外，我们也注意到，近年来发展起来的一些新理论和新方法，如以主观贝叶斯方法、D-S 证据推理、DSmT 理论等为代表的不确定性理论，以粗糙集理论、随机集理论、支持向量机、神经网络、遗传算法、贝叶斯网络等为代表的智能计算与模式识别理论，开始或已经用于多源信息融合中，正成为推动信息融合技术向前发展的重要力量。以下扼要介绍这些技术手段[20~48]。

1.4.1　估计理论方法

估计理论方法包括用于线性随机系统的卡尔曼滤波与平滑、信息滤波器等，以及应用于非线性随机系统的扩展卡尔曼滤波(EKF)、强跟踪滤波器(STF)等。近年来，越来越多的学者致力于近似精度可达二阶的无迹卡尔曼滤波器(UKF)和分开差分滤波器(DDF)，以及基于随机抽样技术的非线性非高斯系统粒子滤波等，并取得了很多有价值的研究成果。

期望极大化(EM)算法为求解在具有不完全观测数据的情况下的参数估计与融合问题，提供了一个全新的思路。

另外,基于混合系统的多模型估计适用于结构或参数变化的系统状态估计,是一种鲁棒性强的自适应估计方法。

1.4.2 不确定性推理方法

在多源信息融合中,各种信息源所提供的信息一般都是不完整、不精确、模糊的,即信息包含有大量的不确定性。信息融合中心不得不依赖这些不确定性信息进行推理,以达到目标身份识别和属性判决的目的。因此,不确定性推理方法是目标身份识别和属性信息融合的基础。不确定推理方法包括主观贝叶斯方法、D-S证据推理、DSmT、模糊集合理论、模糊逻辑、模糊推理、可能性理论等。

1.4.3 智能计算与模式识别理论

模式识别是人类自然智能的一种基本形式。所谓"模式",就是指人类按照时间和空间中可观测的自然属性和认识属性对客观事物的划分,所谓"模式识别"就是依据某些观测获得的属性把一类事物和其他类型的事物区分的过程。一般来说,我们现在所研究的"模式识别"主要属于人工智能的范畴。目前,应用于信息融合中的智能计算与模式识别理论包括粗糙集理论、随机集理论、灰色系统理论、支持向量机、信息熵理论、神经网络、遗传算法、贝叶斯网络等。

1.5 多源信息融合的发展过程及研究现状

国外对信息融合的研究起步较早。早在第二次世界大战末期,就已经出现了一个综合利用雷达和光学两种信息的简单的信息融合系统。20世纪70年代初,美国率先开展的多声呐信号融合系统的研究,研制了可自动探测出敌方潜艇位置的信息融合系统,随后开发的战场管理和目标检测系统(BETA),进一步证实了信息融合的可行性和有效性,这些尝试的成功标志着信息融合理论和技术的研究热潮的到来,使得信息融合开始作为一门独立的学科首先在军事应用中受到青睐。20世纪80年代,传感器技术的飞速发展和传感器投资的大量增加,使得军事系统中的传感器数量急剧增加,传统的信息处理方式已无法满足现代军事作战的需求,因此,信息融合的研究工作成了军工生产和高技术开发等多方面所关心的核心问题。1985年,美国三军组织——实验室理事联合会(JDL)下设的 C^3I 技术委员会成立了信息融合专家组(DFS),专门组织和指导相关的信息融合技术的研究,为统一信息融合定义、建立信息融合的公共参考框架做了大量卓有成效的工作,也从而一举奠定了美国在信息融合领域的领先地位。1988年,美国国防部把信息融合列为20世纪90年代重点研究开发的二十项关键技术之一,且列为最优先发展的A类。从那以后,信息融合理论和技术便开始迅速发展起来,不仅在 C^3I 系统和 C^4ISR 系统等军事领域被广泛应用，而且逐渐向复杂工业过程控制、机器人导航、身份鉴定、空中交通管制、海洋监视、遥感图像、综合导航和管理[10]等多领域方向扩展和渗透[49～62]。

在学术方面[63～85]，从1987年起，美国三军信息融合年会，SPIE传感器融合年会，IEEE系统和控制论会议，IEEE航空航天与电子系统会议，IEEE自动控制会议，IEEE指挥，控制通信和信息管理系统（C^3MIS）会议，国际军事运筹学会议等也不断地报道信息融合领域的最新研究和应用开发成果。为了进行广泛的国际交流，1998年国际信息融合学会（International Society of Information Fusion，ISIF）成立，总部设在美国，每年举行一次信息融合国际学术大会，创立了《Information Fusion》国际刊物，系统介绍信息融合领域最新的研究进展和应用成果。1985年以来，国外信息融合领域活跃着许多学术研究团队，其中比较著名的有：Bar-Shalom、Willett和Kirubarajan的研究团队；Llinas的研究团队；Waltz研究团队；Li和Jilkov研究团队；Blackman研究团队；Hall研究团队等。他们的研究成果在信息融合领域具有非常重要的影响，是该领域的经典资料，同时他们对该领域的研究成果进行系统总结，先后出版了许多有关信息融合方法的专著。主要有：Llinas与Waltz的专著《多传感器数据融合》、Hall的专著《多传感器数据融合中的数学技术》、Mahler的《统计多源多目标信息融合》、Gros的《NDT数据融合》和Goodman和Mahler的《数据融合中的数学》[86]对信息融合研究的内容、应用和公共基础作了全面的系统的论述；Hall和Llinas的《多传感器数据融合手册》对常用的数据融合算法进行了汇总和概括；Varshney的《分布式检测和数据融合》和Dasarathy的《决策融合》[87]研究了分布式检测中的决策融合；Antony的《数据融合自动化的原理》描述了数据融合中的数据库技术；Iyengar和R. Brooks的《分布式传感器网络》介绍了分布式传感器网络信息融合的进展：Farina和Studer的《雷达数据处理》，Blackmann的《多目标跟踪及在雷达中的应用》与《现代跟踪系统的分析与设计》，Bar-Shalom等人的《跟踪与数据互联》、《估计及在跟踪与导航中的应用》与《多目标多传感器跟踪原理与技术》，Ince等人的《综合水下监视系统原理》，Stone和Barlow等的《贝叶斯多目标跟踪》，Luo和Michael的《用于智能机器和系统的多传感器综合与融合》以及由Bar-Shalom主编的连续出版物《多传感器多目标跟踪方法与进展》则综合报道了信息融合在多目标跟踪领域的新思想、新方法和新进展。

从20世纪80年代以来，美国三军总部对应用信息融合的战术和战略监视系统一直给予高度的重视。美国国防部从海湾战争、科索沃战争中等实际体会到了信息融合理论和技术的巨大潜力。因此，一直以来，美国都非常重视信息自动综合处理技术的研究，不断加大对信息融合理论和技术研究的人力、物力和财务投入，同时进一步升级C^3I系统，通过在C^3I中增加计算机，建立以信息融合中心为核心的C^4I及C^4ISR。巨大的人力、物力和财力的投入使得美国始终在信息融合系统开发方面居于世界领先水平，20世纪80年代美国率先研制出应用于大型战略系统、海洋监视系统和小型战术系统的第一代信息融合系统。20世纪90年代美、英和加拿大等国开始研发ASAS（全源分析系统）、NCSS（海军指挥控制系统）、ENSCE（敌方态势估计）

等第二代系统。20世纪90年代以后，美国不断改进研制第三代信息融合系统，如2001年安装于沙特美军基地的"协同空战中心第10单元(TsT)"等。进入21世纪以来，美国防部、海军和空军进一步把信息融合作为GIG、CEC、C^4ISR、C^4KISR和弹道导弹防御中的关键技术，进行攻关研究。另外欧洲的一些国家也启动了研究多源信息融合系统的研制计划，英国防部将对信息基础设施进行信息系统融合，以提供"端到端的融合"。BAE系统公司已成功验证了将地面和空中分散的传感器组网互联并融合两者信息的技术，此举使传感器节点网络中的全部数据都被实时地综合和融合到了一幅单一的作战空间态势图中。目前国外的信息融合系统正不断向功能综合化、三军系统集成化网络化发展，经过逐步集成和完善，最终形成全球指挥控制系统。

国内关于信息融合理论和技术的研究则起步相对较晚，且发展相对缓慢[86~120]。20世纪80年代初，人们开始从事多目标跟踪理论研究，到了80年代末才开始出现有关多源信息融合理论研究的报道。20世纪90年代初，这一领域在国内才逐渐形成高潮，并一直持续至今。在政府、军方和各种基金部门的资助下，国内一批高校和研究所开始广泛从事这一学科的研究工作，出现了一大批理论研究成果。国内于2002年、2007年以及2009年也相继召开了小型国际信息融合研讨会，并且于2009年11月在烟台召开了全国首届信息融合学术年会。与此同时，也有一些信息融合领域的学术专著和译著出版，其中有代表性的专著有：董志荣和申兰的《综合指挥系统情报中心的主要算法——多目标密集环境下的航迹处理方法》，周宏仁、敬忠良和王培德的《机动目标跟踪》，杨靖宇的《战场数据融合技术》，敬忠良的《神经网络跟踪理论及应用》，康耀红的《数据融合理论及应用》，刘同明、夏祖勋和解洪成的《数据融合技术及其应用》，韩崇昭的《多源信息融合》，张永生等人的《天基多源遥感信息融合》，权太范的《信息融合神经网络——模糊推理理论与应用》，王润生的《信息融合》，杨万海的《多传感器数据融合及其应用》，杨露菁等的《多传感器数据融合手册》和《多源信息融合理论与应用》，滕召胜等的《智能检测系统与数据融合》，孟宪尧的《数据融合技术和船舶自动化》，贾永红的《多源遥感影像数据融合技术》，罗志增等的《机器人感觉与多信息融合》，李培的《信息检索与信息融合》，邓自立的《信息融合滤波理论及其应用》，胡良梅的《基于信息融合的图像理解方法研究》，刘卫光的《图像信息融合与识别》，何友等的《多传感器信息融合及应用》、《雷达数据处理及应用》以及王国宏的《分布式检测、跟踪及异类传感器数据关联与引导研究》等。有代表性的译著有：赵宗贵等人的《多传感器数据融合》和《数据融合方法概论》、张兰秀等人的《跟踪和数据互联》与《水下信号和数据处理》等。

1.6 多源信息融合的应用

多传感器信息融合系统的应用大致分为军事应用和民事应用两大类。

1.6.1 民事上的应用

1. 工业过程监视

工业过程监视是信息融合的一个重要应用领域，融合的目的是识别引起系统状态超出正常运行范围的故障条件，并据此触发若干报警器。核反应堆监视和石油平台监视是这类监视的典型例子。

2. 工业机器人

随着现代科学技术的飞速发展，机器人的开发与应用范围的不断扩大，集环境感知、动态决策与规划、行为控制与执行等多种功能于一体。

工业机器人使用模式识别和推理技术来识别三维对象，确定它们的方位，并引导机器人的附件去处理这些对象。机器人采用的是较近物理接触的传感器组和与观测目标有较短距离的遥感传感器，如 TV 摄影机等。机器人通过融合来自多个传感器的信息，避开障碍物，使之按照通常的指挥行动。随着传感器技术的发展，机器人上的传感器数量将不断增加，以便使它更自由地运动和更灵活地动作，这就更需要信息融合技术和方法来作为保证[11~16]。

3. 智能制造系统

智能制造系统的物理基础是智能机器，它包括各种智能加工机床、工具和材料传送、准备装置，检测和试验装置以及装配装置。通过把各种传感器的信息进行智能融合处理，可以减少制造过程中信息的模糊性、多维信息的耦合性和状态变化的不确定性等，使在制造系统中用机器智能来代替人的脑力劳动，使脑力劳动自动化，在维持自动生产时，不再依赖于人的监视和决策控制，使制造系统可以自主生产。

4. 遥感

遥感主要用于对地面的监视，以便识别和监视地貌、气象模式、矿产资源、植物生长环境条件和威胁情况（如原油泄漏、辐射泄露等）。使用的传感器如合成孔径雷达等。基于遥感信息融合，可综合利用能谱信息、光谱信息、微波信息及 DEM 地理信息，通过协调所使用的传感器信息，对物理现象和事件进行定位、识别和解释。

5. 船舶避碰与交通管制系统

在船舶避碰和船舶交通管制系统中，通常依靠雷达、声呐、信标、灯塔、气象水文、全球定位系统（GPS）等传感器提供的信息以及航道资料数据，来实现船舶的安全航行和水域环境保护。在这一过程中信息融合理论发挥着非常重要的作用[18,19]。

6. 空中交通管制

空中交通管制系统是一个复杂的整体，它包括工作人员、管理机构、技术资源和操作程序管理，其目的是为了建立安全、高效而又秩序井然的空中交通。换句话说，是为了合理地利用空中交通资源，减小延迟和调度等待时间并选用合适航线以节省燃料，从而降低业务费用，改善服务质量。空中交通管制系统主要由导航设备、监视和控制设备、通信设备和人员四个部分组成。导航设备可使飞机沿着指定航线飞行，运用无线电信息识别出预先精心设置的某些地理位置，飞行员再把每个固定地点的时间和高度信息转送到地面，然后通过融合方法检验与飞行计划是否一致。监视和控制设备的目的是修正飞机对指定航线的偏离，防止相撞并调度飞机流量。其中主要由一、二次雷达的融合提供有关飞机位置、航向、速度和属性等信息。现在的航管设备是在不同传感器（多雷达结构）、计算机和操纵台之间进行完整的信息综合。调度人员则监视空中飞机的飞行情况，并及时提出处理危险状况的方法。空中交通管制系统是一个典型的多因素、多层次的信息融合系统。

7. 智能驾驶系统

对于民用车辆而言，GPS 能够在绝大多数情况下完成高精度的导航定位，但仍然存在着当车辆行驶在一定环境下卫星信号暂时"丢失"而无法定位的问题；而对于诸如运钞车、警车、救护车这样的特殊车辆而言，由于要执行特殊任务，在行驶过程中必须对其进行连续、可靠的导航定位，以便指挥中心随时掌握它们所处的位置，显然仅仅依靠 GPS 无法满足上述要求；当道路不平坦时，雷达传感器也可能把小丘或小堆误认为是障碍，从而降低了系统的稳定性。对此，研究者们纷纷引入了多传感器信息融合的思想，提出了不同的融合算法，研制了智能驾驶系统，如碰撞报警系统（CW）、偏向报警系统（LDW）、智能巡游系统（ICC）及航位推算系统（DR）等。

8. 网络入侵检测

随着互联网技术日益发展，计算机必须面对来自互联网的各种入侵，因而需要有效运用入侵检测系统使得计算机远离这些未经允许的或恶意的行为，而基于多特征信息融合的入侵检测、基于多源信息融合的协同网络入侵检测则可以强化检测力，同时减少错误报警。

9. 火灾报警

火灾报警主要用于获取火灾发生时的相关信息，并进行处理，以达到及时准确报警的目的。但在火灾发生过程中信息多，层次不一，如温度、火焰光谱、气体浓度、燃烧音、火焰能量辐射、湿度等，从火灾判断的角度来看，任何一种信息都是模糊的、不精确的，只有综合多方面信息，并加以融合利用，才能对火灾进行更准确更可靠的监测。火灾报警中利用信息融合理论应着重解决的问题主要有：1)优化选择反映火灾特征的状态信号和参数；2)提取采集信号的特征参数；3)设计信息融合算法、策略和方案。

1.6.2 军事上的应用

信息融合理论和技术起源于军事领域，在军事上应用最早、范围最广，几乎涉及军事应用的各个方面。信息融合在军事上的应用包括从单兵作战、单平台武器系统到战术和战略指挥、控制、通信、计算机、情报、监视和侦察(C^4ISR)任务的广阔领域。具体应用范围可概括为以下几个方面：

(1) 采用多源的自主式武器系统和自备式运载器；

(2) 采用单一武器平台，如舰艇、机载空中警戒、地面站、航天目标监视或分布式多源网络的广域监视系统；

(3) 采用多个传感器进行截获、跟踪和指令制导的火控系统；

(4) 情报收集系统；

(5) 敌情指示和预警系统，其任务是对威胁和敌方企图进行估计；

(6) 军事力量的指挥和控制站；

(7) 弹道导弹防御中的 BMC^3I 系统；

(8) 网络中心战、协同作战能力(CEC)、空中单一态势图(SIAP)、地面单一态势图(SIGP)、海面单一态势图(SISP)、C^4ISR、IC^4ISR(一体化 C^4ISR)、C^4KISR 等复杂大系统中的应用。

美国国防部(DoD)所关注的问题包括发射器、平台、武器和军事单元等动态实体的位置、特征和身份。这些动态数据往往被称为战役级数据库或战役级态势显示数据(如果显示在地图背景上)。除了完成战役级数据库，DoD 用户还寻求更高层次的有关敌情态势的推论(如实体间的关系及其与环境和敌更高层组织的关系)。与 DoD 相关的应用实例有海洋监视、空对空防御、战场情报、监视和目标获取、战略预警和防御，每一个军事应用都有一个特别关注的问题、一套传感器、一组要得到的推论以及一组特有的挑战。

海洋监视系统用于检测、跟踪和识别海洋目标及事件，其例子包括用来支持海军战术级舰队作战行动的反潜战系统以及自主武器自动制导系统。传感器组包括雷达、声呐、电子情报系统(ELINT)、通信观测、红外和合成孔径雷达(SAR)观测。海洋监视系统的观测空间可能有上百海里，关注区域内的空中、水面及水下目标。利用多个监视的主要挑战在于监视范围大、目标和传感器的组合多、信号传播环境复杂(特别是对于水下声呐探测而言)。

军方研发的空对空和地对空防御系统用于检测、跟踪和识别飞行器、对空武器和传感器。这些防御系统利用诸如雷达、被动电子支援措施(ESM)、红外敌我识别器(IFF)、光电图像传感器和目标观测器等传感器，支持对空防御、战役级集结、空袭任务分配、目标优先级确定、路径规划和其他活动。这些数据融合系统的挑战在于敌方对抗措施、快速决策需求以及目标——传感器可能的大量组合。敌我识别器系统的一个特殊困难是需要可靠地识别非合作的敌方飞行器。由于武器系统在世界范围内大量扩散，导致武器原产国和武器使用者之间的联系很小。

战场情报、监视和目标数据获取系统用于检测和识别潜在的地面目标。这方面的例子包括地雷定位和自动目标识别。传感器包括合成孔径雷达空中监视、被动电子支援措施、照明侦察、地基声音传感器、远程侦察(监视)飞行器、光电传感器和红外传感器等。关键是要寻求能够支持战场态势评估和威胁估计的信息。

目前，世界各主要军事大国都竞相开始投入大量人力、物力和财力进行信息融合理论与技术的研究，安排了大批研究项目，并已取得大量研究结果。到目前为止，美、英、德、法、意、日、俄等国家已研制出数百种军用信息融合系统，比较典型的有：TCAC——战术指挥控制，TOP——海军战争状态分析显示，BETA——战场使用和目标获取系统，ASAS——全源分析系统，DAGR——辅助空中作战命令分析专家系统，PART——军用双工无线电/雷达瞄准系统，AMSUI——自动多源部队识别系统，TRWDS——目标获取和武器输送系统，AIDD——炮兵情报数据融合，ENSCE——敌方态势估计，ANALYST——地面部队战斗态势评定系统，协同空战中心第10单元(TsT)，BCIS——战场战斗识别系统，FBCB2——21旅级及旅以下作战指挥系统，全球网络中心监视与瞄准(GNCST)系统，陆军“创业”系统以及空军“地平线系统”等。

此外，出现多模传感器武器系统，最具代表性的是法国汤姆逊无线电公司与澳大利亚的阿贝尔视觉系统公司合作研制的“猛禽”系统，美国集合成孔径雷达与光电摄像装置为一体的“全球鹰”无人机等。目前美军的信息融合系统正不断向功能综合化、三军系统集成化、网络化发展，计划由现有的143个典型的信息系统，经过逐步集成和完善，最终形成全球指挥控制系统、陆军“创业”系统、海军“哥白尼”系统、空军“地平线系统”等为代表的综合信息融合系统。

在实际应用方面，在1991年海湾战争中，美国和多国部队使用的MCS-陆军机动控制系统等是机动平台上安装多类传感器信息融合系统并成功使用的实例。在1996年科索沃战争中，美军研制的“目标快速精确捕获”系统，从数据接收、信息融合到火力打击这一过程最快只需5分钟，使得识别目标和攻击目标几乎能同时完成。2002年的阿富汗战争及2003年的伊拉克战争中，“协同空战中心第10单元”成功地缩短信息处理时间，自动给出目标精确坐标，实现了传感器到射手(sensor to shooter)的一体化处理，证明了信息融合的巨大优势。

习　题

1. 多源信息融合技术产生的背景是什么，该如何定义？

2. 与单传感器系统相比较，多源信息融合的优势有哪些？哪些信源可以实现信息融合？

3. 在现代战争的前提下，多源信息融合在军事上的应用主要包含哪几个方面？包含哪几种主要的技术？

4. 多源信息融合有哪些典型的模型，各自的特点是什么？什么是 JDL-User 模型？简述该模型的信息融合过程。

5. 根据系统需求和外界环境，多源信息融合一般分为哪三种系统结构？请做简要比较，并绘制系统框图。

6. 从 PDQQ、IEEE 等文献库中查阅国内外机构和学者在多源信息融合方面的研究成果，分析本学科的研究趋势，并完成综述报告。

7. 查阅美国海军信息融合的装备和研究资助情况，分析信息融合系统在未来战争中的作用和发展趋势，并完成综述报告。

参 考 文 献

[1] 韩崇昭，朱洪艳，段战胜，等. 多源信息融合(第二版). 北京：清华大学出版社，2009

[2] Llinas J, Waltz E. Multisensor Data Fusion. Norwood, MA: Artech House publisher, 1990

[3] Hall D L. Mathematical Techniques in Multisensor Data Fusion. Boston, London: Artech House publisher, 1992

[4] Hall D L, Llinas J. Handbook of Multisensor Data Fusion. CRC Press: Danvers, 2001

[5] 何友，王国宏，关欣，等. 信息融合理论及应用. 北京：电子工业出版社，2010

[6] White F E. Data fusion lexicon. Joint directors of laboratories, Technical Panel for C3, Data fusion sub-panel, naval ocean systems center, San Diego, CA, USA, 1987

[7] 何友. 多目标多传感器分布信息融合算法研究. 博士论文. 北京：清华大学，1996

[8] White F E. A model for data fusion. In Proceedings of the 1st National Symposium on Sensor Fusion. Orlando, FL, 1988

[9] Steinberg A N, Bowman C L, White F E. Revisions to the JDL Data Fusion Model. In SPIE Proceedings of Sensor Fusion: Architectures, Algorithms and Applications, Orlando, Florida, 1999. 430～441

[10] Wald L. Some terms of reference in data fusion. IEEE Transactions on Geoscience and Remote Sensing, 1999, 37(3): 1190～1193

[11] Li X R. Information fusion for estimation and detection. International Workshop on Information Fusion, Beijing, 2002

[12] Jitendra R R. Multi-Sensor Data Fusion with MATLAB. New York: CRC Press, 2009

[13] 彭冬亮，文成林，薛安克. 多传感器多源信息融合理论及应用. 北京：科学出版社，2010

[14] Harri C J, Bailey A, Dodd T J. Multi-sensor data fusion in defence and aerospace. The Aeronautical Journal, 1998, 102(1015): 229～244

[15] Shulsky A. Slient Warface: Understanding the World of Intelligence. London: Brassey's Defence Publishers, 1993

[16] Body J. A disource on winning and losing. Alabama: Maxwell Air Force Base Lecture, 1987

[17] Vogt D, Brink V Z. The Azisa standard for mine sensing and control. Presentation at Automation in Mining Conference, 2007

[18] 潘泉，梁彦，等. 现代目标跟踪与信息融合. 北京：国防工业出版社，2009

[19] Liggins M, Hall D L, Llinas J. Handbook of Multisensor Data Fusion Theory and Practice (Second Edition). New York: CRC Press, 2008

[20] Nunez J, Otazu X, Fors O, et al. Multiresolution-based image fusion with additive wavelet decomposition. IEEE Transactions on Geoscience and Remote Sensing, 1999, 37(3): 1204～1211

[21] Petrovic V S, Xydeas C S. Gradient-based multiresolution image fusion. IEEE Transactions on Image Processing, 2004, 13(2): 228～237

[22] Alspach D L, Sorenson H W. Nonlinear bayesian estimation using gaussian sum approximation. IEEE Transactions on Automatic Control, 1972, 17 (4): 439～448

[23] Rudolph van der Merve, Doucet A, Nando de Freitas, et al. The unscented particle filter. Technical Report CUED/F-INFENG/TR 380. From www. researchindex. com

[24] Hue C, Cadre J P L, Perez P. Sequential monte carlo methods for multitarget tracking and data fusion. IEEE Transactions on Signal Processing, 2002, 50(2): 309～325

[25] Djuric P M, Joon-Hwa Chun. An MCMC sampling approach to estimation of nonstationary hidden markov models. Signal Processing. IEEE Transactions on Signal Processing, 2002, 50(5): 1113～1123

[26] Radford M N. Probabilistic inference using markov chain Monte Carlo methods. Technical Report CRG-TR-93-1, Department of computer science University of Toronto. From www. google. com

[27] Doucet A, Logothetis A, Krishnamurthy V. Stochastic sampling algorithms for state estimation of jump markov linear systems. IEEE Transactions on Automatic Control, 2000, 45 (2): 188～201

[28] Molnar K J, Modestino J W. Application of the EM algorithm for the multitarget/multisensor tracking problem. IEEE Transactions on Signal Processing, 1998, 46 (1): 115～128

[29] Logothetis A, Krishnamurthy V. Expectation maximization algorithms for MAP estimation of jump markov linear systems. IEEE Transactions on Signal Processing, 1999, 47(8): 2139～2156

[30] Richardson M J, Marsh A K. Fusion of multisensor data. The intenational Journal of Robotics Research, 1988, 7(6): 78～96

[31] Clark J J, Yuille A L. Data fusion for sensory information processing systems. The Kluwer International Series in Engineering and Computer Science, Robotics: Vision, Manipulation AND Sensors. Boston: Kluwer Academic Publishers, 1990

[32] Robin R Murphy. Dempsrer-Shafer theory for sensor fusion in autonomous mobile robots. IEEE Transactions on Robotics and Automation. 1998, 14(2): 197～206

[33] Bloch I. Information combination operators for data fusion: A comparative review with classification. IEEE Transactions on Systems, Man and Cybernetics Part A, 1996, 26 (1): 52～67

[34] Goutsias J, Mahler R, Nguyen H T. Random Sets: Theory and applications, New York: Springer-Verlqg, 1997

[35] Mori S. Random sets in data fusion problems. In SPIE Proceedings of National symposium on Sensor and Data Fusion. MIT Lincoln Laboratory. Lexingfon, MA, 1997. 278～289

[36] Manyika J, Durrant-Whyte H. Data fusion and sensor management: A decentralized information theoretic approach. New York: Ellis Horwood, 1994

[37] Zhou Y F, Leung H. Minimum entropy approach for multisensor data fusion. In: Proc. 1997 IEEE Signal Processing Workshop on Higher-Order Statistics. Los Alamifos, CA, USA: IEEE, 1997. 336～339

[38] Barron A, Rissanen J, Yu B. The minimum description length principle in coding and modeling. IEEE Transactions on Information Theory, 1998, 44(6): 2743～2760

[39] Joshi R, Sanderson A C. Minirnal representation multisensor fusion using differential evolution. IEEE Transactions on Systems, Man and Cybernetics Part A, Systems and Humans. 1999, 29(1): 63～76

[40] Goodman I R, Mahler R P S, Nguycn H T. Mathematics of Data Fusion. Norwell, MA, USA: Kluwer Academic, 1997

[41] Berger O J. Statistical decision theory and Bayesian analysis. Springer series in statistics. Second edition. New York: Springer-Verlag, 1985

[42] Nclson C Ii, Fitzgerald D S. Sensor fusion for intelligent alarm analysis. IEEE Transactions on Aerospace and Electronic Systems, 1997, 12(9): 18～24

[43] PEERS S M C. A blackboard system approach to electromagnetic sensor data interpretation. Expert Systems, 1998, 15(3): 0266～4720

[44] Hall D L, Linn R J. Comments on the use of templating for multisensor data fusion. In Proceedings of the 1989 Tri-Service data fusion symposium, 1989(1): 345～354

[45] Blasch E, Plano S. 2002. JDL Level Fusion Model: "User Refinement" Issues and Applications. In Proceedings of the SPIE on Signal Processing, Sensor Fusion, and Target Recognition VI, Orlando, FL, USA, 2002. 270～279

[46] Abidi M A, Gonzalcz R C. Data fusion in Robotics and Machine Intelligence. Orlando, FL: Academic Press, 1992

[47] Intaek Kim, Vachtsevanos G Overlapping object recognition: a paradigm for multiple sensor fusion. IEEE Transactions on Robotics and Automation Magazine, 1998, 5(3): 37～44

[48] Lacroix S, Grandjean P, Ghallab M, et al. Control of a Multisensory Perception Mechine. In 2nd Workshop on sensor Fusion and Environment Modeling. 1991

[49] Luo R C, Lin M H. Hierarchical Robot Multisensor Data Fusion System. NATO ASI Series, Highly Redundant Sensing in Robotic System, Berlin Heidelberg. 1990, 58: 67～86

[50] Zheng Y F. Integration of Multiple Sensors into a Robotics System and Its Performance Evaluation. IEEE Transactions on Robotics and Automation. 1989, 5(5): 658～669

[51] Chatila R, Devy M, Herbb M. Perception System Architecture for Environment Modeling and Motion Control of a Mobile Robot. In 2nd IAPR Workshop on Sensor Fusion and Environment Modelling, 1991

[52] 邵远，何发昌，彭健．一种机器人非视觉多传感器信息融合方法．电子学报，1996，24(8)：94～97

[53] Furcolo B, Spatola A, Tarantino M. SATCAS-80: A New Generation of Air Traffic Control Systems, Alta Frequenza, 1983

[54] Furcolo B, Pardini S, Pelagatti R. Multiradar Tracking in the New ATC System. at Mazatlan (Mexico) area control center. IEEE International Radar Conference. 1985. 403～409

[55] Blackman S S. Multiple-target Tracking With Radar Application. London, UK: Artech House. INC, 1986

[56] Liebet G A, Seels W. Volbor H. Airtrack an ATC Multiradar Tracking System Based on the

Track Combination Method. In Proceedings of the 29th Symposium of the AGARD Guidance and Control Panel on Air Traffic Management, Copenhagen, 1979

[57] Gravely V A, Samuel L. The Ocean Surveillance Information System (OSIS). Signal, 1982. 30～36

[58] Groundwater E H. A Demonstration of an Ocean Surveillance Information Fusion Expert System. SAIC, 1984

[59] Kerr T. Decentralized Filtering and Redundancy Management for Multisensor Navigation. IEEE Transactions on Aerospace, Electronic and Systems, 1987, 23(1): 83～119

[60] CarlsonE A, Berarducci M P. Federated Kalman filter Simulation Results. Navigation, 1994, 41(3): 297～321

[61] Da R, Lin C F. A New Failure Detection Approach and Its Application to GPS Autonomous Integrity monitoring. IEEE Transactions on Aerospace, Electronic and Systems, 1995, 31(1): 499～506

[62] 王积鹏，耿立贤. C^3I系统数据融合浅析. 数据融合与专家系统专辑. 南京：电子科技集团二十八所，1992

[63] Walz E. Data fusion for C^3I: A Tutorial In Command, Control, and Communications Intelligence (C^3I) Handbook, Palo Alto, CA: EW Communication. 1986. 217～66

[64] Hall D L, Linn R J. A Taxonomy of Algorithms for Multisensor Data Fusion. In Proc. 1990 Tri-Service Data Fusion Stmp. 1991. 13～29

[65] Swaazek W. Contralized Performance in Decentralized Detection with Feedback. In Proceedings of Conference on Information Science System, Princeton. NJ, 1992

[66] Llinas J, Antony R. Blackboard Concepts for Data Fusion and command and Control Applications. International Journal on Pattern Recognition and Artificial Intelligence, 1993, 7(2): 103～114

[67] Nabaa N, Bishop R H. Solution to a Multisensor Tracking Problem with Sensor Registration Errors. IEEE Transactions on Aerospace, Electronic and Systems, 1999, 35(1): 354～363

[68] Mabler R P S. Information Theory Analysis for Data Fusion. Lockheed Martin Tactical Defense Systems. Eagom, MN, USA, 1998

[69] Krieg M L, Gray D A. Multi-sensor. Probabilistic Multi-hypothesis Tracking Using Dissimilar Sensor. SPIE, 1997, 3086: 129～138

[70] Simgh R P, Baily W H. Fuzzy Logic Application to Multisensor Multitarget Comelation. IEEE Transactions on Aerospace, Electronic and Systems, 1997, 33(3): 752～769

[71] Hall D H, Llinas J. An Introduction to Multisensor Data Fusion. Proceedings of The IEEE, 1997, 85(1): 6～23

[72] Mahler, Ronald P S. Statistical Multisource-multitarget Information Fusion. Boston, London: Artech House, 2007

[73] Iyengar S S, Brooks R R. Distributed Sensor Networks. New York: CRC Press, 2004

[74] Varshney P K. Distributed Detection and Data Fusion. New York: Springer-Verlag, 1996

[75] Farina A, Studer F A. Radar Data Processing. Vol, I. Letchworth, Hertfordshire: Research Studies Press LTD, 1985

[76] Bar-Shalom Y, Fortmann T E. Tracking and Data Association. New York: Academic Press, 1988

[77] Bar-Shalom Y (ED). Multitarget-Multisensor Tracking: Advanced Application, Vol. I.

Decham. MA：Artech House，INC. 1990

[78] Bar-Shalom Y，Li X R. Estimation and Tracking：Principles，Techniques and Software. Boston. MA：Artech House，1993

[79] Bar-Shalom Y，Li X R. Multitarget-Multisensor Tracking：Principles and Techniques. Stors. CT：YBS Publishing，1995

[80] Brookner E. Tracking and Kalman Filtering Made Easy. Hoboken，New Jersey：John Wiley & Sons，INC，1998

[81] Blackman S S，Popoli R. Design and Analysis of Modern Tracking Systems. Norwood，MA：Arlech House. 1999

[82] Bar-Shalom Y，Li X R，Kiruvarajan T. Estimation with Applications to Tracking and Navigation. Hoboken，New Jersey：Wiley & Sons，2001

[83] Ince N，Topuz E，Panayirci E，et al. Principles of Integrated Maritime Surveillance Systems. Boston：Kluwer Academic Publishers，2000

[84] Bar-Shalom Y. Multitarget-multisensor Tracking Applications and Advances：Vol. III. London，UK：Artech House，2001

[85] 蔡希尧. 雷达目标的航迹处理. 国外电子技术，1979：8～12

[86] 苗兴国. 现代雷达系统的数据处理. 现代雷达，1980，3(6)：46～57

[87] 龙永锡. 多目标跟踪的方法. 指挥与控制，1980，1：6～10

[88] 董志荣. 多目标密集环境下航迹处理问题及集合论描述法. 火控技术. 1981，5(2)：1～12

[89] 袁俊山. 雷达站航迹数据处理. 指挥与控制. 1981，2：96～108

[90] 周宏仁. 机动目标当前统计模型与自适应跟踪算法. 航空学报，1983，4(1)：73～86

[91] 孙仲康. 雷达数据数字处理. 北京：国防工业出版社，1983

[92] 周宏仁. 机动多目标跟踪问题中关联区域的研究. 航空学报，1984，5(3)：296～303

[93] 贾沛璋. 对飞机的跟踪方法. 航空学报，1984，5(4)：444～449

[94] 刘明. TWS 系统中相关方法的研究. 硕士论文，西安：西北电讯工程学院，1985

[95] 王仁华. 舰载数据处理系统的发展趋势. 国外舰船，1985，3(2)：98～104

[96] 董志荣，申兰. 综合指控系统情报中心的主要算法-多目标密集环境下的航迹处理方法. 国外舰船技术火控编辑部，1985

[97] 许志刚. 多目标航迹的自动辨识. GF62424. 1985：1～28

[98] 张汉祥，黄祥. 多目标航迹跟踪计算机模拟研究. 火控雷达技术，1986，7(1)：21～31

[99] 钱健民. 极坐标系中航迹外推的数学模型及精度分析. 火控雷达技术，1986，7(2)：24～32

[100] 周宏仁. 多目标跟踪技术综述. 航空学报，1986，7(1)：1～10

[101] 许录平. TWS 雷达航迹跟踪算法的研究. 硕士论文，西安：西北电讯工程学院，1987

[102] 郑廉清. C^3I 系统雷达数据处理. 硕士论文，西安：西北电讯工程学院，1987

[103] 郑锋. 多站雷达跟踪算法研究. 硕士论文，西安：西北电讯工程学院，1987

[104] 郭治，等. 野战高炮团情报指挥系统航迹处理. 研究报告，南京：华东工学院，1987

[105] 董志荣. 多目标密集环境下航迹处理问题及集合论描述法(续). 火力与指挥控制，1987，11(3)：357～361

[106] 孟宪元. 边扫描边跟踪雷达数据处理器的新软件结构. International Radar Conference，Nanjing，1987：494～498

[107] 何友. 多目标多传感器综合算法研究. 硕士论文，武汉：海军工程大学，1988

[108] Hall D L，Linn R J. Algorithm Selection for Data Fusion System. In Proceedings of the 1987 Tri-Service Data Fusion Symposium，USA，1987，1：100～110

[109] Fukanage K. Introduction to Statistical Pattern Recognation. New York：Academic Press，1990

[110] Aldenderfer M S，Blashfield R K. Cluster Analysis. London：Sage Publications，1984：7～44

[111] Wasserman P D. Neural Computing：Theory and Practice. New York：Van Nostrand Reinhold，1989

[112] Jackson P. Introduction to Expert Systems. Massachusetts：Addison-Wesley Publishing Company，Reading，1986

[113] 何友，王国宏，任少龙. 目标识别的层次化描述和信息综合模型. 信息与控制，1994，25(2)：119～123

[114] Spain D S. Application of Artificial Intelligence to Tactical Situation Assessment. EASON Conference，Washington，DC，1988

[115] 马强. 基于数据融合技术的威胁评估研究. 硕士论文，烟台：海军航空工程学院，1999

[116] Stamberg A N. An Expert System for Muhispectral Threat Afisessment and Response. In SPIE Proceedings of Signal and Data Processing of Small Targets，Orlando，FL，USA，1987

[117] Nobel D F. Template Bdsed Data Fusion for Situation Assessment. In Proceedings of the 1987 Tri-Service Data fusion Symposium，Warminster Pennsylvania，l987，1：152～162

[118] Drazovich D J. Sensor Fusion in Tactical Warfare. American Institute of Aeronautics and Antroautics，Inc，1983：1～7

[119] Garrey T D，Fishler M A. The Integration of Multnisensor Data for Threat Assessment. IEEE 1980

[120] Kadar I，Vartian E B. Process Modeling：Situation Assessment Expert System. AIAA Computers in Aerospace Conference. Wakefield，MA，1987

第2章 估计理论

2.1 估计准则

2.1.1 最小二乘估计和加权最小二乘估计

最小二乘(least squares,LS)估计由德国数学家高斯首先提出,目前被广泛应用于科学和工程技术领域。假设系统的量测方程为

$$\boldsymbol{z} = \boldsymbol{H}\boldsymbol{x} + \boldsymbol{v} \tag{2-1}$$

其中,$\boldsymbol{z}$ 为 $m\times 1$ 维矩阵,$\boldsymbol{H}$ 为 $m\times n$ 维矩阵,$\boldsymbol{v}$ 为白噪声,且 $\mathrm{E}(\boldsymbol{v})=0$,$\mathrm{E}(\boldsymbol{v}\boldsymbol{v}^{\mathrm{T}})=\boldsymbol{R}$。加权最小二乘(weighted least squares,WLS)估计的指标是:使量测量 $\boldsymbol{z}$ 与由估计$\hat{\boldsymbol{x}}$确定的量测量估计$\hat{\boldsymbol{z}}=\boldsymbol{H}\hat{\boldsymbol{x}}$之差的平方和最小,即

$$J(\hat{\boldsymbol{x}}) = (\boldsymbol{z}-\boldsymbol{H}\hat{\boldsymbol{x}})^{\mathrm{T}}\boldsymbol{W}(\boldsymbol{z}-\boldsymbol{H}\hat{\boldsymbol{x}}) = \min \tag{2-2}$$

式中,$\boldsymbol{W}$ 为正定的权值矩阵,不难看出,当 $\boldsymbol{W}=\boldsymbol{I}$ 时,式(2-2)就是一般的最小二乘估计。要使式(2-2)成立,则必须满足

$$\frac{\partial J(\hat{\boldsymbol{x}})}{\partial \hat{\boldsymbol{x}}} = -\boldsymbol{H}^{\mathrm{T}}(\boldsymbol{W}+\boldsymbol{W}^{\mathrm{T}})(\boldsymbol{z}-\boldsymbol{H}\hat{\boldsymbol{x}}) = 0 \tag{2-3}$$

由此可以解得加权最小二乘估计为

$$\hat{\boldsymbol{x}}_{\mathrm{WLS}} = [\boldsymbol{H}^{\mathrm{T}}(\boldsymbol{W}+\boldsymbol{W}^{\mathrm{T}})\boldsymbol{H}]^{-1}\boldsymbol{H}^{\mathrm{T}}(\boldsymbol{W}+\boldsymbol{W}^{\mathrm{T}})\boldsymbol{z} \tag{2-4}$$

由于正定加权矩阵 $\boldsymbol{W}$ 也是对称阵,即 $\boldsymbol{W}=\boldsymbol{W}^{\mathrm{T}}$,所以加权最小二乘估计为

$$\hat{\boldsymbol{x}}_{\mathrm{WLS}} = (\boldsymbol{H}^{\mathrm{T}}\boldsymbol{W}\boldsymbol{H})^{-1}\boldsymbol{H}^{\mathrm{T}}\boldsymbol{W}\boldsymbol{z} \tag{2-5}$$

加权最小二乘估计误差为

$$\begin{aligned}\tilde{\boldsymbol{x}} &= \boldsymbol{x}-\hat{\boldsymbol{x}}_{\mathrm{WLS}} = (\boldsymbol{H}^{\mathrm{T}}\boldsymbol{W}\boldsymbol{H})^{-1}\boldsymbol{H}^{\mathrm{T}}\boldsymbol{W}\boldsymbol{H}\boldsymbol{x} - (\boldsymbol{H}^{\mathrm{T}}\boldsymbol{W}\boldsymbol{H})^{-1}\boldsymbol{H}^{\mathrm{T}}\boldsymbol{W}\boldsymbol{z} \\ &= (\boldsymbol{H}^{\mathrm{T}}\boldsymbol{W}\boldsymbol{H})^{-1}\boldsymbol{H}^{\mathrm{T}}\boldsymbol{W}(\boldsymbol{H}\boldsymbol{x}-\boldsymbol{z}) = -(\boldsymbol{H}^{\mathrm{T}}\boldsymbol{W}\boldsymbol{H})^{-1}\boldsymbol{H}^{\mathrm{T}}\boldsymbol{W}\boldsymbol{v}\end{aligned} \tag{2-6}$$

若 $\mathrm{E}(\boldsymbol{v})=0$,$\mathrm{Cov}(\boldsymbol{v})=\boldsymbol{R}$,则

$$\mathrm{E}(\tilde{\boldsymbol{x}}) = (\boldsymbol{H}^{\mathrm{T}}\boldsymbol{W}\boldsymbol{H})^{-1}\boldsymbol{H}^{\mathrm{T}}\boldsymbol{W}\mathrm{E}(\boldsymbol{v}) = 0 \tag{2-7}$$

式(2-7)表明加权最小二乘估计是无偏估计,且可得到估计误差方差为

$$\mathrm{E}(\tilde{\boldsymbol{x}}\tilde{\boldsymbol{x}}^{\mathrm{T}}) = (\boldsymbol{H}^{\mathrm{T}}\boldsymbol{W}\boldsymbol{H})^{-1}\boldsymbol{H}^{\mathrm{T}}\boldsymbol{W}\boldsymbol{R}\boldsymbol{W}\boldsymbol{H}(\boldsymbol{H}^{\mathrm{T}}\boldsymbol{W}\boldsymbol{H})^{-1} \tag{2-8}$$

如果满足$\boldsymbol{W}=\boldsymbol{R}^{-1}$,则加权最小二乘估计变为

$$\begin{cases}\hat{\boldsymbol{x}}_{\mathrm{WLS}}=(\boldsymbol{H}^{\mathrm{T}}\boldsymbol{R}^{-1}\boldsymbol{H})^{-1}\boldsymbol{H}^{\mathrm{T}}\boldsymbol{R}^{-1}\boldsymbol{z}\\ \mathrm{E}(\tilde{\boldsymbol{x}}\,\tilde{\boldsymbol{x}}^{\mathrm{T}})=(\boldsymbol{H}^{\mathrm{T}}\boldsymbol{R}^{-1}\boldsymbol{H})^{-1}\end{cases}\tag{2-9}$$

由文献[1]可知,只有当$\boldsymbol{W}=\boldsymbol{R}^{-1}$时,加权最小二乘估计的均方差误差才能达到最小。

综上所述可以看出,当$\boldsymbol{W}=\boldsymbol{I}$时,最小二乘估计为使总体偏差达到最小,兼顾了所有量测误差,但其缺点在于其不分优劣地使用了各量测值。如果可以知道不同量测值之间的质量,那么可以采用加权的思想区别对待各量测值,也就是说,质量比较高的量测值所取的权重较大,而质量较差的量测值权重取得较小,这就是加权最小二乘估计。

2.1.2 最小方差估计和线性最小方差估计

对于式(2-1),求$\boldsymbol{x}$的估计$\hat{\boldsymbol{x}}$就是根据量测量$\boldsymbol{z}$解算$\hat{\boldsymbol{x}}$,所以$\hat{\boldsymbol{x}}$必然是$\boldsymbol{z}$的函数,即$\hat{\boldsymbol{x}}(\boldsymbol{z})=f(\boldsymbol{z})$。由于$\boldsymbol{v}$是随机误差,所以无法从$\boldsymbol{z}$的函数式中直接求取$\hat{\boldsymbol{x}}$,而必须按照均方统计意义的最优准则求取。

最小方差估计即最小均方误差(minimum mean squared error,MMSE)估计,其通过使下述指标达到最小来获得,即

$$J(\hat{\boldsymbol{x}})=\mathrm{E}[(\boldsymbol{x}-\hat{\boldsymbol{x}})^{\mathrm{T}}(\boldsymbol{x}-\hat{\boldsymbol{x}})]=\min\tag{2-10}$$

由式(2-10)可以看出,每一个最小方差估计值$\hat{\boldsymbol{x}}(\boldsymbol{z})$与量测值$\boldsymbol{z}$是一一对应的,因此可以想象出最小方差估计应为在某一具体实现条件下的条件均值,可表示为

$$\hat{\boldsymbol{x}}_{\mathrm{MMSE}}=\mathrm{E}(\boldsymbol{x}\mid\boldsymbol{z})\tag{2-11}$$

下面给出证明过程:

最小方差估计误差为

$$\tilde{\boldsymbol{x}}=\boldsymbol{x}-\hat{\boldsymbol{x}}_{\mathrm{MMSE}}=\boldsymbol{x}-f(\boldsymbol{z})$$

则

$$\mathrm{E}(\tilde{\boldsymbol{x}}^{\mathrm{T}}\,\tilde{\boldsymbol{x}})=\int_{-\infty}^{+\infty}\int_{-\infty}^{+\infty}[\boldsymbol{x}-f(\boldsymbol{z})]^{\mathrm{T}}[\boldsymbol{x}-f(\boldsymbol{z})]g(\boldsymbol{x},\boldsymbol{z})\mathrm{d}\boldsymbol{x}\mathrm{d}\boldsymbol{z}$$

上式中$g(\boldsymbol{x},\boldsymbol{z})$为联合概率密度分布函数,根据贝叶斯公式有

$$g(\boldsymbol{x},\boldsymbol{z})=g_{x|z}(\boldsymbol{x}\mid\boldsymbol{z})g_{z}(\boldsymbol{z})$$

$$\mathrm{E}(\tilde{\boldsymbol{x}}^{\mathrm{T}}\,\tilde{\boldsymbol{x}})=\int_{-\infty}^{+\infty}\left\{\int_{-\infty}^{+\infty}[\boldsymbol{x}-f(\boldsymbol{z})]^{\mathrm{T}}[\boldsymbol{x}-f(\boldsymbol{z})]g_{x|z}(\boldsymbol{x}\mid\boldsymbol{z})\mathrm{d}\boldsymbol{x}\right\}g_{z}(\boldsymbol{z})\mathrm{d}\boldsymbol{z}$$

则只须内层积分$\int_{-\infty}^{+\infty}[\boldsymbol{x}-f(\boldsymbol{z})]^{\mathrm{T}}[\boldsymbol{x}-f(\boldsymbol{z})]g_{x|z}(\boldsymbol{x}\mid\boldsymbol{z})\mathrm{d}\boldsymbol{x}$最小即可,即

$$\mathrm{E}\{[\boldsymbol{x}-f(\boldsymbol{z})]^{\mathrm{T}}[\boldsymbol{x}-f(\boldsymbol{z})]\mid\boldsymbol{Z}\}=\min$$

将上式展开有

$$\mathrm{E}\{[\boldsymbol{x}^{\mathrm{T}}\boldsymbol{x}-f(\boldsymbol{z})]\mid\boldsymbol{z}\}+[f(\boldsymbol{z})-\mathrm{E}(\boldsymbol{x}\mid\boldsymbol{z})]^{\mathrm{T}}[f(\boldsymbol{z})-\mathrm{E}(\boldsymbol{x}\mid\boldsymbol{z})]-\mathrm{E}(\boldsymbol{x}\mid\boldsymbol{z})^{\mathrm{T}}\mathrm{E}(\boldsymbol{x}\mid\boldsymbol{z})=\min$$

所以有

$$\hat{\boldsymbol{x}}_{\mathrm{MMSE}} = f(\boldsymbol{z}) = \mathrm{E}(\boldsymbol{x} \mid \boldsymbol{z})$$

最小方差估计不仅适用于线性和非线性系统的状态估计，而且最小方差估计具有无偏性，即

$$\mathrm{E}(\boldsymbol{x} - \hat{\boldsymbol{x}}_{\mathrm{MMSE}}) = 0 \tag{2-12}$$

证明

$$\mathrm{E}(\hat{\boldsymbol{x}}_{\mathrm{MMSE}}) = \mathrm{E}[\mathrm{E}(\boldsymbol{x} \mid \boldsymbol{z})] = \int_{-\infty}^{+\infty}\left[\int_{-\infty}^{+\infty} \boldsymbol{x} g_{x|z}(\boldsymbol{x} \mid \boldsymbol{z})\mathrm{d}\boldsymbol{x}\right] g_z(\boldsymbol{z})\mathrm{d}\boldsymbol{z}$$

由贝叶斯公式有

$$\begin{aligned}\mathrm{E}(\hat{\boldsymbol{x}}_{\mathrm{MMSE}}) &= \int_{-\infty}^{+\infty}\left[\int_{-\infty}^{+\infty} \boldsymbol{x} g_{x|z}(\boldsymbol{x} \mid \boldsymbol{z})\mathrm{d}\boldsymbol{x}\right]\mathrm{d}\boldsymbol{z} \\ &= \int_{-\infty}^{+\infty}\left[\int_{-\infty}^{+\infty} \boldsymbol{x} g_{x|z}(\boldsymbol{x} \mid \boldsymbol{z})\mathrm{d}\boldsymbol{z}\right]\mathrm{d}\boldsymbol{x} \\ &= \int_{-\infty}^{+\infty} \boldsymbol{x} g_x(\boldsymbol{x})\mathrm{d}\boldsymbol{x} = \mathrm{E}(\boldsymbol{x})\end{aligned}$$

所谓线性最小方差(linear minimum mean squared error，LMMSE)估计，就是在已知被估量 $\boldsymbol{x}$ 和量测量 $\boldsymbol{z}$ 的一、二阶矩，即均值 $\mathrm{E}(\boldsymbol{x})$、$\mathrm{E}(\boldsymbol{z})$、$\mathrm{Var}(\boldsymbol{x})$、$\mathrm{Var}(\boldsymbol{z})$和协方差 $\mathrm{Cov}(\boldsymbol{x},\boldsymbol{z})$的情况下，假定所求的估计量$\hat{\boldsymbol{x}}$是量测量 $\boldsymbol{z}$ 的线性函数，满足的最优指标是使均方误差最小。即设

$$\hat{\boldsymbol{x}}_{\mathrm{LMMSE}}(\boldsymbol{z}) = \boldsymbol{a} + \boldsymbol{A}\boldsymbol{z} \tag{2-13}$$

因此必须选择恰当的 a 和 $\boldsymbol{A}$，使得均方误差指标

$$J(\hat{\boldsymbol{x}}) = \mathrm{E}[(\boldsymbol{x} - \hat{\boldsymbol{x}}_{\mathrm{LMMSE}})^{\mathrm{T}}(\boldsymbol{x} - \hat{\boldsymbol{x}}_{\mathrm{LMMSE}})] \tag{2-14}$$

达到极小，此时得到的 $\boldsymbol{x}$ 的最优估计就称为线性最小方差估计，记为$\hat{\boldsymbol{x}}_{\mathrm{LMMSE}}$。

根据极值理论有

$$\frac{\partial J(\hat{\boldsymbol{x}})}{\partial \boldsymbol{a}} = 0, \quad \frac{\partial J(\hat{\boldsymbol{x}})}{\partial \boldsymbol{A}} = 0 \tag{2-15}$$

通过求解式(2-15)可得

$$\begin{cases}\boldsymbol{a} = \mathrm{E}(\boldsymbol{x}) - \mathrm{Cov}(\boldsymbol{x},\boldsymbol{z})[\mathrm{Var}(\boldsymbol{z})]^{-1}\mathrm{E}(\boldsymbol{z}) \\ \boldsymbol{A} = \mathrm{Cov}(\boldsymbol{x},\boldsymbol{z})[\mathrm{Var}(\boldsymbol{z})]^{-1}\end{cases} \tag{2-16}$$

将式(2-16)代入式(2-13)得

$$\hat{\boldsymbol{x}}_{\mathrm{LMMSE}}(\boldsymbol{z}) = \mathrm{E}(\boldsymbol{x}) + \mathrm{Cov}(\boldsymbol{x},\boldsymbol{z})[\mathrm{Var}(\boldsymbol{z})]^{-1}[\boldsymbol{z} - \mathrm{E}(\boldsymbol{z})] \tag{2-17}$$

式(2-17)即为由量测值求得的线性最小方差估计的表达式。

线性最小方差估计$\hat{\boldsymbol{x}}_{\mathrm{LMMSE}}$具有以下性质：

(1) 无偏性

$$\mathrm{E}(\hat{\boldsymbol{x}}_{\mathrm{LMMSE}}) = \mathrm{E}(\boldsymbol{x}) \tag{2-18}$$

(2) 正交性

$$\mathrm{E}(\tilde{\boldsymbol{x}}_{\mathrm{LMMSE}}\boldsymbol{z}) = 0 \tag{2-19}$$

证明

$$\tilde{\boldsymbol{x}} = \boldsymbol{x} - \hat{\boldsymbol{x}}_{\mathrm{LMMSE}} = \boldsymbol{x} - \mathrm{E}(\boldsymbol{x}) - \mathrm{Cov}(\boldsymbol{x},\boldsymbol{z})[\mathrm{Var}(\boldsymbol{z})]^{-1}[\boldsymbol{z} - \mathrm{E}(\boldsymbol{z})]$$

容易得到 $\mathrm{E}(\tilde{\boldsymbol{x}})=0$，则有

$$\begin{aligned}\mathrm{E}[\tilde{\boldsymbol{x}}\boldsymbol{z}^{\mathrm{T}}]&=\mathrm{Cov}[(\boldsymbol{x}-\hat{\boldsymbol{x}}_{\mathrm{LMMSE}}),\boldsymbol{z}]=\mathrm{E}[(\boldsymbol{x}-\hat{\boldsymbol{x}}_{\mathrm{LMMSE}})(\boldsymbol{z}-\mathrm{E}(\boldsymbol{z}))^{\mathrm{T}}]\\&=\mathrm{E}\{\boldsymbol{x}-\mathrm{E}(\boldsymbol{x})-\mathrm{Cov}(\boldsymbol{x},\boldsymbol{z})[\mathrm{Var}(\boldsymbol{z})]^{-1}[\boldsymbol{z}-\mathrm{E}(\boldsymbol{z})][\boldsymbol{z}-\mathrm{E}(\boldsymbol{z})]^{\mathrm{T}}\}\\&=\mathrm{Cov}(\boldsymbol{x},\boldsymbol{z})-\mathrm{Cov}(\boldsymbol{x},\boldsymbol{z})[\mathrm{Var}(\boldsymbol{z})]^{-1}\mathrm{Var}(\boldsymbol{z})\\&=0\end{aligned}$$

2.1.3 极大似然估计和极大后验估计

极大似然(maximum likelihood,ML)估计是估计非随机参数最为常见的方法，通过最大化似然函数 $p(\boldsymbol{z}|\boldsymbol{x})$，可以得到极大似然估计为

$$\hat{\boldsymbol{x}}_{\mathrm{ML}}=\arg\max_{x} p(\boldsymbol{z}\mid\boldsymbol{x}) \tag{2-20}$$

注意到，$\boldsymbol{x}$ 为未知常数，$\hat{\boldsymbol{x}}_{\mathrm{ML}}$ 为一个随机变量，它是一组随机观测的函数。似然函数能够反映出在观测值得到的条件下，参数取某个值的可能性大小。

极大似然估计为似然方程

$$\left.\frac{\partial\ln p(\boldsymbol{z}\mid\boldsymbol{x})}{\partial\boldsymbol{x}}\right|_{\boldsymbol{x}=\hat{\boldsymbol{x}}_{\mathrm{ML}}}=0 \tag{2-21}$$

的解。

极大后验估计(maximum a posteriori,MAP)通过最大化后验概率密度函数 $p(\boldsymbol{x}|\boldsymbol{z})$ 得到，即

$$\hat{\boldsymbol{x}}_{\mathrm{MAP}}=\arg\max_{x} p(\boldsymbol{x}\mid\boldsymbol{z}) \tag{2-22}$$

极大后验估计为后验方程

$$\left.\frac{\partial\ln p(\boldsymbol{x}\mid\boldsymbol{z})}{\partial\boldsymbol{x}}\right|_{\boldsymbol{x}=\hat{\boldsymbol{x}}_{\mathrm{MAP}}}=0 \tag{2-23}$$

的解。

下面给出高斯先验下的极大似然估计和极大后验估计。考虑单输出量测

$$z=x+w \tag{2-24}$$

其中 x 为未知常数，加性的量测噪声 w 服从均值为 0，方差为 σ^2 的高斯分布，即

$$w\sim N(0,\sigma^2) \tag{2-25}$$

首先假定 x 为未知常数(无先验信息)。x 的似然函数为

$$\Lambda(x)=p(z\mid x)=\frac{1}{\sqrt{2\pi}\sigma}\mathrm{e}^{-\frac{(z-x)^2}{2\sigma^2}} \tag{2-26}$$

由于式(2-26)的峰值在 $x=z$ 处，因此有

$$\hat{x}_{\mathrm{ML}}=\arg\max_{x}\Lambda(x)=z \tag{2-27}$$

下面假设参数的先验信息为：x 为均值 $\bar{x}$，方差 σ_0^2 的高斯分布，记为

$$p(x)=N[x;\ \bar{x},\sigma_0^2] \tag{2-28}$$

同时假设 x,w 之间相互独立。在观测 z 条件下 x 的后验概率密度函数为

$$p(x \mid z)=\frac{p(z \mid x) p(x)}{p(z)}=\frac{1}{c} \mathrm{e}^{-\frac{(z-x)^2}{2 \sigma^2}-\frac{(x-\bar{x})^2}{2 \sigma_0^2}} \tag{2-29}$$

其中

$$c=2 \pi \sigma \sigma_0 p(z) \tag{2-30}$$

为与 x 无关的归一化常数。这个归一化常数保证概率密度函数的积分为 1。

通过对式(2-29)指数部分配方,可以得到后验概率密度函数为

$$p(x \mid z)=N\left[x ; \xi(z), \sigma_1^2\right]=\frac{1}{\sqrt{2 \pi} \sigma_1} \mathrm{e}^{-\frac{[x-\xi(z)]}{2 \sigma_1^2}} \tag{2-31}$$

即高斯分布,其中

$$\xi(z) \stackrel{\text{def}}{=} \frac{\sigma^2}{\sigma_0^2+\sigma^2} \bar{x}+\frac{\sigma_0^2}{\sigma_0^2+\sigma^2} z=\bar{x}+\frac{\sigma_0^2}{\sigma_0^2+\sigma^2}(z-\bar{x}) \tag{2-32}$$

和

$$\sigma_1^2 \stackrel{\text{def}}{=} \frac{\sigma_0^2 \sigma^2}{\sigma_0^2+\sigma^2} \tag{2-33}$$

式(2-31)关于 x 最大化,可得

$$\hat{x}_{\mathrm{MAP}}=\xi(z) \tag{2-34}$$

也就是说,针对具有先验概率密度函数式(2-28)的随机参数 x,以式(2-32)给出的 $\xi(z)$是一个极大后验估计。

注意到针对本问题(纯高斯分布)中的极大后验估计式(2-32)为如下两部分的加权和:

(1) z,极大似然估计,似然函数的最大值点;

(2) $\bar{x}$,待估计参数的先验概率密度函数峰值点。

方程(2-32)可以改写为

$$\begin{aligned} \hat{x}_{\mathrm{MAP}} &= \left(\sigma_0^{-2}+\sigma^{-2}\right)^{-1} \sigma_0^{-2} \bar{x}+\left(\sigma_0^{-2}+\sigma^{-2}\right)^{-1} \sigma^{-2} z \\ &= \left(\sigma_0^{-2}+\sigma^{-2}\right)^{-1}\left[\frac{\bar{x}}{\sigma_0^2}+\frac{z}{\sigma^2}\right] \end{aligned} \tag{2-35}$$

其中隐含地显示了先验均值和量测值各自的权重与它们的方差成反比。

类似地,式(2-33)可以改写为

$$\sigma_1^{-2}=\sigma_0^{-2}+\sigma^{-2} \tag{2-36}$$

它表明方差的逆是加性的。当信源独立的时候,信息的加性在一般意义下成立。

2.2 最优贝叶斯滤波

考虑如下所示的离散动态系统

$$\boldsymbol{x}_k=\boldsymbol{f}_{k-1}\left(\boldsymbol{x}_{k-1}, \boldsymbol{w}_{k-1}\right) \tag{2-37}$$

$$\boldsymbol{z}_k=\boldsymbol{h}_k\left(\boldsymbol{x}_k, \boldsymbol{v}_k\right) \tag{2-38}$$

其中 $\boldsymbol{x}_k \in \mathbf{R}^n$ 与 $\boldsymbol{z}_k \in \mathbf{R}^m$ 分别是系统状态向量和量测向量; $\boldsymbol{f}_{k-1}(\cdot): \mathbf{R}^n \rightarrow \mathbf{R}^n$ 和 $\boldsymbol{h}_k(\cdot): \mathbf{R}^n \rightarrow \mathbf{R}^m$ 分别为系统状态转移函数和测量函数; $\boldsymbol{w}_k \in \mathbf{R}^p$ 和 $\boldsymbol{v}_k \in \mathbf{R}^q$ 分别为系

统的过程噪声和量测噪声。假设：

(1) 初始状态的概率密度函数 $p(\boldsymbol{x}_0)$已知。

(2) $\boldsymbol{w}_k$ 和 $\boldsymbol{v}_k$ 都是独立过程，且二者相互独立，它们与初始状态也相互独立；同时 $\boldsymbol{w}_k$ 和 $\boldsymbol{v}_k$ 的概率密度函数 $\rho(\boldsymbol{w}_k)$ 和 $\rho(\boldsymbol{v}_k)$ 也已知。

(3) 系统的状态服从一阶 Markov 过程，即 $p(\boldsymbol{x}_k|\boldsymbol{x}_{k-1},\boldsymbol{x}_{k-2},\cdots,\boldsymbol{x}_0)=p(\boldsymbol{x}_k|\boldsymbol{x}_{k-1})$；系统量测值仅与当前时刻的状态有关，即 $p(\boldsymbol{z}_k|\boldsymbol{x}_k,\mathrm{A})=p(\boldsymbol{z}_k|\boldsymbol{x}_k)$；过程所有滤波相关的概率密度函数都可以计算得到。

已知量测信息 $\boldsymbol{Z}_k=\{\boldsymbol{z}_1,\boldsymbol{z}_2,\cdots,\boldsymbol{z}_k\}$。后验概率密度 $p(\boldsymbol{x}_k|\boldsymbol{Z}_k)$在滤波理论中起着非常重要的作用，因为它封装了状态向量 $\boldsymbol{x}_k$ 的所有信息，同时蕴涵了量测 $\boldsymbol{Z}_k$ 及状态先验分布等信息，从而 $p(\boldsymbol{x}_k|\boldsymbol{Z}_k)$提供了滤波问题的完全解。一旦获得了状态的后验概率密度函数，就可以计算出状态变量的多种统计特性，而且可以依照不同的准则函数，计算出状态变量的各种估计，例如最小方差估计、最大后验估计等。这也就是采用递推贝叶斯滤波来描述系统最优滤波问题的原因所在，因此，如何求解 $p(\boldsymbol{x}_k|\boldsymbol{Z}_k)$是滤波的核心问题。

依据最小方差估计可以得到 k 时刻的状态估计及其估计误差的协方差阵，即

$$\hat{\boldsymbol{x}}_k^{\mathrm{MMSE}}=\mathrm{E}(\boldsymbol{x}_k\mid\boldsymbol{Z}_k)=\int\boldsymbol{x}_k p(\boldsymbol{x}_k\mid\boldsymbol{Z}_k)\mathrm{d}\boldsymbol{x}_k \tag{2-39}$$

$$\boldsymbol{P}_k=\int(\boldsymbol{x}_k-\hat{\boldsymbol{x}}_k)(\boldsymbol{x}_k-\hat{\boldsymbol{x}}_k)^{\mathrm{T}}p(\boldsymbol{x}_k\mid\boldsymbol{Z}_k)\mathrm{d}\boldsymbol{x}_k \tag{2-40}$$

同理根据极大后验估计原理，可以得到状态的极大后验估计

$$\hat{\boldsymbol{x}}_k^{\mathrm{MAP}}=\max p(\boldsymbol{x}_k\mid\boldsymbol{Z}_k)\mid_{x_k=\hat{x}_k} \tag{2-41}$$

递推贝叶斯滤波的核心思想就是基于所获得的量测信息 $\boldsymbol{Z}_k=\{\boldsymbol{z}_1,\boldsymbol{z}_2,\cdots,\boldsymbol{z}_k\}$求得非线性系统状态估计完整描述的后验概率密度函数 $p(\boldsymbol{x}_k|\boldsymbol{Z}_k)$。递推贝叶斯滤波公式如下：

(1) 假设在 $k-1$ 时刻已经获得了 $p(\boldsymbol{x}_{k-1}|\boldsymbol{Z}_{k-1})$，那么根据状态的一阶 Markov 特性，状态一步预测的概率密度函数可以表示为

$$\begin{aligned}p(\boldsymbol{x}_k\mid\boldsymbol{Z}_{k-1})&=\int p(\boldsymbol{x}_k,\boldsymbol{x}_{k-1}\mid\boldsymbol{Z}_{k-1})\mathrm{d}\boldsymbol{x}_{k-1}=\int p(\boldsymbol{x}_k\mid\boldsymbol{x}_{k-1},\boldsymbol{Z}_{k-1})p(\boldsymbol{x}_k\mid\boldsymbol{Z}_{k-1})\mathrm{d}\boldsymbol{x}_{k-1}\\&=\int p(\boldsymbol{x}_k\mid\boldsymbol{x}_{k-1})p(\boldsymbol{x}_{k-1}\mid\boldsymbol{Z}_{k-1})\mathrm{d}\boldsymbol{x}_{k-1}\end{aligned} \tag{2-42}$$

其中 $p(\boldsymbol{x}_k|\boldsymbol{x}_{k-1})$表示状态转移概率密度，当系统具有可加性系统噪声时

$$p(\boldsymbol{x}_k\mid\boldsymbol{x}_{k-1})=\int\delta(\boldsymbol{x}_k-\boldsymbol{f}_{k-1}(\boldsymbol{x}_{k-1}))\rho(\boldsymbol{w}_{k-1})\mathrm{d}\boldsymbol{w}_{k-1} \tag{2-43}$$

式中 $\delta(\cdot)$为 Dirac delta 函数。

(2) 在已经获得 $p(\boldsymbol{x}_k|\boldsymbol{Z}_{k-1})$基础上，计算得到输出一步预测的概率密度函数

$$\begin{aligned}p(\boldsymbol{z}_k\mid\boldsymbol{Z}_{k-1})&=\int p(\boldsymbol{x}_k,\boldsymbol{z}_k\mid\boldsymbol{Z}_{k-1})\mathrm{d}\boldsymbol{x}_k=\int p(\boldsymbol{z}_k\mid\boldsymbol{x}_k,\boldsymbol{Z}_{k-1})p(\boldsymbol{x}_k\mid\boldsymbol{Z}_{k-1})\mathrm{d}\boldsymbol{x}_k\\&=\int p(\boldsymbol{z}_k\mid\boldsymbol{x}_k)p(\boldsymbol{x}_k\mid\boldsymbol{Z}_{k-1})\mathrm{d}\boldsymbol{x}_k\end{aligned} \tag{2-44}$$

其中 $p(\boldsymbol{z}_k|\boldsymbol{x}_k)$表示输出似然概率密度函数，当系统具有可加性量测噪声时

$$p(\boldsymbol{z}_k \mid \boldsymbol{x}_k) = \int \delta(\boldsymbol{z}_k - \boldsymbol{h}_k(\boldsymbol{x}_k))\rho(\boldsymbol{v}_k)\mathrm{d}\boldsymbol{v}_k \tag{2-45}$$

(3) 在 k 时刻已经获得新的量测信息 $\boldsymbol{z}_k$，可以利用贝叶斯公式计算得到系统状态的后验概率密度函数

$$\begin{aligned} p(\boldsymbol{x}_k \mid \boldsymbol{Z}_k) &= \frac{p(\boldsymbol{Z}_k \mid \boldsymbol{x}_k)p(\boldsymbol{x}_k)}{p(\boldsymbol{Z}_k)} = \frac{p(\boldsymbol{z}_k,\boldsymbol{Z}_{k-1} \mid \boldsymbol{x}_k)p(\boldsymbol{x}_k)}{p(\boldsymbol{Z}_k)} \\ &= \frac{p(\boldsymbol{z}_k \mid \boldsymbol{Z}_{k-1},\boldsymbol{x}_k)p(\boldsymbol{Z}_{k-1} \mid \boldsymbol{x}_k)p(\boldsymbol{x}_k)}{p(\boldsymbol{z}_k \mid \boldsymbol{Z}_{k-1})p(\boldsymbol{Z}_{k-1})} \\ &= \frac{p(\boldsymbol{z}_k \mid \boldsymbol{Z}_{k-1},\boldsymbol{x}_k)p(\boldsymbol{x}_k \mid \boldsymbol{Z}_{k-1})p(\boldsymbol{Z}_{k-1})p(\boldsymbol{x}_k)}{p(\boldsymbol{z}_k \mid \boldsymbol{Z}_{k-1})p(\boldsymbol{Z}_{k-1})p(\boldsymbol{x}_k)} \\ &= \frac{p(\boldsymbol{z}_k \mid \boldsymbol{x}_k)p(\boldsymbol{x}_k \mid \boldsymbol{Z}_{k-1})}{p(\boldsymbol{z}_k \mid \boldsymbol{Z}_{k-1})} \end{aligned} \tag{2-46}$$

由上述理论推导可以看出，递推贝叶斯滤波对系统服从线性还是非线性没有要求，因此可以得出这样的结论：适用于线性系统和非线性系统的最优滤波算法就是递推贝叶斯滤波算法。对于线性高斯系统而言，式(2-42)、式(2-44)及式(2-46)所表示的概率密度函数完全可以由均值和协方差表示，此时，状态的最小方差估计可由卡尔曼滤波方程给出，其结果也是最优的；对于非线性系统来说，要得到精确的最优滤波解是非常困难的，而且在绝大多数情况下是根本不可能的，这是因为贝叶斯滤波中系统状态后验概率密度函数 $p(\boldsymbol{x}_k|\boldsymbol{Z}_k)$的求解是极为复杂困难的，甚至是根本无法实现的。因此贝叶斯滤波只是为非线性最优滤波提供了一个一般的理论框架，实际中因其需要无尽的参数及大量的运算而应用起来十分困难。为此，人们利用各种途径，寻找贝叶斯滤波近似解的解决方法，并提出了许多极具理论和实际意义的非线性系统次优滤波算法，包括扩展卡尔曼滤波器、强跟踪滤波器、无迹卡尔曼滤波器、差分滤波器、粒子滤波器等。

2.3　线性动态系统状态滤波

2.3.1　卡尔曼滤波器

设随机线性离散系统的方程为

$$\boldsymbol{x}_k = \boldsymbol{\Phi}_{k,k-1}\boldsymbol{x}_{k-1} + \boldsymbol{\Gamma}_{k,k-1}\boldsymbol{w}_{k-1} \tag{2-47}$$

$$\boldsymbol{z}_k = \boldsymbol{H}_k\boldsymbol{x}_k + \boldsymbol{v}_k \tag{2-48}$$

式中 $\boldsymbol{x}_k$ 是系统的 n 维系统状态向量，$\boldsymbol{z}_k$ 是系统的 m 维量测向量，$\boldsymbol{w}_k$ 是 p 维系统过程噪声，$\boldsymbol{v}_k$ 是 m 维量测噪声，$\boldsymbol{\Phi}_{k,k-1}$ 是系统 $n\times n$ 维状态转移矩阵，$\boldsymbol{\Gamma}_{k,k-1}$ 是 $n\times p$ 维噪声输入矩阵，$\boldsymbol{H}_k$ 为 $m\times n$ 维量测矩阵，下标 k 表示第 k 时刻。

关于系统过程噪声和量测噪声的统计特性，假定如下

$$\begin{cases} \mathrm{E}(\boldsymbol{w}_k)=0, \mathrm{E}(\boldsymbol{w}_k\boldsymbol{w}_j^{\mathrm{T}})=\boldsymbol{Q}_k\delta_{kj} \\ \mathrm{E}(\boldsymbol{v}_k)=0, \mathrm{E}(\boldsymbol{v}_k\boldsymbol{v}_j^{\mathrm{T}})=\boldsymbol{R}_k\delta_{kj} \\ \mathrm{E}(\boldsymbol{w}_k\boldsymbol{v}_j^{\mathrm{T}})=0 \end{cases} \tag{2-49}$$

其中，$\boldsymbol{Q}_k$ 是系统噪声 $\boldsymbol{w}_k$ 的非负定方差矩阵；$\boldsymbol{R}_k$ 是系统量测噪声 $\boldsymbol{v}_k$ 的正定方差矩阵；$\boldsymbol{S}_k$ 是关于 $\boldsymbol{w}_k$ 和 $\boldsymbol{v}_k$ 的协方差矩阵。

如果被估计状态 $\boldsymbol{x}_k$ 和量测值 $\boldsymbol{z}_k$ 满足式(2-47)和式(2-48)的约束，系统过程噪声 $\boldsymbol{w}_k$ 和量测噪声 $\boldsymbol{v}_k$ 满足式(2-48)的统计特性假设，则 $\boldsymbol{x}_k$ 的状态估计 $\hat{\boldsymbol{x}}_k$ 可按照如下逆推公式求解。

状态一步预测

$$\hat{\boldsymbol{x}}_{k|k-1}=\Phi_{k,k-1}\hat{\boldsymbol{x}}_{k-1} \tag{2-50}$$

状态估计

$$\hat{\boldsymbol{x}}_k=\hat{\boldsymbol{x}}_{k|k-1}+\boldsymbol{K}_k(\boldsymbol{z}_k-\boldsymbol{H}_k\hat{\boldsymbol{x}}_{k|k-1}) \tag{2-51}$$

滤波增益矩阵

$$\boldsymbol{K}_k=\boldsymbol{P}_{k,k-1}\boldsymbol{H}_k^{\mathrm{T}}(\boldsymbol{H}_k\boldsymbol{P}_{k|k-1}\boldsymbol{H}_k^{\mathrm{T}}+\boldsymbol{R}_k)^{-1} \tag{2-52}$$

一步预测误差方差阵

$$\boldsymbol{P}_{k|k-1}=\Phi_{k,k-1}\boldsymbol{P}_{k-1}\Phi_{k|k-1}^{\mathrm{T}}+\Gamma_{k,k-1}\boldsymbol{Q}_{k-1}\Gamma_{k,k-1}^{\mathrm{T}} \tag{2-53}$$

估计误差方差阵

$$\boldsymbol{P}_k=(\boldsymbol{I}-\boldsymbol{K}_k\boldsymbol{H}_k)\boldsymbol{P}_{k|k-1}(\boldsymbol{I}-\boldsymbol{K}_k\boldsymbol{H}_k)^{\mathrm{T}}+\boldsymbol{K}_k\boldsymbol{R}_k\boldsymbol{K}_k^{\mathrm{T}} \tag{2-54}$$

其中，式(2-52)可以进一步转化为

$$\boldsymbol{K}_k=\boldsymbol{P}_k\boldsymbol{H}_k^{\mathrm{T}}\boldsymbol{R}_k^{-1} \tag{2-55}$$

式(2-54)可以等效为

$$\boldsymbol{P}_k=(\boldsymbol{I}-\boldsymbol{K}_k\boldsymbol{H}_k)\boldsymbol{P}_{k|k-1} \tag{2-56}$$

式(2-50)～式(2-56)即为随机线性离散系统卡尔曼滤波基本方程。只要给定初值 $\hat{\boldsymbol{x}}_0$ 和 $\boldsymbol{P}_0$，根据 k 时刻的量测值 $\boldsymbol{z}_k$，就可以递推计算出 k 时刻的状态估计 $\hat{\boldsymbol{x}}_k$。

卡尔曼滤波器利用反馈控制的方法估计系统过程状态：滤波器估计过程某一时刻的状态，然后以量测更新的方式获得反馈。因此卡尔曼滤波可以分为两个部分，状态更新过程和量测更新过程。状态更新方程推算当前状态变量和估计误差方差矩阵，为下一个时间状态构造先验估计。量测更新方程结合先验估计和新量测值改进后验估计。

式(2-50)～式(2-56)的滤波算法如图 2-1 所示，可以看出，卡尔曼滤波具有两个相互影响的计算回路：状态更新回路和量测更新回路，也就是预测与校正的过程。

2.3.2 信息滤波器

标准卡尔曼滤波器方程计算卡尔曼增益和递推计算状态协方差阵一起进行，这里介绍另外一种计算方法——信息滤波。所谓信息滤波器，就是在预报和更新两个

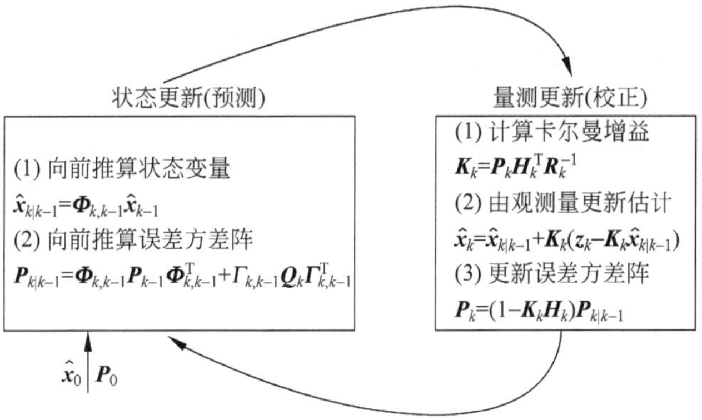

图 2-1　卡尔曼滤波器工作原理图

环节上都递推地计算协方差阵的逆阵。采用“信息”这个名词是在 Cramer-Rao 下界的意义下，所谓信息矩阵就是协方差阵的逆阵。

定理 2.1　对于由式(2-47)和式(2-48)所描述的系统，假定卡尔曼滤波器存在，而且假定所有状态转移矩阵$\Phi_{k,k-1}$可逆，所有协方差阵可逆，则协方差阵和卡尔曼增益阵可按信息滤波器方法计算。

(1) 一步预报信息矩阵为

$$\boldsymbol{P}_{k|k-1}^{-1}=(\boldsymbol{A}_{k-1}^{-1}+\Gamma_{k-1}\boldsymbol{Q}_{k-1}\Gamma_{k-1}^{\mathrm{T}})^{-1} \tag{2-57}$$

其中 $\boldsymbol{A}_{k-1}^{-1}=\Phi_{k,k-1}\boldsymbol{P}_{k-1|k-1}\Phi_{k,k-1}^{\mathrm{T}}$。

(2) 滤波信息矩阵为

$$\boldsymbol{P}_{k|k}^{-1}=\boldsymbol{P}_{k|k-1}^{-1}+\boldsymbol{H}_k^{\mathrm{T}}\boldsymbol{R}_k^{-1}\boldsymbol{H}_k \tag{2-58}$$

(3) 卡尔曼增益阵的信息矩阵表达式为

$$\boldsymbol{K}_k=\boldsymbol{P}_{k|k}\boldsymbol{H}_k^{\mathrm{T}}\boldsymbol{R}_k^{-1} \tag{2-59}$$

证明　分三个步骤证明。

(1) 记没有过程噪声情况下相应于状态预报的信息矩阵是

$$\boldsymbol{A}_{k-1}^{-1}=\Phi_{k,k-1}\boldsymbol{P}_{k-1|k-1}\Phi_{k,k-1}^{\mathrm{T}}$$

而当 $\boldsymbol{A}_{k-1}$ 可逆时有 $\boldsymbol{A}_{k-1}=(\Phi_{k,k-1}^{-1})^{\mathrm{T}}\boldsymbol{P}_{k-1|k-1}^{-1}\Phi_{k,k-1}^{-1}$；这样，预报信息矩阵就是

$$\boldsymbol{P}_{k|k-1}^{-1}=(\Phi_{k,k-1}\boldsymbol{P}_{k-1|k-1}\Phi_{k,k-1}^{\mathrm{T}}+\Gamma_{k-1}\boldsymbol{Q}_{k-1}\Gamma_{k-1}^{\mathrm{T}})^{-1}=(\boldsymbol{A}_{k-1}^{-1}+\Gamma_{k-1}\boldsymbol{Q}_{k-1}\Gamma_{k-1}^{\mathrm{T}})^{-1}$$

而且按矩阵求逆引理可以重新写成

$$\boldsymbol{P}_{k|k-1}^{-1}=\boldsymbol{A}_{k-1}-\boldsymbol{A}_{k-1}\Gamma_{k-1}(\Gamma_{k-1}^{\mathrm{T}}\boldsymbol{A}_{k-1}\Gamma_{k-1}+\boldsymbol{Q}_{k-1}^{-1})^{-1}\Gamma_{k-1}^{\mathrm{T}}\boldsymbol{A}_{k-1}$$

(2) 因为 $\boldsymbol{P}_{k|k}=\boldsymbol{P}_{k|k-1}-\boldsymbol{P}_{k|k-1}\boldsymbol{H}_k^{\mathrm{T}}(\boldsymbol{H}_k\boldsymbol{P}_{k|k-1}\boldsymbol{H}_k^{\mathrm{T}}+\boldsymbol{R}_k)^{-1}\boldsymbol{H}_k\boldsymbol{P}_{k|k-1}$，按矩阵求逆引理直接有 $\boldsymbol{P}_{k|k}=(\boldsymbol{P}_{k|k-1}^{-1}+\boldsymbol{H}_k^{\mathrm{T}}\boldsymbol{R}_k^{-1}\boldsymbol{H}_k)^{-1}$，所以有式(2-58)。

(3) 增益表达式可以重新写成

$$\begin{aligned}\boldsymbol{K}_k&=\boldsymbol{P}_{k|k-1}\boldsymbol{H}_k^{\mathrm{T}}[(\boldsymbol{H}_k\boldsymbol{P}_{k|k-1}\boldsymbol{H}_k^{\mathrm{T}}+\boldsymbol{R}_k)^{-1}+\boldsymbol{R}_k^{-1}-\boldsymbol{R}_k^{-1}]\\&=\boldsymbol{P}_{k|k-1}\boldsymbol{H}_k^{\mathrm{T}}\boldsymbol{R}_k^{-1}+\boldsymbol{P}_{k|k-1}\boldsymbol{H}_k^{\mathrm{T}}(\boldsymbol{H}_k\boldsymbol{P}_{k|k-1}\boldsymbol{H}_k^{\mathrm{T}}+\boldsymbol{R}_k)^{-1}[\boldsymbol{I}-(\boldsymbol{H}_k\boldsymbol{P}_{k|k-1}\boldsymbol{H}_k^{\mathrm{T}}+\boldsymbol{R}_k)\boldsymbol{R}_k^{-1}]\\&=[\boldsymbol{P}_{k|k-1}-\boldsymbol{P}_{k|k-1}\boldsymbol{H}_k^{\mathrm{T}}(\boldsymbol{H}_k\boldsymbol{P}_{k|k-1}\boldsymbol{H}_k^{\mathrm{T}}+\boldsymbol{R}_k)^{-1}\boldsymbol{H}_k^{\mathrm{T}}\boldsymbol{P}_{k|k-1}]\boldsymbol{H}_k^{\mathrm{T}}\boldsymbol{R}_k^{-1}\end{aligned}$$

再次应用矩阵求逆引理，上式可以写成

$$K_k = (P_{k|k-1}^{-1} + H_k^{\mathrm{T}} R_k^{-1} H_k)^{-1} H_k^{\mathrm{T}} R_k^{-1}$$

这就是增益矩阵的信息矩阵表达式。容易证明，上式等价于另一种替换形式

$$K_k = P_k H_k^{\mathrm{T}} R_k^{-1}$$

一般情况下，当系统状态维数 n 远远大于量测向量维数 m 时，采用标准卡尔曼滤波器有优点，因为其中的求逆矩阵是 $m\times m$ 的；但是，当量测向量维数 m 远大于状态维数 n 时，采用信息滤波器就可以大大减小计算量，因为求逆是对 $n\times n$ 矩阵的。

2.4 非线性动态系统状态滤波

目前，应用最广的非线性高斯滤波器是扩展卡尔曼滤波（extended Kalman filter，EKF），EKF 的估计精度只能达到泰勒一阶。最近，Julier[2] 和 Nørgarrd[3] 分别提出了估计精度可达泰勒二阶的非线性高斯状态滤波器：基于无迹变换（unscented transformation，UT）的无迹卡尔曼滤波（unscented Kalman filter，UKF）和基于 Stirling 多项式插值公式的分开差分滤波（divided difference filter，DDF）。而对于非线性非高斯系统状态估计，可以采用基于蒙特卡罗仿真的粒子滤波（particle filter，PF）。

2.4.1 扩展卡尔曼滤波器

考虑如下非线性离散系统

$$x_k = f_{k-1}(x_{k-1}, w_{k-1}) \tag{2-60}$$

$$z_k = h_k(x_k, v_k) \tag{2-61}$$

式中 $w_k \in \mathbf{R}^p$ 和 $v_k \in \mathbf{R}^q$ 均为零均值高斯白噪声，且互不相关，其统计特性如下

$$\begin{cases} \mathrm{E}[w_k] = 0, \mathrm{Cov}[w_k, w_j^{\mathrm{T}}] = Q_k \delta_{kj} \\ \mathrm{E}[v_k] = 0, \mathrm{Cov}[v_k, v_j^{\mathrm{T}}] = R_k \delta_{kj} \\ \mathrm{Cov}[w_k, v_j^{\mathrm{T}}] = 0 \end{cases} \tag{2-62}$$

其中 Q_k 为对称非负定阵；R_k 为对称正定阵。初始状态 x_0 独立于 w_k、v_k，x_0 的均值和协方差为

$$\begin{cases} \hat{x}_0 = \mathrm{E}(x_0) \\ P_0 = \mathrm{Cov}(x_0, x_0^{\mathrm{T}}) = \mathrm{E}[(x_0 - \hat{x}_0)(x_0 - \hat{x}_0)^{\mathrm{T}}] \end{cases} \tag{2-63}$$

将非线性状态函数 $f_{k-1}(\cdot)$ 围绕滤波值 $\hat{x}_{k-1}$ 展成泰勒级数，并略去二阶以上项，得到

$$x_k \approx f_{k-1}(\hat{x}_{k-1}, 0) + \frac{\partial f}{\partial \hat{x}_{k-1}}(x_{k-1} - \hat{x}_{k-1}) + \frac{\partial f}{\partial w_{k-1}} w_{k-1} \tag{2-64}$$

其中

$$\frac{\partial f}{\partial \hat{x}_{k-1}} = \left.\frac{\partial f_{k-1}(x_{k-1}, u_{k-1}, w_{k-1})}{\partial x_{k-1}}\right|_{\substack{x_{k-1} = \hat{x}_{k-1} \\ w_{k-1} = 0}} \tag{2-65}$$

$$\frac{\partial \boldsymbol{f}}{\partial \boldsymbol{w}_{k-1}}=\left.\frac{\partial \boldsymbol{f}_{k-1}(\boldsymbol{x}_{k-1},\boldsymbol{u}_{k-1},\boldsymbol{w}_{k-1})}{\partial \boldsymbol{w}_{k-1}}\right|_{\substack{\boldsymbol{x}_{k-1}=\hat{\boldsymbol{x}}_{k-1}\\ \boldsymbol{w}_{k-1}=0}} \tag{2-66}$$

令

$$\frac{\partial \boldsymbol{f}}{\partial \hat{\boldsymbol{x}}_{k-1}}=\boldsymbol{\Phi}_{k,k-1},\quad \frac{\partial \boldsymbol{f}}{\partial \boldsymbol{w}_{k-1}}=\boldsymbol{\Gamma}_{k,k-1},\quad \boldsymbol{f}_{k-1}(\hat{\boldsymbol{x}}_{k-1},0)-\frac{\partial \boldsymbol{f}}{\partial \hat{\boldsymbol{x}}_{k-1}}\hat{\boldsymbol{x}}_{k-1}=\boldsymbol{U}_{k-1} \tag{2-67}$$

则非线性系统状态函数一阶线性化后，状态方程变为

$$\boldsymbol{x}_k \approx \boldsymbol{\Phi}_{k,k-1}\boldsymbol{x}_{k-1}+\boldsymbol{U}_{k-1}+\boldsymbol{\Gamma}_{k,k-1}\boldsymbol{w}_{k-1} \tag{2-68}$$

将非线性量测函数 $\boldsymbol{h}_k(\cdot)$ 围绕滤波值 $\hat{\boldsymbol{x}}_{k|k-1}$ 展成泰勒级数，并略去二阶以上项，得到

$$\boldsymbol{z}_k \approx \boldsymbol{h}_k(\hat{\boldsymbol{x}}_{k|k-1},0)+\frac{\partial \boldsymbol{h}}{\partial \hat{\boldsymbol{x}}_{k|k-1}}(\boldsymbol{x}_k-\hat{\boldsymbol{x}}_{k|k-1})+\frac{\partial \boldsymbol{h}}{\partial \boldsymbol{v}_k}\boldsymbol{v}_k \tag{2-69}$$

其中

$$\frac{\partial \boldsymbol{h}}{\partial \hat{\boldsymbol{x}}_{k|k-1}}=\left.\frac{\partial \boldsymbol{h}_k(\boldsymbol{x}_k,\boldsymbol{v}_k)}{\partial \boldsymbol{x}_k}\right|_{\substack{\boldsymbol{x}_k=\hat{\boldsymbol{x}}_{k|k-1}\\ \boldsymbol{v}_k=0}} \tag{2-70}$$

$$\frac{\partial \boldsymbol{h}}{\partial \boldsymbol{v}_k}=\left.\frac{\partial \boldsymbol{h}_k(\boldsymbol{x}_k,\boldsymbol{v}_k)}{\partial \boldsymbol{v}_k}\right|_{\substack{\boldsymbol{x}_k=\hat{\boldsymbol{x}}_{k|k-1}\\ \boldsymbol{v}_k=0}} \tag{2-71}$$

令

$$\frac{\partial \boldsymbol{h}}{\partial \hat{\boldsymbol{x}}_{k|k-1}}=\boldsymbol{H}_k,\quad \boldsymbol{h}_k(\hat{\boldsymbol{x}}_{k|k-1},0)-\frac{\partial \boldsymbol{h}}{\partial \hat{\boldsymbol{x}}_{k|k-1}}\hat{\boldsymbol{x}}_{k|k-1}=\boldsymbol{y}_k,\quad \frac{\partial \boldsymbol{h}}{\partial \boldsymbol{v}_k}=\boldsymbol{\Lambda}_k \tag{2-72}$$

则非线性系统量测函数一阶线性化后，量测方程变为

$$\boldsymbol{z}_k \approx \boldsymbol{H}_k\boldsymbol{x}_k+\boldsymbol{y}_k+\boldsymbol{\Lambda}_k\boldsymbol{v}_k \tag{2-73}$$

基于式(2-68)和式(2-73)，应用线性卡尔曼滤波基本方程可得 EKF

$$\hat{\boldsymbol{x}}_k=\hat{\boldsymbol{x}}_{k|k-1}+\boldsymbol{K}_k(\boldsymbol{z}_k-\hat{\boldsymbol{z}}_{k|k-1}) \tag{2-74}$$

$$\hat{\boldsymbol{x}}_{k|k-1}=\boldsymbol{\Phi}_{k,k-1}\hat{\boldsymbol{x}}_{k-1}+\boldsymbol{U}_{k-1}=\boldsymbol{f}_{k-1}(\hat{\boldsymbol{x}}_{k-1},0) \tag{2-75}$$

$$\hat{\boldsymbol{z}}_{k|k-1}=\boldsymbol{H}_k\hat{\boldsymbol{x}}_{k|k-1}+\boldsymbol{y}_k=\boldsymbol{h}_k(\hat{\boldsymbol{x}}_{k|k-1},0) \tag{2-76}$$

$$\boldsymbol{K}_k=\boldsymbol{P}_{k|k-1}\boldsymbol{H}_k^{\mathrm{T}}(\boldsymbol{H}_k\boldsymbol{P}_{k|k-1}\boldsymbol{H}_k^{\mathrm{T}}+\boldsymbol{\Lambda}_k\boldsymbol{R}_k\boldsymbol{\Lambda}_k^{\mathrm{T}})^{-1} \tag{2-77}$$

$$\boldsymbol{P}_{k|k-1}=\boldsymbol{\Phi}_{k,k-1}\boldsymbol{P}_{k-1}\boldsymbol{\Phi}_{k,k-1}^{\mathrm{T}}+\boldsymbol{\Gamma}_{k,k-1}\boldsymbol{Q}_{k-1}\boldsymbol{\Gamma}_{k,k-1}^{\mathrm{T}} \tag{2-78}$$

$$\boldsymbol{P}_k=(\boldsymbol{I}-\boldsymbol{K}_k\boldsymbol{H}_k)\boldsymbol{P}_{k|k-1} \tag{2-79}$$

由以上推导过程可以看出，EKF 需要计算非线性函数的雅可比矩阵，因此要求非线性系统状态函数和量测函数必须是连续可微的，而且 EKF 对非线性状态的估计精度只能达到一阶，只有在滤波误差 $\tilde{\boldsymbol{x}}_k=\boldsymbol{x}_k-\hat{\boldsymbol{x}}_k$ 和一步状态预测误差 $\tilde{\boldsymbol{x}}_{k|k-1}=\boldsymbol{x}_k-\hat{\boldsymbol{x}}_{k|k-1}$ 较小时 EKF 滤波效果较好，特别地，当系统具有强非线性时，EKF 估计精度严重下降，甚至发散。

2.4.2 强跟踪滤波器

EKF 对系统模型具有严格的要求，系统模型的不确定性，包括模型状态简化、系统噪声及初始状态的统计特性建模不准确、实际系统的模型参数发生变动等，都会造成滤波器的状态估计值偏离系统的真实状态，引起滤波发散，即 EKF 不具有能克服系统模型不确定的鲁棒性。

早已证明，当理论模型与实际系统完全匹配时，卡尔曼滤波器输出残差序列是互不相关的高斯白噪声序列。基于此，周东华等[20]提出了一种带次优渐消因子的扩展卡尔曼滤波器，称之为强跟踪滤波器(strong tracking filter，STF)，其通过在状态预测协方差阵中引入渐消因子的方法，在线实时调整增益矩阵，强迫输出残差序列保持相互正交。这样 STF 在系统模型不确定时仍能保持对系统状态的跟踪能力，有效解决了 EKF 关于模型不确定的鲁棒性差、滤波发散等问题。

EKF 应对模型不确定的鲁棒性很差，造成状态估计精度下降，甚至引起滤波发散。而 STF 通过在状态预测协方差阵 $\boldsymbol{P}_{k+1|k}$ 中引入渐消因子 λ_{k+1} 的方法，在线实时调整增益矩阵 $\boldsymbol{K}_{k+1}$，使得：

(Ⅰ) $\mathrm{E}\{[\boldsymbol{x}_{k+1}-\hat{\boldsymbol{x}}_{k+1}][\boldsymbol{x}_{k+1}-\hat{\boldsymbol{x}}_{k+1}]^{\mathrm{T}}\}=\min$

(Ⅱ) $\mathrm{E}[\varepsilon_{k+1+j}\varepsilon_{k+1}^{\mathrm{T}}]=0, k=0,1,2,\cdots, j=1,2,\cdots$

条件(Ⅰ)是 EKF 的性能指标；条件(Ⅱ)要求不同时刻的输出残差序列处处保持正交。

在实际应用中，系统模型不确定性会造成滤波输出残差序列不正交，建立在性能指标(Ⅰ)和(Ⅱ)的 STF 通过引入渐消因子强行使输出残差序列保持正交，具有类似高斯白噪声的性质，最大程度地提取输出残差序列中一切有效信息，这样 STF 在模型不确定时仍然能保持对系统状态的跟踪能力。

采用多重次优渐消因子，分别对不同的滤波数据通道进行渐消，则 STF 递推公式如下所示[20]

$$\hat{\boldsymbol{x}}_{k+1|k} = \boldsymbol{f}_k(\hat{\boldsymbol{x}}_k, \boldsymbol{u}_k) + \boldsymbol{q}_k \tag{2-80}$$

$$\boldsymbol{P}_{k+1|k} = \lambda_{k+1}\, \boldsymbol{\Phi}_{k+1,k}\boldsymbol{P}_k\boldsymbol{\Phi}_{k+1,k}^{\mathrm{T}} + \boldsymbol{Q}_k \tag{2-81}$$

$$\hat{\boldsymbol{z}}_{k+1|k} = \boldsymbol{h}_{k+1}(\hat{\boldsymbol{x}}_{k+1|k}) + \boldsymbol{r}_{k+1} \tag{2-82}$$

$$\hat{\boldsymbol{x}}_{k+1} = \hat{\boldsymbol{x}}_{k+1|k} + \boldsymbol{K}_{k+1}[\boldsymbol{z}_{k+1} - \hat{\boldsymbol{z}}_{k+1|k}] \tag{2-83}$$

$$\boldsymbol{K}_{k+1} = \boldsymbol{P}_{k+1|k}\boldsymbol{H}_{k+1}^{\mathrm{T}}[\boldsymbol{H}_{k+1}\boldsymbol{P}_{k+1|k}\boldsymbol{H}_{k+1}^{\mathrm{T}} + \boldsymbol{R}_{k+1}]^{-1} \tag{2-84}$$

$$\boldsymbol{P}_{k+1} = [\boldsymbol{I} - \boldsymbol{K}_{k+1}\boldsymbol{H}_{k+1}]\boldsymbol{P}_{k+1|k} \tag{2-85}$$

其中 $\lambda_{k+1}=\mathrm{diag}[\lambda_{k+1}^1, \lambda_{k+1}^2, \cdots, \lambda_{k+1}^n]$ 称为多重次优渐消因子矩阵，$\lambda_{k+1}^i \geqslant 1$ 分别为 n 个状态通道的渐消因子。设理论输出残差序列为 $\varepsilon_{k+1}=\boldsymbol{z}_{k+1}-\hat{\boldsymbol{z}}_{k+1|k}$，则渐消因子 λ_{k+1}^i 的计算采用如下算法，即

$$\lambda_{k+1}^i = \begin{cases} \alpha_i C_{k+1} & \alpha_i C_{k+1} > 1 \\ 1 & \alpha_i C_{k+1} \leqslant 1 \end{cases}, \quad C_{k+1} = \frac{\mathrm{tr}[\boldsymbol{N}_{k+1}]}{\sum_{i=1}^{n} \alpha_i M_{k+1}^{ii}} \tag{2-86}$$

$$N_{k+1} = V_{k+1} - H_{k+1}Q_kH_{k+1}^{\mathrm{T}} - R_{k+1} \tag{2-87}$$

$$M_{k+1} = \Phi_{k+1,k}P_k\Phi_{k+1,k}^{\mathrm{T}}H_{k+1}^{\mathrm{T}}H_{k+1} = [P_{k+1|k}^{(l)} - Q_k]H_{k+1}^{\mathrm{T}}H_{k+1} \tag{2-88}$$

其中 tr(•)为求矩阵迹的算子；M_{k+1}^{ii}为矩阵 M_{k+1}的对角线元素；$P_{k+1|k}^{(l)}$表示没有引入渐消因子时的状态预测协方差阵，显然

$$P_{k+1|k}^{(l)} = \Phi_{k+1,k}P_k\Phi_{k+1,k}^{\mathrm{T}} + Q_k \tag{2-89}$$

V_{k+1}为实际输出残差序列的协方差阵，且实际中 V_{k+1}是未知的，可由下式估算出来

$$V_{k+1} = \begin{cases} \varepsilon_1\varepsilon_1^{\mathrm{T}}, & k=0 \\ \dfrac{\rho V_k + \varepsilon_{k+1}\varepsilon_{k+1}^{\mathrm{T}}}{1+\rho}, & k \geqslant 1 \end{cases} \tag{2-90}$$

式(2-90)中 $0<\rho\leqslant 1$ 为遗忘因子，通常取 $\rho=0.95$；$\alpha_i\geqslant 1, i=1,2,\cdots,n$ 均为预先选定的常数，由先验信息确定。如果从先验知识中得知某个状态分量 x_i 变化很快，则可以选择一个较大的 α_i，以提高 STF 对该状态的跟踪能力；如没有任何先验知识，可以选择 $\alpha_1=\alpha_2=\cdots=\alpha_n=1$，此时基于多重渐消因子的 STF 将退化为带单重渐消因子的 STF，其跟踪性能和收敛性能依然很强。

2.4.3 UT 变换和 UKF

为了能够以较高的精度和较快的计算速度处理非线性高斯系统的滤波问题，Julier 等[4]提出了一种基于 UT 变换来逼近非线性系统状态后验分布的滤波方法：无迹卡尔曼滤波(UKF)。UT 通过采样策略选取一定数量的 Sigma 采样点，且这些采样点具有同系统状态分布相同的均值和协方差。不管系统非线性的程度如何，这些 Sigma 采样点经过非线性变换后，理论上可以至少以二阶泰勒精度逼近任何非线性系统状态的后验均值和协方差，由此推断，UKF 的滤波精度一般高于 EKF；同时，UKF 在滤波过程中无需计算非线性函数的雅可比矩阵，其比 EKF 更容易实现。

1. UT 变换

设 x 为 n 维随机向量，m 维随机向量 z 为 x 的某一非线性函数

$$z = f(x) \tag{2-91}$$

x 的统计特性为$(\bar{x}, P_x)$，通过非线性函数 $f(\cdot)$进行传播得到 z 的统计特性$(\bar{z}, P_z)$。一般情况下，由于函数 $f(\cdot)$的非线性，很难精确求解 z 的统计特性，故对$(\bar{z}, P_z)$只能采用近似的方法求解。UT 变换就是根据$(\bar{x}, P_x)$，设计一系列的点 $\xi_i, i=0,1,\cdots,L$，称其为 Sigma 点；对设定的 Sigma 点计算其经过 $f(\cdot)$传播所得的结果 γ_i，$i=0,1,\cdots,L$；然后基于 $\gamma_i, i=0,1,\cdots,L$ 计算$(\bar{z}, P_z)$。

在 UT 变换算法中，最重要的是确定 Sigma 点的采样策略，也就是确定使用 Sigma 点的个数、位置以及相应的权值。目前已有的 Sigma 采样策略[5]有对称采样、单形采样、3 阶矩偏度采样以及高斯分布 4 阶矩对称采样等。其后，为了保证输出变

量 z 协方差的半正定性，提出了对上述基本采样策略进行比例修正的算法框架。下面重点介绍一下对称采样策略，其他采样策略可以参考相关文献。

对称采样 Sigma 点的数量为 $2n+1$ 个，则对称采样 Sigma 点及其权系数可以表示为

$$\begin{cases}\xi_0=\bar{\boldsymbol{x}}\\ \xi_i=\bar{\boldsymbol{x}}+(\sqrt{(n+\kappa)\boldsymbol{P}_x})_i, & i=1,2,\cdots,n\\ \xi_{i+n}=\bar{\boldsymbol{x}}-(\sqrt{(n+\kappa)\boldsymbol{P}_x})_i\end{cases}\tag{2-92}$$

且对应于 $\xi_i(i=0,1,\cdots,2n)$ 的权值为

$$W_i^m=W_i^c=\begin{cases}\kappa/(n+\kappa), & i=0\\ 1/2(n+\kappa), & i\neq 0\end{cases}\tag{2-93}$$

其中，κ 为比例系数，可用于调节 Sigma 点和 $\bar{\boldsymbol{x}}$ 的距离，仅影响二阶之后的高阶矩带来的偏差；$(\sqrt{(n+\kappa)\boldsymbol{P}_x})_i$ 为 $(n+\kappa)\boldsymbol{P}_x$ 的平方根矩阵的第 i 行或列。

由式(2-92)可以看出，Sigma 点到中心 $\bar{\boldsymbol{x}}$ 的距离随 $\boldsymbol{x}$ 的维数增加而越来越远，这样会产生采样的非局部效应。为了消除对称采样策略中的采样非局部效应及保证协方差的正定性，将比例修正算法[6]应用于对称采样中，得到比例对称采样方法。具体的 Sigma 点采样公式及 UT 变换算法为

$$\begin{cases}\xi_0'=\bar{\boldsymbol{x}}\\ \xi_i'=\bar{\boldsymbol{x}}+(\sqrt{(n+\lambda)\boldsymbol{P}_x})_i, & i=1,2,\cdots,n\\ \xi_{i+n}'=\bar{\boldsymbol{x}}-(\sqrt{(n+\lambda)\boldsymbol{P}_x})_i\end{cases}\tag{2-94}$$

对应于 ξ_i' 的一阶二阶权系数为

$$W_i^m=\begin{cases}\lambda/(n+\lambda), & i=0\\ 1/2(n+\lambda), & i\neq 0\end{cases}\tag{2-95}$$

$$W_i^c=\begin{cases}\lambda/(n+\lambda)+1+\beta-\alpha^2, & i=0\\ 1/2(n+\lambda), & i\neq 0\end{cases}\tag{2-96}$$

其中

$$\lambda=\alpha^2(n+\kappa)-n\tag{2-97}$$

式中，κ 仍为比例系数，取值虽没有具体的限制，但通常情况下应确保后验协方差的半正定性；对于高斯分布的情况，当状态变量为单变量时，选择 $\kappa=0$，当状态变量为多变量时，一般选择 $\kappa=3-n$；α 为正值的比例缩放因子，可通过调整 α 的取值来调节 Sigma 点与 $\bar{\boldsymbol{x}}$ 的距离，同时调整 α 可使高阶项的影响达到最小；α 的取值范围为 $0\leqslant\alpha\leqslant 1$。当系统非线性程度严重时，通常情况下 α 取一个非常小的正值(如 1×10^{-3})，以避免采样点非局域效应的影响。参数 β 用来描述 $\boldsymbol{x}$ 的先验分布信息，是一个非负的权系数，它可以合并协方差中高阶项的动差，这样就可以把高阶项的影响包含在内，因此调节 β 可以提高协方差的近似精度；对于高斯分布，β 的最佳选择是 $\beta=2$。

UT 变换实现过程描述如下：

① 根据所选择的采样策略，利用 $\boldsymbol{x}$ 的统计特性($\bar{\boldsymbol{x}}$，$\boldsymbol{P}_x$)计算 Sigma 采样点及其权系数。设对应于 $\xi_i(i=0,1,\cdots,L)$ 的权值为 W_i^m 和 W_i^c，它们分别为求一阶和二阶统计特性时的权系数。

② 计算 Sigma 点通过非线性函数 $\boldsymbol{f}(\cdot)$ 的传播结果

$$\gamma_i = \boldsymbol{f}(\xi_i), \quad i = 0,1,\cdots,L \tag{2-98}$$

从而得随机变量 $\boldsymbol{x}$ 经非线性函数 $\boldsymbol{f}(\cdot)$ 传递后的均值 $\bar{\boldsymbol{z}}$、协方差 $\boldsymbol{P}_z$ 及互协方差 $\boldsymbol{P}_{xz}$

$$\bar{\boldsymbol{z}} = \sum_{i=0}^{L} W_i^m \gamma_i \tag{2-99}$$

$$\boldsymbol{P}_z = \sum_{i=0}^{L} W_i^c (\gamma_i - \bar{\boldsymbol{z}})(\gamma_i - \bar{\boldsymbol{z}})^{\mathrm{T}} \tag{2-100}$$

$$\boldsymbol{P}_{xz} = \sum_{i=0}^{L} W_i^c (\xi_i - \bar{\boldsymbol{x}})(\gamma_i - \bar{\boldsymbol{z}})^{\mathrm{T}} \tag{2-101}$$

上述 UT 变换中，不同的采样策略之间的区别仅在于第①步和后续计算 Sigma 点个数 L。

2. UKF 实现

考虑如下非线性系统

$$\boldsymbol{x}_k = \boldsymbol{f}_{k-1}(\boldsymbol{x}_{k-1}) + \boldsymbol{w}_{k-1} \tag{2-102}$$

$$\boldsymbol{z}_k = \boldsymbol{h}_k(\boldsymbol{x}_k) + \boldsymbol{v}_k \tag{2-103}$$

式中 $\boldsymbol{w}_k$ 和 $\boldsymbol{v}_k$ 均为互不相关的高斯白噪声，且它们的统计特性如下所示

$$\begin{cases} \mathrm{E}[\boldsymbol{w}_k] = 0, \mathrm{Cov}[\boldsymbol{w}_k, \boldsymbol{w}_j^{\mathrm{T}}] = \boldsymbol{Q}_k \delta_{kj} \\ \mathrm{E}[\boldsymbol{v}_k] = 0, \mathrm{Cov}[\boldsymbol{v}_k, \boldsymbol{v}_j^{\mathrm{T}}] = \boldsymbol{R}_k \delta_{kj} \\ \mathrm{Cov}[\boldsymbol{w}_k, \boldsymbol{v}_j^{\mathrm{T}}] = 0 \end{cases} \tag{2-104}$$

其中 δ_{kj} 为 kronecker-δ 函数。状态初始值 $\boldsymbol{x}_0$ 与 $\boldsymbol{w}_k$、$\boldsymbol{v}_k$ 彼此相互独立，且也服从高斯分布。

基于非线性系统式(2-102)和式(2-103)的 UKF 滤波递推公式可以表示成：

① 初始状态统计特性为

$$\begin{cases} \hat{\boldsymbol{x}}_0 = \mathrm{E}(\boldsymbol{x}_0) \\ \boldsymbol{P}_0 = \mathrm{Cov}(\boldsymbol{x}_0) = \mathrm{E}(\boldsymbol{x}_0 - \hat{\boldsymbol{x}}_0)(\boldsymbol{x}_0 - \hat{\boldsymbol{x}}_0)^{\mathrm{T}} \end{cases} \tag{2-105}$$

② 选择 UT 变换中 Sigma 点采样策略。

③ 时间更新方程。按照第②步所选择的 Sigma 采样策略，由 $\hat{\boldsymbol{x}}_{k-1}$ 和 $\boldsymbol{P}_{k-1}$ 来计算 Sigma 点 $\xi_{i,k-1}(i=0,1,\cdots,L)$，通过非线性状态函数 $\boldsymbol{f}_{k-1}(\cdot)$ 传播为 $\gamma_{i,k|k-1}$，由 $\gamma_{i,k|k-1}$ 可得一步状态预测 $\hat{\boldsymbol{x}}_{k|k-1}$ 及误差协方差阵 $\boldsymbol{P}_{k|k-1}$

$$\gamma_{i,k|k-1} = \boldsymbol{f}_{k-1}(\xi_{i,k-1}), \quad i = 0,1,\cdots,L \tag{2-106}$$

$$\hat{\boldsymbol{x}}_{k|k-1} = \sum_{i=0}^{L} W_i^m \gamma_{i,k|k-1} = \sum_{i=0}^{L} W_i^m \boldsymbol{f}_{k-1}(\xi_{i,k-1}) \tag{2-107}$$

$$\boldsymbol{P}_{k|k-1}=\sum_{i=0}^{L}W_i^c(\gamma_{i,k|k-1}-\hat{\boldsymbol{x}}_{k|k-1})(\gamma_{i,k|k-1}-\hat{\boldsymbol{x}}_{k|k-1})^{\mathrm{T}}+\boldsymbol{Q}_{k-1} \tag{2-108}$$

④ 量测更新。同理，利用$\hat{\boldsymbol{x}}_{k|k-1}$和$\boldsymbol{P}_{k|k-1}$按照第②步所选择的采样策略计算Sigma点$\xi_{i,k|k-1}(i=0,1,\cdots,L)$，通过非线性量测函数$\boldsymbol{h}_k(\cdot)$传播为$\chi_{i,k|k-1}$，由$\chi_{i,k|k-1}$可得到输出预测$\hat{\boldsymbol{z}}_{k|k-1}$及自协方差阵$\boldsymbol{P}_{\tilde{z}_k}$和互协方差阵$\boldsymbol{P}_{\tilde{x}_k\tilde{z}_k}$

$$\chi_{i,k|k-1}=\boldsymbol{h}_k(\xi_{i,k|k-1}),\quad i=0,1,\cdots,L \tag{2-109}$$

$$\hat{\boldsymbol{z}}_{k|k-1}=\sum_{i=0}^{L}W_i^m\chi_{i,k|k-1}=\sum_{i=0}^{L}W_i^m\boldsymbol{h}_k(\xi_{i,k|k-1}) \tag{2-110}$$

$$\boldsymbol{P}_{\tilde{z}_k}=\sum_{i=0}^{L}W_i^c(\chi_{i,k|k-1}-\hat{\boldsymbol{z}}_{k|k-1})(\chi_{i,k|k-1}-\hat{\boldsymbol{z}}_{k|k-1})^{\mathrm{T}}+\boldsymbol{R}_k \tag{2-111}$$

$$\boldsymbol{P}_{\tilde{x}_k\tilde{z}_k}=\sum_{i=0}^{L}W_i^c(\xi_{i,k|k-1}-\hat{\boldsymbol{x}}_{k|k-1})(\chi_{i,k|k-1}-\hat{\boldsymbol{z}}_{k|k-1})^{\mathrm{T}} \tag{2-112}$$

在获得新的量测$\boldsymbol{z}_k$后，进行滤波量测更新

$$\begin{cases}\hat{\boldsymbol{x}}_k=\hat{\boldsymbol{x}}_{k|k-1}+\boldsymbol{K}_k(\boldsymbol{z}_k-\hat{\boldsymbol{z}}_{k|k-1})\\ \boldsymbol{K}_k=\boldsymbol{P}_{\tilde{x}_k\tilde{z}_k}\boldsymbol{P}_{\tilde{z}_k}^{-1}\\ \boldsymbol{P}_k=\boldsymbol{P}_{k|k-1}-\boldsymbol{K}_k\boldsymbol{P}_{\tilde{z}_k}\boldsymbol{K}_k^{\mathrm{T}}\end{cases} \tag{2-113}$$

式中$\boldsymbol{K}_k$是滤波增益矩阵。

2.4.4 差分滤波器

几乎与UKF同时，独立于UKF滤波理论的研究，Nørgarrd[7]基于Stirling差值公式[8]分别阐述和论证了中心差分滤波理论，创立了差分滤波器(DDF)。之后，Merve等[9]将DDF表示成Sigma点形式，并指出DDF的Sigma点采样策略等价于UKF中的对称采样策略，只是在参数表示方法上不同。

DDF中Sigma点及其权系数可以表示成

$$\begin{cases}\xi_0=\bar{\boldsymbol{x}}\\ \xi_i=\bar{\boldsymbol{x}}+(h\sqrt{\boldsymbol{P}_x})_i=\bar{\boldsymbol{x}}+h\boldsymbol{s}_i\\ \xi_{i+n}=\bar{\boldsymbol{x}}-(h\sqrt{\boldsymbol{P}_x})_i=\bar{\boldsymbol{x}}-h\boldsymbol{s}_i\end{cases},\quad i=1,2,\cdots,n \tag{2-114}$$

且对应于$\xi_i,i=0,1,\cdots,2n$的权值为

$$\begin{cases}W_0^m=\dfrac{h^2-n}{h^2},\quad W_i^m=\dfrac{1}{2h^2}\\ W_i^{c1}=\dfrac{1}{4h^2},\quad W_i^{c2}=\dfrac{h^2-1}{4h^4}\end{cases},\quad i=1,2,\cdots,2n \tag{2-115}$$

基于非线性系统式(2-102)和式(2-103)的二阶Sigma点CDKF滤波算法递推公式如下：

① 初始状态统计特性为

$$\begin{cases}\hat{\boldsymbol{x}}_0 = \mathrm{E}(\boldsymbol{x}_0) \\ \boldsymbol{P}_0 = \mathrm{Cov}(\boldsymbol{x}_0) = \mathrm{E}(\boldsymbol{x}_0 - \hat{\boldsymbol{x}}_0)(\boldsymbol{x}_0 - \hat{\boldsymbol{x}}_0)^{\mathrm{T}}\end{cases} \tag{2-116}$$

② 时间更新方程。按照 Sigma 点对称采样策略，由$\hat{\boldsymbol{x}}_{k-1}$和 $\boldsymbol{P}_{k-1}$来计算 Sigma 点 $\xi_{i,k-1}(i=0,1,\cdots,2n)$，可以表示成

$$\begin{cases}\xi_{0,k-1} = \hat{\boldsymbol{x}}_{k-1} \\ \xi_{i,k-1} = \hat{\boldsymbol{x}}_{k-1} + (h\sqrt{\boldsymbol{P}_{k-1}})_i, \quad i = 1,2,\cdots,n \\ \xi_{i+n,k-1} = \hat{\boldsymbol{x}}_{k-1} - (h\sqrt{\boldsymbol{P}_{k-1}})_i\end{cases} \tag{2-117}$$

$\xi_{i,k-1}$通过非线性状态函数 $\boldsymbol{f}_{k-1}(\cdot)$传播为 $\gamma_{i,k|k-1}$，由 $\gamma_{i,k|k-1}$可得一步状态预测 $\hat{\boldsymbol{x}}_{k|k-1}$及误差协方差阵 $\boldsymbol{P}_{k|k-1}$

$$\gamma_{i,k|k-1} = \boldsymbol{f}_{k-1}(\xi_{i,k-1}), \quad i = 0,1,\cdots,2n \tag{2-118}$$

$$\hat{\boldsymbol{x}}_{k|k-1} = \sum_{i=0}^{2n} W_i^m \gamma_{i,k|k-1} = \sum_{i=0}^{2n} W_i^m \boldsymbol{f}_{k-1}(\xi_{i,k-1}) \tag{2-119}$$

$$\begin{aligned}\boldsymbol{P}_{k|k-1} = \sum_{i=1}^{n} [&W_i^{c1}(\gamma_{i,k|k-1} - \gamma_{i+n,k|k-1})^2 + W_i^{c2}(\gamma_{i,k|k-1} \\ &+ \gamma_{i+n,k|k-1} - 2\gamma_{0,k|k-1})^2] + \boldsymbol{Q}_{k-1}\end{aligned} \tag{2-120}$$

③ 量测更新。同理，利用$\hat{\boldsymbol{x}}_{k|k-1}$和 $\boldsymbol{P}_{k|k-1}$按照对称采样策略来计算 Sigma 点 $\xi_{i,k|k-1}(i=0,1,\cdots,2n)$，于是 $\xi_{i,k|k-1}$可以表示成

$$\begin{cases}\xi_{0,k|k-1} = \hat{\boldsymbol{x}}_{k|k-1} \\ \xi_{i,k|k-1} = \hat{\boldsymbol{x}}_{k|k-1} + (h\sqrt{\boldsymbol{P}_{k|k-1}})_i, \quad i = 1,2,\cdots,n \\ \xi_{i+n,k|k-1} = \hat{\boldsymbol{x}}_{k|k-1} - (h\sqrt{\boldsymbol{P}_{k|k-1}})_i\end{cases} \tag{2-121}$$

$\xi_{i,k|k-1}$通过非线性量测函数 $\boldsymbol{h}_k(\cdot)$传播为$\chi_{i,k|k-1}$，由$\chi_{i,k|k-1}$可得到输出预测 $\hat{\boldsymbol{z}}_{k|k-1}$及自协方差阵 $\boldsymbol{P}_{\tilde{z}_k}$和互协方差阵 $\boldsymbol{P}_{\tilde{x}_k\tilde{z}_k}$

$$\chi_{i,k|k-1} = \boldsymbol{h}_k(\xi_{i,k|k-1}), \quad i = 0,1,\cdots,2n \tag{2-122}$$

$$\hat{\boldsymbol{z}}_{k|k-1} = \sum_{i=0}^{2n} W_i^m \chi_{i,k|k-1} = \sum_{i=0}^{2n} W_i^m \boldsymbol{h}_k(\xi_{i,k|k-1}) \tag{2-123}$$

$$\begin{aligned}\boldsymbol{P}_{\tilde{z}_k} = \sum_{i=1}^{n} [&W_i^{c1}(\chi_{i,k|k-1} - \chi_{i+n,k|k-1})^2 + W_i^{c2}(\chi_{i,k|k-1} \\ &+ \chi_{i+n,k|k-1} - 2\chi_{0,k|k-1})^2] + \boldsymbol{R}_k\end{aligned} \tag{2-124}$$

$$\boldsymbol{P}_{\tilde{x}_k\tilde{z}_k} = \sum_{i=1}^{n} W_i^m (\xi_{i,k|k-1} - \hat{\boldsymbol{x}}_{k|k-1})(\chi_{i,k|k-1} - \chi_{i+n,k|k-1})^{\mathrm{T}} \tag{2-125}$$

在获得新的量测 $\boldsymbol{z}_k$ 后，进行滤波量测更新

$$\begin{cases}\hat{\boldsymbol{x}}_k = \hat{\boldsymbol{x}}_{k|k-1} + \boldsymbol{K}_k(\boldsymbol{z}_k - \hat{\boldsymbol{z}}_{k|k-1}) \\ \boldsymbol{K}_k = \boldsymbol{P}_{\tilde{x}_k\tilde{z}_k}\boldsymbol{P}_{\tilde{z}_k}^{-1} \\ \boldsymbol{P}_k = \boldsymbol{P}_{k|k-1} - \boldsymbol{K}_k\boldsymbol{P}_{\tilde{z}_k}\boldsymbol{K}_k^{\mathrm{T}}\end{cases} \tag{2-126}$$

式中 $\boldsymbol{K}_k$ 是滤波增益矩阵。

2.4.5 粒子滤波器

早在 20 世纪 50 年代，基于序贯重要性采样（sequential importance sampling，SIS）的序贯 Monte Carle 积分方法就被应用于物理和统计学中[10]。到了 20 世纪 60 年代末，基于仿真的 SIS 算法被引入自动控制领域[11]，70 年代，已经有大量学者对该方法作进一步深入研究。然而，由于始终无法解决粒子退化和计算量制约等问题，因此 SIS 在相当一段时间内并未引起足够的重视，导致 SIS 算法发展缓慢。直到 1993 年，Gordon 等提出一种自举粒子滤波（bootstrap particle filter）算法[12]，从而奠定了粒子滤波算法的基础。该算法在递推过程中引入重采样的思想以克服粒子退化问题，同时，计算机运算能力的急剧增加也为粒子滤波的发展提供了客观物质条件。之后，粒子滤波取得了长足的发展，许多算法被相继提出，从而掀起了一股研究粒子滤波的热潮。

2000 年，Doucet 等[13]在前人研究的基础上给出了基于 SIS 的粒子滤波的通用描述，即利用 SIS 技术寻找一组在状态空间传播的随机粒子，每个粒子都对应一个重要性权值，通过这些粒子的加权求和来对概率密度函数进行近似，以样本均值代替积分运算，从而获得状态最小方差分布。另外，Crisan 等证明当粒子数量 $N\to\infty$ 时可以逼近任何形式的概率密度分布，即采样粒子足够多时，粒子算法是收敛的，且收敛速度不受状态位数的限制[14]。他们的理论研究为粒子滤波算法体系的形成及发展奠定了坚实的基础。

粒子滤波是贝叶斯最优滤波与 Monte Carlo 随机采样方法相互结合的产物，其突出特点是不受限于线性和高斯的假设，理论上来讲，它适用于任意非线性、非高斯系统的滤波问题。

1. 蒙特卡罗积分

蒙特卡罗（Monte Carlo，MC）积分亦称为随机模拟（random simulation）方法，有时也称做随机抽样（random sampling）技术或统计试验（statistical testing），属于计算数学的一个分支，是在 20 世纪 40 年代中期为了适应当时原子能事业而发展起来的。蒙特卡罗方法能够真实地模拟任意物理过程，并取得满意的精度，其基本思想是：通过抓住事物运动的几何数量和几何特征，利用数学方法来加以模拟建立一个概率模型或随机过程，并使其所求参数等于问题的解，然后通过对模型或过程的观察或抽样试验计算所求参数的统计特征，最后给出所求解的近似值，解的精确度可用估计值的标准误差来表示。

下面通过一个例子来说明蒙特卡罗积分的基本原理。

设 $\boldsymbol{x}\in\mathbf{R}^n$ 为 n 维空间向量，计算如下数值积分

$$I=\int f(\boldsymbol{x})\mathrm{d}\boldsymbol{x} \tag{2-127}$$

蒙特卡罗积分就是将积分值看成是某种随机变量的数学期望，并用采样方法加以估计，可以考虑将被积函数 $f(\boldsymbol{x})$ 做如下分解

$$f(\boldsymbol{x}) = g(\boldsymbol{x})\pi(\boldsymbol{x}) \tag{2-128}$$

其中，$p(\boldsymbol{x})$ 为状态变量 $\boldsymbol{x}$ 的概率密度函数，满足 $p(\boldsymbol{x})\geqslant 0$ 且

$$\int_{\mathbf{R}^n} p(\boldsymbol{x})\mathrm{d}\boldsymbol{x} = 1 \tag{2-129}$$

同时，I 可以看成是 $g(\boldsymbol{x})$ 的数学期望，即 $I=\mathrm{E}[g(\boldsymbol{x})]$。

假设 $\pi(\boldsymbol{x})$ 可产生独立同分布样本 $\{\boldsymbol{x}^i, i=1,2,\cdots,N\}$，则对积分

$$I = \int f(\boldsymbol{x})\mathrm{d}\boldsymbol{x} = \int g(\boldsymbol{x})p(\boldsymbol{x})\mathrm{d}\boldsymbol{x} \tag{2-130}$$

的估计就可用如下的样本平均值法

$$\bar{I} = \frac{1}{N}\sum_{i=1}^{N} g(\boldsymbol{x}^i) \tag{2-131}$$

如果所有的 $\boldsymbol{x}_i$ 都是独立的，那么 $\bar{I}$ 是 I 的渐进无偏估计，即 $\bar{I}$ 将几乎处处收敛到 I。上述结论的证明过程如下式[15]

$$\lim_{N\to\infty}\mathrm{E}[\bar{I}] = \lim_{N\to\infty}\mathrm{E}\left[\frac{1}{N}\sum_{i=1}^{N} g(\boldsymbol{x}^i)\right] = \lim_{N\to\infty}\frac{1}{N}\sum_{i=1}^{N}\mathrm{E}[g(\boldsymbol{x}^i)] = \int f(\boldsymbol{x})p(\boldsymbol{x})\mathrm{d}\boldsymbol{x} = I \tag{2-132}$$

$g(\boldsymbol{x}_i)$ 的方差可表示为

$$\sigma^2 = \int [g(\boldsymbol{x}) - I]^2 p(\boldsymbol{x})\mathrm{d}\boldsymbol{x} \tag{2-133}$$

若 $\sigma^2<\infty$ 有界且 $\bar{I}$ 渐进收敛于 I，根据由科尔莫戈罗夫强大数定律和林德贝格一莱维中心极限定理可知，估计误差以如下分布收敛

$$\lim_{N\to\infty}\sqrt{N}(\bar{I} - I) \sim N(0,\sigma^2) \tag{2-134}$$

从上面两个例子可以看出，当所求解的问题为某个随机变量的期望值时，可以通过某种“试验”的方法，得到这个随机变数的平均值，并用它作为问题的解，这就是蒙特卡罗积分的基本思想。

2. 序贯重要性采样法

由 2.2 节可知，递推贝叶斯滤波给出了计算后验密度函数 $p(\boldsymbol{x}_k|\boldsymbol{Z}_k)$ 的递推公式，其中量测信息 $\boldsymbol{Z}_k=\{\boldsymbol{z}_1,\boldsymbol{z}_2,\cdots,\boldsymbol{z}_k\}$。但是，$p(\boldsymbol{x}_k|\boldsymbol{x}_{k-1})$、$p(\boldsymbol{z}_k|\boldsymbol{x}_k)$ 的计算包含了复杂的概率密度函数积分运算问题，即使假设噪声和状态为高斯分布的情况下，概率密度函数积分运算也是非常困难的，而对于状态服从非线性非高斯的情况，计算 $p(\boldsymbol{x}_k|\boldsymbol{x}_{k-1})$、$p(\boldsymbol{z}_k|\boldsymbol{x}_k)$ 更是根本无法实现的。为了应对上述复杂的积分运算，通常使用前面所介绍的随机采样运算的蒙特卡罗法将复杂的积分转化为离散样本加权和的形式来进行状态估计。

然而在使用蒙特卡罗法时，需要对 $p(\boldsymbol{x}_k|\boldsymbol{Z}_k)$ 直接进行采样。一般情况下，后验密度是多元的且非标准的分布，无法对其进行直接采样，该方法直接使用受到了很

大的限制，因此人们通过引入其他有效的采样方法——重要性采样法来解决这一问题。这正是下面要介绍的序贯重要性采样法(sequential importance sampling，SIS)。其主要思想是根据一组带有相应权值的已知随机样本来表示当前的后验概率密度，并基于这些已知的随机样本和权值来计算状态估计值。下面对序贯重要性采样法进行简单的阐述。

由于无法从后验概率密度函数中直接采样，可以寻找一个容易进行采样(已知概率分布)的概率密度函数 $q(\boldsymbol{x}_{0:k}|\boldsymbol{Z}_k)$，称为重要性密度函数。那么，对于 k 时刻的函数 $\boldsymbol{f}(\boldsymbol{x}_{0:k})$ 状态估计问题可进行如下变形

$$\mathrm{E}[\boldsymbol{f}(\boldsymbol{x}_{0:k})]=\int \boldsymbol{f}(\boldsymbol{x}_{0:k})\frac{p(\boldsymbol{x}_{0:k}\mid \boldsymbol{Z}_k)}{q(\boldsymbol{x}_{0:k}\mid \boldsymbol{Z}_k)}q(\boldsymbol{x}_{0:k}\mid \boldsymbol{Z}_k)\mathrm{d}\boldsymbol{x}_{0:k} \tag{2-135}$$

对 $p(\boldsymbol{x}_{0:k}|\boldsymbol{Z}_k)$ 应用贝叶斯公式得

$$p(\boldsymbol{x}_{0:k}\mid \boldsymbol{Z}_k)=\frac{p(\boldsymbol{Z}_k\mid \boldsymbol{x}_{0:k})p(\boldsymbol{x}_{0:k})}{p(\boldsymbol{Z}_k)} \tag{2-136}$$

假设 $\omega_{0:k}$ 为已知的非归一化重要性权值，其表达如下

$$\omega_{0:k}=\frac{p(\boldsymbol{Z}_k\mid \boldsymbol{x}_{0:k})p(\boldsymbol{x}_{0:k})}{q(\boldsymbol{x}_{0:k}\mid \boldsymbol{Z}_k)} \tag{2-137}$$

对(2-135)式整理得

$$\mathrm{E}[\boldsymbol{f}(\boldsymbol{x}_{0:k})]=\frac{1}{\boldsymbol{p}(\boldsymbol{Z}_k)}\int \boldsymbol{f}(\boldsymbol{x}_{0:k})\omega_{0:k}q(\boldsymbol{x}_{0:k}\mid \boldsymbol{Z}_k)\mathrm{d}\boldsymbol{x}_{0:k} \tag{2-138}$$

式中

$$p(\boldsymbol{Z}_k)=\int p(\boldsymbol{Z}_k\mid \boldsymbol{x}_{0:k})p(\boldsymbol{x}_{0:k})\mathrm{d}\boldsymbol{x}_{0:k} \tag{2-139}$$

将式(2-139)代入式(2-138)，并利用重要性密度函数 $\pi(\boldsymbol{x}_{0:k}|\boldsymbol{Z}_k)$ 改写后得

$$\mathrm{E}[\boldsymbol{f}(\boldsymbol{x}_{0:k})]=\frac{\int \omega_{0:k}\boldsymbol{f}(\boldsymbol{x}_{0:k})q(\boldsymbol{x}_{0:k}\mid \boldsymbol{Z}_k)\mathrm{d}\boldsymbol{x}_{0:k}}{\int \frac{p(\boldsymbol{Z}_k\mid \boldsymbol{x}_{0:k})p(\boldsymbol{x}_{0:k})}{q(\boldsymbol{x}_{0:k}\mid \boldsymbol{Z}_k)}q(\boldsymbol{x}_{0:k}\mid \boldsymbol{Z}_k)\mathrm{d}\boldsymbol{x}_{0:k}} \tag{2-140}$$

再将 $\omega_{0:k}$ 代入后得到

$$\mathrm{E}[\boldsymbol{f}(\boldsymbol{x}_{0:k})]=\frac{\int \omega_{0:k}\boldsymbol{f}(\boldsymbol{x}_{0:k})q(\boldsymbol{x}_{0:k}\mid \boldsymbol{Z}_k)\mathrm{d}\boldsymbol{x}_{0:k}}{\int \omega_{0:k}q(\boldsymbol{x}_{0:k}\mid \boldsymbol{Z}_k)\mathrm{d}\boldsymbol{x}_{0:k}}=\frac{\mathrm{E}_q[\omega_k(\boldsymbol{x}_{0:k})\boldsymbol{f}(\boldsymbol{x}_{0:k})]}{\mathrm{E}_q[\omega_k(\boldsymbol{x}_{0:k})]} \tag{2-141}$$

通过 $q(\boldsymbol{x}_{0:k}|\boldsymbol{Z}_k)$ 产生一组粒子 $\{\boldsymbol{x}_k^i, i=1,2,\cdots,N\}$，应用蒙特卡罗方法可将上式近似变换为

$$\mathrm{E}[\boldsymbol{f}(\boldsymbol{x}_{0:k})]\approx\frac{\frac{1}{N}\sum_{i=1}^{N}\omega_k(\boldsymbol{x}_{0:k}^i)\boldsymbol{f}(\boldsymbol{x}_{0:k}^i)}{\frac{1}{N}\sum_{i=1}^{N}\omega_k(\boldsymbol{x}_{0:k}^i)} \tag{2-142}$$

化简后得到

$$\mathrm{E}[\boldsymbol{f}(\boldsymbol{x}_{0:k})]=\sum_{i=1}^{N}\hat{\omega}_k^i f(\boldsymbol{x}_{0:k}^i) \tag{2-143}$$

其中，$\hat{\omega}_k^i$ 为归一化权重

$$\hat{\omega}_k^i = \frac{\omega_k(\boldsymbol{x}_{0:k}^j)}{\sum_{j=1}^{N}\omega_k(\boldsymbol{x}_{0:k}^j)} = \frac{\omega_k^i}{\sum_{j=1}^{N}\omega_k^j} \tag{2-144}$$

式(2-144)所计算出的估计比值会导致系统状态估计存在偏差，但只要能满足以下的两个条件还是可以达到渐近收敛的：

(1) 建议分布的采样点$\{\boldsymbol{x}_k^i, i=1,2,\cdots,N\}$服从独立同分布；

(2) $\hat{\omega}_k^i$ 和 $\hat{\omega}_k^i \boldsymbol{f}^2(\boldsymbol{x}_{0:k})$的数学期望都存在，并且已知。

为了计算 k 时刻的真实概率分布，而又不希望改动先前时刻的状态 $\boldsymbol{x}_{0:k-1}^i$，所以选择的重要性概率密度函数 $q(\boldsymbol{x}_{0:k} | \boldsymbol{Z}_k)$要能够进行如下分解，使得

$$q(\boldsymbol{x}_{0:k} \mid \boldsymbol{Z}_k) = q(\boldsymbol{x}_k \mid \boldsymbol{x}_{0:k-1}, \boldsymbol{Z}_k) q(\boldsymbol{x}_{0:k-1} \mid \boldsymbol{Z}_{k-1}) \tag{2-145}$$

这里，假设当前时刻的状态值独立与下一时刻的量测值，并假设状态向量符合 Markov 过程，即量测值与状态相互独立，那么可以得到

$$\begin{cases} p(\boldsymbol{x}_{0:k}) = p(\boldsymbol{x}_0)\prod_{j=1}^{k} p(\boldsymbol{x}_j \mid \boldsymbol{x}_{j-1}) \\ p(\boldsymbol{Z}_k \mid \boldsymbol{x}_{0:k}) = \prod_{j=1}^{k} p(\boldsymbol{z}_j \mid \boldsymbol{x}_j) \end{cases} \tag{2-146}$$

将式(2-145)代入式(2-137)，容易得出有关每个粒子权重 ω_k 的递推公式

$$\begin{aligned} \omega_k &= \frac{p(\boldsymbol{Z}_k \mid \boldsymbol{x}_{0:k}) p(\boldsymbol{x}_{0:k})}{q(\boldsymbol{x}_k \mid \boldsymbol{x}_{0:k-1}, \boldsymbol{Z}_k) q(\boldsymbol{x}_{0:k-1} \mid \boldsymbol{Z}_{k-1})} \\ &= \frac{p(\boldsymbol{Z}_{k-1} \mid \boldsymbol{x}_{0:k-1}) p(\boldsymbol{x}_{0:k-1}) p(\boldsymbol{Z}_k \mid \boldsymbol{x}_{0:k}) p(\boldsymbol{x}_{0:k})}{q(\boldsymbol{x}_{0:k-1} \mid \boldsymbol{Z}_{k-1}) p(\boldsymbol{Z}_{k-1} \mid \boldsymbol{x}_{0:k-1}) p(\boldsymbol{x}_{0:k-1}) q(\boldsymbol{x}_k \mid \boldsymbol{x}_{0:k-1}, \boldsymbol{Z}_k)} \\ &= \omega_{k-1} \frac{p(\boldsymbol{Z}_k \mid \boldsymbol{x}_{0:k}) p(\boldsymbol{x}_{0:k})}{p(\boldsymbol{Z}_{k-1} \mid \boldsymbol{x}_{0:k-1}) p(\boldsymbol{x}_{0:k-1}) q(\boldsymbol{x}_k \mid \boldsymbol{x}_{0:k-1}, \boldsymbol{Z}_k)} \\ &= \omega_{k-1} \frac{\left[\prod_{j=1}^{k} p(\boldsymbol{z}_j \mid \boldsymbol{x}_j)\right]\left[p(\boldsymbol{x}_0)\prod_{j=1}^{k} p(\boldsymbol{x}_j \mid \boldsymbol{x}_{j-1})\right]}{\left[\prod_{j=1}^{k-1} p(\boldsymbol{z}_j \mid \boldsymbol{x}_j)\right]\left[p(x_0)\prod_{j=1}^{k-1} p(\boldsymbol{x}_j \mid \boldsymbol{x}_{j-1})\right] q(\boldsymbol{x}_k \mid \boldsymbol{x}_{0:k-1}, \boldsymbol{Z}_k)} \\ &= \omega_{k-1} \frac{p(\boldsymbol{z}_k \mid \boldsymbol{x}_k) p(\boldsymbol{x}_k \mid \boldsymbol{x}_{k-1})}{q(\boldsymbol{x}_k \mid \boldsymbol{x}_{0:k-1}, \boldsymbol{Z}_k)} \end{aligned} \tag{2-147}$$

在 SIS 算法中，选取的重要性概率密度函数要能按照式(2-145)式进行分解，那么重要性权值的方差必然会随时间增大而增大，为了说明这一问题，我们对式(2-144)做如下的推导

$$\begin{aligned} \omega_{0:k} &= \frac{p(\boldsymbol{Z}_k \mid \boldsymbol{x}_{0:k}) p(\boldsymbol{x}_{0:k})}{q(\boldsymbol{x}_{0:k} \mid \boldsymbol{Z}_k)} = \frac{p(\boldsymbol{Z}_k, \boldsymbol{x}_{0:k})}{q(\boldsymbol{x}_{0:k} \mid \boldsymbol{Z}_k)} \\ &= \frac{p(\boldsymbol{x}_{0:k} \mid \boldsymbol{Z}_k) p(\boldsymbol{Z}_k)}{q(\boldsymbol{x}_{0:k} \mid \boldsymbol{Z}_k)} \propto \frac{p(\boldsymbol{x}_{0:k} \mid \boldsymbol{Z}_k)}{q(\boldsymbol{x}_{0:k} \mid \boldsymbol{Z}_k)} \end{aligned} \tag{2-148}$$

式(2-148)被叫做“重要性比值”，通过它可以证明方差随时间积累，具体证明请参照文献[15,16]。

重要性权值的方差会随时间增大而增大，那么必然会导致 SIS 算法的退化现象。其表现是：经过若干次迭代后，除了少数粒子外，其余粒子的权值均可忽略不计，从而使得大量递推浪费在几乎不起任何作用的粒子的更新上，甚至最后只剩下一个权值为 1 的有效粒子，而其他粒子的权值为零，这就意味着大量的计算都浪费在那些权值极小的粒子上，这些粒子不但降低了状态估计精度，而且对逼近 $p(\boldsymbol{x}_k|\boldsymbol{Z}_k)$ 的贡献几乎为零。

适合于对算法退化的一个度量就是有效粒子容量，其定义为

$$N_{\text{eff}} = \frac{N}{1+\text{Var}(\tilde{\omega}_k^i)} \tag{2-149}$$

其中，$\tilde{\omega}_k^i = p(\boldsymbol{x}_k|\boldsymbol{Z}_k)/p(\boldsymbol{x}_k|\boldsymbol{x}_{k-1},\boldsymbol{Z}_k)$ 称为"真权重"。这个有效粒子容量是不能通过严格计算得到的，但可以得到其估计值，表示如下

$$N_{\text{eff}} \approx \frac{1}{\sum_{i=1}^{N}(\hat{\omega}_k^i)^2} \tag{2-150}$$

其中，$\hat{\omega}_k^i$ 为式(2-144)定义的归一化权重。如果 $N_{\text{eff}} \leqslant N$，就意味着 N_{eff} 很小，即认为系统的样本或者说粒子严重退化。

显然，退化问题在粒子滤波中是一个不期望的影响作用，减小这种作用的最好方法就是采用非常大的样本容量 N，然而在许多情况下无限的扩大样本容量是不现实的，所以需要采用其他方法来降低退化现象带来的负面影响。

3. 重采样

减少退化问题的一个思路是在粒子的权值更新后引入重采样步骤。重采样的目的在于减少权值较小的粒子数目，而把注意力集中在大权值的粒子上，即增大权值大的粒子的数目。目前，已经提出了多种重采样方法[17~19]，如多项式重采样、残差重采样、最小方差重采样、系统重采样等，不同的重采样方法对估计精度的影响也不尽相同。重采样方法的基本原理是：一旦发生退化现象，便在原来重要性采样的基础上引入重采样，淘汰权值低的粒子，集中权值高的粒子，从而抑制退化现象。

由式(2-150)可知，$1 \leqslant N_{\text{eff}} \leqslant N$，当所有的权值 $\hat{\omega}_k^i = 1/N(i=1,2,\cdots,N)$ 时，$N_{\text{eff}} = N$；当只有一个权值 $\hat{\omega}_k^j = 1$，而其余权值 $\hat{\omega}_k^i = 0(i=1,2,\cdots,N, i\neq j)$ 时，$N_{\text{eff}} = 1$。可见，N_{eff} 越小退化现象就越严重，那么对于退化现象可由 N_{eff} 的大小判断，通常的做法是：给定一个门限值 $N_{\text{thr}}(N_{\text{thr}} \leqslant N)$，当 $N_{\text{eff}} \leqslant N_{\text{thr}}$ 时，就认为发生了明显的退化现象。

重采样可以减少退化现象，其目的在于增多权值较大的粒子数目。重采样的基本过程是通过对后验概率密度的离散近似表示，再进行 N 次采样，产生新的粒子集 $\{\boldsymbol{x}_k^{i*}\}_{i=1}^N$

$$p(\boldsymbol{x}_k^{i*} = \boldsymbol{x}_k^j) = \hat{\omega}_k^i \tag{2-151}$$

同时，将原来的加权粒子集 $\{\boldsymbol{x}_k^i;\ \hat{\omega}_k^i\}$ 映射到具有相等权值的新粒子集 $\{\boldsymbol{x}_k^j;\ 1/N\}$ 上

$$\hat{\omega}_k^i = 1/N \tag{2-152}$$

4. 粒子滤波基本算法

选择重要性概率密度函数为先验概率密度，并在标准的 SIS 算法中引入重采样步骤，这便形成了序贯重要重采样(sequential importance resampling，SIR)算法，也就形成了标准粒子滤波算法(PF)的基本框架。

考虑如下非线性状态空间模型

$$\begin{cases} \boldsymbol{x}_k = \boldsymbol{f}(\boldsymbol{x}_{k-1}, \boldsymbol{w}_{k-1}) \\ \boldsymbol{z}_k = \boldsymbol{h}(\boldsymbol{x}_k, \boldsymbol{v}_k) \end{cases} \tag{2-153}$$

其中 $\boldsymbol{x}_k \in \mathbf{R}^n$ 与 $\boldsymbol{z}_k \in \mathbf{R}^m$ 分别是系统状态向量和量测向量；$\boldsymbol{f}_{k-1}(\cdot)$：$\mathbf{R}^n \to \mathbf{R}^n$ 和 $\boldsymbol{h}_k(\cdot)$：$\mathbf{R}^n \to \mathbf{R}^m$ 分别为系统非线性状态转移函数和测量函数；$\boldsymbol{w}_k \in \mathbf{R}^p$ 和 $\boldsymbol{v}_k \in \mathbf{R}^q$ 分别为系统的过程噪声和量测噪声，且它们互不相关。

总结上述粒子滤波的基本思想，我们给出如下标准粒子滤波算法：

1) 初始化。由先验概率 $p(\boldsymbol{x}_0)$产生粒子群$\{\boldsymbol{x}_0^i, i=1,2,\cdots,N\}$，所有粒子权值为 $1/N$。

2) 序贯重要性采样(SIS)。

(1) 选取先验概率作为重要性密度函数，即

$$q(\boldsymbol{x}_k^i \mid \boldsymbol{x}_{k-1}^i, \boldsymbol{z}_k) = p(\boldsymbol{x}_k^i \mid \boldsymbol{x}_{k-1}^i) \tag{2-154}$$

从重要性分布中抽取 N 个样本$\{\boldsymbol{x}_k^i, i=1,2,\cdots,N\}$。

(2) 计算各粒子权值

$$\omega_k^i = \omega_{k-1}^i \frac{p(\boldsymbol{z}_k \mid \boldsymbol{x}_k^i) p(\boldsymbol{x}_k^i \mid \boldsymbol{x}_{k-1}^i)}{q(\boldsymbol{x}_k^i \mid \boldsymbol{x}_{k-1}^i, \boldsymbol{Z}_k)} \tag{2-155}$$

(3) 归一化权值

$$\omega_k^i = \omega_k^i \Big/ \sum_{i=1}^{N} \omega_k^i \tag{2-156}$$

3) 重采样。若 $N_{\mathrm{eff}} \approx 1 \Big/ \sum_{i=1}^{N} (\hat{\omega}_k^i)^2 < N_{\mathrm{thr}}$，则进行重采样，将原来的带权样本$\{\boldsymbol{x}_{0:k}^i, \omega_k^i\}_{i=1}^N$映射为等权样本$\{\boldsymbol{x}_{0:k}^i, 1/N\}_{i=1}^N$。

4) 状态估计。

$$\hat{\boldsymbol{x}}_k = \sum_{i=1}^{N} \omega_k^i \boldsymbol{x}_k^i \tag{2-157}$$

$$\boldsymbol{P}_k = \sum_{i=1}^{N} \omega_k^i (\hat{\boldsymbol{x}}_k^i - \hat{\boldsymbol{x}}_k)(\hat{\boldsymbol{x}}_k^i - \hat{\boldsymbol{x}}_k)^{\mathrm{T}} \tag{2-158}$$

2.5　混合系统多模型估计

基于混合系统的多模型估计是一种强有力的自适应估计方法，尤其是对结构或参数变化的系统更是如此。混合系统被认为是使用一个专家框架的控制理论的未来方向。

2.5.1 一般描述

定义 2.1 在混合空间 $\mathrm{R}^n\times\mathrm{S}$ 上定义系统

$$\boldsymbol{x}_{k+1}=\boldsymbol{f}_k(\boldsymbol{x}_k,s_{k+1})+\boldsymbol{g}[s_{k+1},\boldsymbol{x}_k,\omega_k(s_{k+1},\boldsymbol{x}_k)] \tag{2-159}$$

$$\boldsymbol{z}_k=\boldsymbol{h}_k(\boldsymbol{x}_k,s_k)+\boldsymbol{v}_k(\boldsymbol{x}_k,s_k) \tag{2-160}$$

式中 $k\in\mathrm{N}$ 是离散时间变量，$\boldsymbol{x}_k\in\mathrm{R}^n$ 为基础状态空间 R^n 上的状态向量；$s\in\mathrm{S}$ 表示系统模式空间上的模式变量；$\boldsymbol{z}_k\in\mathrm{R}^m$ 是系统的量测向量；而 $\boldsymbol{w}_k\in\mathrm{R}^m$ 和 $\boldsymbol{v}_k\in\mathrm{R}^m$ 分别表示系统的过程噪声和量测噪声，则称此系统为离散时间随机混合系统。

系统模式序列假定是一个 Markov 链，带有转移概率

$$p(s_{k+1}=s^{(j)}\mid s_k=s^{(j)},\boldsymbol{x}_k)=\phi_k(s^{(i)},s^{(j)},\boldsymbol{x}_k),\quad \forall s^{(i)},s^{(j)}\in\mathrm{S} \tag{2-161}$$

其中 ϕ 是标量函数。

式(2-161)表明基础状态观测一般来说是模式依赖的，而且量测序列嵌入了模式信息。换句话说，系统模式序列是间接观测(或隐藏)的 Markov 模型。当 Markov 链是齐次的情况下，从 $s^{(i)}$ 到 $s^{(j)}$ 的转移概率记为 π_{ij}。所以，线性形式的随机混合系统描述为

$$\boldsymbol{x}_{k+1}=\boldsymbol{F}(s_k)\boldsymbol{x}_k+\boldsymbol{\Gamma}(s_k)\boldsymbol{w}_k\boldsymbol{x}_k \tag{2-162}$$

$$\boldsymbol{z}_k=\boldsymbol{H}_k(\boldsymbol{x}_k,s_k)+\boldsymbol{v}_k(\boldsymbol{x}_k,s_k) \tag{2-163}$$

$$p(s_{k+1}=s^{(j)}\mid s^{(i)})=\pi_{ij}\quad \forall s^{(j)},s^{(i)}\in\mathrm{S} \tag{2-164}$$

上述系统显然是一个非线性的动态系统，但是一旦系统的运行模式给定，该系统就可简化为一个线性系统。这个系统也称为跳变线性系统。

混合估计问题就是根据带有噪声的(模式依赖的)量测序列来估计基础状态和模式状态。

2.5.2 多模型估计实现

混合估计的主流方法是多模型(multi-model，MM)方法，这对于混合估计来说也是最自然的方法。MM 估计的应用由下面几部分组成。

1. 模型设计

必须设计一个有限个模型构成的模型集，本节将针对如下模型集

$$M=\{m^{(j)}\}_{j=1,2,\cdots,r} \tag{2-165}$$

其中每个模型 $m^{(j)}$ 是对模式空间中相应模式 $s^{(i)}$ 的一种描述，这种对应关系既可以是一对一的，也可以不是一对一的，但在后一种情况下通常模型集比模式集要小许多。这种匹配关系也可以描述为

$$m_k^{(j)}\triangleq\{s_k=m^{(j)}\},\quad k\in\mathrm{N};\quad j=1,2,\cdots,r \tag{2-166}$$

即在 k 时刻的系统模式有模型匹配。事实上，一旦确定了 M，MM 方法隐含假定了

系统模式 S 可被 M 的成员准确表示。

2. 滤波器选择

这是第二个重要环节，即选择一些递推滤波器来完成混合估计。

3. 估计融合

为产生总体估计，估计融合有三种方法：

（1）软决策和无决策：总体估计的获得是根据滤波器获得的估计，而不硬性规定利用哪些滤波器的估计值。这是 MM 估计融合的主流方法。如果把基础状态的条件均值作为估计，则在最小均方意义下，总体估计就是所有滤波器估计值的概率加权和

$$\hat{\boldsymbol{x}}_k = \mathrm{E}(\boldsymbol{x}_k \mid \boldsymbol{Z}_k) = \sum_i \hat{\boldsymbol{x}}_k^{(j)} p(m_k^{(j)} \mid \boldsymbol{Z}_k) \tag{2-167}$$

（2）硬决策：总体估计的近似获得是根据某些滤波器的估计值得到的，而这些滤波器的选择原则是最大可能与当前模式匹配，最终的状态估计是硬性规定的。比如在所有的模型中按最大概率只选择一个模型，把估计值作为总体估计值。这种融合方法就是退化为传统的“决策后估计”法。

（3）随机决策：总体估计是基于某些随机选择的模型序列的估计来近似决定的。

4. 滤波器的重初始化

决定怎样重初始化每个滤波器，这是有效 MM 算法和其他 MM 算法的主要方面，大部分研究都集中在这里。下面主要讨论跳变 Markov 系统，第 i 个模型应服从下述的离散时间方程

$$\boldsymbol{x}_{k+1} = \boldsymbol{F}_k^{(i)} \boldsymbol{x}_k + \Gamma_k^{(i)} \boldsymbol{w}_k^{(i)}, \quad k \in \mathbb{N}, \quad i = 1,2,\cdots,r \tag{2-168}$$

$$\boldsymbol{z}_k = \boldsymbol{H}_k^{(i)} \boldsymbol{x}_k + \boldsymbol{v}_k^{(i)}, \quad k \in \mathbb{N}, \quad i = 1,2,\cdots,r \tag{2-169}$$

$$\pi_{ij} = p(s_k = m^{(j)} \mid s_{k-1} = m^{(i)}), \quad k \in \mathbb{N}, \quad i = 1,2,\cdots,r \tag{2-170}$$

而 $w_k^{(i)} \sim N(\boldsymbol{q}_k, \boldsymbol{Q}_k^{(i)})$ 和 $\boldsymbol{v}_k^{(i)} \sim N(\boldsymbol{r}_k, \boldsymbol{R}_k^{(i)})$ 分别表示相互独立的独立过程噪声和独立量测噪声。

假定模型 $m^{(j)}$ 在初始时刻正确（系统处于模式 $s^{(j)}$ 下）的先验概率为

$$p(m^{(j)} \mid \boldsymbol{Z}_0) = \mu_0^{(j)} \tag{2-171}$$

式中的 $\boldsymbol{Z}_0$ 为初始时刻系统的先验量测信息，则有

$$\sum_{j=1}^{r} \mu_0^{(j)} = 1 \tag{2-172}$$

由于任何时刻混合系统的当前模型服从于 r 个可能的模型之一，则到时刻 k 为止，该混合系统所可能具有的模式历史序列就有可能有 r^k 个。根据贝叶斯全概率理论，对该混合系统的最优状态滤波器的计算量随着时间的延长随指数增长，因此基于此种技术导出的最优滤波器的计算量所需要的计算机资源将十分庞大，这在现实中是不可能实现的。为了避免出现这种情况，出现了下列几种比较典型的次优多模

型滤波器。

2.5.3 定结构多模型估计

固定模型集的最优估计是**全假设树**估计，即考虑每一时刻系统的所有可能模式。其模型集是预先确定的，而不管模型本身是不是时变的。但是，由于其计算量和内存随着时间的推移呈指数增长，要达到最优是不可能。例如，有 r 个可能的模型，系统从 0 时刻运行到 k 时刻，就有 r^{k-1} 个可能的模型跳变序列，于是对于系统状态的估计是 $\hat{\boldsymbol{x}}_{k-1}=\mathrm{E}(\boldsymbol{x}_k\,|\,\boldsymbol{Z}_k,m_{1;k-1}^{(i)})$，其中 $m_{1;k-1}^{(i)}$ 就是 r^{k-1} 个可能的序列之一。所以，有必要利用某些假设管理技术来建立更有效的非全假设树算法，以保证剩余的假设数量在一定的范围内，如：

(1) 删除“不太可能”的模型序列，这将导致估计融合的硬决策方法；

(2) 合并“相似”的模型序列，这可通过重新初始化时的具有“相同”的估计值和协方差的滤波器进行合并；

(3) 将弱耦合模型序列解耦为串；

(4) 其他的假设管理技术。

经验表明，一般情况下基于合并相似模型序列的非全假设估计器要优于基于删除不可能模型序列的估计器。

下面讨论几种固定记忆的 MM 估计器。

所谓**广义伪贝叶斯方法**(GPB)[21~23]，就是在时刻 k，进行系统状态估计时仅考虑系统过去有限个采样时间间隔内的目标模型历史。

一阶的 GPB 算法(GPB1)采用最简单的重初始化方法，仅把上次总体状态估计 $\hat{\boldsymbol{x}}_{k-1}$ 以及估计误差的协方差阵 $\boldsymbol{P}_{k-1}$ 作为公共的初始条件，然后各个模型按基本卡尔曼算法进行各自的状态估计，同时计算各个模型的概率；最后利用加权和求单位本次的总体状态估计 $\hat{\boldsymbol{x}}_k$ 以及估计误差的协方差阵 $\boldsymbol{P}_k$，计算过程如图 2-2 所示。

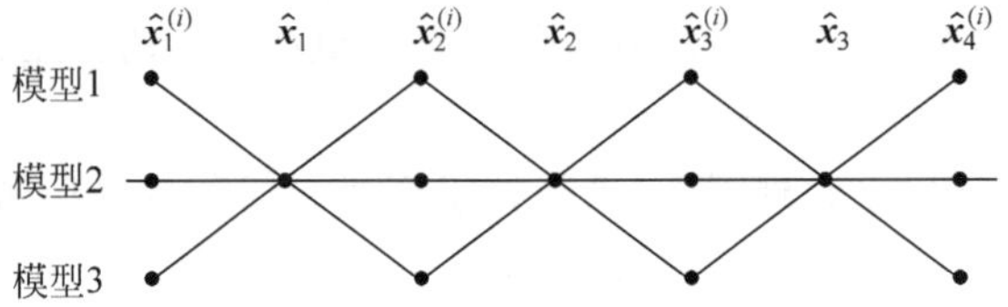

图 2-2 GPB1 算法时序图($r=3$)

对于 $i=1,2,\cdots,r$，每个循环如下

(1) 重初始化

$$\hat{\hat{\boldsymbol{x}}}_{k-1}^{(i)}=\hat{\boldsymbol{x}}_{k-1},\quad \hat{P}_{k-1}^{(i)}=P_{k-1},\quad i=1,2,\cdots,r \tag{2-173}$$

(2) 条件滤波，即以 $\hat{\hat{\boldsymbol{x}}}_{k-1}^{(i)}$ 和相应的误差协方差 $\hat{\boldsymbol{P}}_{k-1}^{(i)}$ 为初始值，利用与 $m^{(i)}$ 匹配的模型，按一般卡尔曼滤波方程，分别计算得到状态估计和估计误差的协方差阵；而且

计算得到似然函数

$$\Lambda_k^{(i)} = p(\boldsymbol{z}_k \mid m_k^{(i)}, \boldsymbol{Z}_k) \approx p(\boldsymbol{z}_k \mid m_k^{(i)}, \hat{\hat{\boldsymbol{x}}}_{k-1}^{(i)}, \hat{\boldsymbol{P}}_{k-1}^{(i)}), \quad i = 1,2,\cdots,r \tag{2-174}$$

(3) 模型概率更新，即计算

$$\mu_k^{(i)} = p(m_k^{(i)} \mid \boldsymbol{Z}_k) = \frac{1}{c}\Lambda_k^{(i)} \sum_{j=1}^{r} \pi_{ji}\mu_{k-1}^{(i)}, \quad i = 1,2,\cdots,r \tag{2-175}$$

其中 π_{ji} 是式(2-170)给出的转移概率；而 c 值为正则化常数，即

$$c = \sum_{i=1}^{r}\Lambda_k^{(i)} \sum_{j=1}^{r} \pi_{ji}\mu_{k-1}^{(i)} \tag{2-176}$$

(4) 估计合成，即得到 k 时刻的估计及其误差的协方差阵分别是

$$\hat{\boldsymbol{x}}_k = \sum_{i=1}^{r} \mu_k^{(i)} \hat{\boldsymbol{x}}_k^{(i)} \tag{2-177}$$

$$\boldsymbol{P}_k = \sum_{i=1}^{r} [\boldsymbol{P}_k^{(i)} + (\hat{\boldsymbol{x}}_k - \hat{\boldsymbol{x}}_k^{(i)})(\hat{\boldsymbol{x}}_k - \hat{\boldsymbol{x}}_k^{(i)})^{\mathrm{T}}]\mu_k^{(i)} \tag{2-178}$$

图 2-3 给出了 GPB1 算法的结构图。

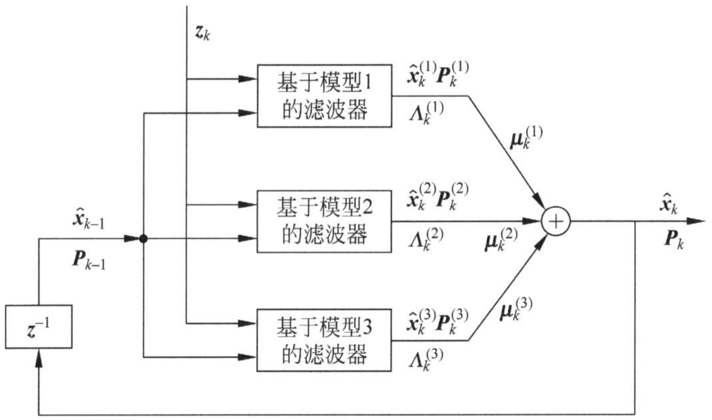

图 2-3　GPB1 算法结构图($r=3$)

二阶 GPB 算法(GPB2)则只需要考虑过去两个采样时间间隔内的历史，滤波器初始值要在此假设下重新计算，这种算法需要有 r^2 个滤波器并行处理。假定 $k-1$ 时刻已经获得估计

$$\hat{\boldsymbol{x}}_{k-1}^{(i)} = \mathrm{E}(\boldsymbol{x}_{k-1} \mid m_{k-1}^{(i)}, \boldsymbol{Z}_{k-1}), \quad i = 1,2,\cdots,r \tag{2-179}$$

以及相应的协方差阵

$$\boldsymbol{P}_{k-1}^{(i)} = \mathrm{cov}(\boldsymbol{x}_{k-1} - \hat{\boldsymbol{x}}_{k-1}^{(i)} \mid m_{k-1}^{(i)}), \quad i = 1,2,\cdots,r \tag{2-180}$$

GPB2 在一个采样周期的计算循环如下：

(1) 重初始化

$$\hat{\hat{\boldsymbol{x}}}_{k-1}^{(i)} = \hat{\boldsymbol{x}}_{k-1}^{(i)}, \quad \hat{\boldsymbol{P}}_{k-1}^{(i)} = \boldsymbol{P}_{k-1}^{(i)}, \quad 1,2,\cdots,r \tag{2-181}$$

(2) 条件滤波。按 $k-1$ 时刻采样模型和 k 时刻采样模型 $m_k^{(i)}$，利用一般卡尔曼滤波方法计算状态估计 $\hat{\boldsymbol{x}}_k^{(i,j)}$ 和估计误差协方差阵 $\boldsymbol{P}_k^{(i,j)}$，如

$$\hat{\boldsymbol{x}}_k^{(i,j)} = \mathrm{E}(\boldsymbol{x}_k \mid \boldsymbol{Z}_k, m_k^{(i)}, m_{k-1}^{(i)}) = \boldsymbol{F}_{k-1}^{(j)} \hat{\hat{\boldsymbol{x}}}_{k-1}^{(i)} + \Gamma_{k-1}^{(j)} \bar{w}_{k-1}^{(i)}$$
$$+ \boldsymbol{K}_k^{(j)} [\boldsymbol{z}_k - \boldsymbol{H}_k^{(j)} \boldsymbol{F}_{k-1}^{(j)} \hat{\hat{\boldsymbol{x}}}_{k-1}^{(i)} - \boldsymbol{r}_k^{(j)}], \quad i,j = 1,2,\cdots,r \tag{2-182}$$

其中 $\boldsymbol{K}_k^{(j)}$ 是卡尔曼增益阵，而$\hat{\hat{\boldsymbol{x}}}_{k-1}^{(i)}$是第 i 个滤波器的合成初值；同时似然函数

$$\Lambda_k^{(i,j)} = p(\boldsymbol{z}_k \mid m_k^{(i)}, m_{k-1}^{(i)}, \boldsymbol{Z}_{k-1}) \approx p(\boldsymbol{z}_k \mid m_k^{(i)}, \hat{\hat{\boldsymbol{x}}}_{k-1}^{(i)}, \hat{\boldsymbol{P}}_{k-1}^{(i)}), \quad i,j = 1,2,\cdots,r \tag{2-183}$$

（3）估计合成，首先计算 k 时刻采样模型 $m_k^{(i)}$ 而 $k-1$ 时刻采用模型 $m_{k-1}^{(i)}$的概率

$$\mu_{k-1|k}^{(i,j)} = p(m_{k-1}^{(i)} \mid m_k^{(j)}, \boldsymbol{Z}_k) = \frac{1}{c_j} \Lambda_k^{(i,j)} \pi_{ji} \mu_{k-1}^{(i)}, \quad i,j = 1,2,\cdots,r \tag{2-184}$$

其中

$$c_j = \sum_{i=1}^{r} \Lambda_k^{(i,j)} \pi_{ij} \mu_{k-1}^{(i)}, \quad j = 1,2,\cdots,r \tag{2-185}$$

然后计算状态估计的合成及相应的协方差阵

$$\hat{\boldsymbol{x}}_k^{(i)} = \mathrm{E}(\boldsymbol{x}_k \mid m_k^{(i)}, \boldsymbol{Z}_k) = \sum_{j=1}^{r} \hat{\boldsymbol{x}}_k^{(j,i)} \mu_{k-1|k}^{(j,i)}, \quad i = 1,2,\cdots,r \tag{2-186}$$

$$\boldsymbol{P}_k = \sum_{i=1}^{r} [\boldsymbol{P}_k^{(j,i)} + (\hat{\boldsymbol{x}}_k^{(j,i)} - \hat{\boldsymbol{x}}_k^{(j)})(\hat{\boldsymbol{x}}_k^{(j,i)} - \hat{\boldsymbol{x}}_k^{(j)})^{\mathrm{T}}] \mu_{k-1|k}^{(j,i)}, \quad i = 1,2,\cdots,r \tag{2-187}$$

（4）模型概率更新

$$\mu_k^{(i)} = p(m_k^{(i)} \mid \boldsymbol{Z}_k) = c_i / c, \quad i = 1,2,\cdots,r, \quad c = \sum_{i=1}^{r} c_i \tag{2-188}$$

（5）状态估计与协方差阵的融合输出

$$\hat{\boldsymbol{x}}_k = \sum_{i=1}^{r} \hat{\boldsymbol{x}}_k^{(i)} \mu_k^{(i)} \tag{2-189}$$

$$\boldsymbol{P}_k = \sum_{i=1}^{r} [\boldsymbol{P}_k^{(i)} + (\hat{\boldsymbol{x}}_k^{(i)} - \hat{\boldsymbol{x}}_k)(\hat{\boldsymbol{x}}_k^{(i)} - \hat{\boldsymbol{x}}_k)^{\mathrm{T}}] \mu_k{}^{(i)} \tag{2-190}$$

对混合系统状态估计而言，一个周期内的 GPB2 算法的结构如图 2-4 所示。

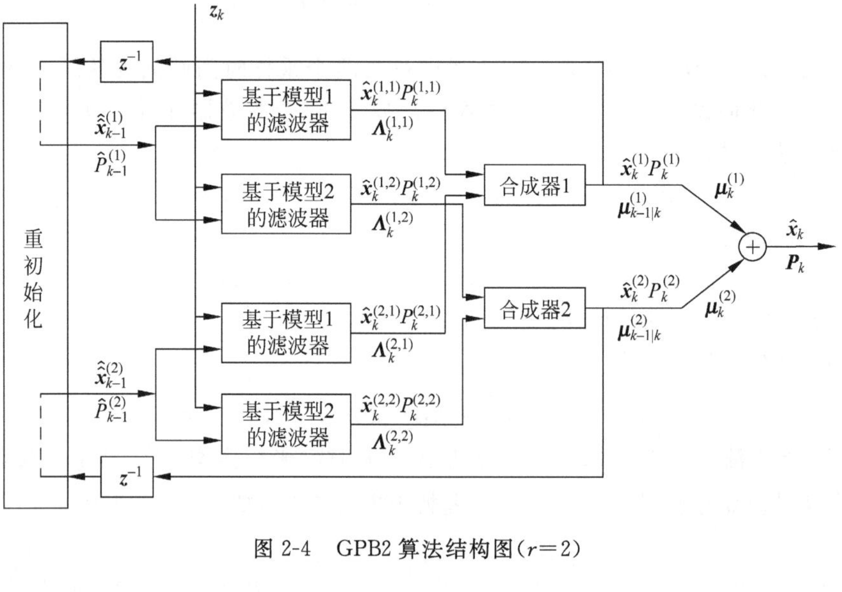

图 2-4 GPB2 算法结构图(r=2)

2.5.4　交互式多模型算法

Blom 和 Bar-Shalom 在广义伪贝叶斯算法基础上，提出了一种具有 Markov 切换系数的交互式多模型(IMM)算法，并给出了关于 IMM 的严谨描述。通过使用一种更好的假设管理技术，IMM 估计具有 GPB2 的性能和 GPB1 计算上的优势，一般被认为是一种最有效的混合估计方案，已被成功地应用于许多实际问题，逐渐成为该领域研究的主流方向。本小节将重点介绍 IMM 算法的基本理论。

IMM 算法也是这一种关于混合系统状态估计的次优算法。在时刻 k，利用交互式多模型方法进行目标状态估计的计算时，考虑每个模型滤波器都有可能成为当前有效的系统模型滤波器，每个滤波器的初始条件都是基于前一时刻各条件模型滤波器结果的合成(合成初始条件)。作为与 GPB1 算法的比较，图 2-5 给出了 IMM 算法的时序图。下面将详细描述 IMM 算法的整个过程，而 IMM 算法的结构如图 2-6 所示。

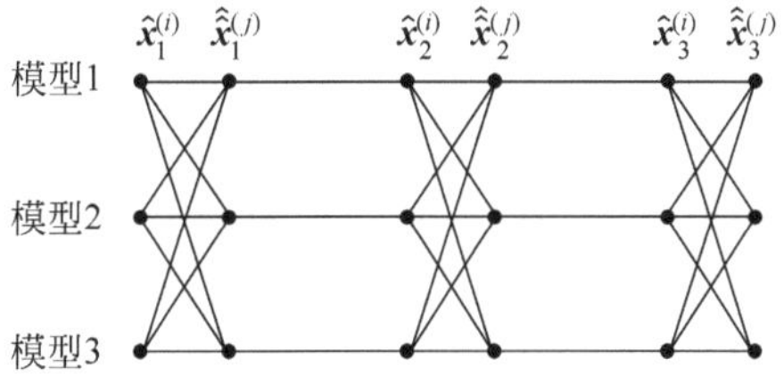

图 2-5　IMM 算法时序图($r=3$)

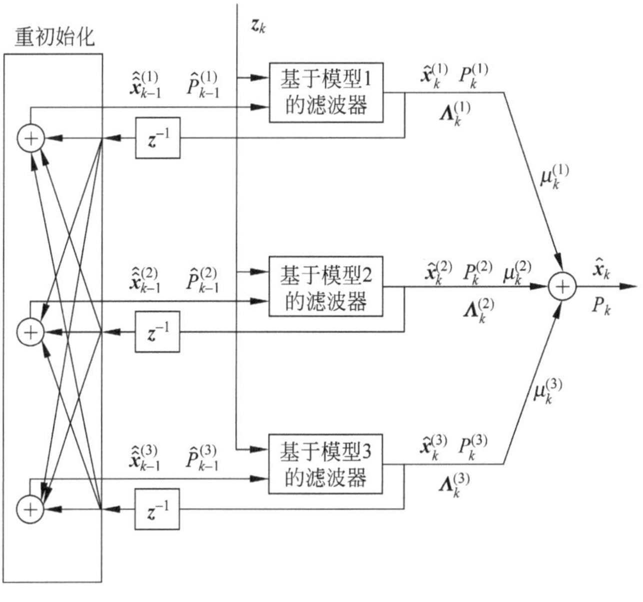

图 2-6　IMM 算法结构图($r=3$)

IMM 估计算法是递推的。每步递推主要是由以下四步组成：

(1) 模型条件重初始化。模型条件重初始化(model-conditional reinitialization)是在假定第 j 个模型在当前时刻有效的条件下，与其匹配的滤波器的输入由上一时刻各滤波器的估计混合而成。

① 混合概率(mixing probability),假定 $k-1$ 时刻的匹配模型是 $m_{k-1}^{(i)}$,而在 k 时刻的匹配模型是 $m_k^{(i)}$,以信息 $\boldsymbol{Z}_{k-1}$ 为条件的混合概率是

$$\mu_{k-1}^{(i,j)} \stackrel{\text{def}}{=} p(m_{k-1}^{(i)} \mid m_k^{(j)}, \boldsymbol{Z}_{k-1}) = \frac{1}{\bar{c}_j}\pi_{ij}\mu_{k-1}^{(i)}, \quad i,j = 1,2,\cdots,r \tag{2-191}$$

其中 $\bar{c}_j = \sum_{i=1}^{r}\pi_{ij}\mu_{k-1}^{(i)}$。

② 混合估计,即对于 $j=1,2,\cdots,r$,重初始化的状态与协方差按混合估计分别为

$$\hat{\hat{\boldsymbol{x}}}_{k-1}^{(j)} \stackrel{\text{def}}{=} \mathrm{E}(\boldsymbol{x}_{k-1} \mid m_k^{(j)}, \boldsymbol{Z}_{k-1}) = \sum_{i=1}^{r} \hat{\boldsymbol{x}}_{k-1}^{(i)}\mu_{k-1}^{(i,j)} \tag{2-192}$$

$$\hat{\boldsymbol{P}}_{k-1}^{(j)} = \sum_{i=1}^{r}[\boldsymbol{P}_{k-1}^{(i)} + (\hat{\boldsymbol{x}}_{k-1}^{(i)} - \hat{\hat{\boldsymbol{x}}}_{k-1}^{(j)})(\hat{\boldsymbol{x}}_{k-1}^{(i)} - \hat{\hat{\boldsymbol{x}}}_{k-1}^{(j)})^{\mathrm{T}}]\mu_{k-1}^{(i,j)} \tag{2-193}$$

(2) 模型条件滤波。模型条件滤波(model-conditional filtering)是在给定重初始化的状态和协方差阵的前提下,在获得新的量测 $\boldsymbol{z}_k$ 之后,进行状态估计更新。

① 状态预测 即对于 $i=1,2,\cdots,r$,分别计算

$$\hat{\boldsymbol{x}}_{k|k-1}^{(i)} = \boldsymbol{F}_{k-1}^{(i)}\hat{\hat{\boldsymbol{x}}}_{k-1}^{(i)} + \boldsymbol{\Gamma}_{k-1}^{(i)}\boldsymbol{wq}_{k-1}^{(i)} \tag{2-194}$$

$$\boldsymbol{P}_{k|k-1}^{(i)} = \boldsymbol{F}_{k-1}^{(i)}\hat{\boldsymbol{P}}_{k-1}^{(i)}(\boldsymbol{F}_{k-1}^{(i)})^{\mathrm{T}} + \boldsymbol{\Gamma}_{k-1}^{(i)}\boldsymbol{Q}_{k-1}^{(i)}(\boldsymbol{\Gamma}_{k-1}^{(i)})^{\mathrm{T}} \tag{2-195}$$

② 量测预测残差及其协方差阵计算,即对于 $i=1,2,\cdots,r$,分别计算

$$\tilde{\boldsymbol{z}}_k^{(i)} = \boldsymbol{z}_k - \boldsymbol{H}_k^{(i)}\hat{\boldsymbol{x}}_{k|k-1}^{(i)} - \boldsymbol{r}_k^{(i)} \tag{2-196}$$

$$\boldsymbol{S}_k^{(i)} = \boldsymbol{H}_k^{(i)}\boldsymbol{P}_{k|k-1}^{(i)}(\boldsymbol{H}_k^{(i)})^{\mathrm{T}} + \boldsymbol{R}_k^{(i)} \tag{2-197}$$

同时计算与 $m_k^{(i)}$ 匹配的似然函数

$$\Lambda_k^{(i)} = p(\boldsymbol{z}_k \mid m_k^{(i)}, \boldsymbol{Z}_{k-1}) \approx p[\boldsymbol{z}_k \mid m_k^{(i)}, \hat{\hat{\boldsymbol{x}}}_{k-1}^{(i)}, \boldsymbol{S}_k^{(i)}(\hat{\boldsymbol{P}}_{k-1}^{(i)})] \tag{2-198}$$

在高斯假设条件下,似然函数可以计算如下

$$\Lambda_k^{(i)} = p(\tilde{\boldsymbol{z}}_k \mid m_k^{(i)}, \boldsymbol{Z}_{k-1}) \xlongequal{\text{高斯假设}} |2\pi\boldsymbol{S}_k^{(i)}|^{-1/2}\exp\left\{-\frac{1}{2}(\tilde{\boldsymbol{z}}_k^{(i)})^{\mathrm{T}}(\boldsymbol{S}_k^{(i)})^{-1}\tilde{\boldsymbol{z}}_k^{(i)}\right\} \tag{2-199}$$

③ 滤波更新,即对于 $i=1,2,\cdots,r$,分别计算滤波增益阵、状态估计更新和状态估计更新误差协方差阵如下

$$\boldsymbol{K}_k^{(i)} = \boldsymbol{P}_{k|k-1}^{(i)}(\boldsymbol{H}_k^{(i)})^{\mathrm{T}}(\boldsymbol{S}_k^{(i)})^{-1} \tag{2-200}$$

$$\hat{\boldsymbol{x}}_k^{(i)} = \hat{\boldsymbol{x}}_{k|k-1}^{(i)} + \boldsymbol{K}_k^{(i)}\tilde{\boldsymbol{z}}_k^{(i)} \tag{2-201}$$

$$\boldsymbol{P}_k^{(i)} = \boldsymbol{P}_{k|k-1}^{(i)} - \boldsymbol{K}_k^{(i)}\boldsymbol{S}_k^{(i)}(\boldsymbol{K}_k^{(i)})^{\mathrm{T}} \tag{2-202}$$

④ 模型概率更新。模型概率更新就是对于 $i=1,2,\cdots,r$,计算模型概率

$$\mu_k^{(i)} = p(m_k^{(i)} \mid \boldsymbol{Z}_k) = \frac{1}{c}\Lambda_k^{(i)}\bar{c}_i, \quad i = 1,2,\cdots,r \tag{2-203}$$

其中 $\bar{c}_i = \sum_{j=1}^{r}\pi_{ji}\mu_{k-1}^{(j)}$ 由式(2-191)给出,而 $c = \sum_{j=1}^{r}\Lambda_k^{(j)}\bar{c}_j$。

⑤ 估计融合。估计融合(estimation fusion)就是给出 k 时刻的总体估计和总体估计误差协方差阵,分别为

$$\hat{\boldsymbol{x}}_k = \sum_{i=1}^{r} \hat{\boldsymbol{x}}_k^{(i)} \mu_k^{(i)} \tag{2-204}$$

$$\boldsymbol{P}_k = \sum_{i=1}^{r} [\boldsymbol{P}_k^{(i)} + (\hat{\boldsymbol{x}}_k - \hat{\boldsymbol{x}}_k^{(i)})(\hat{\boldsymbol{x}}_k - \hat{\boldsymbol{x}}_k^{(i)})^{\mathrm{T}}] \mu_k^{(i)} \tag{2-205}$$

即以所有滤波器的滤波状态估计的概率加权和作为总体状态估计。

虽然 IMM 估计已被成功的应用,但对其性能的理论分析仍然缺乏。最需要分析的或许是在其具有有界均方估计误差的意义下,稳定的充分与必要条件。

与固定结构 MM 算法密切相关,几乎被忽略的一个问题是:MM 估计器的性能在很大程度上依赖于所使用的模型集。此处存在一个困境,即为了提高估计精度而需要增加模型,但太多模型的使用除了急剧增加计算量外,反而降低估计器的性能。

走出这一困境有两个方法:设计更好的模型集(但直至目前为止可用的理论结果仍然非常有限);使用可变模型集。

2.5.5 变结构多模型算法

1. 多模型算法的图论表述

模型集对于估计性能的重要性是显而易见的,因而应用 MM 估计理论的主要困难就是设计一个合适的模型集。不幸的是关于这个重要问题的可用理论结果非常有限。因而,变结构多模型(VSMM)方法便成为一个新的研究热点。

一个大模型集的 VSMM 算法在性能上是不可能令人满意的,主要原因是这个集合中的很多模型在特定时间与系统有效模式差别很大,不仅在计算上浪费时间,而且来自“多余”模型的不必要“竞争”反而降低了估计的性能。

最优的变结构估计器一般是不可能得到的,就像定结构算法一样,需要使用假设管理技术来删除“不太可能” 的假设或合并“相似”的假设。这样可以在性能和计算之间找到某种折中。

(1) 设 D 为有向图,E 和 V 分别是 D 的顶点集合和边集合。而随机有向图是一个每条边都被制定了概率权值的有向图,其对应于每个顶点的所有边的权值之和为 1。其邻接矩阵 $\boldsymbol{A}$ 定义为

$$\mathbf{A} = \{a_{ij}\}$$

a_{ij} 是从顶点 v_i 到顶点 v_j 边的权值。

从顶点 v_j 出来和到顶点 v_l 的邻接集合分别定义为

$$F_j = \{v_i: a_{ji} \neq 0\}, \quad T_j = \{v_i: a_{il} \neq 0\}$$

(2) 一个有向图是强连接的(strong connected),如果在任意两个顶点之间存在一个直接通道。

在图论的帮助下,MM 算法的基本要素可确定为:

① 基于算法的单模型集合(如卡尔曼滤波器),每一个匹配一个特殊的模式;

② 基于单模型算法总体结果融合规则;

③ 每一个时刻确定递推滤波器初始条件的初始化规则；

④ 每一时刻定义模式之间图论关系的**优先有向图**的演化机制。优先有向图也称支撑有向图。

需要强调的是与一个模式集相联系的支撑有向图有很多不同种。

图论表示法为 MM 算法的研究开辟了一条崭新的道路。下面是一些有用的结论。

① Markov 链是各态历经的，当且仅当其相应的有向图是强连接的随机有向图。

② 关于 $m^{(i)}$ 的状态依赖于模式集是出自于 $m^{(i)}$ 的邻接集合。

③ 系统模式 S 不是状态依赖的，当且仅当其相应的有向图是完全对称的(也就是说，每个模式都可以从其他任一模式直接跳转)；显然，状态依赖的系统模式集通常与它们的联合 $\boldsymbol{S}$ 不一样，其中 $\boldsymbol{S} \stackrel{\text{def}}{=} \{\mathrm{S}_1, \mathrm{S}_2, \cdots, \mathrm{S}_N\}$ 是所有不同的状态依赖的系统模式集构成的类。

④ 由 $\boldsymbol{S}$ 的成员组成的模式序列是容许的，当且仅当它对应于 $\boldsymbol{S}$ 的有向图的一个直接通道。

⑤ 在时刻 k，$\boldsymbol{S}$ 容许的模式序列数 $N_S(k) = \sum_{i,j} a_{ij}^{(k)}$，其中 $a_{ij}^{(k)}$ 是 A^k(邻接集合 A 的 k 次方)的第(i,j)项。这遵从图论中的定理：从 v_i 到 v_j 长度为 k 的直接通道数等于 $a_{ij}^{(k)}$。

MM 算法的某些性质与其支撑有向图有关，因此，MM 算法根据其支撑有向图可分为几类。

(3) 固定有向图 MM 算法其支撑有向图在任意时刻必须是同构的；否则，就称其为可变有向图。称 MM 算法是**可转换的**(switchable)，如果其支撑有向图不是由鼓励顶点构成。如果所有支撑有向图都是强连接的，则称算法是强可转换的。

注 ①固定有向图算法必定有固定结构，但是固定结构算法在不同时间起支撑有向图可能带有不同的非零权。换句话说，定结构算法允许模式转换概率自适应(或时变)，也就是系统模式序列的一个非齐次 Markov 链模型。②定结构算法必须使用固定模型集，而固定模型集算法不必使用定结构，因为零权值可以在不同时间重新指定其支撑有向图。③几乎所有有效使用的算法都是强可转换的。实际上，实用 MM 算法的支撑有向图通常是对称的(或双向的)，只有个别例外[108]。

MM 算法的图论表述为其提供了一个严格的框架，不仅图论中许多已发展很好的技术和结果得到利用，而且为变结构 MM 算法实时处理模式集演化提供了一个系统方法论。

2. VSMM 估计

不论 VSMM 多么有前途，它最终的成功主要依赖于在有效性、通用性和效率方面优良的模型自适应算法的开发。

令 M_k 和 M^k 分别表示 k 时刻模型集和直到 k 的模型集序列。递推自适应模型集(RAMS)在每一时刻 k 由下面关键步骤组成：

(1) 模型集自适应：基于$\{M^{k-1},\boldsymbol{Z}_k\}$确定模型集 M_k；

(2) 重初始化基于模型的滤波器：获得每个基于 M_k 中的一个模型的滤波器的“初始”条件；

(3) 模型匹配估计：对于 M_k 中的每个模型，在假定这个模型精确匹配系统有效模型的条件下得到估计；

(4) 模式概率计算：对于 M_k 中的所有 m_k，计算 $p(M_k,m_k|\boldsymbol{Z}_k)$；

(5) 估计融合：得到总体估计和它的协方差。

其中(1)是变结构算法所特有的，它的理论基础是合并/删除准则。

给定 $V'\subset V(D)$，其中 $V(D)$表示 D 的顶点集，如果 E'包含所有末端顶点都在 V'中的 D 的边，则称 $D'=(V',E')$是由 V'引起的 D 的子有向图，即为 $D[V']$。带有权值的有向图的**正规化**是按一个比例缩放有向图中的所有权值而得到一个随机有向图的过程。令 $\boldsymbol{D}$ 是通过正规化所考虑的 MM 算法在所有时刻支撑有向图的联合所得到的全部有向图。

下面是三种 VSMM 算法开发方案。

1) 活跃有向图算法。得到可变有向图的一种方法被称为**活跃有向图**(active digraph,AD)。其基本思想是在每一时刻使用全体有向图的一个子图作为活跃有向图。这是受带有限制的非线性规划中有效集方法的启发。AD 算法的一个循环如下：

(1) 到系统模式集的联合 $Y=\bigcup\limits_{m\in D_{k-1}}\mathrm{S}_k^{(m)}$，其中 D_{k-1}是 $k-1$ 时刻的活跃有向图，$\mathrm{S}_k^{(m)}$ 是关于 m 的系统的状态依赖模式集，由下式定义

$$\mathrm{S}_{k+1}^{(m_i)}=\{m_{k+1}:p\{m_{k+1}\mid m_k^{(i)},\boldsymbol{x}_k\}>0,\quad \boldsymbol{x}_k\in\mathrm{R}^n\}$$

(2) 计算 Y 中每个模式的概率；

(3) 称有效模式集 Y'是 Y 的子集，且其由具有最大概率的、不超过 k 个模式组成，k 依赖于最大计算负荷；

(4) 经过标准化 $\boldsymbol{D}[Y']$得到 D_k，由 Y'引起的 $\boldsymbol{D}$ 的子图；

(5) 用 D_k 执行上面 RAMS 方法的(2)～(5)步。

上面的 AD 算法可作以下简化。有向图的所有模式可被分为三类：不可能或不显著的、显著的和主要的。因此，模式集演化的一个合理规则集合为：抛弃不可能模式；保留显著模式；激活与主要模式强邻接的模式。

2) 有向图转换算法。另一种使支撑有向图自适应的方法是根据一定的规则在一些预知有向图之间进行切换。这些有向图中每一个都是一组密切相关的系统模式的图论表示，这些有向图的模式集不必是互不相交的，因为一些模式可能属于不止一个组。希望不是有向图的预定组 $\boldsymbol{D}\overset{\text{def}}{=}\{D_1,D_2,\cdots,D_L\}$在下面意义上是全体有向图 $\boldsymbol{D}$ 的一个(强)覆盖，即

(1) $\boldsymbol{D}$ 中的每个 D_i 都是 $\boldsymbol{D}$ 的一个(强连接)随机子有向图；

(2) $V(\boldsymbol{D})\subset\bigcup\limits_{i=1}V(D_i)$，也就是说，$\boldsymbol{D}$ 的模式集被 $D_i,i=1,2,\cdots,L$ 的模式集所覆

盖。如果 $V(\boldsymbol{D})$ 是非常强大的集合，这点可以放松。

在有向图转换算法中，首先建立一个（强）覆盖，这与所谓的集合覆盖问题密切相关，这个问题可以通过求解线性规划问题解决。然而，在 MM 算法中，在大多数情况下，这可由模式的物理意义得到。

3）自适应网格算法。**自适应网格**（adaptive grid，AG）算法是，获得支撑有向图的第三模式，是修改刻画可能模型的参数的网格。这一算法遵循同自适应多模型概率数据互联（MMPAD）滤波器或移动组 MM 估计器相似的思想。在这种方案中，最初建立一个粗略的网格，然后根据一个可能基于当前估计、模型概率和量测残差的修改方案，递归调整网格。这种方法对于系统可能模型集很大的情况特别有利。

3. 两种 VSMM 估计方法

1）模型转换算法。**模型转换组**（model-group switching，MGS）算法属于 DS 方案，其基本思想是使模型集根据一定的准则在预先确定的由相互紧密相关的模型组成的组之间自适应转换。该算法中，首先需要确定总模型集的一个划分或覆盖。

一般地，MGS 算法的一个循环在概念上由下面几步组成：

（1）模型集自适应。分解为模型集的激活和终止。一旦一个模型组被激活，在当前时刻就开始使用而不是从下一时刻开始。这在模式转换期间对于减小峰值估计误差非常重要。

（2）新激活模型/滤波器的初始化。

（3）MM 估计。

前两个步骤是 MGS 算法所特有的。在 MGS 算法中，这两步通常使用 VSIMM 算法结合在一起。事实上，似乎不可能真正严格地得到任何使用应决策的非最优算法，虽然它的性能和属性可以严格得到。

下面是 MGS 算法的几点讨论：

（1）模型组自适应。包括如下决策：决定是否激活模型组；决定是否终止新激活的候选模型组；决定是否终止当前时刻有效的模型组。

模型组的激活通常有基于系统当前有效模式的先验和后验信息的规则集合组合。模式的先验信息大都表现在总模型的拓扑结构和相应的概率转换矩阵中，即使它们可能是时变或自适应的。实际的候选模型组激活逻辑应该是依赖的，其设计依赖于总模型组集的拓扑结构性能，这个设计应与模型组终止阈值的选择结合起来。

模型组的终止就是按顺序模型集似然比检验和顺序模型集概率比检验来完成。

（2）模型组的初始化。新激活滤波器的初始化由两步组成：在一次循环之前，给新激活的模型分配概率；在一次循环之前，确定这些滤波器的状态估计和误差协方差。状态依赖的系统模式的概念是一个强有力的概念，对于滤波器的初始化特别有用。它表明给定当前系统模式，下一时刻系统模式集的一个由 Markov 模式转换定律决定的子集应用到滤波器的初始化上，一个模型初始概率的分配只考虑那些可以转换到该模型的概率；状态估计和协方差的初始化类似。

对于 MGS 算法，如果使用 VSIMM 算法，则在上面所讨论的初始化实际上被省掉了。

(3) MGS 算法的初始化。MGS 算法的初始化依赖于所初始化的系统模式的可用的先验信息。如果先验信息表明初始系统模式可能在总模式集的某一子集中，则 MGS 算法应从相应的模型组开始。

MGS 算法具有潜在的缺点，即在任何时候至多只有一个模型组可被激活。在运行两个模型组的联合时，没有模型组被激活。为了在这种情况下提高 MGS 算法的性能，提出了扩展 MGS(EMGS)算法。它允许运行模型组联合的同时，激活一个或多个候选模型组。

2) 可能模型集算法。**可能模型集**(likely-model set，LMS)算法属于活跃有向图方案，其基本思想是在任何给定时间使用所有不是不可能的模型的集合。最简单的一种基于下面的思想：按照概率将所有有效的模型分为不可能的、有效的和主要的。那么，模型集自适应可根据如下原则：(1)抛弃不可能的；(2)保留有效的；(3)激活与主要模型相邻的模型。因为源自主要模型的邻集，就包含几乎可以肯定的转换，从而保证了优良的性能；同时，不可能模型的排除带来了计算量实质性的减少，且性能没有退化。

LMS 算法比 MGS 算法以及固定结构的 IMM 算法更有效，尤其是总模型很大时更是如此。LMS 算法只需要调整两个阈值，比 MGS 算法简单。LMS 估计器的唯一潜在缺点似乎是：处理在总模式集中两个远离的只通过几个中间模式相连的模式之间跳转显得不足。这样的跳转很少发生，或者总模型集的拓扑结构设计得不合适。一个可能的补救缓和方法是在每一步中反复应用三个自适应规则，直到什么也没有发生。

与 MGS 算法估计器相似，因为不能保证模型集自适应的正确和及时，则可能在状态估计和相应的协方差中引入误差。研究有效的补救就是未来的任务。

2.6 期望最大化方法

2.6.1 概述

期望最大化(expectation-maximization，EM)算法是由 Dempster 等于 1977 年提出来的[24,25]，是当前统计学领域最广泛应用的算法之一。本文将详细描述这一算法，并对一些重要结果给出证明。

给定某个量测数据 $\boldsymbol{z}$，以及用参数 θ 描述的模型族，EM 算法的基本形式就是求得 θ，使得似然函数 $p(\boldsymbol{z}|\theta)$ 为最大，即

$$\hat{\theta}^* = \arg\max_{\theta} p(\boldsymbol{z} \mid \theta) \tag{2-206}$$

一般情况下，由式(2-206)给出的 ML 估计只能求得局部极大值。可以考虑采

用迭代算法，每次迭代都对θ值进行修正，以增大似然值，直至达到最大值。

假定我们已经定义了一个对数似然函数 $L(\theta)=\ln p(z|\theta)$，而且 k 次迭代对于参数的最佳估计是$\hat{\theta}_k$，由此可以得到对数似然函数变化量

$$L(\theta)-L(\hat{\theta}_k)=\ln p(z\mid\theta)-\ln p(z\mid\hat{\theta}_k)=\ln\frac{p(z\mid\theta)}{p(z\mid\hat{\theta}_k)},\quad k\in\mathbb{N}\tag{2-207}$$

显然，L 值的增大或减小依赖于对θ 的选择。于是，我们选择θ使得方程式(2-207)的右边极大化，从而使似然函数最大可能的增大。但是，一般情况下这是不可能做到的，因为实际问题中用以描述模型族的观测数据 z 可能是不完全的。

2.6.2 EM 算法描述

设观测数据集合是 z_{obs}，而不可观测数据(或缺失数据)是 z_{mis}，二者构成对需考虑模型族适配的完全数据集合

$$z=z_{\text{obs}}\cup z_{\text{mis}}\tag{2-208}$$

假设 z_{mis}是已知的，则最优的θ值就容易计算得到。从数学的观点来看，对于离散概率分布，式(2-207)变为

$$L(\theta)-L(\hat{\theta}_k)=\ln\frac{\sum\limits_{z_{\text{mis}}}p(z_{\text{obs}}\mid z_{\text{mis}},\theta)p(z_{\text{mis}}\mid\theta)}{p(z_{\text{obs}}\mid\hat{\theta}_k)},\quad k\in\mathbb{N}\tag{2-209}$$

这个表达式是对和式求对数，一般难于处理。我们不加证明地给出所谓 Jensen 不等式

$$\sum_j\lambda_j=1\ \Rightarrow\ \ln\sum_j\lambda_j y_j\geqslant\sum_j\lambda_j\ln y_j\tag{2-210}$$

为了利用这个不等式，我们需要构造 $\lambda_{z_{\text{mis}}}\geqslant 0$，使得 $\sum\limits_{z_{\text{mis}}}\lambda_{z_{\text{mis}}}=1$。显然，在给定当前观测数据 z_{obs}和参数$\hat{\theta}_k$ 的前提下，缺失数据 z_{mis}的条件概率 $p(z_{\text{mis}}|z_{\text{obs}},\hat{\theta}_k)\geqslant 0$，且有$\sum\limits_{z_{\text{mis}}}p(z_{\text{mis}}\mid z_{\text{obs}},\hat{\theta}_k)=1$，于是把这些系数引入式(2-209)，得

$$L(\theta)-L(\hat{\theta}_k)=\ln\frac{\sum\limits_{z_{\text{mis}}}p(z_{\text{obs}}\mid z_{\text{mis}},\theta)p(z_{\text{mis}}\mid\theta)}{p(z_{\text{obs}}\mid\hat{\theta}_k)}\frac{p(z_{\text{mis}}\mid z_{\text{obs}},\hat{\theta}_k)}{p(z_{\text{mis}}\mid z_{\text{obs}},\hat{\theta}_k)},\quad k\in\mathbb{N}\tag{2-211}$$

现在我们可以应用 Jensen 不等式得

$$L(\theta)-L(\hat{\theta}_k)\geqslant\sum_{z_{\text{mis}}}p(z_{\text{mis}}\mid z_{\text{obs}},\hat{\theta}_k)\ln\frac{\sum\limits_{z_{\text{mis}}}p(z_{\text{obs}}\mid z_{\text{mis}},\theta)p(z_{\text{mis}}\mid\theta)}{p(z_{\text{obs}}\mid\hat{\theta}_k)p(z_{\text{mis}}\mid z_{\text{obs}},\hat{\theta}_k)},\quad k\in\mathbb{N}\tag{2-212}$$

重写式(2-212)，得到

$$L(\theta) \geqslant L(\hat{\theta}_k) + \Delta(\theta \mid \hat{\theta}_k), \quad k \in \mathbb{N} \tag{2-213}$$

其中

$$\Delta(\theta \mid \hat{\theta}_k) = \sum_{\boldsymbol{z}_{\text{mis}}} p(\boldsymbol{z}_{\text{mis}} \mid \boldsymbol{z}_{\text{obs}}, \hat{\theta}_k) \ln \frac{\sum_{\boldsymbol{z}_{\text{mis}}} p(\boldsymbol{z}_{\text{obs}} \mid \boldsymbol{z}_{\text{mis}}, \theta) p(\boldsymbol{z}_{\text{mis}} \mid \theta)}{p(\boldsymbol{z}_{\text{obs}} \mid \hat{\theta}_k) p(\boldsymbol{z}_{\text{mis}} \mid \boldsymbol{z}_{\text{obs}}, \hat{\theta}_k)} \tag{2-214}$$

现在,$L(\theta)$和 $l(\theta \mid \hat{\theta}_k)$都是参数$\theta$的函数,而且在参数空间中前者处处大于或等于后者,如图 2-6 所示。进而可以证明,如果$\theta = \hat{\theta}_k$,则 $\Delta(\theta \mid \hat{\theta}_k) = 0$。于是我们可以用图 2-7 对 EM 算法进行说明。

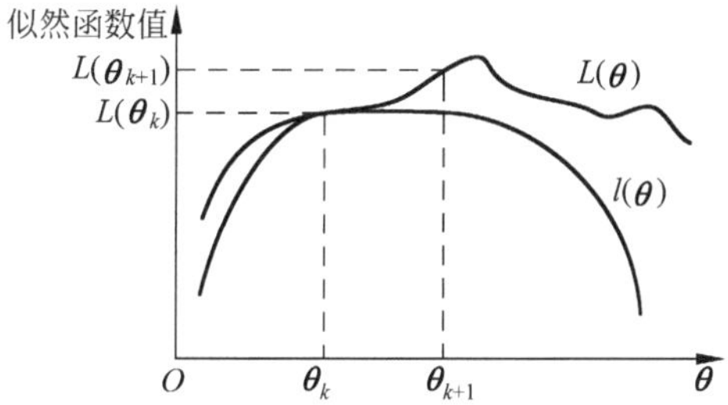

图 2-7 $L(\theta)$和 $l(\theta \mid \hat{\theta}_i)$的关系

EM 算法可以分为如下两个步骤进行:

(1) 求期望(E-)步。利用当前参数估计$\hat{\theta}_k$ 计算似然函数 $l(\theta)$,即按式(2-213)的右边计算得到 $l(\theta)$的表达式。

(2) 极大化(M-)步。对函数 $l(\theta)$求极大以得到新的参数估计$\hat{\theta}_{k+1}$,也就是对 $L(\hat{\theta}_k) + \Delta(\theta \mid \hat{\theta}_k)$求极大化。此时利用了假定不可观测数据已知的条件,一般情况下将比直接对 $L(\theta)$求极大来的容易。因此

$$\begin{aligned}\hat{\theta}_{k+1} &= \arg\max_{\theta}\left[L(\hat{\theta}_k) + \sum_{\boldsymbol{z}_{\text{mis}}} p(\boldsymbol{z}_{\text{mis}} \mid \boldsymbol{z}_{\text{obs}}, \hat{\theta}_k) \ln \frac{\sum_{\boldsymbol{z}_{\text{mis}}} p(\boldsymbol{z}_{\text{obs}} \mid \boldsymbol{z}_{\text{mis}}, \theta) p(\boldsymbol{z}_{\text{mis}} \mid \theta)}{p(\boldsymbol{z}_{\text{obs}} \mid \hat{\theta}_k) p(\boldsymbol{z}_{\text{mis}} \mid \boldsymbol{z}_{\text{obs}}, \hat{\theta}_k)}\right] \\ &= \arg\max_{\theta}\left\{\sum_{\boldsymbol{z}_{\text{mis}}} p(\boldsymbol{z}_{\text{mis}} \mid \boldsymbol{z}_{\text{obs}}, \hat{\theta}_k) \ln[p(\boldsymbol{z}_{\text{obs}} \mid \boldsymbol{z}_{\text{mis}}, \theta) p(\boldsymbol{z}_{\text{mis}} \mid \theta)]\right\} \\ &= \arg\max_{\theta}[E_{\boldsymbol{z}_{\text{mis}} \mid \boldsymbol{z}_{\text{obs}}, \hat{\theta}_k} \ln p(\boldsymbol{z}_{\text{obs}}, \boldsymbol{z}_{\text{mis}} \mid \theta)], \quad k \in \mathbb{N}\end{aligned} \tag{2-215}$$

此处 $\sum_{\boldsymbol{z}_{\text{mis}}} p(\boldsymbol{z}_{\text{mis}} \mid \boldsymbol{z}_{\text{obs}}, \hat{\theta}_k) \ln[p(\boldsymbol{z}_{\text{obs}} \mid \hat{\theta}_k) p(\boldsymbol{z}_{\text{mis}} \mid \boldsymbol{z}_{\text{obs}}, \hat{\theta}_k)]$ 与$\hat{\theta}_{k+1}$ 的优化无关。

因此,EM 算法的步骤可描述如下。

(1) E-步计算

$$Q(\theta \mid \hat{\theta}_k) \stackrel{\text{def}}{=} E_{\boldsymbol{z}_{\text{mis}} \mid \boldsymbol{z}_{\text{obs}}, \hat{\theta}_k} \ln p(\boldsymbol{z}_{\text{mis}} \mid \boldsymbol{z}_{\text{obs}}, \theta), \quad k \in \mathbb{N} \tag{2-216}$$

(2) M-步计算

$$\hat{\theta}_{k+1} = \arg\max_{\theta}[Q(\theta \mid \hat{\theta}_k)], \quad k \in \mathbb{N} \tag{2-217}$$

定理 2.2 上述 EM 算法在满足假设条件时收敛。

证明 证明分两步进行。

(1) $\hat{\theta}_{k+1}$对 $Q(\theta \mid \hat{\theta}_k)$极大化，所以有

$$Q(\hat{\theta}_{k+1} \mid \hat{\theta}_k) \geqslant Q(\hat{\theta}_k \mid \hat{\theta}_k) = 0$$

因此对每次迭代，$L(\theta)$不降低。

(2) 如果 EM 算法在某个$\hat{\theta}_k$ 达到一个不动点，则$\hat{\theta}_k$ 就是 $l(\theta)$的极大点；进而，$L(\theta)$和 $l(\theta)$在该点相等。

注 1 只要 $L(\theta)$和 $l(\theta)$可微的，则$\hat{\theta}_k$ 必然是它们的一个驻点，但不必取得一个局部极大值。事实上，Mclachlan 和 Krishnan[23] 给出的例子是收敛到鞍点和局部极小点。而当可微性成立时这样的情况是很少发生的，否则就如同在单个点上拟合零方差的高斯分布一样，根本无法得到保证。

注 2 算法收敛性成立主要依赖于这样的事实：$Q(\hat{\theta}_{k+1} \mid \hat{\theta}_k) \geqslant Q(\hat{\theta}_k \mid \hat{\theta}_k)$。虽然这个事实很容易得以满足，只要选择$\hat{\theta}_{k+1}$对 $Q(\theta \mid \hat{\theta}_k)$极大化即可。选择任意方法如利用$\partial Q/\partial\theta$ 的梯度法就可以使得 Q 的当前值得以改善。于是，万一在 M-步难以处理，L 的梯度难以计算，利用所谓的广义 EM 算法(GEM)仍能保证算法的进行。

2.6.3 混合高斯参数估计的 EM 算法实例

例 2.1 混合高斯是用来逼近任意分布的一个重要技术。本例题讨论利用 EM 算法进行极大似然混合密度参数估计的问题。设有混合概率密度模型

$$p(\boldsymbol{x} \mid \theta) = \sum_{j=1}^{M} \alpha_i p_j(\boldsymbol{x} \mid \vartheta_j)$$

其中$\theta = \{\alpha_i, \vartheta_j\}_{j=1}^{M}$是待估计的参数，而 $\boldsymbol{x} = \{\boldsymbol{x}_i\}_{i=1}^{N}$是观测样本。不完全的数据的对数似然是

$$\ln p(\boldsymbol{x} \mid \theta) = \ln\prod_{I=1}^{N} p(\boldsymbol{x}_i \mid \theta) = \sum_{i=1}^{N}\ln p(\boldsymbol{x}_i \mid \theta) = \sum_{i=1}^{N}\ln\sum_{j=1}^{M}\alpha_j p(\boldsymbol{x}_i \mid \vartheta_j)$$

这是一个求和的对数，显然不容易进行优化计算。令 $\boldsymbol{y} = \{y_i\}_{i=1}^{N}$是未观测的数据，其中

$$y_i \in \{1, 2, \cdots, M\} \stackrel{\text{def}}{=} \Gamma, \quad i = 1, 2, \cdots, N$$

而 $y_i = k$ 意味着样本 $\boldsymbol{x}_i$ 是由第 k 个混合密度成员产生。于是，$\boldsymbol{z} = \{\boldsymbol{x}, \boldsymbol{y}\}$就是完全数据。这样可以构造完全数据的似然函数

$$\ln p(\boldsymbol{x}, \boldsymbol{y} \mid \theta) = \ln\prod_{I=1}^{N} p(\boldsymbol{x}_i, y_i \mid \theta) = \sum_{i=1}^{N}\ln p(\boldsymbol{x}_i, y_i \mid \theta) = \sum_{i=1}^{N}\ln\alpha_{y_i} p_{y_i}(\boldsymbol{x}_i \mid \vartheta_j)$$

E-步求期望的表达式是

$$Q(\theta \mid \hat{\theta}_k) = E_{\boldsymbol{y}|\boldsymbol{x},\hat{\theta}_k} \ln p(\boldsymbol{x},\boldsymbol{y} \mid \theta)$$

而 $p(y_i \mid \boldsymbol{x}_i,\hat{\theta}_k) = \dfrac{\hat{\alpha}_{y_i,k} p_{y_i}(\boldsymbol{x}_i \mid \vartheta_{y_i,k})}{\sum_{s=1}^{M} \hat{\alpha}_{y_s,k} p_{y_s}(\boldsymbol{x}_s \mid \vartheta_{y_s,k})}, k \in \mathbb{N}$（当$\hat{\theta}_k$ 已知时容易求得）。

同时有

$$p(\boldsymbol{y} \mid \boldsymbol{x},\hat{\theta}_k) = \prod_{i=1}^{N} p(y_i \mid x_i,\hat{\theta}_k)$$

所以

$$\begin{aligned}
Q(\theta \mid \hat{\theta}_k) &= E_{\boldsymbol{y}|\boldsymbol{x},\hat{\theta}_k} \ln p(\boldsymbol{x},\boldsymbol{y} \mid \theta) = \sum_{\boldsymbol{y}\in\Gamma} [\ln p(\boldsymbol{x},\boldsymbol{y} \mid \theta)] p(\boldsymbol{x},\boldsymbol{y} \mid \hat{\theta}_k) \\
&= \sum_{j=1}^{M} \left[\sum_{i=1}^{N} \ln \alpha_j p_j(\boldsymbol{x}_i \mid \vartheta_j) \right] p(j \mid \boldsymbol{x}_i,\hat{\theta}_k) \\
&= \sum_{j=1}^{M} \sum_{i=1}^{N} [\ln \alpha_j] p(j \mid \boldsymbol{x}_i,\hat{\theta}_k) + \sum_{j=1}^{M} \sum_{i=1}^{N} [p_j(\boldsymbol{x}_i \mid \vartheta_j)] p(j \mid \boldsymbol{x}_i,\hat{\theta}_k)
\end{aligned}$$

对某些特殊的分布函数，可以得到参数的解析表达，例如正态分布的混合密度函数有：

E-步求期望$\vartheta_j = \{\boldsymbol{u}_j, \Sigma_j\}$，$j=1,2,\cdots,M$，分别表示各分量的均值和协方差阵，则

$$p_j(\boldsymbol{x}_i \mid \vartheta_j) = \frac{1}{(2\pi)^{d/2} \mid \Sigma_j \mid^{1/2}} \exp\left\{-\frac{1}{2}(\boldsymbol{x}_i - \boldsymbol{u}_j)^{\mathrm{T}} \Sigma_j^{-1} (\boldsymbol{x}_i - \boldsymbol{u}_j)\right\}$$

$$p(j \mid \boldsymbol{x}_i,\hat{\theta}_k) = \frac{\hat{\alpha}_{j,k} p_j(\boldsymbol{x}_i \mid \vartheta_{j,k})}{\sum_{s=1}^{M} \hat{\alpha}_{s,k} p_s(\boldsymbol{x}_s \mid \vartheta_{s,k})}, \quad j = 1,2,\cdots,M$$

$$p_j(\boldsymbol{x}_i \mid \vartheta_{j,k}) = \frac{1}{(2\pi)^{d/2} \mid \hat{\Sigma}_{j,k} \mid^{1/2}} \exp\left\{-\frac{1}{2}(\boldsymbol{x}_i - \hat{\boldsymbol{u}}_{j,k})^{\mathrm{T}} \hat{\Sigma}_{j,k}^{-1} (\boldsymbol{x}_i - \hat{\boldsymbol{u}}_{j,k})\right\}$$

从而求得 $Q(\theta \mid \hat{\theta}_k)$。

M-步求最大化

$$\hat{\theta}_{k+1} = \arg\max_{\theta} Q(\theta \mid \hat{\theta}_k)$$

$$\text{约束条件} \quad \sum_{j=1}^{M} \alpha_j = 1$$

利用 Lagrange 乘子法容易求得参数估计$\hat{\theta}_{k+1}$（由 $\boldsymbol{x}_i$ 和 $p(j \mid \boldsymbol{x}_i,\hat{\theta}_k)$表示）。$\hat{\theta}_{k+1}$将作为 E-步的初始值，重复 E-步和 M-步计算，直至收敛。

习　　题

1. 设有定常系统

$$\boldsymbol{x}_{k+1} = \begin{bmatrix} 1 & 0.5 \\ 0 & 1 \end{bmatrix} \boldsymbol{x}_{k-1} + \begin{bmatrix} 0 \\ 1 \end{bmatrix} u_k + \boldsymbol{w}_k$$

$$\boldsymbol{z}_k = \begin{bmatrix}1 & 1\\0 & -1\end{bmatrix}\boldsymbol{x}_k + \boldsymbol{v}_k$$

这里

$$\boldsymbol{Q} = \begin{bmatrix}1 & 0.5\\-0.5 & -1\end{bmatrix},\quad \boldsymbol{R} = \begin{bmatrix}2 & 1\\1 & 1\end{bmatrix},\quad \boldsymbol{x}_0(0) \sim (0, I)$$

其中

$$u_k = u_{-1}(k), \boldsymbol{z}_1 = \begin{bmatrix}1\\-1\end{bmatrix}, \boldsymbol{z}_2 = \begin{bmatrix}2.5\\-1.5\end{bmatrix}, \boldsymbol{z}_2 = \begin{bmatrix}4.5\\-1.5\end{bmatrix}$$

求 $\widehat{\boldsymbol{x}}_k$ 和 $\boldsymbol{P}_k$，$k=0,1,2,3$。

2. 设有线性定常系统

$$\boldsymbol{X}_k = \Phi\boldsymbol{X}_{k-1} + \boldsymbol{W}_{k-1}$$
$$\boldsymbol{Z}_k = \boldsymbol{X}_k + \boldsymbol{V}_k$$

式中状态变量 $\boldsymbol{X}_k$ 与量测 $\boldsymbol{Z}_k$ 均为标量，Φ 为常量。$\{\boldsymbol{W}_k\}$和$\{\boldsymbol{V}_k\}$为零均值的白噪声序列，分别具有协方差

$$\mathrm{E}[\boldsymbol{W}_k\boldsymbol{W}_j] = \boldsymbol{Q}\delta_{kj},\quad \mathrm{E}[\boldsymbol{V}_k\boldsymbol{V}_j] = \boldsymbol{R}\delta_{kj}$$

并且$\{\boldsymbol{W}_k\}$，$\{\boldsymbol{V}_k\}$，$\boldsymbol{X}_0$ 三者互不相关。

(1) 求$\hat{\boldsymbol{X}}_k$ 的递推方程。

(2) 设 $\Phi=Q=R=P_0=1$，求 K_k 和 P_k。

3. 设系统方程和量测方程分别为

$$\dot{\boldsymbol{X}}(t) = \boldsymbol{F}(t)\boldsymbol{X}(t)$$
$$\boldsymbol{Z}(t) = \boldsymbol{H}(t)\boldsymbol{X}(t) + \boldsymbol{v}(t)$$

式中

$$\mathrm{E}[\boldsymbol{v}(t)\boldsymbol{v}^{\mathrm{T}}(\tau)] = \boldsymbol{r}(t)\delta(t-\tau)$$

求连续型卡尔曼滤波估计的均方误差阵 $\boldsymbol{P}(t)$。

4. $x(t+1)=0.5x(t)+w(t)$ (1)

$y(t+1)=x(t)+v(t)$ (2)

其中 $w(t)$和 $v(t)$是 0 均值、方差各为 $Q=1$ 和 $R=1$ 的不相关白噪声。

(1) 写出卡尔曼滤波器公式。

(2) 令$\hat{x}(0|0)=1$，$P(0|0)=1$，$y(1)=2$，$y(2)=5$，求$\hat{x}(1|1)$，$\hat{x}(2|1)$，$\hat{x}(2|2)$，$P(1|1)$，$P(2|2)$。

5. 设卡尔曼滤波中量测方程为 $\boldsymbol{X}(k)=\boldsymbol{S}(k)+\boldsymbol{w}(k)$，已知信号的自相关函数的 z 变换为 $R_{ss}(z)=\dfrac{0.36}{(1-0.8z^{-1})(1-0.8z)}$，$0.8<|z|<1.25$，噪声的自相关函数为 $R_{ww}(m)=\delta(m)$，信号和噪声统计独立。求卡尔曼滤波信号模型中的 $\boldsymbol{A}(k)$和 $\boldsymbol{C}(k)$。

6. 设卡尔曼滤波中量测方程为 $\boldsymbol{X}(k)=\boldsymbol{S}(k)+\boldsymbol{w}(k)$，已知信号的自相关函数的 z 变换为 $R_{ss}(z)=\dfrac{0.36}{(1-0.8z^{-1})(1-0.8z)}$，$0.8<|z|<1.25$，噪声的自相关函数为 $R_{ww}(m)=\delta(m)$，信号和噪声统计独立。已知$\hat{S}(-1)=0$，$\varepsilon(0)=1$，在 $k=0$ 时刻开始

观测信号。

(1) 试用卡尔曼滤波的公式求$\hat{\boldsymbol{S}}(k)$和 $\varepsilon(k)$，$k=0,1,2,3,4,5,6,7$；以及稳态时的$\hat{\boldsymbol{S}}(k)$和 $\varepsilon(k)$。(已知 $\boldsymbol{A}(k)=0.8$，$\boldsymbol{C}(k)=1$，$\boldsymbol{Q}(k)=\sigma_{w_1}^2=0.36$，$\boldsymbol{R}(k)=\mathrm{var}(w(k))=1$)

(2) 状态方程和测量方程为$\hat{\boldsymbol{S}}(k)=\boldsymbol{A}(k)\hat{\boldsymbol{S}}(k-1)+\boldsymbol{w}_1(k-1)$，$\boldsymbol{X}(k)=\boldsymbol{C}(k)\boldsymbol{S}(k)+\boldsymbol{w}(k)$。其中 $\boldsymbol{A}(k)=0.8$，$\boldsymbol{C}(k)=1$，$\boldsymbol{Q}(k)=\sigma_{w_1}^2=0.36$，信号和噪声统计独立。试通过编程求卡尔曼滤波器的稳态 $\boldsymbol{H}(k)$和$\varepsilon(k)$。

7. 设系统状态方程和观测方程分别为

$$x(k+1)=0.5x(k)+w(k)$$
$$z(k)=x(k)+v(k)$$

$w(k)$和 $v(k)$都是均值为零的白噪声序列，且不相关，其统计特性如下

$$\mathrm{E}[w(k)]=0,\quad \mathrm{E}[v(k)]=0$$
$$\mathrm{E}[w(k)w(j)]=1\delta_{ij},\quad \mathrm{E}[v(k)v(j)]=2\delta_{ij}$$

初值 $\mathrm{E}[x(0)]=m_0=0$，$P(0/0_-)=1$。

观测值 $z(0)=0$，　$z(1)=4$，　$z(2)=2$。

试求 $x(k)$的最优预测估值。

8. 设二阶系统模型和标量观测模型为

$$\boldsymbol{x}(k+1)=\begin{bmatrix}1 & 1\\0 & 1\end{bmatrix}\boldsymbol{x}(k)+\boldsymbol{w}(k)$$
$$\boldsymbol{z}(k)=\boldsymbol{x}(k)+\boldsymbol{v}(k)\quad k=1,\cdots,10$$

输入噪声 $\boldsymbol{w}(k)$是平稳的，$\boldsymbol{Q}_k=\begin{bmatrix}0 & 0\\0 & 1\end{bmatrix}$，量测噪声 $\boldsymbol{v}(k)$是非平稳的，$R_k=2+(-1)^k$。换句话说，k 为偶数时的噪声比 k 为奇数时的噪声大。假定初始状态的方差阵 $\boldsymbol{P}=\begin{bmatrix}10 & 0\\0 & 10\end{bmatrix}$，欲计算 $K(k)$。

9. 设系统和量测方程分别为

$$X_{k+1}=X_k+W_k$$
$$Z_k=X_k+V_k$$

X_k 和 Z_k 都是标量，$\{W_k\}$和$\{V_k\}$都是零均值的白噪声序列，且有

$$\mathrm{Cov}(W_k,W_j)=\delta_{kj},\quad \mathrm{Cov}(V_k,V_j)=\delta_{kj}$$

W_k，V_k 和 X_0 三者互不相关，$m_{X_0}=0$，量测序列为

$$\{Z_i\}=\{1,-2,4,3,-1,1,1\}$$

试按下述 3 种情况计算$\hat{X}_{k+1/k}$和 $P_{k+1/k}$：

(1) $P_0=\infty$；　　(2) $P_0=1$；　　(3) $P_0=0$

10. 令

$$\dot{\boldsymbol{x}}=0.1\boldsymbol{x}+w$$
$$\boldsymbol{z}=\boldsymbol{x}+v$$

不相关白噪声 $w(t)\sim(0,1)$，$v(t)\sim(0,1)$，$x(0)\sim(0,1)$。

(1) 求最优的误差协方差和卡尔曼增益。

(2) 求稳态卡尔曼增益 K_∞。

(3) 根据次优滤波器 $\dot{\boldsymbol{x}}=(A-KH)\hat{x}+K_z$，其中 $K=K_\infty$，求误差协方差。

11. 令

$$\dot{x}_1=-x_1+0.5x_2$$
$$\dot{x}_2=-8.5x_1-2x_2+w$$
$$\boldsymbol{z}=\boldsymbol{x}_1+v$$

其中不相关白噪声 $w(t)\sim(0,q)$，$v(t)\sim(0,r)$。

(1) 求 $q/r=2$ 时最优滤波器的值。

(2) 绘图表示当 q/r 从 0 变化到 2 时最优滤波器输出的结果。

12. 令

$$\boldsymbol{x}_{k+1}=\begin{bmatrix}4 & 0\\0 & 1\end{bmatrix}\boldsymbol{x}_k+\boldsymbol{w}_k,\quad \boldsymbol{w}_k\sim\left(0,\begin{bmatrix}0 & 0\\0 & 0.5\end{bmatrix}\right),$$
$$x_0\sim(0,P_0),\boldsymbol{z}_k=H\boldsymbol{x}_k+v_k,\quad v_k\sim(0,1)$$

(1) 令 $H=[0\ 3]$，分别当 $P_0=0$ 和 $P_0=I$ 时，求 P_k，$k=1,2,3\cdots$；

(2) 当 $H=[3\ 3]$，重新计算(1)。

13. 系统

$$\dot{\boldsymbol{x}}=\begin{bmatrix}0 & 1\\-2 & -3\end{bmatrix}\boldsymbol{x}+\begin{bmatrix}0\\2\end{bmatrix}u+w$$
$$z=[1\quad 1]\boldsymbol{x}+v$$

$w(t)$，$v(t)$和 $x(0)$均值为 0，方差为 $\boldsymbol{Q}=\begin{bmatrix}1 & -2\\-2 & 4\end{bmatrix}$，$\boldsymbol{R}=0.4$，$\boldsymbol{P}_0=\begin{bmatrix}2 & 1\\1 & 1\end{bmatrix}$。

(1) 对于连续系统来说，如果 $u(t)=u_{-1}(t)$，求均值 $\bar{z}(t)$。

(2) 求方差 $\boldsymbol{P}_k$ 和卡尔曼增益。

参考文献

[1] Kalman R E. A new approach to linear filtering and prediction problems. Journal of Basic Engineering. 1960,82 (D)：35～45

[2] Julier S J, Uhlmann J K. A new method for the nonlinear transformation of means and covariances in filters and estimators. IEEE Transactions on Automatic Control,2000,45(3)：477～482

[3] Nørgarrd M, Poulsen N K, Ravn O. New developments in state estimation for nonlinear systems. Automatica,2000,36(11)：1627～1638

[4] Julier S J,Uhlmann J K. A new approach for filtering nonlinear system. Proceedings of the 1995 American Control Conference. Seattle,WA,USA：1995. 1628～1632

[5] 潘泉，杨峰，叶亮，等. 一类非线性滤波器—UKF综述. 控制与决策，2005,20(5)：481～489

[6] Julier S J. The scaled unscented transformation. Proceedings of American Control Conference. Jefferson City：2002. 4555～4559

[7] Nørgaard M，Poulsen N K，Ravn O. Advances in deriva-tive-free state estimation for nonlinear systems[R]. Technical Report，IMM-REP-1998-15，Department of Mathematical Modelling，DTU，revised April 2000

[8] Froberg C E. Introduction to Numerical Analysis (Second edition). Boston：Addison-Wesley publisher，1972

[9] Merwe R V. Sigma-Point Kalman Filters for Probabilistic Inference in Dynamic State-Space Models[Online]. http://www. cslu. ogi. edu/publications/，2004

[10] Hammersley J M，Morton K W. Poor man's monte Carlo. Journal of the royal statistics society，1954，16：23～38

[11] Handschin J E，Mayne D Q. Monte carlo techniques to estimate the conditional expectation in multi-stage nonlinear filtering. International Journal of Control，1965，9(5)：547～559

[12] Gordon N，Salmond D. Novel approach to non-inear and non-Gaussian Bayesian state estimation. Proceedings of Institute Electric Engineering，1993，140(2)：107～113

[13] Doucet A，Godsill S. Andrieu C. On sequential Monte Carlo sampling methods for Bayesian filtering. Statistics and Computing，2000，10 (1)：197～208

[14] Crisan D，Doucet A. A survey of convergence results on particle filtering methods for practitioners. IEEE Transactions on Signal Processing，2002，50(2)：736～746

[15] 梁彦，潘泉，等. 复杂系统现代估计理论及应用. 北京：科学出版社，2009

[16] Arulampalam M S，Maskell S，Gordon N，et al. A tutorial on particle filters for online nonlinear/non-Gaussian Bayesian tracking. IEEE Transactions on Signal Processing，2002：50(2)：174～188

[17] Higuchi T. Monte Carlo Filter using the Genetic Algorithm Operators. Journal of Statistical Computation and Simulation，1997，59(1)：1～23

[18] Kitagawa G. Monte Carlo filter and smoother for non-Gaussian nonlinear state space models. Journal of Computational and Graphical Statistics. 1996，25(7)：245～255

[19] Carpenter J，Cliffor P，Fearnhead P. Improved Particle Filter for Nonlinear Problems. IEE Proceedings on Radar，Sonar& Navigation，Stevenage，UK，1999

[20] 周东华，叶银忠. 现代故障诊断与容错控制. 北京：清华大学出版社，2000

[21] Doucet A. On Sequential Monte Carlo Methods for Bayesian Filtering. Technical Report，Department of Engineering，University of Cambridge，UK，1998

[22] Alspach D L，Sorenson H W. Nonlinear Bayesian estimation using Gaussian sum approximation. IEEE Transactions Automatic Control，1972，17(4)：439～448

[23] Anderson B D，Moor J B. Optimal filtering. New Jersey：Prentice-Hall，1979

[24] Dempster A，Laird N，Rubin D. Maximum likelihood from incomplete data via the EM algorithm. Journal of the Royal Statistical Society，1977，39(B)：1～38

[25] 韩崇昭，朱洪艳，段战胜，等. 多源信息融合(第二版). 北京：清华大学出版社，2009

第3章 不确定性推理理论

3.1 主观贝叶斯方法

不确定性推理是目标识别和属性信息融合的信息基础。不确定性推理包括符号推理和数值推理,前者在推理过程中信息损失较少,但计算量较大;后者容易实现,但在推理过程中有一定的信息损失。由于不确定性推理方法是目标识别和属性信息融合的基本工具,为此本节对各种不确定性方法进行讨论[1,2]。

3.1.1 贝叶斯条件概率公式

设 $A_1,A_2,\cdots,A_m$ 为样本空间 S 的一个划分,即满足

1) $A_i \cap A_j = \varnothing (i \neq j)$;

2) $A_1 \cup A_2 \cup \cdots \cup A_m = S$;

3) $p(A_i) > 0 (i=1,2,\cdots,m)$。

则对任一事件 B,$p(B)>0$,有

$$p(A_i \mid B) = \frac{p(A_iB)}{p(B)} = \frac{p(B \mid A_i)p(A_i)}{\sum_{j=1}^{m} p(B \mid A_j)p(A_j)} \tag{3-1}$$

3.1.2 贝叶斯方法在信息融合中的应用

贝叶斯方法用于多源信息融合时,要求系统可能的决策相互独立。这样,就可以将这些决策看做一个样本空间的划分,使用贝叶斯条件概率公式解决系统的决策问题。

设系统可能的决策为 $A_1,A_2,\cdots,A_m$,某一信源提供观测结果 B,如果能够利用系统的先验知识及该信源的特性得到各先验概率 $p(A_i)$ 和条件概率 $p(B|A_i)$,则利用贝叶斯条件概率公式(3-1),根据信源的观测将先验概率 $p(A_i)$ 更新为后验概率 $p(A_i|B)$。当有两个信源对系统进行观测时,除了上面介绍的信源观测结果 B 外,另一个信源对系统进行观测的结果为

C。它关于各决策 A_i 的条件概率为 $p(C|A_i)>0(i=1,2,\cdots,m)$，则条件概率公式可表示为

$$p(A_i \mid B \cap C) = \frac{p(B \cap C \mid A_i)p(A_i)}{\sum_{j=1}^{m} p(B \cap C \mid A_j)p(A_j)} \tag{3-2}$$

要求计算出 B 和 C 同时发生的先验条件概率 $p(B \cap C|A_i)(i=1,2,\cdots,m)$，这往往是很困难的。为了简化计算，提出进一步的独立性假设。假设 A，B 和 C 之间是相互独立的，即 $p(B \cap C|A_i)=p(B|A_i)p(C|A_i)$，式(3-2)可改写为

$$p(A_i \mid B \cap C) = \frac{p(B \mid A_i)p(C \mid A_i)p(A_i)}{\sum_{j=1}^{m} p(B \mid A_j)p(C \mid A_j)p(A_j)} \tag{3-3}$$

这一结果还可推广到多个信源的情况。当有 n 个信源，观测结果分别为 $B_1,B_2,\cdots,B_n$ 时，假设它们之间相互独立且与被观测对象条件独立，则可以得到系统有 n 个信源时的各决策总的后验概率为

$$p(A_i \mid B_1 \cap B_2 \cap \cdots \cap B_n) = \frac{\prod_{k=1}^{n} p(B_k \mid A_i)p(A_i)}{\sum_{j=1}^{m}\prod_{k=1}^{n} p(B_k \mid A_j)p(A_j)} \quad i=1,2,\cdots,m \tag{3-4}$$

最后，系统的决策可由某些规则给出，如取具有最大后验概率的那条决策作为系统的最终决策。

3.1.3　主观贝叶斯方法的优缺点

主观贝叶斯方法是最早用于处理不确定性推理的方法，它的主要优点有：

(1) 主观贝叶斯方法具有公理基础和易于理解的数学性质；

(2) 贝叶斯方法仅需中等的计算时间。

主观贝叶斯方法的主要缺点有：

(1) 它要求所有的概率都是独立的，这给实际系统带来了很大的困难，有时甚至是不实际的；

(2) 主观贝叶斯方法要求给出先验概率和条件概率，一方面，这是比较困难的，另一方面由于很难保证领域专家给出概率具有前后一致性，就需要领域专家和计算机花大量的时向来检验系统中概率的一致性；

(3) 在系统中增加或删除一个规则时，为了保证系统的相关性和一致性，需要重新计算所有概率，不利于规则库及时增加新规则或删除旧规则；

(4) 主观贝叶斯方法要求有统一的识别框架，不能在不同层次上组合证据，当对不同层次的证据强行进行组合时，由于强行分配先验概率等，有可能引起直观不合理的结论；

(5) 不能区分不确定和不知道。

由于以上缺点，使得主观贝叶斯方法的应用受到了一定的限制。

3.2 D-S 证据推理

证据理论是由 Dempster 于 1967 年提出的，后由 Shafer 加以扩充和发展[3]，所以证据理论又称为 D-S 理论。证据理论可处理由不知道所引起的不确定性。它采用信任函数而不是概率作为度量，通过对一些事件的概率加以约束以建立信任函数而不必说明精确的难以获得的概率，当约束限制为严格的概率时，它就进而成为概率论。

3.2.1 证据理论的基本概念

设 U 表示 X 所有可能取值的一个论域集合，且所有在 U 内的元素是互不相容的，则称 U 为 X 的识别框架。

U 可以有限也可以无限，在专家系统的应用中是有限的。

定义 3.1 设 U 为一识别框架，则函数 m：$2^U \to [0,1]$（2^U 为 U 的所有子集）在满足下列条件

(1) $m(\varphi)=0$

(2) $\sum\limits_{A \subset U} m(A) = 1$

时，称 $m(A)$ 为 A 的基本概率赋值。

$m(A)$ 表示对命题 A 的精确信任程度，表示了对 A 的直接支持。

定义 3.2 设 U 为一识别框架，m：$2^U \to [0,1]$ 是 U 上的基本概率赋值，定义函数 BEL：$2^U \to [0,1]$

$$BEL(A) = \sum_{B \subset A} m(B) \quad (\forall A \subset U) \tag{3-5}$$

称该函数是 U 上的信任函数(belief function)。

$BEL(A) = \sum\limits_{B \subset A} m(B)$ 表示 A 的所有子集的可能性度量之和，即表示对 A 的总信任，从而可知 $BEL(\varnothing)=0$，$BEL(U)=1$。

定义 3.3 若识别框架 U 的一子集为 A，具有 $m(A)>0$，则称 A 为信任函数 BEL 的焦元，所有焦元的并称为核(core)。

对于 A 的不知道信息可用 $\overline{A}$ 的信任度来度量。

定义 3.4 设 U 是一识别框架，定义 PL：$2^U \to [0,1]$ 为

$$PL(A) = 1 - BEL(\overline{A}) = \sum_{B \cap A \neq \varnothing} m(B) \tag{3-6}$$

PL 称为似真度函数(plausibility function)。

$PL(A)$ 表示不否定 A 的信任度，是所有与 A 相交的集合的基本概率赋值之和，

且有 $BEL(A) \leqslant PL(A)$，并以 $PL(A)-BEL(A)$表示对 A 不知道的信息。规定的信任区$(BEL(A), PL(A))$描述 A 的不确定性。

定义 3.5　$[BEL(A), PL(A)]$称为焦元 A 的信任度区间。

$PL(A)-BEL(A)$描述了 A 的不确定性，称为焦元 A 的不确定度(uncertainty)。$PL(A)$对应于 Dempster 定义的上概率度量，$BEL(A)$对应于下概率度量。

在证据理论中，下列几个信任度区间值有特别的含义：

(1) (1,1)表示 A 为真；

(2) (0,0)表示 A 为伪；

(3) (0,1)表示对 A 一无所知。

3.2.2 证据理论的组合规则

设 $m_1, \cdots, m_n$ 是 2^U 上的 n 个相互独立的基本概率赋值，现在的问题是如何确定组合后的基本概率赋值：$m=m_1 \oplus \cdots \oplus m_m$。

定义 3.6　设 $BEL_1, \cdots, BEL_n$ 是同一识别框架 U 上的 n 个信任函数，$m_1, \cdots, m_n$ 分别是其对应的基本概率赋值，又设

$$K_1=\sum_{A_i \cap B_j \cap \cdots \cap Z_k=\varnothing} m_1(A_1) \cdot m_2(B_j) \cdot \cdots \cdot m_n(Z_k)<1 \tag{3-7}$$

则

$$m(C)=\begin{cases}\dfrac{\displaystyle\sum_{A_i \cap B_j \cap \cdots \cap Z_k=C} m_1(A_i) \cdot m_2(B_j) \cdot \cdots \cdot m_n(Z_k)}{1-K_1} & \forall C \subset U \quad C \neq \varnothing \\ 0 & C=\varnothing\end{cases} \tag{3-8}$$

式中，若 $K_1 \neq 1$，则 m 确定一个基本概率赋值。若 $K_1=1$，认为 $m_1, \cdots, m_n$ 矛盾，没有联合基本概率赋值。K_1 的大小反映了证据冲突程度，系数$\frac{1}{1-K_1}$称为归一化因子，它的作用是为了避免在合成时将非零的概率赋给空集。

3.2.3 基于证据理论的决策

用证据理论组合证据后如何进行决策是与应用密切相关的问题。设 U 是识别框架，m 是基于 Dempster 组合规则得到的组合后的基本概率赋值，则可采用以下几种决策方法之一。

1. 决策方法 1：基于信任函数的决策

(1) 根据组合后得到的 m，求出信任函数 BEL，则该信任函数就是判决结果，这实际上是一种软判决。

(2) 若希望缩小真值的范围或找出真值，则可以采用“最小点”原则求出真值，所

谓“最小点”原则[4]，是指对于集合 A，信任为 $BEL(A)$，若在集合 A 中，去掉某个元素后的集合设为 B_1，信任为 $BEL(B_1)$，且 $|BEL(A)-BEL(B_1)|<\varepsilon$，则认为可去掉该元素，其中，$\varepsilon$ 为预先设定的一个阈值。重复这个过程，直到某个子集 B_k 不再按“最小点”原则去掉元素为止，则 B_k 即为判决结果。

2. 决策方法 2：基于基本概率赋值的决策

设 $\exists A_1, A_2 \subset U$，满足

$$m(A_1) = \max\{m(A_i), A_i \subset U\} \tag{3-9}$$

$$m(A_2) = \max\{m(A_i), A_i \subset U \text{ 且 } A_i \neq A_1\} \tag{3-10}$$

若有

$$\begin{cases} m(A_1) - m(A_2) > \varepsilon_1 \\ m(U) < \varepsilon_2 \\ m(A_1) > m(U) \end{cases} \tag{3-11}$$

则即 A_1 为判决结果，其中 $\varepsilon_1, \varepsilon_2$ 为预先设定门限。

3. 基于最小风险的决策

设有状态集 $S=\{x_1,\cdots,x_q\}$，决策集 $A=\{a_1,\cdots,a_p\}$，在状态为 x_l 时做出决策 a_i 的风险函数为 $r(a_i,x_l)$，$i=1,2,\cdots,p$，$l=1,2,\cdots,q$，又设有一批证据 E 在 S 上产生了一基本概率赋值，焦元为 $A_1,\cdots,A_n$，基本概率赋值函数为 $m(A_1),\cdots,m(A_n)$，令

$$\bar{r}(a_i,A_j) = \frac{1}{|A_j|}\sum_{x_k \in A_j} r(a_i,x_k), \quad i=1,2,\cdots,p, \quad j=1,2,\cdots,n \tag{3-12}$$

$$R(a_i) = \sum_{j=1}^{n} \bar{r}(a_i,A_j)m(A_j) \tag{3-13}$$

若 $\exists a_k \in A$ 使得 $a_k = \underset{a_i}{\operatorname{argmin}}\{R(a_1),\cdots,R(a_p)\}$，则 a_k 即为所求的最优决策。

3.2.4 证据理论的优缺点

证据理论具有以下优点：

(1) 证据理论具有比较强的理论基础，既能处理随机性所导致的不确定性，又能处理模糊性所导致的不确定性；

(2) 证据理论可以依靠证据的积累，不断地缩小假设集，亦即证据理论具有当证据增加时使受限假设集模型化的能力；

(3) 证据理论能将“不知道”和“不确定”区分开来；

(4) 证据理论可以不需要先验概率和条件概率。

证据理论的主要缺点描述如下：

(1) 证据理论具有潜在的指数复杂度。

(2) 在推理链较长时，使用证据理论很不方便。这是因为在应用证据理论时，必须首先把相应于每个步骤和证据的信任函数变换成一个一般的识别框架，然后再应

用 Dempster 组合规则，当推理步骤增加时，由于最后结果的信任函数的焦元结构的复杂性也相应增加，所以 Dempster 规则的递归应用就会感到十分困难。

(3) Dempster 组合规则具有组合灵敏性，有时，基本概率赋值一个很小的变化都可能导致结果很大的变化。此外，使用 Dempster 组合规则，要求证据是独立的，这个要求有时使用起来很不方便。

3.3 不确定性推理方法之三——DSmT

DSmT(Dezert-Smarandache theory)是由法国学者 Dezert 在 2002 年提出来的[5]，后来由 Dezert 和 Smarandache 等学者共同发展起来。DSmT 是经典(传统)证据理论的延伸，但又跟 D-S 理论基本上不同。DSmT 能够组合用信任函数表达的任何类型的独立的信源，但是主要集中在组合不确定、高冲突、不精确的证据源，尤其是当信源间的冲突变大或者元素是模糊的、相对不精确时，DSmT 能够超出 D-S 理论框架的局限解决复杂的静态或动态融合问题[6~9]。

3.3.1 DSmT 的基本概念

定义 3.7 假设 $U=\{\theta_1,\cdots,\theta_n\}$是一个由 n 个详尽的元素(其中元素可以交叠)组成的有限集合(称之为识别框架)，超幂集 D^U 是通过对识别框架 U 中的元素进行并($\cup$)和交($\cap$)的运算产生的集合，满足如下条件：

(1) $\varnothing,\theta_1,\cdots,\theta_n\in D^U$；

(2) 如果 $A,B\in D^U$，那么 $A\cap B\in D^U$ 和 $A\cup B\in D^U$；

(3) 只有满足条件 1)和 2)，那么它们才属于 D^U。

幂集 2^U 在$\cup$算子中封闭，而 D^U 在$\cup$和$\cap$算子中封闭，则对于任意给定的有限集合 U，始终有基 $\mathrm{card}(D^U)\geqslant\mathrm{card}(2^U)$，即$|D^U|\geqslant|2^U|$，称 D^U 为超幂集。

定义 3.8 设 U 为一识别框架，$U=\{\theta_1,\cdots,\theta_n\}$是由 n 个详尽的元素组成的集合(集合中的元素可以交叠)，元素(或命题)没有其他的假设条件且不考虑其他约束条件，我们称此时考虑的模型为自由 DSm 模型 $M^f(U)$。自由 DSm 模型 $M^f(U)$能够处理描述连续的和相对实质的自然状态的模糊概念。由于不可能得到普遍真理，这种概念不能被精确地定义成绝对的解释。

另外，在定义自由 DSm 模型时，考虑 $U=\{\theta_1,\cdots,\theta_n\}$可以由不能被精确定义和分离的 n 个元素的集合组成，故可以将不精确的 U 进一步划分为更精确独立的识别框架 U^{ref}，此即为自由 DSm 模型；还认为框架 U 的精确程度不是进行证据组合的首要必备条件，在一般情况下可以抛弃 Shafer 模型，因为考虑的融合问题可以假定 U 中模糊的、相关的元素 $\theta_i(i=1,2,\cdots,n)$是不唯一的。

对于一些有关离散概念的特殊的融合问题，U 还要考虑一定的完整性约束条件，因为 U 的子集可能包括一些事实上是唯一的、独立的也有可能在某一给定时间内是不存在的元素，尤其是当识别框架 U 随着时间和可得到的知识修正的变化来处理动态融合问题时，这种情况下自由 DSm 模型描述融合问题就不符合事实。下面给出混合 DSm 模型的概念。

被引入自由 DSm 模型中组成新的混合 DSm 模型的完整性约束条件分为三种。第一种完整性约束条件是考虑的元素 $\theta_i,\cdots,\theta_k$ 的交集事实上是不可能发生的(即 $\theta_i\cap\cdots\cap\theta_k\overset{M}{\equiv}\varnothing$)独立性约束条件。第二种完整性约束条件是元素 $\theta_i,\cdots,\theta_k$ 的并集事实上是不可能发生的(即 $\theta_i\cap\cdots\cap\theta_k\overset{M}{\equiv}\varnothing$)不存在性约束条件。我们排除完全退化的情况，因为在完全退化的情况下，$\theta_i\cap\cdots\cap\theta_k\overset{M}{\equiv}\varnothing$(全部不知道)，此时处理的融合问题完全变为空问题，D^U 的元素只有空集 $\varnothing$，那么 $m(\varnothing)\overset{\text{def}}{=}1$ 是没有意义的。最后一种可能的完整性约束条件是以上两种情况的混合形式。举例如 $(\theta_i\cap\theta_j)\cup\theta_k$ 或由 $\cup$ 和 $\cap$ 算子组成的 D^U 中的任何混合命题/元素，而且其中至少有一个元素 θ_k 是由约束条件的命题的子集所带来的完整性约束条件。

每一个混合的融合问题对应于一个相应的混合 DSm 模型。基于 D-S 证据理论的 Shafer 模型是最受约束的混合 DSm 模型。考虑所有可能的独立性约束条件(即所有的元素相交都为空集)的 Shafer 模型描述融合问题符合事实，此时超幂集 D^U 自然地还原为自由的幂集 2^U，即包括所有可能的独立性约束条件的特殊的混合 DSm 模型，记为 $M^0(U)$，与 Shafer 模型一致。举个例子，考虑 2D 问题，$U=\{\theta_1,\theta_2\}$，则 $D^U=\{\varnothing,\theta_1\cap\theta_2,\theta_1,\theta_2,\theta_1\cup\theta_2\}$，假定 θ_1 和 θ_2 实际上是独立的(即采用 Shafer 模型 M^0)，$D^U=\{\varnothing,\theta_1\cap\theta_2=\varnothing,\theta_1,\theta_2,\theta_1\cup\theta_2\}=\{\varnothing,\theta_1,\theta_2,\theta_1\cup\theta_2\}\equiv 2^U$，此时 D^U 还原为 2^U。

定义 3.9 给定一个一般的识别框架 U，定义一个基本概率赋值函数 $m: D^U\rightarrow[0,1]$ 与给定的证据源有关，即

$$m(\varnothing)=0,\quad \sum_{A\in D^U}m(A)=1 \tag{3-14}$$

$m(A)$ 是 A 的广义基本概率赋值函数，它的信任函数和似然函数与 D-S 证据理论定义的相似，即

$$BEL(A)=\sum_{\substack{B\subseteq A\\ B\in D^U}}m(B),\quad PL(A)=\sum_{\substack{B\cap A\neq\varnothing\\ B\in D^U}}m(B) \tag{3-15}$$

当 D^U 还原成 2^U 时，采用 Shafer 模型 $M^0(U)$，这些定义和 D-S 理论框架下经典的信任函数的定义一样。$\forall A\in D^U, BEL(A)\leqslant PL(A)$。注意：当自由 DSm 模型 $M^f(U)$ 起作用时，$\forall A\neq\varnothing\in D^U, PL(A)=1$。

3.3.2 DSmT 的组合规则

1. 经典 DSm 组合准则

定义 3.10 假设同一识别框架 U 下的两条独立的、不确定的和荒谬的(即高冲突的)信源 B_1 和 B_1，和定义在 D^U(或 D^U 的任何子集)上的两个广义基本概率赋值

函数 $m_1(\cdot)$ 和 $m_2(\cdot)$，经典 DSmT 组合准则 $m_{M^f} \equiv m(\cdot) \stackrel{\text{def}}{=} [m_1 \oplus m_2](\cdot)$ 定义为

$$\forall A \neq \varnothing \in D^U, \quad m_{M^f(U)} \stackrel{\text{def}}{=} [m_1 \oplus m_2](A) = \sum_{X_1, X_2 \in D^U, X_1 \cap X_2 = A} m_1(X_1) m_2(X_2) \tag{3-16}$$

其中定义 $m_{M^f(U)}(\varnothing)=0$，除非在特殊的例子中信源把非零值赋给空集（如 Smets 的 TBM 模型）。

因为 D^U 在算子 $\cup$ 和 $\cap$ 上封闭，这种新的组合规则保证 $m(\cdot)$ 是适合的广义基本概率赋值，即 $m(\cdot): D^U \to [0,1]$。组合规则满足交换律和结合律，能处理包括模糊概念的信源的融合问题，重要的是它能融合自由 DSmT 模型中的不确定的或荒谬的或两者都有的信息融合问题。

定义 3.11 假设同一识别框架 U 下的 $k(k\geqslant 2)$ 条独立的、不确定的和荒谬的（即高冲突的）信源，$m_{M^f(U)}(\cdot) \stackrel{\text{def}}{=} [m_1 \oplus \cdots \oplus m_k](\cdot)$ 定义为

$$\forall A \neq \varnothing \in D^U, \quad m_{M^f(U)}(A) \stackrel{\text{def}}{=} [m_1 \oplus \cdots \oplus m_k](A) = \sum_{\substack{X_1, \cdots, X_k \in D^U, \\ (X_1 \cap \cdots \cap X_k) = A}} \prod_{i=1}^{k} m_i(X_i) \tag{3-17}$$

其中定义 $m_{M^f(U)}(\varnothing)=0$，除非在特殊的例子中信源把非零值赋给空集。此时经典 DSm 组合规则仍然满足交换律和结合律。

2. 混合 DSm 组合规则

由于考虑融合问题的真实自然状态，故引入一些已知的完整性约束条件，此时经典 DSm 组合规则不起作用，必须在相应的混合 DSm 模型 $M(U)$（$M(U) \neq M^f(U)$）下运用混合 DSm 组合规则。

定义 3.12 假设在混合 DSm 模型 $M(U)$（$M(U) \neq M_{\varnothing}(U)$），$M_{\varnothing}(U)$ 为空模型，即 $I_t \neq \varnothing$，2 条独立信源，

$$\forall A \in D^U, \quad m_{M(U)}(A) \stackrel{\text{def}}{=} \phi(A)[S_1(A) + S_2(A) + S_3(A)] \tag{3-18}$$

$$S_1(A) \equiv m_{M^f(U)}(A) \stackrel{\text{def}}{=} \sum_{\substack{X_1, X_2 \in D^U \\ X_1 \cap X_2 = A}} m_1(X_1) m_2(X_2) \tag{3-19}$$

$$S_2(A) \stackrel{\text{def}}{=} \sum_{\substack{X_1, X_2 \in \varnothing \\ [u(X_1) \cup u(X_2) = A] \vee [(u(X_1) \cup u(X_2) \in \varnothing) \wedge (A = I_t)]}} m_1(X_1) m_2(X_2) \tag{3-20}$$

$$S_3(A) \stackrel{\text{def}}{=} \sum_{\substack{X_1, X_2 \in D^U \\ (X_1 \cup X_2) = A \\ X_1 \cap X_2 \in \varnothing}} m_1(X_1) m_2(X_2) \tag{3-21}$$

其中公式中的所有集合都是规范的，是 $\phi(A)$ 集合 A 的典型的非空函数，即如果 $A \notin \varnothing$，$\phi(A)=1$ 否则 $\phi(A)=0$；$u \stackrel{\text{def}}{=} u(X_1) \cup u(X_2) \cup \cdots \cup u(X_k)$，$u(A)$ 是组成 A 的所

有单一 θ_i 的联合；$I_t \stackrel{\text{def}}{=} \theta_1 \cup \theta_2 \cup \cdots \cup \theta_n$ 是完全不知道的信息；$\varphi \stackrel{\text{def}}{=} \{\varnothing_M, \varnothing\}$，$\varnothing_M$是属于 D^U 的所有相关空集的集合，即在给定的混合模型 $M(U)$下被强制成为空集的所有元素的集合，如果模型上没有约束条件，则此时$\varnothing_M$还原为$\varnothing$，$\varnothing$为绝对空集；$S_1(A)$对应自由 DSm 模型 $M^f(U)$下的 2 条独立信源的经典 DSm 组合规则；$S_2(A)$代表转换到全部或相对不知道(比如动态问题)中的所有相关或绝对空集的赋值；$S_3(A)$转移大量的相关空集的赋值和到非空集合中。

下面给出 $k(k \geqslant 2)$条独立信源在混合 DSm 模型下的混合 DSm 组合规则。

定义 3.13 假设在混合 DSm 模型 $M(U)$下，$k(k \geqslant 2)$条独立信源

$$\forall A \in D^U, \quad m_{M(U)}(A) \stackrel{\text{def}}{=} \phi(A)[S_1(A) + S_2(A) + S_3(A)] \tag{3-22}$$

$$S_1(A) \equiv m_{M^f(U)}(A) \stackrel{\text{def}}{=} \sum_{\substack{X_1, X_2, \cdots, X_k \in D^U \\ X_1 \cap X_2 \cap \cdots \cap X_k = A}} \prod_{i=1}^{k} m_i(X_i) \tag{3-23}$$

$$S_2(A) \stackrel{\text{def}}{=} \sum_{\substack{X_1, X_2, \cdots, X_k \in \varnothing \\ [u(X_1) \cup \cdots \cup u(X_k) = A] \vee [(u(X_1) \cup \cdots \cup u(X_2) \in \varnothing) \wedge (A = I_t)]}} \prod_{i=1}^{k} m_i(X_i) \tag{3-24}$$

$$S_3(A) \stackrel{\text{def}}{=} \sum_{\substack{X_1, X_2, \cdots, X_k \in D^U \\ (X_1 \cup X_2 \cup \cdots \cup X_k) = A \\ X_1 \cap X_2 \cap \cdots \cap X_k \in \varnothing}} \prod_{i=1}^{k} m_i(X_i) \tag{3-25}$$

混合 DSm 组合规则推广了经典 DSm 组合规则，但不等同于 Dempter 规则。它能在各种模型(自由 DSm 模型，Shafer 模型或任何混合模型)下融合精确的、混合的基本概率赋值函数。

3.3.3 DSmT 的优缺点

DSmT 的主要优点描述如下：

(1) 依据自然界原理和假设，DSmT 给出了解决融合问题的任何模型的混合组合规则。DSmT 能处理各种混合模型(包括 Shafer 模型和自由 DSmT 模型)中不精确的、不可靠的、潜在高冲突的信源融合问题，尤其是当信源间的冲突变大和由于模糊的、相对不精确的元素特性，考虑框架中的问题的精度无法达到规定时，DSmT 能够跳出 D-S 证据理论框架的局限来解决复杂的静态或动态融合问题。

(2) DSmT 主要的创新就是在框架中加入了冲突信息。DSmT 提出保留证据冲突项作为信息融合的焦元，可以很好地解决证据矛盾时的证据组合问题。DSmT 还提出超幂集 D^U 的概念。超幂集 D^U 是通过对识别框架 U 中的元素进行并($\cup$)和交($\cap$)的运算产生的集合，需要满足三个条件，由于在集合中包含交的运算，这就使得识别框架保留了矛盾的焦元。

(3) 由于 DSmT 保留了矛盾焦元，不需要将其基本概率赋值函数进行平均分

配，所以该规则不需要像原始的 D-S 证据理论那样进行归一化。

DSmT 的主要缺点：

(1) 与 D-S 证据理论相比，DSmT 虽然可以很好地解决证据矛盾时的证据组合问题，但是在很多情况下 DSmT 框架中主焦元的赋值函数难以快速收敛；

(2) DSmT 增加了矛盾焦元，致使推理过程的计算量大大增加，计算也较为复杂；随着识别框架的维数变高，需要更大的计算量，当 $n>10$ 时，在数学上目前还是不可解问题；

(3) 当 U 的势增加时，经典 DSmT 组合规则对于 D^U 的大量元素的计算和存储代价很大。

3.4 主观贝叶斯方法、D-S 证据理论和 DSmT 的比较

前面分别讨论了主观贝叶斯方法、证据理论和 DSmT，这里对它们作一比较。

(1) 从对不确定性处理的观点来看，主观贝叶斯方法用概率来表示不确定性，而证据理论用信度来表示不确定性。

(2) 由于主观贝叶斯方法从数学上蕴涵于证据理论之中，所以，证据理论可看成是主观贝叶斯方法的推广。

(3) 证据理论可在不同层次上对证据进行组合，而主观贝叶斯方法则不能。

(4) 证据理论能区分不确定和不知道，而主观贝叶斯方法则不能。

(5) 主观贝叶斯方法需要假设先验概率和条件概率，而证据理论则不必给出。

(6) 从计算的复杂度来看，主观贝叶斯方法具有指数信息复杂度，而证据理论则是指数信息复杂度和指数时间复杂度。

(7) 从不确定性的给定方式来看，主观贝叶斯方法可采用主客观两种形式，而证据理论是主观给出的。当采用主观贝叶斯方法作为不确定性推理模型时，不便于规则库中规则的增删，而当采用证据理论作为不确定推理模型时，规则库可以具有语义模块性，可以方便地增删规则。

(8) DSmT 可以被理解成是贝叶斯理论和 D-S 证据理论的全面和直接的延伸。设 $U=\{\theta_1,\theta_2\}$是包含两个基本假设的最简单的识别框架（在 θ_1 和 θ_2 上没有附加的假设），可以由以下表述直观地说明：在贝叶斯理论情况下，基本概率函数 $m(\cdot)\in[0,1]$，符合 $m(\theta_1)+m(\theta_2)=1$；在证据理论情况下，基本概率函数 $m(\cdot)\in[0,1]$符合 $m(\theta_1)+m(\theta_2)+m(\theta_1\cup\theta_2)=1$；在 DSmT 下，基本概率函数 $m(\cdot)\in[0,1]$，符合 $m(\theta_1)+m(\theta_2)+m(\theta_1\cup\theta_2)+m(\theta_1\cap\theta_2)=1$。

3.5 模糊集合理论

模糊性是客观事物所呈现的普遍现象。它主要是指客观事物差异中的中间过渡的“不分明性”，或者说是研究对象的类属边界或状态的不确定性。过去，概率论

是表示数学中不确定性的主要工具。因此，所有不确定性都被假设满足随机不确定性的特征。随机过程有可能通过对过程的长期统计平均来精确描述。然而，有些不确定性是非随机的，所以也不能用概率论来处理和建模。事实上，模糊数学的目的是要使客观存在的一些模糊事物能够用数学的方法来处理[10~16]。模糊集合理论给出了表示不确定性的方法。模糊集合理论为那些含糊、不精确或手头上缺少必要资料的不确定性事物的建模提供了奇妙的工具[17]。

3.5.1 模糊集合与隶属度

经典数学方法难以处理复杂系统问题的主要原因或许源于其不能有效地描述模糊事物。这里的所谓模糊，乃指并非由于随机性而是由于缺乏从一类成员到另一类成员的明晰过渡所引起的不确定性。界限的模糊使这些分类问题与常规数学意义上明确定义的那些分类问题相区分。实际上，在界限模糊的分类中，一个对象可以有一种介于完全隶属和不隶属之间的隶属等级。

允许元素可能部分隶属的集合称作模糊集合。模糊集合是对模糊现象或模糊概念的刻画。所谓模糊现象就是没有严格的界限划分而使得很难用精确的尺度来刻画的现象，而反映模糊现象的种种概念就称为模糊概念。模糊集合的基本思想是把经典集合中的绝对隶属关系灵活化或称模糊化。从特征函数方面讲就是：元素 x 对集合 A 的隶属程度不再局限于取 0 或 1，而是可以取区间[0,1]中任何一个数值，这一数值反映了元素 x 隶属于集合的程度。

下面给出模糊集合的一种定义形式。

论域 A 上的模糊集合$\underset{\sim}{A}$由隶属函数 $\mu_{\underset{\sim}{A}}(x)$来表征，其中 $\mu_{\underset{\sim}{A}}(x)$在实轴上的闭区间[0,1]上取值，$\mu_{\underset{\sim}{A}}(x)$的值反映了 X 中的元素 x 对于$\underset{\sim}{A}$的隶属程度。

模糊集合完全由隶属函数所刻画。对于任给 $x\in X$，都有唯一确定的隶属函数 $\mu_{\underset{\sim}{A}}(x)\in[0,1]$与之对应。我们可以将$\underset{\sim}{A}$表示为：$\mu_{\underset{\sim}{A}}(x)\in[0,1]$，即，$\mu_{\underset{\sim}{A}}(x)$是从 X 到[0,1]的一个映射，它唯一确定了模糊集合$\underset{\sim}{A}$。常用的隶属度函数有正态型、柯西型、居中型和降 Γ 分布等[18]。

上述定义表明，一个模糊集$\underset{\sim}{A}$完全由其隶属函数 $\mu_{\underset{\sim}{A}}(x)$来刻画，$\mu_{\underset{\sim}{A}}(x)$的值接近于 1，表示 x 隶属于$\underset{\sim}{A}$的程度很高，$\mu_{\underset{\sim}{A}}(x)$的值接近于 0，表示 x 隶属于$\underset{\sim}{A}$的程度很低；当 $\mu_{\underset{\sim}{A}}(x)$的值域为$\{0,1\}$二值时，$\mu_{\underset{\sim}{A}}(x)$演化为普通集合的特征函数 $\mu_A(x)$，$\underset{\sim}{A}$更演化成一个普通集合 A。我们可以认为模糊集合是普通集合的一般化。

3.5.2 模糊聚类

模糊识别又常称做模糊分类。从处理问题的性质和解决问题的方法等角度，模糊识别或者模式分类可分为有监督的分类(supervised classification)和无监督的分类(unsupervised classification)两种类型。

所谓有监督的分类,又称为有教师的分类或有指导的分类。在这类问题中,已知模式的类别和某些样本的类别属性,首先用具有类别标记的样本对分类系统进行学习或训练,使该分类系统能够对这些已知样本进行正确分类,然后用学习好的分类系统对未知的样本进行分类。这就要求对分类的问题要有足够的先验知识,而要做到这一点,往往要付出相当大的代价。

在没有先验知识的情况下,则需要借助无监督的分类技术。无监督的分类又称为聚类分析(cluster analysis)。从学科的谱系图上看,聚类分析属于信息科学这棵大树上模式识别分支中的一片树叶。

聚类就是按照一定的要求和规律对事物进行区分和分类的过程,在这一过程中没有任何关于分类的先验知识,没有教师指导,仅靠事物间的相似性作为类属划分的规则,因此属于无监督分类的范畴。聚类分析则是指用数学的方法研究和处理给定对象的分类。

"人以群分,物以类聚"。聚类是一个古老的问题,它伴随着人类社会的产生和发展而不断深化,人类要认识世界就必须区别不同的事物并认识事物间的相似性[19]。聚类分析是多元统计分析的一种,也是非监督模式识别的一个重要分支。它把一个没有类别标记的样本集按某种准则划分为若干个子集(类),使相似的样本尽可能归为一类,而不相似的样本尽量划分到不同的类中。

传统的聚类分析是一种硬划分(grisp partition),它把每个待辨识的对象严格地划分到某类中,具有"非此即彼"的性质,因此这种类别划分的界限是分明的。而实际上大多数对象并没有严格的属性,它们在性态和类属方面存在着中介性,具有"亦此亦彼"的性质,因此适合进行软划分。模糊集理论的提出为这种软划分提供了有力的分析工具,人们开始用模糊的方法来处理聚类问题,并称之为模糊聚类分析。由于模糊聚类得到了样本属于各个类别的不确定程度,表达了样本类属的中介性,即建立了样本对于类别的不确定性描述,更能客观地反映现实世界,从而成为聚类分析研究的主流[20]。

虽说聚类应用于模式识别的时间不长,但它并非一个新邻域,早已被应用在其他学科中。Dubes 和 Jain 关于聚类分析的综述包括从 77 份杂志和 40 本书中摘取出来的 250 条引文[21],如此巨大的文献说明了聚类分析的重要性和交叉学科性,也足以说明它的发展及应用前景的广阔性。

从数学角度来刻画聚类分析问题,可以得到如下的数学模型。设 $X=\{x_1,x_2,\cdots,x_n\}$ 是待聚类分析的对象的全体(称为论域),X 中的每个对象(称为样本)$x_k(k=1,2,\cdots,n)$ 常用有限个参数值来刻画,每个参数值刻画 x_k 的某个特征。于是对象 x_k 就伴随着一个向量 $P(x_k)=(x_{k1},x_{k2},\cdots,x_{ks})$,其中 $x_{kj}(j=1,2,\cdots,s)$ 是 x_k 在第 j 个特征上的赋值,$P(x_k)$ 称为 x_k 的特征向量或模式矢量。聚类分析就是分析论域 X 中的 n 个样本所对应的模式矢量间的相似性,按照各样本间的亲疏关系把 $x_1,x_2,\cdots,x_n$ 划分为多个不相交的子集 $X_1,X_2,\cdots,X_c$,并要求满足下列条件:$X_1\cup X_2\cup\cdots\cup X_c=X$,

$X_i \cap X_j = \varnothing, 1 \leqslant i \neq j \leqslant c$。

样本 $x_k(1 \leqslant k \leqslant n)$ 对子集(类)$X_i(1 \leqslant i \leqslant c)$ 的隶属关系可用隶属函数表示为

$$\mu_{X_i}(x_k) = \mu_{ik} = \begin{cases} 1 & x_k \in X_i \\ 0 & x_k \notin X_i \end{cases} \tag{3-26}$$

其中隶属函数必须满足条件 $\mu_{ik} \in E_h$。也就是说,要求每一个样本能且只能隶属于某一类,同时要求每一个子集(类)都是非空的。因此,通常称这样的聚类分析为硬划分(hard partition 或 crisp partition)。

$$E_h = \{\mu_{ik} \mid \mu_{ik} \in \{0,1\};\ \sum_{i=1}^{c} \mu_{ik} = 1, \forall k;\ 0 < \sum_{k=1}^{n} \mu_{ik} < n, \forall i\} \tag{3-27}$$

在模糊划分(fuzzy partition)中,样本集 X 被划分为 c 个模糊子集$\underset{\sim}{X}_1, \underset{\sim}{X}_2, \cdots, \underset{\sim}{X}_c$,而且样本的隶属函数从$\{0,1\}$只扩展到区间$[0,1]$,满足条件

$$E_{\mathrm{f}} = \{\mu_{ik} \mid \mu_{ik} \in [0,1];\ \sum_{i=1}^{c} \mu_{ik} = 1, \forall k;\ 0 < \sum_{k=1}^{n} \mu_{ik} < n, \forall i\} \tag{3-28}$$

显然,由式(3-28)可得 $\bigcup_{i=1}^{c} \sup\ p(\underset{\sim}{X}_i) = X$,这里 $\sup\ p$ 表示取模糊集合的支撑集[33]。

对于模糊划分,如果放宽概率约束条件 $\sum_{i=1}^{c} \mu_{ik} = 1, \forall k$,则模糊划分演变为可能性划分(possibilistic partition)。显然,对于可能性划分而言,每个样本对各个划分子集的隶属度构成的矢量 $\mu_k = [\mu_{1k}, \mu_{2k}, \cdots, \mu_{ik}, \cdots, \mu_{ck}]'$ 在 c 维实空间中单位超立方体取值,即

$$E_{\mathrm{p}} = \{\mu_i \in R^c \mid \mu_{ik} \in [0,1], \forall i, k\} \tag{3-29}$$

而模糊划分 E_{f} 的取值范围为 c 维实空间中过 c 个单位基矢量的超平面,即

$$E_{\mathrm{f}} = \left\{\mu_i \in E_{\mathrm{p}} \,\middle|\, \sum_{i=1}^{c} \mu_{ik} = 1, \forall k\right\} \tag{3-30}$$

如此,硬划分 E_{h} 只能在单位超 c 立方体的 c 个单位基矢量上取值

$$E_{\mathrm{h}} = \{\mu_i \in E_f \mid \mu_{ik} \in \{0,1\}\} \tag{3-31}$$

从实现方法上分,粗略说来,聚类分析方法可大致分为四种类型:谱系聚类法、基于等价关系的聚类方法、图论聚类法和基于目标函数的聚类方法等。对于前三种方法由于不能适应大数据量的情况,难以满足实时性要求较高的场合,因此在实际中应用并不广泛,现在这些方面的研究已经逐渐减少了。实际中受到普遍欢迎的是第四种方法—基于目标函数的聚类方法,该方法把聚类分析归结成一个带约束的非线性规划问题,通过优化求解获得问题而借助经典数学的非规划理论求解,并易于计算机实现。因此,随着计算机的应用和发展,基于目标函数的模糊聚类算法成为新的研究热点。

在许多情况下,数据分类的数目 c 是已知的。然而,在其他情况下,有一个以上的子结构分类值 c 却是合理的,在这种情况下,就有必要对手头数据进行分析,以确定似乎是最合理的数据分类数目 c 值。这个问题就称为聚类的有效性。如果所用的

数据已被标明，则存在二个唯一的关于聚类有效性的绝对度量，即 c 是给定的。对于未标明的数据，则不存在关于聚类有效性的绝对度量。尽管这些差异的重要性是未知的，但是有一点是清楚的，即标称的特征对所感兴趣的现象是灵敏的，而对那些与现在的应用无关的变化是不灵敏的。

3.6 模糊逻辑

与经典集合论相对应的逻辑是二值逻辑，即所谓的数值逻辑。二值逻辑在描述客观事物的特性时只有两种情况，要么是真要么是假，二者必居其一。与模糊集合理论相对应的逻辑是连续值逻辑，即模糊逻辑，它是二值逻辑的推广。

二值逻辑中取值只能有两个(0 和 1)，而在模糊逻辑中可取[0,1]区间的任何值。前面已经说明，模糊概念是通过隶属度函数来描述的，而隶属度实质上就是一种逻辑真值。经典集合论对应于二值逻辑，其运算规则称为布尔代数。模糊集合对应于模糊逻辑，而模糊逻辑的运算规则对应于模糊代数，即有如下运算性质。

设 U 是论域，A,B,C 为 U 上的三个经典集合，则其并、交和补三种运算有如下性质：

(1) 幂等率　$A\cup A=A, A\cap A=A$

(2) 交换率　$A\cup B=B\cup A, A\cap B=B\cap A$

(3) 结合率　$(A\cup B)\cup C=A\cup(B\cup C), (A\cap B)\cap C=A\cap(B\cap C)$

(4) 吸收率　$(A\cup B)\cup B=B, (A\cap B)\cap B=B$

(5) 分配率　$A\cap(B\cup C)=(A\cap B)\cup(A\cap C), A\cup(B\cap C)=(A\cup B)\cap(A\cup C)$

(6) 复原率　$(A')'=A$

(7) 两极率　$A\cup U=U, A\cap U=A, A\cup\varnothing=A, A\cap\varnothing=\varnothing$

(8) De Morgan 对偶率　$(A\cup B)'=A'\cap B', (A\cap B)'=A'\cup B'$

(9) 排中率(互补率)　$A\cup A'=U, A\cap A'=\varnothing$

3.7 模糊推理

1. 基本模糊集运算

1) 与运算

$$A\cap B\Leftrightarrow\mu_{A\cap B}(x)=\min[\mu_A(x),\mu_B(x)] \tag{3-32}$$

2) 或运算

$$A\cup B\Leftrightarrow\mu_{A\cup B}(x)=\max[\mu_A(x),\mu_B(x)] \tag{3-33}$$

3) 非运算

$$\overline{B}\Leftrightarrow\mu_{\overline{B}}(x)=1-\mu_B(x) \tag{3-34}$$

2. 多传感器多特性模糊推理运算

以多传感器识别目标为例说明。有 L 个传感器，识别 V 个目标，所以可能的目标属性为 K，ω_l 是每个传感器 i 的权值，L_k 表示所有传感器中贡献属性集 K 中 k 属性的传感器。这里有乘积模糊融合推断、最小模糊融合推断和贝叶斯模糊融合推断。

(1) 乘积模糊融合推断

对"或"和"交"的融合乘积模糊公式分别为

$$\mu_{\text{prod-}U} = \sup_{y\in V}\left\{\sup_{k\in K}\prod_{l\in L_k}[(\mu_{\text{sensor-}l}(y))^{\omega_l}]\right\} \tag{3-35}$$

$$\mu_{\text{prod-}I} = \sup_{y\in V}\left\{\inf_{k\in K}\prod_{l\in L_k}[(\mu_{\text{sensor-}l}(y))^{\omega_l}]\right\} \tag{3-36}$$

(2) 最小模糊融合推断

这个推断不像乘积模式对中间属量的组合，对"或"和"交"的融合最下模糊公式分别为

$$\mu_{\text{min-}U} = \sup_{y\in V}\{\sup_{k\in K}\min_{l\in L}[(\mu_{\text{sensor-}l}(y))^{\omega_l}]\} \tag{3-37}$$

$$\mu_{\text{min-}I} = \sup_{y\in V}\{\inf_{k\in K}\min_{l\in L_k}[(\mu_{\text{sensor-}l}(y))^{\omega_l}]\} \tag{3-38}$$

(3) 贝叶斯模糊融合推断

贝叶斯模糊融合推断是模糊逻辑和现代贝叶斯统计的组合。它具有传统模糊逻辑推理的基本属性，但又做了进一步发展。其组合的所有步骤具有乘积模糊推理的乘积形式，而同时又具备贝叶斯后验密度的分子结构，主要目的是为了改进最终决策的精度。其结构表达式为

$$\mu_{\text{bayes}} = \sup_{y\in V}\left\{\prod_{k\in K}\prod_{l\in L_k}[(\mu_{\text{sensor-}l}(y))^{\omega_l}]\right\} \tag{3-39}$$

3.8 模糊积分

设(X,B,g)是模糊测度空间，f：$X\to[0,1]$是一个 B 测度函数。函数 f 在 $A\subset X$ 上对模糊测度 g 的 Sugeno(模糊)积分由下式定义

$$\int_A f(x)\mathrm{d}g(\cdot) = \sup_{\alpha\in[0,1]}[\min(\alpha, g(f_\alpha))] \tag{3-40}$$

其中 f_α 是 f 的 α 层集，设 $f_\alpha=\{x: f(x)\geqslant\alpha\}$；设 $X=\{x_1, x_2, \cdots, x_n\}$是单个分类器$\{x_i, i=1,2,\cdots,n\}$有限集，且 $0\leqslant f(x_1)\leqslant f(x_2)\leqslant\cdots\leqslant f(x_n)\leqslant 1$(如果不是，则要重新安排 X 的元素使其维持这个关系)，这里 $f(x_i)$是分类器的数字输出，那么 Sugeno 积分可以用下式计算

$$\int_A f(x)\mathrm{d}g(\cdot) = \max_{i=1}^{n}[\min(f(x_i), g(A_i))] \tag{3-41}$$

其中 $A_i=\{x_i, x_{i+1}, \cdots, x_n\}$。

由于当测量是加法型的，Sugeno 积分不是一般积分的合适的扩展，于是就提出了另外一个 Choquet 模糊积分。函数 f 在 $A \subset X$ 上对模糊测度 g 的 Choquet 积分由下式定义

$$\int_A f(x) \mathrm{d}g(\cdot) = \sum_{i=1}^{n} [f(x_i) - f(x_{i-1})] g(A_i) \tag{3-42}$$

其中 $f(x_0)=0$。

目前有很多模糊积分含义的解释。模糊积分可以理解为模糊期望，相对倾向之间一致的最大等级，或者是客观证据和期望之间的一致的最大等级。两个模糊积分都在模糊测度上操作，其代表某个分类器的重要程度，或者是分类器的汇集（子集）的重要程度。在实际多分类器应用中，如果对每个模糊密度指定一个固定值，就含有低效率，这是因为每个分类器并不是对所有决策任务都一样执行得好，即某个具体的分类器可以对某些目标类别识别好，而对另一些差甚至失败。因此，某个分类器的重要性或者模糊测度的权值应该根据决策对象合适调整，而且要与其他分类器给出的信息一道进行。这样人们就开始研究自适应模糊积分问题。

3.9　可能性理论

1. 基本定义

在可能性理论框架中，由传感器 i 获取的信息用可能性分布 π 表示。可能性分布的概念与信任理论中的基本概念指定等价，但有不同的限制

$$\pi: \Theta \to [0,1]: \max_{\theta \in \Theta} \pi(\theta) = 1 \tag{3-43}$$

大多数组合规则是基于 t-norms 与 t-conorms，交与并的模糊传递。

当确信至少有一个数据源是可靠的但又不知道具体是哪一个时，采用分离性规则

$$\forall \theta \in \Theta, \pi_{\cup}^{*} = \bigcup_i \pi_i(\theta) = \max_i \pi_i(\theta) \tag{3-44}$$

当组合等可靠源时，采用连接规则

$$\forall \theta \in \Theta, \pi_{\cup}^{*} = \bigcap_i \pi_i(\theta) = \inf_i \pi_i(\theta) \tag{3-45}$$

可能性方法提供了几个融合规则，它们明确地考虑了可以获取的可靠性系数值。

2. 交易规则

交易规则类似于证据和概率方法中的交易规则

$$\forall \theta \in \Theta, \pi_{\mathrm{p}}(\theta) = \sum_{i}^{I} R_i \cdot \pi_i(\theta) \tag{3-46}$$

同过去一样，可以考虑相对和绝对的可靠性系数 $R_i > 0$。

有逻辑项连接的交易规则，称为灵活累积规则

$$\forall \theta \in \Theta, \pi_{\cup p} = \sigma \sum_{i}^{I} R_i \cdot \pi_i(\theta) + (1-\sigma)\pi_{\cup}(\theta) \tag{3-47}$$

其中 $\sigma \in [0,1]$ 是学习的格式数据。

3. 折扣规则

也可以提供折扣规则考虑源的可靠性，在融合前根据它们的可靠性层次修正可能性分布

$$\pi_i' = \max(\pi, 1-R_i) \tag{3-48}$$

其中，R_i 是源可靠的确定性程度。如果 $R_i=1$，则 $\pi_i'=\pi$；当 $R_i=0$（源绝对不可靠），则 $\pi_i'=1$，意味着整个无知。

折扣方法类似于证据理论用到的

$$\pi_i' = R_i * \pi + 1 - R_i \tag{3-49}$$

其中算子 * 是 t-norm（分离）。

习　题

1. 学习主观贝叶斯推理、证据推理和 DSmT 方法，比较三种方法的优缺点。

2. (Ω, F, P) 是一个概率空间，U 是一个有限集合构成的论域空间，而 $X_1: \Omega \to p(U)$，$X_2: \Omega \to p(U)$ 是相互独立的随机集，相应的 mass 函数分别是 m_1 和 m_2，则可得到 Dempster-Shafer 合成公式就是这两个相互独立随机集的交运算，即 $m(A) = P\{\omega \in \Omega: X_1(\omega) \cap X_2(\omega) = A\}, A \in p(U)$，证明此结论。

3. DST 证据理论和 DSmT 分别适用于证据低冲突和高冲突的条件下，两者各有优缺点，具有优势互补性。试将距离冲突函数作为判别依据，设计一种可自适应切换的 DST 证据理论和 DSmT 组合推理系统，并在 MATLAB 环境中实现。

4. 设 A 为论域 U 上的一个模糊子集，A_λ 是 A 的 λ 截集，$\lambda \in [0,1]$，根据分解定理有 $A = \bigcup_{\lambda \in [0,1]} \lambda A_\lambda$，其中，$\lambda A_\lambda$ 表示 X 上的一个模糊子集，称 λ 与 A_λ“乘积”的隶属度函数规定为

$$\mu_{\lambda A_\lambda}(x) = \begin{cases} \lambda & x \in A_\lambda \\ 0 & x \notin A_\lambda \end{cases}$$

试画图分别表示出 $\mu_\lambda(x)$，$\mu_{A_\lambda}(x)$ 和 $\mu_{\lambda A_\lambda}(x)$。

5. 设论域 X 为所要研究的军用飞机类型，定义

$X = \{a10, b52, f117, c5, c130, fbc1, f14, f15, f16, f111, kc130\}$，设 A 为轰炸机集合，B 为战斗机的集合，它们分别为

$$A = 0.2/f16 + 0.4/fbc1 + 0.5/a10 + 0.5/f14 + 0.6/f15 + 0.8/f11 + 1.0/b11 + 1.0/b52$$

$$B = 0.1/f117 + 0.3/f111 + 0.5/fbc1 + 0.8/f15 + 0.9/f14 + 1.0/f16$$

试求 A 和 B 的下列组合运算：

(1) $A\cup B$；(2) $A\cap B$；(3) A^C；(4) B^C；(5) $\overline{A\cup B}$；(6) $\overline{A\cap B}$；(7) $\overline{A^C\cap B}$。

6. 设有两个传感器，一个是敌-我-中识别(IFFN)传感器，另一个是电子支援测量(ESM)传感器。设目标共有 n 种可能的机型，分别用 $O_1,O_2,\cdots,O_n$ 表示，先验概率 $p_{\mathrm{IFFN}}(x|O_i)$ 已知，其中 x 表示敌、我、中 3 种情形之一。对于 ESM 传感器，能在机型级上识别飞机属性，有 $p_{\mathrm{ESM}}(z \mid O_i)=\dfrac{p_{\mathrm{ESM}}(O_i \mid z)p(z)}{\sum\limits_{i=1}^{n} p(O_i \mid z)p(z)}$，$i=1,2,\cdots,n$。试求出 $p(我|z)$，$p(敌|z)$，$p(中|z)$。

7. 假设空中目标可能有 10 种机型，4 个机型类(轰炸机、大型机、小型机、民航)，3 个识别属性(敌、我、不明)。对目标采用中频雷达、ESM 和 IFF 传感器。

假设已获得两个测量周期的后验可信度分配数据：

M_{11}({民航},{轰炸机},{不明})=(0.3,0.4,0.3)

M_{12}({民航},{轰炸机},{不明})=(0.3,0.5,0.2)

M_{21}({敌轰炸机 1},{敌轰炸机 2},{我轰炸机},{不明})=(0.4,0.3,0.2,0.1)

M_{22}({敌轰炸机 1},{敌轰炸机 2},{我轰炸机},{不明})=(0.4,0.4,0.1,0.1)

M_{31}({我},{不明})=(0.6,0.4)

M_{31}({我},{不明})=(0.4,0.6)

其中 M_{sj} 表示第 s 个传感器($s=1,2,3$)在第 j 个测量周期($j=1,2$)上对命题的后验可信度分配函数。试求对各目标的后验可信度分配。

参考文献

[1] 韩崇昭，等. 多源信息融合(第二版)，北京：清华大学出版社，2010

[2] 李弼程，等. 信息融合技术及其应用. 北京：国防工业出版社，2010

[3] Shafer G. A Mathematical Theory of Evidence. Princeton: Princeton University Press, 1976

[4] 段新生. 证据理论与决策、人上智能. 北京：中国人民大学出版社，1993

[5] Dezert J. Foundations of a new Theory of Plausible and Paradoxical Reasoning. Information & Security Journal, 2002, 13(9): 90～95

[6] Dezert J, Tchamova A, Smarandache F, et al. Target Type Tracking with PCR5 and Dempster's rules: A Comparative Analysis. Proceedings of Fusion 2006 International conference on Information Fusion, Firenze, Italy, 2006

[7] Smarandache F, Dezert J. Applications and Advances of DSmT for Information Fusion. online, http://www.gallop.unm.edu/～smaranclache/DSmT-book 1 .pdf, 2004

[8] Smarandache F, Dezert J. Information Fusion Based on New Proportional Conflict Redistribution Rules, Proceedings of Fusion 2005 Conference, Philadelphia, 2005

[9] Srnarartdache F, Dezert J. Applications and Advances of DSmT for Information Fusion. Rehoboth: American Research Press, 2006

[10] 李永明. 模糊系统分析. 北京：科学出版社，2005

[11] Granger E, Rubin M A, Grossberg S, Plavoie P. Classification of Incomplete Data Using the

Fuzzy ARTMAP Neural Network. Proceedings of the International Joint Conference on Neural Networks, Como, Italy, 2000: 35～40

[12] 刘立柱. 概率与模糊信息论及其应用. 北京：国防工业出版社，2003

[13] 李登峰. 模糊多目标多人决策与对策. 北京：国防工业出版社，2002

[14] 杨纶标，高英仪. 模糊数学. 广州：华南理工大学出版，2001

[15] 钱同惠，沈其聪. 模糊逻辑及其工程应用(译著). 北京：电子工业出版社，2005

[16] 何清. 模糊聚类分析理论与应用研究进展. 模糊系统与数学，1998，12(2)：89～94

[17] 王润生，等. 信息融合. 北京：科学出版社，2007

[18] 何友，王国宏，等. 多传感器信息融合及应用(第二版). 北京：电子工业出版社，2007

[19] 陈季镐. 统计模式识别. 北京：北京邮电学院出版社，1989

[20] Kwang H L, Lee K M. Fuzzy Hyper-graph and Fuzzy Partition. IEEE Transactions on Systems, Man, and Cybernetics, I995, 25(1): 196～201

[21] 肖新平，宋中民，李峰. 灰技术基础及其应用. 北京：科学出版社，2005

第4章 信息融合其他数学基础

4.1 粗糙集理论

粗糙集(rough set)理论为数据,特别是带噪声、不精确或不完全数据的分类问题提供了一套严密的数学工具。粗糙集理论把知识看做关于论域的划分,从而认为知识是有粒度的,而知识的不精确性是由知识的粒度太大引起的。粗糙集理论是处理不确定和不完全信息问题的强有力工具,它的核心思想是不需要任何先验信息,充分利用已知信息,在保持信息系统分类能力不变的前提下,通过知识约简从大量数据中发现关于某个问题的基本知识或规则。由于粗糙集理论能够分析隐藏在数据中的事实而不需要关于数据的任何附加信息,故它在决策分析、专家系统、数据挖掘、模式识别等领域都有非常广泛的应用。

粗糙集理论具有一些独特的观点。这些观点使得粗糙集特别适合于进行数据分析。如知识的粒度性、新型成员关系等。粗糙集理论把知识看做关于论域的划分,从而认为知识是有粒度的,而知识的粒度性是造成使用已有知识不能精确地表示某些概念的原因。通过引入不可区分关系作为粗糙集理论基础,并在此基础上定义了上下近似等概念,粗糙集理论能够有效地逼近这些概念。

粗糙集概念在某种程度上与其他为处理含糊和不精确性问题而研制的数学工具有相似之处,特别是和D-S证据理论相似。两者之间的主要区别在于:D-S理论利用信任函数和似真度函数作为主要工具;而粗糙集理论利用下近似集和上近似集。另一种关系存在于模糊集理论和粗糙集理论之间,和模糊集合需要指定成员隶属度不同,粗糙集的成员是客观计算的,只和已知数据有关,从而避免了主观因素的影响。这两种理论之间不是互相冲突而是互相补充的。目前,粗糙集理论已成为人工智能领域一个新的学术热点,引起了各国学者的关注。

4.1.1 基本概念

1. 知识与知识系统

假设研究对象构成的集合记为U,它是一个非空有限集,称为论域U;

任何子集 $X\subseteq U$,称为 U 中的一个概念或范畴。通常认为空集也是一个概念。抽象知识,简称知识。一个划分定义为:U 中的任何概念族称为关于 U 的抽象知识,简称知识。$X=\{X_1,X_1,\cdots,X_n\}X_i\subseteq U,X_i\neq\varphi,X_i\cap X_j=\varphi$ 且 $i\neq j,i,j=1,2,\cdots,n$;$\bigcup X_i=U$。U 上的一簇划分称为关于 U 的一个知识系统。R 是 U 上的一个等价关系,由它产生的等价类记为 $[x]_R=\{y\mid xRy,y\in U\}$,这些等价类构成的集合 $U/R=\{[x]_R\mid x\in U\}$ 是关于 U 的一个划分。一个知识系统就是一个关系系统 $K=(U,Q)$,其中 U 为非空有限集合,称为论域,Q 是 U 上的一簇等价关系。

若 $P\subseteq Q$,且 $P\neq\varphi$,则 P 中所有等价关系的交集也是一个等价关系,称为 P 上的不可分辨关系,记为 ind(P),且有 $[x]_{\mathrm{ind}(P)}=\bigcap[x]_Q$。

对于 $K=(U,Q)$ 和 $K'=(U,P)$ 两个知识库,当 $\mathrm{ind}(Q)\subseteq\mathrm{ind}(P)$ 时,则称知识 Q(知识库 K)比知识 P(知识库 K')更精细。

2. 粗糙集与不精确范畴

令 $X\subseteq U$,R 为 U 上的一个等价关系,当 X 能表达成某些 R 基本集的并时,称 X 为 R 上可定义子集,也称 R 为精确集,否则称 X 为 R 不可定义的,也称 R 为粗糙集。

在讨论粗糙集时,元素的成员关系或者集合之间的包含和等价关系,都不同于初等集合中的概念,它们都是基于不可分辨关系的。一个元素是否属于某一集合,要根据对该元素的了解程度而定,和该元素所对应的不可分辨关系有关,不能仅仅依据该元素的属性值来简单判定。

给定知识库 $K=(U,Q)$,对于每个子集 $X\subseteq U$ 和一个等价关系 $R\in\mathrm{ind}(Q)$,定义:

1) $\underline{R}(X)=\{x\mid[x]_R\subseteq X,x\in U\}$ 称为在知识系统 U/R 下集合 X 的下近似;

2) $\overline{R}(X)=\{x\mid[x]_R\cap X\neq\varphi,x\in U\}$ 称为在知识系统 U/R 下集合 X 的上近似;

3) $BN_R(X)=\overline{R}(X)-\underline{R}(X)$ 称为在知识系统 U/R 下 X 的边界区域;

4) $POS_R(X)=\underline{R}(X)$ 称为在知识系统 U/R 下 X 的正域;

5) $NEG_R(X)=U-\overline{R}(X)$ 称为在知识系统 U/R 下 X 的负域。

边界区域 $BN_R(X)$ 是根据知识 R,U 中既不能肯定归入集合 X,又不能肯定归入集合 $\overline{X}$ 的元素构成的集合;正域 $POS_R(X)$ 是根据知识 R,U 中所有一定能肯定归入集合 X 的元素构成的集合;负域 $NEG_R(X)$ 是根据知识 R,U 中所有不能确定一定归入集合 X 的元素构成的集合。边界区域 $BN_R(X)$ 是某种意义上论域的不确定域。

3. 知识约简与知识依赖

知识约简是粗糙集理论的核心内容之一。众所周知,知识库中的知识(属性)并不是同等重要的,甚至其中某些知识是冗余的。所谓知识约简,就是在保持知识库分类能力不变的条件下，删除其中不相关或不重要的知识。

令 R 为一簇等价关系，$r\in R$，如果 $\text{ind}(R)=\text{ind}(R-r)$，则称 r 为 R 中不必要的；否则称 r 为 R 中必要的。如果对于每一个 $r\in R$ 都为 R 中必要的，则称 R 为独立的；否则称 R 为依赖的。

设 $Q\subseteq P$，如果 Q 是独立的，则 $\text{ind}(Q)=\text{ind}(P)$，则称 Q 为 P 的一个约简。显然，P 可以有多个约简。P 中所有必要关系组成的集合称为 P 的核，记做 $\text{core}(P)$。

R,Q 均为 U 上的等价关系簇，他们确定的知识系统分别为 $U/R=\{[x]_R \mid x\in U\}$ 和 $U/Q=\{[y]_Q \mid y\in U\}$，若任意 $[x]_R\in(U/R)$，有 $\overline{Q}([x]_R)=\underline{Q}([x]_R)=[x]_R$，则称知识 R 完全依赖于知识 Q，即当研究对象具有 Q 的某些特征时，这个研究对象一定具有 R 的某些特征，说明 R 与 Q 之间是确定性关系；否则，称知识 R 部分依赖于知识 Q，即研究对象的 Q 某些特征不能完全确定其 R 特征，说明 R 与 Q 之间的不确定性关系。因此，定义知识 R 对知识 Q 的依赖程度为

$$\gamma_Q(R)=\frac{\text{card}(POS_Q(R))}{\text{card}(U)} \tag{4-1}$$

其中 $\text{card}(\cdot)$ 表示集合基数，在此用集合所含元素的个数表示。

显然，$0\leqslant\gamma_Q(R)\leqslant 1$。当 $\gamma_Q(R)=1$ 时，知识 R 完全依赖于知识 Q；当 $\gamma_Q(R)$ 接近 1 时，说明知识 R 对知识 Q 依赖程度高。$\gamma_Q(R)$ 的大小从总体上反映了知识 R 对知识 Q 的依赖程度。

4. 知识表达系统

知识表达在智能数据处理中占有十分重要的地位。形式上，四元组 $S=(U,R,V,f)$ 是一个知识表达系统，其中 U：对象的非空有限集合，称为论域；R：属性的非空有限集合；$V=\bigcup_{r\in R}V_r$，V_r 是属性 r 的值域；f：$U\times A\rightarrow V$ 是一个信息函数，它为对象的每个属性赋予一个信息值，即 $\forall r\in R, x\in U, f(x,a)\in V_r$。

决策表是一类特殊而重要的知识表达系统。设 $S=(U,R,V,f)$ 是一个知识表达系统，$R=C\cup D$，$C\cap D=\varnothing$，C 称为条件属性集，D 称为决策属性集。具有条件属性和决策属性的知识表达系统称为决策表。令 X_i 和 Y_j 分别代表 U/C 和 U/D 中的等价类，$\text{des}(X_i)$ 表示对等价类 X_i 的描述，即等价类 X_i 对于各条件属性值的特定取值；$\text{des}(Y_j)$ 表示对等价类 Y_j 的描述，即等价类 Y_j 对于各决策属性值的特定取值。

决策规则定义如下：$\text{des}(X_i)\rightarrow\text{des}(Y_j)$，$Y_j\cap X_i=\varnothing$。在决策表中，不同的属性可能具有不同的重要性。为了找出某些属性（或属性集）的重要性，需要是从表中去掉一些属性，再来考虑没有该属性后分类会怎样变化。若条件属性集合中有无条件属性 c_i 对决策属性集合依赖度改变不大，则可认为条件属性 c_i 的重要程度不高。基于这个观点，条件属性 c_i 关于决策属性 D 的重要程度定义为

$$\sigma_D(c_i)=\gamma_C(D)-\gamma_{C-\{c_i\}}(D) \tag{4-2}$$

$\sigma_D(c_i)$ 越大，属性 c_i 的重要性越高。

4.1.2 粗糙集理论在信息融合中的应用

用粗糙集理论进行属性信息融合的基本步骤描述如下。

(1) 将采集到的样本信息按条件属性和结论属性编制一张信息表,即建立关系数据模型。

(2) 对将要处理的数据中的连续属性值进行离散化,对不同区间的数据在不影响其可分辨的基础上进行分类,并用相应符号表示。

(3) 利用属性约简及核等概念去掉冗余的条件属性及重复信息,得出简化信息表,即条件约简。

(4) 对约简后的数据按不同属性分类,并求出核值表。

(5) 根据核值表和原来的样本列出可能性决策表。

(6) 进行知识推理。汇总对应的最小规则,得出最快融合算法。

相对于概率方法、模糊理论、证据理论,粗糙集由于是基于数据推理,不需要先验信息,具有处理不完整数据、冗余信息压缩和数据关联的能力。

4.2 随机集理论

自从 Matheron 于 1975 年出版了《随机集与积分几何学》一书以来[1],关于随机集理论的研究方兴未艾[2~5],并成功地用于解决各种问题,现在已经成为信息融合研究领域最受关注的研究方向之一。

4.2.1 一般概念

从本质上讲,随机集与随机变量并没有太大的差别,随机变量处理的是随机点的问题,而随机集处理的是随机集合问题,即后者处理的对象是可能结果的一组元素。如果把后者的集值结果看作是某个特殊空间的点,则二者就没有区别了。然而,集值的引入却带来许多令人意想不到的奇特结果,这也正是利用随机集建立信息融合方面最吸引人的地方。

考虑一个空间(Ω,F,p)和一个可测空间(Y,B_Y),其中 Y 是观测集合,而 B_Y 表示相应的 Borelσ-域。对于一般的随机变量 $x: \Omega\to Y$ 而言,概率空间只是一个数学上的概念,而实际观测到的变量在可测空间。定义在概率空间上的概率测度 p 一般难以直接用于计算,因此通常把它转换成可测空间上的概率分布,即

$$p_x \overset{\text{def}}{=} p\circ x^{-1}: B_Y \to [0,1] \tag{4-3}$$

也就是说,需要 x 可测,即对于 $\forall A\in B_Y$,则$\{\omega\in\Omega: x(\omega)\in A\}\in F$,而且

$$p_x(A) = p\{\omega: x(\omega)\in A\} \tag{4-4}$$

下面考虑一个集值映射。

定义 4.1 设(Ω,F,p)是一个概率空间，(Y,B_Y)是一个可测空间，定义集值映射(set-valued mapping)为

$$X:\Omega\rightarrow p(Y) \tag{4-5}$$

其中 $p(Y)$是 Y 的所有子集的集类。给定 $A\in B_Y$，其上逆(upper inverse)定义为

$$X^*(A)\overset{\text{def}}{=}\{\omega\in\Omega:X(\omega)\cap A\neq\varnothing\} \tag{4-6}$$

下逆(lower inverse) 定义为

$$X_*(A)\overset{\text{def}}{=}\{\omega\in\Omega:\varnothing\neq X(\omega)\subseteq A\} \tag{4-7}$$

逆(inverse)定义为

$$X^{-1}(A)\overset{\text{def}}{=}\{\omega\in\Omega:X(\omega)=A\} \tag{4-8}$$

上述集值映射称为是开的(或闭的，或紧的)，如果对于任意 $\omega\in\Omega$，$X(\omega)$是 Y 中开的(或闭的，或紧的)子集。

在不致引起混淆的前提下，记

$$A^*\overset{\text{def}}{=}X^*(A),A_*\overset{\text{def}}{=}X_*(A),A^{-1}\overset{\text{def}}{=}X^{-1}(A) \tag{4-9}$$

一个集值映射的上逆和下逆，实质上是随机变量逆概念的推广，显然有 $A_*\subseteq A^*$。

定理 4.1 设 $X:\Omega\rightarrow p(Y)$是一个集值映射，则如下条件等价

$$X(\omega)\neq\varnothing,\forall\omega\in\Omega \tag{4-10}$$

$$X_*(A)\subseteq X^*(A),\forall A\subseteq Y \tag{4-11}$$

$$X_*\varnothing=\varnothing \tag{4-12}$$

$$X^*(Y)=\Omega \tag{4-13}$$

定理 4.2 设 $X:\Omega\rightarrow p(Y)$是一个集值映射，则如下条件等价

$$\omega\in X(\omega),\forall\omega\in\Omega \tag{4-14}$$

$$X_*(A)\subseteq A,\forall A\subseteq\Omega \tag{4-15}$$

$$A\subseteq X^*(A),\forall A\subseteq\Omega \tag{4-16}$$

定义 4.2 设 $X:\Omega\rightarrow p(Y)$是一个集值映射，定义算子：$j:p(Y)\rightarrow p(\Omega)$，且对于任意 $A\in p(Y)$，记

$$j(A)=X^{-1}(A)\subseteq\Omega \tag{4-17}$$

如果 $j(A)\neq\varnothing$，则 A 是 j 的一个交集(focus set)；且令

$$J\overset{\text{def}}{=}\{j(A)\in p(\Omega):j(A)\neq\varnothing,A\subseteq Y\} \tag{4-18}$$

则必有

$$\begin{cases}\bigcup\{j(A):A\subseteq Y\}=\Omega\\ A_1,A_2\in p(Y),A_1\neq A_2\Rightarrow j(A_1)\cap j(A_2)=\varnothing\end{cases} \tag{4-19}$$

这样，J 构成对 Ω 的一个划分，于是称算子 j 是集值映射 X 的关系划分函数。

定理 4.3 设 $p_0(Y)=p(Y)-\varnothing$，$X:\Omega\rightarrow p_0(Y)$是一个集值映射，$j$ 是 X 的关系划分函数，则有如下性质

$$X_*(A)=\bigcup\{j(A'):A'\subseteq A\},A\subseteq Y \tag{4-20}$$

$$X^*(A)=\bigcup\{j(A'):A'\cap A\neq\varnothing\},A\subseteq Y \tag{4-21}$$

$$j(A)=X_*(A)-\bigcup\{X_*(A'):A'\subseteq A\},A\subseteq Y \tag{4-22}$$

上述证明参见参考文献[1]。

从概念上说，一个随机集就是满足某些可测性条件的集值映射。虽然根据不同的可测性有不同的定义，但大多数都是基于上逆和下逆的概念。

定义 4.3 定义的集值映射 X 如果对于 $\forall A\in B_Y$ 均有 $A^*\in F$，则称 X 是强可测的(strongly measurable)；而强可测的集值映射 X 定义为随机集(random set)。

注意，对于 $\forall A\in B_Y$，因为 $A_*=Y^*\cap((A^c)^*)$（注 A^c 是 A 在 Y 中的补集，$(B^*)^c$ 是 B^* 在 Ω 中的补集)，所以如果 X 是强可测的，必然对于 $\forall A\in B_Y$ 均有 $A_*\in F$。

定义 4.4 给定一个随机集 $X:\Omega\rightarrow p(Y)$，$A\in B_Y$ 的上概率(upper probability)定义为

$$p_X^*(A)=p(A^*)/p(Y^*) \tag{4-23}$$

下概率(lower probability) 定义为

$$p_{*X}(A)=p(A_*)/p(Y^*) \tag{4-24}$$

在不致因为不确定哪个随机集诱导上概率和下概率而引起混淆的前提下，记

$$p^*=p_X^*,p_*=p_{*X} \tag{4-25}$$

可以把随机集视为对一个随机变量 $x_0:\Omega\rightarrow Y$ 不精确观察的结果，这个随机变量就称为原始随机变量(original random variable)，而且对于任意 $\omega\in\Omega$，$x_0(\omega)\in X(\omega)$。因此，假定对于任意 $\omega\in\Omega$，$X(\omega)\neq\varnothing$，从而对于 $\forall A\in B_Y$ 有 $p^*(A)=p(A^*)$，$p_*(A)=p(A_*)$。这样，由随机集诱导的上概率和下概率是一对共轭函数。

如果随机集 X 是对随机变量 x_0 不精确观察的结果，我们有关这个随机变量的所有知识就是它属于 X 的可测选择类(class of measurable selection)或称为选择器(selector)，即

$$S_X\overset{\text{def}}{=}\{x:\Omega\rightarrow Y\text{ 是随机变量},x(\omega)\in X(\omega),\forall\omega\} \tag{4-26}$$

x_0 概率分布属于

$$p_X\overset{\text{def}}{=}\{p_x:x\in S_X\} \tag{4-27}$$

关于 $p_{x_0}(A)$的信息如下值集(set of values)给出

$$p_X(A)\overset{\text{def}}{=}\{p_x(A):x\in S_X\},\forall A\in B_Y \tag{4-28}$$

还有另外的两个概率类在某些场合是有用的，其中第一个是

$$\Delta_X\overset{\text{def}}{=}\{Q\text{ 是概率分布}:Q(A)\in p_X(A),\forall A\in B_Y\} \tag{4-29}$$

这是概率分布函数的集合，其值是与随机集合给出的信息相容的，显然有 $p_X\subseteq\Delta_X$。如果它们相一致，关于原始变量分布的信息等价于其取值的信息；而第二个概率类是

$$M_{p^*}\overset{\text{def}}{=}\{Q\text{ 是概率分布}:Q(A)\leqslant p^*(A),\forall A\in B_Y\} \tag{4-30}$$

这是由 p^* 支配的概率分布函数，或者说是由 p^* 生成的纲领集(credal set)。这个概率是凸的，在实际应用中比 p_X 容易处理。因为不等式 $p_*(A)\leqslant p_X(A)\leqslant p^*(A)$对于任意 $x\in S_X$，$A\in B_Y$ 都有效，能够推出 $\Delta_X\subseteq M_{p^*}$。可以证明，这两个包含关系可能是严格包含的，所以利用上概率和下概率在某些场合会使精度降低，而反过来也会

引起某种错误判定。因此感兴趣的是判断在什么情况下利用 P_* 和 P^* 是合理的。

4.2.2 概率模型

1. $p_*(A)$，$p^*(A)$作为 $p_{X_0}(A)$的模型

首先，研究 Δ_X 与 M_{p^*} 之间的关系。因为已经提到，Δ_X 是对某些信息的建模，而这些信息给出了 B_Y 中元素的概率值。因此，通过研究其与 M_{p^*} 的相等，则可窥见对于任意 $A\in B_Y$ 的"真"概率，p_* 和 p^* 的信息是充足的。

定理 4.4 设(Ω,F,P)是一个概率空间，(Y,B_Y)是一个可测空间，$X:\Omega\to p(Y)$是随机集，则

$$\Delta_X = M_{p^*} \Leftrightarrow p_X(A) = [p_*(A),p^*(A)],\forall A \in B_Y \tag{4-31}$$

证明 见参考文献[6]。

任取 $A\in B_Y$，然后考虑 $p_X(A)$和$[p_*(A),p^*(A)]$，显然后者是前者的扩展集合。为了给出相等条件，必须考察 $p_X(A)$的最大最小值是否和 $p^*(A)$，$p_*(A)$相一致，而且是否凸。

$p_X(A)$有一个最大值和一个最小值，而且这些值并不在任意情况下与 $p^*(A)$，$p_*(A)$相一致，即使在 $S_X\neq\varnothing$ 的非平凡情况下也是如此。进而，在一般情况下 $p_X(A)$也不是凸的。下面定理给出 $p^*(A)=\max p_X(A)$和 $p_*(A)=\min p_X(A)$的充分条件。

定理 4.5 考虑(Ω,F,p)是一个概率空间，(Y,d)是一个度量空间，$X:\Omega\to p(Y)$是随机集，则在满足下列任意条件的前提下：

1) Y 是可分的度量空间，且 X 是紧的；

2) Y 是可分的度量空间，且 X 是开的；

3) Y 是光滑的空间，且 X 是闭的；

4) Y 是紧度量空间，且 X 是闭的，则有

$$p^*(A) = \max p_X(A),p_*(A) = \min p_X(A),\forall A \in B_Y \tag{4-32}$$

注 该定理对于等式 $p^*=\max p_X$，以及 $p_*=\min p_X$ 给出了充分条件。p^* 的一致性意味着它是所支配有限相加概率集合的上包络。可以证明，在定理规定条件下，它实际上就是选择器诱导的可数相加概率类的上包络。类似地，可以对 P_* 做出类似的评论。

定理 4.6 设 $X:\Omega\to p(Y)$是一个随机集，$\nu:Y\to R$ 是一个有界随机变量，只要满足定理 4.5 的几个条件之一，则

$$\int\nu \mathrm{d}p^* = \sup\left\{\int\nu \mathrm{d}p_x: x\in S_X\right\},\int\nu \mathrm{d}p_* = \inf\left\{\int\nu \mathrm{d}p_x: x\in S_X\right\} \tag{4-33}$$

定理 4.7 设 $X:\Omega\to p(Y)$是一个随机集，且 $A\in B_Y$，令 $x_1,x_2\in S_X$ 满足 $p_{x_1}(A)=\max p_X(A)$，$p_{x_2}(A)=\min p_X(A)X:\Omega\to p(Y)$，则 $p_X(A)$是凸的等价于 $x_1^{-1}(A)-x_2^{-1}(A)$不是不可分的最小元。

注意此处所谓不可分的最小元，是指对于$\forall \alpha \in (0,1)$，不存在任何可测集$B \in F$，使得$B \in [x_1^{-1}(A) - x_2^{-1}(A)]$，且$p(B) = \alpha p[x_1^{-1}(A) - x_2^{-1}(A)]$。

推论 设$X: \Omega \to p(Y)$是一个随机集，满足定理4.7的几个条件之一。如果对于$\forall A \in B_Y$，$A^* - A_*$不是不可分的最小元，则

$$\Delta_X = M_{p^*} \tag{4-34}$$

2. p^*，p_* 作为 p_{X_0} 的模型

现在研究p_X与M_{p^*}之间的相等关系，因为这告诉我们上概率是否保持了原始随机变量分布p_{X_0}的所有可用信息。Δ_X与M_{p^*}之间的相等关系，并不能保证p_X与M_{p^*}之间存在相等关系。那么，一种可行的方法就是确定$p_X = \Delta_X$的充分条件，然后结合上述推论得到所要的结果。不幸的是推论中式子判定却并不容易在有限维情况下，表征p_X与M_{p^*}之间的相等关系将更容易，可由此导出Y是可分度空间条件下的一些有用结果。

当Y是有限集时，给定$Y = \{y_1, y_2, \cdots, y_n\}$，$X: \Omega \to p(Y)$是一个随机集，可以得出：$p_X = M_{p^*} \Leftrightarrow p_X$是凸的。但是这个等价关系对于$Y$由无限个元构成的集合并不成立。

例 4.1 设$X: (0,1) \to p([0,1])$是一个随机集，把概率空间$((0,1), B_{(0,1)}, \lambda_{(0,1)})$映射到可测空间$([0,1], B_{[0,1]})$，且$X(\omega) = (0, \omega)$，$\forall \omega \in (0,1)$，容易看出这个映射是强可测的。

1) 给定$x \in S(X)$，可以验证$p_X(\{0\}) = 0$，$p_X([0,\omega]) \geqslant \omega$，$\forall \omega \in (0,1)$，而且$\lambda_{(0,1)}(\{\omega \in (0,1): p_X([0,\omega]) = \omega\}) = 0$。

2) 反之，考虑一个概率测度$B_{[0,1]} \to [0,1]$，满足$Q([0,\omega]) \geqslant \omega$，而且对于$(0,1)$的几乎空子集$N_Q$，有$Q([0,\omega]) \geqslant \omega$。$Q$的分位点函数$x$是一个可测映射，满足$p_x = Q$，$x(\omega) \in X(\omega)$，$\forall \omega \notin N_Q$。我们对以上的$x$进行修改，对其可测性不影响，使得它的取值包含在$X$的值中，据此我们能够导出$Q \in p_X$。

3) 我们能够推导出p_X是概率测度类，且$Q(\{0\}) = 0$，$Q([0,\omega]) \geqslant \omega$，$\forall \omega$，而且对于$[0,1]$的几乎空子集，有$Q([0,\omega]) > \omega$，而且容易验证这个类是凸的。

4) $B_{[0,1]}$上的Lebesgue测度$\lambda_{[0,1]}$满足$\lambda_{[0,1]}(A) \leqslant p^*(A)$，$\forall A \in B_{[0,1]}$，因此它属于$M_{p^*}$，而且显然并不以概率1满足$\lambda_{[0,1]}([0,\omega]) > \omega$，因而$p_X \not\subset M_{p^*}$。

定理 4.8 设(Y, d)是一个可分的度量空间，考虑一个集类$u \subseteq B_Y$使得对有限交运算是封闭的；每个开集都是有限集，或者是u中元的可数并，令$\{p_n\}$和p都是B_Y上的概率测度，使得

$$p_n(A) \xrightarrow[n \to \infty]{} p(A), \forall A \in u \tag{4-35}$$

那么，序列$\{p_n\}$弱收敛于p_0。

4.2.3 随机集的mass函数模型

本节将在随机集理论框架内对mass函数模型重新描述，以便得到二者之间的

联系。

定理 4.9 设考虑(Ω,F,p)是一个概率空间,U 是一个有限集合构成的论域空间,而 $X:\Omega\to p(U)$是随机集,且对$\forall\omega\in\Omega,X(\omega)\neq\varnothing,X(\omega)\neq U$,则

$$m(A)=p\{X^{-1}(A)\} \tag{4-36}$$

$$Bel(A)=p\{X_*(A)\} \tag{4-37}$$

$$pl(A)=p\{X^*(A)\} \tag{4-38}$$

分别是 $p(U)$上的 mass 函数、信度函数与似真函数,而且

$$Bel(A)=\sum_{A'\subseteq A}m(A') \tag{4-39}$$

$$Pl(A)=\sum_{A'\cap A\neq\varnothing}m(A') \tag{4-40}$$

于是对任意 $A\in p(U)$,$Bel(A)\leqslant Pl(A)$,$Bel(A)=1-Pl(A^c)$。

定理 4.10 考虑(Ω,F,p)是一个概率空间,U 是一个有限集合构成的论域空间,而 $X_1:\Omega\to p(U)$,$X_2:\Omega\to p(U)$是相互独立的随机集,相应的 mass 函数分别是 m_1 和 m_2,则 Dempster-Shafer 合成公式就是这两个相互独立随机集的交运算,即

$$m(A)=P\{\omega\in\Omega:X_1(\omega)\cap X_2(\omega)=A\},A\in p(U) \tag{4-41}$$

Dempster-Shafer 合成公式的意义在于,两个不同的可能性判断,经过合成后变成统一的判断,这是一种形式的信息融合,在许多实际问题中都有应用。注意,这是一种集合运算,与概率的数值计算完全不同。一般情况下,如果 U 上有 n 个独立的 mass 函数 $m_1,m_2,\cdots,m_n$,而且 $N=\sum\limits_{\bigcap_{i=1}^{n}E_i\neq\varnothing}\prod\limits_{i=1}^{n}m_i(E_i)>0$ 则有如下合成公式

$$m(A)=(m_1\oplus\cdots\oplus m_n)(A)=\frac{1}{N}\sum_{\bigcap_{i=1}^{n}E_i=A}\prod_{i=1}^{n}m_i(E_i) \tag{4-42}$$

如果 $N=0$,则不可以合成,即 mass 函数存在矛盾。对于非独立的几个 mass 函数的合成,可参考文献[14]。

4.3 灰色系统理论

灰色系统中的“灰”指的是信息部分确知,部分不确知,或者说是信息不完全。“灰”是与表示信息完全确知的“白”和表示信息完全不确知的“黑”相对应的。灰色系统理论以“部分信息已知”的“小样本”、“贫信息”不确定性系统为研究对象,主要通过对“部分”已知信息的生成、开发,提取有价值的信息,实现对系统运行行为、演化规律的正确描述和有效监控证明[7]。

在处理实际问题时,往往灰比白更好些。预期目标定得太具体、太死板,而完不成任务,倒不如定得灵活一些、笼统一些,而有可能达到和完成任务。灰色系统不同于“黑箱”和“模糊数学”。“黑箱”建模方法是着重系统外部行为数据的处置方法,而灰色建模方法是着重系统内部行为数据间、内在关系挖掘量化的方法。“模糊数学”

着重外延不明确、内涵明确的对象,而灰色系统着重外延明确、内涵不明确的对象,灰色系统正在农业、计划、经济、社会、科教、史学、行政等各个方面得到日益广泛的应用[8,9]。军事系统更是充满灰色现象的系统。作战系统的主要信息是军事情报。而军事情报的不完全和伪假现象是常见的,一条主要的军事情报,往往需要付出相当大的代价才能得到。因此它的灰色性是很突出和不可避免的。在军事力量的估计、战略战术的决策与对策中,不论通过什么手段,往往无法获得全部的信息,而只能得到一部分信息。可以说,一切军事决策、战略部署、指挥行动都是在部分信息已知、部分信息未知的情况下做出的。

4.3.1 灰色系统理论的两条基本原理

由于灰的特点是信息不完全,信息不完全的结果是非唯一,由此可派生出灰色系统理论的两条基本原理。

1. 信息不完全原理

信息不完全原理的应用,是“少”与“多”的辩证统一,是“局部”与“整体”的转化。

2. 过程非唯一原理

由于灰色系统理论的研究对象信息不完全,准则具有多重性,从前因到后果,往往是多-多映射,因而表现为过程非唯一性。具体表现是解的非唯一性,辨识参数的非唯一,决策方法、结果非唯一,等等。例如,非唯一性在决策上的体现是灰靶思想。灰靶是目标非唯一与目标可约束的统一,是目标可接近、信息可补充、方案可完善、关系可协调、思维可多向、认识可深化、途径可优化的表现。又如,非唯一性在建立GM模型上的表现为参数非唯一、模型非唯一、建模步骤方法非唯一,等等。

非唯一性的求解过程是定性和定量的统一。面对许多可能的解,可通过信息补充、定性分析来确定一个或几个满意的解。定性方法和定量分析相结合,是灰色系统的求解途径。

4.3.2 数据变换技术

由于系统中各因素的物理意义不同,导致数据的量纲也不一定相同,这样在比较时就难以得到正确的结果。为了便于分析,保证各因素具有等效性和同序性,因此需要对原始数据进行处理,使之无量纲和规一化,这就提出了数据变换的问题。

对抽象系统进行关联分析时,首先要确定表征系统特征的数据列。表征方法有两种。

1. 直接法

能直接得到反映系统行为特征的数列,可直接进行灰关联分析。

2. 间接法

有些系统，不能直接找到表征系统的行为特征数列，这时就需要寻找表征系统行为特征的间接量，称为找映射量，然后用此映射量进行分析。

例如，用医院挂号作为健康水平的映射量，用图书、期刊杂志、报刊的人均消费量来反映国家的知识水平等。

记 $X_0=\{X_0(k)\mid k=1,2,\cdots,n\}$为参考数列；

$X_i=\{X_i(k)\mid k=1,2,\cdots,n\}(i=1,2,\cdots,m)$为比较数列，其中 X_i 为第 i 个序列，m 为比较数列的个数。

若 k 为时间序列，则 X_i 为第 i 个时间序列；若 k 为空间分布序号，则 X_i 为第 i 个空间分布序列；若 k 为指标序列，则 X_i 为第 i 个对象的指标序列。用时间序列研究的是随时间变化的系统，其通过历史的发展变化，对因素进行关联分析；空间分布序列随是研究空间变化的系统，其通过各因素随空间的发展变化对系统的影响，来确定因素间的关联情况；指标序列是研究随指标而变化的系统，其通过各因素随指标的变化对系统的影响，来确定因素间的关联情况。

1) 时间序列的处理

对时间序列 $X=\{X(k)\mid k=1,2,\cdots,n\}$，常用处理方法包括初值化、最小值化、最大值化、平均值化以及区间值化等方法。

2) 非时间序列的处理

由于非时间序列(包括指标序列和空间分布序列)间的数据不存在运算关系，因而不能进行数据间具有运算关系的初值化、最小值化、最大值化、平均值化等处理，而必须采用其他处理方法，自然这些方法也兼有无量纲化的作用。

考虑非时间序列 $X_i=\{X_i(k)\mid k=1,2,\cdots,n\}(i=1,2,\cdots,m)$，下面列出常用的处理方法。

(1) 指标区间值化

求出$\max\limits_i X_i(k)$和$\min\limits_i X_i(k)$，然后由下述公式求出生成数。

$$\bar{x}_i(1)=\frac{x_i(1)-\min\limits_i X_i(1)}{\max\limits_i X_i(1)-\min\limits_i X_i(1)}\quad i=1,2,\cdots,m$$

$$\bar{x}_i(2)=\frac{x_i(2)-\min\limits_i X_i(2)}{\max\limits_i X_i(2)-\min\limits_i X_i(2)}\quad i=1,2,\cdots,m$$

$$\vdots$$

$$\bar{x}_i(n)=\frac{x_i(n)-\min\limits_i X_i(n)}{\max\limits_i X_i(n)-\min\limits_i X_i(n)}\quad i=1,2,\cdots,m$$

(2) 归一化

若非时间序列中，数列中不同指标或空间的数在大小上相差较大，在同一指标下可人为设定一个处理，使同一指标下的数量级相同。

假设 $X=\{X_i|i=1,2,\cdots,n\}$ 为一特征参数数据集合，$\alpha=\min\{X_i\}$，$\beta=\max\{X_i\}$，其中 $i=1,2,\cdots,n$，归一化后的数据集合设为 $\overline{X}=\{\overline{X}_i|i=1,2,\cdots,n\}$。典型的非线性归一化方法主要有两种。

① 对数法

$$\overline{X}_i=\frac{\ln(\gamma X_i)}{\ln(\gamma\beta)}=\frac{\ln(\gamma)+\ln(X_i)}{\ln(\gamma)+\ln(\beta)}=\frac{C+\ln(X_i)}{C+\ln(\beta)}$$

其中 $C=\ln(\gamma)$，γ 为满足式 $\alpha\times\gamma\geqslant 1$ 的常数。对数中的常数 γ 是为保证小数据取对数后为正值。

② 指数法

$$\overline{X}_i=\frac{2}{1+\exp(-\gamma X_i)}-1=\frac{1-\exp(-\gamma X_i)}{1+\exp(-\gamma X_i)}$$

其中 γ 满足式 $\beta\gamma\leqslant\tau$，τ 为常数，一般取 $\tau=20$。指数中的常数 γ 是为保证对大数据区分性，如果不加该参数，对所有的 X_i 大于某一固定值，$\overline{X}_i$ 都接近 1，显然对于大数据不易区分。

4.4 支持向量机理论

1963 年 Vapnik 在解决模式识别问题时提出了支持向量方法[10~12]，这种方法从训练集中选择一组特征子集，使得对特征子集的划分等价于对整个数据集的划分，这组特征子集就被称为支持向量(support vector，SV)，这种理论称为支持向量机理论(support vector machine，SVM)。

支持向量机方法是统计学习理论中的一种新的机器学习方法，它建立在 VC 维理论和结构风险最小化原理基础上，通过适当地选择判别函数，根据有限样本信息在模型的复杂性和学习能力之间寻求最佳折中，使学习机器的实际风险达到最小，以便获得最好的泛化能力。它从考虑线性决策规则(最优分类超平面)开始，首先考虑线性可分情况下的最优分类超平面，然后把最优分类超平面的思想推广到不可分数据的情况。

4.4.1 最优分类超平面

设给定的训练样本集为 $\{(x_1,y_1),(x_2,y_2),\cdots,(x_l,y_l)\}$，$\boldsymbol{x}\in R^n$，$y\in\{+1,-1\}$，其中 $\boldsymbol{x}$ 是输入向量，l 是样本数，n 是输入向量的维数，y 是输入向量所属的类别。在线性可分的情况下，有一个超平面可以把所有训练样本正确划分为两类，如图 4-1 所示。该分类超平面为

$$w\cdot\boldsymbol{x}+b=0 \tag{4-43}$$

此时，训练集被正确地分为两类

$$w \cdot x_i^+ + b > 0 \quad y_i = +1$$
$$w \cdot x_i^- + b < 0 \quad y_i = -1 \tag{4-44}$$

由几何知识可得，任意样本点 x_i 到最优分类面的距离为

$$\frac{w \cdot x_i + b}{\| w \|}, \quad i = 1,2,\cdots,l \tag{4-45}$$

假设所有样本点到分类面的最小距离为 d，那么寻找最优分类超平面的问题就可以转化为寻找最大的 d 以及相应的权重系数 w 和偏置 b。可以描述成一个优化问题

$$\max \quad d, y_i \frac{w \cdot x_i + b}{\| w \|} \geqslant d, \quad i = 1,2,\cdots,l \tag{4-46}$$

该条件等价于 $y_i(w \cdot x_i + b) \geqslant d \| w \|$，对于满足这个不等式的 w 和 b，其任意正倍数也都满足不等式，所以可以任意地设置 $\| w \| = \frac{1}{d}$。此时的最优分类超平面问题进一步转化为

$$\min \quad \frac{1}{2} \| w \|^2, y_i(w \cdot x_i + b) \geqslant 1, \quad i = 1,2,\cdots,l \tag{4-47}$$

4.4.2　线性可分的最优分类面

利用 4.4.1 小节的讨论，在线性可分的情况下利用拉格朗日乘子法，式(4-47)的优化问题可以定义为如下的拉格朗日函数

$$L(w,b,\alpha) = \frac{1}{2} \| w \|^2 - \sum_{i=1}^{n} \alpha_i \{ y_i(w \cdot x + b) - 1 \} \tag{4-48}$$

其中，$\alpha_i \geqslant 0$ 为拉格朗日乘子。它将不等式约束条件下的最优问题转化为无约束条件下的最优化问题，即转化为求拉格朗日函数关于 w 和 b 的最小值和关于 α 的最大值问题。

式(4-48)关于 w 和 b 的最小值的充分必要条件是它们对拉格朗日函数的偏导数为零，即

$$\frac{\partial L(w,b,\alpha)}{\partial w} = 0 \rightarrow w = \sum_{i=1}^{l} \alpha_i y_i x_i, \quad \frac{\partial L(w,b,\alpha)}{\partial b} = 0 \rightarrow \sum_{i=1}^{l} \alpha_i y_i = 0 \tag{4-49}$$

于是可以把原问题转化为优化问题的对偶形式

$$Q(\alpha) = \sum_{i=1}^{l} \alpha_i - \frac{1}{2} \sum_{i=1}^{l} \sum_{j=1}^{l} \alpha_i \alpha_j y_i y_j (x_i \cdot x_j) \tag{4-50}$$

由 Karush-Kuhn-Tucher(KKT)定理可知[10]，最优分类超平面所需要满足的条件是

$$\alpha_i [y_i(w \cdot x_i + b) - 1] = 0, \quad i = 1,2,\cdots,l \tag{4-51}$$

由式(4-51)可以看出：如果 $\alpha_i > 0$，则 $y_i(w \cdot x_i + b) = 1$，也就是说样本 x_i 在隔离带的边界上；如果 $y_i(w \cdot x_i + b) > 1$，则样本 x_i 不在隔离带的边界上，且 $\alpha_i = 0$。

解中只有一部分(通常是少部分)a_i 不为零,对应的样本就是支持向量(SV)。由于只有支持向量的系数才可能为非零值,即只有支持向量影响最终的分类结果。于是,最优分类面的权系数 w 可以表达为

$$w = \sum_{x_i \in \mathrm{SV}} \alpha_i y_i x_i \tag{4-52}$$

即最优分类面权系数向量是训练样本中支持向量的线性组合。最优分类面中的偏置 b 可以通过任意的支持向量解式(KKT)得到。由此,就可以构造上述两类分类问题的最优分类判别函数

$$f(x) = \mathrm{sign}\{w \cdot x + b\} = \mathrm{sign}\left\{\sum_{x_i \in \mathrm{SV}} \alpha_i y_i (x_i \cdot x) + b\right\} \tag{4-53}$$

4.4.3 线性不可分的最优分类面

在处理线性不可分问题时,可以通过引入非负松弛变量 $\xi_i (i=1,2,\cdots,l)$ 来容许一定数量的错分样本存在。此时,式(4-45)中的约束变为

$$y_i (w \cdot x_i + b) \geqslant 1 - \xi_i, \quad i = 1,2,\cdots,l \tag{4-54}$$

显然,当样本出现错分时,$\xi_i > 0$。因此,为了控制错分样本数,并最大化分类软间隔(容许错分的分类面为软间隔分类面),式(4-45)的优化问题变为

$$\begin{gathered} \min \quad \frac{1}{2} \| w \|^2 + C\left(\sum_{i=0}^{l} \xi_i\right) \\ y_i (w \cdot x_i + b) \geqslant 1 - \xi_i, \quad \xi_i \geqslant 0, i = 1,2,\cdots,l \end{gathered} \tag{4-55}$$

其中 $C>0$ 是一个自定义的惩罚因子,控制着对错分样本的惩罚程度。C 越大表示对错误的惩罚越重,其作用是尽量减少干扰点所造成的损失,折中考虑最小错分样本和最大分类间隔。

相应的拉格朗日函数是

$$L(w,b,\xi,\alpha,\gamma) = \frac{1}{2} \| w \|^2 + C\left(\sum_{i=1}^{l} \xi_i\right) - \sum_{i=1}^{l} \alpha_i (y_i (w \cdot x_i) + b - 1 + \xi_i) - \sum_{i=1}^{l} r_i \xi_i \tag{4-56}$$

偏导置零得到

$$\frac{\partial L(w,b,\xi,\alpha,r)}{\partial w} = 0 \rightarrow w = \sum_{i=1}^{l} \alpha_i y_i x_i \tag{4-57}$$

$$\frac{\partial L(w,b,\xi,\alpha,r)}{\partial \xi_i} = C \rightarrow \alpha_i - r_i = 0 \tag{4-58}$$

$$\frac{\partial L(w,b,\xi,\alpha,r)}{\partial b} = 0 \rightarrow \sum_{i=1}^{l} \alpha_i y_i = 0 \tag{4-59}$$

优化问题的对偶形式

$$Q(w,b,\xi,\alpha,r) = \sum_{i=1}^{l} \alpha_i - \frac{1}{2} \sum_{i=1}^{l} \sum_{j=1}^{l} \alpha_i \alpha_j y_i y_j < x_i \cdot x_j > \tag{4-60}$$

由式(4-55)得到 $\alpha_i \leqslant C$，当 $\xi_i \neq 0$ 时，仅当 $r_i = 0$，有 $\alpha_i = C$。此时，Karush-Kuhn-Tucher(KKT)互补条件为

$$\alpha_i[y_i((w \cdot x_i)+b)-1+\xi_i]=0$$
$$\xi_i(\alpha_i - C) = 0 \tag{4-61}$$

最优分类面中的偏置 b 可以通过任意的支持向量解式(KKT)得到。这样分类面也就随之确定。

与处理线性可分问题时相同，只是 C 值约束了拉格朗日乘子取值的范围，给定不同的 C，会得到不同的支持向量，构成不同的决策函数 $f(x)$，从而影响分类结果，图4-2所示为线性不可分时允许有错分样本的情况。

4.4.4 非线性支持向量机

由于线性分类器的分类能力十分有限，并且实际中的分类问题往往表现为非线性问题。支持向量机在处理非线性问题时，首先将输入空间通过特定函数的非线性映射，变换到高维特征空间，在此高维空间中构造分类超平面，然后变换回原始空间得到非线性分类面。

由于变换空间的维数很高，容易导致维数灾难。而支持向量机分类器只涉及向量间的内积运算，所以通过利用核函数就可以避免高维空间的维数灾难问题。

非线性支持向量机(nonlinear support vector machine)通过某种预先选择的非线性映射

$$\Phi: L \to H \tag{4-62}$$

进行变换，其中 $L=R^n$ 是一个低维的欧式空间，而 H 是一个高维内积线性特征空间，一般是 Hilbert 空间；定义一个核函数(kernel function)K，使得

$$K(x_i,x_j) = \langle \Phi(x_i), \Phi(x_j) \rangle, \forall x_i, x_j \in l \tag{4-63}$$

其中 $\langle \cdot , \cdot \rangle$ 表示 H 中的内积，使得式(4-63)中的目标函数变为

$$L_D = \sum_{i=1}^{l} \alpha_i - \frac{1}{2}\sum_{i,j=1}^{l} \alpha_i \alpha_j y_i y_j K(x_i, x_j) \tag{4-64}$$

这样就把低维空间的非线性分类问题转化为高维空间的线性分类问题，采用的方法与线性支持向量机相同。

4.5 信息熵理论

4.5.1 有关熵的概念

在信息论中，熵是一个极为重要的概念，并且已经渗透于其他许多领域。信源 X 的熵定义为

$$H(X) = -\int_R p(x) \log_2 p(x) \mathrm{d}x \tag{4-65}$$

它表示信源 X 的不确定度。通常认为在离散情况下信源熵是不确定性的度量，实际上在连续情况下它也反映了信息的不确定度。例如，在一维情况下，可以证明，在 $x\in[a,b]$ 限幅条件下，在区间 $[a,b]$ 上均匀分布的随机变量的熵最大。

对于观测决策融合系统来说，熵的基本模型与通常理解的通信系统有着某些本质区别，在遵循对熵基本性质的理解和应用的前提下，可以引入上述概念来研究和处理某些问题，赋予它更丰富的含义，得出决策融合系统中几个重要结论。

下面将信息论中熵的有关概念及研究方法引入到观测决策融合系统，建立观测决策融合系统的熵模型；提出观测决策融合系统中有关熵的两个重要定理，并指出它们在理论研究和实际应用中的指导意义，最后阐述融合系统中熵的结构关系。

4.5.2 观测系统的信息融合问题

不失一般性，这里只考虑两个检测器的观测系统，但所得结论同样适用于多检测器的情况。

对 C 类问题，设模式类别空间 $w=\{w_1,w_2,\cdots,w_c\}$，其先验概率为 $p(w_i)=p_i$；检测器对于目标的 m 维连续观测矢量或目标的特性矢量为 $\boldsymbol{z}\in R^m$；$\boldsymbol{z}$ 的统计特性为 $p(\boldsymbol{z})$ 和 $p(\boldsymbol{z}|w_i)$。类似于信息论中的有关定义，可以定义系统的一些条件熵。

模式类别 w_i 确定后矢量 $\boldsymbol{z}$ 具有的评价不确定度可以表示为

$$h(\boldsymbol{z} \mid w) = -\int_{R^m} p(\boldsymbol{z} \mid w_i)\log_2 p(\boldsymbol{z} \mid w_i)\mathrm{d}\boldsymbol{z} \tag{4-66}$$

即 w_i 类目标特征矢量的不确定度，它反映了观测矢量 $\boldsymbol{z}$ 与类别 w_i 的不相关程度，相关性越强，其值越小。故称 $H(\boldsymbol{z}|w)$ 为系统的观测条件熵，它表示观测矢量相对目标类别空间所具有的平均不确定度。同理，观测系统后验类别条件熵定义示为

$$\begin{aligned} H(\boldsymbol{z} \mid w) &= -\sum_{i=1}^{c}\int_{R^m} p(w_i,\boldsymbol{z})\log_2 p(\boldsymbol{z} \mid w_i)\mathrm{d}\boldsymbol{z} \\ &= \int_{R^m} p(\boldsymbol{z})\log_2 h(w \mid \boldsymbol{z})\mathrm{d}\boldsymbol{z} \end{aligned} \tag{4-67}$$

其中

$$h(w \mid \boldsymbol{z}) = -\sum_{i=1}^{c}\int_{R^m} p(w_i \mid \boldsymbol{z})\log_2 p(w_i \mid \boldsymbol{z})\mathrm{d}\boldsymbol{z} \tag{4-68}$$

表示观测确定后尚存的目标所属类别的平均不确定度，它反映了模式类别对观测矢量的不相关程度，越相关，其值越小。$H(w|\boldsymbol{z})$ 则表示对目标观测确定条件下相对整个观测空间的模式类别平均不确定度。模式类别概率空间与观测概率空间之间的平均互信息量为

$$I(w;\boldsymbol{z}) = H(w) - H(w \mid \boldsymbol{z}) = H(\boldsymbol{z}) - H(\boldsymbol{z} \mid w) = I(\boldsymbol{z};w) \tag{4-69}$$

$H(\boldsymbol{z})$，$H(w|\boldsymbol{z})$，$H(\boldsymbol{z}|w)$ 与 $I(w;\boldsymbol{z})$ 分别从不同的角度和参照反映了观测系统的性能。$H(w|\boldsymbol{z})$ 和 $H(\boldsymbol{z}|w)$ 都反映了目标特征和模式类别之间的相关程度，相关越紧密，越有利于观测识别。从观测性能、特征提取质量的要求讲，希望 $H(w|\boldsymbol{z})$ 或

$H(\boldsymbol{z}|w)$越小越好。

4.5.3 观测决策融合系统的信息融合问题

设 $\boldsymbol{z}_1$ 和 $\boldsymbol{z}_2$ 分别是两个检测器对同一个目标的观测矢量或提取的特征矢量；融合系统的输出为 $y\in R_r$，y 可以表示融合输出的目标连续观测矢量或特征矢量，也可以表示离散的决策变量；对于决策融合系统，决策可以分为两类，一类是“软决策”，一类是“硬决策”。所谓软决策是指以不同的概率(或可信度)输出几个判决结果，对于融合决策可以描述为：$\exists y$，有 $0<p(y|\boldsymbol{z}_1,\boldsymbol{z}_2)\leqslant 1$ 和 $\sum\limits_{y} p(y|\boldsymbol{z}_1,\boldsymbol{z}_2)=1$；若采用硬决策，对于任何 $\boldsymbol{z}_1$ 和 $\boldsymbol{z}_2$，都指定一个确定的判决输出 y，虽然输出各决策的概率为 1 或 0，其实它们都隐含有上述属性。对于单观测决策也是类似的。仿观测系统的有关定义，可以定义 $Z\times Y$ 概率空间的平均互信息、决策熵和融合熵。

定义融合熵 $H(Y|\boldsymbol{z}_1,\boldsymbol{z}_2)$，它表示在给定系统输入 $\boldsymbol{z}_1,\boldsymbol{z}_2$ 后，系统输出 y 的平均不确定度。关于条件熵在信息论中有如下结论：条件熵不大于无条件熵，条件多的熵不大于条件少的熵。在融合系统中，也有类似的性质，在这里不加证明地以定理形式表示如下。

定理 4.11　设 y 与 $\boldsymbol{z}_1,\boldsymbol{z}_2$ 之间不独立，则融合系统的条件熵满足 $H(Y|\boldsymbol{z}_1,\boldsymbol{z}_2)\leqslant H(Y|\boldsymbol{z}_i)$，$i=1,2$。

由信息论知，要增加信息量，必须增加有源处理。实现途径之一是增加观测器或量测次数，另一个重要的环节是采用有效的信息融合技术，将各种有源信息进行关联和综合。在信息融合系统中，由于在决策规则或运动估计中，运用了一般性的知识和引入了对象的具体知识，这相当于增加了源信息，从而增加了 $Z\times Y$ 的信息量，降低了系统输出的不确定性。融合方案、决策算法的优劣集中反映在系统传递概率上，从而决定了系统的输出熵值。

在多观测器的情况下，各观测器之间观测矢量相关性越小，系统融合输出的不确定性越小，目标的信息量越大。

定理 4.12　当观测信息 $\boldsymbol{z}_1$ 与 $\boldsymbol{z}_2$ 相关性最小，即 $\boldsymbol{z}_1$ 与 $\boldsymbol{z}_2$ 相互独立时，融合系统对输出不确定性的压缩能力最大。

上述两个定理表明，在实际的观测决策融合系统中，为最大程度地消除不确定性，应该充分利用目标在光谱、运动、几何形状上的特征，尽量采用不同物理原理的观测器，也要充分利用时空资源，以尽量减小观测的相关性。由上述两个定理可知，在决策融合环节中，引入的源知识越丰富，越准确，就越能降低系统输出不确定性，减小误判概率。上述观点可以指导观测体制及决策方法的选择。

4.5.4 融合系统的熵的结构关系

为了有效减少不确定性，可以设置多观测器进行信息融合，也可以用多观测器系统的每个观测器对目标进行多次量测。设观测集 $Z_k=\{\boldsymbol{z}_1,\cdots,\boldsymbol{z}_k\}$ 的每个矢量表示多观测器融合系统中某个观测器对同一目标的一次量测，也可以表示多观测器系统中某个观测器对同一目标在 k 个不同时刻上的量测值。假设进入融合系统的信息各 $\boldsymbol{z}_i$ 相互独立，y 为融合系统的输出，那么有

$$p(\boldsymbol{y} \mid \boldsymbol{z}_k) = \frac{p(\boldsymbol{z}_k \mid \boldsymbol{y})p(\boldsymbol{y} \mid \boldsymbol{z}_{k-1})}{p(\boldsymbol{z}_k)} \tag{4-70}$$

令

$$H(\boldsymbol{y} \mid \boldsymbol{z}_k) = H(k) = -\int p(\boldsymbol{y},\boldsymbol{z}_k)\log_2 p(\boldsymbol{y} \mid \boldsymbol{z}_k)\mathrm{d}\boldsymbol{y}\mathrm{d}\boldsymbol{z}_k \tag{4-71}$$

$$H(\boldsymbol{y} \mid \boldsymbol{z}_{k-1}) = H(k-1) = -\int p(\boldsymbol{y},\boldsymbol{z}_k)\log_2 p(\boldsymbol{y} \mid \boldsymbol{z}_{k-1})\mathrm{d}\boldsymbol{y}\mathrm{d}\boldsymbol{z}_k \tag{4-72}$$

$$I(\boldsymbol{y};\ \boldsymbol{z}_k) \equiv I(k) = \int p(\boldsymbol{y},\boldsymbol{z}_k)\log_2 \frac{p(\boldsymbol{z}_k \mid \boldsymbol{y})}{p(\boldsymbol{z}_k)}\mathrm{d}\boldsymbol{y}\mathrm{d}\boldsymbol{z}_k \tag{4-73}$$

用 $H(k-1)$减去 $H(k)$可得

$$H(k-1) - H(k) = \int p(\boldsymbol{y},\boldsymbol{z}_k)\log_2 \frac{p(\boldsymbol{z}_k \mid \boldsymbol{y})}{p(\boldsymbol{z}_k)}\mathrm{d}\boldsymbol{y}\mathrm{d}\boldsymbol{z}_k = I_k \tag{4-74}$$

式(4-71)～式(4-74)中，$H(k)$，$H(k-1)$是融合熵，$I(k)$为平均互信息。在观测与目标信息相关条件下，$I(k)>0$，从而 $H(k-1)-H(k)>0$，同时可知它们还有递推性质。对于空间上的信息融合，式(4-74)表示了融合系统与其子融合系统的熵和互信息的结构关系，增加了一个观测量就增加了信息量，降低了融合系统输出的不确定性。对于时间上的融合，其过程就是一个信息递推的过程，通过这种信息递推，一步一步减少融合熵，降低融合系统输出的不确定性。

信息的时间递推常用于目标运动的识别，以提高目标运动参数估计的精度，在模式识别中，信息互补，更多的是对多源信息整合，通常情况下，不同类型或同类的在几何空间分布的多观测器能够比单观测器在不同时刻的观测提供更多的目标信息。所以从这种意义上说，融合更强调几何空间或物理空间的信息融合，即在时空配准的关联准则下，融合是观测器空间上的信息合成。

若考虑目标空间与观测空间之间的条件熵，类似地可以得出

$$H(w \mid \boldsymbol{z}_{k-1}) - H(w \mid \boldsymbol{z}_k) = I(w;\ \boldsymbol{z}_k) \tag{4-75}$$

因在融合环节还可能引入目标新的信息 $\boldsymbol{z}_f$，记 $H'(y|\boldsymbol{z}_k,\boldsymbol{z}_f)=H'(k)$，融合信息的目标就是使

$$H'(k-1) - H'(k) \geqslant H(w \mid \boldsymbol{z}_{k-1}) - H(w \mid \boldsymbol{z}_k) = I(w;\ \boldsymbol{z}_k) - I(w;\ \boldsymbol{z}_{k-1}) > 0 \tag{4-76}$$

融合中心的输出结果——决策与可信度取决于目标特征的选取、观测器性能以及融合算法。因此充分利用目标的本原的重要信息，提高检测器性能，尤其是选用有效的融合算法，在整个融合系统设计中必须给予足够的重视。从根本上讲，融合系统设计的有效性将取决于是否最大程度地准确运用各种先验信息和后验信息。

4.6 神经网络

本节介绍神经网络基础和遗传算法基础，包括人工神经元模型、神经网络的激活函数、神经网络的结构、神经网络的学习方法、遗传算法基础[13~16]的基本流程和相关的实现技术。

4.6.1 人工神经元模型

人脑包含大量的神经细胞单元(神经元)。一个神经元主要由四部分组成，即细胞体、树突、轴突和突触，其中每个神经元轴突大约与 1000 个其他神经元相连。人脑神经系统就是由神经元之间的相互连接构成的，通过信息传递控制人体的各种智能活动。

人工神经网络(artificial neural network，ANN)简称神经网络，是对人脑神经系统的结构与功能进行模拟，以实现信号与信息处理功能。神经网络是由大量的人工神经元广泛互连而成的网络，其基本处理单元是人工神经元。

人工神经元是对生物神经元的简化与模拟，是一个多输入、单输出的非线性元件，其输入—输出关系为

$$y=g\left(\sum_{i=1}^{n}k_iu_i-\theta\right) \tag{4-77}$$

式中 $u_1,u_2,\cdots,u_n$ 为输入信号，来自外部环境或其他神经元的输出；$k_1,k_2,\cdots,k_n$ 是各个输入的连接权值；θ 为阈值；函数 g：$R\rightarrow R$ 为传递函数，也称为激活函数，表示神经元的输出。

4.6.2 神经网络的激活函数

常用的激活函数有阈值型函数、分段线性函数和 Sigmoid 函数。

1. 阈值型函数

常用的阈值型函数有阶跃函数，即

$$g(x)=\begin{cases}1 & x\geqslant 0\\ 0 & x<0\end{cases} \tag{4-78}$$

以及符号函数，即

$$g(x)=\begin{cases}1 & x\geqslant 0\\ -1 & x<0\end{cases} \tag{4-79}$$

2. 分段线性函数

分段线性函数的表达式为

$$g(x)=\begin{cases}0 & x\leqslant -1/2\\ x & -1/2<x<1/2\\ 1 & x\geqslant 1/2\end{cases} \tag{4-80}$$

3. Sigmoid 函数

Sigmoid 函数表达式为

$$g(x)=\frac{1}{1+\exp(-\beta x)}\quad \beta>0 \tag{4-81}$$

或

$$g(x)=\frac{1-\exp(-\beta)}{1+\exp(-\beta)}\quad \beta>0 \tag{4-82}$$

4.6.3 神经网络的结构

按照网络拓扑结构，神经网络可分为网状结构网络和层次型网络。

网状结构网络，也称为相互结合型网络，其中任意两个神经元之间都可能存在连接，网络从某一个初始状态开始，经过信息的传递和变化，逐渐趋于某一稳定状态。

层次型网络是指神经元按层次结构组成，并顺序相连。层次型网络是常用的网络结构，主要包括反馈网络和前馈网络。

反馈网络的输出层具有反馈环路，把网络的输出信号反馈到输入层。典型的单层反馈网络是 Hopfield 网络。前馈网络的神经元分层排列，包括输入层、中间层和输出层，其中，每一层的神经元只能接受前一层神经元的输出作为输入信号。常用的前馈网络有感知器、BP 网络、RBF 网络等。

4.6.4 神经网络的学习方法

神经网络信息处理包括学习和执行两个阶段。

1. 学习阶段

学习阶段也称为训练阶段，主要得到最优连接权值，也就是对于给定的训练样本集，按照一定的学习规则调整权系数，使某种代价函数达到最小。

2. 执行阶段

利用训练好的神经网络对输入信息进行处理。

根据学习阶段是否需要监督，神经网络的学习分为有监督学习和无监督学习。在有监督学习过程中根据训练样本的实际输出值与期望得到的输出值(也称教师信号)之间的差值，按照一定的学习规则调整权系数。在无监督学习过程中，不存在教师信号，网络的学习完全是一种自我调整的过程。

下面介绍8种常用的学习规则，其中假设 y_i 为神经元 j 的输出，x_i 为神经元 i 对神经元 j 的输入，η 为学习速率参数，w_{ij} 为神经元 i 与神经元 j 之间的连接权值，Δw_{ij} 为连接权值 w_{ij} 的修正值，即 $w_{ij}(n+1)=w_{ij}(n)+\Delta w_{ij}$。

1. Hebb 学习规则

Hebb 学习规则为

$$\Delta w_{ij} = \eta y_j x_i \tag{4-83}$$

由 Hebb 学习规则可知，若两个神经元同时兴奋，则它们之间的连接强度得到加强。

2. 感知器的学习规则

感知器的学习规则为

$$\Delta w_{ij} = \eta(d_j - y_j)x_i \tag{4-84}$$

式中，d_j 为神经元 j 的期望输出；$r_j=d_j-y_j$ 为误差信号。

3. δ 学习规则

定义输出值和期望值之间的最小均方误差为

$$E = \frac{1}{2}(d_j - y_j)^2 = \frac{1}{2}\left(d_j - g\left(\sum_k w_{kj}x_k\right)\right)^2 \tag{4-85}$$

在 δ 学习规则中，要求权系数使均方误差达到最小，此时，有

$$\frac{\delta E}{\delta w_{ij}} = (d_j - y_j) = \frac{1}{2}g'\left(\sum_k w_{kj}x_k\right)x_i \tag{4-86}$$

为此，权系数在负梯度方向上改变，即

$$\Delta w_{ij} = \eta(d_j - y_j)g'\left(\sum_k w_{kj}x_k\right)x_i \tag{4-87}$$

4. Widrow-Hoff 学习规则

Widrow-Hoff 学习规则是 δ 规则的特例，其学习规则为

$$\Delta w_{ij} = \eta(d_j - y_j)x_i \tag{4-88}$$

5. 相关学习规则

相关学习规则为 Hebb 规则的特殊情况，即

$$\Delta w_{ij} = \eta d_j x_i \tag{4-89}$$

但相关规则是有监督的，其初始权为 $w_{ij}=0$。

6. Winner-Take-ALL(胜者为王)学习规则

第 m 层中具有最大响应的神经元被宣布为获胜者，其学习规则为

$$\Delta w_{im} = \eta(x_i - w_{im}) \tag{4-90}$$

7. 内星和外星学习规则

内星和外星学习规则为

$$w_{ij}(n+1)=w_{ij}(n)+\eta[x_i-w_{ij}(n)] \quad (\text{内星训练法}) \tag{4-91}$$

$$w_{ij}(n+1)=w_{ij}(n)+\eta[y_i-w_{ij}(n)] \quad (\text{外星训练法}) \tag{4-92}$$

8. 梯度下降算法

梯度下降算法为

$$\Delta w_{ij}=-\eta\frac{\delta E}{\delta w_{ij}} \tag{4-93}$$

式中，E 为误差函数。

4.7 遗传算法

4.7.1 遗传算法的基本流程

遗传算法就是对生物遗传和进化过程的计算机模拟，是一种模仿生物进化过程的随机搜索方法。

遗传算法是从一个初始种群开始的，该种群是由一定数目的经过基因编码(coding)的个体组成的，代表问题的可能潜在解集。遗传算法按照适者生存、优胜劣汰的原理，在每一代中，根据个体的适应度大小挑选个体，进行交叉和变异，产生出代表新的解集的种群，从而逐代演化生成越来越好的近似解。末代种群中的最优个体经过解码(decoding)作为问题的近似最优解。

遗传算法包含两个数据转换操作。

1. 编码

表现型到基因型的转换，也就是把搜索空间中的参数转换成遗传空间中的染色体或者个体，即基因型结构数据，这些结构数据的不同组合就构成了不同的可行解。

2. 解码

基因型到表现型的转换，也就是把遗传空间中的染色体或者个体转换成搜索空间中的参数。

遗传算法的一般流程如下：

第 1 步　初始群体的生成。随机产生初始种群，个体数目为 N，每个个体表示为染色体的基因编码，即基因结构数据。遗传算法以这 N 个结构数据作为初始点开始迭代。

第 2 步　适应度评估检测。计算个体的适应度，并判断是否符合优化准则，若符合，输出最佳个体，并解码得到其代表的最优解，结束计算；否则，转到第 3 步。

第 3 步 选择。依据适应度选择再生个体，适应度高的优良个体被选中的概率高，使它们有机会作为父代为下一代繁殖子孙，适应度低的个体可能被淘汰。选择实现了优胜劣汰。

第 4 步 交叉。按照一定的交叉概率和交叉方法，得到新一代个体。新一代个体继承了父代个体的特征，实现了信息交换。

第 5 步 变异。在群体中随机选择一个个体，以一定的概率随机地改变结构数据中某个串位的值，生成新的个体。

第 6 步 回归。返回第 2 步，对选择、交叉和变异产生新一代的种群进行处理。

遗传算法可以定义为一个八元组

$$GA = (C, E, P_0, N, \Phi, \Gamma, \Psi, T)$$

式中 C 为个体的编码方法；E 为个体适应度评价函数；P_0 为初始群体；N 为群体大小；Φ 为选择算子；Γ 为交叉算子；Ψ 为变异算子；T 为遗传算法终止条件。

遗传算法需要提前设定下述 4 个运行参数：

(1) N：群体大小，一般取为 20～100；

(2) T：迭代次数，一般取为 100～500；

(3) p_c：交叉概率，一般取为 0.4～0.99；

(4) p_m：变异概率，一般取为 0.0001～0.1

值得注意的是，这 4 个参数对遗传算法的结果和效率都有一定的影响，但是，目前在理论上还没有合理设置的依据。在实际应用中，需要根据多次试验来确定。

下面主要介绍遗传算法的相关实现技术。

4.7.2 编码方法

在遗传算法中，编码把一个问题的可行解从其解空间转换到遗传算法所能处理的搜索空间。目前，编码方法主要有 3 大类，即二进制编码方法、浮点数编码方法和符号编码方法。

1. 二进制编码方法

在遗传算法中，二进制编码方法是最常用的一种编码方法，所采用的编码符号集为二值符号集{0,1}，个体基因型是一个二进制编码符号串，编码长度与求解精度有关。

假设某一参数 U 的取值范围为$[U_{\min}, U_{\max}]$，编码长度为 n，其编码为

$$X: b_n b_{n-1} \cdots b_2 b_1$$

其编码后的值为

$$a = \sum_{i=1}^{n} b_i 2^{i-1}$$

那么，它的编码精度 δ 为

$$\delta = \frac{U_{\max} - U_{\min}}{2^n - 1}$$

参数 U 与其编码后的值存在如下关系，即

$$U = U_{\min} + \frac{a}{2^n - 1} \times (U_{\max} - U_{\min}) \tag{4-94}$$

二进制编码中，编码精度（变异的最小值）受编码长度的限制，n 越大，变异的最小值就越小，但是搜索空间越大。

2. 浮点数编码方法

在许多实际问题中，大部分要优化的参数是采用数值来表示的，从而采用数值表示参数更为自然，也就是采用浮点数编码方法。

在浮点数编码方法中，个体的每个基因值用某一范围内的一个浮点数来表示。因为使用决策变量的真实值，因此，浮点数编码方法也称为真值编码方法。

3. 符号编码方法

对于非数值计算的优化问题，如旅行商问题，需要采用符号编码方法。符号编码方法所采用的编码符号集是一个无数值意义，而只有代码含义的符号集，如一个字母表$\{A, B, C, D, \cdots\}$，一个数字序号表$\{1, 2, 3, 4, \cdots\}$，一个代码表$\{A_1, A_2, A_3, A_4, \cdots\}$等。

符号编码方法可以利用所求问题的专门知识，以及便于遗传算法与相关近似算法结合。

4.7.3 适应度函数

遗传算法根据群体中各个个体的适应度函数进行群体的进化，不断迭代，以寻找适应度较大的个体，从而得到问题的最优解或近似最优解。一般地，遗传算法的适应度函数为求最大值的问题，否则，先转化为求最大值的问题。

理想的适应度函数是平滑的，但是，实际的适应度函数往往是不平滑的。因此，需要避免适应度函数的局部最优，也需要避免适应度函数的全局最优过于孤立。

因此在算法运行过程中，需要对个体的适应度进行适当变化，即扩大或缩小。常用的适应度变换有以下 3 种：

(1) 线性比例法，即

$$F(x) = a \cdot f(x) + b \quad b > 0 \tag{4-95}$$

(2) 指数比例法，即

$$F(x) = \exp(a \cdot f(x)) \quad a \neq 0 \tag{4-96}$$

(3) 幂指数比例法，即

$$F(x) = (f(x))^a \quad a \text{ 为偶数} \tag{4-97}$$

4.7.4 选择算子

遗传算法的选择操作就是从父代群体中按某种方法选取某些个体遗传到下一代群体。选择操作是根据个体的适应度来进行的，目的是为了提高遗传算法的全局收敛性和计算效率。下面介绍几种常用的选择算子。

1. 比例选择法

比例选择法的基本思想是：个体被选中的概率与其适应度大小成正比。

设某一代的群体规模为 n，个体 i 的适应度值为 f_i，$i=1,2,\cdots,n$，那么，个体 i 被选中的概率 p_i 为

$$p_i = \frac{f_i}{\sum_{k=1}^{n} f_k} \tag{4-98}$$

出现概率大的个体比较容易被选中，则把它复制到下一代。适应度低的个体也有可能被复制，从而保持物种的多样性。

2. 最优保存策略

最优保存策略是把适应度最好的个体尽可能保留到下一代群体中。具体做法是，在当前群体最佳个体和以前每一代的最佳个体中，选择适应度最高者替换掉当前群体中的最差个体。

最优保存策略使得中间过程得到的最优个体不会被交叉、变异等遗传算法所破坏，保证遗传算法的收敛性。但是，该策略容易造成某个局部最优个体快速扩散，降低算法的全局搜索能力。因此，为了取得良好的效果，该策略需要与其他一些选择操作方法配合使用。

3. 期望值方法

期望值方法是根据每个个体在下一代群体中的生存期望来进行选择。具体操作如下：

1) 计算个体 i 在下一代的生存期望数目，即

$$N_I = n \cdot f_i / \sum_{k=1}^{n} f_k \quad i = 1,2,\cdots,n$$

2) 在每次选择过程中，若个体 i 被选中参与交叉运算，则它在下一代的生存期望数目减去 0.5，即 $N_i - 0.5 \rightarrow N_i$，否则，该个体在下一代的生存期望数目减去 1，即 $N_i - 1.0 \rightarrow N_i$。

3) 随着选择的进行，如果某个个体在下一代的生存期望数目小于 0，则它不参与选择。

4. 排序选择方法

排序选择方法的基本思想是：先根据适应度大小对群体中个体进行排序，然后，把设计好的概率表按顺序分配给各个个体，作为各自的选择概率。在该方法中，个体的选择概率和适应度无直接关系，仅仅与适应度大小排序的序号有关。

4.7.5 交叉算子

遗传算法的交叉运算是指，对两个相互配对的染色体按照某种方式交换部分基因，形成两个新的个体。交叉算子的设计包括交叉点位置的确定和部分基因的交换，包括单点交叉、两点交叉、多点交叉和一致交叉等方法。

单点交叉具体操作是：在个体编码中随机选定一个交叉点，把配对的两个个体在该点前或后的部分结构进行互换，从而生成新的个体。

两点交叉就是随机设定两个交叉点，再交换部分基因。

可以将单点交叉和两点交叉推广得到多点交叉，也就是，在个体编码串中随机地设置多个交叉点，再交换部分基因。

一致交叉是指，根据预先设定的屏蔽字，来确定新个体的基因继承两个个体中哪一个的基因。对于两个个体 A 与 B，当屏蔽字中的位取 0 时，新个体 A′继承个体 A 中对应的基因，否则，继承个体 B 中对应的基因；用相反的方法生成新个体 B′。

4.7.6 变异算子

遗传算法中，变异就是对个体某些基因座上的基因值做变动。变异算子可以使遗传算法具有局部的随机搜索能力，此外，使遗传算法可维持群体多样性，防止出现未成熟收敛现象。下面介绍 3 种常见的变异算子。

1. 基本变异算子

基本变异算子是指，在个体编码中，以变异概率 P_m 随机挑选出一个或多个基因座，并对这些基因值作变动。例如

个体 A 0 1 1 0 1 1→1 1 0 1 1 新个体 A′

其中第 1、3 位基因就是变异基因。

2. 逆转变异算子

逆转变异算子是指，在个体编码中以逆转概率 P_i 随机挑选两个逆转点，然后将两个逆转点间的基因值逆向排序。例如

个体 A 01 11010 10→01 01011 10 新个体 A′

其中第 3、7 位为逆转点。逆转操作对第 3 位～第 7 位的基因重新排序，实现了变异

操作。

3. 自适应变异算子

自适应变异算子与基本变异算子的操作类似，不同的是，随着群体中个体的多样性程度而自适应调整交叉概率 P_m。一般地，若交叉所得的两个新个体之间的海明距离越小，P_m 越大；反之，P_m 越小。

4.8 贝叶斯网络基础

过去 20 年间，贝叶斯网络(BN)已经成为人工智能领域内不确定环境中进行知识表示和推理的一种有效工具[17,18]。BN 不仅对于大规模变量的联合概率分布提供了一种自然紧凑的表示方式，而且也对有效的概率推断提供了一个牢固的基础。

4.8.1 贝叶斯网络的一般概念

定理 4.13 贝叶斯更新公式如下

$$p(H \mid E,c) = \frac{p(H \mid c)p(E \mid H,c)}{p(E \mid c)} \tag{4-99}$$

其中，H 是假设变量，E 是证据变量，c 是背景变量；左边一项 $p(H|E,c)$称为后验概率，即考虑了 E 和 c 的影响之后 H 的概率；$p(H|c)$项称为只给定 c 时 H 的先验概率；$p(E|H,c)$是假定 H 和背景信息 c 为真的条件下证据 E 发生的概率，称为似然；而 $p(E|c)$是与假设 H 无关的证据 E 的概率。

定义 4.5 一个贝叶斯网络(Bayesian network，BN)就是一个图，满足如下条件：

(1) 一组随机变量$\{x_1,x_2,\cdots,x_n\}$构成了网络的节点，$V=\{1,2,\cdots,n\}$表示有限节点集合，而与之相应的随机变量构成随机向量 $X=\{x_1,x_2,\cdots,x_n\}$；

(2) 一组有向边用于连接 V 中两两节点，由节点 k 指向节点 s 的箭头表示随机变量 x_k 直接影响随机变量 x_s；而 W 则表示各节点间有限个有向边的集合；

(3) 每个节点都有一个局部条件概率表(local conditional probability table，LCPT)，用于定量描述其父节点对该节点的作用，所有变量的 LCPT 构成条件概率表(CPT)；

(4) 该图不存在有向环，因而称为有向无环图(directed acyclic graph，DAG)。

4.8.2 独立性假设

使用概率论的缺点之一就是对大量的事件规定其完全概率分布，这对于大规模的系统处理起来是不现实的。贝叶斯网络必须建立独立性假设。

对于一个贝叶斯网络，随机变量 b 与其连接路径上最邻近的两个变量 a 和 c 之间存在三种连接方式。

(1) 直线连接：一个节点在其上，另一个节点在其下；

(2) 会聚连接：两个节点在其上；

(3) 分叉连接：两个节点在其下。

以上相应于由 b 到 a 和 c 的箭头的三种可能组合。

下面给出所谓 d 连接路径的定义。

定义 4.6 在一个贝叶斯网络中，证据 $E=\{e_1,e_2,\cdots,e_m\}$ 定义为一组观测值。q 和 r 是网络中的两个节点，称由 q 到 r 的路径关于证据 E 是 d 连接路径，如果在该路径中的每个节点 s 具有如下特征之一：

(1) 是直线连接或分叉连接，而且 $s\notin E$；

(2) 是会聚连接，且 $s\in E$，或其后代节点属于 E。

定义 4.7 称变量 a 在给定证据 E(E 可以是空集，也可以非空但不包含 a 和 b)的条件下依赖于变量 b，如果给定 E 时，存在由 a 到 b 的一条连接路径。若给定证据 E，变量 a 不依赖于变量 b，则称变量 a 在给定证据 E 时独立于变量 b。

设 f 是任意随机变量，对于两个随机变量 a 和 b，给定 E 时彼此独立，但给定 $E\cup\{f\}$ 有可能相互依赖。反之，在给定 E 时彼此依赖，但给定 $E\cup\{f\}$ 有可能相互独立。如果两个随机变量 a 和 b 相互独立，简单地写成 $p(a|b)=p(a)$，而给定 e 时有可能使得 $p(a|b,e)\neq p(a|e)$。下面用例子来说明。

4.8.3 一致性概率

在建立贝叶斯网络时，一个常犯的错误就是规定的概率是非一致性的。

例 4.2 考虑一个网络，其中有 $p(a|b)=0.7$，$p(b|a)=0.3$，且 $p(b)=0.5$，仔细看这些数据，好像没出现什么差错。但是应用贝叶斯公式会有

$$p(a)p(b\mid a)/p(b)=p(a\mid b)\Rightarrow p(a)=p(b)p(a\mid b)/p(b\mid a)$$
$$\Rightarrow p(a)=0.5\times 0.7/0.3>1$$

这显然是错误的。

毋庸置疑，当网络的节点对应的概率取数很多时，问题就变得非常复杂，需要专门的技术来处理概率一致性问题。因此，对于贝叶斯网络的每个节点，给定与其父节点所有可能的组合数，必须要求：

(1) 这些数字符合一致性要求；

(2) 由 LCPT 规定的概率分布是唯一的。

定义 4.8 一组随机变量 $\{x_1,x_2,\cdots,x_n\}$ 的联合分布定义为

$$p(x_1,x_2,\cdots,x_n)$$

其所有可能取值之和必须等于 1。

例 4.3 考虑某一贝叶斯网络的两个随机变量 $\{x_1,x_2\}$，而且它们都是二值变

量；所有可能的联合分布是

$$p(a,b),p(\bar{a},b),p(a,\bar{b}),p(\bar{a},\bar{b})$$

其中 $p(a,b)=p(x_1=a,x_2=b)$，而且 $\bar{a}$ 表示“非 a”；同时要求它们之和必须为 1，即 $p(a,b)+p(\bar{a},b)+p(a,\bar{b})+p(\bar{a},\bar{b})=1$。从而有

$$p(a \mid b) = p(a,b)/p(b) = p(a,b)/[p(a,b)+p(\bar{a},b)]$$

一般而言，对于 n 个随机变量 $\{x_1,x_2,\cdots,x_n\}$，假定它们都是二值变量，所有可能的联合分布有 2^n 个，而且要求

$$\sum_{2^n\text{可能值}} p(x_1,x_2,\cdots,x_n) = 1 \tag{4-100}$$

对于一个贝叶斯网络而言，其联合概率分布由每个随机变量的分布的乘积唯一地进行定义。

设 $S \subseteq V$ 是贝叶斯网络部分节点构成的集合，x_i 表示与之相应的随机向量；贝叶斯网络的结构图就规定了这些变量之间的条件独立关系。设图形结构表示为 $G=(G_1,G_2,\cdots,G_n)$，其中 $G_i \subseteq V$ 表示节点 i 的父节点集合，在给定图形结构的前提下变量 $x=\{x_1,x_2,\cdots,x_n\}$ 概率构成如下

$$p(x \mid G,\theta) = \prod_{i=1}^{n} p(x_i \mid \boldsymbol{x}_{G_i},\theta) \tag{4-101}$$

其中 $\boldsymbol{x}_{G_i}$ 是 x_i 所有父节点随机变量构成的随机变量，θ 是相关的参数，而 $p(x_i \mid \boldsymbol{x}_{G_i},\theta)$ 是局部条件概率分布。

4.8.4　贝叶斯网络推断

一个贝叶斯网络可以看作一个概率专家系统，其中概率知识基础由网络拓扑以及每个节点的 LCPT 表示。建立这个知识基础的主要目的是用推断，即计算产生对该领域问题的解答。

贝叶斯网络主要有两种推断方式，即置信更新和置信修正。

定义 4.9　设 E 表示所有证据节点，λ 表示证据节点上的观测值，y 表示所有询问节点(query node)，所谓置信更新(belief update)，或称为概率推断(probability inference)，就是在给定 λ 的条件下，求 y 的后验概率分布

$$p(y \mid \lambda)$$

可以由 CTP 得到 y 的先验分布 $p(y)$，以及似然，从而可以由贝叶斯公式得

$$p(y \mid \lambda) = \frac{p(\lambda \mid y)p(y)}{\sum_y p(\lambda \mid y)p(y)} \tag{4-102}$$

而对于 y 的任意函数 $f(y)$，也可以推断其后验期望，即

$$\mathrm{E}[f(y) \mid \lambda] = \frac{\sum_y f(y)p(\lambda \mid y)p(y)}{\sum_y p(\lambda \mid y)p(y)} \tag{4-103}$$

定义 4.10 所谓的置信修正(belief revision),就是在给定观测证据的前提下,对某些假设变量求取最有可能的例证;产生的结果就是假设变量的一个最优例证表。

很多置信更新算法经过很小的修改就能用于置信修正,反之依然。

关于贝叶斯网络推断有许多精确方法和近似方法,而且有所谓参数自适应和结构自适应的方法,此处不再详细讨论。

习 题

1. 如表 4-1 所示,已知购买 iPad 意向决策表,利用粗糙集理论对该表进行属性约简和规则化简,并获取最终规则。

表 4-1 购买计算机意向决策表

	C(条件属性)				D(决策属性)
$\widetilde{X}$	年龄(c_1)	学历(c_2)	收入(c_3)	信用度(c_4)	购买 iPad(y)
e_1	<28(0)	本科以上(1)	低(0)	高(1)	不买(0)
e_2	<28(0)	本科以下(0)	低(0)	低(0)	不买(0)
e_3	<28(0)	本科以上(1)	高(1)	低(0)	买(1)
e_4	<28(0)	本科以下(0)	高(1)	高(1)	买(1)
e_5	28~50(1)	本科以下(0)	低(0)	高(1)	买(1)
e_6	28~50(1)	本科以上(1)	高(1)	高(1)	买(1)
e_7	28~50(1)	本科以下(0)	高(1)	低(0)	买(1)
e_8	>50(2)	本科以上(1)	低(0)	高(1)	买(1)
e_9	>50(2)	本科以下(0)	低(0)	低(0)	不买(0)
e_{10}	>50(2)	本科以上(1)	高(1)	低(0)	不买(0)

2. (Ω,F,P)是一个概率空间,U 是一个有限集合构成的论域空间,而 $X: \Omega\to p(U)$是随机集,且对于$\forall\omega\in\Omega, X(\omega)\neq\varnothing, X(\omega)\neq U$,试证明:$Bel(A)=P\{X_*(A)\}$。

3. 某市工业、农业、运输业、商业各部门的行为数据如下:

工业:$X_1=(x_1(1),x_1(2),x_1(3),x_1(4))=(45.8,43.4,42.3,41.9)$;

农业:$X_2=(x_2(1),x_2(2),x_2(3),x_2(4))=(39.1,41.6,43.9,44.9)$;

运输业:$X_3=(x_3(1),x_3(2),x_3(3),x_3(4))=(3.4,3.3,3.5,3.5)$;

商业:$X_4=(x_4(1),x_4(2),x_4(3),x_4(4))=(6.7,6.8,5.4,4.7)$。

分别以 X_1 和 X_2 为系统特征序列,计算灰色关联度。

4. 设

$Y_1=(170,174,197,216.4,235.8)$,$Y_2=(57.55,70.74,76.8,80.7,89.85)$,

$Y_3=(68.56,70,85.38,99.83,103.4)$

为系统特征行为序列;

$X_1=(308.58,310,295,346,367)$,$X_2=(195.4,189.9,189.2,205,222.7)$,

$X_3=(24.6,21,12.2,15.1,14.57)$，$X_4=(20,25.6,23.3,29.2,30)$，

$X_5=(18.98,19,22.3,23.5,27.655)$

为相关因素行为序列，试做优势分析。

5. 简述离散型 Hopfield 神经网络学习方法，并试用 C 语言实现该神经网络。

6. 遗传算法在信息融合技术中有着广泛的应用，简要叙述遗传算法的基本流程，并绘制出基本流程图。

7. 查阅基于仿生群体协同的智能技术的相关文献，并完成综述报告。

8. "判断妻子是否在家"问题，已知条件如下：当他的妻子离开家时经常把前门的灯打开，但有时候她希望客人来时也打开这个灯；他们还养着一只狗，当无人在家时，这只狗被关在后院，而狗生病时也关在后院；如果狗在后院，就可以听见狗叫声，但有时候听见的是邻居的狗叫声。

(1) 针对图 4-1 中的贝叶斯网络，检验其是否满足概率一致性。

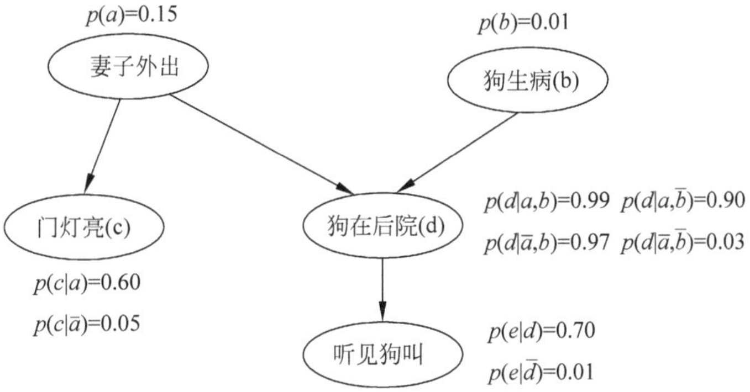

图 4-1　贝叶斯网络图

(2) 假定已知"妻子外出"且"听见狗叫"，请问"狗在后院"的后验概率是多少？

(3) 假定已知"妻子外出"且"狗在后院"，请问"狗生病"的后验概率是多少？

(4) 如果改变条件概率 $p(\lambda_2|\lambda_1,y=\bar{b})=p(d|a,\bar{b})=0.09$，即"妻子外出"和"狗生病"同时发生时，"狗在后院"的可能性是 0.09，那么在已知"妻子外出"和"狗在后院"的前提下，试求"狗生病"的可能性？

参考文献

[1] Matheron G. Random Sets and Integral Geometry. New York：Wiley，1975

[2] Molchanov I S. Limit Theorems for Union of Random Closed Sets. Lecture Notes in Mathematics. Springer-Verlag，1993

[3] Peng T，Wang P，Kandel A. Knowledge acquisition by random sets. International Journal of Systems，1997，11：113～147

[4] Sanchez L. A random sets-Eased method for identifying fuzzy models. Fuzzy Sets and Systems，1998，98(3)：343～454

[5] Javier N. Olaf Wolkenhauer. Random Sets and Histograms. Online, http://www. umist. ac. uk/csc∧

[6] Miranda E, Couso I, Gil P. Extreme points of creedal sets generated by 2-alternating capacities. International journal of Approximate Reasoning, 2003, 33: 95～115

[7] 陈季镐. 统计模式识别. 北京：北京邮电学院出版社，1989

[8] 肖新平，宋中民，李峰. 灰技术基础及其应用. 北京：科学出版社，2005

[9] 张留山，刘伟. 灰关联分析法在数据融合中的应用. 舰船电子对抗，2000，4：26～28

[10] 何友，王国宏，关欣，等. 信息融合理论及应用. 北京：电子工业出版社，2010

[11] 韩崇昭，等. 多源信息融合(第二版)，北京：清华大学出版社，2010

[12] 李弼程，等. 信息融合技术及其应用. 北京：国防工业出版社，2010

[13] 王润生，等. 信息融合. 北京：科学出版社，2007

[14] 王小平，曹立明. 遗传算法——理论、应用与软件实现. 西安：西安交通大学出版社，2002

[15] 陈国良，王熙法，庄镇泉，等. 遗传算法及其应用. 北京：人民邮电出版社，1996

[16] 周明，孙树栋. 遗传算法原理及应用. 北京：国防工业出版社，1999

[17] Susanne, G Bottcher Claus Dethlefsen. Learning Bayesian Networks with R. Proceedings of the 3rd International Workshop on Distributed Statistical Computing (DSC), Vienna, Austria, 2003

[18] Mikko K, Kismat S. Exact Bayesian Structure Discovery in Bayesian Networks. Journal of Machine Learning Research 5, 2004. 549～573

第5章 检测融合

5.1 引言

许多实际应用中,传感器往往配置在一个很宽广的地理范围之上,综合多传感器的信息,在空间域进行多传感器信息融合,这么做可以提高系统的可靠性和生存能力,本章主要介绍分布式融合。分布式检测融合是分布式融合的重要内容之一,用于判断目标是否存在,它属于检测级融合的范畴。在分布式检测融合中,各局部检测器向系统融合中心提供目标是否存在的局部信息,依据各个局部检测器向融合中心提供信息的层次,分布式检测融合可以在数据级、特征级或决策级进行。其中,决策级的分布式检测融合具有造价低和对通信容量要求小的特点,也被称为分布式决策融合,其思想和方法不仅可用于检测级融合,也可用于目标识别级的分布式决策融合。

在最优分布式检测融合中,要同时对局部检测器和融合中心的融合规则进行设计,由于局部决策规则与融合中心的融合规则相互耦合,因而,系统的复杂性大大增加。为了克服这个问题,通常采用次优的方法。即假定各局部检测器的决策规则已按一定准则设计好,然后再对融合中心的融合规则进行设计。而融合规则既与所采用的最优准则有密切的关系,也与所采用的结构有关。在分布式检测融合系统中,并行结构融合网络是基本结构。在并行结构网络中人们可以从融合中心到各传感器引入反馈信息,各局部检测器基于它自己的观测和从融合中心接收到的反馈信息做出判决,然后把各局部判决传送到融合中心,在那里它们被组合产生全局判决。最后新产生的全局判决又被反馈到各局部节点作为下次局部判决的先验信息。另外,在通信容量允许的情况下,在向融合中心传送决策信息的同时,也可传送一定的决策置信度信息,以提高分布式检测融合的性能。另一种经常使用的分布式检测网络是串行结构,在这种系统中,第一个检测器观测现象,做出判决,并把它传送到下一个检测器。第二个检测器,基于来自节点的判决和它自己的观测,做出自己的判决,并把判决传送到下一个检测器。这一过程一直继续到最后一个检测器为止,且在最后一个检测器形成全局判决。本章研究用于分布式结构中的各种融合规则,讨论并行结构、串行结构和带反馈并行结构中的分布检测与融合准则，以及具有恒虚警率(CFAR)约束的分布检测方法等[1~10]。

5.2 假设检验

假设检验是融合检测技术的基础，本节介绍假设检验，主要包括假设检验问题描述和似然比判决准则。

5.2.1 假设检验问题描述

目标检测实际上是一种假设检验问题，例如，在雷达信号检测问题中，假设有“目标不存在”和“目标存在”两种假设，分别用 H_0 和 H_1 表示。对于二元假设检验问题，记

$$H_1: r(t) = n(t) + s(t) \qquad \text{(目标存在)}$$
$$H_0: r(t) = n(t) \qquad \text{(目标不存在)}$$

式中，$r(t)$为观测信号；$n(t)$为噪声；$s(t)$为待检测信号(如雷达的回波信号)。对于更一般的情形，在 M 个假设 $H_1, H_2, \cdots, H_M$ 中，判断哪一个为真，也就是 M 元假设检验问题，其中

$$\begin{aligned} H_1&: r(t) = s_1(t) + n(t) \\ H_2&: r(t) = s_2(t) + n(t) \\ &\vdots \\ H_M&: r(t) = s_M(t) + n(t) \end{aligned}$$

例如，M 元通信系统是一个典型的 M 元假设检验例子。

采用假设检验进行统计判决，主要包含如下 4 步[8]：

(1) 给出各种可能的假设。分析所有可能出现的结果，并分别给出一种假设。二元假设检验问题可以省略这一步骤。

(2) 选择最佳判决准则。根据实际问题，选择合适的判决准则。

(3) 获取所需的数据材料。统计判决所需要的数据资料包括观测到的喜欢数据、假设的先验概率以及在各种假设下接收样本的概率密度函数等。

(4) 根据给定的最佳准则，利用接收样本进行统计判决。

对应于各种假设，假设观测样本 x 是按照某一概率规律产生的随机变量。统计假设检验的任务就是根据观测样本 x 的测量结果，来判决哪个假设为真。x 的取值范围构成观测空间。

在二元假设情况下，判决问题实质上是把观测空间分割成 R_0 和 R_1 两个区域，当 x 属于R_0 时，判决 H_0 为真；当 x 属于R_1 时，判决 H_1 为真。区域 R_0 和 R_1 称作判决区域。

用 D_i 表示随机事件“判决假设 H_i 为真”(公式)，这样二元假设检验有 4 种可能

的判决结果：

(1) 实际是 H_0 为真，而判决为 H_0；(正确)

(2) 实际是 H_0 为真，而判决为 H_1；(第一类错误，概率为 $p(D_1|H_0)$)

(3) 实际是 H_1 为真，而判决为 H_0；(第二类错误，概率为 $p(D_0|H_1)$)

(4) 实际是 H_1 为真，而判决为 H_1。(正确)

在雷达信号检测问题中，第一类错误称为虚警，表示实际目标不存在而判为目标存在，$p_f = p(D_1|H_0)$称为虚警概率；第二类错误称为漏警，表示实际目标存在而判为目标不存在，$p_m = p(D_0|H_1)$称为漏警概率；实际目标存在而判为目标存在的概率称为检测概率或发现概率，记为 p_d。容易验证，$p_d = 1 - p_m$。

5.2.2 似然比判决准则

对于信号检测问题，需要确定合理的判决准则。这里介绍几种常用的判决准则，它们最终都归结为似然比检验。

1. 极大后验概率准则

考虑二元检测问题：设观测样本为 x，后验概率 $p(H_1|x)$表示在得到样本 x 的条件下 H_1 为真的概率，$p(H_0|x)$表示在得到样本 x 的条件下 H_0 为真的概率，需要在 H_0 与 H_1 两个假设中选择一个为真。一个合理的判决准则就是选择最大可能发生的假设，也就是说，若

$$p(H_1 \mid x) > p(H_0 \mid x) \tag{5-1}$$

则判H_1 为真；否则，判H_0 为真。这个准则称为最大后验概率准则(MAP)。

事实上，式(5-1)可以改写为

$$\frac{p(H_1 \mid x)}{p(H_0 \mid x)} > 1 \tag{5-2}$$

根据贝叶斯公式，用先验概率和条件概率来表示后验概率，即

$$p(H_i \mid x) = \frac{f(x \mid H_i)p(H_i)}{\sum_{j=0}^{1} f(x \mid H_i)p(H_i)} \quad i = 0,1 \tag{5-3}$$

式中 $f(x|H_1)$及 $f(x|H_0)$是条件概率密度函数，又称似然函数；$p(H_i)$表示假设 H_i 出现的概率。把式(5-3)代入式(5-2)中，可得

$$\frac{p(H_1 \mid x)}{p(H_0 \mid x)} = \frac{f(x \mid H_1)}{f(x \mid H_0)} \cdot \frac{p(H_1)}{p(H_0)} > 1 \tag{5-4}$$

所以，MAP 可以改写为

$$l(x) = \frac{f(x \mid H_1)}{f(x \mid H_0)} > \frac{p(H_0)}{p(H_1)} \tag{5-5}$$

则判 H_1 为真；否则，判 H_0 为真。其中，$l(x) = \dfrac{f(x|H_1)}{f(x|H_0)}$称为似然比。

上述判决是通过将似然比 $l(x)$ 与门限 $\frac{p(H_0)}{p(H_1)}=\frac{p(H_0)}{1-p(H_0)}$ 相比较来做出判决检验，从而称为似然比检验(LRT)。下面将会看到，根据其他几种准则进行判决检验，最后也都归结为似然比检验，只不过门限不同而已。

为了方便，MAP 还可以改写为对数似然比检验，如果

$$h(x)=\ln l(x)=\ln f(x\mid H_1)-\ln f(x\mid H_0)>\ln\frac{p(H_0)}{p(H_1)} \tag{5-6}$$

则判 H_1 为真；否则，判 H_0 为真。

例 5.1 考虑二元假设检验

$$H_1: x=1+v \qquad (\text{目标存在})$$
$$H_0: x=v \qquad (\text{目标不存在})$$

式中，v 为高斯噪声，均值为 0，方差为 1。

在这两种假设下，x 的概率密度为

$$f(x\mid H_0)=\frac{1}{\sqrt{2\pi}}\exp\left(-\frac{x^2}{2}\right)$$

$$f(x\mid H_1)=\frac{1}{\sqrt{2\pi}}\exp\left(-\frac{(x-1)^2}{2}\right)$$

似然比为

$$l(x)=\frac{f(x\mid H_1)}{f(x\mid H_0)}=\exp\left(x-\frac{1}{2}\right)$$

判决准则为：若

$$\exp\left(x-\frac{1}{2}\right)>\frac{p(H_0)}{p(H_1)} \tag{5-7}$$

则判 H_1 为真；否则，判 H_0 为真。

对式(5-7)两边取对数，可得其对数似然比判决准则为：若

$$x>\frac{1}{2}+\ln\frac{p(H_0)}{p(H_1)} \tag{5-8}$$

则判 H_1 为真；否则，判 H_0 为真。

下面证明，最大后验概率准则使平均错误概率达到最小。

第一类错误概率与第二类错误概率分别表示为

$$p_{\mathrm{f}}=p(D_1\mid H_0)=\int_{R_1}f(x\mid H_0)\mathrm{d}x \tag{5-9}$$

$$p_{\mathrm{m}}=p(D_0\mid H_1)=\int_{R_0}f(x\mid H_1)\mathrm{d}x \tag{5-10}$$

并且

$$p(D_0\mid H_0)=1-p(D_1\mid H_0)=1-\int_{R_1}f(x\mid H_0)\mathrm{d}x \tag{5-11}$$

式中，R_0 和 R_1 为判决区域。因此，总的错误概率为

$$\begin{aligned}p_e &= p(D_0 \mid H_1) + p(D_1 \mid H_0) = p(H_1)p(D_0 \mid H_1) \\ &\quad + p(H_0)p(D_1 \mid H_0) = p(H_1)\int_{R_0} f(x \mid H_1)\mathrm{d}x \\ &\quad + p(H_0)\int_{R_1} f(x \mid H_0)\mathrm{d}x = p(H_1)\left[1 - \int_{R_1} f(x \mid H_1)\mathrm{d}x\right] \\ &\quad + p(H_0)\int_{R_1} f(x \mid H_0)\mathrm{d}x = p(H_1) \\ &\quad + \int_{R_1} [p(H_0)f(x \mid H_0) - p(H_1)f(x \mid H_1)]\mathrm{d}x \end{aligned} \tag{5-12}$$

要使 p_e 达到最小，要求 R_1 是满足如下关系的点的集合，即

$$p(H_0)f(x \mid H_0) - p(H_1)f(x \mid H_1) < 0 \tag{5-13}$$

从而可以得到如下准则：若

$$l(x) = \frac{f(x \mid H_1)}{f(x \mid H_0)} > \frac{p(H_0)}{p(H_1)}$$

则判 H_1 为真；否则，判 H_0 为真。因此，MAP 又称为最小错误概率准则。这恰好是最大后验概率准则。

2. 最小风险贝叶斯判决准则

在最大后验概率准则中，没有考虑到错误判决所付出的代价或风险，或者认为两类错误判决所付出的代价或风险是相同的。但是，在实际应用中，两类错误所造成的损失可能不一样。例如，在雷达信号检测中，漏警的后果比虚警的后果要严重得多。

为了反映不同的判决存在的差别，这里引入代价函数 C_{ij}，表示当假设 H_j 为真时，判决假设 H_i 成立所付出的代价（$i=0,1;j=0,1$）。一般地，取

$$C_{10} > C_{00}, \quad C_{01} > C_{11} \tag{5-14}$$

即正确判决的代价小于错误判决的代价。

二元假设检验的平均风险或代价为

$$\begin{aligned}R &= \sum_{i,j} C_{ij} p(D_i, H_j) = \sum_{i,j} C_{ij} p(D_i, H_j) p(H_j) \\ &= [C_{00} p(D_0 \mid H_0) + C_{10} p(D_1 \mid H_0)] p(H_0) \\ &\quad + [C_{01} p(D_0 \mid H_1) + C_{11} p(D_1 \mid H_1)] p(H_1)\end{aligned}$$

$$p(D_0 \mid H_0) = 1 - p(D_1 \mid H_0) = 1 - \int_{R_1} f(x \mid H_0)\mathrm{d}x$$

$$p(D_0 \mid H_1) = 1 - p(D_1 \mid H_1) = 1 - \int_{R_1} f(x \mid H_1)\mathrm{d}x$$

所以

$$\begin{aligned}R &= C_{00} p(H_0) + C_{01} p(H_1) + \int_{R_1} [(C_{10} - C_{00}) p(H_0) f(x \mid H_0) \\ &\quad - (C_{01} - C_{11}) p(H_1) f(x \mid H_1)]\mathrm{d}x\end{aligned}$$

要使 R 达到最小，要求 R_1 是满足如下关系的点的集合，即

$$(C_{10}-C_{00})p(H_0)f(x\mid H_0)-(C_{01}-C_{11})p(H_1)f(x\mid H_1)<0 \tag{5-15}$$

从而得到如下准则：若

$$l(x)=\frac{f(x\mid H_1)}{f(x\mid H_0)}>\frac{C_{10}-C_{00}}{C_{01}-C_{11}}\cdot\frac{p(H_0)}{p(H_1)} \tag{5-16}$$

则判 H_1 为真；否则，判 H_0 为真。

令门限 $\eta=[(C_{10}-C_{00})p(H_0)]/[(C_{01}-C_{11})p(H_1)]$，则最小风险贝叶斯判决准则归结为似然比检验。

若取 $C_{10}-C_{00}=C_{01}-C_{11}$，则最小风险贝叶斯判决准则变成最大后验概率准则，即最大后验概率准则是最小风险贝叶斯判决准则的特例。

3. 聂曼-皮尔逊 (Neyman-Person)准则

许多情况下，不仅先验概率未知，而且代价也很难指定。解决这个困难的简单做法就是，在给定虚警概率 p_f 的条件下，使检测概率 p_d 达到最大，这就是聂曼—皮尔逊(Neyman-Person)准则的基本思想。

一般地，人们希望虚警概率 p_f 和漏警概率 p_m 都尽量小。但是，这两个要求是互相矛盾的，即减少其中一个，必定增加另一个。因为

$$p(D_1\mid H_0)=\int_{R_1}f(x\mid H_0)\mathrm{d}x \tag{5-17}$$

$$p(D_0\mid H_1)=1-\int_{R_1}f(x\mid H_1)\mathrm{d}x \tag{5-18}$$

给定条件概率密度函数 $f(x|H_0)$、$f(x|H_1)$，要使虚警概率 $p(D_1|H_0)$变小，则判决域 R_1 应变小，从而漏警概率 $p(D_0|H_1)$变大；反之亦然。

聂曼—皮尔逊准则就是，在 $p_f=p(D_1|H_0)=\alpha$(常数)的约束条件下，使 $p_m=p(D_0|H_1)$达到最小，或 $p_d=p(D_1|H_1)$达到最大。其中，α 称做检验的水平，p_d 的最大值称做检验的势。

根据拉格朗日(Lagrange)乘数法，定义目标函数

$$L=p(D_0\mid H_1)+\mu(p(D_1\mid H_0)-\alpha) \tag{5-19}$$

式中 μ 为 Lagrange 乘子。将式(5-17)、式(5-18)代入式(5-19)得到

$$\begin{aligned}L&=\left[1-\int_{R_1}f(x\mid H_1)\mathrm{d}x\right]+\left[\int_{R_1}f(x\mid H_0)\mathrm{d}x-\alpha\right]\\&=(1-\mu\alpha)+\int_{R_1}[\mu f(x\mid H_0)-f(x\mid H_1)]\mathrm{d}x\end{aligned} \tag{5-20}$$

为了使 L 达到最小，则要求使被积函数 $\mu f(x|H_0)-f(x|H_1)$小于 0 的点全部落入 R_1 中，且 R_1 中的点使被积函数 $\mu f(x|H_0)-f(x|H_1)$小于 0，因此，有

$$R_1=\{x\mid \mu f(x\mid H_0)-f(x\mid H_1)<0\}$$

从而可得到判决准则为：若

$$\frac{f(x\mid H_1)}{f(x\mid H_0)}>\mu \tag{5-21}$$

则判 H_1 为真；否则，判 H_0 为真。

式(5-21)左边为似然比函数，右边为判决阈值，形式与前两种判决准则相似。不同之处在于阈值是 Lagrange 乘子，需要根据约束条件求解，即

$$\int_{R_1} f(x \mid H_0)\mathrm{d}x = \alpha \tag{5-22}$$

其中

$$R_1 = \left\{x \mid l(x) = \frac{f(x \mid H_1)}{f(x \mid H_0)} > \mu\right\} \tag{5-23}$$

由于 μ 的作用主要是影响积分域，因此，根据式(5-23)求 μ 的解析式很不容易，下面介绍一种实用的计算求解方法。

根据式(5-23)可知，μ 越大，R_1 越小，从而 α 也越小，即 α 是 μ 的单调减函数，给定一个 μ 值，可求出一个 α 值，在计算的值足够多的情况下，可构成一个二维表备查，给定一个 α 后，可通过查表得到相应的 μ 值，这种方法得到的是计算解，其精度取决于二维表的制作精度。

例 5.2　在例 5.1 中，取 $p_f=0.1$，利用聂曼—皮尔逊准则进行假设检验。根据例 5.1 的推导，似然比为

$$l(x) = \exp\left(x - \frac{1}{2}\right)$$

此时，聂曼—皮尔逊判决准则为：若

$$x > \frac{1}{2} + \ln\mu \overset{\text{def}}{=} \gamma$$

则判 H_1 为真；否则，判 H_0 为真。利用 $p_f=0.1$ 来计算 μ。由

$$p_f = \int_{\gamma}^{+\infty} \frac{1}{\sqrt{2\pi}}\exp\left(-\frac{x^2}{2}\right)\mathrm{d}x = 0.1$$

可得

$$\gamma = 1.2816$$

从而有

$$\mu = \exp\left(\gamma - \frac{1}{2}\right) = 2.185$$

进一步可得检测概率为

$$p_d = p(D_1 \mid H_1) = \int_{\gamma}^{+\infty} \frac{1}{\sqrt{2\pi}}\exp\left(-\frac{(x-1)^2}{2}\right)\mathrm{d}x = 0.3891$$

上述检测概率太低了，难以接受。如果增大 p_f 值，则可以减少门限 γ，从而提高检测概率 p_d。

至此，介绍了 3 种判决准则，它们都要求计算似然比，只是门限不同而已。检验的性能可以利用检测概率 p_d 随虚警概率 p_f 变化的曲线来分析，这条曲线称为接收机工作特性(receiver operating characteristic，ROC)。图 5-1 表示例 5.2 的 ROC 曲线。

对于聂曼-皮尔逊判决准则，由 p_f 和 p_d 的定义，可以证明在任一特定 p_f 值下

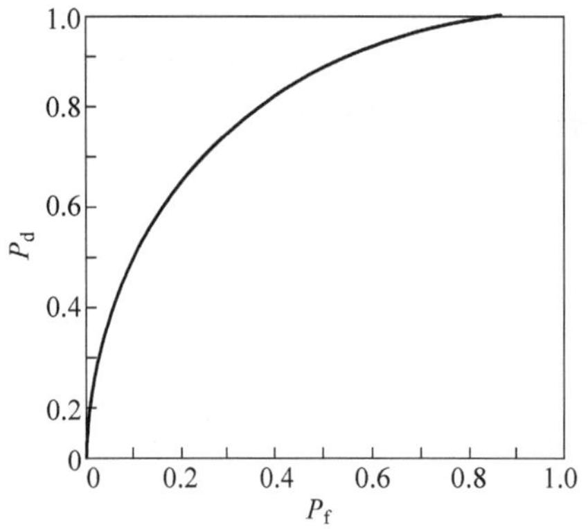

图 5-1 ROC 曲线

ROC 曲线的斜率代表似然比的临界值。事实上

$$\frac{dp_f}{d\mu}=\frac{d}{d\mu}\int_{\mu}^{+\infty}f(l(x)\mid H_0)dl$$
$$=-f(\mu\mid H_0)$$

此外

$$p_d=\int_{\mu}^{+\infty}f(l(x)\mid H_1)dl$$
$$=\int_{\mu}^{+\infty}l(x)f(l(x)\mid H_0)dl$$

从而

$$\frac{dp_d}{d\mu}=-\mu f(\mu\mid H_0)$$

因此

$$\frac{dp_d}{dp_f}=\mu$$

式中 μ 为 Lagrange 乘子,也是似然比的临界值。

5.3 检测融合结构模型

融合检测是对多个传感器的信息进行融合处理,消除单个或单类传感器的不确定性,提高目标检测概率。多传感器融合检测系统的结构主要包括集中式融合检测结构和分布式融合检测结构。

5.3.1 集中式融合检测结构

在集中式融合检测结构中,每个传感器将观测数据直接传送到融合中心,融合中心按照一定的融合准则和算法进行假设检验,实现目标的融合检测,如图 5-2 所示。

这种结构的优点是信息的损失小,但对系统的通信要求较高,融合中心计算负担重,系统的生存能力较差。

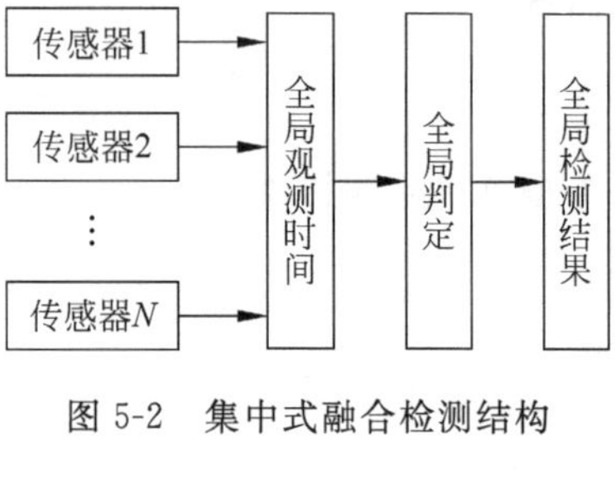

图 5-2 集中式融合检测结构

5.3.2 分布式融合检测结构

在分布式融合检测结构中,各个传感器首先对自己的观测数据进行处理,做出本地判决,然后将各自的判决结果传送给融合中心,融合中心根据这些判决结果进

行假设检验,形成系统判决,如图5-3所示。

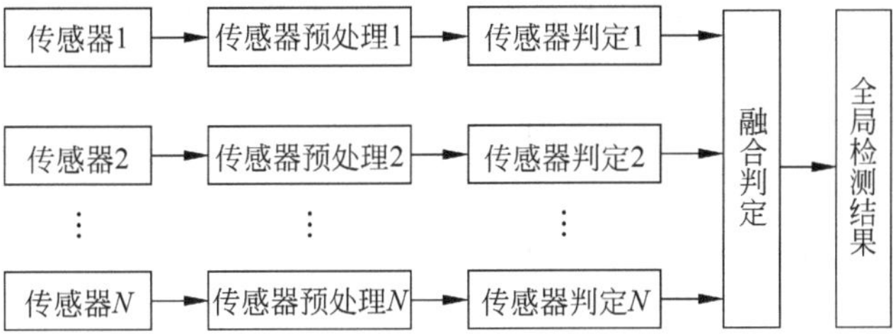

图5-3 分布式融合检测结构

因为分布式融合检测系统的融合判定不需要大量的原始观测数据,所以不需要很大的通信开销,对传输网络的要求较低,提高了系统的可行性。同时,融合中心处理时间缩短,响应速度可以提高。目前,分布式融合检测结构已成为传感器融合检测的主要结构。

分布式融合检测系统常用的拓扑结构有并行结构、串行结构、树状结构。后续各节分别讨论这3种分布式融合检测系统。

5.4 基于并行结构的分布式检测融合

5.4.1 并行分布式融合检测系统结构

并行分布式融合检测系统结构如图5-4所示。由图5-4可知,N个局部传感器在接收到观测数据$y_i(i=1,2,\cdots,N)$后,分别进行处理,做出局部检测结果$u_i(i=1,2,\cdots,N)$,并将局部检测结果传送到融合中心,融合中心进行融合处理并得到全局检测结果u_0。

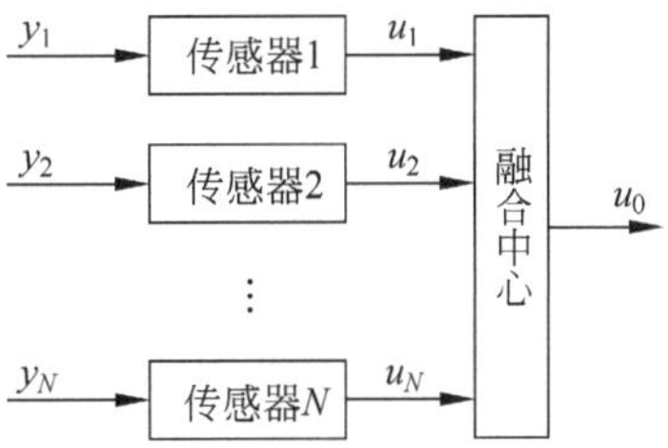

图5-4 并行分布式融合检测系统结构

为了研究并行分布式融合检测问题,本节做如下假设:

① H_0表示"无目标"假设,H_1表示"有目标"假设,其先验概率分别为P_0和P_1。

② 分布式融合检测中有N个局部检测器和一个融合中心。局部检测器的观测数据为$y_i(i=1,2,\cdots,N)$,其条件概率密度函数为$f(y_i|H_j)(j=0,1)$;局部检测器观测量的联合条件概率密度函数为$f(y_1,y_2,\cdots,y_N|H_j)(j=0,1)$。

③ 各个局部检测器的判决结果为$u_i(i=1,2,\cdots,N)$,构成判决向量$\boldsymbol{u}=(u_1,u_2,\cdots,u_N)^{\mathrm{T}}$,融合中心的判决结果为$u_0$;局部检测器和融合中心的判决均为硬判决,即当判决结果为无目标时,$u_i=0$,反之,$u_i=1(i=0,1,2,\cdots,N)$。

④ 各个局部检测器的虚警概率、漏警概率和检测概率分别为 p_{fi}、p_{mi} 和 p_{di}($i=1,2,\cdots,N$)，融合系统的虚警概率、漏警概率和检测概率分别为 p_f、p_m 和 p_d。

5.4.2 并行分布式最优检测

并行分布式融合检测系统性能的优化，就是对融合规则和局部检测器的判决准则进行优化，使融合系统判决结果的贝叶斯风险达到最小。

并行分布式融合检测系统的贝叶斯风险为

$$R=\sum_{i=0}^{1}\sum_{j=0}^{1}C_{ij}p_jp(u_0=i\mid H_j) \tag{5-24}$$

式中，C_{ij} 表示当假设 H_j 为真时，融合判决假设 H_i 成立所付出的代价($i,j=0,1$)。

由于

$$p(u_0=i\mid H_0)=(p_f)^i(1-p_f)^{1-i}$$
$$p(u_0=i\mid H_1)=(p_d)^i(1-p_d)^{1-i}$$

式(5-24)可表示为

$$R=C_fp_f-C_dp_d+C \tag{5-25}$$

其中

$$C_f=p_0(C_{10}-C_{00}),C_d=p_1(C_{01}-C_{11}),C=C_{01}p_1+C_{00}p_0$$

在实际应用中，通常假定错误判决付出的代价比正确判决付出的代价要大，即 $C_{10}>C_{00}$，$C_{01}>C_{11}$，从而有 $C_f>0$，$C_d>0$。

系统的虚警概率和检测概率可分别表示为

$$p_f=\sum_{\boldsymbol{u}}p(u_0=1\mid\boldsymbol{u})p(\boldsymbol{u}\mid H_0) \tag{5-26}$$

$$p_d=\sum_{\boldsymbol{u}}p(u_0=1\mid\boldsymbol{u})p(\boldsymbol{u}\mid H_1) \tag{5-27}$$

式中，$\sum_{\boldsymbol{u}}$ 表示在判决向量 $\boldsymbol{u}$ 的所有可能取值上求和。将式(5-26)与式(5-27)代入式(5-25)可得

$$R=C+C_f\sum_{\boldsymbol{u}}p(u_0=1\mid\boldsymbol{u})p(\boldsymbol{u}\mid H_0)-C_d\sum_{\boldsymbol{u}}p(u_0=1\mid\boldsymbol{u})p(\boldsymbol{u}\mid H_1) \tag{5-28}$$

由式(5-28)可知，融合系统的贝叶斯风险由融合中心的判决准则和局部检测器的判决准则共同决定。因此，融合检测系统的优化涉及上述两类判决准则的联合优化。通过极小化 R 来获得判决准则，进而设计融合系统。这种优化问题可以采用"逐个优化"(person by person optimization，PBPO)方法来解决。首先，假设融合中心的判决准则已经确定，分别求出各个局部检测器的最优判决准则；然后，假设各个局部检测器的判决准则已经确定，求融合中心的最优融合规则。根据这种方法得到的系统最优判决准则是最优分布式检测的必要条件，但不是充分条件。

为了获得局部检测器 k($k=1,2,\cdots,N$)的判决规则，可以通过极小化 R 获得。

在假定融合中心和 k 以外所有其他局部检测器都已设计好并保持固定的前提下，对式(5-28)极小化，可得检测器 k 的判决规则为：若

$$f(y_k \mid H_1)\sum_{\tilde{\boldsymbol{u}}_k} C_d A(\tilde{\boldsymbol{u}}_k) p(\tilde{\boldsymbol{u}}_k \mid y_k, H_1) > f(y_k \mid H_0)\sum_{\tilde{\boldsymbol{u}}_k} C_f A(\tilde{\boldsymbol{u}}_k) p(\tilde{\boldsymbol{u}}_k \mid y_k, H_0) \tag{5-29}$$

则判 H_1 为真；否则，判 H_0 为真。其中

$$\tilde{\boldsymbol{u}}_k = (u_1, u_2, \cdots, u_{k-1}, u_{k+1}, \cdots, u_N)^{\mathrm{T}}$$

$$A(\tilde{\boldsymbol{u}}_k) = p(u_0 = 1 \mid \tilde{\boldsymbol{u}}_k, u_k = 1) - p(u_0 = 1 \mid \tilde{\boldsymbol{u}}_k, u_k = 1)$$

为了获得融合中心的判决规则，假定所有的局部检测器已设计好并保持固定，条件分布 $p(\boldsymbol{u}|H_j)(j=0,1)$ 已知，则融合规则可表示为：若

$$\frac{p(\boldsymbol{u} \mid H_1)}{p(\boldsymbol{u} \mid H_0)} > \frac{C_f}{C_d} \tag{5-30}$$

则判 H_1 为真；否则，判 H_0 为真。

通过联合求解 N 个形如式(5-29)和 2^N 个形如式(5-30)的方程得到最优融合规则和最优局部判决准则。

为了简化计算，进一步假设各个传感器的观测相互独立，即

$$f(y_1, y_2, \cdots, y_N \mid H_j) = \prod_{i=1}^{N} f(y_i \mid H_j) \quad j = 0,1 \tag{5-31}$$

可得

$$p(\tilde{\boldsymbol{u}}_k \mid y_k, H_1) = p(\tilde{\boldsymbol{u}}_k \mid H_1) \tag{5-32}$$

因此，式(5-29)可表示为

$$\frac{f(y_k \mid H_1)}{f(y_k \mid H_0)} > \frac{\sum_{\tilde{\boldsymbol{u}}_k} C_f A(\tilde{\boldsymbol{u}}_k) p(\tilde{\boldsymbol{u}}_k \mid y_k, H_0)}{\sum_{\tilde{\boldsymbol{u}}_k} C_d A(\tilde{\boldsymbol{u}}_k) p(\tilde{\boldsymbol{u}}_k \mid y_k, H_1)} \tag{5-33}$$

式(5-33)可进一步简化为

$$\frac{f(y_k \mid H_1)}{f(y_k \mid H_0)} > \frac{\sum_{\tilde{\boldsymbol{u}}_k} C_f A(\tilde{\boldsymbol{u}}_k) \prod_{i=1, i\neq k}^{N} p(u_i \mid H_0)}{\sum_{\tilde{\boldsymbol{u}}_k} C_d A(\tilde{\boldsymbol{u}}_k) \prod_{i=1, i\neq k}^{N} p(u_i \mid H_1)} \tag{5-34}$$

式(5-34)的右边是常量，局部判决规则是阈值检验。这时求解的联合方程的数量没有变，但由于局部判决规则的简化使总体的计算难度降低了。

5.5 基于串行结构的分布式检测融合

本节讨论串行分布式融合检测，包括串行分布式融合检测系统结构和串行分布式最优检测。

5.5.1 串行分布式融合检测系统结构

串行分布式融合检测系统结构如图 5-5 所示。

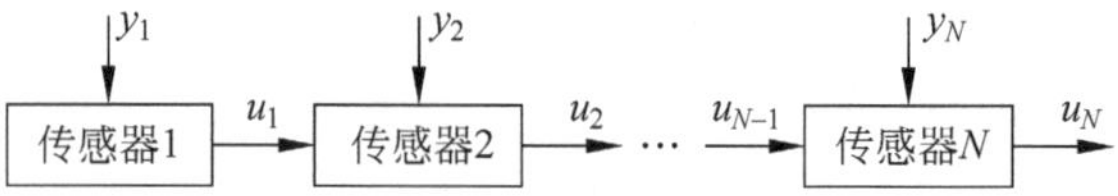

图 5-5 串行分布式融合检测系统结构

由图 5-5 可知，N 个局部传感器分别接收各自的观测数据 $y_i(i=1,2,\cdots,N)$后，首先，传感器 1 做出局部检测判决 u_1，将它传递给传感器 2；传感器 2 将自己的观测数据与 u_1 融合形成判决 u_2，并传送给下一个传感器，上述过程不断重复，第 i 个传感器的融合判决实际上是对自身观测 y_i 与 u_{i-1} 的融合过程；最后，传感器 N 的判决 u_N 就是融合系统的最终判决。

与并行结构相比，在串行分布式融合检测系统中，不存在唯一的融合中心，融合过程由各个传感器共同完成，融合系统的最终判决由一指定的传感器完成。

为了研究串行分布式融合检测问题，类似地，本节做如下假设：

① H_0 表示"无目标"假设，H_1 表示"有目标"假设，其先验概率分别为 p_0 和 p_1。

② 假设系统由 N 个检测器构成，各个检测器的观测量为 $y_i(i=1,2,\cdots,N)$，每个检测器的判决结果为 $u_i(i=1,2,\cdots,N)$，最终的融合判决由检测器 N 完成。

③ 各检测器的判决均为硬判决，即当判决结果为无目标时，$u_i=0$，反之，$u_i=1(i=1,2,\cdots,N)$。

④ 各个检测器的虚警概率、漏警概率和检测概率分别为 $p_{\mathrm{f}i}$、$p_{\mathrm{m}i}$和 $p_{\mathrm{d}i}$，且 $p_{\mathrm{d}i}\geqslant p_{\mathrm{f}i}(i=1,2,\cdots,N)$。

5.5.2 串行分布式最优检测

串行分布式融合检测系统性能的优化，就是对各个检测器的判决准则进行优化，使融合系统判决结果的贝叶斯风险达到最小。在各个传感器观测相关的条件下，最优检测器判决规则的形式较复杂，不能简化为似然比判决准则。本节主要研究各个检测器的观测相互独立条件下，各检测器的判决规则的优化问题。

串行分布式融合检测系统的贝叶斯风险为

$$R=\sum_{i=0}^{1}\sum_{j=0}^{1}C_{ij}p_j p(u_N=i\mid H_j) \tag{5-35}$$

式中，C_{ij} 表示当假设 H_j 为真时，最终判决假设 H_i 成立所付出的代价($i=0,1$)。

由于

$$p(u_N=i\mid H_0)=(p_{\mathrm{f}N})^i\,(1-p_{\mathrm{f}N})^{1-i}$$

$$p(u_N = i \mid H_1) = (p_{dN})^i (1 - p_{dN})^{1-i}$$

式(5-35)可表示为

$$R = C_f p_{fN} - C_d p_{dN} + C \tag{5-36}$$

其中

$$C_f = p_0(C_{10} - C_{00}), C_d = p_1(C_{01} - C_{11}), C = C_{01} p_1 + C_{00} p_0$$

系统优化采用“逐个优化”(PBPO)方法，在推导某个检测器的判决规则时，都假定其他检测器的判决规则是固定的。

下面先考察第一个检测器的判决规则。

融合系统的检测概率可表示为

$$p_{dN} = p(u_N = 1 \mid H_1) = p(u_N = 1 \mid u_1 = 0, H_1)$$

$$p(u_1 = 0 \mid H_1) + p(u_N = 1 \mid u_1 = 1, H_1) p(u_1 = 1 \mid H_1)$$

$$= p(u_N = 1 \mid u_1 = 0, H_1) + [p(u_N = 1 \mid u_1 = 1, H_1)$$

$$- p(u_N = 1 \mid u_1 = 0, H_1)] p(u_1 = 1 \mid H_1)$$

令 $A(u_N, u_k, H_j) = p(u_N = 1 \mid u_k = 1, H_j) - p(u_N = 1 \mid u_k = 0, H_j)$，其中 $k = 1, 2, \cdots, N-1$。可以证明[1]，在各检测器观测独立且 $p_{di} \geqslant p_{fi}$ 条件下，$A(u_N, u_k, H_j) \geqslant 0$。

利用 $A(u_N, u_k, H_j)$表示 p_{dN}，可得

$$p_{dN} = p(u_N = 1 \mid u_1 = 0, H_1) + A(u_N, u_1, H_1) p(u_1 = 1 \mid H_1) \tag{5-37}$$

同样可得

$$p_{fN} = p(u_N = 1 \mid u_1 = 0, H_0) + A(u_N, u_1, H_0) p(u_1 = 1 \mid H_0) \tag{5-38}$$

将式(5-37)与式(5-38)代入式(5-36)，可得

$$\begin{aligned} R = & C + C_f p(u_N = 1 \mid u_1 = 0, H_0) - C_d p(u_N = 1 \mid u_1 = 0, H_1) \\ & + C_f A(u_N, u_1, H_0) p(u_1 = 1 \mid H_0) \\ & - C_d A(u_N, u_1, H_1) p(u_1 = 1 \mid H_1) \end{aligned} \tag{5-39}$$

又因为

$$p(u_1 = 1 \mid H_j) = \int p(u_1 = 1 \mid y_1) f(y_1 \mid H_j) \mathrm{d}y_1 \ (j = 0, 1)$$

所以

$$\begin{aligned} R = & C_1 + \int p(u_1 = 1 \mid y_1) [C_f A(u_N, u_1, H_0) f(y_1 \mid H_0) \\ & - C_d A(u_N, u_1, H_1) f(y_1 \mid H_1)] \mathrm{d}y_1 \end{aligned} \tag{5-40}$$

其中

$$C_1 = C + C_f p(u_N = 1 \mid u_1 = 0, H_0) - C_d p(u_N = 1 \mid u_1 = 0, H_1)$$

由于假设各个检测器观测量相互独立，可以证明，C_1 的取值与第 1 个检测器的判决规则无关。因此，为了使 R 达到最小，第一个检测器的判决规则必须满足：若

$$\frac{f(y_1 \mid H_1)}{f(y_1 \mid H_0)} > \frac{C_f A(u_N, u_1, H_0)}{C_d A(u_N, u_1, H_1)} \tag{5-41}$$

则取 $p(u_1=1|y_1)=1$，即判 $u_1=1, H_1$ 成立；否则，取 $p(u_1=1|y_1)=0$，判 $u_1=0, H_0$ 成立。

上述判决规则是似然比判决规则，其门限值是一个固定门限。

下面再考察第 $k(k=2,3,\cdots,N)$ 个检测器的判决规则。类似地，融合系统的检测概率和虚警概率分别可以表示为

$$p_{dN} = p(u_N = 1 \mid u_k = 0, H_1) + A(u_N, u_k, H_1)p(u_k = 1 \mid H_1) \quad (5\text{-}42)$$

$$p_{fN} = p(u_N = 1 \mid u_k = 0, H_0) + A(u_N, u_k, H_0)p(u_k = 1 \mid H_0) \quad (5\text{-}43)$$

容易验证

$$p(u_k = 1 \mid H_j) = \sum_{u_{k-1}} \int p(u_k = 1 \mid y_k, u_{k-1})p(u_{k-1} \mid H_j)f(y_k \mid H_j)\mathrm{d}y_k$$

所以

$$\begin{aligned} R = C_k + \sum_{u_{k-1}} \int p(u_k = 1 \mid y_k, u_{k-1})[&C_f A(u_N, u_k, H_0)p(u_{k-1} \mid H_0)f(y_k \mid H_0) \\ &- C_d A(u_N, u_k, H_1)p(u_{k-1} \mid H_1)f(y_k \mid H_1)]\mathrm{d}y_k \end{aligned} \quad (5\text{-}44)$$

其中

$$C_k = C + C_f p(u_N = 1 \mid u_k = 0, H_0) - C_d p(u_N = 1 \mid u_k = 0, H_1)$$

由于假设各个检测器观测量相互独立，可以证明，C_k 与第 k 个检测器的判决规则无关。因此，为了使 R 达到最小，第 k 个检测器的判决规则必须满足：若

$$\frac{f(y_k \mid H_1)}{f(y_k \mid H_0)} > \frac{C_f A(u_N, u_k, H_0)p(u_{k-1} \mid H_0)}{C_d A(u_N, u_k, H_1)p(u_{k-1} \mid H_1)} \quad (5\text{-}45)$$

则取 $p(u_k=1|y_k, u_{k-1})=1$，即判 $u_k=1, H_1$ 成立；否则，取 $p(u_k=1|y_k, u_{k-1})=0$，判 $u_k=0, H_0$ 成立。

5.6 树状分布式检测融合

本节讨论树状分布式融合检测，包括树状分布式融合检测系统结构和树状分布式最优检测。

5.6.1 树状分布式融合检测系统结构

树状融合检测系统实际上是串行与并行网络的一种混合式结构，在特定条件下，可以简化为并行或串行结构，各个传感器可以具有不同的处理结构。

在图 5-6 所示的 5 个传感器构成的树状分布融合检测系统中，传感器 1、2、3 处理的只有直接观察数据 $y_k(k=1,2,3)$；传感器 4 处理的数据不仅有直接观测数据 y_4，而且还有传感器 1 和传感器 2 的检测结果，融合这些信息得到其检测结果；传感器 5 融合处理传感器 4 和传感器 3 的检测结果，得到最终的检测结果。

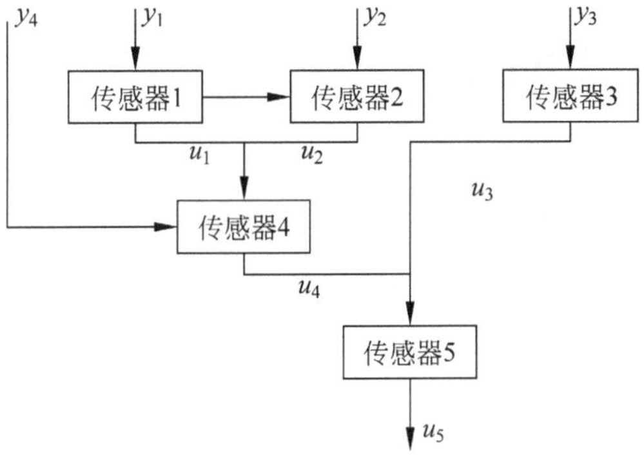

图 5-6　树状分布式融合检测系统结构

5.6.2　树状分布式最优检测

为了便于对不同机构的融合系统进行统一分析，将各传感器的处理数据分成两类，分别记为直接观测数据 y_k 和虚拟观测数据 $I_k(k=1,2,\cdots,N)$，且 I_k 与 y_k 相互独立，其中，I_k 为与传感器直接相连的前级节点检测结果的集合。对于输入数据只有直接观测的传感器 k，可以提供一个虚拟观测 I_k，满足 $p(I_k|H_0)=p(I_k|H_1)$。对于不存在直接观测数据的传感器 k，可以提供一个直接观测 y_k，其条件概率密度函数满足 $f(y_k|H_0)=f(y_k|H_1)$。

假设各个传感器的虚警概率和检测概率分别为 p_{fi} 和 $p_{di}(i=1,2,\cdots,N)$，系统的融合结果由传感器 N 给出。

与式(5-25)相似，融合系统的贝叶斯风险为

$$R = C_f p_{fN} - C_d p_{dN} + C \tag{5-46}$$

式中，常数 C、C_f 和 C_d 的定义与式(5-36)一致。

可以证明，如果各个传感器的直接观测量是相互独立的，那么，使树状融合系统的贝叶斯风险最小的各个传感器的判决准则为：若

$$\frac{f(y_k \mid H_1)}{f(y_k \mid H_0)} > \frac{C_f A(u_N, u_k, H_0) p(I_k \mid H_0)}{C_d A(u_N, u_k, H_1) p(I_k \mid H_1)} \quad k = 1,2,\cdots,N \tag{5-47}$$

则判 $u_k=1,H_1$ 成立；否则，判 $u_k=0,H_0$ 成立。其中

$$A(u_N, u_k, H_j) = p(u_N = 1 \mid u_k = 1, H_j) - p(u_N = 1 \mid u_k = 0, H_j)$$

式(5-47)的最优判决准则是在统一的传感器观测结构下推导出来的。对于具体的传感器，可以根据其观测结构，对其进行简化。

对于只有直接观测量的传感器 k，式(5-47)可简化为

$$\frac{f(y_k \mid H_1)}{f(y_k \mid H_0)} > \frac{C_f A(u_N, u_k, H_0)}{C_d A(u_N, u_k, H_1)} \tag{5-48}$$

对于不存在直接观测量的传感器 k，式(5-47)可简化为

$$\frac{p(I_k \mid H_1)}{p(I_k \mid H_0)} > \frac{C_f A(u_N, u_k, H_0)}{C_d A(u_N, u_k, H_1)} \tag{5-49}$$

5.7 反馈网络中的分布式检测融合

本节讨论具有反馈信息的并联网络中的分布检测与融合问题。在这种网络中，在观测时间间隔内观测信息顺序到达局部检测器.且假设的存在保持不变。局部检测器在收到每个观测采样之后做出局部判决，并顺向融合中心传送。在向融合中心传送路径上的子中心或检测器把到来的判决与它们的观测组合在一起做出判决，如果需要的话，还要继续把它们的判决顺向传送。它们也可以把信息逆向反馈到检测器。这些检测器基于反馈信息修改它们的判决。这一节我们只研究带反馈的并联网络结构，其他带反馈的网络结构可以用类似方法研究。

5.7.1 反馈并联网络的融合与局部判决规则

网络结构表示如图 5-7 所示。系统由 N 个局部检测器组成，各自收到观测之后，把判决送到融合中心。在组合各局部判决之后，融合中心把全局判决回送到各局部检测器。系统的运行描述如下：在时刻 t，第 $k(k=1,2,\cdots,N)$ 个检测器基于上一时刻的全局判决 u_0^{t-1}、当前时刻的观测 y_k^t 和以前的观测 y_k^{t-1}，y_k^{t-2}，…，y_k^1（用 $\boldsymbol{Y}_{t-1,k}$ 表示）做出当前时刻的局部判决 u_k^t k $(k=1,2,\cdots,N)$。然后把局部判决 u_k^t 送到融合中心，在那里把 u_k^t 与其他局部判决组合在一起产生全局判决 u_0^t。然后，融合中心把全局判决 u_0^t 反馈到各局部检测器供 $t+1$ 时刻使用。

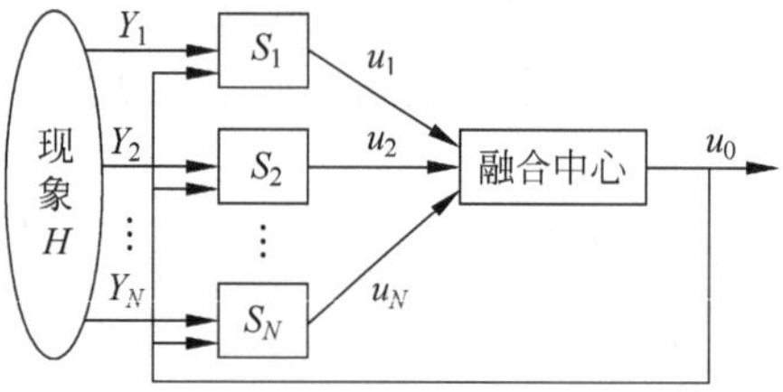

图 5-7 具有反馈信息的并联网络

我们假定联合条件概率密度函数 $f(\boldsymbol{Y}^t,\boldsymbol{Y}^{t-1},\cdots,\boldsymbol{Y}^1|H_j)(j=0,1)$ 是已知的先验信息，又设 $\boldsymbol{Y}^t$ 是 t 时刻所有局部节点观测的集合，即 $\boldsymbol{Y}^t=\{y_1^t,y_2^t,\cdots,y_N^t\}$。利用判决规则 $\gamma_k^t(\cdot)$ 获得局部判决 u_k^t，即

$$u_k^t = \gamma_k^t(\boldsymbol{Y}_{t,k},u_0^{t-1}) \tag{5-50}$$

其中，$\boldsymbol{Y}_{t,k}=\{y_k^t,y_k^{t-1},\cdots,y_k^1\}$。利用全局判决规则 $\gamma_0^t(\cdot)$ 获得全局判决 u_0^t

$$u_0^t = \gamma_0^t(\boldsymbol{u}^t) \tag{5-51}$$

这里，$\boldsymbol{u}^t=\{u_1^t,u_2^t,\cdots,u_N^t\}$。

现在的问题是为每个检测器 $k(k=1,2,\cdots,N)$ 寻找 PBPO 判决规则 $\gamma_k^t(\cdot)$，以便极小化给定的代价函数 $R(\Gamma^t)$，其中 $k=0$ 代表融合中心，$\Gamma=\{\Gamma^t: t=1,2,\cdots\}$ 且 $\Gamma^t=\{\gamma_k^t(\cdot): k=0,1,\cdots,N\}$。每个检测器 k 的 PBPO 判决规则名 $\gamma_k^t(\cdot)$ 是通过极小化代价函数 $R(\Gamma^t)$ 获得，$R(\Gamma^t)$ 由下式给出

$$\begin{aligned} R(\Gamma^t) = & C_{00}p(u_0^t=0,H_0)+C_{01}p(u_0^t=0,H_1) \\ & +C_{10}p(u_0^t=1,H_0)+C_{11}p(u_0^t=1,H_1) \end{aligned}$$

$$=C_{00}p(u_0^t=0\mid H_0)p_0+C_{01}p(u_0^t=0\mid H_1)p_1$$
$$+C_{10}p(u_0^t=1\mid H_0)p_0+C_{11}p(u_0^t=1\mid H_1)p_1 \tag{5-52}$$

这里，$C_{ij}(i,j=0,1)$表示当在假设 H_j 为真时决策为 $u_0^t=i$ 的代价，$C_{ij}(i,j=0,1)$和 p_0、p_1 假定是已知的，根据时刻 t 的虚警概率 p_f^t 和检测概率 p_d^t，式(5-52)可重新表示为

$$R(\Gamma^t)=C_f p_f^t-C_d p_d^t+C \tag{5-53}$$

其中 C_f、C_d、C 已在 5.5 节给出。

下面首先确定融合规则 $\gamma_0^t(\cdot)$。我们就判决向量 u^t 展开虚警和检测概率如下

$$R(\Gamma^t)=C_f\sum_{u^t}p(u_0^t=1,u^t\mid H_0)-C_d\sum_{u^t}p(u_0^t=1,u^t\mid H_1)+C$$
$$=C_f\sum_{u^t}p(u_0^t=1\mid \boldsymbol{u}^t,H_0)p(\boldsymbol{u}^t\mid H_0)$$
$$-C_d\sum_{u^t}p(u_0^t=1\mid \boldsymbol{u}^t,H_1)p(\boldsymbol{u}^t\mid H_1)+C \tag{5-54}$$

因为在给定 $\boldsymbol{u}^t$ 的条件下 u_0^t 不依赖于假设 H_0 或 H_1，于是式(5-54)可进一步表示为

$$R(\Gamma^t)=\sum_{u^t}p(u_0^t=1\mid \boldsymbol{u}^t)[C_f p(\boldsymbol{u}^t\mid H_0)-C_d p(\boldsymbol{u}^t\mid H_1)]+C \tag{5-55}$$

由于采用 PBPO 方法，我们假设局部检测器是固定的，并在融合中心通过选择判决规则使代价函数 $R(\Gamma^t)$极小化可得

$$p(u_0^t=1\mid \boldsymbol{u}^t)=\begin{cases}1 & C_f p(\boldsymbol{u}^t\mid H_0)-C_d p(\boldsymbol{u}^t\mid H_1)<0\\ 0 & \text{其他}\end{cases} \tag{5-56}$$

这也就是说，$p(u_0^t=1|\boldsymbol{u}^t)$只有 0,1 两种取值，要想使 $R(\Gamma^t)$达到极小，只有使式(5-56)成立。于是，判决规则 $\gamma_0^t(u_0^t)$可以写为

$$\gamma_0^t(\boldsymbol{u}^t)=u_0^t=\begin{cases}1 & \Lambda(\boldsymbol{u}^t)>\dfrac{C_f}{C_d}\\ 0 & \text{其他}\end{cases} \tag{5-57}$$

其中，$\Lambda(\boldsymbol{u}^t)=\dfrac{p_r(\boldsymbol{u}^t|H_1)}{p_r(\boldsymbol{u}^t|H_0)}$。

这样就通过使式(5-55)极小化获得了式(5-57)具有似然比形式的融合规则。下一步，推导局部判决规则。考虑第 k 个局部判决，把式(5-56)写成显式表达式，即

$$R(\Gamma^t)=\sum_{u^t}\{p(u_0^t=1\mid \boldsymbol{u}_{k_1}^t)[C_f p(\boldsymbol{u}_{k_1}^t\mid H_0)-C_d p(\boldsymbol{u}_{k_1}^t\mid H_1)]$$
$$+p(u_0^t=1\mid \boldsymbol{u}_{k_0}^t)[C_f p(\boldsymbol{u}_{k_0}^t\mid H_0)-C_d p(\boldsymbol{u}_{k_0}^t\mid H_1)]\}+C \tag{5-58}$$

其中，$\boldsymbol{u}_{k_1}^t=\{u_1^t,u_2^t,\cdots,u_{k-1}^t,u_{k+1}^t,\cdots,u_N^t\}$；$\boldsymbol{u}_{k_i}^t=\{u_1^t,u_1^t,\cdots,u_{k-1}^t,u_k^t=i,u_{k+1}^t,\cdots,u_N^t\}$ $(i=0,1)$。

因为 $p(\boldsymbol{u}_{k_0}^t|H_j)=p(\boldsymbol{u}_k^t|H_j)-p(\boldsymbol{u}_{k_1}^t|H_j)(j=0,1)$，所以式(5-58)化简为

$$R(\Gamma^t)=\sum_{u^t}\{[p(u_0^t=1\mid \boldsymbol{u}_{k_1}^t)-p(u_0^t=1\mid \boldsymbol{u}_{k_0}^t)][C_f p(\boldsymbol{u}_{k_1}^t\mid H_0)-C_d p(\boldsymbol{u}_{k_1}^t\mid H_1)]$$
$$+p(u_0^t=1\mid \boldsymbol{u}_{k_0}^t)[C_f p(\boldsymbol{u}_k^t\mid H_0)-C_d p(\boldsymbol{u}_k^t\mid H_1)]\}+C \tag{5-59}$$

就第 k 个检测器的优化而论，我们注意到式(5-59)中的最后两项值是固定的。

因而在推导 k 个检测器的优化准则时我们可忽略这些项。于是，经过推导，可获得第 k 个检侧器的判决规则为

$$\gamma_k^t(\boldsymbol{Y}_{t,k,u_0^{t-1}}) = u_k^t = \begin{cases} 1 & \dfrac{f(\boldsymbol{Y}_{t,k} \mid H_1)}{f(\boldsymbol{Y}_{t,k} \mid H_0)} > \eta_k^t(u_0^{t-1}) \\ 0 & \text{其他} \end{cases} \tag{5-60}$$

式中 $\eta_k^t(u_0^{t-1})$是 t 时刻第 k 检测器的阈值，表示为

$$\eta_k^t(u_0^{t-1}) = \frac{C_{\mathrm{f}} \sum\limits_{u_k^t} g(\boldsymbol{u}_k^t) p_r(\boldsymbol{u}_k^t, u_0^{t-1} \mid H_0)}{C_{\mathrm{d}} \sum\limits_{u_k^t} g(\boldsymbol{u}_k^t) p_r(\boldsymbol{u}_k^t, u_0^{t-1} \mid H_1)} \tag{5-61}$$

这里 $g(\boldsymbol{u}_k^t) \stackrel{\text{def}}{=} p_r(u_0^t=1|\boldsymbol{u}_{k_1}^t) - p_r(u_0^t=1|\boldsymbol{u}_{k_0}^t)$。

重要的是局部判决规则是似然比检验。在时间步 $t=1$ 处，没有反馈。在这一步，融合规则具有与式(5-57)相同的形式。但局部判决规则是单阈值似然比检验，由下式给出

$$\gamma_k^1(u^1) = u_k^1 = \begin{cases} 1 & \dfrac{f(y_k^1 \mid H_1)}{f(y_k^1 \mid H_0)} > \eta_k^1 \\ 0 & \text{其他} \end{cases} \tag{5-62}$$

η_k^1 是时间步 $t=1$ 处第 k 个检测器阈值，定义为

$$\eta_k^1 = \frac{C_{\mathrm{f}} \sum\limits_{u_k^1} g(\boldsymbol{u}_k^1) p_r(\boldsymbol{u}_k^1 \mid H_0)}{C_{\mathrm{d}} \sum\limits_{u_k^1} g(\boldsymbol{u}_k^1) p_r(\boldsymbol{u}_k^1 \mid H_1)} \tag{5-63}$$

且 $g(\boldsymbol{u}_k^1) \stackrel{\text{def}}{=} p_r(u_0^1=1|\boldsymbol{u}_{k_1}^1) - p_r(u_0^1=1|\boldsymbol{u}_{k_0}^1)$。

当时间步 $t>1$ 时，像在方程式(5-60)中表示的那样，第 k 个检测器的阈值 $\eta_k^t(u_0^{t-1})$是前一时刻全局判决 u_0^{t-1} 的函数。因为前一时刻全局判决 u_0^{t-1} 在二元假设检验情况下可取两种值。因而对局部检测器的似然函数比也存在两种阈值。

5.7.2 系统的性能描述

下面根据 p_{f}^t 和 p_{m}^t 评价 5.7.1 节描述的系统性能，并获得关于它们的循环关系。依据 u_0^{t-1} 把 $p_{\mathrm{f}}^t = \Pr(u_0^t=1|H_0)$展开为

$$\begin{aligned} p(u_0^t = 1 \mid H_0) = p_{\mathrm{f}}^t = {} & p(u_0^t = 1 \mid u_0^{t-1} = 1, H_0) p(u_0^{t-1} = 1, H_0) \\ & + p(u_0^t = 1 \mid u_0^{t-1} = 0, H_0) p(u_0^{t-1} = 0, H_0) \end{aligned} \tag{5-64}$$

用 $1-p(u_0^{t-1}=1|H_0)$代替 $p(u_0^{t-1}=0|H_0)$，并重新安排式(5-64)各项有

$$\begin{aligned} p_{\mathrm{f}}^t = {} & p(u_0^{t-1} = 1 \mid H_0)[p(u_0^t = 1 \mid u_0^{t-1} = 1, H_0) - p(u_0^t = 1 \mid u_0^{t-1} = 0, H_0)] \\ & + p(u_0^t = 1 \mid u_0^{t-1} = 0, H_0) \end{aligned} \tag{5-65}$$

定义：$p_{\mathrm{f}}^t(u_0^{t-1}=i) = \Pr(u_0^t=1|u_0^{t-1}=i, H_0)$，$i=0,1$，则上式可以表示为

$$p_{\mathrm{f}}^t = p_{\mathrm{f}}^{t-1}[p_{\mathrm{f}}^t(u_0^{t-1} = 1) - p_{\mathrm{f}}^t(u_0^{t-1} = 1)] + p_{\mathrm{f}}^t(u_0^{t-1} = 0) \tag{5-66}$$

引入局部判决向量 u^t，则有

$$\begin{aligned} p_f^t(u_0^{t-1}=i) &= p(u_0^t=1 \mid u_0^{t-1}=i,H_0) \\ &= \sum_{u^t} p(u_0^t=1 \mid \boldsymbol{u}^t,u_0^{t-1}=i,H_0)p(u^t \mid \boldsymbol{u}_0^{t-1}=i,H_0),\quad i=0,1 \end{aligned} \tag{5-67}$$

注意到基于 u^t 的全局判决 u_0^t 不依赖于 u_0^{t-1} 和 H_0，因此，方程式(5-67)可表示为

$$p_f^t(u_0^{t-1}=i) = \sum_{u^t} p(u_0^t=1 \mid \boldsymbol{u}^t)p(\boldsymbol{u}^t \mid u_0^{t-1}=i,H_0),\quad i=0,1 \tag{5-68}$$

用类似的方法，可以推导出系统的漏警概率 p_m^t 为

$$p_m^t = p_m^{t-1}[p_m^t(u_0^{t-1}=0) - p_m^t(u_0^{t-1}=1)] + p_m^t(u_0^{t-1}=1) \tag{5-69}$$

这里 $p_m^t(u_0^{t-1}=i)$表示为

$$\begin{aligned} p_m^t(u_0^{t-1}=i) &= p(u_0^t=1 \mid u_0^{t-1}=i,H_1) \\ &= \sum_{u^t} p(u_0^t=0 \mid \boldsymbol{u}^t)p(u^t \mid u_0^{t-1}=i,H_1),\quad i=0,1 \end{aligned} \tag{5-70}$$

基于虚警和漏警概率，我们可以写出系统的错误概率为

$$p_e^t = p_f^t p_0 + p_m^t p_1 \tag{5-71}$$

这个公式便表示了全系统的性能。

5.7.3 并联反馈网络应用举例

考虑由两个局部检测器和一个融合中心组成带反馈的并联网络。在两个假设条件下，每个检测器的输入观测都假定服从具有单位方差的高斯分布。在 H_0 条件下，均值假定为 0；在 H_1 条件下，均值假定为 S，并设 $p_0=0.6$。假设采用贝叶斯最小风险准则，$t=1$ 时刻利用式(5-61)计算局部阈值。用式(5-71)计算系统的错误概率，其中

$$\begin{aligned} p_f^1 &= \sum_{u^1} p(u_0^1=1 \mid \boldsymbol{u}^1)p(\boldsymbol{u}^1 \mid H_0) \\ p_m^1 &= \sum_{u^1} p(u_0^1=0 \mid \boldsymbol{u}^1)p(\boldsymbol{u}^1 \mid H_1) \end{aligned} \tag{5-72}$$

应用式(5-60)、式(5-66)、式(5-69)和式(5-71)，可获得 $t>1$ 情况下的阈值和系统错误概率。

在这个例子中，融合规则不是利用式(5-63)确定的。因为 $\boldsymbol{u}^t$ 的分布随时间变化，因而式(5-63)的融合规则也是随时间变化的。为简单起见，在这里采用固定的融合规则“或”和“与”。关于这两种融合规则，阈值参数 $\eta_k^t(u_0^{t-1}=0)$和 $\eta_k^t(u_0^{t-1}=1)$对 S 的关系曲线示于图 5-8～图 5-11，系统错误概率对 S 的关系曲线示于图 5-12 和图 5-13。为了便于比较，在图 5-14 和图 5-15 中给出了没有反馈并联网络的错误概率对 S 的关系曲线。

由图 5-8～图 5-11 可以看出，对某一值 $\eta_k^t(u_0^{t-1}=1)$随着 t 的增加而减小，但 $\eta_k^t(u_0^{t-1}=0)$则随着 t 的增加而增大。当 $t=1$ 时，有反馈系统和无反馈系统的错误概率是相同的。但在 $t>1$ 时，有反馈并联网络的性能优于无反馈并联网络的性能。

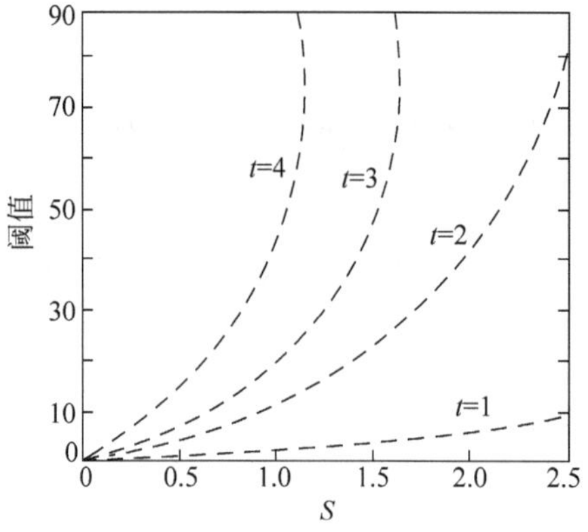

图 5-8 "或"融合规则下的阈值 $\eta_k^t(u_0^{t-1}=0)$对 S 的关系

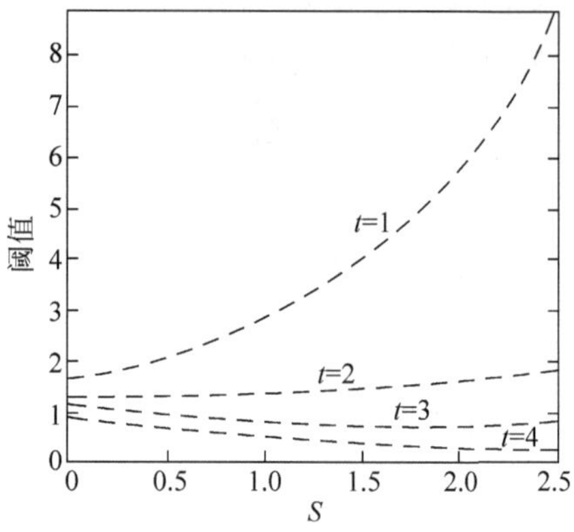

图 5-9 "或"融合规则下的阈值 $\eta_k^t(u_0^{t-1}=1)$对 S 的关系

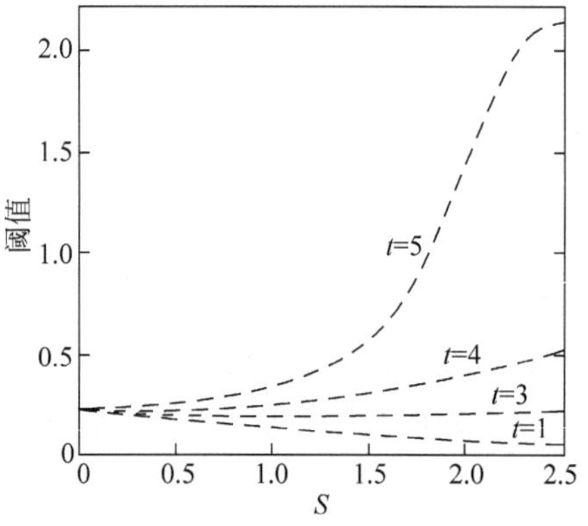

图 5-10 "与"融合规则下的阈值 $\eta_k^t(u_0^{t-1}=0)$对 S 的关系

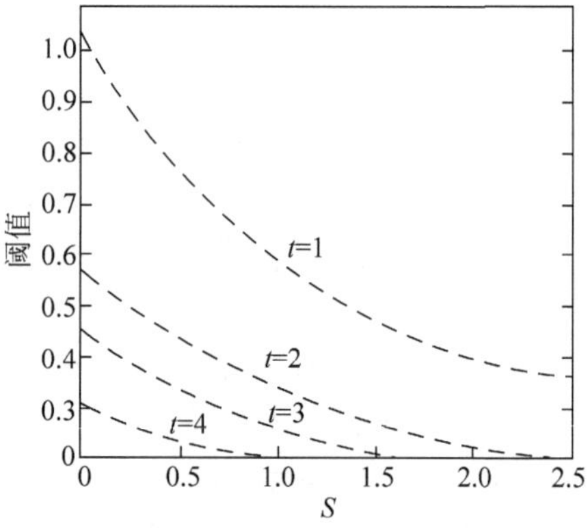

图 5-11 "与"融合规则下的阈值 $\eta_k^t(u_0^{t-1}=1)$对 S 的关系

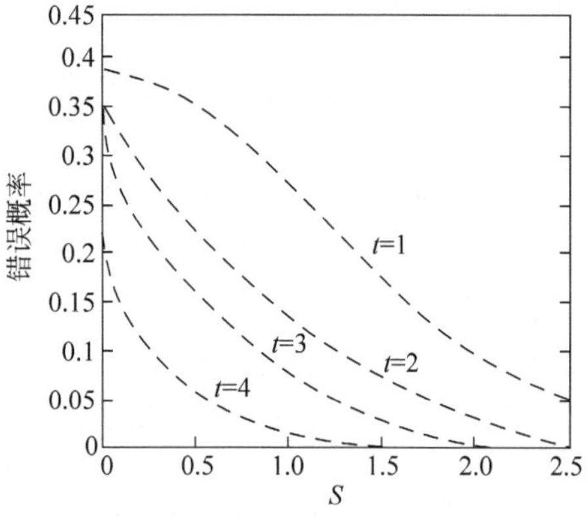

图 5-12 "或"融合规则带反馈系统对 S 的关系

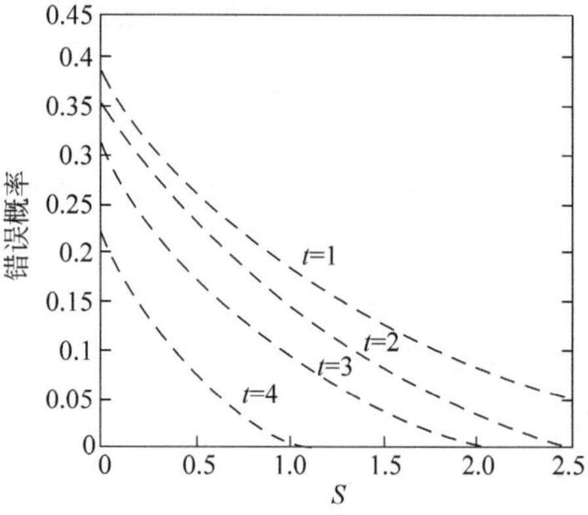

图 5-13 "与"融合规则带反馈系统对 S 的关系

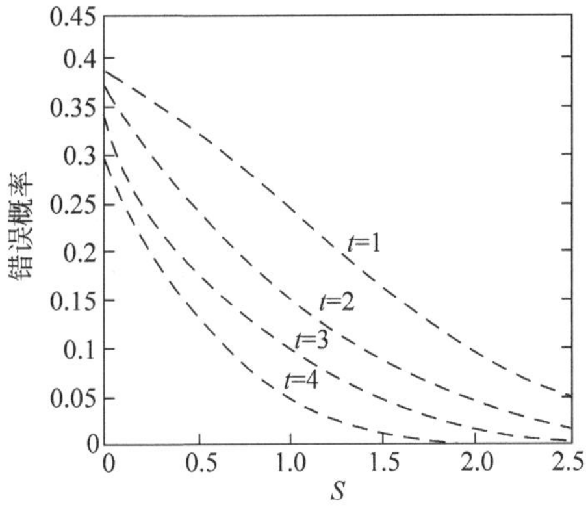

图 5-14　“或”融合规则无反馈系统对 S 的关系

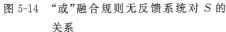

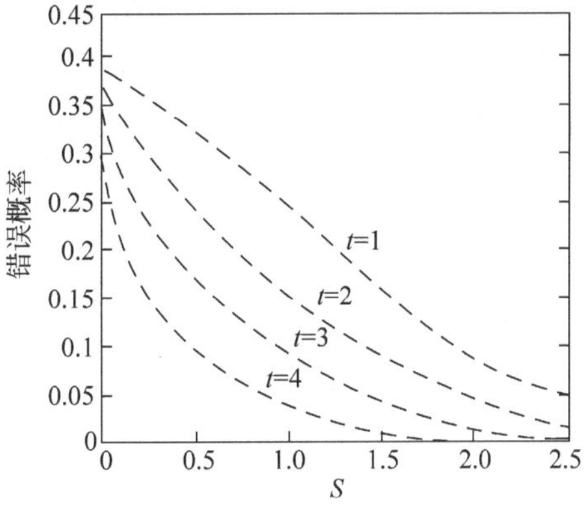

图 5-15　“与”融合规则无反馈系统对 S 的关系

5.8　分布式恒虚警概率检测

在前面几节讨论的融合检测准则的优化问题中，系统性能的优化准则均为最小贝叶斯风险判决准则。采用这种判决准则需要确定先验概率和代价函数。但在许多应用领域，人们可能不仅对先验概率未知，就连错误判断的代价也是难以估计的，甚至是难以定义的。在这种情况下，一般采用 Neyman-Person(N-P)判决准则进行检测，在限定虚警概率 p_f 的前提下，使检测概率 p_d 达到最大。

但是，N-P 检测是固定门限检测，它仅适用于固定不变的检测环境，而在实际工作环境中，传感器接收信号的噪声与杂波强度往往是变化的，这就要求检测门限对噪声与杂波强度具有自适应能力，以保证虚警概率 p_f 始终处于一个相对恒定的水平，这就是恒虚警概率(constant false alarm rate，CFAR)检测。

5.8.1　CFAR 检测

在目标检测中，同一个传感器的检测环境会随着时间、空间、频率等因素的不同而呈现出很大的差异，这就导致接收信号的概率分布发生变化。这时如果要保持恒定的虚警概率就必须根据接收信号概率分布的变化来自适应地调整判决门限。

通常情况下，检测是针对某个特定检测单元。由于接收目标信号的相关性，该检测单元上的接收信号的概率分布可以通过其周围接收单元进行估计，这相当于在检测单元处设定了一个参考窗，被检测单元是参考窗的中心。一般认为，参考窗单元所含杂波的统计特性与检测单元分布一致，参考单元中不包含任何目标，其仅仅存在干扰噪声。在上述条件下，检测单元的干扰杂波统计特性就可以从参考单元的数值中估计出来，进而根据该分布自适应调整判决门限，这种检测方法称 CFAR 检测。

CFAR 检测器处理框图如图 5-16 所示。这里假定目标是慢起伏的 swerling Ⅰ型，背景为高斯噪声，接收机采用平方律检波器，输入信号经过平方检波后以串行方式进入一个长度为 $N+1$ 的移位寄存器，寄存器的中间位置为被检测单元，前后各 $N/2$ 个单元组成参考窗，CFAR 处理器根据 N 个参考单元的信号估计背景强度，得到噪声功率估计 Z，估计算法与采用的 CFAR 检测方式有关。判决门限由估计值乘上加权系数 T 得到，即乘法器的输出 TZ。比较器将被检测单元信号与门限值进行比较得到输出结果。

图 5-16 所示的 CFAR 检测器的虚警概率和检测概率分别为

$$p_{\mathrm{f}}=\int_0^{\infty} p(X>TZ \mid Z,H_0)f(Z)\mathrm{d}Z \tag{5-73}$$

$$p_{\mathrm{d}}=\int_0^{\infty} p(X>TZ \mid Z,H_1)f(Z)\mathrm{d}Z \tag{5-74}$$

式中，Z 为 CFAR 检测器的噪声功率估计；$f(Z)$为 Z 的概率密度函数。

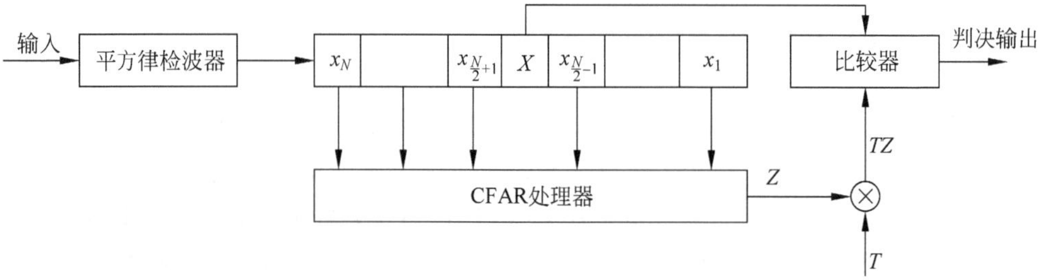

图 5-16 CFAR 检测器处理框图

由式(5-73)和式(5-74)可知，p_{f} 和 p_{d} 都与 Z 的分布有关，而 Z 的分布又与 CFAR 处理器的处理算法有关。在 CFAR 检测器中，估计 Z 值的两种基本算法是单元平均法(cell average)和有序统计量法(order statistic)，相应地，有单元平均 CFAR 检测和有序统计量 CFAR 检测。

在单元平均 CFAR 检测(CA-CFAR)中，Z 值是各个参考单元信号之和，即

$$Z=\sum_{i=1}^{N} x_i \tag{5-75}$$

根据式(5-73)和式(5-74)得到 CA-CFAR 检测的虚警概率和检测概率为[11]

$$p_{\mathrm{f}}=(1+T)^{-N} \tag{5-76}$$

$$p_{\mathrm{d}}=\left(1+\frac{T}{1+S}\right)^{-N} \tag{5-77}$$

式中，S 是目标信号与噪声功率比。

CA-CFAR 方法在均匀环境下具有良好的检测性能，但实际的信号环境往往存在瞬态脉冲干扰、随机杂波、多目标干扰等非均匀背景信号，这就导致参考信号是非均匀分布。在这种情况下，CA-CFAR 的检测性能会明显恶化。为了提高非均匀环境下背景噪声强度估计的鲁棒性，Rohling 在 20 世纪 80 年代提出了有序统计量

CFAR 检测(OS-CFAR)。在 OS-CFAR 检测器中,首先对 N 个参考单元信号按幅度大小进行排序,取其中的某个序值 k 作为背景噪声估计,即

$$x^{(1)} \leqslant x^{(2)} \leqslant \cdots \leqslant x^{(k)} \leqslant \cdots \leqslant x^{(N)} \tag{5-78}$$

$$Z = x^{(k)} \tag{5-79}$$

式中,$x^{(i)}$ 表示排序后的第 i 个序值,其中 $i=1,2,\cdots,N$。OS-CFAR 的虚警概率和检测概率分别为[12~13]

$$p_{\mathrm{f}} = \prod_{i=0}^{k-1} \frac{N-i}{N-i+T} \tag{5-80}$$

$$p_{\mathrm{d}} = \prod_{i=0}^{k-1} \frac{N-i}{N-i+\dfrac{T}{1+S}} \tag{5-81}$$

式中,S 是目标信号和噪声功率比。

5.8.2 分布式 CFAR 检测

假设分布式 CFAR 检测系统采用图 5-3 所示的并行结构,每个传感器都独立进行观测和 CFAR 检测,各传感器的参考窗长度分别为 $N_i(i=1,2,\cdots,N)$。目标假定是慢起伏的 swerling Ⅰ型目标,均匀背景噪声为高斯噪声,各局部检测器具有相同的目标信号与噪声功率比 S,各传感器的虚警概率和检测概率分别为 p_{f_i} 和 p_{d_i}。融合系统的虚警概率和检测概率分别为 p_{f} 和 p_{d}。

分布式融合检测系统的设计目标就是寻找一种融合算法和各传感器的 CFAR 检测参数,使得在满足 $p_{\mathrm{f}}=p_{\mathrm{f}_0}$ 恒虚警条件下,融合系统的检测概率 p_{d} 最大。本节主要研究局部检测器为 CA-CFAR 检测器和 OS-CFAR 检测器的情况。

1. CA-CFAR 分布式检测

在均匀背景下,对具有 CA-CFAR 局部检测器的分布式检测系统,当给定融合规则时,可通过最优地设置局部检测器的 $T_i(i=1,2,\cdots,N)$来极大化全局检测概率。应用拉格朗日乘子法得到目标函数,即

$$J(T_1,T_2,\cdots,T_N) = p_{\mathrm{d}} + \mu[p_{\mathrm{f}} - p_{\mathrm{f}_0}] \tag{5-82}$$

式中 μ 为拉格朗日乘子。

下面讨论融合系统分别采用“与”和“或”融合规则时的结果。

(1) “与”融合规则,当融合系统采用“与”融合规则时,总的虚警概率和检测概率分别为

$$p_{\mathrm{f}} = \prod_{i=1}^{N} p_{\mathrm{f}_i} \tag{5-83}$$

$$p_{\mathrm{d}} = \prod_{i=1}^{N} p_{\mathrm{d}_i} \tag{5-84}$$

把式(5-76)、式(5-77)分别代入式(5-83)、式(5-84)中,然后再把式(5-83)、式(5-84)代

入式(5-82),得到目标函数为

$$J(T_1,T_2,\cdots,T_N)=\prod_{i=1}^{N}\frac{(1+S)^{N_i}}{(1+S+T_i)^{N_i}}+\mu\left[\prod_{i=1}^{N}\frac{1}{(1+T_i)^{N_i}}-p_{f_0}\right] \tag{5-85}$$

CA-CFAR 分布式检测系统的优化问题实际上就是在 $p_f=p_{f_0}$ 约束条件下,对 $J(T_1,T_2,\cdots,T_N)$ 求关于 $T_j(j=1,2,\cdots,N)$ 的偏导数,并令其为 0,则有

$$\begin{cases}\dfrac{(1+S)^{N_j}}{(1+S+T_j)^{N_j+1}}\prod\limits_{\substack{i=1\\i\neq j}}^{N}\dfrac{(1+S)^{N_i}}{(1+S+T_i)^{N_i}}\\ \qquad+\dfrac{\mu}{(1+T_j)^{N_j+1}}\prod\limits_{\substack{i=1\\i\neq j}}^{N}\dfrac{1}{(1+T_i)^{N_i}}=0\quad j=1,2,\cdots,N\\ \prod\limits_{i=1}^{N}\dfrac{1}{(1+T_i)^{N_i}}=p_{f_0}\end{cases} \tag{5-86}$$

$T_i(i=1,2,\cdots,N)$ 可以通过求解上述带约束的非线性联立方程组获得。

在 $N=2$ 的特殊情况下,上面方程组的解为

$$T_1=T_2=p_{f_0}^{-\frac{1}{N_1+N_2}}-1 \tag{5-87}$$

(2)“或”融合规则。当融合系统采用“或”融合规则时,总的虚警概率和检测概率分别为

$$p_f=1-\prod_{i=1}^{N}(1-p_{f_i}) \tag{5-88}$$

$$p_d=1-\prod_{i=1}^{N}(1-p_{d_i}) \tag{5-89}$$

目标函数可表示为

$$J(T_1,T_2,\cdots,T_N)=1-\prod_{i=1}^{N}\left(1-\frac{(1+S)^{N_i}}{(1+S+T_i)^{N_i}}\right)+\mu\left[1-\prod_{i=1}^{N}\left(1-\frac{1}{(1+T_i)^{N_i}}\right)-p_{f_0}\right] \tag{5-90}$$

在 $p_f=p_{f_0}$ 约束条件下,对 $J(T_1,T_2,\cdots,T_N)$ 求关于 $T_j(j=1,2,\cdots,N)$ 的导数,并令其为 0,则有

$$\begin{cases}\dfrac{(1+S_j)^{N_j}}{(1+S_j+T_j)^{N_j+1}}\prod\limits_{\substack{i=1\\i\neq j}}^{N}\left[1-\dfrac{(1+S_i)^{N_i}}{(1+S_i+T_i)^{N_i}}\right]\\ \qquad+\dfrac{\mu}{(1+T_j)^{N_j+1}}\prod\limits_{\substack{i=1\\i\neq j}}^{N}\dfrac{1}{(1+T_i)^{N_i}}=0\quad j=1,2,\cdots,N\\ 1-\prod\limits_{i=1}^{N}\left(1-\dfrac{1}{(1+T_i)^{N_i}}\right)=p_{f_0}\end{cases} \tag{5-91}$$

$N=2,S_1=S_2$ 时,“或”规则并不像“与”规则能够得到解析解,但当 $N_1=N_2=N$ 的情况下,上面方程组的解为

$$T_1 = T_2 = (\sqrt{1-p_{f_0}})^{-\frac{1}{2N}} - 1 \tag{5-92}$$

2. OS-CFAR 分布式检测

在均匀背景下，对具有 OS-CFAR 局部检测器的分布式检测系统的、当给定融合规则时，可通过最优地设置局部检测器的 T_i 和有序值 $k_i(i=1,2,\cdots,N)$ 来极大化全局检测概率。对于给定的参考滑窗尺寸集，应用拉格朗日乘子公式得到目标函数

$$\begin{aligned} & J((T_1,k_1),(T_2,k_2),\cdots,(T_N,k_N)) \\ = & P_d((T_1,k_1),(T_2,k_2),\cdots,(T_N,k_N)) \\ & + \mu[P_f((T_1,k_1),(T_2,k_2),\cdots,(T_N,k_N)) - P_{f_0}] \end{aligned} \tag{5-93}$$

式中，μ 为拉格朗日乘子。

当融合系统采用“与”融合规则时，目标函数表示为

$$\begin{aligned} & J[(T_1,k_1),(T_2,k_2),\cdots,(T_N,k_N)] \\ = & \prod_{i=1}^{N}\left(\prod_{l=0}^{k_i-1}\frac{N_i-l}{N_i-l+\dfrac{T_i}{1+S}}\right) + \mu\left[\prod_{i=1}^{N}\left(\prod_{l=0}^{k_i-1}\frac{N_i-l}{N_i-l+T_i}\right) - P_{f_0}\right] \end{aligned} \tag{5-94}$$

采用“或”融合规则时，目标函数表示为

$$\begin{aligned} & J[(T_1,k_1),(T_2,k_2),\cdots,(T_N,k_N)] \\ = & 1-\prod_{i=1}^{N}\left(1-\prod_{l=0}^{k_i-1}\frac{N_i-l}{N_i-l+\dfrac{T_i}{1+S}}\right) + \mu\left[1-\prod_{i=1}^{N}\left(1-\prod_{l=0}^{k_i-1}\frac{N_i-l}{N_i-l+T_i}\right) - P_{f_0}\right] \end{aligned} \tag{5-95}$$

令目标函数的偏导数等于零，在一定虚警率约束下，求解关于阈值和拉格朗日乘子的方程，就可以获得分布 OS-CFAR 检测系统的参数。

习　题

1. 测定家庭中的空气污染。令 X 和 Y 分别为房间中无吸烟者和有一名吸烟者在 24 小时内的悬浮颗粒量(以 $\mu g/m^3$ 计)。设 $X \sim N(u_x,\sigma_x^2)$，$Y \sim N(u_Y,\sigma_Y^2)$均未知。今取到总体 X 的容量 $n_1=9$ 的样本，算得样本均值 $\overline{X}=93$，样本标准差为 $S_X=12.9$；取到总体 Y 的容量为 11 的样本，算得样本均值 $\overline{Y}=132$，样本标准差为 $S_Y=7.1$，两样本独立。

(1) 试检验假设($\alpha=0.05$)：H_0：$\sigma_X=\sigma_Y$，H_1：$\sigma_X \neq \sigma_Y$。

(2) 如能接受 H_0，试检验假设($\alpha=0.05$)：H_0'：$u_X \geqslant u_Y$，H_1'：$u_X < u_Y$。

2. 对一批人进行癌症普查，患癌症者定为 ω_1 类，正常者定为 ω_2 类。统计资料表明人们患癌的概率 $P(\omega_1)=0.005$，从而 $P(\omega_2)=0.995$。设化验结果是一维离散模式特征，有阳性反应和阴性反应之分，作为诊断依据。统计资料表明：癌症者有阳性反应的概率为 0.95，即 $P(x=阳|\omega_1)=0.95$，从而可知 $P(x=阴|\omega_1)=0.05$，正常

人阳性反应的概率为0.01，即 $P(x=阳|\omega_2)=0.01$，可知 $P(x=阴|\omega_2)=0.99$，请问有阳性反应的人患癌症的概率有多大?

3. 某工程项目按合同应在三个月内完工，其施工费用与工程完工期有关。假定天气是影响能否按期完工的决定因素，如果天气好，工程能按时完工，获利5万元；如果天气不好，不能按时完工，施工单位将被罚款1万元；若不施工就要付出误工费2000元。根据过去的经验，计划施工期天气好的可能性为30%。为了更好地掌握天气情况，可以申请气象中心进行天气预报，并提供同一时期天气预报资料，但需要支付资料费800元。从提供的资料中可知，气象中心对好天气预报准确性为80%，对坏天气预报准确性为90%。请问如何进行抉择。

4. 某钟表厂对所生产的钟作质量检查，从生产过程中随机不放回的抽取350只作测试，测得每只钟的24小时走时误差(快或慢，不计正负号)并记录下来。根据表5-1中350个数据检验生产过程中产品的走时误差是否服从正态分布(检验的显著水平标准 $\alpha=0.05$)。

表5-1 采样数据

组号	组限	v_i
1	$-\infty\sim10$	19
2	10～20	25
3	20～30	31
4	30～40	37
5	40～50	42
6	50～60	46
7	60～70	40
8	70～80	36
9	80～90	30
10	90～100	26
11	$100\sim\infty$	18

参考文献

[1] 韩崇昭，朱洪艳，段战胜. 多源信息融合. 北京：清华大学出版社，2006
[2] 何友，王国栋等. 多传感器信息融合及应用(第2版). 北京：电子工业出版社，2007
[3] 李弼程，黄洁，高世海等. 信息融合技术及其应用. 北京：国防工业出版社，2010
[4] David H A. Ordered Statistics[M]. New York: Wiley, 1981
[5] 王明宇. 复杂环境下雷达CFAR检测与分布式雷达CFAR检测研究. 博士论文，西安：西北工业大学，2001
[6] 刘福声，罗鹏飞. 统计信号处理. 长沙：国防科技大学出版社，1999
[7] Mark A R (邢孟道，王彤，李真芳等译). 雷达信号处理基础. 北京：电子工业出版社，2008
[8] 张贤达. 现代信号处理. 北京：清华大学出版社，1995
[9] 斯里纳斯 M D，雷杰斯卡兰 P K (朱正中，田立生等译). 统计信号处理. 北京：国防工业出

版社，1982
[10]　杨露菁，余华．多源信息融合理论与应用．北京：北京邮电大学出版社，2006
[11]　何友，关键，彭应宁等．雷达自动检测与恒虚警处理．北京：清华大学出版社，1999
[12]　Harkat M，Varsheny K P. Decentralized CFAR Signal Detection. IEEE Transactions on Aerospace and Electronic，System，1989，25(2)：141～149
[13]　Hohling H. Radar CFAR Thresholding in Cluttter and Multiple Target Situations. IEEE Transactions on Aerospace and Electronic，System，1983，19(2)：608～621

第6章 估计融合

6.1 估计融合系统结构

数据融合这一概念是在20世纪70年代提出来的，当时并未引起人们足够的重视。但是，随着科学技术的迅猛发展以及军事、工业领域中不断增长的复杂度，使得军事指挥和工业控制等面临着数据量大、信息超载的严重问题，这就需要新的技术途径对过多的信息进行消化、解释和评估，从而使得人们越来越认识到数据融合的重要性。

本章讨论估计融合(estimation fusion)问题。所谓估计融合，从狭义上讲，是指在各传感器在本地已经完成局部估计的基础上，实现对各局部估计结果的综合，以期获得更为准确可靠的全局性估计结果，更广义上讲，就是面向估计问题的数据融合，即研究在估计未知量的过程中，如何最佳利用多个数据集合中所包含的有用信息，这些数据集合通常来自多个信息源(大多数情况是多个传感器)。估计融合最重要的应用领域之一，就是在使用多个传感器(同类的或异类的)的目标跟踪中的航迹融合，或者航迹到航迹的融合。

在实际应用中，大多数数据融合系统(特别是多传感器多目标跟踪以及杂波环境下的多传感器单目标跟踪等)在进行估计融合之前，都需要进行关联(主要包括点迹到航迹的关联、航迹到航迹的关联)，以决定来自不同传感器的哪些量测数据是属于同一目标。这是因为只有同源数据才有估计融合的必要，本章假定多传感器的量测和估计来自同一个目标。

估计融合算法都与融合结构密切相关，融合结构大致分为三类：集中式、分布式和混合式[1~4]。所谓集中式融合，就是所有传感器数据都传送到一个中心处理器进行处理和融合，所以也称为中心式融合(centralized fusion)。图6-1是一个集中式融合系统的例子。在集中式处理结构中，融合中心可以利用所有传感器的原始量测数据，没有任何信息的损失，因而融合结果是最优的。但这种结构需要频带很宽的数据传输链路来传输

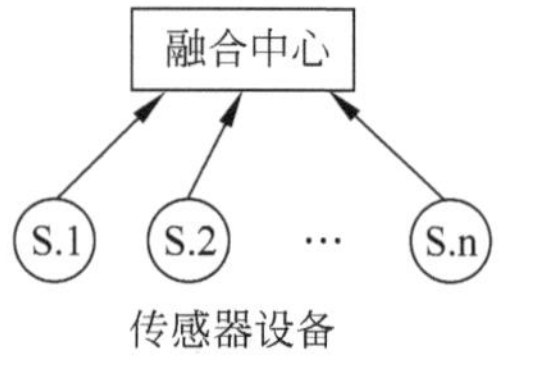

图6-1 集中式融合结构

原始数据，并且需要有较强处理能力的中心处理器，所以工程上实现起来较为困难。

分布式融合(distributed fusion)也称为传感器级融合或自主式融合。在这种结构中，每个传感器都有自己的处理器，进行一些预处理，然后把中间结果送到中心节点，进行融合处理。由于各传感器都具有自己的局部处理器，能够形成局部航迹，所以在融合中心也主要是对局部航迹进行融合，所以这种融合方法通常也称为航迹融合(track fusion)。这种结构因对信道要求低、系统生命力强、工程上易于实现。分布式航迹融合系统根据其通信方式的不同又可分为：

(1) 无反馈分层融合结构，如图6-2所示。各传感器节点把各自的局部估计全部传送到中心节点以形成全局估计，这是最常见的分布式融合结构。

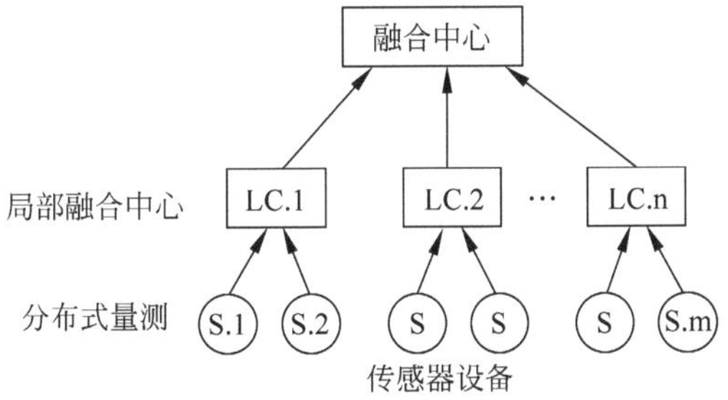

图6-2 无反馈分层融合结构

(2) 有反馈分层融合结构，如图6-3所示。在这种结构中，中心节点的全局估计可以反馈到各局部节点，它具有容错的优点。当检测出某个局部节点的估计结构很差时，不必把它排斥于系统之外，而是可以利用全局结果来修改局部节点的状态。这样既改善了局部节点的信息，又可继续利用该节点的信息。文献[5]证明了此种结构并不能改善全局估计精度，但可以提高局部估计的精度。图6-4给出的是完全分布式融合结构，在这种一般化的系统结构中，各节点由网状或链状等形式的通信方式连接。一个节点可以享有全局信息的一部分，从而能在多点上获得较好的估计。在极端情况下(也即所有传感器节点相互连接时)，每个节点都可以作为中心节点获得全局最优解。这是目前网络共识/一致(Network Consensus)研究的重点。

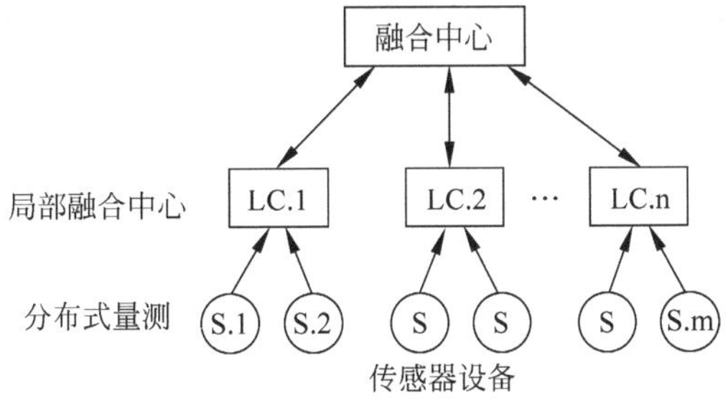

图6-3 有反馈分层融合结构

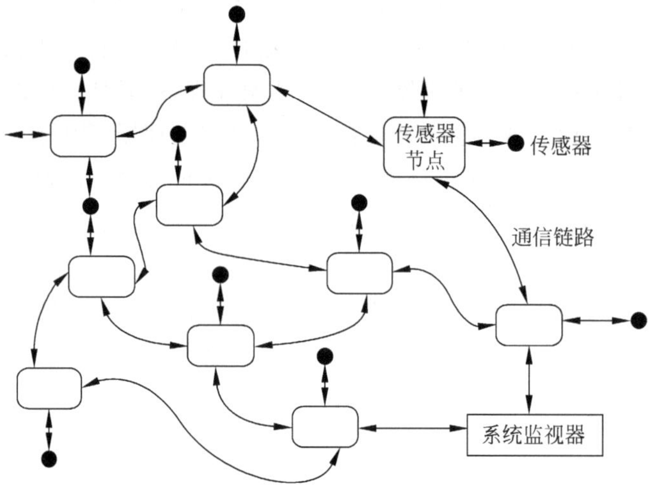

图 6-4 完全分布式融合结构

典型的混合式融合(hybrid fusion)结构如图 6-5 所示,它是集中式结构和分布式结构的一种综合,融合中心得到的可能是原始量测数据,也可能是局部节点处理过的数据。

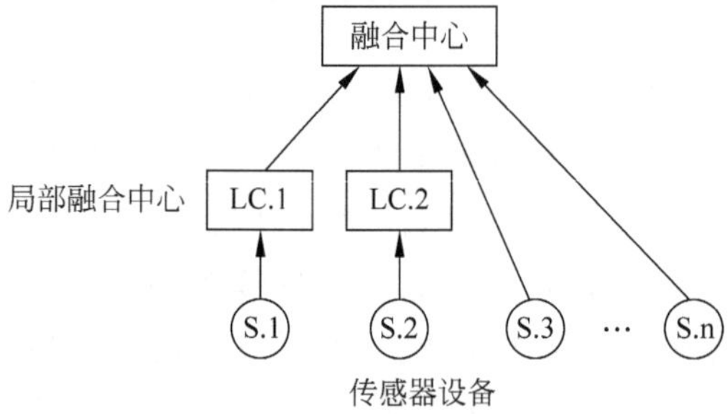

图 6-5 混合式融合结构

上述三种融合结构,对应于不同的数据通讯协议。也就是说,数据传输的拓扑连通关系,数据编码压缩,传输的能滞,丢包与乱序等影响着估计融合结果。考虑通讯参量下的估计融合是多传感器分布式融合的热点。

6.2 多传感器系统数学模型

为了讨论问题的方便,我们在本章只讨论过程与测量噪声是相互独立,系统模型中不含控制项,且各传感器位于同一地理位置的情况。

6.2.1　线性系统

设在离散化状态方程的基础上目标运动规律可表示为

$$\boldsymbol{X}_{k+1} = \Phi_k \boldsymbol{X}_k + G_k \boldsymbol{V}_k \tag{6-1}$$

其中，$\boldsymbol{X}_k \in \mathrm{R}^n$ 是 k 时刻目标的状态向量，$\boldsymbol{V}_k \in \mathrm{R}^h$ 是零均值白色高斯过程噪声向量，$\Phi_k \in \mathrm{R}^{n\times n}$ 是状态转移矩阵，$\boldsymbol{G}_k \in \mathrm{R}^{n\times h}$ 是过程噪声分布矩阵。初始状态 $\boldsymbol{X}_0$ 是均值为 μ 和协方差矩阵为 $\boldsymbol{P}_0$ 的一个高斯随机向量，且 $\mathrm{Cov}\{\boldsymbol{X}_0, \boldsymbol{V}_k\}=0$。

定义两个集合，设

$$U = \{1,2,\cdots,M\}, U_j = \{1,2,\cdots,N_j\} \tag{6-2}$$

其中，M 是局部节点数，N_j 是局部节点 j 的传感器数。传感器 i 的测量方程可表示为

$$\boldsymbol{Z}_i^j(k+1) = \boldsymbol{H}_i^j(k+1)\boldsymbol{X}(k+1) + \boldsymbol{W}_i^j(k+1), \quad i \in U_j, j \in U \tag{6-3}$$

其中，$\boldsymbol{Z}_i^j(k+1) \in \mathrm{R}^m$，$\boldsymbol{H}_i^j(k+1)$是测量矩阵，$\boldsymbol{W}_i^j(k+1) \in \mathrm{R}^m$ 是均值为零且相互独立的高斯序列，且

$$\mathrm{E}\left\{\begin{bmatrix}\boldsymbol{V}(k) \\ \boldsymbol{W}_i^j(k)\end{bmatrix}[\boldsymbol{V}'(l), [\boldsymbol{W}_i^j(k)]']\right\} = \begin{bmatrix}\boldsymbol{Q}(k) & 0 \\ 0 & \boldsymbol{R}_i^j(k)\end{bmatrix}\delta_{k,l}[\boldsymbol{W}_i^j(k)] \tag{6-4}$$

$\boldsymbol{R}_i^j(k)$是正定阵，同时 $\mathrm{Cov}[\boldsymbol{X}(0), \boldsymbol{W}_i^j(k)]=0$。

已知局部节点 j 中的第 i 个传感器的卡尔曼滤波方程为

$$\begin{aligned}\hat{\boldsymbol{X}}_i^j(k+1|k+1) &= \hat{\boldsymbol{X}}_i^j(k+1|k) + \boldsymbol{P}_i^j(k+1)[\boldsymbol{H}_i^j(k+1)]^{\mathrm{T}}\boldsymbol{R}_i^j(k+1)^{-1} \\ &\overset{\mathrm{def}}{=\!=} [\boldsymbol{Z}_i^j(k+1) - \boldsymbol{H}_i^j(k+1)\hat{\boldsymbol{X}}_i^j(k+1 \mid k)]\end{aligned} \tag{6-5}$$

$$\begin{aligned}\boldsymbol{P}_i^j(k+1 \mid k+1)^{-1} &= \boldsymbol{P}_i^j(k+1 \mid k)^{-1} \\ &\quad + [\boldsymbol{H}_i^j(k+1)]^{\mathrm{T}}\boldsymbol{R}_i^j(k+1)^{-1}\boldsymbol{H}_i^j(k+1)\end{aligned} \tag{6-6}$$

$$\hat{\boldsymbol{X}}_i^j(k+1|k) = \boldsymbol{\Phi}(k)\hat{\boldsymbol{X}}_i^j(k \mid k) \tag{6-7}$$

$$\begin{aligned}\boldsymbol{P}_i^j(k+1 \mid k) &= \boldsymbol{\Phi}(k)\boldsymbol{P}_i^j(k \mid k)\Phi^{\mathrm{T}}(k) \\ &\quad + \boldsymbol{G}(k)\boldsymbol{Q}(k)\boldsymbol{G}^{\mathrm{T}}(k), \quad i \in U_j, j \in U\end{aligned} \tag{6-8}$$

其初始条件为$\hat{\boldsymbol{X}}_i^j(0|0)=\mu$，$\boldsymbol{P}_i^j(0|0)=\boldsymbol{P}_0$。

在多源信息融合系统中，经常被采用的另外一种滤波方法是信息滤波[6~8](information filter)。信息滤波是在卡尔曼滤波基础上发展起来的一种滤波器，本质上也是一种卡尔曼滤波。它是对所感兴趣的参数(状态)信息量测表示，而不是直接对状态估计和相应的协方差表示[6~9]。这种滤波器也称为卡尔曼滤波的逆协方差形式，估计精度与卡尔曼滤波是一致的，但是由于滤波器解耦合分散比较容易，更容易应用在多源信息融合系统中。

6.2.2　非线性系统

非线性离散时间系统的一般状态方程可描述为

$$\boldsymbol{X}(k+1)=\boldsymbol{f}(k,\boldsymbol{X}(k))+\boldsymbol{G}(k)\boldsymbol{V}(k) \tag{6-9}$$

其中，$\boldsymbol{f}(\cdot,k)$是非线性状态转移函数。

传感器 i 的测量方程可表示为

$$\boldsymbol{Z}_i^j(k+1)=\boldsymbol{h}_i^j(k+1,\boldsymbol{X}(k+1))+\boldsymbol{W}_i^j(k+1),\quad i\in U_j,j\in U \tag{6-10}$$

其中，$\boldsymbol{h}_i^j(k+1,\boldsymbol{X}(k+1))$是非线性状态转移函数。

如果系统的状态估计采用 EKF，局部节点 j 中的第 i 个传感器的一阶 EKF 滤波方程为

$$\begin{aligned}\hat{\boldsymbol{X}}_i^j(k+1\mid k+1)=&\hat{\boldsymbol{X}}_i^j(k+1\mid k)+\boldsymbol{K}_i^j(k+1)[\boldsymbol{Z}_i^j(k+1)\\&-\hat{\boldsymbol{Z}}_i^j(k+1\mid k)]\end{aligned} \tag{6-11}$$

$$\begin{aligned}\boldsymbol{P}_i^j(k+1\mid k+1)=&[\boldsymbol{I}-\boldsymbol{K}_i^j(k+1)\boldsymbol{h}_{iX}^j(k+1)]\boldsymbol{P}_i^j(k+1\mid k)\\&[\boldsymbol{I}+\boldsymbol{K}_i^j(k+1)\boldsymbol{h}_{iX}^j(k+1)]^{\mathrm{T}}\\&-\boldsymbol{K}_i^j(k+1)\boldsymbol{R}_i^j(k+1)[\boldsymbol{K}_i^j(k+1)]^{\mathrm{T}}\end{aligned} \tag{6-12}$$

$$\hat{\boldsymbol{X}}_i^j(k+1\mid k)=\boldsymbol{f}(k,\hat{\boldsymbol{X}}_i^j(k\mid k)) \tag{6-13}$$

$$\boldsymbol{P}_i^j(k+1\mid k)=\boldsymbol{f}_X(k)\boldsymbol{P}_i^j(k\mid k)\boldsymbol{f}_X^{\mathrm{T}}(k)+\boldsymbol{G}(k)\boldsymbol{Q}(k)\boldsymbol{G}^{\mathrm{T}}(k) \tag{6-14}$$

$$\hat{\boldsymbol{Z}}_i^j(k+1\mid k)=\boldsymbol{h}_i^j(k+1,\hat{\boldsymbol{X}}_i^j(k+1\mid k)) \tag{6-15}$$

$$\boldsymbol{S}_i^j(k+1)=\boldsymbol{h}_{iX}^j(k+1)\boldsymbol{P}_i^j(k+1\mid k)[\boldsymbol{h}_{iX}^j(k+1)]^{\mathrm{T}}+\boldsymbol{R}_i^j(k+1) \tag{6-16}$$

$$\boldsymbol{K}_i^j(k+1)=\boldsymbol{P}_i^j(k+1\mid k)[\boldsymbol{h}_{iX}^j(k+1)]^{\mathrm{T}}[\boldsymbol{S}_i^j(k+1)]^{-1} \tag{6-17}$$

目前，扩展卡尔曼滤波(EKF)虽然被广泛应用于解决非线性系统的状态估计问题，但其滤波效果在很多复杂系统中并不能令人满意。模型的线性化误差往往会严重影响最终的滤波精度，甚至导致滤波发散。另外，在许多实际应用中，模型的线性化过程比较复杂，而且也不容易得到。

另外，为克服 EKF 这种线性化误差的影响 UKF、DDF、PF 等相继被提出，这些算法的实现过程都已经在第 2 章中进行了详细探讨，在此不作赘述[10]。

6.3 集中式融合系统

在集中式融合系统下，融合中心可以得到所有传感器送来的原始数据，数据量最大、最完整，所以往往可以提供最优的融合性能，可作为各种分布式和混合式融合算法性能比较的参照。

在多传感器目标跟踪系统中，目标运动方程一般可以表示为

$$\boldsymbol{x}_{k+1}=\Phi_k\boldsymbol{x}_k+\Gamma_k\boldsymbol{w}_k \tag{6-18}$$

其中 $\boldsymbol{x}_{k+1}\in\mathrm{R}^n$ 是 k 时刻的目标运动状态向量，$\Phi_k\in\mathrm{R}^{n\times n}$ 是系统的状态转移矩阵，$\Gamma_k\in\mathrm{R}^{n\times r}$是过程噪声分布矩阵。假设 $\boldsymbol{w}_k\in R^r$ 是均值为零的白噪声序列，目标运动初始状态 $\boldsymbol{x}_0$ 是均值为$\tilde{\boldsymbol{x}}_0$、协方差阵为 $\boldsymbol{P}_0$ 的随机向量，且

$$\mathrm{Cov}[\boldsymbol{w}_k,\boldsymbol{w}_j]=\boldsymbol{Q}_k\delta_{kj},\quad \boldsymbol{Q}_k\geqslant 0$$

$$\mathrm{Cov}[\boldsymbol{x}_0,\boldsymbol{w}_k]=0$$

其中 δ_{kj} 是 Kronecker delta 函数，即

$$\delta_{kj}=\begin{cases}1, & k=j\\ 0, & k\neq j\end{cases}$$

假设有 N 个传感器对式(6-18)描述的同一运动目标独立地进行量测，相应的量测方程为

$$\boldsymbol{z}_{k+1}^{i}=\boldsymbol{H}_{k+1}^{i}\boldsymbol{x}_{k+1}+\boldsymbol{v}_{k+1}^{i},\quad i=1,2,\cdots,N \tag{6-19}$$

其中，$\boldsymbol{z}_{k+1}^{i}\in\mathrm{R}^{m}$ 是第 i 个传感器在 $k+1$ 时刻的量测值，$\boldsymbol{H}_{k+1}^{i}\in\mathrm{R}^{m\times n}$ 是第 i 个传感器在 $k+1$ 时刻的量测矩阵，$\boldsymbol{v}_{k+1}^{i}\in\mathrm{R}^{m}$ 是第 i 个传感器在 $k+1$ 时刻的量测噪声，假定是均值为零的白噪声序列，且

$$\begin{cases}\mathrm{Cov}[\boldsymbol{v}_{k+1}^{i},\boldsymbol{v}_{j+1}^{i}]=\boldsymbol{R}_{k+1}^{i}\delta_{kj}, & \boldsymbol{R}_{k+1}^{i}>0\\ \mathrm{Cov}[\boldsymbol{w}_{j},\boldsymbol{v}_{k}^{i}]=0, & \mathrm{Cov}[\boldsymbol{x}_{0},\boldsymbol{v}_{k}^{i}]=0\end{cases} \tag{6-20}$$

另外，假设各传感器在同一时刻的量测噪声不相关，各传感器在不同时刻的量测噪声也不相关。

对于式(6-18)给出的目标运动状态方程和式(6-19)给出的多传感器量测方程，常见的集中式融合算法主要有并行滤波、序贯滤波[11,12]。

6.3.1 并行滤波

在并行滤波(量测扩维)结构的集中式融合算法[13]中，一般令

$$\begin{cases}\boldsymbol{z}_{k+1}=[(\boldsymbol{z}_{k+1}^{1})^{\mathrm{T}},(\boldsymbol{z}_{k+1}^{2})^{\mathrm{T}},\cdots,(\boldsymbol{z}_{k+1}^{N})^{\mathrm{T}}]^{\mathrm{T}}\\ \boldsymbol{H}_{k+1}=[(\boldsymbol{H}_{k+1}^{1})^{\mathrm{T}},(\boldsymbol{H}_{k+1}^{2})^{\mathrm{T}},\cdots,(\boldsymbol{H}_{k+1}^{N})^{\mathrm{T}}]^{\mathrm{T}}\\ \boldsymbol{v}_{k+1}=[(\boldsymbol{v}_{k+1}^{1})^{\mathrm{T}},(\boldsymbol{v}_{k+1}^{2})^{\mathrm{T}},\cdots,(\boldsymbol{v}_{k+1}^{N})^{\mathrm{T}}]^{\mathrm{T}}\end{cases} \tag{6-21}$$

则融合中心相应于接收到的所有传感器量测的伪(广义)量测方程可以表示为

$$\boldsymbol{z}_{k+1}=\boldsymbol{H}_{k+1}\boldsymbol{x}_{k+1}+\boldsymbol{v}_{k+1} \tag{6-22}$$

由式(6-19)的已知条件可知

$$\begin{cases}\mathrm{E}[\boldsymbol{v}_{k+1}]=0\\ \boldsymbol{R}_{k+1}=\mathrm{Cov}[\boldsymbol{v}_{k+1},\boldsymbol{v}_{k+1}]=\mathrm{diag}[\boldsymbol{R}_{k+1}^{1},\boldsymbol{R}_{k+1}^{2},\cdots,\boldsymbol{R}_{k+1}^{n}]\\ \mathrm{Cov}[\boldsymbol{x}_{0},\boldsymbol{v}_{k}]=0,\mathrm{Cov}[\boldsymbol{w}_{j},\boldsymbol{v}_{k}]=0\end{cases} \tag{6-23}$$

以式(6-18)为目标运动的状态方程，以式(6-22)为融合中心虚拟的传感器的量测方程，假设已知融合中心在 k 时刻对于目标运动状态的融合估计为 $\hat{\boldsymbol{x}}_{k|k}$，相应的误差协方差阵为 $\boldsymbol{P}_{k|k}$，则融合中心相对于所有传感器量测的集中式融合过程根据信息滤波器形式的卡尔曼滤波器可以表示为

$$\begin{cases}\hat{\boldsymbol{x}}_{k+1|k}=\boldsymbol{\Phi}_{k}\hat{\boldsymbol{x}}_{k|k}\\ P_{k+1|k}=\boldsymbol{\Phi}_{k}\boldsymbol{P}_{k|k}\boldsymbol{\Phi}_{k}^{\mathrm{T}}+\boldsymbol{\Gamma}_{k}\boldsymbol{Q}_{k}\boldsymbol{\Gamma}_{k}^{\mathrm{T}}\end{cases} \tag{6-24}$$

$$\begin{cases} \hat{\boldsymbol{x}}_{k+1|k+1} = \hat{\boldsymbol{x}}_{k+1|k} + K_{k+1}(Z_{k+1} - H_{k+1}\hat{\boldsymbol{x}}_{k+1|k}) \\ K_{k+1} = P_{k+1|k+1}H_{k+1}^{\mathrm{T}}R_{k+1}^{-1} \\ P_{k+1|k+1}^{-1} = P_{k+1|k}^{-1} + H_{k+1}^{\mathrm{T}}R_{k+1}^{-1}H_{k+1} \end{cases} \tag{6-25}$$

由式(6-23)可知

$$\boldsymbol{R}_{k+1}^{-1} = \mathrm{diag}[(\boldsymbol{R}_{k+1}^{1})^{-1}, (\boldsymbol{R}_{k+1}^{2})^{-1}, \cdots, (\boldsymbol{R}_{k+1}^{n})^{-1}] \tag{6-26}$$

将式(6-20)和式(6-26)代入式(6-25)中的增益阵可得

$$\boldsymbol{K}_{k+1} = \boldsymbol{P}_{k+1|k+1}[(\boldsymbol{H}_{k+1}^{1})^{\mathrm{T}}(\boldsymbol{R}_{k+1}^{1})^{-1}, (\boldsymbol{H}_{k+1}^{2})^{\mathrm{T}}(\boldsymbol{R}_{k+1}^{2})^{-1}, \cdots, (\boldsymbol{H}_{k+1}^{N})^{\mathrm{T}}(\boldsymbol{R}_{k+1}^{N})^{-1}] \tag{6-27}$$

进一步将式(6-27)和式(6-21)代入式(6-25)中的滤波方程可得

$$\hat{\boldsymbol{x}}_{k+1|k+1} = \hat{\boldsymbol{x}}_{k+1|k} + \boldsymbol{P}_{k+1|k+1}\sum_{i=1}^{N}(\boldsymbol{H}_{k+1}^{i})^{\mathrm{T}}(\boldsymbol{R}_{k+1}^{i})^{-1}(\boldsymbol{z}_{k+1}^{i} - \boldsymbol{H}_{k+1}^{i}\hat{\boldsymbol{x}}_{k+1|k}) \tag{6-28}$$

将式(6-20)和式(6-26)代入式(6-25)中的误差协方差阵的逆阵可得

$$\boldsymbol{P}_{k+1|k+1}^{-1} = \boldsymbol{P}_{k+1|k}^{-1} + \sum_{i=1}^{N}(\boldsymbol{H}_{k+1}^{i})^{\mathrm{T}}(\boldsymbol{R}_{k+1}^{i})^{-1}\boldsymbol{H}_{k+1}^{i} \tag{6-29}$$

至此,式(6-24)、式(6-28)和式(6-29)就构成了并行滤波方式下集中式融合完整的递推方程组。

6.3.2 序贯滤波

对于式(6-18)和式(6-19)所描述的多传感器集中式融合目标跟踪系统,假设已知融合中心在 k 时刻对于目标运动状态的融合估计为$\hat{\boldsymbol{x}}_{k|k}$,相应的误差协方差阵为$\boldsymbol{P}_{k|k}$,则融合中心对于目标运动状态的一步预测为

$$\begin{cases} \hat{\boldsymbol{x}}_{k+1|k} = \Phi_k \hat{\boldsymbol{x}}_{k|k} \\ \boldsymbol{P}_{k+1|k} = \Phi_k \boldsymbol{P}_{k|k}\Phi_k^{\mathrm{T}} + \Gamma_k \boldsymbol{Q}_k \Gamma_k^{\mathrm{T}} \end{cases} \tag{6-30}$$

由于各传感器在同一时刻的量测噪声之间互不相关,所以在融合中心可以按照传感器的序号 $1 \to N$ 对融合中心的目标运动状态估计值进行序贯更新,其中传感器 1 的量测对于融合中心状态估计值的更新为

$$\begin{cases} \hat{\boldsymbol{x}}_{k+1|k+1}^{1\sim 1} = \hat{\boldsymbol{x}}_{k+1|k} + \boldsymbol{K}_{k+1}^{1\sim 1}(\boldsymbol{z}_{k+1}^{1} - \boldsymbol{H}_{k+1}^{1}\hat{\boldsymbol{x}}_{k+1|k}) \\ \boldsymbol{K}_{k+1}^{1\sim 1} = \boldsymbol{P}_{k+1|k+1}^{1\sim 1}(\boldsymbol{H}_{k+1}^{1})^{\mathrm{T}}(\boldsymbol{R}_{k+1}^{1})^{-1} \\ (\boldsymbol{P}_{k+1|k+1}^{1\sim 1})^{-1} = \boldsymbol{P}_{k+1|k}^{1} + (\boldsymbol{H}_{k+1}^{1})^{\mathrm{T}}(\boldsymbol{R}_{k+1}^{1})^{-1}\boldsymbol{H}_{k+1}^{1} \end{cases} \tag{6-31}$$

传感器 $1 < i \leqslant N$ 的量测对于融合中心状态估计值的更新为

$$\begin{cases} \hat{\boldsymbol{x}}_{k+1|k+1}^{1\sim i} = \hat{\boldsymbol{x}}_{k+1|k+1}^{1\sim i-1} + \boldsymbol{K}_{k+1}^{1\sim i}(\boldsymbol{z}_{k+1}^{i} - \boldsymbol{H}_{k+1}^{i}\hat{\boldsymbol{x}}_{k+1|k+1}^{1\sim i-1}) \\ \boldsymbol{K}_{k+1}^{1\sim i} = \boldsymbol{P}_{k+1|k+1}^{1\sim i}(\boldsymbol{H}_{k+1}^{i})^{\mathrm{T}}(\boldsymbol{R}_{k+1}^{i})^{-1} \\ (\boldsymbol{P}_{k+1|k+1}^{1\sim i})^{-1} = (\boldsymbol{P}_{k+1|k+1}^{1\sim i-1})^{-1} + (\boldsymbol{H}_{k+1}^{i})^{\mathrm{T}}(\boldsymbol{R}_{k+1}^{i})^{-1}\boldsymbol{H}_{k+1}^{i} \end{cases} \tag{6-32}$$

融合中心最终的状态估计是

$$\begin{cases} \hat{\boldsymbol{x}}_{k+1|k+1} = \hat{\boldsymbol{x}}_{k+1|k+1}^{1\sim N} \\ P_{k+1|k+1} = P_{k+1|k+1}^{1\sim N} \end{cases} \tag{6-33}$$

文献[14]已经证明，序贯滤波结构的集中式融合结果与并行滤波结果的集中式融合结果具有相同的估计精度。

6.4　分布式估计融合

6.4.1　不带反馈信息的分布式估计融合

1. 三种最优解析形式

以局部节点 $j(j\in U)$为例，假定各传感器同是时间采样且没有信息传输损失，下面给出三种融合等价形式。

(1) 对于由方程式(6-5)～式(6-8)给出的传感器级状态估计，其 N_j 个传感器在局部节点 j 的最优航迹合成解的第一种形式为

$$\begin{aligned}\hat{\boldsymbol{X}}^j(k+1\mid k+1)=&\boldsymbol{P}^j(k+1\mid k+1)\{\boldsymbol{P}^j(k+1\mid k)^{-1}\hat{\boldsymbol{X}}^j(k+1\mid k)\\&+\sum_{i=1}^{N_j}[\boldsymbol{P}_i^j(k+1\mid k+1)^{-1}\hat{\boldsymbol{X}}_i^j(k+1\mid k+1)\\&-\boldsymbol{P}_i^j(k+1\mid k)^{-1}\hat{\boldsymbol{X}}^j(k+1\mid k)]\}\end{aligned}\tag{6-34}$$

(2) 局部节点来自于 N_j 个传感器最优航迹合成解的第二种形式为

$$\begin{aligned}\hat{\boldsymbol{X}}^j(k+1\mid k+1)=\hat{\boldsymbol{X}}^j(k+1\mid k)+\boldsymbol{P}^j(k+1\mid k+1)\sum_{i=1}^{N_j}\{&\boldsymbol{P}_i^j(k+1\mid k+1)^{-1}\\&\cdot[\hat{\boldsymbol{X}}_i^j(k+1\mid k+1)-\hat{\boldsymbol{X}}^j(k+1\mid k)]\\&-[\boldsymbol{P}_i^j(k+1\mid k)]^{-1}[\hat{\boldsymbol{X}}_i^j(k+1\mid k)\\&-\hat{\boldsymbol{X}}^j(k+1\mid k)]\}\end{aligned}\tag{6-35}$$

(3) 设 $\boldsymbol{X}(k+1)$，$\boldsymbol{Z}_i^j(k+1)(i\in U_j,j\in U)$分别是状态和量测，若$\hat{\boldsymbol{X}}_i^j(k+1|k+1)$是给定 $\boldsymbol{Z}_i^j(k+1)$时 $\boldsymbol{X}(k+1)$的最小方差估计，$\boldsymbol{P}_i^j(k+1|k+1)$是对应的误差协方差，则局部节点 j 来自 N_j 个传感器级估计的最优航迹融合解的第三种形式为

$$\begin{aligned}\hat{\boldsymbol{X}}^j(k+1|k+1)=&\boldsymbol{h}^j(k+1)+\boldsymbol{P}^j(k+1\mid k+1)\\&\cdot\left\{\sum_{i=1}^{N_j}\boldsymbol{P}_i^j(k+1\mid k+1)^{-1}\hat{\boldsymbol{X}}_i^j(k+1\mid k+1)+\boldsymbol{f}^j(k+1)\right\}\end{aligned}\tag{6-36}$$

其中

$$\boldsymbol{h}^j(k+1)=\boldsymbol{F}^j(k+1)\boldsymbol{h}^j(k)+\boldsymbol{P}^j(k+1\mid k+1)\sum_{i=1}^{N_j}\boldsymbol{S}_i^j(k+1)\hat{\boldsymbol{X}}_i^j(k\mid k)\tag{6-37}$$

$$f^j(k+1) = A^j(k+1)f^j(k) \tag{6-38}$$

且

$$\begin{aligned}F^j(k+1) &= \left[I - P^j(k+1 \mid k+1)\sum_{i=1}^{N_j}[H_i^j(k+1)]^{\mathrm{T}}R_i^j(k+1)^{-1}H_i^j(k+1)\right]\Phi(k)\\ &= P^j(k+1 \mid k+1)[P^j(k+1 \mid k)]^{-1}\Phi(k)\end{aligned} \tag{6-39}$$

$$A^j(k+1) = [P^j(k+1 \mid k)]^{-1}\Phi(k)P^j(k \mid k) \tag{6-40}$$

$$S_i^j(k+1) = A^j(k+1)[P_i^j(k \mid k)]^{-1} - [P_i^j(k+1 \mid k)]^{-1}\Phi(k) \tag{6-41}$$

$$h^j(0) = 0, f^j(0) = P_0^{-1}\mu^j - N_jP_0^{-1}\mu_i^j \tag{6-42}$$

以上介绍的三种分布估计都是最优的，也是等价的。实际上，第一和第二种表示形式没有本质差别，只要稍微变换便可直接相互推出，并且它们对通信资源的要求是完全相同的。从计算速度上看，形式 1)只是较形式 2)多计算一次$P^j(k+1|k)$，而这又是计算 $P^j(k+1)$必须完成的运算，因而它们对计算资源的要求也是相同的。

第三种表示形式是一种递推结构，并且单独用两个变量表示了消除过程噪声和初始条件对各传感器估计间关联性的影响，其中 $h^j(k+1)$用于消除过程噪声所产生的估计相关性，而 $f^j(k+1)$用来描述共同初始条件所引起的影响。就对通信资源的要求看，形式 3)与前面两种结构相同，但形式 3)在局部融合节点及计算和存储量要比前面两种形式大。形式 3)的突出优点是便于分析和研究过程噪声及初始条件对局部节点最优航迹融合的影响。因此，在工程实现中，建议选用形式 1)和形式 2)，在对算法的性能进行研究和分析时，应采用形式 3)。下面就形式 3)给出两个重要定理。

定理 6.1 如果 $Q(k)\equiv\mathbf{0}$，即过程噪声 $V(k)$不存在，则在式(6-36)中 $h^j(k+1)\equiv0$。

定理 6.2 如果对随机变量 $X(0)$的先验知识完全未知，即 $P_i^j(0)^{-1}=0$，则在式(6-36)中 $f^j(k+1)\equiv0$。

这两个定理表明：式(6-36)所表示的二级最优航迹融合解中的 $h^j(k+1)$和 $f^j(k+1)$分别修正了过程噪声和初始条件产生的各传感器估计间的相关性。

2. 次优融合

(1) 次优融合算法

当不考虑过程噪声和初始条件的影响时，局部节点 j 的次优航迹融合解可表示为[15]

$$\hat{X}_s^j(k \mid k) = P_f^j(k \mid k)\sum_{i=1}^{N_j}[P_i^j(k \mid k)]^{-1}\hat{X}_i^j(k \mid k) \tag{6-43}$$

其中

$$P_f^j(k \mid k) = \left[\sum_{i=1}^{N_j}P_i^j(k \mid k)^{-1}\right]^{-1} \tag{6-44}$$

如果各传感器的测量模型相同，则对共同的初始协方差，$\forall i, i' \in U_j(j\in U)$，存在 $P_i^j(k|k)=P_{i'}^j(k|k)$。于是根据式(6-44)可推出一个平凡结构为

$$P_f^j(k \mid k) = P_i^j(k \mid k)/N_j \quad j \in U \tag{6-45}$$

且

$$\hat{X}_s^j(k \mid k) = \frac{1}{N_j}\sum_{i=1}^{N_j} \hat{X}_i^j(k \mid k) \tag{6-46}$$

这就是 N_j 个传感器的状态估计平均，有实际应用背景。

(2) 最优融合与次优融合的关系

前面我们已经描述了三种形式的最优航迹融合解和一种次优融合方法，现在来研究最优与次优融合的关系。

定理 6.3　设系统不存在过程噪声 $\boldsymbol{V}(k)$，即 $\boldsymbol{Q}(k)\equiv\boldsymbol{0}$，并且对随机变量 $\boldsymbol{X}(0)$ 的先验信息未知，即 $\boldsymbol{P}_i^j(0|0)^{-1}=0$，则此时最优与次优航迹融合是等价的。

证明　为了讨论问题的方便，对最优融合解我们选择第三种形式。于是在本定理的条件下，根据定理 6.1 和定理 6.2，式(6-36)变为

$$\hat{X}^j(k \mid k) = P^j(k|k)\sum_{i=1}^{N_j} [P_i^j(k \mid k)]^{-1} \hat{X}_i^j(k \mid k) \tag{6-47}$$

为了证明上式与式(6-43)等价，现在的问题就是证明 $\boldsymbol{P}^j(k)=\boldsymbol{P}_f^j(k)$。由式(6-6)、式(6-8)及本定理条件易得

$$\sum_{i=1}^{N_j} [P_i^j(k+1 \mid k+1)]^{-1} = \sum_{i=1}^{N_j} [P_i^j(k+1 \mid k)]^{-1} + \sum_{i=1}^{N_j} [H_i^j(k+1)]^{\mathrm{T}} [R_i^j(k+1)]^{-1} H_i^j(k+1) \tag{6-48}$$

$$\sum_{i=1}^{N_j} [P_i^j(k+1 \mid k)]^{-1} = [\Phi^{-1}(k)]^{\mathrm{T}} \sum_{i=1}^{N_j} [P_i^j(k \mid k)]^{-1} \Phi^{-1}(k) \tag{6-49}$$

$$[P^j(k+1 \mid k)]^{-1} = [\Phi^{-1}(k)]^{\mathrm{T}} [P^j(k \mid k)]^{-1} \Phi^{-1}(k) \tag{6-50}$$

$$[P^j(k+1 \mid k+1)]^{-1} - \sum_{i=1}^{N_j} [P_i^j(k+1 \mid k+1)]^{-1} = [P^j(k+1 \mid k)]^{-1} - \sum_{i=1}^{N_j} [P_i^j(k+1 \mid k)]^{-1} \tag{6-51}$$

因为$[\boldsymbol{P}_i^j(0|0)]^{-1}=\boldsymbol{0}$，$[\boldsymbol{P}^j(0|0)]^{-1}=\boldsymbol{0}$，由式(6-49)和式(6-50)得

$$\sum_{i=1}^{N_j} [P_i^j(1 \mid 0)]^{-1} = \boldsymbol{0}, [P^j(1 \mid 0)]^{-1} = \boldsymbol{0} \tag{6-52}$$

代入式(6-51)有

$$[P^j(1 \mid 1)]^{-1} = \sum_{i=1}^{N_j} [P_i^j(1 \mid 1)]^{-1} \tag{6-53}$$

下面用归纳法证明。

$$[\boldsymbol{P}^j(k \mid k)]^{-1} = \sum_{i=1}^{N_j} [\boldsymbol{P}_i^j(k \mid k)]^{-1} \tag{6-54}$$

当 $k=1$ 时，式(6-54)成立已证明。设 $k=n$ 时有

$$[\boldsymbol{P}^j(n \mid n)]^{-1} = \sum_{i=1}^{N_j} [\boldsymbol{P}_i^j(n \mid n)]^{-1} \tag{6-55}$$

成立。现证明 $k=n+1$，式(6-54)也成立。把式(6-55)代入式(6-50)有

$$\begin{aligned}[\boldsymbol{P}^j(n+1 \mid n)]^{-1} &= [\Phi^{-1}(n)]^{\mathrm{T}} \sum_{i=1}^{N_j} [\boldsymbol{P}_i^j(n \mid n)]^{-1} \Phi^{-1}(n) \\ &= \sum_{i=1}^{N_j} [\boldsymbol{P}_i^j(n+1 \mid n)]^{-1}\end{aligned} \tag{6-56}$$

把式(6-56)代入式(6-51)有

$$[\boldsymbol{P}^j(n+1 \mid n+1)]^{-1} = \sum_{i=1}^{N_j} [\boldsymbol{P}_i^j(n+1 \mid n+1)]^{-1} \tag{6-57}$$

故 $\boldsymbol{P}^j(k|k)=\boldsymbol{P}_{\mathrm{f}}^j(k|k)$。

定理 6.3 从量上刻画了最优与次优航迹融合解的关系，为合理利用次优解奠定了基础。在实际系统中由于一般人们对目标初始状态 $\boldsymbol{X}(0)$的统计描述都是未知的，因此在对目标航迹滤波或融合时通常取 $\boldsymbol{P}(0|0)=\zeta\boldsymbol{I}$（$\zeta$ 是一个较大的数）。此时 $\boldsymbol{f}^j(k)$对$\hat{\boldsymbol{X}}^j(k)$的影响通常可以忽略。这样最优与次优融合解的差别就主要取决于过程噪声的影响。在过程噪声较小的情况下，利用次优融合也可获得满意的结果[15]。另外，这里描述的分布估计算法较文献[16]提出的分布 JPDAF 计算量小、易于工程实现。

6.4.2 带反馈信息的分布式融合

考虑一个带反馈的分布式系统，即二层结构，为了讨论问题的方便，设局部节点 $j(j\in U)$，假设它有 L_j 个传感器带有反馈信息，图 6-6 详细描述了具有反馈信息的分布航迹融合结构。

在无反馈信息的传感器中，其状态估计就是标准的卡尔曼滤波，表示在式(6-5)～式(6-8)中。如果传感器 i 接受来自于局部融合中心 j 的反馈信息，则状态估计可以利用卡尔曼滤波器循环计算如下

$$\begin{aligned}&\hat{\boldsymbol{X}}_{\mathrm{f}i}^j(k+1 \mid k+1) \\ &= \hat{\boldsymbol{X}}_{\mathrm{f}}^j(k+1 \mid k) + \bar{\boldsymbol{P}}_i(k+1 \mid k+1)\,[\boldsymbol{H}_i^j(k+1)]^{\mathrm{T}}[\boldsymbol{R}_i^j(k+1)]^{-1} \\ &\quad \cdot [\boldsymbol{Z}_i^j(k+1) - \boldsymbol{H}_i^j(k+1)\,\hat{\boldsymbol{X}}_{\mathrm{f}}^j(k+1 \mid k)], \quad i=1,2,\cdots,L_j\end{aligned} \tag{6-58}$$

$$\begin{aligned}&[\bar{\boldsymbol{P}}_i^j(k+1 \mid k+1)]^{-1} \\ &= [\bar{\boldsymbol{P}}_i^j(k+1 \mid k)]^{-1} + [\boldsymbol{H}_i^j(k+1)]^{\mathrm{T}}\,[\boldsymbol{R}_i^j(k+1)]^{-1}\boldsymbol{H}_i^j(k+1)\end{aligned} \tag{6-59}$$

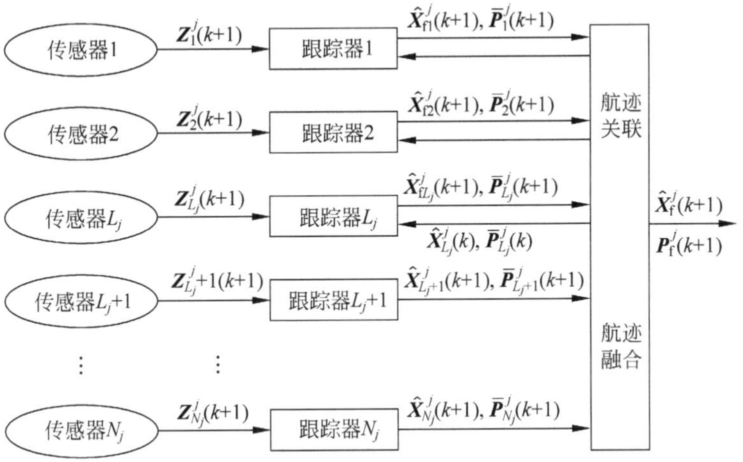

图 6-6　具有反馈信息的分布航迹融合结构

$$\hat{X}_f^j(k+1 \mid k) = \Phi(k)\, \hat{X}_f^j(k \mid k) \tag{6-60}$$

$$\bar{P}_i^j(k+1 \mid k) = \Phi(k) P_f^j(k \mid k)\, \Phi^{\mathrm{T}}(k) + G(k) Q(k) G^{\mathrm{T}}(k) \tag{6-61}$$

$\hat{X}_f^j(k|k)$、$P_f^j(k|k)$是带反馈信息的局部融合中心 j 在 k 时刻产生的航迹状态估计和误差协方差，它们被反馈到 L_j 个局部处理器中作为先验统计量。

无反馈情况下节点 j 的融合结果表示在式(6-34)中，为了区别有反馈情况下的融合结果，这里用$\hat{X}_f^j(k+1|k+1)$和 $P_f^j(k+1|k+1)$分别表示有反馈情况下节点 j 的状态估计和协方差。

现在我们假设每次更新后，已融合的局部节点 j 的航迹分别被反馈到传感器 $1 \sim L_j$ 作为先验信息，从节点 j 到其他 $N_j - L_j$ 个传感器没有通信要求，但所有传感器到节点 j 都有通信要求。在这种情况下，我们根据式(6-34)推出的航迹融合算法如下

$$\begin{aligned}\hat{X}_f^j(k+1 \mid k+1) = P_f^j(k+1 \mid k+1) \Big\{ & [P_f^j(k+1 \mid k)]^{-1} \hat{X}_f^j(k+1 \mid k) \\ & + \sum_{i=1}^{L_j} [\bar{P}_i^j(k+1 \mid k+1)]^{-1} \hat{X}_{fi}^i(k+1 \mid k+1) \\ & - [\bar{P}_i^j(k+1 \mid k)]^{-1} \hat{X}_{fi}^i(k+1 \mid k) \\ & + \sum_{i=L_j+1}^{N_j} [P_i^j(k+1 \mid k+1)]^{-1} X_{fi}^i(k+1 \mid k+1) \\ & - [P_i^j(k+1 \mid k)]^{-1} X_{fi}^i(k+1 \mid k) \Big\}\end{aligned} \tag{6-62}$$

利用式(6-59)和式(6-61)得

$$\begin{aligned}&\hat{\boldsymbol{X}}_{fi}^{j}(k+1\mid k)=\hat{\boldsymbol{X}}_{f}^{j}(k+1\mid k)\\&\bar{\boldsymbol{P}}_{i}^{j}(k+1\mid k)=\boldsymbol{P}_{f}^{j}(k+1\mid k)\quad i=1,2,\cdots,L_{j}\end{aligned}\tag{6-63}$$

于是，$\hat{\boldsymbol{X}}_{f}^{j}(k+1|k+1)$可表示为

$$\begin{aligned}\hat{\boldsymbol{X}}_{f}^{j}(k+1\mid k+1)=&[\boldsymbol{P}_{f}^{j}(k+1\mid k+1)]^{-1}\left\{\sum_{i=1}^{L_j}[\bar{\boldsymbol{P}}_{i}^{j}(k+1\mid k+1)]^{-1}\hat{\boldsymbol{X}}_{fi}^{j}(k+1\mid k+1)\right.\\&-(L_j-1)\boldsymbol{P}_{f}^{j}(k+1\mid k)\hat{\boldsymbol{X}}_{f}^{j}(k+1\mid k)\\&+\sum_{i=L_j+1}^{N_j}[\boldsymbol{P}_{i}^{j}(k+1\mid k+1)]^{-1}\hat{\boldsymbol{X}}_{i}^{j}(k+1\mid k+1)\\&\left.-[\boldsymbol{P}_{i}^{j}(k+1\mid k)]^{-1}\hat{\boldsymbol{X}}_{i}^{j}(k+1\mid k)\right\}\end{aligned}\tag{6-64}$$

而

$$\begin{aligned}[\boldsymbol{P}_{f}^{j}(k+1\mid k+1)]^{-1}=&\sum_{i=1}^{L_j}[\bar{\boldsymbol{P}}_{i}^{j}(k+1\mid k+1)]^{-1}-(L_j-1)[\boldsymbol{P}_{f}^{j}(k+1\mid k)]^{-1}\\&+\Big[\sum_{i=L_j+1}^{N_j}[\boldsymbol{P}_{i}^{j}(k+1\mid k+1)]^{-1}\\&-[\boldsymbol{P}_{i}^{j}(k+1\mid k)]^{-1}\Big]\end{aligned}\tag{6-65}$$

且

$$\boldsymbol{P}_{f}^{j}(k+1\mid k)=\boldsymbol{\Phi}(k)\boldsymbol{P}_{f}^{j}(k\mid k)\boldsymbol{\Phi}^{\mathrm{T}}(k)+\boldsymbol{G}(k)\boldsymbol{Q}(k)\boldsymbol{G}^{\mathrm{T}}(k)\tag{6-66}$$

当所有传感器都接收来自于融合节点j的反馈信息，即$L_j=N_j$，则式(6-64)成为

$$\begin{aligned}\hat{\boldsymbol{X}}_{f}^{j}(k+1\mid k+1)=&[\boldsymbol{P}_{f}^{j}(k+1\mid k+1)]^{-1}\left\{\sum_{i=1}^{N_j}[\bar{\boldsymbol{P}}_{i}^{j}(k+1\mid k+1)]^{-1}\hat{\boldsymbol{X}}_{fi}^{j}(k+1\mid k+1)\right.\\&\left.-(N_j-1)\boldsymbol{P}_{f}^{j}(k+1\mid k)\hat{\boldsymbol{X}}_{f}^{j}(k+1\mid k)\right\}\end{aligned}\tag{6-67}$$

且式(6-65)退化为

$$[\boldsymbol{P}_{f}^{j}(k+1\mid k+1)]^{-1}=\sum_{i=1}^{N_j}\bar{\boldsymbol{P}}_{i}^{j}(k+1\mid k+1)-(N_j-1)[\boldsymbol{P}_{f}^{j}(k+1\mid k)]^{-1}\tag{6-68}$$

利用式(6-65)可得

$$\begin{aligned}&-(L_j-1)\boldsymbol{P}_{f}^{j}(k+1\mid k)[\boldsymbol{P}_{f}^{j}(k+1\mid k)]^{-1}\\&=\boldsymbol{I}-\boldsymbol{P}_{f}^{j}(k+1\mid k+1)\sum_{i=1}^{L_j}[\bar{\boldsymbol{P}}_{i}^{j}(k+1\mid k+1)]^{-1}\\&-\boldsymbol{P}_{f}^{j}(k+1\mid k+1)\sum_{i=L_j+1}^{N_j}\{[\boldsymbol{P}_{i}^{j}(k+1\mid k+1)]^{-1}\\&-[\boldsymbol{P}_{i}^{j}(k+1\mid k)]^{-1}\}\end{aligned}\tag{6-69}$$

在式(6-64)中使用式(6-69)，$\hat{\boldsymbol{X}}_{\mathrm{f}}^{j}(k+1|k+1)$还可表示为

$$\begin{aligned}\hat{\boldsymbol{X}}_{\mathrm{f}}^{j}(k+1\mid k+1)=\hat{\boldsymbol{X}}_{\mathrm{f}}^{j}(k+1\mid k)+\boldsymbol{P}_{\mathrm{f}}^{j}(k+1\mid k+1)&\left\{\sum_{i=1}^{L_j}[\bar{\boldsymbol{P}}_{i}^{j}(k+1\mid k+1)]^{-1}\hat{\boldsymbol{X}}_{\mathrm{f}i}^{j}(k+1\mid k+1)\right.\\&+\sum_{i=L_j+1}^{N_j}\{[\boldsymbol{P}_{i}^{j}(k+1\mid k+1)]^{-1}\hat{\boldsymbol{X}}_{i}^{j}(k+1\mid k+1)\\&-[\boldsymbol{P}_{i}^{j}(k+1\mid k)]^{-1}\hat{\boldsymbol{X}}_{i}^{j}(k+1\mid k)\}\\&-\sum_{i=1}^{L_j}[\bar{\boldsymbol{P}}_{i}^{j}(k+1\mid k+1)]^{-1}\hat{\boldsymbol{X}}_{\mathrm{f}}^{j}(k+1\mid k)\\&-\sum_{i=L_j+1}^{N_j}\{[\boldsymbol{P}_{i}^{j}(k+1\mid k+1)]^{-1}\\&\left.-[\boldsymbol{P}_{i}^{j}(k+1\mid k)]^{-1}\}\hat{\boldsymbol{X}}_{\mathrm{f}}^{j}(k+1\mid k)\right\}\end{aligned}\tag{6-70}$$

这样，具有反馈信息的传感器航迹融合的解可以进一步表示为

$$\begin{aligned}\hat{\boldsymbol{X}}_{\mathrm{f}}^{j}(k+1\mid k+1)=\hat{\boldsymbol{X}}_{\mathrm{f}}^{j}(k+1\mid k)+\boldsymbol{P}_{\mathrm{f}}^{j}(k+1\mid k+1)&\\\cdot\sum_{i=1}^{L_j}[\bar{\boldsymbol{P}}_{i}^{j}(k+1\mid k+1)]^{-1}\cdot[\hat{\boldsymbol{X}}_{\mathrm{f}i}^{j}(k+1\mid k+1)&\\-\hat{\boldsymbol{X}}_{\mathrm{f}}^{j}(k+1\mid k)]+\sum_{i=L_j+1}^{N_j}[\boldsymbol{P}_{i}^{j}(k+1\mid k+1)]^{-1}[\hat{\boldsymbol{X}}_{i}^{j}(k+1\mid k+1)&\\-\hat{\boldsymbol{X}}_{\mathrm{f}}^{j}(k+1\mid k)]-[\boldsymbol{P}_{i}^{j}(k+1\mid k)]^{-1}[\hat{\boldsymbol{X}}_{i}^{j}(k+1\mid k)&\\-\hat{\boldsymbol{X}}_{\mathrm{f}}^{j}(k+1\mid k)]&\end{aligned}\tag{6-71}$$

其中，$\boldsymbol{P}_{\mathrm{f}}^{j}(k+1|k+1)$由式(6-65)给出，如果$L_j=N_j$，则式(6-71)变为

$$\begin{aligned}\hat{\boldsymbol{X}}_{\mathrm{f}}^{j}(k+1\mid k+1)=\hat{\boldsymbol{X}}_{\mathrm{f}}^{j}(k+1\mid k)+\boldsymbol{P}_{\mathrm{f}}^{j}(k+1\mid k+1)&\\\cdot\sum_{i=1}^{N_j}[\bar{\boldsymbol{P}}_{i}^{j}(k+1\mid k+1)]^{-1}[\hat{\boldsymbol{X}}_{\mathrm{f}i}^{j}(k+1\mid k+1)-\hat{\boldsymbol{X}}_{\mathrm{f}}^{j}(k+1\mid k)]&\end{aligned}\tag{6-72}$$

这时协方差阵$\boldsymbol{P}_{\mathrm{f}}^{j}(k+1|k+1)$由式(6-68)给出。

6.4.3 全信息估计融合

假设多传感器系统包含N个子系统传感器，它们的量测信息$\{\boldsymbol{z}_i(k),i=1,2,\cdots,N\}$是相互独立的。根据系统状态预测信息独立性原理，$N$个子系统状态的一步预测信息$\{\boldsymbol{y}_i(k|k-1),i=1,2,\cdots,N\}$也是相互独立的。以上$2N$个信息构成了系统状态融合滤波的所有信息，它们满足信息融合估计定理的条件，故可直接进行融合

计算。

进一步分析可知，根据多传感器系统的状态预测信息独立性原理，系统状态预测信息中含有子系统预测信息和所有量测信息所没有的信息成分。因此，即使有了 N 个子系统状态预测信息，系统状态预测信息仍然能够对系统状态估计做出贡献。

多传感器系统的全信息是指系统所能提供的最多信息。对于 N 个传感器组成的多传感器系统，全信息包含有：

(1) N 个传感器量测信息 $\{\boldsymbol{z}_i(k), i=1,2,\cdots,N\}$；

(2) N 个子系统状态预测信息 $\{\hat{\boldsymbol{y}}_i(k|k-1), i=1,2,\cdots,N\}$；

(3) 一个系统状态预测信息 $\hat{\boldsymbol{x}}_i(k|k-1)$。

与集中融合滤波、分散融合滤波及量测融合滤波相比，全信息融合滤波增加了对子系统状态预测信息的利用。与状态融合滤波相比，全信息融合滤波增加了对系统状态预测信息的利用。根据信息融合估计理论，融合的信息越多，估计精度就越高，由此可知全信息融合滤波的估计精度比其他融合滤波的估计精度都要高。

多传感器系统全信息融合滤波的算法结构如图 6-7 所示，采用多处理器分层处理的结构方式实现信息的利用。首先由各个子系统滤波器分别进行滤波处理，通过融合子系统预测信息和量测信息获得子系统状态估计信息；然后由系统主滤波器融合这些子系统状态估计信息和系统状态预测信息获得系统状态估计信息。

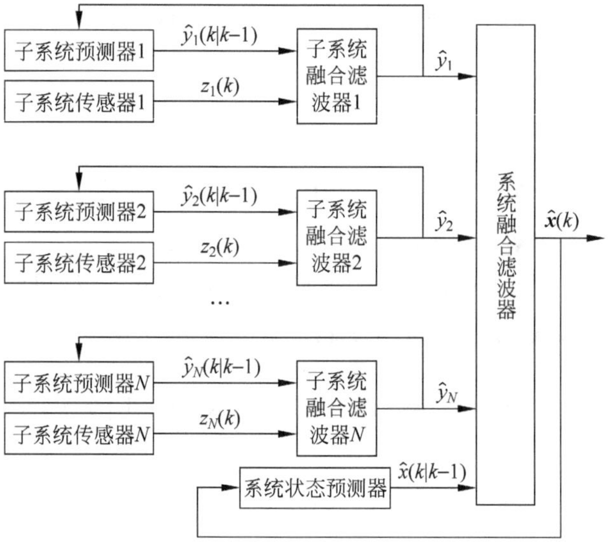

图 6-7 多传感器系统全信息融合滤波的算法结构

全信息融合算法中，通常采用正交化融合滤波算法和延长周期融合滤波算法。在正交化融合滤波器算法中，首先要将子系统状态估计信息和系统状态预测信息进行正交化处理，然后再进行正交化融合滤波。下面主要对延长周期融合滤波算法进行叙述。

延长周期融合滤波算法通过采用延长系统融合器融合周期的方法，弱化系统状态预测信息和子系统状态估计信息之间的相关性，从而忽略相关性，直接对系统状态预测信息和子系统状态估计信息进行融合，获得系统状态估计信息。

假设系统融合器的融合周期是子系统融合器融合周期的 N 倍，系统预测器的步长与子系统融合器的融合周期相同。

若给定各子系统状态估计初值 $\hat{y}_i(0)$ 和 $\boldsymbol{P}_i^{-1}(0)$，$i=1,2,\cdots,N$，则延长融合周期法滤波的具体实现过程描述如下：

(1) 每个子系统滤波器按采样步长独立进行融合滤波，得到子系统状态预测信息 $\hat{y}_i(k|k-1)$ 及其信息量 $\boldsymbol{P}_i^{-1}(k|k-1)$，以及子系统状态的最优估计 $\hat{y}_i(k)$ 及其信息量 $\boldsymbol{P}_i^{-1}(k)$，即

$$\hat{y}_i(k \mid k-1) = \boldsymbol{F}_i(k-1)\,\hat{y}_i(k-1) \tag{6-73}$$

$$\boldsymbol{P}_i(k \mid k-1) = \boldsymbol{F}_i(k-1)\boldsymbol{P}_i(k-1)\boldsymbol{F}_i^{\mathrm{T}}(k-1) + \boldsymbol{G}_i(k-1)\boldsymbol{Q}_i(k-1)\boldsymbol{G}_i^{\mathrm{T}}(k-1) \tag{6-74}$$

$$\hat{y}_i(k) = \boldsymbol{P}_i(k)[\boldsymbol{P}_i^{-1}(k \mid k-1)\,\hat{y}_i(k \mid k-1) + \boldsymbol{H}_i^{\mathrm{T}}(k)\boldsymbol{R}_i^{-1}(k)z_i(k)] \tag{6-75}$$

$$\boldsymbol{P}_i^{-1}(k) = \boldsymbol{P}_i^{-1}(k \mid k-1) + \boldsymbol{H}_i^{\mathrm{T}}(k)\boldsymbol{R}_i^{-1}(k)\boldsymbol{H}_i(k) \tag{6-76}$$

(2) 根据 k 时刻的系统状态估计信息 $\hat{\boldsymbol{x}}(k)$、$\boldsymbol{P}(k)$，计算 $k+N$ 时刻的系统状态预测信息

$$\hat{\boldsymbol{x}}(k+N \mid k+N-1) = \prod_{i=N-1}^{0}\boldsymbol{A}(k+i)\,\hat{\boldsymbol{x}}(k) \tag{6-77}$$

$$\begin{aligned}\boldsymbol{P}(k+N \mid k+N-1) = {} & \boldsymbol{A}(k+N-1)\boldsymbol{P}(k+N-1 \mid k+N-2)\boldsymbol{A}^{\mathrm{T}}(k+N-1) \\ & + \boldsymbol{B}(k+N-1)\boldsymbol{Q}(k+N-1)\boldsymbol{B}^{\mathrm{T}}(k+N-1)\end{aligned} \tag{6-78}$$

式中 $\boldsymbol{P}(k+N|k+N-1)$ 由 $\boldsymbol{P}(k+1|k)$ 递推得到，且

$$\boldsymbol{P}(k+1 \mid k) = \boldsymbol{A}(k)\boldsymbol{P}(k)\boldsymbol{A}^{\mathrm{T}}(k) + \boldsymbol{B}(k)\boldsymbol{Q}(k)\boldsymbol{B}^{\mathrm{T}}(k) \tag{6-79}$$

考虑到子系统滤波器有一段时间的收敛过程，系统融合器可以在各子系统滤波器独立工作一段时间后开始启动。在系统融合器启动前一时刻的各子系统状态估计信息按照状态融合滤波方式可得到一系统状态估计信息，该信息可用来设定系统状态估计信息的初值。

(3) 根据信息融合最优估计定理，融合 $\hat{\boldsymbol{x}}(k+N|k+N-1)$ 和 $\hat{\boldsymbol{y}}_i(k+N)$，$i=1,2,\cdots,N$，获得系统状态估计信息 $\hat{\boldsymbol{x}}(k+N)$，即

$$\begin{aligned}\hat{\boldsymbol{x}}(k+N) = {} & \boldsymbol{P}(k+N)[\boldsymbol{P}^{-1}(k+N \mid k+N-1)\,\hat{\boldsymbol{x}}(k+N \mid k+N-1) \\ & + \sum_{i=1}^{N}\boldsymbol{C}_i^{\mathrm{T}}(k+N)\boldsymbol{P}_i^{-1}(k+N)\,\hat{\boldsymbol{y}}_i(k+N)]\end{aligned} \tag{6-80}$$

$$\boldsymbol{P}^{-1}(k+N) = \boldsymbol{P}^{-1}(k+N \mid k+N-1) + \sum_{i=1}^{N}\boldsymbol{C}_i^{\mathrm{T}}(k+N)\boldsymbol{P}_i^{-1}(k+N)\boldsymbol{C}_i(k+N) \tag{6-81}$$

以上步骤循环，即可实现基于延长融合周期法的多传感器系统全信息融合卡尔曼滤波算法。

6.5 基于协方差交集的分布式数据融合

在分布式融合中计算局部估计误差之间的相关性是相当繁杂的一件事情，在有些情况下，计算局部估计误差之间的相关性甚至是不可行的。Julier 等人提出了所谓的协方差交叉法[17,18]。这种方法不需要计算局部估计误差之间的相关性。通过优化一定的目标函数，这种方法可得到一种保守的分布式融合估计。

6.5.1 问题描述

定义 6.1 协方差交叉(covariance intersection)法，就是考虑如何由两个相关估计量 a 和 b 进行数据融合，以得到最优融合估计量 c 及协方差阵的估计阵 $\boldsymbol{P}_{cc}$。

设 a 和 b 的数学期望和协方差阵分别为$\bar{a}$，$\bar{b}$ 和 $\bar{\boldsymbol{P}}_{aa}$，$\bar{\boldsymbol{P}}_{bb}$，其真实值未知，但已知$\{a,\boldsymbol{P}_{aa}\}$和$\{b,\boldsymbol{P}_{bb}\}$对$\{\bar{a},\bar{\boldsymbol{P}}_{aa}\}$和$\{\bar{b},\bar{\boldsymbol{P}}_{bb}\}$的估计具有一致性。再设$\tilde{a}=a-\bar{a}$和$\tilde{b}=b-\bar{b}$，则 a 和 b 的协方差阵和互协方差阵分别为 $\bar{\boldsymbol{P}}_{aa}=\mathrm{E}[\tilde{a}\tilde{a}^{\mathrm{T}}]$，$\bar{\boldsymbol{P}}_{bb}=\mathrm{E}[\tilde{b}\tilde{b}^{\mathrm{T}}]$和 $\bar{\boldsymbol{P}}_{ab}=\mathrm{E}[\tilde{a}\tilde{b}^{\mathrm{T}}]$，根据一致性的定义，有

$$\boldsymbol{P}_{aa}-\bar{\boldsymbol{P}}_{aa}\geqslant 0,\boldsymbol{P}_{bb}-\bar{\boldsymbol{P}}_{bb}\geqslant 0 \tag{6-82}$$

式(6-82)保证了在估计量空间的所有方向上，$\boldsymbol{P}_{aa}$，$\boldsymbol{P}_{bb}$都不会低估 $\bar{\boldsymbol{P}}_{aa}$，$\bar{\boldsymbol{P}}_{bb}$ 的值。a 和 b 的互协方差阵 $\bar{\boldsymbol{P}}_{ab}$ 及其估计 $\boldsymbol{P}_{ab}$ 未知。

在上述条件的基础上，我们考虑的问题是，设相关估计量 a 和 b 的相关程度未知，如何融合来自于估计量 a 和 b 的信息，以产生新的估计量$\{c,\boldsymbol{P}_{cc}\}$，使其在满足 $\boldsymbol{P}_{cc}$ 的某种范数最小的基础上是最优的；同时该估计应满足一致性，即 $\boldsymbol{P}_{cc}-\bar{\boldsymbol{P}}_{cc}\geqslant 0$(这里，$\bar{\boldsymbol{P}}_{cc}=\mathrm{E}[\tilde{c}\tilde{c}^{\mathrm{T}}]$，$\tilde{c}=c-\bar{c}$)，并且在估计空间的任何一个方向上，$c$ 的精度不会低于在此方向上 a 或 b 的最低精度。

定义 6.2 (协方差椭球)对于任意一个协方差矩阵 $\boldsymbol{P}$，其协方差椭球为满足条件 $\boldsymbol{x}^{\mathrm{T}}\boldsymbol{P}^{-1}\boldsymbol{x}=c$ 的所有点构成的轨迹，其中 c 为一常数。

6.5.2 相关程度已知的相关估计量最优融合

定理 6.4 若已知$\hat{\boldsymbol{x}}_1$ 和$\hat{\boldsymbol{x}}_2$ 是对同一随机向量的两个无偏估计，$\boldsymbol{P}_1$ 和 $\boldsymbol{P}_2$ 是相应的协方差阵，且非负定，则矩阵不等式

$$\boldsymbol{P}_1\geqslant\boldsymbol{P}_2 \tag{6-83}$$

等价于由 $\boldsymbol{P}_2$ 确定的 $\hat{\boldsymbol{x}}_2$ 的空间方差椭球被包含在由 $\boldsymbol{P}_1$ 确定的 $\hat{\boldsymbol{x}}_1$ 的空间方差椭球之内。

证明　用反证法。

充分性：根据矩阵不等式的定义[19]，式(6-83)等价于

$$\boldsymbol{P}_2^{-1} \geqslant \boldsymbol{P}_1^{-1} \tag{6-84}$$

即 $\boldsymbol{P}_2^{-1}-\boldsymbol{P}_1^{-1}$ 为非负定阵。再根据非负定阵的性质，对任意向量 $\boldsymbol{x}$ 均有

$$\boldsymbol{x}^{\mathrm{T}}(\boldsymbol{P}_2^{-1}-\boldsymbol{P}_1^{-1})\boldsymbol{x} \geqslant 0，即\ \boldsymbol{x}^{\mathrm{T}}\boldsymbol{P}_1^{-1}\boldsymbol{x} \leqslant \boldsymbol{x}^{\mathrm{T}}\boldsymbol{P}_2^{-1}\boldsymbol{x} \tag{6-85}$$

如图 6-8 所示，作 $\hat{\boldsymbol{x}}_2$ 的协方差椭球(以二维示意，故椭球退化为椭圆)，$\boldsymbol{x}^{\mathrm{T}}\boldsymbol{P}_2^{-1}\boldsymbol{x}=1$ 并在椭球的任意方向上取一点 $\boldsymbol{y}_2$，则有

$$\boldsymbol{y}_2^{\mathrm{T}}\boldsymbol{P}_2^{-1}\boldsymbol{y}_2 = 1 \tag{6-86}$$

同时在 $O \rightarrow y_2$ 的相同方向上的 y_2 和 O 之间取一点 y_1，则必有一个常数 $\lambda \in [0,1)$ 存在，使得

$$y_1 = \lambda y_2 \tag{6-87}$$

若 y_1 恰好位于 $\hat{\boldsymbol{x}}_1$ 的协方差椭圆 $\boldsymbol{x}^{\mathrm{T}}\boldsymbol{P}_1^{-1}\boldsymbol{x}=1$ 上，则有

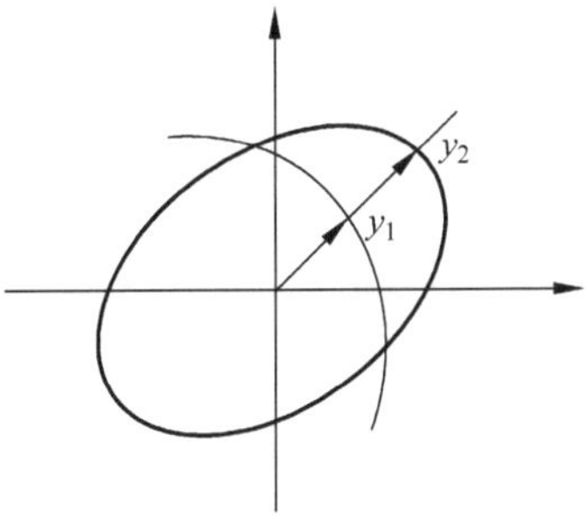

图 6-8　协方差椭球示意图

$$\boldsymbol{y}_1^{\mathrm{T}}\boldsymbol{P}_1^{-1}\boldsymbol{y}_1 = 1 \tag{6-88}$$

再由式(6-85)可得

$$\boldsymbol{y}_1^{\mathrm{T}}\boldsymbol{P}_2^{-1}\boldsymbol{y}_1 \geqslant \boldsymbol{y}_1^{\mathrm{T}}\boldsymbol{P}_1^{-1}\boldsymbol{y}_1 = 1 \tag{6-89}$$

将式(6-86)和式(6-87)代入式(6-89)的左边，可得

$$\boldsymbol{y}_1^{\mathrm{T}}\boldsymbol{P}_2^{-1}\boldsymbol{y}_1 = \lambda^2\boldsymbol{y}_2^{\mathrm{T}}\boldsymbol{P}_2^{-1}\boldsymbol{y}_2 = \lambda^2 < 1 \tag{6-90}$$

可以看出，式(6-89)和式(6-90)矛盾。因此，$\boldsymbol{y}_1$ 不可能是 $\hat{\boldsymbol{x}}_1$ 的协方差椭圆上的一点，再由 $\boldsymbol{y}_2$ 取值的任意性可知，$\hat{\boldsymbol{x}}_1$ 的方差椭球上的任意一点都不会落在 $\hat{\boldsymbol{x}}_1$ 的方差椭球的内部，即 $\hat{\boldsymbol{x}}_2$ 的方差椭球完全包含在 $\hat{\boldsymbol{x}}_1$ 的方差椭球之内，充分性成立。

类似地，容易证明命题的必要性也成立，即定理 6.4 成立。该定理给出了矩阵不等式和方差椭球之间的几何对应关系。

为解决 6.5.1 小节提出的问题，先设 $\bar{\boldsymbol{P}}_{ab}$ 的估计 $\boldsymbol{P}_{ab}$ 已知，并且 $\boldsymbol{P}_{ab}$ 保证矩阵

$$\boldsymbol{P} = \begin{bmatrix} \boldsymbol{P}_{aa} & \boldsymbol{P}_{ab} \\ \boldsymbol{P}_{ba} & \boldsymbol{P}_{bb} \end{bmatrix} \geqslant 0 \tag{6-91}$$

即为非负定阵。估计融合的一般方法是计算两个估计的线性组合

$$c = \boldsymbol{W}_a a + \boldsymbol{W}_b b \tag{6-92}$$

其中 $\boldsymbol{W}_a$ 和 $\boldsymbol{W}_b$ 为线性加权阵，则计算协方差阵为

$$\boldsymbol{P}_{cc} = \boldsymbol{W}_a\boldsymbol{P}_{aa}\boldsymbol{W}_a^{\mathrm{T}} + \boldsymbol{W}_a\boldsymbol{P}_{ab}\boldsymbol{W}_b^{\mathrm{T}} + \boldsymbol{W}_b\boldsymbol{P}_{ba}\boldsymbol{W}_a^{\mathrm{T}} + \boldsymbol{W}_b\boldsymbol{P}_{bb}\boldsymbol{W}_b^{\mathrm{T}} \tag{6-93}$$

最优 $\boldsymbol{W}_a$ 和 $\boldsymbol{W}_b$ 可以通过使 $\boldsymbol{P}_{cc}$ 的迹最小求取。最优融合估计量及其协方差阵的更新方程为

$$c = a + (\boldsymbol{P}_{aa} - \boldsymbol{P}_{ab})(\boldsymbol{P}_{aa} + \boldsymbol{P}_{bb} - \boldsymbol{P}_{ab} - \boldsymbol{P}_{ba})^{-1}(b - a) \tag{6-94}$$

$$\boldsymbol{P}_{cc}=\boldsymbol{P}_{aa}-(\boldsymbol{P}_{aa}-\boldsymbol{P}_{ab})(\boldsymbol{P}_{aa}+\boldsymbol{P}_{bb}-\boldsymbol{P}_{ab}-\boldsymbol{P}_{ba})^{-1}(\boldsymbol{P}_{aa}-\boldsymbol{P}_{ab})^{\mathrm{T}} \tag{6-95}$$

定理 6.5 设有二源局部相关估计量 a、b 和方差阵 $\boldsymbol{P}_{aa}$、$\boldsymbol{P}_{bb}$、$\boldsymbol{P}_{ab}$、$\boldsymbol{P}_{ba}$，并且由式(6-94)和式(6-95)得到了全局最优融合 c 和 $\boldsymbol{P}_{cc}$，则由 $\boldsymbol{P}_{cc}$ 确定的 c 的方差椭球必然包含在分别由 $\boldsymbol{P}_{aa}$ 和 $\boldsymbol{P}_{bb}$ 确定的 a 和 b 的方差椭球的相交区域中。

证明 首先对式(6-95)进行考察，由于非负定性，因此($\boldsymbol{P}_{aa}+\boldsymbol{P}_{bb}-\boldsymbol{P}_{ab}-\boldsymbol{P}_{ba}$)是非负定的对称矩阵，从而有

$$(\boldsymbol{P}_{aa}-\boldsymbol{P}_{ab})(\boldsymbol{P}_{aa}+\boldsymbol{P}_{bb}-\boldsymbol{P}_{ab}-\boldsymbol{P}_{ba})^{-1}(\boldsymbol{P}_{aa}-\boldsymbol{P}_{ab})^{\mathrm{T}}\geqslant 0 \tag{6-96}$$

代入式(6-95)可得

$$\boldsymbol{P}_{cc}\leqslant \boldsymbol{P}_{aa} \tag{6-97}$$

同理有

$$\boldsymbol{P}_{cc}\leqslant \boldsymbol{P}_{bb} \tag{6-98}$$

根据定理 6.4 的结论，不等式和在几何上的意义就是：c 的方差椭球被包围在由 a 和 b 的方差椭球构成的交叉区域中。

由以上相关性已知条件下的相关估计量最优融合的几何解释，可得到如下结论：如果存在这样一种相关估计量的融合算法 $c=f(a,b)$，该算法能够保证在使式(6-91)非负定的条件下，无论 $\boldsymbol{P}_{ab}$ 取什么值，使 c 的方差椭球总是过 a 和 b 的方差椭球的交界(即包含 a 和 b 的方差椭球的交叉区域)，并位于 a 和 b 的方差椭球之间，那么该算法必然满足：

(1) 融合估计量具有一致性，即 $\boldsymbol{P}_{cc}-\bar{\boldsymbol{P}}_{cc}\geqslant 0$。

(2) 融合估计量的精度有界，即估计量在各方向上的精度都是可以获得的最好精度和最差精度之间的一个值，融合估计量的协方差等值图包含交会区的结构越紧凑，则估计量精度越好。

这样的融合算法实际上是将融合估计量的精度做了适当降低处理，使其不受相关性的影响，但融合后的估计量在空间某方向的精度至少不低于参与融合的估计量在此方向上可提供的最低精度。

6.5.3 相关程度未知的相关估计量最优融合

设 $\boldsymbol{P}_{ab}$ 未知，并且 a 和 b 的协方差椭球方程分别为 $\boldsymbol{x}^{\mathrm{T}}\boldsymbol{P}_{aa}^{-1}\boldsymbol{x}=k$ 和 $\boldsymbol{x}^{\mathrm{T}}\boldsymbol{P}_{bb}^{-1}\boldsymbol{x}=k$，则根据解析几何的知识，过以上两个轨迹的交界，且位于以上两个轨迹之间的轨迹方程为

$$\omega(\boldsymbol{x}^{\mathrm{T}}\boldsymbol{P}_{aa}^{-1}\boldsymbol{x}-k)+(1-\omega)(\boldsymbol{x}^{\mathrm{T}}\boldsymbol{P}_{bb}^{-1}\boldsymbol{x}-k)=0 \tag{6-99}$$

其中，$\omega\in[0,1]$。整理式(6-99)可得

$$\boldsymbol{x}^{\mathrm{T}}[\omega\boldsymbol{P}_{aa}^{-1}+(1-\omega)\boldsymbol{P}_{bb}^{-1}]\boldsymbol{x}=k \tag{6-100}$$

如果取

$$\boldsymbol{P}_{cc}^{-1}=\omega\boldsymbol{P}_{aa}^{-1}+(1-\omega)\boldsymbol{P}_{bb}^{-1} \tag{6-101}$$

那么式(6-100)就是 $\boldsymbol{P}_{cc}$ 的等值轨迹。如果融合算法的协方差阵更新是用式(6-101)

表示的，则这就是我们要寻找的算法。下面寻找与式(6-101)对应的估计量更新方程。

再次考察相关性已知条件下的估计量最优融合方程，如果已知 $\boldsymbol{P}_{ab}=0$，即 a 和 b 不相关，则式(6-94)和式(6-95)就变为

$$c = a + \boldsymbol{P}_{aa}(\boldsymbol{P}_{aa}+\boldsymbol{P}_{bb})^{-1}(b-a) \tag{6-102}$$

$$\boldsymbol{P}_{cc} = \boldsymbol{P}_{aa} - \boldsymbol{P}_{aa}(\boldsymbol{P}_{aa}+\boldsymbol{P}_{bb})^{-1}\boldsymbol{P}_{aa} \tag{6-103}$$

对式(6-103)应用矩阵反演公式，并与式(6-102)左右同乘，可得两个独立估计量的最优融合方程

$$\boldsymbol{P}_{cc}^{-1} = \boldsymbol{P}_{aa}^{-1} + \boldsymbol{P}_{bb}^{-1} \tag{6-104}$$

$$\boldsymbol{P}_{cc}^{-1}c = \boldsymbol{P}_{aa}^{-1}a + \boldsymbol{P}_{bb}^{-1}b \tag{6-105}$$

将式(6-104)与式(6-101)进行比较，如果将 $\boldsymbol{P}_{aa}^{-1}$ 和 $\boldsymbol{P}_{bb}^{-1}$ 分别放大为原来的 ω 倍和 $(1-\omega)$倍，即

$$\hat{P}_{aa}^{-1} = \omega P_{aa}^{-1}, \quad \hat{P}_{bb}^{-1} = (1-\omega)P_{bb}^{-1} \tag{6-106}$$

代替 $\boldsymbol{P}_{aa}^{-1}$ 和 $\boldsymbol{P}_{bb}^{-1}$，则 a 和 b 的融合可以简单地按独立估计量之间的最优融合方程式(6-104)和式(6-105)进行，即

$$\boldsymbol{P}_{cc}^{-1} = \hat{\boldsymbol{P}}_{aa}^{-1} + \hat{\boldsymbol{P}}_{bb}^{-1} \tag{6-107}$$

$$\hat{\boldsymbol{P}}_{cc}^{-1} = \hat{\boldsymbol{P}}_{aa}^{-1}a + \hat{\boldsymbol{P}}_{bb}^{-1}b \tag{6-108}$$

于是，式(6-106)～式(6-108)就是我们要构建的融合方法。与独立估计量的最优融合公式相比，该方法多了一个方差放大过程式(6-106)。图 6-9 为一个二维空间的融合实例，其中 ω 分别取 0.25、0.5 和 0.75。

定理 6.6　在满足式(6-91)非负定和 $\omega\in[0,1]$的条件下，无论$\bar{\boldsymbol{P}}_{ab}$和 ω 取什么值，由式(6-106)～式(6-108)确定的估计量都满足一致性，即

$$\boldsymbol{P}_{cc} - \bar{\boldsymbol{P}}_{cc} \geqslant 0 \tag{6-109}$$

证明　设$\bar{c}$是 c 的数学期望，并有$\tilde{c}=c-\bar{c}$，则可得

$$\tilde{c} = \boldsymbol{P}_{cc}[\omega\boldsymbol{P}_{aa}^{-1}\tilde{a} + (1-\omega)\boldsymbol{P}_{bb}^{-1}\tilde{b}] \tag{6-110}$$

对式(6-110)进行外积，并求数学期望可得 c 的真实协方差阵为

$$\begin{aligned}\bar{\boldsymbol{P}}_{cc} &= \mathrm{E}[\tilde{c}\,\tilde{c}^{\mathrm{T}}] \\ &= \boldsymbol{P}_{cc}[\omega^2\boldsymbol{P}_{aa}^{-1}\bar{\boldsymbol{P}}_{aa}\boldsymbol{P}_{aa}^{-1} + \omega(1-\omega)\boldsymbol{P}_{aa}^{-1}\bar{\boldsymbol{P}}_{ab}\boldsymbol{P}_{bb}^{-1} + \omega(1-\omega)\boldsymbol{P}_{bb}^{-1}\bar{\boldsymbol{P}}_{ba}\boldsymbol{P}_{aa}^{-1} \\ &\quad + (1-\omega)^2\boldsymbol{P}_{bb}^{-1}\bar{\boldsymbol{P}}_{bb}\boldsymbol{P}_{bb}^{-1}]\boldsymbol{P}_{cc}\end{aligned} \tag{6-111}$$

由于 $\bar{\boldsymbol{P}}_{ab}$ 未知，所以 $\bar{\boldsymbol{P}}_{ab}$ 的真实值无法计算得到。将式(6-110)代入一致性估计条件 $\boldsymbol{P}_{cc}-\bar{\boldsymbol{P}}_{cc}\geqslant 0$，并前后同乘以 $\boldsymbol{P}_{cc}^{-1}$，整理后可得

$$\begin{aligned}&\boldsymbol{P}_{cc}^{-1} - \omega^2\boldsymbol{P}_{aa}^{-1}\bar{\boldsymbol{P}}_{aa}\boldsymbol{P}_{aa}^{-1} - \omega(1-\omega)\boldsymbol{P}_{aa}^{-1}\bar{\boldsymbol{P}}_{ab}\boldsymbol{P}_{bb}^{-1} \\ &-\omega(1-\omega)\boldsymbol{P}_{bb}^{-1}\bar{\boldsymbol{P}}_{ba}\boldsymbol{P}_{aa}^{-1} - (1-\omega)^2\boldsymbol{P}_{bb}^{-1}\bar{\boldsymbol{P}}_{bb}\boldsymbol{P}_{bb}^{-1} \geqslant 0\end{aligned} \tag{6-112}$$

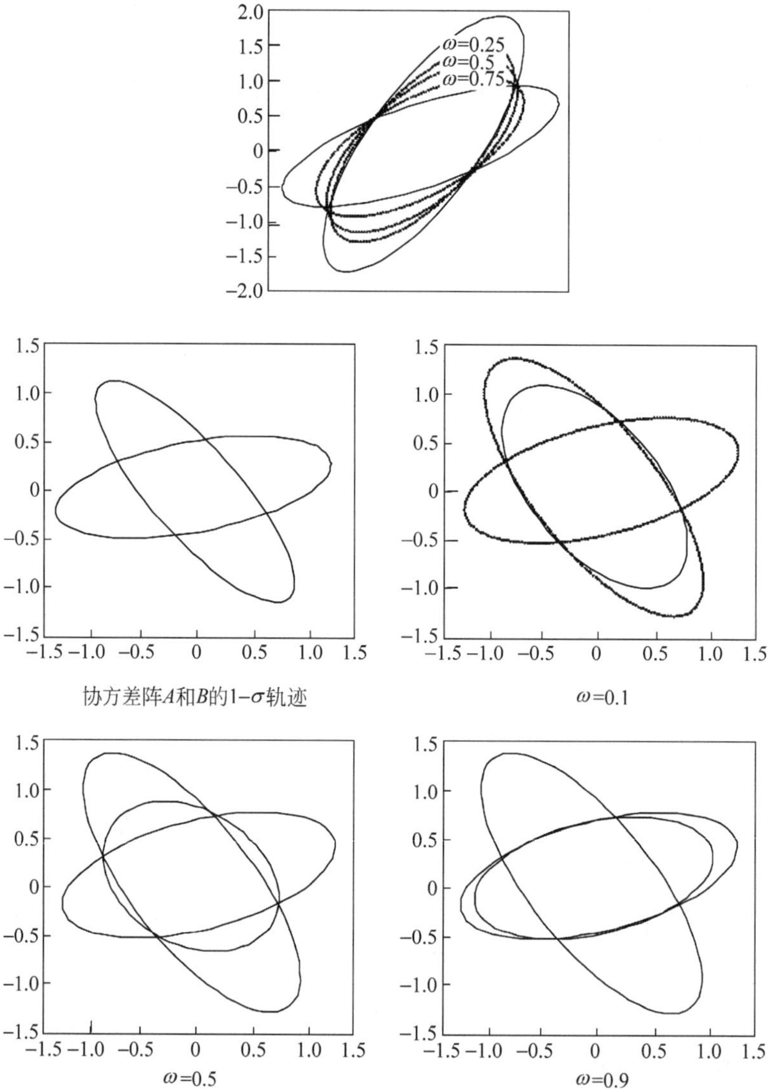

图 6-9　相关性未知的两个二维估计量利用新算法进行融合的协方差椭圆

于是，对定理 6.6 的证明就转变为对不等式(6-112)的证明。

由 a 的一致性条件有 $\boldsymbol{P}_{aa}-\bar{\boldsymbol{P}}_{aa}\geqslant 0$，两边同时左乘 $\boldsymbol{P}_{aa}^{-1}$，可得 $\boldsymbol{P}_{aa}^{-1}\geqslant \boldsymbol{P}_{aa}^{-1}\bar{\boldsymbol{P}}_{aa}\boldsymbol{P}_{aa}^{-1}$；同理，由 b 的一致性条件，可得 $\boldsymbol{P}_{bb}^{-1}\geqslant \boldsymbol{P}_{bb}^{-1}\bar{\boldsymbol{P}}_{bb}\boldsymbol{P}_{bb}^{-1}$。将这两个不等式代入式(6-101)可得

$$\boldsymbol{P}_{cc}^{-1}=\omega\boldsymbol{P}_{aa}^{-1}+(1-\omega)\boldsymbol{P}_{bb}^{-1}\geqslant \omega\boldsymbol{P}_{aa}^{-1}\bar{\boldsymbol{P}}_{aa}\boldsymbol{P}_{aa}^{-1}+(1-\omega)\boldsymbol{P}_{bb}^{-1}\bar{\boldsymbol{P}}_{bb}\boldsymbol{P}_{bb}^{-1} \tag{6-113}$$

以上不等式的右侧即为 $\boldsymbol{P}_{cc}^{-1}$ 的下界，将其代入式(6-112)可得

$$\omega(1-\omega)(\boldsymbol{P}_{aa}^{-1}\bar{\boldsymbol{P}}_{aa}\boldsymbol{P}_{aa}^{-1}-\boldsymbol{P}_{aa}^{-1}\bar{\boldsymbol{P}}_{ab}\boldsymbol{P}_{bb}^{-1}-\boldsymbol{P}_{bb}^{-1}\bar{\boldsymbol{P}}_{ba}\boldsymbol{P}_{aa}^{-1}+\boldsymbol{P}_{bb}^{-1}\bar{\boldsymbol{P}}_{bb}\boldsymbol{P}_{bb}^{-1})\geqslant 0$$

即

$$\omega(1-\omega)\mathrm{E}[(\boldsymbol{P}_{aa}^{-1}\tilde{a}-\boldsymbol{P}_{bb}^{-1}\tilde{b})(\boldsymbol{P}_{aa}^{-1}\tilde{a}-\boldsymbol{P}_{bb}^{-1}\tilde{b})^{\mathrm{T}}]\geqslant 0 \tag{6-114}$$

对任何可能的 $\bar{\boldsymbol{P}}_{ab}$ 和 $\omega\in[0,1]$，不等式(6-114)成立，即式(6-112)成立。

估计的最优性由 ω 决定，ω 可依据 $\boldsymbol{P}_{cc}$ 的某一范数最小的准则，通过最优化方法搜索得到。该范数可以是 $\boldsymbol{P}_{cc}$ 的迹、特征值，也可以是 $\boldsymbol{P}_{cc}$ 的行列式。采用行列式要更好一些，因为它不受状态量单位的影响，同时可充分利用 $\boldsymbol{P}_{cc}$ 所有元素提供的信息。此时得到的 $\boldsymbol{P}_{cc}$ 等值图是随 ω 在[0,1]中变化而产生的一系列包含在交会区的等值图中最紧凑的一个。

至此，通过解析几何的途径，构建了要寻找的估计量融合算法，并证明了该算法总能得到一致估计。与独立估计量的最优融合算法相比，只是增加了一个信息矩阵的放大过程和一个标量加权因子的最优化搜索过程，方程简单，易于实用。

上述结论可推广到有 m 个子系统的情形，此时可按下式进行融合

$$\boldsymbol{C}^{-1}=\omega_1\boldsymbol{A}_1^{-1}+\omega_2\boldsymbol{A}_2^{-1}+\cdots+\omega_m\boldsymbol{A}_m^{-1} \tag{6-115}$$

$$c=\boldsymbol{C}(\omega_1\boldsymbol{A}_1^{-1}\alpha_1+\omega_2\boldsymbol{A}_2^{-1}\alpha_2+\cdots+\omega_m\boldsymbol{A}_m^{-1}\alpha_m) \tag{6-116}$$

$$\omega_1+\omega_2+\cdots+\omega_m=1 \tag{6-117}$$

这就是得到的结果。

6.6　混合式估计融合

由式(6-35)可得来自 L_j 个传感器的航迹融合解为

$$\begin{aligned}\hat{\boldsymbol{X}}^j(k+1|k+1)=&\hat{\boldsymbol{X}}_{\mathrm{f}}^j(k+1|k)+\boldsymbol{P}^j(k+1|k+1)\sum_{i=1}^{N_j}\{[\boldsymbol{P}_i^j(k+1|k+1)]^{-1}\\&\cdot[\hat{\boldsymbol{X}}_i^j(k+1|k+1)-\hat{\boldsymbol{X}}_{\mathrm{f}}^j(k+1|k)]\\&-[\boldsymbol{P}_i^j(k+1|k)]^{-1}[\hat{\boldsymbol{X}}_i^j(k+1|k)-\hat{\boldsymbol{X}}_{\mathrm{f}}^j(k+1|k)]\}\end{aligned} \tag{6-118}$$

其中

$$\begin{aligned}[\boldsymbol{P}^j(k+1|k+1)]^{-1}=&[\boldsymbol{P}_{\mathrm{f}}^j(k+1|k)]^{-1}\\&+\sum_{i=1}^{L_j}[\boldsymbol{H}_i^j(k+1)]^{\mathrm{T}}[\boldsymbol{R}_i^j(k+1)]^{-1}\boldsymbol{H}_i^j(k+1)\end{aligned} \tag{6-119}$$

$\hat{\boldsymbol{X}}_{\mathrm{f}}^j(k+1|k)$ 是局部节点 j 的状态预测。

图 6-10 给出了 N_j 个传感器局部节点 j 的两层结构。$\forall i\in L_j+1,L_j+2,\cdots,L_j$，传感器 i 的测量方程表示在式(6-3)中。

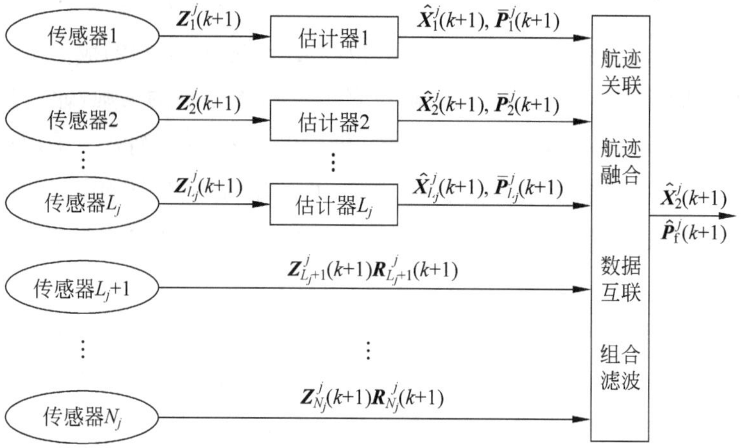

图 6-10　两层混合式融合结构

6.6.1　顺序估计

如果把 $\forall i \in L_j+1, L_j+2, \cdots, L_j$ 所对应的各传感器的测量 $Z_i^j(k+1)$ 看做一个具有零预测时间的新测量，并用卡尔曼滤波技术顺序地更新状态估计、增益和协方差，那么就可获得其式(6-118)和式(6-3)的混合状态估计方程为

$$\hat{X}_{(i)}(k+1 \mid k+1) = \hat{X}_{(i-1)}(k+1 \mid k+1) + G_i^j(k+1) \cdot [Z_i^j(k+1) - H_i^j(k+1)\hat{X}_{(i-1)}(k+1 \mid k+1)] \tag{6-120}$$

$$G_i^j(k+1) = P_{(i)}^j(k+1 \mid k+1) H_i^j(k+1)[R_i^j(k+1)]^{-1} \tag{6-121}$$

$$[P_{(i)}^j(k+1 \mid k+1)]^{-1} = [P_{(i-1)}^j(k+1 \mid k+1)]^{-1} + H_i^j(k+1)[R_i^j(k+1)]^{-1} H_i^j(k+1) \tag{6-122}$$

这里

$$P_{(L_i)}^j(k+1 \mid k+1) = P^j(k+1 \mid k+1), \hat{X}_{(L_i)}^j(k+1 \mid k+1) = \hat{X}^j(k+1 \mid k+1) \tag{6-123}$$

经过 $N_j - L_j$ 步更新之后，可得二层混合系统的状态估计为

$$\hat{X}_f^j(k+1 \mid k+1) = \hat{X}_{(L_j)}^j(k+1 \mid k+1) + \sum_{i=L_j+1}^{N_j} G_i^j(k+1)[Z_i^j(k+1) - H_i^j(k+1)\hat{X}_{(i-1)}^j(k+1 \mid k+1)]$$

$$= \hat{X}_f^j(k+1 \mid k) + P^j(k+1 \mid k+1) \cdot \sum_{i=1}^{L_j} \{[P_i^j(k+1 \mid k+1)]^{-1}[\hat{X}_i^j(k+1 \mid k+1)$$

$$
\begin{aligned}
&-\hat{\boldsymbol{X}}_{\dagger}^{j}(k+1\mid k)]-[\boldsymbol{P}_{i}^{j}(k+1\mid k)]^{-1}\\
&\cdot[\hat{\boldsymbol{X}}_{i}^{j}(k+1\mid k+1)-\hat{\boldsymbol{X}}_{\dagger}^{j}(k+1\mid k)]\}\\
&+\sum_{i=L_j+1}^{N_j}\boldsymbol{G}_{i}^{j}(k+1)[\boldsymbol{Z}_{i}^{j}(k+1)\\
&-\boldsymbol{H}_{i}^{j}(k+1)\,\hat{\boldsymbol{X}}_{(i-1)}^{j}(k+1\mid k+1)]
\end{aligned}
\tag{6-124}
$$

其中，$\hat{\boldsymbol{X}}_{\dagger}^{j}(k+1|k+1)=\boldsymbol{\Phi}(k)\hat{\boldsymbol{X}}_{\dagger}^{j}(k|k)$。

对应的状态更新和预测协方差分别为

$$
\begin{aligned}
[\boldsymbol{P}_{\dagger}^{j}(k+1\mid k+1)]^{-1}=&[\boldsymbol{P}_{\dagger}^{j}(k+1\mid k)]^{-1}\\
&+\sum_{i=1}^{N_j}[\boldsymbol{H}_{i}^{j}(k+1)]^{\mathrm{T}}[\boldsymbol{R}_{i}^{j}(k+1)]^{-1}\boldsymbol{H}_{i}^{j}(k+1)
\end{aligned}
\tag{6-125}
$$

$$
\boldsymbol{P}_{\dagger}^{j}(k+1\mid k)=\boldsymbol{\Phi}(k)\boldsymbol{P}_{\dagger}^{j}(k\mid k)\,\Phi^{\mathrm{T}}(k)'+\boldsymbol{G}(k)\boldsymbol{Q}(k)\boldsymbol{G}^{\mathrm{T}}(k)
\tag{6-126}
$$

6.6.2 加权估计

从工程实现的角度出发，我们还可以对 $i=L_j+1,L_j+2,\cdots,N_j$ 所对应的各传感器的测量 $\boldsymbol{Z}_{i}^{j}(k+1)$进行数据压缩

$$
\boldsymbol{Z}_{L_j+1-N_j}^{j}(k+1)=\boldsymbol{R}_{L_j+1-N_j}^{j}(k+1)\sum_{i=L_j+1}^{N_j}[\boldsymbol{R}_{i}^{j}(k+1)]^{-1}\boldsymbol{Z}_{i}^{j}(k+1)
\tag{6-127}
$$

$$
\boldsymbol{R}_{L_j+1-N_j}^{j}(k+1)=\sum_{i=L_j+1}^{N_j}[\boldsymbol{R}_{i}^{j}(k+1)]^{-1}
\tag{6-128}
$$

根据数据压缩后的量测值，则可以运用卡尔曼滤波技术更新状态估计、增益和协方差。这样作为具有混合结构的节点 j 可以同其他节点一样参与多层系统融合。本文结果也可以推广到其他结构的混合式系统。

6.7 多级式估计融合

前面我们已经研究了二层结构的状态估计，本节讨论多级式系统的状态估计。为了描述问题的方便，这里以三层系统为例研究多级式系统的状态估计。关于三层多传感器系统可以考虑三种结构，其一是局部节点为集中式，融合中心也为集中式结构；二是局部节点为集中式，而融合中心是分层结构；三是局部节点和融合中心均为分层结构。称第一种结构为集-集式多级式系统，第二种结构为集-分式（第二类）多级式系统，第三种结构为分-分式（第三类）多级式系统。

6.7.1 不带反馈信息的多级式估计融合

1. 集-集式多级估计融合

设有一矢量 $\boldsymbol{Z}(k+1)\in R^{m\cdot\sum_{j=1}^{M}N_j}$，如果

$$\boldsymbol{Z}(k+1)=[(\boldsymbol{Z}^1(k+1))^{\mathrm{T}},\cdots,(\boldsymbol{Z}^M(k+1))^{\mathrm{T}}]^{\mathrm{T}} \tag{6-129}$$

则 $\boldsymbol{Z}(k+1)$ 称为全局广义测量矢量。于是可以推出全局广义测量方程为

$$\boldsymbol{Z}(k+1)=\boldsymbol{H}(k+1)\boldsymbol{X}(k+1)+\boldsymbol{W}(k+1) \tag{6-130}$$

这里

$$\boldsymbol{H}(k+1)=[(\boldsymbol{H}^1(k+1))^{\mathrm{T}},\cdots,(\boldsymbol{H}^M(k+1))^{\mathrm{T}}]^{\mathrm{T}} \tag{6-131}$$

$$\boldsymbol{W}(k+1)=[(\boldsymbol{W}^1(k+1))^{\mathrm{T}},\cdots,(\boldsymbol{W}^M(k+1))^{\mathrm{T}}]^{\mathrm{T}} \tag{6-132}$$

$$\mathrm{E}\left\{\begin{bmatrix}\boldsymbol{W}(k)\\ \boldsymbol{V}(k)\\ \widetilde{\boldsymbol{X}}(0)\end{bmatrix}\begin{bmatrix}\boldsymbol{W}^{\mathrm{T}}(l) & \boldsymbol{V}^{\mathrm{T}}(l) & \widetilde{\boldsymbol{X}}^{\mathrm{T}}(0)\end{bmatrix}\right\}=\begin{bmatrix}\boldsymbol{R}(k) & 0 & 0\\ 0 & \boldsymbol{Q}(k) & 0\\ 0 & 0 & \boldsymbol{P}_0\end{bmatrix}\delta_{kl} \tag{6-133}$$

且

$$\begin{aligned}\boldsymbol{R}(k+1)&=\mathrm{E}[\boldsymbol{W}(k+1)\boldsymbol{W}^{\mathrm{T}}(k+1)]\\ &=\mathrm{diag}[\boldsymbol{R}^1(k+1),\cdots,\boldsymbol{R}^M(k+1)]\end{aligned} \tag{6-134}$$

于是把离散卡尔曼滤波方程应用于式(6-1)和式(6-130)构成线性系统，则集-集式多级估计融合解为

$$\hat{\boldsymbol{X}}(k+1|k+1)=\hat{\boldsymbol{X}}(k+1|k)+\boldsymbol{K}(k+1)[\boldsymbol{Z}(k+1)-\boldsymbol{H}(k+1)\hat{\boldsymbol{X}}(k+1|k)] \tag{6-135}$$

$$\hat{\boldsymbol{X}}(k+1|k)=\boldsymbol{\Phi}(k)\hat{\boldsymbol{X}}(k|k) \tag{6-136}$$

$$\begin{aligned}\boldsymbol{K}(k+1)&=\boldsymbol{P}(k+1|k+1)\boldsymbol{H}^{\mathrm{T}}(k+1)\boldsymbol{R}^{-1}(k+1)\\ &\overset{\mathrm{def}}{=}[\bar{\boldsymbol{K}}_1^1(k+1),\cdots,\bar{\boldsymbol{K}}_{N_1}^1(k+1),\cdots,\bar{\boldsymbol{K}}_1^M(k+1),\cdots,\bar{\boldsymbol{K}}_{N_M}^M(k+1)]\end{aligned} \tag{6-137}$$

$$\bar{\boldsymbol{K}}_i^j(k+1)=\boldsymbol{P}(k+1|k+1)[\boldsymbol{H}_i^j(k+1)]^{\mathrm{T}}[\boldsymbol{R}_i^j(k+1)]^{-1},i\in U,j\in U \tag{6-138}$$

$$\bar{\boldsymbol{K}}^j(k+1)=\boldsymbol{P}(k+1|k+1)\boldsymbol{H}^j(k+1)[\boldsymbol{R}^j(k+1)]^{-1},j\in U \tag{6-139}$$

$$\begin{aligned}[\boldsymbol{P}(k+1|k+1)]^{-1}&=[\boldsymbol{P}(k+1|k)]^{-1}+[\boldsymbol{H}(k+1)]^{\mathrm{T}}\boldsymbol{R}^{-1}(k+1)\boldsymbol{H}(k+1)\\ &=[\boldsymbol{P}(k+1|k)]^{-1}+\sum_{j=1}^{M}[\boldsymbol{H}^j(k+1)]^{\mathrm{T}}[\boldsymbol{R}^j(k+1)]^{-1}\boldsymbol{H}^j(k+1)\\ &=[\boldsymbol{P}(k+1|k)]^{-1}+\sum_{j=1}^{M}\sum_{i=1}^{N_j}\boldsymbol{H}_i^j(k+1)^{\mathrm{T}}[\boldsymbol{R}_i^j(k+1)]^{-1}\boldsymbol{H}_i^j(k+1)\\ &=[\boldsymbol{P}(k+1|k)]^{-1}+\sum_{j=1}^{M}\sum_{i=1}^{N_j}[(\boldsymbol{P}_i^j(k+1|k+1))^{-1}\\ &\quad-(\boldsymbol{P}_i^j(k+1|k))^{-1}]\end{aligned} \tag{6-140}$$

$$\boldsymbol{P}(k+1|k)=\boldsymbol{\Phi}(k)\boldsymbol{P}(k)\boldsymbol{\Phi}^{\mathrm{T}}(k)+\boldsymbol{G}(k)\boldsymbol{Q}(k)\boldsymbol{G}^{\mathrm{T}}(k) \tag{6-141}$$

那么

$$\hat{\boldsymbol{X}}(k+1|k+1)=\hat{\boldsymbol{X}}(k+1|k)+\sum_{j=1}^{M}\bar{\boldsymbol{K}}^{j}(k+1)[\boldsymbol{Z}^{j}(k+1)-\boldsymbol{H}^{j}(k+1)\hat{\boldsymbol{X}}(k+1|k)]$$
$$=\hat{\boldsymbol{X}}(k+1|k)+\sum_{j=1}^{M}\sum_{i=1}^{N_j}\bar{\boldsymbol{K}}_i^{j}(k+1)[\boldsymbol{Z}_i^{j}(k+1)-\boldsymbol{H}_i^{j}(k+1)\hat{\boldsymbol{X}}(k+1|k)] \tag{6-142}$$

其初始条件为$\hat{\boldsymbol{X}}(0|0)=\mu, P(0|0)=\boldsymbol{P}_0$。

按照上述的推导思路，对任意大于三级的多传感器系统其集中估计融合解都可容易推出，并且也有与式(6-142)完全类似的形式，只是升高一级系统多一层求和。

2. 集-分式多级估计融合

在集-分式多级式系统中，如果我们从状态估计的角度把局部节点 $j(j\in U)$抽象成一个虚拟的传感器，那么这种三层多传感器系统的状态估计可以转化成二层分布式系统来研究。这样，我们就可以直接推得集-分式多级式多传感器航迹融合的 3 种表示形式分别为

形式 1

$$\hat{\boldsymbol{X}}(k+1|k+1)=\boldsymbol{P}(k+1|k+1)\{\boldsymbol{P}^{-1}(k+1|k)\hat{\boldsymbol{X}}(k+1|k)+\sum_{j=1}^{M}[[\boldsymbol{P}^{j}(k+1|k+1)]^{-1}\hat{\boldsymbol{X}}^{j}(k+1|k+1)-[\boldsymbol{P}^{j}(k+1|k)]^{-1}\hat{\boldsymbol{X}}^{j}(k+1|k)]\} \tag{6-143}$$

形式 2

$$\hat{\boldsymbol{X}}(k+1|k+1)=\hat{\boldsymbol{X}}(k+1|k)+\boldsymbol{P}(k+1|k+1)\sum_{j=1}^{M}\{[\boldsymbol{P}^{j}(k+1|k+1)]^{-1}\cdot[\hat{\boldsymbol{X}}^{j}(k+1|k+1)-\hat{\boldsymbol{X}}(k+1|k)]-[\boldsymbol{P}^{j}(k+1|k)]^{-1}\cdot[\hat{\boldsymbol{X}}^{j}(k+1|k)-\hat{\boldsymbol{X}}(k+1|k)]\} \tag{6-144}$$

形式 3

$$\hat{\boldsymbol{X}}(k+1|k+1)=\boldsymbol{h}(k+1)+\boldsymbol{P}(k+1|k+1)\cdot\left\{\sum_{j=1}^{M}[\boldsymbol{P}^{j}(k+1|k+1)]^{-1}\cdot\hat{\boldsymbol{X}}^{j}(k+1|k+1)+\boldsymbol{f}(k+1)\right\} \tag{6-145}$$

其中

$$\boldsymbol{h}(k+1)=\boldsymbol{F}(k+1)\boldsymbol{h}(k)+\boldsymbol{P}(k+1|k+1)\sum_{j=1}^{M}\boldsymbol{S}^{j}(k+1)\hat{\boldsymbol{X}}^{j}(k|k) \tag{6-146}$$

$$\boldsymbol{f}(k+1)=\boldsymbol{A}(k+1)\boldsymbol{f}(k) \tag{6-147}$$

且

$$\begin{aligned}\boldsymbol{F}(k+1)&=[\boldsymbol{I}-\boldsymbol{P}(k+1\mid k+1)\sum_{j=1}^{M}[\boldsymbol{H}^j(k+1)]^{\mathrm{T}}[\boldsymbol{R}^j(k+1)]^{-1}\boldsymbol{H}^j(k+1)]\boldsymbol{\Phi}(k)\\&=\boldsymbol{P}(k+1\mid k+1)\boldsymbol{P}^{-1}(k+1\mid k)\boldsymbol{\Phi}(k)\end{aligned} \tag{6-148}$$

$$\boldsymbol{A}(k+1)=\boldsymbol{P}^{-1}(k+1\mid k)\boldsymbol{\Phi}(k)\boldsymbol{P}(k\mid k) \tag{6-149}$$

$$\boldsymbol{S}^j(k+1)=[\boldsymbol{P}(k+1\mid k)]^{-1}\boldsymbol{\Phi}(k)\boldsymbol{P}(k\mid k)[\boldsymbol{P}^j(k\mid k)]^{-1}-[\boldsymbol{P}^j(k+1\mid k)]^{-1}\boldsymbol{\Phi}(k) \tag{6-150}$$

$$\boldsymbol{h}(0)=\boldsymbol{0},\boldsymbol{f}(0)=-\sum_{j=1}^{M}[\boldsymbol{P}^j(0\mid 0)]^{-1}\hat{\boldsymbol{X}}^j(0\mid 0)+\boldsymbol{P}^{-1}(0\mid 0)\hat{\boldsymbol{X}}(0\mid 0) \tag{6-151}$$

这里，$\boldsymbol{P}(k+1|k+1)$、$\boldsymbol{P}(k+1|k)$、$\boldsymbol{P}^j(k+1|k+1)$、$\boldsymbol{P}^j(k+1|k)$、$\hat{\boldsymbol{X}}^j(k+1|k+1)$、$\hat{\boldsymbol{X}}^j(k+1|k)$均表示在6.2节中。显然式(6-143)、式(6-144)、式(6-145)这三种形式是最优和等价的。

3. 分-分式多级估计融合

由式(6-34)可知，$\forall j\in U$ 有

$$\begin{aligned}&[\boldsymbol{P}^j(k+1\mid k+1)]^{-1}\hat{\boldsymbol{X}}^j(k+1\mid k+1)-[\boldsymbol{P}^j(k+1\mid k)]^{-1}\hat{\boldsymbol{X}}^j(k+1\mid k)\\&=\sum_{i=1}^{N_j}[[\boldsymbol{P}_i^j(k+1\mid k+1)]^{-1}\hat{\boldsymbol{X}}_i^j(k+1\mid k+1)\\&\quad-[\boldsymbol{P}_i^j(k+1\mid k)]^{-1}\hat{\boldsymbol{X}}^j(k+1\mid k)]\end{aligned} \tag{6-152}$$

把式(6-152)代入式(6-143)可得分-分式三层多传感器系统航迹融合的形式1为

$$\begin{aligned}\hat{\boldsymbol{X}}(k+1|k+1)=\boldsymbol{P}(k+1\mid k+1)\{&\boldsymbol{P}^{-1}(k+1\mid k)\hat{\boldsymbol{X}}(k+1\mid k)\\&+\sum_{j=1}^{M}\sum_{i=1}^{N_j}[[\boldsymbol{P}_i^j(k+1\mid k+1)]^{-1}\hat{\boldsymbol{X}}_i^j(k+1\mid k+1)\\&-[\boldsymbol{P}_i^j(k+1\mid k)]^{-1}\hat{\boldsymbol{X}}_i^j(k+1\mid k)]\}\end{aligned} \tag{6-153}$$

再由式(6-152)得

$$\begin{aligned}&[\boldsymbol{P}^j(k+1\mid k+1)]^{-1}[\hat{\boldsymbol{X}}^j(k+1\mid k+1)-\hat{\boldsymbol{X}}(k+1\mid k)]\\&-[\boldsymbol{P}^j(k+1\mid k)]^{-1}[\hat{\boldsymbol{X}}^j(k+1\mid k)-\hat{\boldsymbol{X}}(k+1\mid k)]\\&=\sum_{i=1}^{N_j}\{[\boldsymbol{P}_i^j(k+1\mid k+1)]^{-1}[\hat{\boldsymbol{X}}_i^j(k+1\mid k+1)-\hat{\boldsymbol{X}}(k+1\mid k)]\\&\quad-\boldsymbol{P}_i^j(k+1\mid k)^{-1}[\hat{\boldsymbol{X}}_i^j(k+1\mid k)-\hat{\boldsymbol{X}}(k+1\mid k)]\}\end{aligned} \tag{6-154}$$

这样，当把式(6-154)代入式(6-144)，则得分-分三层多传感器系统航迹融合解

的形式 2 为

$$\hat{\boldsymbol{X}}(k+1)=\hat{\boldsymbol{X}}(k+1\mid k)+\boldsymbol{P}(k+1)\sum_{j=1}^{M}\sum_{i=1}^{N_j}\{[\boldsymbol{P}_i^j(k+1)]^{-1}$$

$$\cdot[\hat{\boldsymbol{X}}_i^j(k+1)-\hat{\boldsymbol{X}}(k+1\mid k)]$$

$$-[\boldsymbol{P}_i^j(k+1\mid k)]^{-1}[\hat{\boldsymbol{X}}_i^j(k+1\mid k)-\hat{\boldsymbol{X}}(k+1\mid k)]\} \tag{6-155}$$

定理 6.7 在各传感器状态估计方程形成的条件下，基于各传感器的航迹估计，分-分式多级式多传感器系统中的最优分层估计解的第三种表示形式为

$$\hat{\boldsymbol{X}}(k+1\mid k+1)=\boldsymbol{h}_t(k+1)+\boldsymbol{P}(k+1\mid k+1)$$

$$\cdot\sum_{j=1}^{M}\sum_{i=1}^{N_j}[\boldsymbol{P}_i^j(k+1\mid k+1)]^{-1}[\hat{\boldsymbol{X}}_i^j(k+1\mid k+1)-\boldsymbol{f}_t(k+1)] \tag{6-156}$$

其中

$$\boldsymbol{h}_t(k+1)=\boldsymbol{F}(k+1)\boldsymbol{h}_t(k)+\boldsymbol{P}(k+1\mid k+1)\sum_{j=1}^{M}\sum_{i=1}^{N_j}\boldsymbol{S}_i^j(k+1)\,\hat{\boldsymbol{X}}_i^j(k\mid k) \tag{6-157}$$

$$\boldsymbol{f}_t(k+1)=\boldsymbol{A}(k+1)\boldsymbol{f}_t(k) \tag{6-158}$$

且

$$\boldsymbol{F}(k+1)=\boldsymbol{P}(k+1\mid k+1)\boldsymbol{P}^{-1}(k+1\mid k)\boldsymbol{\Phi}(k) \tag{6-159}$$

$$\boldsymbol{A}(k+1)=\boldsymbol{P}^{-1}(k+1\mid k)\boldsymbol{\Phi}(k)\boldsymbol{P}(k\mid k) \tag{6-160}$$

$$\bar{\boldsymbol{S}}_i^j(k+1)=\boldsymbol{P}^{-1}(k+1\mid k)\boldsymbol{\Phi}(k)\boldsymbol{P}(k\mid k)\,[\boldsymbol{P}_i^j(k\mid k)]^{-1}$$

$$-[\boldsymbol{P}_i^j(k+1\mid k)]^{-1}\boldsymbol{\Phi}(k) \tag{6-161}$$

$$\boldsymbol{h}_t(0)=\boldsymbol{0},\boldsymbol{f}_t(0)=-\sum_{j=1}^{M}\sum_{i=1}^{N_j}[\boldsymbol{P}_i^j(0\mid 0)]^{-1}\,\hat{\boldsymbol{X}}_i^j(0\mid 0)+\boldsymbol{P}^{-1}(0\mid 0)\,\hat{\boldsymbol{X}}(0\mid 0) \tag{6-162}$$

以上研究了基于传感器目标状态估计的三层航迹融合算法，在卡尔曼滤波条件满足的情况下，它们都是最优估计，即三种表示形式是等价的。虽然这里的描述是针对三层的多级式系统，但它们可以直接推广到大于三层的线性离散多级式系统中，这里不再赘述。

如果在式(6-157)中忽略过程噪声和初始条件对分层融合的影响，则有次优多层航迹融合解为

$$\hat{\boldsymbol{X}}(k+1\mid k+1)=\boldsymbol{P}_{\mathrm{s}}(k+1\mid k+1)\sum_{j=1}^{M}\sum_{i=1}^{N_j}[\boldsymbol{P}_i^j(k+1\mid k+1)]^{-1}\,\hat{\boldsymbol{X}}_i^j(k+1\mid k+1) \tag{6-163}$$

其中

$$\boldsymbol{P}_{\mathrm{s}}(k+1\mid k+1)=\left[\sum_{j=1}^{M}\sum_{i=1}^{N_j}[\boldsymbol{P}_i^j(k+1\mid k+1)]^{-1}\right]^{-1} \tag{6-164}$$

若各传感器的测量模型相同，那么 $\forall j,b\in U,\forall i\in U_j,\forall a\in U_b$，对共同的初始协方差有 $\boldsymbol{P}_i^j(k+1|k+1)=\boldsymbol{P}_a^b(k+1|k+1)=\boldsymbol{P}_1^1(k+1|k+1)$。这时式(6-164)便退化成

$$\boldsymbol{P}_s(k+1|k+1)=\boldsymbol{P}_i^j(k+1|k+1)\Big/\sum_{j=1}^{M}N_j \tag{6-165}$$

且

$$\hat{\boldsymbol{X}}_s(k+1|k+1)=\sum_{j=1}^{M}\sum_{i=1}^{N_j}\hat{\boldsymbol{X}}_i^j(k+1|k+1)\Big/\sum_{j=1}^{M}N_j \tag{6-166}$$

这是一种简单的融合方式，在某些系统中可以采用。

利用上述线性系统的推导思路，可以比较容易地得到多级式多传感器非线性系统的状态估计模型，在此不再赘述。

6.7.2 带反馈信息的多级式估计融合

1. 带反馈的集-分式多级估计融合

对该类多级式系统，当 $j=1,2,\cdots,L$ 时，局部估计为

$$\hat{\boldsymbol{X}}^j(k+1|k+1)=\bar{\boldsymbol{K}}^j(k+1)[\boldsymbol{Z}^j(k+1)-\boldsymbol{H}^j(k+1)\hat{\boldsymbol{X}}_f(k+1|k)] \tag{6-167}$$

其中

$$\bar{\boldsymbol{K}}^j(k+1)=\bar{\boldsymbol{P}}^j(k+1|k+1)\boldsymbol{H}^j(k+1)[\boldsymbol{R}^j(k+1)]^{-1} \tag{6-168}$$

$$[\bar{\boldsymbol{P}}^j(k+1|k+1)]^{-1}=[\bar{\boldsymbol{P}}^j(k+1|k)]^{-1}+[\boldsymbol{H}^j(k+1)]^{\mathrm{T}}[\boldsymbol{R}^j(k+1)]^{-1}\boldsymbol{H}^j(k+1) \tag{6-169}$$

$$\bar{\boldsymbol{P}}^j(k+1|k)=\boldsymbol{\Phi}(k)\boldsymbol{P}_f(k)\Phi^{\mathrm{T}}(k)+\boldsymbol{G}(k)\boldsymbol{Q}(k)\boldsymbol{G}^{\mathrm{T}}(k)'=\boldsymbol{P}_f(k+1|k) \tag{6-170}$$

运用式(6-143)，可得带反馈的第二类多级式最优分层估计解的形式 1 为

$$\begin{aligned}\hat{\boldsymbol{X}}_f(k+1|k+1)=\boldsymbol{P}_f(k+1|k+1)\Big\{&\sum_{j=1}^{L}[\bar{\boldsymbol{P}}^j(k+1|k+1)]^{-1}\hat{\boldsymbol{X}}^j(k+1|k+1)\\&-(L-1)[\boldsymbol{P}_f(k+1|k)]^{-1}\hat{\boldsymbol{X}}_f(k+1|k)\\&+\sum_{j=L+1}^{M}[[\boldsymbol{P}^j(k+1|k+1)]^{-1}\hat{\boldsymbol{X}}^j(k+1|k+1)\\&-[\boldsymbol{P}^j(k+1|k)]^{-1}\hat{\boldsymbol{X}}^j(k+1|k)]\Big\}\end{aligned} \tag{6-171}$$

其中

$$\begin{aligned}\boldsymbol{P}_f(k+1|k+1)^{-1}=&\sum_{j=1}^{L}[\bar{\boldsymbol{P}}^j(k+1|k+1)]^{-1}-(L-1)[\boldsymbol{P}_f(k+1|k)]^{-1}\\&+\sum_{j=L+1}^{M}[[\boldsymbol{P}^j(k+1|k+1)]^{-1}-[\boldsymbol{P}^j(k+1|k)]^{-1}]\end{aligned} \tag{6-172}$$

当 $L=0$ 时,以上两式便退化成无反馈情况,这里我们定义这种情况下的全局估计及其协方差为 $\hat{\boldsymbol{X}}_{\mathrm{f}}(k+1|k+1)$、$\boldsymbol{P}_{\mathrm{f}}(k+1|k+1)$。当 $L=M$,即所有局部节点均接收反馈信息,这时最优融合解为

$$\hat{\boldsymbol{X}}_{\mathrm{f}}(k+1 \mid k+1)=\boldsymbol{P}_{\mathrm{f}}(k+1 \mid k+1)\left\{\sum_{j=1}^{M}\left[\bar{\boldsymbol{P}}^{j}(k+1 \mid k+1)\right]^{-1} \hat{\boldsymbol{X}}^{j}(k+1 \mid k+1) - (M-1)\left[\boldsymbol{P}_{\mathrm{f}}(k+1 \mid k)\right]^{-1} \hat{\boldsymbol{X}}_{\mathrm{f}}(k+1 \mid k)\right\} \tag{6-173}$$

且

$$\left[\boldsymbol{P}_{\mathrm{f}}^{j}(k+1 \mid k+1)\right]^{-1}=\sum_{j=1}^{M}\left[\bar{\boldsymbol{P}}^{j}(k+1 \mid k+1)\right]^{-1}-(M-1)\left[\boldsymbol{P}_{\mathrm{f}}(k+1 \mid k)\right]^{-1} \tag{6-174}$$

同理运用式(6-144),可获得带反馈的第二类多级式最优分层估计解的形式 2 为

$$\begin{aligned}\hat{\boldsymbol{X}}_{\mathrm{f}}(k+1 \mid k+1)= & \hat{\boldsymbol{X}}_{\mathrm{f}}(k+1 \mid k)+\boldsymbol{P}_{\mathrm{f}}(k+1 \mid k+1) \\ & \cdot\left\{\sum_{j=1}^{L}\left[\bar{\boldsymbol{P}}^{j}(k+1 \mid k)\right]^{-1}\left[\hat{\boldsymbol{X}}^{j}(k+1 \mid k)-\hat{\boldsymbol{X}}_{\mathrm{f}}(k+1 \mid k)\right]\right. \\ & +\sum_{j=L+1}^{M}\left\{\left[\boldsymbol{P}^{j}(k+1 \mid k+1)\right]^{-1}\left[\hat{\boldsymbol{X}}^{j}(k+1 \mid k+1)-\hat{\boldsymbol{X}}_{\mathrm{f}}(k+1 \mid k)\right]\right. \\ & \left.\left.-\left[\boldsymbol{P}^{j}(k+1 \mid k)\right]^{-1}\left[\hat{\boldsymbol{X}}^{j}(k+1 \mid k)-\hat{\boldsymbol{X}}_{\mathrm{f}}(k+1 \mid k)\right]\right\}\right\}\end{aligned} \tag{6-175}$$

其中,$\boldsymbol{P}_{\mathrm{f}}(k+1)$表示在式(6-173)中。当 $L=M$ 时,式(6-173)变为

$$\begin{aligned}\hat{\boldsymbol{X}}_{\mathrm{f}}(k+1 \mid k+1)= & \hat{\boldsymbol{X}}_{\mathrm{f}}(k+1 \mid k)+\boldsymbol{P}_{\mathrm{f}}(k+1 \mid k+1) \\ & \cdot \sum_{j=1}^{M}\left[\bar{\boldsymbol{P}}^{j}(k+1 \mid k+1)\right]^{-1}\left[\hat{\boldsymbol{X}}^{j}(k+1 \mid k+1)-\hat{\boldsymbol{X}}_{\mathrm{f}}(k+1 \mid k)\right]\end{aligned} \tag{6-176}$$

这里,$\boldsymbol{P}_{\mathrm{f}}(k+1|k+1)$表示在式(6-175)中。

2. 带反馈的分-分式多级估计融合

假设有 L 个局部节点接收来自融合节点的反馈信息,而这些局部节点中又分别有 $L_j(j=1,2,\cdots,L)$个传感器接收来自局部节点的反馈信息。于是由式(6-62)有

$$\begin{aligned}& \left[\boldsymbol{P}_{\mathrm{f}}^{j}(k+1 \mid k+1)\right]^{-1} \hat{\boldsymbol{X}}_{\mathrm{f}}^{j}(k+1 \mid k+1)\left[-\boldsymbol{P}_{\mathrm{f}}^{j}(k+1 \mid k)\right]^{-1} \hat{\boldsymbol{X}}_{\mathrm{f}}^{j}(k+1 \mid k) \\ = & \sum_{i=1}^{L_j}\left[\bar{\boldsymbol{P}}_{i}^{j}(k+1 \mid k+1)\right]^{-1} \hat{\boldsymbol{X}}_{i}^{j}(k+1 \mid k+1) \\ & -L_j\left[\boldsymbol{P}_{\mathrm{f}}^{j}(k+1 \mid k)\right]^{-1} \hat{\boldsymbol{X}}_{\mathrm{f}}^{j}(k+1 \mid k) \\ & +\sum_{i=L_j+1}^{N_j}\left[\left[\boldsymbol{P}_{i}^{j}(k+1 \mid k+1)\right]^{-1} \boldsymbol{X}_{i}^{j}(k+1 \mid k+1)\right.\end{aligned}$$

$$-[\boldsymbol{P}_i^j(k+1 \mid k)]^{-1}\boldsymbol{X}_i^j(k+1 \mid k)] \tag{6-177}$$

由上述假设知 $\forall i=1,2,\cdots,L_j$ 及 $\forall j=1,2,\cdots,L$，$\hat{\boldsymbol{X}}_i^j(k+1|k)=\hat{\boldsymbol{X}}_{\mathrm{f}}^j(k+1|k)=\hat{\boldsymbol{X}}_{\mathrm{f}}(k+1|k)$，$\bar{\boldsymbol{P}}_i^j(k+1|k)=\boldsymbol{P}_{\mathrm{f}}^j(k+1|k)=\boldsymbol{P}_{\mathrm{f}}(k+1|k)$，$\forall j=L+1,L+2,\cdots,M$，$L_j\equiv 0$。把式(6-177)代入式(6-143)并化简，可得带反馈的分-分式多级系统的多层估计形式 1 为

$$\begin{aligned}\hat{\boldsymbol{X}}_{\mathrm{f}}(k+1|k+1)=\boldsymbol{P}_{\mathrm{f}}(k+1 \mid k+1)\Big\{&\Big(1-\sum_{j=1}^{L}L_j\Big)[\boldsymbol{P}_{\mathrm{f}}(k+1 \mid k)]^{-1}\hat{\boldsymbol{X}}_{\mathrm{f}}(k+1 \mid k)\\&+\sum_{j=1}^{L}\sum_{i=1}^{L_j}[\bar{\boldsymbol{P}}_i^j(k+1 \mid k+1)]^{-1}\hat{\boldsymbol{X}}_i^j(k+1 \mid k+1)\\&\cdot\sum_{j=1}^{L}\sum_{i=L_j+1}^{N_j}[[\boldsymbol{P}_i^j(k+1 \mid k+1)]^{-1}\hat{\boldsymbol{X}}_i^j(k+1 \mid k+1)\\&-[\boldsymbol{P}_i^j(k+1 \mid k)]^{-1}\hat{\boldsymbol{X}}_i^j(k+1 \mid k)]\\&\cdot\sum_{j=L+1}^{M}\sum_{i=1}^{N_j}[[\boldsymbol{P}_i^j(k+1 \mid k+1)]^{-1}\hat{\boldsymbol{X}}_i^j(k+1 \mid k+1)\\&-[\boldsymbol{P}_i^j(k+1 \mid k)]^{-1}\hat{\boldsymbol{X}}_i^j(k+1 \mid k)]\Big\}\end{aligned} \tag{6-178}$$

再由式(6-65)得

$$\begin{aligned}\boldsymbol{P}_{\mathrm{f}}^{-1}(k+1 \mid k+1)=&\Big(1-\sum_{j=1}^{L}L_j\Big)\boldsymbol{P}_{\mathrm{f}}^{-1}(k+1 \mid k)+\sum_{j=1}^{L}\sum_{i=1}^{L_j}[\bar{\boldsymbol{P}}_i^j(k+1 \mid k+1)]^{-1}\\&+\sum_{j=1}^{L}\sum_{i=L_j+1}^{N_j}[[\boldsymbol{P}_i^j(k+1 \mid k+1)]^{-1}-[\boldsymbol{P}_i^j(k+1 \mid k)]^{-1}]\\&+\sum_{j=L+1}^{M}\sum_{i=1}^{N_j}[[\boldsymbol{P}_i^j(k+1 \mid k+1)]^{-1}\\&-[\boldsymbol{P}_i^j(k+1 \mid k)]^{-1}]\end{aligned} \tag{6-179}$$

当 $L=M$，$\forall j\in U$，$L_j=N_j$，则式(6-178)和式(6-179)分别变成

$$\begin{aligned}\hat{\boldsymbol{X}}_{\mathrm{f}}(k+1|k+1)=\boldsymbol{P}_{\mathrm{f}}(k+1 \mid k+1)\Big\{&\Big(1-\sum_{j=1}^{M}N_j\Big)\boldsymbol{P}_{\mathrm{f}}^{-1}(k+1 \mid k)\hat{\boldsymbol{X}}_{\mathrm{f}}(k+1 \mid k)\\&+\sum_{j=1}^{M}\sum_{i=1}^{N_j}[\bar{\boldsymbol{P}}_i^j(k+1 \mid k+1)]^{-1}\hat{\boldsymbol{X}}_i^j(k+1 \mid k+1)\Big\}\end{aligned} \tag{6-180}$$

$$\boldsymbol{P}_{\mathrm{f}}^{-1}(k+1 \mid k+1)=\Big(1-\sum_{j=1}^{M}N_j\Big)\boldsymbol{P}_{\mathrm{f}}^{-1}(k+1 \mid k)+\sum_{j=1}^{M}\sum_{i=1}^{N_j}[\bar{\boldsymbol{P}}_i^j(k+1 \mid k+1)]^{-1} \tag{6-181}$$

另外，由式(6-155)可推出带反馈多层融合的形式 2 为

$$\hat{\boldsymbol{X}}_{\mathrm{f}}(k+1 \mid k+1)=\hat{\boldsymbol{X}}_{\mathrm{f}}(k+1 \mid k)+\boldsymbol{P}_{\mathrm{f}}(k+1 \mid k+1)$$
$$\cdot\left\{\sum_{j=1}^{L}\sum_{i=1}^{L_j}[\bar{\boldsymbol{P}}_i^j(k+1 \mid k+1)]^{-1}[\hat{\boldsymbol{X}}_i^j(k+1 \mid k+1)-\hat{\boldsymbol{X}}_{\mathrm{f}}(k+1 \mid k)]\right.$$
$$\cdot\sum_{j=1}^{L}\sum_{i=L_j+1}^{N_j}[[\boldsymbol{P}_i^j(k+1 \mid k+1)]^{-1}[\hat{\boldsymbol{X}}_i^j(k+1 \mid k+1)$$
$$-\hat{\boldsymbol{X}}_{\mathrm{f}}(k+1 \mid k)]-[\boldsymbol{P}_i^j(k+1 \mid k)]^{-1}$$
$$\cdot[\hat{\boldsymbol{X}}_i^j(k+1 \mid k)-\hat{\boldsymbol{X}}_{\mathrm{f}}(k+1 \mid k)]]$$
$$\cdot\sum_{j=L+1}^{M}\sum_{i=1}^{N_j}[[\boldsymbol{P}_i^j(k+1 \mid k+1)]^{-1}\quad[\hat{\boldsymbol{X}}_i^j(k+1 \mid k+1)$$
$$-\hat{\boldsymbol{X}}_{\mathrm{f}}(k+1 \mid k)]-[\boldsymbol{P}_i^j(k+1 \mid k)]^{-1}$$
$$\left.\cdot[\hat{\boldsymbol{X}}_i^j(k+1 \mid k)-\hat{\boldsymbol{X}}_{\mathrm{f}}(k+1 \mid k)]]\right\} \tag{6-182}$$

其中，$\boldsymbol{P}_{\mathrm{f}}(k+1|k+1)$表示在式(6-179)中。当$\forall j=1,2,\cdots,L$；$L_j=N_j$时，式(6-182)变为

$$\hat{\boldsymbol{X}}_{\mathrm{f}}(k+1 \mid k+1)=\hat{\boldsymbol{X}}_{\mathrm{f}}(k+1 \mid k)+\boldsymbol{P}_{\mathrm{f}}(k+1 \mid k+1)\left\{\sum_{j=1}^{L}\sum_{i=1}^{N_j}[[\bar{\boldsymbol{P}}_i^j(k+1 \mid k+1)]^{-1}\right.$$
$$\cdot[\hat{\boldsymbol{X}}_i^j(k+1 \mid k+1)-\hat{\boldsymbol{X}}_{\mathrm{f}}(k+1 \mid k)]$$
$$\cdot\sum_{j=L+1}^{M}\sum_{i=1}^{N_j}[[\boldsymbol{P}_i^j(k+1 \mid k+1)]^{-1}[\hat{\boldsymbol{X}}_i^j(k+1 \mid k+1)-\hat{\boldsymbol{X}}_{\mathrm{f}}(k+1 \mid k)]$$
$$\left.-[\boldsymbol{P}_i^j(k+1 \mid k)]^{-1}[\hat{\boldsymbol{X}}_i^j(k+1 \mid k)-\hat{\boldsymbol{X}}_{\mathrm{f}}(k+1 \mid k)]]\right\} \tag{6-183}$$

且这时

$$\boldsymbol{P}_{\mathrm{f}}^{-1}(k+1 \mid k+1)=\left(1-\sum_{j=1}^{L}N_j\right)\boldsymbol{P}_{\mathrm{f}}^{-1}(k+1 \mid k)+\sum_{j=1}^{L}\sum_{i=1}^{N_j}[\bar{\boldsymbol{P}}_i^j(k+1 \mid k+1)]^{-1}$$
$$+\sum_{j=1}^{M}\sum_{i=1}^{N_j}[[\boldsymbol{P}_i^j(k+1 \mid k+1)]^{-1}$$
$$-[\boldsymbol{P}_i^j(k+1 \mid k)]^{-1}] \tag{6-184}$$

如果进一步假设$L=M$，则式(6-183)化为

$$\hat{\boldsymbol{X}}_{\mathrm{f}}(k+1 \mid k+1)=\hat{\boldsymbol{X}}_{\mathrm{f}}(k+1 \mid k)+\boldsymbol{P}_{\mathrm{f}}(k+1 \mid k+1)$$
$$\cdot\sum_{j=1}^{M}\sum_{i=1}^{N_j}[[\bar{\boldsymbol{P}}_i^j(k+1 \mid k+1)]^{-1}[\hat{\boldsymbol{X}}_i^j(k+1 \mid k+1)-\hat{\boldsymbol{X}}_{\mathrm{f}}(k+1 \mid k)] \tag{6-185}$$

这里，$\boldsymbol{P}_{\mathrm{f}}(k+1|k+1)$表示在式(6-181)中。

显然，式(6-167)和式(6-176)两式等价，式(6-178)与式(6-182)等价，且有反馈

和无反馈的结果$\hat{\boldsymbol{X}}_f(k+1|k+1)$与$\hat{\boldsymbol{X}}_f(k+1|k+1)$，$\boldsymbol{P}_f(k+1|k+1)$与$\boldsymbol{P}_f(k+1|k+1)$相同。

6.8 联邦滤波器

目前组合导航中，传感器的数量和种类越来越多，比如 GPS、天文导航、无线电导航、Doppler 声呐、雷达、信息装置等传感器，组合导航系统需要将它们传送来的信息综合处理，常用的有两种基本结构：集中式融合及分布式融合。如果采用集中式融合，则需要把各个传感器的测量信息送到中心站集中处理，这种集中式处理方式存在计算负担重、容错性差、通信负担重等缺点。虽然随着计算机技术的飞速发展，计算负担重的困难将越来越降为次要矛盾，但对容错性和估计精度的要求却越来越高。这些推动了分散卡尔曼滤波级数的不断发展。

目前，分散化滤波技术已发展了 30 多年，在众多的分散化滤波方法中，Calson 等提出的联邦滤波器(federated filter)只对子滤波器的估计信息进行合成，子滤波器是平行结构形式，各子滤波器算法采用卡尔曼滤波算法，处理自己传感器的测量信息。为了使主滤波器的合成结果与集中式融合估计精度相同，Calson 采用方差上界技术和信息分配原则来消除各传感器子滤波器估计结果的相关性，把全局状态估计信息和系统噪声信息分配给各子滤波器，但不改变子滤波器算法的形式。联邦滤波方法由于计算量小、实现简单、信息分配方式灵活、具有良好的容错结构，受到许多研究者的关注。正是由于这些特殊的特点，美国空军已将联邦滤波器列为新一代导航系统通用的滤波器。

联邦滤波器是一种具有两级结构的分散化滤波方法，它由若干个子滤波器和一个主滤波器组成；各个子滤波器独立地进行时间更新和测量更新；主滤波器的功能有：一是进行时间更新(相当于一个“影子”滤波器)；二是将各个滤波器的结果进行融合。融合后的结果可反馈到各个滤波器，作为下一个处理周期的初值。联邦滤波器采用了两项关键技术：方差上界去相关和统一的信息分配。

6.8.1 问题描述

考虑如下的线性系统模型，假设各子滤波器和主滤波器的状态转移矩阵、过程噪声分布阵和过程噪声相同

$$\boldsymbol{x}_{k+1} = \boldsymbol{\Phi}_k \boldsymbol{x}_k + \boldsymbol{\Gamma}_k \omega_k \tag{6-186}$$

其中，$\boldsymbol{\Phi}_k$ 是系统的状态转移矩阵，$\boldsymbol{\Gamma}_k$ 是过程噪声分布矩阵。假设ω_k 是均值为零的白噪声序列

$$\mathrm{E}[\omega_k \omega_j^{\mathrm{T}}] = \boldsymbol{Q}_k \delta_{kj}, \boldsymbol{Q}_k \geqslant 0 \tag{6-187}$$

其中，δ_{kj} 是 Kronecker delta 函数，即

$$\delta_{kj}=\begin{cases}1 & k=j\\ 0 & k\neq j\end{cases}$$

假设有 N 个传感器对系统式(6-186)独立地进行量测,相应的量测方程为

$$\boldsymbol{z}_{k+1}^{i}=\boldsymbol{H}_{k+1}^{i}\boldsymbol{x}_{k+1}+\boldsymbol{v}_{k+1}^{i} \tag{6-188}$$

其中,$\boldsymbol{z}_{k+1}^{i}$是第 i 个传感器在 $k+1$ 时刻的量测值,$\boldsymbol{H}_{k+1}^{i}$是第 i 个传感器在 $k+1$ 时刻的量测矩阵,$\boldsymbol{v}_{k+1}^{i}$是第 i 个传感器在 $k+1$ 时刻的量测噪声,假设 $\boldsymbol{v}_{k+1}^{i}$是独立于ω_k 的均值为零的白噪声序列,且

$$\mathrm{E}[\boldsymbol{v}_{k+1}^{i}(\boldsymbol{v}_{k+1}^{i})^{\mathrm{T}}]=\boldsymbol{R}_{k+1}^{i}\delta_{kj},\boldsymbol{R}_{k+1}^{i}\geqslant \boldsymbol{0} \tag{6-189}$$

假设$\hat{\boldsymbol{x}}_{k|k}^{g}$,$\boldsymbol{P}_{k|k}^{g}$表示联邦卡尔曼滤波器(融合中心)的最优估计值和协方差阵;$\hat{\boldsymbol{x}}_{k|k}^{i}$,$\boldsymbol{P}_{k|k}^{i}$表示第 i 个子滤波器和协方差阵($i=1,2,\cdots,N$);$\hat{\boldsymbol{x}}_{k|k}^{m}$,$\boldsymbol{P}_{k|k}^{m}$表示主滤波器的估计值和协方差阵。

6.8.2 方差上界技术

假设融合中心向各子滤波器无反馈,且已知主滤波器和子滤波器在 k 时刻的估计$\hat{\boldsymbol{x}}_{k|k}^{i}$及其协方差阵$\boldsymbol{P}_{k|k}^{i}$($i=1,2,\cdots,N,m$),对于主滤波器,在 k 时刻的数据融合过程完成后,有$\hat{\boldsymbol{x}}_{k+1|k}^{m}=\hat{\boldsymbol{x}}_{k|k}$,$\boldsymbol{P}_{k+1|k}^{m}=\boldsymbol{P}_{k|k}$,则主滤波器的一步预测为

$$\begin{cases}\hat{\boldsymbol{x}}_{k+1|k}^{m}=\Phi_k\hat{\boldsymbol{x}}_{k|k}\\ \boldsymbol{P}_{k+1|k}^{m}=\Phi_k\boldsymbol{P}_{k|k}\Phi_k^{\mathrm{T}}+\Gamma_k\boldsymbol{Q}_k\Gamma_k^{\mathrm{T}}\end{cases} \tag{6-190}$$

传感器 i 的局部估计为

$$\begin{cases}\hat{\boldsymbol{x}}_{k+1|k}^{i}=\Phi_k\hat{\boldsymbol{x}}_{k|k}^{i}\\ \boldsymbol{P}_{k+1|k}^{i}=\Phi_k\boldsymbol{P}_{k|k}^{i}\Phi_k^{\mathrm{T}}+\Gamma_k\boldsymbol{Q}_k\Gamma_k^{\mathrm{T}}\\ \hat{\boldsymbol{x}}_{k+1|k+1}^{i}=\hat{\boldsymbol{x}}_{k+1|k}^{i}+\boldsymbol{K}_{k+1}^{i}(\boldsymbol{z}_{k+1}^{i}-\boldsymbol{H}_{k+1}^{i}\hat{\boldsymbol{x}}_{k+1|k}^{i}),\quad i=1,2,\cdots,N\\ \boldsymbol{K}_{k+1}^{i}=\boldsymbol{P}_{k+1|k}^{i}(\boldsymbol{H}_{k+1}^{i})^{\mathrm{T}}[\boldsymbol{H}_{k+1}^{i}\boldsymbol{P}_{k+1|k}^{i}(\boldsymbol{H}_{k+1}^{i})^{\mathrm{T}}+\boldsymbol{R}_{k+1}^{i}]^{-1}\\ \boldsymbol{P}_{k+1|k+1}^{i}=(\boldsymbol{I}-\boldsymbol{K}_{k+1}^{i}\boldsymbol{H}_{k+1}^{i})\boldsymbol{P}_{k+1|k}^{i}\end{cases} \tag{6-191}$$

对于传感器 $i(i=1,2,\cdots,N)$,有

$$\hat{\boldsymbol{x}}_{k+1|k+1}^{i}=\hat{\boldsymbol{x}}_{k+1|k}^{i}+\boldsymbol{K}_{k+1}^{i}(\boldsymbol{z}_{k+1}^{i}-\boldsymbol{H}_{k+1}^{i}\hat{\boldsymbol{x}}_{k+1|k}^{i})=\Phi_k\hat{\boldsymbol{x}}_{k|k}^{i}+\boldsymbol{K}_{k+1}^{i}(\boldsymbol{z}_{k+1}^{i}-\boldsymbol{H}_{k+1}^{i}\Phi_k\hat{\boldsymbol{x}}_{k|k}^{i}) \tag{6-192}$$

$$\begin{aligned}\tilde{\boldsymbol{x}}_{k+1|k+1}^{i}&=\boldsymbol{x}_{k+1}-\hat{\boldsymbol{x}}_{k+1|k+1}^{i}\\ &=\Phi_k\boldsymbol{x}_k+\Gamma_k\omega_k-\Phi_k\hat{\boldsymbol{x}}_{k|k}^{i}-\boldsymbol{K}_{k+1}^{i}[\boldsymbol{H}_{k+1}^{i}(\Phi_k\boldsymbol{x}_k+\Gamma_k\omega_k)+\boldsymbol{v}_{k+1}^{i}-\boldsymbol{H}_{k+1}^{i}\Phi_k\hat{\boldsymbol{x}}_{k|k}^{i}]\\ &=\Phi_k\boldsymbol{x}_k+\Gamma_k\omega_k-\Phi_k\hat{\boldsymbol{x}}_{k|k}^{i}-\boldsymbol{K}_{k+1}^{i}[\boldsymbol{H}_{k+1}^{i}(\Phi_k x_k+\Gamma_k\omega_k)+\boldsymbol{v}_{k+1}^{i}-\boldsymbol{H}_{k+1}^{i}\Phi_k\hat{\boldsymbol{x}}_{k|k}^{i}]\\ &=(\boldsymbol{I}-\boldsymbol{K}_{k+1}^{i}\boldsymbol{H}_{k+1}^{i})\Phi_k\tilde{\boldsymbol{x}}_{k|k}^{i}+(\boldsymbol{I}-\boldsymbol{K}_{k+1}^{i}\boldsymbol{H}_{k+1}^{i})\Gamma_k\omega_k-\boldsymbol{K}_{k+1}^{i}\boldsymbol{v}_{k+1}^{i}\end{aligned} \tag{6-193}$$

从而有

$$\begin{aligned}\boldsymbol{P}_{k+1|k+1}^{i,j}=\mathrm{Cov}[\tilde{\boldsymbol{x}}_{k+1|k+1}^{i},\tilde{\boldsymbol{x}}_{k+1|k+1}^{j}]&=(\boldsymbol{I}-\boldsymbol{K}_{k+1}^{i}\boldsymbol{H}_{k+1}^{i})\Phi_k\boldsymbol{P}_{k|k}^{i,j}\Phi_k^{\mathrm{T}}(\boldsymbol{I}-\boldsymbol{K}_{k+1}^{i}\boldsymbol{H}_{k+1}^{i})^{\mathrm{T}}\\ &+(\boldsymbol{I}-\boldsymbol{K}_{k+1}^{i}\boldsymbol{H}_{k+1}^{i})\Gamma_k\boldsymbol{Q}_k\Gamma_k^{\mathrm{T}}(I-\boldsymbol{K}_{k+1}^{i}\boldsymbol{H}_{k+1}^{i})^{\mathrm{T}}\end{aligned}$$

$$= (\boldsymbol{I} - \boldsymbol{K}_{k+1}^{i}\boldsymbol{H}_{k+1}^{i})(\Phi_k \boldsymbol{P}_{k|k}^{i,j}\Phi_k^{\mathrm{T}} + \Gamma_k \boldsymbol{Q}_k \Gamma_k^{\mathrm{T}})(\boldsymbol{I} - \boldsymbol{K}_{k+1}^{i}\boldsymbol{H}_{k+1}^{i})^{\mathrm{T}} \tag{6-194}$$

对于主滤波器，由于无量测值，所以其时间更新即为其量测更新，即

$$\hat{\boldsymbol{x}}_{k+1|k+1}^{m} = \hat{\boldsymbol{x}}_{k+1|k}^{m} = \Phi_k \hat{\boldsymbol{x}}_{k|k} \tag{6-195}$$

$$\begin{aligned}\tilde{\boldsymbol{x}}_{k+1|k+1}^{i} &= \boldsymbol{x}_{k+1} - \hat{\boldsymbol{x}}_{k+1|k+1}^{i} = \Phi_k \boldsymbol{x}_k + \Gamma_k \omega_k - \Phi_k \hat{\boldsymbol{x}}_{k|k} \\ &= \Phi_k \tilde{\boldsymbol{x}}_{k|k} + \Gamma_k \omega_k \end{aligned} \tag{6-196}$$

从而在任一子滤波器 i 和主滤波器之间就有

$$\begin{aligned}\boldsymbol{P}_{k+1|k+1}^{i,m} &= \mathrm{Cov}[\tilde{\boldsymbol{x}}_{k+1|k+1}^{i}, \tilde{\boldsymbol{x}}_{k+1|k+1}^{m}] \\ &= (\boldsymbol{I} - \boldsymbol{K}_{k+1}^{i}\boldsymbol{H}_{k+1}^{i})\Phi_k \boldsymbol{P}_{k|k}^{i,m}\Phi_k^{\mathrm{T}} + (\boldsymbol{I} - \boldsymbol{K}_{k+1}^{i}\boldsymbol{H}_{k+1}^{i})\Gamma_k \boldsymbol{Q}_k \Gamma_k^{\mathrm{T}}\end{aligned} \tag{6-197}$$

可以看出，只有 $\boldsymbol{Q}_k = \boldsymbol{0}$ 且 $\boldsymbol{P}_{0|0}^{i,m} = \boldsymbol{0}$ 时，各子滤波器和主滤波器在 $k+1$ 时刻的滤波误差之间才是不相关的，而在通常情况下，这两个约束条件都难以成立，一是要求无系统噪声，这在实际应用中无法做到，另外，在初始时刻，通常取 $\hat{\boldsymbol{x}}_{0|0}^{i} = \bar{x}_0$，$\boldsymbol{P}_{0|0}^{i} = \boldsymbol{P}_0$，此时 $\boldsymbol{P}_{0|0}^{i,j} = \boldsymbol{P}_0$。

令 $\boldsymbol{B}_{k+1}^{i} = (\boldsymbol{I} - \boldsymbol{K}_{k+1}^{i}\boldsymbol{H}_{k+1}^{i})\Phi_k$，$\boldsymbol{C}_{k+1}^{i} = (\boldsymbol{I} - \boldsymbol{K}_{k+1}^{i}\boldsymbol{H}_{k+1}^{i})\Gamma_k (i = 1, 2, \cdots, N)$，则

$$\begin{aligned}
&\begin{bmatrix} \boldsymbol{P}_{k+1|k+1}^{1,1} & \cdots & \boldsymbol{P}_{k+1|k+1}^{1,N} & \boldsymbol{P}_{k+1|k+1}^{1,m} \\ \vdots & \ddots & \vdots & \vdots \\ \boldsymbol{P}_{k+1|k+1}^{N,1} & \cdots & \boldsymbol{P}_{k+1|k+1}^{N,N} & \boldsymbol{P}_{k+1|k+1}^{N,m} \\ \boldsymbol{P}_{k+1|k+1}^{m,1} & \cdots & \boldsymbol{P}_{k+1|k+1}^{m,N} & \boldsymbol{P}_{k+1|k+1}^{m,m} \end{bmatrix} \\
&= \begin{bmatrix} \boldsymbol{B}_{k+1}^{1}\boldsymbol{P}_{k|k}^{1,1}(\boldsymbol{B}_{k+1}^{1})^{\mathrm{T}} & \cdots & \boldsymbol{B}_{k+1}^{1}\boldsymbol{P}_{k|k}^{1,N}(\boldsymbol{B}_{k+1}^{1})^{\mathrm{T}} & \boldsymbol{B}_{k+1}^{1}\boldsymbol{P}_{k|k}^{1,m}\Phi_k^{\mathrm{T}} \\ \vdots & \ddots & \vdots & \vdots \\ \boldsymbol{B}_{k+1}^{N}\boldsymbol{P}_{k|k}^{N,1}(\boldsymbol{B}_{k+1}^{1})^{\mathrm{T}} & \cdots & \boldsymbol{B}_{k+1}^{N}\boldsymbol{P}_{k|k}^{N,N}(\boldsymbol{B}_{k+1}^{N})^{\mathrm{T}} & \boldsymbol{B}_{k+1}^{N}\boldsymbol{P}_{k|k}^{N,m}\Phi_k^{\mathrm{T}} \\ \Phi_k \boldsymbol{P}_{k|k}^{m,1}(\boldsymbol{B}_{k+1}^{1})^{\mathrm{T}} & \cdots & \Phi_k \boldsymbol{P}_{k|k}^{m,N}(\boldsymbol{B}_{k+1}^{N})^{\mathrm{T}} & \Phi_k \boldsymbol{P}_{k|k}^{m,m}\Phi_k^{\mathrm{T}} \end{bmatrix} \\
&\quad + \begin{bmatrix} \boldsymbol{C}_{k+1}^{1}\boldsymbol{Q}_k(\boldsymbol{C}_{k+1}^{1})^{\mathrm{T}} & \cdots & \boldsymbol{C}_{k+1}^{1}\boldsymbol{Q}_k(\boldsymbol{C}_{k+1}^{N})^{\mathrm{T}} & \boldsymbol{C}_{k+1}^{1}\boldsymbol{Q}_k\Gamma_k^{\mathrm{T}} \\ \vdots & \ddots & \vdots & \vdots \\ \boldsymbol{C}_{k+1}^{N}\boldsymbol{Q}_k(\boldsymbol{C}_{k+1}^{1})^{\mathrm{T}} & \cdots & \boldsymbol{C}_{k+1}^{N}\boldsymbol{Q}_k(\boldsymbol{C}_{k+1}^{N})^{\mathrm{T}} & \boldsymbol{C}_{k+1}^{N}\boldsymbol{Q}_k\Gamma_k^{\mathrm{T}} \\ \Gamma_k\boldsymbol{Q}_k(\boldsymbol{C}_{k+1}^{1})^{\mathrm{T}} & \cdots & \Gamma_k\boldsymbol{Q}_k(\boldsymbol{C}_{k+1}^{N})^{\mathrm{T}} & \Gamma_k\boldsymbol{Q}_k\Gamma_k^{\mathrm{T}} \end{bmatrix} \\
&= \begin{bmatrix} \boldsymbol{B}_{k+1}^{1} & \cdots & 0 & 0 \\ \vdots & \ddots & \vdots & \vdots \\ 0 & \cdots & \boldsymbol{B}_{k+1}^{N} & 0 \\ 0 & \cdots & 0 & \Phi_k \end{bmatrix} \begin{bmatrix} \boldsymbol{P}_{k|k}^{1,1} & \cdots & \boldsymbol{P}_{k|k}^{1,N} & \boldsymbol{P}_{k|k}^{1,m} \\ \vdots & \ddots & \vdots & \vdots \\ \boldsymbol{P}_{k|k}^{N,1} & \cdots & \boldsymbol{P}_{k|k}^{N,N} & \boldsymbol{P}_{k|k}^{N,m} \\ \boldsymbol{P}_{k|k}^{m,1} & \cdots & \boldsymbol{P}_{k|k}^{m,N} & \boldsymbol{P}_{k|k}^{m,m} \end{bmatrix} \begin{bmatrix} (\boldsymbol{B}_{k+1}^{1})^{\mathrm{T}} & \cdots & 0 & 0 \\ \vdots & \ddots & \vdots & \vdots \\ 0 & \cdots & (\boldsymbol{B}_{k+1}^{N})^{\mathrm{T}} & 0 \\ 0 & \cdots & 0 & \Phi_k^{\mathrm{T}} \end{bmatrix} \\
&\quad + \begin{bmatrix} \boldsymbol{C}_{k+1}^{1} & \cdots & 0 & 0 \\ \vdots & \ddots & \vdots & \vdots \\ 0 & \cdots & \boldsymbol{C}_{k+1}^{N} & 0 \\ 0 & \cdots & 0 & \Gamma_k \end{bmatrix} \begin{bmatrix} \boldsymbol{Q}_k & \cdots & \boldsymbol{Q}_k & \boldsymbol{Q}_k \\ \vdots & \ddots & \vdots & \vdots \\ \boldsymbol{Q}_k & \cdots & \boldsymbol{Q}_k & \boldsymbol{Q}_k \\ \boldsymbol{Q}_k & \cdots & \boldsymbol{Q}_k & \boldsymbol{Q}_k \end{bmatrix} \begin{bmatrix} (\boldsymbol{C}_{k+1}^{1})^{\mathrm{T}} & \cdots & 0 & 0 \\ \vdots & \ddots & \vdots & \vdots \\ 0 & \cdots & (\boldsymbol{C}_{k+1}^{N})^{\mathrm{T}} & 0 \\ 0 & \cdots & 0 & \Gamma_k^{\mathrm{T}} \end{bmatrix}
\end{aligned} \tag{6-198}$$

可以看出，由于共同的过程噪声 ω_k 的影响，即使 $\boldsymbol{P}_{k|k}^{i,j} = 0$，也不会有 $\boldsymbol{P}_{k+1|k+1}^{i,j} = 0$。现在用“方差上界”技术来消除掉这种相关性。由矩阵理论可知，上式右端由 $\boldsymbol{Q}_k$ 组成

的方阵有如下上界

$$\begin{bmatrix} \boldsymbol{Q}_k & \cdots & \boldsymbol{Q}_k & \boldsymbol{Q}_k \\ \vdots & \ddots & \vdots & \vdots \\ \boldsymbol{Q}_k & \cdots & \boldsymbol{Q}_k & \boldsymbol{Q}_k \\ \boldsymbol{Q}_k & \cdots & \boldsymbol{Q}_k & \boldsymbol{Q}_k \end{bmatrix} \leqslant \begin{bmatrix} \gamma_1\boldsymbol{Q}_k & \cdots & 0 & 0 \\ \vdots & \ddots & \vdots & \vdots \\ 0 & \cdots & \gamma_N\boldsymbol{Q}_k & 0 \\ 0 & \cdots & 0 & \gamma_m\boldsymbol{Q}_k \end{bmatrix} \tag{6-199}$$

$$\frac{1}{\gamma_1}+\cdots+\frac{1}{\gamma_N}+\frac{1}{\gamma_m}=1,\quad 0\leqslant\frac{1}{\gamma_1}\leqslant 1,\quad 1\leqslant\gamma_1\leqslant\infty \tag{6-200}$$

可以看出，式(6-199)中的上界比原始矩阵的正定性更强。也就是说，上界矩阵与原始矩阵之差为半正定的。

对于初始状态协方差阵也可设置类似的上界，即

$$\begin{bmatrix} \boldsymbol{P}_{0|0}^{1,1} & \cdots & \boldsymbol{P}_{0|0}^{1,N} & \boldsymbol{P}_{0|0}^{1,m} \\ \vdots & \ddots & \vdots & \vdots \\ \boldsymbol{P}_{0|0}^{N,1} & \cdots & \boldsymbol{P}_{0|0}^{N,N} & \boldsymbol{P}_{0|0}^{N,m} \\ \boldsymbol{P}_{0|0}^{m,1} & \cdots & \boldsymbol{P}_{0|0}^{m,N} & \boldsymbol{P}_{0|0}^{m,m} \end{bmatrix} \leqslant \begin{bmatrix} \gamma_1\boldsymbol{P}_{0|0}^{1,1} & \cdots & 0 & 0 \\ \vdots & \ddots & \vdots & \vdots \\ 0 & \cdots & \gamma_N\boldsymbol{P}_{0|0}^{N,N} & 0 \\ 0 & \cdots & 0 & \gamma_m\boldsymbol{P}_{0|0}^{m,m} \end{bmatrix} \tag{6-201}$$

由此也可以看出，式(6-201)右端无相关项。也就是说，将主滤波器和子滤波器自身的初始协方差阵再放大些就可以忽略主滤波器和各子滤波器初始估计误差之间的相关性，进一步由式(6-194)可知，$\boldsymbol{P}_{k|k}^{i,j}=0(i\neq j,i,j=1,2,\cdots,N)$。

将式(6-199)和式(6-201)代入式(6-198)，可得

$$\begin{aligned} &\begin{bmatrix} \boldsymbol{P}_{k+1|k+1}^{1,1} & \cdots & \boldsymbol{P}_{k+1|k+1}^{1,N} & \boldsymbol{P}_{k+1|k+1}^{1,m} \\ \vdots & \ddots & \vdots & \vdots \\ \boldsymbol{P}_{k+1|k+1}^{N,1} & \cdots & \boldsymbol{P}_{k+1|k+1}^{N,N} & \boldsymbol{P}_{k+1|k+1}^{N,m} \\ \boldsymbol{P}_{k+1|k+1}^{m,1} & \cdots & \boldsymbol{P}_{k+1|k+1}^{m,N} & \boldsymbol{P}_{k+1|k+1}^{m,m} \end{bmatrix} \\ \leqslant &\begin{bmatrix} \boldsymbol{B}_{k+1}^{1} & \cdots & 0 & 0 \\ \vdots & \ddots & \vdots & \vdots \\ 0 & \cdots & \boldsymbol{B}_{k+1}^{N} & 0 \\ 0 & \cdots & 0 & \boldsymbol{\Phi}_k \end{bmatrix} \begin{bmatrix} \boldsymbol{P}_{k|k}^{1,1} & \cdots & 0 & 0 \\ \vdots & \ddots & \vdots & \vdots \\ 0 & \cdots & \boldsymbol{P}_{k|k}^{N,N} & 0 \\ 0 & \cdots & 0 & \boldsymbol{P}_{k|k}^{m,m} \end{bmatrix} \begin{bmatrix} (\boldsymbol{B}_{k+1}^{1})^{\mathrm{T}} & \cdots & 0 & 0 \\ \vdots & \ddots & \vdots & \vdots \\ 0 & \cdots & (\boldsymbol{B}_{k+1}^{N})^{\mathrm{T}} & 0 \\ 0 & \cdots & 0 & \boldsymbol{\Phi}_k^{\mathrm{T}} \end{bmatrix} \\ &+\begin{bmatrix} \boldsymbol{C}_{k+1}^{1} & \cdots & 0 & 0 \\ \vdots & \ddots & \vdots & \vdots \\ 0 & \cdots & \boldsymbol{C}_{k+1}^{N} & 0 \\ 0 & \cdots & 0 & \boldsymbol{\Gamma}_k \end{bmatrix} \begin{bmatrix} \gamma_1\boldsymbol{Q}_k & \cdots & 0 & 0 \\ \vdots & \ddots & \vdots & \vdots \\ 0 & \cdots & \gamma_N\boldsymbol{Q}_k & 0 \\ 0 & \cdots & 0 & \gamma_m\boldsymbol{Q}_k \end{bmatrix} \begin{bmatrix} (\boldsymbol{C}_{k+1}^{1})^{\mathrm{T}} & \cdots & 0 & 0 \\ \vdots & \ddots & \vdots & \vdots \\ 0 & \cdots & (\boldsymbol{C}_{k+1}^{N})^{\mathrm{T}} & 0 \\ 0 & \cdots & 0 & \boldsymbol{\Gamma}_k^{\mathrm{T}} \end{bmatrix} \end{aligned} \tag{6-202}$$

在式(6-202)中取等号，即放大估计误差协方差阵，可得分离的时间更新

$$\boldsymbol{P}_{k+1|k+1}^{i,i}=\boldsymbol{B}_{k+1}^{i}\boldsymbol{P}_{k|k}^{i,i}\,(B_{k+1}^{i})^{\mathrm{T}}+\gamma_i\boldsymbol{C}_{k+1}^{i}\boldsymbol{Q}_k\,(\boldsymbol{C}_{k+1}^{i})^{\mathrm{T}},\quad i=1,2,\cdots,N \tag{6-203}$$

$$\boldsymbol{P}_{k+1|k+1}^{m,m}=\boldsymbol{\Phi}_k\boldsymbol{P}_{k|k}^{m,m}\,\boldsymbol{\Phi}_k^{\mathrm{T}}+\gamma_m\boldsymbol{\Gamma}_k\boldsymbol{Q}_k\boldsymbol{\Gamma}_k^{\mathrm{T}} \tag{6-204}$$

$$\boldsymbol{P}_{k+1|k+1}^{i,j}=0,\quad i\neq j,i,j=1,2,\cdots,N,m \tag{6-205}$$

当然，这样得到的局部滤波结果也是保守的。

值得注意的是，式(6-203)和式(6-204)与联邦滤波器最终表示式在 $P_{k|k}^{i,i}$ 和 $P_{k|k}^{m,m}$ 处还是有差别的，这可以这样来理解：在最终的联邦滤波器表达式中，每一步完成融合过程后，融合中心完成对主滤波器和各子滤波器的重置，此时各子滤波器和主滤波器之间又变得相关了，可以再次仿照式(6-201)去掉这种相关性。这样式(6-203)和式(6-204)的 $P_{k|k}^{i,i}$ 和 $P_{k|k}^{m,m}$ 就会变成 $\gamma_i P_{k|k}^{g}$，与最终联邦滤波器的表达式完全一致。

6.8.3 联邦滤波器的一般结构

联邦滤波器是一种两级滤波，如图 6-11 所示。图中公共参考系统的输出一方面直接给主滤波器，另一方面给各子滤波器作为公共状态变量值。各子滤波器的局部估计值 $\hat{\boldsymbol{x}}_{k|k}^{i}$ 及其协方差阵 $\boldsymbol{P}_{k|k}^{i}$ 送入主滤波器，和主滤波器的估计值一起进行融合以得到全局最优估计。此外，从图中还可以看出，由子滤波器与主滤波器合成的全局估计值 $\hat{\boldsymbol{x}}_{k|k}^{g}$ 及其相应的协方差阵 $\boldsymbol{P}_{k|k}^{g}$ 被放大为 $\beta_i^{-1}\boldsymbol{P}_{k|k}^{g}$ $(0\leqslant\beta_i\leqslant1)$ 后再反馈到各子滤波器，以重置各子滤波器的估计值，即

$$\hat{\boldsymbol{x}}_{k|k}^{i}=\hat{\boldsymbol{x}}_{k|k}^{g},\boldsymbol{P}_{k|k}^{i}=\beta_i^{-1}\boldsymbol{P}_{k|k}^{g}$$

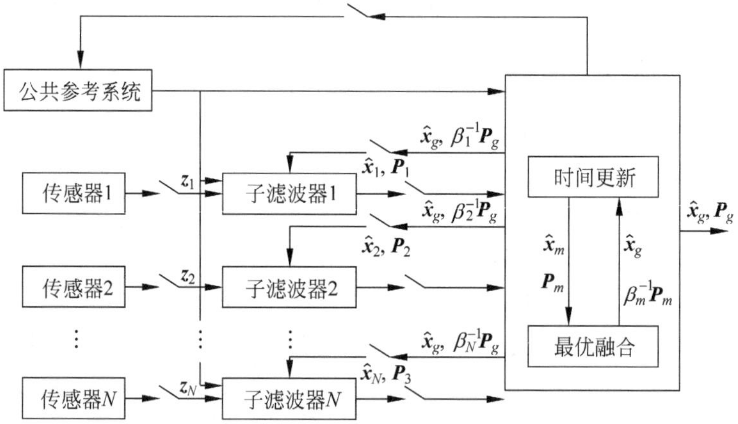

图 6-11 联邦滤波器的一般结构

同时，主滤波器预测误差的协方差阵也可以重置为全局估计误差协方差阵的 β_m^{-1} 倍，即为 $\beta_m^{-1}\boldsymbol{P}_{k|k}^{g}$ $(0\leqslant\beta_i\leqslant1)$。这种反馈的结构是联邦滤波器区别于一般分散化滤波的特点。$\beta_i(i=1,2,\cdots,N,m)$ 称为“信息分配系数”，β_i 是根据信息分配原则来确定的，不同的 β_i 值可以获得联邦滤波器的不同结构和不同的特性(即容错性、精度和计算量)。

6.8.4 联邦滤波器的工作流程

联邦滤波器中的信息有两类，即状态方程信息和量测方程信息。状态方程信息包括状态估计误差协方差阵的信息($\boldsymbol{P}_{k|k}^{-1}$)和过程噪声方差的信息($\boldsymbol{Q}_k^{-1}$)。状态方程

的信息量是与状态方程中的过程噪声的方差成反比的，过程噪声越弱，状态方程就越精确。因此，状态方程的信息量可以通过过程噪声协方差阵的逆，即 $\boldsymbol{Q}_k^{-1}$ 来表示。此外，状态初值的信息，也是状态方程的信息，初值的信息量可以用初值估计误差的协方差阵的逆 $\boldsymbol{P}_{0|0}^{-1}$来表示。同理，量测方程的信息量可以用量测噪声协方差阵的逆，即 $\boldsymbol{R}_k^{-1}$ 来表示。

当状态方程、量测方程以及 $\boldsymbol{P}_{0|0}$、$\boldsymbol{Q}_k$、$\boldsymbol{R}^k$ 选定后，状态估计$\hat{\boldsymbol{x}}_{k|k}$以及估计误差协方差阵 $\boldsymbol{P}_{k|k}$也就完全决定了，而状态估计的信息量可以用 $\boldsymbol{P}_{k|k}^{-1}$来表示。对公共状态而言，它所对应的过程噪声包含在所有的子滤波器和主滤波器中，因此，过程噪声的信息量存在重复使用的问题。各子滤波器的量测方程中包含了对应传感器的量测噪声，所以我们可以认为各个局部滤波器的量测信息是自然分开的，不存在重复使用的问题。

一般来说，联邦滤波器的工作流程包括信息分配、信息的时间更新、信息的量测更新和信息融合四个过程，下面分别对它们加以阐述。

1. 信息分配过程

信息分配就是在各子滤波器和主滤波器之间分配系统的信息。系统的过程信息 $\boldsymbol{Q}_k^{-1}$ 和$(\boldsymbol{P}_{k|k}^g)^{-1}$按如下的信息分配原则在各子滤波器和主滤波器之间进行分配

$$\begin{cases}\boldsymbol{Q}_k^i = \beta_i^{-1}\boldsymbol{Q}_k \\ \boldsymbol{P}_{k|k}^i = \beta_i^{-1}\boldsymbol{P}_{k|k}^g \\ \hat{\boldsymbol{x}}_{k|k}^i = \hat{\boldsymbol{x}}_{k|k}^g, \quad i = 1,2,\cdots,N,m\end{cases} \tag{6-206}$$

其中，$\beta_i > 0$ 是信息分配系数，并满足信息分配原则

$$\sum_{i=1}^{N}\beta_i + \beta_m = 1 \tag{6-207}$$

2. 信息的时间更新

时间更新过程在各子滤波器和主滤波器之间独立进行，各子滤波器和主滤波器的滤波算法为

$$\begin{cases}\hat{\boldsymbol{x}}_{k+1|k}^i = \boldsymbol{\Phi}_k\hat{\boldsymbol{x}}_{k|k}^i \\ \boldsymbol{P}_{k+1|k}^i = \boldsymbol{\Phi}_k\boldsymbol{P}_{k|k}^i\boldsymbol{\Phi}_k^{\mathrm{T}} + \boldsymbol{\Gamma}_k\boldsymbol{Q}_k\boldsymbol{\Gamma}_k^{\mathrm{T}}, \quad i = 1,2,\cdots,N,m\end{cases} \tag{6-208}$$

3. 量测更新

由于主滤波器没有量测量，所以主滤波器没有量测更新。量测更新只在各个局部子滤波器中进行，量测更新通过下式起作用

$$\begin{cases}(\boldsymbol{P}_{k+1|k+1}^i)^{-1} = (\boldsymbol{P}_{k+1|k}^i)^{-1} + (\boldsymbol{H}_{k+1}^i)^{\mathrm{T}}(\boldsymbol{R}_{k+1}^i)^{-1}\boldsymbol{H}_{k+1}^i \\ (\boldsymbol{P}_{k+1|k+1}^i)^{-1}\hat{\boldsymbol{x}}_{k+1|k+1}^i = (\boldsymbol{P}_{k+1|k}^i)^{-1}\hat{\boldsymbol{x}}_{k+1|k}^i + (\boldsymbol{H}_{k+1}^i)^{\mathrm{T}}(\boldsymbol{R}_{k+1}^i)^{-1}\boldsymbol{z}_{k+1}^i, \quad i = 1,2,\cdots,N\end{cases} \tag{6-209}$$

4. 信息融合

联邦滤波器核心算法是将各个局部滤波器的局部估计信息按下式进行融合，以得到全局的最优估计。

$$\boldsymbol{P}^{g}_{k+1|k+1}=[(\boldsymbol{P}^{1}_{k+1|k+1})^{-1}+(\boldsymbol{P}^{2}_{k+1|k+1})^{-1}+\cdots+(\boldsymbol{P}^{N}_{k+1|k+1})^{-1}+(\boldsymbol{P}^{m}_{k+1|k+1})^{-1}]^{-1} \tag{6-210}$$

$$\begin{aligned}\hat{\boldsymbol{x}}^{g}_{k+1|k+1}=\boldsymbol{P}^{g}_{k+1|k+1}[&(\boldsymbol{P}^{1}_{k+1|k+1})^{-1}\hat{\boldsymbol{x}}^{1}_{k+1|k+1}+(\boldsymbol{P}^{2}_{k+1|k+1})^{-1}\hat{\boldsymbol{x}}^{2}_{k+1|k+1}+\cdots\\&+(\boldsymbol{P}^{N}_{k+1|k+1})^{-1}\hat{\boldsymbol{x}}^{N}_{k+1|k+1}+(\boldsymbol{P}^{m}_{k+1|k+1})^{-1}\hat{\boldsymbol{x}}^{m}_{k+1|k+1}]\end{aligned} \tag{6-211}$$

通过以上的信息分配、时间更新、量测更新和信息融合过程，在局部滤波器中由于方差上界技术引起的信息丢失，在融合过程中这种非最优被重新合成，方程得到全局最优解。

6.8.5 联邦滤波器的最优性证明

集中式融合是在最小方差意义下对系统状态的最优估计，如果联邦滤波和它等价，那么联邦滤波也就是最小方差意义下对系统状态的最优估计。理论证明得出，有重置联邦滤波器与集中式融合是等价的，无重置联邦滤波器与集中式融合是不等价的，是最小方差意义下的次优估计。

1. 有重置联邦滤波器与集中式融合等价

对于式(6-186)和式(6-188)构成的多传感器系统，集中式融合结构下融合中心的广义量测方程为

$$\boldsymbol{z}_{k+1}=\boldsymbol{H}_{k+1}\boldsymbol{x}_{k+1}+\boldsymbol{v}_{k+1} \tag{6-212}$$

其中

$$\begin{cases}\boldsymbol{z}_{k+1}=[(\boldsymbol{z}^{1}_{k+1})^{\mathrm{T}},(\boldsymbol{z}^{2}_{k+1})^{\mathrm{T}},\cdots,(\boldsymbol{z}^{N}_{k+1})^{\mathrm{T}}]^{\mathrm{T}}\\\boldsymbol{H}_{k+1}=[(\boldsymbol{H}^{1}_{k+1})^{\mathrm{T}},(\boldsymbol{H}^{2}_{k+1})^{\mathrm{T}},\cdots,(\boldsymbol{H}^{N}_{k+1})^{\mathrm{T}}]^{\mathrm{T}}\\\boldsymbol{v}_{k+1}=[(\boldsymbol{v}^{1}_{k+1})^{\mathrm{T}},(\boldsymbol{v}^{2}_{k+1})^{\mathrm{T}},\cdots,(\boldsymbol{v}^{N}_{k+1})^{\mathrm{T}}]^{\mathrm{T}}\end{cases} \tag{6-213}$$

并且

$$\begin{cases}\mathrm{E}[\boldsymbol{v}_{k+1}\boldsymbol{v}^{\mathrm{T}}_{k+1}]=\boldsymbol{R}_{k+1}\delta_{kj}\\\boldsymbol{R}_{k+1}=\mathrm{diag}(\boldsymbol{R}^{1}_{k+1},\boldsymbol{R}^{2}_{k+1},\cdots,\boldsymbol{R}^{N}_{k+1})\end{cases} \tag{6-214}$$

融合中心的时间更新为

$$\hat{\boldsymbol{x}}^{g}_{k+1|k}=\Phi_{k}\hat{x}^{g}_{k|k} \tag{6-215}$$

$$\boldsymbol{P}^{g}_{k+1|k}=\Phi_{k}\boldsymbol{P}^{g}_{k|k}\Phi^{\mathrm{T}}_{k}+\Gamma_{k}\boldsymbol{Q}_{k}\Gamma^{\mathrm{T}}_{k} \tag{6-216}$$

融合中心的量测更新为

$$(\boldsymbol{P}^{g}_{k+1|k+1})^{-1}=(\boldsymbol{P}^{g}_{k+1|k})^{-1}+\boldsymbol{H}^{\mathrm{T}}_{k+1}\boldsymbol{R}^{\mathrm{T}}_{k+1}\boldsymbol{H}_{k+1} \tag{6-217}$$

$$(\boldsymbol{P}^{g}_{k+1|k+1})^{-1}\hat{\boldsymbol{x}}^{g}_{k+1|k+1}=(\boldsymbol{P}^{g}_{k+1|k})^{-1}\hat{\boldsymbol{x}}^{g}_{k+1|k}+\boldsymbol{H}^{\mathrm{T}}_{k+1}\boldsymbol{R}^{\mathrm{T}}_{k+1}\boldsymbol{z}_{k+1} \tag{6-218}$$

集中式融合是全局最优的，如果能够证明联邦滤波算法与集中式融合是等效的，那么联邦滤波算法也就是最优的。下面证明式(6-210)、式(6-211)和式(6-217)、

式(6-218)分别等价。

首先将系统的信息进行分配，即在每次融合后对主滤波器和子滤波器重新分配和设置

$$\boldsymbol{Q}_k^i = \beta_i^{-1}\boldsymbol{Q}_k,\boldsymbol{P}_{k|k}^i = \beta_i^{-1}\boldsymbol{P}_{k|k}^g \tag{6-219}$$

$$\hat{\boldsymbol{x}}_{k|k}^i = \hat{\boldsymbol{x}}_{k|k}^g,\quad i = 1,2,\cdots,N,m \tag{6-220}$$

其次考虑时间更新过程，即由主滤波器和子滤波器的时间更新过程可得

$$\begin{aligned}(\boldsymbol{P}_{k+1|k}^g)^{-1} &= \sum_{i=1}^{N,m}(\boldsymbol{P}_{k+1|k}^i)^{-1} = \sum_{i=1}^{N,m}(\Phi_k\boldsymbol{P}_{k|k}^i\Phi_k^{\mathrm{T}} + \Gamma_k\boldsymbol{Q}_k^i\Gamma_k^{\mathrm{T}})^{-1}\\ &= \sum_{i=1}^{N,m}(\Phi_k\beta_i^{-1}\boldsymbol{P}_{k|k}^g\Phi_k^{\mathrm{T}} + \Gamma_k\beta_i^{-1}\boldsymbol{Q}_k\Gamma_k^{\mathrm{T}})^{-1}\\ &= \sum_{i=1}^{N,m}\beta_i(\Phi_k\boldsymbol{P}_{k|k}^g\Phi_k^{\mathrm{T}} + \Gamma_k\boldsymbol{Q}_k\Gamma_k^{\mathrm{T}})^{-1}\\ &= \left(\sum_{i=1}^{N,m}\beta_i\right)(\Phi_k\boldsymbol{P}_{k|k}^g\Phi_k^{\mathrm{T}} + \Gamma_k\boldsymbol{Q}_k\Gamma_k^{\mathrm{T}})^{-1}\\ &= (\Phi_k\boldsymbol{P}_{k|k}^g\Phi_k^{\mathrm{T}} + \Gamma_k\boldsymbol{Q}_k\Gamma_k^{\mathrm{T}})^{-1}\end{aligned} \tag{6-221}$$

可见式(6-221)与式(6-216)是相同的。将式(6-219)代入子滤波器的时间更新有

$$\begin{aligned}\boldsymbol{P}_{k+1|k}^i &= \Phi_k\boldsymbol{P}_{k|k}^i\Phi_k^{\mathrm{T}} + \Gamma_k\boldsymbol{Q}_k^i\Gamma_k^{\mathrm{T}} = \Phi_k\beta_i^{-1}\boldsymbol{P}_{k|k}^g\Phi_k^{\mathrm{T}} + \Gamma_k\beta_i^{-1}\boldsymbol{Q}_k\Gamma_k^{\mathrm{T}}\\ &= \beta_i^{-1}(\boldsymbol{\Phi}_k\boldsymbol{P}_{k|k}^g\Phi_k^{\mathrm{T}} + \Gamma_k\boldsymbol{Q}_k\Gamma_k^{\mathrm{T}}) = \beta_i^{-1}\boldsymbol{P}_{k+1|k}^g\end{aligned} \tag{6-222}$$

于是通过式(6-211)可得

$$\hat{\boldsymbol{x}}_{k+1|k}^g = \boldsymbol{P}_{k+1|k}^g\left[\sum_{i=1}^{N,m}(\boldsymbol{P}_{k+1|k}^i)^{-1}\hat{\boldsymbol{x}}_{k+1|k}^i\right] = \boldsymbol{P}_{k+1|k}^g\left[\sum_{i=1}^{N,m}\beta_i(\boldsymbol{P}_{k+1|k}^i)^{-1}\hat{\boldsymbol{x}}_{k+1|k}^i\right]$$

$$\sum_{i=1}^{N,m}\beta_i\hat{\boldsymbol{x}}_{k+1|k}^i = \sum_{i=1}^{N,m}\beta_i\boldsymbol{\Phi}_k\hat{\boldsymbol{x}}_{k|k}^i = \sum_{i=1}^{N,m}\beta_i\Phi_k\hat{\boldsymbol{x}}_{k|k}^g = \Phi_k\hat{\boldsymbol{x}}_{k|k}^g \tag{6-223}$$

所以式(6-223)与式(6-215)是等效的。

最后考虑量测更新过程，因为主滤波器没有量测更新，所以有

$$\boldsymbol{P}_{k+1|k+1}^m = \boldsymbol{P}_{k+1|k}^m,\hat{\boldsymbol{x}}_{k+1|k+1}^m = \hat{\boldsymbol{x}}_{k+1|k}^m \tag{6-224}$$

成立。根据式(6-210)和子滤波器的滤波过程，有

$$\begin{aligned}(\boldsymbol{P}_{k+1|k+1}^g)^{-1} &= \sum_{i=1}^{N,m}(\boldsymbol{P}_{k+1|k+1}^i)^{-1}\\ &= \left[\sum_{i=1}^{N,m}(\boldsymbol{P}_{k+1|k}^i)^{-1} + (\boldsymbol{H}_{k+1}^i)^{\mathrm{T}}(\boldsymbol{R}_{k+1}^i)^{-1}\boldsymbol{H}_{k+1}^i\right] + (\boldsymbol{P}_{k+1|k}^m)^{-1}\\ &= \sum_{i=1}^{N,m}(\boldsymbol{P}_{k+1|k}^i)^{-1} + \sum_{i=1}^{N,m}(\boldsymbol{H}_{k+1}^i)^{\mathrm{T}}(\boldsymbol{R}_{k+1}^i)^{-1}\boldsymbol{H}_{k+1}^i\\ &= (\boldsymbol{P}_{k+1|k}^g)^{-1} + [(\boldsymbol{H}_{k+1}^1)^{\mathrm{T}},(\boldsymbol{H}_{k+1}^2)^{\mathrm{T}},\cdots,(\boldsymbol{H}_{k+1}^N)^{\mathrm{T}}]\\ &\quad\times\mathrm{diag}[(\boldsymbol{R}_{k+1}^1)^{-1},(\boldsymbol{R}_{k+1}^2)^{-1},\cdots,(\boldsymbol{R}_{k+1}^N)^{-1}]\\ &\quad\times[(\boldsymbol{H}_{k+1}^1)^{\mathrm{T}},(\boldsymbol{H}_{k+1}^2)^{\mathrm{T}},\cdots,(\boldsymbol{H}_{k+1}^N)^{\mathrm{T}}]^{\mathrm{T}}\\ &= (\boldsymbol{P}_{k+1|k}^g)^{-1} + \boldsymbol{H}_{k+1}^{\mathrm{T}}\boldsymbol{R}_{k+1}^{-1}\boldsymbol{H}_{k+1}\end{aligned} \tag{6-225}$$

即式(6-225)与式(6-217)是等价的。

现将$\hat{x}_{k|k}^i=\hat{x}_{k|k}^g$代入子滤波器的时间更新式,有$\hat{x}_{k+1|k}^i=\hat{x}_{k+1|k}^g$,$i=1,2,\cdots,N,m$,则由式(6-211)和子滤波器的滤波过程有

$$
\begin{aligned}
(\boldsymbol{P}_{k+1|k+1}^g)^{-1}\hat{\boldsymbol{x}}_{k+1|k+1}^i &= \sum_{i=1}^{N,m}(\boldsymbol{P}_{k+1|k+1}^i)^{-1}\hat{\boldsymbol{x}}_{k+1|k+1}^i \\
&= \sum_{i=1}^{N,m}[(\boldsymbol{P}_{k+1|k}^i)^{-1}\hat{\boldsymbol{x}}_{k+1|k}^i+(\boldsymbol{H}_{k+1}^i)^{\mathrm{T}}(\boldsymbol{R}_{k+1}^i)^{-1}\boldsymbol{z}_{k+1}^i]+(\boldsymbol{P}_{k+1|k}^i)^{-1}\hat{\boldsymbol{x}}_{k+1|k}^m \\
&= \sum_{i=1}^{N,m}[(\boldsymbol{P}_{k+1|k+1}^i)^{-1}\hat{\boldsymbol{x}}_{k+1|k}^i]+\sum_{i=1}^{N,m}[(\boldsymbol{H}_{k+1}^i)^{\mathrm{T}}(\boldsymbol{R}_{k+1}^i)^{-1}\boldsymbol{z}_{k+1}^i] \\
&= \sum_{i=1}^{N,m}[(\boldsymbol{P}_{k+1|k+1}^i)^{-1}\hat{\boldsymbol{x}}_{k+1|k}^g]+\sum_{i=1}^{N,m}[(\boldsymbol{H}_{k+1}^i)^{\mathrm{T}}(\boldsymbol{R}_{k+1}^i)^{-1}\boldsymbol{z}_{k+1}^i] \\
&= \left[\sum_{i=1}^{N,m}(\boldsymbol{P}_{k+1|k+1}^i)^{-1}\right]\hat{\boldsymbol{x}}_{k+1|k}^g+\sum_{i=1}^{N,m}[(\boldsymbol{H}_{k+1}^i)^{\mathrm{T}}(\boldsymbol{R}_{k+1}^i)^{-1}\boldsymbol{z}_{k+1}^i] \\
&= (\boldsymbol{P}_{k+1|k}^g)^{-1}\hat{\boldsymbol{x}}_{k+1|k}^g+\boldsymbol{H}_{k+1}^{\mathrm{T}}\boldsymbol{R}_{k+1}^{-1}z_{k+1}
\end{aligned}
\tag{6-226}
$$

所以式(6-226)与式(6-218)是等价的。由此可知,有重置的联邦滤波器和集中式融合的算法是等价的。

2. 无重置联邦滤波器与集中式融合的不等价

不等价的关键在于式(6-221)不成立,因而不能导出式(6-225)和式(6-226),即

$$(\boldsymbol{P}_{k+1|k}^g)^{-1}\neq\sum_{i=1}^{N,m}(\boldsymbol{P}_{k+1|k}^i)^{-1}$$

或者

$$\sum_{i=1}^{N,m}\beta_i(\boldsymbol{\Phi}_k\boldsymbol{P}_{k|k}^g\boldsymbol{\Phi}_k^{\mathrm{T}}+\boldsymbol{\Gamma}_k\boldsymbol{Q}_k\boldsymbol{\Gamma}_k^{\mathrm{T}})^{-1}\neq\sum_{i=1}^{N,m}(\boldsymbol{\Phi}_k\boldsymbol{P}_{k|k}^i\boldsymbol{\Phi}_k^{\mathrm{T}}+\boldsymbol{\Gamma}_k\boldsymbol{Q}_k^i\boldsymbol{\Gamma}_k^{\mathrm{T}})^{-1} \tag{6-227}$$

但在$\boldsymbol{P}_{k|k}^i$和$\boldsymbol{Q}_k^i$比较小时式(6-227)近似成立,所以无重置联邦滤波器与集中式融合相比是次优的。

6.9 异步估计融合

在前面的章节中,我们所讨论的状态估计方法都是建立在各传感器信息同时测量并同时到达的假设基础上。在实际多传感器动态系统中,由于所用传感器种类的不同或任务的不同,使得各传感器具有不同的采样速率;传感器系统存在不同的观测时间和传输中延迟的不同,这种同步假设实际上有时是难以保证的。例如在舰载综合电子信息系统中,由于需要执行各种不同的作战任务,各种雷达的扫描周期往往是不一致的,并且对同一目标的观测时间起始基准也可能不同。针对异步信息的状态估计问题,文献[20~37]提出了一系列解决方法。常采用的解决方法是采用内插、外推等方法对测量数进行时间配准,以达到各传感器数据采样同时获得的目的,

然后应用同步融合算法对目标状态进行估计。但基于内插或外推的方法进行采样数据配准时常常会产生额外的误差，算法的估计精度通常可能不是最优的，并影响算法在实际中的应用。文献[22]利用贝叶斯滤波方法得到了一种集中式最优状态估计算法，文献[31]则提出了一种最小均方误差意义下的分布式最优状态估计算法。本节将基于文献[26]和[31]，分别讨论集中式和分布式的异步最优状态估计算法。

6.9.1 系统方程描述

为了讨论问题方便，我们考虑系统为两层融合结构。假设 T_i 为传感器 i 的采样时刻。由于在每一个融合周期内某些传感器有可能并不提供量测，也有可能提供多批次量测。因此，假设传感器 i 在每个时间间隔$[(k-1)T,kT]$内提供的量测为 m_k（当该传感器不提供量测时，$m_k=0$），则可以得到该周期内融合中心所得到的量测总数为

$$M_k = \sum_{i=1}^{N_j} m_{k_i} \tag{6-228}$$

与量测 i 对应的量测方程可表示为

$$\boldsymbol{Z}_i(k-\lambda_k^i) = \boldsymbol{H}_i(k-\lambda_k^i)\boldsymbol{X}_i(k-\lambda_k^i) + \boldsymbol{W}_i(k-\lambda_k^i) \tag{6-229}$$

其中 λ_k^i 表示量测 i 获得的时刻与基准时刻 kT 的时差，$\boldsymbol{W}_i(k-\lambda_k^i)$的定义与 6.2.1 节一致。

6.9.2 集中式异步估计融合

根据 6.9.1 节重新定义的系统方程，式(6-1)可重新按如下公式表示

$$\boldsymbol{X}(k) = \boldsymbol{\Phi}(k-\lambda_k^i)\boldsymbol{X}(k-\lambda_k^i) + \boldsymbol{G}(k-\lambda_k^i)\boldsymbol{V}(k-\lambda_k^i) \tag{6-230}$$

根据式(6-230)可以得到

$$\boldsymbol{X}(k-\lambda_k^i) = \Phi^{-1}(k-\lambda_k^i)[\boldsymbol{X}(k) - \boldsymbol{G}(k-\lambda_k^i)\boldsymbol{V}(k-\lambda_k^i)] \tag{6-231}$$

将式(6-231)代入式(6-229)可得

$$\begin{aligned}\boldsymbol{Z}_i(k-\lambda_k^i) &= \boldsymbol{H}_i(k-\lambda_k^i)\,\Phi^{-1}(k-\lambda_k^i)[\boldsymbol{X}(k) - \boldsymbol{G}(k-\lambda_k^i)\boldsymbol{V}(k-\lambda_k^i)] + \boldsymbol{W}_i(k-\lambda_k^i)\\ &= \boldsymbol{H}_i(k-\lambda_k^i)\,\Phi^{-1}(k-\lambda_k^i)\boldsymbol{X}(k)\\ &\quad - \boldsymbol{H}_i(k-\lambda_k^i)\,\Phi^{-1}(k-\lambda_k^i)\boldsymbol{G}(k-\lambda_k^i)\boldsymbol{V}(k-\lambda_k^i) + \boldsymbol{W}_i(k-\lambda_k^i)\end{aligned} \tag{6-232}$$

为描述方便，作如下定义

$$\overline{\boldsymbol{H}}_i(k) = \boldsymbol{H}_i(k-\lambda_k^i)\,\Phi^{-1}(k-\lambda_k^i) \tag{6-233}$$

$$\overline{\eta}_i(k) = \boldsymbol{W}_i(k-\lambda_k^i) - \overline{\boldsymbol{H}}_i(k)\boldsymbol{G}(k-\lambda_k^i)\boldsymbol{V}(k-\lambda_k^i) \tag{6-234}$$

$$\overline{\boldsymbol{Z}}_i(k) = \boldsymbol{Z}_i(k-\lambda_k^i) \tag{6-235}$$

根据上式定义，式(6-232)可简写为

$$\overline{\boldsymbol{Z}}_i(k) = \overline{\boldsymbol{H}}_i(k)\boldsymbol{X}(k) + \overline{\eta}_i(k) \tag{6-236}$$

由于 $\boldsymbol{V}(k-\lambda_k^i)$与 $\boldsymbol{W}(k-\lambda_k^i)$是相互独立的高斯噪声，因此$\overline{\eta}_i(k)$为零均值高斯噪

声，其协方差为$\bar{\boldsymbol{R}}_i(k)=\boldsymbol{R}_i(k-\lambda_k^i)+\bar{\boldsymbol{H}}_i(k)\boldsymbol{G}(k-\lambda_k^i)\boldsymbol{Q}(k-\lambda_k^i)\boldsymbol{G}^{\mathrm{T}}(k-\lambda_k^i)\bar{\boldsymbol{H}}_i^{\mathrm{T}}(k)$。当$\lambda_k^i\neq\lambda_k^j$时，我们可以假设$\bar{\eta}_i(k)$与$\bar{\eta}_j(k)$是相互独立的高斯白噪声。如果有两部传感器存在同步量测，即$\lambda_k^i=\lambda_k^j$，则可以将两个量测合成一个单一的量测。假设合成后的目标量测数仍用M_k表示，则可以得到如下的概率密度分布公式

$$p[\bar{\boldsymbol{Z}}_1(k),\bar{\boldsymbol{Z}}_2(k),\cdots,\bar{\boldsymbol{Z}}_{M_k}(k)\mid\boldsymbol{X}(k)]=\prod_{i=1}^{M_k}p[\bar{\boldsymbol{Z}}_i(k)\mid\boldsymbol{X}(k)]\tag{6-237}$$

我们用$\bar{\boldsymbol{Z}}_k(k)=\{\bar{\boldsymbol{Z}}_1(k),\bar{\boldsymbol{Z}}_2(k),\cdots,\bar{\boldsymbol{Z}}_{M_k}(k)\}$表示在$[(k-1)T,kT]$内所有量测的集合；$\boldsymbol{Y}_k(k)=\{\boldsymbol{Y}_{k-1},\bar{\boldsymbol{Z}}_k\}$表示所有时刻的量测集合。$k$时刻目标状态估计的条件密度函数可写成

$$\begin{aligned}p[\boldsymbol{X}(k)\mid\boldsymbol{Y}_k]&=p[\boldsymbol{X}(k)\mid\boldsymbol{Y}_{k-1}(k),\bar{\boldsymbol{Z}}_k]=\frac{p[\bar{\boldsymbol{Z}}_k\mid\boldsymbol{X}(k)]p[\boldsymbol{X}(k)\mid\boldsymbol{Y}_{k-1}]}{p[\bar{\boldsymbol{Z}}_k\mid\boldsymbol{Y}_{k-1}]}\\&=\frac{p[\bar{\boldsymbol{Z}}_k\mid\boldsymbol{X}(k)]p[\boldsymbol{X}(k)\mid\boldsymbol{Y}_{k-1}]}{\int p[\bar{\boldsymbol{Z}}_k\mid\boldsymbol{X}(k)]p[\boldsymbol{X}(k)\mid\boldsymbol{Y}_{k-1}]\mathrm{d}\boldsymbol{X}(k)}\end{aligned}\tag{6-238}$$

将式(6-237)代入式(6-238)可得

$$p[\boldsymbol{X}(k)\mid\boldsymbol{Y}_k]=\frac{\prod_{i=1}^{M_k}p[\bar{\boldsymbol{Z}}_i(k)\mid\boldsymbol{X}(k)]p[\boldsymbol{X}(k)\mid\boldsymbol{Y}_{k-1}]}{\int p[\bar{\boldsymbol{Z}}_k\mid\boldsymbol{X}(k)]p[\boldsymbol{X}(k)\mid\boldsymbol{Y}_{k-1}]\mathrm{d}\boldsymbol{X}(k)}\tag{6-239}$$

根据式(6-236)有

$$\begin{aligned}p[\bar{\boldsymbol{Z}}_i(k)\mid\boldsymbol{X}(k)]=&\frac{1}{(2\pi)^{\frac{d_i}{2}}\mid\bar{\boldsymbol{R}}_i(k)\mid^{\frac{1}{2}}}\exp\Big\{-\frac{1}{2}(\bar{\boldsymbol{Z}}_i(k)\\&-\bar{\boldsymbol{H}}_i(k)\boldsymbol{X}(k))^{\mathrm{T}}\bar{\boldsymbol{R}}_i(k)(\bar{\boldsymbol{Z}}_i(k)-\bar{\boldsymbol{H}}_i(k)\boldsymbol{X}(k))\Big\}\end{aligned}\tag{6-240}$$

其中，d_i表示$\bar{\boldsymbol{Z}}_i(k)$的向量维数。

根据贝叶斯滤波方程，可以得到k时刻目标状态的预测概率密度函数为

$$\begin{aligned}p[\boldsymbol{X}(k)\mid\boldsymbol{Y}_{k-1}]=&\frac{1}{(2\pi)^{\frac{n}{2}}\mid\boldsymbol{P}(k\mid k-1)\mid^{\frac{1}{2}}}\\&\cdot\exp\Big\{-\frac{1}{2}(\boldsymbol{X}(k)-\hat{X}(k\mid k-1))^{\mathrm{T}}\\&\cdot\boldsymbol{P}^{-1}(k\mid k-1)(\boldsymbol{X}(k)-\hat{X}(k\mid k-1))\Big\}\end{aligned}\tag{6-241}$$

其中n为目标状态的向量维数。

$$\hat{\boldsymbol{X}}(k\mid k-1)=\mathrm{E}[\boldsymbol{X}(k)\mid\boldsymbol{Y}_{k-1}]$$

$$\boldsymbol{P}(k\mid k-1)=\mathrm{E}[(\boldsymbol{X}(k)-\hat{\boldsymbol{X}}(k\mid k-1))(\boldsymbol{X}(k)-\hat{\boldsymbol{X}}(k\mid k-1))^{\mathrm{T}}]$$

根据式(6-240)和式(6-241)，式(6-239)可写成

$$p[\boldsymbol{X}(k) \mid \boldsymbol{Y}_k] = \frac{\exp\left\{-\frac{1}{2}\boldsymbol{A}(\boldsymbol{X}(k))\right\}}{\int \exp\left\{-\frac{1}{2}\boldsymbol{A}(\boldsymbol{X}(k))\right\} \mathrm{d}\boldsymbol{X}(k)} \tag{6-242}$$

其中

$$\begin{aligned}
\boldsymbol{A}(\boldsymbol{X}(k)) =& \sum_{i=1}^{M_k}[(\overline{\boldsymbol{Z}}_i(k) - \overline{\boldsymbol{H}}_i(k)\boldsymbol{X}(k))^{\mathrm{T}}\overline{\boldsymbol{R}}_i(k)(\overline{\boldsymbol{Z}}_i(k) - \overline{\boldsymbol{H}}_i(k)\boldsymbol{X}(k))] \\
&+ [(\boldsymbol{X}(k) - \hat{\boldsymbol{X}}(k \mid k-1))^{\mathrm{T}}\boldsymbol{P}^{-1}(k \mid k-1)(\boldsymbol{X}(k) - \hat{\boldsymbol{X}}(k \mid k-1))] \\
=& \boldsymbol{X}^{\mathrm{T}}(k)\left[\sum_{i=1}^{M_k}\overline{\boldsymbol{H}}_i^{\mathrm{T}}(k)\overline{\boldsymbol{R}}_i^{-1}(k)\overline{\boldsymbol{H}}_i(k) + \boldsymbol{P}^{-1}(k \mid k-1)\right]\boldsymbol{X}(k) \\
&- 2\left[\sum_{i=1}^{M_k}\overline{\boldsymbol{Z}}_i^{\mathrm{T}}(k)\overline{\boldsymbol{R}}_i^{-1}(k)\overline{\boldsymbol{H}}_i(k) + \boldsymbol{X}^{\mathrm{T}}(k \mid k-1)\boldsymbol{P}^{-1}(k \mid k-1)\right]\boldsymbol{X}(k) \\
&+ \sum_{i=1}^{M_k}\overline{\boldsymbol{Z}}_i^{\mathrm{T}}(k)\overline{\boldsymbol{R}}_i(k)^{-1}\overline{\boldsymbol{Z}}_i(k) + \hat{\boldsymbol{X}}^{\mathrm{T}}(k \mid k-1)\boldsymbol{P}^{-1}(k \mid k-1)\hat{\boldsymbol{X}}(k \mid k-1)
\end{aligned} \tag{6-243}$$

定义

$$\boldsymbol{B}(k) = \left[\sum_{i=1}^{M_k}\overline{\boldsymbol{H}}_i^{\mathrm{T}}(k)\overline{\boldsymbol{R}}_i^{-1}(k)\overline{\boldsymbol{H}}_i(k) + \boldsymbol{P}^{-1}(k \mid k-1)\right]^{-1} \tag{6-244}$$

$$\boldsymbol{C}(k) = \boldsymbol{B}(k)\left[\boldsymbol{P}^{-1}(k \mid k-1)\hat{\boldsymbol{X}}(k \mid k-1) + \sum_{i=1}^{M_k}\overline{\boldsymbol{H}}_i^{\mathrm{T}}(k)\overline{\boldsymbol{R}}_i^{-1}(k)\overline{\boldsymbol{Z}}_i(k)\right] \tag{6-245}$$

根据上式定义,式(6-243)可以简写为

$$\begin{aligned}
\boldsymbol{A}(k) =& \boldsymbol{X}^{\mathrm{T}}(k)\boldsymbol{B}^{-1}(k)\boldsymbol{X}(k) - 2\boldsymbol{C}^{\mathrm{T}}(k)\boldsymbol{B}^{-1}(k)\boldsymbol{X}(k) \\
&+ \sum_{i=1}^{M_k}\overline{\boldsymbol{Z}}_i^{\mathrm{T}}(k)^{\mathrm{T}}\overline{\boldsymbol{R}}_i^{-1}(k)\overline{\boldsymbol{Z}}_i(k) \\
&+ \hat{\boldsymbol{X}}^{\mathrm{T}}(k \mid k-1)\boldsymbol{P}^{-1}(k \mid k-1)\hat{\boldsymbol{X}}(k \mid k-1)
\end{aligned} \tag{6-246}$$

其中

$$\begin{aligned}
\varepsilon(k) =& \sum_{i=1}^{M_k}\overline{\boldsymbol{Z}}_i^{\mathrm{T}}(k)\overline{\boldsymbol{R}}_i^{-1}(k)\overline{\boldsymbol{Z}}_i(k) \\
&+ \hat{\boldsymbol{X}}^{\mathrm{T}}(k \mid k-1)\boldsymbol{P}^{-1}(k \mid k-1)\hat{\boldsymbol{X}}(k \mid k-1) - \boldsymbol{C}^{\mathrm{T}}(k)\boldsymbol{B}^{-1}(k)\boldsymbol{X}(k)
\end{aligned}$$

将式(6-246)代入式(6-242)可得

$$\begin{aligned}
& p[\boldsymbol{X}(k) \mid \boldsymbol{Y}_k] \\
=& \frac{\exp\left\{-\frac{1}{2}\varepsilon(k)\right\}\exp\left\{-\frac{1}{2}[\boldsymbol{X}(k) - \boldsymbol{C}(k)]^{\mathrm{T}}\boldsymbol{B}^{-1}(k)[\boldsymbol{X}(k) - \boldsymbol{C}(k)]\right\}}{\int \exp\left\{-\frac{1}{2}\varepsilon(k)\right\}\exp\left\{-\frac{1}{2}[\boldsymbol{X}(k) - \boldsymbol{C}(k)]^{\mathrm{T}}\boldsymbol{B}^{-1}(k)[\boldsymbol{X}(k) - \boldsymbol{C}(k)]\right\}\mathrm{d}\boldsymbol{X}(k)}
\end{aligned}$$

$$
\begin{aligned}
&= \frac{\exp\left\{-\frac{1}{2}[\boldsymbol{X}(k)-\boldsymbol{C}(k)]^{\mathrm{T}}\boldsymbol{B}^{-1}(k)[\boldsymbol{X}(k)-\boldsymbol{C}(k)]\right\}}{\int\exp\left\{-\frac{1}{2}[\boldsymbol{X}(k)-\boldsymbol{C}(k)]^{\mathrm{T}}\boldsymbol{B}^{-1}(k)[\boldsymbol{X}(k)-\boldsymbol{C}(k)]\right\}\mathrm{d}\boldsymbol{X}(k)} \\
&= \frac{1}{(2\pi)^{\frac{n}{2}}\,|\boldsymbol{B}(k)|^{\frac{1}{2}}}\exp\left\{-\frac{1}{2}[\boldsymbol{X}(k)-\boldsymbol{C}(k)]^{\mathrm{T}}\boldsymbol{B}^{-1}(k)[\boldsymbol{X}(k)-\boldsymbol{C}(k)]\right\}
\end{aligned}
\tag{6-247}
$$

式(6-247)表明，k 时刻目标状态概率密度函数的均值和协方差分别为 $\boldsymbol{C}(k)$ 和 $\boldsymbol{B}(k)$。基于此，可以得到 k 时刻目标的状态更新方程和协方差更新方程分别为

$$
\begin{aligned}
\hat{\boldsymbol{X}}(k\mid k) = \boldsymbol{C}(k) = \boldsymbol{P}(k\mid k)\Big[&\boldsymbol{P}^{-1}(k\mid k-1)\,\hat{\boldsymbol{X}}(k\mid k-1) \\
&+\sum_{i=1}^{M_k}\overline{\boldsymbol{H}}_i^{\mathrm{T}}(k)\overline{\boldsymbol{R}}_i^{-1}(k)\overline{\boldsymbol{Z}}_i(k)\Big]
\end{aligned}
\tag{6-248}
$$

$$
\boldsymbol{P}^{-1}(k\mid k) = \boldsymbol{B}^{-1}(k) = \sum_{i=1}^{M_k}\overline{\boldsymbol{H}}_i^{\mathrm{T}}(k)\overline{\boldsymbol{R}}_i^{-1}(k)\overline{\boldsymbol{H}}_i(k) + \boldsymbol{P}(k\mid k-1) \tag{6-249}
$$

需要说明的是，只有当 $\overline{\eta}_i(k)$ 与 $\overline{\eta}_j(k)(\lambda_k^i \neq \lambda_k^j)$ 为独立高斯噪声的假设条件成立，式(6-248)和式(6-249)才能成立。由于 $\overline{\eta}_i(k)$ 与系统过程噪声相关，这种假设条件有时可能并不成立。例如，系统的实际动态过程是连续的，但又进行了离散化处理。当该假设不成立时，式(6-248)和式(6-249)所得到的结果不是最优的。

6.9.3 分布式异步估计融合

1. 局部传感器的状态更新方程

假设局部传感器 i 在 k_i 时刻的量测记为 $\boldsymbol{Z}_i(k_i)$，且局部传感器 k_i 时刻相对应的状态更新方程为

$$
\begin{aligned}
\hat{\boldsymbol{X}}_i(k_i\mid k_i) = \hat{\boldsymbol{X}}_i(k_i\mid k_i-1) + \boldsymbol{K}_i(k_i)[&\boldsymbol{Z}_i(k_i) \\
&-\boldsymbol{H}_i(k_i)\,\hat{\boldsymbol{X}}_i(k_i\mid k_i-1)]
\end{aligned}
\tag{6-250}
$$

其中，$\boldsymbol{K}_i(k_i)$ 为状态增益矩阵。

根据式(6-229)和式(6-231)，式(6-250)可以写成下式

$$
\begin{aligned}
\hat{\boldsymbol{X}}_i(k_i\mid k_i) = \boldsymbol{A}_i(k_i)\,\boldsymbol{\Phi}(k_i\mid k_i-1)\,\hat{\boldsymbol{X}}_i(k_i-1\mid k_i-1) &+ \boldsymbol{K}_i(k_i)\boldsymbol{W}_i(k_i) \\
+\boldsymbol{K}_i(k_i)\boldsymbol{H}_i(k_i)[\boldsymbol{\Phi}(k_i\mid k_i-1)&\boldsymbol{X}_i(k_i-1) \\
+\boldsymbol{G}_i(k_i\mid k_i-1)&\boldsymbol{V}_i(k_i-1)]
\end{aligned}
\tag{6-251}
$$

其中，$\boldsymbol{A}_i(k_i)=[\boldsymbol{I}-\boldsymbol{K}_i(k_i)\boldsymbol{H}_i(k_i)]$。

根据式(6-251)，可以得到传感器 i 在 k_i 时刻的局部状态估计误差为

$$
\begin{aligned}
\widetilde{\boldsymbol{X}}_i(k_i\mid k_i) &= \hat{\boldsymbol{X}}_i(k_i\mid k_i) - \boldsymbol{X}_i(k_i) \\
&= \boldsymbol{A}_i(k_i)[\boldsymbol{\Phi}(k_i\mid k_i-1)\,\widetilde{\boldsymbol{X}}_i(k_i-1\mid k_i-1) \\
&\quad -\boldsymbol{G}_i(k_i\mid k_i-1)\boldsymbol{V}_i(k_i-1)] + \boldsymbol{K}_i(k_i)\boldsymbol{W}_i(k_i)
\end{aligned}
\tag{6-252}
$$

2. 融合中心的状态更新方程

假设在第 k 个融合周期内(即时间间隔为$[(k-1)T,kT]$,T 为融合中心的处理周期),到达融合中心的航迹分别记为$\{\hat{\boldsymbol{X}}_i(k_i|k_i),\boldsymbol{P}_i(k_i|k_i)\}$,$i=1,2,\cdots,n$。则可以得到 k 时刻具有最小均方意义的融合中心最优估计为

$$\hat{\boldsymbol{X}}_{\mathrm{f}}(k \mid k) = \sum_{i=1}^{n}\boldsymbol{L}_i(k_i)\,\hat{\boldsymbol{X}}_i(k_i \mid k_i) \tag{6-253}$$

其中,L_i 是待定的加权矩阵。

定义融合中心状态估计误差为

$$\tilde{\boldsymbol{X}}_{\mathrm{f}}(k \mid k) = \hat{\boldsymbol{X}}_{\mathrm{f}}(k \mid k) - \boldsymbol{X}(k) \tag{6-254}$$

将式(6-253)代入式(6-254),可得

$$\begin{aligned}\tilde{\boldsymbol{X}}_{\mathrm{f}}(k \mid k) = & \sum_{i=1}^{n}\boldsymbol{L}_i(k_i)\,\tilde{\boldsymbol{X}}_i(k_i \mid k_i) + \Big[\sum_{i=1}^{n}\boldsymbol{L}_i(k_i)\,\boldsymbol{\Phi}(k_i \mid k) - \boldsymbol{I}\Big]\boldsymbol{X}(k) \\ & - \sum_{i=1}^{n}\boldsymbol{L}_i(k_i)\,\boldsymbol{\Phi}(k_i \mid k)\boldsymbol{G}_i(k \mid k_i)\boldsymbol{V}_i(k_i)\end{aligned} \tag{6-255}$$

如果所有局部传感器是无偏的,则式(6-255)中的第一项均值为 0。因此,为了保证融合中心状态估计也无偏,则应满足

$$\sum_{i=1}^{n}\boldsymbol{L}_i(k_i)\,\boldsymbol{\Phi}(k_i \mid k) = I \tag{6-256}$$

当式(6-256)成立时,可以得到第 n 个权系数矩阵 L_n 为

$$\boldsymbol{L}_n = \boldsymbol{\Phi}(k \mid k_n) - \sum_{i=1}^{n-1}\boldsymbol{L}_i(k_i)\,\boldsymbol{\Phi}(k_i \mid k_n) \tag{6-257}$$

将式(6-256)和式(6-257)代入式(6-254),k 时刻融合状态估计误差可以写成

$$\begin{aligned}\tilde{\boldsymbol{X}}_{\mathrm{f}}(k \mid k) = & \sum_{i=1}^{n-1}\boldsymbol{L}_i(k_i)[\tilde{\boldsymbol{X}}_i(k_i \mid k_i) - \boldsymbol{\Phi}(k_i \mid k_n)\,\tilde{\boldsymbol{X}}_n(k_n \mid k_n) \\ & - \boldsymbol{\Phi}(k_i \mid k)(\boldsymbol{G}_i(k \mid k_i)\boldsymbol{V}_i(k \mid k_i) - \boldsymbol{G}_n(k \mid k_n)\boldsymbol{V}_n(k \mid k_n))] \\ & + \boldsymbol{\Phi}(k_i \mid k_n)\,\tilde{\boldsymbol{X}}_n(k_n \mid k_n) - \boldsymbol{G}_n(k \mid k_n)\boldsymbol{V}_n(k_n)\end{aligned} \tag{6-258}$$

根据式(6-258),可以定义状态估计协方差为

$$\boldsymbol{P}_{\mathrm{f}}(k \mid k) = \mathrm{E}[\tilde{\boldsymbol{X}}_{\mathrm{f}}(k \mid k)\,\tilde{\boldsymbol{X}}_{\mathrm{f}}^{\mathrm{T}}(k \mid k)] \tag{6-259}$$

定理 6.8　根据式(6-253)的融合规则,融合中心的状态估计协方差可表示为

$$\boldsymbol{P}_{\mathrm{f}}(k \mid k) = \sum_{i=1}^{n-1}\sum_{j=1}^{n-1}\boldsymbol{L}_i\boldsymbol{M}_{ij}\boldsymbol{L}_i^{\mathrm{T}} + \sum_{i=1}^{n-1}\boldsymbol{L}_i\boldsymbol{N}_i + \sum_{i=1}^{n-1}\boldsymbol{N}_i\boldsymbol{L}_i^{\mathrm{T}} + \boldsymbol{M}_n \tag{6-260}$$

其中

$$\begin{aligned}\boldsymbol{M}_{ij} = & \boldsymbol{P}_{ij}(k_i,k_j) + \boldsymbol{\Phi}(k_i \mid k_n)[\boldsymbol{P}_{nn}(k_n,k_n) + \boldsymbol{Q}_w(k_i,k_j,k_n)]\,\boldsymbol{\Phi}^{\mathrm{T}}(k_j \mid k_n) \\ & - \boldsymbol{\Phi}(k_i \mid k_n)\boldsymbol{P}_{nj}(k_n,k_j) - \boldsymbol{P}_{xw}(k_i,k_j)\,\boldsymbol{\Phi}^{\mathrm{T}}(k_j \mid k) - \boldsymbol{\Phi}(k_i \mid k)\boldsymbol{P}_{xw}^{\mathrm{T}}(k_j,k_i) \\ & + \boldsymbol{\Phi}(k_i \mid k_n)\boldsymbol{P}_{xw}(k_n,k_j)\,\boldsymbol{\Phi}^{\mathrm{T}}(k_j \mid k) \\ & + \boldsymbol{\Phi}(k_i \mid k)\boldsymbol{P}_{xw}^{\mathrm{T}}(k_j,k_n)\,\boldsymbol{\Phi}^{\mathrm{T}}(k_j \mid k_n)\end{aligned} \tag{6-261}$$

$$\boldsymbol{M}_n = \boldsymbol{\Phi}(k \mid k_n)\boldsymbol{P}_{nn}(k_n,k_n)\,\boldsymbol{\Phi}^{\mathrm{T}}(k \mid k_n) + \boldsymbol{Q}(k \mid k_n) \tag{6-262}$$

$$N_i = P_{in}(k_i, k_n)\Phi^{\mathrm{T}}(k \mid k_n) - \Phi(k_i \mid k_n)[P_{nn}(k_n, k_n) - Q(k_n \mid k_i)]\Phi^{\mathrm{T}}(k \mid k_n) \tag{6-263}$$

$$\begin{aligned} P_{ij}(k_i, k_j) = {} & A_i(k_i)[\Phi(k_i \mid k_i - 1)P_{ij}(k_i - 1, k_j - 1)\Phi(k_j \mid k_j - 1)^{\mathrm{T}} \\ & + Q_c(k_i, k_j)]A_i^{\mathrm{T}}(k_i) + K_i(k_i)R_i(k_i)K_j^{\mathrm{T}}(k_j)\delta_{ij} \end{aligned} \tag{6-264}$$

$$P_{xw}(k_i, k_j) = \begin{cases} 0 & k_i \leqslant k_j \\ -A_i(k_i)Q(k_i \mid k_j)\Phi^{\mathrm{T}}(k \mid k_i) & k_i - 1 < k_j \leqslant k_i \\ -A_i(k_i)\Phi(k_i \mid k_i - 1)\Phi^{\mathrm{T}}(k \mid k_i) & k_j \leqslant k_i - 1 \end{cases} \tag{6-265}$$

$$Q_w(k_i, k_j, k_n) = \begin{cases} Q(k_n \mid k_i) & k_j \leqslant k_i \\ Q(k_n \mid k_j) & k_i \leqslant k_j \end{cases} \tag{6-266}$$

$$Q_c(k_i, k_j) = \mathrm{E}[G(k_i \mid k_i - 1)V(k_i - 1)V^{\mathrm{T}}(k_j - 1)G^{\mathrm{T}}(k_j \mid k_j - 1)] \tag{6-267}$$

$$Q(k \mid k_i) = G(k \mid k_i)\mathrm{E}[V(k_i)V^{\mathrm{T}}(k_i)]G^{\mathrm{T}}(k \mid k_i) \quad i = 1, 2, \cdots, n \tag{6-268}$$

定理 6.9 根据式(6-253)的融合规则,异步航迹融合的最小均方误差解为

$$\hat{X}_{\mathrm{f}}(k \mid k) = \sum_{i=1}^{n} L_i(k_i)\hat{X}_i(k_i \mid k_i) \tag{6-269}$$

$$P_{\mathrm{f}}(k \mid k) = LML^{\mathrm{T}} + LN + N^{\mathrm{T}}L^{\mathrm{T}} + M_n \tag{6-270}$$

其中 $\boldsymbol{M}$、$\boldsymbol{N}$ 和 $\boldsymbol{L}$ 分别定义如下

$$M = \begin{bmatrix} M_{1,1} & M_{1,2} & M_{1,3} & \cdots & M_{1,n-1} \\ M_{2,1} & M_{2,2} & M_{2,3} & \cdots & M_{2,n-1} \\ M_{3,1} & M_{3,2} & M_{3,3} & \cdots & M_{3,n-1} \\ \vdots & \vdots & \vdots & \ddots & \vdots \\ M_{n-1,1} & M_{n-1,2} & M_{n-1,3} & \cdots & M_{n-1,n-1} \end{bmatrix} \tag{6-271}$$

$$N = [N_1 \quad N_2 \quad N_3 \quad \cdots \quad N_{n-1}]^{\mathrm{T}} \tag{6-272}$$

$$L = [L_1 \quad L_2 \quad L_3 \quad \cdots \quad L_{n-1}] = -N^{\mathrm{T}}M^{-1} \tag{6-273}$$

习　题

1. 目前常见的估计融合算法按融合结构分为哪几种?并阐述其优缺点。

2. 对比分析新息滤波和传统的卡尔曼滤波,并用新息滤波来推导多传感器信息系统数学模型,包括线性系统和非线性系统。

3. 试证明集中式融合算法中并行滤波与序贯滤波结果具有相同的估计精度?

4. 写出不带反馈信息的分布式估计融合三种最后解析形式,并简要阐述它们的特点和性能,证明最优融合和次优融合的等价条件。

5. 什么是协方差交叉法?如何进行相关程度未知的相关估计量最优融合?

6. 画出联邦滤波器的一般结构,并简述其工作流程。

7. 试分析有重置联邦滤波器是在最小方差意义下对系统状态的最优估计。

8. 假设 2 个目标作匀速直线运动,使用两个 2D 雷达分别对目标进行跟踪,2 个目标的初始位置为(35 000m,55 000m)、(55 000m,35 000m),速度分别为(v_x=500m/s,v_y=0m/s),(v_x=0m/s,v_y=500m/s)。同时假设雷达 1 的地理位置为经度

29°，纬度 121°，采样周期为 1s，侧向误差和测距误差分别为 $\sigma_\theta=0.3°$和 $\sigma_r=40m$。雷达 2 的地理位置为经度36°，纬度120°，采样周期为 1s，侧向误差和测距误差分别为 $\sigma_\theta=0.15°$和 $\sigma_r=100m$，不考虑两传感器的时间配准问题。分别用加权法和协方差交集算法对上述场景进行估计融合。

参考文献

[1] Mutambara A G O. Decentralized Estimation and Control for Multisensor Systems. New York：CRC Press，1998

[2] Hall D L. Mathematical Techniques in Multisensor Data Fusion. Norwood，MA：Artech House，1992

[3] 刘同明，夏祖勋，解洪成. 数据融合技术及应用. 北京：国防工业出版社，1998

[4] 何友，王国宏，陆大金，彭应宁. 多传感器信息融合及应用. 北京：电子工业出版社，2000

[5] Zhu Y M，You Z S，Zhao J，Zhang K S，Li X Rong. The optimality for the distributed Kalman filtering fusion with feedback. Automatica，2001，37(9)：1489～1493

[6] Mutambara A G O. Decentralized Estimation and Control for Multisensor Systems. New York：CRC Press，1998

[7] Mutambara A G O，Marwan S Y. State and Information Space Estimation：A Comparison. Proceedings of the American Control Conference，Albuquerque NM，USA，1997：2734～2735

[8] Mutambara A G O. Information Based Estimation for Both Linear and Nonlinear Systems. Proceedings of the Amencan Conference，San Diego，1999：1329～1333

[9] Desai U B，Das B. Parallel Algorithms for Kalman Filtering. In Proceedings of the 1985 American Control Conference，Boston，MA，1985：920～921

[10] Julier S J，Uhlmann J K. A New Method for the Nonlinear Transformation of Means and Covariances in Filters and Estimators. IEEE Transactions on Automatic Control，2000，45(3)：477～482

[11] 桑炜森，顾耀平. 综合电子战新技术新方法. 北京：国防工业出版社，1993

[12] 杨春玲，刘国岁，余英林. 非线性系统中多传感器目标跟踪融合算法研究. 航空学报，2000，21(6)：512～515

[13] Roecker J A，McGillem C D. Comparison of two-sensor tracking methods based on state vector fusion and measurement fusion. IEEE Transactions on Aerospace and Electronic Systems，1988，24(4)：447～449

[14] 余安喜，胡卫东，周文辉. 多传感器量测融合算法的性能比较. 国防科技大学学报，2003，25(6)：39～44

[15] K. H. Kim. Development of Track to Track Fusion Algorithms. Proceedings of the American Control Conference，Maryland，1994：1037～1041

[16] Chang K C，Chong C Y，Bar-Shalom Y. Joint Probabilistic Data Association in Distributed Sensor Networks. IEEE Transactions on Automatic Control，1986，31(10)：889～897

[17] Julier S J，Uhlmann J K. A non-divergent estimation algorithm in the presence of unknown correlations. In Proceedings of the 1997 American Control Conference. Albuguerque，NM，1997：2369～2373

[18] Julier S J，Uhlmann J K. Generalized and split covariance intersection and addition.

Technial Disclosure Report,Naval Research Laboratory,1998

[19] Hall D L, Linas J. Handbook of Multisensor Data Fusion. New York: CRC Press,2001

[20] Blair W D, Rice T R, Alouani A T, et al. Asynchronous Data Fusion for Target Tracking with a Multitasking Radar and Optical Sensor. In SPIE Proceedings of Acquisition, Tracking,and Pointing V,Orlando,FL,USA,1991,1482: 234～245

[21] Blair W D, Rice T R, McDole B S, et al. Least-squares approach to Asynchronous Data Fusion. In SPIE Proceedings of Acquisition,Tracking,and Pointing VI,Orlando,FL,USA, 1992,1697: 130～141

[22] Alouai A T, Rice T R. On Asynchronous Data Fusion. In Proceedings of the Annual Southeastern Symposium On System Theory. Athens,1994: 143～146

[23] Alouai A T, Rice T R. On optimal Asynchronous Track Fusion. IEEE First Australian Symposium on Data Fusion. Adelaide,Ausstralia,1996: 147～152

[24] Alouai A T, Rice T R. Asynchronous Track Fusion Revisited. 29th Southeastern Symposium on System Theory. Tennessee,1997: 118～122

[25] Rice T R, Alouai A T. Single-model Asynchronous Fusion of Correlated Tracks. In SPIE Proceedings of Acquisition, Tracking, and Pointing XIII, Orlando, FL, USA, 1997, 3692: 164～176

[26] Alouai A T, Rice T R. On Optimal Synchronous and Asynchronous Track Fusion. Optical Engineering,1998,37(2): 427～433

[27] Alouai A T, Rice T R. Asynchronous Fusion of Correlated Tracks. In SPIE Proceedings of Acquisition,Tracking,and Pointing XII,Orlando,FL,USA,1998,3365: 113～118

[28] Watsona G A, Rice T R, Alouani A T. Optimal Track Fusion with Feedback for Multiple Asynchronous Measurements. In SPIE Proceedings of Acquisition, Tracking, and Pointing XIV,Orlando,FL,USA,2000,4025: 20～33

[29] Gray J E, Mccabe D H, Alouani A T. Tracking with Asynchronous Multiple Sensors. In SPIE Proceedings of Acquisition,Tracking,and Pointing XV,Orlando,FL,USA,2001,4473: 350～360

[30] Shi Yue, Dong Yuhan,Shan Xiuming. Asynchronous Track Fusion in a Multi-Scale Sensor Environment. In Proceedings of the 10th Asia-pacific Conference on Communications and 5th International Symposium on Multi-Dimensional Mobile Communications,2004: 323～327

[31] Alouai A T, Gray J E, Mccabe G H. Theory of Distributed Estimation Using Multiple Asynchronous Sensors. IEEE Transaction on Aerospace, electronic and systems, 2005, 41(2): 717～722

[32] 秦永元，牛慧芳. 容错组合导航系统联邦滤波器设计中的信息同步. 西北工业大学学报，1998,16(2): 256～260

[33] 黄显林，卢鸿谦，王宇飞. 组合导航非等间隔联合滤波. 中国惯性技术学报,2002,10(3): 1～7

[34] 徐毓. 雷达网数据融合问题研究. 博士论文，北京：清华大学,2003

[35] 张安民，韩崇昭. 任意相关噪声线性系统异步状态向量融合. 西安交通大学学报,2004, 38(10): 1041～1042

[36] 朱洪艳，韩崇昭，韩红，等. 分布式多传感器融合系统的异步航迹关联方法. 控制理论与应用,2004,21(3): 453～456

[37] 杨向广，周永丰，黄登斌，等. 异步多传感器数据融合. 舰船电子工程,2006,26(1): 50～53

第7章 识别融合

7.1 目标识别融合概述

目标识别融合,又称为身份融合(identity fusion,IF),是信息融合的一个重要研究内容。目标识别融合是利用多个目标源获取目标属性,并对这些目标属性信息依据某种规则进行组合,以获得更为准确可靠的目标属性估计。从多个目标源来的输出数据既可以是动态数据,也可以是身份信息。动态信息描述目标运动的动态参数,通常包括位置、速度和加速度。目标身份信息包括传感器信号、属性信息和身份说明等。由于不同传感器在不同层次上提供信息,因此,用层次化的结构来描述目标识别,具有与实际情况相符、结构清晰等优点。因此,为了得到稳健的目标识别,有效途径之一是使用多传感器系统。多传感器的目标识别融合近年来已得到人们的广泛重视[1~9]。

在多传感器信息融合系统中,目标识别融合方法主要是指在对目标进行识别时,将多传感器采集的信息根据目标识别融合的层次结构,对信息进行综合处理,最终实现融合所采用的方法。基于多传感器技术的融合方法能够克服单一传感器的缺陷,充分利用了各类传感器的性能优势,提高目标识别的准确性,降低了信息的不确定性。但目标识别融合问题本身至今未形成有效的广义融合模型和方法,不少研究人员根据各自的具体应用背景,提出了比较成熟且有效的融合方法。本章将讨论基于模糊集合理论、粗糙集理论、D-S证据理论、灰色系统理论、极大后验概率准则、DSmT理论的目标识别技术[10~24]。

7.2 基于模糊集合理论的目标识别融合技术

7.2.1 基于模糊贴近和不确定理论的识别方法

已知特征参数和观测特征参数均是模糊数,已知特征向量和观测特征向量都是模糊数向量。假设共有 n 类目标,每个目标的特征向量由 k 个特征参数构成,这 k 个特征参数构成了描述目标的特征矢量。令 $U_1=\{1,2,\cdots,n\}$,$U_2=\{1,2,\cdots,k\}$,其中 U_1 表示对应 n 个目标类别号的有序集,U_2 表示对应目标特征参数类别号所构成的有序集。$\forall i\in U_1$ 及 $j\in U_2$,设第 $i(i=1,2,\cdots,n)$类目标在第 $j(j=1,2,\cdots,k)$个特征参数方向上有 n_{ij} 个取值,$\theta_{ij}^m,m=1,2,\cdots,n_{ij}$ 表示第 i 类目标在第 j 个参数方向上的第 m 个取值值,x_j 表示被识别目标在第 j 个参数方向上的模糊观测值,Θ_{ij}^m 和 X_j 分别是以 θ_{ij}^m 和 x_j 为主值的模糊数。所谓目标识别,就是要把模糊观测数 $X_j,j=1,2,\cdots,k$ 构成的模糊数向量归入一个与它最相似的由已知模糊数构成的模糊数向量所属的目标类别中去。

具体地,设 $\mu_{\Theta_{ij}^m}(u)$ 和 $\mu_{X_j}(u)$ 分别表示 Θ_{ij}^m 和 X_j 的隶属度函数,根据经验,可选用正态型隶属度函数或柯西型隶属度函数表示 $\mu_{\Theta_{ij}^m}(u)$ 和 $\mu_{X_j}(u)$。当选用正态型隶属度函数时,有

$$\mu_{\Theta_{ij}^m}(u)=\exp\left[-\frac{(u-\theta_{ij}^m)^2}{2\sigma_{ij}^2}\right] \tag{7-1}$$

和

$$\mu_{X_j}(u)=\exp\left[-\frac{(u-x_j)^2}{2\sigma_j^2}\right] \tag{7-2}$$

式中 σ_{ij} 和 σ_j 分别表示 Θ_{ij}^m 和 X_j 的展度。当选用柯西型隶属度函数时,有

$$\mu_{\Theta_{ij}^m}(u)=\frac{\sigma_{ij}^2}{\sigma_{ij}^2+(u-\theta_{ij}^m)^2} \tag{7-3}$$

和

$$\mu_{X_j}(u)=\frac{\sigma_j^2}{\sigma_j^2+(u-x_j)^2} \tag{7-4}$$

为了确定被识别目标的类别,需要确定 X_j 和 Θ_{ij}^m 之间的相似性测度。由于两模糊集类型相同,故采用如下定义的格贴近度作为两模糊集的相似性测度 d_{ij}^m,即

$$d_{ij}^m=(X_j\odot\Theta_{ij}^m)\wedge(1-X_j\oplus\Theta_{ij}^m) \tag{7-5}$$

式中

$$X_j\odot\Theta_{ij}^m\overset{\text{def}}{=}\bigvee_{u\in R^1}(\mu_{X_j}(u)\wedge\mu_{\Theta_{ij}^m}(u)) \tag{7-6}$$

和

$$X_j\oplus\Theta_{ij}^m\overset{\text{def}}{=}\bigvee_{u\in R^1}(\mu_{X_j}(u)\vee\mu_{\Theta_{ij}^m}(u)) \tag{7-7}$$

分别表示 X_j 和 Θ_{ij}^m 的内积与外积。

在 $\mu_{X_j}(u)$ 和 $\mu_{\Theta_{ij}^m}(u)$ 均为正态型隶属度函数时,由于 $X_j\odot\Theta_{ij}^m$ 是 $\mu_{X_j}(u)$ 和 $\mu_{\Theta_{ij}^m}(u)$ 相交的上确界,亦即是两模糊分布曲线在 X_j 和 Θ_{ij}^m 之间相交的高度,故由

$$\frac{u-\theta_{ij}^m}{\sqrt{2}\sigma_{ij}}=-\frac{u-x_j}{\sqrt{2}\sigma_j} \tag{7-8}$$

可得

$$u=\frac{\sigma_{ij}x_j+\sigma_j\theta_{ij}^m}{\sigma_{ij}+\sigma_j} \tag{7-9}$$

从而有

$$X_j \odot \Theta_{ij}^m = \exp\left[-\frac{(u-\theta_{ij}^m)^2}{2\sigma_{ij}^2}\right]_{u=\frac{\sigma_{ij}x_j+\sigma_j\theta_{ij}^m}{\sigma_{ij}+\sigma_j}} = \exp\left[-\frac{(x_j-\theta_{ij}^m)^2}{2(\sigma_{ij}+\sigma_j)^2}\right] \quad (7\text{-}10)$$

显然，$\mu_{X_j}(u) \oplus \mu_{\Theta_{ij}^m}(u)=0$，于是可得

$$d_{ij}^m = \exp\left[-\frac{(x_j-\theta_{ij}^m)^2}{2(\sigma_{ij}+\sigma_j)^2}\right] \quad (7\text{-}11)$$

同理，在 $\mu_{X_j}(u)$ 和 $\mu_{\Theta_{ij}^m}(u)$ 均为柯西型隶属度函数时，有

$$d_{ij}^m = \frac{(\sigma_{ij}+\sigma_j)^2}{(\sigma_{ij}+\sigma_j)^2+(x_j-\theta_{ij}^m)^2} \quad (7\text{-}12)$$

由于第 i 类目标在第 j 个特征参数方向上有 n_{ij} 个取值参数，故第 i 类目标共有 $\prod_{j=1}^{k} n_{ij}$ 个特征向量，n 个目标类共有 $N=\sum_{i=1}^{n}\left[\prod_{j=1}^{k} n_{ij}\right]$ 个特征向量。虽然可以直接以 $d_{ij}^m=(\forall i=1,2,\cdots,n;j=1,2,\cdots,k)$ 构造 N 个相似性向量，并根据相似性向量泛数最大的原则确定被识别目标的类别，但当目标类及每一类的特征向量较多时，采取直接比较方法是很费时的。因此，在求得两个模糊集之间的贴近度后，可采用如下的不确定推理模型进行属性融合，以确定被识别目标的类别。

由于观测模糊数是以不同贴近度贴近于某些目标类的若干特征模糊数的，因此可借助“软分类”的四项，令小于某一阈值的 d_{ij}^m 为零，也就是说只在 d_{ij}^m 大于某一阈值的近邻中进行观测模式类别的判决。令

$$S_j = \{i \mid \forall j, \exists i,m \text{ 使 } |x_j-\theta_{i,j}^m| < (\sigma_j+\sigma_{ij})\} \quad (7\text{-}13)$$

$$S = \bigcap_{j=1}^{k} S_j \quad (7\text{-}14)$$

$$S_{ij} = \{m \mid \forall j, \exists i,m \text{ 使 } |x_j-\theta_{i,j}^m| < (\sigma_j+\sigma_{ij})\} \quad (7\text{-}15)$$

又设 P_{ij}^m 和 P_{ij} 分别表示命题“X_j 与 $\Theta_{i,j}^m$ 贴近”和“X_j 与第 i 类目标的第 j 类特征参数贴近”，则 $\forall m_1,\cdots,m_q \in S_{i,j}$ 或者 $P_{ij}^{m_1},\cdots,P_{ij}^{m_q}$ 都可推断出 P_{ij}，亦即 X_j 只要与第 i 类目标在第 j 类特征参数方向上的任意模糊数贴近，都有 X_j 与第 i 类目标在第 j 类特征参数贴近。显然，这是一种由不确定性的析取命题推理出复合命题的不确定推理，并且 P_{ij}^m 的真值为 d_{ij}^m。设 P_{ij} 的真值为 d_{ij}，则有以下推理模型

$$\bigvee_{m\in S_{ij}} d_{ij}^m(P_{ij}^m) \Rightarrow d_{ij}(P_{ij}) \quad (7\text{-}16)$$

由于命题析取的不确定性值是复合命题中最大的命题的不确定性值，故有

$$d_{ij} = \bigvee_{m\in S_{ij}} d_{ij}^m, \quad \forall i \in S \quad (7\text{-}17)$$

于是，$\forall i\in S$，可得观测模糊数向量与第 i 类目标的相似性向量为

$$D_i = [d_{i1}, d_{i2}, \cdots, d_{ik}], \quad \forall i \in S \quad (7\text{-}18)$$

基于不确定推理方法得到相似性向量 D_i 之后，可采取以下两种方法进行硬判决。

第一种方法是采用比较相似性向量范数的方法，即若

$$\exists\, i_0 = \arg\max_{i\in S}\{\, \| D_i \| \,\} \tag{7-19}$$

则按最贴近原则判决待识别目标属于第 i_0 类。

第二种方法是继续采用不确定推理方法，它基于这样的一个知识，即若待识别目标属于第 i 类，则待识别目标的 k 个特征参数都要对应地贴近于第 i 类目标的 k 个特征参数。设 P_i 表示命题"被识别目标观测模糊数向量与第 i 类目标的模糊数向量贴近"，则 $\forall\, i\in S$，P_{i1} 且 P_{i2} 且…P_{ik}，可推断出 P_i，显然，这是一种由不确定性的析取命题推理出复合命题的不确定推理，若以 d_i 表示 P_i 的真值，则得推理模型为

$$\bigwedge_{j=1}^{k} d_{ij}(P_{ij}) \Rightarrow d_i(P_i), \quad \forall\, i \in S \tag{7-20}$$

由于命题选取的不确定性值是复合命题中最小的命题不确定性值，故有

$$d_i = \bigwedge_{j=1}^{k} d_{ij}, \quad \forall\, i \in S \tag{7-21}$$

于是，若 $\exists\, i_0 \in S$，使得

$$i_0 = \arg\max_{i\in S}\{d_i\} \tag{7-22}$$

则按最贴近原则判决待识别的目标属于第 i_0 类。这样，利用模糊贴近可解决在每个目标类别有多个模式情况下的识别问题。

7.2.2 基于可能性理论的识别模型

令 $U_1=\{1,2,\cdots,n\}$表示对应 n 个目标类别号的有序集。又令 $U_2=\{1,2,\cdots,k\}$，则

$$U_3 = \{1,2,\cdots,n_{\max}\} \tag{7-23}$$

$$U = U_1 \times U_3 \tag{7-24}$$

式中，$n_{\max}=\bigcup_{i\in U_1} n_{ij}$，"×"为笛卡儿积。

令 $Y_j(\forall\, j\in U_2)$是在 R^1 上取值的变量，则命题"Y_j 是 X_j"和"Y_j 是 Θ_{ij}^m"的一致性度量为

$$\begin{aligned}\text{Cons}\{Y_j \text{ 是 } X_j, Y_j \text{ 是 } \Theta_{ij}^m\} &= \text{Poss}\{Y_j \text{ 是 } \Theta_{ij}^m \mid Y_j \text{ 是 } X_j\} \\ &= \bigvee_{u\in R^1} (\mu_{\Theta_{ij}^m}(u) \wedge \mu_{X_j}(u))\end{aligned} \tag{7-25}$$

式中，Cons 表示一致性，比较式(7-25)和式(7-6)可知，在正态形成柯西型隶属度函数情况下有

$$d_{ij}^m = \text{Cons}\{Y_j \text{ 是 } X_j, Y_j \text{ 是 } \Theta_{ij}^m\} \tag{7-26}$$

令 $Z=(I,M)$为在 U 上取值的二元变量，(i,m)表示从 U_1 和 U_3 中抽出的值的二重组，$\forall\,(i,j)\in U$，d_{ij}^m实际上反映了在得到第 j 个参数方向的观测模糊数后，Z 取值(i,m)可能性的大小。于是，得 X_j 后 Z 的可能性分布 Π_Z^j 为

$$\Pi_Z^j = \sum_{i,m\in U} \frac{d_{ij}^m}{(i,m)} \tag{7-27}$$

Π_Z^j 是取值于 U 上的关于类别属性和参数序号属性的二元可能性分布，但在目

标识别时，我们感兴趣的是关于它的类别的可能性分布。令 I 是 U_1 上取值的变量，则 X_j 类别的可能性分布是由 Π_Z^j 诱导出的关于 I 的一个可能性分布，即边缘可能性分布 Π_I^j，它等于 Π_Z^j 在 U_1 上的投影，即

$$\Pi_I^j = p(U_1^{\Pi_Z^j}) = p(U_1^{\Pi_{(I,M)}^j}) \tag{7-28}$$

于是可得 Π_Z^j 的可能性分布函数为

$$\pi_I^j(i) = \bigvee_{m\in U_3} \pi_Z^j(i,m) = \bigvee_{m=1}^{n_{ij}} d_{ij}^m \tag{7-29}$$

比较式(7-29)和式(7-17)可得

$$\pi_I^j(i) = d_{ij} \tag{7-30}$$

这里用可能性理论进一步解释了由不确定性推理所得到的式(7-17)的合理性。

设观测模式类别属性的可能性分布为 Π_I，如果待识别目标属于某一类，则观测模式 k 个特征参数都要对应地和该目标类已知模式的 k 个特征参数尽可能一致。因此，Π_I 是由各个特征观测值类别属性的可能性分布 $\Pi_I^j, j\in U_2$ 通过交运算符得到的，即

$$\Pi_I^j = \bigcap_{j\in U_2} \Pi_I^j \tag{7-31}$$

对可能性分布的交运算，一般情况下可通过对可能性与分布函数的取小运算来实现，但为了能适应各种不同的模糊现象，有必要在更一般意义下给出可能性分布的交运算。注意到可能性分布的交运算是通过可能性分布函数的运算来定义的，而可能性分布函数的值域为[0,1]，因此可能性分布的广义交运算，可以通过[0,1]区间上的二元运算来定义，为此引入 T 模。

令 T：$[0,1]\times[0,1]\rightarrow[0,1]$，$\forall x,y,z\in[0,1]$，若满足：

1. 交换律：$T(x,y)=T(y,x)$
2. 结合律：$T(T(x,y),z)=T(x,T(y,x))$
3. 单调性：若 $x\leqslant y$，则 $T(x,z)\leqslant T(y,z)$
4. 边界条件：$T(1,x)=x$

则称 T 为[0,1]上的三角模或 T 模。例如下列运算

$$T_0(a,b) = a \wedge b \tag{7-32}$$

$$T_1(a,b) = a \cdot b \tag{7-33}$$

$$T_2(a,b) = \frac{ab}{1+(1-a)(1-b)} \tag{7-34}$$

$$T_\infty(a,b) = \max\{0,a+b-1\} \tag{7-35}$$

均满足上述四个条件，因而都是 T 模。

由于 Π_I 的可能性分布函数 $\pi_I(i)$ 可由 $\pi_I^j(i), j\in U_2$ 的 T 模来表示。令

$$d_{ij} = \pi_I^j(i), \quad \forall i \in U_1 \tag{7-36}$$

$$f_i^1 = d_{i1}, \quad \forall i \in U_1 \tag{7-37}$$

$$f_i^j = T(f_i^{j-1}, d_{i1}), \quad \forall j > 1 \tag{7-38}$$

则由式(7-31)可得

$$\pi_I(i) = f_i^k, \quad \forall i \in U_1 \tag{7-39}$$

特别地，当选用 T_0 模时，有

$$\pi_I(i) = \bigwedge_{j \in U_2} d_{ij} = d_i \tag{7-40}$$

而选用 T_1 模时，又有

$$\Pi_I = \prod_{j \in U_2} d_{ij} = d_{i1} \times d_{i2} \times \cdots \times d_{ik}, \quad \forall i \in U_1 \tag{7-41}$$

按上述方法得到可能性分布函数后，就得到了被识别目标类别的可能性分布为

$$\pi_I(i) = \sum_{i \in U_1} \frac{\pi_I(i)}{i} \tag{7-42}$$

这实际上是一种“软判决”。如需进一步给出单一判断结果，即进行“硬判决”，则可按照可能性最大的原则进行判决，即若

$$\pi_I(i_0) = \max\{\pi_I(i): i \in U_I\} \tag{7-43}$$

则判决待识别目标属于第 i_0 类。

7.2.3　基于多属性模糊加权方法的目标识别

前面讨论的目标识别方法实际上等价于假定各个特征有相同的权重，当各个特征有不同的权重时，我们可以采用线性加权的方法对各个特征的相似度进行加权综合。设 $a_j, j \in U_1$ 是第 j 个特征的权重，且假定已按第 7.2.1 节和 7.2.2 节的方法得到了 d_{ij}，当 a_j 为清晰值时，待识别模式与第 $i, i \in U_1$ 类雷达的总贴近度为

$$d_i = \sum_{j \in U_2} a_j d_{ij} \tag{7-44}$$

因此可根据 $d_i, i \in U_1$ 确定待识别雷达的类别。

在实际中，要确定权重的清晰值是困难的，在确定权重系数时总是存在一定的模糊性，因此，用清晰值表示权重不如用模糊集表示权重更能反映实际情况。设已通过某种方式得到权重系数 $a_j, j \in U_2$，且 $0 \leqslant a_j \leqslant 1$，$\sum_{j \in U_2} a_j = 1$。将权重进行模糊化处理得 A_j，相应的隶属度函数记为 $\mu_{A_j}(u_j)$。考虑到根据经验分布形式确定 $\mu_{\Theta_{ij}^m}(u)$ 和 $\mu_{X_j}(u)$ 的分布形式具有一定的主观性，从而使得得到的贴近度具有一定的模糊性，因此，可以将得到的 d_{ij} 也进行模糊化处理，得到 D_{ij}，相应的隶属度函数记为 $\mu_{D_{ij}}(v_{ij})$。设 A_j 和 D_{ij} 都是对称性模糊数，且有相同的分布形式，即

$$\mu_{A_j}(u_j) = f\left(\frac{u_j - a_j}{c_j}\right), \quad |u_j - a_j| \leqslant c_j \tag{7-45}$$

$$\mu_{D_{ij}}(v_{ij}) = f\left(\frac{v_{ij} - d_{ij}}{w_{ij}}\right), \quad |v_{ij} - d_{ij}| \leqslant w_{ij} \tag{7-46}$$

式中 c_j 和 w_{ij} 分别为 $\mu_{A_j}(u_j)$ 和 $\mu_{D_{ij}}(v_{ij})$ 分布的展度，可根据具体情况进行选择，例如可选为

$$c_j = \min\{a_j, 1 - a_j\} \tag{7-47}$$

$$w_{ij} = \min\{d_{ij}, 1 - d_{ij}\} \tag{7-48}$$

$f(\cdot)$为连续函数，且满足(1) $f(0)=1$；(2) $f(x)=f(-x)$；(3) $\forall x_1 > x_2 \geqslant 0$，有 $f(x_1) \leqslant f(x_2)$。在贴近度和权重都为模糊集的情况下，将式(7-44)修正为

$$D_i = \sum_{j \in U_2} A_j D_{ij}, \quad i \in U_1 \tag{7-49}$$

式中为了确认待识别目标类型，需要对 $D_i(i \in U_1)$作比较，但采用一般的方法处理又比较麻烦，为此，可采用以下几种方法之一处理。

决策方法 1：求给定水平的总贴近度的上、下限估计，并根据上、下限估计的比较确定被识别目标的型号。对给定的水平 α，记 D_i 的 α-截集为

$$D_i^\alpha = \{d_i : D_i(d_i) \geqslant \alpha\} \stackrel{\text{def}}{=} [\underline{d}_i^\alpha, \overline{d}_i^\alpha], \quad i \in U_1 \tag{7-50}$$

式中

$$\overline{d}_i^\alpha = \sup_{d_i \in D_i^\alpha} \{d_i\}, \quad i \in U_1 \tag{7-51}$$

$$\underline{d}_i^\alpha = \inf_{d_i \in D_i^\alpha} \{d_i\}, \quad i \in U_1 \tag{7-52}$$

令

$$X_{ij} = A_j D_{ij} \tag{7-53}$$

记 X_{ij} 的隶属度函数为 $\mu_{X_{ij}}(x_{ij})$，则在隶属度函数 $f(\cdot)$具有前述的三条性质时，$\mu_{X_{ij}}(x_{ij})$的上升段(或下降段)可分别由 $\mu_{A_j}(u_j)$和 $\mu_{D_{ij}}(v_{ij})$的上升段(或下降段)决定。以上升段为例，$\forall x_{ij}^* \in [(a_j - c_j)(d_{ij} - w_{ij}), a_j d_{ij}]$，若有 $\mu_j^* \in [a_j - c_j, a_j]$，$v_{ij}^* \in [d_{ij} - w_{ij}, d_{ij}]$，且 $x_{ij}^* = u_j^* w_i^*$ 和 $\mu_{A_j}(u_j^*) = \mu_{D_{ij}}(v_{ij}^*) = \alpha$，则有 $\mu_{X_{ij}}(x_{ij}^*) = \alpha$。这是因为

$$\mu_{X_{ij}}(x_{ij}^*) = \bigvee_{x_{ij}^* = u_j v_{ij}} (\mu_{A_j}(u_j^*) \wedge \mu_{D_{ij}}(v_{ij}^*)) \geqslant \mu_{A_j}(u_j^*) \wedge \mu_{D_{ij}}(v_{ij}^*) = \alpha \tag{7-54}$$

又设 $x_{ij}^* = u_j v_{ij}$，当 $u_j < u_j^*$ 时，$\mu_{A_j}(u_j) \leqslant \mu_{A_j}(u_j^*)$，于是有

$$\mu_{A_j}(u_j) \wedge \mu_{D_{ij}}(v_{ij}) \leqslant \mu_{A_j}(u_j^*) = \alpha \tag{7-55}$$

当 $u_j > u_j^*$ 时，有 $v_{ij} > v_{ij}^*$，$\mu_{A_j}(v_{ij}) \leqslant \mu_{A_j}(v_{ij}^*)$，于是又有

$$\mu_{A_j}(v_{ij}) \wedge \mu_{D_{ij}}(v_{ij}) \leqslant \mu_{D_{ij}}(v_{ij}^*) = \alpha \tag{7-56}$$

故结合式(7-54)、式(7-55)和式(7-56)可知

$$\mu_{X_{ij}}(x_{ij}^*) = \alpha \tag{7-57}$$

同理，$\forall d_i^* \in [\sum_{j \in U_2} (a_j - c_j)(d_{ij} - w_{ij}), \sum_{j \in U_2} a_j d_{ij}]$，若 $\exists x_{ij}^* \in [(a_j - c_j)(d_{ij} - w_{ij}), a_j d_{ij}]$，且满足 $\forall d_i^* = \sum_{j \in U_2} x_{ij}^*$ 和 $\mu_{X_{ij}^*}(x_{ij}^*) = \alpha$，$\forall j \in U_2$，则用类似于前面的分析方法并结合数学归纳法有

$$\mu_{D_i}(d_i^*) = \alpha \tag{7-58}$$

因此，对于给定的水平 α，由 $\mu_{D_i}(d_i^*) = \alpha$，可得

$$f\left(\frac{a_j-u_j}{c_j}\right)=f\left(\frac{d_{ij}-v_{ij}}{w_{ij}}\right)=\alpha,\quad \forall j\in U_2 \tag{7-59}$$

于是有

$$\frac{a_j-u_j}{c_j}=\pm\beta \tag{7-60}$$

$$\frac{d_{ij}-v_{ij}}{w_{ij}}=\pm\beta \tag{7-61}$$

式中 $\beta=f^{-1}(\alpha)$。由式(7-60)和式(7-61)分别可得

$$u_j=a_j\pm\beta c_j \tag{7-62}$$

$$v_{ij}=d_{ij}\pm\beta w_{ij} \tag{7-63}$$

于是可得

$$\bar{d}_i^\alpha=\sum_{j\in U_2}(a_j+\beta c_j)(d_{ij}+\beta w_{ij}) \tag{7-64}$$

$$\underline{d}_i^\alpha=\sum_{j\in U_2}(a_j-\beta c_j)(d_{ij}-\beta w_{ij}) \tag{7-65}$$

这样对给定的水平 α,当找出 $\underline{d}_i^\alpha$ 与 $\bar{d}_i^\alpha$ 后,可采用的一种决策方法如下:

(1) $\forall i\in U_1$,找出最大的 $\bar{d}_i^\alpha$,记为 $\bar{d}_s^\alpha$,若 $s\in U_1$ 唯一,则判决待识别目标为第 s 类;否则转(2);

(2) 若 $\exists i_1,i_2\in U_1$,且 $\underline{d}_i^\alpha=\bar{d}_i^\alpha=\max\{\bar{d}_i^\alpha: i\in U_1\}$,则当 $\underline{d}_{i_1}^\alpha>\underline{d}_{i_2}^\alpha$ 时,判决待识别目标为第 i_1 类,反之为第 i_2 类。

决策方法 2:对 D_i 去模糊处理,并根据模糊值的比较确定被识别目标的类别。决策方法 1 的主要不足是涉及 α 的选择,实际中究竟选多大的 α 为好,事先是难以预料的。为此,可采用如下 TDC 去模糊方法,即

$$\hat{d}_i=\frac{1}{2}\int_0^1(\underline{d}_i^\alpha+\bar{d}_i^\alpha)\mathrm{d}\alpha \tag{7-66}$$

或 URI 去模糊方法,即

$$\hat{d}_i=\exp\left(\int_0^1\ln\sqrt{\underline{d}_i^\alpha\,\bar{d}_i^\alpha}\,\mathrm{d}\alpha\right) \tag{7-67}$$

对 D_i 去模糊,然后根据 $\hat{d}_i$ 的大小进行比较决策,即若 $\exists s\in U_1$,满足 $\hat{d}_s=\max\{\hat{d}_i\,|\,i\in U_1\}$,则判决待识别雷达为第 s 类。

在实际应用中,究竟选择 TDC 去模糊方法还是选择 URI 去模糊方法,可根据具体应用情况进行选择。例如当 $f(\cdot)$ 为三角形时,由于 $\beta=\alpha$,此时,选用 TDC 去模糊方法可得到判别函数的简易表示式为

$$\begin{aligned}\hat{d}_i&=\frac{1}{2}\int_0^1(\underline{d}_i^\alpha+\bar{d}_i^\alpha)\mathrm{d}\alpha\\&=\sum_{j\in U_2}\frac{1}{2}\int_0^1[(d_{ij}+\beta w_{ij})(a_j+\beta c_j)+(a_j-\beta c_j)(d_{ij}-\beta w_{ij})]\mathrm{d}\alpha\end{aligned}$$

$$= \sum_{j\in U_2}\left(a_j d_{ij} + \frac{1}{3}c_j w_{ij}\right) \tag{7-68}$$

7.2.4 基于模糊综合函数的目标识别

7.2.1节到7.2.3节研究的目标识别方法都假定各已知目标类的特征参数个数相同，但实际应用中，一些目标的特征参数往往得不到，因而进行目标识别时就面临各目标类别已知模式特征向量维数不相等的情况。为了能充分地利用信息，可采用不等维模式识别方法。

设第 i 类目标由 n_i 个特征参数，又设根据式(7-17)得到了 d_{ij}，为 $d_{i1},d_{i2},\cdots,d_{in_i}$，令

$$D_j = (d_{i1},d_{i2},\cdots,d_{in_i}) \tag{7-69}$$

表示待识别目标与第 i 类目标的相似性向量，则待识别目标与第 i 类目标的总贴近度 d_i 为

$$d_{ij} = M_{n_i}(D_i) \tag{7-70}$$

式中 $M_{n_i}:[0,1]^{n_i}\to[0,1]$为模糊综合函数，它满足保序性和综合性的特点。在目标识别中，可选择以下一些模糊综合函数对 $d_{i1},d_{i2},\cdots,d_{in_i}$ 进行综合，即

$$d_i = M_{n_i}(D_i) = \min\{d_{i,j} \mid j = 1,2,\cdots,n\} \tag{7-71}$$

$$d_i = M_{n_i}(D_i) = \left[\prod_{j=1}^{n_i} d_{ij}\right]^{\frac{1}{n_i}} \tag{7-72}$$

$$d_i = M_{n_i}(D_i) = \left[\frac{1}{n_i}\sum_{j=1}^{n_i} d_{ij}^p\right]^{\frac{1}{p}},\quad p>0 \tag{7-73}$$

或

$$d_{ij} = M_{n_i}(D_i) = \frac{1}{n_i}\sum_{j=1}^{n_i} a_j d_{ij},a_j \in [0,1],且\sum_{j=1}^{n_i} a_j = 1 \tag{7-74}$$

在得到 d_i 之后，即可按可能性最大原则进行硬判决。

7.3 基于粗糙集理论的目标识别融合理论

7.3.1 关系数据模型

粗糙集理论作为智能信息处理技术的一个新工具，已在不完整数据及不精确知识的表达、机器学习、推理以及在只是发现等领域取得成功的应用。本节将讨论基于粗糙集理论的目标识别算法[1,17~21]。

假设共有 r 个类，每个目标由若干个特征参数来描述，将特征参数视为条件属性，则条件属性集合 $C=\{c_1,c_2,\cdots,c_m\}$。将目标的类别视为决策属性，则决策属性集

合 $D=\{d_1,d_2,\cdots,d_r\}$。对模板库中某样本 u_t 的一条信息，则可定义 $u_t=\{c_{1,t},c_{2,t},\cdots,c_{m,t};\ d_t\}$，论域 $U=\{u_1,u_2,\cdots,u_n\}$ 称为样本集合。这时研究对象 u_t 的属性值为 $c_i(u_t)=c_{i,t}(i=1,2,\cdots,m;\ t=1,2,\cdots,n)$，$d(u_t)\in D$。由 $u_t(t=1,2,\cdots,n)$ 构成的二维信息表就是关于目标识别模型的关系数据模型。

7.3.2 建立知识系统

为了从样本中分析出知识间的依赖性和属性的重要性，需要利用属性对论域进行分类，建立论域上的知识系统。而分类的基础是属性值的离散化，即对每个属性的属性值按特征分割为若干离散值，然后将属性值用离散值替代。离散化后便可建立知识系统。假设 U 中每个对象已经离散化，确定 U 上的等价关系，建立 U 上的知识系统。

设 $C'\subseteq C$，定义一个二元关系：$R_C=\{(u,v)\in U\times U\mid c_i(u)=c_i(v),\forall c_i\in C'\}$。同理，定义 $R_D=\{(u,v)\in U\times U\mid d(u)=d(v)\}$。显然 R_C、R_D 在 U 上都是等价的关系。因此它们都可以用来确定 U 上的知识系统。

粗糙集理论只能处理离散的属性值，实际应用中大量存在的连续属性值必须经过离散化后才能用粗糙集方法进行处理。较为简单实用的离散化方法有等距离划分算法、等频率划分算法、Naive Scaler 算法以及 Semi Naive Scaler 算法等[22]。离散化的结果影响到分类的最终结果。

7.3.3 基于粗糙集理论的权值确定方法

一般来说，对目标各特征参数之间的重要程度没有任何先验信息，可采用等加权处理的方法。事实上，不同属性特征的参数对识别结果的影响是不一样的，这主要是通过权系数来进行调整。合理的选择权系数是获得正确结果的重要条件之一。

本节方法将权系数确定问题转化为粗糙集中属性重要性评价问题，不依赖于人的先验知识，利用粗糙集理论中的只是依赖性和属性重要性评价计算出权系数。

在决策表中，不同的属性可能具有不同的重要性。为了找出某些属性（或属性集）的重要性，我们的方法是从表中去掉一些属性，再来考虑没有该属性后分类会怎样变化。主要包括以下 4 步。

步骤 1　计算出知识 R_D 对知识 R_C 的依赖程度，即计算目标的类别 D 对目标属性集合 C 的依赖程度

$$\gamma_{R_C}(R_D)=\frac{\sum\limits_{[y]_{R_D}\in(U/R_D)}\operatorname{card}(\underline{R_C}([y]_{R_D}))}{\operatorname{card}(U)} \tag{7-75}$$

式中 card(S)表示 S 的基数。

步骤 2　对每个属性 c_i，计算出知识 R_D 对知识 $R_{C-\{c_i\}}$ 的依赖程度

$$\gamma_{R_{C-\{c_i\}}}(R_D)=\frac{\sum\limits_{[y]_{R_D}\in(U/R_D)}\mathrm{card}(\underline{R}_{C-\{c_i\}}([y]_{R_D}))}{\mathrm{card}(U)},\quad i=1,2,\cdots,m \tag{7-76}$$

步骤 3 计算第 i 个属性的重要性

$$\sigma_D(c_i)=\gamma_{R_C}(R_D)-\gamma_{R_{C-\{c_i\}}}(R_D),\quad i=1,2,\cdots,m \tag{7-77}$$

步骤 4 计算第 i 个属性的权系数

$$\lambda_i=\frac{\sigma_D(c_i)}{\sum\limits_{j=1}^{m}\sigma_D(c_i)},\quad i=1,2,\cdots,m \tag{7-78}$$

7.3.4 基于决策表的分类规则

样本在离散化且经过粗糙集约简后，形成了一个简化的决策表，在此基础上，可采用如下分类规则。

设条件属性集合 $C=\{c_1,c_2,\cdots,c_m\}$，首先根据离散化后的属性值将样本分类，得到 U/C 中的各等价类。然后通过待测数据的值取出与其对应的 m 个集合，构造相应的 m 个矩阵，记为 $A_1,A_2,\cdots,A_m$。将取出的 m 个集合中包含该元素的值赋为 1，否则将对应的值赋为 0。

依次循环计算 $A_1{}'A_2,A_2{}'A_3,A_3{}'A_4,\cdots$。这里只关心对角线上的元素值，若这些元素中只有一个值为 1，那么该元素所对应的序号就有可能是要归到的类；如果哪一类中不止一个值为 1，则再利用对角上的值构造出一维矩阵，与另一组没用过的矩阵按上面的方法运算，同样只关心主对角线上的元素值，会发现其中若只有一个值为 1，那么该元素的位置号码就是待测数据所属的样本序号；若值全部为 0，则判别待识别目标信号不在已知样本库中，即为一个新目标类型；若不止一个 1，即带测数据满足两个以上的决策规则，则可以进一步计算规则的符合度

$$\mu(X_i)=\frac{\mathrm{card}(X_i\cap F_x)}{\mathrm{card}(F_x)} \tag{7-79}$$

式中 F_x 是未知信号的特征参数集合，X_i 是决策表中某类的条件属性集合，$X_i\cap F_x$ 为 F_x 中符合 X_i 中特征条件的特征的集合。选择可信度大的规则来判别待识别数据属于哪一类。

7.4 基于 D-S 证据理论的目标识别融合技术

7.4.1 互不相容数据结构的递归目标识别融合

在第 3 章中已简要说明了 D-S 证据理论的基本要点，本节利用 D-S 证据理论研究目标识别的融合问题。

利用证据理论中的 Dempster 组合规则，既可以对不同传感器提供的目标识别

证据进行空间域决策融合，也可在时间域对传感器提供的目标识别证据进行时间域融合。当 Dempeter 组合规则能用递归的形式实现时，则可在时空域更有效地进行数据融合，假定有 M 个传感器探测相同主体（即相同的识别框架 M），每个传感器可提供 N 个不同测量状态，幂集 $P(U)$ 形成了测量数据结构。注意到并非幂集中的每个子集都能被传感器测量到，亦即存在测量不确定性。测量数据结构（即幂集 $P(U)$）中的元素既可以是不相交（互不相容）的，也可以是相容的。下面讨论测量数据结构中的元素是互不相容时的递归目标识别融合[23]。

1. 每个传感器的时域递归目标识别融合

假定第 i 个传感器到 $k+1$ 时刻为止关于目标识别的互不相容累积信息由累积基本概率赋值 $m_j^i(k-1), i=1,\cdots,M, j=1,\cdots,N$ 和分配给识别框架的累积不确定性 $\theta^i(k-1) \stackrel{\text{def}}{=} 1-\sum\limits_{j=1}^{N} m_j^i(k-1)$ 确定，在 k 时刻，传感器 i 得到了关于目标识别的新测量基本概率赋值 m_{jk}^i，关于目标识别的测量不确定性为 $\theta_k^i \stackrel{\text{def}}{=} 1-\sum\limits_{j=1}^{N} m_{jk}^i$。利用 Dempster 组合规则，可以由表 7-1 得到 k 时刻为止关于目标识别的累积基本概率赋值 $m_j^i(k)$ 和累积不确定性 $\theta^i(k) \stackrel{\text{def}}{=} 1-\sum\limits_{j=1}^{N} m_j^i(k)$。

表 7-1 分离结构的时域目标识别证据组合

	m_{1k}^i	m_{2k}^i	$\cdots$	m_{Nk}^i	θ_k^i
$m_1^i(k-1)$	$m_1^i(k-1)m_{1k}^i$	$m_1^i(k-1)m_{2k}^i$	$\cdots$	$m_1^i(k-1)m_{Nk}^i$	$m_1^i(k-1)\theta_k^i$
$m_2^i(k-1)$	$m_2^i(k-1)m_{1k}^i$	$m_2^i(k-1)m_{2k}^i$	$\cdots$	$m_2^i(k-1)m_{Nk}^i$	$m_2^i(k-1)\theta_k^i$
$\vdots$	$\vdots$	$\vdots$	$\ddots$	$\vdots$	$\vdots$
$m_N^i(k-1)$	$m_N^i(k-1)m_{1k}^i$	$m_N^i(k-1)m_{2k}^i$	$\cdots$	$m_N^i(k-1)m_{Nk}^i$	$m_N^i(k-1)\theta_k^i$
$\theta^i(k-1)$	$\theta^i(k-1)m_{1k}^i$	$\theta^i(k-1)m_{2k}^i$	$\cdots$	$\theta^i(k-1)m_{Nk}^i$	$\theta^i(k-1)\theta_k^i$

由于元素是互不相容的，因此 $\forall l \neq k, m_k^i(k-1)m_{lk}^i$ 对应冲突信息，利用 Dempster 组合规则，新的累积基本概率分配 $m_j^i(k), i=1,\cdots,M, j=1,\cdots,N$ 可按下式进行计算

$$m_j^i(k) = \frac{m_j^i(k-1)m_{jk}^i + m_j^i(k-1)\theta_j^i + \theta^i(k-1)m_{jk}^i}{1-K_k^i} \tag{7-80}$$

式中

$$K_k^i = \sum_{j\neq l} m_{lk}^i m_j^i(k-1) \tag{7-81}$$

更新的累积不确定性为

$$\theta^i(k) = \frac{\theta^i(k-1)\theta_k^i}{1-K_k^i} \tag{7-82}$$

重复上述过程就可以得到传感器在时域的目标识别融合结果。

2. 在传感器域的递归目标识别空间融合

在每个传感器按递归方式在时间域得到目标识别的累积基本概率赋值及累积不确定性时，可对 M 个传感器的时域累积信息按 Dempster 组合规则进行空域融合。用组合规则对传感器 i 和传感器 l 的时域累积信息进行融合的情况如表 7-2 所示。利用表 7-2 可以得到传感器 i 和传感器 l 最终的时/空累积目标识别融合结果为

$$m^{il}(k)=\frac{m_j^i(k)m_j^l(k)+m_j^i(k)\theta^l(k)+\theta^i(k)m_j^l(k)}{1-K_k^{il}} \tag{7-83}$$

式中

$$K_k^{il}=\sum_{j\neq n}m_j^i(k)m_n^l(k) \tag{7-84}$$

由传感器 i 和 l 得到的累积时/空不确定性为

$$\theta^{il}(k)=\frac{\theta^i(k)\theta^l(k)}{1-K_k^{il}} \tag{7-85}$$

上述公式构成了在互不相容数据结构时给予 D-S 证据理论的目标识别递归时空融合模型，重复上述过程可以得到融合 M 个传感器后总的累积时/空目标识别融合信息。

表 7-2　不同传感器的目标识别空间信息融合

	$m_1^l(k)$	$m_2^l(k)$	…	$m_N^l(k)$	$\theta^l(k)$
$m_1^i(k)$	$m_1^i(k)m_1^l(k)$	$m_1^i(k)m_2^l(k)$	…	$m_1^i(k)m_N^l(k)$	$m_1^i(k)\theta^l(k)$
$m_2^i(k)$	$m_2^i(k)m_1^l(k)$	$m_2^i(k)m_2^l(k)$	…	$m_2^i(k)m_N^l(k)$	$m_2^i(k)\theta^l(k)$
⋮	⋮	⋮	⋱	⋮	⋮
$m_N^i(k)$	$m_N^i(k)m_1^l(k)$	$m_N^i(k)m_2^l(k)$	…	$m_N^i(k)m_N^l(k)$	$m_N^i(k)\theta^l(k)$
$\theta^i(k)$	$\theta^i(k)m_1^l(k)$	$\theta^i(k)m_2^l(k)$	…	$\theta^i(k)m_N^l(k)$	$\theta^i(k)\theta^l(k)$

7.4.2　相容数据结构的递归目标识别空间融合

所谓相容数据结构，是指测量数据结构中的元素不是互不相容的。在此情况下，前面研究的互不相容数据结构的递归时/空融合模型不再适用。为此，可采用递归集中式数据融合及递归分布式数据融合两种方法。

递归集中式数据融合流程如图 7-1 所示，它把 $k-1$ 时刻的集中式累积目标识别信息 $m(k-1)$ 与 k 时刻由 M 个传感器测得的目标识别信息相组合以得到在 k 时刻总的目标识别融合信息。

递归分布式融合方法可以在 M 个局部传感器的子处理器中分配计算量，其优点是提高了计算效率和错误容限，在每个传感器上独立进行递归时域信息融合，且通过选择适当门限减小融合数据矢量的维数，从而在对 M 个传感器进行空域融合时可减小整个系统的计算量。当一个传感器失效时，就将之去掉，对余下的传感器数据进行融合。递归分布式数据融合又可分为递归分布无反馈时/空信息融合(见图 7-2)和递归分布有反馈时空信息融合(见图 7-3)两种。

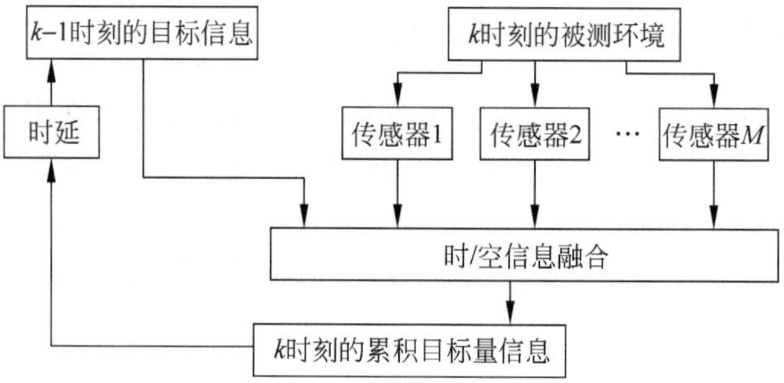

图 7-1　递归集中式数据融合流程

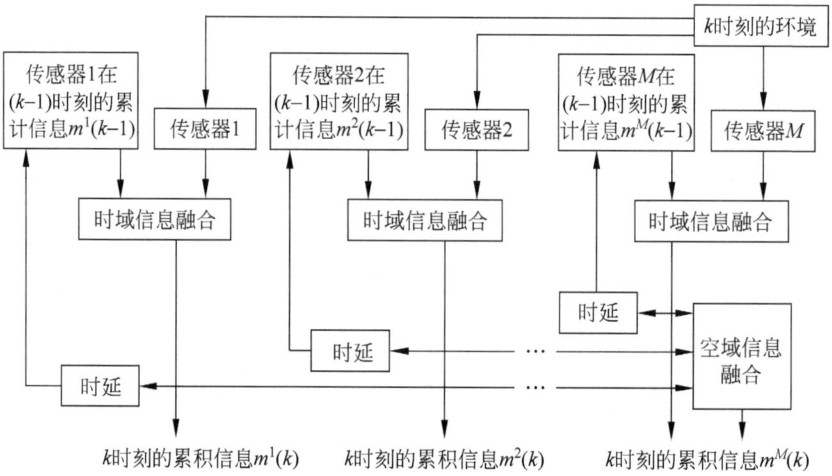

图 7-2　递归分布无反馈目标识别数据融合流程

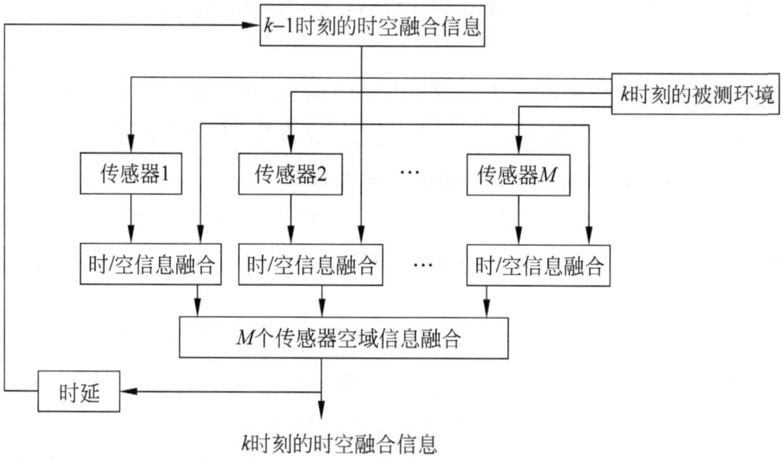

图 7-3　递归分布有反馈时/空信息融合流程

在无反馈融合结构中，每个传感器的当前测量值与该传感器上一时刻的时域累积信息 $m_1^i(k-1)$ 相融合得到局部传感器当前时刻的累积信息 $m^i(k)$，然后将 M 个传感器的时域累积信息 $m^i(k)$，$i=1,2,\cdots,M$ 进行空域融合得到最终的时/空融合信息。在有反馈的融合结构中，每个传感器的当前测量位与上一时刻整个系统的时/空积累信息 $m(k-1)$ 相融合，然后再在传感器域对 M 个传感器的时域融合信息进行空域融合，得到当前时刻的时/空融合积累信息 $m(k)$。由此可见，这里的有无反馈，实际上是指有无系统时/空融合的全局反馈。在有反馈的系统中，由于每个传感器都使用了整个传感器系统的时/空累积信息，因而它能得到比无反馈的分布式融合结构更好的性能，当然，这是以牺牲并行性为代价的。

7.5　基于灰色系统理论的目标识别融合技术

由于关联分析是按发展趋势作分析，对样本量的大小没有太高的要求，分析时也不需要典型的分布规律，而且分析的结果一般与定性分析相吻合。因此采用灰关联分析的方法对现有的少量观测数据进行综合分析，可为实时、准确地进行目标识别提供理论基础和数学依据[10,11]。

7.5.1　灰关联分析识别融合算法[12]

假设目标共有 n 个类，每一个目标由 k 个特征参数来描述，这 k 个特征参数构成了目标的特征矢量，或称为模式。令 $U_1=\{1,2,\cdots,n\}$，$U_2=\{1,2,\cdots,k\}$，其中 U_1 表示对应 n 个目标类别号的有序集，U_2 表示对应目标模式中特征参数类别号所构成的有序集。$\forall i\in U_1$ 及 $j\in U_2$，设第 $i(i=1,2,\cdots,n)$ 类目标在第 $j(j=1,2,\cdots,k)$ 个特征参数方向上有 n_{ij} 个取值，$\theta_{ij}^m(m=1,\cdots,n_{ij})$ 表示第 i 类目标在第 j 个参数方向上的第 m 个取值。

由于第 i 类目标在第 j 个特征参数方向有 n_{ij} 个取值，故第 i 类目标共有 $\prod_{j=1}^{k} n_{ij}$ 个特征向量即已知模式，n 个目标类共有 $N=\sum_{i=1}^{n}\left[\prod_{j=1}^{k} n_{ij}\right]$ 个特征向量。

设在某一时刻观测区域中可能存在着 M 个目标，它们构成一个目标集合：$T=\{T_1,T_2,\cdots,T_l,\cdots,T_M\}$。对于其中每个目标 T_l 通过综合分析和特征提取都可用一组特征参数来描述，这些特征参量构成了该类目标的模式特征矢量。

1. 数据列的确定

选取待识别目标观测矢量数据为参考数列，记为 $X_0=\{X_0(j)\mid j=1,2,\cdots,k\}$。一般地，选取模板数据库已知数据为比较序列，记为 $X_i=\{X_i(j)\mid j=1,2,\cdots,k\}$，$(i=1,2,\cdots,N)$，其中 N 为识别库中已知模式的数量。

显然，在识别库中的目标类别以及每一类目标的特征矢量较多时，采用直接比较的方法是很费时的。实际上，观测矢量只是接近于某些类的若干特征矢量，而不一定是所有类别的全部特征矢量。这样，在进行灰关联计算时，可以采用如下的预匹配技术先选出适当数据量的已知目标数据作为比较序列，并确定数列元素。具体做法如下

$$R_j = \{i,m \mid \forall j, \exists m \text{ 使} \left| x_j - \theta_{ij}^m \right| < 3(\sigma_j + \sigma_{ij})\} \tag{7-86}$$

$$R = \bigcap_{j=1}^{k} R_j \tag{7-87}$$

这样用于灰关联分析的比较序列确定为 $X_i = \{X_i(j) \mid j=1,2,\cdots,k\}, (i \in R)$。

由于系统各因素的物理意义不同，导致数据的量纲也不一定相同，而且有时数值的数量级相差悬殊，这样在比较时就难以得到正确的结果。为了保证数据具有可比性，在进行灰关联分析时，需要对原始数据进行生成处理。这里采用区间值化的方法对特征指标数据进行标准化处理，即

$$X_i(j) = \frac{X_i(j) - \min\limits_i X_i(j)}{\max\limits_i X_i(j) - \min\limits_i X_i(j)}, \quad j = 1,2,\cdots,k, i \in R \tag{7-88}$$

2. 计算灰关联系数和灰关联度

参考数列 $X_0(j)$ 和比较数列 $X_i(j)$ 的关联系数为

$$\xi_i(j) = \frac{\min\limits_i \min\limits_j \mid X_0(j) - X_i(j) \mid + \rho \max\limits_i \max\limits_j \mid X_0(j) - X_i(j) \mid}{\mid X_0(j) - X_i(j) \mid + \rho \max\limits_i \max\limits_j \mid X_0(j) - X_i(j) \mid} \tag{7-89}$$

记 $\Delta_i(j) = \mid X_0(j) - X_i(j) \mid$，则

$$\xi_i(j) = \frac{\min\limits_i \min\limits_j \Delta_i(j) + \rho \max\limits_i \max\limits_j \Delta_i(j)}{\Delta_i(j) + \rho \max\limits_i \max\limits_j \Delta_i(j)} \tag{7-90}$$

式中 ρ 为分辨系数。于是可以求出 $X_i(j)$ 与 $X_0(j)$ 的关联系数

$$\xi_i = \{\xi_i(j), \quad j = 1,2,\cdots,k\} \tag{7-91}$$

将每一比较数列各个指标的关联系数集中体现在一个值上以便于比较，这个值就是灰关联度。比较数列 X_i 对参考数列的灰关联度常记为 $\gamma(X_0, X_i)$，简记为 γ_i。常用的计算关联度的方法是平均值法，即

$$\gamma(X_0, X_i) = \frac{1}{k} \sum_{j=1}^{k} \xi_i(j) \tag{7-92}$$

采用平均值法计算灰关联度实际上是认为比较数列的各个指标对于关联分析是同等重要的，即作平权处理。但事实上，我们给予观测的目标的特征矢量进行识别时，这些指标的重要性多数情况是不同的，因而必须进行加权处理。令 $a(j), j = 1,2,\cdots,k$ 表示相应指标的权系数，且 $\sum\limits_{j=1}^{k} a(j) = 1, a(j) \geqslant 0$，则可以定义加权关联度为

$$\gamma_i(X_0, X_i) = \sum_{j=1}^{k} \xi_i(j) a(j) \tag{7-93}$$

3. 灰关联度排序

对参考数列 X_0 和比较数列 X_i 的关联度按从大到小进行排序，即得灰关联序。这里我们采用最大关联度识别原则，即优先选取满足$\max\limits_{i}\gamma_i(i\in R)$成立的对象，使之最关联于 X_0。

7.5.2　基于 D-S 推理的灰关联分析融合方法

如得到多个观测样本时，灰关联分析在实际应用中得到的识别结果可能不一致甚至是矛盾的。为了很好地解决信号的不确定性问题和充分利用信号在时间上的冗余性，在灰关联识别的过程中引入 D-S 证据理论，通过对信号的积累和对信任度的重新分配，可以很好地解决多个观测样本时识别不一致的问题，有效地对识别结果进行融合，提高目标的正确识别率[13]。

假设在观测区域和观测时间内，侦察到 t 个观测样本($X_0^{(1)}, X_0^{(2)}, \cdots, X_0^{(t)}$)。首先计算目标信号观测样本中各个参数的灰关联系数，然后通过设定各个参数的权值，可得观测样本与目标已知模板库中样本的灰关联度。接下来，考虑到信号在时间上具有冗余性，得到多个时刻上的观测样本，在贝叶斯信任结构下，对于每一时刻观测样本的灰关联度集合给出一个信任测度，即获得一条证据。运用 D-S 证据理论组合规则对多个观测样本的信任度进行合成，最后得到信任度较高的结果。这一结果可作为信号识别的依据。

1. 对多个观测样本灰关联度的组合

根据 7.5.1 节可以得到 t 个观测样本的灰关联度集合：$G_s=\{\gamma_i(X_0^{(s)}, X_i) \mid i\in R\}$，其中 $s=1,2,\cdots,t$。考虑到 D-S 证据组合具有空间复杂度，采用了预匹配技术来减小识别框架，判别框架为已知模板库中经过预匹配得到的样本。因此，可以找出与评判对象有关的基本因素集$\{G_1, G_2, \cdots, G_t\}$，对于每一个因素 G_i 给出一个信任测度，也就是获取一条证据。

在 D-S 证据理论中，BPA 分布只需要满足其和为 1 这个简单的约束条件。在工程应用中，为减少复杂性，BPA 的分布通常还满足这样的约束：允许一个证据提供不同抽象级命题的 BPA 值，但除去未知之外，其余焦元相交为空。贝叶斯结构就是满足这一约束的特例。在贝叶斯信任机构(对于判别框架，每个焦元都是由一个单元素集合组成)下，可给出信任函数 BEL(A)为

$$\mathrm{BEL}(A) = \sum_{c\subseteq A} m(C) = m(A) \tag{7-94}$$

也即$\mathrm{BEL}_s = m_s$，取

$$m_s = \frac{G_s}{\sum G_s}, \quad s = 1,2,\cdots,t \tag{7-95}$$

通过运用证据理论的组合公式，可以对灰关联度两两组合，得出最终的结果，然后依据判决准则对观测样本做出判断。

2. 给出综合评判结果——灰关联度排序

因为灰关联度不是唯一的，所以关联度本身的大小不是关键，而各关联度大小的排列顺序更为重要，这便是灰关联序。对参考数列 X_0 和比较数列 X_i 的关联度按从大到小进行排序，即得灰关联序。这里我们采用最大关联度识别原则，即优先选取满足$\max\limits_i \gamma_i (i \in R)$成立的对象，使之最关联于 X_0。当然，也可以设置一个门限，当最大关联度大于一定的门限时，输出结果；否则，不足以判断，继续观察。

7.6 基于极大后验概率理论的目标识别融合技术

假定有 M 个传感器，它们可以是相同类型的传感器，也可以是不同类型的传感器，被识别目标属于 N 个已知目标类型所组成的集合，每个传感器都基于自己的观测来估计未知目标（或作出一个目标识别判决），然后将此估计（或判决）送往目标识别融合中心，融合中心基于 M 个传感器接收到的局部估计作出目标识别的全局估计。

令 Θ 和 S 分别是目标类型集和传感器集，即 $\Theta \overset{\text{def}}{=} (o_1, o_2, \cdots, o_N)$ 和 $S \overset{\text{def}}{=} (s_1, s_2, \cdots, s_M)$，又令$\hat{o}^i$ 是第 i 个传感器作出的关于未知目标的估计（简称为传感器目标识别估计），在融合中心，假定各目标的先验概率 $p(o_1), p(o_2), \cdots, p(o_N)$ 已知，及传感器目标识别估计的条件联合概率是已知的，亦即 $\forall j = 1, 2, \cdots, M$，假定 $p(\hat{o}^1, \hat{o}^2, \cdots, \hat{o}^M | o_j)$ 是已知的。在上述条件下，讨论基于最大后验概率（maximum a posteriori，MAP）准则的目标识别融合。

设 $o \in \Theta$ 是未知目标，其 MAP 目标识别融合估计为$\hat{o}_{\text{MP}}$，则有

$$p(\hat{o}_{\text{MP}} \mid \hat{o}^1, \hat{o}^2, \cdots, \hat{o}^M) = \max_{o \in \Theta} p(\hat{o}^1, \hat{o}^2, \cdots, \hat{o}^M \mid o_j) \tag{7-96}$$

式(7-96)也可表示为

$$\hat{o}_{\text{MP}} \overset{\text{def}}{=} \operatorname*{argmax}_{o \in \Theta} p(o \mid \hat{o}^1, \hat{o}^2, \cdots, \hat{o}^M) \tag{7-97}$$

利用贝叶斯公式，MAP 目标识别融合估计也可写为

$$\hat{o}_{\text{MP}} \overset{\text{def}}{=} \operatorname*{argmax}_{o \in \Theta} \left\{ \frac{p(\hat{o}^1, \hat{o}^2, \cdots, \hat{o}^M \mid o) p(o)}{p(\hat{o}^1, \hat{o}^2, \cdots, \hat{o}^M)} \right\} \tag{7-98}$$

式中，$p(\hat{o}^1, \hat{o}^2, \cdots, \hat{o}^M | o_j)$是在给定未知目标 o 的情况下，传感器目标$\hat{o}^1, \hat{o}^2, \cdots, \hat{o}^M$ 的条件联合概率，$p(o)$是目标 $o \in \Theta$ 的先验概率，$p(\hat{o}^1, \hat{o}^2, \cdots, \hat{o}^M)$是传感器目标识别估计的联合概率。由于式(7-98)中的分母与 o 无关，因而，MAP 目标识别融合估计也可以表示为

$$\hat{o}_{\mathrm{MP}} \stackrel{\mathrm{def}}{=} \underset{o\in\Theta}{\operatorname{argmax}}\{p(\hat{o}^1,\hat{o}^2,\cdots,\hat{o}^M \mid o)p(o)\} \tag{7-99}$$

若进一步假定各传感器目标识别估计是相互独立的，则有

$$\hat{o}_{\mathrm{MP}} \stackrel{\mathrm{def}}{=} \underset{o\in\Theta}{\operatorname{argmax}}\{p(o)\prod_{i=1}^{M} p(\hat{o}^i \mid o)\} \tag{7-100}$$

由于对数函数是单调增函数，故有

$$\begin{aligned}\hat{o}_{\mathrm{MP}} &\stackrel{\mathrm{def}}{=} \underset{o\in\Theta}{\operatorname{argmax}}\{\ln[p(o)\prod_{i=1}^{M} p(\hat{o}^i \mid o)]\} \\ &= \underset{o\in\Theta}{\operatorname{argmax}}\{\ln p(o) + \sum_{i=1}^{M}\ln p(\hat{o}^i \mid o)\}\end{aligned} \tag{7-101}$$

式(7-101)即是基于最大后验概率准则的目标识别融合判决规则。

7.7 基于 DSmT 理论的目标识别融合技术

利用 DSmT 中的经典 DSm 组合规则和混合 DSm 组合规则，既可以对不同传感器提供的目标识别证据进行空间域决策融合，也可以在时间域对传感器提供的目标识别证据进行时间域融合。当经典的 DSm 组合规则能用递归的形式实现时，则可在时/空域更有效地进行数据融合。假定有 M 个传感器探测相同主体(即相同的识别框架 U)，每个传感器可提供 N 个不同量测状态。超幂集 D^U 形成了量测数据结构。下面首先给出 DSmT 的融合过程。其次讨论递归目标融合[2,3,4,24]。

7.7.1 DSmT 的融合过程

DSmT 的目标判决准则与基于证据理论的决策方法相同，在考虑命题由不确定可能且用以往的判决效果不明显时，利用基于基本概率赋值的决策对目标类别进行判断。

在自由 DSm 模型下用经典的 DSm 组合规则；若命题给出完整性约束条件，则在自由 DSm 模型 $M^f(U)$ 基础上引入完整性约束条件重新构建一个相应的混合 DSm 模型 $M(U)$，在相应的混合 DSm 模型下运用混合 DSm 组合规则，作出判决。图 7-4 给出了基于 DSmT 的信息融合过程。

融合必须首先在自由 DSmT 模型上进行计算，需要考虑两个问题：当所有参与合成的 M 条证据在同一时间获得，首先在自由 DSm 模型上计算前 $M-1$ 条证据的融合结果，储存下来以便进行下一次融合；其次在自由 DSm 模型上得到第 M 条证据和已得的前 $M-1$ 条证据的融合结果进行融合，最后在混合 DSm 模型上得到第 M 条证据的最终的融合结果；如果所有参与合成的 M 条证据不能在同一时刻获得，而是顺序得到的，那么我们首先在自由 DSm 模型上计算前 $M-1$ 条证据的融合结果，再利用混合 DSm 规则得到此时 $M-1$ 条证据的融合结果，把前 $M-1$ 条证据的结果

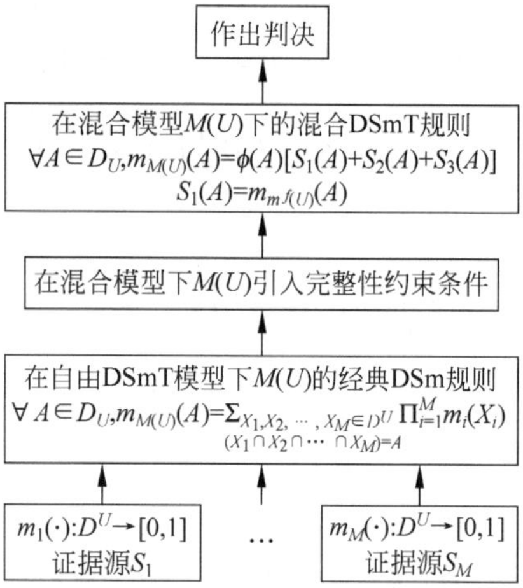

图 7-4　DSmT 的融合过程

存储下来以便进行下一次融合。在系统得到第 M 证据后，在自由 DSm 模型上对第 M 条证据和前 $M-1$ 条证据的融合结果进行融合，最后得到混合 DSm 模型下的 M 条证据的最终融合结果。

7.7.2　递归目标识别融合

可采用递归集中式数据融合以及递归分布式数据融合两种方法。

当所有参与合成的 M 条证据在同一时间获得，采用递归集中式数据融合流程，如图 7-5 所示，它把 $k-1$ 时刻的集中式积累目标识别信息 $m(k-1)$与 k 时刻由 M 个证据相组合，以得到在 k 时刻总的目标识别融合信息。

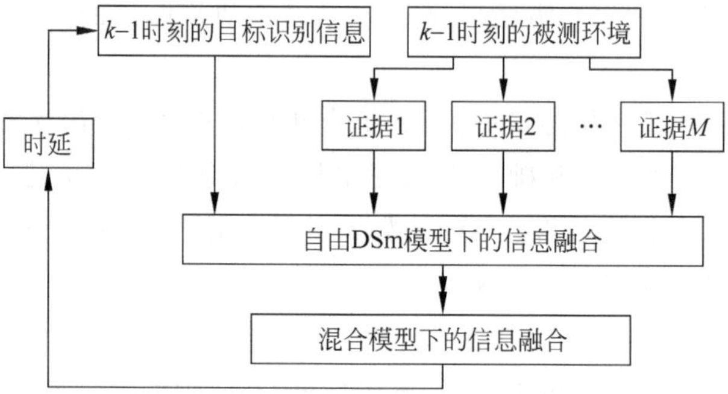

图 7-5　集中递归式目标识别数据融合流程

当所有参与合成的 M 条证据不能在同一时间获得，而是顺序得到时，则采用递归分布式数据融合流程，如图 7-6 所示。递归分布式融合方法在每条证据上独立进行递归信息融合，且通过选择适当门限减小融合数据矢量的维数，从而可以减小整个系统的计算量。当一条证据失效时，就将之去掉，对余下的证据进行融合。在递归分布式的融合结构中，第一条证据和上一时刻整个系统的积累信息 $m(k-1)$ 相融合，首先在自由 DSm 模型上进行融合，如果给出完整性约束条件，则需要在混合 DSm 模型下进行融合，将此时的融合结果和下一条证据进行融合，直至得到最终的当前时刻的融合积累信息 $m(k)$。

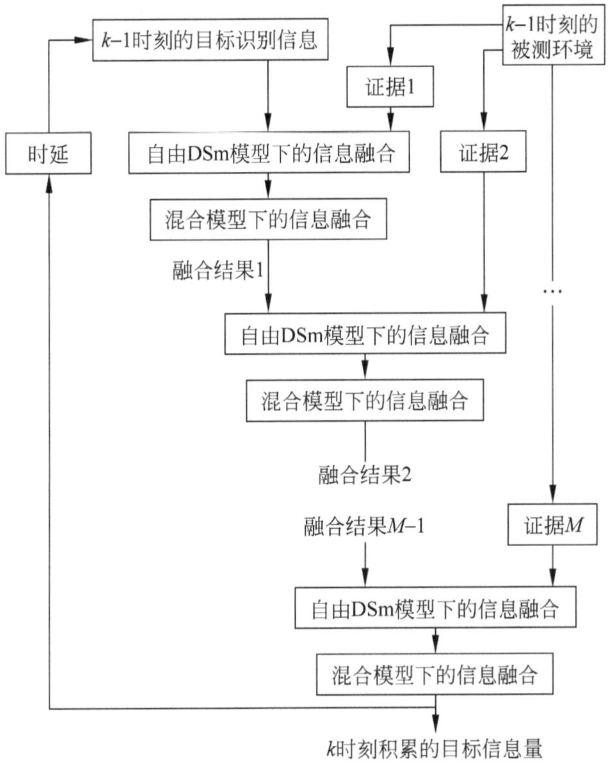

图 7-6　递归分布式信息融合流程

7.8　基于属性测度理论的目标识别融合技术

7.8.1　属性测度基本理论

1. 属性集与属性测度

可采用递归集中式数据融合以及递归分布式数据融合两种方法。

属性数学的首要研究任务就是研究属性之间的关系、建立运算关系、研究属性的测量、建立属性测度[14,15]。与模糊数学不同，首先从思维角度，把属性作为集合，给出属性集、属性空间和属性可测空间的概念，然后从数学角度，在属性可测空间基础上建立属性测度空间。

定义 7.1　设 X 为研究对象的全体，称为研究对象空间，或简称为对象空间。

定义 7.2 我们把要研究的 X 中的元素的某类性质记为 F，称 F 为属性空间。属性空间中的任何一种情况都称为一个属性集。

定义 7.3 如果由一些属性集所组成的集合 R 满足以下两个条件：①如果 $A\in R$，则 $\overline{A}\in R$；②如果 $A\in R, B\in R$，则 $A\cup B\in R$，那么称 R 为属性代数。

定义 7.4 如果属性代数 R 还满足：对于 $A_i\in R, i=1,2,\cdots$，有 $\bigcup\limits_i A_i\in R$，则称 R 为 σ 代数，称 (F,R) 为可测空间。

定义 7.5 设 x 为 X 中的一个元素，A 为一个属性集，用"$x\in A$"表示 x 具有属性 A。"$x\in A$"仅是一种定性的描述，我们需要用一个数来定量地刻画"$x\in A$"的程度，这个数记为 $\mu(x\in A)$ 或 $\mu_x(A)$，称它为 $x\in A$ 的属性测度。为方便起见，要求属性测度在 $[0,1]$ 之内取值。

设 (F,R) 为属性可测空间。称 μ_x 为 (F,R) 上的属性测度，如果 μ_x 满足

(1) $\mu_x(A)\geqslant 0, \forall A\in R$；

(2) $\mu_x(F)=1$；

(3) 若 $A_i\in R, A_i\cap A_j=\varnothing(i\neq j)$，则

$$\mu_x\left|\bigcup_{i=1}^{\infty}A_i\right|=\sum_{i=1}^{\infty}\mu_x(A_i) \tag{7-102}$$

上述第 3 条性质称为属性测度的可加性。

属性可测空间 (F,R) 连同它上面的属性测度 μ_x，即 (F,R,μ_x) 称为属性测度空间。但是，这些属性测度不可以任意给，必须满足一定的规则。属性测度可以由专家经验或对事物的分析确定。

在这里需要指出，属性测度空间与传统的概率空间和测度空间是不同的。传统的概率空间是建立在点集的基础上的，而属性集不是由元素或点组成的，它只是关于某种属性的一种定性描述。模糊集仅是研究对象 X 到区间 $[0,1]$ 的一个映射，因此，属性集也不同于模糊集。

设 F 为 X 上某类属性空间，$C_1,C_2,\cdots,C_K$ 为属性空间中的 K 个属性集。如果 $(C_1,C_2,\cdots,C_K)$ 满足

$$F=\bigcup_{i=1}^{K}C_i, C_i\cap C_j=\varphi \quad i\neq j \tag{7-103}$$

则称 $(C_1,C_2,\cdots,C_K)$ 为属性空间 F 的分割。

在有些情况下，属性集和属性集之间是可"比较"的。因此，对有些属性集可建立"强"序或"弱"序。当属性集 A 比属性集 B"强"时，记为 $A>B$，当 A 比 B"弱"时，记为 $A<B$。

当然，"强"与"弱"是相对的，从一个角度认为是"强"的，从相反的角度则认为是"弱"的。如何确定"强"与"弱"，由具体问题确定。

如果 $(C_1,C_2,\cdots,C_K)$ 为属性空间 F 的分割，并且 $C_1>C_2>\cdots>C_K$ 或者 $C_1<C_2<\cdots<C_K$，则称 $(C_1,C_2,\cdots,C_K)$ 为有序分割类。

2. 属性识别准则

判别有对有错，因此要考虑代价，设属于 C_i 而判别为 C_j 的代价为 c_{ij}。β_j 表示判别为 C_j 的全部代价，β_j 为

$$\beta_j = \sum_{i=1}^{K} c_{ij}\mu_x(C_i) \tag{7-104}$$

最小代价准则：若

$$\beta_{j_0} = \min_{1\leqslant j\leqslant K}\beta_j \tag{7-105}$$

则认为 x 属于 C_{j_0} 类。因为当 X 判别为 C_{j_0} 类时所付出的代价最小，所以这种判别是合理的。

最大属性测度准则：考虑最小代价准则的一种最简单的情况，若认为正确判别无须付出代价，这时取 $c_{jj}=0$，若认为错误判别的代价皆相同，这时取 $c_{jj}=1(i\neq j)$，则有

$$\beta_j = \sum_{\substack{1\leqslant i\leqslant K\\ i\neq j}} \mu_x(C_i) = 1-\mu_x(C_j) \tag{7-106}$$

进而有

$$\beta_{j_0} = \min_{1\leqslant j\leqslant K}\beta_j = 1-\max_{1\leqslant j\leqslant K}\mu_x(C_j) \tag{7-107}$$

最大属性测度准则：若

$$\mu_x(C_{j_0}) = \max_{1\leqslant j\leqslant K}\mu_x(C_j) \tag{7-108}$$

则认为 x 属于 C_{j_0} 类。

这个准则是在一组简单特殊的代价 c_{ij} 下获得的，因此，也称最大属性测度准则为简单最小代价准则。在模糊数学中，相应的准则称为最优从属原则。

7.8.2 已知指标分类标准的属性模式识别模型

在研究对象空间 X 取 n 个样品 $x_1,x_2,\cdots,x_n$，对每个样品要测量 m 个指标 $I_1,I_2,\cdots,I_m$，第 i 个样品 x_i 的第 j 个指标 I_j 的测量值为 x_{ij}，因此，第 i 个样品 x_i 可以表示为一个向量 $x_i=(x_{i1},\cdots,x_{im})(1\leqslant i\leqslant n)$。

设 F 为 X 上某类属性空间，$(C_1<C_2<\cdots<C_i)$ 是属性空间 F 的有序分割类，且满足 $C_1>C_2>\cdots>C_K$。每个指标的分类标准已知，写成分类标准矩阵为

$$\begin{array}{c|cccc} & C_1 & C_2 & \cdots & C_K \\ \hline I_1 & a_{11} & a_{12} & \cdots & a_{1K} \\ I_2 & a_{21} & a_{22} & \cdots & a_{2K} \\ \vdots & \vdots & \vdots & \ddots & \vdots \\ I_m & a_{m1} & a_{m2} & \cdots & a_{mK} \end{array} \tag{7-109}$$

式中 a_{jk} 满足 $a_{j1}<a_{j2}<\cdots<a_{jk}$ 或者 $a_{j1}>a_{j2}>\cdots>a_{jk}$。

已知 $x_i=(x_{i1},\cdots,x_{im})(1\leqslant i\leqslant n)$ 和分类标准矩阵,如何判别 x_i 属于哪一类? 关键是计算样品的属性测度,然后按照置信度准则和评分准则就可以回答上述问题。

样品属性测度的计算如下。

首先来计算第 i 个样品的第 j 个指标值 x_{ij} 具有属性 C_k 的属性测度 $\mu_{ijk}=\mu(x_{ij}\in C_k)$。不妨假定 $a_{j1}<a_{j2}<\cdots<a_{jk}$。

当 $x_{ij}\leqslant a_{j1}$ 时,取 $\mu_{ij1}=1,\mu_{ij2}=\cdots=\mu_{ijk}=0$;

当 $x_{ij}\geqslant a_{jk}$ 时,取 $\mu_{ijk}=1,\mu_{ij1}=\cdots=\mu_{ijk-1}=0$;

当 $a_{jl}\leqslant x_{ij}\leqslant a_{jl+1}$ 时,取

$$\mu_{ijl}=\frac{|x_{ij}-a_{jl+1}|}{|a_{jl}-a_{jl+1}|},\mu_{ijl+1}=\frac{|x_{ij}-a_{jl}|}{|a_{jl}-a_{jl+1}|},\mu_{ijk}=0,\quad k<l\text{ 或 }k>l+1 \tag{7-110}$$

在知道第 i 个样品的指标测量值的属性测度之后,现在计算第 i 个样品 x_i 的属性测度 $\mu_{ik}=\mu(x_i\in C_k)$。指标共有 m 个,每个指标的重要性可能相同,也可能不相同。因此,要考虑指标权$(w_1,w_2,\cdots,w_m)$,$w_j\geqslant 0$,$\sum\limits_{j=1}^{m}w_j=1$。由指标权可得到属性测度

$$\mu_{ik}=\mu(x_i\in C_k)=\sum_{j=1}^{m}w_j\mu_{ijk},\quad 1\leqslant i\leqslant n,1\leqslant k\leqslant K \tag{7-111}$$

有了属性测度,就可以进行识别和比较分析。

按照置信度准则,对置信度 λ,计算

$$k_i=\min\left\{k:\sum_{i=1}^{k}\mu_x(C_i)\geqslant\lambda,1\leqslant k\leqslant K\right\} \tag{7-112}$$

则认为 x_i 属于 C_{k_i} 类。

按照评分准则,计算

$$q_{x_i}=\sum_{i=1}^{K}n_i\mu_{x_i}(C_i) \tag{7-113}$$

则可根据 q_{x_i} 的大小对 x_i 进行比较和排序。

7.8.3 非有序分割类的属性测度模型

1. 属性测度识别模型[16]

要进行目标识别首先就要根据目标的测量数据,建立目标的结构描述模型,提取描述目标结构的特征,然后建立目标特征库,建立分类规则库,建立目标特征与目标类别的对应关系。

设样本空间分为 K 类,第 K 类为 C_k,$1\leqslant k\leqslant K$。在目标识别的过程中,根据样本 x 属于第 K 类 C_k 的属性测度,哪一类对应的属性测度大,表明样本就属于哪一类。

对于该问题,需要进一步研究样本属性测度的计算模型。基本思想是通过已知样本构造样本 x 的属性测度,由属性测度再判别 x 属于哪一类。

设样本空间被分成 K 类,第 k 类为 C_k,$1\leqslant k\leqslant K$。每一个样本有 J 个指标,第 j 个指标记为 I_j,$1\leqslant j\leqslant J$,指标 I_j 可以为定性指标,也可以为定量指标,但 I_j 的级别或取值为有限个,设指标 I_j 有 L_j 个级别,第 l 个级别为 I_{jl},$1\leqslant l\leqslant L_j$。

已知属于 C_k 类的样本有 N_k 个,记为 $x_n^{(k)}$,$1\leqslant n\leqslant N_k$,$1\leqslant k\leqslant K$,样本 $x_n^{(k)}$ 在指标 I_{jl} 上的值为 $x_n^{(k)}(j,l)$,$x_n^{(k)}(j,l)$ 满足

$$x_n^{(k)}(j,l)>0,\ \sum_{l=1}^{L_j}x_n^{(k)}(j,l)=1,\quad 1\leqslant j\leqslant J \tag{7-114}$$

在许多实际问题中,$x_n^{(k)}(j,l)$ 取值为 0 或 1。

下面给出具体的识别步骤。

(1) 计算属于 C_k 的已知样本 $x_n^{(k)}$ 在指标 I_j 上的分布

$$\mu_{jl}^{(k)}=\frac{1}{N_k}\sum_{n=1}^{N_k}x_n^{(k)}(j,l),\quad 1\leqslant l\leqslant L_j,1\leqslant j\leqslant J,1\leqslant k\leqslant K \tag{7-115}$$

$\mu_{jl}^{(k)}$ 满足

$$\sum_{l=1}^{L_j}\mu_{jl}^{(k)}=1 \tag{7-116}$$

(2) 计算指标 I_{jl} 在类分割 $(C_1,C_2,\cdots,C_K)$ 上的分布

$$v_{jl}^{(k)}=\frac{\mu_{jl}^{(k)}}{\sum_{k=1}^{K}\mu_{jl}^{(k)}},\quad 1\leqslant l\leqslant L_j,1\leqslant j\leqslant J,1\leqslant k\leqslant K \tag{7-117}$$

(3) 计算指标 I_{jl} 在决策中的重要性程度

$$v_{jl}=\frac{\sum_{k=1}^{K}(v_{jl}^{(k)})^{\alpha}-K^{1-\alpha}}{1-K^{1-\alpha}} \tag{7-118}$$

由式(7-118)知,$0\leqslant v_{jl}\leqslant 1$。当 $v_{jl}=0$ 时,$v_{jl}^{(k)}=K^{-1}$;当 $v_{jl}=1$ 时,$(v_{jl}^{(1)},\cdots,v_{jl}^{(K)})$ 中有 1 一个为 1,其他为 0,在式(7-118)中可取 $\alpha=2$。

(4) 计算待识别样本 x 属于第 k 类 C_k 的属性测度 $\mu_x(C_k)$,设样本 x 在指标 I_{jl} 上的值为 x_{jl},计算

$$\mu_x(C_k)=\sum_{j=1}^{J}\sum_{l=1}^{L_j}x_{jl}v_{jl}\mu_{jl}^{(k)}\Big/\sum_{j=1}^{J}\sum_{l=1}^{L_j}x_{jl}v_{jl} \tag{7-119}$$

这样便可得到待识别样本 x 属于第 k 类 C_k 的属性测度 $\mu_x(C_k)$,接下来就可以根据最大属性测度识别准则对待识别样本的分类做出判断。

2. 应用举例

以雷达辐射源用途识别为例。设雷达特征矢量由三个特征参数构成,即射频频率、脉冲重复频率、脉冲宽度。从已知雷达知识库中提取 3 类不同用途雷达。表 7-3

给出了已知样本特征参数。

表 7-3 提取的雷达辐射源指标数据

序号	类别	RF(MHz)	PRF(Hz)	PW(μs)
1	1	2774.3	428	3
2	1	1280	300	4
3	1	1313	301	4.1
4	1	1251	601	1.7
5	1	9214	429	0.8
6	1	2746	1873	0.6
7	1	2985	325	2.6
8	2	3109	375	2.1
9	2	2695	335	1.1
10	2	160	190	7
11	2	2700	375	1.7
12	2	2700	330	0.8
13	2	2000	600	3.5
14	3	3400	2500	0.5
15	3	2970	1250	0.8
16	3	9000	1750	0.25
17	3	3700	2250	0.37

由于雷达信号在发射、传输和侦收过程中受到种种随机因素影响，雷达特征矢量是个随机矢量，呈现统计特性，现将已知样本叠加随机测量误差，然后对该信号进行侦收测量，表 7-4 给出 4 次观测样本。

表 7-4 观测雷达特性参数

观测样本	RF(MHz)	PRF(Hz)	PW(μs)
1	2682.2	429	2.81
2	1285.5	617.6	1.7402
3	2673.4	326.8	0.8291
4	3821.4	2216.6	0.3732

对于每个指标，划分了 6 个级别，计算出观测样本属于各类的属性测度，如表 7-5 所示。

表 7-5 待测雷达特性参数

	C_1	C_2	C_3
$\mu_{x1}(C_i)$	0.5099	0.4743	0.0157
$\mu_{x2}(C_i)$	0.5182	0.4587	0.0232
$\mu_{x3}(C_i)$	0.1521	0.7794	0.0685
$\mu_{x4}(C_i)$	0.1487	0.0379	0.8134

采用最大属性测度准则，则观测到的待识别信号样本分别被判为第 1 类、第 2 类和第 3 类，识别结果与实际情况相符。

7.8.4 属性测度与 D-S 证据理论相结合的融合识别方法

对于多传感器识别融合系统来说，目标的种类就是命题，由各传感器获得信息，并由此产生对某些命题的度量，就构成了该理论中的证据。然后利用这些证据通过构造相应的 BPAF，对所有的命题赋予一个可信度。

假设各传感器相互独立工作。具体思路是采用属性测度模型，计算出各个传感器提供证据的基本概率赋值函数，然后根据 Dempster 组合规则计算出所有证据组合后的基本概率赋值，最后根据一定的判别进行决策，作为最终的识别结果。

1. 利用属性测度进行 BPA 函数建模模型

这里我们用上面给出的计算属性测度的新方法构造 BPA 函数。

由式(7-119)得到待识别样本 x 属于第 k 类 C_k 的属性测度 $\mu_x(C_k)$，由此可得观测矢量对于模板库的一组属性测度集合 $G=\{\mu_x(C_k)|k=1,2,\cdots,K\}$。

假设传感器侦察到 t 个观测样本$(x^{(1)},x^{(2)},\cdots,x^{(t)})$。同理可得 t 个观测样本的属性测度集合：$G_i=\{\mu_{x^{(i)}}(C_k)|k=1,2,\cdots,K\}$，其中 $i=1,2,\cdots,t$。因此，可以找出与评判对象有关的基本因素集$\{G_1,G_2,\cdots,G_t\}$，在 Bayesian 信任结构（对于判别框架，每个焦元都是由一个单位素集合组成）下，可给出信任函数 BEL(A)为

$$\mathrm{BEL}(A)=\sum_{c\subseteq A}m(C)=m(A) \tag{7-120}$$

即 $\mathrm{BEL}_i=m_i$ 取 $m_i=G_i(i=1,2,\cdots,t)$，接下来可利用下面的 Dempster 组合规则计算出这两个证据共同作用下的基本概率赋值。

设 BEL_1 和 BEL_2 是同一识别框架 U 上的两个信任函数，m_1,m_2 分别是其对应的基本概率赋值，焦元分别为 $A_1,\cdots,A_k$ 和 $B_1,\cdots,B_r$，则

$$m(C)=\frac{\sum\limits_{\substack{i,j\\A_i\cap B_j=C}}m_1(A_i)m_2(B_j)}{1-\sum\limits_{\substack{i,j\\A_i\cap B_j=\varphi}}m_1(A_i)m_2(B_j)},\quad m(\phi)=0 \tag{7-121}$$

这样，通过对属性测度两两组合便可得出一个总体基本概率分配，它表达了融合所得的信息。

2. 决策规则

对 D-S 合成规则得到的总的基本概率赋值的决策尚没有一个统一的方法，必须根据具体问题具体分析。可采用基于基本概率赋值的决策，即待识别目标所属类别应具有最大的 BPA，其 BPA 和其他类别的 BPA 的差值必须大于某一阈值，不确定

区间的长度小于某一阈值，且待识别目标的 BPA 必须大于不确定区间的长度。

3. 例子

为了验证本节提出的新的目标识别算法的有效性和适用性，下面通过试验来对电子侦察设备侦收到的雷达辐射源信号进行识别，以雷达辐射源用途识别为例。

首先选取已知雷达模板库中的 10 类不同用途的雷达，对于每一个已知样本，构造射频频率、脉冲重复频率、脉冲宽度、天线扫描周期 4 个指标。创建各指标据点，待识别观测样本的构造是通过随机抽取一个已知特征矢量并加上测量误差构成。这里假定测量误差服从零均值高斯分布，$\bar{\sigma}$ 代表已知雷达知识库的标准偏差。这里我们选取了三种不同的噪声环境进行仿真，误差范围分别控制在 0.5、1.0 和1.5倍标准差内。

把每个指标的取值范围适当分成 10～20 个小区间，这些小区间对应指标的级别。一般地，对于每个样本，若指标取值落在某一个小区间上，则对应的指标级别取值为 1，否则为 0。

多传感器融合系统选取雷达对抗侦察设备、ESM、ELINT 等，多传感器所测量的数据是相互独立的。识别框架选择为雷达已知模板库中不同用途的雷达。对于某类用途雷达目标，根据其经过多传感器测量的数据，运用基于属性测度的方法给出其基本概率赋值。按照 Dempster 组合规则，计算每一个命题的融合后验 BPAF，最后基于基本概率赋值进行决策。

利用各个传感器单测量周期的数据进行识别。通过对多组数据的测试，表 7-6 给出了相应的实验结果，并与经典的模板匹配法进行了比较。

多传感器信息融合利用了多个传感器提取的独立、互补的信息，消除了多传感器之间可能存在的冗余和矛盾，随着传感器数量的增加，正确识别率得到改善。累计融合次数越大，正确识别率的总趋势是上升的，但算法耗时多，其传感器的个数增加到一定程度后，识别率的增长不再明显。因此，在实际应用中，传感器的个数应适当选取。

表 7-6 多次观测辐射源用途正确识别率对比

		单传感器识别方法		属性测度与 D-S 理论结合的多传感器融合方法		
		属性测度识别	模板匹配	2 个传感器	4 个传感器	6 个传感器
噪声	$0.5\bar{\sigma}$	97.5%	82.5%	99%	100%	100%
	$1.0\bar{\sigma}$	92%	69%	96.5%	98%	99%
	$1.5\bar{\sigma}$	81.5%	50.5%	90.5%	93%	94%

习 题

1. 什么是交互式多模型概率数据关联算法(IMMPAD)？分析其优缺点。

2. 利用 MATLAB 环境中分别对以下两种航迹的 IMMPAD 和 CIMMPAD 算法进行仿真,并分析比较结果。(各模型中的量测噪声强度取为 $\sigma_x=\sigma_y=\sigma_z=250$m,各点 Monte Carlo 仿真次数为 500。)

(1) 航迹一运动模式：匀速-匀加速-匀速。初始坐标(－8000,1000,12000)m,初始速度(400,0,600)m/s,初始加速度(0,0,0)m/s^2,第 20s 时加速度变为(40,0,60)m/s^2,第 40s 时加速度再变为(0,0,0)m/s^2。

(2) 航迹二运动模式：匀加速。初始坐标(－8000,1000,12000)m,初始速度(400,0,600)m/s,初始加速度(40,0,60)m/s^2。仿真条件：探测概率 PD＝0.9,波门概率 PG＝0.99。模型的选取采用 CV 模型和当前机动模型。CV 模型系统噪声置为零。当前模型的最大加速度取为70m/s^2(三通道相同)。初始模型概率两模型均取为 0.5,马尔可夫一步转移概率矩阵为 $P=\begin{bmatrix}0.98 & 0.02\\0.02 & 0.98\end{bmatrix}$。

3. 在 MATLAB 仿真环境中利用 JPDA 数据关联算法实现两个匀速运动目标的点迹与航迹的关联。初始位置(横、纵坐标)和速度(沿 x 轴的速度和沿 y 轴的速度)分别为[1500,300,500,400; 500,400,1500,300],采样间隔为 1s,检测概率为 1,正确量测落入跟踪门内的概率为 0.98,门限值为 9.21,每一个单位面积内产生的杂波个数为 2。

4. 概率多假设法(PMHT)处理的是时间域上的数据关联问题,试将 PMHT 算法扩展到多传感器情形,并实现二维数据关联。

5. 讨论多维分配数据关联算法中 N-D(N⩾4)Lagrange 松弛的 Lagrange 乘子的选择准则。

6. 分析多假设法的不足,比较多假设法和概率多假设法的优缺点。

7. 假设在二维平面内有两个运动目标,目标 1 的初始位置为[0,3]km,初始速度为[20,－10]m/s; 目标 2 的初始位置为[0,－3]km,初始速度为[20,10]m/s,两个目标匀速运动 60s。每个目标都对应一个量测。假设传感器等周期得到目标的极坐标系下量测,测量周期为 $T=1$s。测量误差为 $\sigma_R=100$m,杂波密度为 $\lambda=0.1$ 个/km^2,检测概率为 $P_D=0.90$。系统模型为 CV 模型。用广义概率数据关联算法(GPDA)和联合概率数据关联算法(JPDA)分别对以上场景进行仿真分析,并比较这两种算法优缺点。

8. 模拟天波超视距雷达系统,在不同检测概率下将综合扩展概率数据关联算法(IEPDA)与 IPDA 算法进行仿真,并分析比较。仿真过程不考虑杂波,检测概率分别取 0.2、0.3、0.4 到 1。考虑存在 E($h_E=100$km),F($h_F=220$km)两个电离层,有 EE、EF、FE、FF 四种传播模式,$T_s=20$s,雷达监测区域为径向距离 1000～1400km,径向距离速率 0.013889～0.22222km/s，－0.22222～－0.013889km/s。方向角 0.069813～0.17453rad；传感器的量测精度分别为：$\Delta r = 5\text{km}$，$\Delta \dot{r} = 0.001\text{km/s}$，$\Delta\alpha = 0.003\text{rad}$；考虑一个匀速运动的目标，目标在地理坐标系下的初始状态为 [1100km 0.15km/s 0.10472rad 8.7×10^{-5}rad/s]，目标运动 30 拍。各算法中目标可视概率初值为 0.5，可视到可视的转移概率为 0.75，不可视到可视的转移概率为 0.05，波门概率取 0.99，量测精度和滤波器模型相匹配，采用一点起始对前 6 拍数据进行起始，航迹确认概率为 0.75，临时航迹的航迹删除概率为 0.25，确认航迹的删除概率为 0.08。

9. 查阅相关参考文献，比较两种经典的天波超视距雷达跟踪算法 VDA 与 MPDA 的特点和使用条件。

10. 常用的基于统计的分布式航迹关联算法有哪些？试比较它们的性能。

参考文献

[1] 黎明，张化光．基于粗糙集的神经网络建模方法研究．自动化学报，2002，28(1)：27～33

[2] 胡丽芳．冲突证据研究．硕士论文，烟台：海军航空工程学院，2008

[3] 胡丽芳，关欣，何友．基于 DSMT 的多传感器目标识别．弹箭与制导学报，2008，28(2)：186～188

[4] 胡丽芳，关欣，何友．一种有效地解决冲突证据的组合方法．舰船电子工程．2008，28(1)：14～16

[5] Bosse E, Siimard M A. Identity and Attribute Information Fusion Using Evidential Reasoning. In SPIE proceedings of Sensor Fusion: Architectures, Algorithms, and Applications, Orlando, FL, USA, 1997, 3067: 38～48

[6] 赵艳林，杨绿峰，吕海波，等．不确定信息条件下的灰色模式识别．控制与决策，2003，18(5)：593～596

[7] Leung H, Li Y F, et. al. Improved Multiple Target Tracking Using Dempster-Shafer Identification. In SPIE proceedings of Signal Processing, Sensor Fusion, and Target Recognition VI, Orlando, FL, USA, 1997, 3068: 218～227

[8] 王慧频，孙仲康．D-S 证据结合方法用于目标和诱饵的识别．系统工程与电子技术，1996，18(10)：1～8

[9] 郭桂蓉，庄钊文，陈曾平．电磁特征抽取与目标识别．北京：国防科技大学出版社，1996

[10] 邓聚龙．灰色控制系统．武汉：华中理工大学出版社，1997

[11] 罗庆成，史开泉，何勇．灰色系统新方法．北京：农业出版社，1993

[12] 关欣，何友，衣晓．基于灰关联分析的雷达辐射源识别方法研究．系统仿真学报，2004，16(11)：2601～2603

[13] 关欣，何友，衣晓．基于 D-S 推理的灰关联雷达辐射源识别方法研究．武汉大学学报(信息科学版)，2005，30(3)：274～277

[14] 程乾生．属性识别理论模型及其应用．北京大学学报(自然科学版)，1997，33(1)：12～20

[15] 程乾生．属性集和属性综合评价系统．系统工程理论与实践，1997，9：2～8

[16] Guan Xin, He you, Yi Xiao. Attribute Measure Recognition Approach and its Applications to Emitter Recognition. Science inChina Series F, Information Sciences, 2005, 48 (2):

225～233

[17] Pawlak Z. Rough Set. International Journal of Computer and Information Science，1982，11(5)：341～356

[18] Pawlak Z，et al. Rough Set. Communications of the ACM，1995，38(11)：89～95

[19] 关欣，何友，衣晓. 一种新的粗糙集属性约简方法及其应用. 控制与决策，2009，24(3)：467～470

[20] 关欣，何友，衣晓，周一宇. 一种区间属性值离散化的新方法. 宇航学报，2009，30(3)：1164～1167

[21] 关欣，衣晓，孙迎丰，等. 变精度粗糙集模型及其在辐射源识别中的应用. 清华大学学报(自然科学版)，2007，47(1)：28～31

[22] 王国胤. Rough集理论与知识获取. 西安：西安交通大学出版社，2001

[23] Lang Hong，Lynch A. Recursive Temporal-Spatial Information Fusion with Applications to Target Identification. IEEE Transactions on Aerospace，Electronic and Systems，1993，29(2)：435～445

[24] Hu Lifang，Guan Xin，He You. Efficient combination rule of Dezert-Smarandache theory. Journal of SystemsEngineering and Electronics. 2008，19(6)：1139～1144

第8章 图像融合

8.1 图像融合概述

8.1.1 图像融合的概念

图像融合是通过一定技术手段，综合两幅或多幅来自不同信源的图像信息以及其他信息，以获得对同一场景更精确、全面和可靠的图像描述。将不同模式下同一场景的多幅信源图像融合成一幅图像，使合成图像包含各信源图像所有的有用信息。图像融合不是简单的叠加，它产生蕴涵更多有价值信息的合成图像，它消除了多信源之间可能存在的冗余和矛盾，优势互补，降低信息不确定性，减少模糊度，增强图像中信息的透明度，改善图像解译的精确度及可靠性。

图像融合要在尽量保留信源图像信息的基础上，将多幅图像的信息反映在一幅图像中。通过图像融合，生成更适合人的视觉和计算机视觉的一幅图像，或更适合进一步图像处理需要的图像。对图像融合来说，融合源图像可能是在同一个时间段来自多个信源的图像，也可能是单个信源在不同时间提供的图像序列。一般来说，图像是在某种意义上对客观实际的一种反映，是一个不完全、不精确的描述。图像融合充分利用多幅图像资源，通过对观测信息合理支配和使用，把多幅图像在空间或时间上的互补信息依据某种准则进行融合，进而获得对场景的一致性解释或描述，使融合后的图像具有比参与融合的任意一幅图像更优越的性质，能更精确地反映客观实际。

图像融合是多传感器数据融合的一个重要分支，因此多传感器图像融合与数据融合具有共同的优点。图像融合充分利用了多个被融合图像中所包含的冗余信息及互补信息，不同于一般意义上的图像增强，它是计算机视觉和图像理解领域中的一项新技术。

8.1.2 图像融合的发展

多传感器图像融合技术最早应用于遥感图像的分析和处理中。1979年，Daliy 等人首先将雷达图像和 Landsat-MSS 图像的复合图像应用于地质解释，其处理过程可以认为是最简单的图像融合。到 20 世纪 80 年代中期，图像融合技术开始引起人们的关注，而且逐渐应用于遥感多谱图像的分析和处理中。20 世纪 90 年代以后，随着多颗遥感卫星 JERS-1，ERS-1，Radarsat 等的发射升空，图像融合技术成为遥感图像处理和分析中的研究热点之一。

在 20 世纪 80 年代末，人们开始将图像融合技术应用于一般的图像处理中。进入 20 世纪 90 年代以后，图像融合技术的研究不断呈上升趋势，应用的领域也涉及遥感图像处理、可见光图像处理、红外图像处理、医学图像处理等。尤其是近些年，多传感器图像融合技术已经成为计算机视觉、自动目标识别、军事应用等领域的研究热点。

目前，多传感器图像融合技术在军事上的应用越来越广泛，自海湾战争和科索沃战争以来，精确制导武器让人刮目相看，由于精确制导武器在攻击过程中遇到的对抗层次越来越多，对抗手段越来越复杂，采用非成像的单一寻的制导方式已不能完成作战使命，必须发展成像制导和多模复合寻的制导技术，其中的关键技术就是多传感器的信息融合。俄罗斯专家认为，采用“惯性制导＋图像匹配制导＋GPS 制导”方式是提高导弹命中率的最佳手段，其研制的“伊斯坎杰尔-E”导弹就采用了“惯性制导＋图像匹配制导”的技术。除了导弹以外，美、德、法、俄等国目前都已研制成功并开始生产自主式炮弹，这种炮弹发射后可在预定目标区域中自主地搜寻坦克类目标。德国生产的 DM702 “灵巧 155”自主式炮弹采用了红外与毫米波雷达复合制导系统。美国的 XM935 式 120 毫米精确制导迫击炮弹采用的是自主式红外成像复合制导。21 世纪的数字化战场上，先进的侦察车及侦察设备是保证装甲车作战能力的关键设备。目前，英、美、德、荷兰、捷克等都在积极发展和研制装甲侦察车，如英美联合研制的“追踪者”战术侦察车，捷克的“施由兹卜”侦察车，荷兰和德国联合研制的“芬内克”侦察车等。这些侦察车基本上都是将热像仪、激光测距仪、电视摄像仪等多个传感器进行融合利用。

在民用方面，多传感器图像融合已经在遥感、智能机器人等领域得到了应用。如 1997 年在火星着陆的“火星探路者” (the mars，sojourner rover)机器人身上安装了 5 个激光束投影仪、两个 CCD 摄像机、多个关节传感器和加速度传感器。由于光从地球到火星的时间需要 11 分钟，所以在不少时间段内，该机器人必须能够自主工作。此外，多传感器图像融合在民用方面有巨大的应用潜力。在医学上，通过对 CT 和 MRI 图像的融合，可以帮助医生对疾病进行准确的诊断。在制造业上，图像融合技术可用于产品的检验、材料的探伤、制造过程监视、生产线上复杂设备和工件的安装等。另外，图像融合也可以用于交通管理和航空管制。可以相信，随着多传感器图像融合技术研究的不断深入，图像融合技术将会得到更为广泛的应用。

8.1.3 图像融合的应用

图像融合在军事和民用上都有广泛的应用。

在军用方面主要是军事目标的定位、识别、跟踪、侦察，隐蔽武器的探测，战场监控，夜间飞行制导等。

军事上的图像类型主要有各种卫星图像，如 SPOT 图像、TM 图像、雷达图像数据、热红外图像和航片等。

以目标检测为例，军事上使用图像融合技术进行目标检测十分普遍。由于军事目标往往具有隐蔽性，变化也较快，因此使用的图像应该能很好地显示出这些特征。进行目标检测经常采用的图像包括：可以在恶劣天气状况下成像的雷达图像、具有反伪装能力的红外图像和可见光图像等。多源图像融合方法，可进一步提高图像分析、理解与目标识别能力，主要表现在四个方面：恶劣天气下的目标检测、伪装目标的识别、军事制图、靶场对武器系统进行有效地测试。

在民用方面主要是遥感、国土资源、医学、摄影、摄像超分辨率复原、生物学、图像压缩、安全保障、公安、工业生产控制、智能机器人和交通导航等。

① 遥感图像处理、国土资源应用。国土资源方面包括土地利用的动态检测，森林、海洋资源调查，环境调查与监测，洪涝灾害的预测与评估等都要用到融合技术。

② 在医学上的应用。目前医学图像融合研究工作比较集中的是图像配准与融合方法，内容涉及图像获得、预处理（包括图像分割、边缘提取、图像重构、图像配准等）、融合算法、可视化等。

③ 摄影、摄像超分辨率复原。主要用于多焦点图像清晰度的处理。

④ 生物学。如将荧光显微镜图像和透视图像相结合，认定细胞凋亡的形态。

⑤ 图像压缩。如将几幅图像融合后再编码，压缩数据量，便于通信。

⑥ 安全保障、公安等方面。主要是利用红外、微波等传感设备进行隐匿武器、毒品等的检查，安全监控。

⑦ 工业生产控制。工业环境中有许多与视景相关的传感器，利用多信息将“背景区/运动区”分割，并进行边缘检测及运动轨迹检侧。

⑧ 智能机器人。视觉传感器只能得到二维图像，将 CCD 图像与超声波、红外等融合，实现景物辨别、定位、避障、目标物探测等功能。

⑨ 交通导航。为了改善恶劣天气条件（雨、雾等）或夜间驾驶时驾驶员的安全性，驾驶人员佩戴夜视装置，包含的成像传感器有灰度电荷耦合器件、微光夜视装置、彩色电荷耦合器件、前视红外传感器等。

下面介绍几个图像融合的简单应用实例。

例 8.1 医学图像融合。

随着医学成像技术的不断提高，医学图像在医学诊断和治疗中的应用越来越重要，各国学者对如何处理医学图像，使之能为医学诊断和治疗提供更好的帮助进行了广泛而深入的研究。进入 20 世纪 90 年代以来，医学图像融合逐渐成为图像处理研究中的一个热点问题，医学图像融合作为信息融合技术的一个新的重要领域受到国内外学术界的广泛重视。

当代医学图像成像系统的应用为医学诊断提供了不同模态的图像，这些多模态的医学图像各有特点，可以提供不同的医学信息。在放射外科手术计划中，计算机 X 射线断层造影术成像（computerized tomography，CT）具有很高的分辨力，骨骼成像非常清晰，对病灶的定位提供了良好的参照，但对病灶本身的显示较差。而核磁共振成像（magnetic resonance image，MRI）虽然空间分辨力上比不上 CT 图像，但是它对软组织成像清晰，有利于病灶范围的确定，可是由于它对骨组织的成像是低密度的，因此缺乏刚性的骨组织作为定位参照。又比如，正电子发射计算机断层扫描（positive electron tomography，PET）和单光子发射断层扫描（single photon emission computed tomography，SPECT）尽管空间分辨力较差，但是却提供了脏器的新陈代谢功能信息。显然，多种成像设备可以提供更全面的信息，如果能将不同医学图像的互补信息有机地结合起来，把它们作为一个整体来表达，那么就能为医学诊断、人体的功能和结构的研究提供更为充分的消息，这也正是医学图像信息融合的意义和作用。

CT 和 MRI 的图像特征具有很强的对比性和互补性，如果将这两种图像的优点结合起来集中在一张图像上，这样就不仅能为病灶提供准确的定位参照，而且能清晰地显示病灶自身。在临床上，CT 图像和 MRI 图像的融合已经广泛应用于颅脑放射治疗、颅脑手术可视化中。图 8-1 中的三幅图像分别为人脑的 CT 图像、MRI 图像和二者的融合结果。

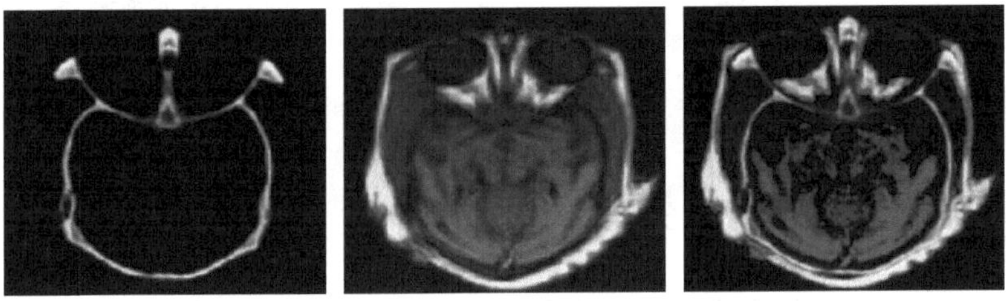

图 8-1　医学图像融合实例

例 8.2　不同焦距的图像融合。

光学传感器（如数码相机）在某一场景进行成像时，由于场景中不同目标与传感器的距离不同甚至有很大差异。这时要使所有目标都成像清晰是很困难的，而采用图像融合技术就能够完成。即针对不同的目标，得到多幅图像，经过融合处理，提取各自清晰信息综合成一幅新的图像，便于人眼的观察或者计算机的进一步处理。多聚焦图像融合技术能够有效提高图像信息的利用率以及系统对目标探测识别的可靠性。图 8-2 给出了一对包含两个时钟的图像，由于两个时钟与相机的距离不同，前两幅图像中分别有一个时钟成像清晰，而在第三幅所示的融合结果中，两个时钟都很清晰。

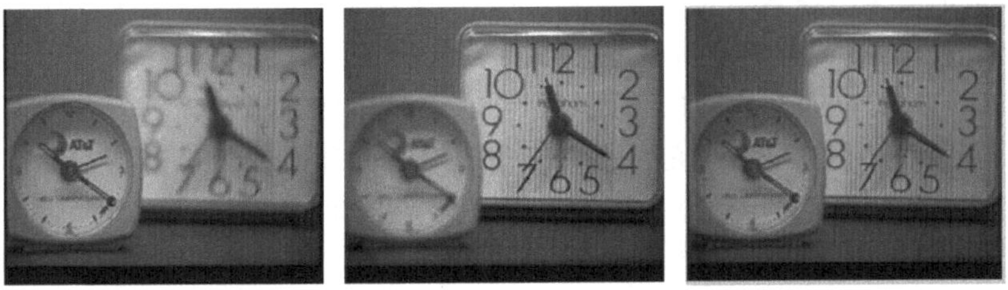

图 8-2　不同焦距的图像融合

例 8.3 监视系统中的图像融合。

通常的监视系统中只采用可见光图像监视和跟踪,但是如果在夜间进行监视或者所监视的区域中存在很多遮挡物时,将很难及时发现可疑目标。采用热红外成像技术就不受这些限制,但是热红外图像对环境的成像与人的视觉感知不符,如果将这两种图像进行有效的融合,就会极大地提高监视系统的工作能力和效率。图 8-3 给出了利用可见光图像与热红外图像进行融合后用于目标监视的实例,其中第一幅为可见光图像,可以看到该图像中并未发现可疑目标,第二幅为对应的热红外图像,能够很清楚地发现一个人正要越过防护围栏,第三幅的融合图像综合了前两幅图像的有用信息,使监视系统能够迅速准确地发现可疑目标。

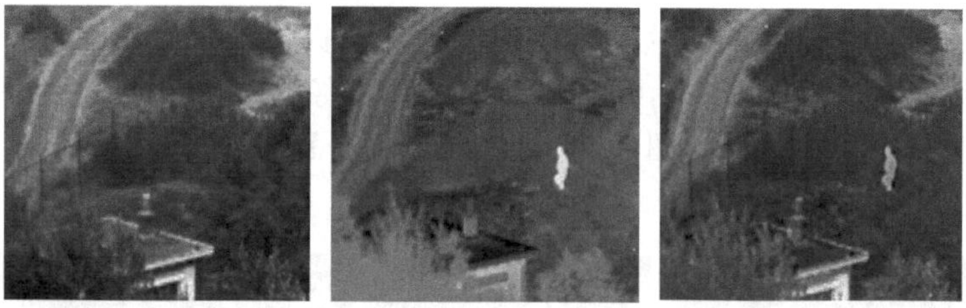

图 8-3 图像融合在监视系统中的应用

8.2 图像融合的分类

图像融合数据融合处理所处的阶段不同,通常在三个不同层次上进行,即像素级融合、特征级融合和决策级融合,这三个层次上所采用的融合算法各不相同。因此图像融合最一般的分类是按照这三个层次相应地划分为三类。

8.2.1 像素级图像融合

像素级图像融合属于底层图像融合。在这种融合形式中,首先将全部传感器的观测数据融合,然后从融合的数据中提取特征向量,并进行判断识别。通常要求传感器是同质的(传感器观测的是同一物理现象),如果多个传感器是异质的(观测的不是同一个物理量),那么数据只能在特征层或决策层进行融合。像素级图像融合的优点在于尽可能多地保留了场景的原始信息,通过对多幅图像进行像素级图像融合,可以增加图像中像素级信息。它提供了其他两个层次,即特征级图像融合和决策级图像融合所不具有的细节信息。进行融合的各图像可能来自多个不同类型的图像传感器,也可能来自单一的图像传感器。单一图像传感器提供的各个图像可能来自不同观测时间或空间(视角),也可能是同一时间和空间但光谱特性不同的图像(如多光谱照相机获得的图像)。与单一传感器获得的单帧图像相比,通过像素级图像融合后的图像包含的信息更丰富、精确、可靠、全面,更有利于图像的进一步分析、处理与理解。在某些场合下(如目标识别),实施像素级图像融合之前,有时可能需要先对参加融合的各个图像进行预处理(如图像增强、降噪处理等),目的是提高检测性能。在进行像素级图像融合之前,必须对用于融合的各个图像进行精确的配准,配准精度一般应达到像素级。图 8-4 给出了像素级图像融合的结构示意图。

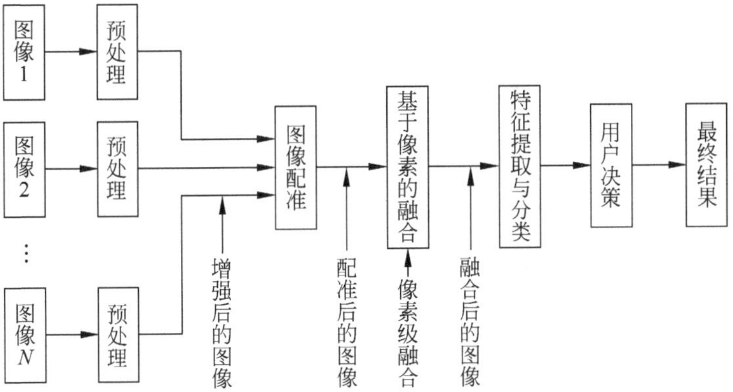

图 8-4　像素级图像融合框图

像素级图像融合的融合算法有很多,主要有逻辑滤波器法、加权法、数学形态法、图像代数法、退火法、金字塔图像融合法、小波变换图像融合法、微分几何、主成分分析法、Brovey 法、IHS 变换、神经网络法等。像素级图像融合算法可以划分为单分辨率融合算法和多分辨率融合算法,还可划分为空间域和变换域融合算法。本节重点讨论三种常用方法:加权法、IHS 法和小波变换图像融合法。这三种方法具有典型性,加权法是一种常用的空间域融合方法,IHS 法是一种常用的变换域融合方法,小波变换图像融合法则是一种多分辨率变换域融合方法,具有广泛的应用前景。本节将对前两种方法进行讨论,小波变换图像融合法在 8.4.4 小节有具体阐述。

1. 加权法

图像融合早期常采用加权法。加权法直接对各个源图像中对应点进行选择、平均或加权平均等简单处理,而不进行任何复杂的分解或变换。因其简单,且易于实现,直至现在还被广泛应用。

(1) 加权平均法。假设参与融合的源图像分别为 $G_1,G_2,\cdots,G_T$,图像的大小为 $M\times N$,融合后的图像为 F,则融合过程可表示为

$$F(m,n)=a_1G_1(m,n)+a_2G_2(m,n)+\cdots+a_TG_T(m,n) \tag{8-1}$$

式中,m,n 分别为图像像素的行号和列号,$a_1,a_2,\cdots,a_T$ 为加权系数,$a_1+a_2+\cdots+a_T=1$。多源图像的灰度平均可以看做灰度图像加权平均的特例($a_1=a_2=\cdots=a_T=1/T$)。

在多数情况下,参与融合的图像含有冗余信息,通过加权平均融合,可以提高检测的可靠性;同时也可提高图像的信噪比。假设有 T 幅噪声图像 $G_i(m,n)$,即

$$G_i(m,n)=f(m,n)+\eta_i(m,n)\quad i=1,2,\cdots,T \tag{8-2}$$

式中，$f(m,n)$为不含噪声的源图像。$\eta_i(m,n)$为图像的噪声，假设其为不相关、零均值、方差为$\sigma_\eta^2(m,n)$的随机噪声。对上述图像进行加权平均融合之后的图像为

$$\overline{F}(m,n)=\frac{1}{T}\sum_{i=1}^{T}G_i(m,n) \tag{8-3}$$

显然有

$$\mathrm{E}\{\overline{F}(m,n)\}=f(m,n) \tag{8-4}$$

$$\sigma_{\overline{F}}^2(m,n)=\frac{1}{T}\sum_{i=1}^{T}\sigma_\eta^2(m,n) \tag{8-5}$$

式中，$\mathrm{E}\{\overline{F}(m,n)\}$为$\overline{F}(m,n)$的平均值，$\sigma_{\overline{F}}^2(m,n)$为$\overline{F}(m,n)$在$(m,n)$处的方差，$\sigma_\eta^2(m,n)$为$\eta_i(m,n)$在$(m,n)$处的方差。

融合图像在(m,n)处的标准偏差为

$$\sigma_{\overline{F}}(m,n)=\frac{1}{\sqrt{T}}\sigma_\eta(m,n) \tag{8-6}$$

可以看出，经加权平均后，融合图像的标准偏差降低为原来的$1/\sqrt{T}$。实际上，多幅图像在像素级的加权平均是对图像进行平滑处理的过程，这种平滑处理在减少图像中噪声的同时，往往在一定程度上使图像的边缘和轮廓变得模糊。

(2) 像素比较融合法。像素比较融合法分为选大法和选小法，选大法可以表示为

$$F(m,n)=\max\{G_1(m,n),G_2(m,n),\cdots,G_T(m,n)\} \tag{8-7}$$

即在融合时，比较源图像对应位置(m,n)处灰度值的大小，以灰度大的像素作为融合后图像F在该位置的像素。此方法只是简单地选择参与融合的各源图像中灰度值大的像素作为融合后的像素，方法适合的范围有限。

选小法可以表示为

$$F(m,n)=\min\{G_1(m,n),G_2(m,n),\cdots,G_T(m,n)\} \tag{8-8}$$

即在融合时，比较源图像对应位置(m,n)处灰度值的大小，以灰度小的像素作为融合后图像F在该位置的像素。

实际的融合过程中，有时很难说哪种融合算法的效果好，融合算法的选择还需要根据图像融合的实际情况来定。

2. IHS 变换法

在图像处理中常用的有两种彩色坐标系：一是由红R、绿G和蓝B三原色构成的RGB彩色空间，另一种是由亮度I (intensity)、色调H (hue)和饱和度S (saturation)三个变量构成的IHS彩色空间。一种颜色既可以用RGB空间的R、G、B来描述，也可以用IHS空间的I、H、S来描述。IHS变换是RGB空间到IHS空间的变换，从IHS空间到RGB空间的变换称为IHS反变换。

IHS属于色度空间变换，由于灵活实用而被广泛应用，成为图像融合成熟的标准方法。

从遥感的角度讲，由多光谱（多波段）的三个波段构成的 RGB 分量经 IHS 变换后，可以将图像的亮度、色调、饱和度进行分离，变换后的 I 分量与地物表面粗糙度相对应，代表地物的空间几何特征，色调分量 H 代表地物的主要频谱特征，饱和度分量 S 表征色彩的纯度。IHS 变换从多光谱合成图像上分离出代表空间信息的亮度 I 和代表光谱信息的色调 H、饱和度 S 的三个分量，通常采用高分辨率全色波段或其他数据代替亮度 I 进行空间信息的各种处理，采用下面三式进行变换

$$\begin{bmatrix} I \\ v_1 \\ v_2 \end{bmatrix} = \begin{bmatrix} \frac{1}{\sqrt{3}} & \frac{1}{\sqrt{3}} & \frac{1}{\sqrt{3}} \\ \frac{1}{\sqrt{6}} & \frac{1}{\sqrt{6}} & -\frac{2}{\sqrt{6}} \\ \frac{1}{\sqrt{2}} & -\frac{1}{\sqrt{2}} & 0 \end{bmatrix} \begin{bmatrix} R \\ G \\ B \end{bmatrix} \tag{8-9}$$

$$H = \arctan\left(\frac{v_1^2}{v_2^2}\right) \tag{8-10}$$

$$S = \sqrt{v_1^2 + v_2^2} \tag{8-11}$$

式中 I 代表亮度，H 代表色彩，S 代表饱和度，v_1、v_2 是计算 H、S 的中间变量。IHS 反变换公式为

$$\begin{bmatrix} R \\ G \\ B \end{bmatrix} = \begin{bmatrix} \frac{1}{\sqrt{3}} & \frac{1}{\sqrt{6}} & \frac{1}{\sqrt{2}} \\ \frac{1}{\sqrt{3}} & \frac{1}{\sqrt{6}} & -\frac{1}{\sqrt{2}} \\ \frac{1}{\sqrt{3}} & -\frac{2}{\sqrt{6}} & 0 \end{bmatrix} \begin{bmatrix} I \\ v_1 \\ v_2 \end{bmatrix} \tag{8-12}$$

运用 IHS 变换进行图像融合的具体步骤如下：

① 将融合图像进行空间配准，使二者的图像分辨率相同；

② 将配准之后的图像进行 IHS 变换，得到亮度 I、色调 H 和饱和度 S 图像；

③ 用一个较高空间分辨率的灰度图像的强度成分 I' 代替 I；

④ 进行 IHS 反变换，生成融合图像。

这种方法的特点是计算效率低，一种改进的方法就是直接在低分辨率图像的 R、G、B 成分上加一个修正量 $\delta = I' - I$。这两种方法的本质是一样的，但是后一种方法的计算效率有较大提高。IHS 变换方法的特点是高频信息丰富，但光谱信息有损失。

8.2.2　特征级图像融合

特征级图像融合是指从各个信源图像中提取特征信息，并将其进行综合分析和处理的过程。特征级图像融合是中间层次上的融合，它对信源配准要求不如像素级要求严格，因此图像信源可分布于不同平台上。图 8-5 给出了特征级图像融合的结

构示意图。

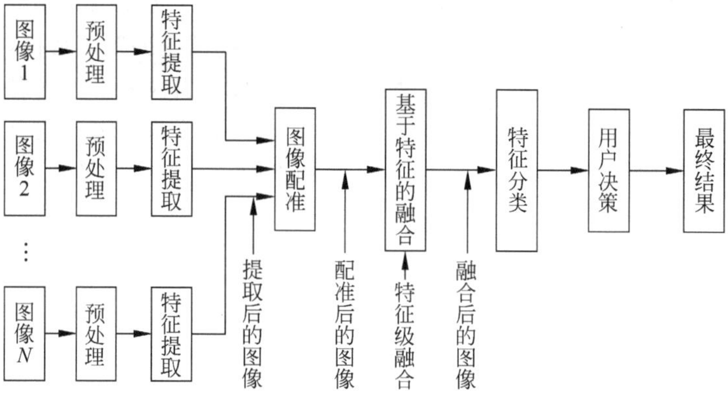

图 8-5 特征级图像融合框图

特征级图像融合主要包括两个步骤：

① 提取特征，提取的特征信息应是像素信息的充分表示量或充分统计量，如边缘、形状、轮廓、角、纹理、相似亮度区域、相似景深区域等。

② 对提取的特征进行融合，在进行融合处理时，所关心的主要特征信息的具体形式和内容与多源图像融合的应用目的和场合密切相关。

特征提取是特征级图像融合的一个重要步骤。所谓特征，是从像素中抽象、提取出来的，是通过对图像数据进行空间/时间上的分割获得的信息。实际的特征级图像融合往往与目标算法相联系，当多个信源在相同环境报告类似特征时，可以增加特征实际出现的似然率并提高测量特征的精度。未收到这样报告的特征认为是虚假的并加以删除。在某些情况下，可使某个特征对某些几何变换(如图像平面中的平移和旋转)是不变的。可用特征的几何变换使之与其他特征或环境模型配准，通过减少为了消除虚假特征而产生的处理要求，来提高特征测量精度(例如确定一个物体的姿态)，以及通过建立附加特征而提高有关的性能(如提高目标识别能力)，可以度量出特征级图像融合的相关品质改进。

融合建立的特征可以是各分量特征的合成，也可以是由各分量特征属性组成的新型特征。在特定的环境区域内，各图像具有相同的特征时，说明这些特征实际存在的可能性极大。一种特征的几何形状、方向、位置以及时间范围等是该特征与其他特征进行配准和融合的重要方面。特征信息的具体形式和内容直接与应用目的/场合密切相关。例如，在利用红外热成像信源和其他信源进行融合时，首先要找出目标和背景的差异，对目标的特征进行提取；其次是对各特征比较、选择、融合，最终进行决策和识别处理。在目标识别中，目标特性的提取是关键。归纳起来，可提供的目标特征主要有：①目标温度和灰度分布特征；②目标形状特征；③目标运动特征；④目标统计分布特征；⑤图像序列特征及其变化。

通常，特征级图像融合可分为目标状态融合和目标特性融合。特征级目标状态融合主要用于目标状态跟踪，其融合处理主要实现参数相关和状态矢量估计，特征级目标特性融合就是特征层联合目标识别，其融合方法仍要用到模式识别的相关技术，只是在融合处理前必须进行相关处理，对特征矢量进行分类与综合。在模式识别、图像处理和计算机视觉等领域，人们已经对特征提取和基于特征的聚类问题进行了深入的研究，有许多方法可以借鉴。特征级图像融合方法有联合统计、马尔可夫估计、广义卡尔曼滤波、神经网络等。

特征级图像融合的优点在于实现了较大的信息压缩，便于实时处理。由于所提出的特征直接与决策分析有关，因而融合结果能最大限度地给出决策分析所需要的特征信息。目前大多数 C^4KISR 系统的图像融合研究都是在该层次上展开的。

本节下面将讨论两种典型的特征级图像融合方法，其中基于最大期望的区域特征图像融合算法，属于典型的目标状态融合方法；基于特征融合的线状目标提取算法，属于目标特征融合方法。

1. 基于最大期望的区域特征图像融合算法

在特征级的融合方法中，边缘和区域是最常用的两个特征，特征级图像融合算法往往提取具有相似特性的边缘和区域作为特征。这里讨论一种基于区域分割和最大期望的图像融合算法。算法流程如图 8-6 所示。

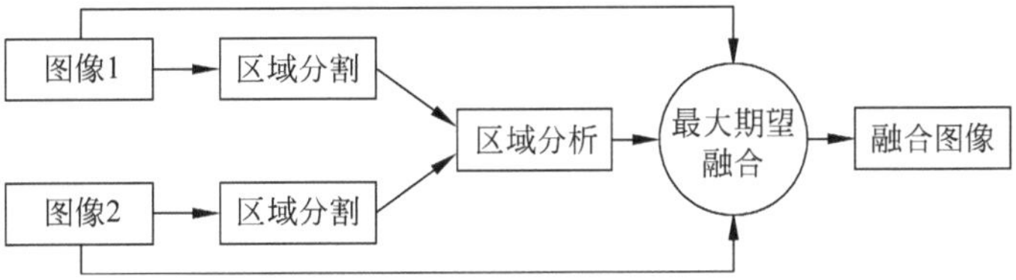

图 8-6　基于区域分割和最大期望的图像融合

该算法首先用成熟的区域分割算法对已经配准的图像进行分割；接着对分割的区域进行分析，产生一个联合区域，作为融合的区域图；最后采用最大期望算法分别对每个区域进行融合。用于融合的区域图中的每一个区域都有各自的统计信息模型，最大期望算法用来估计这些模型的参数，并最终形成融合图像。

1）区域分割

在进行区域分割的时候，我们不希望区域被分割得太细，因为这样会有非常大的计算量；同样也不希望区域被分割得太粗，这样融合的效果可能会不好。图像分割的算法有很多，下面讨论一种基于图论的图像分割算法。在基于图论的图像分割算法中，用无向图 $V=(G,E)$ 来表示图像分割的问题。分割点 $v_i \in V$，是图像中的一个像素点；边缘 $(v_i, v_j) \in E$，表示相邻两个像素的连接；$w(v_i, v_j)$ 是边缘的权重，是 v_i 和 v_j 之间不相似程度的度量，是一个非负值。两点之间的不相似程度由它们的亮度、颜色、位置和其他一些属性所决定。分割 S 是 V 的一部分，对任意 $R \in S$，R 是图

$V'=(G,E')$的一个连接元件，其中 $E'\in E$。

通常，我们希望同一个区域的分割点是相似的，不同区域中的分割点是不同的。这也就是说，同一个区域中两个点之间的权重要小，不同区域之间两点的权重要大。定义一个量测

$$D(R_1,R_2)=\begin{cases}\text{true} & \mathrm{RD}(R_1,R_2)>\mathrm{MID}(R_1,R_2)\\ \text{false} & \text{其他}\end{cases}\tag{8-13}$$

式中，$\mathrm{RD}(R_1,R_2)$表示区域 R_1 和 R_2 的不同，定义如下

$$\mathrm{RD}(R_1,R_2)=\min_{v_i\in R_1,v_j\in R_2,(v_i,v_j)\in E} w((v_i,v_j))\tag{8-14}$$

$\mathrm{MID}(R_1,R_2)$定义为

$$\mathrm{MID}(R_1,R_2)=\min(\mathrm{ID}(R_1)+k/|R_1|,\mathrm{ID}(R_2)+k/|R_2|)\tag{8-15}$$

式中，k 是一个常数，$|R|$表示区域的大小，$k/|R_1|$和 $k/|R_2|$用来控制不同区域之间的差异比区域内部差异大的程度。$\mathrm{ID}(R)$是区域内部的差异，定义为区域 R 的边缘 e 的最小展开树 (minimum spanning tree，MST)的最大权重，即

$$\mathrm{ID}(R)=\max_{e\in MST(R)} w(e)\tag{8-16}$$

基于图论的图像分割算法流程如图 8-7 所示。

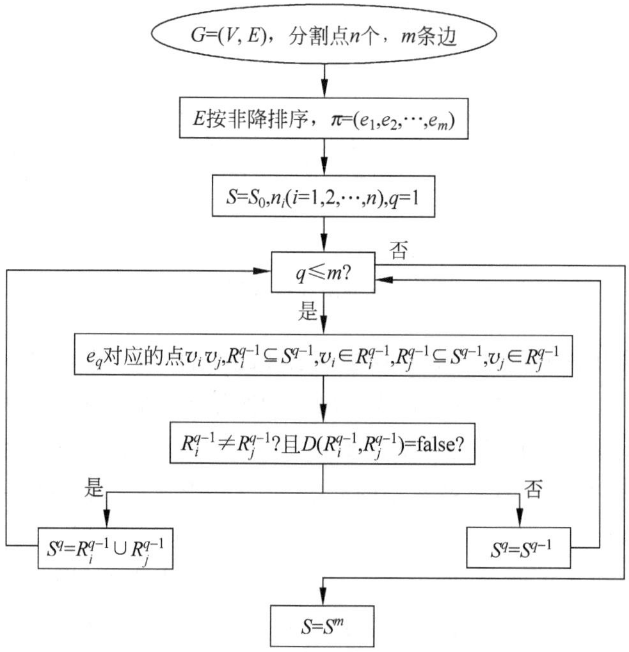

图 8-7 图像分割流程

2) 区域分析

采用上述图像分割方法对图像进行分割，两幅源图像将会形成两个区域分割图。不同的图像可能包含不同的对象，而且同一个对象在不同的图像中的显示也不

尽相同，因此，不同的图像产生的区域分割图通常是不一样的。在进行融合时，必须依据每幅源图像所生产的区域分割图产生适合融合的联合区域分割图，如图 8-8 所示，图(a)为图像 1 的区域分割图，图 (b)为图像 2 的区域分割图，依据下面的准则产生联合区域分割，如图(c)所示。

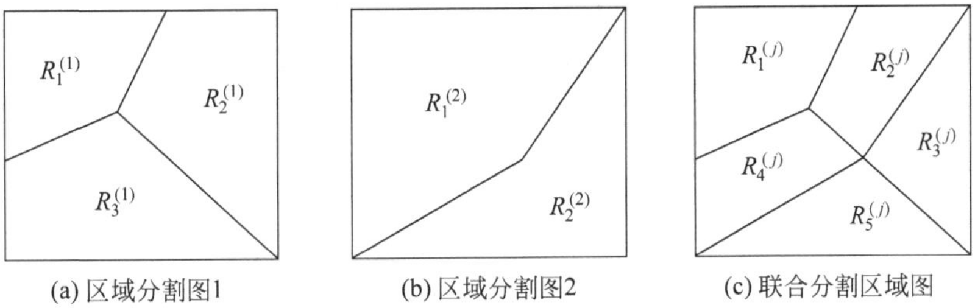

图 8-8　区域分割图

(1) 如果 $R^{(1)}$ 和 $R^{(2)}$ 没有连接，则两个区域在联合区域分割图中保持不变，$R_1^{(j)}=R^{(1)}$，$R_2^{(j)}=R^{(2)}$。

(2) 如果 $R^{(1)}$ 和 $R^{(2)}$ 部分重叠，则在联合区域分割图中产生三个区域，$R_0^{(j)}=R^{(1)}\cap R^{(2)}$，$R_1^{(j)}=R^{(1)}-R_0^{(j)}$ 和 $R_2^{(j)}=R^{(2)}\cap R_0^{(j)}$。

(3) 如果 $R^{(1)}$ 和 $R^{(2)}$ 完全重叠，则在联合区域分割图中产生一个区域，$R^{(j)}=R^{(1)}=R^{(2)}$。

(4) 如果 $R^{(1)}$ 和 $R^{(2)}$ 是包含的关系，例如 $R^{(1)}\subset R^{(2)}$，则在联合区域分割图中产生两个区域 $R_1^{(j)}=R^{(1)}$ 和 $R_2^{(j)}=R^{(2)}-R^{(1)}$。

3) 融合算法

在生成联合区域分割图之后，采用最大期望算法在区域层实现对图像的融合。最大期望的图像融合算法是基于图像的统计信息模型，算法容许图像中出现高斯和非高斯图像失真。最大期望算法将估计信息模型参数，并生成最终的融合图像。

为了得到 j 处的融合图像，在 j 的周围选取一个窗口估计关联质量，窗 R_L 的大小是 $L=h\times h$。窗的大小的选择非常重要，选择恰当有利于得到最好的参数估计。为了计算与 j 的关联质量，对窗 R_L 中的像素 $l=1,\cdots,L$ 进行以下运算：采用一阶近似，假设窗 R_L 中的每个像素 l 的参数是一样的。基于这种假设，如果像素 j 来自边界，则窗口中像素的参数是不一样的。在图像中，分割区域中的亮度不会有很大的变化，并且通常假定服从正态分布。

依据联合区域分割图，图像中的每个区域代表一个对象，对图 8-9 中的融合窗 R_L 图像中的每个区域建立图像信息模型。假设真实图像为 s，源图像可以被看做真实图像的仿射变换。区域中每个像素 $l=1,\cdots,L$ 的变换可以定义为

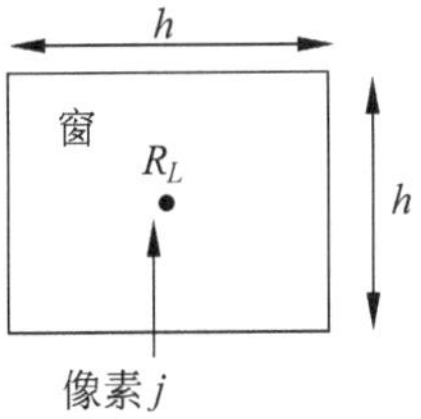

图 8-9　融合窗 R_L

$$z_i(l)=\beta_i s(l)+\varepsilon_i(l)\qquad i=1,2,\cdots,q \tag{8-17}$$

式中，$i=1,2,\cdots,q$ 是信源，$z_i(l)$是观测图像，$s(l)$是真实图像，$\beta_i=\pm1,0$，它是信源的选择参数，当 $\beta_i=1$ 是边缘到物体，当

$\beta_i=0$ 表示不能观测，当 $\beta_i=-1$ 表示观测到的物体与原来的是相反的，$\varepsilon_i(l)$ 是随机失真，失真服从 K 项高斯分布，即

$$f_{\varepsilon_i(l)}[\varepsilon_i(l)] = \sum_{k=1}^{K}\lambda_{k,i}\frac{1}{\sqrt{2\pi\sigma_{k,i}^2}}\exp\left(-\frac{\varepsilon_i(l)^2}{2\sigma_{k,i}^2}\right) \tag{8-18}$$

不同区域的图像信息模型一般是不一样的，对于一阶近似，所有区域的选择参数 β_i 是相同的，并且失真服从相同的分布。

最大期望算法依据上述公式所描述的图像信息模型来估计相应参数，对于不完整的数据，可以采用最大似然估计算法来估计相应参数。在上述信息模型中，不完全观测数据集可以表示为

$$z=\{z_i(l):i=1,2,\cdots,q;\ l=1,2,\cdots,L\} \tag{8-19}$$

完全数据集可以表示为

$$z_c=\{z_i(l),k_i(l):i=1,2,\cdots,q;\ l=1,2,\cdots,L\} \tag{8-20}$$

式中 $k_i(l)\in\{1,2,\cdots,K\}$ 是联合概率分布函数式(8-18)中对测量产生失真的项。

接下来求不完全对数似然函数的最大值 $\ln f(z|Q)$，Q 是参数的集合

$$Q=\{s(l),\beta_i,\lambda_{k,i},\sigma_{k,i}^2:l=1,2,\cdots,L;\ i=1,2,\cdots,q;\ k=1,2,\cdots,K\} \tag{8-21}$$

2. 基于特征融合的线状目标提取

提取线状目标的方法有很多，本节将讨论基于特征融合的线状目标提取算法。该算法采用区城和边缘融合的特征提取技术，利用 SAR 图像进行区域定位，光学图像进行精确描述的方法，对线状目标进行几何特征提取与描述。

我们知道，对于机场、道路等后向散射系数低的地物目标，SAR 可以克服其表面介质(如混凝土和沥青面)的差异，保证目标区域分割的完整性。但由于斑点噪声和周围强反射体的影响，SAR 的边缘定位精度差，不能定量描述目标的几何形状；而光学信源可以有效地区分地物目标表面介质的种类，对目标的边缘进行精确定位。但在实际使用过程中，仅依据光学图像往往会导致目标区域过度分割，产生过度描述的特征。对于城市规划中的道路目标，往往受到道路表面介质，使用周期以及磨损程度不同，表现出不同灰度特征和统计特征，特征描述将其作为多个目标加以分辨，不利于目标整体信息的提取。本节讨论的基于特征融合的线状目标提取算法可以克服 SAR 图像和光学图像的不足，有效地提高线性特征目标提取的正确性。

该算法分为以下三个步骤：

① 利用 Canny 算子对光学图像进行边缘检测，保证边缘良好的定位性能和唯一性；

② 依据图像的纹理统计特征和线状目标特有的结构特性(连通性和线状特性)，对 SAR 图像进行区域分割；

③ 基于区域对称轴线的融合特征提取。

下面对其进行详细介绍：

1）利用 Canny 算子对图像进行边缘检测

近年来，Canny 边缘检侧算子在灰度图像处理上得到了广泛的应用，对于二维图像 $f(x,y)$，需要使用若干方向的模板分别对图像进行卷积处理，提取最可能的边缘方向。实际应用中可以选取高斯函数的一阶导数作为最优检测算子。设二维高斯函数为

$$G(x,y,\sigma)=\frac{1}{2\pi\sigma^2}\exp\left(-\frac{1}{2\sigma^2}(x^2+y^2)\right) \tag{8-22}$$

在方向 n 上的一阶方向导数为 $G_n=\frac{\partial G}{\partial \boldsymbol{n}}=\boldsymbol{n}\,\nabla\boldsymbol{G}$，其中，$\boldsymbol{n}=\begin{bmatrix}\cos\theta\\ \sin\theta\end{bmatrix}$，$\nabla\boldsymbol{G}=\begin{bmatrix}\partial G/\partial x\\ \partial G/\partial y\end{bmatrix}$，$\boldsymbol{n}$ 是方向矢量，$\nabla\boldsymbol{G}$ 是梯度矢量。将图像 $f(x,y)$ 与 G_n 作卷积，同时改变 $\boldsymbol{n}$ 的方向，卷积取最大值时的 $\boldsymbol{n}$ $\left(\text{即}\frac{\partial(G_n * f(x,y))}{\partial \boldsymbol{n}}=0\text{ 对应的方向}\right)$就是正交于检测边缘的方向。而二维次优边缘算子是以卷积 $\nabla\boldsymbol{G} * f(x,y)$ 为基础，边缘强度由

$$|G_n * f(x,y)|=|\nabla\boldsymbol{G} * f(x,y)| \tag{8-23}$$

决定，而边缘方向为

$$\boldsymbol{n}=\nabla\boldsymbol{G} * f(x,y)/|\nabla\boldsymbol{G} * f(x,y)| \tag{8-24}$$

Canny 算子在边缘检测中同时引入了非极大值抑制过程，不仅保证了边缘按指定的连通方式（4 邻域或 8 邻域）进行细化，还保证了边缘的唯一性和单线性；边缘的定位精度则取决于所采用的高斯滤波器的均方差 σ，σ 越小，滤波器的定位精度越高。

2）图像区域分割

对 SAR 图像进行区域分割除了依据图像的纹理统计特征，还需要找到线状目标特有的结构特征，即连通性和线状特征。

所谓连通性是指线状目标各组成单元之间相互连通，形成网络结构。例如，机场由主跑道和滑行跑道构成闭合区域，而道路的路段之间也是相互连通的，在图像有限的区域内，一个路段要么和其他路段相连通，要么和图像的边缘相交。因此，图像中单独存在且面积小的区域可以被看做孤立斑点噪声除去。

线状特征（如机场跑道、道路）是指线状区域的对称长轴和区域平均厚度之比远远大于 1。区域分割后处理用到的测度主要有两个：其中一个是面积测度，对分割结果图进行连通区域标识，并对每个标识区域进行区域面积统计，当区域面积小于阈值时，视为孤立区域去除；另一个测度是面积形状测度。对于一个矩形区域，当长宽比大于 8∶1 时，认为矩形区域具有线状特征，而对于任意区域，定义面积形状测量为

$$D_1=\frac{(P_R)^2}{A_R} \tag{8-25}$$

式中，A_R 表示区域 R 的面积（像素数），而 P_R 则是区域 R 的周长，这种测度具有旋转、平移和尺度不变性。当面积一定的情况下，区域是圆形时，其周长最小，面积形状值最小。当区域为均匀宽度的线状区域时，面积形状测度最小为 40.5。当区域的面积形状测度小于 40.5 时，认为该区域不具有线状特征，予以剔除。

3）基于区域对称轴线的融合特征提取

由于SAR和全色图像成像机理不同以及地面材质差异的影响，即使在两幅图像完全配准的前提下，由前者提取的目标区域和后者提取的目标边缘仍然可能不能吻合，雷达区域与全色图像边缘同时存在多次相交的不确定关系；且在同一区域内，光学图像存在边缘过度分割。为了准确地对目标矩形特征描述，必须将这两种不同特征的不确定关系转化为确定关系。

采用数学形态学中细化算法，可以将对称线状区域细化为对称长轴，且克服了区域边缘由于噪声和检测手段引起的毛刺和凹形损伤。同时，从图像几何位置上来讲，对应同一地面线状目标，雷达区域对称线必然位于图像边缘的内侧，保证了对应关系的唯一性。

为了确定目标边缘像素，如图8-10所示，设细化轴线上某点为P，细化前该点雷达区域厚度为d，轴线在该点与坐标横轴夹角为θ。将区域细化后的轴线上每一点沿其垂直方向向外扩展所搜目标的边缘。

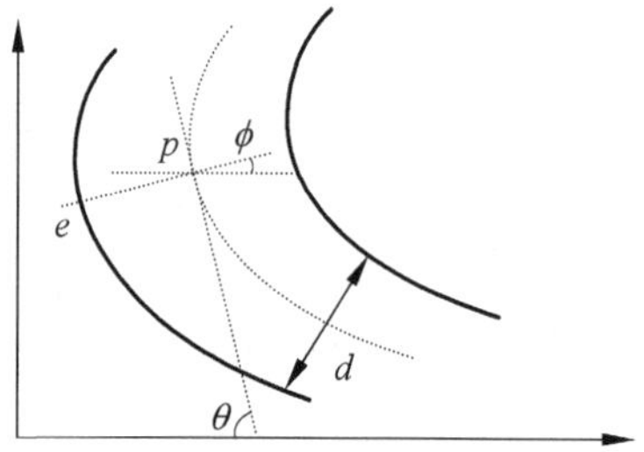

图8-10 目标的边缘点示意图

目标的边缘点可描述为：

① 空间一致性：目标边缘点e到P的距离与$d/2$的绝对值差小于门限t_1；

② 方向一致性：目标边缘点e处边缘方向与轴线方向一致，即边缘方向角度Φ与θ的绝对值差小于门限t_2；

③ 相容性：光学图像在某一边缘上，若目标边缘点比例大于80%，则认为其余点也可确认为目标边缘点。

基于边界对比度和区域相似性的区域生长。由于雷达噪声和区域纹理特征检测手段的原因，区域宽度小于纹理特征统计宽度的目标区域不能被检测，因此对光学图像必须通过区域生长的方法，将目标细节部分提取出来。

区域连接生长所依据的原则是区域的连通性和相似性。由于目标和采集状态的随机性，区域的相似性描述要求具有一定的鲁棒性。本文选用的相似性准则为区域相关系数和区域像素差的绝对值之和。当区域生长搜至边缘点时，若边缘对比度大于门限值，搜索停止，否则继续生长。

本小节讨论了特征级图像融合，详细研究了两种典型的算法。实际上，对图像而言，我们更感兴趣的是图像中的特征，而不是孤立的像素点，在实际应用中，对特征的重视程度要比对像素的重视程度大。因此，从某种意义上来说，特征级的融合比像素级的融合更有意义。

8.2.3 决策级图像融合

决策级图像融合是指对每个图像的特征信息进行分类、识别等处理，形成了相应的结果后，进行进一步的融合过程，最终的决策结果是全局最优决策。决策级融合是一种更高层次的信息融合，其结果将为各种控制或决策提供依据。为此，决策级融合必须结合具体的应用及需求特点，有选择地利用特征级图像融合所抽取或测量的有关目标的各类特征信息，才能实现决策级融合的目的，其结果将直接影响最后的决策水平。由于输入为各种特征信息，而结果为决策描述，因此决策级融合数据量最小，抗干扰能力强。决策级融合的主要优点可概括为：数据最少，通信及传输要求低；容错性高，对于一个或若干个信源的数据干扰，可以通过适当的融合方法予以消除；数据要求低，信源可以是同质或异质，对信源的依赖性和要求降低；分析能力强，能全方位有效反映目标及环境的信息，满足不同应用的需要。图 8-11 给出了决策级图像融合的结构示意图。

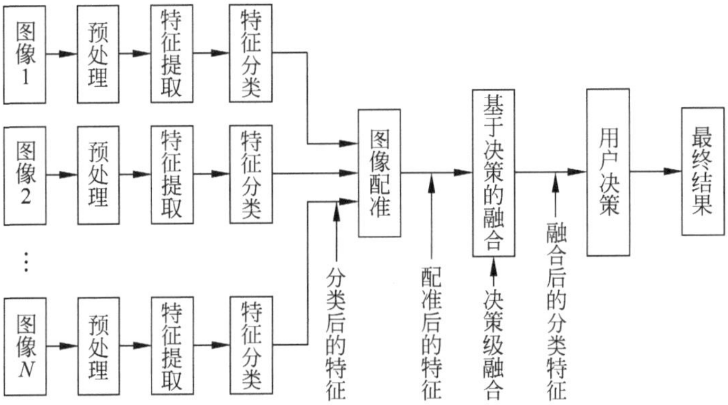

图 8-11　决策级图像融合框图

决策级图像融合方法多采用各种不确定性推理技术，包括贝叶斯概率推理、D-S 证据推理和模糊推理等。本节下面将讨论基于模糊集的决策级图像融合算法，对高分辨率遥感图像进行目标分类。

设有 m 个分类器，对于 n 类的分类问题，图像中的像素 x 经过分类器 $i(1\leqslant i\leqslant m)$ 之后的输出为

$$\pi_i(x)=\{\mu_i^j(x), j=1,2,\cdots,n\} \tag{8-26}$$

式中 $\pi_i(x)\in[0,1]$ 是采用分类器 i 时，像素 x 与第 j 类目标相似程度的隶属度函数。隶属度函数值越大，像素 x 与第 j 类目标越相似。

通常 $\mu_i^j(x)$ 可以有很多形式，如概率函数、神经网络输出的后验概率和模糊分类器输出的隶属度函数等。虽然 $\mu_i^j(x)$ 有多种不同的实现形式，但是在各种情况下，$\pi_i(x)$ 均可以看做一个模糊集。

为了保证模糊集元素值空间的统一，进行融合之前需要对模糊集中的元素采用下式进行归一化处理。即

$$\bar{\mu}_i^j(x)=\frac{\mu_i^j(x)-\mu_{\min}}{\mu_{\max}-\mu_{\min}} \tag{8-27}$$

式中 $\mu_{\max}=\max\limits_{i,x}[\mu_i^j(x)]$，$\mu_{\min}=\min\limits_{i,x}[\mu_i^j(x)]$。

由于存在 n 个分类器，因此对于每一个像素具有 m 个模糊集，这些模糊集作为融合的输入

$$\{\pi_1(x),\pi_2(x),\cdots,\pi_m(x)\} \tag{8-28}$$

采用模糊集进行融合需要解决的一个重要问题就是证据冲突。在进行融合时，若证据之间没有冲突，则融合只能提高证据的置信度；若证据之间存在冲突时，通过融合，可以改善融合的结果。通常在进行图像目标分类时，可供采用的证据组合规则有以下三类。

(1) 交集证据组合规则。采用交集组合规则得到的集合为

$$\pi_{\wedge}(x)=\bigcap_{i=1}^{N}\pi_i(x) \tag{8-29}$$

很显然 $\pi_{\wedge}(x)$满足

$$\pi_{\wedge}(x)\leqslant\min_{i\in[1,N]}[\pi_i(x)] \tag{8-30}$$

(2) 并集证据组合规则。采用并集组合规则得到的集合为

$$\pi_{\vee}(x)=\bigcup_{i=1}^{N}\pi_i(x) \tag{8-31}$$

很显然 $\pi_{\vee}(x)$满足

$$\pi_{\vee}(x)\leqslant\max_{i\in[1,N]}[\pi_i(x)] \tag{8-32}$$

(3) 折中证据组合规则。在文献[4～6]中研究了三种这类证据组合规则。文献[3]经过分析比较，最适合的证据组合规则如下式所示

$$\mu_i^j(x)=\max(\min(w_i\mu_i^j(x),f_i^j(x)),i\in[1,m]) \tag{8-33}$$

式中，$f_i^j(x)$是目标 i 相对类 j 的全局可靠性程度，w_i 是采用下式得到的归一化因子

$$\begin{cases} w_i=\dfrac{\sum\limits_{k=0,k\neq i}^{m}H_{\mathrm{aQE}}(\pi_k)}{(m-1)\sum\limits_{k=0}^{m}H_{\mathrm{aQE}}(\pi_k)} \\ \sum\limits_{i=0}^{m}w_i=1 \end{cases} \tag{8-34}$$

式中 $H_{\mathrm{aQE}}(\pi_k)$是目标 k 的模糊度，目标模糊度越低，w_i 越接近 1，对模糊集的影响也越小。式(8-34)是为了减小不可信信息的影响，而增大可信信息的权重。

基于模糊集的决策级融合算法流程图如图 8-12 所示。对于每个像素，融合的过程可以表述如下：

① 分别建立每个目标对于各个类的模糊集；

② 计算每个模糊集的模糊度；

③ 采用式(8-27)得到归一化权值 w_i；

④ 采用式(8-34)的证据组合规则进行融合；

⑤ 从结果中选择出对应于最大置信度的类。

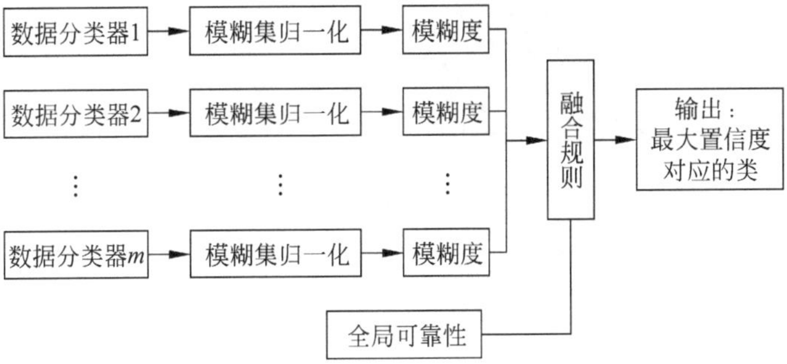

图 8-12 基于模糊集的决策级融合算法流程图

8.3 图像配准

8.3.1 配准的基本概念

图像配准是一个将不同时间、不用视角、不同设备获得的两幅或更多图像重叠复合的过程，如图 8-13 所示，它在几何上对齐两幅图像——参考图像和输入图像，而图像间存在的差异则是由于成像条件的不同造成的。融合不同数据源的图像分析工作，图像配准是至关重要的一步。图像配准被广泛应用于遥感、医学成像和计算机视觉等领域。

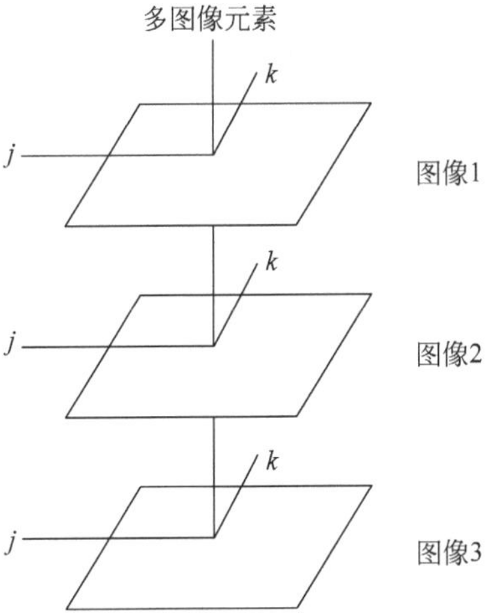

图 8-13 图像配准的原理

通常，根据图像获取的方式，图像配准应用可被划分为四个主要类别：①不同视角图像的多视分析；②不同时间图像的多时相分析；③不同传感器图像的多模态分析；④影像到模型的配准。

大多数图像配准方法都由以下四个基本步骤构成[7]，如图 8-14 所示。

1. 特征提取

人为或自动检测出显著和特殊的地物(接近边界的区域、边缘、轮廓、线性特征的交叉点、拐角或顶点等)。在后续的处理中，这些特征可采用其特征点表示，这种情况下也称为“控制点”。

2. 特征匹配

定义几何特征之间的失调或相似函数，即建立从参考图像检测的特征和从输入

图 8-14 配准的基本步骤

图像检测的特征之间的对应关系。各种各样的特征描述算子以及特征的空间关系相似测度都用于完成这一目的。

3. 变换模型估计

通过估计或最优搜索等方法得到映射函数的类型和参数，以便能够对齐输入图像和参考图像。

4. 图像重采样和变换

依靠映射函数对输入图像进行图像变换，使用适当的插值技术计算出非整数点坐标的图像值。

8.3.2 配准需要解决的问题

1. 特征提取

基本的特征提取，可以等价于控制点的选取问题。首先，要尽可能采用自动选取，只有自动选取才能够保证选择的精度(像素级)；其次，要选取足够数量的控制点，才能使配准结果有较好的精度；第三，对于选取的大量控制点，要有较好的空间分布特征，能够尽可能满足均匀分布，保证整个配准区域精度的一致性。

然而，“特征”概念的引入，又引入了新的问题。首先，我们必须确定什么类型的“特征”适合用来完成给定的任务。通常，需要对特征有物理解释，并且，依照控制点选取的要求，从输入图像和参考图像检测得到的特征集合必须有足够多的共同元素，甚至在出现图像时正好完全覆盖同一场景或其他未预料到的情况下。同时，出于控制点选取的精度要求，检测方法应有好的定位精度并对算法假定的图像退化不敏感。

更大的挑战来自配准通过不同传感器获得遥感影像。同种传感器的遥感影像，在进行特征检测时，同种地面特性在图像上是相同的特征；由于传感器的成像原理等因素的影响，异类传感器获得的遥感影像，相同地面点在图像上的特征是不完全相同的。如 LANDSAT 卫星遥感影像是光学器件成像的多光谱图像，而 RADARSAT 卫星的遥感影像是雷达回波成像的，在遥感影像上体现的特征具有很大的不同，如图 8-15 所示。

(a) LANDSAT卫星的全色影像

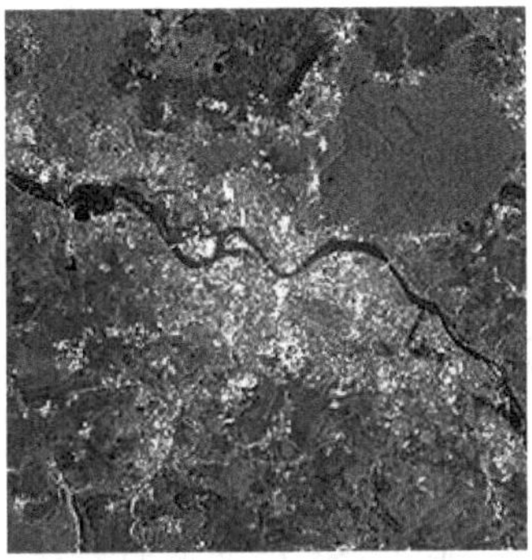

(b) RADARSAT卫星的雷达影像

图 8-15 异类传感器的遥感影像

在整个配准过程中，控制点的选择是根本问题。控制点选择的合理性、精确性对配准结果存在很大影响。所以，涉及特征检测步骤的配准算法，其主要问题都集中在解决控制点选取的问题上。

由于使用控制点存在的问题，发展了另一个方向——基于轮廓的方法。这种方法的思想是对两个图像首先提取轮廓(边缘)信息，以轮廓作为配准的控制点，采用相应的算法对准选取轮廓(边缘)后，计算得到变换参数，然后应用于输入图像，对其进行变换后对准参考图像。

2. 特征匹配

由于不同成像条件和(或)传感器不同的光谱灵敏度，物理上相对应的特征在不同的图像上可能是不一样的。所以，对特征描述以及相似度测度的选择必须考虑这些因素，对于已知或假定的图像退化过程，特征描述算子应具有不变性。同时，它们还必须具有足够的可分辨性，以保证既能够辨别不同的特征，又具有足够的稳定性，不会因为微小的未预计的特征变化和噪声影响而受到影响。

一般来说，使用空间不变量的匹配算法具有鲁棒性和有效性，在另一幅图像中不具有对应部分的单一特征也不会影响其性能。

3. 变换模型

对于映射函数类型，应对根据图像获取过程和预期的图像退化过程的先验信息进行选择。如果没有任何先验信息,那么就要求模型具有足够的灵活性和通用性,能够处理所有可能出现的图像退化。并且,特征检测方法的准确性、特征对应性估计的可靠性以及估计误差的可容忍性也是必须考虑的部分。另外一个必须完成的工作,就是如何确定图像间的哪些差异必须在配准时去除掉。有时配准处理是为了进行变化检测,又希望算法不会将我们要寻找的变化差异去除掉,这是一个非常重要但又非常复杂的问题。

4. 重采样和变换

最后,对于适当重采样技术的选择,依赖于对插值精度的要求和计算复杂性的折中(或平衡)选择。在大多数情况下,最大邻近法或双线性插值法就足够了。然而,可能某些方法需要更为精确的插值算法。

8.3.3 配准算法

针对不同的定义方式,配准方法可以有很多种分类。常用的一些分类有:应用范围、数据维数、所考虑图像变形的类型和复杂程度、计算消耗以及配准算法的本质概念等。考虑到将配准分为上述四个步骤,在讲述时我们选择基于算法本质概念的分类。

1. 特征提取算法

最初的"特征"是由专业人员手工选择图像上的物体。随着提取的自动化发展,出现了两类主要的方法——基于区域的方法和基于特征的方法。

基于区域的方法即基于像素或体素相似性的配准。这类方法将注意力更多地放在特征匹配步骤,而并非在于特征提取步骤。这些方法不提取特征,因此省略了配准的第一步。其本质是绕过对控制点的选取问题,对两个图像中的逐个像素进行计算。

基于最大化互信息的方法是此类方法中的经典方法,它利用输入图像和基准图像计算得到的互熵作为判断依据。该方法在医学图像配准中得到了非常成功的应用。类似的还有基于亮度匹配的方法。

基于特征的方法中,图像中有意义的区域(森林、湖泊、田地等)、线状地物(区域边界、海岸线、道路、河流等)或点状物(区域拐角、线状地物交叉点、曲率不连续点等)被理解为特征。而特征检测算子的不变性和准确性以及对重叠部分的判断准则,确定了输入图像和参考图像上特征集合的可比性。因此,基于特征的自动配准方法提取对比例、缩放、旋转、灰度变换具有不变性的特征[8~10]。

同基于区域的方法相比,基于特征的方法不直接使用图像的灰度值进行工作,使用特征来表示更高层次信息。也正是因为这一特性,使得基于特征的方法适合于具有照度变化或者多传感器分析需要的情况。

特征的提取可在空间域内进行，也可在变换域内进行。在变换域里，可以采用小波等变换得到特征点。

2. 空间域方法

在空间域里，常使用的特征包括变换、区域、线的端点、线交叉点、区域中心、曲率不连续点等。其中边缘和区域边界最常用，它们可以由边缘检测方法和区域分割方法得到。Li[11] 等人将区域边界和其他强边缘作为特征，用链码相关和形状相似性规则来匹配闭区域。而对开区域则检测角点，并进行匹配。对匹配得到的控制点对进一步进行一致性检查，消除错误匹配。这一方法被应用于不同传感器图像的匹配，如 Landsat-TM 和 SPOT。

Bourret[12] 提出一种匹配分割后的 SPOT 卫星图像方法。首先采用多尺度边缘检测和边缘闭合过程进行图像分割，然后通过计算图像分割后的能量函数，并用模拟退火算法极小化能量函数完成图像配准。

Wang[13] 等先用 Sobel 算子分割图像形成的闭区域，然后利用闭区域的中心作为特征点。并用图像上的特征点组成线段，用线段的角度差和线段长度的比率建立二维直方图，从而得到匹配特征点对。

3. 变换域方法

Dana[14] 提出一种可见光和红外图像的配准方法。首先用多尺度边缘检测得到不同尺度下的图像边缘，然后采用分层估计、变换、优化策略得到图像间的变换参数。

Unser[15] 应用二维三次连续样条函数表示图像，并利用了样条函数的多分辨率结构，由粗到精采用迭代策略和最速下降法寻找图像仿射变换的参数。计算速度快，且可达到子像素精度配准，但仅对平移和旋转变化有效。

Djamdji[16] 对两幅图像用“átrous”算法进行小波分解得到特征点，在不同尺度上进行特征点匹配和迭代估计多项式变换的参数。

Moigne[17] 采用小波变换对图像进行分解，并从图像分解的 LH 和 HL 分量的小波变换系数中得到特征点，然后采用从粗到精迭代策略，得到图像之间的旋转变换参数。但仅将算法应用于热图像旋转参数估计。

Corvi[18] 用图像小波变换的模极大和极小值作为特征点，接着用聚类方法得到变换模型的旋转和平移参数的初始值，并进一步对特征点用最小距离方法匹配，最后采用 LMS 估计图像之间的变换参数。

Li[19] 等人考虑可见光和红外图像的配准，将轮廓检测与灰度局部统计特征结合起来提取特征点，并对特征点进行初始匹配和精确匹配，最后得到真实匹配点对。他的方法比较适用于不同传感器图像之间的配准。

Hsieh[20] 等用图像小波分解的局部模极大值作为候选特征点，并筛选得到真实特征点。再用估计得到的图像之间的角度差对图像进行补偿后，用相关系数法得到补偿后的两幅图像之间的特征点对，再根据仿射变化条件下，同一幅图像中两点距离保持不变的特点消除错误匹配点对。变换参数通过迭代得到，实验对象仅为单一传感器所得图像。

Kaymaz[21]等也是采用小波变化对参考图像和输入图像进行分解，但与 Moigne 不同的是，他在图像分解的 LL 分量上应用 Lerner 代数边缘检测算子和 Sobel 算子处理后的小波变换系数中极大值作为特征点，然后采用由粗到精的迭代策略得到图像之间旋转变换参数，文中将算法应用于热图像旋转参数估计。

Wu[22]提出一种基于小波变换的多尺度配准方法得到两幅图像之间的平移和旋转参数，并且首次将算法在数字信号处理器(DSP)上实现。

在变换域内，图像被分解为一组变换系数。一般说来，基于特征的方法经常需要较复杂的图像处理以抽取特征，因为它们不直接依赖于像素值，这也为多传感器图像自动配准提供了更好的性能。

4. 特征匹配

在常规的图像配准方法中，首先得到匹配控制点对，再确定变换函数，但它要求已精确得到一组匹配点对。当特征匹配比较困难时，可用带反馈的点匹配方法，其中特征匹配和最优变换的确定是同时进行的[8,9]，通过迭代方式考察所有可能的匹配点对。此外，这种方法可以用于特征匹配的最后一步，以检查全局匹配一致性，因此可以消除不匹配对。

特征点匹配常用的方法有类相关法、Fourier 变换法、互信息法、不变矩法、松弛法以及金字塔和小波方法等。

1) 类相关法

类相关法(有时称为模板匹配法[23])将特征检测步骤和匹配部分结合起来，这些方法在处理图像时并不试图去检测明显的地物。预定义大小的窗体或者整个图像被用来在特征匹配步骤中进行对应性估计。

这一类方法的局限性来源于其基本思想。首先，就是最常使用的矩形窗口，它适应于由平移造成的局部差异，对由复杂变换造成的差异，矩形就不一定能够包括参考图像和输入图像的相同部分。另一个缺陷在于该类方法要求窗口的内容具有“显著性”，而实际上窗口是一个平滑区域的可能性非常高，这样就会出现错误匹配的结果。

互相关系数法就是该类方法的经典，其基本思想是直接使用图像灰度进行匹配计算，而不进行任何结构性分析。归一化的互相关系数表示为

$$R(x_0,y_0)=\frac{\sum\limits_{x,y}(f_1(x,y)-\bar{f_1})(f_2(x+x_0,y+y_0)-\bar{f_2})}{\sqrt{\sum\limits_{x,y}(f_1(x,y)-\bar{f_1})^2}\sqrt{\sum\limits_{x,y}(f_2(x+x_0,y+y_0)-\bar{f_2})^2}} \tag{8-35}$$

其中 $f_1(x,y)$ 和 $f_2(x,y)$ 分别表示输入和参考图像，$\bar{f_1}$ 和 $\bar{f_2}$ 分别表示 $f_1(x,y)$ 和

$f_2(x,y)$的均值，(x_0,y_0)是计算互相关系数的滑动窗口中心像素。

对参考图像和输入图像上的窗口对计算该相似度测度，并搜索得到其最大值。达到最大值的窗口对被设定为对应部分。尽管基于相关法的配准只能准确对其互相发生平移的图像，它也可以适用于具有轻微旋转和尺度变化的图像间配准。

推广的互相关系数法能够适应具有较多几何变形的图像[24]。其原理就是对每一种假定的几何变换都计算其互相关系数，这样就能处理更多更复杂的几何变形。

Berthilsson[25]甚至尝试了使用推广的互相关系数法的思想来配准仿射变换的图像。

Simper[7]提出使用分而治之的系统结合互相关系数法技术的方法，来配准具有投影变换关系的不同图像。

但是这些改进方法的问题在于，随着变化复杂度的增加，计算复杂度出现了非常大的增长。

Huttenlocher[26]等人提出了采用另一种类型相似测度的配准算法——使用 Hausdorff 距离来配准平移或平移加旋转的二值图像(经边缘检测得到)。他们还对基于 Hausdorff 距离的算法和基于互相关的算法进行了比较，特别是对于互相关法来说，在配准具有像素位置紊乱的图像时，Hausdorff 距离法胜过了互相关法。

采用互相关系数的各种算法，主要有两个缺点：①由于图像的自相似性，相似度测度的极大值不明显；②计算复杂度高。但是，尽管这类方法具有上述这些限制和缺点，它仍然是最为常用的方法。

2) Fourier 变换法

Fourier 变换法在频域中表示图像。相位相关法基于 Fourier 平移定理，并最初是被提出用于配准平移的图像。它计算参考图像和输入图像的互功率谱，然后寻找其逆变换的峰值位置，即

$$\frac{\mathcal{F}(f)\ \mathcal{F}(g)^*}{|\ \mathcal{F}(f)\ \mathcal{F}(g)^*\ |} = e^{2\pi i(ux_0+vy_0)} \tag{8-36}$$

其中，$\mathcal{F}(\cdot)$表示图像的二维 Fourier 变换，$|\cdot|$表示求绝对值。

该方法对于频率相关噪声以及非一致性时变亮度干扰具有很强的鲁棒性，并且当配准图像较大时能够很显著地节约计算时间。

De Castro 和 Morandi[27]等人提出了附加旋转变换情况下的扩展相位相关方法。Chen[28]等人结合 Fourier-Mellin 变换和相位相关的方法来配准存在尺度变化的图像。Reddy[29]等人利用这一技术完成了基于 FFT 的平移、旋转和尺度不变图像的配准。

3) 互信息法

互信息最初来源于信息论，是一个两组数据统计相关性的测度。并且，它特别适合不同模态图像的配准。两个随机变量 x 和 y 的互信息定义为

$$MI(x,y) \stackrel{\text{def}}{=} H(y) - H(y\mid x) = H(x) + H(y) - H(x,y) \tag{8-37}$$

其中，$H(x) = -\mathrm{E}(\log(p(x)))$表示随机变量 x 的熵，而 $p(x)$是随机变量 x 的先验

概率分布函数；类似地，$H(x,y)$表示随机变量 x 和 y 联合概率分布函数 $p(x,y)$对应的熵；$H(y|x)$表示给定随机变量 x 时 y 的条件概率分布函数 $p(x|y)$对应的熵。互信息量度量两幅图像的统计独立程度，当含有相同内容的两幅图像通过几何变换在空间对齐时，它们的互信息量达到最大。

最先是由 Viola 和 Wells 以及 Collignon 同时提出以互信息作为目标函数，应用于图像配准。互信息法不需要对不同成像模式图像灰度间的关系做任何假设，也不需要对图像进行特征提取，可以避免特征提取造成的精度损失，因此它在图像配准领域得到了普遍关注和广泛应用，认为是目前最准确和鲁棒性最强的回溯性图像配准的度量之一。Thévenaz 和 Unser[30~32] 用互信息结合其他各种方法，完成基于互信息配准算法的每个步骤。他们提出了使用 Marquardt-Levenberg 方法来最大化互信息，使用样条金字塔提高计算速度。Studholme 等人[33] 使用联合概率分布的离散直方图估计来计算联合概率，即用联合概率分布函数 $p(x,y)$及其概率分布函数 $p(x)$和 $p(y)$间的广义距离来估计互信息，表示为

$$MI(x,y)=\sum_{x,y}p(x,y)\log\frac{p(x,y)}{p(x)p(y)} \tag{8-38}$$

其中，$p(x,y)$表示随机变量 x 和 y 的联合分布函数。对于离散的数字图像，联合概率分布 $p(x,y)$可以用归一化的图来估计，表示为

$$p_{xy}(i,j)=\frac{h(i,j)}{\sum_{i,j}h(i,j)} \tag{8-39}$$

其中，$h(i,j)$表示联合直方图。而边缘概率分布 $p(x)$和 $p(y)$分别为

$$p_x(i)=\sum_{j}p_{xy}(i,j) \qquad p_y(i)=\sum_{i}p_{xy}(i,j) \tag{8-40}$$

因此，互信息可以表示为

$$MI(x,y)=\sum_{i,j}p_{xy}(i,j)\log\frac{p_{xy}(i,j)}{p_x(i)\cdot p_y(j)} \tag{8-41}$$

类似于互信息，还有同样来自于信息论的基于交叉熵的相似度测度。

4) 不变矩法

Hu[34]在 1962 年首先提出了变量矩的概念的方法，并给出了连续函数矩的定义以及矩的基本性质，证明了不变矩具有平移、旋转和比例不变性，具体给出了 7 个不变矩的表达式。并利用该方法对两幅二值化字母图像进行了识别实验。

图像 $f(x,y)$的 $p+q$ 阶原点矩和中心矩定义为

$$m_{pq}=\sum_{x}\sum_{y}x^p y^q f(x,y) \tag{8-42}$$

$$m_{pq}=\sum_{x}\sum_{y}(x-\bar{x})^p(y-\bar{y})^q f(x,y) \tag{8-43}$$

其中 $p,q=0,1,2,\cdots$，归一化中心矩为 $\eta_{pq}=\frac{u_{pq}}{u_{00}^{\gamma}}$，其中 $\gamma=\frac{p+q}{2}+1,p+q=2,3,\cdots$。Hu 利用二阶和三阶中心矩构造了如下 7 个不变矩

$$\begin{cases} M_1 = \eta_{20} + \eta_{02} \\ M_2 = (\eta_{30} - \eta_{02})^2 + 4\eta_{11}^2 \\ M_3 = (\eta_{30} - 3\eta_{12})^2 + (3\eta_{21} - \eta_{03})^2 \\ M_4 = (\eta_{30} + \eta_{12})^2 + (\eta_{12} + \eta_{03})^2 \\ M_5 = (\eta_{30} - 3\eta_{12})(\eta_{30} + \eta_{12})[(\eta_{30} + \eta_{12})^2 - 3(\eta_{12} + \eta_{03})^2] \\ \qquad + (3\eta_{21} - \eta_{03})(\eta_{21} + \eta_{03})[3(\eta_{30} + \eta_{12})^2 - (\eta_{30} + \eta_{21})^2] \\ M_6 = (\eta_{20} - \eta_{02})^2[(\eta_{30} + \eta_{12})^2 - (\eta_{21} + \eta_{03})^2] + 4\eta_{11}(\eta_{30} + \eta_{12})(\eta_{21} + \eta_{03}) \\ M_7 = (3\eta_{21} - \eta_{03})(\eta_{30} + \eta_{12})[(\eta_{30} + \eta_{12})^2 - 3(\eta_{12} + \eta_{03})^2] \\ \qquad + (3\eta_{21} - \eta_{30})(\eta_{21} + \eta_{03})[(\eta_{21} + \eta_{03})^2 - 3(\eta_{12} + \eta_{03})^2] \end{cases} \tag{8-44}$$

在 Hu 的基础上，Wong[35]给出了离散情况下各阶矩的计算方法，并用图像进行了匹配实验。结果表明：当比例因子 $\rho \leqslant 2$，旋转角度 $\theta \geqslant 45°$时，能保证 Hu 给出的 7 个矩的不变性基本保持不变。文献[36]针对比例因子对不变矩的影响，提出修改归一化中心矩的方法，解决了较大比例因子对不变矩的影响，并通过三类 21 幅图像对其有效性进行了验证。

用不变矩进行图像匹配的算法实现步骤如下所述：

(1) 搜索所有可能为目标的区域，计算区域的二维图像不变矩特征；

(2) 对这些特征的计算值进行归一化；

(3) 求出与目标二阶不变矩的相似度，若相似度大于给定阈值，则判定为找到目标，搜索结束，转到第(1)步继续搜索。

在实际应用中，待分析图像可能存在位置、旋转和比例差别，还可能存在对比度上的差别。为了推导出更一般的不变矩，假设两幅图像和的内容完全是关于同一物体的，但在对比度、比例、位置和旋转上都存在差别，其相互关系可以表示为

$$f_1(x, y) = Kf_2(x', y') \tag{8-45}$$

$$\begin{bmatrix} x' \\ y' \end{bmatrix} = C\begin{bmatrix} \cos\theta & \sin\theta \\ -\sin\theta & \cos\theta \end{bmatrix}\begin{bmatrix} x \\ y \end{bmatrix} + \begin{bmatrix} a \\ b \end{bmatrix} \tag{8-46}$$

其中 K 为对比度变换因子，C 是比例变化因子，θ 是旋转角，(a, b)分别是 x 方向和 y 方向上的位移。对 $f_1(x, y)$和 $f_2(x', y')$分别计算不变矩的 7 个参数，并用式(8-45)和式(9-46)进行变换组合后，重新得出一组更一般的不变矩度量，具有对比度、尺度、位置、旋转不变性：

$$\begin{cases} \omega_1 = \dfrac{\sqrt{\phi_2}}{\phi_1}, \quad \omega_2 = \dfrac{\phi_6}{\phi_4 \ \phi_1}, \quad \omega_3 = \dfrac{\phi_7}{\phi_5} \\ \omega_4 = \dfrac{\sqrt{\phi_5}}{\phi_4}, \quad \omega_5 = \dfrac{\phi_3}{\phi_2 \ \phi_1}, \quad \omega_6 = \dfrac{\phi_4}{\phi_3} \end{cases} \tag{8-47}$$

其中，ϕ_i 表示不变矩的 7 个参数，而 ω_i 表示重新得出一组更一般的不变矩度量。以上提出的图像 6 个不变矩具有平移、旋转、比例、对比度不变性。

5）松弛法

一大批配准方法都是基于松弛法的，即一致性标记问题（consistent-labeling problem，CLP）的一种解决方案。其问题描述为：为了从具有标记的传感图像中标识出每个特征，在对其他特征对给定标记的前提下要与这些标记保持一致[36,37]。在考虑了这些特征对的匹配质量，以及与其邻域匹配的情况之后，这种重新计算边缘特征对的过程就是一个迭代重复过程，直至达到一个稳定解。有参考价值的工作是Ranade 和 Rosenfeld 完成的[38]。此处，转换特征集合用某个几何变换来代替，就定义了特征对的边缘图。其中，使用某种几何变换特征集合。这种方法能够处理发生位移的图像，并且能够容忍图像的局部扭曲变形。Wang 等人[39]通过引入对拐点特征的描述，对经典松弛法进行了扩展。他们使用了拐点的锐度、对比度以及倾斜度。这种算法能够处理图像中的平移和旋转造成的变形，但是它的计算量很大。

Medioni 和 Nevatia[40]则使用线状特征及其描述算子（坐标、方向和平均对比度）。

Cheng 和 Huang[41]提出了一种星形配准方法，该方法考虑了每个独立特征点及其全连通邻域。

Ton 和 Jain[42]通过结合 MergeSort 概念提高了松弛法的计算速度。他们的方法能够处理平移和旋转的图像。

文献[43]对不同的松弛法进行了较为详细的比较。

6）金字塔和小波算法

一般而言，这种由粗到精的分解策略使用的都是常用的配准方法，其不同在于它从参考图像和输入图像的某个低解析度（使用高斯金字塔、简单平均或小波变换系数等方法得到）开始计算。然后，随着上升到较好的解析度，逐级改善对应关系或者映射函数参数的估计。在每一级，这一类方法在很大程度上减小了搜索空间并节约了必要的计算时间。另一个非常重要的优势在于，这类方法首先完成了关于大尺度特征的配准，然后对于较好解析度下的细节特征只需做细小的修正。但是，如果在低解析度级别发生了错误匹配，这种策略就会失效。为了克服这一点，算法中应该结合回溯（backtracking）或一致性检查。结合互相关系数法和金字塔方法，开发出了求和金字塔[44]、中值金字塔[45]以及均值金字塔[46]。

Wang 和 Chen[13]在每一层提取封闭边界区域的质心作为特征，然后通过用线段的角度差和线段长度的比率建立二维直方图，来求解几何变形的参数。

Thévenaz 等人采用基于三次样条函数的金字塔，分别结合图像灰度差值的均方最小[47]和互信息最大化[30]进行图像配准。

Sharma 和 Pavel[48]使用多分辨率拉氏金字塔完成了雷达图像和红外图像的配准。

Kumar 等人[49]结合不同类型的金字塔和相似测度进行了航空视频序列的配准。

目前，由于小波与生俱来的多解析度特性，图像的小波分解成为了塔形分解方法的首选。各种方法根据其所采用的小波以及匹配搜索使用的小波系数集的不同而有所不同。最为常用的方法为：使用 2 个滤波器（低通滤波器 L 和高通滤波器 H）

对图像进行连续滤波，递归地将图像分解为 4 个小波系数集合(LL，HL，LH，HH)。

8.3.4　变换模型及配准参数估计方法

配准的基本思想，是认为输入的影像是标准影像的变形，根据假设的变形方程式，优化计算出方程式系数，将输入图像根据变形方程计算后，就能够同参考图像进行重叠，以完成配准。所以，这一步要完成的任务包括变换模型的选择及其参数的估计。

变换模型的选择应该考虑以下 3 个方面：①输入图像预期(或假设)的几何变形相对应；②使用的图像配准方法；③要求的配准精度。常用的变换模型有相似变换模型、仿射变换模型、立体投影变换模型、多项式模型、径向基函数模型和弹性变换模型等，图 8-16 分别给出了几种变换模型的例子。

(a) 相似变换　(b) 仿射变换　(c) 立体投影变换　(d) 弹性变换

图 8-16　不同变换模型的例子

最简单的情况是采用描述刚体变换模型，它只包括平移、旋转和尺度变化

$$\begin{cases} x' = S\cdot(x\cos\theta - y\sin\theta) + t_x \\ y' = S\cdot(x\sin\theta + y\cos\theta) + t_y \end{cases} \tag{8-48}$$

其中(x,y)和(x',y')分别为参考图像和输入图像对应像素的坐标，分别表示 x 方向和 y 方向的位移，θ 表示旋转角度，S 表示尺度变化因子。在这种情况下，问题归结为一个 4 参数的最优化问题。

稍微复杂一点的情况是仿射变换模型

$$\begin{cases} x' = a_0 + a_1 x + a_2 y \\ y' = b_0 + b_1 x + b_2 y \end{cases} \tag{8-49}$$

其中变量含义与以前相同。

在假设镜头和场景的距离相对成像区域的尺寸很大，采用理想相机，场景平坦并且其几何变形不是由局部因素造成的情况下，该模型可用于多视图像的配准。在镜头与场景的距离不能满足上述条件的情况下，就需要使用立体投影变换模型

$$\begin{cases} x' = (a_0 + a_1 x + a_2 y)/(1 + c_1 x + c_2 y) \\ y' = (b_0 + b_1 x + b_2 y)/(1 + c_1 x + c_2 y) \end{cases} \tag{8-50}$$

对于上述这些假设，只要稍微有违反，就要使用二阶或三阶多项式模型。更高阶的多项式模型在实际应用中很少使用，因为这样会对输入图像中远离控制点的区域带来不必要的扭曲。多项式模型与仿射模型相比，比较复杂，计算速度慢，只在两幅图像之间有非线性变化时才用。

径向基函数(radial basis function，RBF)在散乱点(尤其是带噪声，数据不完整)重建和医学重建中取得了非常好的效果。该算法实质上是一个内查/外插过程，通过一系列非均匀的离散采样点构建出连续的隐式函数。径向基函数的形式为

$$x' = a_0 + a_1 x + a_2 y + \sum_{i=1}^{N} \lambda_i \phi(|\boldsymbol{x} - \boldsymbol{x}_i|) \tag{8-51}$$

式中 $\boldsymbol{x}=(x,y)$ 表示二维空间的一个点，$\boldsymbol{x}_i$ 是径向基函数的中心，$\phi(\cdot)$ 为径向基函数，N 为像素点个数，λ_i 为权重系数。对于 y' 也有类似的公式。最常用的具有代表性的径向基函数为薄片样条函数(thin-plate spline，TPS)，其中径向基的形式为

$$g(\boldsymbol{x},\boldsymbol{x}_i) = |\boldsymbol{x} - \boldsymbol{x}_i|^2 \ln(|\boldsymbol{x} - \boldsymbol{x}_i|) \tag{8-52}$$

使用 TPS 可以得到很好的配准效果，但当控制点数量比较多的时候，其计算可能会非常耗时。

变换模型的选择，需要根据具体问题来确定。而对于模型的参数估计，最常用的是最小二乘法、模拟退火算法等。

8.3.5 图像的重采样和变换

在得到变换方程式的参数后，就需要对输入图像作相应的几何变换，使之处于同一坐标系下。根据匹配准则选取的不同，可能在参数最优化过程的每一步中都需要进行变换计算。然而，变换得到的结果点不一定对准正数坐标，因此需要对变换后的图像进行重新采样和差值。由此看出，插值方法的选择影响计算最优化参数的整个过程，最终影响配准结果。

最常用的插值方法主要有：①最近邻域法；②双线性插值法；③三次插值法。3种方法的插值精度从低到高依次为最近邻域、双线性插值、三次插值，而运算速度则正好相反，折中考虑以上两个因素，一般都选用双线性插值方法。

8.4 图像融合算法

8.4.1 基于贝叶斯方法的图像融合

贝叶斯融合理论是基于数学理论的，它衍生出很多方法，并且在融合方面有独到之处。贝叶斯融合可独立于图像融合目标，在不同的抽象水平实施，并且能够融合不同类型的图像数据。对于贝叶斯融合理论，图像处理与图像融合都可看作是不适定的逆问题。本小节将介绍如何使用贝叶斯方法来处理逆问题，并与经典的正则

化方法相比较。在贝叶斯融合框架中，应用决策理论得到适当的贝叶斯估计量，用这个估计量可从贝叶斯后验分布中提取出最后的融合结果。融合结果的先验知识以及限制条件包含在先验分布中，而如果先验分布不包含信息，那么所有的信息包含在从图像数据中得到的后验分布中。通过吉布斯分布，贝叶斯方法可与能量泛函方程相联系，通过全局能量最小化可得到一个优化融合结果。这里先介绍直接使用贝叶斯理论来进行图像融合，然后再介绍使用能量泛函方程来进行图像融合。

1. 直接使用贝叶斯理论来进行图像融合

这里以线性递加模型假设和高斯分布模型假设为例来阐述如何直接使用贝叶斯理论来进行图像融合。除了一些限制条件，这两个模型假设对于大多数图像融合问题都是适用的。

定义 $\boldsymbol{d}(\boldsymbol{x})$为一幅图像，融合结果为 $\boldsymbol{r}(\boldsymbol{x})$。一般地，开始有 S 张图，$\boldsymbol{d}_i(x)$，$i=1,\cdots,S$，那么融合问题可表述为

$$\{\boldsymbol{d}_1(\boldsymbol{x}),\boldsymbol{d}_2(\boldsymbol{x}),\cdots,\boldsymbol{d}_S(\boldsymbol{x})\}，\text{其中 } \boldsymbol{d}_i(x):\Omega_i \rightarrow \Delta_i \tag{8-53}$$

$$\Omega_i = \text{supp}\,p\{\boldsymbol{d}_i(\boldsymbol{x})\} \subset R^2, \Delta_i = \text{range}\{\boldsymbol{d}_i(\boldsymbol{x})\}$$

图像处理系统的处理对象一般是离散数据，因此 $\boldsymbol{d}_i(\boldsymbol{x})$常用一个图像矩阵来表示。不过为了方便，通过将一个图像矩阵的元素适当的相连可得到向量 $\boldsymbol{d}_i \in R^{m_i}$，显然，$m_i$ 为图像矩阵中的所有元素总数。

类似地，将图像向量 $\boldsymbol{d}_i \in R^{m_i}$ 适当的相连可得到向量 $\boldsymbol{d} \in R^m$，其中 $i=1,\cdots,S$，$m=\sum_{i=1}^{S} m_i$。首先讨论 $S=1$ 的情形，然后再扩展到一般情形。

除了离散化带来的误差，还有一些其他的因素使得一幅图像 $\boldsymbol{d}_1$ 含有误差。获取图像 $\boldsymbol{d}_1$ 的感知过程总是伴随着信息的损失，例如，在映射或者滤波操作后，$\boldsymbol{d}_1$ 可能变得不完整。从 $\boldsymbol{d}_1$ 推论出特征，或者得到一个本质上比 $\boldsymbol{d}_1$ 更好的图像，就称做解一个逆问题。前向模型用来将图像与感兴趣的未知量相联系，一般地，前向模型与观测到的实际图像 $\boldsymbol{d}_1$ 是独立的。这里，前向模型由一个线性方程给出

$$\boldsymbol{d}_1 = \boldsymbol{A}_1\boldsymbol{r} \quad \text{其中 } \boldsymbol{r} \in R^n, \boldsymbol{A}_1 \in R^{m_1 \times n} \tag{8-54}$$

由于 $\boldsymbol{d}_1$ 及 $\boldsymbol{A}_1$ 的不完整性，因此由 $\boldsymbol{d}_1$ 计算出来的 $\boldsymbol{r}$ 是不适定的[50]，即 $\boldsymbol{r}=\boldsymbol{A}_1^{-1}\boldsymbol{d}_1$ 或 $\boldsymbol{r}=\boldsymbol{A}_1^{+}\boldsymbol{d}_1$ 都不是 $\boldsymbol{r}$ 的好的近似。正则化方法可以通过增加额外的先验知识将一个不适定问题转化成一个适定问题，而贝叶斯方法通过嵌入一个更一般的概率架构来处理不适定问题[51~53]。为了使贝叶斯框架中的前向模型更加合适，可以在式 $\boldsymbol{d}_1=\boldsymbol{A}_1\boldsymbol{r}$ 的右边加一个非确定性噪声 $\boldsymbol{e}$，则

$$\boldsymbol{d}_1 = \boldsymbol{A}_1\boldsymbol{r} + \boldsymbol{e} \tag{8-55}$$

下面以高斯分布为例来说明贝叶斯图像融合，在贝叶斯理论中，与 r 有关且与观测到的 $\boldsymbol{d}_1$ 独立的其他先验知识应该通过先验分布 $p(\boldsymbol{r})$包含于概率模型中。根据 ME 原理可知，$p(\boldsymbol{r})$为均值为 $\bar{\boldsymbol{r}}_0=\text{E}[\boldsymbol{r}]$，协方差矩阵为 $\bar{\boldsymbol{R}}_0=\text{Cov}[\boldsymbol{r}]=$

$E[(\boldsymbol{r}-\bar{\boldsymbol{r}}_0)(\boldsymbol{r}-\bar{\boldsymbol{r}}_0)^T]$的多变量高斯分布的密度函数。即

$$p(\boldsymbol{r}) \propto \exp\left(-\frac{1}{2}(\boldsymbol{r}-\bar{\boldsymbol{r}}_0)^T\bar{\boldsymbol{R}}_0^{-1}(\boldsymbol{r}-\bar{\boldsymbol{r}})\right) \tag{8-56}$$

类似的 $\boldsymbol{e}\sim N(\bar{\boldsymbol{e}}_1,\bar{\boldsymbol{E}}_1)$，其中 $\bar{\boldsymbol{E}}_1>0$，即 $\bar{\boldsymbol{E}}_1$ 对称且正定。

如果 $\boldsymbol{e}$ 与未知的 $\boldsymbol{r}$ 是相互独立的，那么概率前向模型中的相似性密度 $p(\boldsymbol{d}_1|\boldsymbol{r})$为均值为 $\boldsymbol{A}_1\boldsymbol{r}$，协方差矩阵为 $\bar{\boldsymbol{E}}_1$ 的高斯分布密度。因为两个高斯分布密度函数的积仍然是一个高斯分布的密度函数，所以 $\boldsymbol{r}$ 的后验密度 $p(\boldsymbol{r}|\boldsymbol{d}_1)$仍然为高斯分布的密度函数。

$$p(\boldsymbol{r}\mid\boldsymbol{d}_1)\propto\exp\left(-\frac{1}{2}(\boldsymbol{d}_1-\boldsymbol{A}_1\boldsymbol{r}-\bar{\boldsymbol{e}}_1)^T\bar{E}_1^{-1}(\boldsymbol{d}_1-\boldsymbol{A}_1\boldsymbol{r}-\bar{\boldsymbol{e}}_1)-\frac{1}{2}(\boldsymbol{r}-\bar{\boldsymbol{r}}_0)^T\bar{R}_0^{-1}(\boldsymbol{r}-\bar{\boldsymbol{r}})\right) \tag{8-57}$$

令 $p(\boldsymbol{r}|\boldsymbol{d}_1)$为分布 $N(\bar{\boldsymbol{r}}_1,\bar{\boldsymbol{R}}_1)$的密度函数，则由式(8-57)可得

$$\bar{\boldsymbol{R}}_1=(\bar{\boldsymbol{R}}_0^{-1}+\boldsymbol{A}_1^T\bar{\boldsymbol{E}}_1^{-1}\boldsymbol{A}_1)^{-1},\quad \bar{\boldsymbol{r}}_1=\bar{\boldsymbol{R}}_1(\boldsymbol{A}_1^T\bar{\boldsymbol{E}}_1^{-1}(\boldsymbol{d}_1-\bar{\boldsymbol{e}}_1)+\bar{\boldsymbol{R}}_0^{-1}\bar{\boldsymbol{r}}_0)$$

推广到 S 幅图情形，假设线性递加模型对于每幅图像都适用，则有

$$\boldsymbol{d}_k=\boldsymbol{A}_k\boldsymbol{r}+\boldsymbol{e}_k,\quad k=1,\cdots,S \tag{8-58}$$

其中，$\boldsymbol{A}_k$ 和 $\boldsymbol{e}_k$ 分别代表第 k 幅图像的前向模型的转化因子和噪声。

如果噪声变量 $\boldsymbol{e}_1,\cdots,\boldsymbol{e}_S$ 相互独立，那么各图像间就是条件独立的了。在这种情况下，就可以多次使用贝叶斯理论将 $\boldsymbol{d}_1,\cdots,\boldsymbol{d}_S$ 序列所提供的信息融合，前一幅图像的后验就成了后一幅图的先验。即

$$\begin{aligned}
&p(\boldsymbol{r}\mid\boldsymbol{d}_1)\propto p(\boldsymbol{d}_1\mid\boldsymbol{r})p(\boldsymbol{r})\\
&p(\boldsymbol{r}\mid\boldsymbol{d}_1,\boldsymbol{d}_2)\propto p(\boldsymbol{d}_2\mid\boldsymbol{r})p(\boldsymbol{r}\mid\boldsymbol{d}_1)\\
&\qquad\vdots\\
&p(\boldsymbol{r}\mid\boldsymbol{d}_1,\cdots,\boldsymbol{d}_S)\propto p(\boldsymbol{d}_S\mid\boldsymbol{r})p(\boldsymbol{r}\mid\boldsymbol{d}_1,\cdots,\boldsymbol{d}_{S-1})
\end{aligned} \tag{8-59}$$

对于高斯情形，后验分布 $p(\boldsymbol{r}|\boldsymbol{d}_1,\cdots,\boldsymbol{d}_k)$ $k=1,2,\cdots,S$ 的均值$\bar{\boldsymbol{r}}_k$ 和协方差矩阵 $\bar{\boldsymbol{R}}_k$ 可通过迭代原理计算出来

$$\begin{aligned}
\bar{\boldsymbol{R}}_k&=(\bar{\boldsymbol{R}}_{k-1}^{-1}+\boldsymbol{A}_k^T\bar{\boldsymbol{E}}_k^{-1}\boldsymbol{A}_k)^{-1}\\
\bar{\boldsymbol{r}}_k&=\bar{\boldsymbol{R}}_k(\boldsymbol{A}_k^T\bar{\boldsymbol{E}}_k^{-1}(\boldsymbol{d}_k-\bar{\boldsymbol{e}}_k)+\bar{\boldsymbol{R}}_{k-1}^{-1}\bar{\boldsymbol{r}}_{k-1})
\end{aligned} \tag{8-60}$$

如果所有的图像序列 $\boldsymbol{d}_1,\cdots,\boldsymbol{d}_S$ 都是在相同的感知过程中获取的，那么对于所有的 $k\in\{1,\cdots,S\}$，可令 $A=A_k$，$e=\bar{e}_k$ 及 $E=\bar{E}_k$，从而有

$$\begin{aligned}
\bar{\boldsymbol{R}}_S&=(\bar{\boldsymbol{R}}_0^{-1}+S\boldsymbol{A}^T\bar{\boldsymbol{E}}^{-1}\boldsymbol{A})^{-1}\\
\bar{\boldsymbol{r}}_S&=\bar{\boldsymbol{R}}_S\left(\boldsymbol{A}^T\bar{\boldsymbol{E}}^{-1}\left(\sum_{k=1}^{S}\boldsymbol{d}_k-S\boldsymbol{e}\right)+\bar{\boldsymbol{R}}_0^{-1}\bar{\boldsymbol{r}}_0\right)
\end{aligned} \tag{8-61}$$

可见图像序列 $\boldsymbol{d}_1,\cdots,\boldsymbol{d}_S$ 的条件独立可大大简化贝叶斯融合，实际上，对于不同感知机制获取的图像，条件独立是满足的。

通过上面的论述，可以知道，后验分布包含了先验知识和图像序列 $\boldsymbol{d}_1,\cdots,\boldsymbol{d}_S$ 的所有信息。从后验分布 $p(\boldsymbol{r}|\boldsymbol{d}_1,\cdots,\boldsymbol{d}_S)$中提取出单一估计量$\hat{\boldsymbol{r}}$，使得它在某种程度上是未知 $\boldsymbol{r}$ 的一个好的近似，但是后验分布中的信息还是会丢失。使用决策理论知识，

将选取$\hat{\boldsymbol{r}}$后的损失通过损失函数 l 进行量化，$l(\hat{\boldsymbol{r}},\boldsymbol{r})$表示对于“真实”$\boldsymbol{r}$，选取估计量$\hat{\boldsymbol{r}}$后所带来的损失。对于给定的图像序列 $\boldsymbol{d}_1,\cdots,\boldsymbol{d}_k$，损失为

$$c(\hat{\boldsymbol{r}} \mid \boldsymbol{d}_1,\cdots,\boldsymbol{d}_k) = \sum_{r} l(\hat{\boldsymbol{r}},\boldsymbol{r}) p(\boldsymbol{r} \mid \boldsymbol{d}_1,\cdots,\boldsymbol{d}_k) \tag{8-62}$$

其中 c 为成本函数，将 c 关于$\hat{\boldsymbol{r}}$最小化可得到贝叶斯估计，也就是对于所选损失函数最好的 $\boldsymbol{r}$ 估计值。下面列举几个常用的损失函数。相关的背景知识及更多的例子可参考文献[52,54～57]

例 8.4 损失函数

$$l(\hat{\boldsymbol{r}},\boldsymbol{r}) = \left\{\begin{matrix} 0 & \hat{\boldsymbol{r}} = \boldsymbol{r} \\ 1 & \hat{\boldsymbol{r}} \neq \boldsymbol{r} \end{matrix}\right\} = 1 - \delta_r^{\hat{r}} \tag{8-63}$$

其中 δ_a^b 代表克罗内克 δ 函数，如果 $a=b$，其值为 0，否则为 1。它对所有的错误值的处理都一样，因此，最后的成本函数可通过对后验估计值最大化来实现最小化

$$\hat{\boldsymbol{r}} = \arg\max_{r} p(\boldsymbol{r} \mid \boldsymbol{d}_1,\cdots,\boldsymbol{d}_S) \tag{8-64}$$

这是最常用的估计值，它传递了后验分布的最大可能值。

例 8.5 另一个常用的损失函数为 $l(\hat{\boldsymbol{r}},\boldsymbol{r}) = \|\hat{\boldsymbol{r}}-\boldsymbol{r}\|^2$，它通过求符合 $\boldsymbol{r}$ 的后验期望的估计的最小均方来使成本函数最小化。

$$\hat{\boldsymbol{r}} = \mathrm{E}_{p(\boldsymbol{r} \mid \boldsymbol{d}_1,\cdots,\boldsymbol{d}_S)}[\boldsymbol{r}] \tag{8-65}$$

例 8.6 将式(8-63)修改一下，它的基于像素的损失函数为 $l(\hat{\boldsymbol{r}},\boldsymbol{r}) = \sum_{i=1}^{n}(1 - \delta_{r(i)}^{\hat{r}(i)})$，其中$\hat{\boldsymbol{r}}(i)$，$\boldsymbol{r}(i)$ 分别代表图像向量$\hat{\boldsymbol{r}}$，$\boldsymbol{r}$ 的第 i 个像素。$\boldsymbol{r}$ 的估计值由下式给出

$$\hat{\boldsymbol{r}}(i) = \arg\max_{r}(i) p(\boldsymbol{r}(i) \mid \boldsymbol{d}_1,\cdots,\boldsymbol{d}_S), \quad i = 1,\cdots,n \tag{8-66}$$

2. 能量泛函方法

在给定了数据 $\boldsymbol{d}$ 后，能量泛函是一个有效的工具。其主要思想是：使最后结果 $\boldsymbol{r}$ 的所有已知的或者所期望的性质，或者带有限制条件和先验知识的一些中间结果，转化为所谓的能量项 $E_i \in R, i=1,\cdots,I, I \in N^+$，当结果采用了更合适的值或者限制条件能够很好地符合时，能量项会单调减小。通过对这些能量项加权求和，可以得到全局能量

$$\mathrm{E}(\boldsymbol{r},\boldsymbol{d}) = \sum_{i} \lambda_i \mathrm{E}_i(\boldsymbol{r},\boldsymbol{d}), \quad \lambda_i > 0 \tag{8-67}$$

不失一般性，一个加权系数可以等于 1。

通过关于 $\boldsymbol{r}$ 的全局能量最小化，基于能量项中性能、条件和先验知识能够达到的最优结果，$\hat{\boldsymbol{r}}$可表示为

$$\hat{\boldsymbol{r}} = \arg\min_{r}\{\mathrm{E}(\boldsymbol{r},\boldsymbol{d})\} \tag{8-68}$$

这种能量形式有如下几个优点：

(1) 能量项的个数是任意的而且不受限制。因此，所有可用的信息都可以加入到能量公式中。如果新的信息是可用的，则可以简单地加上一个合适的能量项。

(2) 能量项能够适用于原始数据、中间结果或者最终结果。因此,得到的性能的表达式就可以很灵活。

(3) 性能中期望和约束的相关关系可以通过选择合适的加权系数 λ_i 来表示。

显然,对于数据和图像的融合,能量函数可以满足所有的要求:原始数据 $\{\boldsymbol{d}_i\}$ 是待融合的图像,通过最小化全局能量来得到融合结果 $\hat{\boldsymbol{r}}$,这全局能量体现了融合的规则,即模拟出关于最终和中间结果的期望性能。

能量项的形式必须确定下来,这可以使最终结果或者任意一个中间结果的每一个期望的性能和每一个限制条件,都可以转化为一项。通过加权结合这些项,可以得到融合任务的总体规范。以输入数据 $\boldsymbol{d}$、最终结果 $\boldsymbol{r}$、一些中间结果或者它们的结合为基础,我们可以得到能量项。

基于能量项模型里面的一些自然特性和约束,能量项可以分为一些组,包括:数据项、品质项、约束项。

1) 数据项:数据项可以保证在输入数据和融合结果之间有一个合理的或者一个确定的关系。通常,公式如下

$$\mathrm{E}_d(\boldsymbol{r},\boldsymbol{d}) = \sum_{M_d \subseteq (D\times R)} D\{F\{\boldsymbol{r}\},F\{\boldsymbol{d}\}\} + \sum_{O_d \subseteq (D\times R)\backslash M_d} \beta_d \tag{8-69}$$

这里 $D\{.,.\}$ 是基于两个操作数的距离度量(理论上的度量),$F\{.\}$ 是一个特殊的运算符,它定义了关于数据与结果匹配的融合相关性。$M_d \subseteq (D\times R)$ 表示 $\boldsymbol{d}$ 和 $\boldsymbol{r}$ 的部分结合域,它可以用来做数据匹配,$\beta_d \geqslant 0$ 在 $O_d \subseteq (D\times R)\backslash M_d$ 的一部分或者整个剩余区域里对图像点起补偿作用。注意,因为数据项在输入数据和结果之间评估了一些相似性,因此它是信号 $\boldsymbol{d}$ 和 $\boldsymbol{r}$ 的函数。

例 8.7 令 $D=R$,在 $M_d \subseteq R$ 的区域中,使用 $\boldsymbol{d}$ 和 $\boldsymbol{r}$ 的欧几里得度量,在 $O_d = R\backslash M_d$ 的位置允许有误差

$$\mathrm{E}_d(\boldsymbol{r},\boldsymbol{d}) = \sum_{M_d \subseteq R} (\boldsymbol{r}-\boldsymbol{d})^2 + \sum_{O_d = R\backslash M_d} \beta_d \tag{8-70}$$

这里要求在区域 M_d 中结果应接近于输入信号,在 O_d 中的偏差可以用惩罚函数 β_d 来度量。

2) 品质项:在品质项中,融合结果的期望性能可以表示为一个有意义的特征的评估

$$\mathrm{E}_q(\boldsymbol{r}) = \sum_{M_q \subseteq R} Q\{\boldsymbol{r}\} + \sum_{O_q \subseteq R\backslash M_q} \beta_q \tag{8-71}$$

这里 $Q\{\cdot\}$ 是一个运算符,在 $M_q \subseteq R$ 的部分区域中,它可以对融合结果 $\boldsymbol{r}$ 进行品质测量,也可以用来做品质评估,β_q 在 $O_q \subseteq R\backslash M_q$ 的一部分或者全部剩余区域中作为一个补偿项。考虑到融合的目的,一个合适的项可以描述融合结果的各种各样的特性。由于品质项只对融合结果的品质进行评估,因此它只是 $\boldsymbol{r}$ 的函数。

3) 约束项:当对融合结果施加某些约束时,我们就采用约束项

$$\mathrm{E}_c(\boldsymbol{r}) = \sum_{M_c \subseteq R} C\{\boldsymbol{r}\} + \sum_{O_c \subseteq R\backslash M_c} \beta_c \tag{8-72}$$

这里 $C\{\cdot\}$是一个运算符，它可以在 $M_c \subseteq R$ 的部分区域内评估某个约束的符合程度。β_c 是一个补偿项，它在 $O_c \subseteq R \backslash M_c$ 的部分或者全部剩余区域内起作用。

为了使约束项满足要求，我们必须选择一个合适的能量项：如果约束是松弛的，则相应项须使用一个关于 $C\{\cdot\}$的连续函数。然而，如果某个融合结果是不可能实现的，或者是完全不合要求的（一个硬约束），那么结果中就会引入无穷大，这会导致全局能量无穷大，从而阻碍了能量的最小化。

由于约束条件常常不仅仅用于最终结果，而且还用于中间结果，因此，约束项要包含对中间结果的评估。

例 8.8 考虑到融合的目的，针对融合结果或者一些中间结果，一个合适的项可以是 n 阶连续的（平滑性）。注意到在一系列图像的情况下，平滑性不需要局限于空间维数。为了评估 n 阶连续的融合结果，一般的，约束项为

$$\mathrm{E}_c(\boldsymbol{r}) = \sum_{M_c \subseteq R} L\{\boldsymbol{r}\} + \sum_{O_c = R \backslash M_c} \beta_c \tag{8-73}$$

这里 $L\{\cdot\}$是一个运算符，它在 M_c 区域内评估期望平滑的性能。在这种情况下，第一部分应该小，$L\{r\}$可以选择成一个差商。区域 O_c 不包含在平滑评定中，它可以是图像边界或看得见的边缘，这些是属于场景中的且不需要平滑。

品质项和约束项的差别并不总是那么严格，上述提到的关于融合结果的光滑的约束可以认为是作用于最终或中间结果的一个约束（比如，在某个平滑的约束条件下对某个局部测量误差的优化），或者是一个品质性能（比如在处理过程中对输入数据进行局部平滑）。

实际上，这些项的表达式中经常包含一些局部邻近的评估体系（比如说，上述提到的平滑项）。这些项采用了马尔科夫随机域的形式[58]。

例 8.9 考虑三维融合的一般任务：给定一个三维输入对$\{\boldsymbol{d}_1(\boldsymbol{x}), \boldsymbol{d}_2(\boldsymbol{x})\}$，我们需要得到一个观测场景的三维重构。因此，最基本的就是要精确地确定不一致的图 $\boldsymbol{r}(\boldsymbol{x})$，这也是融合的目的。在第一个图像中的一个像素点 $\boldsymbol{x}_1$ 和第二个图像中的一个像素点 $\boldsymbol{x}_2$ 如果满足 $\boldsymbol{x}_2 = \boldsymbol{x}_1 + \boldsymbol{r}(\boldsymbol{x}_1)$，则称它们是一致的。

融合问题可以用能量泛函来描述，即有

$$\begin{aligned}\mathrm{E}_{\text{stereo}}(\boldsymbol{r}(\boldsymbol{x}), \boldsymbol{d}_1(\boldsymbol{x}), \boldsymbol{d}_2(\boldsymbol{x})) = {} & \mathrm{E}_d(\boldsymbol{r}(\boldsymbol{x}), \boldsymbol{d}_1(\boldsymbol{x}), \boldsymbol{d}_2(\boldsymbol{x})) + \mathrm{E}_q(\boldsymbol{r}(\boldsymbol{x}), \boldsymbol{d}_1(\boldsymbol{x}), \boldsymbol{d}_2(\boldsymbol{x})) \\ & + \mathrm{E}_c(\boldsymbol{r}(\boldsymbol{x}), \boldsymbol{d}_1(\boldsymbol{x}), \boldsymbol{d}_2(\boldsymbol{x}))\end{aligned} \tag{8-74}$$

能量泛函 $\mathrm{E}_{\text{stereo}}$ 包含了三项，事实上，它保证了：(1)融合结果与输入信号相关（通过数据项 E_d 表示）；(2)融合结果有期望的性能（通过品质项 E_q 表示）；(3)融合结果满足预先知道的约束（通过约束项 E_c 表示）。

数据项 $\mathrm{E}_d(\boldsymbol{r}(\boldsymbol{x}), \boldsymbol{d}_1(\boldsymbol{x}), \boldsymbol{d}_2(\boldsymbol{x}))$：它保证了图像的一致性，也就是说，相一致的像素点必须有相类似的灰度值。因此，基于一个像素点的不同测量，比如，强度差的平方 $D(\boldsymbol{x}_1, \boldsymbol{x}_2) := (\boldsymbol{d}_1(\boldsymbol{x}_1) - \boldsymbol{d}_2(\boldsymbol{x}_2))^2$，定义一个损失函数

$$\mathrm{E}_d(\boldsymbol{r}(\boldsymbol{x}), \boldsymbol{d}_1(\boldsymbol{x}), \boldsymbol{d}_2(\boldsymbol{x})) = \sum_{(\boldsymbol{x}_1, \boldsymbol{x}_2) \in C} \min\{0, D(\boldsymbol{x}_1, \boldsymbol{x}_2) - \boldsymbol{K}\} \tag{8-75}$$

这里 K 是一个阈值，C 是相一致的像素点的集合。

品质项 $E_q(\boldsymbol{r}(\boldsymbol{x}),\boldsymbol{d}_1(\boldsymbol{x}),\boldsymbol{d}_2(\boldsymbol{x}))$：由于重构问题是有约束条件的，为了获得唯一解，我们需要额外的信息。这里假定不一致的变量只在亮度边缘才会有显著的变化。用品质项来描述这个性能，即有

$$E_q(\boldsymbol{r}(\boldsymbol{x}),\boldsymbol{d}_1(\boldsymbol{x}),\boldsymbol{d}_2(\boldsymbol{x}))=\sum_{k=1}^{2}\sum_{x\in\Omega_k}\sum_{\xi\in N(x)}Q(\boldsymbol{d}_k(\boldsymbol{x}),\boldsymbol{d}_k(\xi),\boldsymbol{r}(\boldsymbol{x}),\boldsymbol{r}(\xi)) \tag{8-76}$$

$$Q(\boldsymbol{d}_k(\boldsymbol{x}),\boldsymbol{d}_k(\xi),\boldsymbol{r}(\boldsymbol{x}),\boldsymbol{r}(\xi)):=(1-\delta_{\boldsymbol{r}(\boldsymbol{x})}^{\boldsymbol{r}(\xi)}).\begin{cases}\lambda_1 & \text{if } |\boldsymbol{d}_k(\boldsymbol{x})-\boldsymbol{d}_k(\xi)|<S,\\ \lambda_2 & \text{if } |\boldsymbol{d}_k(\boldsymbol{x})-\boldsymbol{d}_k(\xi)|\geqslant S\end{cases} \tag{8-77}$$

这里 δ_a^b 表示克罗内克符号函数。S 是检测光度边缘的一个阈值，$N(x)$是关于 $\boldsymbol{x}$ 和 $\lambda_1>\lambda_2>0$ 的临近像素点的集合。

约束项 $E_c(\boldsymbol{r}(\boldsymbol{x}),\boldsymbol{d}_1(\boldsymbol{x}),\boldsymbol{d}_2(\boldsymbol{x}))$：它评估了场景的能见度，并通过把能量设定为无限，排除了一些物理上不可能实现的不一致的配置，读者可以参考文献[59～61]来了解更多关于能见度约束的细节，并可以了解到对参数 S,λ_1,λ_2 和 K 如何进行合适的选择。

深度估计问题的解决办法是最小化能量泛函[61]。因此，一种基于图像分割的最新算法可以采用[62,63]。

依靠吉布斯密度，能量形式可以直接地与贝叶斯方法联系起来。使用全局能量我们可以定义吉布斯分布

$$\pi(\boldsymbol{r},\boldsymbol{d}):=\frac{1}{Z}e^{-\gamma E(\boldsymbol{r},\boldsymbol{d})}=\frac{1}{Z}\prod_i e^{-\gamma\lambda_i E_i(\boldsymbol{r},\boldsymbol{d})},\quad \gamma,\lambda_i>0 \tag{8-78}$$

标准化的常数 Z 可以保证 $\pi(\boldsymbol{r},\boldsymbol{d})$是一个可信度分布。借助于指数函数，能量项的总和可以转化为各自吉布斯密度的乘积。

为了与贝叶斯形式建立一个联系，吉布斯分布等式(8-78)可以看做是与 $\boldsymbol{r}$ 的后验分布相对应，输入数据为 $\boldsymbol{d}$

$$\pi(\boldsymbol{r},\boldsymbol{d})\propto p(\boldsymbol{r}\mid\boldsymbol{d}) \tag{8-79}$$

另一方面，能量项可以构成条件可信度 $p(\boldsymbol{d}|\boldsymbol{r})$和先验可信度 $p(\boldsymbol{r})$

$$p(\boldsymbol{r}\mid\boldsymbol{d})\propto p(\boldsymbol{d}\mid\boldsymbol{r})\cdot p(\boldsymbol{r})\propto\underbrace{\prod_j e^{-\gamma\lambda_j E_j(\boldsymbol{r},\boldsymbol{d})}}_{\propto p(\boldsymbol{d}|\boldsymbol{r})}\underbrace{\prod_k e^{-\gamma\lambda_k E_k(\boldsymbol{r})}}_{\propto p(\boldsymbol{r})},\quad \gamma,\lambda_j,\lambda_k>0 \tag{8-80}$$

这里能量项根据它们的参数来分类，$j=1,\cdots,J,k=1,\cdots,K,K+J=I$。标准化的常数 Z 相当于 $p(\boldsymbol{d})$，并且只要 $p(\boldsymbol{r}|\boldsymbol{d})$的最大值和相应的参数$\hat{\boldsymbol{r}}$确定了，$Z$ 就可以忽略掉。对于条件可信度或先验可信度的能量项的确定取决于单个的能量公式和各自能量项的参数。然而，由于数据项 $E_d(\boldsymbol{r},\boldsymbol{d})$经常用来描述输入数据 $\boldsymbol{d}$ 和融合结果 $\boldsymbol{r}$ 之间的关系，它们经常与条件可信度联系起来。品质项 $E_q(\boldsymbol{r})$可评估融合结果并可作为先验信息包含在先验可信度分布中。

注意到从能量泛函(主观定义的)到吉布斯密度的转换是任意定义的。用式(8-80)对问题进行重述，可使得问题仅仅由概率分布构成，它依赖于能量表达式。这种转换的优势在于可使用多种统计方法(包含贝叶斯方法)。

由于指数函数 $e^{-\alpha}$关于α 是严格单调下降的，能量最小化问题转化为吉布斯分布

的最大化问题。最优结果与常数 γ 无关，忽略掉常数 γ，则

$$\begin{aligned}\hat{\boldsymbol{r}} &= \arg\min_{\boldsymbol{r}}\{\mathrm{E}(\boldsymbol{r},\boldsymbol{d})\} \\ &= \arg\max_{\boldsymbol{r}}\{\pi(\boldsymbol{r},\boldsymbol{d})\} = \arg\max_{\boldsymbol{r}}\{\mathrm{e}^{-\mathrm{E}(\boldsymbol{r},\boldsymbol{d})}\} \\ &= \arg\max_{\boldsymbol{r}}\{p(\boldsymbol{r}\mid\boldsymbol{d})\}\end{aligned} \tag{8-81}$$

因此，关于 $\boldsymbol{r}$ 的吉布斯分布最大化和相应的全局能量最小化是对 $\boldsymbol{r}$ 的最大后验概率估计。然而，从贝叶斯定理出发，吉布斯分布提供了计算 $\boldsymbol{r}$ 的估计的许多其他的方法，例如贝叶斯估计方法或边缘化方法来对部分 $\boldsymbol{r}$ 进行表述

$$p(\boldsymbol{r}\in R_a\,|\,\boldsymbol{d}) \propto \sum_{r\in R\backslash R_a} p(\boldsymbol{r}\,|\,\boldsymbol{d}) \tag{8-82}$$

注意到只有关于后验分布的最大后验概率估计才能针对能量最小化问题产生唯一的结果。然而，整体估计的使用受到可信度分布的限制，因此也证实了从能量表达式到吉布斯密度的转换。

当且仅当在使用二次能量项时，吉布斯分布转化为高斯分布。由于结果完全取决于它们的期望和协方差，因此结果分布可以很容易地分析出来，从而对权重系数 λ_i 的客观选择就可以构成了。

例 8.10 假定单向平滑输入函数 $\boldsymbol{d}(\boldsymbol{x})$ 可以通过使用能量项[64,65]而定义在一个间隔为 1 的离散集 $D=R$ 上

$$\begin{aligned}\mathrm{E}_d(\boldsymbol{r}(\boldsymbol{x}),\boldsymbol{d}(\boldsymbol{x})) &= \sum_R (\boldsymbol{r}(\boldsymbol{x})-\boldsymbol{d}(\boldsymbol{x}))^2 \\ \mathrm{E}_q(\boldsymbol{r}(\boldsymbol{x})) &= \sum_R (\boldsymbol{r}(\boldsymbol{x}+\delta)-\boldsymbol{r}(\boldsymbol{x}))^2, \quad \delta=(1,0)^{\mathrm{T}}\end{aligned} \tag{8-83}$$

能量最小化问题表述为

$$\hat{\boldsymbol{r}}(\boldsymbol{x}) = \arg\min_{\boldsymbol{r}(\boldsymbol{x})}\left\{\lambda_d\sum_R(\boldsymbol{r}(\boldsymbol{x})-\boldsymbol{d}(\boldsymbol{x}))^2+\lambda_q\sum_R(\boldsymbol{r}(\boldsymbol{x}+\delta)-\boldsymbol{r}(\boldsymbol{x}))^2\right\},\quad \lambda_d,\lambda_q>0 \tag{8-84}$$

把全局能量并入到吉布斯分布中，得到

$$\begin{aligned}\boldsymbol{p}(\boldsymbol{r}(\boldsymbol{x})\mid\boldsymbol{d}(\boldsymbol{x})) &\propto \pi(\boldsymbol{r}(\boldsymbol{x}),\boldsymbol{d}(\boldsymbol{x})) \\ &\propto \mathrm{e}^{(-\lambda_d\sum_R(\boldsymbol{r}(\boldsymbol{x})-\boldsymbol{d}(\boldsymbol{x}))^2-\lambda_q\sum_R(\boldsymbol{r}(\boldsymbol{x}+\delta)-\boldsymbol{r}(\boldsymbol{x}))^2)} \\ &= \underbrace{\prod_R \mathrm{e}^{-\lambda_d(\boldsymbol{r}(\boldsymbol{x})-\boldsymbol{d}(\boldsymbol{x}))^2}}_{\propto p(\boldsymbol{d}(\boldsymbol{x})\mid\boldsymbol{r}(\boldsymbol{x}))}\ \underbrace{\prod_R \mathrm{e}^{-\lambda_q(\boldsymbol{r}(\boldsymbol{x}+\delta)-\boldsymbol{r}(\boldsymbol{x}))^2}}_{\propto p(\boldsymbol{r}(\boldsymbol{x}))},\quad \lambda_d,\lambda_q>0\end{aligned} \tag{8-85}$$

第一部分是所希望的的条件可信度，以及在每一个 R 域中结果 $\boldsymbol{r}(\boldsymbol{x})$ 与输入数据 $\boldsymbol{d}(\boldsymbol{x})$ 偏差的权重。通过吉布斯分布，似然函数 $p(\boldsymbol{d}(\boldsymbol{x})\,|\,\boldsymbol{r}(\boldsymbol{x}))$ 可看作是服从高斯分布 $N\left(\boldsymbol{d}(\boldsymbol{x}),\dfrac{1}{2\lambda_d}\right)$。第二部分可看作是先验信息，它可以表示先前定义的融合结果的好的特性，用 $p(\boldsymbol{r}(\boldsymbol{x}))=N\left(\boldsymbol{r}(\boldsymbol{x}+\delta),\dfrac{1}{2\lambda_q}\right)$ 表示。这一项与用于图像复原的经典算法联系紧密，在图像复原中，这项可以在最终结果上加入一些光滑的约束。

全局能量的定义使得 $p(\boldsymbol{r}(\boldsymbol{x})\,|\,\boldsymbol{d}(\boldsymbol{x}))$ 具有马尔科夫随机域的结构（MRF）[65]。一

个 MRF 是基于一些随机变量的概率分布，在其他随机变量 $\boldsymbol{r}(\boldsymbol{x}_j)$，$\boldsymbol{x}_i \neq \boldsymbol{x}_j \in R$ 的值给定的情况下，单一随机变量 $\boldsymbol{r}(\boldsymbol{x}_i)$，$\boldsymbol{x}_i \in R$ 的概率仅取决于 $\boldsymbol{x}_i$ 的邻域 N_i，即 $p(\boldsymbol{r}(\boldsymbol{x}_i)|\boldsymbol{r}(\boldsymbol{x}_j),\boldsymbol{x}_j \neq \boldsymbol{x}_i) = p(\boldsymbol{r}(\boldsymbol{x}_i)|\boldsymbol{r}(\boldsymbol{x}_j),\boldsymbol{x}_j \in N_i)$。因此，我们将看到，在直接最小化的解中，邻域由 $N_i = \{\boldsymbol{x}_i - \delta, \boldsymbol{x}_i + \delta\}$决定。

8.4.2 基于统计量测优化的图像融合

图像融合的目的是从一系列多聚焦或者多传感器的图像中获得一幅感官效果提高的图像。在图像融合的诸多方法中，我们准备去描述盲目融合方法(blind fusion method)，即不能先验地知道地面真实图像。根据它们应用领域的不同，主要分为两组：空间域方法和变换域方法。本节介绍的是离散度最小化融合(dispersion minimisation fusion，即 DMF)和峰度最大化融合(kurtosis maximisation fusion，即 KMF)，均属于空间域方法，也就是说，融合是简单地在图像自身上进行的。我们提出使用在视觉感知领域中评估能力较好的具体的数学性能标准去估计权值，然后使用这些权值来线性地结合输入的多幅图像。更具体地，为了去估计权值，我们提出迭代的方法，即利用基于统计参数离散度、峰度的评价函数。该评价函数的最优化能够使我们去获得比输入图像更少失真的融合图像。

1. 简介

假如存在 K 幅源图像 $X_1,\cdots,X_K$，我们用它们来描述同一幅真实场景 F 的不同实现。这些可以利用的图像来自于不同的传感器或者它们是相同的类型但描述不同的失真情况，例如模糊程度不同。我们的目的是从这些图像中获得单一的图像 Y，它在人类的感知方面有较大的提高。这个复合的图像应该包含更多的有用的场景信息，应该对人类视觉或者机器感知更有用。这个将多幅图像巧妙结合成一幅效果更好的图像的工作叫做图像融合。图像融合已经被使用在多个领域，例如空中和卫星图像，医学图像，机器人视觉等。在近些年来，在图像分析、计算机视觉、隐藏武器的检测以及自动登陆引导等方面，图像融合已经成为重要和有用的技术。图像融合可以在空间域或者变换域进行。

对于变换域，融合方法主要是先将输入图像转换到一个新的域，然后融合，再通过反变换将融合的结果转换回来。流行的变换域融合方法主要有双树-小波变换(DT-WT)[66]、对立主成分分析(ICA)[67]等。在这些方法中，通过基于像素或者基于区域的融合规则对融合系数进行计算。

本文中我们提出的是空间域方法，也就是说，我们直接对输入图像进行操作，使用新颖的优化方法对权值进行估计，并将有用的源图像进行线性结合。

2. 数学预备知识

假设用 K 个大小为 $M \times N$ 的二维源数字图像 $X_1,\cdots,X_K$ 来描述同一个真实场

景 F。源图像之间已经配准。通过顺序地扫描行，我们把每一个源图像 X_k 转化为一个行矢量（字典排序），其中元素为 $x_k(n)$，$n\in[1,MN]$。图像融合的目的是去重建一个融合图像 Y，它比单独的源图像 X_k 有更好的图像质量。对于融合图像我们也使用它的字典排序的版本 y，其中元素为 $y(n)$。

去考核一个空间自适应图像融合方法，我们感兴趣的是如何分配第 n 个像素点一个显著的权值 $w_k(n)$，$w_k(n)$ 度量了像素 $x_k(n)$ 对融合后的像素点 $y(n)$ 的贡献。我们可以方便地将第 n 个像素位置的所有的权值和强度值聚集起来，然后通过单个矢量表示如下

$$\boldsymbol{w}(n)=[w_1(n),\cdots,w_K(n)]^{\mathrm{T}} \tag{8-86}$$

$$\boldsymbol{x}(n)=[x_1(n),\cdots,x_K(n)]^{\mathrm{T}} \tag{8-87}$$

其中，$n\in[1,MN]$。因此，在融合图像中第 n 个像素 $y(n)$ 可以由式(8-86)、式(8-87)获得

$$y(n)=\sum_{k=1}^{K}w_k(n)x_k(n)=w^{\mathrm{T}}(n)x(n) \tag{8-88}$$

此外，我们用 $K\times NM$ 的矩阵 $\boldsymbol{x}=[x_1\cdots x_K]^{\mathrm{T}}$ 来包含所有的源图像，$\boldsymbol{w}=[w_1\cdots w_K]^{\mathrm{T}}$ 来包含所有的权值。这些权值都是正数，并且 $\sum_{i=1}^{K}w_i(n)=1$。提出的算法的目的是去决定矩阵 $\boldsymbol{w}$。

3. 基于离散度最小化融合的方法

离散度的概念最早是以一维形式进行研究，用于离散管道中通信信号的盲均衡[68]，然后才开始二维离散度在图像融合问题中的应用[69,70]。

实值图像 F 的离散常值定义为

$$D_F=\frac{\mathrm{E}\{\widetilde{F}^4\}}{\mathrm{E}\{\widetilde{F}^2\}} \tag{8-89}$$

其中，$\widetilde{F}$ 是 F 的零均值形式，$\mathrm{E}\{\cdot\}$ 表示在维数 n 上进行的期望操作。在本文中，我们寻找使评价函数

$$J_{\mathrm{CM}}=\mathrm{E}\{(\tilde{y}^2(n)-D_F)^2\} \tag{8-90}$$

最小化的融合权值。其中 D_F 是原始图像 F 的离散度值，$\tilde{y}(n)$ 表示融合图像字典排序后的零均值形式的第 n 个像素。评价函数 J_{CM} 已经在通信中使用[68]，恒模被广泛地用来指它们，下标 CM 就是用来说明恒模的使用。由于式(8-90)最小化的封闭形式解不存在，迭代方法如梯度下降(GD)法一般被用于解决它。这种方法对 CM 类型的评价函数进行随机梯度最小化，故一般在文献中该法也被称为恒模法或 CMA[68]。CMA 试图通过使用未知参数的任意值和跟踪最速下降的轨迹来最小化 CM 评价函数。

在本文中，提出的评价函数的特殊性在于我们不知道 D_F 的值，因此，式(8-90)涉及融合权值 $[w_1(n),\cdots,w_K(n)]$，$\forall n$ 和原始真实场景离散度 D_F 的估计，故使用

一个交替的随机梯度下降法来对式(8-90)做最小化处理。在先前的定义中，我们需要去处理零均值图像，这就是为什么在本节的其他部分我们将使用符号$\tilde{x}(n)$代替$x(n)$。然而，在最后的步骤中我们将使用源图像的非零均值形式，也就是说，使用最后的权值来是实现图像的重建。

从式(8-88)推出$\tilde{y}(n)=w^{\mathrm{T}}(n)\tilde{x}(n)$，故我们可以重写提出的评价函数如下

$$J_{\mathrm{CM}}(w(n),D_F)=\mathrm{E}\{[(w^{\mathrm{T}}(n)\,\tilde{x}(n))^2-D_F]^2\} \tag{8-91}$$

为了最小化式(8-91)中的评价函数，我们打算使用带有学习率μ和η的梯度下降法，然后需要去计算$J_{\mathrm{CM}}(w(n),D_F)$。为了简化过程，通常互换符号$J_{\mathrm{CM}}(w(n),D_F)$和$J_{\mathrm{CM}}$。

由于知道$J_{\mathrm{CM}}=\mathrm{E}\{(\tilde{y}^2(n)-D_F)^2\}=\mathrm{E}\{\tilde{y}^4(n)\}-2D_F\mathrm{E}\{\tilde{y}^2(n)\}+D_F^2$和$\tilde{y}(n)=w^{\mathrm{T}}(n)\tilde{x}(n)$，维数$n$的期望近似为样本均值$\mathrm{E}\{\tilde{y}^m(n)\}=(1/MN)\sum_{n=1}^{MN}\tilde{y}^m(n)$。因此，这些期望关于具体权值$w(n)$的求导就简化为相应的样本均值项的求导，所要求的导数为

$$\frac{\partial J_{\mathrm{CM}}}{\partial w(n)}=4(\tilde{y}^2(n)-D_F)\,\tilde{y}(n)\,\tilde{x}(n) \tag{8-92}$$

从J_{CM}的表达式我们可以得到$\partial J_{\mathrm{CM}}/\partial D_F=-2\mathrm{E}\{\tilde{y}^2(n)\}+2D_F$或者为

$$\frac{\partial J_{\mathrm{CM}}}{\partial D_F}=2(D_F-\mathrm{E}\{\tilde{y}^2(n)\}) \tag{8-93}$$

1）基于离散度最小化融合的算法

提出的算法被概括为如下的步骤：

(1) 设置所有的权值$w(n)$为K^{-1}。融合图像的第一次估计将会被简化为K个源图像的均值。

(2) 设置D_F的初始值为K个源图像离散度参数的均值。

(3) 更新$w(n)$的值：$w^+(n)\Leftarrow w(n)-\mu\dfrac{\partial J_{\mathrm{CM}}}{\partial w(n)}$。

(4) 归一化$w(n)$的值：$w^+(n)\Leftarrow \mathrm{abs}\left(\dfrac{w(n)}{\|w(n)\|}\right)$。

(5) 更新D_F的值：$D_F^+\Leftarrow D_F-\eta\dfrac{\partial J_{\mathrm{CM}}}{\partial D_F}$。

(6) 检查D_F是否为正数，如果不是的话，取其绝对值：$D_F^+\Leftarrow\mathrm{abs}(D_F)$。

在提出的算法收敛性方面，参数μ和η有重要的意义。如果为这些学习率选择了不合适的值，评价函数也许收敛到局部最小值而不是全局最小值。为了解决这个问题，在更新w和D_F之前，先完成对μ和η最优化的穷举。通过优化，可以得到使评价函数最小化的值或者在收敛处产生一个充分靠近最小化的值。在大量的实验仿真之后，我们得出结论，μ和η的近似值为10^{-6}和0.9。在收敛到全局最小化和收敛速度被考虑的情况下，学习率的先验选择能够使我们得到更好的结果，如图8-17

所示。我们将这种方法改进成为鲁棒性 DMF 方法[69]。一旦矩阵 w 收敛，就可以用非零均值源图像来重建融合图像。

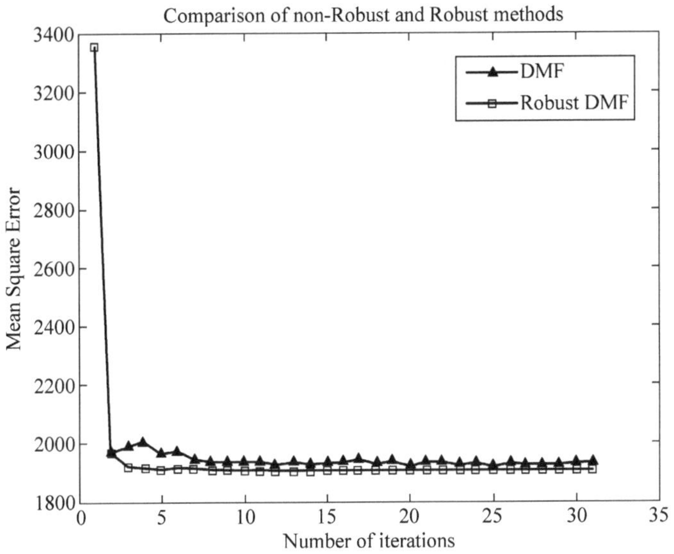

图 8-17　DMF 和 Robust DMF 的对比

2）基于邻域离散度最小化融合的算法

在前面的部分，由于融合图像的多变现的缺少，$w(n)$的更新必不可少地使用随机更新来估计。通过假设图像信号是局部遍历的，我们考虑对感兴趣像素点的 $L\times L$ 邻域像素点进行处理来作为融合图像中那个像素点的多变现，而且我们假设在这个邻域中权值 $w(n)$对位于这个邻域中的每个像素点是不变的，因此，梯度项可以通过下式计算

$$\frac{\partial J_{\mathrm{CM}}}{\partial w(n)}=\mathrm{E}_L\{4(\tilde{y}^2(n)-D_F)\,\tilde{y}(n)\,\tilde{x}(n)\}$$

$$\Rightarrow \frac{\partial J_{\mathrm{CM}}}{\partial w(n)}=\begin{bmatrix}\mathrm{E}_L\{4(\tilde{y}^2(n)-D_F)\,\tilde{y}(n)\,\tilde{x}_1(n)\}\\ \vdots \\ \mathrm{E}_L\{4(\tilde{y}^2(n)-D_F)\,\tilde{y}(n)\,\tilde{x}_K(n)\}\end{bmatrix} \tag{8-94}$$

其中，期望 $\mathrm{E}_L\{\cdot\}$可以通过像素点 n 周围 $L\times L$ 邻域的像素样本均值来计算得到，邻域最优的大小取决于具体的图像、类型以及失真的程度。我们称该方法为基于邻域的离散度最小化融合算法（DMF_WN）。

4. 基于峰度最大化融合的算法

基于离散度最小化融合算法的一个可能的局限是它要求先验的一些统计信息，即地面真实图像的离散度值，在实际情况下这是不可能的。尽管我们已经构造了交替最小化的框架，它给出真实离散度值的合理的估计，但是由于所需要信息的缺少，融合性能的不稳定性和偏差仍然占主导地位。因此，我们提出一个可替代的融合算法，它单纯地基于可利用的传感器图像，并不要求获得原来地面真实图像的信息。我们把这种方法称为基于峰度最大化融合算法(KMF)。

使用峰度最大化的动机来源于两个事实：

(1) 中心极限定理表明几个独立随机变量的和的概率密度函数倾向于高斯分布[71]。

(2) 由于传感器物理条件限制和不完美的观测条件，获得的传感器图像表现为原始图像的带有平滑操作和加性噪声的降级形式[70]，这被假设与图像场景是相互独立的。

平滑操作通常充当一个低通滤波器，它导致滤波后图像的更平坦的分布(更高斯化)，并且高频信息被抑制、降低或者消失[70]。另外，由中心极限定理知，图像场景与加性噪声的结合进一步地增加了传感器图像的高斯性。结合这两个事实，我们可以看到一幅图像的概率分布比它的失真形式或者失真形式的线性组合更少高斯性。我们可以假设，融合后的图像被期望去尽可能地接近原始场景，此外，融合后图像和原始图像具有非高斯特征。这一原则暗示，如果我们找到一幅融合图像 Y，它具有最小的高斯行为，那么这幅图像与获得的传感器图像相比将更加接近原始场景 F。在一定程度上，非高斯性反映了融合图像的质量。因此，我们可以通过最大化它的非高斯性来识别优化的融合图像。测量法如高阶中心距等被频繁地用于量化图像的非高斯性。这里，我们选择峰度绝对值——一个归一化的四阶中心距来进行非高斯最大化。

定义图像 F 的零均值形式 $\widetilde{F}$ 的峰度 K_F 为

$$K_F = \frac{\mathrm{cum}_4\{\widetilde{F}\}}{\mathrm{E}^2\{\widetilde{F}^2\}} = \frac{\mathrm{E}\{\widetilde{F}^4\} - 3\mathrm{E}^2\{\widetilde{F}^2\}}{\mathrm{E}^2\{\widetilde{F}^2\}} = \frac{\mathrm{E}\{\widetilde{F}^4\}}{\mathrm{E}\{\widetilde{F}^2\}\mathrm{E}\{\widetilde{F}^2\}} - 3 = \frac{D_F}{\sigma_{\widetilde{F}}^2} - 3 \tag{8-95}$$

其中 $\mathrm{cum}_4\{\widetilde{F}\}$ 和 $\sigma_{\widetilde{F}}^2$ 分别表示 $\widetilde{F}$ 的四阶累积和和方差。从统计的角度看，峰度量测了一个分布的峰态[72]。更具体看，一个高斯分布的峰度等于 0($K_F=0$)，而且它表现了稳健的截尾，被叫做常峰态。带有短截尾的分布具有负的峰度($K_F<0$)，被叫做亚高斯或扁峰，带有长截尾的分布具有正的峰度($K_F>0$)，被叫做超高斯。峰度的绝对值通常被用来作为非高斯性的度量，如果它倾向于 0 则为高斯分布，否则为其他的非高斯分布。为了说明失真、非高斯以及峰度绝对值三者之间的关系，我们对原始图像进行高斯化模糊，如图 8-18 所示。从图中可以看出，当失真发生时，随着图像数据越来越高斯，相应的峰度绝对值 $|K_F|$ 也越来越小。换句话说，由可利用的源图像产生的融合图像有更大的 $|K_F|$，遵守更多非高斯的行为，有更少的失真，故 $|K_F|$ 可以是反映融合图像质量的有效的标准。由此启发，我们推理出一个新的融合准则，它通过最大化非二次评价函数 J_K 来找到优化的融合权值，J_K 用来描述融合图像 Y 的峰度的绝对值。

基于上述分析，选择峰度的绝对值

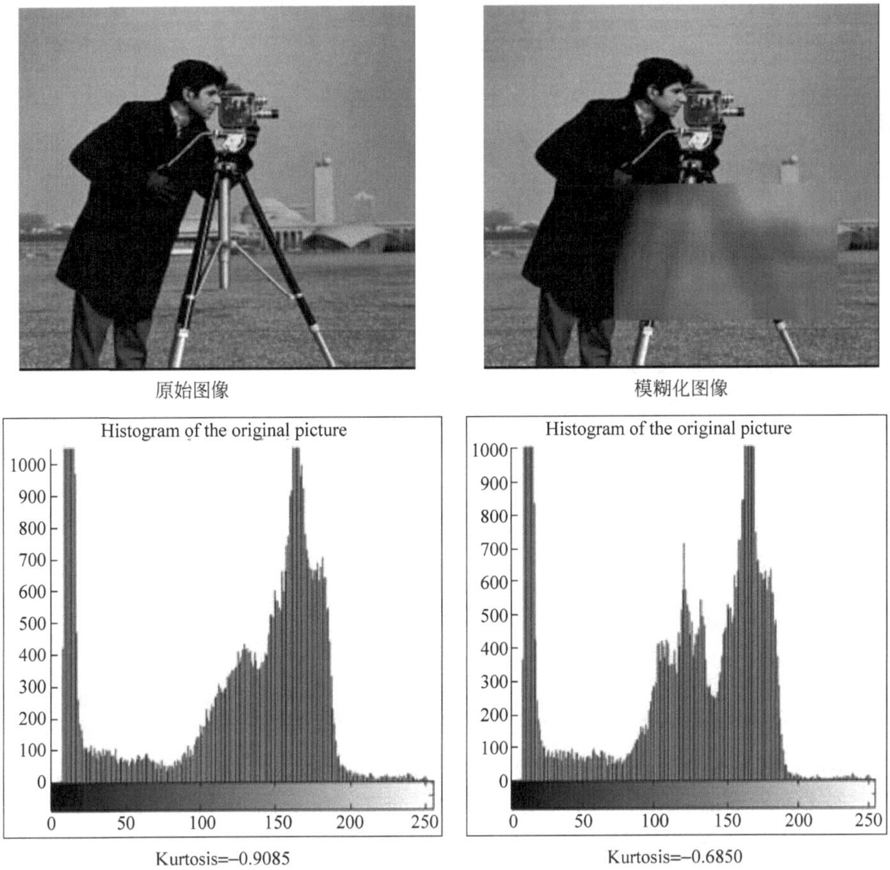

图 8-18　两幅图像的直方图和峰度

$$J_K = |K_F| = \left| \frac{\mathrm{E}\{\tilde{y}^4(n)\}}{\mathrm{E}^2\{\tilde{y}^2(n)\}} - 3 \right| \tag{8-96}$$

作为评价函数是合乎逻辑的，其中，$\tilde{y}(n)$表示按字典排序的融合图像 y 的零均值形式的第 n 个像素点。根据式(8-88)可以重写评价函数如下

$$J_K(w(n)) = \left| \frac{\mathrm{E}\{(w^{\mathrm{T}}(n)\,\tilde{x}(n))^4\}}{\mathrm{E}^2\{(w^{\mathrm{T}}(n)\,\tilde{x}(n))^2\}} - 3 \right| \tag{8-97}$$

为了最大化评价函数，我们使用带有学习率 λ 的梯度下降法，需要去计算 $J_K(w(n))$ 相对于 $w(n)$的梯度。为了简化书写，用符号 J_K 替换符号 $J_K(w(n))$。

$$J_K = \frac{|\mathrm{E}\{\tilde{y}^4(n)\} - 3\mathrm{E}^2\{\tilde{y}^2(n)\}|}{\mathrm{E}^2\{\tilde{y}^2(n)\}} = \frac{|\mathrm{cum}_4\{\tilde{y}(n)\}|}{\mathrm{E}^2\{\tilde{y}^2(n)\}}$$

$$\frac{\partial J_K}{\partial w(n)} = \frac{1}{\mathrm{E}^4\{\tilde{y}^2(n)\}}\left[\frac{\partial|\mathrm{cum}_4\{\tilde{y}(n)\}|}{\partial w(n)}\mathrm{E}^2\{\tilde{y}^2(n)\} - \frac{\partial \mathrm{E}^2\{\tilde{y}^2(n)\}}{\partial w(n)}|\mathrm{cum}_4\{\tilde{y}(n)\}|\right]$$

其中

$$\frac{\partial \mathrm{E}^2\{\tilde{y}^2(n)\}}{\partial w(n)} = 2\mathrm{E}\{\tilde{y}^2(n)\}\frac{\partial \mathrm{E}\{\tilde{y}^2(n)\}}{\partial w(n)} = 4\mathrm{E}\{\tilde{y}^2(n)\}\mathrm{E}\{\tilde{y}(n)\,\tilde{x}(n)\}$$

$$\frac{\partial \mid \mathrm{cum}_4\{\tilde{y}(n)\} \mid}{\partial w(n)} = \mathrm{sgn}(\mathrm{cum}_4\{\tilde{y}(n)\})\left[\frac{\partial \mathrm{E}\{\tilde{y}^4(n)\}}{\partial w(n)} - 3\frac{\partial \mathrm{E}^2\{\tilde{y}^2(n)\}}{\partial w(n)}\right]$$
$$= 4\mathrm{sgn}(\mathrm{cum}_4\{\tilde{y}(n)\})[\mathrm{E}\{\tilde{y}^3(n)\tilde{x}(n)\} - 3\mathrm{E}\{\tilde{y}^2(n)\}\mathrm{E}\{\tilde{y}(n)\tilde{x}(n)\}]$$

从而推出

$$\frac{\partial J_K}{\partial w(n)} = 4\frac{\mathrm{sgn}(\mathrm{cum}_4\{\tilde{y}(n)\})}{\mathrm{E}^4\{\tilde{y}^2(n)\}}[\mathrm{E}^2\{\tilde{y}^2(n)\}\mathrm{E}\{\tilde{y}^3(n)\tilde{x}(n)\}$$
$$- 3\mathrm{E}^3\{\tilde{y}^2(n)\}\mathrm{E}\{\tilde{y}(n)\tilde{x}(n)\} - \mathrm{E}\{\tilde{y}^2(n)\}\mathrm{E}\{\tilde{y}(n)\tilde{x}(n)\}\mathrm{cum}_4\{\tilde{y}\}]$$
$$= 4\frac{\mathrm{sgn}(\mathrm{cum}_4\{\tilde{y}(n)\})}{\mathrm{E}^3\{\tilde{y}^2(n)\}}[\mathrm{E}\{\tilde{y}^2(n)\}\mathrm{E}\{\tilde{y}^3(n)\tilde{x}(n)\} - \mathrm{E}\{\tilde{y}^4(n)\}\mathrm{E}\{\tilde{y}(n)\tilde{x}(n)\}]$$

1）基于峰度最大化融合的算法

提出的算法被概括为如下的步骤：

初始化：设置所有的权值为 K^{-1}。融合图像的第一次迭代将被简化为 K 幅源图像的均值。

迭代：

（1）更新 $w(n)$：$w^+(n) \Leftarrow w(n) - \lambda\frac{\partial J_K}{\partial w(n)}$

（2）归一化 $w(n)$：$w^+(n) \Leftarrow \mathrm{abs}\left(\frac{w(n)}{\| w(n) \|}\right)$

一旦矩阵 w 收敛，使用非零均值源图像就可以重建融合图像。

2）鲁棒峰度最大化融合算法(Robust KMF)

正如 DMF 方法，这里我们使用优化学习率 λ。在更新 w 值之前，对 λ 的优化值进行穷尽搜索。将该改进的方法称为鲁棒 KMF 方法，如图 8-19 所示。

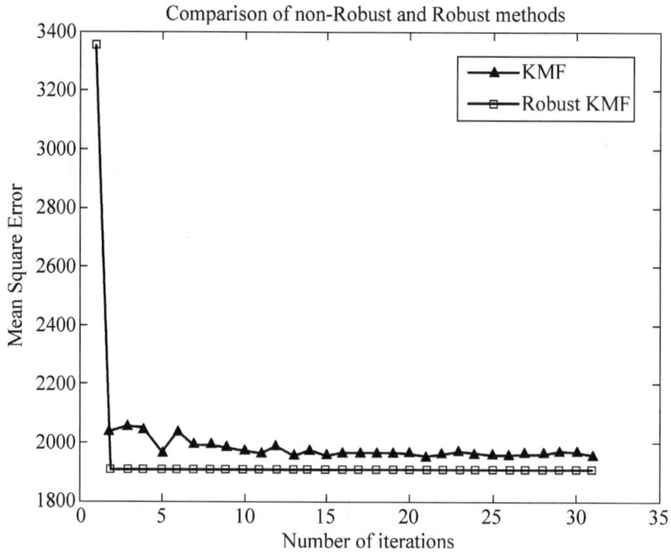

图 8-19　KMF 和鲁棒 KMF 的对比

5. 实验结果

为了评价提出的算法的性能，我们将在一系列图像上把它们和下面已知效果很好的方法作对比。

(1) 双树小波变换(DT_WT)；

(2) 误差估计融合(EEF)[73]。

为了提供数值结果，我们将使用下面的图像融合性能指标。

(1) Q_0，代表通用图像质量指数[74]；

(2) MG，代表均值梯度图像质量评估方法[75]；

(3) S，代表 Petrovic 图像融合指标[71]；

(4) Q、Q_W、Q_e 代表 Piella 图像融合指标的三个变量[76]。

对每一个系列图像，都应用下述技术：

(1) 鲁棒 KMF；

(2) 鲁棒 DMF；

(3) DMF_WN，小邻域 3×3；

(4) DMF_WN，大邻域 9×9 或者 15×15；

(5) DT_WT，最大绝对值融合规则；

(6) EEF。

例 8.11　多聚焦，少量失真(图 8-20，图 8-21，表 8-1)。

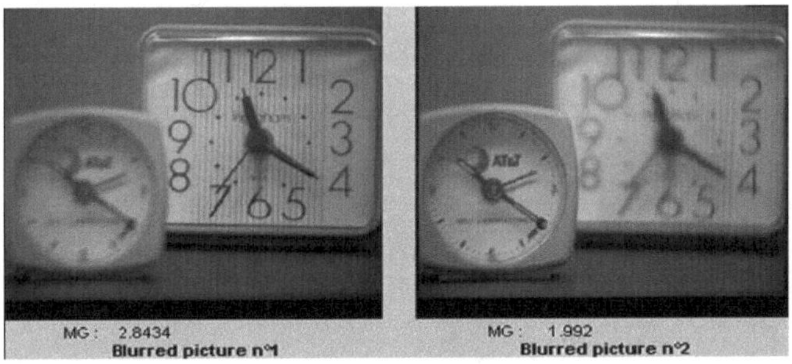

图 8-20　原始模糊图像

Robust KMF　　Robust DMF　　DMF_WN 3×3

图 8-21　各种算法处理后的结果

DMF_WN 9×9　　DT_WT　　EEF

图 8-21 （续）

表 8-1 各算法性能指标

	Robust KMF	Robust DMF	DMF_WN 3×3	DMF_WN 9×9	DT_WT	EEF
Q	0.8259	0.8258	0.8298	0.8408	0.7387	0.8404
Q_W	0.8554	0.8553	0.8492	0.8835	0.9120	0.8761
Q_e	0.5839	0.5843	0.5846	0.6676	0.8092	0.6552
S	0.58606	0.58627	0.59304	0.62443	0.67478	0.6356
MG	2.328	2.3236	2.3039	2.2832	3.4056	2.2302

如表 8-1 所示，按照上面提出的图像融合指标，本文算法并没有双树小波变换效果好，大钟的边缘仍然是模糊的。然而，带有 9×9 邻域的 DMF_WN 算法产生可以接受的结果。考虑到输入图像是比较大(512×512)，我们采用的最大尺寸的局部邻域并没有带来严重的计算量负担。表 8-1 中的数据展示各种方法所取得的最好的性能。

例 8.12 多聚焦图像，严重失真(图 8-22，图 8-23，表 8-2)。

图 8-22 原始图像

Robust KMF　　Robust DMF　　DMF_WN 3×3

图 8-23 各种算法处理后的结果

DMF_WN 15×15　　DT_WT　　EEF

图 8-23　(续)

表 8-2　各算法性能指标

	Robust KMF	Robust DMF	DMF_WN 3×3	DMF_WN 15×15	DT_WT	EEF
Q_0	0.99265	0.99261	0.99334	0.99605	0.99455	0.98919
Q	0.8948	0.8948	0.8963	0.9062	0.8729	0.9040
Q_W	0.9509	0.9506	0.9542	0.9672	0.9681	0.9491
Q_e	0.8901	0.8892	0.9031	0.9302	0.9487	0.9022
S	0.87097	0.87097	0.8734	0.89113	0.88752	0.86997
MG	8.8364	0.8375	9.0073	9.0431	10.1157	8.8082

在这个例子中,我们把严重失真放在“cameraman”图像上。提出的算法展示了明显提高的性能。从图像融合性能指标角度出发,Robust DMF 和 Robust KMF 在视觉上比空间域 EEF 算法优越。带有大尺寸局部邻域的 DMF_WN 算法具有 DT_WT 算法一样的性能。从大量的实验中可以看出,提出的算法在严重失真情况下是非常有效地。

例 8.13　多传感器图像(图 8-24,图 8-25,表 8-3)。

在这个例子中,可以看到即使在出现椒盐噪声的情况下,Robust DMF 融合图像也是最尖锐的。Robust KMF 融合图像是最清晰的,这两种方法给出了非常好的结果。DMF_WN 方法在这里却失败了,但是,从指标上看,它似乎还是性能比较好的。

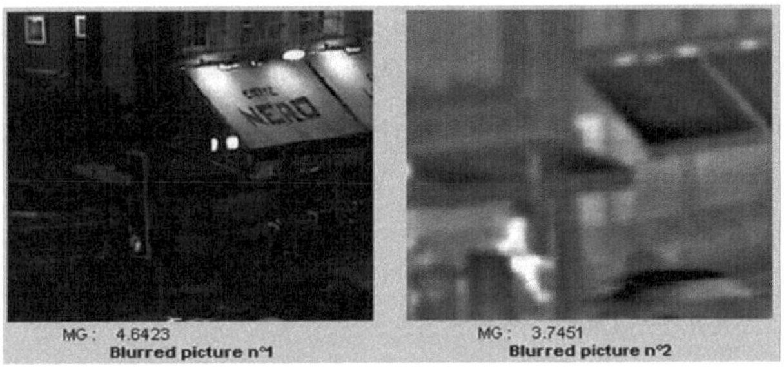

图 8-24　原始图像

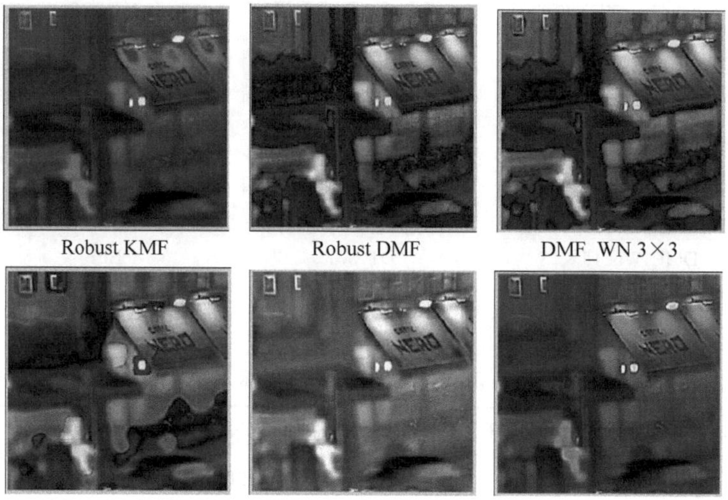

Robust KMF　Robust DMF　DMF_WN 3×3

DMF_WN 15×15　DT_WT　EEF

图 8-25　各算法处理结果

表 8-3　各算法性能指标

	Robust KMF	Robust DMF	DMF_WN 3×3	DMF_WN 15×15	DT_WT	EEF
Q	0.5537	0.3650	0.3761	0.4631	0.6809	0.5718
Q_W	0.6673	0.7055	0.7204	0.7921	0.8402	0.7680
Q_e	0.4184	0.4824	0.5375	0.6167	0.7796	0.6459
S	0.39238	0.41474	0.44032	0.49446	0.60084	0.48381
MG	3.6275	7.6672	7.2204	5.9965	6.7304	4.4191

6. 结论

在本节中，我们为多聚焦、多传感器图像融合提出了新的空间域方法。该方法的数学背景是优化算法的迭代方案，针对原始未知图像的统计特性。从实验中看出，在大部分情况下，提出的算法在图像融合性能指标方面提供了好的结果。唯一效果比较弱的场景是多聚焦图像，在那里原始图像存在光线的失真。虽然算法的改进版并没有在视觉上对融合图像有所提高，但却能够降低迭代的次数。局部邻域法需要对邻域选择优化的尺寸，这取决于具体的系列图像。因此，对于多聚焦场景，我们将宁愿选择 DMF_WN 或者 Robust KMF 算法，针对多传感器图像，Robust DMF 或者 Robust KMF 将是更合适的。

8.4.3　基于 ICA 的图像融合

一般将图像融合描述为，为了增强对一幅场景的理解而综合多源传感器所获取信息的过程。金字塔分解和双树小波变换作为分析与综合的工具在图像融合中使用。使用不同的融合方法，可以在变换域将输入图像的重要特征相结合组成增强的图像。ICA的基向量将通过与观测场景相似的图像经过离线训练得到。图像在变换域通过一种新的基于像素的或者基于区域的方法相融合。与基于小波的融合方法相比，本章提出的方法在特征上有所提高并仅增加了一些计算复杂度。

1. 独立成分分析概念

ICA是一种从信号中提取独立信号源的方法，它是一种新颖的盲源信号分离技术，已被广泛应用于生物医学信号分析、特征提取和模式识别等领域，但是将ICA应用于图像融合中的研究还未多见，属于一个新的研究领域。独立成分分析可简单描述为

$$\boldsymbol{x}=\boldsymbol{A}\cdot\boldsymbol{s} \tag{8-98}$$

其中，$\boldsymbol{x}$为观测信号向量，$\boldsymbol{s}$为源信号向量，$\boldsymbol{A}$称为混合矩阵，相应的设$\boldsymbol{W}$为分离矩阵，于是有

$$\boldsymbol{y}=\boldsymbol{W}\cdot\boldsymbol{x} \tag{8-99}$$

其中$\boldsymbol{y}$是估计的源信号向量。独立成分分析的主要任务是对分离矩阵$\boldsymbol{W}$的求解，算法的关键在于选择分离信号间独立性的度量方法。各种对独立成分分析的理论研究提出了多种度量分量独立性的判据，当前估计ICA模型的主要方法有非高斯的最大化、互信息的最小化、最大似然函数估计等。

对图像数据而言，其大部分重要特征信息诸如图像的边缘特征等与像素间的高阶统计特性有密切关系，高阶统计特性包含了重要的图像结构和相位特征，基于高阶统计特性分析的ICA方法在图像处理中具有独特的优势，则可实现图像的系数编码，同时ICA是一种优良的边缘过滤器，在ICA域中可以很好地反映出图像的边缘特征。由于人眼视觉系统在观察图像时，首先看到的是一系列的图像块，然后才是整幅图像。假设每一图像块用向量$\boldsymbol{x}$表示，它可以看作基函数矩阵$\boldsymbol{A}$的线性组合，独立分量$\boldsymbol{s}$看作是统计独立的随机量，表示其对应的基对图像的作用系数，即$\boldsymbol{x}=\sum_{i=1}^{N}a_i s_i$。其中$\boldsymbol{A}=(\boldsymbol{a}_1,\boldsymbol{a}_2,\cdots,\boldsymbol{a}_N)$，列向量$\boldsymbol{a}_i(i=1,2,\cdots,N)$代表了一组$N^2\times1$的基图像，通过ICA算法，求出分离矩阵$\boldsymbol{W}$，就能得到每幅图像在独立基上的投影系数$\boldsymbol{y}=\boldsymbol{W}\cdot\boldsymbol{x}$，它代表了图像在ICA域中的特征。

图8-26是由ICA计算出的基向量$\boldsymbol{A}$。其中每个16×16的图像块代表一个基向量，经过PCA降维处理，维数由256维降至160维。可以看出，ICA基向量表明了图像的高阶信息，在空间上具有方向性，在频域上具有局部性，描述了待分析图像数据的大部分边缘特性。依据ICA如此优越的特性，可将ICA用于待融合图像的边缘提取。

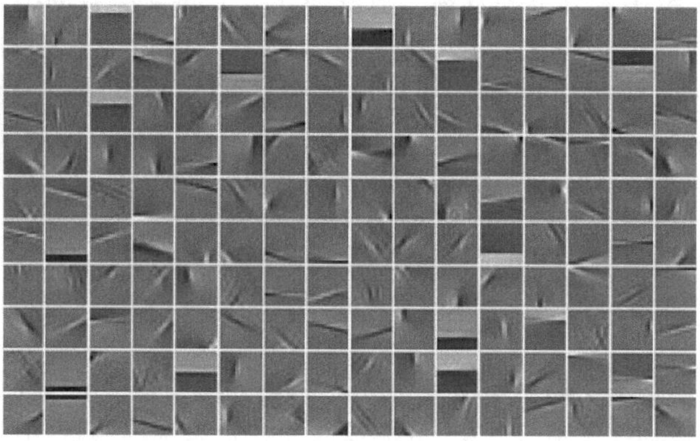

图 8-26 ICA 基向量

2. ICA 域图像融合算法

Mitianoudis 等人所提出的 ICA 域图像融合算法[77]的基本思想为：利用独立成分分析对图像进行训练获得独立成分基函数。对于待融合图像，通过训练得到的基函数对图像进行线性变换，然后在变换域根据不同的融合规则对图像进行融合，最后 ICA 反变换得到融合图像。其基本流程图如图 8-27 所示。

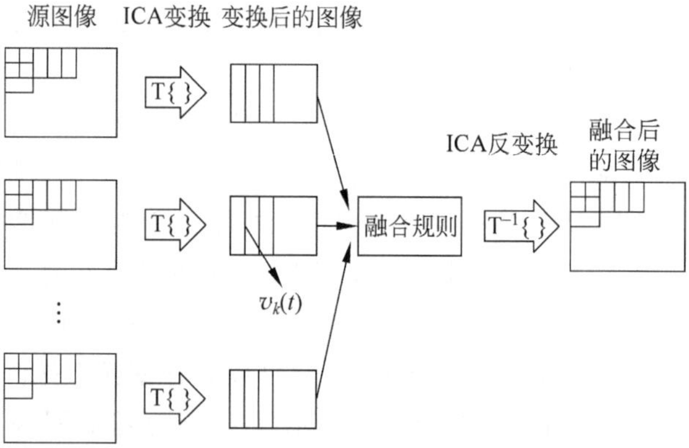

图 8-27 ICA 域图像融合算法示意图

1) 训练阶段

训练的目的是为了获得统计独立的基向量，以便下个阶段对图像进行变换。选择与待融合图像具有相似内容和统计特性的一组图像作为训练图像[77]，从训练图像 $i(x,y)$ 中随机抽取一定数量的图像块

$$p(m,n) = w \cdot i(m_0 - N/2 + m, n_0 - N/2 + n) \tag{8-100}$$

式中，m 和 n 为区间$[0,N-1]$上的整数，w 为 $N\times N$ 大小的矩形窗，窗口中心位于像素(m_0,n_0)。将图像块按像素位置首尾相连重排为向量 $\boldsymbol{p}$，作为一个观测信号。这样根据训练图像中的每个字图像块都能得到一个对应的观测向量，这些向量均可

以表示为基向量 $\boldsymbol{b}_j$ 的一个线性组合

$$\boldsymbol{p}(t)=\sum_{i=1}^{M}v_i(t)b_i=[b_1b_2\cdots b_M]\begin{bmatrix}v_1(t)\\v_2(t)\\\vdots\\v_M(t)\end{bmatrix} \tag{8-101}$$

其中，$v_1, v_2, \cdots, v_M$ 表示输入图像块在基图像块上的投影，即 $v_i=\langle \boldsymbol{p}(m,n), b(m,n)\rangle$，$t$ 表示第 t 个图像块。令 $\boldsymbol{B}=[b_1b_2\cdots b_m]$，$\boldsymbol{v}(t)=[v_1,v_2,\cdots,v_M]^{\mathrm{T}}$，则式(8-101)可以表示为以下形式

$$\boldsymbol{p}(t)=\boldsymbol{Bv}(t) \tag{8-102}$$

$$\boldsymbol{v}(t)=\boldsymbol{B}^{-1}\boldsymbol{p}(t)=\boldsymbol{Ap}(t) \tag{8-103}$$

式中 $\boldsymbol{A}=[a_1a_2\cdots a_M]^{\mathrm{T}}$ 为分离矩阵或分析核，即图 8-29 中所需要的变换函数 $\boldsymbol{T}\{\}$，$\boldsymbol{B}=[b_1b_2\cdots b_M]^{\mathrm{T}}$ 为混合矩阵或综合核，即逆变换函数 $\boldsymbol{T}^{-1}\{\}$。选择 M 个观测信号进行 ICA 分解，目的是估计一组($K<N^2$ 个)基向量，使得它们可以有效地提取输入图像的特征与结构。

为了提高运算效率，减少计算量，首先使用主成分分析(principal component analysis，PCA)对输入数据进行降维。对相关矩阵 $\boldsymbol{C}=\mathrm{E}[\boldsymbol{pp}^{\mathrm{T}}]$进行特征分解，相关矩阵的特征值表明它们所对应的基向量的重要性[77]。如果 $\mathbf{V}$ 为 $K\times N^2$ 的 PCA 变换矩阵，输入图像块变换为

$$\boldsymbol{z}(t)=\mathbf{V}\boldsymbol{p}(t) \tag{8-104}$$

PCA 预处理后就可以通过最优化负熵函数来估计基向量了。以下为文献[77]中给出的最优化负熵的 FastICA 算法

$$\boldsymbol{a}_i^{+}\leftarrow \mathrm{E}\{\boldsymbol{a}_i\,\phi\,(\boldsymbol{a}_i^{\mathrm{T}}\boldsymbol{z})\}-\mathrm{E}\{\phi^{\mathrm{T}}(\boldsymbol{a}_i^{\mathrm{T}}\boldsymbol{z})\}\boldsymbol{a}_i \qquad 1\leqslant i\leqslant K \tag{8-105}$$

$$\mathbf{A}\leftarrow\mathbf{A}\,(\mathbf{A}^{\mathrm{T}}\mathbf{A})^{-1/2} \tag{8-106}$$

其中$\phi(\boldsymbol{x})=-\partial\boldsymbol{G}(\boldsymbol{x})/\partial\boldsymbol{x}$ 定义了信号在变换域的统计属性，$\boldsymbol{G}(\boldsymbol{x})=\log\boldsymbol{p}(\boldsymbol{x})$[4]。此处我们取 $\boldsymbol{G}(\boldsymbol{x})=\alpha\tan(\boldsymbol{x}/2)+\beta$，式中 α 和 β 为常数。

2) 融合阶段

假设待融合的 T 幅图像已经配准，对图像进行分块，对每个小图像块进行融合。具体方法为：将图像块写成矢量形式，利用训练阶段得到的变换函数 $\boldsymbol{T}\{\}$对其进行变换，得到变换域的系数 $\boldsymbol{v}_k(t)$，在变换域对变换系数按照一定的融合规则进行融合，融合后的系数记为 $\boldsymbol{v}_f(t)$。然后逆变换，再将每个图像块组合后得到融合后的图像。

在文献[77]中，Mitianoudis 等人提出一种基于区域的融合规则。在源图像中，明显的图像特征，如直线、曲线、轮廓等，往往表现为灰度值及其变化，而在 ICA 域则表现为变换系数的模值大小。因此，图像块变换域系数的一范数可以作为该区域的活动性测度

$$E_k(t)=\|\boldsymbol{v}_k(t)\| \qquad k=1,2,\cdots,T \tag{8-107}$$

$E_k(t)(k=1,2,\cdots,T)$越大，图像块所包含的边缘细节特征就越丰富。文献[77]的作

者据此将输入图像的子图像块分成两组：一组为包含边缘信息的活跃区域($E_k(t)$大于某门限值)，另一组为连续背景的非活跃区域。此处判断区域为“活跃区(active)”还是“非活跃区(non-active)”的门限值由试验决定。由输入图像产生的分割图像如下[77]

$$s_k(t)=\begin{cases}1 & E_k(t)>2mean_t\{E_k(t)\}\\ 0 & 其他\end{cases} \tag{8-108}$$

所有输入图像的分割图像通过逻辑或运算合成为最终的分割图像

$$s(t)=OR\{s_1(t),s_2(t),\cdots,s_T(t)\} \tag{8-109}$$

式中 OR 表示逻辑或运算。在输入图像被分割成活跃区域和非活跃区域以后，对不同的区域采用不同的融合规则进行融合：活跃区域采用“绝对值取大”的融合规则，而非活跃区域则采用“平均”规则。实验结果表明，文献[77]中的 ICA 域图像融合算法虽然能够较好地融合多聚焦图像以及具有人工加性噪声的图像，然而其对多模态图像的融合效果较差，甚至不如传统的小波变换和拉普拉斯金字塔方法。因此有必要寻找新的融合规则来提高 ICA 算法对多模图像的融合性能。

8.4.4 基于小波变换的图像融合

基于小波变换的图像融合算法是一种多尺度、多分辨率分解，其中，小波变换是非冗余的，图像经过小波变换之后数据的总量不会增大。同时，小波变换具有方向性，利用这一特性可以取得良好的融合效果，对比而言，传统图像的金字塔分解是一种冗余分解，也就是说，分解后各层数据之间具有相关性。因此图像在进行 Laplace 金字塔分解和低通比率金字塔分解时数据总量均比原被分解图像增加约 33%，梯度金字塔分解的数据量增加得更多。同时，图像的 Laplace 金字塔分解和低通比率金字塔分解均无方向性。

1. 小波变换简介

小波变换是一种时频局部化分析方法，在信号的低频部分具有较高的频率分辨率和低的时间分辨率，在信号的高频部分具有较高的时间分辨率和较低的频率分辨率，所以被誉为数学显微镜。

设 $\Psi(t)\in L^2(\mathbb{R})$(此处 $L^2(\mathbb{R})$表示平方可积的实数空间，即能量有限的信号空间)，其 Fourier 变换为 $\hat{\Psi}(\omega)$。当 $\hat{\Psi}(\omega)$满足允许条件

$$C_\Psi=\int_R\frac{|\hat{\Psi}(\omega)|^2}{|\omega|}\mathrm{d}\omega<\infty \tag{8-110}$$

我们称 $\Psi(t)$为一个基本小波或母小波。将 $\Psi(t)$经伸缩和平移后，就可以得到一个小波序列。

对于连续的情况，小波序列为

$$\Psi_{a,b}(t)=\frac{1}{\sqrt{a}}\Psi\left(\frac{t-b}{a}\right),\quad a,b\in R,a\neq 0 \tag{8-111}$$

式中，a 为伸缩因子，b 为平移因子。

在连续情况下，任意函数 $f(t)\in L^2(\mathbb{R})$ 都可以利用连续小波序列表示为

$$f(t)=\frac{1}{C_\Psi}\int_R\int_R\frac{1}{a^2}W_f(a,b)\Psi\left(\frac{t-b}{a}\right)\mathrm{d}a\mathrm{d}b \tag{8-112}$$

称该变换为小波变换的逆变换，其对应的小波变换为

$$W_f(a,b)=\langle f,\Psi_{a,b}\rangle=|\ a\ |^{-1/2}\int_R f(t)\overline{\Psi}\left(\frac{t-b}{a}\right)\mathrm{d}t \tag{8-113}$$

在实际应用中，连续小波变换必须离散化。为实现离散小波变换(discrete wavelet transform，DWT)，Mallat 提出了多分辨分析(multi-resolution analysis)的概念，将在此之前的所有正交小波基德构造法统一起来，并给出了正交小波的构造方法以及正交小波的快速算法称之为 Mallat 算法。

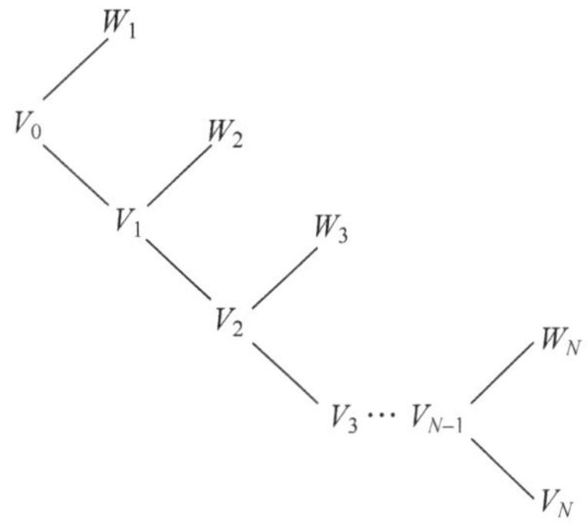

图 8-28　多分辨率分析树状结构图

假设原信号的频率空间为 V_0，经第一级分解后 V_0 被分解为两个子空间：低频的 V_1 和高频的 W_1；经第二级分解后 V_1 又被分解为低频的 V_2 和高频的 W_2。图 8-28 给出了该分解的示意图。这种子空间的分解过程可以记为

$$V_0=V_1\oplus W_1,\quad V_1=V_2\oplus W_2,\quad V_2=V_3\oplus W_3,\quad \cdots,\quad V_{N-1}=V_N\oplus W_N \tag{8-114}$$

式(8-114)中，符号⊕表示两个子空间的“正交和”；V_j 代表与分辨率 2^{-j} 对应的多分辨率分析子空间；W_j 是 V_j 的正交补空间；各 W_j 是反映 V_{j-1} 空间信号细节的高频子空间；V_j 是反映 V_{j-1} 空间信号概貌的低频子空间。由式(8-114)可得

$$V_0=V_1\oplus W_1=V_2\oplus W_2\oplus W_1=\cdots=V_N\oplus W_N\oplus W_{N-1}\oplus\cdots\oplus W_2\oplus W_1 \tag{8-115}$$

式(8-115)说明分辨率为 $2^0=1$ 的多分辨率分析子空间 V_0 可以用有限个子空间来逼近。

可以通过设计一对理想低通和理想高通滤波器来实现上述多分辨率分解。由于理想高通滤波器是该理想低通滤波器的镜像滤波器，因此，设计一个离散小波变换所需要的就是精心选择的低通滤波。该低通滤波可以通过尺度函数导出。

所谓尺度函数是指，存在函数 $\phi(x)\in V_0$，使 $\{\phi(x-k)\,|\,k\in Z\}$ 构成 V_0 的规范正交基，则函数 $\phi(x)$ 就是尺度函数。下边是一个典型的尺度函数

$$\phi_{j,k}(x)=2^{-j/2}\,\phi(2^{-j}x-k),\quad j,k\in Z \tag{8-116}$$

则相应的离散低通滤波器的脉冲响应 $h(k)$ 为

$$h(k) = \langle \phi_{1,0}(x), \phi_{0,k}(x) \rangle \tag{8-117}$$

而尺度函数和其相应的离散低通滤波器的脉冲响应 $h(k)$之间有如下关系

$$\phi(x) = \sum_k h(k)\, \phi(2x-k) \tag{8-118}$$

一旦有了$\phi(x)$和 $h(k)$，就可以定义一个被称为小波向量的离散高通脉冲响应 $g(k)$，即

$$g(k) = (-1)^k h(-k+1) \tag{8-119}$$

然后由此得到基本小波

$$\Psi(x) = \sum_k g(k)\, \phi(2x-k) \tag{8-120}$$

再由此得到正交归一小波集

$$\Psi_{j,k} = 2^{-j/2}\Psi(2^{-j}t-k), \quad j,k \in Z \tag{8-121}$$

由一维信号表示的这一概念可以很容易的推广到二维情况，考虑二维尺度函数是可分离的，也就是说

$$\phi(x,y) = \phi(x)\, \phi(y) \tag{8-122}$$

其中，$\phi(x)$是一个一维尺度函数。若 $\Psi(x)$是其相应的小波，则存在下述三个二维基本小波

$$\begin{cases} \Psi^1(x,y) = \phi(x)\Psi(y) \\ \Psi^2(x,y) = \Psi(x)\, \phi(y) \\ \Psi^3(x,y) = \Psi(x)\Psi(y) \end{cases} \tag{8-123}$$

这样就建立了二维小波变换的基础。此处使用的上标表示索引，具体而言，就是函数集

$$\{\Psi^l_{j,m,n}(x,y)\} = \{2^j\Psi^l(x-2^jm, y-2^jn)\}, j \geqslant 0, l = 1,2,3 \tag{8-124}$$

式中 j,m,n,l 为正整数，是 $L^2(R^2)$下的正交归一基。

图像的离散小波变换是这样进行的：假设 $f_1(x,y)$是一幅 $N\times N$ 的图像，当 $j=0$ 时，对应的尺度为 $2^j=2^0=1$，也就是原图像的尺度。j 值每一次增大都使尺度加倍，而使分辨率减半。在变换的每一层次，图像都被分解为 4 个 1/4 大小的图像。这 4 个图像中的每一个都是由原图与一个小波基图像内积后，再经过在 x 和 y 方向都进行 2 倍的间隔抽样而生成的。对于第一层($j=1$)，可以写成

$$\begin{cases} f^0_2(m,n) = \langle f_1(x,y), \phi(x-2m, y-2n) \rangle \\ f^1_2(m,n) = \langle f_1(x,y), \Psi^1(x-2m, y-2n) \rangle \\ f^2_2(m,n) = \langle f_1(x,y), \Psi^2(x-2m, y-2n) \rangle \\ f^3_2(m,n) = \langle f_1(x,y), \Psi^3(x-2m, y-2n) \rangle \end{cases} \tag{8-125}$$

对于后继层次($j>1$)，$f^0_{2^j}(x,y)$都以完全相同的方式分解而构成 4 个在尺度 2^{j+1} 上的更小的图像。将内积写成卷积形式，可有

$$\begin{cases} f_{2^{j+1}}^{0}(m,n)=\{[f_{2^j}^{0}(x,y)*\phi(-x,-y)](2m,2n)\} \\ f_{2^{j+1}}^{1}(m,n)=\{[f_{2^j}^{0}(x,y)*\Psi^{1}(-x,-y)](2m,2n)\} \\ f_{2^{j+1}}^{2}(m,n)=\{[f_{2^j}^{0}(x,y)*\Psi^{2}(-x,-y)](2m,2n)\} \\ f_{2^{j+1}}^{3}(m,n)=\{[f_{2^j}^{0}(x,y)*\Psi^{3}(-x,-y)](2m,2n)\} \end{cases} \tag{8-126}$$

并且在每一层次进行四个相同的间隔抽样滤波操作。

由于尺度函数和小波函数都是可分离的，故每个卷积都可分解成在 $f_{2^j}^{0}(x,y)$ 的行和列上的一维卷积。

图 8-29 给出了这一过程的示意图，在第一层，首先用 $h(-x)$ 和 $g(-x)$ 分别与图像 $f_1(x,y)$ 的每行作积分并丢弃奇数列（以最左列为第 0 列）。接着，这个 $N\times N/2$ 阵列的每列再和 $h(-x)$ 和 $g(-x)$ 相卷积，丢弃奇数行（以最上一行为第 0 行）。其结果就是该层变换所要求的四个 $(N/2)\times(N/2)$ 的数组。

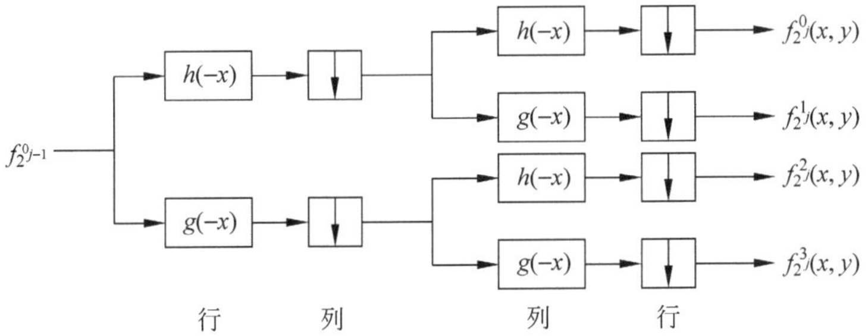

图 8-29　离散小波变换图像分解示意图

逆变换是通过与上述类似过程实现的，这一过程如图 8-30 所示。在每一层（如最后一层）都通过在每一列的左边插入一列 0 来增频采样前一层的 4 个阵列；接着如图中所示，用 $h(x)$ 和 $g(x)$ 来卷积各行，再成对地将这几个 $(N/2)\times N$ 的阵列加起来，然后通过在每行上面插入一行 0 来将刚才所得的两个阵列的大小增频采样为 $N\times N$，再用 $h(x)$ 和 $g(x)$ 与这两个阵列的每列卷积，这两个阵列的和就是这一层次重建的结果。

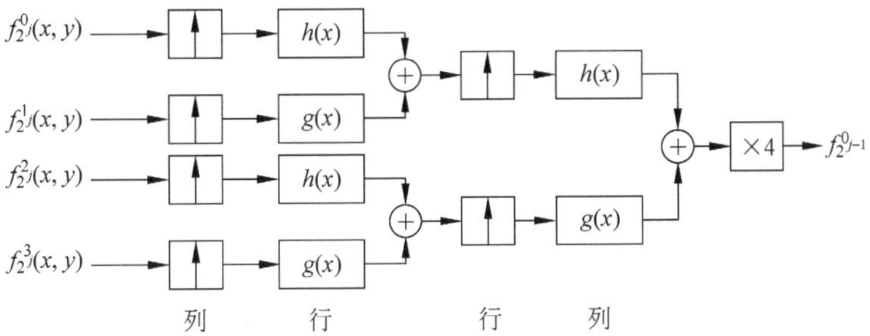

图 8-30　离散小波变换图像重构示意图

2. 基于小波变换的图像融合

由于图像的小波变换所得的各个图像也具有金字塔结构，因此图像的小波变换也称为小波金字塔分解。图像的小波变换也是一种多尺度、多分辨率的分解，同样可以用于多传感器的融合处理。基于小波多尺度分解图像融合的方案如图 8-31 所示。这里以两幅图像的融合为例，对于多幅图像的融合方法可以此类推。具体的融合处理步骤如下：

步骤 1　对每一个原图像分别进行小波变换，建立图像的小波金字塔分解。

步骤 2　对各分解层分别进行融合处理。各分解层上不同的频率分量可以采用不同的融合算子进行融合处理，最终得到融合后的小波金字塔。

步骤 3　对融合后所得小波金字塔进行小波逆变换，所得重构图像即为融合图像。

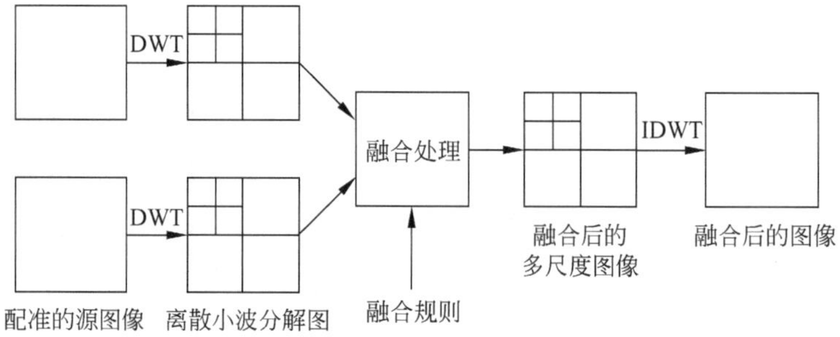

图 8-31　基于小波分解的图像融合原理

小波变换图像融合有以下融合规则：取系数绝对值较大法、加权平均法、消除高频噪声法和双阈值法等。

小波变换的固有特性，使它在图像处理中具有如下优点：

(1) 小波变换的完善重构能力，保证了信号在分解过程和重构中没有信息损失。

(2) 小波变换把图像分解成逼近图像和细节图像之和，它们分别代表了图像的不同信息表示部分，因此容易提取源图像的结构信息和细节信息。

(3) 小波变换具有快速算法(Mallat 算法)，它在小波变换中的作用相当于 FFT 在 Fourier 变换中的作用；提升格式小波计算复杂度更小，这些为小波变换应用提供了必要的手段。

(4) 二维小波分析为图像提供了与人类视觉系统方向相吻合的方向选择性。

3. 基于小波变换的图像融合的物理意义

(1) 通常图像中的物体、特征和边缘是出现在不同大小的尺度上的。例如任何一幅固定比例尺的地图都无法清晰地反映出所有的特征和细节信息。图像的小波分解时多尺度多分辨率分解，其对图像的多尺度分解过程可以看作是对图像多尺度边缘的提取过程。同时,小波的多尺度分解还具有方向性。因此如果将小波变换用于图像的融合处理,就能在不同的尺度下,对不同大小、方向的边缘和细节进行融合处理。

(2) 小波变换具有空间和频域局部性,利用小波变换可以将融合图像分解到一系列频道中,这样对图像的融合处理是在不同的频道中分别进行的。人眼视网膜图像就是在不同频道中进行处理的,因此基于小波变换的图像融合有可能达到更好的视觉效果。

(3) 小波变换具有方向性,人眼对不同方向的高频分量具有不同的分辨率,若在融合处理时考虑到这一特性,就可以有针对性地进行融合处理,以获得良好的视觉效果。

(4) 对参加融合的各图像进行小波金字塔分解后,为了获得更好的融合效果并突出重要的特征细节信息,在进行融合处理时,不同频率分量、不同分解层、不同方向均可采用不同的融合规则及融合算子进行融合处理。另外,同一分解上的不同局部区域采用的融合算子也可以不同,这样就可能充分挖掘被融合图像的互补及冗余信息,有针对性地突出和强化人们所感兴趣的特征和细节。

8.5 图像融合的应用

8.5.1 遥感图像融合

1. 遥感图像融合概述

遥感图像是以航空、航天飞行器为平台的各种遥感系统的输出或后处理数据形式,并以数字格式进行处理、传输和存储。由于获取过程中大量干扰(光照条件的变换、地物混叠、大气干扰等)、噪声等不确定因素的影响,作为遥感数字图像基本记录单元的“像素”(pixel),在反应客观真实上已经与普通的照片有了明显差异。同时,现有的各种遥感传感器和数据处理方法、算法都是根据不同的物理原理和遥感信息机理设计的,都是从不同角度,不同层次以不同的度量标准来反映客观真实和做出相应的评价,因而从本质上存在着信息的不完整性和方法的片面性。由此,很自然地产生了对综合利用、处理多源遥感图像数据的融合理论与方法的需求。

多源遥感图像融合就是将多个传感器获得的同一场景的遥感图像或同一传感器在不同时刻获得的同一场景的遥感图像数据或图像序列数据进行空间和时间配准,然后采用一定的算法将各图像数据或序列数据中所含的信息优势互补性地有机结合起来产生新图像数据或场景解释的技术。

多源遥感图像数据融合通过集成和整合优势互补的遥感图像数据来提高数据信息的可用程度,同时增加对研究对象的解释(辨识)的可靠性,目的在于

(1) 提高空间分辨率；

(2) 增加目标特征；

(3) 提高分类精度；

(4) 动态监测；

(5) 信息互补；

(6) 提高系统的性价比；

(7) 获取信息的更高效表示形式。

2. 多源遥感图像融合的分类

遥感图像数据融合可定义成一种过程或形式框架[78,79]，其作用就是对多源、多波谱、多时相遥感图像和已有的测绘及其他非遥感数据进行联合处理，目的在于使获得的结果比利用其中任何单源图像得到的结果更好，而对结果质量的评估则根据具体应用而定。

基于以上对遥感图像获取中不确定性的认识，遥感图像数据融合在目的、策略和方法上也有别于一般的图像融合。单从目的上看，可大致分为两类：

(1) 以提高图像品质和信息含量为目的的遥感图像融合

主要融合方法有基于加和乘的融合、基于分解变换的融合、基于交互波段联系的融合和滤波融合等。其中以基于多分辨率分析的小波分解融合效果较好，其基本思想是将低分辨率的光谱信息"合并"到高空间分辨率数据的分辨层上。"合并"可通过替换、相加或相关系数选择来实现，一般目的是获得同时具有高空间分辨率和高光谱分辨率的融合图像。IEEE 国际遥感数据融合技术委员会还对此给出了遥感图像融合处理的分级定义和增进图像精度、增进几何分辨率使图像得到明显锐化、修补图像中丢失或损坏的数据、增进几何校正精度和提高图像识别地物的能力等几个方面的内容与标志性评价标准[80]。

(2) 以应用为目的的遥感图像数据融合

这方面的研究主要包括地物分类、地面目标检测与识别、GIS 数据更新等。可见，这也是服务于终极目的的融合，属于融合处理的高级阶段。这方面的研究实际上要面对的是系统工程问题，涉及融合系统建模、融合算法和方法的设计与选择、融合效果的综合评价等。

3. 基于小波包变换的遥感图像融合方法

小波包变换能对图像进行多层次分解，包括对小波变换没有细分的高频部分也能进行进一步的分解，因此小波包分析为图像提供一种比小波多分辨分析更加精细的分析方法。为了能够更好地把来自多传感器的图像信息综合起来，以提高对图像信息的分析和提取能力，可以将小波包变换引入遥感图像融合中。基于小波包变换的遥感图像融合方法是将多传感器获得的同一目标不同波段的遥感图像和不同分辨率的遥感图像进行融合，能够很好地将源图像的细节信息融合在一起，并保持较好的光谱信息。在遥感图像的融合中,人们认为光谱信息主要分布在图像的低频部分,其余分布在高频部分,并要求尽可能保留多光谱图像的光谱特性,同时尽可能多融入全色图像的空间细节信息。由于在基于小波变换的遥感融合方法中,小波变换分离出来的高频信息中依然存在低频信息,这类方法都将损失高频信息中存在的这部分低频信息,因此基于小波变换的遥感融合方法的融合效果可以进一步改善。

如图 8-32 所示基于小波包变换的遥感图像融合基本思想[81]为:针对来自不同传感器的遥感图像进行图像配准,其次根据分析信号的要求选择一种最好的小波包基对这些图像进行小波包变换,然后对小波包变换的低高频采用一定的融合准则进行融合处理(在本节实验中,低频分量采用加权平均融合准则,高频分量用局部方差最大融合准则),最后对融合后的小波包系数进行反变换得到融合后的图像。

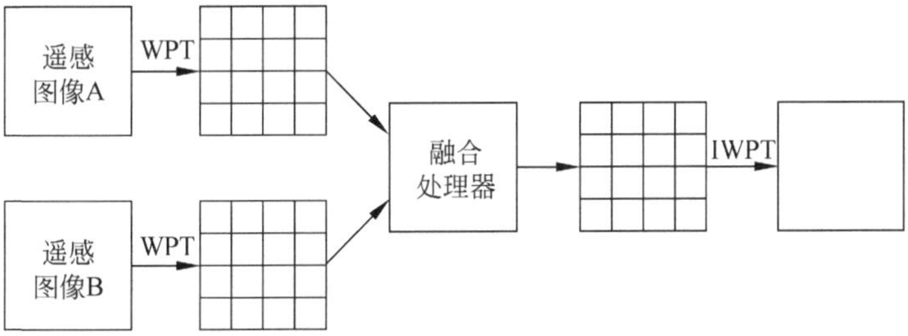

图 8-32　基于小波包变换遥感图像融合方法的原理框图

基于小波包变换的遥感图像融合方法充分利用了小波包分解的时频特性,对不同频率,不同空间细节做不同的处理,从而使原始图像的高低频分量同时得到较好的提取,既保存了边缘信息,又避免了模糊。因此,这类方法将会有相当广泛的应用前景。

4. 基于小波包变换和 IHS 变换的遥感图像融合方法

IHS 变换融合方法在图像处理和分析领域中已经成为一个标准方法,IHS 变换融合方法就是对多光谱图像进行 IHS 变换,然后用全色图像替换多光谱图像的亮度分量,最后作 IHS 反变换得到新的多光谱图像。IHS 变换融合方法可以提高结果遥感图像的地物纹理特性,增强多光谱图像的空间细节表现能力的同时,也带来了较大的光谱失真。

在传统的 IHS 变换融合方法中,多光谱图像的 I 分量一般由全色图像直接替代,因此其光谱失真较大。为了克服 IHS 变换融合方法的光谱失真的缺点,采用基于小波包变换融合方法来融合多光谱图像与全色图像的亮度分量,有效地改善了光谱失真问题,同时增强了图像的空间信息。基于小波包变换与 IHS 变换的融合方法[82~85]的原理如图 8-33 所示。

首先,对多光谱图像进行 IHS 变换,得到亮度、色度与饱和度三个分量;

其次,将全色图像与多光谱图像的亮度分量作直方图匹配,使得多光谱图像的亮度分量的直方图调整成和全色图像直方图的分布,其中全色图像的灰度采用如下公式获得

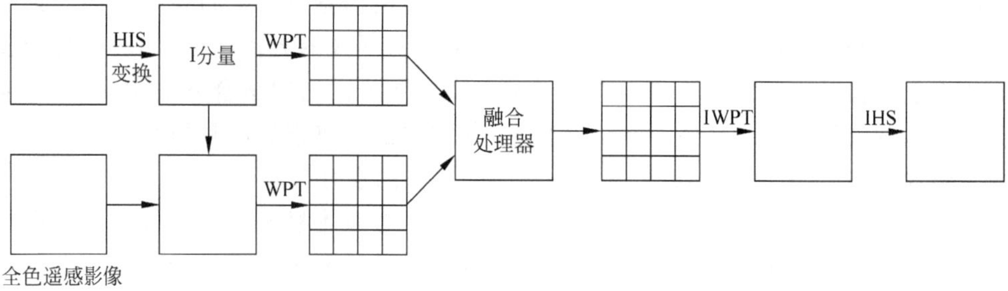

图 8-33 基于小波包变换与 IHS 变换融合方法的原理框图

$$g(x,y) = 0.30R(x,y) + 0.59G(x,y) + 0.11B(x,y) \tag{8-127}$$

式中，$R(x,y)$，$G(x,y)$，$B(x,y)$分别为全色图像 $g(x,y)$的 RGB 通道在点(x,y)处的值。

再次，利用基于小波包变换融合方法来融合多光谱图像的亮度分量与全色图像，把融合结果替代多光谱图像的亮度分量：分别对多光谱图像亮度分量 $f(x,y)$和全色图像 $g(x,y)$作小波包变换，假设分解 J 层，得到低频近似分量 $S^k f(2^j;x,y)$，$S^k g(2^j;x,y)$和高频细节分量 $W_k^s f(2^j;x,y)$，$W_k^s g(2^j;x,y)$，其中，$k=1,2,3,4$ 表示不同分辨率下分解的四个部分，$s=1,2,3$ 表示三个方向；$j=1,2,\cdots,J$ 表示不同的分辨率。设 $D_k^s f^j$ 与 $D_k^s g^j$ 分别是 $W_k^s f(2^j;x,y)$与 $W_k^s g(2^j;x,y)$中以(x,y)为中心像元的 $n\times n$ 窗口内的方差。

1）尺度 2^j 下，用局部方差最大准则融合高频细节分量，得到融合后高频细节分量

$$W_k^s(2^j;x,y) = \begin{cases} W_k^s f(2^j;x,y) & D_k^s f^j > D_k^s g^j \\ W_k^s g(2^j;x,y) & D_k^s f^j \leqslant D_k^s g^j \end{cases} \tag{8-128}$$

2）尺度 2^j 下，用加权和准则融合低频近似分量，得到融合后低频近似分量

$$S^k(2^j;x,y) = k_1 \cdot S^k f(2^j;x,y) + k_2 \cdot S^k g(2^j;x,y) \tag{8-129}$$

其中 k_1，k_2 为权系数，$k_1+k_2=1$。

3）一致性检测：若某像素邻近的 8 邻域中至少有 5 个像素来自图像 $f(x,y)$（或 $g(x,y)$），则该像素融合后的高频细节分量也调整为由图像 $f(x,y)$（或 $g(x,y)$）确定；否则，不作调整。

最后，对多光谱图像的亮度、色度与饱和度三个分量作 HIS 反变换，得到融合后图像。

8.5.2 生物识别技术

此小节将简要介绍生物识别及多模型生物识别技术。生物识别技术就是自动利用生理、行为特征来证实某一个体的身份。生物识别特征包括生理、行为特征，它有以下几个特性：

(1) 普遍性：每个人都有生物识别特征；

(2) 独特性：任两个人间的生物识别特征不可能是完全一样的；

(3) 持久性：特征不随时间变化；

(4) 可收集性：这些特征能够被定量采集；

(5) 可靠性：这些特征必须是稳定的，并且有较好的识别表现；

(6) 可接受性：这些特征不受干扰，且在社会中可以得到的。

生物识别特征包括可视图及诸如语调，步态，DNA 等其他特征。

例 8.14　生物识别系统[86~91]。

生物识别系统的典型应用是在访问控制系统中。在这种系统中，一个人提供一个身份，并且提供支持这种身份的一个生物识别样本。生物识别系统作为一个鉴定系统自动对这个人进行分类，将其识别为真实者，或者冒充者。

实际上，生物识别系统有三种不同的使用方式：

(1) 闭集识别：已知 k 个人，分成 k 类，每个人代表一类，对提供的生物识别样本进行识别，将这个特征归为这 k 类中的一类；

(2) 开集识别：将提供的生物识别样本归为 $k+1$ 类中的一类，其中前 k 类代表闭集中的 k 个人，第 $k+1$ 类代表“未知”人；

(3) 鉴定：将提供的样本归为两类中的一类：它是特定某个人，或者不是。

1. 多模型生物识别

虽然单传感器生物识别系统发展很快，但是实际环境非常复杂，这使得基于生物识别特征的识别系统的应用仍然有很多困难。

例 8.15　虹膜识别系统[89,91]。虹膜识别系统利用虹膜特征来识别，鉴定样本。如果虹膜样本采集合适，最后的识别率相当高。但是在不可控的环境里，由眼皮、睫毛及倒影带来的干扰使得系统的识别率下降很多。

为了提高可靠性，现有的生物识别系统常使用多种生物、行为特征，这种方法称为多模型生物识别。

生物识别系统中最常用的多模型生物识别数据包括虹膜和视网膜、指纹、几何和手、脸及耳朵的表面纹理。多模型生物识别系统结合多个感知器进行识别。例如脸部几何是动态的，并且具有丰富的拓扑结构，将脸部图像与静态生物识别特征如指纹相结合，就可以得到一个多模型生物识别系统。

多模型人体识别系统在安全访问系统及银行系统[92~94]中有广泛的应用。下面介绍几种常用的生物识别特征。

1) 指纹

指纹是最早使用的生物识别特征，现今，指纹读取是发展最深入的生物识别感知器。

2) 签名

随着现代个人电脑技术的发展，笔迹及签名特征已经可以被电脑处理，从而大大推进了签名识别的发展。

3）人脸

人脸识别系统检测人脸的模式、形状及阴影，完成特征提取和人脸的识别。现在，最流行的方法是基于主成分分析的方法。但是，当人脸微笑、年老、有各种遮挡（如戴口罩，戴眼镜）或者光照环境较差时，许多人脸识别系统的效果很差，关于人脸识别现有方法的全面描述可参考文献[94]。

4）虹膜与视网膜

虹膜识别系统扫描虹膜表面，并对模式进行比较。虹膜识别[84]被认为是最可靠的生物识别。视网膜识别系统扫描视网膜表面，并且比较神经、血管及其他特征[87]。

5）步态识别

步态识别是通过行走模式来对人进行识别。步态识别的一个特有的优点就是它可以提供在远处识别的可能性。但是，这种方法需平衡隐藏的内部变化[85]。

6）其他生物识别

其他的生物识别特征包括耳朵识别特征[88]，气味识别特征，心电图识别特征等。

2. 多重生物识别

多重生物识别系统包括多重感知，多重算法，多重实例及多重采样系统[92,93]。

1）多重感知系统

多重感知系统采用多重感知器来获取单一生物识别特征。下面的例子阐述了通过热红外图像与可见光图像相融合的方法来进行多重感知人脸识别。

例 8.16 通过热红外图像与可见光图像相融合的方法来进行人脸识别[83]。

热红外图像对光照的变化不敏感，因此在人脸识别系统中，它可以很好地补充可见光图像。但是，热红外线不能穿透玻璃，因此，如果人脸上戴有眼镜，那么热红外人脸图像就会被部分遮盖。热红外图像与可见光图像在小波域中相互融合，一些研究采用遗传算法寻找将两种谱信息相结合的最佳策略，目标是将两种图像的最突出特征提取出来得到最后的融合图像。然后对融合后的图像进行主成分分析，结果显示识别效果有大幅提升。

2）多重算法系统

多重算法系统对同一个生物识别特征数据使用多种特征提取及配准算法。不同的特征及配准算法突出测试目标的不同特征，因此这些算法的结合可以有更好的生物识别表现。下面的多重算法人脸识别系统将 PCA 与 LDA 算法相融合。

例 8.17 基于 PCA 和 LDA 决策融合的人脸识别算法。

人脸识别常常使用到 PCA 和 LDA，这里阐述一种将它们融合的算法[90]。

令一维向量 $\boldsymbol{x}$ 为一个给定的测试图像，将 $\boldsymbol{x}$ 映射到 PCA 和 LDA 子空间，令 $\boldsymbol{u},\boldsymbol{v}$ 为相应的映射向量，U_k,V_k 分别为 PCA 和 LDA 子空间中的第 k 个训练，计算相应的欧几里得距离，$d_k^{PCA}=\|u-U_k\|$，$d_k^{LDA}=\|v-V_k\|$，将欧几里得距离归一化，然后得到一个融合距离

$$\widetilde{D}_k = \frac{D_k^{PCA} + D_k^{LDA}}{2} \tag{8-130}$$

其中

$$D_k^{PCA} = \frac{d_k^{PCA} - \min_l(d_l^{PCA})}{\max_l(d_l^{PCA}) - \min_l(d_l^{PCA})} \tag{8-131}$$

$$D_k^{LDA} = \frac{d_k^{LDA} - \min_l(d_l^{LDA})}{\max_l(d_l^{LDA}) - \min_l(d_l^{LDA})} \tag{8-132}$$

融合距离 $\widetilde{D}_k$ 在最近邻分类器中可取代 d_k^{PCA} 和 d_k^{LDA}，结果显示识别效果有较大提升。

3）多重实例系统

多重实例系统使用同一个生物识别特征的多个实例。例如，在指纹识别系统中，可能要采集左右手的多个手指指纹，又如在虹膜识别系统中，要采集左右眼两个虹膜样本，来进行识别。

4）多重采样系统

多重采样系统使用同一个感知器获取相同生物识别特征的多个样本。例如，装备了小尺寸感知器的指纹识别系统可能会采集多次样本以得到完整的指纹图像。

习　题

1. 图像融合系统的结构模型有哪几种，各自优缺点是什么？

2. 简要介绍金字塔图像融合算法，画出流程图，并在 MATLAB 环境下仿真实现。

3. 在图像配准中，哪些因素会影响最终的配准精度？

4. 图像的自动配准方法分为几大类？不同类别方法中都包含哪些典型算法？

5. 贝叶斯融合方法中能量泛函方法的引入使得融合变得更加灵活，全局能量最小化是其中的关键问题。试提出一个全局能量最小化的方法，并用 MATLAB 仿真实现。

6. 查阅相关文献，总结 ICA 与 PCA 的优缺点和改进方法。

7. 对比 DT_CWT，请指出离散小波变换、复小波变换在图像处理方面的缺点，并简要介绍 DT_CWT 的主要原理。

8. 请指出多源遥感图像融合应用系统的一般处理流程，并对每部分做简要解释。

9. 基于小波包变换的遥感图像融合的基本思想是什么？为什么将小波包变换和 IHS 变换结合起来效果更好？

参考文献

[1]　何友. 多目标多传感器分布信息融合算法研究. 清华大学博士论文，北京：1996

[2]　何友. 多传感器数据融合模型评述. 清华大学学报，1996，36（9）：14～20

[3] Fauvel M, Chanussot J, Benediktsson J A. Decision Fusion for the Classification of Urban Remote Sensing Image. IEEE Transaction on Geoscience and Remote Sensing, 2006, 44(10): 2828～2838

[4] Dubois D, Prade H, Ricca G D, et al. Possibility Theory in Information Fusion. Data Fusion and Perception, CISM Course and Lecture, 2001, 431: 53～76

[5] Bloch I. Information Combination Operator for Data Fusion: A Comparative Review with Classification. IEEE Transaction on Systems, Man, and Cybernetics, A: Systems and Humans, 1996, 26(1): 52～67

[6] Dubois D, Prade H, Albidi M A, et al. Combination of Information in the Framework of Possibility Theory. New York: Academic Press, 1992

[7] Simper A. Correcting general band-to-band misregistration. In Proceedings of IEEE ICIP' 96. 1996, 12: 597～600

[8] Brown L. A survey of image registration technique. ACM Computing Surveys. 1992, 24(4): 325～376

[9] Barbara Zitova, Jan Flusser. Image registration methods: a servey. Image and Vision Computing, 2003, 21(11): 997～1000

[10] Ghaffary B K, Sawchuk A A. A survey of new techniques for image registration and mapping. In SPIE Proceedings of Applications of Digital Image Processing VI, Bellingham, WA, 1983, 432: 222～239

[11] Hui Li, Manjunath B S. A contour-based approach to multisensor image registration. IEEE Transactions on Image Processing, 1995, 4(3): 320～334

[12] Bourret P, Cabon B. A neural approach for satellite image registration and pairing segmented area. In SPIE Proceedings of Image and Signal Processing for Remote Sensing II, Paris, Fr, 1995, 2579: 22～31

[13] Wand W H, Chen Y C. Image registration by control points pairing using the invariant properties of line segments. Pattern Recognition Letters, 1997, 18(3): 269～281

[14] Dana K, Anandan P. Registration of visible and infrared image. In SPIE Proceedings of Architecture, Hardware, and Forward-Looking Infrared Issues in Automatic Target Recognition, 1993, 1957: 2～13

[15] Uner M, Aldroubi A. Multiresolution image registration procedure using spline pyramids. In SPIE Proceedings of Mathematical Imaging: Wavelet Applications in Signal and Image Processing, San Diego CA, USA, 1993, 2034: 160～170

[16] Djamdji J P. Geometrical registration of images: The multiresolution approach. Photogrammetric Engineering and Remote Sensing, 1993, 59(5): 645～653

[17] Moigne J L. The use of wavelets for remote sensing image registration and fussion. In SPIE Proceedings of Aerosense Wavelet Applications III, Orlando, Florida, 1996, 2762: 535～544

[18] Corvi M, Nicchiotti G. Multiresolution image registration. In Proceedings of IEEE 1995 International Conference on Image Processing, 1995. 224～227

[19] Hui Henry Li, Yi Tong Zhou. A wavelet-based point feathre extractor for multisensor image registration. In SPIE Proceedings of Aerosense Wavelet Applications III, Orlando, Florida, 1996, 2762: 524～534

[20] Jun-Wei Hsieh. Image registration using a new edge-based approach. Computer Vision and Image Understanding, 1997, 67(2): 112～130

[21] Kaymaz Emre, et al. Registration of satellite imagery utilizing the low-low components of the wavelet transform. In Proceedings of the 25th AIPR Workshop: Emerging Applications of Computer Vision, Washington, DC, USA, 1997, 2962: 45～54

[22] Hao Wu, Yongmin Kim. Fast wavelet-based multiresolution image registration on a multiprocessing digital signal processor. International. Journal of Image System and Technology, 1998, 9(1): 29～37

[23] Fonseca L M G, Manjunath B S. Registration techniques for multisensor remotely sensed imagery. Photogrammetric Engineering and Remote Sensing, 1996, 62(9): 1049～1056

[24] Hanaizumi H, Fujimura S. An automated method for registation of satellite remote sensing images. In Proceedings of the 13th Annual International Geoscience and Remote Sensing Symposium, Tokyo, Jopan, 1993, 1348～1350

[25] Berthilsson R. Affine correlation. In Proceedings of the International Conference on Pattern Recognition ICPR'98, Brisbane, Australia, 1998, 1458～1461

[26] Huttenlocher D P, Klanderman G A, Rucklidge W J. Comparing images using the Hausdorff distance. IEEE Transactions on Pattern Analysis and Machine Intelligence, 1993, 15(9): 850～863

[27] Castro E D, Morandi C. Registration of translated and rotated images using finite Fourier transforms. IEEE Transactions on Pattern Analysis and Machine Intelligence, 1987, 9(5): 700～703

[28] Chen Q, Defrise M, Deconinck F. Symmetric phase-only matched filtering of Fourier-Mellin transforms for image registration and recognition. IEEE Transactions on Pattern Analysis and Machine Intelligence, 1994, 16(12): 1156～1168

[29] Reddy B S, Chatterji B N. An FFT-based technique for translation, rotation and scale-invariant image registration. IEEE Transactions on Image Processing, 1996, 5(8): 1266～1271

[30] Thevenaz P, Unser M. An efficient mutual information optimizer for multiresolution image registration. In Proceedings of IEEE ICIP'98, Chicago, IL, USA, 1998, 1: 833～837

[31] Thevenaz P, Unser M. Pyramid approach to sub-pixel image fusion based on mutual information. In Proceedings of IEEE ICIP'96, Lausanne, Switz, 1996, 1: 265～268

[32] Thevenaz P. Unser M. Spline pyramids for inter-modal image registration using mutual information. In SPIE Proceedings of Wavelet Applications in Signal and Image Processing V, 1997, 3169: 236～247

[33] Studholme C, Hill D L G, Hawkes D J. An overlap invariant entropy measure of 3D medical image alignment. Pattern Recognition, 1999, 32(1): 71～86

[34] Hu M K. Visual pattern recognition by moment invariants. IEEE Transactions on Information Theory, 1962, 8(2): 179～187

[35] Wong Y R. Scene matching with invariant moments. Computer Graphics and Image Processing, 1978, 8(1): 16～24

[36] 潘泉，程咏梅，杜亚娟，张洪才. 离散不变矩算法及其在目标识别中的应用. 电子与信息学报，2001，23(1)：30～36

[37] Mitra R S, Murthy N N. Elastic maximal matching. Pattern Recognition, 1991, 24(8): 747～753

[38] Ranade S, Rosenfeld A. Point pattern matching by relaxation. Pattern Trcognition, 1980, 12(4): 269～275

[39] Wang C Y, Sun H, Yadas S, Rosenfeld A. Some experiments in relaxation image matching using corner features. Pattern Recognition, 1983, 16(3): 167～182

[40] Medioni G, Nevatia R. Matching images using linear features. IEEE Transactions on Pattern Analysis and Machine Intelligence, 1984, 6(6): 675～685

[41] Cheng J K, Huang T S. Image registration by matching relational structures. Pattern Recognition, 1984, 17(1): 149～159

[42] Ton J, Jain A K. Registering landsat images by point matching. IEEE Transactions on Geosci. Remote Sensing, 1989, 27(5) : 642～651

[43] Price K E. Relaxation matching techniques—a comparison. IEEE Transactions on Pattern Analysis and Machine Intelligence, 1985, 7(5): 617～23

[44] Dani P, Chaudhuri S. Automated assembling of images: Image montage preparation. Pattern Recognition, 1995, 28(3): 431～45

[45] Whichello A P, Yan H. Document image mosaicing. Proceedings of the International Conference on Pattern Recognition ICPR'98, 1998, Brisbane, Australia, 1081～1084

[46] Zheng Q, Chellapa R. A computational vision approach to image registration. IEEE Transactions on ImageProcessing, 1993, 2(3): 311～325

[47] Thevenaz P, Ruttimann U E, Unser M. A pyramidal approach to subpixel registration based on intensity. IEEE Transactions on Image Processing, 1998, 7(1): 27～41

[48] Sharma R K, Pavel M. Multisensor image registration. Proceedings of the Society for Information Display, XXVIII, Portland OR, 1997, 951～954

[49] Kumer R, Sawhney H S, Asmuth J C, Pope A, Hsu S. Registration of video to georeferenced imagery. Proceedings of the International Conference on Pattern Recognition ICPR'98, Brisbane, Australia, 1998. 1393～1399

[50] Demoment G. Image reconstruction and restoration: Overview of common estimation problems. IEEE Transactions on Acoustics, Speech, and Signal Processing, 1989, 37(2): 2024～2036

[51] Beyerer J, Sander J, Werling S. 'Bayes' sche Methodik zur lokalen Fusion heterogener Informationsquellen. Technisches Messen, 2007, 74(3): 103～111

[52] Kaipio J, Somersalo E. Statistical and Computational Inverse Problems. New York/Heidelberg: Springer, 2005

[53] Beyerer J, Heizmann M, Sander J. Fuselets—An agent based architecture for fusion of heterogeneous information and data. In SPIE Proceedings of Multisensor, Multisource Information Fusion: Architectures, Algorithms, and Applications, 2006, 6242: 235～243

[54] Yuille A L, Bülthoff H H. Bayesian decision theory and psychophysics. Cambridge: Cambridge University Press, 1996, 123～161

[55] Berger J O. Statistical Decision Theory and Bayesian Analysis (second edition). New York : Springer, 1993

[56] Chalmond B. Modeling and Inverse Problems in Image Analysis. New York : Springer, 2003

[57] Press S J. Subjective and Objective Bayesian Statistics: Principles, Models, and Applications (second edition). Hoboken, NJ: John Wiley & Sons, 2003

[58] Li S Z. Markov Random Field Modeling in Computer Vision. Tokyo/Heidelberg: Springer, 1995

[59] Frese C, Gheta I. Robust depth estimation by fusion of stereo and focus series acquired with a camera array. In IEEE International Conference on Multisensor Fusion and Integration for Intelligent Systems (MFI), Heidelberg, Germany, 2006. 243～248

[60] Gheta I, Frese C, Heizmann M. Fusion of combined stereo and focus series for depth estimation. In proceedings of Jahrestagung der Gesellschaft für Informatik—Workshop Multiple Sensor Data Fusion, Dresden, 2006. 359～363

[61] Kolmogorov V, Zabih R. Multi-camera scene reconstruction via graph cuts. In Proceedings of the Seventh European Conference on Computer Vision (ECCV)—Part III, in Lecture Notes in Computer Science, Springer, 2002, 2352: 82～96

[62] Boykov Y, Kolmogorov V. An experimental comparison of min-cut/max-flow algorithms for energy minimization in vision. IEEE Transactions on Pattern Analysis and Machine Intelligence, 2004, 26(9): 1124～1137

[63] KolmogorovV, Zabih R. What energy functions can be minimized via graph cuts?. IEEE Transactions on Pattern Analysis and Machine Intelligence, 2004, 26(2): 147～159

[64] Clark J J, Yuille A L. Data Fusion for Sensory Information Processing Systems. Boston/Dordrecht/London: Kluwer Academic Publishers, 1990

[65] Geman S, Geman D. Stochastic relaxation, Gibbs distributions, and the Bayesian restoration of images. IEEE Transactions on Pattern Analysis and Machine Intelligence, 1984, 6(6): 721～741

[66] Selesnick I W, Baraniuk R G, Kingsbury N G. The dual-tree complex wavelet transform. IEEE Signal Processing Magazine, 2005, 22(6): 123～151

[67] Mitianoudis N, Stathaki T. Pixel-based and region-based image fusion schemes using ICA bases. Elsevier Journal of Information Fusion, 2007, 8(2): 131～142

[68] Treichler J R, Agee B G. A new approach to multipath correction of constant modulus signals. IEEE Transactions on Acoustics, Speech and Signal Processing, 1983, 31(2): 459～472

[69] Li Q, Stathaki T. Image fusion using dispersion minimization. In Proceedings of IEEE International Conference on Acoustic, Sound and Signal Processing, Toulouse, France, 2006

[70] Li D L, Mersereau R M, Simske S. Blur identification based on kurtosis minimization. In Proceedings of the IEEE International Conference on Image Processing, Genova, Italy, 2005. 905～908

[71] Papoulis A, Unnikrishna Pillai S. Probability, Random Variables and Stochastic Processes, New York: McGraw-Hill, 2002

[72] YangJ, Blum R S. A statistical signal processing approach to image fusion using hidden D Markov models. Multi-Sensor Image Fusion and Its Applications, Marcel Dekker/CRC, 2005

[73] Mitianoudis N, Stathaki T. Joint fusion and blind restoration for multiple image scenarios with missing data. Computer Journal, 2007, 50(6): 660～673

[74] Wang Z, Bovik A C. A Univeral Image Quality Index. IEEE Signal Processing Letters, 2003, 9(3): 81～84

[75] Wald L, Ranchin T, Mangolini M. Fusion of satellite images of different spatial resolution: Assessing the quality of resulting images. Photogrammetric Engineering and Remote Sensing, 1997, 63(6): 691～699

[76] Piella G, Heijmans H. A new quality metric for image fusion. In Proceedings of the IEEE

International Conference on Image Processing, Barcelona, Spain, 2003, 3: 173～176

[77] Mitianoudis N, Stathaki T. Pixel-based and region-based image fusion schemes using ICA bases. Information Fusion, 2007, 8(2): 131～142

[78] Wald L. A European proposal for terms of terms of reference in data fusion. International Archives of Photogrammetery and Remote Sensing. IEEE Transactions on Geosciences and Remote Sensing, 1999, 37(3): 1190～1193

[79] David L Hall, James Llinas. Handbook of Multisensor data fusion. Raton, FL, USA: CRC Press LLC, 2001

[80] Wald L. A European proposal for terms of terms of reference in data fusion. International Archives of Photogrammetery and Remote Sensing, 1998, 32(7): 651～654

[81] Huttenlocher D P, Rucklidge W J. A multi-resolution technique for comparing images using the Hausdorff distance. In Proceedings of the IEEE Conference on Computer Vision and Pattern Recognition, New York, 1993. 705～706

[82] 陈宁江，李介谷. 基于支持区域的直线段匹配. 红外与激光工程，2000，29(5)：10～14

[83] Bebis G, Gyaourova A, Singh S, Pavlidis I. Face recognition by fusing thermal infrared and visible imagery. Image Vis. 2006, 24: 727～742

[84] Bowyer K W, Hollingsworth K, Flynn P S. Image understanding for iris biometrics: a survey. Computer Vision and Image Understanding, 2008, 110(2): 281～307

[85] Boulgouris N V, Hatzinakos D, Plataniotis K N. Gait recognition: a challenging signal processing technology for biometric identification. IEEE Signal Processing Magzine, 2005, 22(6): 78～90

[86] Cardinaux F, Sanderson C, Bengio S. User authentication via adapted statistical models of face images. IEEE Transactions Signal Processing. , 2006, 54(1): 361～373

[87] Daugman J. The importance of being random: statistical principles of iris recognition. Pattern Recognition, 2003, 36(2): 279～291

[88] Hurley D J, Nixon M S, Carter J N. Force field feature extraction for ear biometrics. Computer Vision and Image Understanding, 2005, 98(3): 491～512

[89] Kang B J, Park, K R. A robust eyelash detection based on iris focus assessment. Pattern Recognition, 2007, 28(13): 1630～1639

[90] Marcialis G L, Roli F. Decision-level fusion of PCA and LDA-based face recognition algorithms. International Journal of Image Graphics, 2006, 6(2): 293～311

[91] Min T H, Park R H. Comparison of eyelid and eyelash detection algorithms for performance improvement of iris recognition. In Proceedings of 2008 IEEE International Conference on Image Processing, 2008. 257～260

[92] Ross A. An introduction to multibiometrics. In: Proceedings of the 15th Europe Signal Processing, 2007. 1023～1027

[93] Ross A, Nandakumar K, Jain A K. Handbook of multibiometrics. Heidelberg: Springer 2006

[94] Zhao W, Chelappa R. Face Processing: Advanced Modeling and Methods. Amsterdam: Elsevier, 2006

第9章 时间与空间对准

9.1 问题描述

传感器误差源可以分为跟踪误差、转换误差和传播误差。每一种误差又可进一步分为与雷达有关、与目标有关和与平台有关的误差类，并可归为偏置误差（系统误差）分量和噪声误差（随机误差）分量，表 9-1 列出了常见传感器的主要误差分量[1]。

表 9-1 常见传感器主要误差分量

误差类	偏置误差分量	噪声误差分量
与传感器相关的跟踪误差	电轴设置及慢漂移 伺服不平衡及慢漂移 风和重力引起的扭矩 鉴别器的零点调整和漂移 零距离设置 接收机延迟	热噪声 多路径 伺服噪声 阵风 杂波干扰 接收机延迟变化
与传感器相关的转换误差	天线座不是水平的 方位零值对准 轴系正交 重力、日晒引起的弯曲 坐标转换时产生的偏差 投影误差 光速不稳定 发射振荡器的频率	轴承跳动 数据轮系非线性、间隙 数据量化 加速度引起变形 距离-多普勒耦合 内部定时跳动 距离量化 距离振荡器稳定性 VCO 频率的测量 雷达频率的稳定性
与目标相关的跟踪误差	动态滞后 应答机延迟	角、距离、目标旋转闪烁 数据轮系非线性、间隙 数据量化 加速度引起变形 回波起伏 动态滞后变化 应答机跳动 目标调制
传播误差	对流层折射平均值 电流层折射平均值 大气折射梯度	对流层折射不规则 电流层折射不规则 大气折射的不规则起伏

多传感器对准问题最早提出是20世纪70～80年代。进行雷达组网的最终目的是通过对多源数据进行检测、结合、相关、估计以达到精确的状态估计和身份估计，以及完整、及时的态势评估和威胁估计，发挥多传感器之间的协调和性能互补的优势，克服单个传感器的不确定性和局限性，提高整个传感器系统的可靠性和鲁棒性。然而人们在设计中心式多传感器跟踪系统时，发现融合结果并不如预料的那么好，研究表明：很大的原因在于没有解决好传感器偏差对准问题。研究进一步表明：一个多传感器的防空监视系统，为了获得完整、准确和实时的空中目标状态，就需要对各传感器进行误差对准。

传感器的对准是指多传感器数据“无误差”转换时所需要的处理过程，一般主要包括时间对准和空间对准[2～6]。

时间对准包括以下2个关键问题：

(1) 各节点(包括传感器和信息融合设备)的时间基点一致性问题，即系统“时间同步”问题；

(2) 各传感器由于探测周期不同所引起的对目标数据采样时刻不一致的问题，即“时间配准”问题。

空间对准是将各个不同传感器的不同观测数据统一到统一坐标系以及系统误差修正[7～9]。系统误差修正也称为空间配准。

所谓时间配准，就是将关于同一目标的各传感器不同步的量测信息同步到同一时刻。由于各个传感器对目标的量测是相互独立的，且采样周期往往不同，所以它们向融合中心报告的时刻往往是不同的。另外，由于通信网络的不同延迟，各传感器和融合中心之间传送信息所需的时间也各不相同，因此各传感器报告间有可能存在时间差。所以融合前需将不同步的信息配准到相同的融合时刻。

所谓空间配准，又称为传感器配准，就是借助与多传感器对空间共同目标的量测对传感器的偏差进行估计和补偿。对于同一平台内采用不同坐标平台，各平台采用坐标系是不同的，所以在融合各平台信息之前，也需要将它们转换到同一量测坐标系中，而融合后还需将融合结果转换成各平台坐标系的数据后，再传送给各个平台。因此传感器空间配准又可分为平台级配准和系统级配准。

在雷达系统中，主要有两类误差：一种是随机误差，可通过滤波的方法进行消除或者通过大量的测量和分析，得到它的统计特性进而设法削弱它对测量结果的影响；一种是系统误差，属于确定性的误差，无法通过滤波的方法来消除，需要进行估计，并根据估计值对实际的目标跟踪系统进行校正或补偿[11～13]。

多传感器配准误差的主要来源有[10,11,14,15]：

(1) 传感器的校准误差，也就是传感器本身的偏差。

(2) 各传感器参考坐标系中测量的方位角、高低角和距离偏差。通常是由传感器的惯性测量单元的测量仪而引起的。

(3) 相对于公共坐标系的传感器的位置误差和计时误差。位置误差通常由传感器导航系统的偏差引起，而计时误差常由传感器的时钟偏差所致。

(4) 各传感器采用的跟踪算法不同，所以其局部航迹的精度不同。

(5) 各传感器本身的位置不确定，从而在由各传感器向融合中心进行坐标转换时产生偏差。

(6) 坐标转换公式的精度不够，为了减小系统的计算负担而在投影变换时采用了一些近似方法。

(7) 雷达天线的正北参考方向本身不够精确。

由于以上原因，同一个目标由不同传感器跟踪产生的航迹就有一定的偏差。这种偏差不同于单传感器跟踪时对目标的随机量测误差，它是一种固定的偏差。对于单传感器来说，目标航迹的固定偏差对各个目标来说都一样，只是产生一个固定的偏移，不会影响整个系统的跟踪性能。而对多个传感器系统来说，配准误差造成同一目标不同传感器的航迹之间有较大的偏差。本来是同一个目标的航迹，却由于相互偏差较大而可能被认为是不同的目标，从而给航迹管理和融合带来了模糊和困难，使融合得到的系统航迹的性能下降，丧失了多传感器处理本身应有的优点。

和跟踪系统中的随机误差不同，配准误差是一种固定的误差。对于随机误差，用航迹跟踪滤波技术就能够较好地消除。而对于固定的配准误差，就必须首先根据各个传感器的数据估计出各个传感器在中心系统的配准误差，然后对于各自航迹进行误差补偿，从而消除配准误差。

配准可以考虑为一个包含两个阶段的过程：传感器初始化和相对配准。传感器初始化相对于系统坐标独立地配准每一个传感器。一旦完成了传感器初始化，就可以利用共同的目标来开始相对的传感器配准过程。在相对的传感器配准过程中，收集足够多的数据点以计算系统偏差，计算得到的系统偏差用来调整随后得到的传感器数据作进一步的处理。

本章从时间和空间两个方面来介绍对准技术，其中，着重介绍时间和空间配准技术的研究发展及常见算法。

9.2 时间对准

由于传感器采样周期不同、传感器采样起始时间不一致以及通信网络的不同延迟等因素的影响，各传感器对空中同一目标观测所得数据有可能存在时间差，融合中心所接收到的测量数据往往是异步的，而大部分的多传感器融合算法只能处理同步数据。要求融合处理的各传感器数据必须是同一时刻的，这样才可能计算出目标的正确状态，因此，融合中心在进行融合处理前，通常需要先对测量数据进行时间对准，即将多个传感器的异步数据转换为相同时刻下的同步数据，消除时间上的影响。

另外，在多传感器数据融合系统中，并行滤波的精度差，但需对已测数据进行对准，如若使用未经配准的数据进行融合，可能会导致比单独使用某一传感器数据进行融合时的性能还差，因此为了最大限度地发挥多传感器数据融合系统的优越性，必须对多传感器数据进行时间匹配[16]。

在多传感器数据融合系统中时间统一分为三种：(1)传感器的平常工作时间，即标准的北京时间；(2)战时的数据融合系统时间，以指挥中心的时间为准，其他传感器都必须同步到该标准时间下；(3)多传感器数据融合系统中心处理时要把一个处理周期内各传感器在不同时刻量测的航迹统一到同一时刻[17]。

在多传感器时间匹配的过程中还牵扯多个传感器同步时的采样频率的确定问题，怎样确定采样频率也是个比较重要的问题。内插外推算法的时间配准方式是将高采样频率传感器的测量数据转换到最低采样频率传感器的采样时刻上，即同步时刻只能在最低采样频率传感器的采样时刻中进行选择，所以同步频率不会高于传感器集合中的最低采样频率。当传感器间的采样频率相差较大时就会导致高采样频率传感器的测量数据的浪费，因此，在进行时间配准前，应首先对同步频率进行合理的选择。配准频率是指对融合中心的测量数据集合进行时间配准的频率。由于同步频率与时间配准的执行频率相同，所以选择合理的同步频率也就是选择合理的配准频率。在内插外推算法中，配准频率是传感器集合中的最低采样频率。配准频率的选择主要考虑以下因素：①配准计算的实时性；②同步频率；③传感器集合中的采样频率极值。设配准频率为 f_t，同步频率的最大值为 $f_s^{\max}$ 和最小值为 $f_s^{\min}$，传感器集合中的最高采样频率为 $f_{\max}$。给出选择配准频率的两种简单方法。

(1) 取所有传感器采样频率的平均值，即

$$f_t = \frac{1}{n}\sum_{i=1}^{n} f_i$$

(2) 取所有传感器采样频率的加权平均值，即

$$f_t = \frac{1}{n}\sum_{i=1}^{n} a_i f_i$$

其中，$a_i = \dfrac{p_i}{\sum_{i=1}^{n} p_i}$；权重 a_i 由传感器采样精度 p_i 确定，且 $i=1,2,\cdots,n$。在配准频率 f_t 确定后，对于相邻的配准时间 $T_f(k-1)$ 和 $T_f(k)$ 存在 $T_f(k)-T_f(k-1)=1/f_t$。

对于多源传感器采集同一目标情况下的时间配准，为了避免出现非周期的同步数据，所选择的配准频率对应的同步周期应为某一传感器采样周期的整数倍，并且配准计算时刻为该传感器采样时刻集合的子集。对于配准计算过程中出现的拟合公式缺失和测量数据无法利用，主要是配准频率过大造成的，所以在进行配准频率的选择时应适当地选择较小的配准频率。另外，如果选择的配准频率不合适的话，有可能导致测量数据无法利用。因为传感器间的传输延迟时间可能存在差异，不同传感器的测量数据到达融合中心的先后次序可能与其所对应的采样时刻的先后次序不同；当同步周期小于传感器间传输延迟时间的差值时，配准计算将无法利用传输延迟较大传感器的测量数据[16]。

根据时间对准包括的两个关键问题，即时间同步和时间配准问题，可将时间对

准技术分为时间同步技术和时间配准技术。

9.2.1 时间同步技术

美国德拉瓦大学的 Mills 于 1985 年提出了 NTP 协议，除了可以估算封包在网络上的往返延迟外，还可独立地估算计算机时钟的偏差，从而在广域网上实现计算机时钟的精确同步。时间服务器(time server)是利用 NTP 协议的服务器，它提供广泛的接近国家时间和频率的服务，组织时间子网的时间同步和调整子网中的本地时钟。在大多数的环境中，NTP 可以提供 1～54ms 的可靠时间源[18,19]。

另外，国内也有部分基于局域网的工程，采用的是专门的协议，由时间标准设备在准秒时或接收到请求时发出时码信息，其他设备接收对时，来解决时间误差，其时间同步误差为 1～50ms 甚至更高[20～22]。

9.2.2 时间配准技术

配准方法的优劣直接关系到数据融合效果的好坏。关于多传感器的异步问题，目前解决的方法有很多，如最小二乘法[23]、内插外推法[24]、泰勒展开法[25]、曲线拟合法[26]等。

下面分别介绍几种常见的时间配准方法。

1. 最小二乘法

最小二乘法的基本思想是：采用最小二乘规则将第二类传感器的 n 次测量值融合成一个虚拟的测量值作为第 k 时刻第二类传感器的测量值，然后同第一类传感器的测量值进行融合，从而得到第 k 时间两传感器测得目标状态的融合值。此方法是假定两类传感器的采样周期之比 n 为整数。

若传感器 1 对目标状态最近一次更新时间为 $(k-1)\tau$，下一次更新时间为 $k=(k-1)\tau+nT$；传感器 2 对目标状态最近一次更新时间为 $(k-1)T$，下次更新时间为 kT，上述意味着在连续两次目标状态更新之间，传感器 2 有 n 次测量值。可采用最小二乘规则，将这 n 次测量值融合成一个虚拟的测量值，将其作为 k 时刻传感器 2 的测量值，再和传感器 1 的测量进行融合。

用 $\boldsymbol{z}_n=[z_1,z_2,\cdots,z_n]^{\mathrm{T}}$ 表示 $(k-1)$ 到 k 时刻传感器 2 的 n 个测量值集合，与 $\boldsymbol{k}$ 时刻传感器 1 测量同步，$\boldsymbol{u}=[z,\dot{z}]^{\mathrm{T}}$ 表示 $z_1,z_2,\cdots,z_n$ 融合后的测量值及其导数，则传感器 2 的测量值可表示为

$$z_i = z + (i-n)T\dot{z} + v_i, \quad i = 1,2,3,\cdots,n \tag{9-1}$$

其中 v_i 表示测量噪声，将上式改写成向量形式

$$\boldsymbol{z}_n = \boldsymbol{w}_n\boldsymbol{u} + \boldsymbol{v}_n \tag{9-2}$$

其中 $\boldsymbol{v}_n=[v_1,v_2,\cdots,v_n]^{\mathrm{T}}$，$\mathrm{E}[\boldsymbol{v}_n\boldsymbol{v}_n^{\mathrm{T}}]=\mathrm{diag}(\delta_n^2,\delta_n^2,\cdots,\delta_n^2)$，且 δ_n^2 为融合前的测量噪声

方差。

$$\boldsymbol{w}_n = \begin{bmatrix} 1 & 1 & \cdots & 1 \\ (1-n)T & (2-n)T & \cdots & (N-n)T \end{bmatrix}^{\mathrm{T}} \tag{9-3}$$

则式(9-2)的最小二乘解及其方差的估值为

$$\hat{\boldsymbol{u}} = [\hat{z},\hat{\dot{z}}]^{\mathrm{T}} = (\boldsymbol{w}_n^{\mathrm{T}}\boldsymbol{w}_n)^{-1}\boldsymbol{w}_n^{\mathrm{T}}\boldsymbol{z}_n \tag{9-4}$$

$$R_u = \delta_n^2 (\boldsymbol{w}_n^{\mathrm{T}}\boldsymbol{w}_n)^{-1} \tag{9-5}$$

融合后的测量值及测量噪声方差为

$$\hat{z}(k) = c_1\sum_{i=1}^{n} z_i + c_2\sum_{i=1}^{n} iz_i \tag{9-6}$$

$$\mathrm{Var}[\hat{z}(k)] = \frac{2\delta_n^2 n(2n+1)}{n(n+1)} \tag{9-7}$$

其中 $c_1=-2/n, c_2=6/[n(n+1)]$。

2. 内插外推法

内插外推法是采用时间片技术，将高频率的观测数据被动传感器量测数据推算到低频率数据主动传感器量测数据的时间点上，即在同一时间片内，对各传感器的观测数据按测量频率进行增量排序，然后将高频率观测数据向低频率时间点内插、外推，以形成等间隔的观测数据。

假设 $t_{ki-1}, t_{ki}, t_{ki+1}$ 时刻测量数据为 z_{i-1}, z_i, z_{i+1}。通常采样时间是等间隔的，即 $t_{ki+1}-t_{ki}=t_{ki}-t_{ki-1}=h$。假设计算插值点时刻 t_i 且 $t_i=t_{ki}+\tau h$ 的值，则运用 Lagrange 三点插值法计算出 t_i 时刻的测量值为

$$\begin{aligned}\bar{z}_i =& \frac{(t_i-t_{ki})(t_i-t_{ki+1})}{(t_{ki-1}-t_{ki})(t_{ki-1}-t_{ki+1})}z_{i-1} + \frac{(t_i-t_{ki-1})(t_i-t_{ki+1})}{(t_{ki}-t_{ki-1})(t_{ki}-t_{ki+1})}z_i \\ &+ \frac{(t_i-t_{ki-1})(t_i-t_{ki})}{(t_{ki+1}-t_{ki-1})(t_{ki+1}-t_{ki})}z_{i+1}\end{aligned} \tag{9-8}$$

3. 泰勒展开法

假设$\{(t)\}$为采样的等间隔数据，也即

$$t_{i+1}-t_i^* = h, \quad i=1,2,\cdots,h \tag{9-9}$$

为采样时间间隔，实际上是 t_i^* 时刻的目标空间状态 $x_0(t_i^*)$，$t_{i+1}^*-t_i^*$ 为采样时间间隔，但不一定等于 h，同时 $t_i^*-t_i \leqslant h/2$ 成立。现要得到 t_i 时刻的目标空间状态 $x_0(t_i)$，可将 $x_0(t_i^*)$在 t_i 处进行泰勒展开并取其一阶项

$$x_0(t_i^*) = x_0(t_i) + \dot{x}_0(t_i)(t_i^*-t_i) \tag{9-10}$$

则 t_i 时刻的目标空间状态为

$$x_0(t_i) = x_0(t_i^*) - \dot{x}_0(t_i)(t_i^*-t_i) = x(t_i) - \dot{x}_0(t_i)(t_i^*-t_i) \tag{9-11}$$

式中$|-\dot{x}_0(t_i)(t_i^*-t_i)|$为观测数据因时间误差引起的修正量，若将其记作 $\Delta x(t_i)$，则式(9-11)改为

$$x_0(t_i)=x(t_i)+\Delta x(t_i)$$

其中 $|t_i^*-t_i|\approx R(t_i)/c$，$R(t_i)$ 为 t_i 时刻目标到传感器的斜距，c 为光速。

4. 曲线拟合法

许多学者提出了不同的时间配准方法，但通常视各传感器为均匀采样，根据各传感器采样周期之间的比值，通过一定的平滑滤波算法，将各传感器之间的测量数据对准到同一时间点上，但工程中很多传感器的采样是不均匀的，为此可以利用曲线拟合的时间配准方法，该方法的基本思想是：选择其中一个或多个传感器的测量数据，经过对数据进行曲线拟合得到一条曲线。由拟合后的曲线计算得出其他任意时刻的值，此时可以按一定的准则将各传感器测得的数据进行融合配准。

假设传感器 1 和传感器 2 分别以不同的频率对目标进行采样测量，各传感器可均匀采样，也可非均匀采样。每个传感器在采样时刻 t 有一个测量值，记作 (t_i,z_i)。传感器 1 在某一时间段 $[a,b]$ 内对目标进行了 $n+1$ 次测量，将整个时间区间按采样时刻划为 $a=t_0<t_1<\cdots<t_n=b$，给定的时刻点 t_i 对应的观测值为 $f(t_i)=z_i(i=0,1,2,\cdots,n)$，构造一个三次样条插值函数 $s(x)$，使其满足下列条件：

(1) $s(t_i)=z_i,i=0,1,2,\cdots,n$；

(2) $s(t)$ 在每个小区间 $[t_i,t_{i+1}]$ 上是一个三次多项式，且 $i=0,1,2,\cdots,n-1$；

(3) $s(t)$ 在 $[a,b]$ 上具有二阶连续导数。

基于最小二乘的样条函数拟合是在样条函数空间 $S_k(\cdot)$ 内，找出对于 $f(t)$ 关于范数 $\|\cdot\|$ 的最佳逼近，即找到 $s^*(t)$，使下式成立

$$\|f-s^*\|=\min_{s\in S_k(\cdot)}\|f-s\| \tag{9-12}$$

三次样条插值函数的构造过程如下：

记 $m_i=s'(t_i)(i=0,1,2,\cdots,n)$，在每个小区间 $[t_i,t_{i+1}](i=0,1,2,\cdots,n-1)$ 上，利用 Hermite 插值公式写出三次样条插值函数 $s(t)$ 的计算公式

$$\begin{aligned}s(t)=&\left(1+2\frac{t-t_i}{t_{i+1}-t_i}\right)\left(\frac{t-t_{i+1}}{t_i-t_{i+1}}\right)^2 z_i+\left(1+2\frac{t-t_{i+1}}{t_i-t_{i+1}}\right)\left(\frac{t-t_i}{t_{i+1}-t_i}\right)^2 z_{i+1}\\&+(t-t_{i+1})\left(\frac{t-t_{i+1}}{t_i-t_{i+1}}\right)^2 m_i(t-t_{i+1})\left(\frac{t-t_i}{t_{i+1}-t_i}\right)^2 m_{i+1}\end{aligned}$$

利用条件③即 $s''(t_i^-)=s''(t_i^+)(i=0,1,2,\cdots,n-1)$，并附加边界条件 $s''(t_0)=s''(t_n)=0$，可得方程组

$$\begin{cases}2m_0+a_0m_1=\beta_0\\(1-a_i)m_{i-1}+2m_i+a_im_{i+1}=\beta_i, \quad i=0,1,2,\cdots,n-1\\(1-a_n)m_{n-1}+2m_n=\beta_n\end{cases}$$

其中，$a_0=1$；

$a_i=h_{i-1}/(h_{i-1}+h_i)$；

$a_n=0$；

$\beta_0=\dfrac{3(z_1-z_0)}{h_0}$；

$\beta_i=3\left[\frac{1-a_i}{h_{i-1}}(z_i-z_{i-1})+\frac{a_i}{h_i}(z_{i+1}-z_i)\right]$；

$\beta_n=\frac{3}{h_{n-1}}(z_n-z_{n-1})$；

$h_i=t_{i+1}-t_i$。

方程组的系数矩阵为三角矩阵，其行列式不为0，所以方程组的解存在且唯一。对方程组求解，可得递推公式为

$$m_i = a_i m_i + b_i \quad i = n,n-1,\cdots,2,1,0$$

其中，$a_i=\frac{-a_i}{2+(1-a_i)a_{i-1}}$ 且 $i=1,2,\cdots,n$；$b_i=\frac{\beta_i-(1-a_i)b_{i-1}}{2+(1-a_i)a_{i-1}}$ 且 $i=1,2,\cdots,n$；$a_0=-\frac{a_0}{2}$；$b_0=\frac{\beta_0}{2}$。

运用上述公式求 $b_i,a_i(i=1,2,\cdots,n)$，令 $m_{n+1}=0$，求出 $m_n,m_{n-1},\cdots,m_0$，将所给参数 $t_i,y_i(i=0,1,2,\cdots,n)$ 代入样条插值函数 $s(x)$ 即可得要求的三次样条插值函数。

经过样条插值拟合，可得一条平滑曲线，由该曲线可求得传感器在任意时刻的值。这时再和其他传感器进行时间对准，可根据其他传感器的采样时刻，从本条曲线取出相应时刻的测量值，即可进行融合配准。

综上，常用的几种时间配准方法如上所述，但各方法适用场合不尽相同。

目前最小二乘法的研究较多，但用于时间配准模型简单，精度较低。

曲线拟合法，可以较好地解决时间不同步的问题，但在拟合区间的左右两极出现大的波动，使得拟合误差增大，尤其当进行高阶曲线拟合时，这种波动经常发生，拟合阶次越高越好并不总是成立，若用于实时时间配准，配准的数据就处在拟合曲线的一极，误差较大，对实时时间配准不适用。

插值法是一种较常用的方法，根据插值法的应用原则，插值数据应在插值区间中部，才能保证较高的精度，因此用于观测数据事后处理效果较好，但实时性不够。

曲线拟合法能将不同传感器测得的不同采样周期的数据对准到同一时间点上，以便进行特征提取与数据融合。同其他算法相比较，该算法计算简单，速度快，提高了融合效率。

在实际工程应用中，融合中心往往需要根据目标量测数据的时刻信息对多个传感器送来的同一目标的每一个数据进行实时时间配准。为实现实时获得目标的状态，融合中心需要简单且高效的实时时间配准算法，以便融合中心在收到目标的更新数据时，实时输出目标配准航迹。拉格朗日插值算法简单，可满足计算高效的要求，而采用目标跟踪中的自适应 α-β 滤波器预测的目标数据，则可解决实时性方面的要求。所以可利用自适应 α-β 滤波器预测的目标数据结合同一目标已有的估计值，采用 Lagrange 三点插值法进行时间配准，以达到实时配准的目的[16,27]。

对多传感器来说，还有卡尔曼滤波方法[28,29]、内插外推方法[30,31]、滑动窗口方法[32]等基本方法。近年来，Helmick 在文献[33]扩展了自己在文献[34]的研究，并将其用于异步传感器中，该方法利用一步固定步长 IMM 预测器将每个传感器的估

计值转换到统一时刻，但此方法适用于解决距离较近的两部传感器之间的误差配准问题。

Lin[35]研究了同采样率，不同传输延迟的异步多传感器时间配准算法。Bar-Shalom[36]基于用于同步传感器的 EX 算法[37]，提出了用于异步传感器的扩展 EX 算法——EXX 算法，该算法将来自不同采样时刻的传感器测量转换为与状态独立的系统偏差伪测量，其中伪测量的测量噪声是传感器的系统偏差，且为零均值高斯白噪声。该算法的提出更能可行并符合实际应用需要。

Rafati[38]假设系统误差时不变的情况下，给出估计异步多传感器系统系统误差方法，但该方法的前提假设不适用于真实实际环境，即实际中系统误差应是动态随机变化过程。为此，Rafati 在文献[39]给出了异步多传感器时不变和时变系统误差的估计方法。

下面简单介绍几种常用于多传感器的时间配准算法。

1. 卡尔曼滤波方法

Sun 在 2004 年的文献[29]中，提出利用卡尔曼滤波方法解决非同步多传感器信息融合问题。图 9-1 为实际应用中常见的非同步单轨迹融合方法。

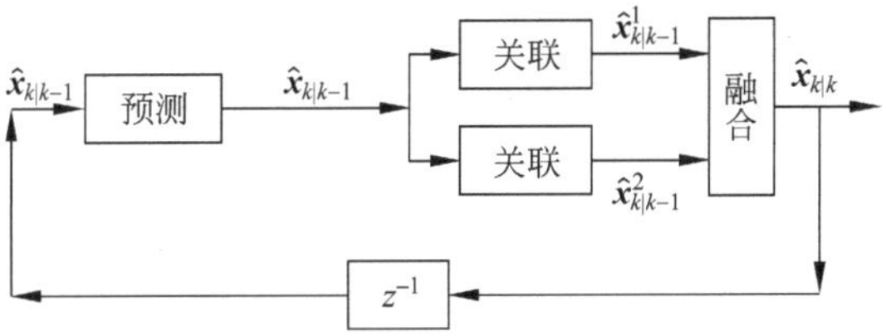

图 9-1　非同步单轨迹融合方法

如图 9-1 所示，目标状态估计如下，其中等式右边的状态估计及其协方差阵各项式都由卡尔曼滤波方法产生。

$$\hat{\boldsymbol{x}}_{k|k} = \hat{\boldsymbol{x}}^1_{k|k} + [\boldsymbol{P}^1_{k|k} - \boldsymbol{P}^2_{k|k}]\cdot[\boldsymbol{P}^1_{k|k} + \boldsymbol{P}^2_{k|k} - \boldsymbol{P}^{12}_{k|k} - \boldsymbol{P}^{21}_{k|k}]^{-1}\cdot[\hat{\boldsymbol{x}}^2_{k|k} - \hat{\boldsymbol{x}}^1_{k|k}]$$

$$\boldsymbol{P}^{12}_{k|k} = (\boldsymbol{I} - \boldsymbol{K}^1_k\boldsymbol{H}^1_k)\cdot\boldsymbol{F}_{k-1}\boldsymbol{P}^{12}_{k-1|k-1}\boldsymbol{F}^{\mathrm{T}}_{k-1}(\boldsymbol{I} - \boldsymbol{K}^2_k\boldsymbol{H}^2_k)^{\mathrm{T}}$$

2. 内插外推方法

Alouani 在 1994 年提出了插值方法，并在 1996 年对其进行了扩展。其指出，对于某一给定时间段，系统能融合该时间段内所有非同步传感器的测量信息。

以离散系统为例，假设某一线性随机动态系统由 N 个不同传感器组成，T_i 为第 i 个传感器的采样周期，N_k 为在每一个采样间隔$[(k-1)T, kT]$内系统得到的传感器量测数据的个数，$\lambda^i_k(i=1,2,\cdots,N_k)$为测量获取时刻与 kT 间的时间差，系统方程为

$$x_{k+1} = \phi(k+1,k)x_k + w_k$$

$$z^i_{k-\lambda^i_k} = H^i_{k-\lambda^i_k}x_{k-\lambda^i_k} + v^i_{k-\lambda^i_k}$$

其中，$x_k \in R^k$ 为系统在时间 $t=kT$ 的状态值，T 为采样周期，$z^i_{k-\lambda^i_k}$ 为第 i 个传感器在 $k-\lambda^i_k$ 时刻的测量值。

在给定的假设前提 $p[\bar{y}^1_k, \bar{y}^2_k, \cdots, \bar{y}^{N_k}_k] = \prod_{i=1}^{N_k} p[\bar{y}^i_k \mid x_k]$ 下，利用测量方程，可得系统在时刻 k 的状态估计值及其协方差

$$\hat{x}_{k|k} = P_{k|k}\left[P^{-1}_{k|k-1} x_{k|k-1} + \sum_{i=1}^{N_k} \bar{H}^i_k \bar{R}^i_k \bar{z}^i_k\right]$$

$$\boldsymbol{P}^{-1}_{k|k} = \boldsymbol{P}^{-1}_{k|k-1} + \sum_{i=1}^{N_k} (\bar{H}^i_k)^{\mathrm{T}} (\bar{R}^i_k)^{-1} (\bar{H}^i_k)^{\mathrm{T}} (\bar{R}^i_k)^{-1} \bar{H}^i_k$$

3. 滑动窗口方法

Kirubarajan 于 2001 年提出了滑动窗口法，其思想是将数据中的最后几帧同目标轨迹估计相结合，然后用新的数据来更新滑动窗口末端的目标轨迹估计。

假设系统由 N 个不同传感器组成，第 k 次测量得到 $M_n(k)$ 个测量值且 $n=1,2,\cdots,N$，每一测量值用 $z_{n,mk}(t_{mk})$ 表示，且 $mk=1,2,\cdots,M_n(k)$，t_{mk} 为传感器 n 的第 mk 个测量值采样时刻。从 $M_n(k)$ 个提取出 $L(k)$ 个轨迹 $T(k)$，每一轨迹用 $T_m(k)(m=1,2,\cdots,L(k))$ 表示。现要融合最后 $S-1$ 次测量来估计目标轨迹，且 S 为滑动窗口宽度。当系统得到第 k 次测量后，融合操作在 $T(k-S+1)$ 及 $M_{n-S+2}(k-S+2),\cdots,M_n(k)$ 间进行。

图 9-2 为滑动窗口方法示意图。

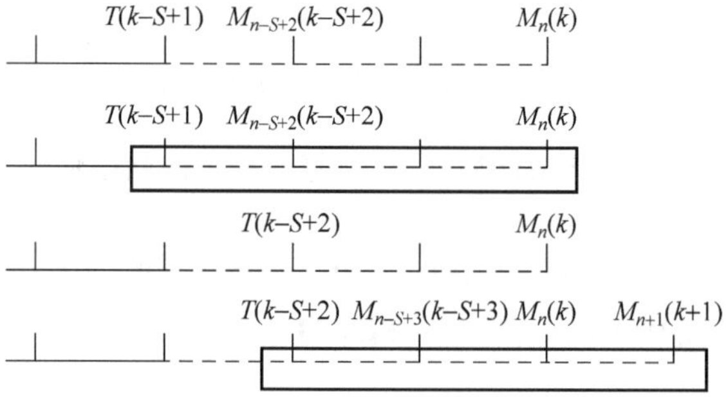

图 9-2 滑动窗口方法

当获取 $M_n(k)$ 个测量时，包含了直到 $k-S+1$ 次测量的所有测量值，即 $T(k-S+1)$ 及 $M_{n-S+2}(k-S+2),\cdots,M_n(k)$。利用 $T(k-S+1)$ 和 $M_{n-S+2}(k-S+2)$ 推出 $T(k-S+2)$。当 $k+1$ 时刻的测量到来时，滑动窗口向前推进，包括了 $M_{n-S+3}(k-S+3),\cdots,M_{n+1}(k+1)$ 以及 $T(k-S+2)$。

值得注意的是，通过上述不同方法可对多传感器进行时间配准，但在不确定环境下，如有实时性、无模型性的要求的系统，上述方法将受到限制，为此，测量数据补偿法被提出。该方法在不确定情况下，系统要求具有动态重构多传感器系统的能

力，即系统可动态增加或减少传感器。该方法利用测量数据补偿的概念，结合模糊推理理论，由于没有利用统计模型参数，所以该方法没有概率统计方法的应用限制[40]。此外，近年还有基于 GNSS 时间配准方法，该方法利用 GNSS 时间作为基准实现四维航迹的时间配准[41]。

9.3　坐标变换

如前所述，空间配准的任务是借助于多传感器对空间共同目标的量测对传感器的偏差进行估计和补偿。

在多传感器融合中，各个传感器得到的信息都是基于各自的坐标系的，必须将各个传感器得到的信息配准到公共坐标系之下，也就是要进行空间配准[42,43]。例如，一个数据融合系统可能包括多个不同类型的传感器（如雷达、声呐、红外等），这些不同类型的传感器得到相对于各自位置的径距、方位等极坐标量测信息，不同的量测要融合来估计直角坐标系下目标的位置、速度。要进行融合，则必须将这些量测配准（转换）到一个公共参考空间，即空间配准[44～46]。

9.3.1　常用坐标系

为了准确地描述传感器所探测到的目标的运动状态，必须选用适当的坐标系。根据实际配准过程中可能涉及的情况，下面介绍几种常用的坐标系。

1. 载机笛卡儿坐标系(OXYZ)

原点取在载机重心处，有一个坐标轴与载机固定相连，X 轴在载机的对称面内，与载机轴线一致指向前方，Y 轴处于对称面内，垂直于 X 轴指向上方，Z 轴向右为正。

2. 载机球/极坐标系

机载传感器在载机笛卡儿坐标系中，与 NED 坐标系和载机坐标系同心，对目标提供的量测为(r,θ,η)，其中 r 为径向距离，θ 为方位角，η 为俯仰角。

3. 地心地固坐标系(earth-centered earth-fixed coordinate，ECEF)

以地球质心为原点，随地球矢量旋转，Z 轴指向协议地极原点，代表转轴的方向，即 Z 轴与地球自转轴相同，指向北极，X 轴指向过格林威治本初子午线与赤道交点的笛卡儿空间直角坐标系，Y 轴和 Z 轴、X 轴构成右手坐标系。

4. 大地坐标系(geodetic coordinate)

即地理坐标系(L,λ,H)，其中 L 为地理经度，λ 为地理纬度，H 为海拔高度。

9.3.2 坐标系的选择

跟踪坐标系可采用上述任何一坐标系，但从传感器应用背景出发，坐标系选择有一定的原则。在杂波环境下，跟踪单个目标时，一般采用直角坐标系、NED坐标系或球面坐标系。在多回波环境下跟踪多个目标时，或使用多个平台进行目标跟踪时，采用混合坐标系。坐标系选择原则应满足以下几点[1,47,48]：

(1) 易于目标的运动描述；

(2) 满足滤波器的带宽要求；

(3) 易于状态耦合和解耦；

(4) 较小的动态和静态偏差；

(5) 在跟踪精度满足的情况下减少计算量。

9.3.3 坐标转换

1. 由大地坐标系向ECEF的转换

假设 P 点的大地坐标为(L,λ,H)，则其相应的ECEF坐标(x,y,z)为

$$\begin{cases} x = (N+H)\cos\lambda\cos L \\ y = (N+H)\cos\lambda\sin L \\ z = [N(1-e^2)+H]\sin\lambda \end{cases} \tag{9-13}$$

其中，$N=\dfrac{a}{\sqrt{1-e^2\sin^2\lambda}}$；

a 为地球椭球长半径；

e 为地球偏心率。

2. 由载机球极坐标系向载机笛卡儿坐标系的转换

假设载机传感器对目标的量测为(r,θ,η)，则其相应的笛卡儿坐标(x,y,z)为

$$\begin{cases} x = r\cos\eta\cos\theta \\ y = r\cos\eta\sin\theta \\ z = r\sin\eta \end{cases} \tag{9-14}$$

3. 由ECEF向大地坐标系的转换

假设 P 点的ECEF坐标为(x,y,z)，则其相应的大地坐标(L,λ,H)为

$$\lambda = 2\arctan[(\sqrt{x^2+y^2}-x)/y] \tag{9-15}$$

对于 L 和 H 的转换值，Paul第一次提出了精确的解析变换公式

$$\begin{cases} r_{xy} = \sqrt{x^2+y^2} \\ \alpha = (r_{xy}^2 + a^2e^4)/(1-e^2) \\ \beta = (r_{xy}^2 - a^2e^4)/(1-e^2) \\ q = 1 + 13.5z^2(\alpha^2-\beta^2)/(z^2+\beta)^2 \\ p = \sqrt[3]{q+\sqrt{q^2-1}} \\ t = (z^2+\beta)(p+p^{-1})/12 - \beta/6 + z^2/12 \\ L = \arctan\left(\left(z/2+\sqrt{t}+\sqrt{z^2/4-\beta/2-t+\alpha z/(4\sqrt{t})}\right)/r_{xy}\right) \\ H = r_{xy}/\cos\varphi - R \end{cases} \tag{9-16}$$

而且，当 z/a 充分小时，L 的表达式应该替换为

$$L = \arctan((\alpha+\beta+\gamma)z/(2\beta r_{xy}) - \gamma(\alpha+\gamma)^2 z^3/(4\beta^4 r_{xy})) \tag{9-17}$$

其中，$\gamma = \sqrt{\alpha^2-\beta^2}$。

4. 坐标平移

设任意一点 P 在坐标系 $OX_aY_aZ_a$ 中的位置为

$$\boldsymbol{x}_a = [x_a, y_a, z_a]^{\mathrm{T}} \tag{9-18}$$

坐标系 $OX_bY_bZ_b$ 和坐标系 $OX_aY_aZ_a$ 的各个坐标轴平行，坐标系 $OX_aY_aZ_a$ 的原点在坐标系 $OX_bY_bZ_b$ 中的坐标为

$$\bar{\boldsymbol{x}} = [\bar{x}, \bar{y}, \bar{z}]^{\mathrm{T}} \tag{9-19}$$

则 P 在 $OX_bY_bZ_b$ 中的位置为

$$x_b = [x_b, y_b, z_b]^{\mathrm{T}} = x_a + \bar{x} \tag{9-20}$$

5. 坐标旋转

设任意一点 P 在坐标系 $OX_aY_aZ_a$ 中的位置为 $\boldsymbol{x}_a = [x_a, y_a, z_a]^{\mathrm{T}}$，而在坐标系 $OX_bY_bZ_b$ 中的位置为

$$\boldsymbol{x}_b = [x_b, y_b, z_b]^{\mathrm{T}} \tag{9-21}$$

假定这两个直角坐标系的坐标原点共点，则根据两坐标系间的几何关系可知

$$\boldsymbol{x}_b = \boldsymbol{L}_{ba}\boldsymbol{x}_a \tag{9-22}$$

其中

$$\boldsymbol{L}_{ba} = \begin{bmatrix} \cos(X_b, X_a) & \cos(X_b, Y_a) & \cos(X_b, Z_a) \\ \cos(Y_b, X_a) & \cos(Y_b, Y_a) & \cos(Y_b, Z_a) \\ \cos(Z_b, X_a) & \cos(Z_b, Y_a) & \cos(Z_b, Z_a) \end{bmatrix} \tag{9-23}$$

坐标转换矩阵 $\boldsymbol{L}_{ba}$ 满足可逆正交条件

$$\boldsymbol{L}_{ba}^{\mathrm{T}} = \boldsymbol{L}_{ba}^{-1} = \boldsymbol{L}_{ab} \tag{9-24}$$

坐标转换矩阵的取值可以由基本旋转矩阵的合成得到。

假如，对坐标原点共点的一个载机坐标系和 ECEF 的关系如图 9-3 所示，则载

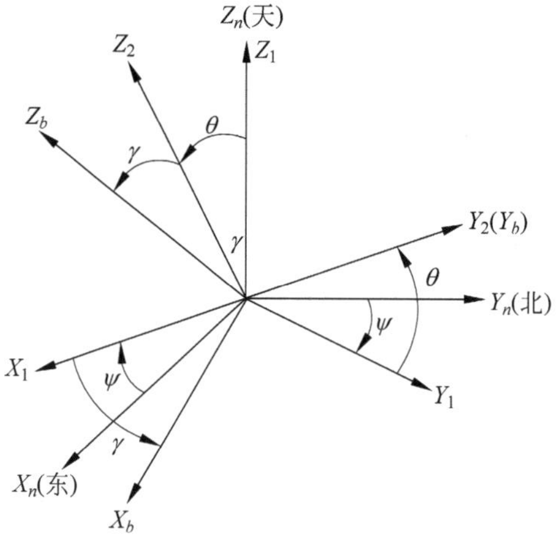

图 9-3　载机坐标系和 ECEF 的关系

机坐标系相对地理坐标系空间位置可以由载机坐标系依次绕三个不同的轴转动的三个转角来确定

$$O-X_nY_nZ_n \xrightarrow[\text{旋转 }\varphi]{-z_n} O-X_1Y_1Z_1 \xrightarrow[\text{旋转 }\theta]{x_1} O-X_2Y_2Z_2 \xrightarrow[\text{旋转 }\gamma]{y_2} O-X_bY_bZ_b$$

根据上述旋转顺序，可得到由地理坐标系到载机坐标系的转换矩阵

$$\boldsymbol{C}_n^1=\begin{bmatrix}\cos\varphi & -\sin\varphi & 0\\ \sin\varphi & \cos\varphi & 0\\ 0 & 0 & 1\end{bmatrix} \tag{9-25}$$

$$\boldsymbol{C}_1^2=\begin{bmatrix}1 & 0 & 0\\ 0 & \cos\theta & \sin\theta\\ 0 & -\sin\theta & \cos\theta\end{bmatrix} \tag{9-26}$$

$$\boldsymbol{C}_2^b=\begin{bmatrix}\cos\gamma & 0 & -\sin\gamma\\ 0 & 1 & 0\\ \sin\gamma & 0 & \cos r\end{bmatrix} \tag{9-27}$$

$$\boldsymbol{C}_n^b=\boldsymbol{C}_2^b\boldsymbol{C}_1^2\boldsymbol{C}_n^1$$

$$=\begin{bmatrix}\cos\gamma\cos\psi+\sin\gamma\sin\theta\sin\psi & -\cos\gamma\sin\psi+\sin\gamma\sin\theta\cos\psi & -\sin\gamma\cos\theta\\ \cos\theta\sin\psi & \cos\theta\cos\psi & \sin\theta\\ \sin\gamma\cos\psi-\cos\gamma\sin\theta\sin\psi & -\sin\gamma\sin\psi-\cos\gamma\sin\theta\cos\psi & \cos\gamma\cos\theta\end{bmatrix}$$

由于在旋转的过程中，三个轴始终保持垂直，$\boldsymbol{C}_b^n$ 为正交矩阵，因此，$\boldsymbol{C}_b^n=(\boldsymbol{C}_n^b)^{\mathrm{T}}$。

对于坐标原点不共点的两个任意直角坐标系之间的相互转换可以采用先旋转再平移的方法来完成。

下面，根据工程中传感器所处的位置、装备的需求等要求，现以平台级和系统级为例，来讨论其坐标变换。

1. 平台级坐标配准的坐标转换

平台级配准的背景是各传感器间的物理位置的距离相对检测目标的距离可忽略不计，如某同一飞机或同一舰船上的两部传感器。因此，可将它们看做是共原点的，此时平台级配准的任务是将不同传感器观测坐标系中的量测数据转换到规定的公共坐标系即可。

假设某一传感器对一目标的量测值为

$$\mathbf{V}_R = \begin{bmatrix} r \\ \theta \\ \eta \end{bmatrix}$$

其中，r 为径向距离，θ 为方位角，η 为俯仰角。

一般可以认为传感器的观测坐标系和公共坐标系间是共原点的，因此径向距离可看做是不变的，只是在方位和俯仰上有一个夹角，若设这些夹角为 $\Delta\theta$、$\Delta\eta$，则目标在公共坐标系下的极坐标为

$$\mathbf{V} = \begin{bmatrix} r \\ \theta + \Delta\theta \\ \eta + \Delta\eta \end{bmatrix}$$

相应的公共坐标下的直角坐标为

$$\begin{cases} x = R\cos(\eta + \Delta\eta)\cos(\theta + \Delta\theta) \\ y = R\cos(\eta + \Delta\eta)\sin(\theta + \Delta\theta) \\ z = R\sin(\eta + \Delta\eta) \end{cases}$$

上式即为平台级坐标转换的工作[11]。若考虑偏航角、横滚角等姿态信息，则同样可进行平台级内部的转换[34]。

对两个移动的平台，其相对物理位置变化且相距较远，此时，平台级配准方法不再适用。系统级配准是将各个平台传感器提供的数据实时地转换到融合中的地理坐标系中。常采用的坐标变换方法是球极投影法（即立体几何投影法）[49,50]，但由于自身的弊端[51]，会使坐标转换误差引入到系统量测中及数据产生变形等现象。现在地理坐标变换法是领域内公认的一种高精度坐标变换方法，该方法以大地坐标系作为统一的坐标系来进行坐标变换。

2. 系统级坐标配准的坐标转换

假设有 2 架载机：载机 1 和载机 2，且设载机 1 为融合中心，则系统级坐标配准的坐标转换为：

1）载机 2 的载机坐标系到载机 2 的地理坐标系的转换

设目标 T 的真实方位为$(r_2^{\mathrm{T}}(k), \theta_2^{\mathrm{T}}(k), \eta_2^{\mathrm{T}}(k))$，载机 2 在第 k 次采样时刻对目标 T 的测量为$(r_2(k), \theta_2(k), \eta_2(k))$，$(\Delta r_2(k), \Delta\theta_2(k), \Delta\eta_2(k))$为偏差量，$(n_2^r(k), n_2^\theta(k), n_2^\eta(k))$为量测噪声。

则目标在载机 2 的载机坐标下的直角坐标为

$$\begin{cases} x_2^* = r_2(k)\cos\eta_2(k)\cos\theta_2(k) \\ y_2^* = r_2(k)\cos\eta_2(k)\sin\theta_2(k) \\ z_2^* = r_2(k)\sin\eta_2(k) \end{cases}$$

假设载机 2 在第 k 次采样时刻的偏航角为 $\alpha_2(k)$，俯仰角为 $\beta_2(k)$，横滚角为 $\gamma_2(k)$，则载机坐标系到载机地理坐标系的变换关系如图 9-4 所示，变换矩阵为

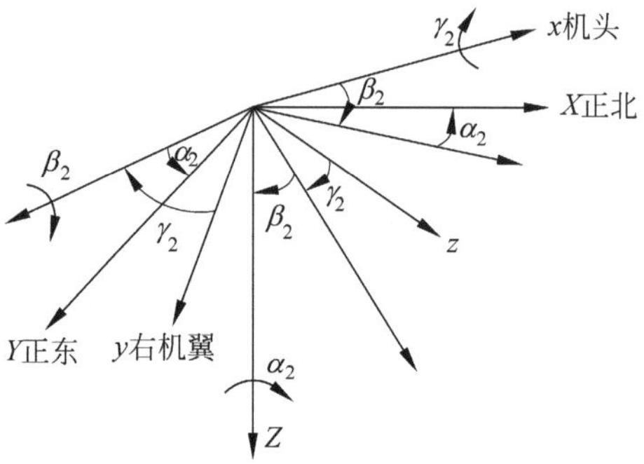

图 9-4 载机坐标系到载机地理坐标系坐标变换关系示意图

$$\boldsymbol{R}_2(k) = \begin{bmatrix} b_{11}(k) & b_{12}(k) & b_{13}(k) \\ b_{21}(k) & b_{22}(k) & b_{23}(k) \\ b_{31}(k) & b_{32}(k) & b_{33}(k) \end{bmatrix}$$

其中，$b_{11}(k)=\cos\beta_2(k)\cos\alpha_2(k)$；

$b_{12}(k)=\sin\beta_2(k)\cos\alpha_2(k)\sin\gamma_2(k)-\sin\alpha_2(k)\cos\gamma_2(k)$；

$b_{13}(k)=\sin\beta_2(k)\cos\alpha_2(k)\cos\gamma_2(k)-\sin\alpha_2(k)\sin\gamma_2(k)$；

$b_{21}(k)=\cos\beta_2(k)\sin\alpha_2(k)$；

$b_{22}(k)=\sin\beta_2(k)\sin\alpha_2(k)\sin\gamma_2(k)+\cos\alpha_2(k)\cos\gamma_2(k)$；

$b_{23}(k)=\sin\beta_2(k)\sin\alpha_2(k)\cos\gamma_2(k)-\cos\alpha_2(k)\sin\gamma_2(k)$；

$b_{31}(k)=-\sin\beta_2(k)$；

$b_{32}(k)=\cos\beta_2(k)\sin\gamma_2(k)$；

$b_{33}(k)=\cos\beta_2(k)\cos\gamma_2(k)$。

因此，可得到目标在载机地理坐标系中的坐标为

$$\begin{bmatrix} x_2(k) \\ y_2(k) \\ z_2(k) \end{bmatrix} = \boldsymbol{R}_2(k) \begin{bmatrix} x_2^*(k) \\ y_2^*(k) \\ z_2^*(k) \end{bmatrix}$$

2）载机 2 地理坐标系到大地坐标系的变换

(1) 坐标旋转

载机地理坐标系和大地坐标系的旋转关系如图 9-5 所示，其中地理坐标(L,λ,H)中，L 表示载机所在地理位置的经度，λ 表示载机所在地理位置的纬度，H 表示载机所在地理位置的大地高度。

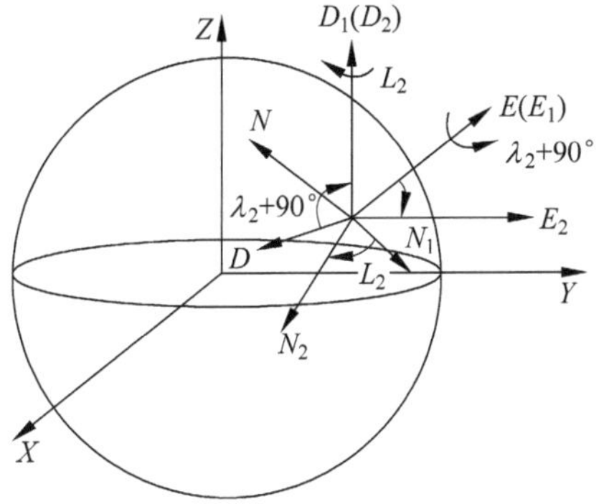

图 9-5　载机地理坐标系向与大地坐标系平行的坐标系变换关系示意图

由图 9-5 可得出旋转矩阵为

$$\boldsymbol{T}_2(k)=\begin{bmatrix}-\cos L_2(k)\sin\lambda_2(k) & -\sin L_2(k) & -\cos L_2(k)\cos\lambda_2(k)\\ -\sin L_2(k)\sin\lambda_2(k) & \cos L_2(k) & -\sin L_2(k)\cos\lambda_2(k)\\ \cos\lambda_2(k) & 0 & -\sin\lambda_2(k)\end{bmatrix}$$

可得目标在此坐标系中的坐标为

$$\begin{bmatrix}x_{s2}(k)\\ y_{s2}(k)\\ z_{s2}(k)\end{bmatrix}=\boldsymbol{T}_2(k)\begin{bmatrix}x_2(k)\\ y_2(k)\\ z_2(k)\end{bmatrix}$$

(2) 坐标平移

用$(L_2(k),\lambda_2(k),H_2(k))$表示第 k 次采样时刻载机 2 在地理坐标系中的坐标。下面计算载机 2 在大地坐标系中坐标为

$$\begin{bmatrix}X_2(k)\\ Y_2(k)\\ Z_2(k)\end{bmatrix}=\begin{bmatrix}(N_2(k)+H_2(k))\cos\lambda_2(k)\cos L_2(k)\\ (N_2(k)+H_2(k))\cos\lambda_2(k)\sin L_2(k)\\ [N_2(k)(1-e^2)+H_2(k)]\sin\lambda_2(k)\end{bmatrix}$$

其中,$N_2(k)=\dfrac{a}{\sqrt{1-e^2\sin^2\lambda_2(k)}}$,为第 k 次采样时刻载机 2 所在位置对应的椭球卯酉曲率半径；a 为地球椭球长半径；e 为椭球第一偏心率,则目标在大地坐标系中的坐标为

$$\begin{bmatrix}X_{s2}(k)\\ Y_{s2}(k)\\ Z_{s2}(k)\end{bmatrix}=\begin{bmatrix}x_{s2}(k)\\ y_{s2}(k)\\ z_{s2}(k)\end{bmatrix}+\begin{bmatrix}X_2(k)\\ Y_2(k)\\ Z_2(k)\end{bmatrix}$$

(3) 载机地理坐标系到融合载机的地理坐标系的变换

可通过上述方法的逆过程来求将载机 2 第 k 次采样时刻的观测值旋转平移至融合载机即载机 1 的坐标系中

$$\begin{bmatrix}x_{12}^*(k)\\ y_{12}^*(k)\\ z_{12}^*(k)\end{bmatrix}=\boldsymbol{T}_1^{-1}\left(\begin{bmatrix}X_{s2}(k)\\ Y_{s2}(k)\\ Z_{s2}(k)\end{bmatrix}-\begin{bmatrix}X_1(k)\\ Y_1(k)\\ Z_1(k)\end{bmatrix}\right)$$

上式中，$\boldsymbol{T}_1$ 和 $\boldsymbol{T}_2$ 的定义类似，$(X_1(k),Y_1(k),Z_1(k))$为第 k 次采样时刻的融合载机 1 在大地坐标系下的坐标[11]。

9.4 空间配准算法

从 20 世纪 80 年代，以美国为首的北约国家已经对其在 C^2 系统中发现的传感器配准问题展开研究。1986 年，美国政府科技报告[52]认为传感器配准问题已经成为大多数系统的瓶颈；1995 年，美国海军技术报告《用于航迹相关和融合的两异步传感器实时偏差估计和对准》[53]首次提出相对配准和绝对配准的概念；1996 年，美国海军技术报告《基于 GPS 的传感器绝对配准》[54]首次将载有 GPS 接收设备的合作目标用于传感器配准。当前，美国军队在绝对参考基准的条件下，基本解决了传感器的配准问题。

空间配准算法通过对由于坐标转换、距离偏移、方位偏移以及雷达定位不准等原因引起的系统误差进行准确的估计，从而保证后续的多雷达数据融合能够正确、有效地实现数据处理过程。常用的空间误差配准算法可分[12,55~58]：①离线估计法：该类方法适用于目标位置已知，且传感器的系统误差相对于时空都是恒定的情况；②在线估计法：该类方法多用于目标位置未知，但传感器的系统误差相对于时空仍是恒定的情况；③联合估计法：该类方法同时对传感器探测的目标状态和传感器的系统偏差进行估计。

1. 离线估计方法

Burker[59]实时质量控制法(RTQC)，主要是对各传感器所测得的数据进行平均处理，取平均值作为传感器的观测值。该算法要求目标是分布于两个雷达站的两侧，不能距离两个雷达站太近也不能太远，在工程应用上有一定局限性。Heung[51]最小二乘法算法(LS)的思想是运用最小二乘法算法对传感器每个时刻获得的数据进行处理，运算得到系统误差的参数估计，再利用估计值对观测值进行修正。Dana[60]对最小二乘算法进行推广，提出了广义最小二乘法(GLS)，他根据传感器所测得数据的方差为每个测量值赋予不同的权值，然后运用最小二乘算法进行系统误差估计。

上面的方法都是基于统计模型的，要求对所有时刻的量测进行存储后再计算。这样随着时间的推移，存储空间和计算能力的需求也随之倍增。并且在算法推导过程中，忽略了量测噪声和各传感器相对于公共坐标系的偏差对系统误差的影响。所以只有当量测噪声较小的时候，算法的性能才会比较好。

Leung[61]提出的极大似然法(ML)、Zhou[49]提出的精确极大似然法(EML)主要是利用传感器在系统平面中的量测值，运用极大似然法对目标的位置和传感器的偏差进行估计，并运用了递归优化来加快估计的收敛速度。

但上述的 ML 和 EML 方法只应用于两个同类传感器。在 ML 的基础上，为了扩大其应用范围，McMichael[62] 提出了改进的最大似然配准方法（MLR），克服了 ML 的缺陷，该方法能处理任何数量的非同类传感器。Okello[63] 以 MLR 算法为基础，对目标状态模型未知的多异类传感器的系统误差估计进行了详细仿真研究、验证和分析。

以上的方法都是在一个二维平面内进行计算的，基于二维区域性平面对传感器的量测值进行投影，转换到公共坐标系内进行计算。如果传感器相距较远，则必须考虑地球曲率对传感器的测量值的影响。为此，学者进行了一系列改进[64~68]。

为解决基于二维区域性平面中立体投影带来的弊端，Zhou，Heung[69] 等提出基于地球坐标系的误差配准方法。将传感器的测量值利用测地转换方法转换到地球坐标系中，把该坐标系中的传感器偏差归结为传感器本身的偏差，最后用 LS 方法估计传感器偏差。张建业[70] 基于二维平面的最小二乘算法原理，将其推广到三维空间。

离线估计法的限制主要是需要关联的目标测量集合这个条件。但是在杂波环境，当多个传感器非同步且它们具有非同一的检测概率时，上述条件难以满足[71]。

2. 在线估计法

采用离线估计方法来估计系统误差不具有实时功能，为此，众多学者提出了一系列在线系统误差估计方法。赵杰[72] 提出了序贯最小二乘的系统误差估计方法，该方法不用存储过去的测量数据，不仅节省存储空间，而且能实时估计出系统误差，张鹏在文献[73]提出了递推最小二乘的系统误差估计方法，但该类方法不能实时估计出目标状态。

为同时估计目标状态和系统误差，通常将传感器探测目标的运动状态和系统误差向量联合起来，组成扩维的状态向量，通过构建合理的状态方程和量测方程，再应用滤波方法同时对目标的状态和空间误差进行同时估计。

Helmick[34] 利用卡尔曼滤波方法来估计传感器偏差。该方法以某一传感器为参考，利用多个传感器对目标的位置观测值的微分估算出传感器的偏差，随后把其余各传感器都对准到参考坐标系中。该方法适用于平台级位置未知的多传感器误差较小且时不变的情况。

在卡尔曼滤波方法的基础上，扩维卡尔曼滤波（ASKF）方法早期被学者提出，它将目标状态向量进行扩维，把系统误差和目标状态放在一起作为一个新的单独向量。但该类方法在非线性等系统中，其执行性存在一定缺陷。Friedland[74]、Ignagni[75] 等针对 ASKF 的缺点，提出了解耦滤波（DKF）方法，该类方法用两个平行、降阶的滤波器分别来替代 ASKF 方法。但该类方法不能解决惯性导航系统中传感器的系统偏差估计问题。

在实际工程中，目标建模系统多为非线性系统，为了估计非线性系统中的系统误差，Nabaa[76] 利用扩展卡尔曼滤波（AEKF）方法解决了目标为非线性转换坐标机动模型且分布式传感器的场景下系统误差估计问题，该方法综合考虑了传感器系统偏差和相对于公共参考坐标系的位置、方位误差，但要求传感器时钟同步，无传感器测量噪声。

文献[77～81]等给出了利用 UKF、粒子滤波等方法对多平台多传感器的目标状态和系统误差估计方法。此类方法中，系统误差常被假设为是时不变的，该假设在实际中是不准确的，为此，这成为系统误差配准中需要考虑的问题。一类方法是建立系统误差时变模型，Lin 在文献[82]提出 EX 算法，该算法建立动态时变系统误差模型和伪量测模型，利用已有常用滤波方法来估计系统误差，其中时不变系统误差可以看做是其特例。对于机动雷达来说，除了存在量测系统误差外，还存在姿态角系统误差，可用 Lin[83]的 MEX 方法来消除因机动雷达和固定雷达模型不匹配造成的雷达系统误差估计损失。宋强[84]在 Lin X D 研究的基础上，对 EX 算法进行了修正，直接利用传感器量测数据来构造伪量测，修正后的 EX 算法，结构精简，计算复杂度减少，同时提出了反馈式多目标多传感器系统误差估计融合估计方法，改善了原有 EX 算法的估计精度。

另一类方法是尝试建立一个与系统误差模型无关的配准处理过程，常采用一些智能化算法进行处理，通过构造相应的目标函数，将系统误差配准转换为一个在一定范围内，寻找适当的系统误差参数，使适应函数恰好取得极值的问题。Karniely[85]针对系统误差的影响因素不确定性的问题，用基于机器学习理论的神经网络方法来估计系统误差，但由于神经网络的训练时间较长，不能满足实时性要求。王建卫[86]将系统误差配准问题转换为非线性优化问题，通过模拟退火方法进行系统误差估计。该方法对观测噪声不敏感，不需事先知道系统误差，且适用于不同类型的传感器。张远[87]以 RTQC 为基础，构造合适的误差配准的目标函数，将系统误差配准问题转换为非线性优化问题，运用遗传算法对目标函数的最优值进行求取来实现系统误差的估计。

以上算法都是解决系统误差是固定或符合某一时变模型的情况，当传感器受到外界环境干扰和内部噪声影响时，其偏差会发生跳变。如在机载雷达对目标进行跟踪时，当雷达受到干扰源影响，或其探测角度和探测距离超出一定门限，或机载雷达探测频率频繁切换等，都会引起雷达和导航设备测量误差量的跳变，此时已有的传统配准算法不再适用，连峰[88]在 Li[89]的基础上，提出一种基于广义似然比(GLR)的自适应在线配准算法，利用广义似然比对配准公式中的测量残差进行检验，通过 GLR 检验，从而估计出偏差跳变的时刻和跳变量的大小，同时避免了目标机动对估计的影响。

对在线估计法，特别对扩维估计方法来说，它们会导致通信费用提高，原因在于雷达每次扫描后，大容量测量数据必须通过一定带宽信道传到处理中心；此外，系统误差的估计性能还受数据关联结果的影响，系统误差配准的主要前提条件是系统具有有效的关联结果[71]。

3. 联合估计法

当传感器的系统误差是定常时，通过对局部传感器测量集的批处理即可求取系统误差的估计值，然后利用估计值对传感器进行校准后便可进行后续的融合处理。但是，当技术故障或雷达天线受风向改变等因素的影响时，传感器的测量系统误差会产生突变。这就需要在线对系统配准和航迹融合进行联合处理[71]。

Li[90]，Boje[91]，Bandyopadhyay[92]，Moradkhani[93]等提出的扩维卡尔曼滤波(ASKF)方法能联合估计出目标状态和系统误差。该类方法中包括有扩维的状态空间、诸如 EKF 或 UKF 等一系列卡尔曼滤波器，以此来估计扩维系统中的状态。但扩维卡尔曼滤波方法的计算不灵敏，特别对模型不准确或有噪声特性限制的系统更是如此[82]。为此，如前所述，Friedland[74]、Ignagni[75]等针对 ASKF 的缺点，提出了解耦滤波(DKF)方法。同时，宋强[94,95]对 AEKF、AUKF 等算法进行了研究仿真及分析。

Li 在文献[96]给出一种用于多传感器监视的状态估计和系统误差估计、航迹关联相结合的 EM-KF 算法，算法核心是考虑了实际工程中数据关联和传感器的系统误差之间的相互影响关系。

Okello[71]提出了一种分布式传感器配准和航迹-航迹融合联合方法。该方法在高斯假设的前提下，基于分布的跟踪器的等效测量，利用贝叶斯方法推导出配准解决方法。但目标多种运动模型没有涉及。

下面介绍几种基本的空间配准算法。

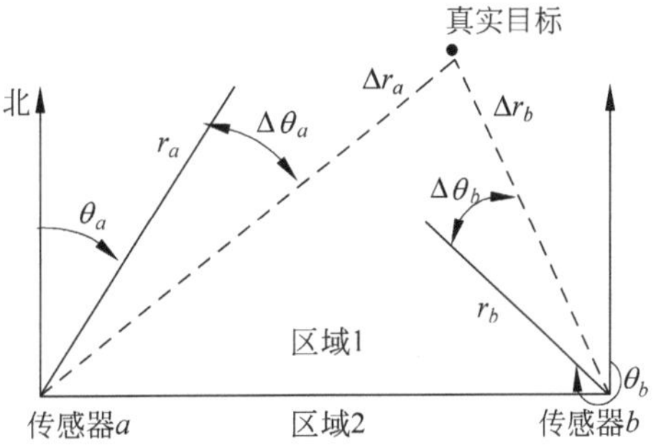

图 9-6　相对于一个真实目标的传感器斜距、方位角偏差和量测得到的目标位置

假设有两个传感器 a，b，它们之间有斜距和方位角偏差 Δr_a，$\Delta\theta_a$，Δr_b，$\Delta\theta_b$。相关的几何位置关系如图 9-6 所示。

1. 实时质量控制法

实时质量控制法(real time quality control，RTQC)是一个简单的平均方法。在 RTQC 方法中

$$\begin{cases} x_{a,k}-x_{b,k}\approx\sin\theta_{a,k}\Delta r_a-\sin\theta_{b,k}\Delta r_b+r_{a,k}\cos\theta_{a,k}\Delta\theta_a-r_{b,k}\cos\theta_{b,k}\Delta\theta_b \\ y_{a,k}-y_{b,k}\approx\cos\theta_{a,k}\Delta r_a-\cos\theta_{b,k}\Delta r_b-r_{a,k}\sin\theta_{a,k}\Delta\theta_a+r_{b,k}\cos\theta_{b,k}\Delta\theta_b \end{cases} \tag{9-28}$$

其中有两个分量，而且左边为量测的函数，右边有四个未知量，即 Δr_a，$\Delta\theta_a$，Δr_b，$\Delta\theta_b$，所以式(9-28)是负定的。RTQC 方法试图通过下面的机制来解决这一问题，并且反过来改善数值条件。每次当传感器 a 和 b 报告区域 1 中的一条航迹的位置时，式(9-28)便产生两个方程，分别是 Δr_a，$\Delta\theta_a$，Δr_b，$\Delta\theta_b$ 的函数。类似地，区域 2 中的位置报告导致了另外两个方程。这四个方程用来计算 Δr_a，$\Delta\theta_a$，Δr_b，$\Delta\theta_b$。这一方法的局限性是数据必须沿连接两个传感器的直线对称分布。如果一条航迹中的数据完全位于这条直线的一边，则 RTQC 方法不好应用。此外，当数据集只包含很少的量测时，这一方法也不能产生可以接受的结果。

2. 最小二乘法

LS 方法通过下面的机制来消除 RTQC 方法的局限性。假定目标始终位于两个传感器的重叠区域，考虑不同时刻的传感器量测，也就是说，$k=1,2,\cdots,N$。在每个时刻 k，产生如下一对方程

$$\begin{cases}(x_a-x_b)\sin\theta_a+(y_a-y_b)\cos\theta_a=\Delta r_a-\cos(\theta_a-\theta_b)\Delta r_b-r_b\sin(\theta_a-\theta_b)\Delta\theta_b\\(x_b-x_a)\sin\theta_b+(y_b-y_a)\cos\theta_b=-\cos(\theta_a-\theta_b)\Delta r_a+\Delta r_b+r_a\sin(\theta_a-\theta_b)\Delta\theta_a\end{cases}\tag{9-29}$$

在 N 个量测之后，总共就有 $2N$ 个方程，它们足以用来求解上面给出的四个未知量。相应地，就可以得到如下一组线性方程

$$\boldsymbol{z}=\boldsymbol{Ax}\tag{9-30}$$

其中，

$$\begin{cases}\boldsymbol{z}=[\cdots\quad x_{a,i}-x_{b,i}\quad y_{a,i}-y_{b,i}\quad\cdots]^{\mathrm{T}},\quad i=1,2,\cdots,N\\\boldsymbol{x}=[\Delta r_a\quad\Delta\theta_a\quad\Delta r_b\quad\Delta\theta_b]^{\mathrm{T}}\end{cases}\tag{9-31}$$

$$\boldsymbol{A}=\begin{bmatrix}\sin\theta_{a,1}&r_{a,1}\cos\theta_{a,1}&-\sin\theta_{b,1}&-r_{b,1}\cos\theta_{b,1}\\\cos\theta_{a,1}&-r_{a,1}\sin\theta_{a,1}&-\cos\theta_{b,1}&r_{b,1}\sin\theta_{b,1}\\\sin\theta_{b,1}&r_{a,2}\cos\theta_{a,2}&-\sin\theta_{b,2}&-r_{b,2}\cos\theta_{b,2}\\\cos\theta_{a,1}&-r_{a,2}\sin\theta_{a,2}&-\cos\theta_{b,2}&r_{b,2}\sin\theta_{b,2}\\\vdots&\vdots&\vdots&\vdots\\\sin\theta_{a,N}&r_{a,N}\cos\theta_{a,N}&-\sin\theta_{b,N}&-r_{b,N}\cos\theta_{b,N}\\\cos\theta_{a,N}&-r_{a,N}\sin\theta_{a,N}&-\cos\theta_{b,N}&r_{b,N}\sin\theta_{b,N}\end{bmatrix}\tag{9-32}$$

由式(9-30)可以看出，这一线性系统是超定的，在最小二乘意义下，可以得到传感器偏差向量 $\boldsymbol{x}$ 的估计为

$$\hat{\boldsymbol{x}}=(\boldsymbol{A}^{\mathrm{T}}\boldsymbol{A})^{-1}\boldsymbol{A}^{\mathrm{T}}\boldsymbol{z}\tag{9-33}$$

3. 极大似然方法

LS 方法为极大似然(maximum likelihood，ML)的一个特例，在 ML 方法中考虑了传感器的随机量测噪声。假定传感器相应于偏差向量 $\boldsymbol{x}$ 的随机量测噪声向量为

$$\boldsymbol{v}=[v_{r_a}\quad v_{\theta_a}\quad v_{r_b}\quad v_{\theta_b}]^{\mathrm{T}}\tag{9-34}$$

其中，$\Delta r_a,\Delta\theta_a,\Delta r_b,\Delta\theta_b$ 表示传感器 a 和 b 的斜距和方位角量测噪声，$\boldsymbol{v}$ 服从高斯分布，且

$$\begin{cases}E[\boldsymbol{v}]=0\\\boldsymbol{\Sigma}=\mathrm{cov}[\boldsymbol{v}]=\mathrm{diag}\{\sigma_{r_a}^2\quad\sigma_{\theta_a}^2\quad\sigma_{r_b}^2\quad\sigma_{\theta_b}^2\}\end{cases}\tag{9-35}$$

考虑传感器的随机量测噪声时

$$\begin{cases} r_a = r'_a + \Delta r_a + v_{r_a} \\ \theta_a = \theta'_a + \Delta\theta_a + v_{\theta_a} \\ r_b = r'_b + \Delta r_b + v_{r_b} \\ \theta_b = \theta'_b + \Delta\theta_b + v_{\theta_b} \end{cases} \tag{9-36}$$

对于偏差向量 $\boldsymbol{x}$ 和量测噪声向量 $\boldsymbol{v}$ 进行线性化，可得 N 次量测后的线性方程

$$\boldsymbol{x} = \boldsymbol{A}(\boldsymbol{x} + \boldsymbol{v}) = \boldsymbol{A}\boldsymbol{x} + \boldsymbol{A}\boldsymbol{v} \tag{9-37}$$

进一步，由式(9-35)可知

$$\begin{cases} E[\boldsymbol{A}\boldsymbol{v}] = 0 \\ \boldsymbol{C} = \mathrm{cov}[\boldsymbol{A}\boldsymbol{v}] = \boldsymbol{A}\Sigma\boldsymbol{A}^{\mathrm{T}} \end{cases} \tag{9-38}$$

则传感器偏差向量 $\boldsymbol{x}$ 的 ML 估计为

$$\hat{\boldsymbol{x}} = (\boldsymbol{A}^{\mathrm{T}}\boldsymbol{C}^{-1}\boldsymbol{A})^{-1}\boldsymbol{A}^{\mathrm{T}}\boldsymbol{C}^{-1}\boldsymbol{z} \tag{9-39}$$

4. 广义最小二乘法

广义最小二乘(generalized least square，GLS)方法也考虑了传感器的随机量测噪声，传感器偏差向量 $\boldsymbol{x}$ 的 GLS 估计结果与式(9-39)完全相同，只是在计算协方差阵 $\boldsymbol{C}$ 时令所有的非对角块为零，即

$$\boldsymbol{C} = \mathrm{diag}\{\boldsymbol{C}_1, \quad \boldsymbol{C}_2, \quad \cdots, \quad \boldsymbol{C}_N\} \tag{9-40}$$

其中

$$\boldsymbol{C}_i = \boldsymbol{A}_i\Sigma\boldsymbol{A}_i^{\mathrm{T}}, \quad i = 1,2,\cdots,N \tag{9-41}$$

而 $\boldsymbol{A}_i$ 为式(9-32)的矩阵 $\boldsymbol{A}$ 的第 $2i-1$ 行与第 $2i$ 行构成的分块矩阵。

9.5 量纲对准

除了前几节常使用的时空对准技术来处理传感器系统误差外，还要注意的是在做数据处理时的量纲对准。所谓量纲对准就是将各个传感器送来的各个点迹数据中的参数量纲进行统一，以便用于后续计算[97]。在历史上也曾有因为量纲不统一而造成火星登陆失败的记录，如 NASA 开发的火星气候宇宙飞船项目，究其原因在于计划小组使用英制计量单位，而非 NASA 运用的公制计量单位，致使探测器最终燃烧坠毁。

习 题

1. 误差一般包括哪些种类？系统误差产生的原因主要有哪些？
2. 试分析系统误差对目标状态估计产生的影响。
3. 为什么要进行时间对准和空间对准处理？
4. 试分析在单一平台和多平台处理系统误差的区别。

5. 试分析单目标和多目标不同情况下进行时间对准处理的区别。

6. 分析坐标变换对多雷达目标探测数据处理的影响。

7. 坐标基 x,y,z 作三次变换后与坐标基 $\bar{x},\bar{y},\bar{z}$ 的各轴方向一致。第一次绕 x 轴旋转 60°，第二次绕 y 轴旋转 30°，第三次绕 z 轴旋转 90°，求此变换的变换矩阵。

参考文献

[1] 王德纯，丁家会，程望东，等. 精密跟踪测量雷达技术. 北京：电子工业出版社，2006：89～131

[2] 杨万海. 多传感器数据融合及其应用. 西安：西安电子科技大学出版社，2004

[3] Bar-Shalom Y. On the Track-to-track Correlation Problem. IEEE Transactions on Automatic Control，1981，26(2)：571～572

[4] Saha R K，Chang K C. An efficient algorithm for multisensor track fusion. IEEE transactions on Aerospace and Electronic Systems，1998，34(1)：200～210

[5] Demribas K. Distributed sensor data fusion with binary decision tree. IEEE transactions on Aerospace and Electronic Systems，1989，25(5)：643～649

[6] Pao L Y. Centralized Multisensor Fusion Algorithms for Tracking Applications. Control Engineering Practice，1994，2(5)：875～887

[7] Simgh R P，Baily W H. Fuzzy Logic Application to Multisenser-Multitarget Correlation. IEEE transactions on Aerospace and Electronic Systems，1997，33(3)：752～769

[8] Zhou B，Bose N K. Multitarget Tracking in Clutter Fast Algorithms for Data Association. IEEE transactions on Aerospace and Electronic Systems，1993，29(2)：352～363

[9] 林华，玄兆林，刘忠. 用于多传感器目标跟踪的数据时空对准方法. 系统工程与电子技术，2004，12(6)：833～835

[10] 王国宏，苏峰，何友. 三维空间中基于 Hough 变换和逻辑的航迹起始算法. 系统仿真学报，2004，21(8)：2362～2365

[11] 牟聪. 多传感器数据融合系统中数据预处理的研究. 硕士论文，西安：西北工业大学，2006

[12] 李教. 多平台多传感器多源信息融合系统时空配准及性能评估研究. 博士论文，西安：西北工业大学，2003

[13] 杨峰. 现代多目标跟踪与多传感器融合关键技术研究. 博士论文，西安：西北工业大学，2006

[14] 何友，修建娟，张晶炜. 雷达数据处理及应用. 北京：电子工业出版社，2006

[15] Blackman S S. Multiple-target tracking with radar application. Dedham. MA：Anech House，1986

[16] 高海波. 多源传感器最优配准技术和算法研究. 硕士论文，西安：西安电子科技大学，2009

[17] 彭炎，徐毓，金宏斌. 多传感器数据融合系统中时间配准算法分析. 雷达与对抗，2005，2：16～19

[18] Mills D L. Internet timekeeping around the globe. In Proc. Precision Time and Time Interval（PTTI）Applications and Planning Meeting，Univercity of Delaware，1997：365～371

[19] Mills D L. Simple Network Time Protocol (SNTP) Version 4 for IPv4，IPv6 and OSI. RFC-2030，1996：1～17

[20] 贺鹏，李菁，吴海涛. 网络时间同步算法研究与实现. 计算机应用，2003，23 (2)：15～17

[21] 郑锦,刘万军. 实时分布式系统的时间同步化策略. 辽宁工程技术大学学报,2004,23(1):92～94
[22] 谢毅.时间同步网络. 现代电信科技,2004,(11):2～4
[23] Blair W D, Rice T R. Asynchronous data fusion for target tracking with a multitasking radar and option sensor. SPIE,1991:234～245
[24] 王宝树,李芬社. 基于数据融合技术的多目标跟踪算法研究. 西安电子科技大学学报,1998(3):269～272
[25] 刘利生. 外测数据事后处理. 北京:国防工业出版社,2000
[26] 梁凯,潘泉,宋国明,等. 基于曲线拟合的多传感器时间对准方法研究. 火力与指挥控制,2006,31(12):51～53
[27] 陈舜乾. 多传感器信息融合中的偏差配准问题研究,硕士论文,南京:南京理工大学,2010
[28] Nebot, E M, Bozorg M, Durrant-Whyte H F. Decentralized architecture for asynchronous sensors. Autonomous Robots,1999,6(2):147～164
[29] Sun Shu Li, Deng Zi Li. Multi-sensor optimal information fusion Kalman filter. Automatica,2004,40(6):1017～1023
[30] Alouani A T, Rice T R. On asynchronous data fusion. Proceedings of the Annual Southeastern Symposium on System Theory,1994:143～146
[31] Alouani A T, Rice T R. On optimal asynchronous track fusion. Proceedings of the Australian Data Fusion Symposium,1996:147～152
[32] Kirubarajan T, Wang H, Bar-ShalomY, PattipatiK R. Efficient multisensor fusion using multidimensional data association. IEEE Transactions on Aerospace and Electronic Systems,2001,37(2):386～400
[33] Helmick R E, Conte J E, Hoffman S A, Blair W D. One-Step Fixed-Lag IMM Smoothing for Alignment of Asynchronous Sensors. Proceedings of SPIE Conference on Signal and Data Processing of Small Targets,1994
[34] Helimick R E, Rice T R. Removal of alignment errors in an integrated system of two 3D sensors. IEEE Transactions on Aerospace Electronic and Systems,1994,29(4):1333～1343
[35] Lin X D, Kirubarajan T, Bar-Shalom Y. Multisensor-Multitarget Bias Estimation for Asynchronous Sensors. Proceedings of SPIE Conference on Signal Processing, Sensor Fusion, and Target Recognition XIII,2004
[36] Lin X D, Bar-Shalom Y, Kirubarajan T. Multisensor-Multitarget Bias Estimation for General Asynchronous Sensors. IEEE Transactions on Aerospace Electronic and Systems, 2005, 41(3):899～921
[37] Lin X D, Kirubarajan T, Bar-Shalom Y. Exact Multisensor Dynamic Bias Estimation with Local Tracks. Submitted to IEEE Transaction on Aerospace and Electronic Systems, April 2003
[38] Rafati A, Moshiri B, Rezaei J. A new algorithm for general asynchronous sensor bias estimation in multisensor-multitarget systems. The10th International Conference on Information Fusion,2007
[39] Rafati A, Moshiri B, Salahshoor K, Tabatabaei M. Asynchronous Sensor Bias Estimation in Multisensor-Multitarget Systems. IEEE International Conference on Multi-sensor Fusion and Integration for Intelligent Systems,2006
[40] 张克军. 动态不确定环境下异种多传感器信息融合方法的研究. 博士论文,上海交通大

学,2004

[41] 宫峰勋. 基于 GNSS 时基的数据融合时间对准算法. 现代雷达,2006,28(5): 50～52

[42] Llerro D, Bar-Shalom Y. Tracking with Debiased Consistent Converted Measurement vs. EKF. IEEE Transaction on Aerospace and Electronics Systems,1993,29(3): 1015～1022

[43] Bar-Shalom Y, Li X R. Multitarget-multisensor tracking: principles and techniques. Storrs, CT: YBS Publishing,1995

[44] Julier S J, Uhlmann J K. A new extension of the Kalman filter to nonlinear systems. The 11th Int. Symp. Aerospace/Defense Sensing, Simulation and Controls. Orlando, Florida: SPIE,1997,3086: 182～193

[45] 吴小飞,刘晓晶. 对雷达组网数据融合中几个关键问题的研究. 现代雷达,2004,26(3): 29～32

[46] 杨峰,潘泉,梁彦,叶亮. 多源信息空间配准中的 UT 变换采样策略研究. 系统仿真学报, 2006,18(3): 713～717

[47] Farina A, Studer F A. Radar data processing. New York: Research Studies Press Ltd., 1985: 147

[48] 孙仲康. 雷达数字数据处理. 北京: 国防工业出版社,1983

[49] Zhou Y F, Henry L. An exact maximum likelihood registration algorithm for data fusion. IEEE Transactions on Signal Processing,1997,45(6): 1560～1572

[50] Mulholland R G, Stout D W. Sterographic projection in the national airspace system. IEEE Transactions on Aerospace and Electronic Systems,1982,18(1): 48～57

[51] Leung H, Blanchette M. A least squares fusion of multiple radar data. In proceeding of RADAR 1994,Paris,1994: 364～369

[52] Martin P D. Registration techniques for multiple sensor surveillance. In proceeding of the 9th MIT/LIDS workshop on C3 systems. [S. 1.]: MIT,1986

[53] Conte J E, Helmick R E. Real-time bias estimation and alignment of two asynchronous sensors for track association and fusion. Virginia: Naval Surface Warfare Center Dahlgren Division,1995

[54] Helmick R E, Rice T R. Absolute alignment of sensors. Virginia: Naval Surface Warfare Center Dahlgren Division,1996

[55] Friedland B. Treatment of bias in recursive filtering. IEEE Transactions on Aerospace and Electronic Systems,1978,14(3): 359～367

[56] Dhar S. Application of a recursive method for registration error correction in tracking with multiple sensor. Proceeding of the American control conference. San Francisco, CA. June 1993: 875～879

[57] Wax M. Position location from sensors with position uncertainty. IEEE Transactions on Aerospace and Electronic Systems,1983,19(5): 658～661

[58] 韩崇昭,朱洪艳,段战胜. 多源信息融合. 北京: 清华大学出版社,2006

[59] Burke J. The SAGE real quality control fraction and its interface with BUIC Ⅱ / BUIC III. Technical report 308,MITRE corporation,1966

[60] DanaM P. Registration: Aprerequisite for multiple sensor tracking. In Y. Bar. Shalom, Multitarget-Multisensor Tracking: Advanced Applications. Norwood, MA: Artech House,1990

[61] Leung H, Blanchette M,Gault K. Comparison of registration error correction techniques for

air surveillance radar network. In proceedings of SPIE,1995,2561: 498～508
[62] McMichael D W, Okello N N. Maximum likelihood registration of dissimilar sensors. In proceedings of the australian data fusion symposium (ADFS-96), Adelaide, Australia, 1996: 31～34
[63] Okello N N, Branko Ristic. Maximum likelihood registration for multiple dissimilar sensors. IEEE Transactions on Aerospace and Electronic Systems,2003,39(3): 1074～1083
[64] 李鸿艳,冯新喜. 一种基于ECEF坐标转换的最小二乘配准算法. 系统工程与电子技术,2002,24(1): 92～95
[65] Zhu J. Conversion of earth-centered, earth-fixed coordination to geodetic coordinates. IEEE Transactions on Aerospace and Electronic Systems,1994,30(3): 957～962
[66] Olson D K. Conversion of earth-centered, earth-fixed coordination to geodetic coordinates. IEEE Transactions on Aerospace and Electronic Systems,1996,32(1): 473～476
[67] 李教,敬忠良,等. 基于地心坐标系的传感器极大似然配准算法. 系统工程与电子技术,2003,25(2): 245～249
[68] 董云龙,何友,王国宏,等. 基于ECEF的广义最小二乘误差配准技术. 航空学报,2006,27(3): 463～467
[69] Zhou Y F, Henry L, Martin B. Sensor alignment with Earth-centered Earth-fixed coordinate system. IEEE Transactions on Aerospace and Electronic Systems,1999,35(2): 410～416
[70] 张建业,潘泉,张鹏,等. 多雷达组网系统空间误差分布与配准算法仿真. 传感器技术学报,2005,20(1): 198～201
[71] Okello N N, Challa S. Joint sensor registration and track-to-track fusion for distributed trackers. IEEE Transactions on Aerospace and Electronic Systems,2004,40(3): 808～823
[72] 赵杰,江晶. 基于序贯最小二乘的雷达网误差配准方法. 空军雷达学院学报,2007,21(2): 85～87
[73] 张鹏,张建业,张宗麟. 车载多雷达组网实时航迹误差评估算法研究. 电光与控制,2007,14(6): 71～73
[74] Friedland B. Treatment of bias in recursive filtering. IEEE Transactions on Automatic Control,140,1969
[75] Ignagni M B. An alternate derivation and extension of Friedland's two-stage kalman estimator. IEEE Transactions on Automatic Control,1981,26(3): 345～356
[76] Nabaa N, Bishop R H. Solution to a multisensor tracking problem with sensor registration errors. IEEE Transactions on Aerospace and Electronic Systems,35(1): 354～363
[77] 胡洪涛,敬忠良,等. 一种基于Unscented卡尔曼滤波的多平台多传感器配准算法. 上海交通大学学报,2005,39(9): 1518～1581
[78] 杨峰,潘泉. 多源信息空间配准中的UT变换采样策略算法. 系统仿真学报,2006,18(3): 713～717
[79] 金宏斌,戴凌燕. 基于无味卡尔曼滤波的多雷达方位配准算法. 数据采集与处理,2006,21(1): 39～43
[80] 杨峰,潘泉,梁彦. 一类非线性滤波器-UKF综述. 控制与决策,2006,20(5): 487～489
[81] 王波,董云龙,王灿林. 粒子滤波在误差配准中的应用. 现代防御技术,2007,35(2): 84～88
[82] Lin X D, Bar shalom Y, Kirubarajan T. Exact multisensor dynamic bias estimation with local tracks. IEEE Transactions on Aerospace and Electronic Systems, 2004, 40(2): 576～588

[83] Lin X D, Bar shalom Y, Kirubarajan T. Multisensor-multitarget bias estimation for general asynchronous sensors. IEEE Transactions on Aerospace and Electronic Systems, 2005, 41(3): 567～574
[84] 宋强,崔亚奇,何友. 反馈式多目标多传感器系统误差融合估计技术. 宇航学报,2011, 32(1): 115～122
[85] Karniely H, Siegelmann H T. Sensor registration using neural network. IEEE Transaction on Aerospace Electronic and Systems,2001,36(1): 85～101
[86] 王建卫. 基于模拟退火算法的组网雷达系统误差校正. 现代雷达,2006,3(8): 4～8
[87] 张远,曲成华,等. 基于遗传算法的雷达组网误差配准算法. 雷达科学与技术,2008,6(1): 65～68
[88] 连峰,韩崇朝,彭一峰,等. 基于广义似然比的自适应在线配准算法. 控制与决策,2009, 24(1): 23～28
[89] Li X R, Vesselin P J. A survey of maneuvering target tracking-part Ⅳ: decision-based methods. Proceedings of SPIE conference on signal and data processing of small targets, Orlando,FL,USA,April 2002: 4728～4760
[90] Li W, Leung H, Zhou Y. Space-time registration of radar and ESM using unscented Kalman filter. IEEE Transactions on aerospace and electronic systems,2004,40(3): 824～836
[91] Boje E, Eitelberg E. Augmented Kalman filtering for a superheated state header system. IEEE Transactions on control systems technology,2003,11(5): 773～781
[92] Bandyopadhyay M N, Sharma R N, Prakash R. Extended Kalman filter approach to joint state and parameter estimation. Technical Journals: Inter-Disciplinary Panel,2003,84: 19～23
[93] Moradkhani H, Sorooshian S, Gupta H V, Houser P R. Dual state-parameter estimation of hydrological models using ensemble Kalman filter. Advances in Water Resources,2005,28: 135～147
[94] 宋强,何友,董云龙. 一种目标状态与系统偏差的联合估计算法. 弹箭与制导学报,2007, 27(4): 312～315
[95] 宋强,何友,杨俭. 基于 UKF 的目标状态与系统偏差的联合估计算法. 弹箭与制导学报, 2007,27(3): 311～313
[96] Li Z H, Chen S Y, Leung H. Joint Data Association, Registration, and Fusion using EM-KF. IEEE Transactions on Aerospace and Electronic Systems,2010,46(2): 496-507
[97] 杨万海. 多传感器数据融合及其应用. 西安: 西安电子科技大学出版社,2004

第10章 目标跟踪

10.1 目标跟踪的基本概念和原理

多目标跟踪包含很多基本要点，主要有跟踪门的形成与选择，数据关联、跟踪维持，跟踪航迹的起始与终结，漏报与虚警等。本节将对这几个要点分别进行介绍。

10.1.1 跟踪门的形成与选择

跟踪门是指以被跟踪目标的预测位置为中心，用来确定该目标的观测值可能出现范围的一块区域[36～39]。区域大小由正确接收回波的概率来确定，也就是在确定波门的形状和大小时，应使真实量测以很高的概率落入波门内，同时又要使跟踪门内的无关点迹的数量不是很多。跟踪门是用来判断量测值是否源自目标的决策门限，落入跟踪门内的回波称为候选回波，如果跟踪门的形状和大小一旦确定，也就确定了真实目标的量测被正确检测概率和虚假目标被错误检测到的虚警概率。而检测概率和虚警概率常常是矛盾的，可见选择合适的跟踪门是很重要的。跟踪门的形成既是限制不可能决策数目的关键环节又是维持或保持目标航迹更新的先决必要条件。一般常用的跟踪门有矩形跟踪门、椭圆（球）形跟踪门、环形跟踪门以及扇形跟踪门等。在航迹起始、航迹维持以及航迹终结等各个跟踪阶段，选取不同的跟踪门模型以及跟踪算法对跟踪结果都有较大影响。

10.1.2 数据关联与跟踪维持

数据关联和跟踪维持是多目标跟踪算法的核心，是跟踪技术中最重要并且最困难的方面。数据关联过程是将所有的候选量测与已知的目标航迹相比较，并最后确定观测和已知目标航迹的配对过程。目前量测与航迹的配对过程主要通过某个目标的跟踪门来实现，当某个量测位于某个目标的跟踪门内时，这个量测值即为这个目标的量测，即配对成功。此时并不需要复杂的数据处理，经过跟踪门的初步筛选就可找到目标更新所需的量测。但是这种情况依赖于目标所在的环境,只有在跟踪空间内无杂波,或者有稀疏杂波,或跟踪空间内只有一个目标的情况下,才会出现跟踪门内只有一组测量的情况。然而实际跟踪空间中存在着各种各样的杂波,并且在跟踪空间内通常也不止一个目标,因此落入目标跟踪门内的量测通常并不是一组。实际的情况就是在目标附近存在密集杂波或者有多个目标航迹同时交叉,这就会出现多个量测位于某个目标的跟踪门内,或者某个量测位于多个目标的跟踪门内。为了实现量测与航迹的关联,通常需要数据关联算法来解决。最常用的数据关联算法有概率数据关联、联合概率数据关联和多假设等。一旦确定目标与航迹的匹配关系,多目标跟踪就可以转化为单目标跟踪问题。

跟踪维持包括机动识别、滤波与预测两部分,其目的是对目标连续跟踪以维持目标的航迹稳定,保证跟踪的目标不发生误跟和失跟现象。对于单个目标且不发生机动的情况,可通过建立目标运动的单一模型,采用卡尔曼滤波方法对目标状态进行估计,实现跟踪维持。如果目标发生机动,若系统采用单个模型描述,就不能准确地反映目标的运动情况,经过几个周期之后,航迹维持必然会出现问题,致使目标发生误跟和失跟的概率加大。此时,系统模型应由一个模型集组成,每个时刻的运动模型都包含在这个模型集中。当目标发生机动时,系统采用的模型就随之发生变化,系统采用的模型可以是模型集中的某一个模型,也可以是对系统所有模型进行融合而得到的一个融合值,从而能及时改变运动模型,适应目标当前的运动状态。目前模型切换有两类方法,一类是先对目标所处的运动状态进行识别,当目标机动时,就采用机动模型,当目标非机动时,就采用非机动模型;另一类方法是采用模型集中所有模型的一个融合值作为当前目标的运动模型,较有代表性的方法是交互式多模型(interacting multiple model,IMM)。对多个机动目标的跟踪,现在常用的方法是将数据关联技术与交互式多模型方法相结合。

10.1.3 航迹起始与终止

多目标航迹的起始与终结是多目标跟踪理论中两个重要的组成部分,这也是对新目标建立以及消亡目标消除的决策环节。一般地,我们重点研究的是目标的航迹维持部分,而对于目标航迹的起始和终结通常都假设先验已知。在实际的目标跟踪系统中,目标航迹的起始和终结是必不可少的。

航迹起始主要包括假定航迹形成、航迹初始化和航迹确定三个方面。不能用在已知目标跟踪门内的观测数据来初始化新的假定航迹。

10.1.4 漏报与虚警

漏报与虚警是跟踪过程中常常遇到的问题。通常,漏报是指目标观测数据的丢失或者漏检;虚警是指探测器内部的热噪声、杂波、电流电压的扰动等随机干扰引起的在无目标情况下的“目标存在”误判。

一般来说漏报和虚警是不可避免的，目标跟踪系统就是应该在这种条件下仍然能够有较高的目标航迹启始与维持能力，以防止由于目标漏检而导致航迹断裂现象和由于虚警而导致产生的虚假航迹。

10.2 跟踪门

在数据关联过程中，如果有且只有一个回波落入目标的跟踪门内，则此回波将被直接用于航迹更新；如果一个以上的回波落在目标的跟踪门内，则通过数据关联技术，可以最终确定用于目标航迹更新的回波。因此跟踪门的形成方法是多目标跟踪研究中应当首先解决的问题。这里我们主要讨论几种比较常用的跟踪门，包括环形跟踪门、椭圆(球)跟踪门、矩形跟踪门和极坐标系下的扇形跟踪门[40,43,56]，其他波门可参见参考文献[56]。为了以后讨论方便，我们把量测方程、新息方程(量测残差)和新息协方差重新描述。

量测方程为

$$\boldsymbol{Z}(k+1)=\boldsymbol{H}(k+1)\boldsymbol{X}(k+1)+\boldsymbol{W}(k+1) \tag{10-1}$$

式中，$\boldsymbol{H}(k+1)$为量测矩阵，$\boldsymbol{X}(k+1)$为状态向量，$\boldsymbol{W}(k+1)$是具有协方差 $\boldsymbol{R}(k+1)$的零均值、白色高斯量测噪声序列。

新息为

$$\boldsymbol{v}(k+1)=\boldsymbol{Z}(k+1)-\hat{\boldsymbol{Z}}(k+1\mid k) \tag{10-2}$$

新息协方差为

$$\boldsymbol{S}(k+1)=\boldsymbol{H}(k+1)\boldsymbol{P}(k+1\mid k)\boldsymbol{H}^{\mathrm{T}}(k+1)+\boldsymbol{R}(k+1) \tag{10-3}$$

式中 $\boldsymbol{P}(k+1|k)$为协方差的一步预测。

根据卡尔曼滤波算法，如果 k 时刻的新息向量(也称残差向量)为$\boldsymbol{v}(k+1)$，新息协方差阵为 $\boldsymbol{S}(k+1)$，观测维数为 n_z，记新息的范数为

$$g(k+1)=\boldsymbol{v}(k+1)^{\mathrm{T}}\boldsymbol{S}(k+1)^{-1}\boldsymbol{v}(k+1) \tag{10-4}$$

可以证明，$g(k+1)$服从自由度为 n_z 的 $\chi^2_{n_z}$ 分布。

10.2.1 环形跟踪门

环形波门一般是用在航迹起始中的初始波门，它是一个以航迹头为中心建立一个由目标最大、最小运动速度以及采样间隔决定的360°环形大波门。这是由于航迹起始时目标一般距离较远，传感器探测分辨力低、量测精度差，所以初始波门相应地要建大波门，环形波门的内径和外径应满足 $R_1=V_{\min}T$、$R_2=V_{\max}T$，如图 10-1 所示，其中 $V_{\min}$和 $V_{\max}$分别为目标的最小和最大速度，T 为采样

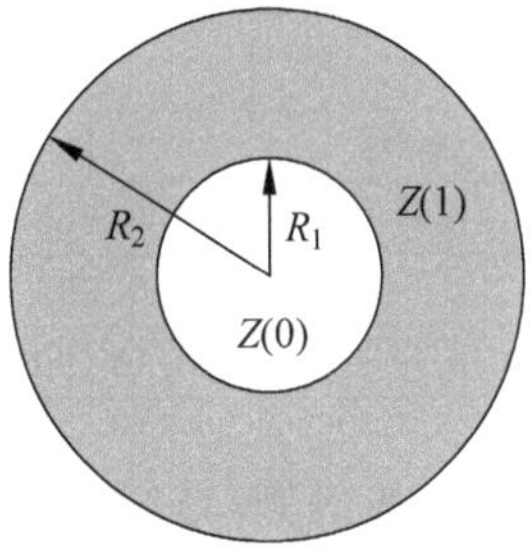

图 10-1 环形波门图

间隔。

10.2.2 椭圆(球)形跟踪门

若传感器测得的目标直角坐标系下的转换量测值 $\boldsymbol{Z}_c(k+1)$满足

$$\widetilde{\boldsymbol{V}}_{k+1}(\gamma)\overset{\text{def}}{=}[\boldsymbol{Z}_c(k+1)-\hat{\boldsymbol{Z}}_c(k+1\mid k)]^{\mathrm{T}}\boldsymbol{S}^{-1}(k+1)[\boldsymbol{Z}_c(k+1)-\hat{\boldsymbol{Z}}_c(k+1\mid k)]$$
$$=\boldsymbol{v}_c^{\mathrm{T}}(k+1)\boldsymbol{S}^{-1}(k+1)\boldsymbol{v}_c(k+1) \qquad (10\text{-}5)$$

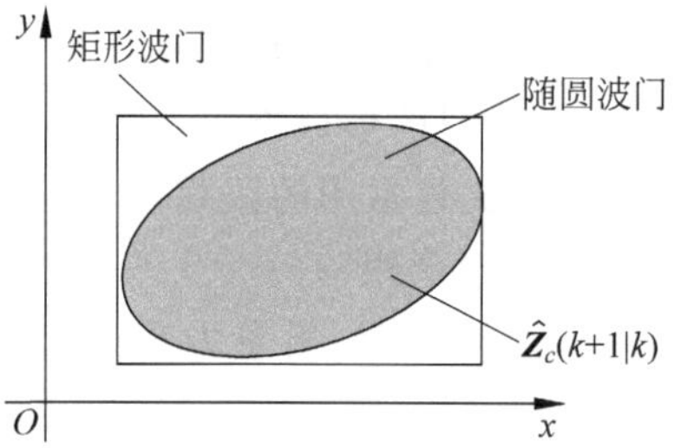

图 10-2 直角坐标系下的椭圆相关波门

则称量测值 $\boldsymbol{Z}_c(k+1)$为候选回波,式(10-5)称为椭圆(球)波门规则。其中参数 γ 由 χ^2 分布表获得。若量测值 $\boldsymbol{Z}_c(k+1)$为 n_z 维,则$\widetilde{\boldsymbol{V}}_{k+1}(\gamma)$是具有 n_z 个自由度的 χ^2 分布随机变量。参数的平方根 $g=\sqrt{\gamma}$ 称为波门的"σ 数"[42]。当 $n_z=2$时,椭圆跟踪门的形状如图 10-2 所示。对于不同 γ 值和不同量测维数 n_z,真实转换量测落入波门内的概率 P_G 就不同,定义

$$P_G=\Pr\{\boldsymbol{Z}_c(k+1)\in\widetilde{\boldsymbol{V}}_{k+1}(\gamma)\} \qquad (10\text{-}6)$$

P_G 与量测维数 n_z 和参数 γ 的关系式可用表 10-1 表示,表 10-2 给出了量测维数 n_z 从 1 到 3,不同参数 γ 对应的概率 P_G。

表 10-1 真实量测落入 n_z 维椭圆(球)波门内的概率 p_G[63]

n_z	p_G	
1	$2f_g(\sqrt{\gamma})$	其中 $f_g(\sqrt{\gamma})=\frac{1}{\sqrt{2\pi}}\int_0^{\sqrt{\gamma}}\exp(-\frac{u^2}{2})\mathrm{d}u$
2	$1-\exp(-\gamma/2)$	
3	$2f_g(\sqrt{\gamma})-\sqrt{2\gamma/\pi}\exp(-\gamma/2)$	
4	$1-(1+\gamma/2)\exp(-\gamma/2)$	
5	$2f_g(\sqrt{\gamma})-(1+\gamma/3)\sqrt{2\gamma/\pi\exp(-\gamma/2)}$	
6	$1-1/2(\gamma^2/4+\gamma+2)\exp(-\gamma/2)$	

表 10-2 n_z 维量测落入波门内的概率 p_G

γ	1	4	9	16	25
$g=\sqrt{\gamma}$	1	2	3	4	5
$n_z=1$	0.683	0.954	0.997	0.99994	1.0
$n_z=2$	0.393	0.865	0.989	0.9997	1.0
$n_z=3$	0.199	0.739	0.971	0.9989	0.99998

n_z 维椭圆(球)波门的面(体)积[56]为

$$V_{\text{椭}}(n_z)=c_{n_z}\gamma^{\frac{n_z}{2}}\mid\boldsymbol{S}(k+1)\mid^{\frac{1}{2}} \qquad (10\text{-}7)$$

式中

$$c_{n_z}=\begin{cases}\dfrac{\pi^{\frac{n}{2}}}{(n_z/n)!}, & n_z\text{ 为偶数}\\ \dfrac{2^{n_z+1}\left(\dfrac{n_z+1}{2}\right)!\pi^{\frac{n_z-1}{2}}}{n_z-1}, & n_z\text{ 为奇数}\end{cases} \tag{10-8}$$

当 $n_z=1,2,3$ 时，c_{n_z} 分别为 2、π 和 4π/3。

利用新息协方差的标准进行归一化可得归一化后的 n_z 维椭圆（球）波门的体积为

$$V_{椭}^{u}(n_z)=c_{n_z}\gamma^{n_z/2} \tag{10-9}$$

10.2.3 矩形跟踪门

最简单的跟踪门形成方法是在跟踪空间内定义一个矩形区域，即矩形波门[40,56]。设新息为 $\boldsymbol{v}_c(k+1)$、转换量测为 $\boldsymbol{Z}_c(k+1)$ 和量测的预测值 $\hat{\boldsymbol{Z}}_c(k+1|k)$ 的第 i 个分量分别用 $Z_{ci}(k+1)$ 和 $\hat{Z}_{ci}(k+1|k)$ 表示，新息协方差 $\boldsymbol{S}(k+1)$ 的第 i 行第 j 列的元素用 $\boldsymbol{S}_{ij}$ 表示，则当量测 $\boldsymbol{Z}_c(k+1)$ 的所有分量满足关系

$$|v_{ci}(k+1)|=|Z_{ci}(k+1)-\hat{Z}_{ci}(k+1|k)|\leqslant K_G\sqrt{S_{ii}},\quad i=1,2,\cdots,n_z \tag{10-10}$$

则称转换量测值 $\boldsymbol{Z}_c(k+1)$ 落入矩形波门内，该量测为候选回波。其中，K_G 为波门常数，在实际应用中往往取较大的 K_G 值（$K_G\geqslant 3.5$）。

n_z 维矩形波门的面（体）积为

$$V_{矩}(n_z)=(2K_G)^{n_z}\prod_{i=1}^{n_z}\sqrt{S_{ii}} \tag{10-11}$$

利用新息协方差的标准差进行归一化得归一化后 n_z 维矩形波门面（体）积为

$$V^{u}\ 矩(n_z)=(2K_G)^{n_z} \tag{10-12}$$

若不同分量对应的波门常数 K_G 互不相同，则式(10-11)和式(10-12)可分别变为

$$V_{矩}(n_z)=2^{n_z}\prod_{i=1}^{n_z}K_{Gi}\sqrt{S_{ii}} \tag{10-13}$$

$$V_{矩}^{u}(n_z)=2^{n_z}\prod_{i=1}^{n_z}K_{Gi} \tag{10-14}$$

由式(10-13)和式(10-14)可得 K_G 相同情况下的椭圆（球）波门和矩形波门面（体）积之比为

$$ratio(n_z)=\frac{V_{椭}^{u}(n_z)}{V_{矩}^{u}(n_z)}=\frac{c_{n_z}\gamma^{n_z/2}}{(2K_G)^{n_z}} \tag{10-15}$$

波门常数 K_G、参数 γ 和参数 n_z 确定的情况下，由式(10-15)求得的椭圆（球）波门和矩形波门面（体）积之比表示在表 10-3 中。

表 10-3 椭圆(球)波门和矩形波门面(体)积之比

K_G	2.8			3.0			3.5		
γ / n_z	9	16	25	9	16	25	9	16	25
1	0.9333	0.7000	0.5600	1.0000	0.7500	0.6000	1.1667	0.8750	0.7000
2	1.1091	0.6239	0.3993	1.2732	0.7162	0.4584	1.7330	0.9748	0.6239
3	1.5528	0.6551	0.3354	1.9099	0.8057	0.4125	3.0328	1.2795	0.6551
4	2.4604	0.7785	0.3189	3.2423	1.0259	0.4202	6.0067	1.9006	0.7785
5	5.3056	1.0217	0.3348	6.0793	1.4426	0.4727	13.1397	3.1181	1.0217

10.2.4 扇形跟踪门

若相关量测是在极坐标系下进行的，传感器测得的目标量测值 ρ、θ 满足

$$|\rho(k+1)-\hat{\rho}(k+1\mid k)|\leqslant K_\rho\sqrt{\sigma_\rho^2+\sigma_{\hat{\rho}(k+1|k)}^2} \tag{10-16}$$

$$|\theta(k+1)-\hat{\theta}(k+1\mid k)|\leqslant K_\theta\sqrt{\sigma_\theta^2+\sigma_{\hat{\theta}(k+1|k)}^2} \tag{10-17}$$

则称量测值 ρ、θ 落入扇形波门内，该量测为候选回波。其中 K_ρ、K_θ 为由 χ^2 分布表查得的参数的平方根，σ_ρ^2 和 σ_θ^2 分别为极坐标量测值 ρ 和 θ 的量测误差的方差，$\sigma_{\hat{\rho}(k+1|k)}^2$ 和 $\sigma_{\hat{\theta}(k+1|k)}^2$ 分别为对应的预测值的方差。

10.3 航迹起始

航迹起始作为多目标航迹处理中的首要问题，其起始航迹的正确性是减轻多目标跟踪中固有的组合爆炸所带来的计算负担的有效措施。如果航迹起始不正确，则根本无法实现对目标的跟踪，“失之毫厘，谬以千里”这句话可充分体现航迹起始的重要性。而且由于航迹起始时，目标距离较远，传感器探测分辨力低、测量精度差，再加上真假目标的出现无真正的统计规律，所以航迹起始问题同时又是一个较难处理的问题。其中多目标环境航迹起始处理最为困难，这种情况下的复杂性主要是由多目标密集环境(含真假密集目标)航迹处理自身复杂性和航迹起始的地位决定的[36]。跟踪门或确认区域的形成是多目标跟踪问题中首当其冲的问题，在 10.2 节已对常用的跟踪门的形成做了详细介绍，本节主要讨论航迹起始算法。

10.3.1 航迹起始算法

航迹起始是目标跟踪的第一步，它是建立新的目标档案的决策方法，主要包括暂时航迹形成和航迹确认两个方面。现有的航迹起始算法可分为顺序处理技术和批处理技术两大类。通常，顺序处理技术适用于在相对弱杂波背景中起始目标的航迹，而批处理技术对于起始强杂波环境下目标的航迹具有很好的效果。但是使用批

处理技术的代价是将增加计算负担。在这一节将研究几种常用的航迹起始算法，包括直观法、逻辑法、修正的逻辑法、基于 Hough 变换的方法、修正的 Hough 变换法以及基于 Hough 变换和逻辑的航迹起始算法。

1. 直观法

假设 $r_i(i=1,2,\cdots,N)$ 为 N 次连续扫描获得的位置观测值，如果这 N 次扫描中有 M 个观测值满足一下条件，那么启发式规则就被认定应起始一条航迹[36]。

(1) 测得的或估计的速度大于某最小值 $V_{\min}$ 而小于某最大值 $V_{\max}$；这种速度约束形成的效果波门，特别适合于第一次扫描得到的量测和后续扫描的自由量测。

(2) 测得的或估计的加速度的绝对值小于最大加速度 $a_{\max}$。如果存在不止一个回波，则用加速度最小的那个回波来形成新的航迹。

从数学角度讲，以上两个判决可表达为

$$V_{\min} \leqslant \left|\frac{r_i - r_{i-1}}{t_i - t_{i-1}}\right| \leqslant V_{\max} \tag{10-18}$$

$$\left|\frac{r_{i+1} - r_i}{t_{i+1} - t_i} - \frac{r_i - r_{i-1}}{t_i - t_{i-1}}\right| \leqslant a_{\max}(t_{i+1} - t_i) \tag{10-19}$$

为了减少形成虚假航迹的可能性，直观法航迹起始器还可追加选用一种角度限制规则。令 φ 为矢量 $r_{i+1}-r_i$ 和 r_i-r_{i-1} 之间的夹角，即

$$\varphi = \arccos\left[\frac{(r_{i+1} - r_i)(r_i - r_{i-1})}{|r_{i+1} - r_i\|r_i - r_{i-1}|}\right] \tag{10-20}$$

则角度限制规则可简单地表达成 $|\varphi|\leqslant\varphi_0$，式中 $0\leqslant\varphi_0\leqslant\pi$。当 $\varphi_0=\pi$ 时就是角度 φ 不受限制的情况。量测噪声以及目标的运动特性直接影响着 φ_0 的选取。在实际应用中为了保证以很高的概率起始目标航迹，φ_0 一般选取较大的值。

直观法是一种确定性较为粗糙的方法。在没有真假目标先验信息的情况下，仍是一种可以使用或参与部分使用的方法。

2. 逻辑法

逻辑法[36,38,41,42,44]适用于整个航迹处理过程，同样适用于航迹起始。在给定 N 次连续扫描时间窗内，当时间窗里检测数达到指定门限时就成功起始一条航迹，否则就把时间窗向前推移一次扫描时间。与直观法用速度和加速度两个简单规则来减少可能起始航迹不同，逻辑法以多重假设方式通过预测和跟踪门来识别可能存在的航迹。具体实现为对相邻两次扫描中的量测进行两点初始化，形成候选目标航迹集；然后对每一条候选目标航迹，利用一阶多项式外推，形成下一个采样时刻相应于此候选目标航迹的量测确认区域；接着对每一个候选目标航迹，利用二阶多项式外推完成对其扩展；最后持续到采样时刻 N，通过比较信息与阈值的关系来确认真实目标航迹。

设 $z_i^l(k)$ 是 k 时刻量测 i 的第 l 个分量，这里 $l=1,\cdots,p,i=1,\cdots,m_k$。则可将观测值 $Z_i(k)$ 与 $Z_j(k+1)$ 间的距离矢量 d_{ij} 的第 l 个分量定义为

$$d_{ij}^l(t) = \max[0, z_j^l(k+1) - z_i^l(k) - v_{\max}^l t] + \max[0, -z_j^l(k+1) + z_i^l(k) + v_{\max}^l t] \tag{10-21}$$

式中 t 为两次扫描的时间间隔。若假设观测误差是独立、零均值、高斯分布的，协方差为 $\boldsymbol{R}_i(k)$，则归一化距离平方为

$$D_{ij}(k) \stackrel{\text{def}}{=} d_{ij}{}' [\boldsymbol{R}_i(k) + \boldsymbol{R}_j(k+1)]^{-1} d_{ij} \tag{10-22}$$

式中 $D_{ij}(k)$ 为服从自由度为 p 的 χ^2 分布的随机变量。由给定的门限概率查自由度 p 的 χ^2 分布表可得门限 γ，若 $D_{ij}(k) \leqslant \gamma$，则可判定 $\boldsymbol{Z}_i(k)$ 和 $\boldsymbol{Z}_i(k+1)$ 两个量测互联。

搜索程序按以下方式进行：

(1) 用第一次扫描中得到的量测为航迹头建立门限，用速度法建立初始跟踪门，对落入初始跟踪门的第二次扫描量测均建立可能航迹；

(2) 对每个可能航迹进行外推，以外推点为中心，后续跟踪门的大小由航迹外推误差协方差确定；第三次扫描量测落入后续跟踪门内且离外推点最近者给予互联；

(3) 若后续跟踪门没有量测，则撤销此可能航迹，或用加速度限制的扩大跟踪门考察第三次扫描量测是否落在其中；

(4) 继续上述步骤，直到形成稳定航迹，航迹起始方算完成；

(5) 在历次扫描中，未落入相关波门参与数据互联判别的那些量测(称为自由量测)均作为新的航迹头，转步骤(1)。

用逻辑法进行航迹起始，何时才能形成稳定航迹呢？这个问题取决于航迹起始复杂性分析和性能的折中。它取决于真假目标性能、目标密集的程度及分布、搜索分辨率和量测误差等。一般采用的方法是航迹起始滑窗法的 m/n 逻辑原理，如图 10-3 所示。

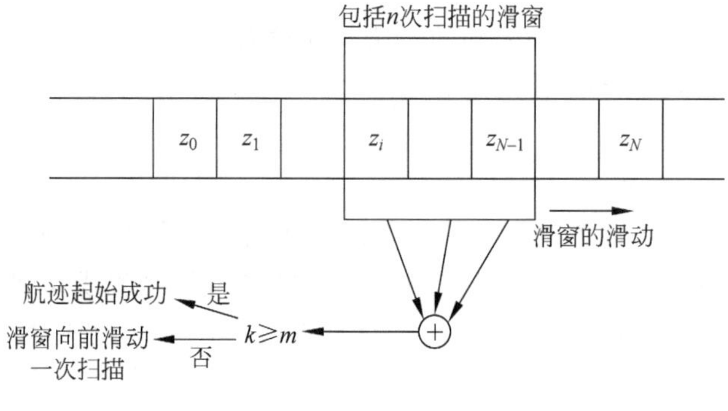

图 10-3 滑窗法的 m/n 逻辑原理

序列$(z_1, z_2, \cdots, z_i, \cdots, z_n)$表示含 n 次雷达扫描的时间窗的输入，如果在第 i 次扫描时跟踪门内含有点迹，则元素 z_i 等于 1，反之为 0。当时间窗内的检测数达到某一特定值 m 时，航迹起始便成功。否则，滑窗右移一次扫描，也就是说增大窗口时间。航迹起始的检测数 m 和滑窗中的相继事件数 n，两者一起构成了航迹起始逻辑。

参考文献[36]认为，在军用编队飞行的背景模拟中用 3/4 逻辑最为合适，取 $n=$

5 时改进的效果不明显。为了性能与计算复杂程度的折中，在多次扫描内，取 $1/2<m/n<1$ 是适合的。因为 $m/n>1/2$ 表示互联量测数过半，若不然，再作为可能航迹不可信赖；若取 $m/n=1$，即表示每次扫描均有量测互联，这样也过分相信环境安静。因此，在工程上，通常只取下述两种情况：

(1) 2/3 比值，作为快速启动；

(2) 3/4 比值，作为正常航迹起始。

3. 修正的逻辑法

在实际应用中逻辑法在虚警概率比较低的情况下可以有效地起始目标的航迹。为了能在虚警概率较高的情况下，快速起始航迹，可使用修正的逻辑航迹起始算法[45,46]。这种方法计算量与逻辑法处于同一数量级，并能有效地起始目标航迹，在工程应用中具有很大的实用价值。

这种算法的主要思想是在航迹起始阶段，对落入相关波门中的量测加一个限制条件，提出在一定程度上与航迹成 V 字形的量测点迹。该算法的搜索程序按五种方式进行。

(1) 设第一次扫描得到的量测集为 $Z(1)=\{Z_1(1),\cdots,Z_{m_1}(1)\}$，第二次扫描得到的量测集为 $Z(2)=\{Z_1(2),\cdots,Z_{m_2}(2)\}$。$\forall Z_i(1)\in Z(1),i=1,2,\cdots,m_1$，$\forall Z_j(2)\in Z(2),j=1,2,\cdots,m_2$，按式(10-21)求得 d_{ij}，然后按式(10-22)求得 $D_{ij}(1)$，如果$D_{ij}(1)\leqslant\gamma$，则建立可能航迹 o_{s1}，$s1=1,\cdots,q_1$。

(2) 对每个可能航迹 o_{s1} 直线外推，并以外推点为中心，建立后续跟踪门 $\Omega_j(2)$，后续跟踪门 $\Omega_j(2)$的大小由航迹外推误差协方差确定。对于落入跟踪门 $\Omega_j(2)$中的量测 $Z_j(3)$与该航迹互联，还应满足：假设 $Z_j(3)$与航迹 o_{s1} 的第二个点的连线与该航迹的夹角为 α，若 $\alpha\leqslant\sigma$(σ 一般由量测误差决定)，为了保证以很高的概率起始目标航迹，可以选择较大的 σ，则认为 $Z_j(3)$与该航迹互联。

(3) 若在后续跟踪门 $\Omega_j(2)$中没有量测，则将上述可能航迹 o_{s1}，$s1=1,\cdots,q_1$ 继续直线外推，以外推点为中心，建立后续跟踪门 $\Omega_h(3)$，后续跟踪门 $\Omega_h(3)$的大小由航迹外推误差协方差确定。对于第四次扫描中落入后续跟踪门 $\Omega_h(3)$内的量测 $Z_h(4)$，如果 $Z_h(4)$与航迹 o_{s1} 的第一个点的连线与该航迹的夹角 β 小于 σ，那么就认为该量测与航迹互联。

(4) 若在第四次扫描中，没有量测落入后续跟踪门 $\Omega_h(3)$中，则终止该可能航迹。

(5) 在各个周期中不与任何航迹互联的量测用来开始一天新的可能航迹，转步骤(1)。

当 σ 选为 360°时，修正的逻辑法就简化为逻辑法。一般来说当目标继续直线运动时，σ 可选择较小，有效降低计算量，并能有效起始目标航迹。当目标机动运动时，σ 应适当放大，使得在航迹起始时，不至于丢失目标。在航迹起始阶段，若不知道目标的运动形式，σ 应取较大的值。

4. Hough 变换法

Hough 变换是 Hough 在 1962 年提出的一种图像边缘检测技术，它可以识别和检测图像空间的任意解析曲线。Hough 变换的突出优点就是可以将图像空间中较为困难的全局检测问题转化为参数空间中相对容易解决的局部峰值检测问题。Hough 变换的这一突出优点，克服了传统航迹起始方法[11~28]的缺陷，解决了航迹起始研究特别是复杂环境下航迹起始研究的瓶颈问题，大大推动了航迹起始研究的发展；同时复杂环境航迹起始中特有的强杂波、低信噪比、低检测概率及高虚警率等问题又为 Hough 变换研究提供了肥沃的土壤以及广阔的成长空间。1994 年，Carlson 等人将 Hough 变换应用到搜索雷达中检测直线运动或近似直线运动的低可观测目标[49,50]。Hough 变换法也被应用于航迹起始中，但是由于 Hough 变换法起始航迹比较慢，为了能快速起始航迹，J. Chen 等人又提出了修正的 Hough 变换法[51]。

Hough 变换法是通过下式将笛卡儿坐标系中的观测数据(x,y)变换到参数空间中的坐标(ρ,θ)，即

$$\rho = x\cos\theta + y\sin\theta \tag{10-23}$$

式中 $\theta\in[0,180°]$。对于一条直线上的点(x_i,y_i)，必有两个唯一的参数 ρ_0 和 θ_0 满足

$$\rho_0 = x_i\cos\theta_0 + y_i\sin\theta_0 \tag{10-24}$$

如图 10-4 所示笛卡儿空间中的一条直线可通过从原点到这条直线的距离 ρ_0 和 ρ_0 与 x 轴的夹角 θ_0 来定义。将图 10-4 中直线上的几个点通过式(10-23)转换成参数空间的曲线，如图 10-5 所示。从图 10-5 中，可以明显看出图 10-4 中直线上的几个点转换到参数空间中的曲线交于一公共点。这说明，在参数空间中交于公共点的曲线所对应的笛卡儿坐标系中坐标点一定在一条直线上。

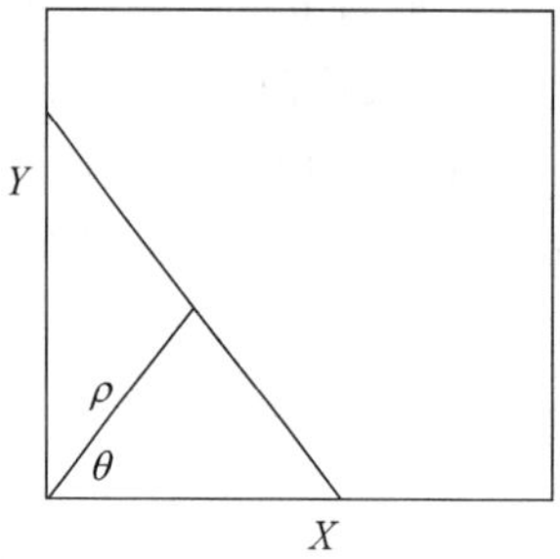

图 10-4　笛卡儿坐标系中的一条直线

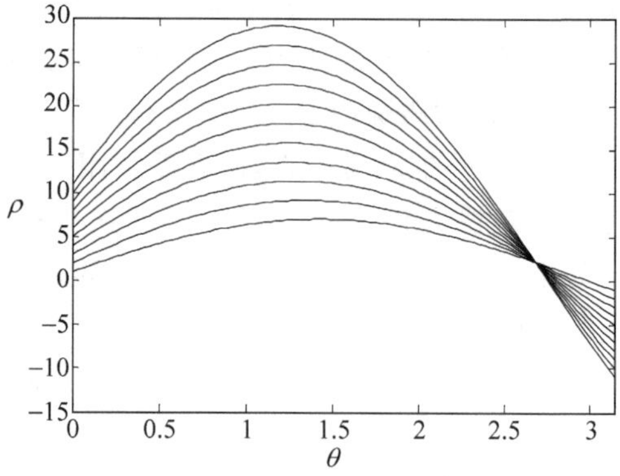

图 10-5　Hough 变换示意图

为了能在接受雷达数据中将目标检测出来，需将 $\rho-\theta$ 平面离散地分割成若干个小方格，通过检测 $3-D$ 直方图中的峰值来判断公共的交点。直方图中每个方格的中心点为

$$\theta_n = \left(n - \frac{1}{2}\right)\Delta\theta \tag{10-25}$$

$$\rho_n = \left(n - \frac{1}{2}\right)\Delta\rho \tag{10-26}$$

式中 $\Delta\theta=\pi/N_\theta$，$N_\theta$ 为参数 θ 的分割段数，$\Delta\rho=L/N_\rho$，N_ρ 为参数 ρ 的分割段数，L 为雷达量测范围的 2 倍。当 X-Y 平面上存在着连成直线的若干点时，这些点会聚集在 ρ-θ 平面相应的方格内。经过多次扫描后，对于直线运动的目标，在某一个特定单元中的点的数量就会得到积累。

Carlson 等人提出了一种使用简单的多维矩阵将笛卡儿坐标系中的坐标点转换到参数空间中曲线的方法。

首先定义一个矩阵 $\boldsymbol{D}$，L 对应笛卡儿坐标系中点的数量，即

$$\boldsymbol{D} = \begin{bmatrix} x_1 & x_2 & \cdots & x_L \\ y_1 & y_2 & \cdots & y_L \end{bmatrix} \tag{10-27}$$

转换矩阵 $\boldsymbol{H}$ 定义为

$$\boldsymbol{H} = \begin{bmatrix} \cos\theta_1 & \sin\theta_1 \\ \cos\theta_2 & \sin\theta_2 \\ \vdots & \vdots \\ \cos\theta_N & \sin\theta_N \end{bmatrix} \tag{10-28}$$

式中 $\theta\in[0,180°]$，此时 N 的取值为 $N=\pi/\Delta\theta$，$\Delta\theta$ 为参数空间中 θ 的间隔尺寸。转换后的参数空间中的点可以表示为

$$\boldsymbol{R} = \boldsymbol{HD} = \begin{bmatrix} \rho_{1,\theta_1} & \cdots & \rho_{L,\theta_1} \\ \cdots & \cdots & \cdots \\ \rho_{1,\theta_N} & \cdots & \rho_{L,\theta_N} \end{bmatrix} \tag{10-29}$$

Hough 变换法适用于起始杂波环境下直线运动目标的环境。Hough 变换法起始环境的质量取决于环境起始的时间和参数 $\Delta\theta$、$\Delta\rho$ 两个方面，环境起始的时间越长，起始环境的质量越高；参数 $\Delta\theta$、$\Delta\rho$ 选取越小，起始环境的质量越高，但是容易造成漏警；参数 $\Delta\theta$、$\Delta\rho$ 的选取应根据实际雷达的量测误差而定，若量测误差较大，则参数 $\Delta\theta$、$\Delta\rho$ 选取较大的值，不至于产生漏警。Hough 变换法很难起始机动目标的环境，这是由 Hough 变换法的特点所决定的。若要对机动目标进行航迹起始，则可以利用推广的 Hough 变换法，但是由于推广的 Hough 变换法具有计算量大的特点，在实际中很难得到应用。

5. 修正的 Hough 变换法

只有经过很多次扫描之后，经典的 Hough 变换法起始航迹才有比较好的效果，但是把航迹起始建立在很多次扫描的基础上，是不符合实际工程需要的。而且从式(10-27)和式(10-29)可以看出，经典的 Hough 变换法计算量是很大的。参考文献[51]就经典的 Hough 变换法起始航迹慢以及计算量大的问题提出了一种修正的

Hough 变换法。假定雷达在第 n、$n+1$、$n+2$ 次扫描时刻分别接受到三组数据 r_n、r_{n+1} 和 r_{n+2}，通过式(10-23)可以将这三组数据转换到参数空间中的三组曲线 ρ_n、ρ_{n+1} 和 ρ_{n+2}。据此可得差分函数如下

$$\Delta\rho_n = \rho_n - \rho_{n+1} \tag{10-30}$$

将零交汇点 $\Delta\rho_n$ 记为 $\Delta\rho_n(0)$，由 $\Delta\rho_n(0)$ 可以提供两条信息。首先，它提供了交汇点 ρ_n 和 ρ_{n+1} 对应的 θ 坐标，记为 $\theta_{\Delta\rho_n(0)}$；其次，如果考察笛卡儿坐标系中的点，则 $\theta_{\Delta\rho_n(0)}$ 的符号取决于矢量($r_n - r_{n+1}$)的指向。基于上面的两条信息可以得出两条判据：

(1) $\theta_{\Delta\rho_n(0)}$ 和 $\theta_{\Delta\rho_{n+1}(0)}$ 必须非常接近，即

$$|\theta_{\Delta\rho_n(0)} - \theta_{\Delta\rho_{n+1}(0)}| \leqslant \sigma_0 \tag{10-31}$$

式中，$\Delta\theta \leqslant \sigma_0 \leqslant m\Delta\theta$ 为允许误差，m 为任一正整数。

(2) $\theta_{\Delta\rho_n(0)}$ 和 $\theta_{\Delta\rho_{n+1}(0)}$ 出斜率的符号必须相同。

判据 1)可用来判断数据点算法共线。如果在连续三次扫描中雷达接受到的数据是共线的，那么在参数空间中应该有相同的交点。但是在实际工程中，由于量测噪声的存在，参数空间中离散的间隔必须根据量测误差的大小来调整，使大多数曲线的交点在同一个方格中。判据 2)可用来确定目标移动的方向以避免生成像 V 字形那样不现实的航迹。

当满足 1)和 2)时，还应判断第 n、$n+1$、$n+2$ 扫描时刻形成的航迹与第 $n+2$、$n+3$、$n+4$ 扫描时刻形成的航迹是否共线。定义 r_{n+1} 和 r_{n+2} 之间的距离为 $d_{n+1,n+2}$，定义向量($r_{n+1} - r_{n+2}$)之间的夹角为 α_{n+2}。

由于目标的加速度受到目标最大加速度值的约束，则有

$$|d_{n+1,n+2}| \leqslant c \times d_{n+2,n+3} \tag{10-32}$$

式中 c 由目标的最大加速度值来决定。

航迹之间的夹角 α_{n+2} 必须满足

$$\beta_1 \leqslant \alpha_{n+2} \leqslant \beta_2 \tag{10-33}$$

选择的 β_1 和 β_2 值应防止起始 V 字形航迹。

如果对于假定的航迹也满足式(10-32)和式(10-33)，那么 r_n、r_{n+1}、r_{n+2}、r_{n+3} 和 r_{n+4} 就可以形成一条航迹。

为了使修正的 Hough 变换法能更快地起始航迹，参考文献[75]在修正的 Hough 变换法基础上又加上了一个条件，就是量测值必须满足式(10-34)速度选通的条件，才能使用修正的 Hough 变换法变换到参数空间去。即

$$v_{\min} \leqslant \left|\frac{x_i - x_{i-1}}{t_i - t_{i-1}}\right| \leqslant v_{\max} \tag{10-34}$$

使用速度选通条件可以将进行修正 Hough 变换的量测值的数量大大减少，达到快速起始航迹的目的。

6. 基于 Hough 变换和逻辑的航迹起始算法

基于 Hough 变换法的航迹起始算法虽然能在密集杂波环境中有效地起始目标

航迹，但是需要的时间较长，并且参数 $\Delta\theta$、$\Delta\rho$ 选取较为困难；基于逻辑的航迹起始算法虽然能在较短的时间起始目标航迹，但是在密集杂波环境中则很难有效地起始目标航迹；基于 Hough 变换和逻辑的航迹起始算法通过将这两种算法结合起来，就有效地解决了上述问题。基于 Hough 变换和逻辑的航迹起始算法起始航迹主要包括两步：航迹起始中点迹粗互联和航迹起始中的互联模糊排除。

在航迹起始中的点迹粗互联阶段，主要是利用杂波和目标运动特性的不同，采用 Hough 变换尽可能地除去虚假杂波点。在利用 Hough 变换起始航迹时，由于存在杂波的影响，因此 $\Delta\theta$ 的大小及门限的选取直接影响到航迹起始性能，目前还未见到有关两个参数选择的一般标准。选择两个参数的原则是要选择较大的 $\Delta\theta$，以保证能以很高的概率检测到所有的真实航迹。但 $\Delta\theta$ 过大时，由于量化误差，所提取的航迹参数不精确。

在点迹粗互联阶段已剔除大量杂波点的基础上，对于出现的点迹与点迹互联模糊情况可利用基于 m/n 逻辑的方法去模糊。

10.3.2　航迹起始中的有关问题讨论

任何航迹自动起始方法的目的，是目标进入探测范围能立即建立起真实目标的航迹，另一方面，还要防止由于存在不可避免的假点迹而建立起虚假航迹。因为虚假航迹会在很大程度上降低航迹数据的置信度，所以航迹确认逻辑必将花费一定时间。快速的要求与较高的成功概率是相互矛盾的，高可靠检测真实目标航迹，需要有足够的信息，因此不可避免地存在航迹起始响应时间的延时。一个好的航迹起始方法，应该在快速起始航迹的能力与产生虚假航迹之间选取一个最佳折衷方法。

1. 航迹起始性能的主要指标

航迹反应时间：主要指目标进入探测区到建立该航迹的时间，由于此反应时间是一个随机变数，因此人们常以平均扫描次数、平均假互联率等表示。

航迹起始时延：航迹的稳定跟踪起始时刻与目标点迹出现时刻的差值。

航迹自动起始成功率：考虑多次蒙特卡洛仿真情况下，对于某条航迹正确起始的次数与仿真数之比。

虚假航迹自动起始概率：被杂波起始的航迹条数与总的起始航迹条数之比。

目标失跟概率：考虑多次蒙特卡洛仿真情况下，对于某个目标失跟的次数与实际仿真数之比。

航迹质量：表示航迹优劣的数，可用打分方法度量，也可用航迹的位置速度误差度量，还可用目标指示精度表示，另外还可用平均航迹纯度表示。

计算量与计算时间：这里指的是全部程序执行一个周期的时间，它与反应时间是两个不同的概念。

2. 航迹起始扫描数的论证

航迹处理往往被人为地分成航迹起始、航迹保持和航迹终结三个阶段。实际上这三个阶段在方法上往往是一脉相承的。为了航迹的确认，寄希望于有一定质量的航迹起始，而为了准确的航迹起始，寄希望于航迹头的正确选择。为了获得快速而又有一定质量的航迹起始，根据理论分析和工程实际经验以及对高速目标的雷达量测，航迹起始扫描周期数宜取为 4。在实际环境中，4 次扫描能否都建立起稳定航迹，需视目标数及其相对位置、检测概率、量测分辨力、虚警概率而定。如果 4 次扫描建立不起来航迹起始，则有许多航迹处理方法依然可通过延伸到下一扫描周期处理。

10.4 目标跟踪模型

10.4.1 运动模型

1. 机动目标跟踪的数学模型

目标跟踪的主要目的就是估计移动目标的状态轨迹。虽然目标在空间上几乎从来不是一个真正的点，且其方向信息对于跟踪也是有用的，但通常还是把目标看做空间没有形状的一个点，特别对于目标建模更是如此。目标动态模型描述了目标状态 $\boldsymbol{x}$ 随时间的演化过程。

几乎所有的机动目标跟踪方法都是基于模型的。总是假定目标运动及其观察能够用某个已知的数学模型严格表示。常用的状态空间模型为

$$\begin{cases}\boldsymbol{x}_{k+1}=\boldsymbol{f}_k(\boldsymbol{x}_k,\boldsymbol{u}_k,\boldsymbol{w}_k),\\ \boldsymbol{z}_k=\boldsymbol{h}_k(\boldsymbol{x}_k)+\boldsymbol{v}_k,\end{cases}\quad k\in N \tag{10-35}$$

其中 $\boldsymbol{x}_k,\boldsymbol{z}_k,\boldsymbol{u}_k$ 分别是 k 时刻目标的状态、误差和控制输入向量；$\{\boldsymbol{w}_k\},\{\boldsymbol{v}_k\}$ 分别是过程噪声序列和量测噪声序列；$\boldsymbol{f}_k,\boldsymbol{h}_k$ 是某些时变的向量值函数。通常这个离散时间模型来源于混合时间模型

$$\begin{cases}\dot{\boldsymbol{x}}(t)=\boldsymbol{f}(\boldsymbol{x}(t),\boldsymbol{u}(t),t)+\boldsymbol{w}(t),\boldsymbol{x}(t_0)=\boldsymbol{x}_0\\ \boldsymbol{z}_k=\boldsymbol{h}_k(\boldsymbol{x}_k)+\boldsymbol{v}_k\end{cases} \tag{10-36}$$

相应的线性形式分别为

$$\begin{cases}\boldsymbol{x}_{k+1}=\boldsymbol{F}_K\boldsymbol{x}_k+\boldsymbol{E}_K\boldsymbol{u}_k+\boldsymbol{G}_K\boldsymbol{w}_k,\\ \boldsymbol{z}_k=\boldsymbol{H}_k\boldsymbol{x}_k+\boldsymbol{v}_k,\end{cases}\quad k\in N\text{(离散时间模型)} \tag{10-37}$$

$$\begin{cases}\dot{\boldsymbol{x}}(t)=\boldsymbol{A}(t)\boldsymbol{x}(t)+\boldsymbol{E}(t)\boldsymbol{u}(t)+\boldsymbol{B}(t)\boldsymbol{w}(t),\\ \boldsymbol{z}_k=\boldsymbol{H}_k\boldsymbol{x}_k+\boldsymbol{v}_k,\end{cases}\quad t\in R,k\in N\text{(混合离散时间模型)} \tag{10-38}$$

如前所述，对于目标跟踪而言，挑战之一是目标运动模式的不确定性。这个不确定性表现为：对跟踪者来说，被跟踪目标的精确动态模型是不知道的。虽然式(10-36)这种一般形式的模型通常是已知的，但跟踪者则不知道目标的实际控制输入 $\boldsymbol{u}$，不知道 $\boldsymbol{f}$ 的具体形式和相关参数，也不知道在跟踪时噪声 $\boldsymbol{w}$ 的统计特性。于是，对于机动目标跟踪来说，首要任务就是目标运动建模，其目的就是建立一个能很好表示目标运动效果且易于跟踪的模型。

本小节描述的建模方法，无需知道目标真正的动态行为，这些方法可按两个方面完成：

(1) 把 $\boldsymbol{u}$ 作为一个具有某种统计特性的随机过程去表征未知时变的机动输入控制。

(2) 用带有适当设计参数的某些代表性的运动模型来描述典型的目标轨迹，比如时间多项式拟合时变函数。

这里把目标运动分为两类模式：机动和非机动。非机动运动是指，在惯性参考坐标系中，目标按某个定常的速度作直线和水平运动，所以这种模式也称为匀速运动。

2. 非机动目标动态模型

在三维物理空间的点目标运动，可以用三维的位移和速度向量来描述。例如可以用向量 $\boldsymbol{x}=[x,\dot{x},y,\dot{y},z,\dot{z}]^{\mathrm{T}}$ 来描述笛卡儿坐标系的一个状态向量，其中(x,y,z)是位移向量，而$(\dot{x},\dot{y},\dot{z})$是速度向量。当把目标视为点目标时，非机动运动就可以用向量值方程$\dot{\boldsymbol{x}}(t)=0$ 来描述，其中 $\boldsymbol{x}=[x,y,z]^{\mathrm{T}}$。

实际上，对于机动这个理想方程通常被修正为$\dot{\boldsymbol{x}}(t)=\boldsymbol{w}(t)\approx\boldsymbol{0}$，其中 $w(t)$是一个白噪声过程，表征为不可预测的建模误差。相应的状态空间模型是

$$\dot{\boldsymbol{x}}(t)=\operatorname{diag}[\boldsymbol{A}_{\mathrm{cv}},0]\boldsymbol{x}(t)+\operatorname{diag}[\boldsymbol{B}_{\mathrm{cv}},1]\boldsymbol{w}(t) \tag{10-39}$$

其中 $\boldsymbol{x}=[x,\dot{x},y,\dot{y},z]^{\mathrm{T}}$；而 $\boldsymbol{w}(t)=[\omega_x(t),\omega_y(t),\omega_z(t)]^{\mathrm{T}}$ 是一个连续时间向量值白噪声过程；且有

$$\boldsymbol{A}_{\mathrm{cv}}=\begin{bmatrix}0&1&0&0\\0&0&0&0\\0&0&0&1\\0&0&0&0\end{bmatrix},\boldsymbol{B}_{\mathrm{cv}}=\begin{bmatrix}0&0\\1&0\\0&0\\0&1\end{bmatrix} \tag{10-40}$$

与上述连续时间模型直接对应的离散化模型是(T 是采样间隔)

$$\boldsymbol{x}_{k+1}=\operatorname{diag}[\boldsymbol{F}_{\mathrm{cv}},1]\boldsymbol{x}_k+\operatorname{diag}[\boldsymbol{G}_{\mathrm{cv}},T]\boldsymbol{w}_k=\operatorname{diag}[\boldsymbol{F}_2,\boldsymbol{F}_2,1]\boldsymbol{x}_k+\operatorname{diag}[\boldsymbol{G}_2,\boldsymbol{G}_2,T]\boldsymbol{w}_k, \tag{10-41}$$

其中

$$\boldsymbol{F}_{\mathrm{cv}}=[\boldsymbol{F}_2,\boldsymbol{F}_2],\boldsymbol{G}_{\mathrm{cv}}=[\boldsymbol{G}_2,\boldsymbol{G}_2],\boldsymbol{F}_2=\begin{bmatrix}1&T\\0&1\end{bmatrix},\boldsymbol{G}_2=\begin{bmatrix}T^2/2\\T\end{bmatrix}$$

噪声 $\boldsymbol{w}_k=[\omega_x,\omega_y,\omega_z]_k^{\mathrm{T}}$ 为离散时间白噪声序列，注意 w_x，w_y 分别是沿 x 轴和 y 轴的噪声“加速度”，而 ω_z 是相应于沿 z 轴的噪声“速度”。这个结果也可以直接由离散时间框架得到。

如果 $\boldsymbol{w}$ 各分量是不耦合的，用上述方程描述的非机动运动在 x,y,z 方向上也是不耦合的。在此情况下，噪声协方差为

$$\mathrm{cov}(\boldsymbol{G}\boldsymbol{w}_k)=\mathrm{diag}[\mathrm{var}(\omega_x)\boldsymbol{Q}_2,\mathrm{var}(\omega_y)\boldsymbol{Q}_2,\mathrm{var}(\omega_z)],\boldsymbol{Q}_2=\begin{bmatrix}T^4/4 & T^3/2\\ T^3/2 & T^2\end{bmatrix} \tag{10-42}$$

上述方程式(10-39)和式(10-41)分别对应连续和离散时间常速模型(CV)。更准确地说，是近似常速模型。

3. 坐标不耦合的目标机动模型

绝大多数目标机动沿各坐标的分量都是耦合的。为了简单起见，许多已经开发的机动模型仍然假定坐标耦合很弱，以至于能够忽略不计。对于把实际非随机控制输入 $\boldsymbol{u}$ 作为随机过程处理的模型更是这种情况。由此，只须考虑特定的坐标方向即可。

在跟踪中，对目标的控制输入 $\boldsymbol{u}$ 通常可以假定为一个未知加速度。因为它未知，所以可以假设用一个随机过程来表示。这类模型在文献中一般被分为三类：

① 白噪声模型：将控制输入建模为白噪声，这包括匀速(CV)模型，匀加速(CA)模型和多项式模型等。

② Markov 过程模型：控制输入建模为 Markov 过程，这包括 Singer 模型及其变形，以及其他一些模型。

③ 半 Markov 跳跃过程模型：控制输入建模为半 Markov 跳跃过程。

目前关于机动目标的跟踪方法主要分为两类：具有机动检测的跟踪算法；无需机动检测的自适应跟踪算法。

第一类算法按照检测到机动后调整的参数又可进一步分为调整滤波器增益和调整滤波器的结构。前者具体的方法有：重新启动滤波器增益序列；增大输入噪声的方差；增加目标状态估计的协方差矩阵。典型的算法有可调白噪声模型，该算法通过调整输入噪声的方差来达到调整滤波器增益的目的。后者具体方法为：在不同的跟踪滤波器之间切换；增大目标状态维数。变维滤波算法分别采用低维和高维两个模型表征非机动和机动，在判断目标发生机动后将当前的目标状态维数增加，在判断机动结束后恢复至原有的模型。输入估计法是把机动加速度看成是未知的确定性输入，利用最小二乘法从新息中估计出机动加速度大小，并用来更新目标的状态。

第二类方法不需要对目标进行机动检测，而是在对目标进行估计的同时对滤波增益进行修正。多模型算法假定几种不同的噪声级，计算每一个噪声级的概率，然后求它的加权和；当然跟踪器也可以按照一定的准则在它们之间进行转换。Singer 模型认为噪声过程是有色的，对目标加速度作为具有指数自相关的零均值随机过程

进行建模。而当前统计模型是在估计目标状态的同时估计机动加速度均值,并利用估计对加速度分布进行实时修正,最后通过方差的形式反馈到下一时刻的滤波器中。

1) 具有机动检测的跟踪算法

所谓目标的机动检测,其实质上是一种判别机制,它是利用目标的量测信息和数理统计的理论进行检测。具有机动检测的跟踪算法的基本思想是,机动的发生将使原有的模型变差,从而使得滤波残差特性发生变化。基于此,人们便可以通过观测目标运动的残差变化来探测目标是否发生机动或机动结束,然后使跟踪算法进行相应的调整,即进行噪声方差调整或模型转化,以便更好地跟踪目标。

(1) 可调白噪声模型

① 原理

可调白噪声模型的思想最早由 Jazwinski 在 1969 年提出,而由 C B Chang、R H Whiting 等人在 1977 年将其具体应用于机动目标跟踪。这种方法通过观察目标新息的变化来探测机动的产生与结束,并对滤波器进行相应的调整。

② 状态模型

为了讨论问题的方便,设描述机动目标的运动方程为

$$\boldsymbol{X}(k+1)=\boldsymbol{F}(k)\boldsymbol{X}(k)+\boldsymbol{G}(k)\boldsymbol{u}(k)+\boldsymbol{V}(k) \tag{10-43}$$

其中,过程噪声 $\boldsymbol{V}(k)$是零均值、白色随机序列,具有协方差矩阵 $\boldsymbol{Q}(k)$,输入矩阵 $\boldsymbol{u}(k)$未知,解决机动目标跟踪问题主要是针对输入 $\boldsymbol{u}(k)$进行研究。

假设目标的动态方程表示为式(10-43),其对应的量测方程为

$$\boldsymbol{Z}(k+1)=\boldsymbol{H}(k+1)\boldsymbol{X}(k+1)+\boldsymbol{W}(k)$$

该方法认为目标机动表现为一种大新息,如果目标发生机动了,新息必将增大。基于这种思想使用归一化的新息平方对目标进行机动检测

$$\varepsilon_v(k)=\boldsymbol{v}^{\mathrm{T}}(k)\boldsymbol{S}^{-1}(k)\boldsymbol{v}(k) \tag{10-44}$$

其中,滤波残差(新息)为

$$\boldsymbol{v}(k)=\boldsymbol{Z}(k)-\hat{\boldsymbol{Z}}(k\mid k-1) \tag{10-45}$$

式中,$\varepsilon_v(k)$是具有 n_z 个自由度的χ^2 分布随机变量,其中 n_z 为量测的维数。设 $\varepsilon_{\max}$是某一门限,α 为显著性水平,基于非机动情况的模型,阈值这样设定

$$P\{\varepsilon_v(k)\leqslant\varepsilon_{\max}\}=1-\alpha \tag{10-46}$$

超过这个阈值,则认为目标发生机动,需增大过程噪声协方差 $\boldsymbol{Q}(k-1)$,以后一直采用增大的过程噪声协方差 $\boldsymbol{Q}(k-1)$直到若 $\varepsilon_v(k)$小于阈值 $\varepsilon_{\max}$,则认为目标机动结束,便恢复原来的滤波模型。另外,也可以使用比例因子 $\phi>1$,去乘过程噪声矩阵 $\boldsymbol{Q}(k-1)$,以达到调整归一化新息平方的目的。此时新息协方差变为

$$\begin{aligned}\boldsymbol{S}(k)&=\boldsymbol{H}(k)\boldsymbol{P}(k\mid k-1)\boldsymbol{H}^{\mathrm{T}}(k)+\boldsymbol{R}(k)\\&=\boldsymbol{H}(k)[\boldsymbol{F}(k-1)\boldsymbol{P}(k-1\mid k-1)\boldsymbol{F}^{\mathrm{T}}(k-1)\\&\quad+\phi\boldsymbol{Q}(k-1)]\boldsymbol{H}^{\mathrm{T}}(k)+\boldsymbol{R}(k)\end{aligned} \tag{10-47}$$

除了采用单次检验统计量,我们还可以使用滑窗平均或衰减记忆似然函数来对噪声进行调整。

(2) 变维滤波算法

① 原理

变维滤波算法是由 BarShalom 和 Birmiwal 于 1982 年提出来的，该方法不依赖于目标机动的先验假设，把机动看做是目标动态特性的内部变化，而不是作为噪声建模。检测手段采用平均新息法，调整方式采用"开关"型转换，在没有机动的情况下，跟踪滤波器采用原来的模型，一旦检测到机动，滤波器就要使用不同的、较高维的状态量测，新的状态分量被附加上。再用非机动检测器检测机动消除并转换到原来的模型。

② 状态模型

这里采用两种模型，即未机动时的等速模型和对于机动目标的近似等加速模型。在匀速模型中，平面运动的状态分量为

$$\boldsymbol{X} = [x \quad \dot{x} \quad y \quad \dot{y}]^{\mathrm{T}} \tag{10-48}$$

在机动模型中状态分量为

$$\boldsymbol{X}^m = [x \quad \dot{x} \quad y \quad \dot{y} \quad \ddot{x} \quad \ddot{y}] \tag{10-49}$$

在等速模型条件下，机动检测按如下方法进行。设 $\rho(k)$ 为基于等速模型滤波新息 $\varepsilon_v(k)$ 的衰减记忆平均值，即

$$\rho(k) = \mu\rho(k-1) + \varepsilon_v(k) \tag{10-50}$$

式中，μ 为折扣因子：$\mu=1-1/s$，s 为滑窗长度，且 $0<\mu<1$。按这个长度检测机动的存在。$\varepsilon_v(k)$ 如式(10-44)所述为归一化新息的平方。

如果 $\rho(k)$ 超过如式(10-46)所设定的阈值，则接受发生机动的假设，在阈值点上估计器从非机动模型转换为机动模型；反之，则拒绝机动假设。

对于加速度估计显著性检验的统计量为

$$\delta_a(k) = \hat{a}'(k \mid k)\,[\boldsymbol{p}_a^m(k \mid k)]^{-1}\,\hat{a}(k \mid k) \tag{10-51}$$

其中 $\hat{a}$ 是加速度分量的估计，$\boldsymbol{p}_a^m$ 是与来自机动模型的协方差矩阵相对应的块，当在长度为 p 的滑窗上的和

$$\rho_a(k) = \sum_{j=k-p+1}^{k} \delta_a(j) \tag{10-52}$$

落在阈值以下时，则认为加速度是不显著的。

当出现加速度突然下降到 0 的情况(即机动突然结束)时，可能导致机动模型产生很大的新息，这可以用下面的方法缓解，即当机动模型的新息超过 95% 置信区域时，就可以转换到较低阶的模型。

当在 k 时刻检测到机动时，滤波器被假定为：目标在 $k-s-1$ 时刻开始有等加速度，其中 s 为有效滑窗的长度。然后对 $k-s$ 时刻的状态聚集进行适当的修正。首先在 $k-s$ 时刻，对加速度的估计为

$$\hat{X}_{4+i}^m(k-s \mid k-s) = \frac{2}{T^2}[z_i(k-s) - \hat{z}_i(k-s \mid k-s-1)] \quad i = 1,2 \tag{10-53}$$

在 $k-s$ 时刻，估计的位置分量取作对应的量测值，即

$$\hat{X}_{2i-1}^{m}(k-s \mid k-s) = z_i(k-s) \quad i=1,2 \tag{10-54}$$

与此同时，估计的速度分量用加速度估计修正如下

$$\hat{X}_{2i}^{m}(k-s \mid k-s) = \hat{X}_{2i}(k-s \mid k-s-1) + T\hat{X}_{4+i}^{m}(k-s \mid k-s) \quad i=1,2 \tag{10-55}$$

与修正的状态估计相伴的协方差矩阵是 $\boldsymbol{P}^{m}(k-s|k-s)$，具体表达式

$$\begin{cases} P_{11}^{m}(k-s \mid k-s) = R_{11}, P_{12}^{m}(k-s \mid k-s) = 2R_{11}/T \\ P_{22}^{m}(k-s \mid k-s) = (4/T^2) * (R_{11}+P_{11}) + P_{22} + 4P_{12}/T \\ P_{33}^{m}(k-s \mid k-s) = (4/T^4) * (R_{11}+P_{11}+2TP_{12}+T^2P_{22}) \\ P_{25}^{m}(k-s \mid k-s) = (4/T^3) * (R_{11}+P_{11}) + (2/T)P_{22} + (6/T^2)P_{12} \end{cases}$$

2）自适应跟踪算法

（1）多模型算法

① 原理

多模型算法的思想早在 1965 年由 Magill 提出。上述的可调白噪声模型中，噪声只有一级，发生机动噪声协方差增大，机动结束就恢复原有的模型。多模型方法是假设两个或两个以上的过程噪声级，并给每一个模型建立一个滤波器，滤波器按照一定的准则在它们之间进行转换，或者是根据它们的似然函数计算每一个模型是正确的概率，然后求它们的加权和。

② 状态模型

令 M_j 表示具有先验概率 $P\{M_j\}=\mu_j(0)(j=1,2,\cdots,r)$ 的模型 j 是正确的事件，在模型 j 的假定下，直到 k 时刻的两侧的似然函数为

$$\lambda_j(k) = P[Z^k \mid M_j] = \prod_{i=1}^{k} p[\boldsymbol{v}_j(i)] \tag{10-56}$$

其中，在高斯假定下，由滤波器 j 得到的信息 PDF 是

$$p[\boldsymbol{v}_j(k)] = \mid 2\pi S_j(k) \mid \exp\left[-\frac{1}{2}\boldsymbol{v}_j^{\mathrm{T}}(k)\boldsymbol{S}_j^{-1}(i)\,\boldsymbol{v}_j(k)\right] \tag{10-57}$$

使用贝叶斯法则，则在 k 时刻模型 j 是正确的后验概率是

$$\begin{aligned} \mu_j(k) &\overset{\text{def}}{=} P(M_j \mid Z^k) = \frac{P(Z^k \mid M_j)P(M_j)}{P(Z^k)} \\ &= \frac{P(Z^k \mid M_j)P(M_j)}{\sum_{l=1}^{r} P(Z^k \mid M_l)P(M_l)} = \frac{\lambda_j(k)\mu_j(0)}{\sum_{l=1}^{r}\lambda_j(k)\mu_j(0)} \end{aligned} \tag{10-58}$$

用上述概率作为权重进行加权所获得的条件模型估计的加权平均就是目标的状态估计

$$E\{\boldsymbol{X}(k) \mid Z^k\} = \sum_{j=1}^{r} E\{\boldsymbol{X}(k) \mid M_j, Z^k\} P\{M_j \mid Z^k\} \tag{10-59}$$

即最终得到组合估计 $\hat{\boldsymbol{X}}(k|k)$、$P(k|k)$

$$\hat{\boldsymbol{X}}(k \mid k) = \sum_{j=1}^{r} \mu_j(k)\, \hat{\boldsymbol{X}}_j(k \mid k) \tag{10-60}$$

$$P(k \mid k) = \sum_{j=1}^{r} \mu_j(k) P_j(k \mid k) + \sum_{j=1}^{r} \mu_j(k) [\hat{\boldsymbol{X}}_j(k \mid k) - \hat{\boldsymbol{X}}(k \mid k)][\hat{\boldsymbol{X}}_j(k \mid k) - \hat{\boldsymbol{X}}(k \mid k)]^{\mathrm{T}} \tag{10-61}$$

多模型法的方块图如图 10-6 所示，这时的多个滤波器是并行工作的，式(10-61)所示的融合估计是对所有模型概率计算的 MMSE 估计，但实际上，有时也可能要求使用具有最高 $\mu_j(k)$的模型所得到的概率，以便消除低概率的模型，或者采用某些其他的方案。

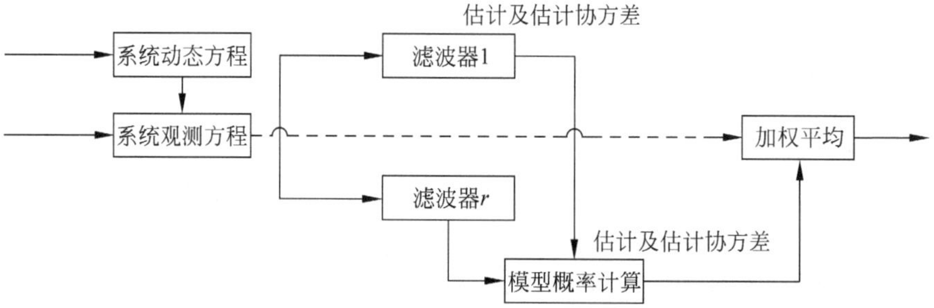

图 10-6　多模型算法结构图

(2) Singer 模型

① 原理

1970 年，Singer 首先提出了时间相关模型，认为目标的机动加速度是一个平稳时间相关随机过程，其统计特性服从零均值的均匀分布。Singer 模型只适用于等速或者等加速范围内的目标运动，对于强烈的机动，即超过等加速范围的目标运动时，采用这种模型将引起较大的模型误差，导致无法取得良好的跟踪性能。

② 状态模型

连续时间系统的状态方程为

$$\dot{\boldsymbol{X}}(t) = \begin{bmatrix} \dot{x} \\ \ddot{x} \\ \dot{a} \end{bmatrix} = \boldsymbol{A}\boldsymbol{X}(t) + \widetilde{\boldsymbol{V}}(t) = \begin{bmatrix} 0 & 1 & 0 \\ 0 & 0 & 1 \\ 0 & 0 & -a \end{bmatrix} \begin{bmatrix} x \\ \dot{x} \\ \ddot{x} \end{bmatrix} + \begin{bmatrix} 0 \\ 0 \\ \tilde{v} \end{bmatrix} \tag{10-62}$$

离散时间系统的状态方程为

$$\boldsymbol{X}(k+1) = \boldsymbol{F}(k)\boldsymbol{X}(k) + \boldsymbol{V}(k) \tag{10-63}$$

其中

$$\boldsymbol{F} = \mathrm{e}^{\boldsymbol{A}T} = \begin{bmatrix} 1 & T & \dfrac{\alpha T - 1 + \mathrm{e}^{-\alpha T}}{\alpha^2} \\ 0 & 1 & \dfrac{1 - \mathrm{e}^{-\alpha T}}{\alpha^2} \\ 0 & 0 & \mathrm{e}^{-\alpha T} \end{bmatrix} \tag{10-64}$$

其离散时间过程噪声 V 具有协方差

$$\boldsymbol{Q}=2\alpha\sigma_a^2\begin{bmatrix}q_{11} & q_{12} & q_{13}\\ q_{21} & q_{22} & q_{23}\\ q_{31} & q_{32} & q_{33}\end{bmatrix} \tag{10-65}$$

其中,$\boldsymbol{Q}$ 的精确表达式为($\boldsymbol{Q}$ 为对称阵)

$$\begin{aligned}
q_{11}&=\frac{1}{2\alpha^5}\left[1-\mathrm{e}^{-2\alpha T}+2\alpha T+\frac{2\alpha^3T^3}{3}-2\alpha^2T^2-4\alpha T\mathrm{e}^{-\alpha T}\right]\\
q_{12}&=\frac{1}{2\alpha^4}[\mathrm{e}^{-2\alpha T}+1-2\mathrm{e}^{-\alpha T}+2\alpha T\mathrm{e}^{-\alpha T}-2\alpha T+\alpha^2T^2]\\
q_{13}&=\frac{1}{2\alpha^3}[1-\mathrm{e}^{-2\alpha T}-2\alpha T\mathrm{e}^{-\alpha T}]\\
q_{22}&=\frac{1}{2\alpha^3}[4\mathrm{e}^{-\alpha T}-3-\mathrm{e}^{-2\alpha T}+2\alpha T]\\
q_{23}&=\frac{1}{2\alpha^2}[\mathrm{e}^{-2\alpha T}+1-2\mathrm{e}^{-\alpha T}]\\
q_{33}&=\frac{1}{2\alpha}[1-\mathrm{e}^{-2\alpha T}]
\end{aligned} \tag{10-66}$$

其中机动加速度的方差

$$\begin{aligned}
\sigma_a^2&=\int_{-\infty}^{\infty}\alpha^2p(\alpha)\mathrm{d}\alpha\\
&=(-a_{\max})^2P_{\max}+(a_{\max})^2P_{\max}+\int_{-a_{\max}}^{a_{\max}}\frac{1-(P_0+2P_{\max})}{2a_{\max}}\alpha^2\mathrm{d}\alpha\\
&=\frac{{a_{\max}}^2}{3}[1+4P_{\max}-P_0]
\end{aligned} \tag{10-67}$$

其中 σ_m^2、a 是区间$[t,t+\tau]$内决定目标机动特性的待定参数,σ_m^2 是目标的加速度方差,a 是目标时间常数的倒数,即机动频率,通常 a 的经验取值范围为:目标机动形式是飞机慢转弯,$1/a$ 的取值为 60s,对于逃避机动是 20s,大气干扰是 1s。它的确切值要通过实时量测才能确定。

(3) 当前统计模型

① 原理

1984 年,周宏仁提出了“当前”统计模型,认为目标在下一时刻的加速度只能在“当前”加速度的邻域范围内,从而创造性地将 Singer 模型中加速度零均值改进为自适应的加速度均值,使得跟踪性能得到较大的提高,实际应用中证明这种对于目标机动状况的描述较为合理,获得了广泛应用的“当前”统计模型本质上是非零均值时间相关模型,其机动加速度的“当前”概率密度用修正的瑞利分布描述,均值为“当前”加速度预测值,随机机动加速度在时间轴上仍符合一阶时间相关过程。

② 状态模型

设目标运动状态方程为

$$\boldsymbol{X}(k+1)=\boldsymbol{F}(k)\boldsymbol{X}(k)+\boldsymbol{G}(k)\bar{a}+\boldsymbol{V}(k) \tag{10-68}$$

其中，$\boldsymbol{F}(k)$如 Singer 模型所述，$\boldsymbol{G}(k)$为输入控制矩阵

$$\boldsymbol{G}(k)=\begin{bmatrix}\dfrac{1}{\alpha}\left(-T+\dfrac{\alpha T^2}{2}+\dfrac{1-\mathrm{e}^{-\alpha T}}{\alpha}\right)\\ T-\dfrac{1-\mathrm{e}^{-\alpha T}}{\alpha}\\ 1-\mathrm{e}^{-\alpha T}\end{bmatrix} \tag{10-69}$$

$\boldsymbol{V}(k)$是离散时间白噪声序列，且

$$\boldsymbol{Q}(k)=\boldsymbol{E}(V(k)\boldsymbol{V}^{\mathrm{T}}(k))=2\alpha\sigma_a^2\begin{bmatrix}q_{11} & q_{12} & q_{13}\\ q_{21} & q_{22} & q_{23}\\ q_{31} & q_{32} & q_{33}\end{bmatrix} \tag{10-70}$$

其中，$\boldsymbol{Q}(k)$的具体表达式见 Singer 模型，α 为自相关时间常数，${\sigma_a}^2$ 为机动加速度方差，$\bar{a}(k)$为机动加速度均值

$$\begin{aligned}{\sigma_a}^2&=\frac{4-\pi}{\pi}[a_{\max}-\bar{a}(k)]^2\\ \bar{a}(k)&=\hat{\ddot{x}}(k\mid k-1)\end{aligned} \tag{10-71}$$

该算法的一步预测方程为

$$\hat{\boldsymbol{X}}(k\mid k-1)=\boldsymbol{F}(k)\,\hat{\boldsymbol{X}}(k-1\mid k-1)+\boldsymbol{G}(k)\,\bar{a}(k) \tag{10-72}$$

(4) 自适应加速度模型(ACA)

① 原理

噪声模型描述的是建模精度。实际系统的不断变化会引起最优模型噪声统计特征的变化。建模的精度往往通过状态估计及其方差表达。因此，潘泉(1997)假设 $k+1$ 时刻建模噪声的方差为状态估计某一函数的范数，即 $\| f(\hat{\boldsymbol{x}}(k|k)) \|$。针对目标跟踪问题，对匀加速运动模型，将 $\| f(\hat{\boldsymbol{x}}(k|k)) \|$ 取为 $c\,|a_{\max}-\hat{\ddot{x}}(k|k)|$($c$ 为量纲变换系数，$a_{\max}$为最大加速度)。

② 状态模型

对于目标状态的一步预测方程

$$\hat{\boldsymbol{X}}(k+1\mid k)=\boldsymbol{F}_R\,\hat{\boldsymbol{X}}(k\mid k)+\boldsymbol{U}_R(k)\,\hat{\boldsymbol{A}}(k\mid k) \tag{10-73}$$

$\hat{\boldsymbol{A}}(k|k)$定义如下

$$\hat{\boldsymbol{A}}(k\mid k)=E[\bar{\boldsymbol{A}}_k\mid \boldsymbol{Z}^k] \tag{10-74}$$

其中 $\boldsymbol{Z}^k$ 表示至 k 时刻获得的所有量测集合，由于 $\bar{\boldsymbol{A}}_k$ 很难直接计算得到，一个合理而广泛采用的近似为选取

$$\hat{\boldsymbol{A}}(k\mid k)\approx E[\boldsymbol{A}_k\mid \boldsymbol{Z}^k] \tag{10-75}$$

其中 $\bar{\boldsymbol{A}}(k)=[a_k,\dot{a}_k]^{\mathrm{T}}$，即 $\bar{\boldsymbol{A}}_k$ 的条件期望由 $\boldsymbol{A}_k$ 的条件期望代替，因此有

$$\hat{\boldsymbol{A}}(k\mid k)\approx[\hat{\ddot{x}}(k\mid k),\hat{\ddot{x}}(k+1\mid k)]^{\mathrm{T}} \tag{10-76}$$

将式(10-76)代入式(10-73)，并由式(10-64)和式(10-69)，有

$$\begin{bmatrix}\hat{x}(k+1\mid k)\\ \hat{\dot{x}}(k+1\mid k)\\ \hat{\ddot{x}}(k+1\mid k)\end{bmatrix}=\begin{bmatrix}1 & T & \dfrac{-1+\alpha T+\mathrm{e}^{-\alpha T}}{\alpha^2}\\ 0 & 1 & \dfrac{1-\mathrm{e}^{-\alpha T}}{\alpha}\\ 0 & 0 & \mathrm{e}^{-\alpha T}\end{bmatrix}\begin{bmatrix}\hat{x}(k\mid k)\\ \hat{\dot{x}}(k\mid k)\\ \hat{\ddot{x}}(k\mid k)\end{bmatrix}$$

$$+\begin{bmatrix}\dfrac{1}{\alpha}\left(-T+\dfrac{\alpha T^2}{2}+\dfrac{1-\mathrm{e}^{-\alpha T}}{\alpha}\right)\\ T-\dfrac{1-\mathrm{e}^{-\alpha T}}{\alpha}\\ 1-\mathrm{e}^{-\alpha T}\end{bmatrix}\left[-\frac{1}{\alpha T},1+\frac{1}{\alpha T}\right]\begin{bmatrix}\hat{\ddot{x}}(k\mid k)\\ \hat{\ddot{x}}(k+1\mid k)\end{bmatrix}$$

(10-77)

先解上式矩阵方程的第三行，有

$$\hat{\ddot{x}}(k+1\mid k)=\mathrm{e}^{-\alpha T}\,\hat{\ddot{x}}(k\mid k)+\left(-\frac{1}{\alpha T}\right)(1-\mathrm{e}^{-\alpha T})\,\hat{\ddot{x}}(k\mid k)$$

$$+\left(1+\frac{1}{\alpha T}\right)(1-\mathrm{e}^{-\alpha T})\,\hat{\ddot{x}}(k+1\mid k) \tag{10-78}$$

整理后得

$$\hat{\ddot{x}}(k+1\mid k)=\hat{\ddot{x}}(k\mid k)\;\hat{x}(k+1\mid k)=\hat{x}(k\mid k)+T\,\hat{\dot{x}}(k\mid k)+\frac{1}{2}T^2\,\hat{\ddot{x}}(k\mid k)$$

(10-79)

同理，依次计算第二行和第一行，并注意式(10-79)结果，有

$$\hat{\dot{x}}(k+1\mid k)=\hat{\dot{x}}(k\mid k)+T\,\hat{\ddot{x}}(k\mid k) \tag{10-80}$$

$$\hat{x}(k+1\mid k)=\hat{x}(k\mid k)+T\,\hat{\dot{x}}(k\mid k)+\frac{1}{2}T^2\,\hat{\ddot{x}}(k\mid k) \tag{10-81}$$

将式(10-79)～ 式(10-81)合写成矩阵，有

$$\begin{bmatrix}\hat{x}(k+1\mid k)\\ \hat{\dot{x}}(k+1\mid k)\\ \hat{\ddot{x}}(k+1\mid k)\end{bmatrix}=\begin{bmatrix}1 & T & T^2/2\\ 0 & 1 & T\\ 0 & 0 & 1\end{bmatrix}\begin{bmatrix}\hat{x}(k\mid k)\\ \hat{\dot{x}}(k\mid k)\\ \hat{\ddot{x}}(k\mid k)\end{bmatrix}=\boldsymbol{F}_{\mathrm{CA}}\,\hat{\boldsymbol{X}}(k\mid k) \tag{10-82}$$

式 (10-82)揭示了一个非常重要的事实，即在式(10-76)的假设条件下，非零均值时间相关模型滤波器的一步预测实际采用的是 CA 模型的状态转移矩阵。从这一点可以非常直接和直观地推论：由于 $\boldsymbol{P}_R(k|k)$收敛(或 $\boldsymbol{W}_R(k|k)$收敛)，则非零均值时间相关模型对阶跃加速度跟踪稳态无偏，其精度至少相当于同样 $\boldsymbol{Q}$ 阵条件下的 CA 模型。而动态精度，则取决于 $\boldsymbol{Q}_R$ 与 $\boldsymbol{Q}_{\mathrm{CA}}$阵的计算。另一个非常直接或直观的推论是：当两者的 $\boldsymbol{Q}$ 阵计算相同时，CA 模型的动态跟踪性能不会低于非零均值时间相关模型，而一定优于零均值时间相关模型。如此，我们根据非零均值时间相关模型中最典型的算法“当前”统计模型的启发，设状态协方差阵中的 q 值选取如下

$$q=C_q\Psi[A_{\max}-|\,\hat{\ddot{a}}(k\mid k)\,|] \tag{10-83}$$

式中 $A_{\max}$为目标可能的最大机动加速度值，$\bar{a}(k)$为 k 时刻加速度均值，$\Psi(\cdot)$为某种简单的非负函数，如 $\Psi(x)=(x)$、$\Psi(x)=x^2$，等等，C_q 为大于零的量纲变换系数，可

由 $\Psi(\cdot)$ 的函数形式和仿真计算调整。

由式(10-68)假设知

$$\bar{a}(k) \approx \hat{a}(k) = \hat{\ddot{x}}(k \mid k) = \hat{\ddot{x}}(k+1 \mid k) \tag{10-84}$$

则

$$q = C_q \Psi[A_{\max} - | \hat{\ddot{x}}(k \mid k) |] \tag{10-85}$$

(5) 用于摆动目标的 Markov 模型

① 原理

很多时候，由于风的影响或者平台摇摆，目标沿着一个坐标方向的加速度是摆动的。对于这种机动情形，Singer 模型是不合适的。

② 状态模型

$$\begin{cases} R_a(\tau) = \sigma_a^2 \mathrm{e}^{-a|\tau|}\cos(\omega_c \tau) = \sigma_a^2 \mathrm{e}^{-\xi\omega_n|\tau|}\cos(\omega_n \sqrt{1-\xi^2}\,\tau), \\ \omega_n^2 = a^2 + \omega_c^2, \xi = a/\omega_n, \end{cases} \tag{10-86}$$

其中，$\sigma_a^2, a, \omega_c, \xi$ 以及 ω_n 分别代表平均功率、阻尼系数、实际的(阻尼)频率、阻尼比以及未受阻尼的目标加速度的自然频率。

这样加速度过程就是下述二阶系统的输出，系统由功率谱密度为 $2a\sigma^2$ 的白噪声 $w(t)$ 驱动

$$\begin{bmatrix} \dot{a}(t) \\ \dot{d}(t) \end{bmatrix} = \begin{bmatrix} 0 & 1 \\ -\omega_n^2 & -2\xi\omega_n \end{bmatrix} \begin{bmatrix} a(t) \\ d(t) \end{bmatrix} + \begin{bmatrix} 1 \\ (1-2\xi)\omega_n \end{bmatrix} w(t) \tag{10-87}$$

其中，$d(t) = \dot{a}(t) - w(t)$ 称作加速度漂移。

对于 $\boldsymbol{x} = [x, \dot{x}, \ddot{x}, d] = [x, v, a, d]$，增广状态空间模型为

$$\dot{\boldsymbol{x}}(t) = \boldsymbol{A}\boldsymbol{x}(t) + \boldsymbol{B}w(t) = \begin{bmatrix} 0 & 1 & 0 & 0 \\ 0 & 0 & 1 & 0 \\ 0 & 0 & 0 & 1 \\ 0 & 0 & -\omega_n^2 & -2\xi\omega_n \end{bmatrix} \boldsymbol{x}(t) + \begin{bmatrix} 0 \\ 0 \\ 1 \\ (1-2\xi)\omega_n \end{bmatrix} w(t) \tag{10-88}$$

(6) 半 Markov 跳跃过程模型

① 原理

在 Singer 模型中，目标加速度近似为一个连续时间零均值的 Markov 过程，这种机动加速度的零均值特性对于模拟激动目标来说似乎不太合理。事实上，一些机动目标加速度是非零均值的，此时，一个分段常数的假设是合理的。

② 状态模型

一个最简单的分段常数随机过程是所谓的半 Markov 跳跃过程。不同于 Markov 过程的是，它仅在一系列跳跃的时间间隔上具有 Markov 特性。

最常见的方法就是将未知输入 $u(t)$(可看作是加速度的非零均值)假设为一个有限状态半 Markov 过程。特别地，$u(t)$ 可以划分为 n 个已知的水平 $\bar{a}_1, \bar{a}_2, \cdots, \bar{a}_n$，输入序列 $\{u(t_k)\}$ 是一个半 Markov 过程，具有已知的转移概率 $P\{u(t_k) = \bar{a}_j \mid u(t_{k-1}) =$

$\bar{a}_i\}$和延迟时间 τ，其概率为 $P_{ij}(\tau)=P_{ij}(\tau_{ij}\leqslant\tau)$，这里 $\tau_{ij}=t_k-t_{k-1}$用以描述在跳跃到$\bar{a}_j$ 水平之前，在$\bar{a}_i$ 水平上的延迟时间。而且，此时的加速度模型描述为跳跃均值模型和 Singer 模型的组合，即

$$a(t)=-\theta v(t)+u(t)+\tilde{a}(t) \tag{10-89}$$

其中，$\tilde{a}(t)$相应于 Singer 模型加速度，v 是速度，θ 是阻力系数，$u(t)$是未知的加速度均值。

若选择状态向量 $\boldsymbol{x}=[x,\dot{x},\ddot{x}]^{\mathrm{T}}$，则相应的连续时间状态方程为

$$\dot{\boldsymbol{x}}(t)=\begin{bmatrix}0 & 1 & 0\\ 1 & -\theta & 0\\ 0 & 0 & -\alpha\end{bmatrix}\boldsymbol{x}(t)+\begin{bmatrix}0\\1\\0\end{bmatrix}u(t)+\begin{bmatrix}0\\1\\0\end{bmatrix}w(t) \tag{10-90}$$

式中，α 为机动频率，$w(t)$为白噪声。未知的加速度均值 $u(t)$可通过类似于多模型式的加权和表示为

$$\hat{u}(t)=\sum_{i=1}^{n}\bar{a}_i P\{u(t)=\bar{a}_i \mid Z_s,s\leqslant t\} \tag{10-91}$$

其中，权系数的计算依赖于量测集合 Z_s、模型初始概率、转移概率以及延迟时间分布情况等信息。

(7) 高度机动目标的 Jerk 模型(加加速度模型)

① 原理

1997 年 Kishore 提出了一种 Jerk 模型算法，该算法在加速度模型的基础上又增加了一维，即实时对加速度的导数——加加速度进行估计，以此得到了对加速度更加精确的估计，从而达到了对机动目标的跟踪。

② 状态模型

令关于坐标 x 的状态向量为

$$\boldsymbol{X}=[x\quad \dot{x}\quad \ddot{x}\quad \dddot{x}]^{\mathrm{T}} \tag{10-92}$$

一阶时间相关模型如果用状态方程可表示为

$$\dot{\boldsymbol{X}}(t)=\boldsymbol{A}\boldsymbol{X}(t)+\boldsymbol{B}v(t) \tag{10-93}$$

其中系统矩阵

$$\boldsymbol{A}=\begin{bmatrix}0 & 1 & 0 & 0\\ 0 & 0 & 1 & 0\\ 0 & 0 & 0 & 1\\ 0 & 0 & 0 & -a\end{bmatrix} \tag{10-94}$$

噪声分布矩阵

$$\boldsymbol{B}=[0\quad 0\quad 0\quad 1]^{\mathrm{T}} \tag{10-95}$$

对于采样间隔 T，则其离散时间状态方程为

$$\boldsymbol{X}(k+1)=\boldsymbol{F}(k)\boldsymbol{X}(k)+\boldsymbol{V}(k) \tag{10-96}$$

式中

$$F(k) = \begin{bmatrix} 1 & T & T^2/2 & p_1 \\ 0 & 1 & T & q_1 \\ 0 & 0 & 1 & r_1 \\ 0 & 0 & 0 & s_1 \end{bmatrix} \tag{10-97}$$

其中

$$\begin{aligned} p_1 &= (2-2aT+a^2T^2-2\mathrm{e}^{-aT})/(2a^3) \\ q_1 &= (\mathrm{e}^{-aT}-1+aT)/a^2 \\ r_1 &= (1-\mathrm{e}^{-aT})/a \\ s_1 &= \mathrm{e}^{-aT} \end{aligned}$$

过程噪声为

$$Q(k) = 2a\sigma_j^2 \begin{bmatrix} q_{11} & q_{12} & q_{13} & q_{14} \\ q_{21} & q_{22} & q_{23} & q_{24} \\ q_{31} & q_{32} & q_{33} & q_{34} \\ q_{41} & q_{42} & q_{43} & q_{44} \end{bmatrix} \tag{10-98}$$

其中对称阵 $Q(k)$ 的具体表达式为

$$q_{11} = \frac{1}{2\alpha^7}\left(\frac{\alpha^5T^5}{10}-\frac{\alpha^4T^4}{2}+\frac{4\alpha^3T^3}{3}-2\alpha^2T^2-3+4\mathrm{e}^{-\alpha T}+2\alpha^2T^2\mathrm{e}^{-\alpha T}-\mathrm{e}^{-2\alpha T}\right)$$

$$q_{12} = \frac{1}{2\alpha^6}\left(1-2\alpha T+2\alpha^2T^2-\alpha^3T^3+\frac{\alpha^4T^4}{4}+\mathrm{e}^{-2\alpha T}+2\alpha T-2\mathrm{e}^{-\alpha T}-\alpha^2T^2\mathrm{e}^{-\alpha T}\right)$$

$$q_{13} = \frac{1}{2\alpha^5}\left(2\alpha T-\alpha^2T^2+\frac{\alpha^3T^3}{3}-3-2\mathrm{e}^{-2\alpha T}+4\mathrm{e}^{-\alpha T}+\alpha^2T^2\mathrm{e}^{-\alpha T}\right)$$

$$q_{14} = \frac{1}{2\alpha^4}(1+\mathrm{e}^{-2\alpha T}-2\mathrm{e}^{-\alpha T}-\alpha^2T^2\mathrm{e}^{-\alpha T})$$

$$q_{22} = \frac{1}{2\alpha^5}\left(1-\mathrm{e}^{-2\alpha T}+\frac{2\alpha^3T^3}{3}+2\alpha T-2\alpha^2T^2-4\alpha T\mathrm{e}^{-\alpha T}\right)$$

$$q_{23} = \frac{1}{2\alpha^4}(1+\alpha^2T^2-2\alpha T+2\alpha T\mathrm{e}^{-\alpha T}+\mathrm{e}^{-2\alpha T}-2\mathrm{e}^{-\alpha T})$$

$$q_{24} = \frac{1}{2\alpha^3}(1-\mathrm{e}^{-2\alpha T}-2\alpha T\mathrm{e}^{-2\alpha T})$$

$$q_{33} = \frac{1}{2\alpha^3}(4\mathrm{e}^{-\alpha T}-\mathrm{e}^{-2\alpha T}+2\alpha T-3)$$

$$q_{34} = \frac{1}{2\alpha^2}(1-2\mathrm{e}^{-\alpha T}+\mathrm{e}^{-2\alpha T})$$

$$q_{44} = \frac{1}{2\alpha}(1-\mathrm{e}^{-2\alpha T})$$

4. 二维水平运动模型

绝大多数的二维和三维目标机动模型为转弯运动模型。与前面基于随机过程的模型不同，这些模型的建立主要基于目标的运动学特性。这是因为随机过程适于对时间相关过程进行建模，而运动学模型适于描述空间轨迹。图 10-7 所示为二维目标运动几何学。

在图 10-7 中 a_t 为切向加速度，沿着速度方向；a_n 为法向加速度，垂直于速度方向。二维目标运动学方程如下

$$\begin{cases}\dot{x}(t)=v(t)\cos\phi(t)\\ \dot{y}(t)=v(t)\sin\phi(t)\\ \dot{v}(t)=a_t(t)\\ \dot{\phi}(t)=a_n(t)/v(t)\end{cases}\tag{10-99}$$

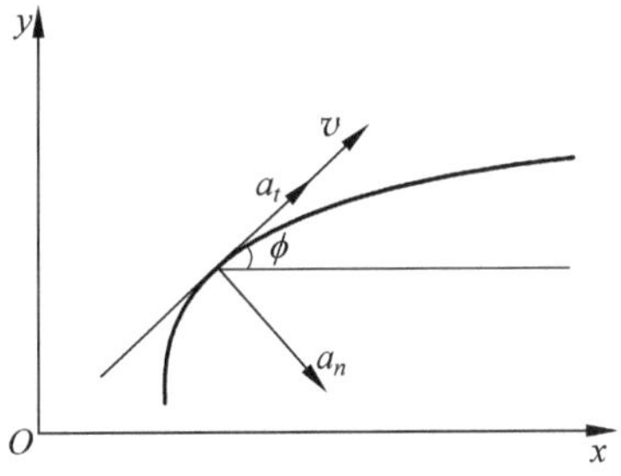

图 10-7　二维目标运动几何学

这里，(x,y)，v，ϕ分别代表目标在笛卡儿坐标系中的位置、地速以及航向改变角（偏航角）。这是一个普遍方程，同时考虑切向加速度和法向加速度。它可以退化为以下几种特殊形式。

(1) $a_n=0$，$a_t=0$，直线 CV 运动；

(2) $a_n=0$，$a_t\neq0$，直线加速度运动（如果 a_t 为常数，则为 CA 运动）；

(3) $a_n\neq0$，$a_t=0$，曲线匀速运动（如果 a_n 为常数，则为 CT(constant turn)运动），即匀速转弯运动。

下面重点描述二维匀速转弯模型。

1) 已知转弯角速度 ω 的 CT 模型

该模型假设目标以（近似）匀角速度运动。令 $\omega=\dot{\phi}$ 代表转弯角速度(turn rate)，状态向量为 $\boldsymbol{x}=[x,\dot{x},y,\dot{y}]^{\mathrm{T}}$ 由式(10-99)可得

$$\dot{\boldsymbol{x}}(t)=[\dot{x}(t),-\omega\dot{y}(t),\dot{y}(t),\omega\dot{x}(t)]^{\mathrm{T}}=\boldsymbol{A}(\omega)\boldsymbol{x}(t)+\boldsymbol{B}(\omega)\boldsymbol{w}(t)\tag{10-100}$$

其中 $\boldsymbol{w}(t)=[\omega_x,\omega_y]^{\mathrm{T}}$，且

$$\boldsymbol{A}(\omega)=\begin{bmatrix}0&1&0&0\\0&0&0&-\omega\\0&0&0&1\\0&\omega&0&0\end{bmatrix},\boldsymbol{B}(\omega)=\begin{bmatrix}0&0\\1&0\\0&0\\0&1\end{bmatrix}$$

如果 ω 已知，此方程就是线性方程。其离散形式为

$$\boldsymbol{x}_{k+1}=\begin{bmatrix}1&\dfrac{\sin\omega T}{\omega}&0&-\dfrac{1-\cos\omega T}{\omega}\\0&\cos\omega T&0&-\sin\omega T\\0&\dfrac{1-\cos\omega T}{\omega}&1&\dfrac{\sin\omega T}{\omega}\\0&\sin\omega T&0&\cos\omega T\end{bmatrix}\boldsymbol{x}_k+\begin{bmatrix}T^2/2&0\\T&0\\0&T^2/2\\0&T\end{bmatrix}\boldsymbol{w}_k\tag{10-101}$$

其中噪声的协方差阵是

$$Q=\operatorname{cov}(w_k)=\begin{bmatrix}\frac{2(\omega T-\sin\omega T)}{\omega^3} & \frac{1-\cos\omega T}{\omega^2} & 0 & \frac{\omega T-\sin\omega T}{\omega^2}\\ \frac{1-\cos\omega T}{\omega^2} & T & -\frac{\omega T-\sin\omega T}{\omega^2} & 0\\ 0 & -\frac{\omega T-\sin\omega T}{\omega^2} & \frac{2(\omega T-\sin\omega T)}{\omega^3} & \frac{1-\cos\omega T}{\omega^2}\\ \frac{\omega T-\sin\omega T}{\omega^2} & 0 & \frac{1-\cos\omega T}{\omega^2} & T\end{bmatrix}$$

2）未知转弯角速度 ω 的 CT 模型

不同于前面的已知角速度的 CT 模型，这时的目标转弯角速度作为状态向量中的一个分量，需要估计。此时扩展的目标状态向量描述为

$$\boldsymbol{x}=[x,\dot{x},y,\dot{y},\omega]^{\mathrm{T}}$$

同理，有上面的式(10-100)和式(10-101)成立，只是附加了一个有关转弯角速度 ω 的方程。

下面给出两种常见的对转弯角速度 ω 的建模方法。

(1) Wiener 过程模型

连续时间形式为

$$\dot{\omega}(t)=\omega_{\omega}(t) \tag{10-102}$$

离散形式为

$$\omega_{k+1}=\omega_k+\omega_{\omega,k} \tag{10-103}$$

(2) 一阶 Markov 过程模型

连续时间模式为

$$\dot{\omega}(t)=-\frac{1}{\tau_{\omega}}\omega_{\omega}(t)+\omega_{\omega}(t) \tag{10-104}$$

离散时间形式为

$$\omega_{k+1}=\mathrm{e}^{-T/\tau_{\omega}}\omega_k+\omega_{\omega,k} \tag{10-105}$$

这里，τ_{ω} 表示角速度的时间相关常数，ω_{ω} 为白噪声。

(3) 三维模型

设 $T=O_{xyz}$ 表示惯性系，其中 O 和 x,y,z 分别表示笛卡儿坐标系的原点和各坐标轴；$B=P_{\xi\eta\zeta}$ 表示目标坐标系，其中 P 和 ξ,η,ζ 分别表示运动坐标系的原点和各坐标轴；而目标系 B 相对惯性系 T 的角速度为Ω_{BT}。目标的角速度定义在目标系为 $\Omega^B=(p,q,r)$，在惯性系里的角速度为

$$\Omega=p\xi+q\eta+r\zeta \tag{10-106}$$

其中 $p=\dot{\eta}\cdot\zeta, q=\dot{\zeta}\cdot\xi, r=\dot{\xi}\cdot\eta$。

对于任意时变向量 $\boldsymbol{u}(t)$，根据运动学的基本关系，则有

$$\frac{\mathrm{d}\boldsymbol{u}^{\mathrm{T}}}{\mathrm{d}t}=\frac{\mathrm{d}\boldsymbol{u}^{B}}{\mathrm{d}t}+\Omega_{BT}\times\boldsymbol{u} \tag{10-107}$$

其中 $\boldsymbol{u}^{\mathrm{T}}, \boldsymbol{u}^{B}$ 分别是 $\boldsymbol{u}$ 在惯性系 T 和目标系 B 中的表示向量。

现在考虑一种重要情况，假定目标系中的 ξ 轴与目标速度向量重合，即 $\xi=\boldsymbol{v}/v$，其中 $v=\|\boldsymbol{v}\|$ 是速度向量的幅值，即目标速度。根据向量分析中的 Poisson 公式 $\dot{\xi}=\Omega\times\xi$，则有

$$\frac{\dot{\boldsymbol{v}}v-\boldsymbol{v}\dot{v}}{v^2}=\Omega\times\frac{\boldsymbol{v}}{v},\tag{10-108}$$

即

$$\dot{\boldsymbol{v}}=\dot{v}\frac{\boldsymbol{v}}{v}+\Omega\times\boldsymbol{v}=\frac{\boldsymbol{v}\cdot\dot{\boldsymbol{v}}}{v^2}\boldsymbol{v}+\Omega\times\boldsymbol{v}\tag{10-109}$$

这就意味着总的加速度等于线性加速度 $(\boldsymbol{v}/v)\dot{v}$ 和转弯加速度 $\Omega\times\boldsymbol{v}$ 之和。进而上式可以得到

$$\Omega=\frac{\Omega\cdot\boldsymbol{v}}{v^2}\boldsymbol{v}+\frac{\boldsymbol{v}\times\boldsymbol{a}}{v^2}\tag{10-110}$$

其中 $\boldsymbol{a}=\dot{\boldsymbol{v}}$。

由式可以看出，当且仅当 $\Omega\perp\boldsymbol{v}$（即 $\Omega\cdot\boldsymbol{v}=\mathbf{0}$），才有

$$\Omega=(\boldsymbol{v}\times\boldsymbol{a})/v^2\tag{10-111}$$

进而由式知，则 $\Omega\perp\boldsymbol{v}$，且 Ω 与 $\boldsymbol{a},\boldsymbol{v}$ 所在的平面（机动面）直交。于是，如果 Ω 的方向保持不变，则机动运动在一个平面内，但不必在水平面内。

现在只考虑定常三维转弯模型，由式知，如果目标以定常速度（即 $\dot{v}=0$）运动，则有

$$\boldsymbol{a}=\Omega\times\boldsymbol{v}\tag{10-112}$$

一般情况下，因为 Ω 是未知的，一种最简单可行的方法就是在惯性系对其分量 $\Omega_x,\Omega_y,\Omega_z$ 进行估计。

进而考虑在水平面内的定常三维转弯模型，假定 $\Omega\perp\boldsymbol{v}$，而且 $\dot{\Omega}=\mathbf{0}$，则有

$$\dot{\boldsymbol{a}}=\Omega\times\boldsymbol{a}=\Omega\times(\Omega\times\boldsymbol{v})=(\Omega\cdot\boldsymbol{v})\Omega-(\Omega\cdot\Omega)\cdot\boldsymbol{v}=-\omega^2\boldsymbol{v}\tag{10-113}$$

其中

$$\omega\overset{\text{def}}{=}\|\Omega\|=\frac{\|\boldsymbol{v}\times\boldsymbol{a}\|}{v^2}=\frac{\|\boldsymbol{v}\|\|\boldsymbol{a}\|}{v^2}=\frac{a}{v}$$

就是转弯角速度。因此，三维 CT 模型可以建模成一个二阶 Markov 过程

$$\dot{\boldsymbol{a}}=-\omega^2\boldsymbol{v}+\omega\tag{10-114}$$

设状态变量 $\boldsymbol{x}=[x,y,z,\dot{x},\dot{y},\dot{z},\ddot{x},\ddot{y},\ddot{z}]^{\mathrm{T}}$，则状态方程为

$$\dot{\boldsymbol{x}}(t)=\begin{bmatrix}0 & \boldsymbol{I}_{3\times3} & 0\\ 0 & 0 & \boldsymbol{I}_{3\times3}\\ 0 & -\omega^2\boldsymbol{I}_{3\times3} & 0\end{bmatrix}\boldsymbol{x}(t)+\begin{bmatrix}0\\0\\\boldsymbol{I}_{3\times3}\end{bmatrix}\boldsymbol{w}(t)\tag{10-115}$$

或者设状态变量为 $x=[x,\dot{x},\ddot{x},y,\dot{y},\ddot{y},z,\dot{z},\ddot{z}]^{\mathrm{T}}$，则状态方程为

$$\dot{\boldsymbol{x}}(t)=\mathrm{diag}[\boldsymbol{A}(\omega),\boldsymbol{A}(\omega),\boldsymbol{A}(\omega)]\boldsymbol{x}(t)+\mathrm{diag}[\boldsymbol{B},\boldsymbol{B},\boldsymbol{B}]w(t)\tag{10-116}$$

其中

$$\boldsymbol{A}(\omega)=\begin{bmatrix}0 & 1 & 0\\ 0 & 0 & 1\\ 0 & -\omega^2 & 0\end{bmatrix},\boldsymbol{B}=\begin{bmatrix}0\\0\\1\end{bmatrix} \tag{10-117}$$

等价的离散模型为

$$\dot{\boldsymbol{x}}(t)=\mathrm{diag}[\boldsymbol{F}(\omega),\boldsymbol{F}(\omega),\boldsymbol{F}(\omega)]\,\boldsymbol{x}_k+\boldsymbol{w}_k \tag{10-118}$$

其中

$$\boldsymbol{F}(\omega)=\begin{bmatrix}1 & \dfrac{\sin\omega T}{\omega} & \dfrac{1-\cos\omega T}{\omega^2}\\ 0 & \cos\omega T & \dfrac{\sin\omega T}{\omega}\\ 0 & -\omega\sin\omega T & \cos\omega T\end{bmatrix} \tag{10-119}$$

另一种直接离散形式为

$$\boldsymbol{x}_{k+1}=\mathrm{diag}[\boldsymbol{F}(\omega),\boldsymbol{F}(\omega),\boldsymbol{F}(\omega)]\,\boldsymbol{x}_k+\mathrm{diag}[\boldsymbol{G},\boldsymbol{G},\boldsymbol{G}]\,\boldsymbol{w}_k \tag{10-120}$$

其中 $\boldsymbol{F}(\omega)$同式(9-118),$\boldsymbol{G}=[0.167T^3,0.5T^2,T]^{\mathrm{T}}$。

10.4.2 量测模型

本节介绍的量测模型可以表征如下：全都来源于处于跟踪状态的“点目标”(即无量测起源的不确定性)；全部是量测而不是更广泛意义下的观测,后者可能包括其他信息诸如由图像跟踪提供的目标属性信息等。

1. 传感器坐标模型

用于目标跟踪的传感器按自然传感器坐标系(CS-coordinate system)或称框架提供对目标的量测。在很多情况下(如雷达),这个 CS 就是三维坐标系或二维的极坐标系,量测为距离 r,方位角 θ,俯仰角 η,见图 10-8。可能还有距离变化率(doppler)$\dot{r}$。在实用中,这些量通常带噪声量测,即

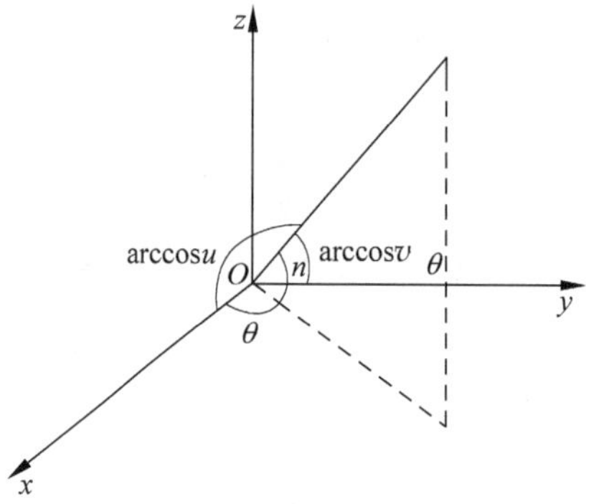

图 10-8 传感器坐标系

$$\begin{cases}r_m=r+\tilde{r}\\ \theta_m=\theta+\tilde{\theta}\\ \eta_m=\eta+\tilde{\eta}\\ \dot{r}_m=\dot{r}+\tilde{\dot{r}}\end{cases}$$

其中(r,θ,η)表示在传感器球坐标中目标真实位置(无误差),而$\tilde{r},\tilde{\theta},\tilde{\eta},\tilde{\dot{r}}$分别是各量测量的随机误差。假定这些量测都是在 k 时刻得到的。通常假定这些量测噪声是零均值的高斯白噪声,互不相关,即 $\boldsymbol{v}_k=[\tilde{r},\tilde{\theta},\tilde{\eta},\tilde{\dot{r}}]^{\mathrm{T}}$ 是零均值白噪声序列,且

$$\boldsymbol{v}_k\sim N(0,\boldsymbol{R}_k),\boldsymbol{R}_k=\mathrm{diag}(\sigma_r^2,\sigma_\theta^2,\sigma_\eta^2,\sigma_{\dot{r}}^2) \tag{10-121}$$

需要指出的是，对于相控阵雷达等边跟踪边搜索(SWT)的监视系统[81]，传感器提供的量测数据是以目标位置相对于坐标轴的方向余弦 u 和 v 的形式给出的，而不是方位角 θ 和俯仰角 η。由此，RUV 量测模型为

$$\begin{cases} r_m = r + \tilde{r} \\ u_m = u + \tilde{u} \\ v_m = v + \tilde{v} \\ \dot{r}_m = \dot{r} + \tilde{\dot{r}} \end{cases} \tag{10-122}$$

其中 u 和 v 表示在传感器球坐标系下误差方向余弦，而 v_u 和 v_v 是相应的量测随机误差。通常假定这些量测噪声也是零均值的高斯白噪声，并且互不相关，即 $v_k=[v_r, v_u, v_v, v_{\dot{r}}]^{\mathrm{T}}$ 是零均值白噪声序列，且

$$\boldsymbol{v}_k: N(0,\boldsymbol{R}_k), \boldsymbol{R}_k = \mathrm{diag}(\sigma_r^2, \sigma_u^2, \sigma_v^2, \sigma_{\dot{r}}^2) \tag{10-123}$$

上述两种量测模型能够写成向量与矩阵的紧凑形式

$$\boldsymbol{z}_k = \boldsymbol{H}_k \boldsymbol{x}_k + \boldsymbol{v}_k, \boldsymbol{v}_k \sim N(0,\boldsymbol{R}_k) \tag{10-124}$$

其中 $\boldsymbol{z}_k=[r_m, \theta_m, \eta_m, \dot{r}_m]^{\mathrm{T}}$ 或 $\boldsymbol{z}_k=[r_m, u_m, v_m, \dot{r}_m]^{\mathrm{T}}$，$\boldsymbol{x}_k=[r, \theta, \eta, \dot{r}, L]^{\mathrm{T}}$ 或 $\boldsymbol{x}_k=[r, u, v, \dot{r}, L]^{\mathrm{T}}$，$\boldsymbol{v}_k=[\tilde{r}, \tilde{\theta}, \tilde{\eta}, \tilde{\dot{r}}]^{\mathrm{T}}$ 或 $\boldsymbol{v}_k=[\tilde{r}, \tilde{u}, \tilde{v}, \tilde{\dot{r}}]^{\mathrm{T}}$，$\boldsymbol{H}_k=[\boldsymbol{I}, \boldsymbol{0}]$，而 $\boldsymbol{I}$ 和 $\boldsymbol{0}$ 分别代表单位阵和零阵。

2. 混合坐标系的线性化模型

在本节中通篇只考虑由 $t_{k-1} \sim t_k$ 的一步滤波，而用 $\bar{\boldsymbol{x}}$ 表示一步提前预报状态 $\hat{\boldsymbol{x}}_{k|k-1}$，用 $\hat{\boldsymbol{x}}$ 表示更新状态 $\hat{\boldsymbol{x}}_{k|k}$，相应的误差协方差矩阵分别用 $\bar{\boldsymbol{P}}$ 和 $\boldsymbol{P}$ 表示。

处理非线性量测模型的标准方法就是扩展卡尔曼滤波(EKF)。一般地说，它依赖于其 Taylor 级数展开取前几项对于非线性量测的逼近，特别一阶级数展开应用最广泛，就是对非线性模型的线性化，导出了基于导数的线性化模型。另外，处理非线性量测还有其他的线性化模型。

1) 基于导数的线性化

对非线性量测模型进行线性化的最广泛应用的方法就是，对量测函数 $\boldsymbol{h}(\boldsymbol{x})$ 在预报状态 $\bar{\boldsymbol{x}}$ 处的展开并略去所有的非线性项，即

$$\boldsymbol{h}(\boldsymbol{x}) \approx \boldsymbol{h}(\bar{\boldsymbol{x}}) + \left.\frac{\partial \boldsymbol{h}}{\partial \boldsymbol{x}}\right|_{\boldsymbol{x}=\bar{\boldsymbol{x}}} (\boldsymbol{x} - \bar{\boldsymbol{x}}) \tag{10-125}$$

用线性模型对式(10-125)近似，得

$$\boldsymbol{z} = \boldsymbol{H}(\bar{\boldsymbol{x}})\boldsymbol{x} + \boldsymbol{d}(\bar{\boldsymbol{x}}) + \boldsymbol{v} \tag{10-126}$$

其中 $\boldsymbol{H}(\bar{\boldsymbol{x}})=\partial \boldsymbol{h}/\partial \boldsymbol{x}|_{\boldsymbol{x}=\bar{\boldsymbol{x}}}$ 是 $\boldsymbol{h}(\boldsymbol{x})$ 的 Jacobi 阵而 $\boldsymbol{d}(\bar{\boldsymbol{x}})=\boldsymbol{h}(\bar{\boldsymbol{x}})-\boldsymbol{H}(\bar{\boldsymbol{x}})\bar{\boldsymbol{x}}$。

利用线性卡尔曼滤波方程，状态预报及其协方差阵更新如下

$$\boldsymbol{K} = \bar{\boldsymbol{P}}\boldsymbol{H}^{\mathrm{T}} (\boldsymbol{H}\bar{\boldsymbol{P}}\boldsymbol{H}^{\mathrm{T}} + \boldsymbol{R})^{-1} \tag{10-127}$$

$$\hat{\boldsymbol{x}} = \bar{\boldsymbol{x}} + \boldsymbol{K}(\boldsymbol{z} - \bar{\boldsymbol{z}}) \tag{10-128}$$

$$\boldsymbol{P} = (\boldsymbol{I} - \boldsymbol{K}\boldsymbol{H})\bar{\boldsymbol{P}} (\boldsymbol{I} - \boldsymbol{K}\boldsymbol{H})^{\mathrm{T}} + \boldsymbol{K}\boldsymbol{R}\boldsymbol{K}^{\mathrm{T}} \tag{10-129}$$

其中 $\boldsymbol{H}=\boldsymbol{H}(\bar{\boldsymbol{x}})$，而 $\bar{\boldsymbol{z}}=\boldsymbol{H}(\bar{\boldsymbol{x}})\bar{\boldsymbol{x}}+\boldsymbol{d}(\bar{\boldsymbol{x}})+\bar{\boldsymbol{v}}=\boldsymbol{h}(\bar{\boldsymbol{x}})+\bar{\boldsymbol{v}}$。注意，$\boldsymbol{H}$ 在此仅仅是为了协

方差阵更新和滤波增益计算，而式(10-129)对于任意的 $\boldsymbol{K}$ 和 $\boldsymbol{H}$ 都是有效的。值得指出的是，利用式(10-129)更新协方差阵尽管很常见，但应尽可能避免。这至少基于如下两个原因：首先，这会引起讨厌的数值问题；第二，仅当增益 $\boldsymbol{K}$ 真正最优时它在理论上才有效，而实际中很少出现这种情况。能够看出，由式(10-127)给出的增益不再是最优的，因为它没有考虑线性化误差带来的影响。

这个线性化模型是适用的，仅当 $\boldsymbol{x}-\bar{\boldsymbol{x}}$ 充分小。然而这却很难保证，因为 $\bar{\boldsymbol{x}}=\hat{\boldsymbol{x}}_{k|k-1}$ 的精确度依赖于目标状态的传播(即动态模型)以及以前的状态估计 $\hat{\boldsymbol{x}}_{k-1|k-1}$。这种不精确可能积累而且导致滤波发散。

2) 基于差分的线性化

现在提出一种新的线性化模型，该模型不仅有望更精确，而且比上述基于导数的线性化更简单。

为了简单起见，首先考虑标量非线性量测 $z=h(x)+v$。设

$$H(x,\bar{x})=\frac{h(x)-h(\bar{x})}{x-\bar{x}},\quad \forall x\neq\bar{x} \tag{10-130}$$

显然，$H(x^*,\bar{x})$ 就是连接 $h(x^*)$ 和 $h(\bar{x})$ 的直线斜率。为方便起见，记

$$H(\bar{x},\bar{x})=\lim_{x\to\bar{x}}\frac{h(x)-h(\bar{x})}{x-\bar{x}}=H(x)=\left.\frac{\partial h}{\partial x}\right|_{x=\bar{x}} \tag{10-131}$$

这就是 $h(x)$ 在 $\bar{x}$ 的正切斜率。如果 x^* 是比 $\bar{x}$ 更好的估计，有理由期望

$$z=h(x)+H(x^*,\bar{x})(x-\bar{x})+v \tag{10-132}$$

这是比基于导数的线性化模型 $z=h(x)+H(x^*,\bar{x})(x-\bar{x})+v$ 更好的线性化模型。

在向量情况下，基于差分的线性化模型可以写为

$$\boldsymbol{z}=\boldsymbol{h}(\boldsymbol{x})+\boldsymbol{H}(\boldsymbol{x}^*,\bar{\boldsymbol{x}})(\boldsymbol{x}-\bar{\boldsymbol{x}})+\boldsymbol{v} \tag{10-133}$$

其中

$$\boldsymbol{H}(\boldsymbol{x}^*,\bar{\boldsymbol{x}})=\{\boldsymbol{H}_{ij}\},\boldsymbol{H}_{ij}=\frac{\boldsymbol{h}_i(x_j^*,\bar{\boldsymbol{x}})-\boldsymbol{h}_i(\bar{\boldsymbol{x}})}{x_j^*-x_{\bar{j}}} \tag{10-134}$$

其中 $\boldsymbol{h}_i$ 为 $\boldsymbol{h}$ 的第 i 行，$\boldsymbol{h}_i(x_j{}^*,\bar{\boldsymbol{x}})=h_i(\bar{\boldsymbol{x}})\big|_{\boldsymbol{x}=[\bar{x}_1,\cdots,\bar{x}_{j-1},x_j^*,\cdots,\bar{x}_n]}$。

显然，这个线性化模型是很好实现的，因为它并不包括 Jacobi 矩阵计算，而后者对于复杂的非线性函数 h 而言，在理论分析和计算上都是困难的。一般情况下，这个线性化模型有希望比基于导数的线性化模型如 EKF 更精确，只要 $\boldsymbol{x}^*$ 是 $\boldsymbol{x}$ 的比 $\bar{\boldsymbol{x}}$ 更精确的估计。

有几种方法可以确定 $\boldsymbol{x}^*$。首先，对跟踪应用不失一般性，假定 $\boldsymbol{h}=[\boldsymbol{h}_1^{\mathrm{T}},\boldsymbol{h}_2^{\mathrm{T}}]^{\mathrm{T}}$，而 $\boldsymbol{h}_1$ 是可逆的。令 $\boldsymbol{x}_1=\boldsymbol{h}_1^{-1}(\boldsymbol{z})$，在目标位置三维量测的情况下，$\boldsymbol{x}_1$ 就是三维目标位置。一种可行的方案是选择 $\boldsymbol{x}^*=[\boldsymbol{x}_1^{\mathrm{T}},\bar{\boldsymbol{x}}_2^{\mathrm{T}}]^{\mathrm{T}}=[\boldsymbol{h}_1^{-1}(\boldsymbol{z}),\bar{\boldsymbol{x}}_2^{\mathrm{T}}]^{\mathrm{T}}$。也可以首先利用 EKF 把状态估计由 $\bar{\boldsymbol{x}}$ 更新为 $\hat{\boldsymbol{x}}$，然后利用 $\boldsymbol{x}^*=\hat{\boldsymbol{x}}$ 代入上述线性化模型中。对于形如 $\hat{\boldsymbol{x}}=\bar{\boldsymbol{x}}+\boldsymbol{K}(\boldsymbol{z}-\bar{\boldsymbol{z}})$ 的状态更新，这一模型的应用至少会有望使得协方差的更新更加精确，有

$$\boldsymbol{P}=[\boldsymbol{I}-\boldsymbol{K}\boldsymbol{H}(\boldsymbol{x}^*,\bar{\boldsymbol{x}})]\bar{\boldsymbol{P}}[\boldsymbol{I}-\boldsymbol{K}\boldsymbol{H}(\boldsymbol{x}^*,\bar{\boldsymbol{x}})]^{\mathrm{T}}+\boldsymbol{K}\boldsymbol{R}\boldsymbol{K}^{\mathrm{T}} \tag{10-135}$$

3）最优线性化模型

以上所述基于导数的线性化模型和基于差分的线性化模型，一般情况下都没有最优性，甚至很多情况下很糟糕。现在总结一下文献提出的在均方误差（MSE）意义下最优的线性化模型。

设非线性函数 $h(x)$ 在 $\bar{x}$ 附近能用一个线性模型最优地近似，即

$$\boldsymbol{h}(\boldsymbol{x}) \approx \boldsymbol{a} + \boldsymbol{H}(\boldsymbol{x} - \bar{\boldsymbol{x}}) \tag{10-136}$$

具有最小的 MSE，并记 $\tilde{\boldsymbol{x}} = \boldsymbol{x} - \bar{\boldsymbol{x}}$，则有如下待优化的目标函数

$$J = \mathrm{E}[(\boldsymbol{h}(\boldsymbol{x}) - \boldsymbol{a} - \boldsymbol{H}\tilde{\boldsymbol{x}})^{\mathrm{T}}(\boldsymbol{h}(\boldsymbol{x}) - \boldsymbol{a} - \boldsymbol{H}\tilde{\boldsymbol{x}})] \tag{10-137}$$

可以证明

$$\boldsymbol{a} = \{\mathrm{E}[\boldsymbol{h}(\boldsymbol{x})] - \mathrm{E}[\boldsymbol{h}(\boldsymbol{x})\,\tilde{\boldsymbol{x}}^{\mathrm{T}}]\boldsymbol{P}^{-1}\mathrm{E}[\tilde{\boldsymbol{x}}]\}/(1 - \mathrm{E}[\tilde{\boldsymbol{x}}]^{\mathrm{T}}\boldsymbol{P}^{-1}\mathrm{E}[\tilde{\boldsymbol{x}}]) \tag{10-138}$$

$$\boldsymbol{H} = \{\mathrm{E}[\boldsymbol{h}(\boldsymbol{x})\,\tilde{\boldsymbol{x}}^{\mathrm{T}}] - \mathrm{E}[\boldsymbol{h}(\boldsymbol{x})]\mathrm{E}[\tilde{\boldsymbol{x}}^{\mathrm{T}}]\}\bar{\boldsymbol{P}}^{-1}\,((1 - \mathrm{E}[\tilde{x}]^{\mathrm{T}}\boldsymbol{P}^{-1}\mathrm{E}[\tilde{\boldsymbol{x}}]))^{-1} \tag{10-139}$$

其中 $\bar{\boldsymbol{P}} = \mathrm{E}[\tilde{\boldsymbol{x}}\tilde{\boldsymbol{x}}^{\mathrm{T}}]$。当 $\mathrm{E}[\tilde{\boldsymbol{x}}] = 0$ 时，方程可以简化

$$\boldsymbol{a} = \mathrm{E}[\boldsymbol{h}(\boldsymbol{x})],\boldsymbol{H} = \mathrm{E}[\boldsymbol{h}(\boldsymbol{x})\,\tilde{\boldsymbol{x}}^{\mathrm{T}}]\bar{\boldsymbol{P}}^{-1} \tag{10-140}$$

现在考虑一个标量非线性量测的例子 $z = \boldsymbol{x}^3 + v$，假定 $\boldsymbol{x} \sim N(\bar{\boldsymbol{x}}, \bar{\boldsymbol{P}})$，那么最优线性化模型是

$$z = \bar{\boldsymbol{x}}^3 + 3\bar{\boldsymbol{P}}\,\bar{\boldsymbol{x}} + (3\,\bar{\boldsymbol{x}}^2 + 3\bar{\boldsymbol{P}})(\boldsymbol{x} - \bar{\boldsymbol{x}}) + v \tag{10-141}$$

因为 $\boldsymbol{a} = \mathrm{E}[\boldsymbol{x}^3] = \bar{\boldsymbol{x}}^3 + 3\bar{\boldsymbol{P}}\,\bar{\boldsymbol{x}}$，而 $H = \mathrm{E}[\boldsymbol{x}^3\;\tilde{\boldsymbol{x}}]\bar{\boldsymbol{P}}^{-1} = 3\,\bar{\boldsymbol{x}}^2 + 3\bar{\boldsymbol{P}}$。与基于导数的线性化模型 $z = \bar{\boldsymbol{x}}^3 + 3\boldsymbol{x}^2(\boldsymbol{x} - \bar{\boldsymbol{x}}) + v$ 相比，因为原有的方法低估了变差 $\boldsymbol{h}(\boldsymbol{x}) - \boldsymbol{h}(\bar{\boldsymbol{x}})$，而最优线性化模型在许多情况下似乎更吸引人。

4）线性化误差降低技术

（1）序贯处理：众所周知，降低线性化误差最简单的方法就是对量测分量的序贯处理。非线性量测的处理应该按其精确度的顺序进行，较精确的优先处理。

（2）迭代 EKF：一旦得到更新的状态 $\hat{x}$ 处重新线性化，这将比在 $\bar{x}$ 的线性化降低误差。基于重新线性化模型，状态及其误差协方差阵都能够进行更新。这个过程能够重复，结果在卡尔曼滤波的家族中又得到一个所谓迭代扩展卡尔曼滤波（IEKF）。如果卡尔曼滤波应用了基于导数的线性化模型，这个迭代算法是

$$\hat{\boldsymbol{x}}^{(0)} = \bar{\boldsymbol{x}} \tag{10-142}$$

$$\hat{\boldsymbol{x}}^{(i+1)} = \bar{\boldsymbol{x}} + \boldsymbol{K}(\hat{\boldsymbol{x}}^{(i)})[z - \boldsymbol{h}(\hat{\boldsymbol{x}}^{(i)}) - \boldsymbol{H}(\hat{\boldsymbol{x}}^{(i)})(\boldsymbol{x} - \hat{\boldsymbol{x}}^{(i)})],i = 0,1,2,\cdots,L \tag{10-143}$$

$$\hat{\boldsymbol{x}} = \hat{\boldsymbol{x}}^{(L+1)} \tag{10-144}$$

$$\begin{aligned}\boldsymbol{P} = {} & [\boldsymbol{I} - \boldsymbol{K}(\hat{\boldsymbol{x}}^{(L)})\boldsymbol{H}(\hat{\boldsymbol{x}}^{(L)})]\bar{\boldsymbol{P}}\,[\boldsymbol{I} - \boldsymbol{K}(\hat{\boldsymbol{x}}^{(L)})\boldsymbol{H}(\hat{\boldsymbol{x}}^{(L)})]^{\mathrm{T}} \\ & + \boldsymbol{K}(\hat{\boldsymbol{x}}^{(L)})\boldsymbol{R}\boldsymbol{K}\,(\hat{\boldsymbol{x}}^{(L)})^{\mathrm{T}}\end{aligned} \tag{10-145}$$

其中 $\boldsymbol{H}(\hat{\boldsymbol{x}}^{(i)}) = \left.\dfrac{\partial \boldsymbol{h}}{\partial \boldsymbol{x}}\right|_{\boldsymbol{x}=\hat{\boldsymbol{x}}}$，$\boldsymbol{K}(\hat{\boldsymbol{x}}^{(i)}) = \bar{\boldsymbol{P}}\boldsymbol{H}^{\mathrm{T}}(\hat{\boldsymbol{x}}^{(i)})[\boldsymbol{H}(\hat{\boldsymbol{x}}^{(i)})\bar{\boldsymbol{P}}\boldsymbol{H}^{\mathrm{T}}(\hat{\boldsymbol{x}}^{(i)}) + \boldsymbol{R}]^{-1}$，$i = 0,1,2,\cdots,L$。

（3）高阶多项式模型：另外一个直接的方法就是在 Taylor 级数展开中取二次项（可能还有高次项）以提高多项式逼近非线性量测模型的精度。在卡尔曼滤波的家族中有所谓二阶（以及高阶）EKF。文献的仿真结果表明，二阶 EKF 较之一阶 EKF

在性能上有很大改进。然而，二阶 KEF 并非经常用于实际中，主要是因为其复杂的运算和所获有限的性能改进。

3. 笛卡儿坐标系下的模型

1）量测位置的转换

球面坐标系到笛卡儿坐标系的变换$\varphi=\boldsymbol{h}^{-1}$，而$\boldsymbol{h}=[h_r,h_\theta,h_\eta]^{\mathrm{T}}$是由下式给定

$$\boldsymbol{z}_c=\begin{bmatrix}x_m\\y_m\\z_m\end{bmatrix}=\varphi(\boldsymbol{z})=\varphi(r_m,\theta_m,\eta_m)=\begin{bmatrix}r_m\cos\theta_m\cos\eta_m\\r_m\sin\theta_m\cos\eta_m\\r_m\sin\eta_m\end{bmatrix}\tag{10-146}$$

其中$\boldsymbol{z}=(r_m,\theta_m,\eta_m)^{\mathrm{T}}$和$\boldsymbol{z}_c=(x_m,y_m,z_m)^{\mathrm{T}}$都是带噪声量测，分别在原始的球面坐标系和笛卡儿坐标系表示。如果没有距离量测，上式中的r_m只能用其估计值$\hat{r}$代替。

2）转换量测的标准模型

通过转换后，笛卡儿坐标系的量测模型具有如下形式

$$\boldsymbol{z}_c=\boldsymbol{Hx}+\boldsymbol{v}_c=\boldsymbol{x}_p+\boldsymbol{v}_c\tag{10-147}$$

其中$\boldsymbol{x}_p=\boldsymbol{Hx}$是状态向量$\boldsymbol{x}=(r,\theta,\eta)^{\mathrm{T}}$在笛卡儿坐标系的位置向量，$\boldsymbol{v}_c$是量测误差。

设传感器坐标系中的量测为$\boldsymbol{z}=\boldsymbol{x}+\boldsymbol{v}=(r_m,\theta_m,\eta_m)^{\mathrm{T}}$，将$\varphi(\boldsymbol{x})$进行 Taylor 级数展开，则有

$$\boldsymbol{x}_p=\varphi(\boldsymbol{x})=\varphi(\boldsymbol{z}-\boldsymbol{v})=\varphi(\boldsymbol{z})-\boldsymbol{J}(\boldsymbol{z})\boldsymbol{v}+\boldsymbol{HOT}(\boldsymbol{v})\tag{10-148}$$

其中$x=(r,\theta,\eta)^{\mathrm{T}}$就是球面坐标系中无噪声真实目标位置，$\boldsymbol{HOT}(\boldsymbol{v})$表示高阶项（阶数≥2），而 Jacobi 矩阵$\boldsymbol{J}(\boldsymbol{z})$在带噪声量测$\boldsymbol{z}$处赋值得到

$$\boldsymbol{J}(\boldsymbol{z})=\left.\frac{\partial\varphi}{\partial\mu}\right|_{\mu=z}=\begin{bmatrix}\cos\theta_m\cos\eta_m & -r_m\sin\theta_m\cos\eta_m & -r_m\cos\theta_m\cos\eta_m\\\sin\theta_m\cos\eta_m & r_m\cos\theta_m\cos\eta_m & -r_m\sin\theta_m\cos\eta_m\\\sin\eta_m & 0 & r_m\cos\eta_m\end{bmatrix}\tag{10-149}$$

那么，严格的转换量测模型式(10-147)可写为

$$\boldsymbol{z}_c=\varphi(\boldsymbol{z})=\varphi(\boldsymbol{x}+\boldsymbol{v})=\boldsymbol{x}_p+\boldsymbol{v}_c=\boldsymbol{x}_p+\underbrace{\boldsymbol{J}(\boldsymbol{z})\boldsymbol{v}+\boldsymbol{HOT}(\boldsymbol{v})}_{\boldsymbol{v}_c}\tag{10-150}$$

显然，转换量测误差$\boldsymbol{v}_c$是非零均值非高斯的，同时不仅状态相关且沿坐标相关。对其建模与处理是一个非常复杂的过程，后面将进行详细讨论。

10.5 目标跟踪算法

10.5.1 基于随机有限集的多目标跟踪

1. RFS 目标运动和量测模型

对于单目标而言，目标状态是空间中的一个点，它可以通过一个向量表示该点的状态。同样，在量测空间，目标产生一个量测，属于量测空间中的一个点，可以通

过一个量测向量来表示。在多目标情况下,目标状态和目标量测可以用下式来表示

$$X_k = \{x_k^1, \cdots, x_k^{m(k)}\} \in F(E_s) \tag{10-151}$$

$$Z_k = \{z_k^1, \cdots, z_k^{n(k)}\} \in F(E_0) \tag{10-152}$$

其中 E_s,E_0 分别是状态和量测空间,X_k,Z_k 分别表示状态集合量测集,$m(k)$,$n(k)$分别是状态向量和量测向量的个数。在随机集框架下,目标的个数是随机变化的。因此,多目标状态集和量测状态集的个数也是随时间变化的。对于目标RFSΞ_k 来说,是一次实现,它包括两部分:原来存在的目标 $RFSS_k(X_{k-1})$和新产生的目标 $RFSN_k(X_{k-1})$,因此

$$\Xi_k = S_k(X_{k-1}) \cup N_k(X_{k-1}) \in F(E_s) \tag{10-153}$$

其中,新产生的目标 RFS 也包含两部分:新生目标 $RFS\Gamma_k(X_{k-1})$和卵生目标 $RFSB_k(X_{k-1})$

$$N_k(X_{k-1}) = B_k(X_{k-1}) \cup \Gamma_k(X_{k-1}) \tag{10-154}$$

量测 $RFS\Sigma_k$ 也包含两部分:目标测量 $RFS\Phi_k(X_k)$和杂波测量 $RFSC_k$,所以

$$\Sigma_k = \Phi_k(X_k) \cup C_k \in F(E_0) \tag{10-155}$$

2. 概率假设密度(probability hypothesis density,PHD)滤波器

随机有限集的一阶矩阵称为概率假设密度。随机有限集对应的计数过程可表示为

$$N(x) = \mathrm{E}\left(\sum_{y\in\Sigma}\delta_y(x)\right) = \int\sum_{x\in X}\delta_y(x)\delta_\Sigma(x)p_\Sigma(\mathrm{d}x) = D_\Sigma(x) \tag{10-156}$$

它等于随机有限集 Σ 的概率假设密度。$D_\Sigma(x)$类似于常增益卡尔曼滤波器,通过递推地预测和更新 PHD,获取目标个数的分布信息,进而获得目标状态的分布信息。

假设 $k-1$ 时刻,目标的 PHD 为 $v_{k-1}(x)$,多目标状态演化方式为 $f(X_k|X_{k-1})$,则有

1) PHD 预测步

$$v_{k|k-1}(x) = \gamma_k(x) + \int\phi(x_k \mid x_{k-1})v_{k-1}(x_{k-1})\mathrm{d}x_{k-1} \tag{10-157}$$

$$\phi(x_k \mid x_{k-1}) = b(x_k \mid x_{k-1}) + p_s(x_{k-1})f(x_k \mid x_{k-1}) \tag{10-158}$$

其中 $\gamma_k(x)$表示新生的目标,$b(x_k|x_{k-1})$指的是衍生的目标,$P_s(x_{k-1})$是目标的存活概率,它表示了目标死亡的信息。

2) PHD 更新步

$$\begin{aligned}v_k(x) = &(1-p_D(x))v_{k|k-1}(x)\\ &+\sum_{z_k\in Z_k}\frac{p_D(x)\rho(z_k \mid x)}{\lambda_k c_k(z_k)+\int p_D(x)\rho(z_k \mid x)v_{k|k-1}(x)\mathrm{d}x}v_{k|k-1}(x)\end{aligned} \tag{10-159}$$

其中,λ_k 是期望的杂波个数,$c_k(z_k)$是一个杂波点密度,$p_D(x)$是目标检测概率。PHD 是目标个数在状态空间的分布,它只是包含目标状态信息,而不能直接提供目标的状态。

目标最可能出现的位置是 PHD 波峰位置，因此，一般采用波峰提取技术获取目标状态的估计。此外，PHD 滤波器有几个不足之处：一是如果受杂波/虚警干扰，目标个数的估计就会出现比较大的偏差和波动。二是 PHD 滤波器中的预测 PHD 服从 Poisson 分布。为解决这两个问题，可采用下面给出的基数概率假设密度(cardinality-PHD，CPHD)滤波器，其主要工作包括两点：一是放松了 Poisson 假设；二是目标个数采用目标分布的 MAP 准则估计，而不是采用 PHD 的后验期望来估计。这样，目标个数的估计偏差变小，精度提高。

3. 基数概率假设密度(CPHD)滤波器

不像 PHD 只是递推 PHD，CPHD 同时递推目标个数分布和 PHD 分布。同样，递推过程分为预测和更新两步[76,77]。

1) CPHD 预测步

$$p_{k|k-1}(n)=\sum_{j=0}^{\infty}p_{k-1|k-1}(j)M(n,j) \tag{10-160}$$

$$M(n,j)=\sum_{i=0}^{\min(n,j)}p_{birth}(n-i)C_i^j\,(1-p_s)^{j-i}p_s^i \tag{10-161}$$

其中 $p_{birth}(n)$是从 $k-1$ 时刻到 k 时刻产生目标 n 个目标的概率。强度预测和 PHD 相同，见式(10-157)。

2) CPHD 更新步

$$p_{k|k}(n)=\frac{L(Z_k\mid n)}{L(Z_k)}p_{k|k-1}(n) \tag{10-162}$$

$$v_k(x)=(1-p_D)\frac{L(Z_k\mid D_0)}{L(Z_k)}v_{k|k-1}(x)+p_D\frac{L(Z_k\mid D_1)}{L(Z_k)}v_{k|k-1}(x) \tag{10-163}$$

其中 D_0，D_1 分别表示事件：目标分别未被检测到和检测到。$L(\cdot)$是似然函数，其中似然函数定义如下

$$L(Z_k\mid D_0)=\frac{1}{n_{k|k-1}}\sum_{j=0}^{m_k}\alpha_k^{(j+1)}\beta_k^j\sigma_j(\{L_k^1,\cdots,L_k^{m_k}\}) \tag{10-164}$$

$$L(Z_k\mid D_1)=\sum_{j=1}^{m_k}\rho(z_k^s\mid x)L(Z_k\mid \alpha_k^i=s) \tag{10-165}$$

$$L(Z_k\mid \alpha_k^i=s)=\frac{1}{n_{k|k-1}}\sum_{j=0}^{m_k}\alpha_k^{(j+1)}\beta_k^j\sigma_j(\{L_k^1,\cdots,L_k^{m_k}\}/L_k^s) \tag{10-166}$$

$$L(Z_k)=\frac{1}{n_{k|k-1}}\sum_{j=0}^{m_k}\alpha_k^{(j+1)}\beta_k^j\sigma_j(\{L_k^1,\cdots,L_k^{m_k}\}) \tag{10-167}$$

$$L(Z_k\mid n)=\sum_{j=0}^{\min(m_k,n)}\beta_k^j\frac{n!}{(n-j)!}(1-p_D)^{n-j}\sigma_j(\{L_k^1,\cdots,L_k^{m_k}\}) \tag{10-168}$$

$$\alpha_k^{(j)}=\sum_{j=0}^{\infty}\frac{n!}{(n-j)!}p_{k|k-1}(n)\,(1-p_D)^{n-j} \tag{10-169}$$

$$\beta_k^j = p_c(m_k - j)\frac{(m_k - j)!}{m_k!}\lambda^{-j} \tag{10-170}$$

$$\sigma_j(\{y_1, \cdots, y_m\}) = \sum_{1 \leqslant i_1 \leqslant \cdots \leqslant i_m < m} y_{i_1} \cdots y_{i_j} \tag{10-171}$$

$$L_k^{(s)} = \frac{1}{c_k^{(s)} n_{k|k-1}} \int P_D(x) v_{k|k-1}(x) \rho(z_k^{(s)} \mid x) \mathrm{d}x \tag{10-172}$$

其中 $p_c(n)$是具有 n 虚警的概率，$c_k^{(s)}$ 是杂波密度，$\sigma_j(\cdot)$是初等对称函数。

4. Gaussian- Mixture PHD(GM-PHD)滤波器

PHD 和 CPHD 滤波器可以联合估计目标个数和目标状态，但是，目标状态的提取需要专门的算法(例如聚类算法)获得。在线性高斯条件下，Vo 等给出了类似卡尔曼滤波器的递推估计式子[79]，不需要特别的聚类算法。假设在 $k-1$ 时刻，PHD 分布如下

$$v_k(x) = \sum_{i=1}^{J_{k-1}} \omega_k^{(i)} N(x; m_{k-1}^{(i)}, P_{k-1}^{(i)}) \tag{10-173}$$

1) GM-PHD 预测步

PHD 强度 $v_{k|k-1}(x)\rho(x|Z^{k-1})$

$$v_{k|k-1}(x) = v_{s,k|k-1}(x) + v_{\beta,k|k-1}(x) + v_{\gamma,k|k-1}(x) \tag{10-174}$$

其中

$$v_{s,k|k-1}(x) = P_s \sum_{i=1}^{J_{k-1}} \omega_{k-1}^{(i)} N(x; m_{s,k|k-1}^{(i)}, P_{s,k|k-1}^{(i)}) \tag{10-175}$$

$$m_{s,k|k-1}^{(i)} = F_{k-1} m_{s,k|k-1}^{(i)} \tag{10-176}$$

$$P_{s,k|k-1}^{(i)} = Q_{k-1} + F_{k-1} P_{s,k|k-1}^{(i)} F_{k-1}^{\mathrm{T}} \tag{10-177}$$

$$v_{\beta,k|k-1}(x) = \sum_{j=1}^{J_{k-1}} \sum_{l=1}^{J_{\beta,k}} \omega_{k-1}^{(i)} \omega_{\beta,k}^{(l)} N(x; m_{\beta,k|k-1}^{(i)}, P_{\beta,k|k-1}^{(i)}) \tag{10-178}$$

$$m_{\beta,k|k-1}^{(j,l)} = F_{\beta,k-1}^l m_{k-1}^{(j)} + d_{\beta,k-1}^l \tag{10-179}$$

$$P_{\beta,k|k-1}^{(j,l)} = Q_{\beta,k-1}^l + F_{\beta,k-1}^l P_{\beta,k-1}^l (F_{\beta,k-1}^l)^{\mathrm{T}} \tag{10-180}$$

$$v_{\gamma,k|k-1}(m) = \sum_{i=1}^{J_{\gamma,k}} \omega_{\gamma,k|k-1}^{(i)} N(x; m_{\gamma,k}^{(i)}, P_{\gamma,k}^{(i)}) \tag{10-181}$$

其中 $v_{s,k|k-1}(x)$，$v_{\beta,k|k-1}(x)$，$v_{\gamma,k|k-1}(x)$分别代表已存在(旧)目标、衍生目标和新生目标。

2) GM-PHD 更新步

假设目标在预测步的强度分布为

$$v_{k|k-1}(x) = P_s \sum_{i=1}^{J_{k|k-1}} \omega_{k|k-1}^{(i)} N(x; m_{k|k-1}^{(i)}, P_{k|k-1}^{(i)}) \tag{10-182}$$

那么在更新步，目标的后验 PHD 强度为

$$v_k(x) = (1 - p_D(x)) v_{k|k-1}(x) + \sum_{i=1}^{J_{k-1}} \omega_k^{(i)}(z) N(x; m_k^{(i)}(z), P_k^{(i)}(z)) \tag{10-183}$$

其中

$$\omega_k^{(i)}(z)=\frac{p_D\rho_k(z\mid m_k^{(i)}(z))\omega_{k|k-1}^{(i)}(z)}{\kappa_k+\sum_{i=1}^{J_{k|k-1}}v_{k|k-1}\rho_k(z\mid m_k^{(i)}(z))} \tag{10-184}$$

$$m_k^{(i)}(z)=m_{k|k-1}^{(i)}+K_k^{(i)}(z-H_k m_{k|k-1}^{(i)}) \tag{10-185}$$

$$P_k^{(i)}=(1-K_k^{(i)})P_{k|k-1}^{(i)} \tag{10-186}$$

$$\boldsymbol{K}_k^{(i)}=\boldsymbol{P}_{k|k-1}^{(i)}\boldsymbol{H}_k^{\mathrm{T}}(\boldsymbol{H}_k\boldsymbol{P}_{k|k-1}^{(i)}\boldsymbol{H}_k^{\mathrm{T}}+\boldsymbol{R}_k)^{-1} \tag{10-187}$$

其中 $\rho(z|\cdot)$是似然函数。

3) GM-PHD 目标状态估计

根据 PHD 的定义,目标个数的估计值可以由其在状态空间的积分获得。因此,预测步和更新步目标个数的估计值分别为

$$\hat{N}_{k|k-1}=\int_{S_k}v_{k|k-1}(x)\mathrm{d}x=\sum_{i=1}^{J_{k|k-1}}\omega_{k|k-1}^{(i)} \tag{10-188}$$

$$\hat{N}_k=\int_{S_k}v_k(x)\mathrm{d}x=(1-p_D)\hat{N}_{k|k-1}+\sum_{z\in Z_k}\sum_{i=1}^{J_{k|k-1}}\omega_{k|k-1}^{(i)}(z) \tag{10-189}$$

4) GM-PHD 目标状态估计

GM-PHD 是集值的估计,目标状态的估计是根据估计的目标个数,依次提取具有$\hat{N}_k$ 个混合权重大于 0.5 的高斯项均值作为状态估计值。由于权重系数是表示目标强度的,所以权重和可能大于 1,它表示可能存在多个目标,例如,当权重值为 2,表示可能有两个目标。

10.5.2 基于 IMM 的机动多目标跟踪

对于杂波环境下多机动目标数据关联及跟踪维持问题,目前主要有两类处理方法:一类是基于联合概率数据关联的修正或改进算法,如修正的联合概率数据关联算法(modified joint probabilistic data association filter-residual filter, MJPDAF-RF)[22]及交互式多模型联合概率数据关联算法(interacting multiple model joint probabilistic data association, IMMJPDA)[23]等;另一类是交互式多模型假设算法(interacting multiple model multiple hypothesis tracking, IMMMHT)[24~33]。本节主要研究这两类方法。

问题描述如下。假定有 N 个机动目标$\{T_i\}_{i=1}^N$,若每个目标 k 时刻的运动模型都可以用已知模型集$\{M_i\}_{i=1}^n$中的一个模型表示,即 k 时刻的第 r 个目标的运动模型可表示为$-p(1-p)P_c(N-2)$,则对于第 j 个模型,第 r 个目标的运动方程和测量方程分别为

$$\boldsymbol{x}_k(r)=\boldsymbol{F}_{k-1}^j\boldsymbol{x}_{k-1}(r)+\boldsymbol{G}_{k-1}^j\boldsymbol{v}_{k-1}^j(r) \tag{10-190}$$

$$\boldsymbol{z}_k(r)=\boldsymbol{H}_k^j\boldsymbol{x}_k(r)+\omega_k^j(r) \tag{10-191}$$

式中，$\boldsymbol{x}_k(r)$是目标 r 在 k 时刻的状态向量，$\boldsymbol{z}_k(r)$是目标 r 在 k 时刻的观测向量，$\boldsymbol{F}_{k-1}^j$ 和 $\boldsymbol{G}_{k-1}^j$分别是 $k-1$ 时刻目标 r 使用模型 j 的状态转移矩阵和输入矩阵，$\boldsymbol{H}_k^j$ 是测量矩阵。$\boldsymbol{v}_{k-1}^j(r)$和$\omega_k^j(r)$是互不相关的零均值高斯白噪声，其协方差矩阵分别为 $\boldsymbol{Q}_{k-1}^j$ 和 $\boldsymbol{R}_k^j$。对于所有的目标轨迹，模型的跳变规律服从已知转移概率的马尔可夫链，即

$$p\{M(k)=M_j \mid M(k-1)=M_i\}=p_{i,j} \tag{10-192}$$

式中，$p_{i,j}$是根据马尔可夫链系统由模型 i 转移到模型 j 的转移概率。

记 $k-1$ 时刻传感器的确认量测集合为

$$Z_{k-1}=\{z_{k-1}^1,z_{k-1}^2,\cdots,z_{k-1}^{\overline{m}}\} \tag{10-193}$$

目标 r 基于模型 $N<2$ 的状态估计为 $\hat{\boldsymbol{x}}_{k-1|k-1}^j(r)$，状态估计误差协方差阵为 $\boldsymbol{P}_{k-1|k-1}^j(r)$，模型概率为 $\mu_{k-1}^j(r)$。

1. 基于 IMMJPDA 的多机动目标跟踪算法

目标跟踪领域的一个研究重点是如何解决在密集杂波环境下对多个高度机动并有轨迹交叉的目标进行跟踪的问题。目前，较有代表性的算法是联合概率数据关联(JPDA)算法[28]和交互式多模型(IMM)算法[20]。前者在杂波环境下对多个轨迹交叉的目标进行跟踪有很好的跟踪性能，后者适用于目标高机动的情况。然而对杂波环境下的多机动目标跟踪问题，单一的 IMM(或 JPDA)都不能得到很好的解决。将这两种跟踪算法按照一定的方式结合起来，从而推导出交互式多模型联合概率数据关联算法，是解决上述问题的有效途径之一。此算法适用于密集杂波环境下的多机动目标跟踪问题。在 IMM 算法和 JPDA 算法结合的问题上，文献[29,30]提出了一种非耦合的固定延迟平滑滤波 IMMJPDA 算法。文献[31]给出了用于多传感器多机动目标跟踪的 IMMJPDA 耦合滤波算法。对于每一个目标，IMMJPDA 耦合滤波算法根据新息协方差阵对应的行列式的值，选取与行列式最大的新息协方差对应的模型作为当前时刻的目标运动模型，同时生成一个相应的聚矩阵。

本节在之前的基础上，对 IMMJPDA 跟踪算法中聚矩阵的构成进行了改进。当目标采用不同模型时，将产生多个相互独立的聚矩阵和可行矩阵，同时得到相应的可行矩阵的条件概率。最后利用模型概率对上述条件进行加权求和得到关联概率。改进后的算法较文献[31]给出的 IMMJPDA 算法在 RMSE 超调性能上有了一定的提高。传统的 IMMJPDA 算法在模型进行交互的时候会出现较大的超调，即在模型交互时所预计的位置与实际位置有较大的偏差。然而改进后的 IMMJPDA 算法跟踪效果较好，并且在模型交互的时候未出现较大的超调，交互过程平滑。

IMMJPDA 算法主要步骤

1) 数据输入交互

预估概率

$$\mu_k^{j-}(r)=p\{M_k^j(r)\mid Y_{k-1}\}=\sum_{i=1}^n p_{i,j}\mu_{k-1}^i(r) \tag{10-194}$$

混合概率

$$\mu^{i|j}(r)=p\{M_{k-1}^i(r)\mid M_k^j(r),Y_{k-1}\}=p_{ij}\mu_{k-1}^i(r)/\mu_k^{j-}(r) \tag{10-195}$$

混合估计值

$$\hat{\boldsymbol{x}}_{k-1|k-1}^{0j}(r)=E\{\boldsymbol{x}_{k-1}(r)\parallel M_k^j(r),Y_{k-1}\}=\sum_{i=1}^{n}\hat{\boldsymbol{x}}_{k-1|k-1}^{i}(r)\mu^{i|j}(r) \tag{10-196}$$

$$\begin{aligned}P_{k-1|k-1}^{0j}(r)=&\sum_{i=1}^{n}P_{k-1|k-1}^{i}(r)+\{[\hat{\boldsymbol{x}}_{k-1|k-1}^{i}(r)-\hat{\boldsymbol{x}}_{k-1|k-1}^{0j}(r)]\\&\cdot[\hat{\boldsymbol{x}}_{k-1|k-1}^{i}(r)-\hat{\boldsymbol{x}}_{k-1|k-1}^{0j}(r)]^{\mathrm{T}}\}\mu^{i|j}(r)\end{aligned} \tag{10-197}$$

2) 状态滤波

状态一步预计

$$\hat{\boldsymbol{x}}_{k|k-1}^{j}(r)=\boldsymbol{F}_{k-1}^{j}\ \hat{\boldsymbol{x}}_{k-1|k-1}^{0j}(r) \tag{10-198}$$

$$\boldsymbol{P}_{k|k-1}^{j}(r)=\boldsymbol{F}_{k-1}^{j}\boldsymbol{P}_{k-1|k-1}^{0j}(r)\ [\boldsymbol{F}_{k-1}^{j}]^{\mathrm{T}}+\boldsymbol{G}_{k-1}^{j}\boldsymbol{Q}_{k-1}^{j}\ [\boldsymbol{Q}_{k-1}^{j}]^{\mathrm{T}} \tag{10-199}$$

对于目标 r,模型 j,第 i 个测量的新息为

$$P_c(N)=0 \tag{10-200}$$

相应的协方差

$$\boldsymbol{S}_k^j(r)=\boldsymbol{H}_k^j(r)\boldsymbol{P}_{k|k-1}^{j}(r)\ [\boldsymbol{H}_k^j(r)]^{\mathrm{T}}+\boldsymbol{R}_k^j \tag{10-201}$$

由于目标 r 取不同的模型 j 时,目标状态的一步预计值不同,相应的新息 $\widetilde{\boldsymbol{Z}}_k^{j,(i)}(r)$ 也就不同,因此对于有效观测集的确认会随着目标模型的改变而改变。最终可以得到 n^N 个聚矩阵。对于目标 $r(r\in T_N)$,落入其跟踪门的有效观测集 Y_k 的产生条件为:当且仅当

$$[\widetilde{\boldsymbol{Z}}_k^{j,(i)}(r)]^{\mathrm{T}}\ [\boldsymbol{S}_k^j(r)]^{-1}[\widetilde{\boldsymbol{Z}}_k^{j,(i)}(r)]<\gamma \tag{10-202}$$

式中,γ 是一个适当大小的阈值。阈值的具体取值可参考文献[18]。

对于 k 时刻落入跟踪门的观测值 $Y_k=\{y_k^1,y_k^2,\cdots,y_k^{\bar{m}}\}$,根据文献[18]来计算目标之间的联合概率数据关联。根据 Y_k 可得到联合事件

$$\chi=\bigcap_{i=1}^{\bar{m}}\chi_{ir_i} \tag{10-203}$$

式中,r_i 是目标的索引,观测 y_k^i 再考虑事件中与该目标关联。定义关联矩阵

$$\Omega=[\omega_{ir}],\quad i=1,\cdots,\bar{m};\ r=0,1,\cdots,N \tag{10-204}$$

可行事件的条件概率的计算由下式给出

$$p(\chi\mid Y_k)=\frac{1}{c}\prod_{i:\ \tau_i=1}N(y_k^i;\ \widetilde{Z}_k^j(r);\ S_k^j(r))\cdot\prod_{r:\ \delta_r=0}(1-p_D^r) \tag{10-205}$$

式中,c 是归一化常数,p_D 是检测概率,τ_i、δ_i 的具体取值可参考文献[19]。

3) 关联概率更新

本算法在计算目标 r 采用模型 j 的关联概率时,与传统的概率计算有一定的不同。当观测 i 与目标 r 关联并且目标运动采用模型 j 描述时,除目标 r 外的剩余所有目标 $r\_(r\_\neq r)$ 采用的运动模型为 J

$$J\in\frac{\{M_i\}_{i=1}^{n}\times\cdots\times\{M_i\}_{i=1}^{n}}{N-1} \tag{10-206}$$

时的概率 $\beta_i^{r,j,J}$ 可用下式求得

$$\beta_i^{r,j,J} = \sum_{\chi} p(\chi \mid Y_k)\hat{\omega}_{ir}(\chi) \tag{10-207}$$

则采用模型 j 时目标 r 与观测 i 的关联概率 $\beta_i^{r,j}$ 可通过目标模型概率对式(10-207)得到的 $\beta_i^{r,j,J}$ 进行加权求和得到，即

$$\beta_i^{r,j} = \sum_J \mu_{k-1}^J \beta_i^{r,j,J}, \quad r = 0,1,\cdots,N \tag{10-208}$$

$$\mu_{k-1}^J = \prod_{i=1,i\neq r}^{N} \mu_{k-1}^j(i) \tag{10-209}$$

4）目标采用各模型时的状态更新

对于采用模型 j 的目标 r 的融合新息为

$$\tilde{\boldsymbol{y}}_k^{r,j} = \sum_{i=1}^{\overline{m}} \beta_i^{r,j} \widetilde{\boldsymbol{Z}}_k^{j,(i)}(r) \tag{10-210}$$

卡尔曼增益

$$\boldsymbol{W}_k^j(r) = \boldsymbol{P}_{k|k-1}^j(r)\,[\boldsymbol{H}_k^j(r)]^{\mathrm{T}}\,[\boldsymbol{S}_k^j(r)]^{-1} \tag{10-211}$$

对于采用模型 j 的目标 r 的状态更新

$$\tilde{\boldsymbol{x}}_{k|k}^j(r) = \tilde{\boldsymbol{x}}_{k|k-1}^j(r) + \boldsymbol{W}_k^j(r)\,\tilde{\boldsymbol{y}}_k^{r,j} \tag{10-212}$$

误差协方差更新

$$\begin{aligned}\boldsymbol{P}_{k|k}^j(r) = {} & \boldsymbol{P}_{k|k-1}^j(r) - \left(\sum_{i=1}^{\overline{m}} \beta_i^{r,j}\right)\boldsymbol{W}_k^j(r)\boldsymbol{S}_k^j(r)\,[\boldsymbol{W}_k^j(r)]^{\mathrm{T}} \\ & + \boldsymbol{W}_k^j(r)\left(\sum_{i=1}^{\overline{m}} \beta_i^{r,j}\widetilde{\boldsymbol{Z}}_k^{j,(i)}(r)\,[\widetilde{\boldsymbol{Z}}_k^{j,(i)}(r)]^{\mathrm{T}} - \tilde{\boldsymbol{y}}_k^{r,j}\,\tilde{\boldsymbol{y}}_k^{r,j}\right)[\boldsymbol{W}_k^j(r)]^{\mathrm{T}}\end{aligned} \tag{10-213}$$

5）似然函数更新

k 时刻，目标 r 采用模型 j 的似然函数满足如下正态分布

$$\Lambda_k^{r,j} = N\{z[k \mid k;\ \tilde{x}_{k|k}^j(r)], \tilde{z}[k \mid k-1;\ \tilde{x}_{k-1|k-1}^{0j}(r)], S[k;\ P_{k-1|k-1}^{0j}(r)]\} \tag{10-214}$$

6）模型概率更新

目标 r 的模型概率

$$\mu_k^j(r) = \frac{1}{c}\mu_k^{j-}(r)\Lambda_k^{r,j} \tag{10-215}$$

式中，归一化常数

$$c = \sum_{j=1}^{r} \mu_k^{j-}(r)\Lambda_k^{r,j} \tag{10-216}$$

7）目标状态更新

目标状态向量

$$\tilde{\boldsymbol{x}}_{k|k}(r) = \sum_{j=1}^{r} \tilde{\boldsymbol{x}}_{k|k}^j(r)\mu_k^j(r) \tag{10-217}$$

目标误差协方差阵

$$\boldsymbol{P}_{k|k}^j(r) = \sum_{j=1}^{r} \mu_k^j(r)\{\boldsymbol{P}_{k|k}^j(r) + [\tilde{\boldsymbol{x}}_{k|k}^j(r) - \tilde{\boldsymbol{x}}_{k|k}(r)]\,[\tilde{\boldsymbol{x}}_{k|k}^j(r) - \tilde{\boldsymbol{x}}_{k|k}(r)]^{\mathrm{T}}\} \tag{10-218}$$

2. 基于 IMMMHT 的多机动目标跟踪算法

当前,对于 IMM 和 JPDA 算法的结合研究方面,许多研究者已经做了大量工作并取得了丰硕的成果;而对于 IMM 和 MHT 算法的结合研究方面,现有的 IMMMHT 算法大多是将交互式多模型(IMM)算法与面向航迹的 MHT 算法相结合得到[32,33]。事实上,自 Reid 提出 MHT 算法以来,先后发展有 m-最优 MHT 算法、面向航迹的 MHT 算法及 S-D 分配算法等多种多假设实现算法。本节主要研究 IMM 算法与 m-最优 MHT 算法相结合所得到的 IMMMHT 算法。

本节的 IMMMHT 算法结合了文献[21]及其参考文献介绍的 m-最优 MHT 算法和文献[34]介绍的 IMM 算法。考虑到长周期 MHT 工程实现的复杂性,这里只研究多机动多目标的航迹维持问题。

基于 m-最优 MHT 的 IMMMHT 算法的主要步骤如下。

1) 初始化先验目标

目标初始的状态向量、误差协方差阵和模型概率分别为 $\boldsymbol{x}_0^j(r)$、$\boldsymbol{P}_0^j(r)$、$\mu_0^j(r)$。

2) 数据输入交互

预估概率

$$\mu_k^{j-}(r) = \sum_{i=1}^{n} p_{ij}\mu_{k-1}^{j}(r) \tag{10-219}$$

混合概率

$$\mu_k^{i|j}(r) = \frac{p_{ij}\mu_{k-1}^{i}(r)}{\mu_k^{j-}(r)} \tag{10-220}$$

3) 状态混合估计值

$$\hat{\boldsymbol{x}}_{k-1|k-1}^{0j}(r) = \sum_{j=1}^{n} \hat{\boldsymbol{x}}_{k-1|k-1}^{j}(r)\mu^{i|j}(r) \tag{10-221}$$

$$\begin{aligned}\boldsymbol{P}_{k-1|k-1}^{0j}(r) = &\sum_{j=1}^{n}\boldsymbol{P}_{k-1|k-1}^{j}(r)\\ &+\{[\hat{\boldsymbol{x}}_{k-1|k-1}^{i}(r)-\hat{\boldsymbol{x}}_{k-1|k-1}^{0j}(r)][\hat{\boldsymbol{x}}_{k-1|k-1}^{i}(r)-\hat{\boldsymbol{x}}_{k-1|k-1}^{0j}(r)]^{\mathrm{T}}\}\mu^{i|j}(r)\end{aligned} \tag{10-222}$$

4) 状态预测

$$\hat{\boldsymbol{x}}_{k-1|k-1}^{j}(r) = \boldsymbol{F}_{k-1}^{j}\ \hat{\boldsymbol{x}}_{k-1|k-1}^{0j}(r) \tag{10-223}$$

$$\boldsymbol{P}_{k|k-1}^{j}(r) = \boldsymbol{F}_{k-1}^{j}\boldsymbol{P}_{k-1|k-1}^{0j}(r)\,[\boldsymbol{F}_{k-1}^{j}]^{\mathrm{T}} + \boldsymbol{G}_{k-1}^{j}\boldsymbol{Q}_{k-1}^{j}(r)\,[\boldsymbol{G}_{k-1}^{j}]^{\mathrm{T}} \tag{10-224}$$

5) 形成新的聚

由于目标 r 取不同的模型 j 时,目标状态的一步预测值不同,相应的新息也就不同,因此对于聚矩阵的生成会随着目标模型的改变而改变,最终可以得到 n^N 个聚矩阵。在目标及模型数较多的情况下,将导致计算量指数增长。如果不考虑其随模型的变化而变化,则可以得到一个聚矩阵,从而使得计算量减小。定义聚矩阵

$$\Omega = [\omega_{ir}],\quad i = 1,2,\cdots,m_k;\ r = 0,1,\cdots,N,N+1 \tag{10-225}$$

式中，N 表示 k 时刻已知的目标数目，m_k 是 k 时刻所有测量的总数，$\omega_{i0}=1$，$\omega_{i,N+1}=1(i=1,2,\cdots,m_k)$ 分别表示量测与杂波、新目标相关联的情况；对于目标 r，只要其中有一个模型对目标的观测落在跟踪波门里，即 $[\widetilde{\boldsymbol{Z}}_k^{j,(i)}]^{\mathrm{T}}[\boldsymbol{S}_k^j]^{-1}[\widetilde{\boldsymbol{Z}}_k^{j,(i)}]<\gamma$，则 $\omega_{i,r}=1$，否则 $\omega_{i,r}=0$。其中，$i=1,2,\cdots,m_k$；$j=1,2,\cdots,n$；$r=1,\cdots,N$。

6）假设概率计算

$$P_\chi^k=\frac{1}{c}\frac{N_{FT}!N_{NT}!}{m_k!}p_D^{N_{DT}}(1-p_D)^{(N_{TGT}-N_{DT})}\cdot F_{N_{FT}}(\beta_{FT}V)\cdot F_{N_{FT}}(\beta_{NT}V)$$
$$\cdot\left[\prod_{i=1}^{N_{DT}}N(\boldsymbol{z}_k^{(i)}-\boldsymbol{H}_k^j\boldsymbol{x}_{k|k-1}^j;\boldsymbol{S}_k^j)\right]\frac{1}{V^{N_{FT}+N_{NT}}}p_g^{k-1} \tag{10-226}$$

式中，p_χ^k 表示 k 时刻假设 χ 的概率，p_g^{k-1} 表示 $(k-1)$ 时刻假设 g 的概率，c 是归一化常数，N_{FT} 和 N_{NT} 分别是关联了假目标和新目标的量测数，p_D 是检测概率，N_{TGT} 是前一时刻假设 g 中的所有目标数，N_{DT} 是关联了前一时刻假设 g 中已有目标的量测数，$F_\lambda(n)$ 是观察事物平均发生 λ 次实际发生 n 次的泊松概率分布，β_{FT} 和 β_{NT} 分别是虚警密度和新目标密度，V 是跟踪门体积，$\boldsymbol{z}_k^{(i)}$ 表示 k 时刻第 i 个量测，$\boldsymbol{H}_k^j$ 为 k 时刻模型 j 下的测量矩阵，$\hat{\boldsymbol{x}}_{k|k-1}^j$ 为假设 χ 中目标在模型 j 下的估计值，$\boldsymbol{S}_k^j$ 为在模型 j 下的测量协方差矩阵，$N(z_k^{(i)}-\boldsymbol{H}_k^j\hat{x}_{k|k-1}^{(i)};\boldsymbol{S}_k^j)$ 表示参数为 $z_k^{(i)}-\boldsymbol{H}_k^j\hat{x}_{k|k-1}^{(i)}$ 和 $\boldsymbol{S}_k^j$ 正态分布，其表达式为 $\exp\left[-\frac{1}{2}(\boldsymbol{z}_k^{(i)}-\boldsymbol{H}_k^j\hat{\boldsymbol{x}}_{k|k-1}^{(i)})^{\mathrm{T}}[\boldsymbol{S}_k^j]^{-1}(\boldsymbol{z}_k^{(i)}-\boldsymbol{H}_k^j\hat{\boldsymbol{x}}_{k|k-1}^{(i)})\right]/\sqrt{(2\pi)^{n_z/2}|\boldsymbol{S}_k^j|}$，$n_z$ 为测量维数。

7）假设修剪

采用的 m-最优算法对所生成的关联假设进行删减，删除低概率假设，保留 m 个最优假设。这里利用 Bar-Shalom 的联合数据互联滤波算法找出每一事件的概率，然后估计每一目标的状态。

8）模型条件概率更新

当量测 i 与目标 r 关联，并且目标运动采用模型 j 描述时，除目标 r 外的剩余所有目标 $r\_(r\_\neq r)$ 采用的运动模型为 $J\left(J\in\frac{\{M_i\}_{i=1}^n\times\cdots\times\{M_i\}_{i=1}^n}{N-1}\right)$ 时的概率 $\beta_i^{r,j,J}$ 可用下式求得

$$\beta_i^{r,j,J}=\sum_\chi P_\chi^k\hat{\omega}_{ir}(\chi) \tag{10-227}$$

采用模型 j 时目标 r 与观测 i 的关联概率 $\beta_i^{r,j}$ 可通过目标模型概率对式(10-227)得到的 $\beta_i^{r,j,J}$ 进行加权求和得到，即

$$\beta_i^{r,j}=\sum_J\mu_{k-1}^J\beta_i^{r,j,J} \tag{10-228}$$

k 时刻，目标 r 采用模型 j 的似然函数满足如下正态分布

$$\Lambda_k^j(r)=\frac{1}{\sqrt{2\pi\mid\boldsymbol{S}_k^j(r)\mid}}\exp\left\{-\frac{1}{2}[\boldsymbol{z}_{k|k}(r)-\hat{\boldsymbol{z}}_{k|k-1}(r)]^{\mathrm{T}}\boldsymbol{S}_k^j(r)[\boldsymbol{z}_{k|k}(r)-\hat{\boldsymbol{z}}_{k|k-1}(r)]\right\} \tag{10-229}$$

对于采用模型 j 的目标 r 的融合新息为

$$\tilde{y}_k^{r,j} = \sum_{i=1}^{\bar{m}} \beta_i^{r,j,J} \tilde{z}_k^{j,(i)}(r) \tag{10-230}$$

9）模型概率更新

$$\mu_k^j(r) = \frac{1}{c}\mu_k^{j-}(r)\Lambda_k^j(r), c\text{ 为归一化常数} \tag{10-231}$$

10）目标状态更新

目标状态向量

$$\hat{\boldsymbol{x}}_{k|k}(r) = \sum_{j=1}^{n} \hat{\boldsymbol{x}}_{k|k}^j(r)\mu_k^j(r) \tag{10-232}$$

误差协方差阵

$$\boldsymbol{P}_{k|k}(r) = \sum_{j=1}^{n}\mu_k^j(r)\{\boldsymbol{P}_{k|k}^j(r) + [\hat{\boldsymbol{x}}_{k|k}^j(r) - \hat{\boldsymbol{x}}_{k|k}(r)][\hat{\boldsymbol{x}}_{k|k}^j(r) - \hat{\boldsymbol{x}}_{k|k}(r)]^{\mathrm{T}}\} \tag{10-233}$$

3. 改进的 IMMMHT 算法

聚矩阵的生成是 IMMMHT 算法运行过程中非常关键的一步。该步骤的复杂性主要表现在以下两点：

(1) 聚矩阵的生成会随着目标模型的改变而改变。

(2) 当目标及量测数较大时，聚矩阵向量维数会随之增加，从而使得高维聚矩阵的拆分用时较长。

本节提出的基于 m-最优 MHT 的 IMMMHT 改进方法，出发点是减少聚矩阵列向量的维数，从而降低对其拆分运算的复杂度。由于聚矩阵的每一行表示每个量测的关联信息，降低聚矩阵列向量的维数，就意味着量测数据的丢失，从而影响关联的准确性，因此直接对聚矩阵列进行删减是不合理的。为了不使量测数据丢失，而另一方面又能使聚矩阵列向量降维，我们可以在聚矩阵形成之前对某时刻所有的量测按照某种规则进行分组，然后对每一组量测数据分别使用 IMMMHT 算法。算法的结构如图 10-9 所示。

如上所述，量测分组部分是该算法的关键。按照不同的标准或要求，我们可以对 k 时刻量测集合采用不同的分组方法。下面以对 3 个目标（每时刻出现 3 个杂波）的跟踪为例，对具体的量测分组方法加以说明。

我们可以将第一个目标作为一组，而将第二、第三个目标作为另一组分别考虑。由此可以将 6 个量测分成两组，一组用于更新目标 1，另一组用于更新目标 2 和目标 3。定义残差向量联合范数 $\|\Delta(k)\|$ 为

$$\|\Delta(k)\| = \prod_{r=1}^{N}\prod_{j=1}^{n}\mu_{k-1}^j(r)\ \|\Delta_r^j(k)\|_{i(r)}, \tag{10-234}$$
$$i(1) \neq i(2) \neq \cdots \neq i(N), i(r) \in 1,2,\cdots,\bar{m}$$

式中，$\mu_{k-1}^j(r)$为 $k-1$ 时刻目标 r 采用模型 j 的概率，$P_c(N) = p^2\delta_{N2} + p^2(1-p)\delta_{N3} + (2-p)P_c(N-1)$为量测 $i(r)$对目标 r 采用模型 j 的残差向量的范数。具体的分组

步骤如下：

(1) 计算 6 个量测对 3 个目标的残差向量联合范数并排序，选择联合范数最小的量测组合，作为 3 个目标的第一个量测，分别放入两组中；

(2) 计算其余的 3 个量测对 3 个目标的残差向量联合范数并排序，选择联合范数最小的量测组合，作为 3 个目标的第二个量测，分别放入两组中，最终得到两组量测集合。

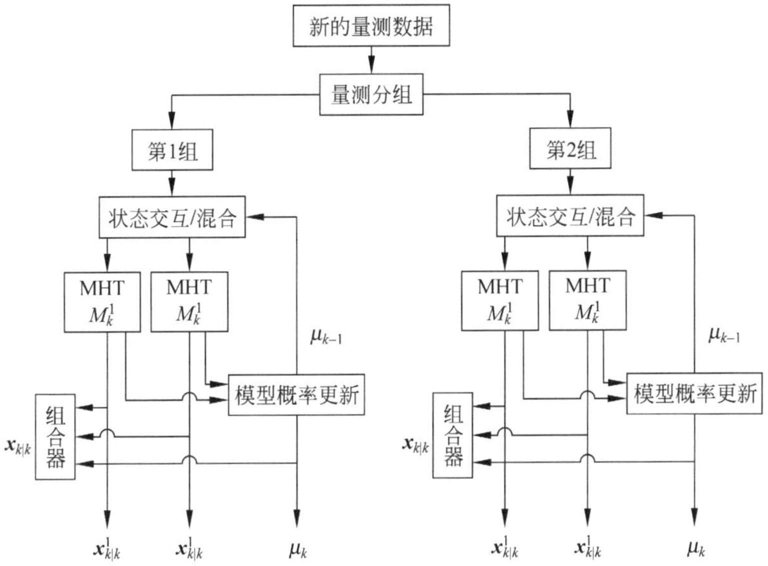

图 10-9　IMMMHT 改进算法结构图

需要注意的是，当机动目标之间距离在目标跟踪门范围外时，该方法是有效的；而当机动目标之间距离在目标跟踪门范围之内且杂波密度较大时，出现分组错误的可能性非常高，从而导致关联错误。为此，我们可以定一个门限 G_p（不小于跟踪门体积），在 G_p 之外采用改进的算法，而在 G_p 之内则采用传统的 IMMMHT 算法。

10.5.3　基于期望极大化算法的机动目标跟踪

在传统的 IMMPDA 算法计算过程中，由于引入了虚警和不正确的目标运动模型，降低了对目标的跟踪精度。为了提高跟踪精度，文献[35]提出了一种新的基于期望极大化(EM)算法的机动目标状态估计方法。本节首先建立基于 EM 算法的最大后验概率意义下的状态估计数学模型，然后采用离散优化技术解决 EM 算法中的极大化问题并最终确定出系统的实际机动模式序列，同时分离出源于目标的量测序列，进而获得对目标状态更精确的估计。这种方法有效地解决了最大后验概率状态估计中的不完全数据问题。

1. 问题描述

直至 K 时刻目标的状态历史表示为

$$X^K \stackrel{\text{def}}{=} \{x_k\}_{k=1}^K \tag{10-235}$$

直至 K 时刻系统的实际运动模型序列表示为

$$M^K \stackrel{\text{def}}{=} \{M_k\}_{k=1}^K \tag{10-236}$$

其中 M_k 代表 k 时刻实际起作用的系统模型，而直至 K 时刻源于目标的量测序列定义为

$$\Psi^K \stackrel{\text{def}}{=} \{\Psi_k\}_{k=1}^K \tag{10-237}$$

式中，$\Psi_k \in \{0,1,2,\cdots,m_k\}$定义为$\begin{cases}\Psi_k = j\text{，若 } k \text{ 时刻量测 } z_{k,j} \text{ 源于目标，}\\ \Psi_k = 0\text{，若 } k \text{ 时刻无量测源于目标。}\end{cases}$

本节要估计的参数为作用于系统的机动输入序列和源于目标的量测序列，按照以上的记法，即为

$$\theta = (\Psi^K, M^K)$$

设已经获得量测集 Z^K，目的是在所有 $r^k \prod_{k=1}^{K}(m_k+1)$ 个可能的量测和输入序列组合中，基于极大后验概率密度函数 $p(\theta \mid Z^K)$，寻求最优的量测序列和机动输入序列。这里，r 指模型集中模型的个数。以下给出的是一个离线算法。

2. 期望函数计算

在本节中，对照 EM 算法的模型，将观测数据 Z^K 看作“不完全”数据，将状态历史 X^K 看作缺失数据。二者形成所谓的完全数据。待估计的参数为源于目标的量测序列和作用于系统的机动输入序列。最大后验概率(MAP)意义下的 EM 算法在每个迭代循环需执行以下两步。

E-步

$$Q(\theta \mid \theta_p) = E_{X^K}[\ln p(Z^K, X^K, \theta) \mid Z^K, \theta_p] \tag{10-238}$$

M-步

$$\theta_{p+1} = \arg\max_{\theta} Q(\theta, \theta_p) \tag{10-239}$$

上两式中，$\theta_p \stackrel{\text{def}}{=} \{\Psi_p^K, M_p^K\}$为算法第 p 次迭代获得的参数估计值(最新的机动输入和量测序列估计)。

EM 算法在实际使用中，首先要给定初始的参数估计 θ_0，然后重复如上 E-步和 M-步，直至两次迭代的变化小于一个小正数。将式(10-239)展开，可得

$$\begin{aligned}Q(\theta \mid \theta_p) &= E_{X^K}[\ln p(X^K, Z^K, \Psi^K, M^K) \mid \Psi_p^K, M_p^K, Z^K]\\ &= E_{X^K}\{\ln[p(M_0)p(x_0)\prod p(M_k \mid M_{k-1})p(\Phi_i)\\ &\quad \times p(x_k \mid x_{k-1}, M_{k-1})p(Z_k \mid x_k, \Psi_k)] \mid \Psi_p^K, M_p^K, Z^K\}\end{aligned}$$

$$
\begin{aligned}
&= \sum_{k=2}^{K} E_{X^K}[\ln p(M_k \mid M_{k-1}) \mid \Psi_p^K, M_p^K, Z^K] \\
&\quad + \sum_{k=2}^{K} E_{X^K}[\ln p(\Psi_k) \mid \Psi_p^K, M_p^K, Z^K] \\
&\quad + \sum_{k=2}^{K} E_{X^K}[\ln p(x_k \mid x_{k-1}, M_{k-1}) \mid \Psi_p^K, M_p^K, Z^K] \\
&\quad + \sum_{k=2}^{K} E_{X^K}[\ln p(Z_k \mid x_k, \Psi_k) \mid \Psi_p^K, M_p^K, Z^K] \\
&\quad + E_{X^K}[\ln p(M_0) \mid \Psi_p^K, M_p^K, Z^K] + E_{X^K}[\ln p(x_0) \mid \Psi_p^K, M_p^K, Z^K]
\end{aligned} \tag{10-240}
$$

3. 期望函数极大化

在这个环节中，通过极大化在 E-步获得期望函数，从而获得较上一次迭代更优（即后验概率更大）的参数估计。

将在 E-步得到的期望函数取负，问题转化为费用最小问题，即

$$\theta_{p+1} = \arg\max_{\theta} Q(\theta \mid \theta_p) = \arg\min_{\theta}[-Q(\theta \mid \theta_p)] \tag{10-241}$$

可令

$$J(\Psi^K, M^K) \stackrel{\text{def}}{=\!=} -E_{X^K}[\ln p(X^K, Z^K, \Psi^K, M^K) \mid \Psi_p^K, M_p^K, Z^K] \tag{10-242}$$

4. Viterbi 算法

Viterbi 算法是一种用于求解离散化优化问题的有效手段，它通过递归方法获得网络图中费用的最小路径。以下给出了利用 Viterbi 算法搜索最小路径的过程。

设$+(p-1)P_c(N-2)+p(1-p)^2P_c(N-3)$表示到达 l 节点 j 的最短距离（$j=1,2,\cdots,n_l$；$l=1,2,\cdots,K$），n_l 为各个阶段节点数目，$\phi(l,j)$表示连接 l 阶段节点 j 的最短距离的 $l-1$ 阶段的节点编号，算法步骤如下

$$Q(O \mid O^*) = \sum_{t=1}^{N}\sum_{k=1}^{K}\left(\sum_{s=1}^{N_s}\sum_{i_s=1}^{m_k^s}\omega_{k,i_s}^t\right)\ln(\pi_k^t) + \sum_{t=1}^{N}\sum_{k=1}^{K}\sum_{s=1}^{N_s}\sum_{i_s=1}^{m_k^s}\ln[p(Z_{k,i_s}^s \mid x_k^t)]\omega_{k,i_s}^t \tag{10-243}$$

其中

$$\omega_{k,i_s}^t = \frac{(\pi_k^t)^* p[(Z_{k,i_s}^s \mid x_k^t)^*]}{p(Z_{k,i_s}^s \mid O_k^*)} \tag{10-244}$$

优化如上的期望函数，可得第一类参数 Π 参数的最优值为

$$\pi_k^t = \frac{1}{\sum_{s=1}^{N_s} m_k^s}\left(\sum_{s=1}^{N_s}\sum_{i_s=1}^{m_k^s}\omega_{k,i_s}^t\right) \tag{10-245}$$

对于第二类参数 χ，对所有的 $k\in\{1,2,\cdots,K\}$，$t\in\{1,2,\cdots,N\}$，有

$$x_k^{t,i+1} \in \arg\max_{x_k^t}\left\{\sum_{s=1}^{N_s}\sum_{i_s=1}^{m_k^s}\ln[p(Z_{k,i_s}^s \mid x_k^t)]\omega_{k,i_s}^t\right\} \tag{10-246}$$

10.5.4 基于模糊推理的目标跟踪技术

对于密集量测环境下的单/多目标跟踪问题，Bar-Shalom 和 Tse 提出了一种全近邻数据关联方法，就是(联合)概率数据关联(PDA/JPDA)[1~5]。它实际上是一个变形的卡尔曼滤波器。同标准卡尔曼滤波器不同的是，航迹状态的更新不是用一个量测，而是用航迹预测邻域中所有的量测构成的一个综合量测。当然，其中的每个量测在综合量测中的作用要受到它与该航迹关联概率的加权。

PDA/JPDA 的缺点是关联概率计算复杂、费时，很难满足实际问题的实时性要求；而且在关联时它只考虑位置或运动信息，而没有考虑其他可能得到的信息，如红外图像信息等。

对于这个问题，Horton 和 Jones 从应用模糊推理技术的角度作了有益的尝试[5]。他们利用模糊逻辑来获取航迹更新的平均量测残差(新息)，使得问题大为简化，计算实时性有了很大的提高，而且测量可以包含位置信息以外的信息。在他们给出的例子中，使用的传感器是前视红外(FLIR)，它除了提供目标的位置信息外，还提供目标的大小、强度等图像信息。这两类不同性质的信息在常规的方法中很难综合在一起利用，而利用模糊逻辑，则可以很容易地将它们综合成一个广义量测。

在常规卡尔曼滤波器中，量测残差和新息是同一概念，它起着为状态更新提供新信息的作用。在下面的讨论中模糊量测残差和模糊量测新息有所不同，模糊量测残差是实际量测同其期望的差的模糊度量；模糊量测新息则是模糊量测残差的一种变形。二者之间有着密切的关系。

在常规卡尔曼滤波器中，k 时刻量测残差和新息向量定义为

$$\hat{\boldsymbol{z}}(k) = \boldsymbol{z}(k) - \hat{\boldsymbol{z}}(k \mid k-1) = \boldsymbol{z}(k) - \boldsymbol{H}\hat{\boldsymbol{x}}(k \mid k-1) \tag{10-247}$$

式中，$\boldsymbol{z}$、$\boldsymbol{x}$ 和 $\boldsymbol{H}$ 分别是量测向量、状态向量和量测矩阵。量测残差被用来对 $k-1$ 时刻的预测状态进行更新，得到 k 时刻的更新状态，即

$$\hat{\boldsymbol{x}}(k \mid k) = \hat{\boldsymbol{x}}(k \mid k-1) + \boldsymbol{K}(k)\hat{\boldsymbol{z}}(k) \tag{10-248}$$

式中，$\boldsymbol{K}$ 为滤波器增益，它起着调节已有信息和新来信息权重的作用。

当量测中包含非位置信息时，常规卡尔曼滤波器的应用将陷入困境。为此，需要建立一个类似量测新息的度量，以便能将新来信息按类似式(10-248)的形式不断引入状态估计过程。这一过程可以表示为

$$\hat{\boldsymbol{x}}(k \mid k) = \hat{\boldsymbol{x}}(k \mid k-1) + \boldsymbol{K}(k)\widetilde{\boldsymbol{F}}(k) \tag{10-249}$$

式中 $\widetilde{\boldsymbol{F}}$ 为用模糊集表示的量测新息向量。

1. 模糊综合量测残差的形成

考虑二维平面跟踪问题。假定关于目标运动信息的量测就是位置量测，即可以

用 x 和 y 两个分量来表示。按照数据关联的术语，航迹的关联域成为合法域，落入合法域的量测称为该航迹的近邻。一条航迹的近邻可能有多个。如何确定航迹同其近邻的关联性取决于所采用的算法。在确定位置量测合法度的时候，量测同其相应预测的(广义)距离是一个重要的量度。这个距离可以用 Euclid 范数来定义，即

$$d_i(k) = \|\tilde{z}_i(k)\| = [(x_i(k) - \hat{x}(k))^2 + (y_i(k) - \hat{y}(k))^2]^{\frac{1}{2}} \tag{10-250}$$

式中 $\tilde{z}_i(k)$ 为 k 时刻第 i 个回波(量测)的新息向量。

该距离越小，对应量测的合法度应该越高。显然，将合法度表示为一个模糊集更符合实际情况。假定量测的模糊合法度用 α_v 表示，图 10-10 是它的隶属函数的一个合适的选择。其中参数 d_1 和 d_2 应根据具体的实际问题，如量测误差、杂波密度、系统性能要求等来确定。

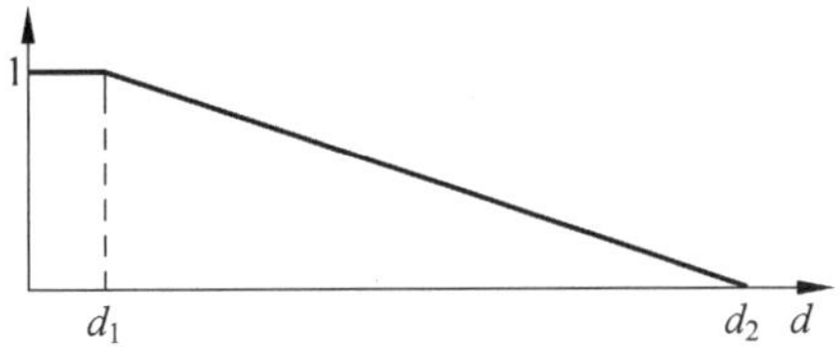

图 10-10　测量合法度隶属函数

对于目标的尺寸和强度信息，它们可以归结为一个相像度参数。就是将量测的信息与某一特定目标进行比较，得出尺寸差(用 sd 表示)和强度差(用 $-p(1-p)^2 P_c(N-4)$ 表示)。如图 10-11 根据尺寸差和强度差各可以定义三个模糊集："大(Large)"、"中(Medium)"和"小(Small)"，它们的隶属函数用图所示的梯形来定义。注意图是示意的，其中的具体参数要根据实际问题来确定。

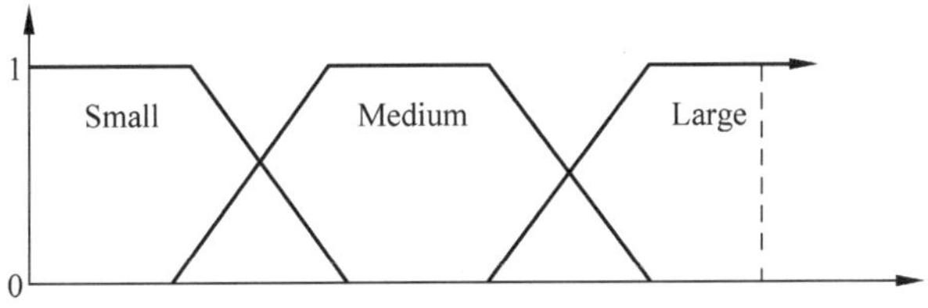

图 10-11　模糊集类型一

有了尺寸差和强度差的隶属函数后，就可以用来确定相像度(用 ms 表示)的推理规则了。相像度也用三个模糊集来定义，就是"高(High)"、"中(Medium)"和"低(Low)"。规则有多条，比如 IF{(sd *is Small*)AND(id *is Small*)}，Then{ms *is High*}。

注意到前提中的两个条件是"与"关系，因此结论激发值应采用两个条件中较小的那个激发值[15]。

这样，对于任意给定的尺寸差和强度差的输入值，通过上述推理规则即可得出相应的相像度。具体的过程是：首先要定义输入尺寸差和强度差与三个模糊集的模糊相似度，由它激发相应模糊推理规则，得出各规则下的推理结果，最后对推理结果进行非模糊化处理，得到一个清晰的相像度，用 α_s 表示。

按照上述方法得到一帧扫描的所有量测的合法度参数 $\alpha_{v,i}$ 和相像度参数 $\alpha_{s,i}(i=1,2,\cdots,n)$ 后，可以将它们按下式组合成一个模糊新息加权因子 $\alpha_i(i=1,2,\cdots,n)$

$$\alpha_i = \alpha_1 \alpha_{v,i} + \alpha_2 \alpha_{s,i} \tag{10-251}$$

其中常数 α_1 和 α_2 用来调整合法度和相像度之间的重要性，从而达到改变系统性能的目的。它们之间有关系

$$\alpha_1 + \alpha_2 = 1 \tag{10-252}$$

α_i 代表了量测源于特定目标（航迹）的置信水平。利用它以及相应的量测新息向量，可以按下式定义综合量测残差，即

$$\tilde{\boldsymbol{z}}'(k) \overset{\text{def}}{=} \begin{bmatrix} e_x(k) \\ e_y(k) \end{bmatrix} \overset{\text{def}}{=} \begin{bmatrix} x'(k) \\ y'(k) \end{bmatrix} = \sum_{i=1}^{n} \alpha_i \tilde{z}_i(k) \tag{10-253}$$

由于该残差是通过模糊逻辑得到的，因此称为模糊综合量测残差，式(10-253)具有同 PDA/JPDA 方法中的综合新息完全相同的形式。不过，二者的区别是显然的，在 PDA/JPDA 方法中，新息加权因子是关联概率。

2. 模糊综合量测新息的形成

如图 10-12，模糊综合量测反映了量测同其期望的差别大小，它一定程度上代表了新来信息。然而在模糊推理的应用中，除了要充分利用这种差别大小信息，往往还非常重视差别变化率中所蕴涵的信息。为此，定义残差变化率向量为

$$\mathrm{d}\,\tilde{\boldsymbol{z}}'(k) \overset{\text{def}}{=} \begin{bmatrix} \mathrm{d}e_x(k) \\ \mathrm{d}e_y(k) \end{bmatrix} \overset{\text{def}}{=} \begin{bmatrix} \dfrac{x'(k) - x'(k-1)}{t_s} \\ \dfrac{y'(k) - y'(k-1)}{t_s} \end{bmatrix} \tag{10-254}$$

式中 t_s 为扫描周期。

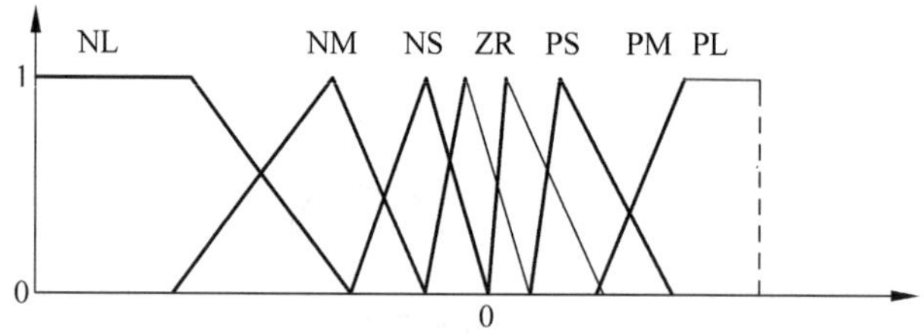

图 10-12 模糊集类型二

假定 e_x 和 e_y 是解耦的，以下仅对 e_x 和 $\mathrm{d}e_x$ 的处理加以说明，对 e_y 和 $\mathrm{d}e_y$ 的处理是完全类似的。

由于 e_x 和 $\mathrm{d}e_x$ 可正可负，它们可以分别定义 7 个模糊集，即“正大(PL)”、“正中”、“正小”、“近邻”、“负小”、“负中”、“负大”。它们的隶属函数分别类似图 10-12 中的三角形和梯形来定义。

接下来要生成上述模糊集同模糊综合新息之间的模糊关系，即生成模糊推理的大前提。假定模糊综合新息也被定义 7 个模糊集。其隶属函数也可以定义为类似图 10-12 中的三角形和梯形。将所得结果非模糊化可以得出由 e_x 和 $\mathrm{d}e_x$ 生成的模糊综合新息分量$\widetilde{F}_x$。同样可得出由 e_y 和 $\mathrm{d}e_y$ 生成的模糊综合新息分量$\widetilde{F}_y$。从而得出式(10-249)中所需的模糊综合新息向量为

$$\widetilde{\boldsymbol{F}} = \begin{bmatrix} \widetilde{F}_x \\ \widetilde{F}_y \end{bmatrix} \tag{10-255}$$

至此，可以对上述应用模糊推理进行目标跟踪一个步长的处理过程作如下总结。首先在得到一帧新量测后，对其中的每个量测计算 Euclid 距离、尺寸差和强度差；应用模糊推理将这些参数转化为各量测的合法度和相像度；将上述两个度量合成为量测残差加权因子；合成综合量测残差；进一步计算量测残差变化率；应用模糊推理得出模糊综合新息；将该模糊综合新息取代常规卡尔曼滤波器，其余步骤与常规卡尔曼滤波器完全相同。

以上介绍了将模糊推理应用于目标跟踪器问题。从中可以看出，模糊逻辑把原本非常复杂的数据关联和目标跟踪问题大大简化了。它还可以方便地将非位置量测信息同位置量测信息综合起来并加以利用。

10.6 航迹终止与航迹管理

10.6.1 多目标跟踪终结理论

1. 序列概率比检验(SPRT)算法

参考文献[56,58～60]提出的序列概率比检验算法主要用于跟踪起始，同时该算法也可用于跟踪终结，该算法采用假设检验来进行跟踪的起始或终结。首先需建立两种假设 H_1 和 H_0，其中 H_1 为跟踪维持假设，H_0 为跟踪终结假设。其次，分别计算每种假设的似然函数 p_{1k} 和 p_{0k}，即

$$H_1: p_{1k} = p_D^m (1 - p_D)^{k-m} \tag{10-256}$$

$$H_0: p_{0k} = p_F^m (1 - p_F)^{k-m} \tag{10-257}$$

式中，p_D 和 p_F 分别为检测概率和虚警概率；m 为检测数；k 为扫描数。接着，分别定义相应于上述两种假设的似然比函数为

$$U_k = \frac{p_{1k}}{p_{0k}} \tag{10-258}$$

并相应设置两种门限分别为 C_1 和 C_2。最后，SPRT 算法的决策逻辑安排如下：$U_k \geqslant C_2$，接受假设 H_1，跟踪维持；$U_k \leqslant C_1$，接受假设 H_0，跟踪终结；$C_1 < U_k < C_2$，继续检验。其中，决策门限 C_1 和 C_2，满足

$$C_1 = \frac{\beta}{1-\alpha} \tag{10-259}$$

$$C_2 = \frac{1-\beta}{\alpha} \tag{10-260}$$

式中，α 和 β 为预先给定的允许误差概率，α 是假设 H_0 为真时接受 H_1 的概率，即漏撤（当航迹应该撤销而判决航迹不撤销）概率，而 β 则是假设 H_1 为真时接受 H_0 的概率，即误撤（当存在真实航迹却被判为航迹撤销）概率。

对式(10-258)两边取对数,并利用式(10-256)、式(10-257),得到似然比函数的对数形式,决策逻辑式就可以转化为

$$\ln U_k = \ln(p_{1k}/p_{0k}) = m a_1 - k a_2 \tag{10-261}$$

式中参数 a_1 和 a_2 分别为

$$a_1 = \ln \frac{p_D/(1-p_D)}{p_F/(1-p_F)} \tag{10-262}$$

$$a_2 = \ln \frac{1-p_F}{1-p_D} \tag{10-263}$$

定义检验统计变量 $ST(k)$ 为

$$ST(k) = m a_1 \tag{10-264}$$

则

$$\ln U_k = ST(k) - k a_2 \tag{10-265}$$

此时定义 k 时刻决策门限为

$$T_U(k) = \ln C_2 + k a_2 \tag{10-266}$$

$$T_L(k) = \ln C_1 + k a_2 \tag{10-267}$$

这样,跟踪终结决策逻辑课表示如下:

(1) $ST(k) \geqslant T_U(k)$,接受假设 H_1,跟踪维持;

(2) $ST(k) \leqslant T_L(k)$,接受假设 H_0,跟踪终结;

(3) $T_L(k) < ST(k) < T_U(k)$,继续检验。

即在 k 时刻,若某航迹的波门内落入了点迹,则统计 $ST(k)$ 增加 a_1,若航迹的波门内无任何点迹,一则 $ST(k)$ 保持不变,而门限 $T_L(k)$、$T_U(k)$ 每一时刻都增加 a_2。当统计量 $ST(k)$ 高于门限 $T_U(k)$ 时算法判决跟踪维持;当统计量 $ST(k)$ 低于门限 $ST(k)$ 时算法判决跟踪终结,航迹被撤销;否则,继续进行检验。

2. 跟踪门方法

该方法将最优跟踪门限[61,62]用于确定跟踪终结的准则,最优跟踪门限 γ_0 的表达式为

$$\gamma_0 = 2\ln \frac{p_D}{(1-p_D)\beta_{\text{new}}(2\pi)^{M/2}\sqrt{|\boldsymbol{S}|}} \tag{10-268}$$

式中,P_D 为检测概率;β_{new} 为新回波密度;M 为观测维数;$|\boldsymbol{S}|$ 为新息协方差矩阵的行列式。

由跟踪门规则可知,当由跟踪滤波器所产生的新息范数 $\Psi(k)$ 满足关系式

$$\Psi(k) \leqslant \gamma_0 \tag{10-269}$$

时,探测器接收到的回波最大可能来自被跟踪的目标。因此,只要 $\gamma_0 > 0$,就存在着更新被跟踪目标轨迹的可能;相反,若 $\gamma_0 < 0$,则所接收到的回波最大可能来自新目标回波而非被跟踪目标。

如果计算出椭球跟踪门大小 γ,则一个自然而然的跟踪终结准则为,当且仅当

$$\gamma_0 < \gamma_{\min} \tag{10-270}$$

成立时,认为跟踪终结。式中 $\gamma_{\min}$ 为某一最小门限值,$\gamma_{\min}$ 值可由具有 M(观测维数)

个自由度的标准 χ_M^2 分布求取，以保证在存在预先给定的轨迹更新概率条件下跟踪不至于被终结。

3. 代价函数法

众所周知，当目标动态模型足够精确，且观测/轨迹配对正确时，目标信息范数 $\boldsymbol{\Psi}(k)$

$$\boldsymbol{\Psi}(k) = \boldsymbol{v}^{\mathrm{T}}(k)\,\boldsymbol{S}^{-1}(k)\,\boldsymbol{v}(k) \tag{10-271}$$

服从自由度为 M 的 χ_M^2 分布。式中 $\boldsymbol{v}(k)$ 为目标的新息向量，$\boldsymbol{S}(k)$ 为新息协方差矩阵，M 为观测维数。

参考文献[63]就轨迹 i 定义了一种以其更新次数 N_i 归一化的积累 χ^2 代价函数，即

$$C_i = \frac{1}{N_i}\sum_{k=1}^{N_i}\Psi(k) \tag{10-272}$$

式中，N_i 为航迹 i 的更新次数。

根据上述定义可知 N_iC_i 服从自由度为 MN_i 的 $\chi_{MN_i}^2$ 分布。由此，按照 $\chi_{MN_i}^2$ 分布或利用高斯近似，可设置门限为

$$\eta = M + \alpha\sigma_{c_i},\ \forall\,\alpha \geqslant 3 \tag{10-273}$$

式中，M、σ_{c_i} 分别为 C_i 的均值与标准偏差，即

$$M = E[C_i] \tag{10-274}$$

$$\sigma_{c_i} = \sqrt{\frac{2M}{N_i}} \tag{10-275}$$

最后，当满足以下条件时

$$C_i > M + \alpha\sigma_{c_i} \tag{10-276}$$

或

$$C_i < M - \alpha\sigma_{c_i} \tag{10-277}$$

算法接受跟踪终结假设。

在这种算法中，注意到随着更新次数 N_i 的增加，由式(10-272)定义的代价函数 C_i 可能会存在对以往的数据进行重加权而对新数据进行轻加权，这样容易导致错误的跟踪终结。解决该问题的方法之一是在代价函数 C_i 中设置衰减函数 $\delta(k)$，即

$$C_i^* = \frac{1}{N_i}\sum_{k=1}^{N_i}\delta(k)\Psi(k) \tag{10-278}$$

式中，$\delta(N_i)=1$，且 $\delta(k+1)>\delta(k)$。

修正后的代价函数服从自由度为 V_Γ 的 $A\chi_{V_\Gamma}^2$ 分布(证明可参阅文献[57])，其中

$$A = \frac{\sum_{k=1}^{N_i}\delta^2(k)}{\sum_{k=1}^{N_i}\delta(k)} \tag{10-279}$$

$$V_{\Gamma}=M\frac{\left[\sum_{k=1}^{N_i}\delta(k)\right]^2}{\sum_{k=1}^{N_i}\delta(k)} \tag{10-280}$$

另一种解决方法是取一个固定的更新次数 N_i，对航迹进行滑窗长度为 N_i 的跟踪终结检测。这样就能够保证代价函数 C_i 中始终包含最新的 N_i 个新息向量。

4. 贝叶斯算法

贝叶斯算法[64,65]既可用于跟踪起始，也可用于跟踪终结。首先计算给定量测集合 Z 条件下轨迹为真的后验概率 $p(Z|T)$，由贝叶斯法有

$$p(Z\mid T)=\frac{p(Z\mid T)p_0(T)}{p(Z)} \tag{10-281}$$

而

$$p(Z)=p(Z\mid T)p_0(T)+p(Z\mid F)p_0(F) \tag{10-282}$$

$$p_0(F)=1-p_0(T) \tag{10-283}$$

式中，$p(Z|T)$和 $p(Z|F)$分别为存在真实目标和虚假目标条件下接收量测集合 Z 的概率；$p_0(T)$和 $p_0(F)$分别为真实目标和虚假目标的先验概率；$p(Z)$为接收量测集合的概率。

定义数据似然比 $L(Z)=\dfrac{p(Z|T)}{p(Z|F)}$，并组合式(10-281)～式(10-283)，有

$$p(T\mid Z)=\frac{L(Z)p_0(T)}{L(Z)p_0(T)+1-p_0(T)} \tag{10-284}$$

此时若设 L_k 为第 k 次扫描时的数据似然比，$p(T|Z_k)$为直到第 k 次扫描为止时目标为真的概率，那么式(10-284)则变换为

$$p(T\mid Z_k)=\frac{L_k p(T\mid Z_{k-1})}{L_k p(T\mid Z_{k-1})+1-p(T\mid Z_{k-1})} \tag{10-285}$$

式中

$$L_k=\frac{p(Z_{k-1}\mid T)}{p(Z_{k-1}\mid F)}=\begin{cases}\dfrac{p_D V_j(k)\exp(-\boldsymbol{\Psi}_j^2(k)/2)}{p_F\ (2\pi)^{M/2}\sqrt{|\boldsymbol{S}_j(k)|}}, \\[2ex] \dfrac{1-p_D}{1-p_F},\end{cases} \tag{10-286}$$

式中，$V_j(k)$为 j 个目标的互联域体积；$\boldsymbol{S}_j(k)$为新息协方差矩阵；$\boldsymbol{\Psi}_j(k)$为目标的新息范数；M 为观测维数；p_D 为雷达探测概率；p_F 为虚警概率，且

$$p_F=\beta_{FT}V_j \tag{10-287}$$

式中 β_{FT} 为虚警密度。

设置跟踪门限 p_{el}，于是当且仅当

$$p(T\mid Z_k)<p_{el} \tag{10-288}$$

时我们认为跟踪终结。

通过这种方法，我们可以同时进行航迹确认和跟踪终结，而在确认每条航迹之后，跟踪终结检验将以较大的初始目标概率 p_0 启动运行。

5. 全邻贝叶斯算法

上述贝叶斯算法属于最邻近的算法，均适用稀疏回波环境下的目标跟踪终结问题，为了解决高密集多回波环境下的机动多目标跟踪终结问题，我们可以对贝叶斯算法进行修正，即利用修正的概率数据互联——二级滤波器算法中的全邻等效新息代替贝叶斯算法中的"最邻近"新息，进而得到新的数据似然比计算方法。

修正后的全邻贝叶斯算法基本方程为

$$p(T \mid Z_k) = \frac{L_k p(T \mid Z_{k-1})}{L_k p(T \mid Z_{k-1}) + 1 - p(T \mid Z_{k-1})} \tag{10-289}$$

式中

$$L_k = \begin{cases} \dfrac{p_D V_j(k)\exp(-\varphi_j^2(k)/2)}{p_F\ (2\pi)^{M/2}\sqrt{|\boldsymbol{S}_j(k)|}}, \\ \dfrac{1-p_D}{1-p_F}, \end{cases} \tag{10-290}$$

式中，$\varphi_j(k)$为第 j 个目标的等效新息范数，即

$$\varphi_j(k) = [\boldsymbol{Z}_j(k) - \boldsymbol{H}(k)\hat{\boldsymbol{X}}_j(k \mid k-1)^{\mathrm{T}}\boldsymbol{S}_j^{-1}(k)[\boldsymbol{Z}_j(k) - \boldsymbol{H}(k)\hat{\boldsymbol{X}}_j(k \mid k-1)],$$
$$j = 1,\cdots,n \tag{10-291}$$

式中 n 为目标个数。

由于多余回波在监视区域内服从均匀分布，为适合高密集回波环境，我们重新定义

$$p_F = \frac{V_j}{V_T},\quad j = 1,\cdots,n \tag{10-292}$$

式中，V_T 为监视区域的体积。

同样，设置跟踪终结门限 p_{TT}，当且仅当

$$p(T \mid Z_k) < p_{TT} \tag{10-293}$$

则接受跟踪终结假设。

10.6.2　航迹管理

现代战场环境日益复杂，空战飞机实施交叉、编队、迂回等各种协同和非协同战术机动，有源无源电子对抗带来大量的不确定性。在如此复杂的多目标多杂波环境下，由雷达探测形成的航迹之间呈现着错综复杂的关系。目标航迹的起始、确认、保持、撤销准则在工程应用中成为非常重要的问题。因此，航迹管理成为雷达数据处理系统中的一个重要内容。航迹管理可分为两部分内容，即航迹号管理与航迹质量管理。

1. 航迹号管理

每一雷达跟踪系统都必须有自己的航迹文件管理系统，而航迹管理一般要通过航迹编号来实现，航迹号是给航迹的编号，与给定航迹相联系的所有参数都以其航迹号作为参考。这样做的目的是：一方面在航迹管理中标记航迹，用做航迹间相关处理；另一方面可事后统计分析航迹处理效果，还有借助于航迹号的管理可描述一定的战场态势，并反馈给航迹内部的信息处理。

航迹号管理中航迹号的申请、撤销、保持及对航迹的运算与操作等过程，需建立航迹号数组和赋值航迹号链表。其具体操作过程如下。

(1) 建立航迹号数组 DT，维数为 NN（NN 为整数），初始化为 $DT(i)=i, i=1,2,3,\cdots,NN$。

(2) 设定 NU 为进入雷达监视区的指针，初值为零。

(3) 航迹号的申请。新航迹进入监视区，则 $NU=NU+1$，并为该航迹分配航迹号 $NT=DT(NU)$。

(4) 航迹号的撤销。若航迹 $NT1$ 被取消，则 $DT(NU)=NT1$，且 $NU=NU-1$。

由于对航迹的所有操作都是以航迹号为第一参数的，为了便于对监视区所有航迹连续不断和有效地操作，需要对雷达监视区建立赋值航迹号链表，监视区内的航迹号存储、转换航迹号的管理过程如下：

(1) 建立航迹号存储数组 $IDT1$，且规定 $IDT1$ 的初值为零。设定一变量 $TB1$，并把第一个航迹号 $NT1$ 存储到 $TB1$ 中；

(2) 把航迹号按下面规则存储到 $IDT1$ 中，即 $IDT1(NT1)=NT2$，依次类推；

(3) 要对该监视区的航迹进行操作时，从 $TB1$ 中取得第一个航迹号 $NT1$ 然后依次取出 $NTm=IDT1(NTm-1)$，直到遇到零为止；

(4) 航迹的撤销。

设 NT 为当前处理的航迹号，NTL 为上次处理的航迹号，撤销过程为：

(1) 若 $NTL=0$，则 $TB1=IDT1(NT)$，$IDT1(NT)=0$；

(2) 若 $NTL\neq 0$，则 $NT1(NTL)=IDT1(NT)$，$IDT1(NT)=0$。

此外，航迹号的分配也是航迹号管理中最基础和关键的过程，下面将讨论并分析雷达跟踪系统单航迹号的分配方法，在原有单航迹号分配方法的基础上，还给出多航迹号分配方法以及扩展的航迹号立体图的方法。尤其是航迹号立体图的引入，为航迹管理提供一个新的思路。

1) 单航迹号分配法

在编队执行攻击任务时，一旦进入某一攻击区域，为增强对抗性，一般采用分头执行机动。这样在跟踪编队时就如同目标进入了高杂波区一样，互联的同一波门将出现多个点迹，一般的处理措施是采用多假设方法，即根据波门中的点迹数据将航迹分叉为两条或者多条航迹，并将原来积累的航迹信息作为分叉后航迹的共有信息，按各自的互联点迹递推几个时间步。如果两航迹仍能维持，分出的两航迹属于真实航迹；若是因为虚警，则其中一条航迹终结。在分叉处理过程标识航迹的前后连续关系的只有通过航迹号的变化，那么应怎么分配航迹号才能标识航迹的这种变化特性呢？

考虑航迹分叉主要有三种方法。

(1) 方法 1

按图 10-13 中左图方式分配，虽原航迹 6 自身信息保留在新航迹 7 和 8 中，但航迹 7、8 与 6 的联系在更高层次上已随航迹号的全新而丢失，对系统来说 7、8 航迹类似于重新起始航迹，历史信息损失最大。

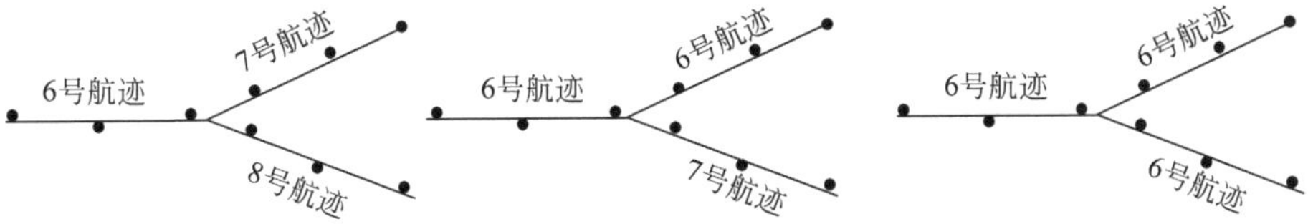

图 10-13　单航迹号分配法描述航迹分叉

(2) 方法 2

按图 10-13 中中图方式分配，原航迹信息保留在 6 或 7 中，系统对航迹 6 保持了原有的连续性，但出现两种情况：①如果新航迹 6 恰好是原航迹 6 的真实延续则不存在信息损失；②如果新航迹 6 是虚假的航迹，并且很快就终结，则历史信息损失同方法 1，这里我们可以将 7 视为暂态航迹(有别于航迹起始时的暂时航迹概念)。经过几个时间步之后看它是否存在来决定是否保留。如果 7 保留而 6 终结，则将航迹号 7 改为 6，从而保留了这种延续关系，如果 6 和 7 都保留，则把编号 7 正式分给起始的这条航迹。

(3) 方法 3

按图 10-13 中右图方式分配，一个航迹号用于两条航迹，违背了一般性原则：航迹号标识应该是唯一的。但优点是其中一条的延续关系保留了。这种方法在某些允许航迹号可重复的场合使用。

我们来深入考虑方法 2，暂态航迹号如何赋值以及如何保留一段时间是一比较棘手的问题。航迹本身是否知道航迹处于这种状态，采用此方法无法从航迹号上标识出。因此我们建议在易发生交接、分叉的航迹区，比如某些特定的航迹簇内，让每条航迹保留两个航迹号，一个作为先航迹号，一个作为后航迹号。先航迹号表示未发生交叉或合并，分叉之前分配的航迹号；后航迹号表示发生这些情况之后分配的航迹号。这样就保留了这种延续的变换关系，为处理提供更大的灵活性。由于航迹号采用无符号整形变量，因此在实现中带来的计算和存储上的负担完全可接受。

2) 双航迹号分配法

双航迹号分配方法提供一系列的分配机制，这里为描述问题的方便用正数 x 表示先航迹号；用正数 y 表示后航迹号，一般情况下：

航迹孤立维持阶段　　$x=y$；

航迹起始阶段　　$y=0$，约束时间为$\tau_{起始}$；

航迹撤销阶段　　$x=0$，约束时间为$\tau_{撤销}$；

航迹变换阶段(交叉，合并，分叉过程中)　　$x\neq y$，约束时间为$\tau_{变}$。

从航迹合并到航迹分叉，到其中一条航迹撤销过程描述如图10-14所示。

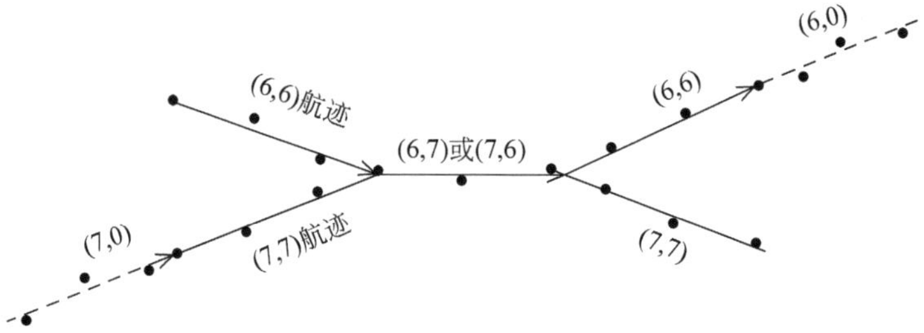

图10-14　双航迹号描述法的典型过程

处于起始阶段的航迹($x=7,y=0$)经过一定时间进入维持阶段($x=y=7$)，并与另一条处于维持阶段的航迹($x=y=6$)合并，合并期间的航迹号为($x=6,y=7$)，这里航迹号6和7的先后意义不明确。若合并后航迹存在时间大于$\tau_{变}$，则航迹号为($x=y=6$)或者($x=y=7$)。交叉前与交叉后航迹号的对应关系可运用一些规则和经验来确定，比如一般航迹不存在"V"形拐弯。此时若航迹($x=y=6$)进入撤销阶段则航迹号变成($x=0,y=6$)。

从航迹起始，航迹维持，航迹分叉到航迹合并情况描述如图10-15所示。

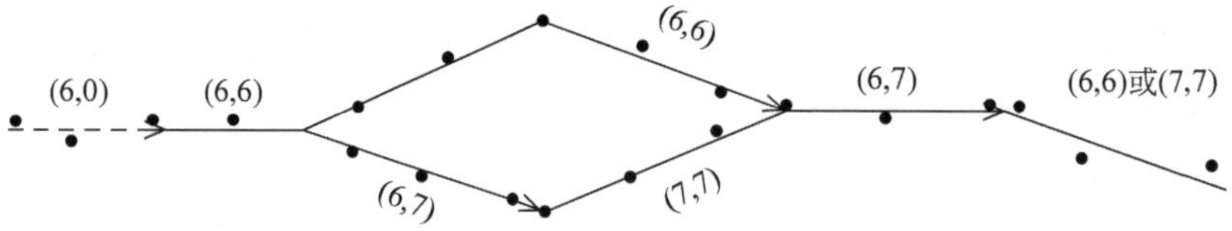

图10-15　航迹起始、维持、分叉、合并全过程航迹号分配

3）双航迹号的描述图与特性

按双航迹号分配法，一条航迹的航迹号为x,y两个正数值，如果将它放在X-Y平面内来考虑的话，它对应的就是平面内的一个点(坐标为正数)。那么对于空间密集目标对应的多航迹环境，航迹号的分布就形成一个区域，区域的大小受系统跟踪多目标的最大值(最大可分配的航迹号，比如极限为120批目标时，航迹号就是从1到120，最大值为120)限制。如图10-16所示，x坐标轴是起始阶段航迹号的集合，y坐标轴是撤销阶段航迹号的集合，直线$x=y$是航

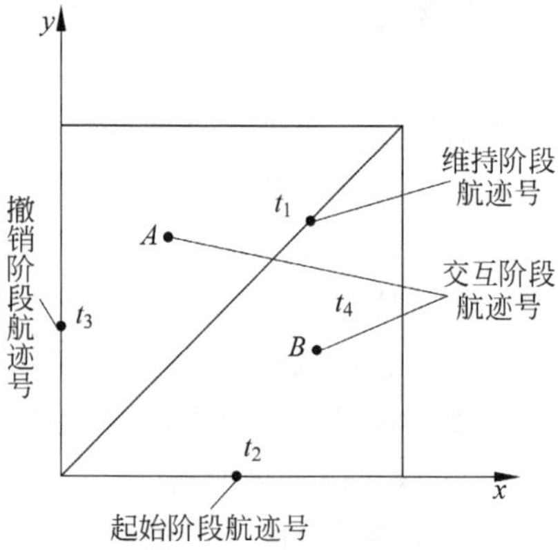

图10-16　航迹号平面图

迹维持阶段航迹号的集合，而 x 轴与直线 $x=y$ 之间区域是合并阶段航迹号的集合，y 轴与直线 $x=y$ 之间区域是分叉阶段航迹号的集合。这样，区域内的点分布有如下特征：孤立维持阶段的航迹其航迹号都分布在 $x=y$ 直线上，如 t_1 起始阶段的航迹其航迹号分布在 $x(y=0)$ 上，如 t_2；撤销阶段的航迹号分布在 y 轴($x=0$)上，如 t_3；交互阶段(交叉、合并和分叉过程)的航迹都分布在第一象限的两块不包括便捷的区域 A 和 B，如 t_4。

航迹的通常变化过程为：首先航迹起始点$(k,0)$，接着航迹进入维持阶段，点出现在 $x=k$ 与 $x=y$ 线段的交点(k,k)；如果出现分叉，则分叉后的两个点(k,l_1)，(k,l_2)出现在 $x=k$ 线段上；若航迹(k,l_1)撤销，则它将出现在 y 轴上的点$(0,l_1)$，航迹(k,l_2)转入稳定维持阶段则回到(k,k)状态；整个变化过程描述如图 10-17 所示。用这种方法来标记前面提到的两种航迹变换情况：分叉与合并，如图 10-18 所示。

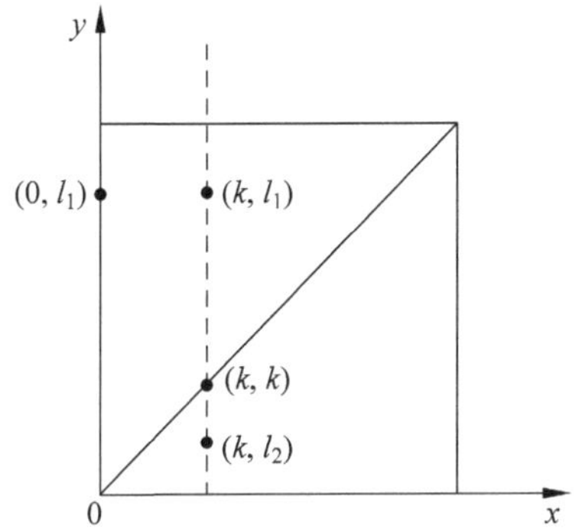

图 10-17　航迹号描述典型航迹变换过程

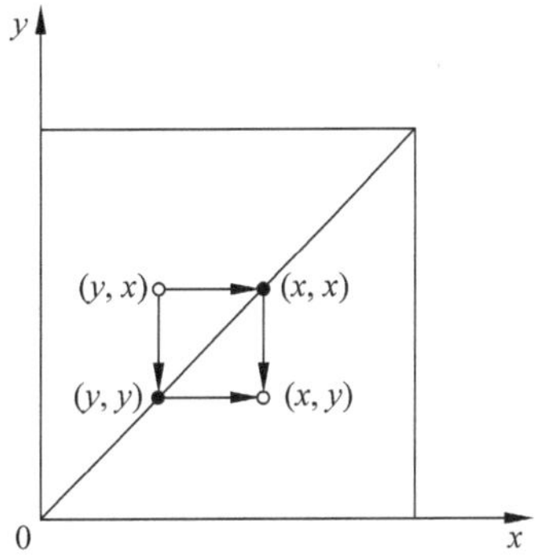

图 10-18　航迹号图描述航迹分叉和合并

通过看 $x=k$ 上的点的多少可了解此航迹的历史分叉情况。航迹的合并和交叉特征可这样表现，在变换区域中有个点(x,y)，如果在此之前(x,x)和(y,y)上同时存在点，则航迹(x,y)就是合并而来的。如果后续时刻同时出现(x,x)和(y,y)两点，则为交叉，如果仅出现(x,x)和(y,y)中的一个，则为航迹合并，并进入维持阶段。

4) 双航迹号的立体描述图

(1) 立体图描述

在此之前研究的都是航迹号的瞬态分布特性。若考虑每一阶段的存在时间，我们就需要引入时间轴，从而构成航迹号立体结构，其容纳的信息将更为丰富。

因为雷达以一定的采样间隔采集数据，因此航迹号的存在时间也同航迹号本身一样是离散的，其立体图如图 10-19 所示。

我们来分析各个平面的含义：X-Y 平面的含义已经在前面分析过 $x=y$ 平面如图 10-19(b)所示，其内部的点都是处于跟踪维持阶段的航迹，维持的时间长短就是通常意义的航迹寿命。航迹寿命是反映跟踪特性的一个重要因素，因此可在此平面内统计一次仿真中航迹寿命超过某值的航迹条数，来评估跟踪效果，而且此平面内点所对应的航迹的状态估计可靠性最高，目标识别能力最好。

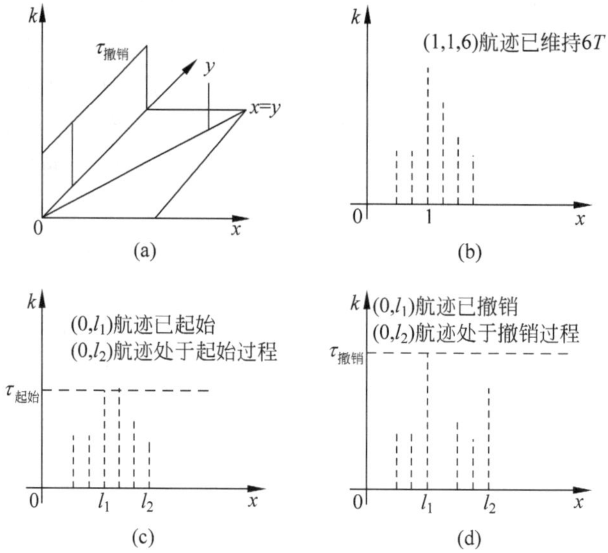

图 10-19 立体图

X-T 平面如图 10-19(c)所示。一次仿真的全过程中反映了航迹起始的数量和航迹起始所需要的采样点。这与航迹起始所采用的方法有关，比如采用滑窗法的 N/M 准则时，同一 x 坐标位置记录的点数 k 和航迹号的数量就反映此种方法对环境的适应性。这种适应性度量用来指导选择航迹起始方法，它受两方面约束，是快速起始航迹的能力和产生假航迹之间的一个折中，而通过对 X-T 平面点的统计，将给出一个比较好的依据。这里航迹起始的约束时间为 $\tau_{起始}$，有 $kT<\tau_{起始}$。

Y-T 平面如图 10-19(d)所示，记录的是航迹撤销过程，作为航迹起始的逆过程，对其上的点的统计同样有评估意义。约束时间为 $\tau_{撤销}$ 表示撤销时间超过 $\tau_{撤销}$ 的航迹其信息认为已经无保留价值，可予以撤销。对正处于撤销阶段的航迹，其航迹号的保留还是很有意义的，它可回溯过去调整与之相关航迹号的分配，如图 10-20 所示：航迹(6,6)进入撤销阶段的航迹号为(0,6)，用来将暂态航迹(6,7)转为可靠航迹(6,6)。

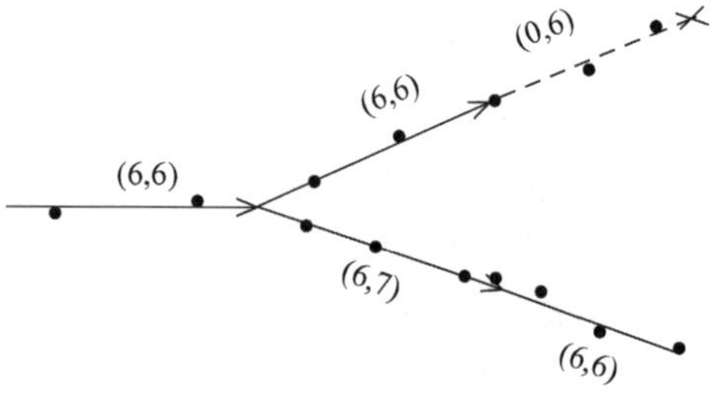

图 10-20 撤销阶段航迹号意义

介于 4 个开面之间的区域是最为复杂的，其间点的意义要参考 4 个平面上的位置来考虑，比如(3,6,3)描述为：航迹 3 分叉出航迹 6，已持续 $3T$。点的位置描述了航迹变换的先后因果关系以及暂时状态，提供了一种在杂波中的多目标跟踪处理时的航迹号描述方法，对多假设滤波、联合概率互联(JPDA)等多目标跟踪算法的实现提供方便；另一方面由于它反映的是整个态势上的航迹的动态组合变换特性，因此在结合航迹其他特性，如空间位置、属性的基础上粗略地估计目标的联合协同作战特性。

(2) 航迹号立体图初始化与管理

用航迹号立体图描述和实现对航迹号管理时，需要如下初始化：

① 最多容纳的航迹数 $x_{\max}=y_{\max}$；

② 航迹起始时间常数 $\tau_{起始}$；

③ 航迹撤销时间常数 $\tau_{撤销}$；

④ 变换规则初始化，主要针对不在参考面上的点：

点(航迹)从 $x=y$ 直线到变换区域的数据互联规则，包括点迹与航迹、航迹与航迹关联等规则；点(航迹)从变换区域回到 $x=y$ 直线的数据互联规则，主要是指航迹与航迹关联。

立体图的区域管理算法：

起始面航迹起始算法，如 n/m 规则；

维持面航迹维持算法，如自适应跟踪算法；

撤销面航迹撤销算法，如基于逻辑的方法：

A 区：航迹合并管理算法；

a 区：航迹分叉管理算法(见图 10-20)。

航迹号立体图可以满足航迹管理的迫切需要，其主要功能为：航迹号立体图可以评估航迹起始、撤销和跟踪维持阶段所采用方法的性能；立体图的分维处理可做单项指标自适应控制航迹处理的某一参数；立体图结合空间位置可分析出目标的攻击属性，可指导属性识别，了解其战术企图以及威胁等级，也可反馈给状态估计用来模型预测。

2. 航迹质量管理

航迹质量管理是航迹管理的重要组成部分，通过航迹质量管理，可以及时、准确地起始航迹以建立新目标档案，也可以及时、准确地撤销航迹以消除多余目标档案。航迹质量管理的主要任务有两个：正确、迅速地起始新航迹，并抑制假航迹的起始；及时、准确地删除已建立的假航迹，并保留真航迹不被删除。

1) 利用航迹质量选择起始准则和撤销航迹

为了对航迹质量管理进行理论分析，我们用滑窗检测器来讲述航迹的起始和撤销。滑窗检测航迹起始技术具有计算量小和可用蒙特卡罗法(或解析法)进行分析的优点，因而被许多实际跟踪系统所采用。

滑窗检测器的一般原理是：设序列$(Z_1,Z_2,\cdots,Z_N)$表示雷达的 N 次扫描，如果第 i 次扫描跟踪门有点迹，则令 $Z_i=1$，否则 $Z_i=0$。当尺寸为 n 的滑窗内检测数达到 m 时，则称航迹起始成功，否则滑窗向前滑动。

航迹起始目前通用的技术指标是起始响应时间。起始响应时间是指目标进入雷达威力区到建立该航迹的时间，通常用雷达扫描数作为单位。快速航迹起始一般为 3～4 个雷达扫描周期，而慢速航迹起始一般为 8～10 个扫描周期。

在滑窗检测中，直接利用 Hammers 的结果(见表 10-4[56,67]，可以计算出常用准则检测到一个目标所需的时间。在航迹起始过程中,真航迹出现的概率相当于目标检测过程中雷达的发现概率。设 p 为 $Z_i=1$ 的概率,$P_c(N)$为第 N 次检测成功的概率状态差分方程。从表 10-4 中可以看出在准则一定的情形下,航迹起始响应时间为 p 的单值函数。给定起始响应时间,则可以选出若干个响应时间小于该额定起始响应时间的 m/n 准则。给定不同的准则及 p,可利用表 10-4 得到航迹起始响应时间和第 N 次成功的概率。

表 10-4 第 N 次起始成功的概率状态差分方程表

准则	航迹起始响应时间	第 N 次成功的概率状态差分方程
2/2	$\frac{(1+p)}{p^2}$	$P_c(N)=p^2\delta_{N2}+(2-p)P_c(N-1)-(1-p)^2P_c(N-2)$ $-p(1-p)P_c(N-2)$ 当 $N<2$ 时,$P_c(N)=0$
2/3	$\frac{2-q^2}{p(1-q^2)}$ 其中 $q=1-p$	$P_c(N)=p^2\delta_{N2}+p^2(1-p)\delta_{N3}+(2-p)P_c(N-1)$ $+(p-1)P_c(N-2)+p(1-p)^2P_c(N-3)$ $-p(1-p)^2P_c(N-4)$ 当 $N<2$ 时,$P_c(N)=0$
3/3	$\frac{1+p+p^2}{p^3}$	$P_c(N)=p^3\delta_{N3}+(2-p)P_c(N-1)-(1-p)^2P_c(N-2)$ $-p(1-p)^2P_c(N-3)-p^2(1-p)P_c(N-4)$ 当 $N<3$ 时,$P_c(N)=0$

在航迹起始反应时间小于系统指标的要求下,m/n 逻辑滑窗检测法常用的准则如表 10-5 所示。

表 10-5 起始反应时间小于系统指标的准则

	0.9	0.8	0.7	0.6
快速航迹起始(反应时间≤4)	2/2,2/3,3/3	2/2,2/3	2/2,2/3	
慢速航迹起始(反应时间≤8)	2/2,2/3,3/3	2/2,2/3,3/3	2/2,2/3,3/3	2/2,2/3

从表中可以看出仅给出额定起始响应时间,是难以确定所需的起始准则的。为了反映航迹质量管理系统对假航迹起始的抑制能力,定义假航迹起始概率 p_{FTI}。

为了计算假航迹的概率,需要研究假航迹的起始特性。

假目标出现的概率为

$$p_c=1-(1-p_F)^L \tag{10-294}$$

式中,p_F 为雷达的虚警概率,L 为初始波门内雷达分辨单元的个数,对于二维雷达

$$L=\frac{\pi(V_{\max}T)^2}{\Delta\rho(\rho\Delta\theta)} \tag{10-295}$$

式中,$\Delta\rho$、$\Delta\theta$ 分别为雷达的距离和方位分辨力:ρ 为起始波门中心与雷达之间的距离;$V_{\max}$是预期的最大目标速度;T 是雷达扫描周期。

假定 $\rho=50\text{km}$,$\Delta\theta=0.026\text{rad}$,$\Delta\rho=300\text{m}$,$\sigma_\theta=0.014\text{rad}$,$\sigma_\rho=150\text{m}$,$V_{\max}=600\text{m/s}$,$T=1\text{s}$,$p_F=10^{-5}$,则由式(10-294)和式(10-295)可求得:$p_c=5.9\times10^{-4}$,

把 p 作为假目标的检测概率 p 代入表 10-4 中的概率状态差分方程，便得到各准则下的虚假航迹起始概率 p_{FTI}，如表 10-6 所示。要求它小于系统的假航迹起始概率指标 p_{FTIT}，即 $p_{FTI} \leqslant p_{FTIT}$。从表 10-6 中可以得出 3/3 准则 p_{FTI} 最小。若给定 $p_{FTIT} = 5\times 10^{-5}$，则 2/2 是可以选用的。

航迹撤销的主要任务是及时删除虚假航迹而保留真航迹。为此定义虚假航迹寿命和真航迹寿命这两个指标[68]。

表 10-6　虚假航迹起始概率
（在 $P_c = 5.9\times 10^{-4}$ 条件下）

航迹起始准则	$\leqslant P_{FTIT}$
2/2	3.4×10^{-5}
2/3	6.8×10^{-3}
3/3	2.0×10^{-8}

定义 10.1　一条假航迹从起始后到被删除的平均雷达扫描数称为虚假航迹寿命 L_{FT}。

定义 10.2　一条真航迹起始后被误作假航迹删除的平均雷达扫描数，称为真航迹寿命。

采用滑窗检测器时航迹撤销的规则是：对于连续 n 次检测，如果有 m 次没有检测到与航迹互联的点迹，则删除该航迹。

后续跟踪门内分辨单元的数目与波门尺寸有关，而波门尺寸与滤波精度有关，它是观测预测协方差阵的函数。作为一种近似，假定预测误差等于观测误差，则后续跟踪门内分辨单元的个数为

$$L = \frac{2\chi^2 \sigma_\rho \sigma_\theta}{\Delta\rho\Delta\theta} \tag{10-296}$$

式中，χ^2 是给定显著水平的 Chi 方分布门限。测量精度一般与分辨单元成正比，后续波门内分辨单元的个数与信噪比和积累方式有关。在后续跟踪门内无假目标出现的概率 $\bar{p}_c = 1 - p_c$。

按 Hammers 方法[67]，假定式(10-296)中参数与前面相同，求得 $\bar{p}_c = 0.99996$，可以求出各准则下假航迹寿命如表 10-7 所示。

表 10-7　假航迹寿命
（$P_c = 4\times 10^{-5}$）

准则	假航迹寿命
2/2	2.00
2/3	2.00
3/3	3.00

研究真航迹寿命时必须考虑以下情况：源于目标回波落在相关域内，且无虚警；源于目标回波在相关域内，且有虚警；不存在源于目标的回波，且有虚警；不存在源于目标的回波，且无虚警。以上情形均假定点迹（回波）落在相关域内的概率即门限概率 $p_G = 1.0$。则各事件的概率为：$p_1 = p_d \times (1 - p_c)$；$p_2 = p_d \times p_c$；$p_3 = (1 - p_d) \times p_c$；$p_4 = (1 - p_d) \times (1 - p_c)$。其中最后一种情况将导致丢失一次点迹，故真航迹的丢点概率为

$$\bar{p}_{TL} = 1 - p_d - p_c + p_d p_c \tag{10-297}$$

可以计算出不同发现概率情形下的丢点概率和真航迹寿命。

当 $p_d = 0.9$ 时，从表 10-7 和表 10-8 可以看出选用 3/3 规则既可以有效地删除假航迹又便于保留真航迹。

表 10-8　丢点概率与真航迹寿命(s)

	0.9	0.8	0.7	0.6
2/2	0.1/110.0	0.2/30.4	0.3/14.3	0.4/8.7
2/3	0.1/62.4	0.2/18.9	0.3/9.7	0.4/6.3
3/3	0.1/1110.0	0.2/155	0.3/51.5	0.4/24.9

注：表格内(/)表示(丢点概率/真航迹寿命(s))

2）单站情况下航迹质量管理的优化

综上所述，航迹起始与撤销的准则主要依赖于发现概率 P_d 和假目标出现的概率 P_c，当信号检测系统给定后，在恒虚警雷达中，发现概率与信噪比有关，而假目标出现的概率 P_c 也与信噪比有关。

根据雷达方程，接收信号的信噪比为

$$(SNR)_{dB}=(p_t)_{dBw}+2\,(G)_{dB}+2\,(\lambda)_{dBcm}+(\sigma)^2_{dBm}$$
$$-4\,(R)_{dB\text{海里}}-(B)_{dBHz}-\overline{(NF_0)}_{dB}-(L)_{dB} \qquad (10\text{-}298)$$

式中，P_t 为发射功率；G 为天线增益；λ 为波长；σ 为雷达截面积；R 为目标的距离，B 为系统带宽；$\overline{NF_0}$ 为有效噪声系数；L 为雷达系统总的系统损失因子。此处分贝定义为 10 倍的对数。

相参雷达系统最佳检测的发现概率为

$$p_d=1-\Phi[\sqrt{1/d}\ln l_0+\frac{1}{2}\sqrt{d}-d] \qquad (10\text{-}299)$$

式中，l_0 为门限值，取决于判决规则 $d=2E_1/N_0$ 为信噪比，$\Phi(x)=\int_{-\infty}^{x}\frac{1}{\sqrt{2\pi}}\mathrm{e}^{-\frac{v^2}{2}}\mathrm{d}v$ 是高斯分布函数。

当给定 l_0 时，可以画出不同虚警率下 $p_d\sim\sqrt{d}$ 的关系曲线(即检测特性曲线)，从图中可以看出当虚警率一定时，p_d 与信噪比(按 dB 表示)近似呈线性关系。又知信噪比与距离呈线性关系，因此可以认为发现概率与距离也呈线性关系。

由于发现概率随距离变化，因此要求不同距离上使用不同航迹起始和撤销准则。为了建立不同距离上的航迹质量准则，定义最优起始准则和最优删除准则。

设 B 为可供使用准则的集合

$$B=\{B_i\} \qquad (10\text{-}300)$$

常供使用的准则为 2/2′；2/3，3/3；有时需要用 3/4、4/4 等。

设 $S_i\subseteq B$，且满足航迹起始反应时间 T_I 小于额定航迹起始反应时间 T_{IT}，即

$$S_i=\{B_i\mid T_I(B_i)\leqslant T_{IT}\} \qquad (10\text{-}301)$$

设 $p_{FTI}(B_i)$ 为集合中采用准则 B_i 时的假航迹起始概率，则定义最优起始准则 B_{opt} 为

$$B_{\mathrm{opt}}=\{B_i\mid \min_{B_i\in S_i}p_{FTI}(B_i)\} \qquad (10\text{-}302)$$

设集合 $S_p\subseteq B$，且满足假航迹寿命 L_{FT} 小于额定假航迹寿命 L_{FTT}。即

$$S_p=\{B_i\mid L_{FT}\leqslant L_{FTT}\} \qquad (10\text{-}303)$$

设 $L_{RT}(B_i)$ 为采用准则 B_i 时的真航迹寿命。定义最优删除准则 Q_{opt} 为

$$Q_{\mathrm{opt}} = \{B_i \mid \min_{B_i \in S_p} L_{RT}(B_i)\} \tag{10-304}$$

如果系统指标给出了额定航迹起始反应时间 T_{IT} 和额定假航迹起始概率 P_{FTIT}，则可以定义准最优起始准则。

设 S_q 为假航迹起始概率 $p_{FTI}(B_i)$ 小于额定假航迹概率 p_{FTIT} 的准则 B_i 的集合，即

$$S_q = \{B_i \mid p_{FTI}(B_i) < p_{FTIT}\} \subseteq S_i \tag{10-305}$$

定义准最优航迹起始准则为

$$B_{\mathrm{sopt}} = \{B_i \mid \min_{B_i \in S_q} T_I(B_i)\} \tag{10-306}$$

之所以这样定义准最优航迹起始准则，是因为考虑到航迹滤波精度通常与滤波的次数有关。因此尽可能地选用航迹起始反应时间小的准则。

选择出最优起始、删除准则后可以将准则制定成相应的航迹质量管理系统。例如对于起始用 2/2 删除用 3/3 准则的航迹质量管理系统可用记分法表述。考虑到冲突互联以及大机动、小波门等给出航迹质量记分方法描述如下。

初始跟踪门每互联一次加 1 分，最低分为 1 分(即录取到一个自由点迹后作为航迹头，即给 1 分)，丢失一个点迹，减 3 分。航迹成为确定性航迹后(确定航迹最低分为 2 分)，小波门加 3 分；大波门加 2 分；冲突互联情形时加 1 分；丢失一次点迹扣 3 分；系统最高得分为 8 分，航迹得分低于 1 分将被删除。这套航迹质量管理的特点是中等得分的航迹升级快。

3) 多站情形下的航迹质量管理

在多雷达情形下，各雷达的发现概率、虚警率、分辨单元的大小及相关域尺寸以及雷达数据率都不相同。为此我们引入真目标的平均发现概率和假目标的平均发现概率的概念。

设对于特定区域 Ω_j 为 N_{Rj} 部雷达的共同威力区，各雷达的扫描周期为 $T_i(i=1,2,\cdots,N_{Rj})$则各雷达扫描波束指向某一目标的概率为

$$p_i = \frac{1/T_i}{\sum_{i=1}^{N_{Rj}} 1/T_i} \tag{10-307}$$

设第 i 部雷达的发现概率为 p_{di}，则 N_{RJ} 部雷达的平均发现概率为

$$E[p_{dj}] = \sum_{i=1}^{N_{Rj}} p_{di} p_i \tag{10-308}$$

设第 i 部雷达在相关区域内假目标出现的概率为 p_{ci}，则 N_{Rj} 部雷达假目标平均出现的概率为

$$E[p_{cj}] = \sum_{i=1}^{N_{Rj}} p_{ci} p_i \tag{10-309}$$

由于各雷达的威力区不一样，因而不同的空间 Ω_j，$E[p_{dj}]$、$E[p_{cj}]$也是不尽相同的。这样多雷达系统采用一套航迹质量管理系统是不行的。下面将给出多雷达系统的航迹质量管理系统的优化设计方法：

① 确定相异空间 Ω_j 的个数 N，所谓的空间相异是指探测该空间雷达型号和数目不相同；

② 每一空间 Ω_j 可分成若干个子空间(通常按距离划分)$\Omega_{jk}(k=1,2,\cdots,N_j)$，子空间划分的原则是使得每个子空间的最优(或次最优)航迹质量管理规则不同，记每个子空间对应的准则为 $R_{jk}(k=1,2,\cdots,N_j)$；

③ 将设计出的 $N_j\times N$ 个准则 R_{jk} 进行同类合并。设合并后共存在 N_B 个航迹质量管理规划。建立准则分配矩阵 $\boldsymbol{A}$，该矩阵为 $N_B\times N_j\times N$ 维，它的行号对应 N_B 个航迹质量管理规则的编号，它的列号对应着 $N_j\times N$ 个子空间的编号。

当需要对航迹质量评估时，首先判定该航迹所在的子空间，然后找出对应的航迹质量准则，用该准则对航迹质量作出评估。在航迹质量管理的其他表示方法中，应尽可能地考虑各准则之间的相容性，即一个准则的状态与男一个准则状态应该建立相应的对应关系。

10.6.3 小结

本节研究了多目标跟踪终结与航迹管理技术，所讨论的多目标跟踪终结技术主要是基于“最近邻”相关算法的，具体包括两大类：一类是面向目标的递推方法；另一类是面向量测的批处理方法。这两类方法各有优缺点：第一类方法的计算量小，比较易于工程实现，但在密集回波环境下其效果较差；第二类方法计算量较大，工程实现比较困难，但这类方法在密集回波环境下的效果明显好于第一类方法。本节还讨论了航迹管理技术中的航迹号管理与航迹质量管理方法。讨论了单航迹号管理方法与双航迹号管理方法并对航迹质量选择起始准则和撤销航迹以及单站和多站情况下的航迹质量管理进行了分析，为航迹质量管理系统的优化设计提供了理论依据。文中提出的四个技术指标：起始反应时间、假航迹起始概率、真航迹寿命和假航迹寿命，它们对实际工程应用具有重要价值。

习　题

1. 假定 5 个目标做匀速直线运动，使用一个 2 维雷达对目标进行跟踪，初始位置分别为(4500m，4500m)，(3200m，3200m)，(5500m，5500m)，(1600m，2400m)，(2100m，4000m)，速度均为 $v_x=120\text{m/s}$，$v_y=0\text{m/s}$。假定雷达的采样周期为 $T_s=2\text{s}$，雷达的测向误差和测距误差分别为 $\sigma_\theta=0.5°$，$\sigma_r=25\text{m}$。设计航迹起始算法，并在 MATLAB 仿真中实现。

2. 假设监视区域不断有目标出现，由最初的 5 批目标增加至 60 批目标。目标初始位置按正态分布产生，初始速度和航向分别在 100～1500m/s 和 0～2π 之间均匀分布。利用 MATLAB 对以下四种算法进行仿真，比较各跟踪算法的性能。在仿真过程中，假设雷达的采样周期为 $T_s=2\text{s}$，测距误差为 $\sigma_r=125\text{m}$，测角误差为 $\sigma_\theta=$

0.5°。仿真次数 $N=100$。各算法参数设置如下：

(1) 序列概率比检验算法：探测概率 $P_D=0.95$，虚警概率 $P_F=0.1$，漏撤（当航迹应该撤销而判决航迹不撤销）概率 $\alpha=0.15$，误撤（当存在真实航迹却被判为航迹撤销）概率 $\beta=0.1$。

(2) 代价函数法：滑窗长度 $N_i=6$。

(3) 贝叶斯算法：探测概率 $P_D=0.95$，虚警概率 $P_F=0.1$，终结门限 $P_{el}=0.7$，初始概率 $P_0=0.01$。

(4) 全邻贝叶斯算法：探测概率 $P_D=0.95$，虚警概率 $P_F=0.1$，终结门限 $P_{TT}=0.7$，初始概率 $P_0=0.01$。

3. 假设传感器1和传感器2同时开始量测，采样周期分别为 $T_s=5s$ 和 $T_s=7s$。两传感器量测噪声均是均值为0、方差为2.3km的Gaussian白噪声。以Lagrange插值法为时间配准的工具，对量测传感器量测数据进行配准，并分析配准后数据的有效性。

4. 假定目标的运动模型为Singer模型，目标运动历时100s，目标降高高度为2500m，降高距离为15000m，目标初始状态为 $\boldsymbol{x}_0=[-20000\text{m},191\text{m/s},4500\text{m},0\text{m/s}]^{\mathrm{T}}$。自相关时间常数 $\alpha=1/20$，最大加速度 $a_{\max}=100\text{m/s}^2$，最大概率 $P_{\max}=0.95$，最小概率 $P_{\min}=0.05$。针对以上条件对目标跟踪过程进行仿真。仿真过程中，假设雷达采样间隔为 $T=1s$，测距误差 $\rho_r=100m$，测角误差 $\rho_\theta=0.03rad$。仿真次数 $N=50$。

5. 在MATLAB环境中设计三阶交互式多模型跟踪算法，条件如下：目标运动历时100s，目标爬升高度为400m，爬升距离为1000m，目标初始状态为 $\boldsymbol{x}_0=[8000\text{m},110\text{m/s},6000\text{m},0\text{m/s}]^{\mathrm{T}}$，雷达采样间隔为 $T=1s$，测距误差 $\rho_r=100m$，测角误差 $\rho_\theta=0.03rad$，仿真次数 $N=50$。每种模型的过程噪声协方差系数 $q_1=10$，$q_2=1$，$q_3=0.1$，模型先验概率 $\mu_0=[1/3,1/3,1/3]$；Markov模型转移概率为

$$\boldsymbol{P}_{t_{ij}}=\begin{bmatrix}0.95 & 0.15 & 0.05\\ 0.5 & 0.95 & 0.5\\ 0.05 & 0.15 & 0.95\end{bmatrix}$$

6. 目标起始状态为 $\boldsymbol{X}_0=[9000\text{m} \quad -180\text{m/s} \quad 130000\text{m} \quad -180\text{m/s} \quad 9000\text{m} \quad 10\text{m/s}]$，目标经过运动过程历时100s，初始协方差矩阵为

$$\boldsymbol{p}_x=[8000,\ 0,\ 0;\ 0,\ 164,\ 0;\ 0,\ 0,\ 6]$$
$$\boldsymbol{p}_y=[2500,\ 0,\ 0;\ 0,\ 169,\ 0;\ 0,\ 0,\ 4]$$
$$\boldsymbol{p}_z=[2500,\ 0,\ 0;\ 0,\ 169,\ 0;\ 0,\ 0,\ 1]$$

在前30次采样周期中，目标作匀速运动，X 方向加速度为 $1\ \text{m/s}^2$，Y 方向加速度为 $2\ \text{m/s}^2$，Z 方向加速度为 $3\ \text{m/s}^2$，在后采样周期中，目标作匀速运动，统计次数 $N=100$ 次，采样周期为2s，请在MATLAB环境中设计IMM方法实现此条件下的目标跟踪，并比较其滤波前后的距离均方误差。

7. 使用三个传感器对目标进行跟踪，传感器测距标准差均为100m。假设虚警服从泊松分布。系统噪声为零均值正态噪声。各传感器的虚警概率为0.001；落入

波门的检测概率为0.8；对应正确回波落入椭球跟踪门的概率为0.99。各个传感器的扫描周期为10s。考虑三批交叉飞行的目标，且在水平和垂直方向均有机动的情形。请在MATLAB环境中设计JPDA方法，实现上述条件的目标跟踪。

8. 某系统状态方程为

$$\boldsymbol{X}(k)=1.006\boldsymbol{X}(k-1)+\boldsymbol{w}(k)$$

其中 $E[\boldsymbol{w}(k)]=0,\mathrm{cov}[\boldsymbol{w}(k),\boldsymbol{w}(j)]=\boldsymbol{Q}(k)\delta_{kj},\boldsymbol{Q}(k)=0.1$。

测量信息可以通过传感器A和传感器B获得。

传感器A的测量方程为

$$\boldsymbol{Y}_A(k)=2\boldsymbol{X}(k)+\boldsymbol{v}_A(k)$$

其中，$E[\boldsymbol{v}_A(k)]=0,\mathrm{cov}[\boldsymbol{v}_A(k),\boldsymbol{v}_A(j)]=R_A(k)\delta_{kj},\mathrm{cov}[\boldsymbol{w}_A(k),\boldsymbol{v}_A(j)]=0$，$R_A(k)=0.5$。

传感器B的测量方程为

$$\boldsymbol{Y}_B(k)=2\boldsymbol{X}(k)+\boldsymbol{v}_B(k)$$

其中，$E[\boldsymbol{v}_B(k)]=0,\mathrm{cov}[\boldsymbol{v}_B(k),\boldsymbol{v}_B(j)]=R_B(k)\delta_{kj},\mathrm{cov}[\boldsymbol{w}_B(k),\boldsymbol{v}_B(j)]=0$，$R_B(k)=0.5$。

融合A与B测量数据的估计，融合方式为集中式。分别计算基于单传感器A和单传感器测量数据的估计均方误差以及A与B融合数据估计均方误差，并在MATLAB环境中仿真实现。

9. 二维空间中一定区域内的四个目标航迹相继消失，每个目标在平面上的运动方程如下

$$\boldsymbol{x}(k)=\boldsymbol{F}\boldsymbol{x}(k-1)+\boldsymbol{\Gamma}\boldsymbol{w}(k)$$

其中，$\boldsymbol{x}(k)=[\xi_{x,k},\dot{\xi}_{x,k},\xi_{y,k},\dot{\xi}_{y,k}]^{\mathrm{T}}$ 表示二维坐标的位置和速度分量，$\boldsymbol{F}=\begin{bmatrix}1&T&0&0\\0&1&0&0\\0&0&1&T\\0&0&0&1\end{bmatrix}$，$\boldsymbol{\Gamma}=\begin{bmatrix}\frac{1}{2}&0\\1&0\\0&1\\0&\frac{1}{2}\end{bmatrix}$，$\boldsymbol{w}(k)\sim N\left(0,\begin{bmatrix}\sigma_w^2&0\\0&\sigma_w^2\end{bmatrix}\right)$，采样间隔 $T=1$。简单起见，假设目标位置可观测，观测方程为 $\boldsymbol{z}(k)=\boldsymbol{H}(k)\boldsymbol{x}(k)+\boldsymbol{v}(k)$，其中 $\boldsymbol{H}=\begin{bmatrix}1&0&0&0\\0&0&1&0\end{bmatrix}$，$\boldsymbol{v}(k)\sim N(0,\sigma_v^2)$。取 $\sigma_w=0.5,\sigma_v=0.5$，存活概率 $P=0.99$。不考虑目标衍生的情况，新生目标服从泊松分布。根据以上条件，设计PHD滤波器，并在MATLAB环境中编程实现。

参考文献

[1] Bra-Shalom Y, Tse E. Tracking in a cluttered environment with probabilistic data association. Automatica, 1975, 11(5): 451～460

[2] Fortman T E, Bra-Shalom Y, Scheffe M. Sonar tracking of multiple targets using joint probabilistic data association. IEEE Journal of Oceanic Engineering,1975,8(3): 173～184
[3] Bra-Shalom Y, Fortman T E. Tracking and Data Association. New York: Academic Press,1988
[4] 夏佩伦,温洪,李本昌. 一种多传感器多目标航迹向光的方法. 舰船论证参考,2001,4: 11～16
[5] Horton M J, Jones R A. Fuzzy logic extended rule set for multitarget tracking. In Proceedings of Acquistion, Tracking and Pointing IX, Orlando, FL, USA, 1995, 2468: 106～117
[6] 罗发龙,李衍达. 神经网络信号处理. 北京: 电子工业出版社,1993
[7] Chung Y N, Chou P H,Yang M R,et al. Multiple-target tracking with competitive Hopfield neural network based data association. IEEE Transactions on Aerospace, Electronic and Systems,2007,43(3): 1180～1188
[8] Leonard C. Application of neural networks in target tracking data fusion. IEEE Transactions on Aerospace,Electronic and Systems,1994,30(60): 281～287
[9] Quan T F, Yoshiaki S. Robust back-propagation error learning using robust estimato. IEEE Technical Report,1992,92(107): 50～58
[10] 权太范. 高精度 BP-模糊推理复合学习系统. 自动化学报,1995,21(4): 392～399
[11] 刘永坦等. 雷达成像技术. 哈尔滨: 哈尔滨工业大学出版社,1999
[12] 高兴斌. ISAR 目标识别的仿真. 博士论文,哈尔滨: 哈尔滨工业大学,1994
[13] Kosko B. Neural networks fuzzy systems . Englewood Cliffs: Prentice Hall,1992
[14] Buckley J J, Hayashi Y. Fuzzy neural networks: A survey. Fuzzy sets and systems,1994,66(1): 1～33
[15] 吕子健,陈政,吕延辉等. 控制系统故障诊断的模糊神经网络方法研究. 航天控制,2005,23(4): 4～8
[16] Murphey Y L, Chen Z H, Guo H. Neural learning using Adaboost. Proceedings of the International Joint Conference on Neural Networks, Honolulu, Hawaiian Islands, USA: 2002,3: 2304～2309
[17] Murphey Y L, Chen Z H, Feldkamp L. Incremental neural learning using Adaboost. In Proceedings of the International Joint Conference on Neural Networks,Washington,D. C. , 2001,2: 1037～1042
[18] 许江湖,陈康,嵇成新. 目标跟踪中的多模型估计算法综述. 情报指挥控制系统与仿真技术,2002,5(1): 26～30
[19] Magill D T. Optimal adaptive estimation of sampled stochastic processes. IEEE Transactions on Automatic Control,1965,10(10): 17～439
[20] Blom H A P, Bra-Shalom Y. The interacting multiple model algorithm for manned maneuvering targets. IEEE Transactions on Aerospace,Electronic and Systems,1970,6(4): 437～482
[21] Bra-Shalom Y, Li X R, Kirubarajan T. Estimation with Application to Tracking and Navigation. New York: Wiley-Interscience Publication,2001
[22] 周宏仁,敬忠良,王培德. 机动目标跟踪. 北京: 清华大学出版社,2006
[23] Chen B, Tugnait J K. Tracking of multiple maneuvering targets in clutter using IMM/JPDA filtering and fixed-log smoothing. Automatica,2001,37(2): 239～249

[24] Bra-Shalom Y, Li X R. Multitarget-Multisensor Tracking: Principles and Techniques. Storrs, CT: YBS Publishinig, 1995

[25] Torlli R, Grazjano A, Farina A. IM3HT algorithm: a joint formulation if IMM and MHT for multi-target tracking. European Journal of Control, 1999, 5: 46～53

[26] Dempster R J, Blackman S S, Nichols T S. Combining IMM filtering and MHT data association for multitarget tracking. In Proceedings of the 29th Southeastern Symposium on System Theory, 1997: 123～127

[27] Koch W. Fixed-inerval retrodiction approach to Bayesian IMM-MHT for maneuvering multiple targets. IEEE Transactions on Aerospace and Electronic Systems, 2000, 36(1): 2～14

[28] Fortmann T E, Bra-Shalom Y, Scheffe M. Sonar tracking of multiple targets using joint probabilistic data association. IEEE Journal of Oceanic Eng, 1983, 8(7): 173～183

[29] Chen B, Tugnait J K. Multisensor tracking of multiple maneuvering targets in clutter using IMM/JPDA fixed-lag smoothing. In Proceeding of the 38th conference on Decision &Control Penix, Arizona USA, 1999: 5058～5063

[30] 戴耀,汪德虎. 使用 IMM/JPDA 和固定延迟平滑滤波方法进行杂波环境下多机动目标跟踪. 情报指挥控制系统和仿真技术, 2003, 25(4): 30～39

[31] Tugnait J K. Tracking of multiple targets using multiple sensors, IMM and JPDA coupled filtering. IEEE Proceedings of the American Control Conference Denver, 2003: 1248～1253

[32] Blackman S S, Bush M T, et al. IMM/MHT tracking and data association for benchmark tracking problem. In Proceedings of the American Control Conferenc, Seattle, WA, USA, 1995: 2606～2610

[33] Blackman S S, Dempster R J, Bush M T, et al. IMM/MHT solution to radar benchmark tracking problem. IEEE Transactions on Aerospace and Electronic Systems, 1999, 35(2): 730～738

[34] Cox I J, Hingorani S L. An efficient implementation of Reid's multiple hypothesis tracking algorithm and its evaluation for the purpose of visual tracking. IEEE Transactions on Patern Analysis and Machine Intelligence, 1996, 18(2): 138～150

[35] 朱洪艳. 机动目标跟踪理论与应用研究. 博士论文,西安: 西安交通大学, 2003

[36] 董志荣. 论航迹起始方法. 情报指挥控制系统与仿真技术, 1999, 21(2:): 1～6

[37] 董志荣. 多目标密集环境下航迹处理问题及集合论描述方法(续). 火力与指挥控制. 1987, 1: 3～13

[38] Farina A, Studer F A. Radar Data Processing. Vol. Ⅰ. Ⅱ. Letchworth, Hertfordshire, England: Research Studies Press LTD, 1985

[39] 何友,王国宏,陆大琻,彭应宁. 多传感器信息融合及应用(第一版). 北京: 电子工业出版社, 2000

[40] 孙龙祥,张祖稷,等译. 雷达数据处理(第二卷). 北京: 国防工业出版社, 1992

[41] Bar-Shalom Y, Fonmann T E. Tracking and Data Association. Waltham, Massachusetts, USA: Academic Press, 1988

[42] 张兰秀,赵连芳译. 跟踪和数据互联. 连云港: 中船七一六所, 1991

[43] 唐劲松,何友等. 多雷达系统及其数据处理. 海军航空工程学院学报, 1992, 2: 145～149

[44] Farina S, Pardini. Multi-radar Tracking System Using Radial Velocity Measurement. IEEE Transactions on Aerospace, Electronic and Systems, 1979, 15(3): 555～562

[45] 何友. 多目标多传感器综合算法研究. 硕士论文,武汉：海军工程大学,1988

[46] 苏峰,王国宏,何友. 修正的逻辑航迹起始算法. 现代防御技术,2004,32(5)：66～68

[47] 苏峰,王国宏,何友. 杂波环境下的一种新的快速航迹起始方法. 烟台：系统仿真及其算法辅助设计在雷达技术中的应用研讨会,中国电子学会雷达分会,2001,8：132～137

[48] Duda R O, Hart P E. Use of the Hough transformation to Delect-lines and Curves in Pictures. Japan：135 Communication of the ACM,1972：11～15

[49] Sklansky J. On the Hough Technique for Curve Detection. IEEE Transactions on Computers. 1978,27(10)：923～926

[50] Carlson B D, Evans E D, Wilson S L. Search Radar Detection and Track with the Hough Transform, Part I: System Concept, IEEE Transactions on Aerospace, Electronic and Systems,1995,30(1)：102～108

[51] Carlson B D Evans E D, Wilson S L. Search Radar Detection and Track with the Hough Transform,Part Ⅲ：Detection Performance with Binary Integration. IEEE Transactions on Aerospace,Electronic and Systems,1995,30(1)：116～124

[52] 王国宏,苏峰,毛士艺,何友. 杂波环境下基于 Hough 变换和逻辑的快速航迹起始. 系统仿真学报,2002,14(7)：874～876

[53] Dana M P. Registration：A prerequisite for multiple sensor tracking. Norwood MA：Artech House,1990

[54] Blair W D, RieeT R. A synehronous data fusion for target traeking with a multitasking radar and option sensor,SPIE,1991,1482：234～245

[55] 周锐,申功勋,房建成等. 多传感器融合目标跟踪. 航空学报,1998,19(5)：536～540

[56] 王宝树,李芳社. 基于数据融合技术的多目标跟踪算法研究. 西安电子科技大学学报,1998,25(3)：269～272

[57] 周宏仁,敬忠良,王培德. 机动目标跟踪. 北京：国防工业出版社,1991

[58] Blackman S S. Multiple-Target Tracing with Radar Applications. New York：Artech House,1986

[59] Hole P G. Introduction to Mathematical Statistics. New York：John Wiley and Sons,1971

[60] Holmes J E. Development of Algorithms for the Formation and Updating of Tracks. Proceedings of IEE International Radar Conference,London,1977：81～85

[61] Fieskes W, Van Keuk G. Adaptive Control and Tracking with the ELRA Phased Array Radar Experimental System. Proceedings of 1980 IEE International Radar Conference. Arlington,1980：8～13

[62] Sea R G. Optimal Correlation of Senor Data with Tracks in Surveillance Systems. Proceedings of the 6th International Conference on Systems Sciences. Honolulu, 1973：424～426

[63] Maged Y A. Critical Probabilities for Optimum Tracking System. Proceedings of the 1980 IEE International Radar Conference. Arlington,1980：330～335

[64] Alspach D L,Lobbia R N. A Score for Correct Data Association in Multi-target Tracking. Proceedings of the1979 IEEE Conference on Decision and Control, Fort Lauderdale, 1979：389～393

[65] Casocr P G, Prengaman R J. Integrtion and Automation of Multiple Collocated Radars. Proceedings of the IEE 1977 International Radar Conference. London,1977：145～149

[66] Bath W G. False Alarm Control in Automated Radar Surveillance Systems. Proceedings of

the IEE 1982 International Radar Conference,London,1982：71～75

[67] Castella F R. Sliding Window Detection. IEEE Transactions on Aerospace,Electronic and Systems,1976,12(6) ：815～819

[68] Hammer D E. Techniques for Automatic Target Detection in Scanning 3D Radar. Proceedings of AGARD,1976,197：156～168

[69] 何友,唐劲松,王国宏. 多雷达跟踪系统中航迹质量管理的优化. 现代雷达,1995,(1)：14～19

[70] Li X R, Jilkov V P. Survey of maneuvering target tracking-part I：dynamic models. IEEE Transactions on Aerospace and Electronic Systems,2003,39(4)：1333～1364

[71] Singer R A. Estimating optimal tracking filter performance for manned maneuvering targets. IEEE Transactions on Aerospace and Electronic Systems,1970,6(4)：473～483

[72] Zhou H R, Kumar K S P. A "current" statistical model and adaptive algorithm for estimating maneuvering targets. AIAA Journal of Guidance,1984,7(5)：596～602

[73] Gholson N H, Moose R L. Maneuvering target tracking using adaptive state estimation. IEEE Transactions on Aerospace and Electronic Systems,1977,13(3)：310～316

[74] Moose R L, Vanlandandingham H F, Mecabe D H. Modeling and estimation for tracking maneuvering targets. IEEE Transactions On Aerospace and Electronic Systems, 1979, 15(3)：448～456

[75] Daum F E, Fitzgerald R J. Decoupled Kalman Filters for Phased Array Radar Tracking. IEEE Transactions on Automatic Control,1983,28(3)：269～282

[76] Leung H, Hu Z,Blanchette M. Evaluation of Multiple Target Track Initiation Techniques in Real Clutter Environment. IEEE Transactions on Aerospace,Electronic and Systems,1996, 32(1)：300～314

[77] Mahler R. Theory of PHD Filters of Higher Order in Target Number. In SPIE Proceedings of Signal Processing,ensor Fusion and Target Recognition XV,Orlando,FL,2006

[78] UlmkeO E, Peter Willett. Gaussian Mixture Cardinalized PHD Filter for Ground Moving Target Tracking. In the 10th international conference on information fusion,Canada,2007

[79] Ba-Ngu Vo, W-K M. The Gaussian Mixture Probability Hypothesis Density Filter. IEEE Transactions on signal processing,2006,54(11)：4091～4104

第11章 数据关联

11.1 单目标量测——航迹关联算法

11.1.1 最近邻方法

1971 年 Singer 等[1,2]提出了一种具有固定记忆并且能在多回波环境下工作的跟踪方法，被称作最近邻(nearest neighbor，NN)。在这种滤波方法中，仅将在统计意义上与被跟踪目标预测位置最近的量测作为与目标关联的回波信号。该统计距离定义为新息向量的加权范数

$$d_k^2 = \tilde{\boldsymbol{z}}_{k|k-1}^{\mathrm{T}} \boldsymbol{S}_k^{-1} \tilde{\boldsymbol{z}}_{k|k-1} \tag{11-1}$$

其中$\tilde{\boldsymbol{z}}_{k|k-1}$表示滤波新息(滤波残差向量)，$\boldsymbol{S}_k$ 为新息协方差矩阵，d_k^2 为残差向量的范数，可以理解为目标预测位置与有效回波之间的统计距离。

NN 方法的基本含义是，“唯一性”地选择落在相关跟踪门之内且与被跟踪目标预测位置最近的观测作为与目标关联对象，所谓“最近”表示统计距离最小或者残差概率密度最大。

最近邻法便于实现，计算量小，因此适用于信噪比高、目标密度小的情况。但在目标回波密度较大的情况下，多目标相关波门相互交叉，最近的回波未必有感兴趣的目标产生。所以最近邻法的抗干扰能力差，在目标密度较大和目标作机动运动时容易产生关联错误。

11.1.2 概率数据关联

概率数据关联(probability data association，PDA)方法首先由 Bar-Shalom 和 Tse 于 1975 年提出[3]，它适用于杂波环境中单目标的跟踪问题。

概率数据关联理论的基本假设是，在监视空域中仅有一个目标存在，并且这个目标的航迹已经形成。在目标跟踪与数据关联领域，我们经常使用杂波的概念。事实上，杂波是指由邻近干扰目标、气象、电磁以及声音干扰引起的检测或回波，它们往往在数量、位置以及密度上都是随机的。在

杂波环境下，由于随机因素的影响，在任一时刻，某一给定目标的有效回波往往不止一个。PDA 理论认为所有有效回波都有可能源于目标，只是每个有效回波源于目标的概率不同。

设以下符号表示特定的含义：

$\boldsymbol{Z}_k=\{\boldsymbol{z}_{k,1},\boldsymbol{z}_{k,2},\cdots,\boldsymbol{z}_{k,m_k}\}$表示传感器在 k 时刻的确认量测集合；

$\boldsymbol{z}_{k,i}$：k 时刻传感器接收到的第 i 个量测；

m_k：表示 k 时刻确认量测个数；

$\boldsymbol{Z}^k=\{\boldsymbol{Z}_1,\boldsymbol{Z}_2,\cdots,\boldsymbol{Z}_k\}$：表示直到时刻 k 的累积确认量测集；

θ_k^i：表示 $z_{k,i}$是来自目标的正确量测的事件；

θ_k^0：表示传感器所确认的量测没有一个是正确的事件。

再令

$$\beta_k^i=p(\theta_k^i\mid\boldsymbol{Z}^k),\quad i=0,1,\cdots,m_k \tag{11-2}$$

表示在 k 时刻第 i 个量测来自目标这一事件的概率；β_k^0 意为没有量测源于目标的概率。根据 θ_k^i 的定义可以看出$\{\theta_k^0,\theta_k^1,\cdots,\theta_k^{m_k}\}$是整个事件空间的一个不相交完备分割，从而有

$$\sum_{i=0}^{m_k}\beta_k^i=1 \tag{11-3}$$

计算 β_k^i依赖的基本假设是：

（1）假量测（虚警）在跟踪门内服从均匀分布，即

$$p(\boldsymbol{z}_{k,i}\mid\theta_k^j,\boldsymbol{Z}^{k-1})=V_k^{-1},\quad i\neq j \tag{11-4}$$

其中 V_k 表示跟踪门的体积。

（2）正确量测服从正态分布，即

$$p(\boldsymbol{z}_{k,i}\mid\theta_k^i,\boldsymbol{Z}^{k-1})=p_G^{-1}\Lambda_{k,i} \tag{11-5}$$

其中

$$\Lambda_{k,i}=\frac{1}{(2\pi)^{n_z/2}\mid\boldsymbol{S}_k\mid^{1/2}}\exp\left\{-\frac{1}{2}\tilde{\boldsymbol{z}}_{k|k-1,i}^{\mathrm{T}}\boldsymbol{S}_k^{-1}\tilde{\boldsymbol{z}}_{k|k-1,i}\right\} \tag{11-6}$$

是给定新息$\tilde{\boldsymbol{z}}_{k|k-1,i}$时的似然函数。而量测误差

$$\tilde{\boldsymbol{z}}_{k|k-1,i}=\boldsymbol{z}_{k,i}-\hat{\boldsymbol{z}}_{k|k-1} \tag{11-7}$$

表示第 i 个量测计算的信息向量，n_z 表示量测向量的维数，p_G 表示正确量测落入跟踪门的概率。

（3）每个采样时刻至多有一个真实量测，这个事件发生的概率为 p_D。应用贝叶斯公式和乘法定理，有

$$\begin{aligned}\beta_k^i&=p(\theta_k^i\mid\boldsymbol{Z}^k)=p(\theta_k^i\mid\boldsymbol{Z}_k,m_k,\boldsymbol{Z}^{k-1})\\&=\frac{1}{c}p(\boldsymbol{Z}_k\mid\theta_k^i,m_k,\boldsymbol{Z}^{k-1})p(\theta_k^i\mid m_k,\boldsymbol{Z}^{k-1}),\quad i=0,1,\cdots,m_k\end{aligned} \tag{11-8}$$

其中

$$c=\sum_{i=0}^{m_k}p(\boldsymbol{Z}_k\mid\theta_k^i,m_k,\boldsymbol{Z}^{k-1})p(\theta_k^i\mid m_k,\boldsymbol{Z}^{k-1}) \tag{11-9}$$

已知 k 时刻以前的有效量测集 $\boldsymbol{Z}^{k-1}$，以及 k 时刻的 m_k 个确认量测都源于杂波的情况下，可得 $\boldsymbol{Z}_k$ 的联合概率密度函数为

$$p(\boldsymbol{Z}_k \mid \theta_k^0, m_k, \boldsymbol{Z}^{k-1}) = \prod_{i=1}^{m_k} p(\boldsymbol{z}_{k,i} \mid \theta_k^0, m_k, \boldsymbol{Z}^{k-1}) = V_k^{-m_k} \tag{11-10}$$

对于 $i=1,2,\cdots,m_k$ 的任一情形，$\boldsymbol{Z}_k$ 的联合概率密度函数为

$$\begin{aligned} p(\boldsymbol{Z}_k \mid \theta_k^i, m_k, \boldsymbol{Z}^{k-1}) &= p(\boldsymbol{z}_{k,i} \mid \theta_k^i, m_k, \boldsymbol{Z}^{k-1}) \prod_{j=1, j\neq i}^{m_k} p(\boldsymbol{z}_{k,j} \mid \theta_k^i, m_k, \boldsymbol{Z}^{k-1}) \\ &= \boldsymbol{V}_k^{-m_k+1} p_G^{-1} (2\pi)^{-n_z/2} \mid \boldsymbol{S}_k \mid^{-1/2} e_{k,i} \end{aligned} \tag{11-11}$$

其中

$$e_{k,i} = \exp\left(-\frac{1}{2} \tilde{\boldsymbol{z}}_{k,|k-1,i}^{\mathrm{T}} \boldsymbol{S}_k^{-1} \tilde{\boldsymbol{z}}_{k,|k-1,i}\right) \tag{11-12}$$

为计算 $p(\theta_k^i \mid m_k, \boldsymbol{Z}^{k-1})$，令 M^t 表示跟踪门内有效量测的个数，M^f 表示错误量测的总数。根据假设(3)，若目标被检测到并且其量测落入跟踪门内，则有 $M^f = m_k - 1$，否则 $M^f = m_k$。

应用全概率公式，得

$$\begin{aligned} \gamma_i(m_k) &\overset{\text{def}}{=} p(\theta_k^i \mid m_k, \boldsymbol{Z}^{k-1}) = p(\theta_k^i \mid m_k) \\ &= p(\theta_k^i \mid M^f = m_k - 1, M^t = m_k) p(M^f = m_k - 1 \mid M^t = m_k) \\ &\quad + p(\theta_k^i \mid M^f = m_k, M^t = m_k) p(M^f = m_k \mid M^t = m_k) \\ &= \begin{cases} \dfrac{1}{m_k} p_D p_G \left[p_D p_G + (1 - p_D p_G) \dfrac{\mu_f(m_k)}{\mu_f(m_k - 1)} \right]^{-1}, & i = 1, 2, \cdots, m_k \\ (1 - p_D p_G) \dfrac{\mu_f(m_k)}{\mu_f(m_k - 1)} \left[p_D p_G + (1 - p_D p_G) \dfrac{\mu_f(m_k)}{\mu_f(m_k - 1)} \right]^{-1}, & i = 0 \end{cases} \end{aligned} \tag{11-13}$$

其中 μ_f 为杂波数目的概率密度函数，可以通过如下两种模型对其进行建模。

1. 参数模型

假设虚警量测数 M^f 服从参数为 λV_k 的 Poisson 分布，即

$$\mu_f(m_k) = p(M^f = m_k) = \mathrm{e}^{-\lambda V_k} \frac{(\lambda V_k)^{m_k}}{m_k!}, \quad m_k = 0, 1, \cdots \tag{11-14}$$

其中，λV_k 表示跟踪门内虚警量测数的期望值。

2. 非参数模型

假设虚警量测数 M^f 服从均匀分布，即

$$\mu_f(m_k) = p(M^f = m_k) = \frac{1}{N}, \quad m_k = 0, 1, \cdots, N - 1 \tag{11-15}$$

这里 N 设定为虚警量测数的最大可能值。

若采用参数模型，有下式成立

$$\gamma_i(m_k)=\begin{cases}\dfrac{p_Dp_G}{p_Dp_Gm_k+(1-p_Dp_G)\lambda V_k}, & i=1,2,\cdots,m_k\\[2ex] \dfrac{(1-p_Dp_G)\lambda V_k}{p_Dp_Gm_k+(1-p_Dp_G)\lambda V_k}, & i=0\end{cases} \tag{11-16}$$

若采用非参数模型，有

$$\gamma_i(m_k)=\begin{cases}\dfrac{p_Dp_G}{m_k}, & i=1,2,\cdots,m_k\\[2ex] 1-p_Dp_G, & i=0\end{cases} \tag{11-17}$$

应用参数模型并综合式(11-7)、式(11-11)和式(11-16)，可得

$$\beta_k^i=\frac{e_{k,i}}{b_k+\sum_{j=1}^{m_k}e_{k,j}},\quad i=1,2,\cdots,m_k \tag{11-18}$$

$$\beta_k^0=\frac{b_k}{b_k+\sum_{j=1}^{m_k}e_{k,j}} \tag{11-19}$$

其中

$$b_k=\lambda\,(2\pi)^{n_z/2}\mid \boldsymbol{S}_k\mid^{1/2}(1-p_Dp_G)/p_D \tag{11-20}$$

若此处跟踪门采用的是椭球跟踪门，则有

$$V_k=c_{n_z}\gamma^{n_z/2}\mid \boldsymbol{S}_k\mid^{1/2} \tag{11-21}$$

这里 γ 为椭球跟踪门的门限，n_z 是量测向量的维数，c_{n_z} 为 n_z 维单位超球面的体积，于是

$$c_{n_z}=\frac{\pi^{n_z/2}}{\Gamma((n_z/2)+1)}=\begin{cases}\dfrac{\pi^{n_z/2}}{(n_z/2)\,!}, & \text{如果 } n_z \text{ 是偶数}\\[2ex] \dfrac{2^{n_z+1}((n_z+1)/2)\,!\,\pi^{(n_z-1)/2}}{(n_z+1)\,!}, & \text{如果 } n_z \text{ 是奇数}\end{cases} \tag{11-22}$$

将式(11-21)代入式(11-22)可得

$$b_k=\frac{(2\pi)^{n_z/2}\lambda V_k(1-p_Dp_G)}{c_{n_z}\gamma^{n_z/2}p_D} \tag{11-23}$$

应用非参数模型，有

$$b_k=\frac{(2\pi)^{n_z/2}m_k(1-p_Dp_G)}{c_{n_z}\gamma^{n_z/2}p_D} \tag{11-24}$$

应用全期望公式，对目标状态进行更新

$$\hat{\boldsymbol{x}}_k=E(\boldsymbol{x}_k\mid \boldsymbol{Z}^k)=\sum_{i=0}^{m_k}E(\boldsymbol{x}_k\mid \theta_k^i,\boldsymbol{Z}^k)p(\theta_k^i,\boldsymbol{Z}^k)=\sum_{i=0}^{m_k}\hat{\boldsymbol{x}}_k^i\beta_k^i \tag{11-25}$$

其中 $\hat{\boldsymbol{x}}_k^i$ 为利用量测 $\boldsymbol{z}_{k,i}$ 对目标状态的估计

$$\hat{\boldsymbol{x}}_k^i=\hat{\boldsymbol{x}}_{k|k-1}^i+\boldsymbol{K}_k\,\hat{\boldsymbol{z}}_{k|k-1,i} \tag{11-26}$$

上式中 $\boldsymbol{K}_k$ 为卡尔曼增益矩阵。从而目标状态估计可以表达为

$$\hat{\boldsymbol{x}}_k=\hat{\boldsymbol{x}}_{k|k-1}+\boldsymbol{K}_k\,\tilde{\boldsymbol{z}}_{k|k-1} \tag{11-27}$$

其中

$$\tilde{\boldsymbol{z}}_{k,|k-1} = \sum_{i=1}^{m_k} \beta_k^i \tilde{\boldsymbol{z}}_{k|k-1,i} \tag{11-28}$$

即代表组合新息。相应地，目标状态估计协方差为(详细推导见文献[3,4])

$$\boldsymbol{P}_k = \beta_k^0 \boldsymbol{P}_{k|k-1} + (1-\beta_k^0)\boldsymbol{P}_k^c + \widetilde{\boldsymbol{P}}_k \tag{11-29}$$

其中

$$\widetilde{\boldsymbol{P}}_k = \boldsymbol{K}_k \Big[\sum_{i=1}^{m_k} \beta_k^i \tilde{\boldsymbol{z}}_{k|k-1,i}\, \tilde{\boldsymbol{z}}_{k|k-1,i}^{\mathrm{T}} - \tilde{\boldsymbol{z}}_{k|k-1}\, \tilde{\boldsymbol{z}}_{k|k-1}^{\mathrm{T}} \Big] \boldsymbol{K}_k^{\mathrm{T}} \tag{11-30}$$

$$\boldsymbol{P}_k^c = [\boldsymbol{I} - \boldsymbol{K}_k \boldsymbol{H}_k] \boldsymbol{P}_{k|k-1} \tag{11-31}$$

11.1.3　交互式多模型概率数据关联

在第 2 章中，我们已经对交互式多模型(IMM)算法进行了介绍。交互式多模型算法是目前混合估计算法研究的主流，其算法具有明显的并行结构，便于有效的并行实现。而上一小节介绍的 PDA 方法可以有效实现杂波环境中单目标的跟踪。将二者有机结合，引入交互式多模型概率数据关联(IMMPDA)算法，用以跟踪杂波环境中的单个机动目标。

考虑如下线性形式的随机混合系统

$$\boldsymbol{x}_{k+1} = \boldsymbol{F}_k(M^{(k)})\boldsymbol{x}_k + \Gamma_k(M^{(k)})\boldsymbol{w}_k(M^{(k)}) \tag{11-32}$$

$$\boldsymbol{z}_k = \boldsymbol{H}_k(M^{(k)})\boldsymbol{x}_k + \boldsymbol{v}_k(M^{(k)}) \tag{11-33}$$

式中，$k \in \mathrm{N}$ 是离散时间变量，$\boldsymbol{x}_k \in \mathrm{R}^n$ 为基础状态空间 R^n 上的状态变量；$M^{(k)} \in \mathrm{M}\ (k=1,2,\cdots,r)$表示系统模式空间 M 上的模式变量；$\boldsymbol{z}_k \in \mathrm{R}^m$ 是系统的量测；而 $\boldsymbol{w}_k \in \mathrm{R}^p$ 和 $\boldsymbol{v}_k \in \mathrm{R}^m$ 分别表示系统的过程噪声和量测噪声，$\Gamma_k \in \mathrm{R}^{n\times p}$是系统噪声转移矩阵。

假设第 i 个模型服从下述的离散时间方程

$$\boldsymbol{x}_{k+1} = \boldsymbol{F}_k^{(i)}\boldsymbol{x}_k + \Gamma_k^{(i)}\boldsymbol{w}_k^{(i)}, \quad k \in \mathrm{N}, i = 1,2,\cdots,r \tag{11-34}$$

$$\boldsymbol{z}_k = \boldsymbol{H}_k^{(i)}\boldsymbol{x}_k + \boldsymbol{v}_k^{(i)}, \quad k \in \mathrm{N}, i = 1,2,\cdots,r \tag{11-35}$$

而 $\boldsymbol{w}_k^{(i)} \sim \mathrm{N}(0,\boldsymbol{Q}_k^{(i)})$和$\boldsymbol{v}_k^{(i)} \sim \mathrm{N}(0,\boldsymbol{R}_k^{(i)})$分别表示模型 i 过程噪声和量测噪声。

令 M_k 表示 k 时刻正确的模型，并假设模型 $M^{(j)}$ 的初始概率 μ_0^j 以及从 $M^{(i)}$ 到 $M^{(j)}$ 的转移概率阵$\boldsymbol{\pi}_{ij}$已知，分别为

$$\mu_0^j = p(M_0 = M^{(j)}), \quad j = 1,2,\cdots,r \tag{11-36}$$

$$\boldsymbol{\pi}_{ij} = p(M_{k+1} = M^{(j)} \mid M_k = M^{(i)}), \quad i,j = 1,2,\cdots,r \tag{11-37}$$

在 k 时刻，模型 $M^{(j)}$ 正确的后验概率表示为

$$\mu_k^j = p(M_k = M^{(j)} \mid \boldsymbol{Z}^k) \tag{11-38}$$

这样，IMMPDA 算法思想如图 11-1 所示。

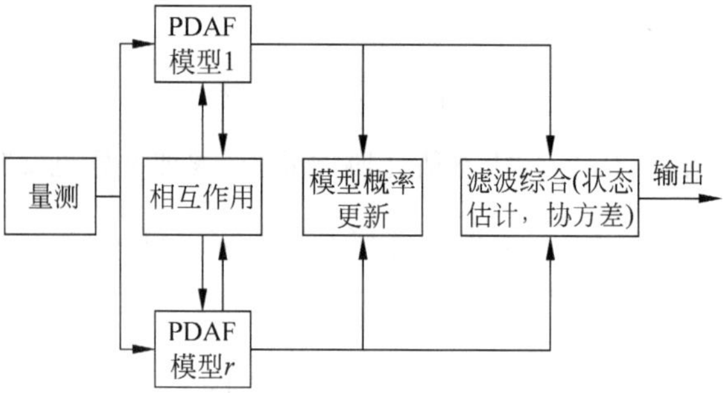

图 11-1 交互式多模型概率数据关联算法思想

IMMPDA 算法的滤波综合公式为

$$\begin{aligned}\hat{\boldsymbol{x}}_k &= E(\boldsymbol{x}_k \mid \boldsymbol{Z}^k) = \sum_{j=1}^{r} E(\boldsymbol{x}_k \mid \boldsymbol{Z}^k, M^{(j)})\, p(M^{(j)} \mid \boldsymbol{Z}^k) \\ &= \sum_{j=1}^{r}\sum_{i=0}^{m_k} E(\boldsymbol{x}_k \mid \boldsymbol{Z}^k, M^{(j)}, \theta_k^i)\, p(\theta_k^i, M^{(j)} \mid \boldsymbol{Z}^k) \\ &= \sum_{j=1}^{r}\sum_{i=0}^{m_k} E(\boldsymbol{x}_k \mid \theta_k^i, M^{(j)}, \boldsymbol{Z}^k)\, p(\theta_k^i \mid M^{(j)}, \boldsymbol{Z}^k)\, p(M^{(j)} \mid \boldsymbol{Z}^k) = \sum_{j=1}^{r} \hat{\boldsymbol{x}}_k^{(j)} \mu_k^{(j)}\end{aligned} \tag{11-39}$$

其中，$\hat{\boldsymbol{x}}_k^{(j)}$ 为以模型 $M^{(j)}$ 为条件的 PDA 输出，$\mu_k^{(j)}$ 为 k 时刻模型 $M^{(j)}$ 正确的概率。该算法的每一循环包括如下四个步骤：

1. 交互输入(也称重新初始化)

基于 $\{\hat{\boldsymbol{x}}_{k-1}^{(i)}, \mu_{k-1}^{(i)}, i=1,2,\cdots,r\}$，计算与模型 $M^{(j)}$ 匹配的滤波器的混合初始条件 $\{\hat{\hat{\boldsymbol{x}}}_{k-1}^{(j)}, \boldsymbol{P}_{k-1}, j=1,2,\cdots,r\}$；由全期望公式可得

$$\begin{aligned}\hat{\hat{\boldsymbol{x}}}_{k-1}^{(j)} &\overset{\text{def}}{=} E(\boldsymbol{x}_{k-1} \mid M_k = M^{(j)}, \boldsymbol{Z}^{k-1}) \\ &= \sum_{i=1}^{r} E(\boldsymbol{x}_{k-1} \mid M_{k-1} = M^{(i)}, \boldsymbol{Z}^{k-1})\, p(M_{k-1} = M^{(i)} \mid M_k = M^{(j)}, \boldsymbol{Z}^{k-1}) \\ &= \sum_{i=1}^{r} \hat{\boldsymbol{x}}_{k-1}^{(i)}, \mu_{k-1}^{(i,j)}\end{aligned} \tag{11-40}$$

其中混合概率 $\mu_{k-1}^{(i,j)}$ 为

$$\begin{aligned}\mu_{k-1}^{(i,j)} &= p(M_{k-1} = M^{(i)} \mid M_k = M^{(j)}, \boldsymbol{Z}^{k-1}) \\ &= \frac{1}{\bar{c}_j} p(M_k = M^{(j)} \mid M_{k-1} = M^{(i)}, \boldsymbol{Z}^{k-1}) \times p(M_{k-1} = M^{(i)} \mid \boldsymbol{Z}^{k-1}) \\ &= \frac{1}{\bar{c}_j} \boldsymbol{\pi}_{ij} \mu_{k-1}^{(i)}\end{aligned} \tag{11-41}$$

其中

$$\bar{c}_j = \sum_{i=1}^{r} \boldsymbol{\pi}_{ij} \mu_{k-1}^{(i)} \tag{11-42}$$

是模型 $M^{(j)}$ 的预测概率。相应的混合初始状态协方差为

$$\begin{aligned}\hat{\boldsymbol{P}}_{k-1}^{(j)} &= E\{[\boldsymbol{x}_{k-1} - \hat{\hat{\boldsymbol{x}}}_{k-1}^{(j)}][\boldsymbol{x}_{k-1} - \hat{\hat{\boldsymbol{x}}}_{k-1}^{(j)}]^{\mathrm{T}} \mid \boldsymbol{Z}^k\} \\ &= \sum_{i=1}^{r} \mu_{k-1}^{(i,j)} \{\hat{\boldsymbol{P}}_{k-1}^{(i)} + [\hat{\boldsymbol{x}}_{k-1}^{(i)} - \hat{\hat{\boldsymbol{x}}}_{k-1}^{(j)}][\hat{\hat{\boldsymbol{x}}}_{k-1}^{(i)} - \hat{\hat{\boldsymbol{x}}}_{k-1}^{(j)}]^{\mathrm{T}}\}\end{aligned} \tag{11-43}$$

2. 各模型的最小方差滤波

基于混合初始条件和它的协方差，应用 PDA 算法计算 k 时刻基于模型 $M^{(j)}$ 的状态估计 $\hat{\boldsymbol{x}}_k^{(j)}$ 和协方差 $\boldsymbol{P}_k^{(j)}$ 分别为

$$\hat{\boldsymbol{x}}_{k|k-1}^{(j)} = \boldsymbol{F}_{k-1}^{(j)} \hat{\hat{\boldsymbol{x}}}_{k-1}^{(j)} \tag{11-44}$$

$$\boldsymbol{P}_{k|k-1}^{(j)} = \boldsymbol{F}_{k-1}^{(j)} \hat{\boldsymbol{P}}_{k-1}^{(j)} (\boldsymbol{F}_{k-1}^{(j)})^{\mathrm{T}} + \Gamma_{k-1}^{(j)} \boldsymbol{Q}_{k-1}^{(j)} (\Gamma_{k-1}^{(j)})^{\mathrm{T}} \tag{11-45}$$

$$\hat{\boldsymbol{x}}_k^{(j)} = \hat{\boldsymbol{x}}_{k|k-1}^{(j)} + \boldsymbol{K}_k^{(j)} \tilde{\boldsymbol{z}}_{k|k-1}^{(j)} \tag{11-46}$$

$$\boldsymbol{P}_k^{(j)} = \boldsymbol{P}_{k|k-1}^{(j)} - \boldsymbol{K}_k^{(j)} \boldsymbol{S}_k^{(j)} (\boldsymbol{K}_k^{(j)})^{\mathrm{T}} \tag{11-47}$$

其中 $\boldsymbol{K}_k^{(j)}$，$\tilde{\boldsymbol{z}}_{k|k-1}^{(j)}$ 及 $\boldsymbol{S}_k^{(j)}$ 分别是基于模型 $M^{(j)}$ 得到的卡尔曼增益、组合新息以及新息协方差阵。

3. 模型概率更新

基于量测计算模型概率为

$$\begin{aligned}\mu_k^{(j)} &= p(M_k = M^{(j)} \mid \boldsymbol{Z}^k) = p(M_k = M^{(j)} \mid \boldsymbol{Z}_k, \boldsymbol{Z}^{k-1}) \\ &= \frac{1}{c} p(\boldsymbol{Z}_k \mid M_k = M^{(j)}, \boldsymbol{Z}^{k-1}) p(M_k = M^{(j)} \mid \boldsymbol{Z}^{k-1}) \\ &= \frac{1}{c} \Lambda_k^{(j)} \sum_{i=1}^{r} p(M_k = M^{(j)} \mid M_{k-1} = M^{(i)}, \boldsymbol{Z}^{k-1}) p(M_{k-1} = M^{(i)} \mid \boldsymbol{Z}^{k-1}) \\ &= \frac{1}{c} \Lambda_k^{(j)} \sum_{i=1}^{r} \boldsymbol{\pi}_{ij} \mu_{k-1}^{(i)} = \frac{1}{c} \Lambda_k^{(j)} \bar{c}_j\end{aligned} \tag{11-48}$$

其中似然函数 $\Lambda_k^{(j)}$ 是多量测新息的联合概率密度函数，即

$$\begin{aligned}\Lambda_k^{(j)} &= p(\boldsymbol{Z}_k \mid M_k = M^{(j)}, \boldsymbol{Z}^{k-1}) = p(\tilde{\boldsymbol{z}}_{k|k-1,1}^{(j)}, \cdots, \tilde{\boldsymbol{z}}_{k|k-1,m_k}^{(j)} \mid M_k = M^{(j)}, \boldsymbol{Z}^{k-1}) \\ &= V_k^{-m_k} \gamma_0(m_k) + V_k^{-m_k} \sum_{i=1}^{m_k} p_G^{-1} \Lambda_{k,i}^{(j)} \gamma_i(m_k)\end{aligned} \tag{11-49}$$

其中，$\tilde{\boldsymbol{z}}_{k|k-1,i}^{(j)}$ 是量测新息，$\Lambda_{k,i}^{(j)}$ 是对应于该量测新息的似然函数，$\boldsymbol{S}_k^{(j)}$ 是新息协方差矩阵，它们都是基于模型 $M^{(j)}$ 计算的，$\gamma_i(m_k)$ 是量测源于目标的先验概率，且

$$c = p(\boldsymbol{Z}_k \mid \boldsymbol{Z}^{k-1}) = \sum_{j=1}^{r} \Lambda_k^{(j)} \bar{\boldsymbol{c}}_j \tag{11-50}$$

4. 交互输出（也称滤波综合）

利用前述结果得到状态估计值与估计误差的协方差阵

$$\hat{\boldsymbol{x}}_k = \sum_{j=1}^{r} \hat{\boldsymbol{x}}_k^{(j)} \mu_k^{(j)} \tag{11-51}$$

$$P_k = \sum_{j=1}^{r} [P_k^{(j)} + (\hat{x}_k - \hat{x}_k^{(j)})(\hat{x}_k - \hat{x}_k^{(j)})^{\mathrm{T}}]\mu_k^{(j)} \tag{11-52}$$

11.1.4 C-IMMPDA 算法

1. C-IMMPDA 算法的提出

将 PDA 与 IMM 算法相结合的通常的方法是直接对 IMM 滤波器中的各个滤波器直接使用 PDA 算法，仅在计算模型概率时似然函数的形式有所变化。其算法结构可参见图 11-2 (a)，我们将这种算法称为原 IMMPDA 算法。

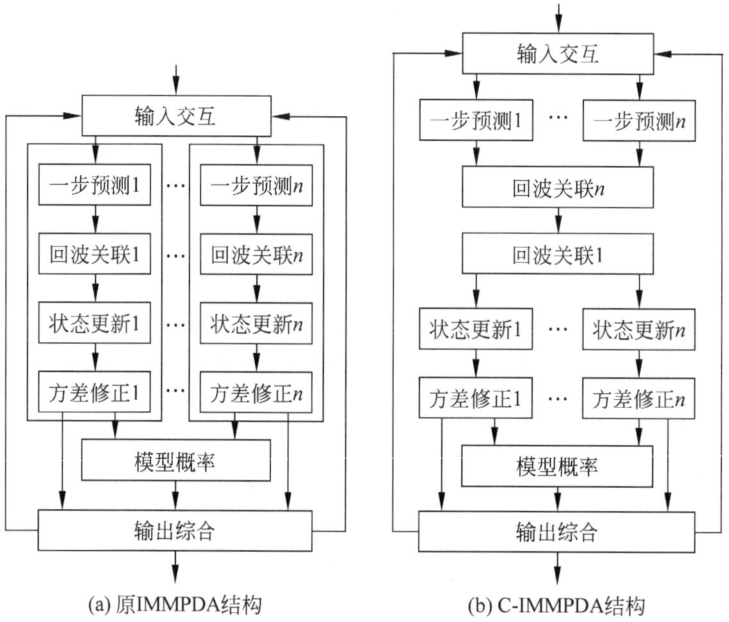

图 11-2 两种 IMMPDA 算法比较

我们在研究中发现，原 IMMPDA 算法存在一些缺陷。

(1) 在回波集合的选取上，这种算法虽然从各个子滤波器来看是最优的，但是对于整个系统来说却不一定最优，因为即使在 $k-1$ 时刻系统处于最优，我们将最优的初态经过输入交互送入各子滤波器后，由于各子滤波器独立地进行一步预测，故无法保证预测后的结果仍是全系统的最优值，因而也无法保证用这种预测值构造的波门为最优，所以最终仍无法得到全系统最优的量测集合。

(2) 在原 IMMPDA 结构中，各子滤波器采用不同的判别波门，因而各子滤波器可能采用各自不同的回波集合，这就有一定的不合理性，因为对于一个 IMM 滤波算法来说，由于各子滤波器所利用的回波不同，由似然函数计算出的模型概率可能失效(例如，一种可能的情况是各子滤波器各自跟踪了不同航迹，这时还硬要将它们用模型概率揉在一起的话，其效果当然不会令人满意)。

(3) 在原 IMMPDA 算法结构中，模型概率定义为 $u_i(k)=p[\phi_i(k)|z^k]$，形式上看来没有什么不合理，但由上面的讨论可知，各子滤波器的量测集合可能互不相同，因而使模型概率定义式中的 z^k 实际上应为 z_i^k，即各模型的模型概率的计算所基于的量测条件是不同的(这一点至少体现在许多文章中关于模型概率的推导上)，这种模型概率在很大程度上是不正确的。由于上述三个原因，原 IMMPDA 算法结构容易产生失跟、误跟现象。在杂波环境中，其常表现为失跟现象增加；而在航迹交叉中，常表现为误跟现象增加。

(4) 在原 IMMPDA 算法结构中，由于对回波的关联是对各个子滤波器分别利用 PDA 算法进行的，当回波数与模型数都较大时，从结构上可看出在回波关联计算中计算量将与它们的乘积成正比例增加，这时，运算量的耗费也是相当可观的。

基于上述原因，我们设想对 IMM 结构中各滤波器仅使用一个相同的波门来进行回波判别。而对各滤波器使用相同的回波关联与综合结果。这时 IMM 与 PDA 相结合的算法结构需要进行改变。比照原 IMMPDA 结构可知，其结构上的主要变化是对所有滤波器只进行了一次回波关联，而且新增加了预测综合(主要是为其下一步回波关联提供量测的预测中心和量测的预测协方差矩阵)，这就构成了我们的综合交互式概率数据关联(C-IMMPDA)算法。

2. C-IMMPDA 算法推导

在 IMM 部分中我们有如下假设条件：假定系统遵从一有限的模型集合(已知参数的)，并且各模型依照一已知转移概率的 Markov 链相互进行切换。我们用符号 $\phi_l(k)$表示事件“在 k 时刻第 l 个模型正确”，$u_l(k)$表示在 k 时刻第 l 个模型正确的概率，并且用符号 p_{ij} 表示由模型 i 转移到模型 j 的先验转移概率。

对于 PDA 部分我们假设整个滤波器仅有一个波门，其中心为量测的预测值，大小由量测的预测协方差矩阵来决定，另外假定对于一条航迹有且仅有一个回波(可能是零回波——没有回波)正确。我们用符号$\hat{\boldsymbol{z}}(k)$表示 k 时刻量测的预测值，$\boldsymbol{S}(k)$表示 k 时刻量测的预测协方差矩阵，$\theta_l(k)$表示事件“在 k 时刻第 l 个回波为真实回波”(其中“真实”是指回波来自于目标)，$\beta_l(k)$表示在 k 时刻第 l 个回波真实的概率。

接下来我们来看滤波过程。假设模型数为 M，总回波数为 N_k，并设当前时刻为 k，已经得到 $k-1$ 滤波器的各项滤波结果。对于各滤波器 k 时刻的状态交互输入，其形式与原算法相同，这里就不再做进一步说明，具体推导过程可参阅有关文献。在输入交互完成后可对各子滤波器执行一步预测算法，从而获取各子滤波器的状态及量测的预测值和预测协方差矩阵。接下来，假定已经得到 N_k 个回波，要求在这些回波中挑出可能是正确的 m_k 个回波，就需要有一个波门。前面已经说过，我们可用量测的预测值及其协方差矩阵来构造一波门。量测的预测值定义为

$$\hat{\boldsymbol{z}}(k)\overset{\text{def}}{=}\hat{\boldsymbol{z}}(k\mid k-1)=E[\boldsymbol{z}(k)\mid z^{k-1}]$$

其协方差矩阵定义为

$$\boldsymbol{S}(k)\overset{\text{def}}{=}\boldsymbol{S}(k\mid k-1)=E\{[\boldsymbol{z}(k)-\hat{\boldsymbol{z}}(k)][\boldsymbol{z}(k)-\hat{\boldsymbol{z}}(k)]^{\mathrm{T}}\mid \boldsymbol{z}^{k-1}\}$$

经过推导可得

$$\hat{\boldsymbol{z}}(k) = \sum_{l=1}^{M} u_l^p(k)\,\hat{\boldsymbol{z}}_l(k)$$

$$\boldsymbol{S}(k) = \sum_{l=1}^{M} u_l^p(k)\{\boldsymbol{S}_l(k) + [\hat{\boldsymbol{z}}_l(k) - \hat{\boldsymbol{z}}(k)][\hat{\boldsymbol{z}}_l(k) - \hat{\boldsymbol{z}}(k)]^{\mathrm{T}}\}$$

对任意回波 $\boldsymbol{z}(k)$，令 $d^2(k)=[\boldsymbol{z}(k)-\hat{\boldsymbol{z}}(k)]^{\mathrm{T}}\boldsymbol{S}^{-1}(k)[\boldsymbol{z}(k)-\hat{\boldsymbol{z}}(k)]$，假设$[\boldsymbol{z}(k)-\hat{\boldsymbol{z}}(k)]$近似服从正态分布，则 $d^2(k)$将近似服从自由度为 n_z 的 χ^2 分布（其中 n_z 为量测向量的维数）。因而可以利用假设检验的办法来决定是否接受 $\boldsymbol{z}(k)$在波门内。

如果已经得到 m_k 个落入波门内的回波，利用 PDAF 的结果知对于各个子滤波器应使用综合回波作为量测输入进行状态更新（推导过程可参阅有关文献），状态更新方程与普通卡尔曼滤波方程相同。综合回波定义为

$$\bar{z}(k) \stackrel{\text{def}}{=} E[\boldsymbol{z}(k)] = \sum_{l=0}^{m_k} E[\boldsymbol{z}(k) \mid \theta_l(k)]\beta_l(k) = \sum_{l=0}^{m_k} \boldsymbol{z}_l(k)\beta_l(k)$$

其中 $\boldsymbol{z}_0(k)=\hat{\boldsymbol{z}}(k)$为零回波，而 $\beta_l(k)=p[\theta_l(k)\mid z^k]$就是上面所说的 k 时刻第 l 个回波真实的概率——关联概率。因而要得到综合回波，必须知道 $\beta_l(k)$。利用非参数模型 PDAF 的结果，我们可以得到

$$\beta_0(k) = \frac{b(k)}{b(k) + \sum_{l=1}^{m_k} e_l(k)}$$

$$\beta_j(k) = \frac{e_j(k)}{b(k) + \sum_{l=1}^{m_k} e_l(k)}, \quad j = 1,\cdots,m_k$$

其中

$$e_j(k) = (P_G)^{-1} N(v_j(k);\, 0, S(k)), \quad j = 1,\cdots,m_k$$

$$b(k) = m_k(1 - p_D p_G)/[p_D p_G V(k)]$$

上式中 p_D 为探测概率，p_G 为目标的回波落入波门的概率；$N(v_j(k);\,0,S(k))$表示参数为 $v_j(k)=z_j(k)-\hat{z}(k)$（量测 j 的新息），均值为 0，方差为 $S(k)$的正态分布的概率密度函数；而 $V(k)$为波门体积，且有 $V(k)=c_{n_z}|\gamma\cdot S(k)|^{1/2}$，其中 γ 由 χ^2 分布表按 P_G查出，而 c_{n_z} 为 n_z维单位球体积。

利用综合回波对各子滤波器进行状态更新后，由于各子滤波器利用的量测条件是综合后的量测，将使原滤波后得到的状态估计的方差增大，因而需要对其进行修正。可推得修正方程如下

$$P_i(k \mid k) = \beta_0(k)P_i(k \mid k-1) + [1 - \beta_0(k)]P_i^c(k \mid k) + \widetilde{P}_i(k) \quad i = 1,\cdots,M$$

其中

$$P_i^c(k \mid k) = [\boldsymbol{I} - \boldsymbol{W}_i(k)\boldsymbol{H}_i(k)]P_i(k \mid k-1)$$

$$\widetilde{P}_i(k) = \boldsymbol{W}_i(k)\{\beta_0(k)[\tilde{\boldsymbol{z}}_i(k)\,\tilde{\boldsymbol{z}}_i^{\mathrm{T}}(k) - \bar{\boldsymbol{v}}(k)\,\bar{\boldsymbol{v}}^{\mathrm{T}}(k)] + \sum_{l=1}^{m_k} \beta_l(k)\boldsymbol{v}_l(k)\boldsymbol{v}_l^{\mathrm{T}}(k) - \bar{\boldsymbol{v}}(k)\,\bar{\boldsymbol{v}}^{\mathrm{T}}(k)\}\boldsymbol{W}_i^{\mathrm{T}}(k)$$

各模型正确的概率 $u_l(k)$ 定义为

$$u_i(k) = p[\varphi_i(k) \mid \boldsymbol{z}^k]$$

利用贝叶斯公式按模型概率展开，可得

$$u_i(k) = \frac{L_i(k)\sum_{m=1}^{M} u_m(k-1)p_{mi}}{\sum_{l=1}^{M} L_l(k)\sum_{m=1}^{M} u_m(k-1)p_{ml}}$$

其中

$$L_i(k) = p[\boldsymbol{z}(k) \mid \varphi_i(k), \boldsymbol{z}^{k-1}]$$

对于 $L_i(k)$ 的计算可以基于两种观点：

(1) 如果将算法中的 IMM 算法做为一个独立的部分考虑，即将回波关联算法看做是对量测的前端处理，那么上式中的量测条件 $\boldsymbol{z}^k$ 实际上应为 $\bar{\boldsymbol{z}}^k$，从而类似于 IMMF 算法可得到

$$L_i(k) = \frac{\exp[-\frac{1}{2}\tilde{\boldsymbol{z}}_i^{\mathrm{T}}(k)\boldsymbol{S}_i^{-1}(k)\tilde{\boldsymbol{z}}_i(k)]}{\sqrt{|2\pi \cdot \boldsymbol{S}_i(k)|}}$$

其中 $\tilde{\boldsymbol{z}}_i(k) = \bar{\boldsymbol{z}}(k) - \hat{\boldsymbol{z}}_i(k)$。

(2) 如果对算法进行总体考虑，则量测条件 $\boldsymbol{z}^k$ 应为 $\boldsymbol{z}^k = \{z_0(k), z_1(k), \cdots, z_{m_k}(k), z^{k-1}\}$，从而可得到类似于原 IMMPDAF 算法的结果

$$L_i(k) = V_i^{-m_k}(k)(1 - p_D p_G) + \frac{V_i^{1-m_k}(k)p_D\sum_{l=1}^{m_k} e_{il}(k)}{m_k\sqrt{|2\pi \cdot \boldsymbol{S}_i(k)|}}$$

其中 $V_i(k)$ 为按第 i 个子滤波器的量测预测值及其协方差计算出来的波门体积，而其中

$$e_{il}(k) = \exp\{-\frac{1}{2}[\boldsymbol{z}_l(k) - \hat{\boldsymbol{z}}_i(k)]^{\mathrm{T}}\boldsymbol{S}_i^{-1}(k)[\boldsymbol{z}_l(k) - \hat{\boldsymbol{z}}_i(k)]\}$$

最后进行输出交互的形式与结果与普通 IMMF 算法类似

$$\hat{\boldsymbol{x}}(k) = \sum_{l=1}^{M} u_l(k)\hat{\boldsymbol{x}}_l(k \mid k)$$

$$P(k) = \sum_{l=1}^{M} u_l(k)\{P_l(k \mid k) + [\hat{\boldsymbol{x}}_l(k \mid k) - \hat{\boldsymbol{x}}(k)][\hat{\boldsymbol{x}}_l(k \mid k) - \hat{\boldsymbol{x}}(k)]^{\mathrm{T}}\}$$

11.1.5　综合扩展概率数据关联算法

1. 算法思想

在概率数据关联算法中，对于 k 时刻的两个确认回波 $\boldsymbol{z}_{i_1,k}$，$\boldsymbol{z}_{i_2,k}$ 且 $i_1 \neq i_2$，只要它们到预测值 $\hat{\boldsymbol{z}}_{k|k-1}$ 的马氏距离相等，那么它们与目标的关联概率就相等。这主要是由

于在概率数据关联算法中，若量测 $z_{i,k}$ 是源于目标的量测，则其概率密度函数为

$$p(\boldsymbol{z}_{i,k} \mid \theta_{i,k}, m_k, \boldsymbol{Z}^{k-1}) = p_G^{-1}(2\pi)^{-\frac{n_z}{2}} \mid \boldsymbol{S}_k \mid^{-\frac{1}{2}} \exp\left\{-\frac{1}{2}\boldsymbol{v}_{i,k}^{\mathrm{T}}\boldsymbol{S}_k^{-1}\boldsymbol{v}_{i,k}\right\} \tag{11-53}$$

可见，对于 k 时刻的每个确认回波 $\boldsymbol{z}_{i,k}, i=1,2,\cdots,m_k$，其概率密度函数由 $\boldsymbol{z}_{i,k}$ 到 $\hat{\boldsymbol{z}}_{k|k-1}$ 的马氏距离 $\boldsymbol{v}_{i,k}'\boldsymbol{S}_k^{-1}\boldsymbol{v}_{i,k}$ 唯一确定。而实际上，对于每个确认回波，虽然一定有唯一的马氏距离与之对应，但是对于某个马氏距离，则有多个确认回波与之对应。换言之，仅仅用马氏距离并不能唯一地确定回波。

如图 11-3 所示，对于两个确认回波 $\boldsymbol{z}_{1,k}, \boldsymbol{z}_{2,k}$，它们均在相关波门上到预测值的马氏距离相等，因此在 PDA 中它们与目标的关联概率也相等。而由图 11-3 可知，量测 $\boldsymbol{z}_{1,k}$ 与目标预测运动方向的偏离程度要大于量测 $\boldsymbol{z}_{2,k}$ 与目标预测运动方向的偏离程度，考虑短时间内运动的惯性，$\boldsymbol{z}_{2,k}$ 与目标的关联概率应该大于 $\boldsymbol{z}_{1,k}$ 与目标的关联概率。

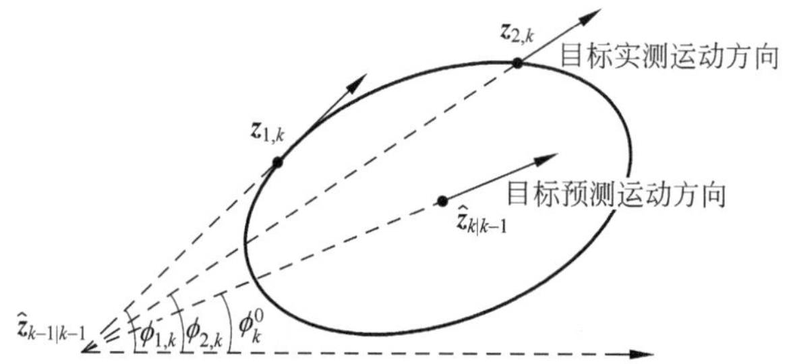

图 11-3 运动方向偏差角的示意图

因此，通过构造反映量测与目标预测方向偏离程度的统计量，推导该统计量的概率密度函数，在此基础上可得到一种扩展概率数据关联算法(IEPDA)。

2. 状态估计

考虑对匀速直线运动目标进行跟踪，目标的状态方程和量测方程分别为

$$\boldsymbol{x}_{k+1} = \boldsymbol{F}_k \boldsymbol{x}_k + \boldsymbol{w}_k \tag{11-54}$$

$$\boldsymbol{z}_k = \boldsymbol{H}_k \boldsymbol{x}_k + \boldsymbol{v}_k \tag{11-55}$$

其中 $\boldsymbol{x}_k = [x_k v_x y_k v_y]^{\mathrm{T}}$ 为 k 时刻目标的状态向量，$\boldsymbol{F}_k = \begin{bmatrix} 1 & t_s & 0 & 0 \\ 0 & 1 & 0 & 0 \\ 0 & 0 & 1 & t_s \\ 0 & 0 & 0 & 1 \end{bmatrix}$ 为状态转移矩阵，t_s 为采样间隔，$\boldsymbol{w}_k$ 是建模误差，假定为零均值高斯白噪声，协方差阵为 $\boldsymbol{Q}_k$，$\boldsymbol{z}_k$ 为 k 时刻的量测向量，$\boldsymbol{H}_k = \begin{bmatrix} 1 & 0 & 0 & 0 \\ 0 & 0 & 1 & 0 \end{bmatrix}$ 为量测矩阵，$\boldsymbol{v}_k$ 是量测噪声，假定是协方差阵为 $\boldsymbol{R}_k$ 的零均值高斯白噪声。目标可视/存在的转移概率由一个离散马尔可夫链控制，其转移概率矩阵为

$$\Gamma = \begin{bmatrix} p(O_k \mid O_{k-1}) & p(O_k \mid \bar{O}_{k-1}) \\ p(\bar{O}_k \mid O_{k-1}) & p(\bar{O}_k \mid \bar{O}_{k-1}) \end{bmatrix} = \begin{bmatrix} \tau_{11} & \tau_{21} \\ 1-\tau_{11} & 1-\tau_{21} \end{bmatrix} \tag{11-56}$$

其中 O_k 表示 k 时刻目标可视，$\bar{O}_k$ 表示 k 时刻目标不可视。

记 $\boldsymbol{z}_{i,k} \stackrel{\text{def}}{=} [x_{i,k} \quad y_{i,k}]^{\mathrm{T}}$ 为 k 时刻的第 i 个确认回波，$\boldsymbol{Z}(k) \stackrel{\text{def}}{=} \{\boldsymbol{z}_{i,k}\}_{i=1}^{m_k}$ 为 k 时刻的确认量测集合，m_k 表示 k 时刻的确认回波数；$\boldsymbol{Z}^k \stackrel{\text{def}}{=} \{\boldsymbol{Z}(j)\}_{j=1}^{k}$ 表示直到 k 时刻的确认量测的集合。$\hat{\boldsymbol{z}}_{k-1|k-1} \stackrel{\text{def}}{=} \boldsymbol{H}_{k-1}\hat{\boldsymbol{x}}_{k-1|k-1}$ 为 $k-1$ 时刻的量测估计，$\hat{\boldsymbol{z}}_{k|k-1} \stackrel{\text{def}}{=} [\hat{x}_{k|k-1} \quad \hat{y}_{k|k-1}]^{\mathrm{T}}$ 为 k 时刻的量测一步预测。

目标可视性概率预测为

$$p(O_k \mid \boldsymbol{Z}^{k-1}) = \tau_{11}\, p(O_{k-1} \mid \boldsymbol{Z}^{k-1}) + \tau_{21}(1 - p(O_{k-1} \mid \boldsymbol{Z}^{k-1})) \tag{11-57}$$

定义事件 $\theta_{i,k} \stackrel{\text{def}}{=} \{\boldsymbol{z}_{i,k}$是源于目标的量测$\}$，$i=1,2,\cdots,m_k$；$\theta_{0,k} \stackrel{\text{def}}{=} \{$在 k 时刻没有源于目标的量测$\}$。以确认量测的累积集合 $\boldsymbol{Z}^k$ 为条件，第 i 个量测 $\boldsymbol{z}_{i,k}$ 源于目标的条件概率为

$$\beta_{i,k} \stackrel{\text{def}}{=} p(\theta_{i,k} \mid \boldsymbol{Z}^k) \tag{11-58}$$

由于这些事件是互斥的，并且是穷举的，所以 $\sum_{i=0}^{m_k} \beta_{i,k} = 1$，则 k 时刻目标状态的条件均值为

$$\hat{\boldsymbol{x}}_{k|k} = \hat{\boldsymbol{x}}_{k|k-1} + \boldsymbol{K}_k \sum_{i=0}^{m_k} \beta_{i,k}\, \boldsymbol{v}_{i,k} \tag{11-59}$$

$$\boldsymbol{P}_{k|k} = \beta_{0,k}\boldsymbol{P}_{k|k-1} + [1-\beta_{0,k}]\boldsymbol{P}_{k|k}^{c} + \widetilde{\boldsymbol{P}}_k \tag{11-60}$$

其中

$$\boldsymbol{v}_{i,k} = \boldsymbol{z}_{i,k} - \hat{\boldsymbol{z}}_{k|k-1} \tag{11-61}$$

$$\boldsymbol{P}_{k|k}^{c} = [\boldsymbol{I} - \boldsymbol{K}_k\boldsymbol{H}_k]\boldsymbol{P}_{k|k-1} \tag{11-62}$$

$$\boldsymbol{P}_{k|k-1} = \boldsymbol{F}_k\boldsymbol{P}_{k-1|k-1}\boldsymbol{F}_k^{\mathrm{T}} + \boldsymbol{Q}_{k-1} \tag{11-63}$$

$$\widetilde{\boldsymbol{P}}_k = \boldsymbol{K}_k\left[\sum_{i=1}^{m_k} \beta_{i,k}\,\boldsymbol{v}_{i,k}\boldsymbol{v}_{i,k}^{\mathrm{T}} - \boldsymbol{v}_k\boldsymbol{v}_k^{\mathrm{T}}\right]\boldsymbol{K}_k^{\mathrm{T}} \tag{11-64}$$

$$\boldsymbol{v}_k = \sum_{i=1}^{m_k} \beta_{i,k}\,\boldsymbol{v}_{i,k} \tag{11-65}$$

$$\boldsymbol{K}_k = \boldsymbol{P}_{k|k-1}\boldsymbol{H}_k\boldsymbol{S}_k^{-1} \tag{11-66}$$

$$\boldsymbol{S}_k = \boldsymbol{H}_k\boldsymbol{P}_{k|k-1}\boldsymbol{H}_k^{\mathrm{T}} + \boldsymbol{R}_k \tag{11-67}$$

3. IEPDA 算法流程

定义 11.1 定义矢量$\overrightarrow{\hat{\boldsymbol{z}}_{k-1|k-1}\hat{\boldsymbol{z}}_{k|k-1}}$的方向为 k 时刻目标的预测运动方向，用 ϕ_k^0 来表示，即

$$\phi_k^0 = \begin{cases} 0 & \hat{\dot{x}}_{k-1|k-1} > 0, \hat{\dot{y}}_{k-1|k-1} = 0 \\ \dfrac{\pi}{2} & \hat{\dot{x}}_{k-1|k-1} = 0, \hat{\dot{y}}_{k-1|k-1} > 0 \\ \pi & \hat{\dot{x}}_{k-1|k-1} < 0, \hat{\dot{y}}_{k-1|k-1} = 0 \\ \dfrac{3\pi}{2} & \hat{\dot{x}}_{k-1|k-1} = 0, \hat{\dot{y}}_{k-1|k-1} < 0 \\ \arctan \dfrac{\hat{\dot{y}}_{k-1|k-1}}{\hat{\dot{x}}_{k-1|k-1}} & \hat{\dot{x}}_{k-1|k-1} \neq 0, \hat{\dot{y}}_{k-1|k-1} > 0 \\ \pi + \arctan \dfrac{\hat{\dot{y}}_{k-1|k-1}}{\hat{\dot{x}}_{k-1|k-1}} & \hat{\dot{x}}_{k-1|k-1} \neq 0, \hat{\dot{y}}_{k-1|k-1} < 0 \end{cases} \tag{11-68}$$

定义 11.2 矢量$\overrightarrow{\hat{\boldsymbol{z}}_{k-1|k-1}\boldsymbol{z}_{i,k}}$方向为 k 时刻由量测 $\boldsymbol{z}_{i,k}$确定的目标拟运动方向,用$\phi_{i,k}$表示,即

$$\phi_{i,k} = \begin{cases} 0 & x_{i,k} - \hat{x}_{k-1|k-1} > 0, y_{i,k} - \hat{y}_{k-1|k-1} = 0 \\ \dfrac{\pi}{2} & x_{i,k} - \hat{x}_{k-1|k-1} = 0, y_{i,k} - \hat{y}_{k-1|k-1} > 0 \\ \pi & x_{i,k} - \hat{x}_{k-1|k-1} < 0, y_{i,k} - \hat{y}_{k-1|k-1} = 0 \\ \dfrac{3\pi}{2} & x_{i,k} - \hat{x}_{k-1|k-1} = 0, y_{i,k} - \hat{y}_{k-1|k-1} < 0 \\ \arctan \dfrac{y_{i,k} - \hat{y}_{k-1|k-1}}{x_{i,k} - \hat{x}_{k-1|k-1}} & x_{i,k} - \hat{x}_{k-1|k-1} \neq 0, y_{i,k} - \hat{y}_{k-1|k-1} > 0 \\ \pi + \arctan \dfrac{y_{i,k} - \hat{y}_{k-1|k-1}}{x_{i,k} - \hat{x}_{k-1|k-1}} & x_{i,k} - \hat{x}_{k-1|k-1} \neq 0, y_{i,k} - \hat{y}_{k-1|k-1} < 0 \end{cases} \tag{11-69}$$

由定义 11.2 可知,当 $x_{i,k}-\hat{x}_{k-1|k-1}\neq 0$ 且 $y_{i,k}-\hat{y}_{k-1|k-1}\neq 0$ 时

$$\tan\phi_{i,k} = \frac{y_{i,k} - \hat{y}_{k-1|k-1}}{x_{i,k} - \hat{x}_{k-1|k-1}} \tag{11-70}$$

若 $\boldsymbol{z}_{i,k}$来源于目标,上式化简为

$$\tan\phi_{i,k} = \frac{y_k + \boldsymbol{v}_k^{(2)} - (y_{k-1} - \tilde{y}_{k-1|k-1})}{x_k + \boldsymbol{v}_k^{(1)} - (x_{k-1} - \tilde{x}_{k-1|k-1})} = \frac{v_y t_s + \boldsymbol{w}_{k-1}^{(3)} + \boldsymbol{v}_k^{(2)} + \tilde{y}_{k-1|k-1}}{v_x t_s + \boldsymbol{w}_{k-1}^{(1)} + \boldsymbol{v}_k^{(1)} + \tilde{x}_{k-1|k-1}} \tag{11-71}$$

可见,$\tan\phi_{i,k}$是关于目标状态分量 v_x,v_y、采样间隔 t_s、$k-1$ 时刻估计误差 $\tilde{x}_{k-1|k-1}$、$\tilde{y}_{k-1|k-1}$以及相应的过程噪声和量测噪声的函数。为表达方便,令

$$\varphi = v_y t_s + \boldsymbol{w}_{k-1}^{(3)} + \boldsymbol{v}_k^{(2)} + \tilde{y}_{k-1|k-1} \tag{11-72}$$

$$\psi = v_x t_s + \boldsymbol{w}_{k-1}^{(1)} + \boldsymbol{v}_k^{(1)} + \tilde{x}_{k-1|k-1} \tag{11-73}$$

假设状态估计误差$\tilde{\boldsymbol{x}}_{k-1|k-1} \sim N(0, \boldsymbol{P}_{k-1|k-1})$; μ_1、μ_2 分别为变量 φ 和 ψ 的数学期望,σ_1^2、σ_2^2 分别为变量 φ 和 ψ 的方差,c 为 φ 与 ψ 的协方差,则

$$\varphi \sim N(\mu_1, \sigma_1^2) \tag{11-74}$$

$$\psi \sim N(\mu_2, \sigma_2^2) \tag{11-75}$$

其中，

$$\mu_1 = v_y t_s \tag{11-76}$$

$$\mu_2 = v_x t_s \tag{11-77}$$

$$\sigma_1^2 = \boldsymbol{Q}_{k-1}^{(3,3)} + \boldsymbol{R}_k^{(2,2)} + \boldsymbol{P}_{k-1|k-1}^{(3,3)} \tag{11-78}$$

$$\sigma_2^2 = \boldsymbol{Q}_{k-1}^{(1,1)} + \boldsymbol{R}_k^{(1,1)} + \boldsymbol{P}_{k-1|k-1}^{(1,1)} \tag{11-79}$$

$$c = \boldsymbol{Q}_{k-1}^{(1,3)} + \boldsymbol{R}_k^{(1,2)} + \boldsymbol{P}_{k-1|k-1}^{(1,3)} \tag{11-80}$$

引理　若已知 $\varphi \sim N(\mu_1, \sigma_1^2)$、$\psi \sim N(\mu_2, \sigma_2^2)$且协方差为 c 则随机变量 $\xi = \dfrac{\varphi}{\psi}$的概率密度函数为

$$\begin{aligned} f(\xi;\ \mu_1, \mu_2, \sigma_1^2, \sigma_2^2, c) = & g_1(\xi;\ \mu_1, \mu_2, \sigma_1^2, \sigma_2^2, c) \\ & + g_2(\xi;\ \mu_1, \mu_2, \sigma_1^2, \sigma_2^2, c) \cdot g_3(\xi;\ \mu_1, \mu_2, \sigma_1^2, \sigma_2^2, c) \end{aligned} \tag{11-81}$$

其中

$$g_1(\xi;\ \mu_1, \mu_2, \sigma_1^2, \sigma_2^2, c) = \frac{\sqrt{\sigma_1^2\sigma_2^2 - c^2}}{\pi(\sigma_2^2\xi^2 - 2c\xi + \sigma_1^2)} \cdot \exp\left\{-\frac{\mu_1^2\sigma_2^2 - 2c\mu_1\mu_2 + \mu_2^2\sigma_1^2}{2(\sigma_1^2\sigma_2^2 - c^2)}\right\} \tag{11-82}$$

$$g_2(\xi;\ \mu_1, \mu_2, \sigma_1^2, \sigma_2^2, c) = \frac{\mu_1(\sigma_2^2\xi - c) + \mu_2(\sigma_1^2 - c\xi)}{\sqrt{2\pi}\ (\sigma_2^2\xi^2 - 2c\xi + \sigma_1^2)^{3/2}} \cdot \exp\left\{-\frac{(\mu_1 - \mu_2\xi)^2}{2(\sigma_2^2\xi^2 - 2c\xi + \sigma_1^2)}\right\} \tag{11-83}$$

$$g_3(\xi;\ \mu_1, \mu_2, \sigma_1^2, \sigma_2^2, c) = 1 - 2\Phi\left(-\frac{\mu_1(\sigma_2^2\xi - c) + \mu_2(\sigma_1^2 - c\xi)}{\sqrt{\sigma_2^2\xi^2 - 2c\xi + \sigma_1^2}\ \sqrt{\sigma_1^2\sigma_2^2 - c^2}}\right) \tag{11-84}$$

引理给出了变量 $\xi = \tan\phi_{i,k}$的概率密度函数。根据随机变量函数的概率密度函数公式，下面给出随机变量$\phi_{i,k}$的密度函数 $f_\Phi(\phi_{i,k})$。

定理 11.1　对于满足式(11-54)和式(11-55)的目标，若 $\boldsymbol{z}_{i,k}$是源于目标的量测，则$\phi_{i,k} = \arctan\left(\dfrac{y_{i,k} - \hat{y}_{k-1|k-1}}{x_{i,k} - \hat{x}_{k-1|k-1}}\right)$的概率密度函数 $f_\Phi(\phi_{i,k})$为

$$f_\Phi(\phi_{i,k}) = f(\tan\phi_{i,k};\ \mu_1, \mu_2, \sigma_1^2, \sigma_2^2, c) \cdot \sec^2\phi_{i,k} \tag{11-85}$$

函数 $f(\tan\phi_{i,k};\ \mu_1, \mu_2, \sigma_1^2, \sigma_2^2, c)$根据引理确定；$\mu_1, \mu_2, \sigma_1^2, \sigma_2^2, c$ 分别由式(11-61)～式(11-67)确定。

定义 11.3

$$\omega_{i,k} = \pi\sqrt{\sigma_1^2\sigma_2^2 - c^2}\tan\frac{\phi_{i,k} - \phi_k^0}{2} \tag{11-86}$$

为量测 $\boldsymbol{z}_{i,k}$的运动方向偏差角变量。

定理 11.2　对于满足式(11-54)和式(11-55)的目标，若 $\boldsymbol{z}_{i,k}$是源于目标的量测，则随机变量 $\omega_{i,k} = \pi\sqrt{\sigma_1^2\sigma_2^2 - c^2}\tan\dfrac{\phi_{i,k} - \phi_k^0}{2}$的概率密度函数为

$$f_\Omega(\omega_{i,k}) = 2\pi\sqrt{\sigma_1^2\sigma_2^2 - c^2}\cos^2(\arctan(\omega_{i,k}))\cdot f_\Phi(2\arctan(\omega_{i,k}) + \phi_k^0) \tag{11-87}$$

其中$\phi_{k,0}$，$\phi_{i,k}$分别由式(11-68)和式(11-69)计算，$f_\Phi(2\arctan(\omega_{i,k})+\phi_k^0)$根据式(11-87)算。式(11-58)的互联概率的计算按照如下进行：将量测集合 $\boldsymbol{Z}^k$ 分为过去累积数据 $\boldsymbol{Z}^{k-1}$ 和最新数据 $\boldsymbol{Z}(k)$，利用贝叶斯公式可得

$$\beta_{i,k} = \frac{p(\boldsymbol{Z}(k) \mid \theta_{i,k}, m_k, \boldsymbol{Z}^{k-1})p(\theta_{i,k} \mid m_k, \boldsymbol{Z}^{k-1})}{\sum_{j=0}^{m_k} p(\boldsymbol{Z}(k) \mid \theta_{j,k}, m_k, \boldsymbol{Z}^{k-1})p(\theta_{j,k} \mid m_k, \boldsymbol{Z}^{k-1})} \tag{11-88}$$

而 $p(\boldsymbol{Z}_k|\theta_{i,k},m_k,\boldsymbol{Z}^{k-1})$可写为

$$p(\boldsymbol{Z}_k \mid \theta_{i,k}, m_k, \boldsymbol{Z}^{k-1}) = p(\boldsymbol{z}_{i,k} \mid \theta_{i,k}, m_k, \boldsymbol{Z}^{k-1})\prod_{j=1,j\neq i}^{m_k} p(\boldsymbol{z}_{j,k} \mid \theta_{i,k}, m_k, \boldsymbol{Z}^{k-1}) \tag{11-89}$$

当事件 $\theta_{i,k}$发生时，$\boldsymbol{z}_{i,k}$是源于目标的量测，而其他量测 $\boldsymbol{z}_{j,k}$，$j\in\{1,\cdots,m_k\}$且 $j\neq i$ 均为杂波，在扩展概率数据关联中，$p(\boldsymbol{z}_{i,k}|\theta_{i,k},m_k,\boldsymbol{Z}^{k-1})$的计算公式为

$$p(\boldsymbol{z}_{i,k} \mid \theta_{i,k}, m_k, \boldsymbol{Z}^{k-1}) = p_G^{-1}(2\pi)^{-\frac{n_z}{2}} \mid \boldsymbol{S}_k \mid^{-\frac{1}{2}}\exp\left\{-\frac{1}{2}\boldsymbol{v}_{i,k}^{\mathrm{T}}\boldsymbol{S}_k^{-1}\boldsymbol{v}_{i,k}\right\}\exp\{f_\Omega(\omega_{i,k})\} \tag{11-90}$$

$$p(\boldsymbol{z}_{j,k} \mid \theta_{i,k}, m_k, \boldsymbol{Z}^{k-1}) = \frac{1}{V_k} \quad j\neq i \tag{11-91}$$

将式(11-90)和式(11-91)带入式(11-89)可得

$$p(\boldsymbol{Z}_k \mid \theta_{i,k}, m_k, \boldsymbol{Z}^{k-1}) = \begin{cases} V_k^{-m_k+1}p_G^{-1}(2\pi)^{-1} \mid \boldsymbol{S}_k \mid^{-1/2}\exp\left\{-\dfrac{d_{i,k}}{2}\right\} \\ \quad\cdot\exp\{f_\Omega(\omega_{i,k})\} & i = 1,\cdots,m_k \\ V_k^{-m_k} & i = 0 \end{cases} \tag{11-92}$$

事件 $\theta_{i,k}$的条件概率$P\{\theta_{i,k}|m_k,\boldsymbol{Z}^{k-1}\}$与概率数据关联算法相同。

若采用参数模型时，有

$$\beta_{i,k} = \begin{cases} \dfrac{\exp\left\{-\dfrac{d_{i,k}}{2}\right\}\exp\{f_\Omega(\omega_{i,k})\}}{2\pi\sqrt{\mid \boldsymbol{S}_k \mid}\lambda(1-p_Dp_G)/p_D + \sum_{j=1}^{m_k}\exp\left\{-\dfrac{d_{j,k}}{2}\right\}\exp\{f_\Omega(\omega_{i,k})\}} & i = 1,2,\cdots,m_k \\ \dfrac{2\pi\sqrt{\mid \boldsymbol{S}_k \mid}\lambda(1-p_Dp_G)/p_D}{2\pi\sqrt{\mid \boldsymbol{S}_k \mid}\lambda(1-p_Dp_G)/p_D + \sum_{j=1}^{m_k}\exp\left\{-\dfrac{d_{j,k}}{2}\right\}\exp\{f_\Omega(\omega_{i,k})\}} & i = 0 \end{cases} \tag{11-93}$$

若采用非参数模型时，有

$$\beta_{i,k}=\begin{cases}\dfrac{\exp\left\{-\dfrac{d_{i,k}}{2}\right\}\exp\{f_{\Omega}(\omega_{i,k})\}}{2\pi\sqrt{|\boldsymbol{S}_k|}V_k^{-1}m_k(1-p_Dp_G)/p_D+\sum\limits_{j=1}^{m_k}\exp\left\{-\dfrac{d_{j,k}}{2}\right\}\exp\{f_{\Omega}(\omega_{i,k})\}} & i=1,2,\cdots,m_k\\ \dfrac{2\pi\sqrt{|\boldsymbol{S}_k|}V_k^{-1}m_k(1-p_Dp_G)/p_D}{2\pi\sqrt{|\boldsymbol{S}_k|}V_k^{-1}m_k(1-p_Dp_G)/p_D+\sum\limits_{j=1}^{m_k}\exp\left\{-\dfrac{d_{j,k}}{2}\right\}\exp\{f_{\Omega}(\omega_{i,k})\}} & i=0\end{cases}$$

(11-94)

可视性概率为

$$p(O_k\mid\boldsymbol{Z}^k)=\frac{1-\delta_k}{1-\delta_k p(O_k\mid\boldsymbol{Z}^{k-1})}p(O_k\mid\boldsymbol{Z}^{k-1})\tag{11-95}$$

其中

$$\delta_k=\begin{cases}p_Dp_G-p_D\dfrac{V_k}{\hat{m}_k}\sum\limits_{j=1}^{m_k}|2\pi\boldsymbol{S}_k|^{-\frac{3}{2}}\exp\left\{-\dfrac{d_{j,k}}{2}\right\}\exp\{f_{\Omega}(\omega_{i,k})\} & m_k\neq 0\\ p_Dp_G & m_k=0\end{cases}$$

(11-96)

$$\hat{m}_k=\begin{cases}0 & m_k=0\\ m_k-p_Dp_Gp(O_k\mid\boldsymbol{Z}^{k-1}) & m_k>0\end{cases}\tag{11-97}$$

p_D 表示目标检测概率，p_D 表示波门概率，V_k 表示波门体积。

4. 关联概率计算

1）一点起始：状态初值为$\hat{\boldsymbol{x}}_{0|0}$，方差初值为 $\boldsymbol{P}_{0|0}$；

2）状态预测及协方差预测

$$\hat{\boldsymbol{x}}_{k|k-1}=\boldsymbol{F}_k\hat{\boldsymbol{x}}_{k-1|k-1}\tag{11-98}$$

$$\boldsymbol{P}_{k|k-1}=\boldsymbol{F}_k\boldsymbol{P}_{k-1|k-1}\boldsymbol{F}_k^{\mathrm{T}}+\boldsymbol{Q}_{k-1}\tag{11-99}$$

3）回波确认：对于任意一个量测 $\boldsymbol{z}_{i,k}$，当且仅当其满足

$$d_{i,k}=\boldsymbol{v}_{i,k}^{\mathrm{T}}\boldsymbol{S}_k^{-1}\boldsymbol{v}_{i,k}\leqslant\gamma\tag{11-100}$$

时，才认为 $\boldsymbol{z}_{i,k}$是确认回波。其中 γ 是门限值，$\boldsymbol{v}_{i,k}$和 $\boldsymbol{S}_k$ 分别根据式(11-61)和式(11-67)计算。

4）计算关联概率：若 $\boldsymbol{z}_{i,k}$满足 $d_{i,k}\leqslant\gamma$，利用式(11-68)～式(11-86)计算出 $\omega_{i,k}$，利用式(11-94)计算关联概率；

5）根据式(11-59)～式(11-67)进行状态及方差更新；

6）航迹判断：对于稳定航迹，若可视概率 $p(O_k|\boldsymbol{Z}^k)$小于目标删除概率 p_t，则终结该航迹；否则，继续维持。对于临时航迹，若可视概率 $p(O_k|\boldsymbol{Z}^k)$大于目标确认概率 p_c，则该航迹被确认起始，成为稳定航迹；若可视概率 $p(O_k|\boldsymbol{Z}^k)$小于目标确认概率 p_c 且大于 p_t，则需进一步判断；若后验可视概率 $p(O_k|\boldsymbol{Z}^k)$小于 p_t，则删除该临时

航迹。

7) 时间更新 $k=k+1$，返回到 2)。

11.2 多目标量测-航迹关联算法

11.2.1 联合概率数据关联

联合概率数据关联(joint probabilistic data association，JPDA)是 Bar-Shalom 教授和他的学生在仅适用于单目标跟踪 PDA 算法基础上，提出的一种适用于多目标情形的数据关联算法。

JPDA 方法以其较好的多目标相关性能，自从诞生之日就受到了广泛关注。然而，JPDA 算法的困难在于难以确切得到联合事件与关联事件的概率，因为这种方法中，联合事件数是所有候选回波数的指数函数，并随回波密度的增加出现计算上的组合爆炸现象。近年来，很多国内外学者针对各种实际应用，发展了一些次优的近似算法[5~9]，这些算法在降低计算量的同时，也降低了算法的有效性和可靠性。

在 JPDA 算法中，首先按照多目标跟踪门之间的几何关系，划分为多个聚。在每个聚中，任何一个目标跟踪门与其他至少一个目标的跟踪门之间交集非空。JPDA 算法依次处理每个聚中的目标与量测。假设在某个聚中，目标个数为 N，确认量测数目为 m_k。为了表示该聚众，确认量测和多目标跟踪门之间的复杂关系，Bar-Shalom引入了确认矩阵的概念。确认矩阵Ω 定义为

$$\Omega = \{\omega_j^t\}_{j=1,2,\cdots,m_k}^{t=0,1,2,\cdots,N} \tag{11-101}$$

其中，ω_j^t 是二进制变量，$\omega_j^t=1$ 表示量测 j 落入目标 t 的跟踪门内；$\omega_j^t=0$ 表示量测 j 没有落入目标 t 的跟踪门内。若令 $t=0$ 表示虚警，此时Ω 对应的列元素 ω_j^0 全都是 1，这是因为任一量测都有可能源于杂波或是虚警。

对于量测落入跟踪门相交区域的情形，意为该量测可能源于多个目标。联合概率数据关联的目的就是计算每一个量测与其可能的各种源目标相互关联的概率。为此，首先要研究在 k 时刻的所有(可行)联合事件的集合。

设$\theta_k=\{\theta_{k,i}\}_{i=1}^{n_k}$表示 k 时刻所有(可行)联合事件的集合，n_k 表示集合θ_k 中元素的个数，其中

$$\theta_{k,i} = \bigcap_{j=1}^{m_k} \theta_{k,i}^{j,t_j} \tag{11-102}$$

代表第 i 个联合事件($i=1,2,\cdots,n_k$)，它表示 m_k 个量测匹配于各自目标的一种可能，$\theta_{k,i}^{j,t_j}$ 表示量测 j 在第 i 个联合事件中源于目标 t_j 的事件($0\leqslant t_j\leqslant N$)，$\theta_{k,i}^{j,0}$ 表示量测 j 在第 i 个联合事件中源于杂波或虚警。

设 $\theta_k^{j,t}$ 表示第 j 个量测与目标 t 关联的事件，则

$$\theta_k^{j,t} = \bigcup_{i=1}^{n_k} \theta_{k,i}^{j,t}, \quad j = 1,2,\cdots,m_k \tag{11-103}$$

这个事件称为关联事件。为讨论方便,用 $\theta_k^{0,t}$ 表示没有任何量测源于目标 t。

联合数据关联的关键是计算这些联合事件和关联事件的概率。它所依赖的两个基本假设是:

(1) 每个量测有唯一的源,这里不考虑有不可分辨的量测的可能性。

(2) 对于一个给定的目标,最多有一个量测以其为源。

满足这两个假设的事件称为(可行)联合事件。根据以上两个假设对确认矩阵进行拆分,可得到与(可行)联合事件对应的可行矩阵。设

$$\hat{\Omega}(\theta_{k,i}) = [\hat{\omega}_j^t(\theta_{k,i})],\quad j = 1,2,\cdots,m_k;\ t = 0,1,\cdots,N;\ i = 1,2,\cdots,n_k \tag{11-104}$$

其中

$$\hat{\omega}_j^t(\theta_{k,i}) = \begin{cases} 1, & \text{若 } \theta_{k,i}^{j,t} \subset \theta_{k,i} \\ 0, & \text{其他} \end{cases} \tag{11-105}$$

描述在第 i 个联合事件中,量测 j 是否源于目标 t。当量测 j 源于目标 t 时,$\hat{\omega}_j^t=1$,否则为 0。根据上述两个基本假设容易推出互联矩阵满足

$$\sum_{t=0}^{N} \hat{\omega}_j^t(\theta_{k,i}) = 1,\quad j = 1,2,\cdots,m_k \tag{11-106}$$

$$\sum_{j=1}^{m_k} \hat{\omega}_j^t(\theta_{k,i}) \leqslant 1,\quad t = 1,2,\cdots,N \tag{11-107}$$

为了讨论方便,引入两个二元变量。

(1) 量测关联指示器 $\tau_j(\theta_{k,i})$,即

$$\tau_j(\theta_{k,i}) = \begin{cases} 1, & t_j > 0 \\ 0, & t_j = 0 \end{cases},\quad j = 1,2,\cdots,m_k \tag{11-108}$$

其中,t_j 表示在联合事件 $\theta_{k,i}$ 中与量测 j 关联的目标编码。$\tau_j(\theta_{k,i})$ 用来指示量测 j 在可行事件 $\theta_{k,i}$ 中是否和一个真实目标关联。设

$$\tau(\theta_{k,i}) = [\tau_1(\theta_{k,i}),\tau_2(\theta_{k,i}),\cdots,\tau_{m_k}(\theta_{k,i})] \tag{11-109}$$

则 $\tau(\theta_{k,i})$ 能够反映在可行事件 $\theta_{k,i}$ 中任一个量测是否与某个真实目标关联的情形。

(2) 目标检测指示器 $\delta_t(\theta_{k,i})$,即

$$\delta_t(\theta_{k,i}) = \sum_{j=1}^{m_k} \hat{\omega}_j^t(\theta_{k,i}) = \begin{cases} 1, & \text{若存在 } j,\text{使得 } t_j = t \\ 0, & \text{其他} \end{cases},\quad t = 1,2,\cdots,N \tag{11-110}$$

而 $\delta_t(\theta_{k,i})$ 称为目标检测指示器,表示在可行事件 $\theta_{k,i}$ 中目标 t 是否被检测到。设

$$\delta(\theta_{k,i}) = [\delta_1(\theta_{k,i}),\delta_2(\theta_{k,i}),\cdots,\delta_N(\theta_{k,i})] \tag{11-111}$$

设 $\Phi(\theta_{k,i})$ 表示在可行事件 $\theta_{k,i}$ 中假量测的数量,则

$$\Phi(\theta_{k,i}) = \sum_{j=1}^{m_k} [1 - \tau_j(\theta_{k,i})] \tag{11-112}$$

根据 JPDA 的两个基本假设,对确认矩阵的拆分必须遵循以下两个原则:

(1) 在可行矩阵中,每一行有且仅有一个非零元。实际上,这是为使可行矩阵表

示的(可行)联合事件满足第一个假设,即每个量测有唯一的源。

(2) 在可行矩阵中,除第一列外,每列最多只有一个非零元素。实际上,这是为了使可行矩阵表示的(可行)联合事件满足第二个假设,即每个目标最多有一个量测以其为源。

下面举例说明可行矩阵的形成过程。设当前扫描得到 3 个回波,此前已跟踪两个目标。3 个回波,两个目标跟踪门之间的关系如图 11-4 所示。

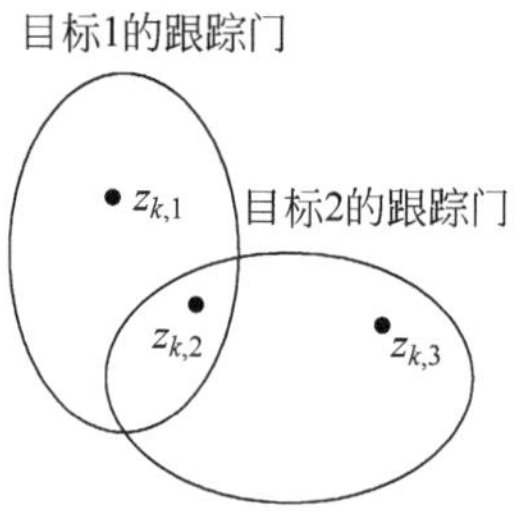

图 11-4 确认矩阵及可行矩阵形成

按照确认矩阵的定义,有

$$\Omega = \begin{bmatrix} 1 & 1 & 0 \\ 1 & 1 & 1 \\ 1 & 0 & 1 \end{bmatrix}$$

根据拆分原则,对确认矩阵Ω 进行拆分,可得如下 8 个可行矩阵以及与每个可行矩阵对应的可行事件。

$$\hat{\Omega}(\theta_{k,1}) = \begin{bmatrix} 1 & 0 & 0 \\ 1 & 0 & 0 \\ 1 & 0 & 0 \end{bmatrix}, \quad \theta_{k,1} = \theta_{k,1}^{1,0} \cap \theta_{k,1}^{2,0} \cap \theta_{k,1}^{3,0}$$

$$\hat{\Omega}(\theta_{k,2}) = \begin{bmatrix} 0 & 1 & 0 \\ 1 & 0 & 0 \\ 1 & 0 & 0 \end{bmatrix}, \quad \theta_{k,2} = \theta_{k,2}^{1,1} \cap \theta_{k,2}^{2,0} \cap \theta_{k,2}^{3,0}$$

$$\hat{\Omega}(\theta_{k,3}) = \begin{bmatrix} 0 & 1 & 0 \\ 0 & 0 & 1 \\ 1 & 0 & 0 \end{bmatrix}, \quad \theta_{k,3} = \theta_{k,3}^{1,1} \cap \theta_{k,3}^{2,2} \cap \theta_{k,3}^{3,0}$$

$$\hat{\Omega}(\theta_{k,4}) = \begin{bmatrix} 0 & 1 & 0 \\ 1 & 0 & 0 \\ 0 & 0 & 1 \end{bmatrix}, \quad \theta_{k,4} = \theta_{k,4}^{1,1} \cap \theta_{k,4}^{2,0} \cap \theta_{k,4}^{3,2}$$

$$\hat{\Omega}(\theta_{k,5}) = \begin{bmatrix} 1 & 0 & 0 \\ 0 & 1 & 0 \\ 1 & 0 & 0 \end{bmatrix}, \quad \theta_{k,5} = \theta_{k,5}^{1,0} \cap \theta_{k,5}^{2,1} \cap \theta_{k,5}^{3,0}$$

$$\hat{\Omega}(\theta_{k,6}) = \begin{bmatrix} 1 & 0 & 0 \\ 0 & 1 & 0 \\ 0 & 0 & 1 \end{bmatrix}, \quad \theta_{k,6} = \theta_{k,6}^{1,0} \cap \theta_{k,6}^{2,1} \cap \theta_{k,6}^{3,2}$$

$$\hat{\Omega}(\theta_{k,7}) = \begin{bmatrix} 1 & 0 & 0 \\ 0 & 0 & 1 \\ 1 & 0 & 0 \end{bmatrix}, \quad \theta_{k,7} = \theta_{k,7}^{1,0} \cap \theta_{k,7}^{2,2} \cap \theta_{k,7}^{3,0}$$

$$\hat{\Omega}(\theta_{k,8}) = \begin{bmatrix} 1 & 0 & 0 \\ 1 & 0 & 0 \\ 0 & 0 & 1 \end{bmatrix}, \quad \theta_{k,8} = \theta_{k,8}^{1,0} \cap \theta_{k,8}^{2,0} \cap \theta_{k,8}^{3,2}$$

确认矩阵拆分过后，接下来的工作就是计算关联概率。根据 JPDA 算法的两个假设可知，在 k 时刻与目标 t 互联的事件具有如下特性：

1. 互不相容性

$$\theta_k^{j,t} \cap \theta_k^{i,t} = \varnothing \quad i \neq j \tag{11-113}$$

2. 完备性

$$p\left(\bigcup_{j=0}^{m_k} \theta_k^{j,t} \mid \boldsymbol{Z}^k\right) = 1, \quad t = 0,1,2,\cdots,N \tag{11-114}$$

因此目标 t 的状态估计为

$$\begin{aligned}\hat{\boldsymbol{x}}_k^t &= E(\boldsymbol{x}_k^t \mid \boldsymbol{Z}^k) = E\left(\boldsymbol{x}_k^t,\ \bigcup_{j=0}^{m_k} \theta_k^{j,t} \mid \boldsymbol{Z}^k\right) \\ &= \sum_{j=0}^{m_k} E(\boldsymbol{x}_k^t \mid \theta_k^{j,t},\boldsymbol{Z}^k) p(\theta_k^{j,t} \mid \boldsymbol{Z}^k) = \sum_{j=0}^{m_k} \beta_k^{j,t}\, \hat{\boldsymbol{x}}_{k,j}^t\end{aligned} \tag{11-115}$$

其中

$$\hat{\boldsymbol{x}}_{k,j}^t = E(\boldsymbol{x}_k^t \mid \theta_k^{j,t},\boldsymbol{Z}^k) \quad j = 0,1,2,\cdots,m_k \tag{11-116}$$

表示利用第 j 个量测对目标 t 进行滤波得到的估计值，$\beta_k^{j,t} \stackrel{\text{def}}{=} p(\theta_k^{j,t} | \boldsymbol{Z}^k)$ 表示量测 j 源于目标 t 的概率。这里仍假定不与任何目标关联的量测在跟踪门内服从均匀分布，而与某个目标关联的量测服从高斯分布，门概率 $p_G=1$。应用贝叶斯法则，基于 k 时刻所有量测的联合事件的条件概率为

$$p(\theta_{k,i} \mid \boldsymbol{Z}^k) = p(\theta_{k,i} \mid \boldsymbol{Z}_k,\boldsymbol{Z}^{k-1}) = \frac{1}{c} p(\boldsymbol{Z}_k \mid \theta_{k,i},\boldsymbol{Z}^{k-1}) p(\theta_{k,i}) \tag{11-117}$$

其中

$$c = \sum_{i=1}^{n_k} p(\boldsymbol{Z}_k \mid \theta_{k,i},\boldsymbol{Z}^{k-1}) p(\theta_{k,i}) \tag{11-118}$$

而量测的似然函数

$$p(\boldsymbol{Z}_k \mid \theta_{k,i},\boldsymbol{Z}^{k-1}) = V^{-\phi(\theta_{k,i})} \prod_{j=1}^{m_k} (\Lambda_{k,j})^{\tau_j(\theta_{k,i})} \tag{11-119}$$

其中 V 代表跟踪门体积，似然函数 $\Lambda_{k,j}$ 定义为

$$\Lambda_{k,j} = (2\pi)^{-n_z/2} \mid \boldsymbol{S}_k^{t_j} \mid^{-\frac{1}{2}} \exp[(\boldsymbol{z}_{k,j} - \hat{\boldsymbol{z}}_{k|k-1}^{t_j})^{\mathrm{T}} (\boldsymbol{S}_k^{t_j})^{-1} (\boldsymbol{z}_{k,j} - \hat{\boldsymbol{z}}_{k|k-1}^{t_j})] \tag{11-120}$$

其中，$\hat{\boldsymbol{z}}_{k|k-1}^{t_j}$ 代表目标 t_j 的预报位置，$S_k^{t_j}$ 代表相应于目标 t_j 的信息协方差。实际上，一旦 $\theta_{k,i}$ 给定，则目标探测指示 $\delta(\theta_{k,i})$ 和虚假量测数 $\Phi(\theta_{k,i})$ 就完全确定了，因此

$$p(\theta_{k,i}) = p(\theta_{k,i},\delta(\theta_{k,i}),\Phi(\theta_{k,i})) \tag{11-121}$$

应用乘法定理，有

$$p(\theta_{k,i}) = p(\theta_{k,i} \mid \delta(\theta_{k,i}),\Phi(\theta_{k,i})) p(\delta(\theta_{k,i}),\Phi(\theta_{k,i})) \tag{11-122}$$

而且我们注意到，一旦虚警量测数给定以后，联合事件 $\theta_{k,i}$ 就由目标探测指示 $\delta(\theta_{k,i})$

唯一确定了。而包含$\Phi(\theta_{k,i})$个虚警的可能事件有$C_{m_k}^{\Phi(\theta_{k,i})}$个，而对于其余$m_k-\Phi(\theta_{k,i})$个真实量测，在包含$\Phi(\theta_{k,i})$个虚警的事件中与目标共有$(m_k-\Phi(\theta_{k,i}))$！种可能的关联，所以

$$p(\theta_{k,i} \mid \delta(\theta_{k,i}),\Phi(\theta_{k,i}))=\frac{1}{(m_k-\Phi(\theta_{k,i}))!C_{m_k}^{\Phi(\theta_{k,i})}}=\frac{\Phi(\theta_{k,i})!}{m_k!} \tag{11-123}$$

而

$$p(\delta(\theta_{k,i}),\Phi(\theta_{k,i}))=\mu_f(\Phi(\theta_{k,i}))\cdot\prod_{t=1}^{N}(p_D^t)^{\delta_t(\theta_{k,i})}(1-p_D^t)^{1-\delta_t(\theta_{k,i})} \tag{11-124}$$

其中p_D^t表示目标t的检测概率，$\mu_f(\Phi(\theta_{k,i}))$表示虚警量测数的先验概率分配函数。按照概率分配函数$\mu_f(\Phi(\theta_{k,i}))$所使用的模型，参数JPDA使用$\mu_f(\Phi(\theta_{k,i}))$的Poisson分布，非参数JPDA使用$\mu_f(\Phi(\theta_{k,i}))$的均匀分布，即

$$\mu_f(\Phi(\theta_{k,i}))=\begin{cases}e^{-\lambda V}\dfrac{(\lambda V)^{\Phi(\theta_i(k))}}{\Phi(\theta_i(k))!}, & \text{参数 JPDA}\\ \varepsilon, & \text{非参数 JPDA}\end{cases} \tag{11-125}$$

从而，可行事件$\theta_{k,i}$的先验概率为

$$p(\theta_{k,i})=\frac{\Phi(\theta_{k,i})!}{m_k!}\mu_f(\Phi(\theta_{k,i}))\cdot\prod_{t=1}^{N}(p_D^t)^{\delta_t(\theta_{k,i})}(1-p_D^t)^{1-\delta_t(\theta_{k,i})} \tag{11-126}$$

当使用参数模型时，有

$$p(\theta_{k,i} \mid \boldsymbol{Z}^k)=\frac{\lambda^{\Phi(\theta_{k,i})}}{c'}\prod_{j=1}^{m_k}(\Lambda_{k,j})^{\tau_j(\theta_{k,i})}\prod_{t=1}^{N}(p_D^t)^{\delta_t(\theta_{k,i})}(1-p_D^t)^{1-\delta_t(\theta_{k,i})} \tag{11-127}$$

其中c'为新的归一化常数，$\Lambda_{k,j}$代表信息似然函数，由式(11-120)进行定义。

当使用非参数模型时，有

$$p(\theta_{k,i} \mid \boldsymbol{Z}^k)=\frac{\Phi(\theta_{k,i})!}{c''V^{\phi(\theta_{k,i})}}\prod_{j=1}^{m_k}(\Lambda_{k,j})^{\tau_j(\theta_{k,i})}\prod_{t=1}^{N}(p_D^t)^{\delta_t(\theta_{k,i})}(1-p_D^t)^{1-\delta_t(\theta_{k,i})} \tag{11-128}$$

其中c''亦为归一化常数。量测与目标t关联概率$\beta_k^{j,t}$可由下式计算得到

$$\beta_k^{j,t}=p(\theta_k^{j,t} \mid \boldsymbol{Z}^k)=p\left(\bigcup_{i=1}^{n_k}\theta_{k,i}^{j,t} \mid \boldsymbol{Z}^k\right)=\sum_{i=1}^{n_k}p(\theta_{k,i} \mid \boldsymbol{Z}^k)\hat{\omega}_j^t(\theta_{k,i})(1\leqslant j\leqslant m_k)$$

$$\beta_k^{0,t}=1-\sum_{j=1}^{m_k}\beta_k^{j,t} \tag{11-129}$$

状态估计协方差阵的计算是基于第j个量测对目标t的状态估计$\hat{\boldsymbol{x}}_{k,j}^t$的协方差阵，即

$$\boldsymbol{P}_{k,j}^t=E\{[\boldsymbol{x}_k^t-\hat{\boldsymbol{x}}_{k,j}^t][\boldsymbol{x}_k^t-\hat{\boldsymbol{x}}_{k,j}^t]^{\mathrm{T}} \mid \theta_k^{j,t},\boldsymbol{Z}^k\} \tag{11-130}$$

根据卡尔曼滤波递推公式，有

$$\boldsymbol{P}_{k,j}^t=\boldsymbol{P}_{k|k-1}^t-\boldsymbol{K}_k^t\boldsymbol{S}_k^t(\boldsymbol{K}_k^t)^{\mathrm{T}} \tag{11-131}$$

其中$\boldsymbol{K}_k^t$和$\boldsymbol{S}_k^t$分别为k时刻目标t的滤波增益矩阵以及新息协方差矩阵。

当没有任何量测源于目标t时，目标状态估计值与其预测值相同，故有

$$\boldsymbol{P}_{k,0}^{t}=E\{[\boldsymbol{x}_k^t-\hat{\boldsymbol{x}}_{k,0}^t][\boldsymbol{x}_k^t-\hat{\boldsymbol{x}}_{k,0}^t]^{\mathrm{T}}\mid\theta_k^{0,t},\boldsymbol{Z}^k\}$$
$$=E\{[\boldsymbol{x}_k^t-\hat{\boldsymbol{x}}_{k|k-1}^t][\boldsymbol{x}_k^t-\hat{\boldsymbol{x}}_{k|k-1}^t]^{\mathrm{T}}\mid\theta_k^{0,t},\boldsymbol{Z}^k\}=\boldsymbol{P}_{k|k-1}^t \tag{11-132}$$

相应于$\hat{\boldsymbol{x}}_{k|k}^t$的协方差阵为

$$\boldsymbol{P}_k^t=E\{[\boldsymbol{x}_k^t-\hat{\boldsymbol{x}}_k^t][\boldsymbol{x}_k^t-\hat{\boldsymbol{x}}_k^t]^{\mathrm{T}}\mid\boldsymbol{Z}^k\}=\sum_{j=0}^{m_k}\beta_k^{j,t}E\{[\boldsymbol{x}_k^t-\hat{\boldsymbol{x}}_k^t][\boldsymbol{x}_k^t-\hat{\boldsymbol{x}}_k^t]^{\mathrm{T}}\mid\theta_k^{j,t},\boldsymbol{Z}^k\}$$
$$=\sum_{j=0}^{m_k}\beta_k^{j,t}E\{[(\boldsymbol{x}_k^t-\hat{\boldsymbol{x}}_{k,j}^t)+(\hat{\boldsymbol{x}}_{k,j}^t-\hat{\boldsymbol{x}}_k^t)][(\boldsymbol{x}_k^t-\hat{\boldsymbol{x}}_{k,j}^t)+(\hat{\boldsymbol{x}}_{k,j}^t-\hat{\boldsymbol{x}}_k^t)]^{\mathrm{T}}\mid\theta_k^{j,t},\boldsymbol{Z}^k\}$$
$$=\sum_{j=0}^{m_k}\beta_k^{j,t}E\{[\boldsymbol{x}_k^t-\hat{\boldsymbol{x}}_{k,j}^t][\boldsymbol{x}_k^t-\hat{\boldsymbol{x}}_{k,j}^t]^{\mathrm{T}}\mid\theta_k^{j,t},\boldsymbol{Z}^k\}$$
$$+\sum_{j=0}^{m_k}\beta_k^{j,t}E\{[\boldsymbol{x}_k^t-\hat{\boldsymbol{x}}_{k,j}^t][\hat{\boldsymbol{x}}_{k,j}^t-\hat{\boldsymbol{x}}_k^t]^{\mathrm{T}}\mid\theta_k^{j,t},\boldsymbol{Z}^k\}$$
$$+\sum_{j=0}^{m_k}\beta_k^{j,t}E\{[\hat{\boldsymbol{x}}_{k,j}^t-\hat{\boldsymbol{x}}_k^t][\boldsymbol{x}_k^t-\hat{\boldsymbol{x}}_{k,j}^t]^{\mathrm{T}}\mid\theta_k^{j,t},\boldsymbol{Z}^k\}$$
$$+\sum_{j=0}^{m_k}\beta_k^{j,t}E\{[\hat{\boldsymbol{x}}_{k,j}^t-\hat{\boldsymbol{x}}_k^t][\hat{\boldsymbol{x}}_{k,j}^t-\hat{\boldsymbol{x}}_k^t]^{\mathrm{T}}\mid\theta_k^{j,t},\boldsymbol{Z}^k\} \tag{11-133}$$

而

$$\sum_{j=0}^{m_k}\beta_k^{j,t}E\{[\boldsymbol{x}_k^t-\hat{\boldsymbol{x}}_{k,j}^t][\boldsymbol{x}_k^t-\hat{\boldsymbol{x}}_{k,j}^t]^{\mathrm{T}}\mid\theta_k^{j,t},\boldsymbol{Z}^k\}$$
$$=\sum_{j=0}^{m_k}\beta_k^{j,t}\boldsymbol{P}_{k,j}^t=\beta_k^{0,t}\boldsymbol{P}_{k,0}^t+\sum_{j=1}^{m_k}\beta_k^{j,t}\,[\boldsymbol{P}_{k|k-1}^t-\boldsymbol{K}_k^t\boldsymbol{S}_k^t\,(\boldsymbol{K}_k^t)^{\mathrm{T}}]$$
$$=\boldsymbol{P}_{k|k-1}^t-(1-\beta_k^{0,t})\boldsymbol{K}_k^t\boldsymbol{S}_k^t\,(\boldsymbol{K}_k^t)^{\mathrm{T}} \tag{11-134}$$

而且

$$\sum_{j=0}^{m_k}\beta_k^{j,t}E\{[\boldsymbol{x}_k^t-\hat{\boldsymbol{x}}_{k,j}^t][\hat{\boldsymbol{x}}_{k,j}^t-\hat{\boldsymbol{x}}_k^t]^{\mathrm{T}}\mid\theta_k^{j,t},\boldsymbol{Z}^k\}$$
$$=\sum_{j=0}^{m_k}\beta_k^{j,t}\{[E(\boldsymbol{x}_k^t\mid\theta_k^{j,t},\boldsymbol{Z}^k)-\hat{\boldsymbol{x}}_{k,j}^t][\hat{\boldsymbol{x}}_{k,j}^t-\hat{\boldsymbol{x}}_k^t]^{\mathrm{T}}\}=0 \tag{11-135}$$

同理

$$\sum_{j=0}^{m_k}\beta_{jt}(k)E\{[\hat{\boldsymbol{x}}_{k,j}^t-\hat{\boldsymbol{x}}_k^t][\boldsymbol{x}_k^t-\hat{\boldsymbol{x}}_{k,j}^t]^{\mathrm{T}}\mid\theta_{jt}(k),\boldsymbol{Z}^k\}=0 \tag{11-136}$$

并且

$$\sum_{j=0}^{m_k}\beta_k^{j,t}E\{[\hat{\boldsymbol{x}}_{k,j}^t-\hat{\boldsymbol{x}}_k^t][\hat{\boldsymbol{x}}_{k,j}^t-\hat{\boldsymbol{x}}_k^t]^{\mathrm{T}}\mid\theta_k^{j,t},\boldsymbol{Z}^k\}=\sum_{j=0}^{m_k}\beta_k^{j,t}[\hat{\boldsymbol{x}}_{k,j}^t\,(\hat{\boldsymbol{x}}_{k,j}^t)^{\mathrm{T}}-\hat{\boldsymbol{x}}_k^t\,(\hat{\boldsymbol{x}}_k^t)^{\mathrm{T}}] \tag{11-137}$$

从而有

$$\begin{aligned}\boldsymbol{P}_k^t &= E\{[\boldsymbol{x}_k^t - \hat{\boldsymbol{x}}_k^t][\boldsymbol{x}_k^t - \hat{\boldsymbol{x}}_k^t]^{\mathrm{T}} \mid \boldsymbol{Z}^k\} \\ &= \boldsymbol{P}_{k|k-1}^t - (1-\beta_k^{0,t})\boldsymbol{K}_k^t\boldsymbol{S}_k^t(\boldsymbol{K}_k^t)^{\mathrm{T}} \\ &\quad + \sum_{j=0}^{m_k}\beta_k^{j,t}[\hat{\boldsymbol{x}}_{k|k,j}^t(\hat{\boldsymbol{x}}_{k,j}^t)^{\mathrm{T}} - \hat{\boldsymbol{x}}_k^t(\hat{\boldsymbol{x}}_k^t)^{\mathrm{T}}]\end{aligned} \tag{11-138}$$

11.2.2 多假设法

1979 年 Reid 针对多目标跟踪问题[10]，基于“全邻”最优滤波和 Bar-Shalom 的聚概念，提出了错假设(multiple hypothesis tracking，MHT)技术。此方法考虑每个接收到的量测可能来自新目标、虚警或已有目标，他通过一个有限长度的时间滑窗，建立多个候选假设，并通过假设评估、假设管理等技术实现多目标跟踪。

由于多假设法是一种基于延迟逻辑的方法，不仅能够有效解决航迹保持过程中的数据关联问题，同时也适用于多目标航迹起始和终止。

MHT 方法试图获得数据关联问题的最优解，但是在大规模关联问题中，其使用受到极大的限制。因为该算法中可行联合假设的个数随着目标个数和杂波测量个数的增加，而成指数增长。一些假设修剪技术的使用可以使得该算法在一定程度上具有可操作性。几年来，MTH 技术的研究热点在于假设管理技术的有效实现[11,12]。

1. 假设生成

设Ω^k表示直到 k 时刻的关联假设集；$\boldsymbol{Z}_k=\{\boldsymbol{z}_{k,1},\cdots,\boldsymbol{z}_{k,m_k}\}$表示 k 时刻的测量集合；$\boldsymbol{Z}^k$ 表示直到 k 时刻的积累测量集。

Ω^k由直到 $k-1$ 时刻的关联假设集Ω^{k-1}和当前测量集 $\boldsymbol{Z}_k$ 关联得到，而量测 $\boldsymbol{z}_{k,i}$ 和一个目标的关联有如下三种可能：

1）量测 $\boldsymbol{z}_{k,i}$是原有某个航迹的继续；

2）量测 $\boldsymbol{z}_{k,i}$由新目标产生；

3）量测 $\boldsymbol{z}_{k,i}$源于虚警。

每个目标至多与一个落入跟踪门之内的当前量测关联。

2. 假设概率计算

首先引入关联事件 θ_k，用来描述当前量测与目标之间的对应关系，它包含下述信息：

1）τ 个源于已建立航迹的量测；

2）v 个源于新目标的量测；

3）ψ 个源于杂波或虚警的量测。

为计算各个假设的概率，对于事件 θ_k，引入如下记号

$$\tau_i = \tau_i(\theta) \stackrel{\text{def}}{=} \begin{cases}1, & \text{若量测 } z_{k,i} \text{ 源于已建立的目标航迹} \\ 0, & \text{其他}\end{cases} \quad i=1,2,\cdots,m_k \tag{11-139}$$

$$v_i = v_i(\theta_k) \stackrel{\text{def}}{=} \begin{cases} 1, & \text{若量测 } z_{k,i} \text{ 源于新目标} \\ 0, & \text{其他} \end{cases}, \quad i = 1,2,\cdots,m_k \tag{11-140}$$

$$\psi_i = \psi_i(\theta_k) \stackrel{\text{def}}{=} \begin{cases} 1, & \text{若量测 } z_{k,i} \text{ 源于虚警} \\ 0, & \text{其他} \end{cases}, \quad i = 1,2,\cdots,m_k \tag{11-141}$$

$$\delta_t = \delta_t(\theta_k) \stackrel{\text{def}}{=} \begin{cases} 1, & \text{若假设集}\Omega^{k-1}\text{中的航迹 } t \text{ 在 } k \text{ 时刻被检测到源于虚警} \\ 0, & \text{其他} \end{cases} \tag{11-142}$$

从而，在事件 θ_k 中建立的航迹数为

$$\tau = \sum_{i=1}^{m_k} \tau_i \tag{11-143}$$

在事件 θ_k 中新起始的航迹数为

$$v = \sum_{i=1}^{m_k} v_i \tag{11-144}$$

在事件 θ_k 中的假量测数为

$$\psi = \sum_{i=1}^{m_k} \psi_i = m_k - \tau - v \tag{11-145}$$

设 $\Theta^{k,l}$表示关联假设集Ω^k中的第 l 个假设，由假设生成的概念，它由Ω^{k-1}中的某个假设 $\Theta^{k-1,s}$和关联事件 θ_k 组合得到，即

$$\Theta^{k,l} = \{\Theta^{k-1,s}, \theta_k\} \tag{11-146}$$

利用贝叶斯公式，假设 $\Theta^{k,l}$的后验概率为

$$\begin{aligned} p(\Theta^{k,l} \mid \boldsymbol{Z}^k) &= p(\boldsymbol{Z}_k \mid \theta_k, \Theta^{k-1,s}, \boldsymbol{Z}^{k-1}) \\ &= \frac{1}{c} p(\boldsymbol{Z}^k \mid \theta^k, \Theta^{k-1,s}, \boldsymbol{Z}^{k-1}) p(\theta^k \mid \Theta^{k-1,s}, \boldsymbol{Z}^{k-1}) p(\Theta^{k-1,s} \mid \boldsymbol{Z}^{k-1}) \end{aligned} \tag{11-147}$$

其中

$$c = p(\boldsymbol{Z}_k \mid \boldsymbol{Z}^{k-1}) \tag{11-148}$$

如果量测 $\boldsymbol{z}_{k,i}$源于一条已建立的航迹，则其服从高斯分布，记 t_i 为与量测 $\boldsymbol{z}_{k,i}$关联的目标编号；若量测 $\boldsymbol{z}_{k,i}$ 源于杂波或虚警，则其在跟踪门内服从均匀分布，概率密度为 V^{-1}(这里 V 代表跟踪门体积)；若量测 $\boldsymbol{z}_{k,i}$源于一新目标，也假设其服从跟踪门内的均匀分布，则

$$p(\boldsymbol{Z}^k \mid \theta^k, \Theta^{k-1,s}, \boldsymbol{Z}^{k-1}) = V^{-\psi+v} \prod_{i=1}^{m_k} (\Lambda_{k,i})^{\tau_i} \tag{11-149}$$

其中 $\Lambda_{k,i}$代表新息的似然函数，式(11-147)中的第二项可由下式计算得到

$$p(\theta_k \mid \Theta^{k-1,s}, \boldsymbol{Z}^{k-1}) = p(\theta_k \mid \delta(\theta_k), \psi(\theta_k), v(\theta_k)) p(\delta(\theta_k), \psi(\theta_k), v(\theta_k)) \tag{11-150}$$

上式中的 $\delta(\theta_k)$表示与式(11-111)对应的目标检测指示器，以反映假设集中的各个航迹在 k 时刻是否被检测到，v,ψ 分别表示在事件 θ_k 中的新目标个数和虚警数。

包含 ψ 个虚警和 v 个新目标的事件的个数共有 $m_k!C_{m_k}^{\psi+v}C_{\psi+v}^{\psi}$ 个，故有

$$p(\theta_k \mid \delta(\theta_k),\psi(\theta_k),v(\theta_k)) = \frac{1}{m_k!C_{m_k}^{\psi+v}C_{\psi+v}^{v}} = \frac{\psi!v!}{m_k!} \tag{11-151}$$

而

$$p(\delta(\theta_k),\psi(\theta_k),v(\theta_k)) = \mu_n(v(\theta_k))\mu_f(\psi(\theta_k)) \prod_i (p_D^t)^{\delta_t(\theta_k)} (1-p_D^t)^{1-\delta_t}(\theta_k) \tag{11-152}$$

其中 p_D^t 表示目标 t 的检测概率，$\mu_f(\psi(\theta_k))$ 和 $\mu_n(v(\theta_k))$ 分别表示虚警量测数和新目标数的先验概率分配函数。

将式(11-151)和式(11-152)代入(11-150)中，不难求出

$$p(\theta_k \mid \Theta^{k-1,s},\boldsymbol{Z}^{k-1}) = \frac{\psi!v!}{m_k!}\mu_n(v(\theta_k))\mu_f(\psi(\theta_k)) \prod_i (p_D^t)^{\delta_t(\theta_k)} (1-p_D^t)^{1-\delta_t(\theta_k)} \tag{11-153}$$

将式(11-149)和式(11-150)代入(11-147)中可得

$$p(\Theta^{k,l} \mid \boldsymbol{Z}^k) = \frac{1}{c}\frac{\psi!v!}{m_k!}\mu_n(v(\theta_k))\mu_f(\psi(\theta_k)) \prod_i (p_D^t)^{\delta_t(\theta_k)} (1-p_D^t)^{1-\delta_t(\theta_k)} \prod_{i=1}^{m_k} (\Lambda_{k,i})^{\tau_i} p(\Theta^{k-1,s} \mid Z^{k-1}) \tag{11-154}$$

3. 假设管理

在 MHT 算法中，可行联合假设的个数随着目标以及杂波数目的增加呈指数增长。所以，近年来 MHT 技术的研究热点在于假设管理技术的有效实现。假设管理的主要是指假设删除和假设合并。

(1) 假设删除

一般来说，有两种方法可用于对于多假设进行删除。一种是阈值法，另一种是宽容法。它们都是基于假设后验概率的删除逻辑。在第一种方法中，需要预先给定一个阈值，仅保留那些概率超过阈值的所有假设。这种方法的缺点是阈值难以预先确定，而且有可能出现这样的情况，即假设的数量很少但假设删除仍在继续。在宽容法中，需要将假设按概率大小进行排序，保留那些概率较大的几个假设。但此种方法在每个扫描周期都要对假设进行排序，这需要巨大的计算机资源。

(2) 假设合并

随着时间的推移，两个假设有可能越来越接近，他们之间的区别仅限于刚开始时的几个扫描周期，此时需要删除其一，只保留一个即可。

11.2.3 概率多假设法

传统的多假设跟踪方法依赖于量测与航迹之间分配关系的枚举。为了对迅速增长的可行假设数目进行有效的控制，需要借助于假设删除以及门策略。但是，这

样做很有可能将源于目标的量测序列删除掉,因为我们感兴趣的目标源信号可能会很微弱或是起伏很大。

另一类方法就是从概率角度来考虑数据关联问题。

事实上,多目标跟踪问题可以看作是一个只有部分量测数据的一个状态估计问题。假设我们已经知道描述量测与目标之间对应关系的分配向量,就很容易计算出目标源于量测的似然函数。那么此时的多目标跟踪问题即可简化为一个单纯的估计问题。

对于不完全数据估计问题,期望极大似然算法(EM)是一个有效的解决手段。Streit 和 Luginbubl 将一般意义上的目标跟踪假设稍作修改,并将 EM 算法巧妙引入多目标跟踪问题中,提出了概率假设方法(PMHT)[13],从而将整个数据关联和跟踪过程组合为一个简洁、有效的迭代过程。这里将 PMHT 以有限混合密度估计问题的形式给出。

1. 基本符号

令 $\boldsymbol{X}^K$ 表示直至 K 时刻的多目标状态历史

$$\boldsymbol{X}^K = \{\boldsymbol{X}_1, \boldsymbol{X}_2, \cdots, \boldsymbol{X}_k\} \tag{11-155}$$

其中 K 时刻的状态向量 $\boldsymbol{X}_k$ 由 N 个目标的状态向量联合组成,即

$$\boldsymbol{X}_k = \{\boldsymbol{x}_k^1, \boldsymbol{x}_k^2, \cdots, \boldsymbol{x}_k^N\} \tag{11-156}$$

此时 N 为目标个数,为表达简洁起见,令

$$\boldsymbol{\gamma} \stackrel{\text{def}}{=} \boldsymbol{Z}^k, \boldsymbol{\chi} \stackrel{\text{def}}{=} \boldsymbol{X}^k \tag{11-157}$$

为了表征量测起源的不确定性,我们引入分配向量ϑ,即

$$\vartheta = \{\boldsymbol{Q}_1, \boldsymbol{Q}_2, \cdots, \boldsymbol{Q}_k\} \tag{11-158}$$

其中的每个元素 $\boldsymbol{Q}_k$ 表示 k 时刻的一个分配假设

$$\boldsymbol{Q}_k = \{q_{k,1}, q_{k,2}, \cdots, q_{k,m_k}\} \tag{11-159}$$

其中 $q_{k,j}=t$ 意为在 k 时刻量测 $q_{k,j}$ 由目标 t 产生。

在 PMHT 方法中,一个量测并不被分配给一个特定的目标,而是被分配给所有的目标。它将分配向量 $\boldsymbol{Q}$ 看作是一个随机变量。在这里,定义了一个参数空间 ξ,它由目标状态向量和分配向量联合组成。但是,在多目标跟踪问题中,缺失数据正是分配向量,所以它不能直接包含在估计参数中。取而代之,我们将量测与目标之间的分配概率加入到目标状态向量中。令

$$\Pi = \{\Pi_1, \Pi_2, \cdots, \Pi_k\} \tag{11-160}$$

其中,$\Pi_k=\{\pi_k^1, \pi_k^2, \cdots, \pi_k^N\}$,这里 π_k^t 表示一个量测源于目标 $t(t=1,2,\cdots,N)$的概率。换句话说,概率 π_k^t 是独立于量测的,即

$$\pi_k^t = p(q_k^t = t),\text{对于所有 } j = 1,2,\cdots,m_k \tag{11-161}$$

要估计的参数向量为

$$\xi = \{\chi, \Pi\} = \{\boldsymbol{O}_1, \boldsymbol{O}_2, \cdots, \boldsymbol{O}_k\} \tag{11-162}$$

其中

$$\boldsymbol{O}_k = (\chi_k, \Pi_k) \tag{11-163}$$

很自然地，我们将积累观测集合 γ 看作是不完全数据，其与缺失数据 ϑ 联合构成完全数据。

2. 基本假设

在传统数据关联算法中，要求以下两个基本假设成立：

(1) 每一个量测有唯一的源，不考虑有不可分辨的探测的可能性；

(2) 对于一个给定的目标，最多有一个量测以其为源。

基于第一个假设，分配概率 π_k^t 之间满足如下约束

$$\sum_{i=1}^{N} \pi_k^t = 1 \tag{11-164}$$

在 PMHT 方法中，仅保留第一个约束，而无第二个约束的限制，以使不同的量测可以源于同一个目标。进而，假设各个目标的状态向量之间，以及分配向量 $\boldsymbol{Q}_k$ 与目标状态向量之间是统计独立的，并且分配向量的各个分量之间也是统计独立的，故有下式成立

$$p(\boldsymbol{Q}_k) = \prod_{j=1}^{m_k} p(q_{k,j}) \tag{11-165}$$

3. 算法在极大似然估计下的形式

缺失数据 ϑ 的概率密度函数为

$$p(\vartheta \mid \xi) = \prod_{k=1}^{k} \prod_{j=1}^{m_k} p(\pi_k^{q_{k,j}}) \tag{11-166}$$

那么完全数据集的似然函数为

$$p(\gamma, \vartheta \mid \xi) = \prod_{k=1}^{K} p(\boldsymbol{Z}_k, \boldsymbol{Q}_k \mid \boldsymbol{O}_k) = \prod_{k=1}^{k} \prod_{j=1}^{m_k} p(\boldsymbol{z}_{k,j} \mid \boldsymbol{x}_k^{q_{k,j}}) \pi_k^{q_{k,j}} \tag{11-167}$$

而不完全数据的似然函数为

$$p(\boldsymbol{z} \mid \boldsymbol{O}) = \prod_{k=1}^{K} p(\boldsymbol{Z}_k \mid \boldsymbol{X}_k, \Pi_k) = \prod_{k=1}^{K} \prod_{j=1}^{m_k} p(\boldsymbol{z}_{k,j} \mid \boldsymbol{Q}_k) = \prod_{k=1}^{K} \prod_{j=1}^{m_k} \sum_{t=1}^{N} p(\boldsymbol{z}_{k,j} \mid \boldsymbol{x}_k^t) \pi_k^t \tag{11-168}$$

所以

$$p(\vartheta \mid \gamma, \xi) = \frac{p(\gamma, \vartheta \mid \xi)}{p(\gamma \mid \xi)} \prod_{k=1}^{k} \prod_{j=1}^{m_k} p(q_{k,j} \mid z_{k,j}, \boldsymbol{O}_k) \tag{11-169}$$

EM 算法是针对一个给定观测数据集合，求解参量极值的极大化算法。它是一个迭代过程，在每次迭代过程中，依次执行期望步(E-步)和极大化步(M-步)，直至相邻两次迭代之间的参量无显著变化。

1) 期望步

引入 ξ^* 作为在前一次迭代中的参数取值。在此步骤中，首先需要计算完全数据

集的对数似然函数，它基于前一步参数取值 ξ^* 和不完全数据集 γ(即量测数据)

$$W(\xi \mid \xi^*) = E\{\ln[p(\gamma,\vartheta \mid \xi)] \mid \gamma,\xi^*\} = \sum_{Q}\ln[p(\gamma,\vartheta \mid \xi)]p(\vartheta \mid \gamma,\xi^*) \tag{11-170}$$

若记 $n_b = \sum_{k=1}^{K} m_k$，则上面的和式中包括 n_b 项。

将式(11-169)和式(11-167)代入式(11-170)中，可以得到

$$W(\xi \mid \xi^*) = \sum_{\vartheta}\left\{\sum_{k=1}^{K}\sum_{j=1}^{m_k}\ln[p(\boldsymbol{z}_{k,j} \mid \boldsymbol{x}_k^{q_{k,j}})\pi_k^{q_{k,j}}]\right\}\left\{\prod_{k=1}^{K}\prod_{j=1}^{m_k}p(q_{k,j} \mid \boldsymbol{z}_{k,j},\boldsymbol{O}_K^*)\right\} \tag{11-171}$$

简化上述和式，有

$$W(\xi \mid \xi^*) = \sum_{k=1}^{K}\sum_{j=1}^{m_k}\sum_{q_{k,j}=1}^{N}\ln[\pi_k^{q_{k,j}}]\omega_{k,j}^{q_{k,j}} + \sum_{k=1}^{K}\sum_{j=1}^{m_k}\sum_{q_{k,j}=1}^{N}\ln[p(\boldsymbol{z}_{k,j} \mid \boldsymbol{x}_k^{q_{k,j}})]\omega_{k,j}^{q_{k,j}} \tag{11-172}$$

因为对于任何 $k\in\{1,2,\cdots,K\}$，$j\in\{1,2,\cdots,m_k\}$，有 $q_{k,j}\in\{1,2,\cdots,N\}$，所以上式可以转化为

$$W(\xi \mid \xi^*) = \sum_{t=1}^{N}\sum_{k=1}^{K}\left(\sum_{j=1}^{m_k}\omega_{k,j}^t\right)\ln(\pi_k^t) + \sum_{t=1}^{N}\sum_{k=1}^{K}\sum_{j=1}^{m_k}\ln[p(\boldsymbol{z}_{k,j} \mid \boldsymbol{x}_k^t)]\omega_{k,j}^t \tag{11-173}$$

其中

$$\omega_{k,j}^t = \frac{(\pi_k^t)^*\,p(\boldsymbol{z}_{k,j} \mid (\boldsymbol{x}_k^t)^*)}{p(\boldsymbol{z}_{k,j} \mid \boldsymbol{O}_k^*)} \tag{11-174}$$

上式中 $(\pi_k^t)^*$，$(\boldsymbol{x}_k^t)^*$ 以及 $\boldsymbol{O}_k^*$ 分别表示经前一次迭代获得的 π_k^t，$\boldsymbol{x}_k^t$ 以及 $\boldsymbol{O}_k$ 的值。

2) 极大化步

首先优化第一类参数 Π，对所有的 $k\in\{1,2,\cdots,K\}$，有

$$\begin{cases}\max\ g(\Pi_k) = \sum_{t=1}^{N}\sum_{j=1}^{m_k}\ln(\pi_k^t)\omega_{k,j}^t \\ s.t.\quad \sum_{t=1}^{N}\pi_k^t = 1\end{cases} \tag{11-175}$$

求解如上优化问题，容易得到

$$\pi_k^t = \frac{1}{m_k}\sum_{j=1}^{m_k}\omega_{k,j}^t \tag{11-176}$$

对于第二类参数 χ，对所有的 $k\in\{1,2,\cdots,K\}$，$t\in\{1,2,\cdots,N\}$有

$$\boldsymbol{x}_k^t \in \arg\max_{x_k^t}\sum_{j=1}^{m_k}\ln[p(\boldsymbol{z}_{k,j} \mid \boldsymbol{x}_k^t)]\omega_{k,j}^t \tag{11-177}$$

如果目标按确定轨迹运动，那么要估计的参数则可以缩减为

$$\xi = (\boldsymbol{X}_0, \Pi) \tag{11-178}$$

其中 $\boldsymbol{X}_0=\{\boldsymbol{x}_0^1,\boldsymbol{x}_0^2,\cdots,\boldsymbol{x}_0^N\}$，此时参数 $\boldsymbol{X}_0$ 的最优解为

$$\boldsymbol{x}_0^t \in \left\{ \arg\max_{x_0^t} \sum_{k=1}^{K} \sum_{j=1}^{m_k} \ln[p(\boldsymbol{z}_{k,j} \mid \boldsymbol{x}_k^t)]\omega_{k,j}^t \right\} \tag{11-179}$$

4. 算法在最大后验概率意义下的形式

若已知待估计参数的先验概率知识，则可以得到算法的最大后验概率形式。首先记

$$p(\xi) \stackrel{\text{def}}{=} \ln[p(\chi,\Pi)] \tag{11-180}$$

假设分配概率向量 Π 无先验信息可以利用。将上式展开得

$$p(\xi) \stackrel{\text{def}}{=} \sum_{t=1}^{N} \ln p(\boldsymbol{x}_0^t) + \sum_{t=1}^{N} \sum_{k=1}^{K} \ln[p(\boldsymbol{x}_k^t \mid \boldsymbol{x}_{k-1}^t)] \tag{11-181}$$

此时期望函数 W 用 $\widetilde{W}$ 来代替，有

$$\widetilde{W}(\xi \mid \xi^*) \stackrel{\text{def}}{=} W(\xi \mid \xi^*) + P(\xi) \tag{11-182}$$

将式(11-173)代入到式(11-181)中可以得到

$$\begin{aligned}\widetilde{W}(\xi \mid \xi^*) = & \sum_{i=1}^{N} \sum_{k=1}^{K} \Big(\sum_{j=1}^{m_k} \omega_{k,j}^t\Big) \ln(\pi_k^t) + \sum_{i=1}^{N} \sum_{k=1}^{K} \sum_{j=1}^{m_k} \ln[p(\boldsymbol{z}_{k,j} \mid \boldsymbol{x}_k^t)]\omega_{k,j}^t \\ & + \sum_{t=1}^{N} \ln p(\boldsymbol{x}_0^t) + \sum_{t=1}^{N} \sum_{k=1}^{K} \ln[p(\boldsymbol{x}_k^t \mid \boldsymbol{x}_{k-1}^t)]\end{aligned} \tag{11-183}$$

类似于算法的 ML 形式，关于参数 χ 和 Π 的优化可以分解为两个独立过程，其中参数 χ 的最优解为

$$\begin{aligned}\{\boldsymbol{x}_0^t,\boldsymbol{x}_1^t,\cdots,\boldsymbol{x}_K^t\} \in \arg & \max_{x_0^t,x_1^t,\cdots,x_K^t} \sum_{k=1}^{N} \sum_{j=1}^{m_k} \ln[p(\boldsymbol{z}_{k,j} \mid \boldsymbol{x}_k^t)]\omega_{k,j}^t \\ & + \ln\{p(\boldsymbol{x}_0^t) + \sum_{k=1}^{K} \ln[p(\boldsymbol{x}_k^t \mid \boldsymbol{x}_{k-1}^t)]\}\end{aligned} \tag{11-184}$$

参数 Π 的最优解形式同式(11-176)。

值得指出的是，对于状态服从线性高斯 Markov 模型的系统，可以通过卡尔曼滤波器来得到参数 χ 的解析解。

5. 结论

综上所述，在参数的迭代寻优过程中，给定待估计参数的初值，下面给出如何计算基于第 i 步获得的参数取值来获得 $i+1$ 步的参数更新值。

1）参数 Π 的更新

对于任意 $k=1,2,\cdots,K$ 和 $t=1,2,\cdots,N$

$$\pi_k^{t,i+1} = \frac{1}{m_k} \sum_{j=1}^{m_k} \omega_{k,j}^{t,i+1} \tag{11-185}$$

其中

$$\omega_{k,j}^{t,i+1} = \frac{\pi_k^{t,i} p(\boldsymbol{z}_{k,j} \mid \boldsymbol{x}_k^{t,i})}{p(\boldsymbol{z}_{k,j} \mid \boldsymbol{O}_k^i)} \tag{11-186}$$

而 $\pi_k^{t,i}$，$\boldsymbol{x}_k^{t,i}$ 以及 $\boldsymbol{O}_k^i$ 分别表示在第 i 次迭代中获得的 π_k^t，$\boldsymbol{x}_k^{t,i}$ 和 $\boldsymbol{O}_k$ 的值。

2）参数 χ 的更新

MAP 形式为

$$\{\boldsymbol{x}_0^{t,i+1},\boldsymbol{x}_1^{t,i+1},\cdots,\boldsymbol{x}_K^{t,i+1}\} \in \arg \max_{x_0^t,x_1^t,\cdots,x_K^t} \left\{ p(\boldsymbol{x}_0^t) \prod_{k=1}^{K} \left\{ p(\boldsymbol{x}_k^t \mid \boldsymbol{x}_{k-1}^t) \prod_{j=1}^{m_k} (\boldsymbol{z}_{k,j} \mid \boldsymbol{x}_k^t) \omega_{k,j}^{t,i+1} \right\} \right\} \tag{11-187}$$

ML 形式为

$$\boldsymbol{x}_k^{t,i+1} \in \arg \max_{x_k^t} \sum_{j=1}^{m_k} \ln[p(\boldsymbol{z}_{k,j} \mid \boldsymbol{x}_k^t)] \omega_{k,j}^{t,i+1} \tag{11-188}$$

对于目标按确定轨迹运动，则目标的初始运动参数可以更新为

$$\boldsymbol{x}_0^{t,i+1} \in \left\{ \arg \max_{x_0^t} \sum_{k=1}^{K} \sum_{j=1}^{m_k} \ln[p(\boldsymbol{z}_{k,j} \mid \boldsymbol{x}_0^t)] \omega_{k,j}^{t,i+1} \right\} \tag{11-189}$$

11.2.4　多维分配数据关联算法

数据关联是多目标跟踪中最重要的内容之一，其目的是要确定（多传感器）多帧测量数据集内的每个数据的来源。它之所以重要，是因为（多传感器）多目标跟踪的其他内容都是以可靠的数据关联结果为基础的，如航迹即起始、保持、关联、融合都与数据关联密不可分。同时，数据关联又是一个令人十分头疼的问题，原因是，该问题的本质决定了数据关联的效果取决于同时对多帧数据的处理水平。而多帧数据组合的复杂性使得该问题从建模到实现的各个环节都要面临许多的困难，要在关联正确性和算法可实现性之间达成一个令人满意的折中是非常不容易的。

在一些不利的情况下，数据关联问题变得非常复杂，如密集目标、杂波环境、目标检测概率小于 1 等。这时航迹集和量测集的对应关系上不可避免地会出现严重的冲突，解决这种冲突的有效方法有很多种，除了前面介绍的联合概率数据关联和多假设跟踪外，另一种方法是多维分配，它的基础是数学规划。

运用数学规划方法进行数据关联的开拓者是 Morefield[14]，他的工作表明，多目标跟踪中的多帧扫描间的数据关联问题可以描述为一个离散化优化问题，且该问题可以用数学规划的方法来解决。Morefield 是通过 0～1 整数规划来解决这一数据关联问题的。后来，Poore、Deb 和 Pattipati 等人将 Morefield 的方法进行了推广，他们将多目标跟踪数据关联问题一般性地映射为一个多维分配问题[15~21]。多维分配目前已经成为数据关联研究发展的重要方向，正引起越来越多的关注和研究。

然而，当维数 $N>2$ 时，N 维分配问题的确切解只能通过完全的枚举搜索得到，这在实际应用中是难以采用的。其计算代价随要处理的量测数据的增加呈指数增

长，即它是数学上所谓的 NP-hard 问题。解决这个计算代价问题有许多方法，其中很自然、且相对成熟有效的是 Lagrange 松弛方法。Lagrange 松弛虽然不大可能得到确切的最优解，但可以得到相当接近于最优解的解。

1. 数据关联的多维分配模型

考虑 N 帧量测数据，其中的第 k 帧数据有 M_k 个量测，$k=1,2,\cdots,N$。用 $\rho_{i_1 i_2 \cdots i_N}$ 来表示量测 $i_1,i_2,\cdots,i_N$ 同源这样的航迹形成假设。可以将 $\rho_{i_1 i_2 \cdots i_N}$ 定义为如下的二值变量，用以表示相应的航迹假设是否为真，即

$$\rho_{i_1 i_2 \cdots i_N} = \begin{cases} 1, & \text{航迹假设为真} \\ 0, & \text{航迹假设为假} \end{cases}$$

这样，所有的数据关联假设将是一组考虑了所有量测的航迹假设。

用类似的方法，可定义航迹形成代价变量 $c_{i_1 i_2 \cdots i_N}$。该代价一般定义为一个与量测有关的负对数似然比[22]；文献[23]把航迹代价定义为航迹得分的负值。两种定义实际上是一样的。最后，规定将第 k 帧的一个量测分配为一个虚警的代价为 0，即 $c_{0\cdots 0 i_k 0 \cdots 0}=0$。

有了上述定义，给定 N 帧量测数据后的航迹形成问题可归结为如下的最优化问题。即，在每个量测仅被采用一次，且必须采用一次的约束条件下得到极小化的目标函数 $v(p)$，$v(p)$ 的定义为

$$v(p) = \min_{\rho_{i_1 \cdots i_N}} \sum_{i_1=0}^{M_1} \cdots \sum_{i_N=0}^{M_N} c_{i_1 \cdots i_N} \rho_{i_1 \cdots i_N} \tag{11-190}$$

约束条件为

$$\sum_{i_2=0}^{M_2} \sum_{i_3=0}^{M_3} \cdots \sum_{i_N=0}^{M_N} \rho_{i_1 \cdots i_N} = 1; \quad i_1 = 1,2,\cdots,M_1 \tag{11-191}$$

$$\sum_{i_1=0}^{M_1} \cdots \sum_{i_{N-2}=0}^{M_{N-2}} \sum_{i_N=0}^{M_N} \rho_{i_1 \cdots i_N} = 1; \quad i_{N-1} = 1,2,\cdots,M_{N-1} \tag{11-192}$$

$$\vdots$$

$$\sum_{i_1=0}^{M_1} \sum_{i_2=0}^{M_2} \cdots \sum_{i_{N-1}=0}^{M_{N-1}} \rho_{i_1 \cdots i_N} = 1; \quad i_N = 1,2,\cdots,M_N \tag{11-193}$$

注意式(11-191)～式(11-193)定义的约束方程数等于量测的总数。

前面提到，当 $N \geqslant 3$ 时，N 维分配问题为 NP-hard 问题。而在 $N=2$ 时，它则是一个可以接受的多项式时间问题。Lagrange 松弛方法就是要在 $N \geqslant 3$ 时对约束条件进行松弛，将问题化为二维分配问题。

2. 3 D Lagrange 松弛

为了便于说明 Lagrange 松弛方法的原理，先讨论较为简单的 3D($N=3$)的情形。后面将会看到，由 3D 到更高维分配的推广情形比较复杂。从这个角度讲，也有

必要先把 3D 问题搞清楚。

对于 $N=3$ 的情形，$v(\rho)$定义为

$$v(p) = \min_{\rho_{i_1 i_2 i_3}} \sum_{i_1=0}^{M_1} \sum_{i_2=0}^{M_2} \sum_{i_3=0}^{M_3} c_{i_1 i_2 i_3} \rho_{i_1 i_2 i_3} \tag{11-194}$$

约束条件为

$$\sum_{i_1=0}^{M_1} \sum_{i_2=0}^{M_2} \rho_{i_1 i_2 i_3} = 1; \quad i_3 = 1,2,\cdots,M_3 \tag{11-195}$$

$$\sum_{i_1=0}^{M_1} \sum_{i_3=0}^{M_3} \rho_{i_1 i_2 i_3} = 1; \quad i_2 = 1,2,\cdots,M_3 \tag{11-196}$$

$$\sum_{i_2=0}^{M_2} \sum_{i_3=0}^{M_3} \rho_{i_1 i_2 i_3} = 1; \quad i_1 = 1,2,\cdots,M_3 \tag{11-197}$$

Lagrange 松弛方法就是要去掉一组约束，如式(11-195)，方法是用 Lagrange 乘子将它表达在目标函数式(11-194)中。这样一来，3D 问题就变成了 2D 问题，而 2D 问题有许多有效的求解方法。通过适当选取 Lagrange 乘子，约束条件将得到满足。

定义 λ_{i_3} $(i_3=0,1,\cdots,M_3)$为 M_3+1 个 Lagrange 乘子，其中 $\lambda_0=0$，其他元素的取值将在后面介绍。约束条件式(11-195)将通过改变目标函数式(11-194)得以表达。新的目标函数 $q(\lambda)$为

$$q(\lambda) = \min_{\rho_{i_1 i_2 i_3}} \sum_{i_1=0}^{M_1} \sum_{i_2=0}^{M_2} \sum_{i_3=0}^{M_3} b_{i_1 i_2 i_3} + \sum_{i_3=0}^{M_3} \lambda_{i_3} \tag{11-198}$$

约束条件为式(11-196)和式(11-197)，而上式中的

$$b_{i_1 i_2 i_3} = (c_{i_1 i_2 i_3} - \lambda_{i_3}) \rho_{i_1 i_2 i_3} \tag{11-199}$$

应当看到，新目标函数 $q(\lambda)$惩罚但不禁止违反约束的情况。对式(11-198)关于第三组量测(i_3)的极小化可以在考虑前两帧量测(i_1, i_2)的分配前进行。为此，首先定义

$$d_{i_1 i_2} = \min_{i_3}(c_{i_1 i_2 i_3} - \lambda_{i_3}) \tag{11-200}$$

同时定义 $\omega_{i_1 i_2}$ 为将第一帧的量测 i_1 分配给第二帧的量测 i_2 的降低了的维数标识。此外，d_{00}限制为不大于零。至此，可以得到一个如下的与式(11-198)等效的 $2D$ 分配问题

$$q(\lambda) = \min_{\rho_{i_1 i_2 i_3}} \sum_{i_1=0}^{M_1} \sum_{i_2=0}^{M_2} d_{i_1 i_2} \omega_{i_1 i_2} + \sum_{i_3=0}^{M_3} \lambda_{i_3} \tag{11-201}$$

约束条件为

$$\sum_{i_1=0}^{M_1} \omega_{i_1 i_2} = 1; \quad i_2 = 1,2,\cdots,M_2 \tag{11-202}$$

$$\sum_{i_2=0}^{M_2} \omega_{i_1 i_2} = 1; \quad i_1 = 1,2,\cdots,M_1 \tag{11-203}$$

由于式(11-201)仅受两组约束条件的限制,因此问题降为了2D分配问题,其解称为对偶松弛解,并且由于式(11-195)可能不满足,因而一般而言该解可能不可行。值得再一次强调的是,定义式(11-198)是为了惩罚违反约束的情况,因此,如果这些惩罚不够重的话,则仍然可能出现违反约束的现象。具体地,这意味着在求解极小化式(11-200)问题时第三帧的某一量测可能被利用两次。其结果是 $q(\lambda)$ 不大于真正的最低代价 $v(\lambda)$,即

$$q(\lambda) \leqslant v(\lambda) \tag{11-204}$$

由极小化式(11-200)给出的三帧分配问题的对偶解也许不满足来自第三帧量测的约束条件,即式(11-195),然而它肯定满足来自前两帧量测提出的约束条件,即式(11-196)和式(11-197)。因此,该三帧分配问题的可行(基)解可以按如下的方法得到:首先按对偶解对前两帧量测选择分配;接着基解对这些分配进行增广以考虑前两帧与第三帧的量测的分配,方法是采用一个2D分配来极小化代价,同时保持对第三帧量测的约束。

与基解相对应的代价 $v(p)$ 一般要大于未知的最优解的代价 $v(\rho)$,因此式(11-204)可以扩展为

$$q(\lambda) \leqslant v(\rho) \leqslant v(p) \tag{11-205}$$

因此,可以认为来自对偶解的 $q(\lambda)$ 和基解的 $v(p)$ 构成了真正代价的下界和上界。

下面会看到,将采用不同的 Lagrange 乘子来实现有效的递推算法,以便增大 $q(\lambda)$ 减小 $v(p)$。递推的结果是得到最大的 $q^*(\lambda)$ 和最小的 $v^*(p)$ 解。当这两个解的间距(用 gap 表示)小于一个预先设定的门限时,结束搜索过程。该预先设定的门限记为 mingap。即搜索停止规则为

$$\text{gap} = \frac{v^*(p) - q^*(\lambda)}{|q^*(\lambda)|} \leqslant \text{mingap} \tag{11-206}$$

注意到当对偶解也是可行的(从而对偶解和基解相同)时,得到的是最优解,因而立即可以结束搜索过程。当然,由于并不能保证式(11-206)总能满足,所以,还应该设置下一个最大递推次数,当递推次数大于该值时,强制结束搜索过程。

下面简要说明 Lagrange 乘子更新过程。首先注意到,在这一应用中 Lagrange 乘子可正可负。容易看出,$\lambda_{i_3}<0$ 对多于一次地使用 i_3 进行惩罚;$\lambda_{i_3}>0$ 则对不采用量测 i_3 的趋势进行惩罚。

i_3 的修正过程的形式如下,即

$$\lambda_{i_3} = \lambda_{i_3} + c_a g_{i_3}; \quad i_3 = 1,2,\cdots,M_3 \tag{11-207}$$

其中 $g_{i_3}=1-N_{i_3}$,N_{i_3} 为量测 i_3 在对偶解中被使用的次数,它起着保证 Lagrange 乘子 λ_{i_3} 朝修正约束违反的方向进行调整的作用。c_a 代表修正幅度,它的一种很自然的定义是

$$c_a = \frac{v^*(p) - q^*(\lambda)}{\sum_{i_3=1}^{M_3} g_{i_3}^2} \tag{11-208}$$

上式的分子是直到并包括搜索过程当前此递推为止所得到的最好的可行解和

最好的对偶解的代价对偶间距。因此,修正量正比于对偶间距从而朝满足关于第三帧量测的约束的方向驱动 Lagrange 乘子。

3. N-D($N\geqslant 4$)Lagrange 松弛

要将 N 维(N-D)分配过程扩展到 $N>3$,需定义 $N-2$ 组 Lagrange 乘子(Λ_3,Λ_4,…,Λ_N)。其中第 r 组(帧)数据中的量测 i_r 的 Lagrange 乘子为 λ_{i_r}。现在的这个处理过程可以有许多种不同的实现方法。这些方法都是以利用代价和 Lagrange 乘子(Λ_3,Λ_4,…,Λ_N)来获得一个松弛(对偶)解开始的。下面要简要介绍这一过程。

假定各 Lagrange 乘子组已经在前一次递推中计算出来了,计算时采用的初始值或者设定为零(第一次地推)、或者是利用前面的处理所得的信息计算出来的。接下来,可以通过极小化一个比式(11-201)更一般的代价函数 $q_2(\lambda)$ 得到对偶解。$q_2(\lambda)$ 定义为

$$
\begin{aligned}
q_2(\lambda) = & \min_{\rho_{i_1\cdots i_N}} \sum_{i_1=0}^{M_1}\cdots\sum_{i_N=0}^{M_N}(c_{i_1\cdots i_N} - \lambda_{3_{i_3}} - \lambda_{4_{i_4}} - \cdots - \lambda_{N_{i_N}})\rho_{i_1\cdots i_N} \\
& + \sum_{i_3=0}^{M_3}\lambda_{3_{i_3}} + \cdots + \sum_{i_N=0}^{M_N}\lambda_{N_{i_N}}
\end{aligned} \tag{11-209}
$$

所受约束为关于前两帧的约束。定义一般的代价为

$$
d_{i_1 i_2} = \min_{i_3\cdots i_N}(c_{i_1\cdots i_N} - \lambda_{3_{i_3}} - \cdots - \lambda_{N_{i_N}}) \tag{11-210}
$$

同时定义相应的决策标示 $\omega_{i_1 i_2}$,这样,问题就退化为一个类似由式(11-200)定义的 2D 分配问题了。然而,从式(11-209)可以看出,代价 $q_2(\lambda)$ 包含了从第三帧到第 N 帧的所有 Lagrange 乘子的和。同样,d_{00} 被限制为不大于零。

采用类似 3D 的方法,可以计算出各 $d_{i_1 i_2}$,并且可以得到 2D 对偶解及相应的由式(11-209)定义的代价。同 3D 的情形一样,对偶解可能不可行,因此也需要采用一个递推过程来校正各 Lagrange 乘子,并得到新的基(可行)解,直到对偶解和基解满足某一收敛准则。

Lagrange 乘子校正和新基解获得的具体实施方法是目前的研究热点。方法之一是文献[16]简要介绍的,它是先同时更新所有的 Lagrange 乘子(Λ_3,Λ_4,…,Λ_N)。校正方法是基于线性规划的对偶问题求解,更新的目的是选择一组新的 Lagrange 乘子从而减少违反约束的情况的发生,其结果应该是使得对偶代价 $q_2(\lambda)$ 提高。

由式(11-205)知,最优解的代价 $v(\rho)$ 是 $q_2(\lambda)$ 的上界。因此过程就是要选择使得 $q_2(\lambda)$ 极大化的 Lagrange 乘子集,这被称为 Lagrange 对偶问题,它的求解可以采用文献[24]的非平滑优化技术。不断重复过程一直到收敛。一旦达到收敛,即得到了极大值 $q_2^*(\lambda)$,就执行一个恢复过程,可以得到一个可行解,该解就是最后的答案。恢复过程将在后面介绍。

导致最终的 $q_2^*(\lambda)$ 解由一组两点航迹(第一帧的量测 i_1 和第二帧的量测 i_2,因而 $\omega_{i_1 i_2}=1$)定义。因此,量测标示 i_1 和 i_2 可由一个航迹标示 j 来代替。定义 N_j 为由

前两帧形成的航迹的总数。恢复一个可行解的过程的下一步是松弛解，以便找到由下式定义的 $q_3(\lambda)$，即

$$q_3(\lambda) = \min_{\rho_{ji_3\cdots i_N}} \sum_{j=0}^{N_j} \sum_{i_3=0}^{M_3} \cdots \sum_{i_N=0}^{M_N} (c_{ji_3\cdots i_N} - \lambda_{4_{i_4}} - \cdots - \lambda_{N_{i_N}}) \rho_{ji_3\cdots i_N} + \sum_{i_4=0}^{M_4} \lambda_{4_{i_4}} + \cdots + \sum_{i_N=0}^{M_N} \lambda_{N_{i_N}} \tag{11-211}$$

其中的各代价函数 $c_{ji_3\cdots i_N}$ 定义为增广了后续各帧的量测 $i_3\cdots i_N$ 后的航迹 j 的代价。同样，方法是利用非平滑最优化技术来解 Lagrange 对偶问题，结果是得到一组(数量比原先减少了的)使得 $q_3^*(\lambda)$ 极大化的 Lagrange 乘子 $\Lambda=(\Lambda_4,\Lambda_5,\cdots,\Lambda_N)$。注意到这一般会导致一组不同于前面用于得到 $q_2^*(\lambda)$ 的乘子。这样，问题就退化为 2D 分配了。当然，首先还是要确定

$$d_{ji_3} = \min_{i_4\cdots i_N}(c_{ji_3\cdots i_N} - \lambda_{4_{i_4}} - \cdots - \lambda_{N_{i_N}}) \tag{11-212}$$

最后，利用各代价函数 d_{ji_3} 求解 2D 分配问题，以得出将第三帧的量测(i_3)分配给前面形成的航迹(j)的最小代价解。

一旦解决了由式(11-211)和式(11-212)定义的分配问题，将得到一组采用三帧数据形成的新航迹。这一过程将产生一个第三帧的量测(i_3)与由前面两帧形成的航迹(j)的一个分配。该解满足前三帧的约束，但一般不满足后面各帧的约束。因此，该过程将继续，像式(11-209)～式(11-212)那样构造 $q_4(\lambda)$和 d_{ki_4}，用非平滑最优化方法确定 $q_4^*(\lambda)$。同前面一样，接着解 2D 分配问题，确定一组由四帧定义的航迹。如此一直继续，直到得到最终的由 N 帧定义的可行解。

文献[18]的方法也是在恢复一个可行解的过程中更新各 Lagrange 乘子的，不同的是它一次更新一组。采用这种方法，一个可行 N-D 解及新一组 Lagrange 乘子是由一串步骤来得到的。如果需要的话，该解和乘子可用于后续的递推步骤。对每一个 $r=3,4,\cdots,N$，关于第 r 组测量的约束得到实施，Lagrange 乘子集 Λ_r 得以更新。过程继续直到 $r=N$，即得到一个可行 N-D 分配解及一组更新的 Lagrange 乘子。这样，如果未通过对偶差检验，从而过程必须继续时，更新的 Lagrange 乘子集已经准备好了。

11.2.5 全局最近邻数据关联算法

全局最近邻数据关联算法(GNN)是一种考虑了多目标的最近邻算法，它在同一量测不能属于多个目标的假设下，计算全局统计距离，并选择具有最小全局统计距离的量测与航迹关联集合。这种选择全局最优的方法相当于一个分配问题。

最近邻域标准滤波器的工作原理是先设置跟踪门，由跟踪门(相关波门)初步筛选所得到的回波成为候选回波，以限制参与相关判别的目标数目。跟踪门是跟踪空间的一块子区域，中心位于被跟踪目标的预测位置，跟踪门大小的设计应保证以一

定的概率接收正确回波，落入跟踪门内的量测即作为候选回波，也就是看目标的量测值 $z(k+1)$ 是否满足

$$[z(k+1)-\hat{z}(k+1\mid k)]^{\mathrm{T}}S^{-1}(k+1)[z(k+1)-\hat{z}(k+1\mid k)]\leqslant\gamma$$

若落入相关波门内的量测值只有 1 个，则该量测值可能被直接用于航迹更新；但若有一个以上的回波落在被跟踪目标的相关波门内，此时要取统计距离最小的候选回波作为目标回波，也就是在最近邻域标准滤波器中，使信息加权范数

$$d^2(\boldsymbol{z})=[\boldsymbol{z}-\hat{\boldsymbol{z}}(k+1\mid k)]^{\mathrm{T}}\boldsymbol{S}^{-1}(k+1)[\boldsymbol{z}-\hat{\boldsymbol{z}}(k+1\mid k)]$$

达到极小的量测，被用于在滤波器中对目标状态进行更新。

其主要算法流程图如图 11-5 所示。

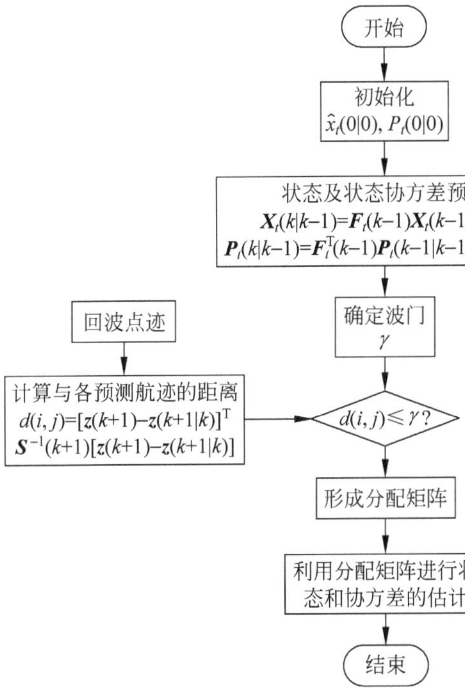

图 11-5 全局最近邻算法流程图

11.2.6 单传感器广义概率数据关联算法

联合概率数据关联（JPDA）一直是公认的精度较好的经典数据关联方法，但其计算量随着目标和回波增长呈指数递增，而往往难以满足实时性要求。尽管 JPDA 的一些改进方法，如扩展概率数据关联算法、精确最近邻、联合综合概率数据关联等相继被提出，但这些改进算法都是在基于 JPDA 可行性规则的基础上进行某种假设，以牺牲精度为代价，并未从根本上解决 JPDA 的计算量问题。JPDA 基本假设是量测与目标具有严格的一一对应关系，其可行性规则为：(1)一个量测至多只能属于一个目标；(2)一个目标至多只能拥有一个量测。

广义概率数据关联算法(GPDA),打破了 JPDA 的可行性规则的限制,认为量测与目标均可复用,构建了广义联合事件,并利用贝叶斯法则给出互属关联概率的计算,在获得较好滤波精度的同时实现了计算量的降低。另外,将 GPDA 与交互式多模型算法相结合可以得到一种综合交互式多模型广义概率数据关联算法(C-IMMGPDA),该算法可用于机动目标的数据关联问题。

1) 广义概率数据关联算法思想

GPDA 算法的可行性规则如下:

(1) 每个目标都拥有量测(一个或多个,包括 0 量测);

(2) 每个量测都有目标来源(一个或多个,包括 0 目标);

(3) 任一目标(量测)与量测(目标)一一对应关联事件的概率不应小于满足前两条规则的其他关联事件概率。

这里的 0 目标指无目标,也就是所关心目标以外的新目标,或干扰、杂波等产生的假目标;0 量测指无量测,即目标未被检测到。可行性规则(1)以目标为基准,表征量测复用,解决"一个目标与多个量测"的关联问题;可行性规则(2)以量测为基准,表征目标复用,解决"一个量测与多个目标"的关联问题;可行性规则(3)假定在关联事件中,一一对应关联事件的概率占优。

在已知目标数为 T,量测数为 m_k 的条件下,广义联合事件由满足上述可行性规则的广义事件构成。定义目标 t 与量测 i 之间的统计距离为构成互联事件的基本信息,假设 f_{it} 为量测 i 与目标 t 之间的统计距离,i 为量测,t 为目标;θ_{it} 表示量测 i 与目标 t 之间关联的事件,则以目标为基准的广义事件为 $\Theta_t=\{\theta_{i0}\theta_{i1}\cdots\theta_{iT}\,|\,i\}$,以量测为基准的广义事件为 $\Theta_i=\{\theta_{0t}\theta_{1t}\cdots\theta_{m_k t}\,|\,t\}$,为了更清楚地说明问题,图 11-6 给出一个简单的数据关联实例。

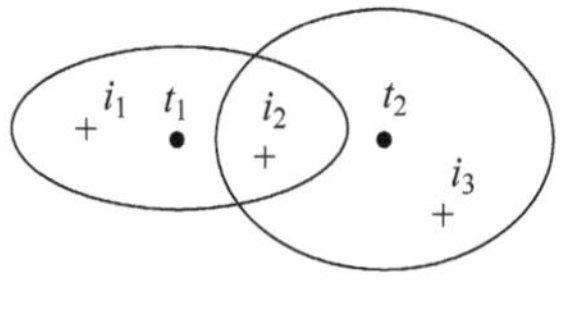

图 11-6 数据关联实例(目标数为 2,量测数为 3

在图 11-6 的数据关联实例中,目标数 $T=2$,量测数 $m_k=3$,以目标为基准的广义事件为 $\Theta_t=\{\theta_{00}\theta_{11}\theta_{22},\theta_{10}\theta_{11}\theta_{02},\theta_{20}\theta_{31}\theta_{32},\cdots\cdots\}$,以量测为基准的广义事件为 $\Theta_t=\{\theta_{00}\theta_{11}\theta_{22}\theta_{33},\theta_{00}\theta_{10}\theta_{21}\theta_{32},\theta_{02}\theta_{10}\theta_{21}\theta_{32},\cdots\cdots\}$。

设所有广义联合事件集合为 Θ,以目标为基准的广义事件 Θ_t 和以量测为基准的广义事件 Θ_i 均为 Θ 的子集,用符号可表示为 $\Theta_t\subset\Theta$,$\Theta_i\subset\Theta$,并且根据广义联合事件组合,可以得到 $\Theta=\Theta_t\cup\Theta_i$。

上述 GPDA 算法的思路可用图 11-7 来进一步说明。

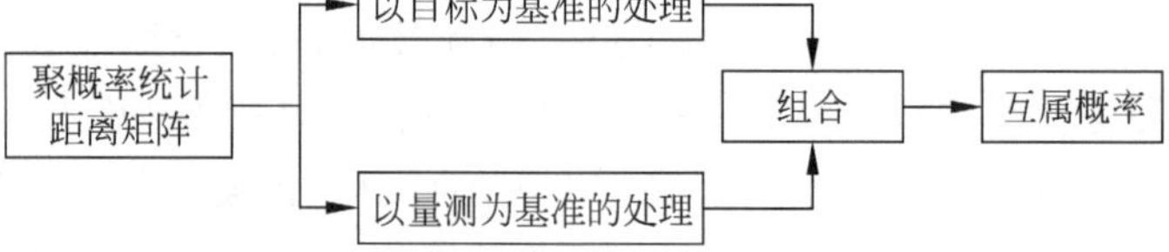

图 11-7 GPDA 算法思路框图

2) 状态估计

假设对某一目标 t 进行跟踪，为了简化表述起见，除互属概率以外，忽略下标 t，目标 t 的状态方程和量测方程分别为

$$\boldsymbol{x}(k+1)=\boldsymbol{F}(k)\boldsymbol{x}(k)+\boldsymbol{w}(k) \tag{11-213}$$

$$\boldsymbol{z}(k)=\boldsymbol{H}(k)\boldsymbol{x}(k)+\boldsymbol{v}(k) \tag{11-214}$$

其中 $\boldsymbol{x}(k)$为 k 时刻状态；$\boldsymbol{F}(k)$为状态转移矩阵；$\boldsymbol{w}(k)$是建模误差，假定为零均值高斯白噪声；协方差 $\boldsymbol{Q}(k)$；$\boldsymbol{z}(k)$为 k 时刻量测；$\boldsymbol{H}(k)$为观测矩阵；$\boldsymbol{v}(k)$是量测噪声；假定是协方差为 $\boldsymbol{R}(k)$的零均值高斯白噪声。假定初始状态 $\boldsymbol{x}(0)$是均值$\hat{\boldsymbol{x}}(0|0)$和协方差 $\boldsymbol{P}(0|0)$的高斯信号，并假定量测噪声序列、过程噪声序列和初始状态是无关的。

设 k 时刻的确认量测集合

$$\boldsymbol{Z}(k)=\{\boldsymbol{z}_i(k)\}_{i=1}^{m_k} \tag{11-215}$$

其中 m_k 是落入波门的有效量测数，则有效量测的累积集合可表示为

$$\boldsymbol{Z}^k=\{\boldsymbol{Z}(j)\}_{j=1}^{k} \tag{11-216}$$

假设

$$p(\boldsymbol{X}(k)\mid \boldsymbol{Z}^{k-1})=N[\boldsymbol{X}(k);\hat{\boldsymbol{X}}(k\mid k-1),P(k\mid k-1)] \tag{11-217}$$

若已知 m_k 个有效量测的边缘概率 $\beta_{it}(i=0,1,\cdots,m_k)$，考虑到所有量测相互独立，且构成一个完备集，所以

$$\sum_{i=0}^{m_k}\beta_{it}(k)=1 \tag{11-218}$$

状态更新公式如下

$$\hat{\boldsymbol{X}}(k\mid k)=\hat{\boldsymbol{X}}(k\mid k-1)+\boldsymbol{K}(k)\sum_{i=0}^{m_k}\beta_{it}(k)\upsilon_i(k) \tag{11-219}$$

其中

$$\hat{\boldsymbol{X}}(k\mid k-1)=\boldsymbol{F}(k)\hat{\boldsymbol{X}}(k-1\mid k-1) \tag{11-220}$$

$$\upsilon(k)=\sum_{i=1}^{m_k}\beta_{it}(k)\upsilon_i(k) \tag{11-221}$$

$$\upsilon_i(k)=\boldsymbol{Z}_i(k)-\hat{\boldsymbol{Z}}(k\mid k-1) \tag{11-222}$$

状态协方差如下

$$\boldsymbol{P}(k\mid k)=\beta_{0t}(k)\boldsymbol{P}(k\mid k-1)+[1-\beta_{0t}(k)]\boldsymbol{P}^c(k\mid k)+\widetilde{\boldsymbol{P}}(k) \tag{11-223}$$

其中

$$\boldsymbol{P}(k\mid k-1)=\boldsymbol{F}(k-1)\boldsymbol{P}(k-1\mid k-1)\boldsymbol{F}^{\mathrm{T}}(k-1)+\boldsymbol{Q}(k-1) \tag{11-224}$$

$$\boldsymbol{P}^c(k\mid k)=[I-\boldsymbol{K}(k)\boldsymbol{H}(k)]\boldsymbol{P}(k\mid k-1) \tag{11-225}$$

$$\widetilde{\boldsymbol{P}}(k)=\boldsymbol{K}(k)\left[\sum_{i=1}^{m_k}\beta_{it}(k)\upsilon_i(k)\upsilon_i^{\mathrm{T}}(k)-\upsilon(k)\upsilon^{\mathrm{T}}(k)\right]\boldsymbol{K}^{\mathrm{T}}(k) \tag{11-226}$$

上面式(11-223)以及式(11-226)中的互属概率 β_{it} 由后续的 GPDA 互属概率计算得到。

状态估计中目标无对应量测时，由 GPDA 互属概率计算，可以得到

$$\beta_{0t}=1,\beta_{it}=0,\quad i\neq 0 \tag{11-227}$$

再根据式(11-223)～式(11-226)，得到

$$\boldsymbol{P}(k\mid k)=\boldsymbol{P}(k\mid k-1) \tag{11-228}$$

即目标无对应量测时，状态估计的协方差等同于状态预测协方差。Li 等(1998)对于应用跟踪门的目标跟踪算法，目标在关联区域无对应量测的条件下，状态估计协方差相对于状态预测协方差应该是递增的，而不是一般认为的保持不变，并在 11.1.1 节算法中对这一问题进行了分析和探讨。针对 GPDA 算法的状态估计，我们借鉴上述思想，得到式(11-223)的修正如下

$$\begin{aligned}\boldsymbol{P}(k\mid k)&=\beta_0(k)[\boldsymbol{P}(k\mid k-1)+\alpha\boldsymbol{K}(k)\boldsymbol{S}(K)\boldsymbol{K}^{\mathrm{T}}(k)]+(1-\beta_0(k))\boldsymbol{P}^{C}(k\mid k)+\boldsymbol{P}(k)\\&=\boldsymbol{P}(k\mid k-1)-[1-(\alpha+1)\beta_0(k)]\boldsymbol{K}(k)\boldsymbol{S}(k)\boldsymbol{K}^{\mathrm{T}}(k)+\widetilde{\boldsymbol{P}}(k)\end{aligned} \tag{11-229}$$

其中 α 为协方差修正因子，γ 为门限值

$$\alpha=\begin{cases}0, & m_k\neq 0\\ \dfrac{p_Dp_G(1-c_T)}{1-p_Dp_G}, & m_k=0\end{cases} \tag{11-230}$$

$$c_T=\frac{\Gamma_{\gamma/2}(n/2+1)}{n/2\cdot\Gamma_{\gamma/2}(n/2)} \tag{11-231}$$

上式中，p_D 为目标检测概率，p_G 为波门概率。由文献[31～33]，c_T 的常用数值如下

$$c_{T|n=1}=1-\frac{2\,(\gamma/2)^{1/2}\mathrm{e}^{-\gamma/2}}{\sqrt{\pi}\,\mathrm{erf}[(\gamma/2)^{1/2}]} \tag{11-232}$$

$$c_{T|n=2}=1-\frac{(\gamma/2)\mathrm{e}^{-\gamma/2}}{1-\mathrm{e}^{-\gamma/2}} \tag{11-233}$$

$$c_{T|n=3}=1-\frac{2\,(\gamma/2)^{3/2}\mathrm{e}^{-\gamma/2}}{3[(1/2)\sqrt{\pi}\,\mathrm{erf}((\gamma/2)^{1/2})-(\gamma/2)^{1/2}\mathrm{e}^{-\gamma/2}]} \tag{11-234}$$

$$c_{T|n=4}=1-\frac{(\gamma/2)^2\mathrm{e}^{-\gamma/2}}{2[1-(1+\gamma/2)\mathrm{e}^{-\gamma/2}]} \tag{11-235}$$

3) 互属概率计算

假设对 T 个目标进行跟踪，m_k 是 k 时刻确认区域内的量测数，下面给出两个基本定义。

定义 11.4 $\boldsymbol{F}\overset{\mathrm{def}}{=}[f_{it}]$，$\quad i=0,1,\cdots,m_k,t=0,1,\cdots,T$。其中，$\boldsymbol{F}$ 为量测与目标的统计距离构成的聚概率矩阵。目标 t 与量测 i 的统计距离构成了互联事件的基本信息，f_{it} 为量测 i 与目标 t 之间的统计距离，i 为量测号，t 为目标号。

定义 11.5 Θ 为满足可行性规则在聚概率矩阵 $\boldsymbol{F}$ 条件下的广义联合事件集合，Θ_t 为满足可行性规则(1)的以目标为基准的广义事件子集，Θ_i 为满足可行性规则(2)的以量测为基准的广义事件子集，因此

$$\Theta=\Theta_t\cup\Theta_i,\text{其中 }\Theta_t\subset\Theta,\Theta_i\subset\Theta \tag{11-236}$$

当目标 $t(t\neq 0)$，$i(i\neq 0)$时，一般假设目标 t 的状态变量服从均值为$\hat{\boldsymbol{X}}_t(k|k-1)$，方差为 $\boldsymbol{P}_t(k|k-1)$的正态分布，量测 $i(i\neq 0)$对应目标 $i(i\neq 0)$的概率密度函数为

$$\begin{aligned} f_{it} &= p(\boldsymbol{z}_{it} \mid m_k, \boldsymbol{Z}_t^k) \\ &= p_G^{-1} N[\boldsymbol{z}_{it}(k);\ \hat{\boldsymbol{Z}}_t(k \mid k-1), \boldsymbol{S}_t(k)] \\ &= p_G^{-1} \mid 2\pi \boldsymbol{S}_t(k) \mid^{-\frac{1}{2}} \exp\left[-\frac{1}{2} \upsilon_{it}^{\mathrm{T}}(k) \boldsymbol{S}_t^{-1}(k) \upsilon_{it}(k)\right] \end{aligned} \tag{11-237}$$

其中

$$\boldsymbol{v}_{it}(k) = \boldsymbol{z}_{it}(k) - \hat{\boldsymbol{Z}}_t(k \mid k-1) \tag{11-238}$$

$\boldsymbol{S}_t(k)$为目标 t 的新息协方差阵，$\boldsymbol{z}_{it}(k)$为 k 时刻目标 t 的第 i 个量测，$\hat{z}_t(k|k-1)$为 k 时刻目标 t 的预测量测。

0 量测与目标 $t(t\neq 0)$之间的概率密度函数为

$$f_{0t} = (nV)^{-1}(1 - p_D p_G) \tag{11-239}$$

其中 p_D 为检测概率，p_G 为波门概率，V 为波门的体积，n 为系数，一般取正整数。

第 $i(i\neq 0)$个量测与 0 目标之间的概率密度函数为

$$f_{i0} = \lambda \tag{11-240}$$

其中假设虚警服从均匀分布，杂波数服从泊松分布，λ 为杂波密度，即单位体积内杂波的期望数。

0 量测与 0 目标相关联无任何意义，所以它们之间的概率密度函数为

$$f_{00} = 0 \tag{11-241}$$

在得到量测与目标的对应概率密度函数之后，可形成如图 11-8 所示的聚概率统计距离矩阵 $\boldsymbol{F} \overset{\text{def}}{=\!=} [f_{it}]$，$i=0,\cdots,m$，$t=0,\cdots,T$。

量测 \ 目标	0	1	2	…	T
0	f_{00}	f_{01}	f_{02}	…	f_{0T}
1	f_{10}	f_{11}	f_{12}	…	f_{1T}
2	f_{20}	f_{21}	f_{22}	…	f_{2T}
⋮	⋮	⋮	⋮	⋮	⋮
m	f_{m0}	f_{m1}	f_{m2}	…	f_{mT}

图 11-8　量测与目标所构成的聚概率统计距离矩阵

以目标为基准对聚矩阵 $\boldsymbol{F}$ 列归一化后，得到聚矩阵的各元素为

$$p(\theta_{it} \mid i = i, t = 0, \cdots, T, \boldsymbol{Z}(k)) = \varepsilon_{it} = \frac{f_{it}}{\sum_{i=0}^{m} f_{it}} \tag{11-242}$$

以量测为基准对聚矩阵 F 行归一化后，得到聚矩阵的各元素为

$$p(\theta_{it} \mid i = 0, \cdots, m_k, t, \boldsymbol{Z}(k)) = \xi_{it} = \frac{f_{it}}{\sum_{t=0}^{T} f_{it}} \tag{11-243}$$

由 $\Theta=\{\Theta_t,\Theta_i\}$，以及 $\Theta_t=\{\theta_{i0}\theta_{i1}\cdots\theta_{iT}\mid i\}$，$\Theta_i=\{\theta_{0t}\theta_{1t}\cdots\theta_{mt}\mid t\}$，可以得到

$$\begin{aligned} \sum_{\omega\in\Omega_{it}} p(\theta_{it} \mid \Theta, \boldsymbol{Z}^k) &= \frac{1}{c} \sum_{\omega\in\Omega_{it}} p(\Theta \mid \theta_{it}, \boldsymbol{Z}^k) p(\theta_{it} \mid \boldsymbol{Z}^k) \\ &= \frac{1}{c} \sum_{\omega\in\Omega_{it}} p(\theta_{it} \mid \boldsymbol{Z}^k)(p(\Theta_t \mid \theta_{it}, \boldsymbol{Z}^k) \\ &\quad + p(\Theta_i \mid \theta_{it}, \boldsymbol{Z}^k) - p(\Theta_t \cap \Theta_i \mid \theta_{it}, \boldsymbol{Z}^k)) \end{aligned} \tag{11-244}$$

在上式中引入权重因子 $\rho,0\leqslant\rho\leqslant1$，并设 Ω_{it}^{t} 为所有含 θ_{it} 的以目标为基准的广义事件集合，Ω_{it}^{t} 为所有含 θ_{it} 的以量测为基准的广义事件集合。使得

$$\begin{aligned}&p(\Theta_t \mid \theta_{it},\boldsymbol{Z}^k)+p(\Theta_i \mid \theta_{it},\boldsymbol{Z}^k)-p(\Theta_t \cap \Theta_i \mid \theta_{it},\boldsymbol{Z}^k)\\&=\rho p(\Theta_t \mid \theta_{it},\boldsymbol{Z}^k)+(1-\rho)p(\Theta_i \mid \theta_{it},\boldsymbol{Z}^k)\end{aligned}\tag{11-245}$$

则式(11-245)转化为

$$\begin{aligned}\sum_{\omega\in\Omega_{it}}p(\theta_{it}\mid\Theta,\boldsymbol{Z}^k)&=\frac{1}{c}\sum_{\omega\in\Omega_{it}}p(\theta_{it}\mid\boldsymbol{Z}^k)\cdot(\rho p(\Theta_t\mid\theta_{it},\boldsymbol{Z}^k)+(1-\rho)p(\Theta_i\mid\theta_{it},\boldsymbol{Z}^k))\\&=\frac{1}{c}\Big(\rho\sum_{\omega_t\in\Omega_{it}^t}p(\theta_{it}\mid i=i,t=0\cdots T,\boldsymbol{Z}^k)\cdot p(\Theta_t\mid\theta_{it},\boldsymbol{Z}^k)\\&\quad+(1-\rho)\sum_{\omega_i\in\Omega_{it}^t}p(\theta_{it}\mid t=t,i=0\cdots m_k,\boldsymbol{Z}^k)\cdot p(\Theta_i\mid\theta_{it},\boldsymbol{Z}^k)\Big)\end{aligned}\tag{11-246}$$

而

$$\sum_{\omega_t\in\Omega_{it}^t}p(\Theta_t\mid\theta_{it},\boldsymbol{Z}^k)=\prod_{\substack{tr=0\\tr\neq t}}^{T}\sum_{\substack{r=0\\r\neq i}}^{m}\varepsilon_{rtr}\tag{11-247}$$

$$\sum_{\omega_i\in\Omega_{it}^i}p(\Theta_i\mid\theta_{it},\boldsymbol{Z}^k)=\prod_{\substack{r=0\\r\neq i}}^{m}\sum_{\substack{tr=0\\tr\neq t}}^{T}\xi_{rtr}\tag{11-248}$$

则量测对应目标的概率权值，即互属概率为

$$\beta_{it}(k)=\sum_{\omega\in\Omega_{it}}p\{\theta_{it}\mid\Theta,\boldsymbol{Z}^k\}=\frac{1}{c}\left(\rho\varepsilon_{it}\cdot\prod_{\substack{tr=0\\tr\neq t}}^{T}\sum_{\substack{r=0\\r\neq i}}^{m}\varepsilon_{rtr}+(1-\rho)\xi_{it}\cdot\prod_{\substack{r=0\\r\neq i}}^{m}\sum_{\substack{tr=0\\tr\neq t}}^{T}\xi_{rtr}\right)\tag{11-249}$$

在式(11-247)～式(11-249)式中，下标 tr 是目标标号，下标 r 是量测标号，c 为归一化系数。将式(11-249)得到的互属概率代入 GPDA 的状态估计公式中，就可以得到更新的状态及协方差。

需要注意的是，在式(11-245)中 ρ 比较难获得一个最优的解，并且是一个时变变量，为了便于计算，在计算中一般可假定 ρ 为常值。当 $\rho=0$，说明仅有目标复用，只存在可行性规则(2)；当 $\rho=1$，说明仅有量测复用，只存在可行性规则(1)；当 $(\rho\neq0)\cap(\rho\neq1)$，则既存在量测复用，又存在目标复用，可行性规则(1)～(3)均有效，当 $\rho=0.5$，说明量测复用的广义事件和目标复用的广义事件等权重。在一般情况下，如果无先验信息，可取 $\rho=0.5$。

4) GPDA 算法流程

GPDA 算法的完整算法流程如下：

(1) 初始化

设在初始时刻 t_0，目标的状态初值为 $\hat{\boldsymbol{x}}_t(0|0)$，$\boldsymbol{P}_t(0|0)$，$t=1,\cdots,T$；

(2) 计算各目标的状态预测及预测协方差

$$\hat{\boldsymbol{X}}_t(k\mid k-1)=\boldsymbol{F}_t(k-1)\hat{\boldsymbol{X}}_t(k-1\mid k-1),\quad t=1,\cdots,T\tag{11-250}$$

$$\boldsymbol{P}_t(k \mid k-1)=\boldsymbol{F}_t^{\mathrm{T}}(k-1)\boldsymbol{P}_t(k-1 \mid k-1)\boldsymbol{F}_t(k-1)+\boldsymbol{Q}(k-1), \quad t=1,\cdots,T \tag{11-251}$$

(3) 确定各目标的有效量测

$$\boldsymbol{S}_t(k)=\boldsymbol{H}_t(k)\boldsymbol{P}_t(k)\boldsymbol{H}_t{}^{\mathrm{T}}(k)+\boldsymbol{R}_t(k), \quad t=1,\cdots,T \tag{11-252}$$

$$Z_t(k \mid k-1)=\boldsymbol{H}_t(k)\hat{\boldsymbol{X}}_t(k \mid k-1), \quad t=1,\cdots,T \tag{11-253}$$

如果下式成立则量测有效

$$g=(\boldsymbol{z}_i(k)-\boldsymbol{Z}_t(k \mid k-1))\boldsymbol{S}_t(k)(\boldsymbol{z}_i(k)-\boldsymbol{Z}_t(k \mid k-1))^{\mathrm{T}} \leqslant \gamma, \quad t=1,\cdots,T \tag{11-254}$$

其中，γ 是 χ^2 假设检验的门限值。根据各目标的状态预测及预测协方差、残差协方差以及有效量测，依照式(11-237)～式(11-241)得到聚概率矩阵 $\boldsymbol{F} \stackrel{\text{def}}{=} [f_{it}]$，$i=0,\cdots,m$，$t=0,\cdots,T$。由聚概率矩阵以及式(11-242)、式(11-243)、式(11-249)计算互属关联概率 β_{it}。

(4) 状态更新

$$\hat{\boldsymbol{X}}_t(k \mid k)=\hat{\boldsymbol{X}}_t(k \mid k-1)+\boldsymbol{K}_t(k)\sum_{i=0}^{m_k}\beta_{it}(k)\upsilon_i(k), \quad t=1,\cdots,T \tag{11-255}$$

$$\begin{aligned}\boldsymbol{P}(k \mid k) &= \beta_0(k)[\boldsymbol{P}(k \mid k-1)+\alpha\boldsymbol{K}(k)\boldsymbol{S}(K)\boldsymbol{K}^{\mathrm{T}}(k)]+(1-\beta_0(k))\boldsymbol{P}^C(k \mid k)+\widetilde{\boldsymbol{P}}(k) \\ &= \boldsymbol{P}(k \mid k-1)-[1-(\alpha+1)\beta_0(k)]\boldsymbol{K}(k)S(k)\boldsymbol{K}^{\mathrm{T}}(k)+\widetilde{\boldsymbol{P}}(k)\end{aligned} \tag{11-256}$$

其中 α 的取值参见式(11-230)。

下面介绍综合交互式广义数据关联算法。

1) C-IMMJPDA 算法

IMMJPDA 算法存在如下问题：

① 在回波集合的选取上，IMMJPDA 算法尽管从各子滤波器来看是最优的，但对整个系统却不一定最优，这是由于各子滤波器独立进行回波确认，无法保证预测波门在系统层次全局最优。

② 各子滤波器的确认回波集合的不同，导致模型概率计算条件的不同，而带来计算上的偏差，可能导致计算的模型概率失效。

③ 各子滤波器独立进行回波确认使得回波数和模型数较大时，回波确认的计算量与其乘积成正比增加。

基于如上原因，C-IMMJPDA 算法针对各子滤波器采用统一的波门来进行回波确认，从而使得各子滤波器使用相同的确认回波集合，从而避免上述不足，如图 11-9 所示。与原 IMMJPDA 相比，C-IMMJPDA 算法对所有子滤波器只进行了一次回波确认，而且为了提供综合波门的预测量测及其协方差，新增加了预测综合过程。

2) C-IMMGPDA 算法

考虑到 C-IMMJPDA 采用综合波门处理回波确认，以及 GPDA 在密集杂波环境进行数据关联的优势，将 IMM 与 GPDA 有机结合，进行预测综合来构造综合波门，

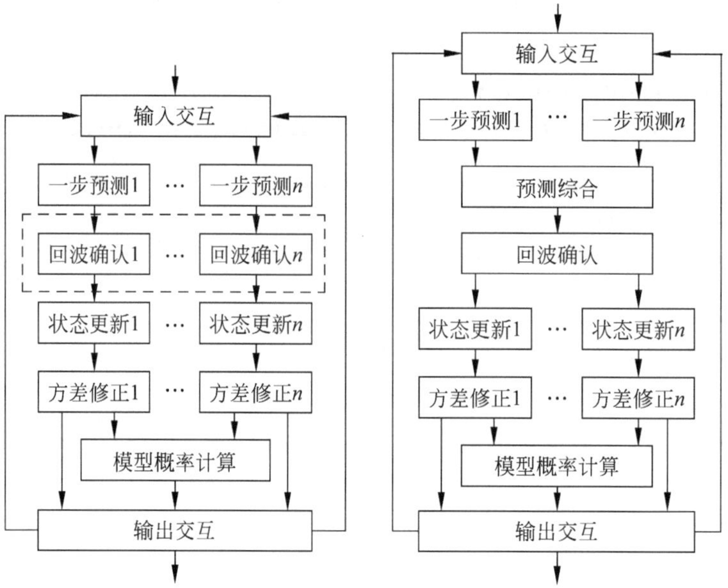

(a) IMMJPDA　　(b) C-IMMJPDA

图 11-9　IMMJPDA 与 C-IMMJPDA 算法结构比较

形成 C-IMMGPDA 算法,其递推流程如下。

初始条件:模型集中模型的初始状态和协方差$\hat{\boldsymbol{x}}_j(0|0)$,$\boldsymbol{P}_j(0|0)$,模型切换矩阵$\boldsymbol{P}_{ij}$,以及初始模型概率向量$\boldsymbol{u}_j(0)$。其中$i,j\in[1,M]$,$M$为模型集中模型个数。

(1) 输入交互

对于第j个模型,$j=1,\cdots,M$有

$$\hat{\boldsymbol{x}}_j^0(k \mid k)=\sum_{i=1}^{M} u_{i|j}(k)\,\hat{\boldsymbol{x}}_i(k \mid k) \tag{11-257}$$

$$\boldsymbol{P}_j^0(k \mid k)=\sum_{i=1}^{M} u_{i|j}(k)\{\boldsymbol{P}_i(k \mid k)+(\hat{\boldsymbol{x}}_i(k \mid k)-\hat{\boldsymbol{x}}_j^0(k \mid k))(\hat{\boldsymbol{x}}_i(k \mid k)-\hat{\boldsymbol{x}}_j^0(k \mid k))^{\mathrm{T}}\} \tag{11-258}$$

$$u_j^0(k)=\sum_{i=1}^{M}\boldsymbol{P}_{ij}u_i(k) \tag{11-259}$$

$$u_{i|j}(k)=\frac{\boldsymbol{P}_{ij}u_i(k)}{u_j^0(k \mid k)} \tag{11-260}$$

(2) 一步预测

对于第j个模型,$j=1,\cdots,M$,有

$$\hat{\boldsymbol{x}}_j(k+1 \mid k)=\boldsymbol{F}_j(k+1,k)\,\hat{\boldsymbol{x}}_j^0(k \mid k) \tag{11-261}$$

$$\boldsymbol{P}_j(k+1 \mid k)=\boldsymbol{F}_j(k+1,k)\boldsymbol{P}_j^0(k \mid k)\boldsymbol{F}_j^{\mathrm{T}}(k+1,k)+\boldsymbol{Q}_j(k) \tag{11-262}$$

$$\hat{\boldsymbol{z}}_j(k+1)=\boldsymbol{H}_j(k+1)\,\hat{\boldsymbol{x}}_j(k+1 \mid k) \tag{11-263}$$

$$\boldsymbol{S}_j(k+1)=\boldsymbol{H}_j(k+1)\boldsymbol{P}_j(k+1 \mid k)\boldsymbol{H}_j(k+1)+\boldsymbol{R}_j(k+1) \tag{11-264}$$

(3) 预测综合

$$\hat{\boldsymbol{x}}(k+1 \mid k) = \sum_{j=1}^{M} u_j^0(k+1 \mid k)\hat{\boldsymbol{x}}_j(k+1 \mid k) \tag{11-265}$$

$$\boldsymbol{P}(k+1 \mid k) = \sum_{j=1}^{M} u_j^0(k+1 \mid k)\boldsymbol{P}_j(k+1 \mid k) \tag{11-266}$$

$$\hat{\boldsymbol{z}}(k+1) = \sum_{j=1}^{M} u_j^0(k+1)\hat{\boldsymbol{z}}_j(k+1) \tag{11-267}$$

$$\boldsymbol{S}(k+1) = \sum_{j=1}^{M} u_j^0(k+1)\{\boldsymbol{S}_j(k+1) + [\hat{\boldsymbol{z}}_j(k+1)-\hat{\boldsymbol{z}}(k+1)][\hat{\boldsymbol{z}}_j(k+1)-\hat{\boldsymbol{z}}(k+1)]^{\mathrm{T}}\} \tag{11-268}$$

(4) 回波确认

对任意回波 $\boldsymbol{z}_i(k+1)$,构造如下统计距离

$$\boldsymbol{d}^2(k+1) = (\boldsymbol{z}_i(k+1)-\hat{\boldsymbol{z}}(k+1))\boldsymbol{S}(k+1)(\boldsymbol{z}_i(k+1)-\hat{\boldsymbol{z}}(k+1))^{\mathrm{T}} \leqslant \gamma \tag{11-269}$$

假设 $\boldsymbol{z}_i(k+1)-\hat{\boldsymbol{z}}(k+1)$服从正态分布,则 $\boldsymbol{d}^2(k+1)$近似服从自由度为 n_z 的 χ^2 分布(其中 n_z 为量测维数)。用假设检验来确定是否接受 $\boldsymbol{z}_i(k+1)$为确认回波,γ 为门限值。

(5) GPDA 互属概率计算

对于第 j 个模型,$j=1,\cdots,M$,构造聚概率矩阵 $\boldsymbol{F} \stackrel{\text{def}}{=} [f_{it}]$,$i=0,\cdots,m$,$t=0,\cdots,T$,其中 m 为量测数,T 为目标数。则 GPDA 互属概率为

$$\beta_{it}(k+1) = \frac{1}{c}\left(\rho\varepsilon_{it} \cdot \prod_{\substack{tr=0\\tr\neq t}}^{T}\sum_{\substack{r=0\\r\neq i}}^{m_k}\varepsilon_{rtr} + (1-\rho)\xi_{it} \cdot \prod_{\substack{r=0\\r\neq i}}^{m_k}\sum_{\substack{tr=0\\tr\neq t}}^{T}\xi_{rtr}\right) \tag{11-270}$$

$$\varepsilon_{it} = \frac{f_{it}}{\sum_{i=0}^{m} f_{it}} \tag{11-271}$$

$$\xi_{it} = \frac{f_{it}}{\sum_{t=0}^{T} f_{it}} \tag{11-272}$$

式中下标 tr 是目标标号,下标 r 是量测标号,c 为归一化系数,ρ 为权重因子。

(6) 状态更新

对于第 j 个模型,$j=1,\cdots,M$,有

$$\hat{\boldsymbol{x}}_j(k+1 \mid k+1) = \hat{\boldsymbol{x}}_j(k+1 \mid k) + \boldsymbol{K}_j(k+1)\sum_{i=1}^{m}\beta_{it}(\boldsymbol{z}_i(k+1)-\hat{\boldsymbol{z}}(k+1)) \tag{11-273}$$

$$\boldsymbol{K}_j(k+1) = P_j(k+1 \mid k)\boldsymbol{H}_j^{\mathrm{T}}(k+1)\boldsymbol{S}_j^{-1}(k+1) \tag{11-274}$$

$$\boldsymbol{P}_j(k+1 \mid k+1) = \boldsymbol{P}_j(k+1 \mid k) - [1-(\alpha+1)\beta_{0t}(k+1)] \boldsymbol{K}_j(k+1)\boldsymbol{S}_j(k+1)\boldsymbol{K}_j^{\mathrm{T}}(k+1) + \widetilde{\boldsymbol{P}}_j(k+1) \tag{11-275}$$

$$\widetilde{\boldsymbol{P}}_j(k+1)=\boldsymbol{K}_j(k+1)\{\beta_{0t}(k+1)[\tilde{\boldsymbol{z}}_j(k+1)\,\tilde{\boldsymbol{z}}_j^{\mathrm{T}}(k+1)-\bar{\boldsymbol{v}}(k+1)\,\bar{\boldsymbol{v}}^{\mathrm{T}}(k+1)] + \sum_{i=1}^{m}\beta_{it}(k+1)\boldsymbol{v}_{ij}(k+1)\boldsymbol{v}_{ij}^{\mathrm{T}}(k)-\bar{\boldsymbol{v}}(k+1)\,\bar{\boldsymbol{v}}^{\mathrm{T}}(k+1)\}\boldsymbol{K}_j^{\mathrm{T}}(k+1) \tag{11-276}$$

其中

$$\tilde{\boldsymbol{z}}_j(k+1)=\hat{\boldsymbol{z}}_j(k+1)-\sum_{i=0}^{m}\beta_{it}(k+1)\,\hat{\boldsymbol{z}}_j(k+1) \tag{11-277}$$

$$\boldsymbol{v}_{ij}(k+1)=\boldsymbol{z}_i(k+1)-\hat{\boldsymbol{z}}_j(k+1) \tag{11-278}$$

$$\bar{\boldsymbol{v}}(k+1)=\sum_{i=0}^{m}\beta_{it}\{\boldsymbol{z}_i(k+1)-\hat{\boldsymbol{z}}(k+1)\} \tag{11-279}$$

(7) 模型概率更新

各模型正确的概率 $u_j(k)$ 为

$$u_j(k+1)=\frac{L_j(k+1)\sum_{m=1}^{M}u_l^0(k)p_{mi}}{\sum_{l=1}^{M}\left\{L_l(k+1)\sum_{m=1}^{M}u_m^0(k)p_{ml}\right\}} \tag{11-280}$$

对于 $L_j(k)$ 的计算可以基于两种观点：

观点 1：如果将算法中的 IMM 算法作为一个独立的部分考虑，即将回波关联算法看作是对量测的前端处理，从而类似于 IMMF 算法，可得到

$$L_j(k+1)=\frac{\exp[-1/2\,\hat{z}_j^{\mathrm{T}}(k+1)S_j^{-1}(k+1)\,\hat{z}_j(k+1)]}{\sqrt{|2\pi\cdot S_j(k+1)|}} \tag{11-281}$$

观点 2：如果对算法进行总体考虑，即将 IMM 与 GPDA 综合考虑，则

$$L_j(k+1)=V_j^{-m}(k+1)(1-p_D)+\frac{V_j^{1-m}(k+1)p_D\sum_{l=1}^{m_k}e_{jl}(k+1)}{m\sqrt{|2\pi\cdot\boldsymbol{S}_j(k+1)|}} \tag{11-282}$$

其中 $V_j(k+1)$ 为按第 j 个子滤波器的量测预测值及其协方差计算出来的波门体积，而

$$e_{jl}(k+1)=\exp\left\{-\frac{1}{2}[\boldsymbol{z}_l(k+1)-\hat{\boldsymbol{z}}_j(k+1)]\,\boldsymbol{S}_j^{-1}(k)[\boldsymbol{z}_l(k+1)-\hat{\boldsymbol{z}}_j(k+1)]\right\} \tag{11-283}$$

(8) 输出交互

$$\hat{\boldsymbol{x}}(k+1\mid k+1)=\sum_{j=1}^{M}u_j(k+1)\,\hat{\boldsymbol{x}}_j(k+1\mid k+1) \tag{11-284}$$

$$\boldsymbol{P}(k+1\mid k+1)=\sum_{j=1}^{M}u_j(k+1)\{\boldsymbol{P}_j(k+1\mid k+1) + (\hat{\boldsymbol{x}}_j(k+1\mid k+1)-\hat{\boldsymbol{x}}(k+1\mid k+1))(\hat{\boldsymbol{x}}_j(k+1\mid k+1) - \hat{\boldsymbol{x}}(k+1\mid k+1))^{\mathrm{T}}\} \tag{11-285}$$

11.2.7　多传感器广义概率数据关联算法

在多传感器数据关联与融合中，根据不同的多传感器融合结构，可分为集中式多传感器数据关联及分布式多传感器数据关联。考虑到 GPDA 算法在数据关联中的有效性，将第 11.2.6 节给出的 GPDA 算法从单传感器扩展到多传感器情况。针对集中式多传感器数据关联，将序贯结构与 GPDA 算法结合，可以得到序贯多传感器广义概率数据关联算法(SMSGPDA)。针对分布式多传感器关联与融合，为进一步降低航迹关联与融合所需要的通信开销，适应缺乏局部航迹状态协方差的实际情况，可以采用基于 GPDA 的快速航迹关联与融合算法(DMSGPDA)。

1. 集中式多传感器广义概率数据关联

集中式多传感器数据关联包括两种基本结构：①并行集中式多传感器数据关联；②序贯集中式多传感器数据关联。

假设系统中有 Ns 个传感器，s 为传感器号，$s=1,\cdots,Ns$，各个传感器的量测误差彼此不相关，整体的目标数为 T，目标用 t 表示，$t=1,\cdots,T$，并行集中式多传感器数据关联将所有传感器获取的量测信息与目标同时关联，进行目标状态更新。序贯集中式多传感器数据关联实际上是单传感器数据关联的序贯处理方式。先利用单传感数据关联算法处理传感器 1 的量测信息，得到的状态更新值作为下一个传感器的状态预测，再次使用单传感数据关联算法进行下一个传感器量测的数据关联处理，直到处理完所有的传感器量测，最后得到多传感器数据关联的状态更新。

考虑上述集中式多传感器数据关联的基本结构，我们将 GPDA 算法作为关联核心算法，分别与并行结构、序贯结构结合，构成并行多传感器广义概率数据关联算法(PMSGPDA)以及序贯多传感器广义概率数据关联算法(SMSGPDA)。其结构如图 11-10 和图 11-11 所示。

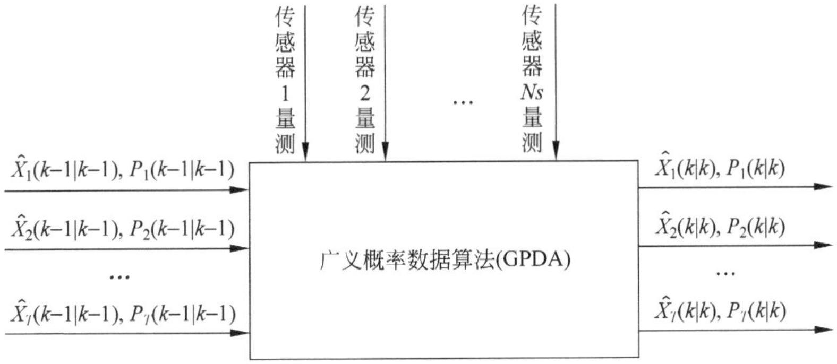

图 11-10　PMSGPDA 算法结构图

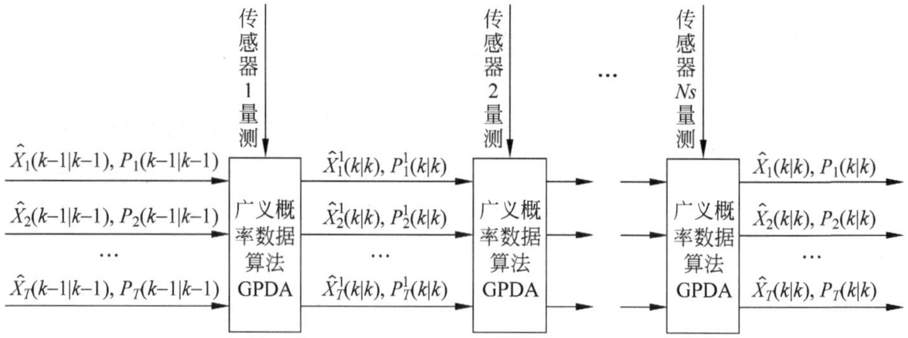

图 11-11　SMSGPDA 算法结构图

并行结构同时使用所有传感器的量测，较序贯结构计算复杂。随着传感器数目以及杂波密度的增加，并行结构算法的计算量的增长速度较序贯结构算法高许多，但性能却不如序贯结构算法。可见，在实际应用过程中，序贯结构更可取，并且易于理解和实现。考虑序贯结构的优势，在 PMSGPDA 与 SMSGPDA 中，我们更为关注 SMSGPDA 算法，下面给出其具体算法流程。

1）初始条件

在 $k-1$ 时刻，各个目标的状态估计 $\hat{\boldsymbol{X}}_t(k-1|k-1)$ 及协方差 $\boldsymbol{P}_t(k-1|k-1)$，其中 $t=1,\cdots,T$。

2）第一个传感器（$s=1$）GPDA 处理

采用单传感器 GPDA 算法得到第一个传感器量测处理后的状态估计 $\hat{\boldsymbol{X}}_t^s(k|k)$ 及协方差 $\boldsymbol{P}_t^s(k|k)$，其中 $s=1$。即

$$\hat{\boldsymbol{X}}_t^s(k\mid k)=\hat{\boldsymbol{X}}_t^s(k\mid k-1)+\boldsymbol{K}_t^s(k)\sum_{i=0}^{m_k^s}\beta_{it}^s(k)v_{it}^s(k) \tag{11-286}$$

$$\boldsymbol{P}_t^s(k\mid k)=\beta_{0t}^s(k)\boldsymbol{P}_t^s(k\mid k-1)+(1-(\alpha+1)\beta_{0t}^s(k))\boldsymbol{P}_t^c(k\mid k)+\widetilde{\boldsymbol{P}}_t(k)) \tag{11-287}$$

其中

$$\widetilde{\boldsymbol{P}}_t^s(k)=\boldsymbol{K}_t^s(k)\,\widetilde{\boldsymbol{P}}_t^v(k)\,(\boldsymbol{K}_t^s(k))^{\mathrm{T}} \tag{11-288}$$

$$\boldsymbol{P}_t^v(k)=\sum_{i=1}^{m_k^s}\beta_{0t}^s(k)\boldsymbol{v}_{it}^s(k)\,(\boldsymbol{v}_{it}^s(k))^{\mathrm{T}}-\boldsymbol{v}_t^s(k)(\boldsymbol{v}_t^s(k))^{\mathrm{T}} \tag{11-289}$$

$$\boldsymbol{v}_t^s(k)=\sum_{i=1}^{m_k^s}\beta_{it}^s(k)\boldsymbol{v}_{it}^s(k) \tag{11-290}$$

$\hat{\boldsymbol{X}}_t^s(k|k-1)$，$\boldsymbol{P}_t^s(k|k-1)$是 k 时刻传感器 s 对目标 t 的状态预测及其协方差阵，$\boldsymbol{K}_t^s(k)$是 k 时刻传感器 s 对目标 t 的增益阵，$\boldsymbol{v}_{it}^s(k)$是 k 时刻传感器 s 的量测 i 与目标 t 预测量测的残差，上面 $s=1$。

3) 第 $s(s=2,\cdots,Ns)$ 个传感器 GPDA 处理

将第 $s-1$ 个传感器处理后的状态估计 $\hat{\boldsymbol{X}}_t^{s-1}(k|k)$ 及协方差 $\boldsymbol{P}_t^{s-1}(k|k)$ 作为第 s 个传感器的状态预测 $\hat{\boldsymbol{X}}_t^s(k|k-1)$ 及协方差 $\boldsymbol{P}_t^s(k|k-1)$，采用 GPDA 算法得到第 s 个传感器的状态估计 $\hat{\boldsymbol{X}}_t^s(k|k)$ 及协方差 $\boldsymbol{P}_t^s(k|k)$。该步骤为一个递推过程，直到计算至 $s=Ns$。

4) 将第 3)步最终输出的状态 $\hat{\boldsymbol{X}}_t^{Ns}(k|k)$ 及协方差 $\boldsymbol{P}_t^{Ns}(k|k)$ 作为 k 时刻，Ns 个传感器数据关联处理后的状态更新。

2. 分布式多传感器广义概率数据关联

分布式结构可以以较低的费用获得较高的可靠性和可用性，可减少数据总线的频宽和降低处理要求，当一个传感器降级，其观测结果不会损害整个多传感器数据融合功能和特性；它可以逐步增加要实现自动化功能的数量，而且能使系统结构适应控制中心的操作要求；并且也有与集中式结构相近似的精度。因此，分布式结构在目前的多传感器融合中有广泛的应用，如空中交通管制系统、海上监视系统、地基防空系统、海上作战系统和多平台融合系统等。

针对分布式多传感器数据关联与融合，对于融合节点而言，就是要处理局部航迹的关联与融合。航迹关联与融合算法不仅需要局部航迹的状态估计还需要局部航迹的状态协方差，此外，为了计算局部航迹之间的互协方差，还需要很多额外信息，如局部航迹产生时的滤波增益、观测矩阵、状态转移矩阵以及量测噪声阵等。并且由于目标的机动，传感器在获取其局部航迹时，往往并不一定采用单模型，这更进一步增加了互协方差的计算难度。

在某些应用中(机载系统)，通信带宽并不像地面系统那么充裕，随着战场环境日益复杂，同时对机载多任务的需求明显增加，这使得机载平台之间的通信链路负担显著加重，为了工程化的需要，要求机载平台之间进行航迹关联和融合必须传送的数据尽可能地少。而在目前的航迹关联和融合算法中，最少都需要局部航迹的状态和状态协方差。另一方面，传感器在产生局部航迹时，并不一定在得到状态估计的同时还能得到状态协方差，如传感器采用 α-β 滤波器(α-β-γ 滤波器)进行跟踪时，就无法获得状态协方差。在目前的实际应用中，α-β 滤波器(α-β-γ 滤波器)却是经常被采用的。

考虑局部航迹状态协方差不存在以及进一步降低航迹关联与融合所需通信负载的实际情况，我们将 GPDA 算法扩展到分布式航迹关联与融合中去，在关联与融合过程中充分考虑目标与目标局部航迹的非一一对应性，将目标与局部航迹的对应性以互属概率形式表现，在融合中综合系统航迹的历史信息与当前局部航迹信息，从而得到基于 GPDA 的快速航迹关联与融合算法(DMSGPDA)。

在 DMSGPDA 算法中，直接将局部航迹的状态估计看作一种“伪量测”，从而将融合节点的航迹关联与融合转化为数据关联问题。其具体算法步骤如下。

① 设传感器个数为 Ns,对于其中的传感器 s,$s=1,\cdots,Ns$,其局部航迹为 $t=1,\cdots,T_s$,T_s 为局部航迹数。在 k 时刻,传感器 s 中的局部航迹状态为 $\boldsymbol{z}_t^s(k)$,$t=1,\cdots,T_s$。则局部航迹总数为 $N_{\text{sum}}=\sum\limits_{s=1}^{N_s}T_s$。

将局部航迹状态作为"伪量测",确定系统航迹的状态初值为

$$\boldsymbol{X}_i(0\mid 0)=z_t^s(0),\quad i=1,\cdots,N_{\text{sum}},t=1,\cdots,T_s,s=1,\cdots,N_s \tag{11-291}$$

根据局部航迹所来源的传感器,确定系统航迹的初始协方差 $P_i(0|0)$,$i=1,\cdots,N_{\text{sum}}$。

② 对 N_{sum}个系统航迹进行状态预测

$$\hat{\boldsymbol{X}}_i(k\mid k-1)=\boldsymbol{F}_i(k-1)\hat{\boldsymbol{X}}_i(k-1\mid k-1),\quad i=1,\cdots,N_{\text{sum}} \tag{11-292}$$

$$\boldsymbol{P}_i(k\mid k-1)=\boldsymbol{F}_i^{\mathrm{T}}(k-1)\boldsymbol{P}_i(k-1\mid k-1)\boldsymbol{F}_i(k-1)+\boldsymbol{Q}(k-1),\quad i=1,\cdots,N_{\text{sum}} \tag{11-293}$$

回波确认(航迹关联)

$$\boldsymbol{S}_i(k)=\boldsymbol{H}_i(k)\boldsymbol{P}_i(k)\boldsymbol{H}_i^{\mathrm{T}}(k)+\boldsymbol{R}_i(k),\quad i=1,\cdots,N_{\text{sum}} \tag{11-294}$$

$$\boldsymbol{Z}_i(k\mid k-1)=\boldsymbol{H}_i(k)\hat{\boldsymbol{X}}_i(k\mid k-1),\quad i=1,\cdots,N_{\text{sum}} \tag{11-295}$$

如果下式成立则量测有效,即存在航迹关联

$$g=(\boldsymbol{z}_t^s(k)-\boldsymbol{Z}_i(k\mid k-1))\boldsymbol{S}_i(k)(\boldsymbol{z}_t^s(k)-\boldsymbol{Z}_i(k\mid k-1))^{\mathrm{T}}\leqslant\gamma,\quad i=1,\cdots,N_{\text{sum}} \tag{11-296}$$

其中,γ 是 χ^2 假设检验的门限值。

对于确认的回波,进行累积记数,来标志该系统航迹关联的局部航迹。

③ 互属概率计算

根据 GPDA 算法的互属概率计算,获得互属概率值。

④ 状态更新(航迹融合)

使用 GPDA 的状态估计公式,得到状态更新结果。

⑤ 系统航迹合并

采用 M/N 滑窗逻辑进行系统航迹融合处理,当在 N 次回波确认中,某一局部航迹(非系统航迹起始的局部航迹)被关联 M 次以上,则认为该局部航迹与系统航迹是同一目标。

由于在初始阶段,我们是对每条局部航迹均作为系统航迹处理,这时,需要合并系统航迹,其具体合并策略如下

$$\begin{aligned}\{\hat{\boldsymbol{X}}_j(k\mid k),\boldsymbol{P}_j(k\mid k)\}=\{\hat{\boldsymbol{X}}_j(k\mid k),\boldsymbol{P}_j(k\mid k)\},j(m)\\=\arg\{\min_m\{Det(\boldsymbol{P}_m(k\mid k))\}\}\end{aligned} \tag{11-297}$$

式中 $\boldsymbol{P}_m(k|k)$是确认关联的系统航迹,$\{\hat{\boldsymbol{X}}_j(k|k),\boldsymbol{P}_j(k|k)\}$是合并后的系统航迹。

11.2.8　VDA 算法

VDA 算法是一种批处理算法。VDA 算法是一种解决地检测概率、重杂波概率环境下目标跟踪问题的有效算法。VDA 算法是根据 Viterbi 算法和隐马尔可夫模型(hidden Markov model-HMM)技术建立的一个 Viterbi 数据关联算法。Viterbi 数据关联跟踪算法是将每一时刻到来的量测，一次分配给当前时刻的 Viterbi 架构的节点中，根据前一时刻的状态预测值，计算每一个预测对于每一个量测值的转移代价，依次计算转移节点路径的代价函数，由代价函数最小的节点的量测进行状态更新，从而在一定的延迟后得到最优路径或者航迹。VDA 算法基于动态规划算法的目标与量测的最优关联算法，因此计算量的增加是有限的。VDA 算法引入了目标可视性，可以自动实现目标航迹起始与终结。

VDA 算法是一种固定延时滞后的滤波器，延时输出航迹。澳大利亚学者的研究表明，复杂环境下 VDA 算法的目标跟踪性能要优于 PDA 算法，并有优于 PDA 算法的航迹起始性能。VDA 算法类似于 MHT 算法，但是计算量却要远远小于 MHT 算法。处理多目标(非交叉)场景需要通过起始多个 VDA 算法来实现。对于跟踪机动目标，则需要对原算法做适当的改进，例如采用将 VDA 算法与多模型(IMM)相结合。

假设目标的运动模型为

$$\boldsymbol{x}_{k+1} = \boldsymbol{C}_k \boldsymbol{x}_k + \boldsymbol{w}_k \tag{11-298}$$

$$\boldsymbol{z}_k = \boldsymbol{D}_k \boldsymbol{x}_k + \boldsymbol{v}_k \tag{11-299}$$

其中 $\boldsymbol{x}_k$ 为目标在雷达坐标系下的状态向量，$\boldsymbol{z}_k$ 为雷达坐标系的量测，$\boldsymbol{w}_k$ 和 $\boldsymbol{v}_k$ 为零均值互不相关的高斯白噪声过程，协方差分别为 $\boldsymbol{Q}_k$，$\boldsymbol{R}_k$。雷达量测空间的径向距 Rg_k 和多普勒 Rr_k 方位角 Az_k 表示目标状态 $\boldsymbol{x}_k=[Rg_k,Rr_k,Az_k]^{\mathrm{T}}$。假设杂波在量测空间内服从泊松分布，为每个滤波器引入了波门以减小 Viterbi 构架内相应节点转移代价的计算量，仅需计算波门内相应量测的转移代价。

假设杂波在量测空间内服从均匀分布，杂波数服从泊松分布。

设 k 时刻的确认量测集合是

$$\boldsymbol{Z}_k = \{\boldsymbol{z}_{k,i}\}_{i=1}^{m_k} \tag{11-300}$$

其中 m_k 是确认区域内的量测数，则量测的积累集合可以表示为

$$\boldsymbol{Z}^k = \{\boldsymbol{Z}_j\}_{j=1}^{k} \tag{11-301}$$

每个时刻的目标量测事件集合为

$$\Theta^k = \{\theta_{k,i}\}_{i=-1}^{m_k} \tag{11-302}$$

其中，当 $i=-1$ 时，为 k 时刻“目标不存在”事件；当 $i=0$ 时，为 k 时刻“目标存在但不可测”事件；当 $i\geqslant 1$ 时，为 k 时刻“第 i 个量测值来自目标”事件。

在 Viterbi 构架中的最优构架路径应对应着最优的量测与目标的关联。

在最大似然意义下，Viterbi 构架中最优构架路径应满足

$$\max_{j_1,j_2,\cdots,j_k} p(\boldsymbol{Z}_1,\boldsymbol{Z}_2,\cdots,\boldsymbol{Z}_k,\theta_{1,j1},\cdots,\theta_{k,jk} \mid X^k) \tag{11-303}$$

令 $d_j(k)$ 为节点 j 的构架路径代价，$a_{ij}(k)$ 为节点 i 转移到节点 j 的转移代价。对式(11-303)取负对数，解得 k 时刻最优构架路径代价为

$$\min\{d_j(k)\} = \min\{\min_i\{d_j(k-1)+a_{ij}(k)\}\} \tag{11-304}$$

从 $k-1$ 时刻的节点 i 转移到 k 时刻节点 j 的转移代价为

$$a_{i,j}(k) = \begin{cases} -\ln(V_i(k-1)^{-m_k^i}\beta_j^i(k)) & j \geqslant -1,0 \\ -\ln(V_i(k-1)^{-(m_k^i-1)}\beta_j^m(k)p_g^{-1}N\{z_j(k); \\ \quad \hat{z}_i(k \mid k-1), S_i(k \mid k-1)\}) & j \geqslant 1 \end{cases} \tag{11-305}$$

其中

$$\beta_j^i(k) = \left\{\begin{matrix} \mu(m_k^i)(1-p_E(k \mid k-1))\sigma_i(k)^{-1} & j=-1 \\ \mu(m_k^i)(1-p_d p_g)p_E(k \mid k-1)\sigma_i(k)^{-1} & j=0 \\ \mu(m_k^i-1)(m_k^i)^{-1}p_d p_g p_E(k \mid k-1)\sigma_i(k)^{-1} & j \geqslant 1 \end{matrix}\right\} \tag{11-306}$$

其中 $\sigma_i(k)$ 为归一化系数：$V_i(k-1)$ 为节点 i 预测的波门体积，$\mu(m_k^i)$ 为 $j \geqslant 0$ 时的杂波概率：$P_E(k|k-1)$ 为 k 时刻目标的存在先验概率；$\hat{z}_i(k|k-1)$ 为 $k-1$ 时刻的节点给出的状态预测；$S_i(k|k-1)$ 为预测量测误差。目标的状态更新采用卡尔曼滤波算法。

第 j 条构架路径置信度为

$$c_j(k) = \frac{\exp(-d_j(k))}{\sum\limits_{i=-1}^{m_k^i}\exp(-d_i(k))} \tag{11-307}$$

目标的存在概率为

$$p_E(k) \stackrel{\text{def}}{=} 1 - c_{-1}(k) \tag{11-308}$$

目标的存在概率用于目标航迹的自动起始与终结。

VDA 算法将每一时刻到来的量测，一次分配给当前时刻的构架的节点中；根据 $k-1$ 时刻的状态预测值，计算 k 时刻的转移代价；依次计算转移节点连接路径的代价函数，由代价函数最小的节点的量测进行状态更新；最后由动态规划算法获得确认航迹。

11.3 分布式航迹关联

11.3.1 基于统计的分布式航迹关联

由于分布式结构可以较低的费用获得较高的可靠性和可用性，可以减少数据总线的频宽和处理要求，当一个信源降级，其观测结果不会损害整个多源信息融合功能和特性，它可以逐步增加要实现自动化功能的数量，而且能使系统结构适应控制中心的操作要求，并且也有与集中式结构相同或类似的精度。因此，在设计新的系统时，分布式结构已成为优先选用的方案，它在空中交通管制系统、海上监视、地面

防空系统、海上作战系统和多平台融合等系统中都有着广泛的应用前景。另外，就现有的分散式多传感器系统的改造来看，分布式结构是一种自然的、合理的和最经济的选择。例如，目前的舰载多传感器系统大多数是分散式结构，几乎每个传感器都有自己的局部处理器，其情报指挥控制中心主要是依靠人工进行少量的去重复及归一处理，显然要把这种系统改造成计算机控制的自动化信息融合系统，分布式结构是最经济、最合理的选择。

在分布式多信源环境中，每个信源都有自己的信息处理系统，并且各个系统中都收集了大量的目标航迹信息。那么，一个重要问题是如何判断来自于不同系统的两条航迹是否代表同一个目标，这就是航迹与航迹关联问题，简称航迹关联或航迹相关问题，实际就是解决传感器空间覆盖区域的重复跟踪问题，因而航迹关联也称为去重复，同时它也包含了将不同目标区分开来的任务。当传感器级的航迹间相距很远并且没有干扰、杂波的情况下，关联问题比较简单。但在多目标、干扰、噪声和交叉、分岔航迹较多的场合下，航迹关联问题就变得比较复杂，再加上传感器之间在距离或方位上的组合失配、传感器位置误差、目标高度误差、坐标变换误差等因素的影响，使有效关联变得更加困难。

用于航迹关联的算法通常有基于统计数学的方法、基于模糊数学的方法、基于灰色理论的方法、基于神经网络的方法等。常用的基于统计数学的航迹关联算法有：加权和修正航迹关联算法、序贯航迹关联算法、统计双门限航迹关联算法、最邻近域和 K 近域航迹关联算法、修正的 K 近域航迹关联算法、多局部节点情况下的统计航迹关联算法、不等样本容量下基于统计理论的航迹关联算法。

11.3.2　基于模糊推理与灰色理论的航迹关联

由于传感器测量误差、目标分布情况、目标运动规律及数据处理方法等因素的影响，要判断来自两个局部节点的航迹是否对应于同一个目标，有时是很困难的，特别是在密集目标环境下或交叉、分岔及机动航迹较多的场合。对于运动平台上的传感器还存在着导航、传感器校准及转换和延迟误差等，这些误差又进一步增加了航迹关联处理复杂性。当系统包含较大的导航、传感器校准及转换和延迟误差时，有时统计方法显得力不从心，需要寻求其他方法。由于在航迹关联判决中存在较大的模糊性，而这种模糊性可以用模糊数学隶属度概念来描述这两个航迹的相似程度。

常用的算法有：模糊双门限航迹关联算法、基于模糊综合函数的航迹关联算法、模糊综合评判航迹关联算法、灰色航迹关联算法、多局部节点情况下的模糊航迹关联算法及灰色航迹关联算法、不等样本容量下基于模糊综合分析。

习　题

1. 简述递归集中式方法和递归分布式方法的思想，比较两者的优缺点。
2. 简述属性测度识别模型的计算步骤，画出流程图。

3. 请列出满足 T 模的四个条件。

4. 给定两类目标，每类目标的特征向量有 2 个特征参数，其中第一类目标有 9 个已知取值，见表 11-1。

表 11-1 特征参数表

参数 1	1.24	1.36	1.38	1.38	1.38	1.40	1.48	1.54	1.56
参数 2	1.72	1.74	1.64	1.82	1.90	1.70	1.82	1.82	2.08

第二类目标有 6 个已知观测，见表 11-2。

表 11-2 特征参数表

参数 1	1.14	1.18	1.20	1.26	1.28	1.30
参数 2	1.78	1.96	1.86	2.0	2.0	1.96

现有三个目标，其模糊观测分别为：(1.24,1.80)，(1.28,1.84)，(1.40,2.04)。

(1) 选取正态型隶属度函数，分别计算三个观测对两类目标的展度。其中展度 $\sigma_{11}=0.1$，$\sigma_{21}=0.65$，$\sigma_{12}=0.13$，$\sigma_{22}=0.27$，$\sigma_1=0.09$，$\sigma_1=0.09$，$\sigma_2=0.13$。

(2) 分别采用相似性度量范数和不确定推理两种方法进行硬判决，对三个目标进行分类，并比较两者的结果。

(3) 取参数权重 $\alpha_1=0.4$，$\alpha_2=0.6$，使用加权模糊隶属度的目标识别方法，对三个目标进行识别。

(4) 使用区间值化的方法对其进行标准化。

(5) 分别计算第三个目标数列和前两个目标数列的灰关联度系数，并使用平均值法计算灰关联度。

(6) 对于每个指标，划分了 4 个级别，计算属于各类的属性测度。

(7) 采用最大属性测度准则，使用计算的属性测度进行分类。

(8) 假设服从正态分布，使用最大似然估计的方法，进行分别估计目标隶属于类别 1 和类别 2 的条件概率。

(9)现有已知属于一类的两个目标 (1.24,1.80)，(1.28,1.84)。假设两类目标出现的概率均等，结合(8)中计算出的条件概率，利用极大后验概率准则进行目标识别融合。

参 考 文 献

[1] Singer R A, Sea R G. A new filter for optimal tracking in dense multi-target environment. In: Proceedings of the ninth Allerton Conference Conference Circuit and System Theory. Urbana-Champaign, USA. Univ, of Illionis, 1971, 201～211

[2] Singer R A, Stein J J. An optimal tracking filter for processing sensor data of imprecisely determined origin in surveillance system. In: Proceedings of the tenth IEEE Conference on

Decision and Control. USA: Institute of Electrical and Electronics Engineers, 1971. 171～175

[3] Bar-Shalom Y, Tse E. Tracking in a cluttered environment with probabilistic data association. Automatica, 1975, 11(9): 451～460

[4] Bar-Shalom Y, Fortmann T E. Tracking and Data Association. Boston: Academic Press, 1988

[5] Fitzgerald R J. Development of practical PDA logic for multi-target tracking by microprocessor. In: Proceedings of the American Controls Conference. New York, NY, USA: IEEE, 1986. 889～898

[6] Roecker J A. Phillis G L. Suboptimal joint probabilistic data association. IEEE Transactions on Aerospace and Electronic Systems, 1993, 29(2): 510～517

[7] Roecker J A. A class of near optimal JPDA algorithm. IEEE Transactions on Aerospace and Electronic Systems, 1994, 30(2): 504～510

[8] O'Neil S D, Bridgland M F. Fast algorithm for joint probabilistic data association. In: Proceedings of the SDI panels on Tracking, 1991(3): 102～122

[9] Fisher J L, Casasent D P. Fast JPDA multi-target tracking algorithm. Applied Optics, 1989, 28(2): 371～376

[10] Reid D B. An algorithm for tracking multiple targets. IEEE Transactions on Automatic Control, 1979, 24(6): 843～854

[11] Whang J H, Lee J G. Multiple Hypothesis Tracking for Maneuvering Targets in Clutter Environment. SICE'95, Sapporo: 1995. 1493～1498

[12] Danchick R, Newman G E. A fast method for finking the exact N-best hypothesis multi-target tracking. IEEE Transactions on Aerospace and Electronic Systems, 1993, 29(2): 555～560

[13] Steit R L, Luginbuhl T E. Maximum likelihood method for probabilistic Multi-hypothesis tracking. In Proceedings of SPIE International Symposium, Signal and Data Processing of Small Targets, Orlando, FL, USA, 1994. 394～405

[14] Morefield C L. Application of 0-1 integer programming to multi-target tracking problems. IEEE Transactions on Automatic Control. 1977, 22(3): 302～312

[15] 夏佩伦. 多目标数据关联的多维 Lagrangian 松弛法. 火力与指挥控制, 2004, 29(1): 45～48

[16] Poore A B, et al. Data association problems posed as multidimensional assignment problems: numerical simulations. In SPIE Proceedings of Signal and Data Processing of Small Targets, Orlando, FL, USA, 1993: 552～564

[17] A. B. Poore, et al. New class of Lagrange relaxation based algorithms for fast data association in multiple hypothesis tracking applications. In SPIE Proceedings of Signal Processing, Sensor Fusion and Target recognition IV, Orlando, FL, USA, 1995: 184～195

[18] A. B. Poore, and A. J. Robertson. New multidimensional assignment data association algorithm for multisensor multitarget tracking. In SPIE Proceedings of Signal and Data Processing of Small Targets, San Diego, CA, USA, 1995: 448～459

[19] Deb S, et al. A generalized S-dimensional algorithm for multisensor multitarget state estimation. In Proceedings of the third IEEE Conference on Decision and Control, Lake Buena Vista, FL, 1994(4): 3293～3298

[20] Pattipati K R, et al. Passive multisensor data association using a new relaxation algorithm. In Multisensor Multitarget Tracking: Advanced Applications, Norwood, MA: 1991

[21] Deb S, et al. A generalized S-D algorithm for multisensor-multitarget state estimation. IEEE Transactions on Aerospace and Electronic Systems, 1997, 33(2): 523~538

[22] Bar-Shalom Y, Li X R. Multitarget-Multisensor: Principles and Techniques. YBS Publishing: Storrs, 1995

[23] Blackman S, Popoli R. Design and Analysis of Modern Tracking Systems. Artech House publisher: Norwood, 1999

[24] Poore A B. Hot starts for track maintenance in multisensor-multitarget tracking. In SPIE proceeding of Signal and Data Processing of Small Targets, 1997: 341~450

第12章 组合导航与信息融合

12.1 导航系统概述

12.1.1 惯性导航系统

惯性导航系统(inertial navigation system,INS)的基本工作原理是以牛顿第二定律(惯性定律)为基础,利用加速度计和陀螺仪分别测量载体的加速度和角速度,经过积分运算来求解载体的姿态、位置和速度等导航信息。在地球表面运动的简化惯性导航系统原理如图 12-1 所示。

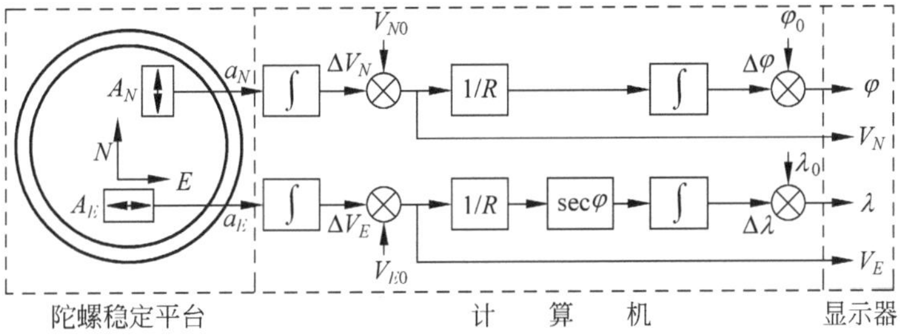

图 12-1 惯性导航简化原理图

在陀螺稳定平台上放置两个加速度计 A_N 及 A_E。稳定平台的作用就是保证在整个导航过程中,使加速度计 A_N 及 A_E 的敏感轴始终保持向东和向北,且在当地水平面内。从而使加速度计 A_E 测量沿东西方向的加速度,加速度计 A_N 测量沿南北方向的加速度。加速度计的输出信号分别为 a_N 和 a_E,将测得的加速度信号进行一次积分后,得到载体的速度分量

$$\begin{cases} V_N = \int_0^t a_N \mathrm{d}t + V_{N0} \\ V_E = \int_0^t a_E \mathrm{d}t + V_{E0} \end{cases} \tag{12-1}$$

式中,V_{N0}、V_{E0} 分别为载体的北向和东向初始速度。

将式(12-1)再积分一次,可得到载体相对地球的经度和纬度变化量 $\Delta\lambda$ 和 $\Delta\varphi$。如果输入经度和纬度的初始条件,即可得到载体的瞬时经度 λ

和纬度 φ

$$\begin{cases} \varphi = \dfrac{1}{R}\displaystyle\int_0^t V_N \mathrm{d}t + \varphi_0 \\ \lambda = \dfrac{1}{R}\displaystyle\int_0^t V_E \sec\varphi \mathrm{d}t + \lambda_0 \end{cases} \tag{12-2}$$

式中，λ_0、φ_0 分别为载体的经度和纬度初始值。

由上述惯性导航基本原理可知，基本惯性导航系统应包含如下几部分：

① 三轴陀螺稳定平台：它给加速度计测量加速度提供坐标基准。同时可从相应的稳定轴拾取运载体姿态角信号。稳定平台把加速度计、陀螺仪与运载体角运动隔离，这对加速度计、陀螺仪的设计可放松一些动特性的要求。

② 加速度计：用来测量运载体的运动加速度，给导航系统提供原始有用数据。

③ 惯导计算机：它完成导航参数的计算，另外要计算加给陀螺仪力矩器的指令信号，用来控制平台稳定在地理坐标系内。

④ 导航参数显示器：显示经纬度 λ、φ，速度 V，航向 K，航程 S 等，供领航人员使用。

⑤ 供电电源：加速度计、陀螺仪、计算机、显示器等需要供电，所以必须有专用的电源设备。

建立在惯性原理基础上的惯性导航系统不需要任何外来信息，也不会向外辐射任何信息，惯性导航是自主式导航系统，具有完全独立工作性能，仅靠惯性导航系统本身就能在全天候条件下，在全球范围内和任何介质环境里自主地、隐蔽地进行连续的三维定位和三维定向，这种同时具备自主性、隐蔽性和能获取载体完备运动信息的独特优点是诸如无线电导航、卫星导航和天文导航等其他导航系统无法比拟的，尽管这些导航系统的某些导航性能可能远远优于惯导系统，但惯导仍然是某些国防战略武器（如洲际导弹）不可缺少的核心导航设备。

12.1.2 全球卫星导航系统

全球卫星导航系统（global navigation satellite system，GNSS）是一种天基无线电导航系统，它主要由三部分组成：空间段、地面控制段和用户段。GNSS 能够在全球范围内，全天候、实时、连续地为多个用户提供高精度的三维位置、速度及时间信息，具有很强的军事用途和广阔的民用前景，因此许多国家和国际机构均大力开展这方面的研究。目前已经投入运营或正在建设的几个主要的卫星导航系统有：美国的全球定位系统（global positioning system，GPS）[1~4]、俄罗斯的全球导航卫星系统（global navigation satellites system，GLONASS）[5]、欧洲的伽利略全球卫星导航系统（GALILEO）[6~8]、中国的北斗导航系统[9~11] 等，这其中又以 GPS 的应用最为广泛。

GPS 是 20 世纪 70 年代由美国陆海空三军联合研制的新一代空间卫星导航定

位系统。其主要目的是为陆、海、空三大领域提供实时、全天候和全球性的导航服务,并用于情报收集、核爆监测和应急通信等一些军事目的。

GPS 定位的基本原理是根据高速运动的卫星瞬间位置作为已知的起算数据,采用空间距离后方交会的方法,确定待测点的位置。如图 12-2 所示,假设 t 时刻在地面待测点上安置 GPS 接收机,可以测定 GPS 信号到达接收机的时间 Δt,再加上接收机所接收到的卫星星历等其他数据,可以确定以下四个方程式。因此想知道接收机所处的位置,至少要能接收到 4 个卫星的信号。c 表示星历数据,d_i 表示第 i 个卫星信号到达地面待测点的距离,且 $d_i = \Delta t_i \times$光速。

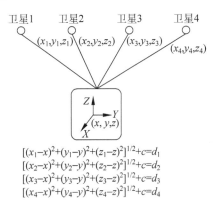

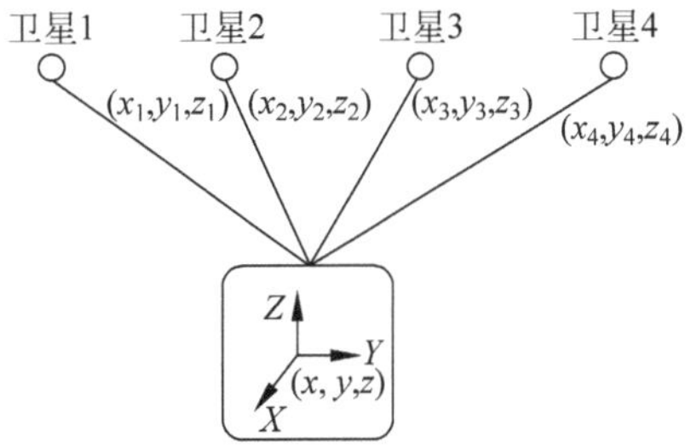

$$[(x_1-x)^2+(y_1-y)^2+(z_1-z)^2]^{1/2}+c=d_1$$
$$[(x_2-x)^2+(y_2-y)^2+(z_2-z)^2]^{1/2}+c=d_2$$
$$[(x_3-x)^2+(y_3-y)^2+(z_3-z)^2]^{1/2}+c=d_3$$
$$[(x_4-x)^2+(y_4-y)^2+(z_4-z)^2]^{1/2}+c=d_4$$

图 12-2　GPS 定位原理

GPS 定位系统由以下三部分组成：GPS 卫星星座(空间部分)、地面监控系统(地面控制部分)和 GPS 信号接收机(用户设备部分)。GPS 的空间部分由 24 颗卫星组成(21 颗工作卫星,3 颗备用卫星),它位于距地表 20200km 的上空,均匀分布在 6 个轨道面上(每个轨道面 4 颗),轨道倾角为 55°。卫星的分布使得在全球任何地方、任何时间都可观测到 4 颗以上的卫星,并能在卫星中预存导航信息；GPS 的卫星因为大气摩擦等问题,随着时间的推移,导航精度会逐渐降低。地面监控部分包括一个主控站、二个注入站和五个监测站；主控站的作用是收集各个监测站所测得的伪距和积分多普勒观测值、环境要素等数据,计算每颗 GPS 卫星的星历、时钟改正量、状态数据以及信号的大气层传播修正,并按一定的形式编制成导航电文,此外还控制和监视其余站的工作情况并处理调度 GPS 卫星；注入站的作用是将主控站传来的导航电文,在卫星飞越其上空时,将相应的导航电文注入到相应的 GPS 卫星中；用户部分即 GPS 接收机,主要是接收、跟踪、处理卫星信号,给出导航定位和时间等信息。

GPS 系统可用于导航定位和精密授时,具有定位精度高、定位误差有界及长期导航稳定性好等优点,但 GPS 信号是一种无线电信号,不可避免地存在抗干扰能力差及信号易被建筑物遮挡导致接收机无法定位的缺点。

12.1.3　景象匹配导航系统

景象匹配(scene matching,SM)是将两幅在不同时间或不同环境条件下拍摄的图像进行目标、特征点、地形等方面的匹配,以确定两者在位置或属性上的关联,是一种重要的飞行器自主导航方法。

景象匹配辅助导航系统(scene matching-aided navigation system,SMNS)是利用成像传感器(如可见光、红外、微波雷达等成像传感器)在飞行器飞行过程中录取预定区域(景象匹配区)的景物图像,实时地将获取的图像数据(实时图)与预先存储在飞行器上的基准图像数据(基准图)进行比较,获取飞行器当前的绝对位置或相对目标的位置数据。景象匹配导航原理如图 12-3 所示。

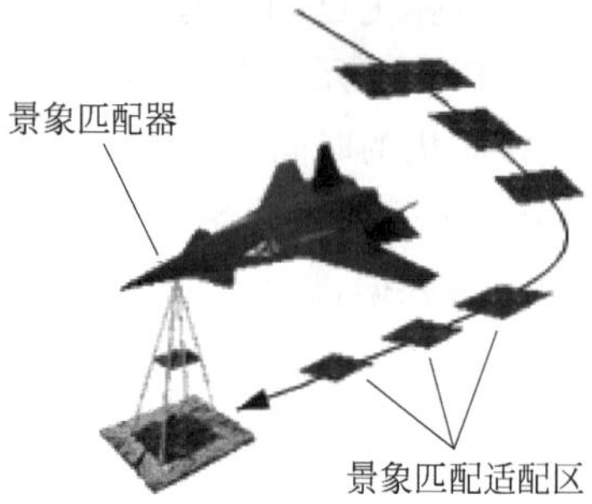

图 12-3 景象匹配导航原理示意图

SMNS 数据源主要包含两个部分：数字基准图和图像传感器。数字基准图是利用侦察卫星、侦察飞机或其他飞行器对地形、地貌、地物等景物信息进行预先测定,再由计算机处理成数字信息,然后储存在计算机内的存储介质上,其图像数据分辨率可达米级,从而可实现单一目标的特征识别。目前机载高速度、大容量的动态随机存储器和光盘的发展,使得无人机上可存储一个由卫星或大地测量获得的全球数字地图数据库(global digital map database,GDMD),从而 SMNS 用于长航时飞行器导航成为可能。目前,可应用于 SMNS 的先进图像传感器可分为两类：一类是基于射频(RF)的传感器,如合成孔径雷达(SAR)、毫米波雷达(MMW)等；另一类是基于光电(EO)的传感器,有可见光、红外图像传感器等。根据不同图像传感器的成像原理的不同,成像效果受到气象条件、地理条件、战场条件等综合因素的影响程度也不同。目前的图像传感器正在向多传感器融合方向发展,运用数据融合技术综合不同信号源的信息来克服单传感器系统所固有的缺陷,利用不同传感器的数据互补和冗余,为目标识别提供更多可利用的判别信息和指令信号。

SMNS 具有抗电子干扰能力强、不依赖气象条件、可昼夜工作、寂静(低截获概率)等优点,它可作为卫星导航失效时的一种有效替代方式,也可以辅助 INS 克服陀螺漂移带来的误差。因此,景象匹配导航在无人机导航和精确制导武器方面被广泛应用。

12.1.4 其他导航系统

天文导航系统(celestial navigation system,CNS)：利用对自然天体的测量来确定自身位置和姿态的导航技术。天体的坐标位置和它的运动规律是已知的,测量天体相对于飞行器参考基准面的高度角和方位角就可以计算出飞行器的位置和航向。天文导航系统是自主式系统,不需要地面设备,不受人工或自然形成的电磁场的干扰,不向外辐射电磁波,隐蔽性好,定向、定位精度高,定位误差与时间无关,因而天文导航在远程弹道导弹及航天器方面得到广泛应用。天文导航系统通常由星体跟踪器、惯性平台、计算机、信息处理电子设备和标准时间发生器等组成。星体跟踪器是天文导航系统的主要设备,一般由光学望远镜系统、星体扫描装置、星体辐射探测器、星体跟踪器信号处理电路和驱动机构等组成。它通过扫描对星体进行搜索,搜索到星体之后立即转入跟踪状态,同时测出星体的高度角和方位角。

合成孔径雷达(synthetic aperture radar,SAR)：利用雷达与目标的相对运动把尺寸较小的真实天线孔径用数据处理的方法合成较大的等效天线孔径的雷达。合成孔径雷达的特点是分辨率高，能全天候工作，能有效地识别伪装和穿透掩盖物。合成孔径雷达主要用于航空测量、航空遥感、卫星海洋观测、航天侦察、图像匹配制导等。它能发现隐蔽和伪装的目标，如识别伪装的导弹地下发射井、识别云雾笼罩地区的地面目标等。

塔康导航系统(Tacan navigation system，TACAN)：是一种军用战术空中导航系统，采用极坐标体制定位，能在一种设备、一个频道上同时测向和测距，它由机上发射与接收设备、显示器和地面台组成。这种系统是 1952 年研制成功的，它的作用距离为 400～500km，能同时测定地面台相对飞机的方位角和距离，测向原理与伏尔导航系统相似，测距原理与测距器相同，工作频段为 962～1213MHz。

12.1.5 组合导航系统

现代高性能运载体对导航系统性能的要求越来越高，例如要求导航系统能提供全面、精确的导航定位信息；不受气象条件的影响，能全天候工作；隐蔽性强，不辐射雷达可测的电磁波；自主性强，抗干扰性能好等，而单一导航系统根本无法满足这些要求。如果把几种导航设备组合起来，取长补短，就可发挥各自的优势，取得更佳的导航性能，因此组合导航已成为导航系统发展的主要方向。

12.2 车载 GPS/INS/EC 组合导航

基于微电子机械系统(micro electro mechanical systems，MEMS)技术的微惯性测量单元(micro inertial measure unit，MIMU)以其体积小、重量轻、成本低及适应性强等优点成为战术导弹、中小型无人机导航及地面车辆导航等众多国防民用领域的研究热点[12]，然而 MIMU 惯性传感器尤其是陀螺的精度非常低，其陀螺漂移可以高达每小时上千度。因此，与传统的高精度 IMU 相比，采用 MIMU 输出进行 INS 解算时其导航误差漂移极其迅速，仅能够保证在几十秒甚至几秒之内导航输出是可用的，因此必须有其他的辅助导航系统对其位置、速度及姿态导航输出进行不断的修正以保证高精度导航信息输出的连续性。

面向地面车辆导航，采用中等精度 GPS 对 MIMU 解算输出后的位置及速度信息进行修正，采用三轴数字磁罗盘(magnetic compass，MC)对姿态信息进行修正，设计了 MIMU/GPS/MC 组合导航系统，并通过全面的动态实验对所搭建的组合导航系统的可行性进行了验证。

12.2.1 系统硬件软件结构

MIMU/GPS/MC 组合导航系统硬件主要包括 MIMU、GPS、MC 以及导航计算机，其中 MIMU、GPS、MC 分别将各自的输出数据通过 RS-232 串口发送至导航计算机中进行 INS 解算及组合导航状态估计，系统硬件结构如图 12-4 所示。

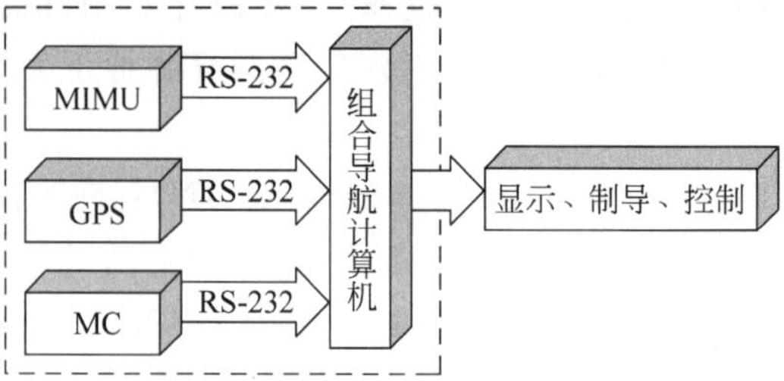

图 12-4　组合导航系统硬件结构示意图

图 12-4 中虚线框内即为组合导航系统的硬件结构及信息传输方式，组合导航计算输出可以直接显示出来，同时也可以作为制导系统及控制系统的输入。

将三路数据输入到组合导航计算机软件系统之中进行导航解算及信息融合。MIMU/GPS/MC 组合导航系统软件结构包括组合导航系统初始化、INS 导航解算、组合导航估计融合等几个部分，系统软件结构如图 12-5 所示。

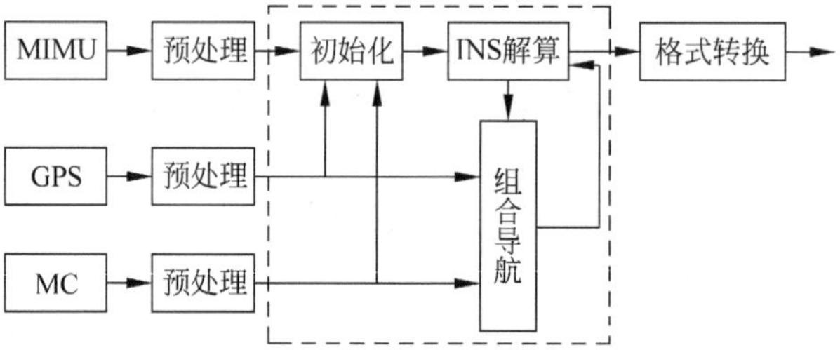

图 12-5　组合导航系统软件结构示意图

图 12-5 虚线框内即为基本的组合导航系统软件结构，其中初始化部分包括姿态角初始化(INS 初始对准)和位置速度的初始化，分别需要借助于 GPS 和 MC 的输出信息；INS 解算部分通过接收 MIMU 输出的陀螺和加速度计数据按照 INS 位置、速度及姿态更新方程进行递推；组合导航部分将 INS 解算输出数据、GPS 位置输出数据及 MC 姿态输出数据进行融合，从而估计得到 INS 的解算误差并对 INS 误差进行反馈校正。

1. 组合导航数据预处理

经过多次试验数据分析，我们发现来自 MIMU 和 MC 的输出数据均存在一定的频率漂移，具体表现为 MIMU 输出数据达不到 200Hz，而 MC 输出数据却超过了设定的 10Hz；此外，在户外进行动态实验时，由于 GPS 卫星有可能遇到建筑物的遮挡从而失去定位信号(时钟信号一般是存在的)，表现为不确定的数据丢失问题。因此，必须将得到的三路原始数据进行预处理，才能更好地进行后续的导航解算及组合导航信息融合。数据预处理采用的基本方法为线性插值：首先，根据 GPS 输出的秒脉冲时钟信号，对 GPS 输出数据进行线性插值，解决 GPS 定位信号的丢失问题；然后，以 GPS 时间为基准，MIMU 和 MC 的输出数据通过原始数据的重新插值生成，以确保 MIMU 的输出频率为 GPS 的 200 倍、MC 的输出频率为 GPS 的 10 倍；最后，将以上三路预处理后的数据作为 INS 解算及 MIMU/GPS/MC 组合导航系统的原始输入数据。以上仅给出数据预处理的过程及思路，具体的线性插值公式基于直线的两点式方程，这里不再赘述。

2. INS 初始化及解算方法

导航初始化主要包括位置、速度的初始化和姿态角的初始化。我们假定 INS 初始启动时刻航行器是静止的，则初始速度为 0，初始位置直接由 GPS 提供，从而完成了位置、速度的初始化。下面重点给出姿态角的初始化即 INS 初始对准方法，传统的高精度 INS 完全可以实现自对准，水平对准精度取决于加速度计的误差，而方位对准精度取决于东向陀螺漂移。

所选用的惯性测量单元中加速度计的零位误差在 10^{-4}g 量级，根据 INS 水平对准原理可知水平对准精度大概为 $10^{-4}\,\text{rad}\approx 20''$，因此水平对准可以根据加速度计的输出自主完成。水平对准实际过程中，可以在 IMU 输出达到稳定的情况下统计一段时间静基座加速度输出数据，然后取这一段时间的平均加速度输出数据进行水平对准。而惯性测量单元中陀螺的综合漂移为 60°/h 左右，地球自转角速率为 15°/h，从而导致地球自转完全被陀螺漂移所淹没，因此依赖于对地球自转角速率测量的 INS 方位对准无法自主完成，必须引入外部的测量信息，这里选用 MC 的方位输出信息对 INS 方位对准进行直接辅助。值得注意的是，MC 输出的俯仰角和横滚角信息由于精度远远差于 20″，因此对准时 MC 的两个水平姿态信息不能使用，该姿态信息仅在航行器运动状态下的组合导航时使用。

INS 导航解算模块基于导航初始化结果，接收 IMU 输出的陀螺和加速度计数据采用基本的单子样算法，姿态更新采用四元数方法，解算周期与 IMU 数据输出周期保持一致，具体包含如下几个步骤：

(1) 导航解算初始化，其中主要包括位置初始化、速度初始化、姿态阵及四元数初始化；

(2) 根据比力方程更新速度，计算位置矩阵并提取纬度信息和经度信息；

(3) 根据四元数更新方程更新四元数矩阵，计算姿态矩阵并提取三个姿态角信息。

12.2.2　组合导航估计融合模型

MIMU/GPS/MC 组合导航系统的数据融合算法选择卡尔曼滤波。利用卡尔曼滤波技术对组合导航系统进行最优组合主要有两种方式：一是集中式卡尔曼滤波，另一是分散化卡尔曼滤波。集中式卡尔曼滤波集中地处理所有导航子系统的信息，虽然在理论上可给出误差状态的最优估计，但存在计算负担重、容错性能差等缺点。而分布式卡尔曼滤波可有效克服集中式卡尔曼滤波的计算量大及容错性差的缺点，在众多的分布式滤波方法中，Calson 提出的联邦滤波器[13]，由于利用信息分配原则来消除各子状态估计的相关性，设计灵活、计算量小、容错性能好，只需进行简单、有效的融合，就能得到全局最优或次优估计。MIMU/GPS/MC 组合导航系统采用图 12-6 所示的联邦式融合结构，组合导航校正方式为反馈校正，状态估计器均采用卡尔曼滤波算法。

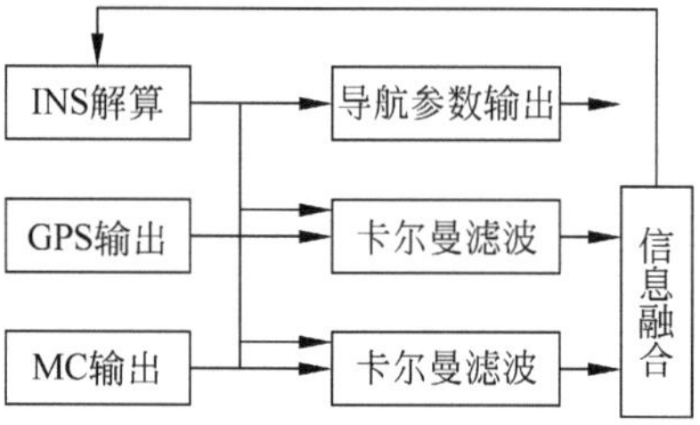

图 12-6 MIMU/GPS/MC 组合导航结构

下面分别给出 MIMU/GPS/MC 组合导航系统状态模型、滤波器观测模型、反馈校正卡尔曼滤波算法公式以及信息融合方法。

1. 系统状态模型

鉴于所采用的 MIMU 低精度特性，组合导航系统选取 9 维 INS 误差状态，即 $\boldsymbol{x}_{\text{INS}}=[\delta L,\delta\lambda,\delta h,\delta v_E,\delta v_N,\delta v_U,\phi_E,\phi_N,\phi_U]^{\mathrm{T}}$，包含三个位置误差、三个速度误差及三个平台误差角，陀螺和加速度计的误差特性用白噪声过程来近似。根据 INS 误差传播规律，可以得到如下的状态模型

$$\dot{\boldsymbol{x}}_{\text{INS}}=\boldsymbol{F}_{\text{INS}}\dot{\boldsymbol{x}}_{\text{INS}}+\boldsymbol{G}_{\text{INS}}\boldsymbol{w}_{\text{INS}} \tag{12-3}$$

其中噪声向量 $\boldsymbol{w}_{\text{INS}}=[\omega_{gx}\ \omega_{gy}\ \omega_{gz}\ \omega_{ax}\ \omega_{ay}\ \omega_{az}]^{\mathrm{T}}$ 由三个陀螺和三个加速度计随机噪声组成。噪声矩阵

$$\boldsymbol{G}_{\text{INS}}=\begin{bmatrix}0_{3\times3} & 0_{3\times3}\\ 0_{3\times3} & \boldsymbol{C}_b^n\\ \boldsymbol{C}_b^n & 0_{3\times3}\end{bmatrix}$$

系统矩阵 $\boldsymbol{F}_{\text{INS}}$ 非零元素及姿态矩阵 $\boldsymbol{C}_b^n$ 参见文献[4]相关内容。

2. 滤波器观测模型

MIMU/GPS/MC 组合导航系统观测模型包括子滤波器 MIMU/GPS 观测模型和子滤波器 MIMU/MC 观测模型，子滤波器 MIMU/GPS 采用位置组合，子滤波器 MIMU/MC 采用姿态组合，下面分别给出两个子滤波器的观测模型。

1）MIMU/GPS 观测模型

GPS 输出信息为三维位置信息，即航行器当地的纬度 L、经度 λ 和高度 h，为了得到与 INS 误差状态直接相关的观测模型，分别以 INS 解算输出的纬度 L_{INS}、经度 λ_{INS}、高度 h_{INS} 和 GPS 输出的纬度、经度、高度的差值作为观测量，即

$$\boldsymbol{z}_{\text{GPS}} = \begin{bmatrix} L_{\text{INS}} - L_{\text{GPS}} \\ \lambda_{\text{INS}} - \lambda_{\text{GPS}} \\ h_{\text{INS}} - h_{\text{GPS}} \end{bmatrix} = \boldsymbol{H}_{\text{GPS}} \boldsymbol{x}_{\text{INS}} + v_{\text{GPS}} \tag{12-4}$$

其中观测矩阵 $\boldsymbol{H}_{\text{GPS}} = [\boldsymbol{I}_{3\times3} \quad 0_{3\times6}]$，$v_{\text{GPS}}$ 为导航子系统位置输出误差。

2）MIMU/MC 观测模型

MC 输出为俯仰、横滚及航向三个姿态角，从而可以计算得到地理姿态矩阵 $\boldsymbol{C}_b^n$ 并将其作为理想姿态矩阵，根据捷联式 INS 工作原理可知 INS 解算所得到的姿态矩阵为 $\boldsymbol{C}^{n'}_{b} = \boldsymbol{C}^{n'}_{n} \cdot \boldsymbol{C}_b^n$，其中 n' 表示数学平台坐标系，故有 $\boldsymbol{C}^{n'}_{n} = \boldsymbol{C}^{n'}_{b} \cdot (\boldsymbol{C}_b^n)^{\mathrm{T}}$。

根据平台误差角的定义可知

$$\boldsymbol{C}^{n'}_{n} = \begin{bmatrix} 1 & \phi_z & -\phi_y \\ -\phi_z & 1 & \phi_x \\ \phi_y & -\phi_x & 1 \end{bmatrix}$$

通过比较可以得到 INS 的三个平台误差角，将三个平台误差角作为观测值，即

$$\boldsymbol{z}_{\text{MC}} = \begin{bmatrix} \phi_x \\ \phi_y \\ \phi_z \end{bmatrix} = \boldsymbol{H}_{\text{MC}} \boldsymbol{x}_{\text{INS}} + v_{\text{MC}} \tag{12-5}$$

其中观测矩阵 $\boldsymbol{H}_{\text{MC}} = [0_{3\times6} \quad I_{3\times3}]$，$v_{\text{MC}}$ 为平台误差角观测噪声，由 MC 输出噪声决定。

3）开闭环卡尔曼滤波

MIMU/GPS/MC 组合导航系统采用反馈校正方式，状态估计器应该采用闭环卡尔曼滤波算法。设离散化后的系统噪声协方差矩阵和观测噪声协方差矩阵分别为 $E[\boldsymbol{w}_k \boldsymbol{w}_k] = \boldsymbol{Q}$、$E[v_{k+1} v_{k+1}] = \boldsymbol{R}$，状态一步转移矩阵为 $\Phi_{k+1,k}$，初始估计值和估计协方差阵分别为 $\hat{\boldsymbol{x}}_0$、$\boldsymbol{P}_0$。若 k 时刻对 INS 进行了一次反馈校正，则 $k+1$ 时刻闭环卡尔曼滤波迭代公式为

$$\begin{aligned} \boldsymbol{P}_{k+1|k} &= \Phi_{k+1,k} \boldsymbol{P}_k \Phi_{k+1,k}^{\mathrm{T}} + \Gamma \boldsymbol{Q} \Gamma^{\mathrm{T}} \\ \boldsymbol{K}_{k+1} &= \boldsymbol{P}_{k+1|k} \boldsymbol{H}_{k+1}^{\mathrm{T}} (\boldsymbol{H}_{k+1} \boldsymbol{P}_{k+1|k} \boldsymbol{H}_{k+1}^{\mathrm{T}} + \boldsymbol{R})^{-1} \\ \hat{\boldsymbol{x}}_{k+1} &= \boldsymbol{K}_{k+1} \boldsymbol{z}_{k+1} \\ \boldsymbol{P}_{k+1} &= (\boldsymbol{I} - \boldsymbol{K}_{k+1} \boldsymbol{H}_{k+1}) \boldsymbol{P}_{k+1|k} \end{aligned} \tag{12-6}$$

若 k 时刻未对 INS 进行反馈校正，则 $k+1$ 时刻开环卡尔曼滤波迭代公式为

$$\begin{aligned} \hat{\boldsymbol{x}}_{k+1|k} &= \Phi_{k+1,k} \hat{\boldsymbol{x}}_k \\ \boldsymbol{P}_{k+1|k} &= \Phi_{k+1,k} \boldsymbol{P}_k \Phi_{k+1,k}^{\mathrm{T}} + \Gamma \boldsymbol{Q} \Gamma^{\mathrm{T}} \\ \boldsymbol{K}_{k+1} &= \boldsymbol{P}_{k+1|k} \boldsymbol{H}_{k+1}^{\mathrm{T}} (\boldsymbol{H}_{k+1} \boldsymbol{P}_{k+1|k} + \boldsymbol{H}_{k+1}^{\mathrm{T}} \boldsymbol{R})^{-1} \\ \hat{\boldsymbol{x}}_{k+1} &= \hat{\boldsymbol{x}}_{k+1|k} + \boldsymbol{K}_{k+1} [\boldsymbol{z}_{k+1} - \boldsymbol{H}_{k+1} \hat{\boldsymbol{x}}_{k+1|k}] \\ \boldsymbol{P}_{k+1} &= (\boldsymbol{I} - \boldsymbol{K}_{k+1} \boldsymbol{H}_{k+1}) \boldsymbol{P}_{k+1|k} \end{aligned} \tag{12-7}$$

4）信息融合

组合导航信息融合采用估计方差的逆矩阵进行加权融合，信息融合周期取子滤波器周期的最小公倍数，$\hat{\boldsymbol{x}}_i$，$\boldsymbol{P}_i$ 表示状态估计器 i 的估计结果，则联邦融合结果通过如下得到

$$\boldsymbol{P}_g = (\boldsymbol{P}_1^{-1} + \boldsymbol{P}_2^{-1})^{-1}$$
$$\hat{\boldsymbol{x}}_g = \boldsymbol{P}_g(\boldsymbol{P}_1^{-1}\hat{\boldsymbol{x}}_1 + \boldsymbol{P}_2^{-1}\hat{\boldsymbol{x}}_2) \tag{12-8}$$

12.2.3 实验结果

1. MIMU/GPS/MC 静态实验

1）INS 导航定位误差分析

截取 5 分钟的 IMU 输出数据进行 INS 解算，初始位置由 GPS 输出的位置平均值给出，初始速度为 0，初始姿态由 MC 输出的姿态角平均值给出，图 12-7 给出了 INS 导航解算三个方向上的位置误差、三个方向上的速度误差及三个姿态角误差。

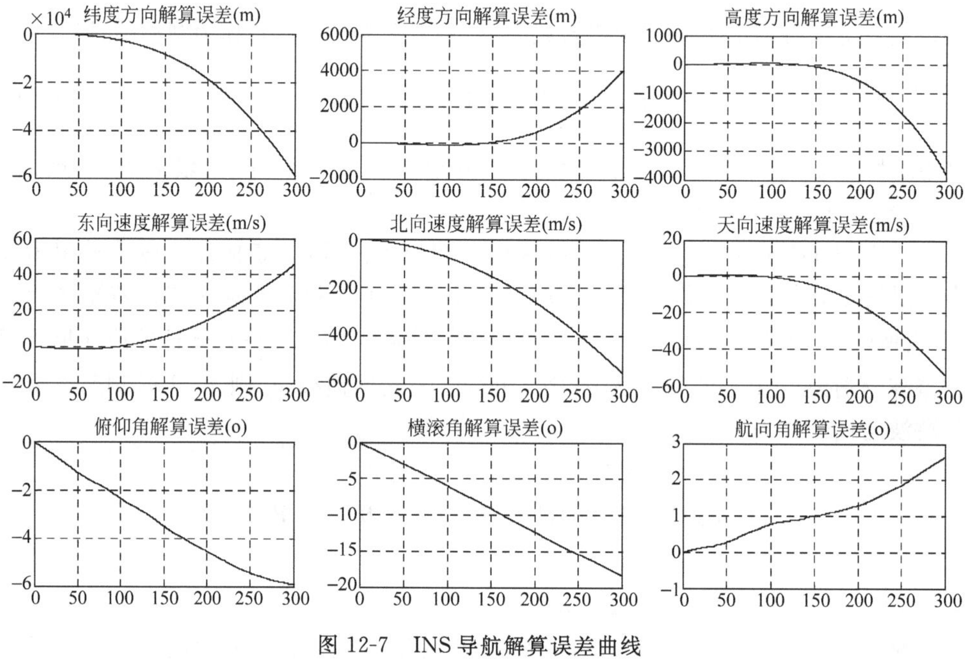

图 12-7 INS 导航解算误差曲线

根据图 12-7 可以明显看出，除了三个姿态角误差基本呈线性增长之外，三个方向上的位置误差及速度误差均呈非线性增长，且增长幅度越来越大，北向速度解算误差与纬度方向解算误差趋势相同，东向速度解算误差与精度方向解算误差趋势相同，天向速度解算误差与高度方向解算误差趋势相同，这恰好反映了 INS 的积分工作原理。在短短 5 分钟之内，INS 定位误差已达到几千米甚至几十千米，速度误差达

到几十米每秒甚至几百米每秒，姿态误差达到几度到几十度左右，这样的导航参数根本无法使用，因此针对低精度的 MIMU 来讲，必须采用有效的辅助手段对其位置、速度及姿态进行不断修正。

2) MIMU/GPS/MC 组合导航

截取 1000s 的 MIMU、GPS 及 MC 输出数据，分别以 GPS 输出的位置信息和 MC 输出的姿态信息平均值作为真实的位置及姿态角，三个方向上的真实速度均为 0，图 12-8 和图 12-9 分别画出了 GPS 定位误差及 MC 角度输出误差。

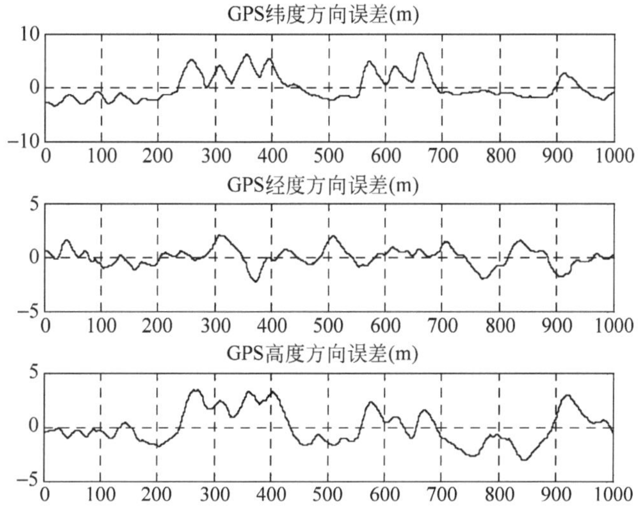

图 12-8　GPS 定位误差

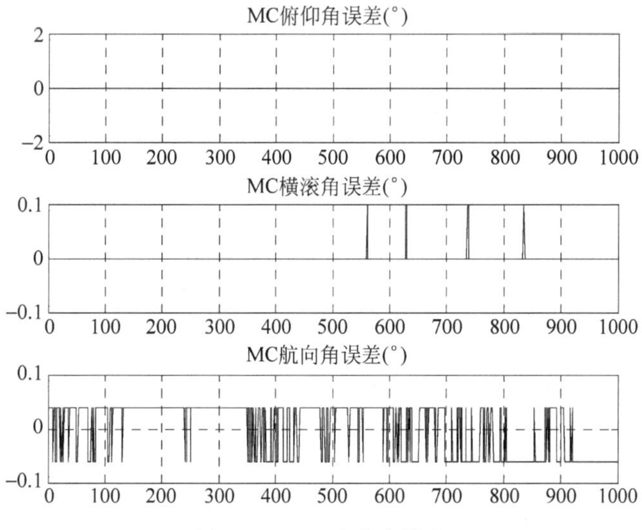

图 12-9　MC 姿态角输出

MIMU/GPS/MC 组合导航子滤波器初始估计值为 0，初始位置估计误差为 20m，初始速度估计误差为 2m/s，初始姿态估计误差为 2°，系统噪声方差可以根据惯性传感器标定结果中的零偏稳定性指标来确定。INS/GPS 子滤波器滤波周期为 1s，INS/MC 子滤波器滤波周期为 0.1s，MIMU/GPS/MC 组合导航系统在整数秒处进行融合并对 INS 解算过程进行一次反馈校正，非整数秒处 INS 按照 5ms 的步长进行逆解算，由于组合导航反馈校正精度可以直接由 INS 输出精度来体现，图 12-10 画出了组合导航反馈校正后的 INS 误差曲线。

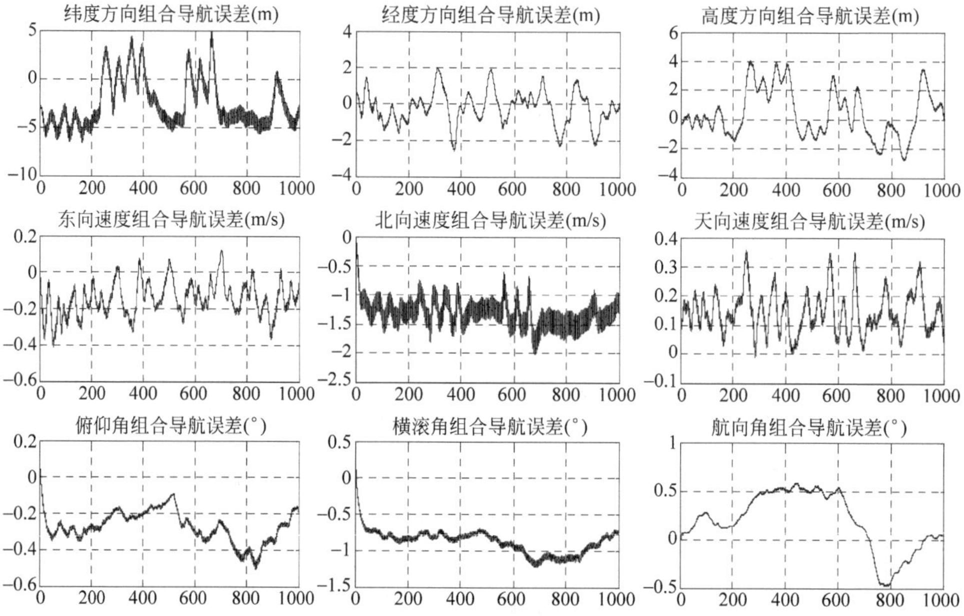

图 12-10　IMU/GPS/MC 反馈校正后 INS 误差曲线

由图 12-10 可以明显看出，采用 GPS 和 MC 对 INS 进行辅助之后，极大地降低了 INS 自身的累积误差，位置精度基本上可以与 GPS 相当，速度的估计依赖于位置的观测精度，姿态角误差基本上在 1°以内。为了更为直观地显示反馈校正效果，这里以纬度、北向速度和横滚角为例，图 12-11 画出了其 700～800s 之间的误差曲线。

根据图 12-11 可以看出，在校正时刻 INS 导航误差被修正之后，紧接着在一秒之内 INS 误差又重新开始累积，直到下一个校正时刻，所以 INS 的误差曲线一直呈锯齿状，锯齿的高度依赖于 INS 每秒内的发散速度，因此根据图 12-10 可以看出，纬度和北向速度误差发散速度最快，这也充分体现了图 12-7 中的 INS 误差累积趋势。然而，从整个组合导航系统性能上来讲，静态实验是成功的，下面将进行动态跑车实验。

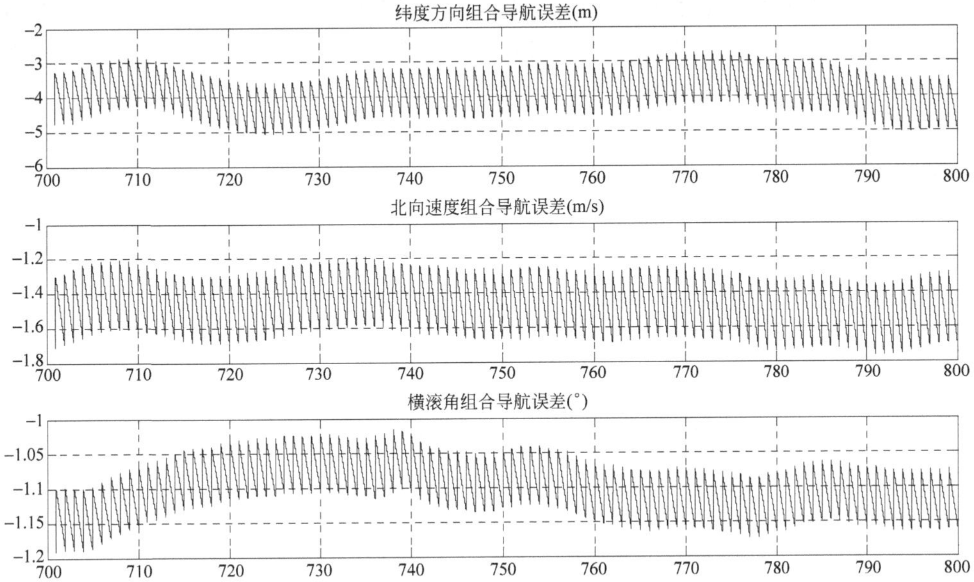

图 12-11 700～800s 之间 INS 纬度、北向速度及横滚角误差曲线

2. MIMU/GPS/MC 动态实验

1）跑车路线

根据 GPS 输出数据可知跑车路线如图 12-12 所示。

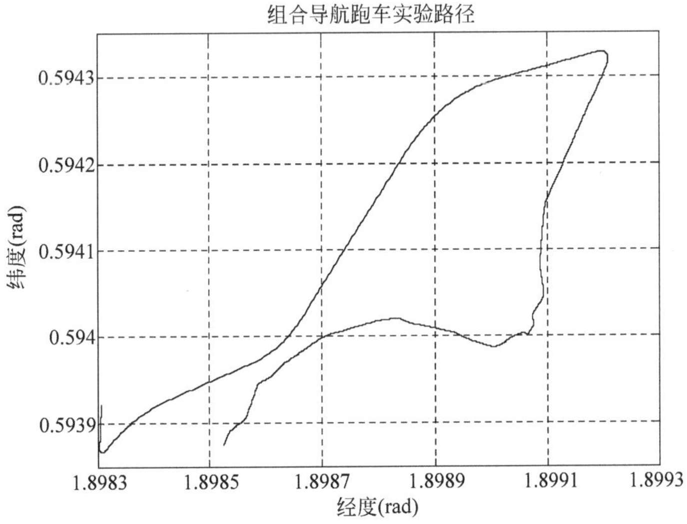

图 12-12 组合导航跑车实验路线

2）MIMU/GPS/MC 组合导航实验

通过数据记录软件接收到的 MIMU、GPS 及 MC 三路输出数据经预处理之后进

行导航解算和组合导航，获得反馈校正后的 INS 输出数据，为了对导航结果进行评价，我们这里粗略地将 GPS 输出的位置信息、MC 输出的姿态角信息线性插值为 5ms 一个数据周期，并通过位置信息的差分获得 GPS 的速度信息，将上述位置、速度及姿态信息作为真实的导航参数，图 12-13 为 MIMU/GPS /MC 反馈校正后 INS 误差曲线。

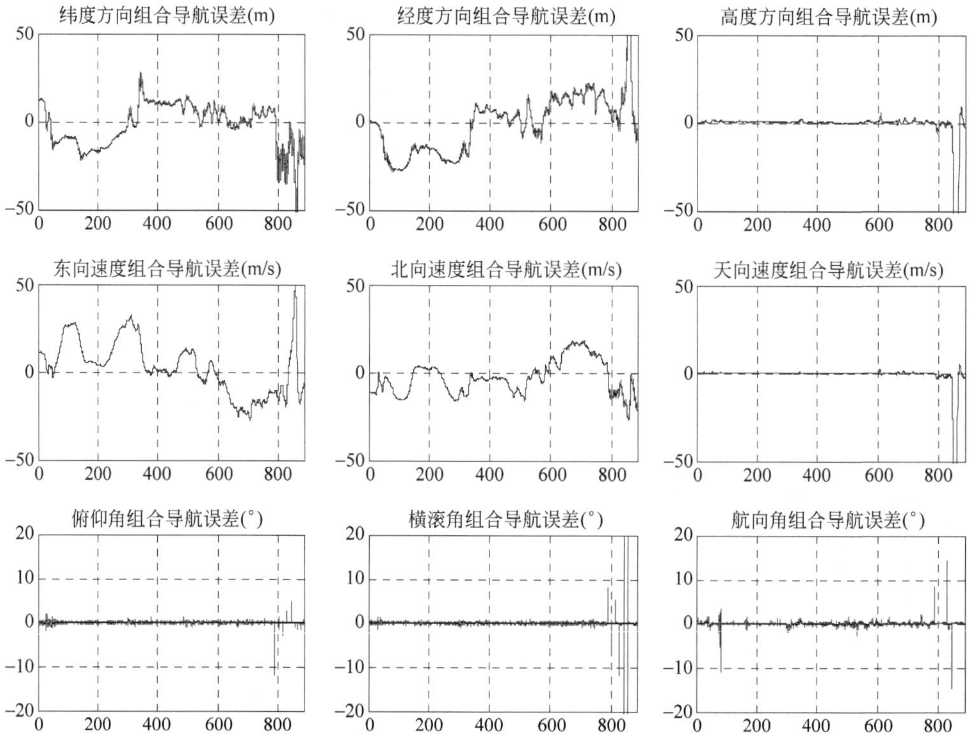

图 12-13 MIMU/GPS/MC 反馈校正后 INS 误差曲线

从图 12-13 可以看出，采用 GPS 和 MC 对 INS 进行辅助之后，在没有机动和转弯时，位置、速度的导航精度与 GPS 相当，而由于所选用的 MC 的动态性能较差，在转弯时航向姿态误差明显增大。

3）MIMU/GPS 组合导航实验

鉴于 MC 的动态性能比较差，我们考虑采用 MC 辅助 INS 进行初始对准，组合导航中仅采用 GPS 输出的位置信息对 INS 进行辅助，图 12-14 为 MIMU/GPS 反馈校正后的 INS 误差曲线。从图 12-14 可以看出，采用 GPS 位置信息对 INS 进行修正，位置速度精度较 MIMU/GPS/MC 三系统组合导航有明显提高；在没有转弯时俯仰角和横滚角误差大概为 0.5°左右，转弯时误差明显增大，一旦转弯结束可很快收敛；航向角误差在第一次转弯之后开始有缓慢的发散趋势，说明 MIMU/GPS 组合导航对航向角误差修正的效果不佳，可观测性较差。

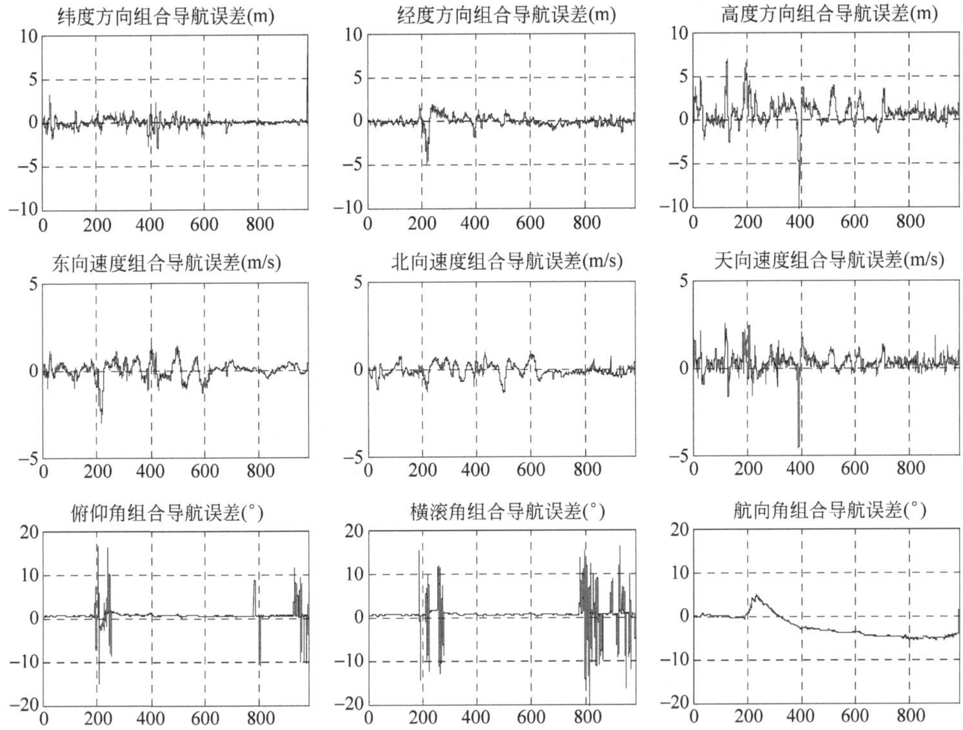

图 12-14 MIMU/GPS 反馈校正后 INS 误差曲线

12.3 亚轨道飞行器 GPS/INS/CNS 组合导航

12.3.1 亚轨道飞行器概述

亚轨道一般是指距地面 20～100km 的空域，处于现有飞机的最高飞行高度和卫星的最低轨道高度之间，也称为临近空间或空天过渡区，大致包括大气平流层区域、大气中间层区域和部分电离层区域。这一区域既不属于航空范畴，也不属于航天范畴，而对于情报收集、侦察监视、通信保障以及对空对地作战等，却有很大的发展前景。

亚轨道飞行器[14]有时也称为临近空间飞行器，它是最先进的空间运载器，它综合并发展了火箭、飞船、再入飞行器和飞机的特点，具有独特的使用价值。亚轨道飞行器的军事应用是其开发研究的主要方向和目的，它在情报搜集、监视以及通信保障领域大有前途。亚轨道飞行器既能比卫星提供更多、更精确的信息并节省使用费用，又比常规航空器受到地面攻击的危险更小。同时，它能像卫星一样覆盖范围广，留空时间长，也可以像无人机那样对战术级作战要求作出快速反应。这些飞行器的推进系统各不相同，有的配备常用推进器，有的则配备非常规的浮力调整系统。

亚轨道飞行器与其他飞行器相比较，具有两大独特优势：优势之一，目前世界上绝大多数的作战飞机和地空导弹都无法达到这一高度，且外太空武器还没有进入实战阶段，临近空间便成了相对独立的“真空”层，从而有相对安全的工作环境；优势之二，临近空间飞行器能够比卫星提供更多、更完备的信息（尤其相对于一些特定区域），而应用成本要比卫星和高空侦察机便宜得多。

亚轨道飞行器为预警、侦察、监视等军事用途提供了不可多得的空中载体，而且将其用于巡航导弹预警和跟踪是未来巡航导弹防御领域的必然趋势，所以亚轨道飞行器成为各国近期的研究热点。美国、俄罗斯、欧盟、韩国、日本、以色列等国家和地区都在投入大量的经费开展亚轨道飞行器总体技术的研究。

亚轨道飞行器是航天运载器发展的必然趋势，不仅具有重要的民用价值，更重要的是具有巨大的政治和军事价值。亚轨道飞行器在导弹防御方面的军事价值已受到美国等军事大国的重视，2005 年美国导弹防御局高空飞艇项目进入样机制造和演示验证阶段，2005 年 11 月，美国高空哨兵亚轨道飞艇成功进入亚轨道。可以相信，在不久的将来，亚轨道飞行器将成为导弹防御的另一个重要平台，在未来天战中将扮演极为重要的角色。目前各军事大国围绕亚轨道飞行器的关键技术开展了广泛深入的研究，20 世纪中期，冯·布劳恩和钱学森就提出了重复使用天地往返运输系统的概念。亚轨道飞行器既可以快速、方便地向空间运送有效载荷，也可以较长时间在轨停留和在轨机动，完成各种空间任务，完成任务后，还可以安全、准确地降落在地面，因此它是航天、航空技术高度融合的结晶。

12.3.2 亚轨道飞行器飞行特性分析

一般来说，亚轨道飞行器按整个飞行过程可划分为起飞上升段、入轨段、轨道运行段、离轨段、再入返回段（有时把离轨段看作再入返回的第一个阶段），如图 12-15 所示。而再入返回段又分为：再入初期阶段、末端能量管理段和进场着陆段[15]，如图 12-16 所示。

再入段一般是由 120km 高度开始，至 25km 高度为止。对于不同的可重复使用运载器（reusable launch vehicle，RLV）再入段终端状态稍有不同，再入段终了时刻即为能量管理段（terminal area energy management，TAEM）开始时刻。通常 TAEM 的轨迹可分为以下四部分（如图 12-17）：S 型转弯段、捕获段、航向调整段和着陆预备段（为了全面地对亚轨道飞行器返回段导航进行仿真验证，将进场着陆考虑了进来）。

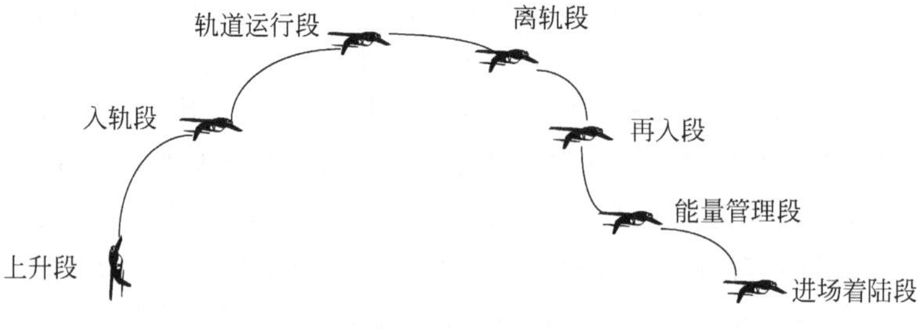

图 12-15 亚轨道飞行器飞行过程简图

末端能量管理段的飞行目标主要是耗散再入段结束后飞行器所具有的能量，同时调整航向使其对准跑道，保证飞行器能够以合适的高度和速度在预定跑道上安全着陆。能量管理段利用S形转弯来消除能量，并利用制动器改变高能下的阻力、升阻比和飞行航迹。捕获段引导飞行器飞向跑道两侧的航向校正圆柱(heading alignment cylinder, HAC)。HAC的半径为5km左右，且与跑道中心线相切。当RLV绕最近的HAC转动，消耗足够的能量后，进入航向调整段，对准跑道，最后进入着陆预备段便可进行正常的自动着陆。

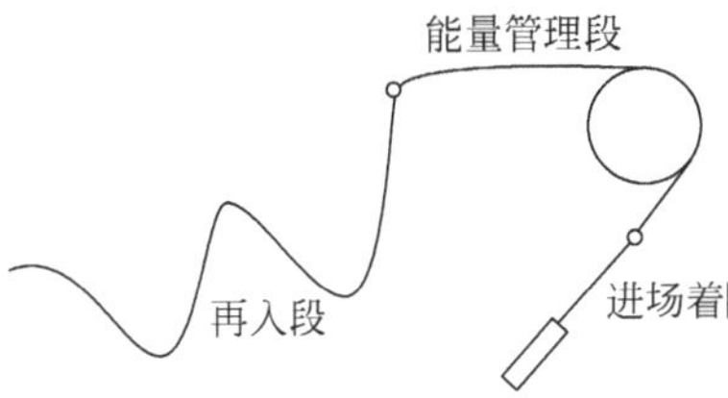

图 12-16 RLV飞行任务平面图

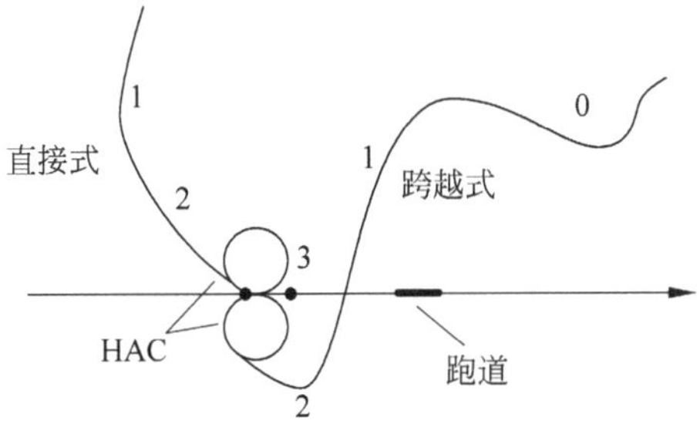

图 12-17 末端能量管理段飞行轨迹

其中0为S形转弯段、1为捕获段、2为航向调整段、3为着陆预备段。

12.3.3 黑障问题

所谓"黑障"[16~21]是指飞船返回舱在以超高速进入大气层时会产生激波，使返回舱表面与周围气体分子呈黏滞状态，温度不易散发，形成一个温度高达几千摄氏度的高温区。高温区内的气体和返回舱表面材料的分子被分解和电离，形成一个等离子区，它像一个套鞘似地包裹着返回舱。因为等离子体能吸收和反射电波，会使返回舱与外界的无线电通信衰减，甚至中断。黑障区范围取决于再入大气层物体的外形、材料、再入速度、无线电频率和功率。黑障现象对飞船返回舱再入大气层时影响很大，在黑障区内会使通信中断。

再入时的"黑障"问题是亚轨道飞行器导航的难点，从国外大量再入飞行试验的统计数据来看，在100～20km范围都可能出现"黑障"现象，此时所有无线电信号均被屏蔽，而RLV的飞行高度仍然很高，大气数据系统不可能提供可靠数据(大气数据系统一般在不大于30 km高度时才能可靠工作)。因此，可以用天文导航系统来辅助惯性导航系统进行导航定位。在RLV离轨之前，需要利用卫星定位导航系统及天文导航系统对INS进行校正。

"黑障"对GPS导航造成的影响不仅存在于黑障区，穿过黑障区后GPS接收机还有一个信号重新捕获时间，这个时间几乎与穿越黑障区的时间一样长(指的是弹道式再入)。目前的解决办法是在黑障区由惯导向GPS提供位置、速度等导航数据，这样一旦脱离黑障区，由于GPS已知再入体的粗略位置，就能很快地捕获信号，信号重新捕获时间仅为原来的十分之一。

12.3.4 导航系统方案设计

针对亚轨道飞行器再入段的飞行任务及特点，充分考虑各种必要导航参数的可观测性，这里选择 INS 为主参考系统，GPS 和天文导航系统(celestial navigation system,CNS)为辅助导航系统。在确保导航精度前提条件下，根据再入段不同飞行特性，随时切换导航系统组合方式。

1. 状态方程的建立

选取惯性导航系统的状态向量为

$$\boldsymbol{X}_{\text{INS}} = [\delta L \quad \delta\lambda \quad \delta h \quad \delta v_E \quad \delta v_N \quad \delta v_U \quad \varphi_E \quad \varphi_N \quad \varphi_U \quad \varepsilon_{bx} \quad \varepsilon_{by} \quad \varepsilon_{bz} \quad \varepsilon_{rx} \quad \varepsilon_{ry} \quad \varepsilon_{rz} \quad \nabla_x \quad \nabla_y \quad \nabla_z]^{\text{T}} \tag{12-9}$$

其中，δL，$\delta\lambda$，δh 为经度、纬度和高度上的误差；δv_E，δv_N，δv_U 为沿东向，北向和天向的速度误差；φ_E，φ_N，φ_U 为平台误差角；ε_{bx}，ε_{by}，ε_{bz}，ε_{rx}，ε_{ry}，ε_{rz} 为陀螺漂移，∇_x，∇_y，∇_z为加速度计零偏。状态方程为

$$\dot{\boldsymbol{X}}_{\text{INS}} = \boldsymbol{F}_{\text{INS}}\boldsymbol{X}_{\text{INS}} + \boldsymbol{G}_{\text{INS}}\boldsymbol{w}_{\text{INS}} \tag{12-10}$$

式中 $\boldsymbol{F}_{\text{INS}}$为系统矩阵，$\boldsymbol{G}_{\text{INS}}$为噪声分配阵，$\boldsymbol{w}_{\text{INS}}$为系统噪声。

2. 量测方程的建立

将惯导输出与其余导航系统相应输出的差值作为量测量，这样做可以充分利用高精度导航子系统信息来校正惯导，同时又使惯导对精度较低的子系统作标定和校正。

1) INS 与 GPS 形成的量测

GPS 输出载体的位置和速度信息，其定位及测速误差可以近似为白噪声。采用位置速度组合方式，将惯导输出的位置和速度与 GPS 导航系统相应输出相减，量测方程为

$$\boldsymbol{Z}_{\text{GPS}} = \boldsymbol{H}_1\boldsymbol{X}_{\text{INS}} + \boldsymbol{V}_{\text{GPS}} \tag{12-11}$$

式中 $\boldsymbol{H}_1=[I_{6\times 6} \quad 0_{6\times 12}]$为量测矩阵，$\boldsymbol{V}_{\text{GPS}}$为量测噪声。

2) INS 与 CNS 形成的量测

为简化天文导航系统仿真，故不考虑星敏感器通过星图识别和星光测量获得载体姿态的过程，仅将星敏感器输出的姿态信息作为组合导航系统中的一个信源，且将其量测误差看作白噪声处理。

首先将 CNS 输出的惯性姿态信息转换为地理姿态信息，将 INS 输出的三个姿态角与其相减，然后再将姿态误差角转换为平台误差角，转换矩阵为[27]

$$C = \begin{bmatrix} -\cos\theta\sin\varphi & -\cos\varphi & 0 \\ -\cos\theta\cos\varphi & \sin\varphi & 0 \\ -\sin\theta & 0 & 1 \end{bmatrix} \tag{12-12}$$

其中：θ,φ 为惯导系统输出的俯仰角和航向角。

将转换结果作为量测值，故量测方程为

$$\boldsymbol{Z}_{\mathrm{CNS}} = \boldsymbol{H}_2\boldsymbol{X}_{\mathrm{INS}} + \boldsymbol{V}_{\mathrm{CNS}} \tag{12-13}$$

式中 $\boldsymbol{H}_2=[0_{3\times6} \quad \boldsymbol{I}_{3\times3} \quad 0_{3\times12}]$为量测矩阵，$\boldsymbol{V}_{\mathrm{CNS}}$为量测噪声。

12.3.5 融合结构设计

首先采用残差 χ^2 故障检测方法来检测 GPS 和 CNS 系统的突变故障信息，使其得到及时的隔离。然后将惯导系统作为公共状态，它的系统噪声包含在所有子滤波器中，而认为各局部滤波器的量测信息是相互独立的，不存在重复使用问题[16]。假设将系统噪声总的信息量 $\boldsymbol{Q}^{-1}$分配到各局部滤波器中，故

$$\boldsymbol{Q}^{-1} = \sum_{i=1}^{N}\beta_i\boldsymbol{Q}^{-1} \tag{12-14}$$

且满足 $\sum\limits_{i=1}^{n}\beta_i=1$[16,17]，考虑系统发生故障时系统噪声信息分配系数的选取，采用以下方法。

设 α_i 为子系统 i $(i=1,2,\cdots,n)$的标志位，当标志位为 0 时，该子系统有故障，当标志位为 1 时，该子系统无故障。在每一次导航计算之前，首先对各子系统的信息进行重新分配，第 i 个子系统的分配系数

$$\tilde{\beta}_i = \frac{\alpha_i\beta_i}{\sum\limits_{j=1}^{n}\alpha_j\beta_j} \tag{12-15}$$

这样，即使在若干个子系统发生故障的条件下，仍然可以保证联邦滤波子系统的信息守恒原则，信息分配系数为 0 就表示该系统不参与估计及融合。

同时，联邦融合算法为

$$\hat{\boldsymbol{X}}_g = \boldsymbol{P}_g\sum_{i=1}^{n}\alpha_i\boldsymbol{P}_i^{-1}\hat{\boldsymbol{X}}_i \tag{12-16}$$

$$\boldsymbol{P}_g^{-1} = \sum_{i=1}^{n}\alpha_i\boldsymbol{P}_i^{-1} \tag{12-17}$$

上述方法保证了信息分配系数为 0 的子系统对融合结果没有影响。

图 12-18 中，ω,f 为陀螺输出角速率和比力；Pos,Vol 以及 att 是飞行器的位置，速度和姿态；Z 为观测值；$\hat{X}_i,P_i$ 是状态估计和状态估计的协方差，$i=1,2,\cdots$。

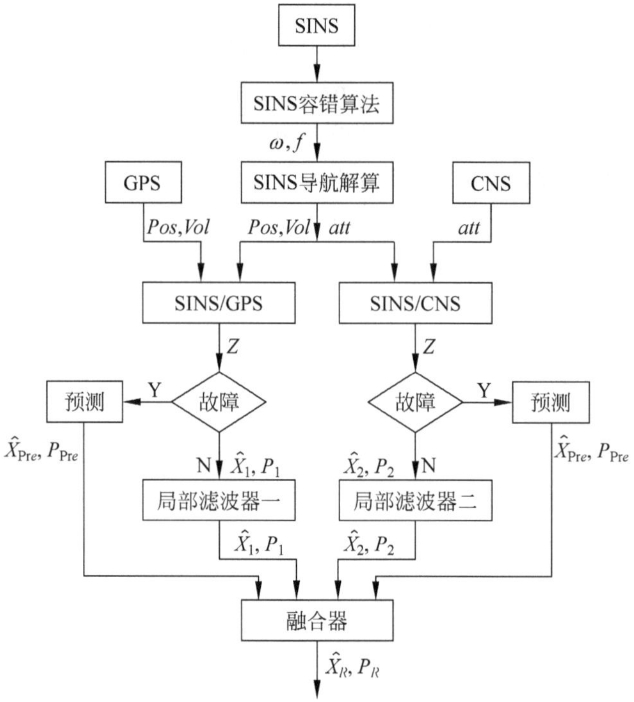

图 12-18 导航系统设计结构图

12.3.6 仿真分析

根据前面所述，整个再入段划分为再入初期、末端能量管理和进场着陆这 3 个阶段。现根据不同阶段的飞行环境特性、导航传感器在不同飞行阶段中的可靠性以及系统容错性要求，将再入过程细分为 5 个阶段，并针对每个阶段设计了组合导航的方案，其中黑障段包含于再入初期，纯惯导部分包含于末端能量管理段。设整个再入段过程总时长为 1200s，各阶段所对应的仿真时间段与用到的算法分别为

(1) 再入初期：INS/GPS/CNS 联邦滤波(1～20s，41～751s)。

(2) 黑障段：INS/CNS 滤波，INS/GPS 预测(21～40s)。

(3) 纯惯导阶段：INS/CNS 预测，INS/GPS 预测(752～812s)。

(4) 末端能量管理：INS/GPS/CNS 联邦滤波(813～1114s)。

(5) 进场着陆段：INS/GPS 滤波，INS/CNS 预测(1115～1200s)。

1. 仿真环境

陀螺常值漂移：0.1°/h；陀螺相关漂移：0.1°/h；陀螺测量白噪声：0.01°/h；加速度计常值偏置：10^{-4}g；加速度计测量白噪声：10^{-6}g；仿真时长：1200s。

1) 仿真环境 1

GPS 位置和速度误差：纬度 20m，经度 20m，高度 30m，东向速度 0.2m/s，北向

速度 0.2m/s，天向速度 0.2m/s。CNS 精度：东向平台失准角 10″，北向平台失准角 10″，天向平台失准角 10″。

2）仿真环境 2

GPS 位置和速度误差：纬度 10m，经度 10m，高度 20m，东向速度 0.1m/s，北向速度 0.1m/s，天向速度 0.1m/s。CNS 精度：与场景 1 相同。

3）仿真环境 3

GPS 位置和速度误差：与场景 1 相同。CNS 精度：东向平台失准角 30″，北向平台失准角 30″，天向平台失准角 30″。

4）仿真环境 4

GPS 位置和速度误差：与场景 1 相同。CNS 精度：东向平台失准角 5″，北向平台失准角 5″，天向平台失准角 5″。

5）仿真环境 5

GPS 位置和速度误差：纬度 30m，经度 30m，高度 40m，东向速度 0.4m/s，北向速度 0.4m/s，天向速度 0.4m/s。CNS 精度：与场景 1 相同。

2. 不同场景下仿真比较以及结果分析

对环境 1、环境 2、环境 3、环境 4、环境 5 分别做 50 次蒙特卡罗仿真，仿真得到均方根误差如下：

1）场景 1、2、5 的估计误差均方根曲线如图 12-19 所示。

从图中可以看出，三个场景的纬度估计均方根误差都在 10m 以内，纬度均方根误差差别较明显，场景 5 大于场景 1，场景 1 大于场景 2；经度估计均方根误差都在 10m 以内，且场景 5 大于场景 1，场景 1 大于场景 2；场景 1 和 2 的高度估计均方根

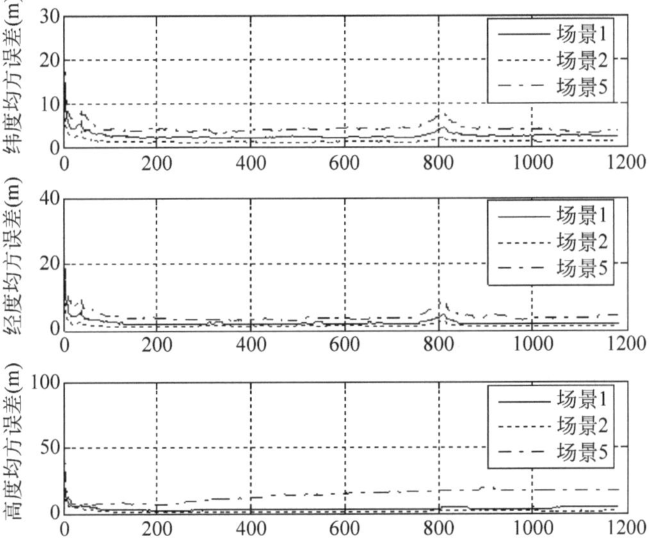

图 12-19 位置估计均方根误差

误差在 10m 以内,而场景 5 的高度均方根误差呈现逐渐变大的趋势,最后接近 25m。以上仿真结果说明:随着 GPS 测量噪声的增大,位置估计均方根误差也在增大。由于速度估计均方根误差曲线特性与位置估计均方根误差相似,此处不再赘述。

2) 场景 1、3、4 的估计误差均方根曲线如图 12-20 所示。

从图中可以看出,三个场景的东向平台误差角都在 20 个角秒以内,其中场景 3 最大,1 和 4 比较接近。北向平台误差角也都在 20 个角秒以内,其中场景 3 最大,1 和 4 比较接近;天向平台误差角也都在 20 个角秒以内,其中场景 3 最大,1 和 4 比较接近。由于场景 3 的姿态测量噪声明显大于场景 1 和 4 的,上述结果说明增大 CNS 测量噪声会导致姿态估计均方根误差的增大。

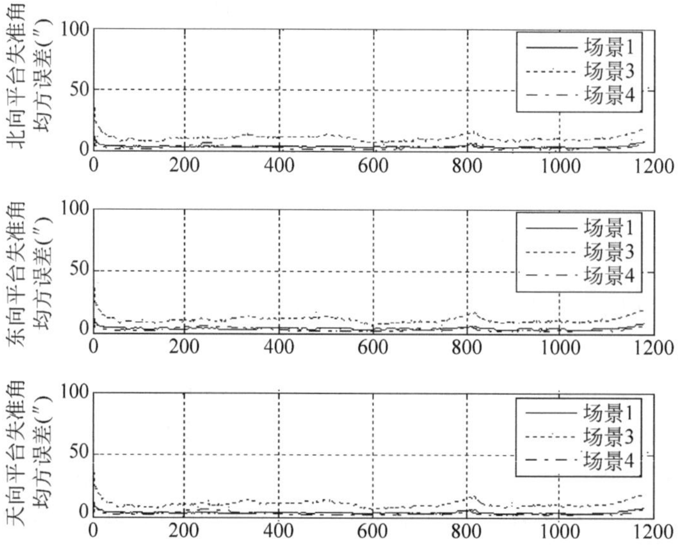

图 12-20 姿态估计均方根误差

比较图 12-19 与图 12-20 可以看出,在初始黑障段,位置误差相对比较大,而平台失准角比较小,这是由于再入初期 GPS、CNS 都处于工作状态,从而对位置和姿态有较强的可观测性,所以二者滤波结果较好。而进入黑障段后,GPS 失效,只通过 CNS 获取姿态信息,对位置信息的观测性较弱,故只对平台失准角的估计结果较好,而位置估计结果较差。

综上所述,只要 GPS、CNS 保证必要的精度,便可以在整个再入过程中获得较高的导航精度,从而验证了本文根据亚轨道航行器再入过程 5 个阶段所提出的组合导航方案合理性,说明了所设计导航系统具有较好的稳定性和容错性。

该系统能根据不同飞行阶段选择相应的传感器组合方案,并自动地将处于正常运行子系统的信息实现最优融合。通过在设定的场景中进行仿真,说明了高的测量精度导致高的综合导航精度,并反映了本仿真系统具有较好的稳定性和容错性,导航估计结果完全满足所需的导航精度要求。

12.4 无人机 INS/SMNS 组合导航

目前，飞行器导航系统正趋于微型化、轻量级、低功耗、低成本、精度高、实时性强、抗电子干扰的方向发展，促使导航系统向综合化、智能化和容错化方向发展[22~25]。INS 是一种不依赖于外部信息、也不向外部辐射能量的自主式导航系统，其优点在于完全自主性、抗干扰能力强、隐蔽性、实时性好、导航精度也比较高，但其导航漂移误差随着时间的增加而积累[25]。以 INS 为主与其他导航方式相组合构成基于 INS 的组合导航系统，是目前高精度导航的主要方式[27~29]。SMNS 是一种利用图像匹配技术对飞行器进行定位的无源、自主式精确导航系统，可消除惯性导航系统长时间工作的累计误差，大幅提高 INS 的定位精度[31,32]。

下面首先介绍紧耦合 INS/SMNS 导航系统的优势，利用 INS 短时间内高精度导航优势对无人机实时图进行几何校正，可提高在适配区 SMNS 配准的实时性与精确性以及在过渡区辅助界定适配区与非适配区边界的能力，且系统在提高 SMNS 导航精度的同时增强 SMNS 对 INS 累积误差的修正能力，从而提高 INS/SMNS 导航系统的实时性和精确性。

12.4.1 INS/SMNS 组合模式

根据不同的应用要求，INS 与 SMNS 可以有不同水平的耦合模式。从 INS 和 SMNS 的耦合程度可以分为松耦合和紧耦合两种基本耦合模式。

1. 松耦合的 INS/SMNS 系统

如图 12-21 所示，在松耦合 INS/SMNS 组合模式中，SMNS 独立于 INS 系统工作，导出的位置和速度估算值送入滤波器进行处理。这种结构允许 INS 使用 SMNS 的估计值来修正其累积误差。由于没有利用 INS 的位置和姿态信息进行辅助，实时 SMNS 不能利用 INS 的姿态信息对实时图进行畸变校正，其匹配精度也会受到影响。同时，由于没有 INS 的粗定位，大范围搜索景象匹配，降低了 SMNS 的实时性，特别是在实时图与基准图差异较大的区域，SMNS 可能出现误匹配，从而导致 SMNS 难以连续提供高精度的导航信息。

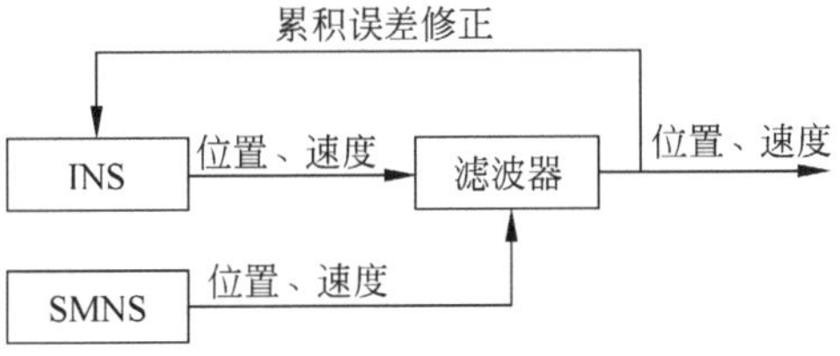

图 12-21 松耦合 INS/SMNS 组合模式

2. 紧耦合的 INS/SMNS 系统

如图 12-22 所示，相对于松耦合 INS/SMNS 组合模式，紧耦合 INS/SMNS 组合模式有如下优势：一方面，紧耦合 INS/SMNS 系统中 SMNS 能够充分利用 INS 提供的位置和姿态等辅助信息，对实时图进行畸变校正，提高 SMNS 的配准精度，使得 SMNS 在动态情况和干扰环境下也能更好地工作，并增强其抗干扰能力；另一方面，SMNS 位置和速度测量结果可以直接送入滤波器，以改善它对 INS 累积误差的修正，从而使整个系统获得更好的导航性能。

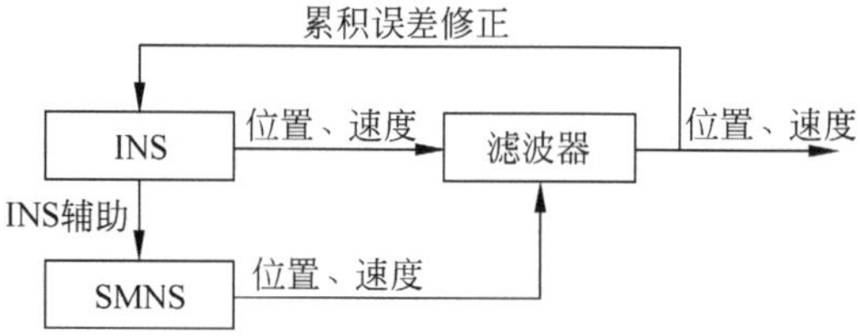

图 12-22 紧耦合 INS/SMNS 组合模式

综上所述，在松耦合 INS/SMNS 组合结构中，SMNS 独立于 INS 工作且结构简单，不能直接利用 INS 进行辅助，使得 SMNS 在动态环境下无法提供精确导航信息，导致松耦合 INS/SMNS 导航不能进行高精度导航，而紧耦合正好弥补了这些缺点。因此，从提高 SMNS 在动态或强干扰情况下的精确度与实时性的角度出发，实际应用中应该采用紧耦合 INS/SMNS 组合结构。

12.4.2 紧耦合 INS/SMNS 导航特性

1. 提高抗图像畸变能力

无人机在飞行过程中姿态和位置变化较大，造成航拍实时图和机载基准图相比存在严重变形，很难实现实时、精确地景象匹配。因此，在景象匹配之前必须对实时图进行灰度校正和几何校正。利用紧耦合 INS/SMNS 导航系统中 INS 提供的位姿信息，通过对影响图像拍摄效果的三个姿态角和位置信息进行分析处理，可推导出畸变实时图到正射影像实时图之间的几何校正变换关系，改善景象匹配导航的精度以及紧耦合 INS/SMNS 导航系统抗图像畸变的能力。

假设摄像机固定安装在无人机下，光心与飞机质心重合，摄像机坐标系与体轴系重合(实际情况中，考虑光电平台姿态信息只需再进行一次旋转矩阵变换)，采用前投影模型对成像过程进行描述。当前无人机的俯仰角为 θ、偏航角为 φ，滚转角为 γ。

实时图像成像及几何矫正[26]如图 12-23 所示。图中 $OXYZ$ 为机体坐标轴系，简称体轴系；$OX_gY_gZ_g$ 为飞机牵连铅垂地面坐标轴系；$OX_dY_dZ_d$ 为当地水平坐标系，其坐标轴方向与 $OX_gY_gZ_g$ 坐标轴同向[27]。铅垂地面固定坐标轴系与机体坐标轴系

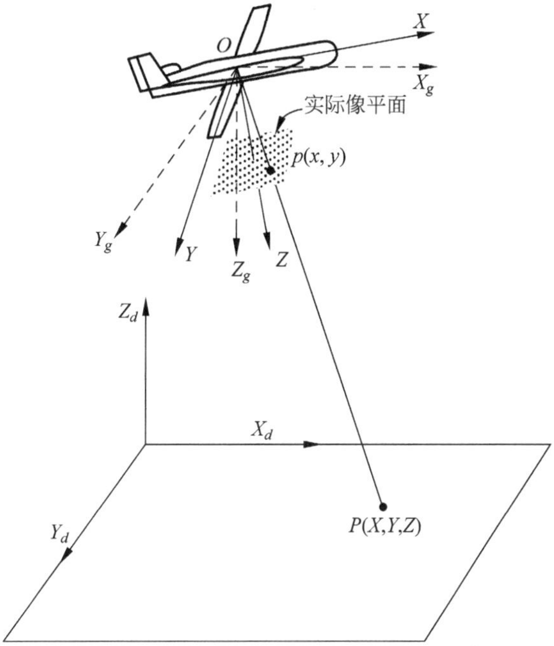

图 12-23　实时图像成像及几何矫正示意图

的坐标变换关系为

$$\begin{bmatrix} X \\ Y \\ Z \end{bmatrix} = \boldsymbol{R} \begin{bmatrix} X_g \\ Y_g \\ Z_g \end{bmatrix} \tag{12-18}$$

$$\begin{aligned}\boldsymbol{R} &= \begin{bmatrix} 1 & 0 & 0 \\ 0 & \cos\phi & \sin\phi \\ 0 & -\sin\phi & \cos\phi \end{bmatrix} \begin{bmatrix} \cos\theta & 0 & -\sin\theta \\ 0 & 1 & 0 \\ \sin\theta & 0 & \cos\theta \end{bmatrix} \begin{bmatrix} \cos\Psi & \sin\Psi & 0 \\ -\sin\Psi & \cos\Psi & 0 \\ 0 & 0 & 1 \end{bmatrix} \\ &= \begin{bmatrix} \cos\theta\cos\Psi & \cos\theta\sin\Psi & -\sin\theta \\ \sin\phi\sin\theta\cos\Psi - \cos\phi\sin\Psi & \sin\phi\sin\theta\sin\Psi + \cos\phi\cos\Psi & \sin\phi\cos\theta \\ \cos\phi\sin\theta\cos\Psi + \sin\phi\sin\Psi & \cos\phi\sin\theta\sin\Psi - \sin\phi\cos\Psi & \cos\phi\cos\theta \end{bmatrix}\end{aligned} \tag{12-19}$$

根据透视成像模型,实际像平面坐标为

$$\begin{cases} x = f\dfrac{X}{Z} \\ y = f\dfrac{Y}{Z} \end{cases}$$

其中,f 为相机焦距。矫正后像平面坐标为

$$\begin{cases} x_g = f\dfrac{X_g}{Z_g} \\ y_g = f\dfrac{Y_g}{Z_g} \end{cases}$$

假设 $\boldsymbol{R}^{-1}=\begin{bmatrix} r_{11} & r_{12} & r_{13} \\ r_{21} & r_{22} & r_{23} \\ r_{31} & r_{32} & r_{33} \end{bmatrix}$，则实际像平面坐标到矫正后像平面坐标的坐标变换关系为

$$\begin{cases} x_g = f\dfrac{r_{11}x + r_{12}y + r_{13}f}{r_{31}x + r_{32}y + r_{33}f} \\ y_g = f\dfrac{r_{21}x + r_{22}y + r_{23}f}{r_{31}x + r_{32}y + r_{33}f} \end{cases} \tag{12-20}$$

2. 提高 SMNS 的精确度和实时性

纯 INS 存在着陀螺仪漂移等各种误差，它们会随时间积累而造成位置偏差，在多数情况下，其漂移量表现为常值。对于中高精度的 INS，其导航结果能够对无人机当前位置进行粗定位，SMNS 借助 INS 的粗定位可以缩小在基准图上的搜索范围，基于 INS 的圆概率误差在原始基准图上截取一个较小基准图子图（如图 12-24 所示），从而大大降低匹配计算量，提高景象匹配的实时性。由于基准图子图的范围较小，在一定程度上，其中的图像重复模式较少，实时图与其在灰度统计特性上和边缘特征上具有较强的相似性，使得 SMNS 导航精度较高。

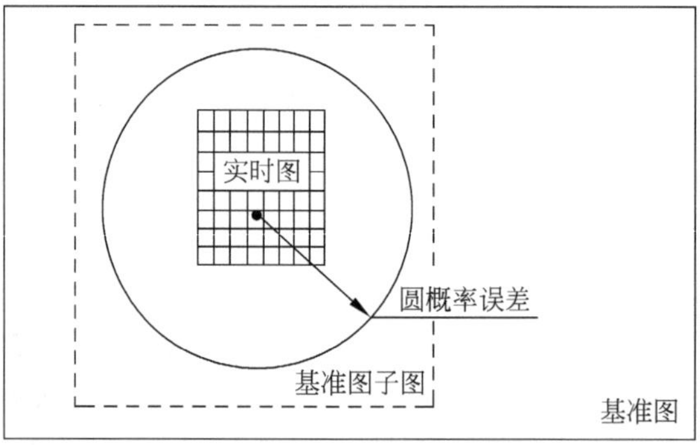

图 12-24 基于 INS 信息的无人机粗定位

3. 提高 INS/SMNS 紧耦合导航系统精度

一方面，经过 SMNS 定位计算，可以获得基准图子图的中心点与基准图中心点的位置偏差，通过将位置偏差转换为地理经纬度偏差，对 INS 输出进行误差修正；另一方面，INS 精度的提高反过来又促进了 SMNS 导航性能的提高，形成一个良性的导航闭环反馈系统，从而使得 INS/SMNS 紧耦合导航系统可为无人机平台提供高精度的导航定位。

12.4.3 实验结果与分析

为了验证基于 INS/SMNS 紧耦合的无人机导航模式的有效性，本文设计了一例

飞行实验：假设无人机做机动飞行，其飞行航迹中含有爬升、变速、平飞和转弯等各种飞行状态。飞行过程共进行了 3600s，期间做了 4 次平直飞行，预先设定无人机在平直飞行过程中每隔一段时间进入一块预设的景象匹配适配区，在每个适配区进行多次连续景象匹配以修正航迹数据，消除 INS 的累积误差。考虑到景象匹配算法定位数据生成的不等间隔和滞后，单次景象匹配计算时间为 0.1～0.3s，由于每个适配区的飞行时间约为 30 s，因此，在每个适配区可进行 100～300 次的匹配运算，结合无人机飞行速度和摄像机帧率，可解算出真实定位坐标。

仿真的初始航迹数据为：经度 10.026°，纬度 4.628°，高度 720m，初始航向角 70.401°，俯仰角 2.090°，倾斜角 10.342°，初始速度 50m/s。假设 INS 的等效陀螺零偏为 0.1°/s，等效加速度零偏为 10^{-3}g；陀螺一阶马尔可夫过程相关时间为 3600s，加速度零偏一阶马尔可夫过程相关时间为 1800s。仿真过程中选用的数字地图尺寸大小为 2000×1600pixel。基准图和实时图均从选用的卫星数字地图上动态截取，截取的位置由飞行航迹和仿真时间确定。选取基准图尺寸大小为 200×200pixel，实时图尺寸大小为 100×100pixel。本文设计的飞行航迹如图 12-25 所示。

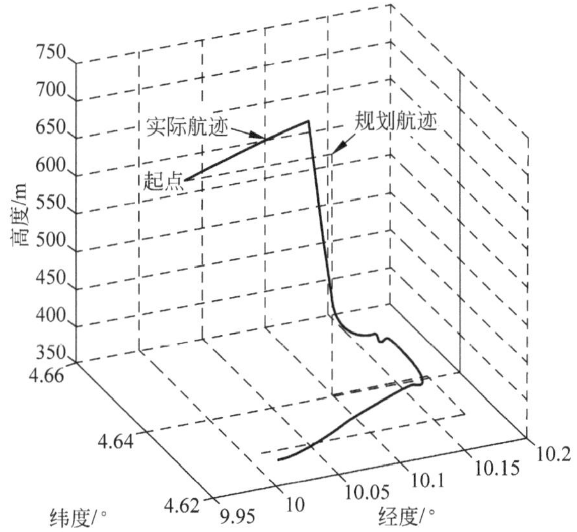

图 12-25　无人机规划航迹与实际航迹

基于 INS/SMNS 紧耦合导航模式，利用了基于边缘测度加权的 Hausdorff 距离景象匹配算法[31]和基于动态关键帧的非适配区帧间景象匹配算法[32]进行了飞行导航实验验证。将 INS 提供的位置和姿态角信息用于无人机粗定位和实时图像的几何校正，以提高 SMNS 的实时性和适配区景象匹配的精确度；同时，利用 SMNS 的高精度导航定位结果对 INS 的累积误差进行修正。

无人机平台 INS 自主导航实验结果与 INS/SMNS 紧耦合导航实验结果如图 12-26 所示。图中实线矩形区表示景象匹配适配区，虚线椭圆区表示非适配区。从无人机 INS 航迹与 INS/SMNS 紧耦合平面坐标航迹对比中看出，在未进入景象匹配适配区前,INS 误差随着时间的积累而增加,导致无人机航迹逐渐偏离预先规划航迹。在经过本文的 INS/SMNS 紧耦合导航算法的连续修正之后,很快将航迹拉回到预先规划航迹中。由于 SMNS 按适配区与非适配区分阶段进行景象匹配,其高精度持续导航及时消除了 INS 的累积误差,而 INS 提供的粗定位坐标缩小了 SMNS 的匹配搜索范围,提高了 SMNS 的实时性,从而使无人机航迹的经纬度偏移量迅速减小。

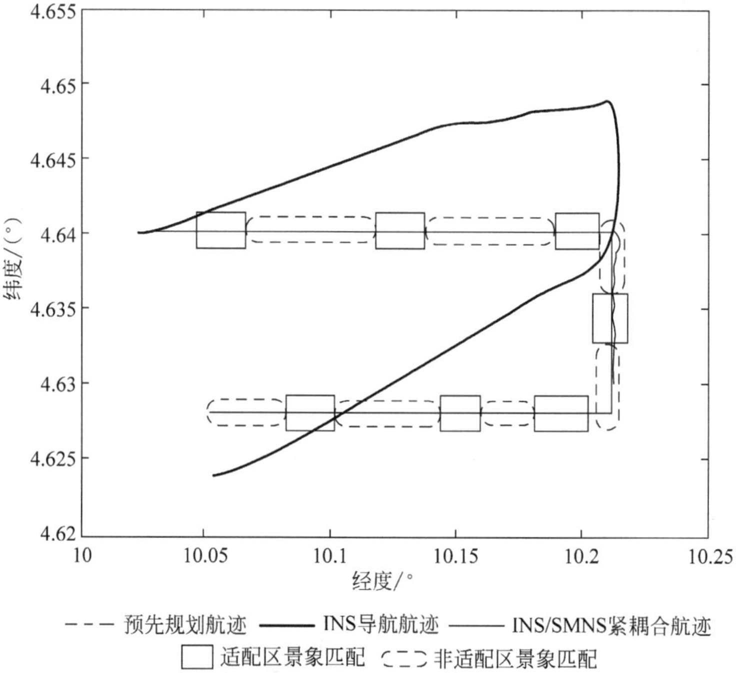

图 12-26 无人机 INS 航迹与 INS/SMNS 紧耦合平面坐标航迹对比图

习 题

1. 简述惯性导航的基本原理及特点。

2. 捷联惯导的优缺点,和平台惯导的主要区别是什么?

3. 简述 GPS 进行伪距测量的原理,写出伪距表达式,主要误差有哪些。

4. 简述差分 GPS 的基本概念。

5. 分析组合导航技术产生的背景和优点,分析哪些导航方式是可以组合的?

6. INS/GPS 组合导航系统有何特点?有哪几种组合模式?说明位置、速度综合模式中量测方程的特点。

7. 查阅美国 GPS 全球定位系统、欧洲“伽利略”(Galileo)卫星导航系统、俄罗斯“格洛纳斯”(GLONASS)全球文星导航系统和中国“北斗”卫星导航系统的装备组成、发展过程和趋势,分析“北斗”卫星导航系统目前存在的不足,并完成报告。

参考文献

[1] Parkinson B,W,James J,Spilker J. Global Positioning System：Theory and Application[R]. AIAA. INC. 1996. 1997

[2] Parkinson B W. Origins, Evolution and Future of Satellite Navigation [J]. Journal of Guidance,Control and Dynamics,1997,20(1)：11～25

[3] 刘基余等. 全球定位原理及其应用[M]. 北京：测绘出版社,1993

[4] 王惠南. GPS 导航原理与应用[M]. 北京：科学出版社,2003

[5] 王厚基. GLONASS III GNSS 简介[J]. 海洋技术,1998,17(2)：9～17

[6] Bornemann Wilftied. Navigation satellite system Galileo [J]. Acta Astronautica, 2004, 54(11)：821～823

[7] Hilbrecht, Heinz. Galileo：A satellite navigation system for the world [J]. Sea Technology, 2003,44(3)：10～13

[8] 陈秀万,方裕,尹军,张怀清编著. 伽利略卫星导航系统[M]. 北京大学出版社,2005

[9] 周露,刘宝忠. 北斗卫星定位系统的技术特征分析与应用[J]. 全球定位系统,2004,4：12～16

[10] 羽佳. 双星定位法与北斗 1 号卫星导航系统[J]. 航天返回与遥感,2004,25(1)：65～67

[11] 干国强,邱致和等. 导航与定位——现代战争的北斗星[M]. 北京：国防工业出版社,2000

[12] 马云峰. MSINS/GPS 组合导航系统及其数据融合技术研究[D]. 南京：东南大学博士学位论文,2006

[13] 秦永元,张洪钺等. 卡尔曼滤波与组合导航原理. 西安. 西安：西北工业大学出版社,1998：5～56

[14] 杜亚玲,刘建业,熊智,姜涌. GPS/SINS 全组合导航系统的姿态组合算法. 中国空间科学技术,2006,2：53～58

[15] U. S. Department of Defense/Department of Transportation. 1999 Federal Radionavigation Plam,Springfield,VA：National Technical Information Service,1999 http://gps. losangeles. af. mil /gpslibrary/FAQ. asp

[16] 李正强,王宏力,杨益强,等. 信息融合技术在组合导航系统中的应用. 飞行力学,2006,24(1)：89～92

[17] Quan Wei,Fang Jiancheng,Xu Fan,Sheng Wei. Hybrid simulation system study of SINS/CNS integrated navigation. IEEE Transactions on Aerospace and Electronic Systems Magazine,2008 23(2)：17 ～24

[18] Horneman K R,Kluever C A. Terminal Area Energy Management Trajectory Planning for an unpowered Reusable Launch Vehicle. Collection of Technical Papers-AIAA Atmospheric Flight Mechanics Conference,Providence,RI,USA,2004,5183：1～18

[19] Mandic D, Golz M, Kuh A, Obradovic D, Tanaka T. Signal Processing Techniques for Knowledge Extraction and Information Fusion. New York：Springer,2008

[20] Obradovic D, Lenz H, Schupfner M. Fusion of sensor data in Siemens car navigation systems. IEEE Transactions on Vehicular Technology,2007,56(1)：43～50

[21] Barshan B, Durrant-Whyte H. Inertial navigation systems for mobile robots. IEEE Transactions on Robotics and Automation,1995,11(3),328～342

[22] McLain T W,Beard R W. Trajectory planning for coordinated rendezvous of unmanned air vehicles[C]// AIAA-2000-4369,2000：1247～1254

[23] Noureldin A, Karamat T B, Eberts M D, et al. Performance enhancement of MEMS based INS/GPS integration for low cost navigation applications[J]. IEEE Trans. Veh. Technol., 2009: 58 (3): 1077～1096

[24] Shesheng Gao, Yongmin Zhong, Xueyuan Zhang, et al. Multi-sensor optimal data fusion for INS/GPS/SAR integrated navigation system[J]. Aerospace Science and Technology, 2009, 13(4-5): 232～237

[25] Noureldin A, El-Shafie A, Bayoumi M. GPS/INS integration utilizing dynamic neural networks for vehicular navigation[J]. Information Fusion, 2010, Article in Press. doi: 10.1016/j.inffus.2010.01.003

[26] Titterton D H, Weston J L. Strapdown inertial navigation technology[M]. Lavenham: Peter Peregrinus Ltd, 1997: 132～144

[27] Conte G, Doherty P. An integrated UAV navigation system based on aerial image matching [C]// Proceedings of the IEEE Aerospace Conference, 2008: 1～10

[28] Sharaf R, Noureldin A, Osman A, El-Sheimy N, Online INS/GPS integration with a radial basis function neural network[J]. IEEE Aerosp. Electron. Syst. 2005, 20 (3): 8～14

[29] Semeniuk L, Noureldin A, Bridging GPS outages using neural network estimates of INS position and velocity errors[J]. Meas. Sci. Technol. 2006, 17(9): 2783～2798

[30] 熊智，李明星，冷雪飞，刘建业. 景象匹配/惯性组合导航精确修正算法[J]. 中国惯性技术学报，2007，15(5): 564～567

[31] 黄锡山，陈哲. 景象匹配定位中的图像边缘检测算法研究[J]. 中国惯性技术学报，2001，9(1): 24～30

[32] 凌志刚，潘泉等. 一种基于边缘测度加权的 Hausdorff 距离景象匹配算法[J]. 宇航学报，2009，30(4): 1626～1631

[33] 李耀军. 无人机景象匹配辅助导航系统研究[D]. 西北工业大学硕士学位论文. 2009.3

第13章 态势评估与威胁估计

13.1 态势评估的概念

态势是一个比较抽象的概念，就如 Lambert 所认为的[1,2]，“态势从本质上来说就是相关时间-空间事实的集合，这些事实由目标间的关系组成”。态势估计则是对态势进行提取与评估的一种技术。状态估计时对目标过去的运动状态（包括目标的位置、速度、加速度等）进行平滑，对目标现在的运动状态进行滤波以及对目标未来的运动状态进行预测。状态估计属于位置级融合，属于信息融合的中间层次，为高级融合——态势估计做准备[3,4]。

态势估计是对战场上战斗力量分配情况的评价过程，它通过综合敌我双方及地理、气象环境等因素，将所观测到的战斗力量分布于活动和战场周围环境、敌作战意图及敌机动性能有机地联系起来，分析并确定事件发生的深层原因，得到关于敌方兵力结构、使用特点的估计，最终形成战场综合态势图。所以态势估计涉及更多不确定的、复杂的因素[3]，例如军事学说、战略思想、兵力部署、战术实施、军事装备特点、地形地貌和气候对军事装备的影响等，其难度和复杂程度更甚于前面已讨论的检测级融合、位置融合和属性融合，是高层次的信息融合技术。态势估计同时也为下一步的传感器管理提供依据。在综合电子战系统中，态势估计的功能是对战场监视区域内所有目标的状态与其先验的可能情况加以比较，以便获得战场兵力、电子战武器部署情况、军事活动意图及敌我双方平台的分布、航向、速度等变化趋势的综合文件[3]。

态势估计是信息融合中最活跃的研究领域之一，自 20 世纪 70 年代中后期至今的 30 多年来，许多国家对态势估计从理论体系和系统实现方法等方面进行了研究和开发，取得了很大的进展，如在海湾战争使用的 ASAS（全源分析系统）实际上就是面向多源信息融合及态势估计的群体决策支持系统。由于态势估计是对战场上获得的数据流的高层次关系提取与处理，更接近于人的思想过程，要涉及众多的因素、参数、作战样式、条例和观点，所以它比前三级融合处理更复杂，它所进行的各类运算又多半都是基于领域知识、模拟人脑思维的符号推理，在战役（术）对象多、协同关系复杂、机动频繁、战场态势变化快的真实情况下，要想给出一个置信度较高的估计模型是比较困难的。目前，在态势评估中，主要是应用认知模型的方法，如人工自能、专家系统、黑板模型、模糊推理、逻辑模板匹配等作为实现技术。较为典型的有Ben-Bassat的模式类态势识别、基于专家系统的态势模型框架、Hopple 等人的 IPB（战场情报准备系统）以及 Nobel 的基于计划模板的海上作战应用态势估计系统[5]。

13.2 态势评估的实现

13.2.1 态势预测

态势预测[6]是指根据当前态势、态势元素的当前状态以及战术规则和战场上的其他因素，预测未来态势。态势预测主要解决态势间断后如何更新态势以及对当前态势如何进行推断的问题，同时也为态势关联提供前提条件。

任何一场战争都是按某一计划和部署进行的。敌方在短时间范围内的行动路线可能是根据实际情况灵活变动的，但在整个战场范围，行动路线应是按计划有组织地进行。据此，可将态势预测分为短时间段的态势预测和长时间段的态势预测分别进行研究。

1. 短时间段的态势预测

每种目标的运动都具有一定的惯性，尤其是水面目标，运动状态变化比较慢，因此对短时间段的态势预测，可通过建立群的质心滤波方程，对群进行跟踪预测，从而掌握敌军在短时间内可能的军事企图。

下面具体论述如何利用当前模型[7,8]建立群的质心滤波方程。假设已经获得 k 时刻群中各成员的状态信息$\hat{\boldsymbol{X}}_i(k|k)(i=1,\cdots,n)$。令

$$\hat{\boldsymbol{Z}}_M(k \mid k) = \boldsymbol{H}(k)\,\hat{\boldsymbol{X}}_M(k \mid k) \tag{13-1}$$

式中 $\hat{\boldsymbol{X}}_M(k \mid k) = \dfrac{1}{n}\sum\limits_{i=1}^{n} \hat{\boldsymbol{X}}_i(k \mid k)$ 为群的质心状态。则群在 k 时刻的修正状态为

$$\hat{\boldsymbol{X}}(k \mid k) = \hat{\boldsymbol{X}}(k \mid k-1) + \boldsymbol{K}(k)[\hat{\boldsymbol{Z}}_M(k \mid k) - \boldsymbol{H}(k)\,\hat{\boldsymbol{X}}(k \mid k-1)] \tag{13-2}$$

$$\boldsymbol{K}(k) = \boldsymbol{P}(k \mid k-1)\boldsymbol{H}^{\mathrm{T}}(k)\boldsymbol{S}_G^{-1} \tag{13-3}$$

$$\boldsymbol{S}_G = \hat{\boldsymbol{S}}_D + \boldsymbol{R}_G + \boldsymbol{H}(k)\boldsymbol{P}(k \mid k)\boldsymbol{H}^{\mathrm{T}}(k) \tag{13-4}$$

$$\hat{\boldsymbol{S}}_D = \frac{1}{n}\sum_{i=1}^{n}(\hat{\boldsymbol{X}}_i(k \mid k) - \hat{\boldsymbol{X}}_M(k \mid k))(\hat{\boldsymbol{X}}_i(k \mid k) - \hat{\boldsymbol{X}}_M(k \mid k))^{\mathrm{T}} \tag{13-5}$$

$$\boldsymbol{P}(k \mid k-1) = \boldsymbol{\Phi}(k-1)\boldsymbol{P}(k-1 \mid k-1)\,\boldsymbol{\Phi}^{\mathrm{T}}(k-1) + \boldsymbol{G}(k-1)\boldsymbol{Q}(k-1)\boldsymbol{G}^{\mathrm{T}}(k-1) \tag{13-6}$$

$$\boldsymbol{P}(k \mid k) = [\boldsymbol{I} - \boldsymbol{K}(k)\boldsymbol{H}(k)]\boldsymbol{P}(k \mid k-1) \tag{13-7}$$

式中 $\boldsymbol{H}(k)$ 为量测矩阵，$\hat{\boldsymbol{X}}(k|k-1)$ 为 $k-1$ 时刻的状态一步预测。考虑到在态势估计层，输入信息是各目标的状态估计信息，因此，令 $\boldsymbol{R}_G(k)=0$ 为零矩阵。$\boldsymbol{G}(k-1)\boldsymbol{Q}(k-1)\boldsymbol{G}^{\mathrm{T}}(k-1)$ 为过程噪声协方差阵[9]。

另外，在一维情况下

$$\boldsymbol{\Phi}(k)=\begin{bmatrix} 1 & T_1 & \dfrac{1}{\alpha^2}(-1+\alpha T_1+\mathrm{e}^{-\alpha T_1}) \\ 0 & 1 & \dfrac{1}{\alpha}(1-\mathrm{e}^{-\alpha T_1}) \\ 0 & 0 & \mathrm{e}^{-\alpha T_1} \end{bmatrix} \tag{13-8}$$

式中 α 为机动时间常数的倒数，T_1 为 $k-1$ 时刻和 k 时刻的间隔时间。当 $k-1$ 时刻和 k 时刻群中成员数目发生变化时，滤波增益矩阵 $\boldsymbol{K}(k)$ 中位置增益应为零矩阵。获得 k 时刻群质心的修正状态后，我们就可利用状态预测方程对 T_2 时刻以后群的状态进行预测

$$\hat{\boldsymbol{X}}(k+1\mid k)=\boldsymbol{\Phi}(k)\,\hat{\boldsymbol{X}}(k\mid k)+\boldsymbol{U}(k)\bar{\alpha}(k) \tag{13-9}$$

式中 $\bar{\alpha}(k)$ 为 $\hat{\boldsymbol{X}}(k|k-1)$ 中各加速度分量所组成的矩阵。在一维情况下

$$\boldsymbol{U}(k)=\begin{bmatrix} \dfrac{1}{\alpha}\left(-T_2+\dfrac{\alpha T_2^2}{2}+\dfrac{1-\mathrm{e}^{-\alpha T_2}}{\alpha}\right) \\ T-\dfrac{1-\mathrm{e}^{-\alpha T_2}}{\alpha} \\ 1-\mathrm{e}^{-\alpha T_2} \end{bmatrix} \tag{13-10}$$

如果在 k 时刻只能获得群中各成员的状态信息，则 T_2 时刻以后群的状态预测方程为

$$\hat{\boldsymbol{X}}(k+1\mid k)=\boldsymbol{\Phi}(k)\,\hat{\boldsymbol{X}}_M(k\mid k) \tag{13-11}$$

2. 长时间段的态势预测

(1) 模板的概念

战场上，敌方总是按某种合理方式或按规定的条例行动，也就是说，敌方行动路线在一定程度上可以预测。以下，我们将主要研究如何利用模板[10~12]的方法对敌方的行动路线进行预测，即基于模板的长时间段态势预测。

模板是一种匹配的概念，即将一个确定的模式(或模板)与观测数据进行匹配，确定条件是否满足，从而进行推理。模板能使敌人作战能力形象化，战前预测可能的行进路线，战争期间验证这些预测。模板也为连续不断地识别和估计敌人作战能力及其弱点提供了一种手段。基于模板的态势预测是指通过开发一个关于兵力组织、兵力部署、行动路线，以确定态势演变的先验模型。在不同的应用中，模板的结构和建立的方法也不相同，取决于应用领域的特定信息。在态势和威胁估计中，经常使用四类主要模板[1,12]：作战条令模板，态势模板，事件模板，决策支持模板。

条令模板把敌人的战斗指令要素用图形方式加以描绘。条令模板模拟敌人如何根据作战条令使用兵力以及在不受气象和地形条件约束时如何进行训练。这些

模板还刻画了敌方各种梯队以及具有不同作战能力和机动模式的部队的类型，还用图形方式描绘这些梯队和作战部队的组成和配置、正面宽度和纵深以及相互之间的距离和标记。

态势模板以及对可能事件与活动的分析，为开发事件模板打下了基础，这些事件模板就是所期望的事件和活动的模板，用以融合多传感器数据，以估计这些事件或活动的出现，然后再用出现的事件和活动融合或填充事件模板。

事件模板提供与敌人行动路线有关的最可能的事件或活动所需要的信息，为此我们还要分析指定关心区域和指定关心区域之间以及指定关心区域与具体活动路线之间的关系。

决策支持模板把事件、活动以及事件模板上的目标与指挥员的决策需求联系起来，它基本上是一个综合的图形情报设计和作战计划。指挥员及其参谋人员把事件模板和图示敌方行动路线与我军行动路线的决策点叠加起来，从而形成决策支持模板。

(2) 模板在态势预测中的应用

针对长时间段态势预测的特点，我们构造一种态势事件模板。态势事件模板是描述在气象和地形条件约束下，敌人如何部署兵力和行动路线及其目的和任务的先验模型，其功能主要是用于识别敌方主要的军事企图，掌握敌方可能的行进路线。

兵力分布包括敌、我、友邻部队各种武器平台的分布情况和各种军事基地（舰艇、飞机、导弹）、航母和潜艇的活动区域、指挥和控制设施、后勤部队和设施等。各方武器平台的实时分布信息是兵力分布因素中最重要的一个方面。

地形和环境因素对敌我双方运动、进攻和防守有重大的影响，它是影响敌我双方制定作战方案的重要因素。地形分析的重点有五个要素：观测和火力范围；隐藏和遮蔽；障碍；重要地形；进入通路和运动走廊。观察和火力范围是指敌方的传感器观测范围和各类武器的有效射程，隐藏和遮蔽、障碍以及重要地形是指敌方如何利用地形优势，进入通路和运动走廊则是指敌方为了获得地形优势，如何选择行动路线。在海上作战，气象对作战行动的影响是非常大的。例如某片海域暴风雨的来临很有可能就是对该海域的天然封锁。对气象进行详细的分析就是要确定它是怎样影响敌我双方部队的运动。

在考虑敌方可能采用的作战方案时，要详细分析敌方过去所惯用的作战模式，并站在敌方立场综合考虑地形、环境等因素。推断出敌方的可能作战方案后，就等于推断出敌方可能的行动路线以及各阶段平台的分布情况。当然，这种推断带有很大的模糊性和主观性，它的可信度要取决于指挥员的分析能力和经验。

对于敌方态势元素描述中的行动路线可按两种方法进行填充。

(1) 由军事指挥人员进行人工填充。指挥人员根据新的态势元素所处的地理位置和状态，分析整个战场的地形和气象对该元素行动路线的影响，确定战场地形和当前气象因素对该元素运动能力的影响，其中还包括我方的观测和火力范围，最后将地形和气象的影响结合敌方执行作战条令的情况，提供多条敌方可能的行动路线，并给出相应的置信概率。

(2) 由模板自动处理，完成路线的填充。首先，算法根据态势元素成员的分类，确定其可能的攻击对象或行动的目的地。例如由敌方轰炸机组成的态势元素的攻击对象一般是我方的舰艇编队或岸防设施，而由潜艇组成的态势元素的攻击对象则一般是我方的舰艇编队。在确定其可能的目的地后，根据我方的火力和观测范围，结合敌方惯用的作战模式(如迂回攻击，正面进攻等)，确定该元素当前位置到目的地的运动路线。以目标进行直线运动为例，可通过以下公式得到各条行动路线所经过的地点经纬度。假设以目标为原点，通过坐标变换可以得到其目的地的坐标值为(x,y)(以该目标为坐标原点的坐标系)。将目标到目的地的直线等间隔分成十等份，则可以得到各点在以目标为原点的坐标系中的坐标值为

$$\begin{cases} x_i = x \cdot i/10 \\ y_i = y \cdot i/10, \end{cases} \quad i = 1,\cdots,10 \tag{13-12}$$

再通过坐标变换，从而可以得到各点的经纬度。其中，各条行动路线的初始置信度可以通过下式获得

$$d_i = 1/l \tag{13-13}$$

式中 l 表示共有 l 个可能的目的地。另外，我们还可综合考虑目标在战场上的一些常采用的运动模式，如舰船和直升机的徘徊运动、飞机的俯冲轰炸、飞机的盘旋运动等。

当表中存在多条备选路线，需要对这些备选路线进行筛选，不断减小多条备选路线所带来的态势预测的模糊性。筛选的方法描述如下。

(1) 计算不同时刻，态势元素的当前位置与各条路线的当前判定点的距离差。

(2) 如果某条路线的当前判断点与元素当前位置的距离差不断增大，则要将该备选路线从表中删除。

(3) 如果某条路线的当前判定点与元素当前位置的距离差不断减小，则要相应增大该路线的置信概率。

(4) 如果所有路线的当前判定点与元素当前距离差不断增大，则应考虑该态势元素是否采取了一条没有考虑到的行动路线。此时，我们要将所有备选路线清空，并重新考虑新的行动路线方案。

(5) 在(3)的情况中，如果在 k 时刻的距离差开始大于 $k-1$ 时刻的距离差，则需要将该路线中下一个可能经过地点作为该路线的当前判定点，并计算 k 时刻态势元素的位置与新的当前判定点的距离差。

通过长时间段战场态势的预测，指挥员可以了解未来战场态势的可能演变情况。当然，整个战场态势的演变都有人的主观因素介入，因此该模板不可能是自然正确的，预测的正确性在一定程度上依赖于指挥员的经验。

13.2.2　态势关联

态势关联是态势估计中一个重要组成部分，它是态势评估和预测[12~17]的一个前提条件。态势关联就是对态势要素数据进行分组，确定态势要素之间的相互关系，

并据此解释态势要素的特性。态势关联包括空间关联和时间关联[18]。空间关联指在空间上确定态势元素之间的相互关系；时间关联是为了减少在接收信息的不连续性时对战场态势的模糊认识，对战场监视区域内不同时刻兵力、武器平台的分布情况进行关联，从而更加清晰地掌握前后态势的演变情况，并对以后的战场态势做出推断。

当融合中心能连续获得各态势元素信息时，就能实时确定各态势元素的分布信息，从而实时掌握历史态势和当前态势的前后变化关系。此时，进行态势关联的意义不是很大。但融合系统并不总是能连续获得各态势元素信息，当态势出现间断后，为了确定历史态势和当前态势的关系，就需要进行态势关联。

1. 利用态势元素的外部特征进行关联

由于战场情况比较复杂，并且常常有紧急情况和意外的态势出现，在这些情况下，人往往可以比计算机完成得好，因此可首先采用人工关联判断，即根据态势元素的外部特征由人直接进行判断。态势元素的外部特征是态势元素的显示信息。对于融合信息中的军事数据可以用多种方式显示，取决于具体的应用[10,12,17]。图 13-1 所示的显示方式是以目标群为背景的显示模式。

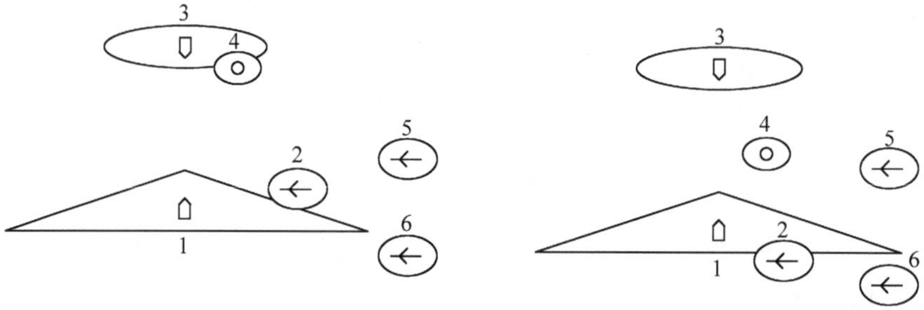

图 13-1　不同时刻两个不同形态群的一个分布实例图

以图 13-1 为例，其中左侧为前一时刻的态势元素分布，右侧为后一时刻的态势元素分布。如果由计算机完成态势的关联，则可能得出错误的关联结果，而通过比较显示界面中两个时刻元素的成员数量和形状，就很容易判断出前后关联的结果。

2. 利用模板进行关联

首先可以利用所获得的态势元素的性质参数（如目标类型、种类、敌我等）进行判断，具有不同性质参数的元素应排除其关联的可能性。

假设得到态势中断前 k 时刻的元素集合为 $\{x_k^1, x_k^2, \cdots, x_k^n\}$，态势中断后 $k+1$ 时刻的元素集合为 $\{x_{k+1}^1, x_{k+1}^2, \cdots, x_{k+1}^m\}$，中断时间为 t 秒。通过下述方法可以进一步得到与 x_k^1 关联的元素 $x_{k+1}^i, i \in \{1, \cdots, m\}$。

假设态势中断前元素 x_k^1 在中心坐标系中的坐标值为 (x_k, y_k)（为了描述的简单，所有目标信息假设采用两坐标表示），其态势元素描述表中有 l 条行动路线，各行动路线的目的地在中心坐标系中的坐标值分别为(x^1,y^1)、(x^2,y^2)、…、(x^l,y^l)，则各目的地与(x_k,y_k)的距离分别为

$$l_{x_k,x^i}=\sqrt{(x_k-x^i)^2+(y_k-y^i)^2},\quad i=1,\cdots,l \tag{13-14}$$

同样以目标直线运动为例进行说明。假设 x_k^1 的绝对速度为 v，则可以得到 x_k^1 在其各行动路线上的各点预测位置分别为

$$\begin{cases}x_{k+1|k}^i=x_k+(x^i-x_k)\cdot v\cdot t/l_{x_kx^i}\\ y_{k+1|k}^i=y_k+(y^i-y_k)\cdot v\cdot t/l_{x_kx^i}\end{cases},\quad i=1,\cdots,l \tag{13-15}$$

分别计算 x_k^1 的 l 点预测位置与 $k+1$ 时刻 x_{k+1}^1 的距离差，将其中最小的距离差记为 Δl_1。依次处理，可以得到 x_k^1 的 l 点预测位置与 $k+1$ 时刻所有元素最小距离差的集合为$\{\Delta l_1,\Delta l_2,\cdots,\Delta l_m\}$，假设其中最小值为 Δl_i。如果 Δl_i 超过预设的门限值，则判定 x_k^1 与 $k+1$ 时刻各元素都不关联，否则判定 x_k^1 与最小值 Δl_i 所对应的元素关联，关联置信度为

$$d_i=\frac{1/\Delta l_i}{1/\Delta l_1+1/\Delta l_2+\cdots+1/\Delta l_m} \tag{13-16}$$

13.2.3　态势评估

态势评估是通过对复杂战场环境的正确分析和表达，导出敌我双方兵力的分布推断，绘出意图、告警、行动计划与结果。对于不同的作战平台，相应的态势元素（如环境、实体和事件等）也各不相同，因而态势评估的具体内容和功能也随之不同。

1. 态势评估的要素

态势评估的要素[10,18,19]是提供为指挥员作战指挥需要的战场态势综合视图，它是态势评估的基础。这些要素不仅要考虑敌我双方战场兵力部署、兵力活动、环境等有形要素，同时也要考虑部队编制体制的合理性、士气、心理状态、训练水平等无形要素。态势评估的要素如图 13-2 所示。

2. 态势评估的流程

在信息融合过程中，经过第一级到第三级的检测、关联与相关、组合，获得目标的位置和身份估计后，进入态势评估流程[19]。

态势评估流程首先从各种支持数据库中提取所需的环境与模型信息并对之融合处理，建立目标之间的相互关系、时间关系、空间关系、通信联系和功能依赖关系，形成军事实体的属性评估。

随后，建立对应于时间序列的军事行为的相互关系，形成对军事实体行为的判别及相关实体之间行为的联系。

最后，进行视图切换评估，从红方视图（我方）、蓝方视图（敌方）、白方视图（中立方）的角度出发来考察这些信息，并形成一个最优的态势评估，其内容主要包括[20]：

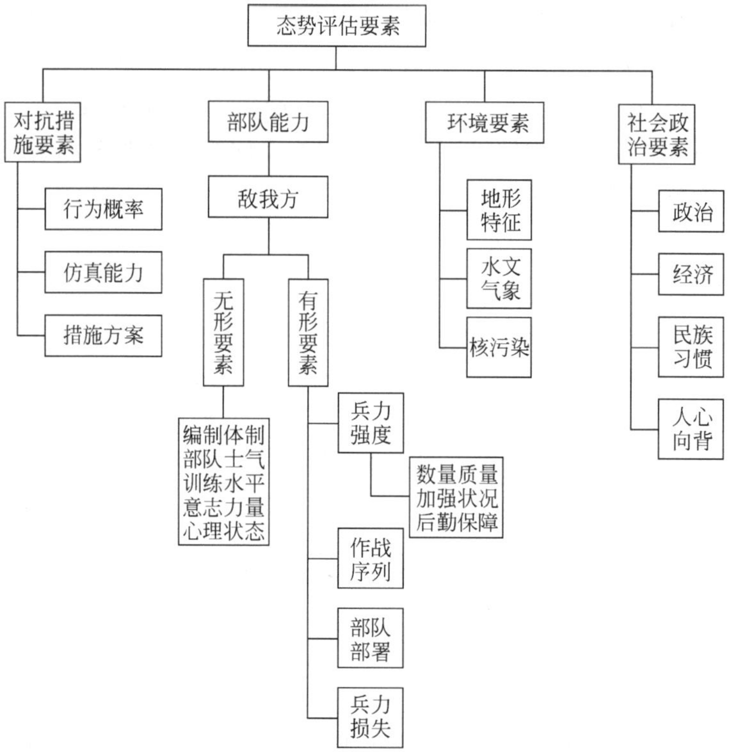

图 13-2 态势评估的要素组成

(1) 战场主动权指数计算；

(2) 敌我作战能力评估；

(3) 相关保障计算模型；

(4) 重要敌目标的行动和位置估计；

(5) 兵力部署/使用/定位估计，包括敌兵力部署/使用/定位、我兵力部署/使用/定位、友邻兵力部署/使用/定位；

(6) 敌战斗序列估计；

(7) 军官士兵素质估计等。

13.3 态势评估方法

13.3.1 基于模糊聚类的态势评估方法

模糊逻辑提供了一种处理人类认知不确定性的数学方法。由于事件在整个发生的过程中可能有多种状态，一种状态的发生在一定程度上具有不确定性。而聚类是按照事物间的相似性进行区分和分类的过程。传统的聚类分析是一种固定划分，但事实上各事件对象的各状态之间的界限并不是很清楚。针对各个状态和态势特征信息的不确定性可采用基于模糊聚类的态势评估。

基于模糊聚类的态势评估[21]可描述为：把给定的一组模式 U 划分为 m' 个模糊子集 $U_1, U_2, \cdots, U_{m'}$，若用 μ_{ik} 表示模式 u_k 隶属于模糊子集 U_i 的程度，则得到这组模式的模糊划分 $U=\{\mu_{ik} \mid 1 \leqslant i \leqslant m', 1 \leqslant k \leqslant m\}$，这里 m 为被控对象样本个数。

为了构造模糊关系矩阵，需要对样本数据进行预处理，使样本数据压缩到[0,1]的闭区间内。从目标 n 个属性中选取第 $l_1, l_2, \cdots, l_{n'}$ $(l_1, l_2, \cdots, l_{n'} \in 1, 2, \cdots, n)$ 个属性进行聚类，首先求出 m 个样本的第 j $(j=l_1, l_2, \cdots, l_{n'})$ 个属性的平均值和标准差

$$\bar{x}_j = \frac{1}{m}\sum_{i=1}^{m} x_{ij} \tag{13-17}$$

$$S_j = \sqrt{\frac{1}{m}\sum_{i=1}^{m}(x_{ij} - \bar{x}_j)^2} \tag{13-18}$$

式中 x_{ij} 代表与第 j 个属性对应的第 i 个样本。使用式(13-17)和式(13-18)，样本数据标准化值为

$$x'_{ij} = \frac{x_{ij} - \bar{x}_j}{S_j}$$

运用极值标准化公式，将标准化数据压缩到[0,1]闭区间内

$$x''_{ij} = \frac{x'_{ij} - x'_{j\min}}{x'_{j\max} - x'_{j\min}}$$

式中 $x'_{j\max}$ 和 $x'_{j\min}$ 分别表示 x'_{kj} $(k=1,2,\cdots,m)$ 中的最大值和最小值。

从直观上理解，聚类就是把 U 中比较靠近的点按某种等价关系归纳在一起，要表示点和点的"靠近"程度，则需要建立模糊关系来进行度量。为了建立模糊相似矩阵 $\boldsymbol{R}$，引入相似系数 r_{ij}，这里 r_{ij} 是表示两个样本 u_i 和 u_j 之间相似程度的变量，$\forall\, i,j$ 满足

$$\begin{cases} 0 \leqslant r_{ij} \leqslant 1 \\ r_{ii} = 1 \\ r_{ij} = r_{ji} \end{cases}$$

当 r_{ij} 接近于 1，表明这两个样本越来越接近。当 U 所含的点为 m 个时，$\boldsymbol{R}$ 对应于一个对角线为 1 的 m 阶方阵。相似系数 r_{ij} 的确定方法有相关系数法和距离法等。模糊相似矩阵 $\boldsymbol{R}$ 反映了样本间的相似关系，它具有自反性和对称性，但不一定具有传递性，可以通过平方法得到 $\boldsymbol{R}$ 的传递闭包 $t(\boldsymbol{R})$[21]

$$t(\boldsymbol{R}) = \boldsymbol{R}^2 \tag{13-19}$$

其中 $t(\boldsymbol{R})$ 就是论域上的一个模糊等价矩阵。对任意给定的 $0 \leqslant \lambda \leqslant 1$ 考虑 $t(\boldsymbol{R})$ 的 λ 截矩阵

$$t(\boldsymbol{R})_\lambda = [\lambda r_{ij}] \tag{13-20}$$

式中当 $\lambda r_{ij} \geqslant \lambda$ 时，$\lambda r_{ij}=1$；当 $\lambda r_{ij} < \lambda$ 时，$\lambda r_{ij}=0$。即 $t(\boldsymbol{R})_\lambda$ 是一个布尔矩阵，选择不同的 λ 值，可以得到不同的水平截集，得到动态聚类结果。当 U 的元素个数有限时，$t(\boldsymbol{R})_\lambda$ 可唯一地对应一个无向图 $G=(V,E)$，其中 $V=\{u_1, u_2, \cdots, u_m\}$ 为图中顶点的集合，$E=\{(u_i, u_j) \mid \lambda_{ij}=1\}$ 为弧的集合。在图 G 上找出所有连通分支，则每一个连通分支便对应于一个群[22]。

经过模糊聚类，选定一定的 λ 即可实现目标向空间群的聚类。目标编群的形成过程是一个数据驱动的前向推理过程，即将规则应用于有效数据以产生一个可推理的假设结构。因此，在群结构的递增形成过程中，基于一定的规则是目标群的主要特征。

设经过模糊聚类得到了为 m' 个空间群 $U_1,U_2,\cdots,U_{m'}(m'<m)$，$U_i=\{u_{k_i}\}$，$k_i\in\{1,2,\cdots,m\}$ 每个空间群目标的个数为 $n_i(1\leqslant i\leqslant m')$。用下面的式子可计算第 i 个群的聚类中心

$$\bar{u}_i=\frac{1}{n_i}\sum_{k_i}x_{k_ij}\quad j=1,2,\cdots,n$$

为了形成目标编群从低级到高级逐级递增的层次结构，可以采用最近邻的思想：如果一个群对象与其更高层的群对象的重心在预定义的距离范围内，且其属性与该高层群对象中的成员的属性满足一定的规则，则把该对象聚类到该群。

令空间群对象集合为 U'，即 $U'=\{U_1,U_2,\cdots,U_{m'}\}$。设编群的距离精度为 ε，现对这 m' 个群对象进行聚类，采用按最近邻规则的试探法，有关群对象形成的算法流程图[23]如图 13-3 所示。

在战场态势中，根据各个军事单元在性态和类属方面的界限不确定性，建立各单元间的模糊相似关系，通过基于模糊等价关系的传递闭包方法实现目标向空间群的聚类，在此基础上，按照最近邻原则和一定的规则逐级形成目标编群的体系结构。目标编群是一个周期性的形成过程。该过程通过群结构的动态维护来实现，包括新目标的出现、目标消失、分批和合批等事件。当空间群发生变化后，按照群结构递增算法调整更高层次的群结构。群结构表示了一定的战术意义，由于其变化比较缓慢，对于目标的分批和合批事件，考虑到在目标数量较多时其检测的计算量较大，为了满足态势估计的实时性要求，可以按照不同的时间间隔在多个周期对各层次的群结构进行处理[24]。

13.3.2 基于贝叶斯网络的态势评估

贝叶斯推理是概率统计学中一种很重要的方法，贝叶斯网络是根据贝叶斯推理建立的各个变量之间依赖关系的图形模型。态势评估不仅需要多层次、多角度的信息视图，而且要把对目标的估计量化，进而识别产生观测事件和行动的可能态势。所以结合多源信息融合理论，可建立基于贝叶斯网络的通用态势评估模型[25,26]。

在态势评估模型中所采用的态势特征实质上是各种态势发生的概率值，因此可使用概率值来表示和度量态势评估过程中的态势特征信息的不确定性。

在所建立的贝叶斯网络中的节点间通过三种关系互相连接：态势-态势、态势-事件、事件-事件连接。

(1) 态势-态势连接，代表了态势节点之间的依赖关系。如果一个态势节点 S_{1N} 的各个态势子集 $S_1,S_2,\cdots,S_N$ 相互独立，则可以用一层树结构来表示这些态势节点间的关系，且

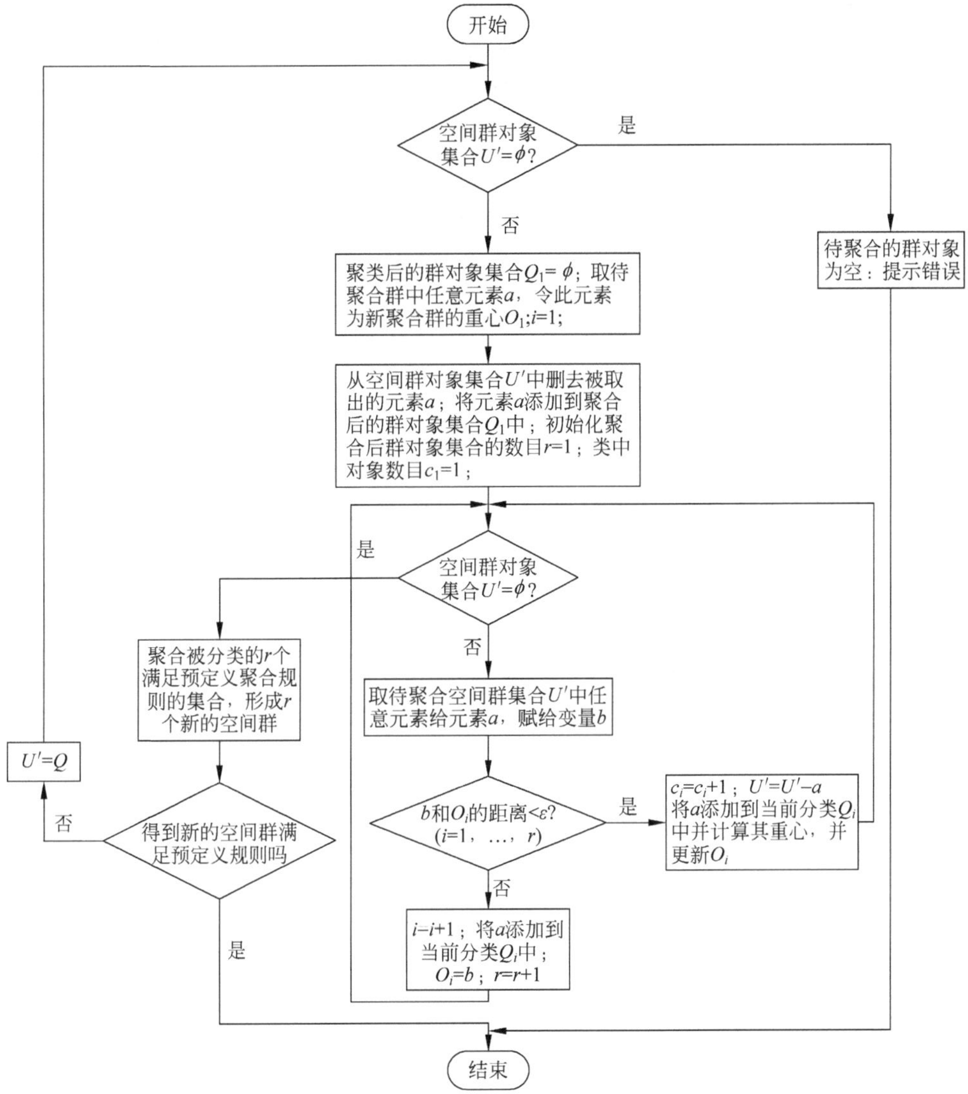

图 13-3　群对象形成算法流程图

$$\mathrm{BEL}(S_{1N})=\sum_{i=1}^{N}\mathrm{BEL}(S_i) \tag{13-21}$$

式中，BEL(·)为节点的置信度函数。式(13-21)表示一个态势节点的置信度是其各个子态势置信度的总和，也就是说，某个子态势的置信度不可能大于其父态势的置信度。因此，如果某个态势发生的置信度很小，则可以不考虑其子态势。在实际应用中，这样可以减少态势评估过程中包含的节点数目，从而简化网络模型。

(2) 态势-事件连接，代表了态势 S 与相联系的事件 $E_1,E_2,\cdots,E_M$ 间的因果关系。如果事件 E_i 具有 l 种状态且态势为 S，则事件 E_i 预计发生的概率为

$$p(E_i\mid S)=(p_{11},p_{21},p_{31},\cdots,p_{l1})^{\mathrm{T}} \tag{13-22}$$

(3) 事件-事件连接,代表了事件节点之间的推理关系。如果网络中一个具有 m 种状态的事件节点 E_a 和另一个具有 n 种状态的事件节点 E_b 存在连接关系($a\neq b$),则这种连接可以通过 $m\times n$ 的条件概率矩阵来表示

$$[p_{ij}]=\begin{bmatrix} p_{11} & p_{12} & \cdots & p_{1n} \\ p_{21} & p_{22} & \cdots & p_{2n} \\ \vdots & \vdots & \ddots & \vdots \\ p_{m1} & p_{m2} & \cdots & p_{mn} \end{bmatrix} \tag{13-23}$$

多树传播(polytree propagation)推理算法是 Pearl 于 1986 年提出的一种有效的贝叶斯网络推理算法[26,27],适用于单连通图的贝叶斯网络推理。多树传播算法的主要思想是直接利用贝叶斯网络的图形结构,为每一个节点分配一个处理机,每个处理机利用相邻节点传递来的消息和存储于该处理机内部的条件概率表进行计算,以求得自身的置信度即后验概率,并将结果向其余相邻的节点传播。相邻节点的处理机接收到传递来的消息后,重新计算自身的置信度,然后将结果向自己其余的相邻节点传播,如此继续下去直到证据的影响传遍所有的节点为止。

在多树传播算法中,假设网络中节点 B 可以表示为有限集 $B=\{B_1,B_2,B_3,\cdots,B_n\}$,其中 $B_1,B_2,B_3,\cdots,B_n$ 互斥,则 B_i 的置信度可以表示为

$$\mathrm{BEL}(B_i)=\alpha\lambda(B_i)\pi(B_i) \tag{13-24}$$

式中,α 为归一化因子;$\lambda(B_i)=p(D_B^-\mid B_i)$,其中 D_B^- 表示节点 B 的子孙节点对 B_i 的支持;$\pi(B_i)=p(B_i\mid D_B^+)$,其中 D_B^+ 表示节点 B 的祖先对节点 B_i 的支持。

在网络推理中,修改节点 B 的置信度值时应同时考虑由父节点 A 来的信息 $\pi_B(A)$ 和由各个子节点来的信息 $\lambda_1(B),\lambda_2(B),\cdots$,其中

$$\lambda_B(A)=\prod_k\lambda_k(B_i) \tag{13-25}$$

$$\pi(B_i)=\beta\sum_j p(B_i\mid A_j)\pi_B(A_j) \tag{13-26}$$

式中 β 为归一因子。

网络传播中,置信度可以传播父节点和子节点。由节点 B 传播给其父节点 A 的信息计算如下

$$\lambda_B(A_j)=\prod_k\lambda_k(B_i)\sum_i p(B_i\mid A_j)\lambda(B_i) \tag{13-27}$$

传播给子节点计算如下

$$\pi_E(B_i)=\alpha\pi(B_i)\prod_m\lambda_m(B_i) \tag{13-28}$$

在多树传播算法中,接收到传感器采集的事件后,首先自下向上传播,按式(13-27)计算各个节点向其父节点传播的 λ 值,然后由根节点向下传播,按式(13-28)计算其子节点传播的 π 值,直到所有节点的置信度值都被计算,态势节点按式(13-24)计算其置信度值。

利用贝叶斯网络模型解决实际问题的过程可看做贝叶斯网络推理。根据已建立的态势评估模型(假设树状贝叶斯网络模型),通过自底向上的推理,逐级达到对

单个被控对象状态、网络状态、子态势的识别，获得对全局态势的掌握。自顶向下的推理表示态势预测的过程，态势与子态势之间的因果联系表现为对态势的预测，而态势节点和事件节点、事件节点与事件节点之间的联系表现为底层具体被控单元状态信息的更新。这样，通过用作为证据的状态诱因得到底层事件节点，利用贝叶斯网络推理算法，应用自底向上的诊断推理和自顶向下的因果推理，从而更新所有节点的置信度，完成对态势的估计与预测。

13.3.3　基于马尔科夫模型的态势评估

一个简单随机过程马尔科夫模型定义为一个三维数组$\langle S,A,\Pi\rangle$：

序列$S=\{s_1,\cdots,s_n\}$表示n个离散状态，假定每一个元素表示t时刻的过程状态。过程每经过离散时间周期$t=1,2,\cdots$状态会发生改变。$A=\{a_{ij}\}_{i,j=1,\cdots,n}$表示状态转移概率，每个$a_{ij}$表示状态从$s_i$到$s_j$的转移概率。$p(X_t=s_j\mid X_{t-1}=s_i)=a_{ij}$，其中$X_t$表示$t$时刻状态的随机变量。初始分布概率为$\Pi=\{\pi_1,\cdots,\pi_n\}$，对应状态$S=\{s_1,\cdots,s_n\}$，其中$\pi_i$是模型自状态$s_i$起始的概率。

初始分布概率总和为1

$$\sum_{i=1}^{n}\pi_i=1 \tag{13-29}$$

给定状态的输出转移概率总和也为1

$$\sum_{j=1}^{n}a_{ij}=1 \tag{13-30}$$

上述马尔科夫模型可由概率图模型表示，其中节点表示状态，有向弧线表示转移。图12-4描述的是有四个状态的马尔科夫模型，其转移矩阵如图中矩阵**A**所示。零概率转移没有写出。

一阶马尔科夫模型中，某一状态的概率仅由前一状态决定

$$p(X_t=s_i\mid X_{t-1}=s_j,X_{t-2}=s_k,\cdots)=p(X_t=s_i\mid X_{t-1}=s_j) \tag{13-31}$$

如果每一状态可对应于物理可观事件，则上述模型称为可观的。给定一个上述模型，我们可以提问，例如对应时刻$t=1,2,3,4,5$状态观测序列$\{s_3,s_4,s_1,s_3,s_2\}$的观测概率是多少？这个概率将这样计算得到

$$\begin{aligned}&p(\{s_3,s_4,s_1,s_3,s_2\})\\&=p(s_3)p(s_4\mid s_3)p(s_1\mid\{s_3,s_4\})p(s_3\mid\{s_3,s_4,s_1\})p(s_2\mid\{s_3,s_4,s_1,s_3\})\\&=p(s_3)p(s_4\mid s_3)p(s_1\mid s_4)p(s_3\mid s_1)p(s_2\mid s_3)\\&=\pi_3a_{34}a_{41}a_{13}a_{32}\end{aligned} \tag{13-32}$$

这是图13-4中马尔科夫模型的一个实例。

考虑目标跟踪中选择合适机动模型的四状态马尔科夫模型。我们假设每十秒一次，机动目标状态为下述其中一种

$$s_1=\text{Stopped}(stop)$$

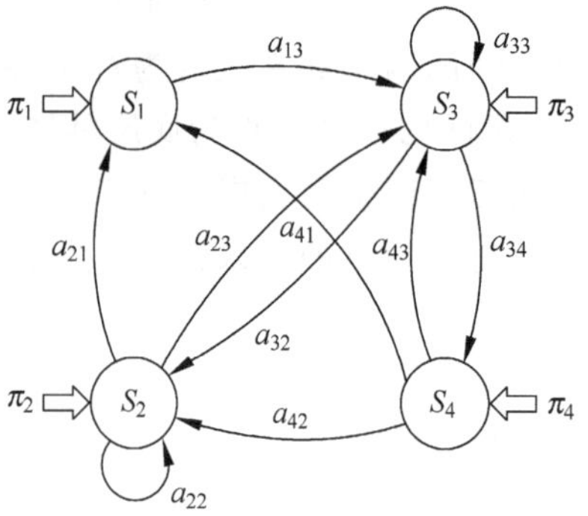

$$A=\begin{bmatrix} 0 & 0 & a_{13} & 0 \\ a_{21} & a_{22} & a_{23} & 0 \\ 0 & a_{32} & a_{33} & a_{34} \\ a_{41} & a_{42} & a_{43} & 0 \end{bmatrix}$$

图 13-4 马尔科夫模型和四状态转移矩阵

s_2 = In acceleration(*accl*)

s_3 = Traveling at a constant speed(*cons*)

s_4 = In deceleration(*decl*)

该模型和传递概率矩阵 $\boldsymbol{A}$ 如图 13-5 所示。

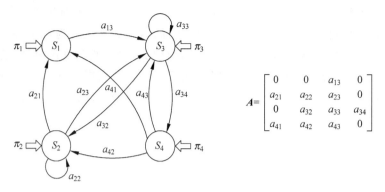

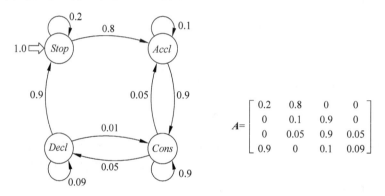

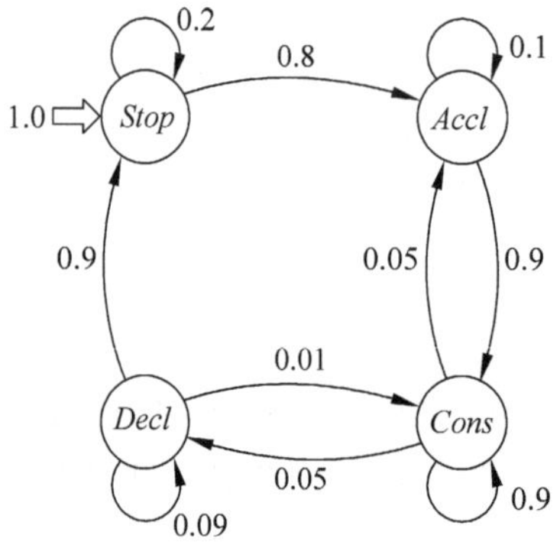

$$A=\begin{bmatrix} 0.2 & 0.8 & 0 & 0 \\ 0 & 0.1 & 0.9 & 0 \\ 0 & 0.05 & 0.9 & 0.05 \\ 0.9 & 0 & 0.1 & 0.09 \end{bmatrix}$$

图 13-5 马尔科夫模型和四状态转移矩阵示例

因此，观测矩阵$\{stop, accl, cons, cons, decl\}$可如下计算

$$\begin{aligned} p(\{stop, accl, cons, cons, decl\}) &= p(stop)\cdot p(accl \mid stop)\cdot p(cons \mid accl)\cdot \\ &\quad p(cons \mid cons)\cdot p(dccl \mid cons) \\ &= 1.0\cdot 0.8\cdot 0.9\cdot 0.9\cdot 0.05 \\ &= 0.0324 \end{aligned}$$

13.3.4 基于联合模糊逻辑和贝叶斯网络的态势评估

模糊逻辑是一种用来把数字数据分成离散变量的模糊集的方法，贝叶斯方法在这方面比较欠缺。另一方面，贝叶斯网络的推理能力比较强，可以采用各种资源中的条件独立，而不丧失其可见的性质。模糊推理具有确定的输入和输出，意味着传播必须沿着一个方向。而贝叶斯网络并不是采用这种方式，相连的节点的相互推理

采用一种有意义的方式，每一个节点都可以插入证据并且更新其余所有节点的信念。采用模糊分类作为贝叶斯网络输入的混合技术是很有吸引力的。这两种技术都很容易建模并且都具有透明的、容易理解的语义，组合技术保持了两者的优点，并且显得更自然。

1. 对目标信息模糊化

首先进行目标分类，敌方目标分为潜艇、水面舰艇、飞机等。潜艇和水面舰艇可以根据我方雷达（或声呐）的侦察范围，确定其威胁范围为 0～36nm，即目标距离 D；航行速度分别为 8～12nm/h 和 14～20nm/h；目标与我舰连线与目标相对航线之间的夹角 θ 范围为 0°～180°。根据数据特点，进行模糊化处理。这里以舰艇为例，简单介绍如何进行模糊化处理。

(1) 将 D 的范围平均划分成相应若干等级。划分等级是为了将论域离散化或适当归并，此处观测量本身是连续的，目的是将 θ 离散化，便于计算。这样，D 等级就构成了论域，$X=\{X_i\}=\{0,1,2,3,4,5,6,7,8\}$。$\theta$ 等级也构成了论域，$Y=\{Y_i\}=\{0,1,2,3,4,5,6,7,8\}$。

(2) 将 D 模糊化成模糊度量：较近（PT），近（PS），中（PM），较远（PL），远（PH），构成模糊集。$F(A_i)=\{PT_A,PS_A,PM_A,PL_A,PH_A\}$。

将 θ 也模糊化成模糊度量：较小（PT），小（PS），中（PM），较大（PL），大（PH），构成模糊集类。$F(B_i)=\{PT_B,PS_B,PM_B,PL_B,PH_B\}$。再对应 D、θ 所划分的等级，分别给模糊子集 A 和 B 的隶属函数 $\mu_{A1}(x)$ 和 $\mu_{B2}(y)$ 赋值。

另外，为了采用模糊化方法来处理输入数据的不确定性，我们采用了一种新的处理方法。随机变量假定是高斯分布的。

随机变量的分布 $N(x,\sigma)$ 近似一个三角形（图 13-6）最低点在坐标的最左边和最右边，分别为 $(x,y)=(x-2\sigma,0)$ 和 $(x,y)=(x+2\sigma,0)$；最高的中心点位置在 $(x,y)=(x,1/2\sigma)$，形成一个规范的三角形，使下式成立，使三角形的分布和其他静态的分布类似。

$$\int_{-\infty}^{\infty} f(x)\mathrm{d}x = 1 \quad f(x) \text{ 是三角形的函数} \tag{13-33}$$

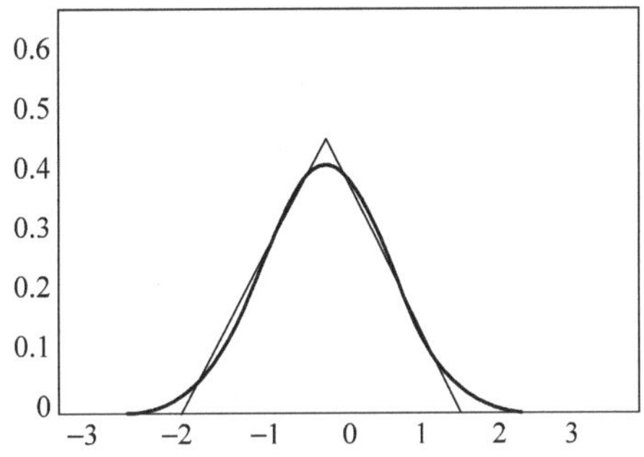

图 13-6　三角分布示意图

采用上述的高斯近似来对数据进行模糊化处理，过程不同于对确定的数据的模糊化处理方法，其主要特点如下：对每一个在规范分布 $f(x)$ 中的模糊的成员函数 $Z_1(X)\cdots Z_n(X)$，其对 $f(x)$ 在 Z_a 的成员值 M_a 是

$$M_a = \int_{-\infty}^{\infty} f(x)Z_a(x)\mathrm{d}x \tag{13-34}$$

这里成员函数的值的和等于 1，即

$$\sum_{a=1}^{a} M_a = 1 \tag{13-35}$$

图 13-7 表示随机变量 $x \in N(1.5, 0.5)$ 的分布域和两个模糊的成员函数 Z_1, Z_2。注意图 13-7 中对随机变量 x 的模糊化。近似的成员函数值 $M_1 = 0.833, M_2 = 0.167$，两者之间差别很小，采用这种方法消除了增多的不确定性。

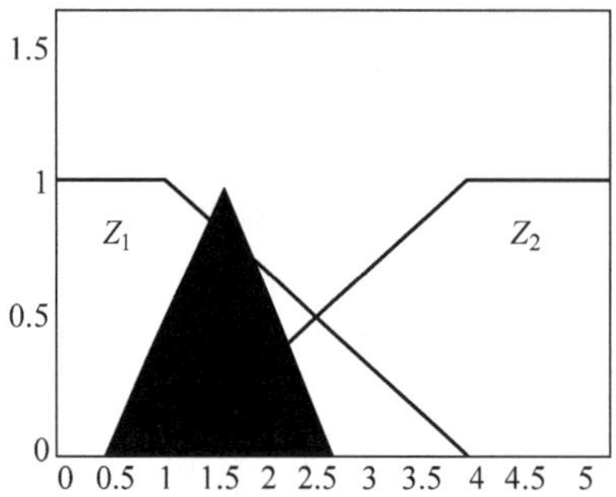

图 13-7 随机变量的分布示意图

在所用的数据被收集和模糊化以后，将其输入到贝叶斯网络中处理。为了使处理的过程快速和便于计算，我们根据相应的推理规则及已有的知识，事先定义了网络的结构和参数，不会自动产生新的贝叶斯网络，这样减少了复杂性和系统的计算代价。

2. 贝叶斯网络的态势表示

贝叶斯网络的建模目的是对所包含的定性知识和定量知识进行结构上的描述，为下一步推理提供依据。从原始数据中构造贝叶斯网络模型，实际上是对原始数据进行数据挖掘：先找出最符合原始数据的定性的网络图关系，再根据网络中的因果关系，计算节点间的条件概率。

下面简要介绍一下我们在设定态势情节的仿真实验中构成的贝叶斯网络。根据战场静态目标和动态目标的特点，设定了三种在态势感知中的关系：①编组。由两个或更多的动态目标组成，如舰艇编队。②靠近。一个动态目标沿着静态的目标移动，如飞机沿着边界飞行，舰艇沿着海岸航行等。③进攻。一个动态目标进攻一个动态目标或存在的静态目标，如战斗机进攻舰艇。根据这些关系建立了相应的贝叶斯网络并给出其条件概率。

贝叶斯网络的推理实际上是进行概率计算。具体而言，在给定一个贝叶斯网络的模型的情况下，根据已知条件，利用贝叶斯概率中条件概率的计算方法，计算出所感兴趣的查询节点(query node)发生的概率。在贝叶斯网络推理中，主要有以下三种形式：

(1) 因果推理，原因推知结论——由顶向下的推理(causalor top—down inference)。目的是由原因推导出结果，已知一定的原因(证据)，使用贝叶斯网络的推理计算，求出在该原因的情况下结果发生的概率。

(2) 诊断推理，结论推知原因——由底向上的推理(diag—nostic or bottom—up inference)。目的是在已知结果时，找出产生该结果的原因，已知发生了某些结果，根据贝叶斯网络推理计算，得到造成该结果发生的原因和发生的概率。

(3) 支持推理，提供解释以支持所发生的现象(explai—ning away)。目的是对原因之间的相互影响进行分析。

我们首先根据任务的需要和相应的知识建立贝叶斯网络。在本应用中，根据环境中可能出现的不同目标和先验的判断知识构成多个贝叶斯网络，每个网络可以根据获取的态势实时知识，进行并行的推理处理，确定整个态势中目标间的相互关系和整个战场的态势，指挥控制决策服务。

应用模糊贝叶斯网络的关键是：①确定贝叶斯网络的结构；②如何得到先验的概率系数，从而确定该网络参数。对于这两点，我们可以利用领域专家的知识来确定，也可以利用大量应用实验统计数据来进行网络结构和参数的学习。目前在贝叶斯网络学习上的研究很多，也取得了较好的应用。一旦确定了这些贝叶斯网络的结构和参数，具体对输入的模糊处理技术已经相当成熟，两者结合应该是很有意义的。

利用结合模糊逻辑的贝叶斯网络态势评估模型，可以表示更加复杂的系统；按照最优原则充分利用传感器得到的态势信息，能不断更新网络，完成知识积累，从而得到感知结果。对于复杂系统，贝叶斯网络方法的应用提高了准确性和速度，并且能在输入信息不完备的情况下，完成任务。

13.3.5　其他

1. 推理理论

所谓推理就是按照某种策略由已知判断推出另一判断的思维过程。由于经典的逻辑推理在处理不完善、不精确、不确定信息时效果不理想，甚至有可能发生常识性错误。为此，一系列新的改进方法不断出现。目前，主要的方法有概率方法、主观贝叶斯方法、可信度方法、证据理论、模糊推理、基于框架表示的不确定性推理、基于语义网络表示的不确定性推理、非单调推理等。

模糊推理所处理的对象是模糊的，这是现实世界中广泛存在的一种不确定性，因此在智能处理的诸多领域有广阔的应用前景，存在的主要问题是建立隶属函数仍然是一件比较困难的工作。

非单调推理模拟了人类思维的一个主要特征——非单调性。包括默认理论、界限理论以及非单调逻辑。需要指出的是，非单调推理属于常识性推理的范畴，是智能处理中亟待解决而尚未完全解决的难题之一。因此，尚有很多很辛苦的工作要做。

2. 专家系统法

所谓专家系统就是一种在相关领域中具有专家水平的智能程序系统，它能运用领域专家多年积累的经验与专门知识，模拟人类专家的思维过程，求解需要专家才能解决的困难问题。一般说来，该类系统的特点是具有专家水平的专门知识；能进行有效的推理；具有获取知识的能力；具有灵活性、透明性、交互性、实用性。但是目前的专家系统存在诸多问题，因此发展分布协同式专家系统是较为流行的趋势。不过也带来了专家之间的任务分配和交互作用问题。

另外，利用神经网络系统的学习能力、联想记忆能力、分布式并行信息处理功能解决专家系统中的知识表示、获取和并行推理等问题，这也是值得关注的发展方向。

3. 规划识别法[29,30]

规划识别理论建立在完备认知基础上，利用规划识别随机网络模型实现态势评估。该方法主要应用于军事路径识别领域，有效解决真实条件下的军用路径规划问题。但该方法存在的主要问题是，在真实情况下规划识别问题不是逻辑完备的，因此使用存在一定的局限性。

13.4 威胁估计概念

本节介绍威胁估计的基本概念、功能模型和主要方法。

13.4.1 威胁估计的定义

威胁估计(threat assessment，TA)是指挥员作战决策过程中重要的环节，它是建立在目标状态与属性估计以及态势估计基础上的高层信息融合技术。威胁估计反映敌方兵力对我方的威胁程度，它依赖于敌兵力作战/毁伤能力、作战企图以及我方的防御能力。威胁估计的重点是定量估计敌方作战能力和敌我双方攻防对抗结果，并给出敌方兵力对我方威胁程度的定量描述。

威胁估计是一种综合评估过程，它不仅需要考虑敌方某些威胁元素，还要充分考虑到战场综合态势及双方兵力对抗后可能出现的结果。影响威胁估计的元素如图 13-8 所示，威胁估计是通过对各个威胁元素的分析，逐级实现对具体保卫目标或对战场总体威胁的估计。

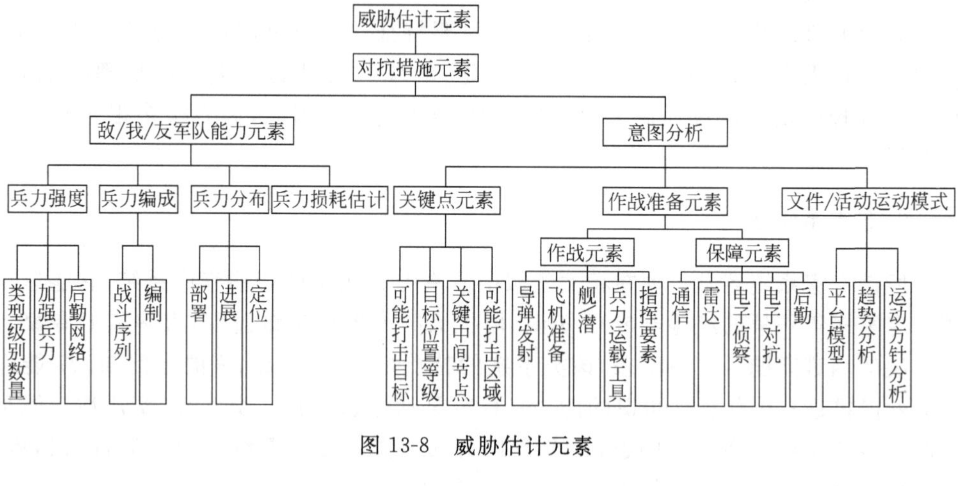

图 13-8 威胁估计元素

13.4.2　威胁估计的功能模型

威胁估计的功能模型如图 13-9 所示，主要包括基本威胁元素估计、威胁估计、综合威胁估计。

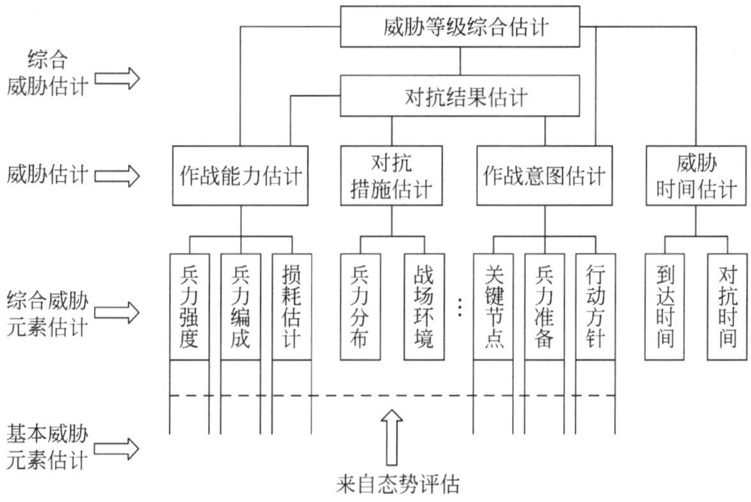

图 13-9　威胁估计功能模型

1. 威胁元素估计

威胁元素估计包括基本威胁元素估计和综合威胁元素的估计，基本威胁元素从一级和二级融合中实时探测和侦察所获得的敌方战场目标中选取，其中，战场目标主要包括地面兵力、平台及其态势(活动模式和运动趋势)，海/空动态目标属性与状态的动态估计等。综合威胁元素包括对敌可能攻击的地域、目标，可能途径的关键节点(机动点、必经点)的分析与估计，对实时和非实时侦查获得的敌兵力强度、兵力编成、兵力分布、可能损耗及其构成元素的估计等。

2. 威胁估计

威胁估计依赖于敌方威胁元素的估计和我/友方投入兵力、作战方案计划、空/海动态目标，以及战场环境(地面环境及气候气象)等信息。主要内容如下：

(1) 作战能力估计。对敌/我/友方兵力强度估计、兵力编成估计和损耗估计的综合分析，为综合威胁估计提供支持。

(2) 作战意图估计。对敌/我/友方兵力准备估计、行动方针/作战行为估计和关键作战节点(攻击地域/目标，机动点等)分析结果的综合分析，为综合威胁估计提供支持。

(3) 对抗措施估计。对来自态势估计的战场敌/我/友方兵力分布态势、战场环境和对抗手段估计结果的综合分析，为对抗效果评估和综合威胁估计提供支持。

(4) 威胁时间估计。根据目标当前的位置、速度、运动方向等信息对敌方目标到达防线时间以及与防卫兵力的对抗时间进行估计。该时间给出了我方可能的防御准备时间或预警时间。

3. 综合威胁估计

综合威胁估计包括敌方威胁判断、基于攻防双方对抗结果估计的综合威胁判断和威胁等级判定。综合威胁估计结果如图 13-10 所示,图中各项内容都是需要依据前述各项估计结果综合生成。由于威胁估计是建立在我方作战能力基础上的,是一个相对动态的过程,因此对抗分析是综合威胁估计中的一个重要的环节。

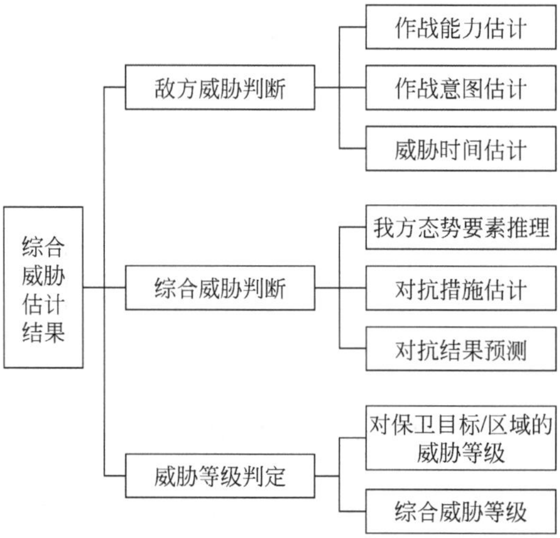

图 13-10 威胁估计结果框图

13.4.3 威胁估计的主要内容

威胁估计主要包括三个方面的内容。

1. 综合环境判断

(1) 进攻能力推理

根据敌平台类型,查询平台数据库,找到该类型平台作战能力的描述。例如,在第三级处理时,通过身份识别已经知道平台类型为某种类型的隐身战斗轰炸机,通过查询平台数据库,找到该型号飞机的描述,便可知道该型号飞机的概况,如它的性能参数、携带的武器类型、主要无线电设备性能,可获得平台的电子战能力和硬武器的杀伤、摧毁能力的有关数据,最后综合分析和推理得出敌平台的进攻能力的有效描述。

(2) 平台意图推理

根据敌平台的进攻能力、速度、航向以及敌战略、战术意图和作战目标,推断出敌各平台的可能行为。

(3) 时间等级推理

判断敌平台经多长时间才能对攻击目标实现有效攻击。时间等级计算是威胁估计中的一个重要指标，它涉及我方能赢得多长时间的问题。假如我方的反应时间是 1 分钟，敌平台的有效攻击时间只有半分钟，我方就来不及反应。平台离目标越近，对目标的威胁程度越高。因此，可根据平台当前的位置、速度、飞行方向，计算出敌平台对我方实施攻击的时间。通常将时间划分为若干个等级，时间越短，等级越高。

2. 威胁等级评估

(1) 威胁等级推理

根据敌平台的进攻能力、时间等级和我方保卫目标的重要程度，可推断出敌平台对我保卫目标的威胁程度。

(2) 划分威胁等级考虑的主要因素

威胁估计是一个非常复杂的问题，如何确定威胁等级以及确定威胁等级时要考虑的因素均是十分重要的问题。因为要考虑的因素很多，所以只能考虑主要因素而忽略次要因素。如需要考虑敌方兵力分配、敌我双方的作战能力、地理、气象环境对武器性能的影响等，再加上敌平台隐身、伪装等欺骗行为，都给正确判断地方作战意图和做出正确的威胁估计带来很大的困难。特别是当前大量采用高科技等手段，战场态势变化迅速，要考虑评估的实时性更应考虑以下一些主要因素。

① 敌平台携带的武器类型。根据敌平台携带的武器类型，通常按杀伤力划分威胁等级。

② 我方保卫目标的重要程度。根据我方保卫目标的重要程度，可将保卫目标划分为几个等级。

③ 敌平台距我保卫目标的距离。根据敌平台距我保卫目标的距离，可将保卫目标划分为几个等级。

④ 平台的数量。根据敌平台的数量、位置和类型，可以计算出总的攻击能力。按照不同的攻击能力，将其划分为若干等级。

⑤ 敌平台的到达时间。根据敌平台从当前位置到达我保卫目标所需要的时间，考虑到达时间越短，威胁程度越高。到达时间可根据平台速度和当前位置进行计算。

⑥ 威胁等级的确定。综合考虑以上各种因素来确定威胁等级，但对某个具体平台来说，并不一定要考虑上面所有的因素。因此，在建立威胁等级时，要根据具体平台来决定考虑哪些因素。

3. 辅助决策

辅助决策系统针对各种平台的威胁程度，为指挥员提供作战指挥的参考方案。参考方案通常包括两部分内容：

(1) 得到满意解，由于辅助决策属多目标决策，多目标决策一般不存在最优解，只能得到满意解；

(2) 得到最满意解，多目标决策问题的决策方法就是要求出满意解，其过程是先求出满意解，然后从中得到一个最满意解。

威胁估计结构如图 13-11 所示。

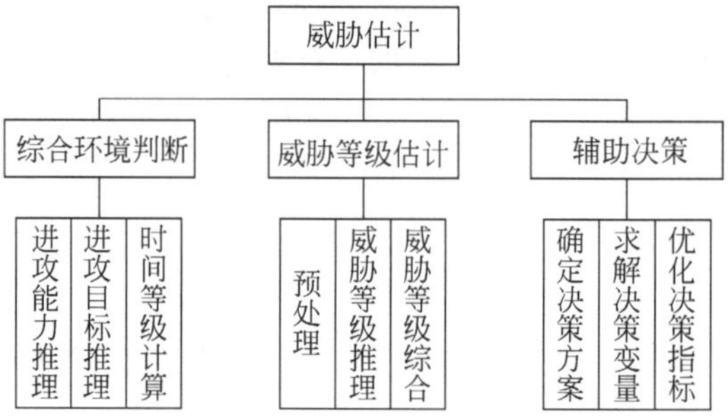

图 13-11 威胁估计结构示意图

13.5 威胁估计中的知识库

专家系统的工作过程是一个获得知识并应用知识的过程，存放的是历史积累下来的经验，属于启发性知识，是专家多年工作的结晶，是专家系统力量的源泉；因此，知识库作为领域知识的存储器，以事实和规则的形式存储在计算机文件中，是经过收集和整理的人类知识和经验的集合。知识库的可用性、确定性和完善性在很大程度上反映了专家系统性能好坏[31～34]。一般，建立知识库要满足如下诸原则[32]：

(1) 根据领域知识的特殊要求确定知识的表示方法，以利于该领域启发性知识和经验性知识的表示和提取；

(2) 知识库结构与推理机相分离，以利于知识库的更新和扩充；

(3) 有利于领域知识的积累和继承，以及知识的复制和分类应用。

13.5.1 系统的领域知识

知识库的建立，首先需要有一定的领域知识作为基础。一般来说，领域知识的确定与求解的具体问题密切相关。它需要考虑以下几个方面：

(1) 确定问题求解的目标及类型；

(2) 问题如何划分为子问题；

(3) 确定问题求解中涉及的主要概念及相互间的关系；

(4) 信息流中，哪些信息需要已知，哪些信息应当自行导出。

专家系统在现代战争的复杂环境中执行战术任务，需要事先储备大量的知识，包括被监视目标的先验信息以及有关专家经验知识和启发性知识等。然而，由于涉及军事机密，一些先验信息很难搜集。以战术防空为例[33,34]，在建立威胁估计系统的初期，从简化问题、验证系统结构及方法的有效性、合理性和科学性的角度考虑，确定系统的战术环境如下。

（1）防御区域内的军事设施；

（2）指挥所、核武器仓库、飞机场、兵营、雷达站、桥梁等地面军事保护设施；

（3）空中可能出现的飞行平台；

（4）战斗机、轰炸机（分不带导弹和可携带导弹两种）、侦察机、预警机、导弹等攻击武器。

威胁估计系统的主要功能是估计防御区域的空间态势，根据有关目标的航迹对敌作战意图做出建议，并在新的数据产生时不断更新建议。同时，根据这些建议定量表示出每条航迹的威胁程度或严重性，并将结果呈报给指挥员或武器分配系统。这实际上是将有关飞机平台的类型、位置、状态、速度、高度以及飞行路线等信息进行综合处理的过程。完成上述功能，需要从以下几个方面综合考虑。

1. 飞行平台的固有潜力

主要是指平台的攻击能力和破坏性。

2. 防御区域内军事设施的战术地位

由飞行平台的运动航迹和航向，我们可以推测出平台企图接近的地面目标。根据地面目标在战术上的作用和价值，分析飞行平台的作战意图。

3. 飞行平台的运动状态

飞行平台的运动状态，是根据飞行平台以现有速度、到达攻击目标上方所需的时间、目标机动和平台现在的飞行高度等综合考虑。

4. 平台运动状态的连续性

在独立估计出平台每一瞬间的威胁等级之后，我们还需要考虑平台运动状态的连贯性。因此，需要根据平台过去和现在的表现，对威胁估计的最终结果进行时间上的过滤。下面给出过滤函数

$$FTL(t_0) = a_1 \times MTL(t_0) + a_2 \times MTL(t_0 - 1) + a_3 \times MTL(t_0 - 2) \tag{13-36}$$

式中 FTL 代表过滤后的威胁等级；MTL 代表测量的威胁等级；a_1、a_2 和 a_3 由具体的平台给出。

由于求解威胁估计问题所需的领域知识按其针对问题的不同方面可分为几个子模块；与此相对应，系统中的知识库也划分为四个子模块，即四个知识库（KS），其中三个知识源用于态势评估，一个知识源用于威胁估计。

13.5.2 系统的知识表示

所谓知识表示，就是用一定的形式将有关问题的知识存入计算机中，以便进行问题求解。知识表示是否恰当、是否方便在计算机中存储、检索、使用和修改，对于问题能否求解、以及问题求解的效率有重大影响。能力强的表示法会使问题具有较强的明晰性，并对内部思维提供方便，从而使问题变得比较容易求解。一般而言，对知识的表示有如下要求。

(1) 表示能力：能够将问题求解所需的知识，正确、科学、有效地表达出来；

(2) 可理解性：所表达的知识简单、明了，易于理解；

(3) 可访问性：能够方便地利用所表达的知识，对数据的量及量纲进行规范化处理；

(4) 可扩充性：能够方便、灵活地对知识进行扩充，尽量保证知识的完备。

常用的知识表示方法有：谓语逻辑表示法、语义网络表示法、产生式规则、状态空间表示法以及框架表示法等。

1. 威胁估计系统的知识表示方法

在专家系统中，知识表示具有很强的面向问题的性质，如何表示知识与领域问题的性质以及系统所采用的推理控制策略有着密切的关系，不同的表示方法对问题求解的效率有着重大的影响。在具体问题中，我们需要综合考虑诸方面的得失，折中而为之。

知识库的知识表达通过规则来表示。对于知识的获取有两个途径：第一，根据专家经验和一些经验公式；第二，通过数据库中的数据进行知识的获取。

规则库是体现一个专家系统生命力的重要部分，知识翔实、结构完整的知识库是建立专家系统的重点所在。规则库建立的原则为：

(1) 本系统的规则库包含一系列规则，它包含数据层次上相关领域的描述性知识和具体系统运行中的过程性知识，所有知识均从经验专家那里或经采编而来；

(2) 所有的知识和经验参数的确定都要反复询问专家而确定，然后整理为一条条规则，依据内容的不同，组建成规则库，完成不同层次上的任务。

采用产生式规则时，它只对规则的表示形式有明确规定，对规定的条件和动作部分如何表示无具体规定，这使设计者在开发时具有较大的灵活性，可以根据需要采用适当的技术，特别是可以把对问题求解有意义的各种启发性知识引入系统之中。此外，产生式规则表示法还有以下优点：

(1) 自然：产生式规则与人类的判断性知识在形式上基本一致，故便于整理、维护，也易于理解；

(2) 一致：规则库中的知识具有相同的格式，因此可以统一处理；

(3) 模块化：全局数据库、规则和控制系统相互独立，而规则库中各个规则之间也只能通过全局数据库发生联系，不能直接相互调用，从而增强了规则的模块性，有利于知识的修改和扩充。

2. 控制策略的选择

控制机制是黑板模型的另一重要组成部分，其功能包括：①根据综合数据库的当前状态查找可用的规则；②在可用规则集中选出最适合的规则；③执行选出的规则，作用于全局数据库，使之发生变化。如此循环下去，直至全局数据库获得最终结果。因此，推理过程实际上是一个匹配过程，即根据事实去匹配知识库中的规则，不断产生新事实、不断去匹配的过程。只是这一过程需要讲究控制策略。

控制策略通常可分为数据驱动、目标驱动和混合驱动三种，数据驱动是从已知信息出发，不断应用规则，最后得到解答。目标驱动是对可能的解答做出假设，再应用规则收集有关信息加以证实。由于不同的控制策略适用于不同的问题，为了综合两种方式的特点，便产生了第三种方式——混合式驱动，它的实现大致有以下三种情况：数据与目标交替驱动、数据与目标同时驱动和最佳驱动。

威胁估计系统知识库按照针对问题的不同划分为几个知识源，因此必然选择最佳驱动方式作为控制推理的策略。在威胁估计系统中，规则按其功能不同分别封装于有关对象，问题求解进行到某个对象时，就采用该对象规定的控制策略，从而保证整个问题求解过程始终保持较高的效率。

13.5.3　系统中的非精确推理

由于数据和知识通常都具有不确定性，因此非精确推理在专家系统中是不可避免的。

在基于规则的专家系统中，不确定信息的出现主要有 4 个原因：

(1) 由于规则中定义的概念缺陷或用于观测的设备的不精确所引起；

(2) 由于规则表示语言的固有不准确性所引起；

(3) 由于不完整信息进行推理所引起；

(4) 由于领域知识和规则的来源不同而引起。

在威胁估计系统中，结果的不确定性主要由前两种情况引起。

在非精确推理模型中通常包含如下三个要素：证据不确定性的描述、知识不确定性的描述和不确定性的传播算法。

常用的非精确推理模型有可信度方法、主观贝叶斯方法、证据理论、可能性理论等。系统可采用 MYCIN 系统中的可信度方法，即通过对可信度因子的运算实现非精确推理。可信度因子是不确定性的一种度量，它表示证据、结论或规则的确信程度，一般记为 CF。从许多专家系统的使用情况看，可信度方法是一个合理而有效的推理模式，它具有简洁、直观、容易掌握和使用的优点，且近似效果较好。

1. 知识的不确定性

规则 IF E THEN H 的可信度记为 $CF(H,E)$，它表示已知证据 E 的情况下，对假设 H 的确信程度。其定义为：$CF(H,E)=MB(H,E)-MD(H,E)$，其中 MB 为信任增长度，表示 E 对 H 的信任度量：MD 为不可信任增长度，表示 E 对 H 的不信任度量。MB 和 MD 的定义为

$$MB(H,E)=\begin{cases}1 & p(H)=1\\ \dfrac{\max[p(H\mid E),p(H)]-p(H)}{1-p(H)} & \text{其他}\end{cases}$$
$$MD(H,E)=\begin{cases}1 & p(H)=0\\ \dfrac{\min[p(H\mid E),p(H)]-p(H)}{-p(H)} & \text{其他}\end{cases} \tag{13-37}$$

MB 和 MD 均是 $0\sim1$ 之间的数。当 $MB(H,E)>0$ 时，表示 E 支持 H；$MB(H,E)=0$ 时，表示 E 不支持(但不一定反对) H。而 $MD(H,E)$ 的含义则相反，$MD(H,E)>0$ 表示 E 反对 H，$MD(H,E)=0$ 表示 E 不反对(但不一定支持) H。$CF(H,E)$ 值域为 $[-1,1]$。当 $CF(H,E)>0$ 时，表示 E 支持 H；当 $CF(H,E)<0$ 时，表示 E 反对 H；当 $CF(H,E)=0$ 时，表示 E 与 H 之间没有关系。

2. 证据的不确定性

证据 E 的不确定性用可信度 $CF(H,E)$ 表示。原始证据的可信度由用户在系统运行时提供，非原始数据的可信度由不精确推理得到。$CF(E)$ 的值域也是 $[-1,1]$，其实际意义表示为

$$\begin{cases}CF(E)=1 & \text{证据 } E \text{ 肯定为真}\\ 0<CF(E)<1 & \text{证据 } E \text{ 以某种程度为真}\\ CF(E)=0 & \text{对证据 } E \text{ 一无所知}\\ -1<CF(E)<0 & \text{证据 } E \text{ 以某种程度为假}\\ CF(E)=-1 & \text{证据 } E \text{ 肯定为假}\end{cases} \tag{13-38}$$

3. 不精确推理算法

所谓不精确推理算法，就是如何根据原始数据的不确定性和知识的不确定性，求出结论的不确定性。威胁估计系统的不精确推理算法只涉及以下两种情况。

(1) 根据单一证据和规则的可信度求假设的可信度

已知证据 $E(CF(E))$ 及规则 IF E THEN $H(CF(H,E))$，则假设 H 的可信度为

$$CF(H)=CF(H,E)\cdot\max\{0,CF(E)\} \tag{13-39}$$

(2) 根据析取的证据和规则的可信度求假设的可信度

已知证据 $E_1(CF(H,E_1))$、$E_2(CF(E_2))$ 以及规则 IF E_1 AND E_2 THEN H，则假设 H 的可信度为

$$CF(H)=CF(H,E)\cdot\max\{0,\min\{CF(E_1,CF(E_2))\}\} \tag{13-40}$$

13.5.4　系统知识库的建立

威胁估计系统采用面向对象的程序设计思想来建立系统的知识库，可以很好地解决诸如多重继承等问题。采用面向对象的设计思想设计的系统知识源，把知识源表示成一类统一结构的对象，包括知识源规则集和操作这些规则的所有函数。这里设计的知识库由知识源的多个对象 $KS_1, KS_2, \cdots, KS_n$ 组成。知识源的定义由 C++ 中的类实现，类是具有共同属性的密切相关的对象的集合，描述一类对象共有的特征，类本身并不生成实际的对象。

13.6　基于层次分析法的威胁估计

基于威胁估计中的知识库和工程系统多目标层次模糊决策模型[35]，本节讨论基于层次分析法的威胁等级评判算法，算法利用层次分析法来确定不同类型目标的加权因子[35~39]。

13.6.1　威胁等级的评判步骤

设战场目标论域 $U=\{U_i\}, i=1,2,\cdots,n$，$n$ 代表目标数量，任一目标 i 的特征集合为 $V_i=\{V_{ij}\}$，其中 j 随着 i 的不同而不同，则目标威胁等级的评判可按以下几个步骤来进行。

(1) 确定进行目标威胁等级评判所需的特征集 $T=\{T_l\}\subset V$，其中 $l=1,2,\cdots,L$，L 为进行目标威胁等级评判所选的特征参量数目，这是目标威胁等级评判的前提和基础。

(2) 建立任一特征参量 T_l 针对不同类型目标 U_i 的威胁等级评判隶属度函数 $\mu_{U_i}(T_l)$。因为大小一定的某一特征量 T_l，对不同的目标往往意味着完全不同的威胁等级。例如相同距离的轰炸机和导弹对我方目标意味着悬殊不同的杀伤力，相应的威胁等级也完全不同。假设有 m 种特征参量，则同一目标的不同特征量评判结果组成一个 L 维威胁估计向量。

(3) 确定不同特征参量 T_l 在目标威胁等级评判种的加权因子 ω_l，并由此组成加权向量 $\omega=[\omega_1, \omega_2 \cdots \omega_l]^{\mathrm{T}}$。

(4) 利用目标威胁等级的威胁估计向量和加权向量确定不同目标最终的威胁等级，即

$$\mu_{U_i}(T) = \sum_{l=1}^{L} \tilde{\omega}_l \mu_{U_i}(T_l) \tag{13-41}$$

13.6.2 影响目标威胁等级的因素及评判函数的建立

在建立目标威胁等级评判函数时，所建立的评判函数应该满足独立性、兼容性要求，其中独立性指对于某一特征参量，都要单独建立它与任一类型目标之间的威胁等级评判函数，且这个函数与别的特征参量或别的目标无关；兼容性指建立的威胁等级评判函数既应易于目标种类的增加，又应易于特征参量的增加，已经存在的评判函数不因目标类型或目标特征量的增加而改变。这样，有利于增加新的目标种类或特征参量参与评判。由于针对不同目标同一特征量的影响也不尽相同，且这种函数不利于后续新目标或新特征参量的加入，本节没有考虑建立一个以某一特征量为参数针对所有类型目标均有效的评判函数。

针对战场侦察警戒的具体应用背景[35~39]，主要对战场环境下出现的目标给出威胁等级定量描述，以此作为后续传感器资源和武器资源配置的重要依据。本节涉及空中目标类型为轰炸机、战斗机、预警机、直升机；海面目标类型为驱逐舰、巡洋舰、航母、护卫舰，分别表示为 HZ、F、Y、Z、Q、X、H、HW。

评估威胁等级的特征参量包括目标距我方距离、目标速度、目标行为的预测、目标识别结果。

1. 目标距离威胁函数

目标距我方距离的威胁评判函数

$$\mu(r)=\begin{cases}0 & r\geqslant r_2\\ k_1\exp\left[-\dfrac{k_2(r-r_1)}{r_2-r_1}\right] & r_2>r\geqslant r_1\\ k_1 & r<r_1\end{cases}\tag{13-42}$$

式中 k_1，k_2 为常数，表示威胁等级。一般而言，目标威胁等级与目标距离呈减函数关系，即目标距离越大，目标威胁等级越小；随着目标距离的减小，目标威胁等级将逐渐增大。其定量关系如上式表示，即当目标距离 $r>r_2$ 时，可以认为目标的威胁等级 0，当目标距离为 $r_2>r>r_1$ 时，目标威胁等级随着目标距离的减小而增大，且这种增长呈指数增长趋势；当目标距离 $r<r_1$ 时，可以认为目标已经突破对方的防御范围，必将充分发挥其最大的杀伤力，相应的评判函数值为 k_1（最高威胁等级）。

但是对应于不同类型的目标其参数 r_1 和 r_2 是不相同的，应针对具体目标，综合考虑目标作战半径和威胁区域等因素给出 k_1、r_1 和 r_2。

2. 目标速度威胁函数

目标速度的威胁评判函数

$$\mu(v)=\begin{cases} k_2\left[0.3+\dfrac{3}{5}\cdot\dfrac{v-v_1}{v_2-v_1}\right] & v_1<v\leqslant\dfrac{v_2-v_1}{2} \\ k_2\left[0.6+\dfrac{4}{5}\cdot\dfrac{v-\dfrac{v_2+v_1}{2}}{v_2-v_1}\right] & \dfrac{v_2-v_1}{2}<v<v_2 \end{cases} \tag{13-43}$$

可见，目标威胁越大，目标威胁等级越高，目标速度与威胁等级基本呈线性关系。对于高速目标，威胁等级随目标速度的增长变化趋势更加明显。不同空中目标 v_1 和 v_2 的取值是不同的，应针对具体目标，综合考虑目标作战半径和威胁区域等因素给出 k_2、v_1 和 v_2。

3. 目标行为预测威胁函数

态势察觉和态势预测的一个重要功能就是对目标行为进行预测，为后续的威胁估计提供依据。同一目标在不同的态势环境下构成的威胁并不相同，因此本节将目标行为预测作为威胁估计的重要因素。

目标的行为预测是一些抽象语言描述，必须将其量化。对于空中目标，本节给出的目标可能行为预测包括运输、巡逻、侦察、指挥、支援、轰炸、攻击，其威胁等级依次升高，以 7 为最高威胁等级，0 为最低威胁等级，记为 $\mu(\text{Action})$，量化如下。

运输：1；

巡逻：2；

侦察：3；

指挥：4；

支援：5；

轰炸：6；

攻击：7。

4. 目标识别威胁函数

识别出目标的型号类别，则可以获知目标的作战能力，这也是影响目标威胁等级评估的重要因素。在完成了目标识别的基本功能的基础上，通过知识库可以较为全面地获知目标当前的作战性能。因此，根据目标的识别结果和知识库中关于目标携带的武器类型、主要无线电设备性能，可以获得平台的电子战能力和硬武器的杀伤、摧毁能力的有关数据，最终确定根据目标识别结果给出的目标威胁等级。设战场侦察警戒信息融合系统中，预先在知识库中给定了不同型号目标的威胁因子，记为 $\mu(\text{Target})$，其值在 0～7 之间，这里不再具体列出。

至此可以获取关于某目标的威胁评判向量 $\mu=[\mu(r),\mu(v),\mu(\text{Action}),\mu(\text{Target})]^{\mathrm{T}}$。

13.6.3 各个因子加权系数的确定

不同特征参量在目标威胁等级评判过程中存在客观差别，弥补这些差别的方法是规定不同特征参量威胁等级的加权系数，以加权系数体现不同特征参量目标威胁等级的差别。在不同的战场环境下，以上威胁估计的评价要素在综合评判中的加权系数可能有所变化，而不能等同考虑，这依赖与军事领域专家的先验知识对此给出的解释和说明。

可以采用层次分析法(AHP)确定各评价指标对应于上一层某指标的相对重要性的权值。层次分析法是美国运筹学家 Satty 于 20 世纪 70 年代提出的一种定性与定量相结合的多目标决策分析方法，为合理利用外界信息和专家经验提供了途径，其定性的特点使先验知识得以体现；定量的特点使得不同因素的影响以数量的形式来度量，具体方法如下所示。

(1) 根据对战场态势的综合评价建立层次分析模型图，如图 13-12 所示。

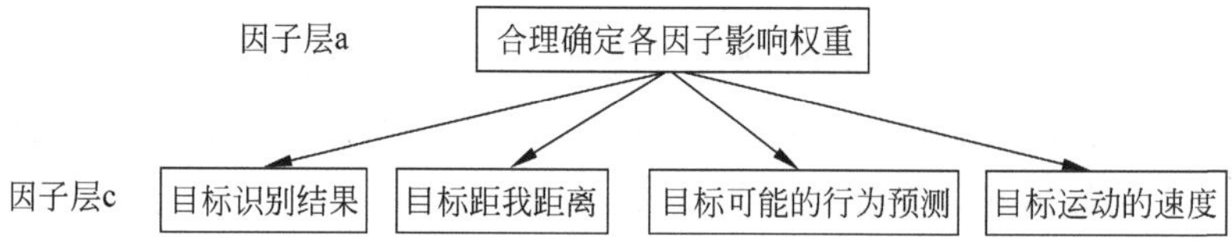

图 13-12　层次分析模型图

(2) 应用 1～9 的比例标度方法对同层因素两两比较量化，针对具体的因子数，威胁判断矩阵 $\boldsymbol{A}$ 中 $L=4$，形成判断矩阵 $\boldsymbol{A}=(a_{ij})_{4\times4}$。

因子 O_i 对于因子 O_j 的相对重要性的估计值记为 a_{ij}，认为 $a_{ij}\approx\omega_i/\omega_j$，则集合 O 中 4 个因子成对比较的结果 a_{ij} 构成矩阵 $\boldsymbol{A}=(a_{ij})_{4\times4}$，称其为两两比较判断矩阵。如果对 a_{ij} 的估计一致，该矩阵的元素满足

$$a_{ij}>0;\quad a_{ij}=1/a_{ji};\quad a_{ii}=1 \tag{13-44}$$

两两比较判断矩阵 $\boldsymbol{A}$ 的元素 a_{ij} 由 1～9 标度的方法得到定性等级量化值，1～9 标度的含义如表 13-1 所示。

表 13-1　1～9 标度含义

量化值	标度的含义
1	表示两个元素相比，具有同样重要性
3	表示两个元素相比，一个元素比另一个元素稍微重要
5	表示两个元素相比，一个元素比另一个元素明显重要
7	表示两个元素相比，一个元素比另一个元素强烈重要
9	表示两个元素相比，一个元素比另一个元素极端重要
2,4,6,8	表示上述相邻判断的中间值

根据威胁估计的目标和各个影响因子建立层次分析模型如图 13-12 所示。本节中评价目标是合理确定各个目标威胁影响因子对综合评判的影响因子，而根据先验知识往往容易较为直观的给出其中两个因子对于合理确定威胁等级的影响程度。因此可以根据先验知识获得 c 层中因子两两比较的判断矩阵，即威胁判断矩阵

$$\boldsymbol{A}=\begin{bmatrix} a_{11} & a_{12} & \cdots & a_{1L} \\ a_{21} & a_{22} & \cdots & a_{2L} \\ \vdots & \vdots & \ddots & \vdots \\ a_{L1} & a_{L2} & \cdots & a_{LL} \end{bmatrix} \tag{13-45}$$

(3) 层次排序及其一致性检验。判断矩阵 $\boldsymbol{A}$ 的最大特征值所对应的特征向量，经归一化后得到同一层各因素对应于上一层某因素的相对重要性权值。由于判断矩阵是根据人们的主观判断得到的，不可避免地带有估计误差，因此要进行排序的一致性检验。

根据矩阵理论，求解 $\boldsymbol{A}\omega=\lambda_{\max}\omega$ 所得到的特征向量即为影响因子集对上层的权矢量，其中 $\lambda_{\max}$ 为 $\boldsymbol{A}$ 的最大特征值，$\omega=(\omega_1,\omega_2,\cdots,\omega_L)^{\mathrm{T}}$ 为时刻 k 影响因素集的威胁程度权矢量。具体求取权系数的方法有幂法、和法及根法。

由于专家判断并不遵循数学公式，判断矩阵的给出有其主观因素，使得它往往不满足一致性要求。所谓一致性是指：$a_{ij}=\dfrac{a_{ik}}{a_{jk}}$，$\forall i,j,k$。为此，文献[7]提出了利用最优传递矩阵的改进型的层次分析法，来求得各个因子的影响权重，其实质是构造最接近于 $\boldsymbol{A}$ 且相对于 $\boldsymbol{A}$"更具有一致性"的矩阵 $\boldsymbol{C}$，主要包括三个步骤。

(1) 确定矩阵 $\boldsymbol{B}$，其中 $b_{ij}=\log a_{ij}$，$\forall i,j$。若 B 满足 $b_{ij}=b_{ik}+b_{jk}$，称 $\boldsymbol{B}$ 具有传递性，易知，$\boldsymbol{B}$ 传递性与 $\boldsymbol{A}$ 一致性的概念是等价的。

(2) 计算与矩阵 $\boldsymbol{B}$ 偏差最小的传递矩阵 $\boldsymbol{C}$，即 $\sum\limits_{i=1}^{L}\sum\limits_{j=1}^{L}(c_{ij}-b_{ij})^2\rightarrow\min$。满足此条件的传递矩阵 $\boldsymbol{C}$ 为：$c_{ij}=\dfrac{1}{n}\sum\limits_{k=1}^{L}(b_{ik}-b_{jk})$，$\forall i,j$，从而可以认为 $\boldsymbol{A}^*=10^C$ 是 $\boldsymbol{A}$ 的拟优一致阵。

(3) 利用方根法求去 $\boldsymbol{A}^*$ 最大特征值对应的特征向量

$$\omega_i=\sqrt[L]{a_{i1}^*\times a_{i2}^*\times\cdots\times a_{iM}^*}=\sqrt[L]{\prod_{j=1}^{L}a_{ij}^*} \tag{13-46}$$

归一化后，可得到影响因子集在时刻 k 对上层的影响权矢量 ω_k。

13.6.4　综合评判结果确定

通过层次分析法获取到当前目标 U_i 距我方距离、目标速度、目标行为的预测、目标识别结果等因子的威胁程度权矢量为 $\omega=(\omega_1,\omega_2,\cdots,\omega_L)^{\mathrm{T}}$，那么该目标 U_i 当前威胁综合评判等级可以表示为

$$\mu_{\underset{\sim}{U}_i}(T_l)=\mu^{\mathrm{T}}\omega=\sum_{i=1}^{L}\bar{\omega}_l\mu_{\underset{\sim}{U}_i}(T_l) \tag{13-47}$$

13.7 基于多因子综合加权的威胁估计

13.7.1 多因子综合加权法基本原理

1. 隶属函数的确定

模糊集合和隶属度函数的基本思想是把经典集合中的绝对隶属关系灵活化或称模糊化。一个模糊集$\underset{\sim}{A}$完全由其隶属函数 $\mu_{\underset{\sim}{A}}(x)$来刻画，论域 U 上模糊集的隶属函数，从一定意义上讲，是 U 到[0,1]的一个实值函数，并没有附加什么特殊性质，其范围是极其广阔的，而且模糊集合所表达的模糊不确定性大多是人脑对客观事物的一种主观反映，人的推理过程就是其隶属度和隶属函数形成的基本过程，这就更加剧了模糊集合隶属度和隶属函数确定的复杂性和多样性。因此，很难用一种统一的模式来确定隶属函数。

通常，确定隶属函数的方法主要有专家确定法、模糊统计法、对比排序法、综合加权法等。在本节中，我们将对比排序法和综合加权法综合使用，即针对每种模糊因素：

第一步，根据经验选取可行的不同函数形式作为其隶属函数，并对每种函数形式进行仿真；

第二步，对不同函数形式的仿真结果，进行比较排序，由经验及系统设计的原则，选取使每一种函数形式达到效果最佳的参数配置；

第三步，将由最佳参数配置的函数形式的仿真结果，进行比较，选定最能满足系统要求的函数形式作为相应模糊因素的隶属函数；

第四步，对不同的模糊因素选取合适的权重，由综合加权法，复合出模糊概念的隶属函数。

综合加权法的主要形式是加权平均法、乘积加权法、混合方法。下面对加权平均方法作简要介绍。设论域

$$U=U_1\times U_2\times\cdots\times U_n \tag{13-48}$$

模糊集

$$\underset{\sim}{A}_i\in\phi(U_i),i=1,\cdots,n \tag{13-49}$$

而$\underset{\sim}{A}\in\phi(U_i)$，它是由模糊集$\underset{\sim}{A}_i,\underset{\sim}{A}_2,\cdots,\underset{\sim}{A}_n$ 复合而成的。$\mu_{\underset{\sim}{A}_i}(u_i)$ 是论域 U_i 上模糊集$\underset{\sim}{A}_i$ 的隶属函数。则对于加权法，设$(\delta_1,\delta_2,\cdots,\delta_n)$是一组权重，$\underset{\sim}{A}$主要由$\underset{\sim}{A}_i$，$\underset{\sim}{A}_2,\cdots,\underset{\sim}{A}_n$“累加”而成，$\underset{\sim}{A}$的综合隶属函数为

$$\mu_{\underset{\sim}{A}}(u)=\sum_{i=1}^{n}\delta_i\mu_{\underset{\sim}{A}_i}(u_i) \tag{13-50}$$

式中 $u=(u_1,u_2,\cdots,u_n)\in U$。

2. 隶属函数权重的确定

在确定模糊因素和模糊集后，系统的层次结构也就明确了，此时对于$\underset{\sim}{A}_i$，$\underset{\sim}{A}_2$，…，$\underset{\sim}{A}_n$ 个模糊因素，我们需要在一定准则条件下，按其相对模糊集的重要性赋予不同的权重，以便使用综合加权法得到整个模糊集的隶属函数。

13.7.2　多因子综合加权法应用

为了说明 13.4.1 节所描述的威胁估计方法的适用性，下面给出一个多因子综合加权法的应用。

1. 威胁因子的确定

敌方目标对我方目标的运动可以分为静止和运动两种情况。结合其技术、战术性能，并研究以往战例可以知道，运动的目标对我方重点保护目标的威胁程度主要由以下几个因素决定：敌目标速度(V)、敌进攻角(θ)、敌目标高度(H)、敌目标距我目标距离(R)、敌目标用途(U)、敌目标平台类型(P)、我目标重要程度(I)；静止的目标对我方目标的威胁程度主要由以下几个因素决定：敌目标距我目标距离(R)、敌目标用途(U)、敌目标平台类型(P)、我目标重要程度(I)，如图 13-13 所示。因此，可主要采用上述因素作为威胁估计的威胁因子，并以它们构成模糊因素集，利用多因子综合加权法实时判断敌方目标对我方目标威胁程度，此判断结果可以为指挥决策提供一定的参考。

2. 各因子威胁隶属度函数的确定

隶属度函数的形式多样，在具体的仿真环境中需要根据具体的应用背景确定各因子威胁隶属度函数。各因子威胁隶属度函数常用的确定方法如表 13-2 所示。

表 13-2　各因子威胁隶属度函数常用的确定方法

威胁因子	威胁隶属度函数形式或确定原则
速度	正态分布、非对称梯形分布和对称岭形分布等
目标进攻角	专家经验确定的隶属度函数分布、降岭形分布、降半梯形分布、降半正态分布和降半 Γ 分布等
目标高度	降岭形分布、降半梯形分布、降半正态分布、降半 Γ 分布和组合函数等
距离	降半 Γ 分布、降正态分布、降半哥西分布、降岭形分布、降半梯形分布、降半凹(凸)形分布和分级降半梯形分布等
目标用途	依据专家知识，用[0,1]范围内的值表示目标用途对应的威胁隶属
目标平台类型	依照专家的经验，以[0,1]范围内的值表示平台威胁隶属
己方目标重要程度	同种环境下越重要的目标，被威胁程度越高，由专家给定目标重要程度威胁隶属 $\mu_I \in [0,1]$

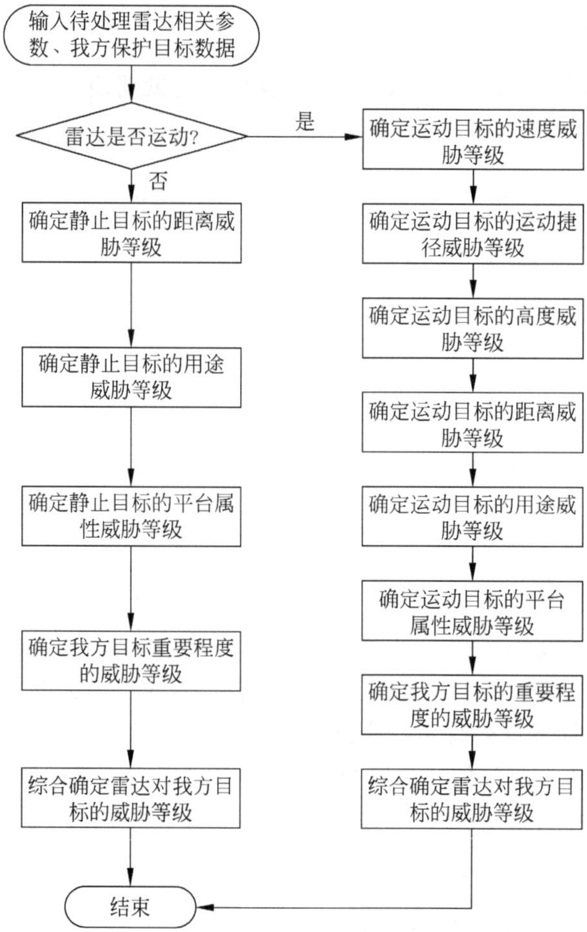

图 13-13 威胁估计流程图

3. 各威胁因子权重的确定

如前所述，对于静止敌目标，其综合威胁度函数是由速度、进攻角、高度、距离、用途、平台属性和我方目标重要程度共七个因子的威胁隶属度函数加权求和得到的，而权系统的设定实际上是一个多元决策问题。采用层次分析法求取各威胁因子的权系数，具体分析见 13.6 节。综合专家意见得出的威胁估计矩阵。对于运动目标，威胁估计矩阵 $\boldsymbol{A}$ 见表 13-3。

表 13-3 运动目标威胁因子估计矩阵

因子	V	θ	H	R	U	P	I
V	1	4/3	7/3	1/3	1	1	1
Θ	3/4	1	7/4	1/4	3/4	3/4	3/4
H	3/7	4/7	1	1/7	3/7	3/7	3/7
R	3	4	7	1	3	3	3

续表

因子	V	θ	H	R	U	P	I
U	1	4/3	7/3	1/3	1	1	1
P	1	4/3	7/3	1/3	1	1	1
I	1	4/3	7/3	1/3	1	1	1

表 13-3 中，V 表示敌目标速度，θ 表示敌进攻角，H 表示敌目标高度，R 表示敌目标距我目标距离，U 表示敌目标用途，P 表示敌目标平台类型，I 表示我目标重要程度。

由表 13-3 得到对应各运动目标威胁因子的加权系数为

0.1223　　0.0917　　0.0524　　0.3668　　0.1223　　0.1223　　0.1223

如前所述，对于静止敌目标，其综合威胁度函数是由距离、用途、平台属性和我方目标重要程度等四个因子的威胁隶属度函数加权求和得到的，而权系统的设定实际上是一个多元决策问题。采用层次分析法求取各威胁因子的权系数。综合专家意见得出的威胁估计矩阵。对于静止目标，威胁估计矩阵 **A** 见表 13-4。

表 13-4 中，R 表示敌目标距我目标距离，U 表示敌目标用途，P 表示敌目标平台类型，I 表示我目标重要程度。

表 13-4　静止目标威胁因子估计矩阵

因子	R	U	P	I
R	1	3	5	3
U	1/3	1	5/3	1
P	1/5	3/5	1	3/5
I	1/3	1	5/3	1

与求解运动目标威胁因子的加权系数方法相同，由表 13-4 得到对应各静止目标威胁因子的加权系数为

0.0833　　0.2500　　0.4167　　0.2500

习　题

1. 分析短时间段的态势预测和长时间段的态势预测的区别与联系。

2. 为什么说态势关联是态势评估和态势预测的一个前提条件？

3. 学习文中给出的几种态势估计方法，通过查阅相关文献，试比较这些方法的优缺点、工作流程、应用领域和发展趋势。

4. 马尔科夫模型如图 13-14 所示，根据该模型求出其四状态转移矩阵和观测矩阵。

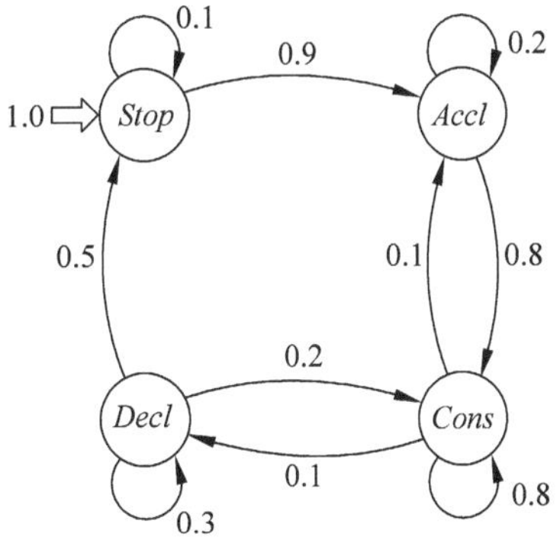

图 13-14　马尔科夫模型

5. 简述威胁估计功能模型和系统知识表示

方法的优缺点。

6. 查阅相关文献中的相关参数，利用 MATLAB 编程获取目标的威胁评判向量。

7. 简述利用层次分析法求各威胁因子加权系数的步骤，画出流程图。

8. 已知静止目标威胁因子估计矩阵如表 13-5 所示，求各静止目标威胁因子的加权系数。

表 13-5 静止目标威胁因子估计矩阵

因子	R	U	P	I
R	1	3	5	3
U	1/3	1	5/3	1
P	1/5	3/5	1	3/5
I	1/3	1	5/3	1

9. 通过 MATLAB 编程随机生成 5 组战场威胁程度样本，每组样本含量为 200，计算各组样本被选择的概率。

10. 通过 MATLAB 编程实现基于非线性支持向量回归机的威胁因素与威胁等级之间的非线性映射关系。

参 考 文 献

[1] 韩崇昭，朱洪艳，段战胜. 多源信息融合(第一版). 北京：华大学出版社，2006

[2] Lambert D A. Situations for Situation Awareness. In Proceedings of the Fourth International Conference on Information Fusion，Canada，2001：327～334

[3] 何友，王国宏，陆大金，等. 多源信息融合及应用. 北京：电子工业出版社，2000

[4] 何友，修建娟，张晶炜，等. 雷达数据处理及应用. 北京：电子工业出版社，2006

[5] 李伟生. 信息融合系统中的态势估计技术研究. 博士论文，西安：西安电子科技大学，2004

[6] 熊伟，何友. 信息融合系统中的态势预测技术研究. 火力与指挥控制，2001，26(4)：45～49

[7] 周宏仁，敬忠良，王培德. 机动目标跟踪. 北京：国防工业出版社，1991

[8] 蔡庆宇，薛毅，张伯彦. 相控阵雷达数据处理及其仿真技术. 北京：国防工业出版社，1997

[9] Blackman S S，Popoli R. Design and Analysis of Modern Tracking Systems. Norwood，MA：Artech House，1999

[10] 刘同明，夏祖勋，解洪成. 数据融合技术及其应用. 北京：国防工业出版社，1998

[11] Nobel D F. Template Based Data Fusion for Situation Assessment. In Proceedings of the 1987 Tri-Service Data Fusion Symposium，Warminster Pennsylvania，1987，1：152～162

[12] 赵宗贵，耿立贤，周中元，等. 多传感器数据融合(译著). 南京：电子工业部二十八研究所，1993

[13] Stainberg A N. An Expert System for Multispectral Threat Assessment and Response. SPIE，USA，1987

[14] Kadar I，Vartian E B. Process Modeling：A Situation Assessment Expert System. AIAA Computers in Aerospace Conference. Wakefield，MA，1987

[15] 康耀红. 数据融合理论及应用. 西安：西安电子科技大学出版社，1997
[16] 何友，王国宏，陆大金，等. 多源信息融合及应用(第二版). 北京：电子工业出版社，2007
[17] 莱金 W L，迈尔斯 J A H. 赵莲芳，译. 智能数据融合和态势评估. 情报指挥控制系统与仿真技术，1993
[18] 王小非，陈云秋. 海战场态势分析与评估方法. 火力与指挥控制，2006，31(6)：1～3
[19] 陈森，徐克虎. C4ISR 信息融合系统中的态势评估. 火力与指挥控制，2006，31(4)：5～8
[20] 孔祥忠. 战场态势估计和威胁估计. 火力与指挥控制，2003，28(6)：91～94
[21] 张曾科. 模糊逻辑及其在自动化技术中的应用. 北京：清华大学出版社. 1997
[22] 刘奇志，王芹. 武器系统的模糊聚类方法. 系统工程理论与实践，1998，18(11)：61～65
[23] 高亚格. 多传感器信息融合中态势估计方法研究. 博士论文，兰州：兰州理工大学，2006
[24] 唐克，等. 可拓理论与炮兵作战指挥. 合肥：合肥炮兵学院，1996
[25] 李伟生，王宝树. 基于贝叶斯网络的态势评估. 系统工程与电子技术，2003，25(4)：480～483
[26] 苏羽，赵海，苏威积，等. 基于贝叶斯网络的态势评估诊断模型. 东北大学学报(自然科学版)，2005，26(8)：739～741
[27] Pearl J. On Evidence Reasoning in a Hierarchy of Hypotheses. Artificial Intelligence，1986，28：9～15
[28] 张明智. 模糊数学与军事决策. 北京：国防大学出版社，1997
[29] 徐毅，金德琨，敬忠良. 数据融合研究的回顾与展望. 信息与控制，2002，3：250～255
[30] Azarewicz J. Template-based multi-agent plan recognition for tactical situation assessment. In Proceedings of 5th conferences on Artificial Intelligence Application，Miami，FL，USA，1989：247～254
[31] 刘同明，夏祖勋，解洪成. 数据融合技术及其应用. 北京：国防工业出版社，1998
[32] 吴薇. 数据融合中的态势估计与威胁估计. 硕士论文，西安：西安科技大学，1995
[33] 张小飞，徐大专. 基于知识库的雷达辐射源识别专家系统. 现代雷达，2003，25(10)：1～4
[34] 谢明志. 基于空战平台的数据融合研究. 硕士论文，西安：西北工业大学，2004
[35] 周前祥，达贤. 工程系统多目标多层次模糊决策模型及其应用. 系统工程与电子技术，2000，22(2)：32～34
[36] 郑孝勇，姚景顺. 基于模糊层次分析法的雷达效能评估方法. 现代雷达，2002，24(2)：7～9
[37] 朱丽莉，王朝墀. 基于模糊层次分析法的雷达组网作战效能评估. 战术导弹技术，2003，(2)：61～65
[38] 李亚楠. 战场侦察警戒信息融合仿真系统及其关键技术研究. 硕士论文，长沙：国防科学技术大学，2005
[39] 程红斌，张晓丰，张凤鸣. 基于模糊层次分析法的威胁估计. 现代雷达，2006，28(3)：22～23，27

第14章 信息融合中的性能评估

14.1 性能评估指标体系

14.1.1 指标体系特点及选取原则

信息融合系统完成的特定任务是通过系统所具有的一系列功能实现的，其规模往往比较庞大，结构比较复杂。系统越复杂，功能越多，系统层次越多，体系就越庞大。由于信息融合系统的复杂性和多功能性，系统的指标往往是一个多层次的指标体系结构。

指标体系是反映系统本质特征的、最重要的、具有代表性的、决定性的因素，而不必包括普通电子系统所具有的全部指标。指标项目应是面向系统整体性能的，而不必过多地考虑组成系统的各单项设备的指标。概括来讲，建立明确、合理的评价体系，应当遵循以下原则：

综合性(完整性)原则

首先，指标系统应从时间上和空间上考虑所有可能的重要信息，能评价不同的信息融合方案。其次，指标系统应具备各指标在单个状态下所不具备的整体功能，能全面反映信息融合系统情况。只有这样，才能对信息融合系统做出全面、合理、客观的分析和评价。

客观性原则

不同的信息融合系统评价任务和目的，决定了不同的评价原则。评价指标应与XXXXA信息融合系统的作战使用密切相关，能客观、准确地反映信息融合系统的主要特征和各个方面，特别是关键评价指标更应选准、选全，并明确意义，不能主观臆断，随意设立。

灵敏性原则

信息融合系统的分析不是一次完成的，是一个动态过程。指标体系应体现这一特点，评价指标应能较准确地反映信息融合系统中变量的变化，使融合能力随着评价指标系统参数的改变而发生相应的变化。

可测性原则

指标系统应具有相对的稳定性，以便于用一个共同的比较合理的标准,对不同的战场信息融合方案进行评价。指标应在反映融合能力的各个方面中选取,但一个重要的前提就是能够进行计算或估算,或能赋予数值、量级,对其进行定量处理,或可建立模型定量求解,或可利用试验方法测量,或可用实兵演习、仿真模拟等方法进行评价。量化指标时,最好能使用体系已有的统计参数,或者通过调查和测量而得到具体项目及模拟演习的结果,能给出具体数值或大小排序。

独立性原则

在建立指标系统的过程中,指标因素要与选用标准和评价目标保持一致,力求减少各单个指标之间的相关程度,对相关联的各个指标尽可能选择其中一个或几个指标来独立说明信息融合系统的某一方面,以压缩冗余,便于操作,提高综合评价的科学性。

定性定量相结合原则

在评价中,反映信息融合方案的指标有两类:一类是定量指标,如主要评价项目要有统一的定量化指标,并建立相应的数学模型。另一类是定性指标,该类指标无法或难以量化,只能通过专家评判,并将专家判断结果定量化来进行评价。由于信息融合系统的复杂性,这两类指标对于全面评价信息融合系统都十分重要,缺一不可,只有统筹考虑才能达到科学评价的目的,取得可信的结果。

简明原则

选取的指标应当简明扼要,使相关人员能准确理解和接受,便于形成共同语言,顺利进行融合系统评价工作。

环境依存性原则

指标应能反映系统与环境之间的相互作用。

14.1.2 指标类型

信息融合性能评估指标虽然千差万别,但可以分成以下几类:

(1) 完整性指标;

(2) 正确性指标;

(3) 通用性指标;

(4) 连续性指标;

(5) 及时性指标。

14.1.3 剧情设定

在进行性能评估时,首先要进行剧情设定,即包括对目标(包括敌方目标和我方/友方目标)的设定,也包括对传感器或信源数量、性能及配置的设定。同时,对不同级别或层次上的信息融合性能进行评估时,剧情设定也不完全相同。例如,在对位置级融合进行评估时,重点要考察目标运动轨迹、目标数量、目标机动等情况对跟踪精度、关联性能的影响；而在对威胁估计层进行评估时，还要评估对目标意图、威胁程度等估计的准确程度。下面以位置级信息融合性能评估为例，讨论几种剧情设定的方案。

剧情 1 单目标匀速直线运动。该剧情主要用于测试多源信息融合系统对目标的跟踪精度。

剧情 2 平面内单目标匀速圆周运动，根据目标线速度以及半径大小，可以确定目标的加速度大小。该剧情主要用于测试多源信息融合系统跟踪机动目标的能力。选择匀速圆周运动，主要是考虑到在实际应用中，目标的机动大部分是在水平面内的转弯机动。

剧情 3 两目标交叉直线运动，如图 14-1 所示。该剧情主要用于测试多源信息融合系统对目标的误关联能力。

剧情 4 两目标接近-离开运动，如图 14-2 所示。该剧情主要用于测试多源信息融合系统对目标的误关联能力。

剧情 5 多目标平行运动，如图 14-3 所示。该剧情主要用于测试多源信息融合系统对多目标的跟踪能力。

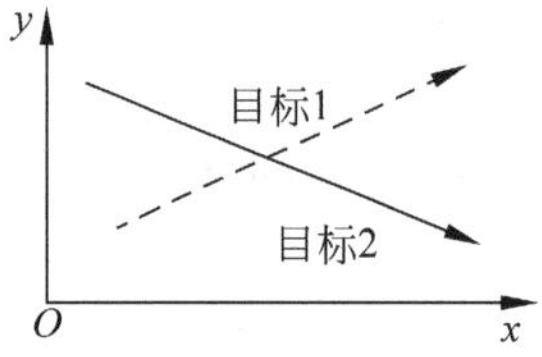

图 14-1 两目标交叉直线运动

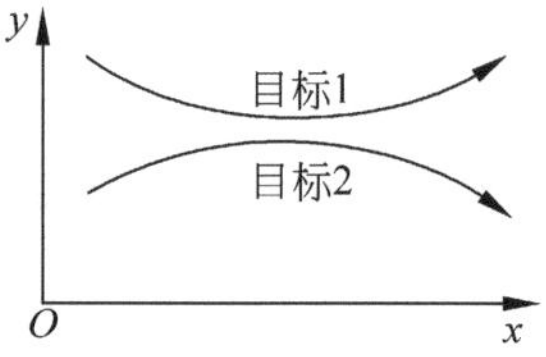

图 14-2 两目标接近-离开运动

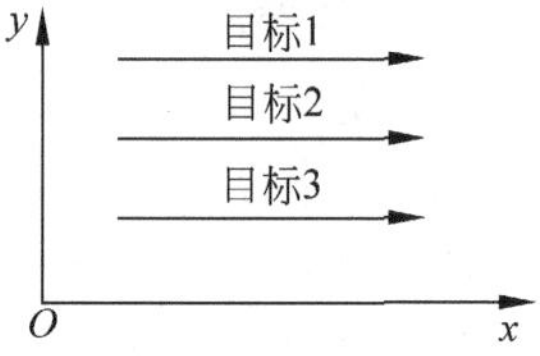

图 14-3 多目标平行运动

除上述剧情外，根据实际情况还可灵活设置信源数量、信源类型、信源位置、目标数量、目标类型、目标位置、目标运动轨迹、作战环境等，以构造不同的剧情，进行不同的性能评估。

在对性能进行评估时，需要指定时间，这些时间可以是随机选择的，也可以是固定间隔的，还可以是用户指定的时间。

多源信息融合系统关于目标的性能指标与目标之间的密集程度有关。关于目标之间的"密集度"，比较典型的定义是 Farina 给出的[1]。Farina 把目标之间的密集程度大致分为三类：密集、中等、稀疏，区分的标准是目标之间的间隔与传感器/信源测量标准差的比值。若该比值为 1，则目标之间的密集程度定义为"中等"；若该比值大于等于 1.5，则目标之间的密集程度定义为"稀疏"；若该比值小于等于 0.5，则目标之间密集程度定义为"密集"。而目标之间的间隔可以从方位、距离或目标位置之间的间距上来考虑，在实际应用中可以从目标位置之间的间隔上来考虑。在多源信息融合系统中，由于各信源在地理位置上是配置在不同位置的，目标距各信源的距离也不同，因此，即使对有同样测量精度的两个信源，当目标距此两个信源的距离不一样时，按 Farina 定义计算的目标之间密集程度也是不一样的。这时，可直接采用目标之间的欧氏距离作为目标之间的间隔。

14.1.4　评估指标

在多源信息融合系统中，由于各信源的测量误差、配准误差、数据传输延迟等的影响，使各信源报告的同一目标的航迹数据也是不同的，甚至有可能把同一批目标的数据当作两批或多批目标，也可能把不同目标的数据当作同一批目标。在进行位置层信息融合性能评估时，常用到下列概念。

确认航迹：融合中心建立的正式航迹。

可行航迹：确认航迹中可分配给真实目标的航迹。

可行目标：真实目标集合中至少有一个确认航迹的目标，即可行航迹对应的目标。

虚假航迹：确认航迹集合中不对应真实目标的航迹。

冗余航迹：当有两个或两个以上的航迹分配给同一个真实目标时，称为航迹冗余，多余的航迹称为冗余航迹。

冗余航迹数量：冗余航迹数量定义为可行航迹数量与可行目标之差。

虚假航迹数量：虚假航迹数量定义为确认航迹与可行目标之差。

航迹中断：如果某一航迹在 t 时刻分配给某一真实目标，而在 $t+m$ 时刻没有航迹分配给该目标，则称在 t 时刻发生了航迹中断，其中，m 是由测试者设定的一个参数，通常取 $m=1$。

航迹交换：如果某一航迹在 t 时刻分配给某一真实目标，而在 $t+m$ 时刻另一个航迹分配给该目标，则称在 t 时刻发生了航迹交换，其中，m 是由测试者设定的一个参数，通常取 $m=1$。

在设计了剧情设定以及对有关名词术语做了定义之后，下面介绍一些常见的位置级信息融合系统性能评估指标。

1. 覆盖范围重叠度

在结构选择和性能比较中，各传感器或信源覆盖范围的重叠程度是一个重要的指标，为此，引入覆盖范围重叠度。

覆盖范围重叠度定义为

$$\xi = \frac{\sum_{i=1}^{N} S_i}{S_{\text{tot}}} \tag{14-1}$$

式中，S_i 是第 i 个信源的覆盖区域；S_{tot}是多源信息融合系统所控制的总区域；N 为信源总数；参数 ξ 的范围从 1(无重叠)到 N(全重叠)。如果重叠度很小，则数据冗余的优点只局限于小的范围和不多的几个目标，在这种情况下，整个系统的性能几乎与多信源跟踪结构的类型无关，通过信息融合所能获取的益处也极其有限，因此，为了体现多源信息融合系统的益处,必须保持一定的重叠度。一般情况下,重叠度为3,而对于一些重要的场合,重叠度可以达到5,甚至更大。

2. 航迹容量

多源信息融合系统的航迹容量定义为多源信息融合中心在同一时刻所能处理的信源航迹的最大批数。

多源信息融合系统航迹容量是多源信息融合系统中的一个基本指标。早期由于受技术条件的限制,航迹容量一般只有几十,现在由于计算机技术的发展,航迹容量可以达到几百、甚至上千。

3. 航迹模糊度

在多源信息融合中心,当有两个或两个以上的航迹分配给同一个目标时,就发生了航迹冗余现象,这实际上是航迹模糊现象。为了度量这种航迹模糊的情况,引入航迹模糊度。

在评估时刻 t_{eval},冗余航迹数量与可行目标数量之比称为航迹模糊性,记为 $A(t_{\text{eval}})$,即

$$A(t_{\text{eval}}) = \frac{\text{冗余航迹数量}(t_{\text{eval}})}{\text{可行目标数量}(t_{\text{eval}})} \tag{14-2}$$

航迹模糊度 $A(t_{\text{eval}})$反映了平均每个可行目标对应的多余航迹,其值可大于1,但最小值为零。当确认航迹与真实目标一一对应而没有冗余时,航迹模糊度 $A(t_{\text{eval}})$的取值达到最小值零,即此时没有模糊性。影响航迹模糊度的主要因素有目标之间的密集程度、信源的测量性能。

需要注意的是,航迹模糊度也与评估时刻有关,通过绘制出航迹模糊度随评估时刻的变化曲线,可以从总体上对航迹模糊性进行评估,例如,可以计算平均航迹模糊度 $\overline{A}$,其计算公式为

$$\overline{A} = \frac{1}{N_t} \sum_{t_{\text{eval}} \in S} \overline{A}(t_{\text{eval}}) \tag{14-3}$$

式中,S 为评估时刻的集合。

4. 虚假航迹比例

在评估时刻 t_{eval},虚假航迹数量与总航迹数量之比称为虚假航迹比例,记为 $STR(t_{\text{eval}})$,即

$$STR(t_{\text{eval}}) = \frac{\text{虚假航迹数量}(t_{\text{eval}})}{\text{总航迹数量}(t_{\text{eval}})} \tag{14-4}$$

需要注意的是,虚假航迹比例也与评估时刻有关,通过绘制出虚假航迹比例随评估时刻变化的曲线,可以从总体上对虚假航迹比例进行评估,例如,可以计算平均虚假航迹比例$\overline{STR}$,其计算公式为

$$\overline{STR} = \frac{1}{N_{t}} \sum_{t_{\text{eval}} \in S} STR(t_{\text{eval}}) \tag{14-5}$$

5. 航迹精度

航迹精度可以包括位置精度、速度精度和加速度精度，通常主要指位置精度和速度精度。位置精度定义为航迹位置估计误差的均方根误差，速度精度定义为速度估计的均方根误差。

在实际应用中，对航迹精度的评估通常采用 Monte Carlo 仿真方法。令

$$\boldsymbol{e}_{l,m}(t_{\text{eval}}) = \hat{\boldsymbol{X}}_{l,m}(t_{\text{eval}}) - \boldsymbol{X}_{l}(t_{\text{eval}}) \tag{14-6}$$

$$\boldsymbol{C}_{l}(t_{\text{eval}}) = \frac{1}{M}\sum_{m=1}^{M} \boldsymbol{e}_{l,m}(t_{\text{eval}})\boldsymbol{e}_{l,m}(t_{\text{eval}})^{\mathrm{T}} \tag{14-7}$$

分别为第 l 个真实目标状态估计误差和 M 次仿真的平均方差。

在评估时刻 t_{eval} 对第 l 个真实目标跟踪的位置均方根误差为

$$RMSE_{l,\text{position}}(t_{\text{eval}}) = \sqrt{C_{l,x}(t_{\text{eval}}) + C_{l,y}(t_{\text{eval}}) + C_{l,z}(t_{\text{eval}})} \tag{14-8}$$

对第 l 个真实目标跟踪的速度均方根误差为

$$RMSE_{l,\text{velocity}}(t_{\text{eval}}) = \sqrt{C_{l,\dot{x}}(t_{\text{eval}}) + C_{l,\dot{y}}(t_{\text{eval}}) + C_{l,\dot{z}}(t_{\text{eval}})} \tag{14-9}$$

式中，$C_{l,x}(t_{\text{eval}})$，$C_{l,y}(t_{\text{eval}})$和 $C_{l,z}(t_{\text{eval}})$是 $\boldsymbol{C}_{l}(t_{\text{eval}})$中 x，y 和 z 轴方向的位置误差方差，$C_{l,\dot{x}}(t_{\text{eval}})$，$C_{l,\dot{y}}(t_{\text{eval}})$和 $C_{l,\dot{z}}(t_{\text{eval}})$是 $\boldsymbol{C}_{l}(t_{\text{eval}})$中 x，y 和 z 轴方向的速度误差方差。

利用上述结论，也可以得到在评估时刻 t_{eval} 总的位置均方根误差和总的速度均方根误差分别为

$$RMSE_{\text{position}}(t_{\text{eval}}) = \frac{1}{L}\sum_{l=1}^{L} RMSE_{l,\text{position}}(t_{\text{eval}}) \tag{14-10}$$

和

$$RMSE_{\text{velocity}}(t_{\text{eval}}) = \frac{1}{L}\sum_{l=1}^{L} RMSE_{l,\text{velocity}}(t_{\text{eval}}) \tag{14-11}$$

6. 响应时间

对于多源信息融合系统而言，能否尽早发现目标对多源信息融合系统的生存和整个战斗的胜利都有重要的影响。响应时间就是用来衡量多源信息融合系统对目标跟踪及时性的一个指标。在态势和威胁估计中，响应时间(即及时性)指标也是一个重要的评估指标。

多源信息融合系统响应时间定义为系统融合中心建立起该目标航迹所需时间的统计平均值。

7. 跟踪机动目标能力

为了度量多源信息融合系统跟踪机动目标的能力，可以用机动检测延迟时间、目标机动期间的位置均方根误差、目标机动期间的航迹交换次数、目标机动期间的

航迹中断次数作为衡量多源信息融合系统跟踪机动目标能力的指标，其中，后三个指标在前面已有定义，但要注意的是评估时刻要取自目标机动期间。机动检测延迟时间定义为从目标开始机动到多源信息融合系统检测到目标机动所需时间的统计平均值。

在位置级融合中，除上述指标外，还可根据具体的实际应用定义其他一些指标，如抗干扰性能指标、生存能力指标等。而在其他融合层的评估指标中也还有相应的评估指标，如在目标识别层，主要有如下指标：

1. 目标识别时延

目标从开始出现到通过信息融合系统正确识别的时间段。

2. 目标正确识别率

仿真中目标被正确识别的概率。

3. 目标正确识别置信

仿真中目标被正确识别的置信度。

4. 目标错误识别率

仿真中目标被错误识别的概率。

5. 目标未知识别率

仿真中目标不能得到识别结果或者识别结果为未知的概率。

在态势感知层次，评估指标主要有以下三个方面。

1. 完备性

完备性是指战场感知态势中感知到的敌方目标的数量与战场客观态势中实际的敌方目标数量的相吻合程度。根据战场感知态势的生成过程可知，战场感知态势的生成过程涵盖了信息的获取、传输和处理（综合、融合）等环节。因此，感知态势中信息的完备性取决于这三个环节中的信息的完备性。另外，由于感知态势是随时间变化的，所以完备性指标也是时间的函数。

2. 准确性

准确性是指战场感知态势中感知到的敌方目标的数量特征与战场客观态势中实际的敌方目标数量特征的相吻合程度。和完备性相类似，准确性指标也取决于信息的获取、传输和处理（综合、融合）等环节，而且也是时间的函数。

3. 时效性

时效性是指从发现目标到指挥员感知到敌方目标所需的时间。

14.2 信息融合性能评估的方法

多源信息融合系统性能评估可采用多种方法，如 Monte Carlo 仿真法、解析法、半实物仿真评估法、试验法等。在评估中的注意事项主要有：数学方法和语法描述相结合，定量方法和定性方法相结合以及试验研究和科学抽象相结合等。

14.2.1 信息融合性能评估的解析法

所谓性能评估的解析法，就是通过各种方法建立起关于某个或多个性能评估指标的数学模型，利用解析计算或数值求解得到该信息融合系统的效能评估指标的数值，从而对系统进行评估[2]。为了采用解析法，可以某种或多种理论为基础对系统进行抽象，得到数学模型，其中，模型参数、初始条件、输入或输出关系等均可用数学表示式表示。就所采用的数学理论而言，信息融合性能评估的解析法主要有基于统计理论的性能评估、基于模糊集理论的性能评估、基于 D-S 证据理论的性能评估、基于粗糙集理论的性能评估、基于灰关联的性能评估、基于信息熵的性能评估等。

在用解析法进行融合性能评估时，建立系统的数学模型是至关重要的一步。首先根据问题分析的结果，确定所采用的坐标系、系统状态变量，根据变量间的相互关系以及约束条件将它们用数学的形式描述出来，并确定其中的参数，即构成用于解析评估的数学模型。该数学模型所描述的变量及作用关系必须要接近于真实系统，且要兼顾反映系统真实性和运行效率，使模型的复杂度适中，既不过于简单，也不过于复杂。

目前，信息融合性能评估的解析法主要用于检测层融合和位置层融合，如分布式检测融合中的检测概率，位置层融合中精确估计的 Crame-Rao 限等。需要说明的是，即使在检测层和位置层融合性能评估中，能用解析法进行评估的也不多，且要作许多近似或假设。

14.2.2 信息融合性能评估的 Monte Carlo 方法

一般来说，由于信息融合问题的复杂性，并不是所有应用问题或评估指标均可直接用解析法进行评估的，在此条件下，可采用 Monte Carlo 法进行评估，这是日常研究中采用最为广泛的一种方法。所谓 Monte Carlo 方法，又称为统计试验法，它是一种采用统计抽样理论近似求解实际问题的方法，它的理论基础是概率论中的大数定律。Monte Carlo 方法包括伪随机数的产生、Monte Carlo 仿真设计及结果解释等内容。它解决问题的思路是，首先建立与信息融合性能评估有相似性的概率模型，然后对模型进行伪随机模型或统计抽样，再利用所得到的结果进行信息融合性能评估。图 14-4 给出了一个可以进行 Monte Carlo 仿真的多源信息融合仿真验证系统组成。

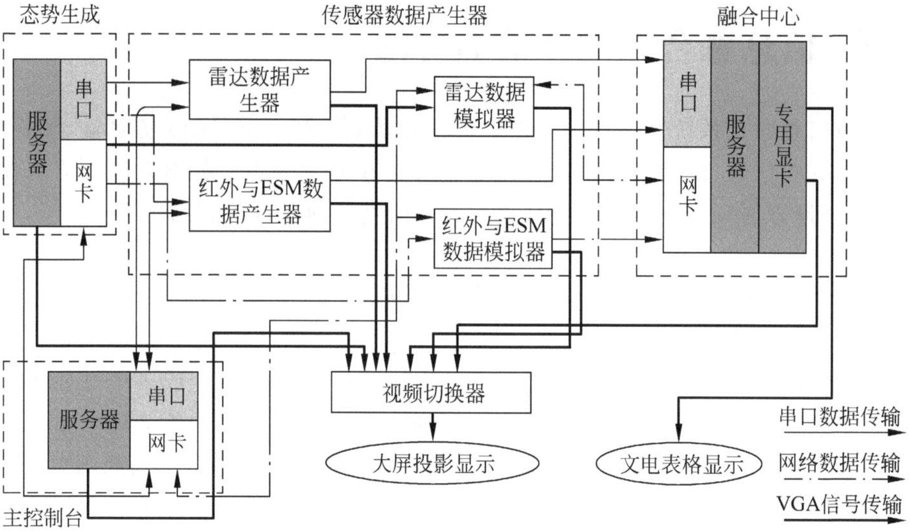

图 14-4 多源信息融合仿真验证系统组成

采用 Monte Carlo 方法的优点是：

(1) 可在计算机上大量重复抽样，可节省大量的经费，具有很好的经济性；

(2) 对于一些模型特别复杂、利用数值求解方法难以求解的信息融合系统评估问题，采用 Monte Carlo 方法是一种可行的选择；

(3) 适用性强，受问题条件限制的影响较小，特别是对于一些危险、难以实现或成本太大的信息融合问题，采用 Monte Carlo 方法是一种好的选择。

采用 Monte Carlo 方法的缺点是：

(1) 对于一些精度要求较高的实际信息融合问题，通常收敛速度较慢，有时不能满足要求；

(2) 它是实际问题的近似，与实际应用问题还有一定的差距，Monte Carlo 方法得到的结果只能作为参考或指导。

Monte Carlo 评估方法可以用于信息融合系统性能评估的各个级别中，这是目前信息融合系统性能评估中用得最多，也是最广泛的方法。

在用 Monte Carlo 方法产生伪随机数时，若所采用的计算机编程语言提供了产生随机数的方法，则可直接采用，例如，在 MATLAB 进行编程时，可直接用语句 rand 产生[0,1]区间的均匀分布随机数，用 randn 产生标准正态分布随机数。若所采用的计算机编程语言不能直接提供所需的随机数，则往往是先产生[0,1]区间均匀分布的随机数，然后再用反变换法产生所需分布的随机数。

14.2.3 信息融合性能评估的半实物仿真方法

半实物仿真是一种在室内(如微波暗室)进行的仿真试验评估方法，它用硬件和软件来仿真信源和目标的电磁特性，由计算机控制试验系统（模拟器），产生典型试验环境中的真实信号，通过把实际的信息融合系统放置在内场半实物仿真试验工具中，并利用计算机模拟系统工作或运动，以分析评估信息融合系统的效能。在半实物仿真中，一般情况下仿真的是信源射频信号的发射和接收过程。无论是通过同轴电缆或波导的注入（注入式仿真试验），还是通过微波暗室自由空间的辐射（辐射式仿真试验），射频信号在信源和模拟器间的传播或传输都可以得到控制。因此，这些射频信号环境可以准确地反映出多源信息融合系统实际电磁环境中目标之间以及目标与信源之间的距离、时间、运动及空间几何关系，也能反映出电磁波大气传输特性、天线扫描特性以及其他因素的影响，图 14-5 给出了反映射频传输半实物仿真的仿真框图。

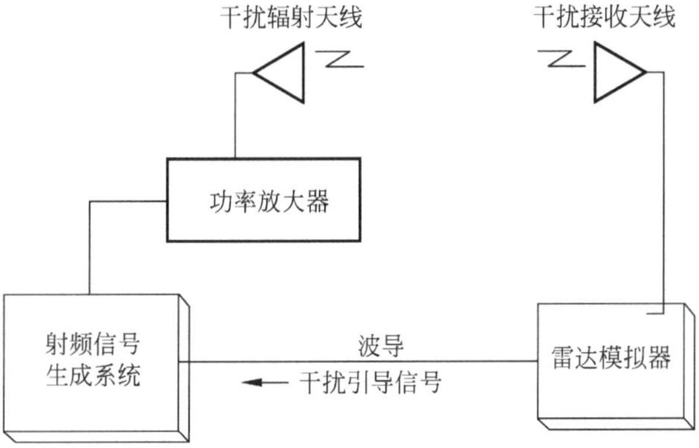

图 14-5　射频传输半实物框图

进行半实物仿真时，内场半实物仿真工具需要大量各种类型的数据作为仿真的初始条件，这类数据包括目标运动轨迹、目标的 RCS 特征、信源的辐射特征、信息融合算法模型、性能指标定义以及战术、阵地条件的数据等。此外，内场半实物仿真试验工具还必须有监视电磁环境信号的辅助测量设备，以便确定试验条件的真实性。

内场半实物仿真试验可以为信息融合系统试验鉴定与评估提供灵活方便的仿真试验平台，主要优点有：

（1）试验环境可控，即根据需要仿真各种所需的动态电磁环境，为信息融合系统性能评估提供较为逼真的试验条件；

（2）试验过程可控，既可以根据需要，多次重复试验和评估过程，也可对其中感兴趣的中间过程进行试验和评估，为评估系统性能提供有利条件，使定量评估性能成为可能；

（3）试验数据录取容易，受环境影响小，测量数据精度高，有利于对信息融合系统性能的评估；

（4）试验费用低；

（5）保密性好，即不向外产生电磁辐射，不易被敌方侦察。

内场半实物仿真试验的主要缺点是：

(1) 试验结果可信度与数学仿真模型有关，与实际真实环境往往有些差别；

(2) 在微波暗室进行半实物仿真试验时，由于微波暗室尺寸的限制，必须考虑近场电磁波传输效应的消磁问题。

信息融合性能评估的半实物仿真法是介于 Monte Carlo 评估方法和试验验证方法之间的一种方法，理论上，可用于信息融合系统任一级别的性能评估。实际应用中，往往是在解析或 Monte Carlo 评估基础上进行的评估，是比较接近于实际应用的评估，是在试验验证前进行的评估，大多数的信息融合应用系统在实际应用前均采用半实物仿真评估。相对于 Monte Carlo 评估，其可信度更高，当然，成本也更大。

14.2.4 信息融合性能评估的试验验证法

所谓的试验验证方法，也就是把所研制的信息融合模型和/或系统放到实际应用环境中，通过实际检验对多源信息融合系统的性能评估。用试验验证法进行评估的优点是能够客观、真实和比较全面地反映信息融合系统的效能特性，特点是成本高、实现困难，它是所有评估方法中成本最高的评估，可用于信息融合系统任一级别的性能评估。

一般来说，用试验验证法进行性能评估往往是在解析评估、仿真评估和/或半实物仿真评估基础上进行的评估，是信息融合系统实际应用前必不可少的评估，也往往是最终的评估。

14.3 性能评估举例

14.3.1 跟踪系统性能评估及指标体系

多目标跟踪是战场信息感知的基础，在目标有效跟踪的基础上，目标的识别、传感器的管理与协同、态势分析与威胁估计才能得以实现。跟踪系统的应用环境具有如下特点：目标的机动时刻与机动的水平往往是未知的和突变的；多个目标存在编队与航迹交叉；传感器(通常的主传感器为雷达)探测概率小于 1、存在盲区和虚警，存在测量误差，甚至要对付对抗性干扰。这不仅对目标跟踪提出了挑战，而且使得对跟踪系统的性能评估变得十分困难。研究多目标跟踪的性能评估对于跟踪算法的参数优化，跟踪系统的功能设计与优化，乃至于精确信息感知都具有十分重要的意义[3～33]。文献[9～11,13]分别研究了某些特定技术的性能评估方法，如 PDAF、MAP 航迹融合、信息滤波器航迹融合、MHT、模糊数据关联、航迹起始等。文献[12]从航迹分类的角度探讨跟踪性能评估中数据关联、跟踪纯度、状态估计精度和滤波协方差可靠性内容的评估方法。文献[15]对 MTT 性能评估系统的重要性和关联统计、跟踪纯度、跟踪维持统计等评估内容进行了描述，但并未给出具体计算公式。文献[3]初步给出了多目标跟踪性能评估的指标并实现了软件包，但这些指标仅包括失跟率、正确起始/终结率、滤波性能等，尚不完善。文献[5]针对正确起始/终结率，滤波性能等少数指标分析。文献[7]给出了较完整的性能评价指标，但如何计算这些指标，并不明晰。文献[14]从理论层次分析了基于融合的多目标跟踪系统及评估，但对于实际性能评估过程并没有给出。文献[8]从多传感器融合的角度分析了多传感器信息引入的优势，但其着重点在于单、多传感器的比较分析。文献[4]从信息融合的作战效能角度对系统融合性能进行了探讨，但限于作战环境对融合性能的影响分析。

根据现代多传感多目标跟踪技术对实际跟踪系统性能评估提出的新要求，针对单传感器跟踪系统，进一步发展和完善了国军标(GJB 1904.2-96)中的性能评估指标体系。新的指标体系中有 15 项指标，包括航迹起始、跟踪精度、稳定跟踪能力、交叉跟踪能力、群跟踪能力、处理容量、处理时延等；针对多传感器跟踪系统，给出了分布式融合的性能评估指标，包括融合航迹起始率，融合航迹平均起始时延，融合航迹稳定跟踪能率，融合航迹精度，融合平均运行时间等 5 项。针对单传感器系统典型场景下性能评估的测评分析及多传感器融合场景下的系统性能测评的具体研究结果可参见文献[6]。

1. 单传感器系统的性能评估

要实现性能评估，必须首先确定航迹与目标的关联关系，即哪条航迹属于哪个目标，而后才能根据各项性能指标进行计算。

1) 航迹与目标的关联判断

实际跟踪系统中对于不同量测信息是无法辨识其目标源的，而进入性能评估时，由于缺少量测信息与目标、航迹之间的对应关系，导致了处理上的困难。因此，对于实际运行的跟踪系统，一般采用验后关联的方法是较为可行的。所以，当跟踪完毕，进行性能评估前，首先应当进行航迹-目标关联，即将跟踪获得的航迹与设定场景中的真实目标对应。

考虑到实际跟踪系统中，跟踪系统数据关联的中间结果往往是未知的。我们将状态估计投影到量测空间，与各量测求取统计距离。该统计距离反映了状态估计与量测的相近程度。因此将具有最小统计距离的量测作为该航迹的关联量测。因此我们采用这种最近邻思想给出了航迹的目标源归属判定方法。其步骤如下：

(1) 计算航迹与各量测的统计距离

设第 i 条航迹在 $t_k(i)$时刻利用量测实现了 $k+1$ 次状态更新。(首次状态更新定义在 $t_0(i)$时刻)。此时的第 i 条航迹的状态估计为$\hat{\boldsymbol{X}}_i(t_k(i))$，计算 $\boldsymbol{X}^i(t_k(i))$与 $t_k(i)$时刻的第 j 个量测之间的统计距离

$$d_{ij}(t_k(i)) = \left| \prod_{s=1}^{Dim(\boldsymbol{z}_j(t_k(i)))} [h(\hat{\boldsymbol{X}}_i(t_k(i))) - \boldsymbol{z}_j(t_k(i))]_s \right| \tag{14-12}$$

其中$|\cdot|$表示标量的绝对值运算；$\boldsymbol{z}_j(t_k(i))$为$t_k(i)$时刻第j个量测；$[\cdot]_s$为相关向量的第s维元素；$h(\hat{\boldsymbol{X}}_i(t_k(i)))$为利用状态估计$\hat{\boldsymbol{X}}_i(t_k(i))$重构的量测向量；$Dim(\boldsymbol{z}_j(t_k(i)))$是量测向量$\boldsymbol{z}_j(t_k(i))$的维数。$Dim(\boldsymbol{z}_j(t_k(i)))$一般仅取决于相应的传感器类型。

(2) 计算航迹的量测序号

对于第i条航迹，计算在$t_k(i)$时刻的量测序号

$$j^*(i,t_k(i)) = \arg\{\min_j\{d_{ij}(t_k(i))\}\} \tag{14-13}$$

上式表示在$d_{ij}(t_k(i))j=1,2,\cdots$中找出使得$d_{ij}(t_k(i))$取最小的$j$值。

(3) 计算航迹的目标源标号

$$I^*(i,t_k) = \begin{cases} -1 & 若\ \boldsymbol{z}_{j^*(t_k)}(t_k)\ 为杂波 \\ m & 若\ \boldsymbol{z}_{j^*(t_k)}(t_k)\ 来源于第\ m\ 个目标 \end{cases} \tag{14-14}$$

注意：目标的标号是从0开始定义的。

(4) 计算航迹的目标源标号序列

设第i条航迹分别在$t_0(i),t_1(i),\cdots,t_{L(i)-1}(i)$时刻利用量测更新了状态估计，其航迹长度为$L(i)$（单位：拍数）。由算法(1)～(3)步骤，可计算出第i条航迹在$t_0(i),t_1(i),\cdots,t_{L(i)-1}(i)$时刻的目标源序号，进而组成如下目标源标号序列

$$\{I^*(i,t_0(i)),I^*(i,t_1(i)),\cdots,I^*(i,t_{L(i)-1}(i))\}$$

(5) 计算航迹的目标源归属

定义第i条航迹的目标源归属累计因子$D(i,j)$

$$D(i,j) = \sum_{n=0}^{L(i)-1}\delta(j,I^*(i,t_n)), \quad j=-1,0,1\cdots \tag{14-15}$$

其中

$$\delta(j,I^*(i,t_n)) = \begin{cases} 1 & j = I^*(i,t_n) \\ 0 & 其他 \end{cases} \tag{14-16}$$

$D(i,j)$表示第i条航迹归属于第j个目标的程度。

第i条航迹的目标源归属标识为

$$A(i) = \arg\{\max_j\{D(i,j)\}\} \tag{14-17}$$

则我们判定："第i条航迹来源于第$A(i)$个目标"或"第i条航迹是跟踪第$A(i)$个目标"。由于上述归属性判定方法没有用到跟踪系统内部的中间结果，因此也可用于外场实测数据的分析。

2) 性能评估指标及计算公式

对于第m次 Monte Carlo 仿真，我们定义目标-航迹关联矩阵$\boldsymbol{Ini}^{(m)}$

$$\boldsymbol{Ini}^{(m)}(i,j) = \begin{cases} 1 & j = A(i) \\ 0 & 其他 \end{cases} \tag{14-18}$$

对于第m次 Monte Carlo 仿真，与第j目标关联的航迹条数为

$$Ass\_Num^{(m)}(j) = \sum_i \boldsymbol{Ini}^{(m)}(i,j) \tag{14-19}$$

$Ass\_Num^{(m)}(j)=k$ 表示“第 j 个目标被 k 条航迹跟踪”；

(1) $Ass\_Num^{(m)}(j)=0$ 的情况

该情况表示“从第 j 个目标从未被起始”，即“漏跟”。

(2) $Ass\_Num^{(m)}(j)=1$ 的情况

该情况表示“第 j 个目标存在失跟”（在第 j 目标最终量测时刻，对应航迹已经提前终结）或“第 j 个目标被稳定跟踪”（第 j 目标最终量测时刻，对应航迹未被终结）。

在 $Ass\_Num^{(m)}(j)=1$ 条件下，对于第 m 次 Monte Carlo 仿真，第 j 目标的航迹失跟标志位可计算如下

$$Los\_Ind^{(m)}(j) = \begin{cases} 1 & \text{在第 } j \text{ 目标最终量测时刻，} \\ & \text{对应航迹已经提前终结} \\ 0 & \text{其他} \end{cases} \tag{14-20}$$

该状态需要由跟踪系统的航迹是否终结的标志与场景设计的相关参数比较确定。

(3) $Ass\_Num^{(m)}(j)>1$ 情况

该情况表示“第 j 个目标存在误跟”（在某一时刻存在一条以上航迹与第 j 目标对应）。在 $Ass\_Num^{(m)}(j)>1$ 条件下，对于第 m 次 Monte Calo 仿真，定义第 j 目标的航迹失跟标志为

$$Los\_Ind^{(m)}(j) = \begin{cases} 0 & \text{在某一任意时刻存在 1 条} \\ & \text{以上航迹与第 } j \text{ 目标对应} \\ 1 & \text{其他} \end{cases} \tag{14-21}$$

在此基础上定义了单传感器跟踪系统的性能评价指标。具体包括：航迹自动起始成功率，虚假航迹自动起始率，目标漏跟率，目标误跟率，目标失跟率，目标稳定跟踪率，航迹自动起始时延，航迹跟踪精度，目标航迹稳定跟踪率，航迹交叉不丢、不混批率，航迹交叉角，航迹交叉速率差，航迹处理时延，航迹处理容量，编队目标跟踪能力。

(1) 航迹自动起始成功率

对于第 m 次 Monte Carlo 仿真，第 j 目标成功起始标志为

$$Ini\_Num^{(m)}(j) = \begin{cases} 1 & Ass\_Num^{(m)}(j) \geqslant 1 \\ 0 & \text{其他} \end{cases} \tag{14-22}$$

对于 M 次 Monte Carlo 仿真，第 j 目标的航迹自动起始成功率为

$$Ini\_Pro(j) = \frac{\sum_{m=1}^{M} Ini\_Num^{(m)}(j)}{M} \tag{14-23}$$

其中 $Ini\_Prob(j)$ 在多次 Monte Carlo 仿真意义下才具有统计意义。

对于 M 次 Monte Carlo 仿真，航迹自动起始成功率为

$$Ini\_Pro = \frac{\sum_{j=1}^{N}\sum_{m=1}^{M} Ini\_Num^{(m)}(j)}{M \times N} = \frac{\sum_{j=1}^{N} Ini\_Pro(j)}{N} \tag{14-24}$$

其中 N 为仿真中设定待跟踪目标的数目。在 1 次 Monte Carlo 仿真统计时目标数不能太少。

(2) 虚假航迹自动起始率

对于第 m 次 Monte Carlo 仿真，被杂波起始的航迹条数为

$$Clu\_Num^{(m)} = \sum_{i} Ini^{(m)}(i, -1) \tag{14-25}$$

第 m 次 Monte Carlo 仿真的虚假航迹自动起始率为

$$Clu\_Pro^{(m)} = \frac{Clu\_Num^{(m)}}{L^{(m)}} \tag{14-26}$$

其中 $L^{(m)}$ 为第 m 次仿真中跟踪系统输出的航迹总数。

对于 M 次 Monte Carlo 仿真，虚假航迹自动起始率为

$$Clu\_Pro = \frac{\sum_{m=1}^{M} Clu\_Pro^{(m)}}{M} \tag{14-27}$$

(3) 目标漏跟率

对于第 m 次 Monte Carlo 仿真，第 j 个目标被漏跟标志为

$$Mis\_Num^{(m)}(j) = \begin{cases} 1 & Ass\_Num^{(m)}(j) = 0 \\ 0 & \text{其他} \end{cases} \tag{14-28}$$

经过 M 次 Monte Carlo 仿真，第 j 个目标被漏跟的概率为

$$Mis\_Prob(j) = \frac{\sum_{m=1}^{M} Mis\_Num^{(m)}(j)}{M} \tag{14-29}$$

其中 $Mis\_Prob(j)$ 应当在多次 Monte Carlo 仿真意义下才具有统计意义。

经过 M 次 Monte Carlo 仿真，目标漏跟率为

$$Mis\_Pro = \frac{\sum_{j=1}^{N}\sum_{m=1}^{M} Mis\_Num^{(m)}(j)}{M \times N} = \frac{\sum_{j=1}^{N} Mis\_Pro(j)}{N} \tag{14-30}$$

其中 N 为仿真中设定待跟踪目标的数目。在 1 次 Monte Carlo 仿真意义下统计时目标数不能太少。

(4) 目标误跟率

经过 M 次 Monte Carlo 仿真，第 j 目标被误跟的概率为

$$Fal\_Pro(j) = \frac{\sum_{m=1}^{M} [1 - Los\_Ind^{(m)}(j)] f_1(Ass\_Num^{(m)}(j))}{M} \tag{14-31}$$

其中

$$f_1(Ass\_Num^{(m)}(j)) = \begin{cases} 1 & Ass\_Num^{(m)}(j) > 1 \\ 0 & \text{其他} \end{cases} \tag{14-32}$$

经过 M 次 Monte Carlo 仿真，目标误跟率为

$$Fal\_Pro = \frac{\sum_{j=1}^{N} Fal\_Pro(j)}{N} \tag{14-33}$$

其中 N 为仿真中设定待跟踪目标的数目。对于目标被误跟的情况，在跟踪精度统计中将不予考虑。因为跟踪精度统计是建立在无误跟的基础上。

(5) 目标失跟率

对于第 m 次 Monte Carlo 仿真，第 j 目标失跟率为

$$Los\_Pro(j) = \frac{\sum_{m=1}^{M} Los\_Ind^{(m)}(j) f_2(Ass\_Num^{(m)}(j))}{M} \tag{14-34}$$

其中

$$f_2(Ass\_Num^{(m)}(j)) = \begin{cases} 1 & Ass\_Num^{(m)}(j) > 0 \\ 0 & \text{其他} \end{cases} \tag{14-35}$$

经过 M 次 Monte Carlo 仿真，目标失跟率为

$$Los\_Pro = \frac{\sum_{j=1}^{N} Los\_Pro(j)}{N} \tag{14-36}$$

(6) 目标稳定跟踪率

对于 M 次 Monte Carlo 仿真，第 j 目标稳定跟踪率为

$$Sta\_Pro(j) = 1 - Mis\_Pro(j) - Fal\_Pro(j) - Los\_Pro(j) \tag{14-37}$$

经过 M 次 Monte Carlo 仿真，目标稳定跟踪率为

$$Sta\_Pro = \frac{\sum_{j=1}^{N} Sta\_Pro(j)}{N} \tag{14-38}$$

(7) 航迹自动起始时延

经过 M 次 Monte Carlo 仿真，第 j 个目标的航迹自动起始时延为

$$Ini\_Del(j) = \frac{\sum_{m=1}^{M} Ini\_Del^{(m)}(j)}{\sum_{m=1}^{M} f_2(Ass\_Num^{(m)}(j))} \tag{14-39}$$

$$Ini\_Del^{(m)}(j) = \begin{cases} \dfrac{\sum_{Ini^{(m)}(i,j)=1} t_0^{(m)}(i) - \bar{t}_0(j)}{Ass\_Num^{(m)}(j)} & Ass\_Num^{(m)}(j) > 0 \\ 0 & \text{其他} \end{cases} \tag{14-40}$$

其中 $\bar{t}_0(j)$ 为第 j 个目标出现时刻，$t_0^{(m)}(i)$ 为在第 m 次仿真中第 i 条航迹的稳定跟踪

起始时刻(即跟踪系统在第 m 次仿真中输出第 i 条航迹的起始时标)。

经过 M 次 Monte Carlo 仿真,航迹自动起始时延为

$$Ini\_Del = \frac{\sum_{j=1}^{N} Ini\_Del(j)}{N} \tag{14-41}$$

(8) 航迹跟踪精度

跟踪系统输出的航迹在满足 $Association\_Num^{(m)}(j)=1$ 或 $Association\_Num^{(m)}(j)>1$ 且 $Los\_Index^{(m)}(j)=1$ 条件下才能统计航迹跟踪精度。

对于第 m 次 Monte Carlo 仿真,第 j 目标稳定跟踪标志为

$$Track\_Index^{(m)}(j) = \begin{cases} 1 & Association\_Num^{(m)}(j) = 1 \\ 1 & Ass\_Num^{(m)}(j) > 1 \\ & \text{且 } Los\_Index^{(m)}(j) = 1 \\ 0 & \text{其他} \end{cases} \tag{14-42}$$

经过 M 次 Monte Carlo 仿真,第 j 目标稳定跟踪标志为

$$Track\_Index(j) = \begin{cases} 1 & \sum_{m} Track\_Index^{(m)}(j) > 0 \\ 0 & \text{其他} \end{cases} \tag{14-43}$$

设在第 m 次仿真中的第 i 条航迹 $i^{(m)}$ 分别在 $t_0^{(m)}(i), t_1^{(m)}(i), \cdots, t_{L(i)-1}^{(m)}(i)$ 时刻利用量测更新了状态估计,其航迹长度为 $L^{(m)}(i)$(单位:拍数)。

对于第 m 次 Monte Carlo 仿真,第 j 个目标在第 s 维状态分量的航迹跟踪精度为

$$Track\_Error^{(m)}(j,s) = \begin{cases} \sqrt{\dfrac{\sum\limits_{Ini(i^{(m)},j)=1} \sum\limits_{t=t_0^{(m)}(i^{(m)})}^{t_{L(i^{(m)})-1}^{(m)}(i^{(m)})} ([\boldsymbol{X}_j(t) - \hat{\boldsymbol{X}}_{i^{(m)}}^{(m)}(t)]_s)^2}{\sum\limits_{Ini(i^{(m)},j)=1} L^{(m)}(i^{(m)})}} & Track\_Index^{(m)}(j) = 1 \\ 0 & \text{其他} \end{cases} \tag{14-44}$$

经过 M 次 Monte Carlo 仿真,第 j 目标在第 s 维状态分量的航迹跟踪精度为

$$Track\_Error(j,s) = \begin{cases} \dfrac{\sum_{m=1}^{M} Track\_Error^{(m)}(j,s)}{\sum_{m=1}^{M} Track\_Index^{(m)}(j)} & Track\_Index(j) = 1 \\ 0 & \text{其他} \end{cases} \tag{14-45}$$

式(14-45)中$[\cdot]_s$ 为相关向量的第 s 维元素,$\boldsymbol{X}_j(t_k)$为 t_k 时刻第 j 个目标的真实状态,$\hat{\boldsymbol{X}}_i^{(m)}(t_k)$为第 i 条航迹在 $t_k(i)$时刻实现 $k+1$ 次量测更新的状态估计,经过 M 次 Monte Carlo 仿真,目标在第 s 维状态分量的航迹跟踪精度为

$$Track\_Error(s)=\begin{cases}\dfrac{\sum\limits_{j}Track\_Error(j,s)}{\sum\limits_{j}Track\_Index(j)} & \sum\limits_{j}Track\_Index(j)>0\\ \infty & \text{其他}\end{cases}\tag{14-46}$$

其中∞表示本次仿真中该目标不存在稳定跟踪。

(9) 目标航迹稳定跟踪率

对于第 m 次 Monte Carlo 仿真，第 j 目标的目标航迹稳定跟踪率

$$\begin{aligned}&Track\_Prob^{(m)}(j)\\&=\begin{cases}\dfrac{\sum\limits_{Ini(i^{(m)},j)=1}\left(t^{(m)}_{L_1^{(m)}(i^{(m)})-1}(i^{(m)})-t_0^{(m)}(i^{(m)})\right)}{\bar{t}^{(m)}_{L_2^{(m)}(i^{(m)})-1}(i^{(m)})-\bar{t}_0^{(m)}(i^{(m)})} & Track\_Index^{(m)}(j)=1\\ 0 & \text{其他}\end{cases}\end{aligned}\tag{14-47}$$

经过 M 次 Monte Carlo 仿真，第 j 个目标的目标航迹稳定跟踪率

$$Track\_Prob(j)=\begin{cases}\dfrac{\sum\limits_{m=1}^{M}Track\_Prob^{(m)}(j)}{\sum\limits_{m=1}^{M}Track\_Index^{(m)}(j)} & Track\_Index(j)=1\\ 0 & \text{其他}\end{cases}\tag{14-48}$$

经过 M 次 Monte Carlo 仿真，目标航迹稳定跟踪率

$$Track\_Prob=\begin{cases}\dfrac{\sum\limits_{j}Track\_Prob(j)}{\sum\limits_{j}Track\_Index(j)} & \sum\limits_{j}Track\_Index(j)>0\\ 0 & \text{其他}\end{cases}\tag{14-49}$$

式(14-47)中 $t_0^{(m)}(i)$为第 m 次仿真中第 i 条稳定航迹的初始估计时标；$t^{(m)}_{L_1^{(m)}(i)-1}(i)$为在第 m 次仿真中第 i 条稳定航迹的最终估计时标；$L_1^{(m)}(i)$为在第 m 次仿真中第 i 条稳定航迹的长度(单位：拍数)；$\bar{t}_0^{(m)}(i)$为在第 m 次仿真中第 i 条稳定航迹的初始量测时标；$\bar{t}^{(m)}_{L_2^{(m)}(i)-1}(i)$为在第 m 次仿真中第 i 条稳定航迹的最终量测时标；$L_2^{(m)}(i)$为在第 m 次仿真中第 i 条稳定航迹的量测长度(单位：拍数)。

(10) 航迹交叉不丢、不混批率

在航迹直线交叉的场景中，在两航迹的高度差、航迹速度、航迹角度以及交叉点高度可设定条件下，根据具体的传感器指标，指定交叉的分析区域，一般以交叉点为中心，设置一超球体区域。

对于第 m 次仿真，将两航迹按交叉时刻分为两段。这样共有四段航迹 $C_1^{(m)}$、$C_2^{(m)}$、$C_3^{(m)}$ 和 $C_4^{(m)}$。设 $C_1^{(m)}$ 和 $C_3^{(m)}$ 来自第一条航迹，$C_2^{(m)}$ 和 $C_4^{(m)}$ 来自第二条航迹。

在指定交叉的分析区域内，分别判断出四段的量测源的目标源归属标识为 $A(C_1^{(m)})$、$A(C_2^{(m)})$、$A(C_3^{(m)})$和 $A(C_4^{(m)})$。值得注意的是，此时的目标源归属标识确定中的目标最终量测时刻是限制在指定交叉的分析区域内的。

如果 $A(C_1^{(m)})=A(C_2^{(m)})$或者 $A(C_1^{(m)})=-1$ 或者 $A(C_2^{(m)})=-1$，则表明航迹交叉前已经误跟或漏跟。该次仿真应在航迹交叉指标中不予统计；否则表明航迹交叉前没有误跟。该次仿真应在航迹交叉指标中考虑。

在 $-1\neq A(C_1^{(m)})\neq A(C_2^{(m)})\neq -1$ 情况下，如果 $A(C_3^{(m)})=A(C_1^{(m)})$ 且 $A(C_4^{(m)})=A(C_1^{(m)})$，则表明第 1 条航迹交叉时没有丢跟(即漏跟)或混批(即"两航迹的目标属性交换"误跟)(实际上还存在"一个目标被多条航迹跟踪"误跟，此处国军标不考虑)；第 2 条航迹交叉时混批。

在 $-1\neq A(C_1^{(m)})\neq A(C_2^{(m)})\neq -1$ 情况下，如果 $A(C_3^{(m)})=A(C_1^{(m)})$ 且 $A(C_4^{(m)})=A(C_2^{(m)})$，则表明航迹交叉时没有丢跟、混批。

在 $-1\neq A(C_1^{(m)})\neq A(C_2^{(m)})\neq -1$ 情况下，如果 $A(C_3^{(m)})=A(C_1^{(m)})$ 且 $A(C_4^{(m)})=-1$，则表明第 1 条航迹交叉时没有丢跟或混批；第 2 条航迹交叉时丢跟。

在 $-1\neq A(C_1^{(m)})\neq A(C_2^{(m)})\neq -1$ 情况下，如果 $A(C_3^{(m)})=A(C_2^{(m)})$ 且 $A(C_4^{(m)})=A(C_1^{(m)})$，则表明第 1 条航迹交叉时混批；第 2 条航迹交叉时混批。

在 $-1\neq A(C_1^{(m)})\neq A(C_2^{(m)})\neq -1$ 情况下，如果 $A(C_3^{(m)})=A(C_2^{(m)})$ 且 $A(C_4^{(m)})=A(C_2^{(m)})$，则表明第 1 条航迹交叉时混批；第 2 条航迹交叉时没有丢跟或混批(实际上还存在"一个目标被多条航迹跟踪"误跟，此处国军标不考虑)。

在 $-1\neq A(C_1^{(m)})\neq A(C_2^{(m)})\neq -1$ 情况下，如果 $A(C_3^{(m)})=A(C_2^{(m)})$ 且 $A(C_4^{(m)})=-1$，则表明第 1 条航迹交叉时混批；第 2 条航迹交叉时丢跟。

在 $-1\neq A(C_1^{(m)})\neq A(C_2^{(m)})\neq -1$ 情况下，如果 $A(C_3^{(m)})=-1$ 且 $A(C_4^{(m)})=A(C_1^{(m)})$，则表明第 1 条航迹交叉时丢跟；第 2 条航迹交叉时混批。

在 $-1\neq A(C_1^{(m)})\neq A(C_2^{(m)})\neq -1$ 情况下，如果 $A(C_3^{(m)})=-1$ 且$(C_4^{(m)})=A(C_2^{(m)})$，则表明第 1 条航迹交叉时丢跟；第 2 条航迹交叉时没有丢跟或混批。

在 $-1\neq A(C_1^{(m)})\neq A(C_2^{(m)})\neq -1$ 情况下，如果 $A(C_3^{(m)})=-1$ 且 $A(C_4^{(m)})=-1$，则表明第 1 条航迹交叉时丢跟；第 2 条航迹交叉时丢跟。

对于第 m 次 Monte Carlo 仿真，目标丢跟数 $Sum\_Los^{(m)}$ 为

$$Sum\_Los^{(m)}=\begin{cases}1 & -1\neq A(C_1^{(m)})\neq A(C_2^{(m)})\neq -1, A(C_3^{(m)})\neq -1, A(C_4^{(m)})=-1\\ 1 & -1\neq A(C_1^{(m)})\neq A(C_2^{(m)})\neq -1, A(C_3^{(m)})=-1, A(C_4^{(m)})\neq -1\\ 2 & -1\neq A(C_1^{(m)})\neq A(C_2^{(m)})\neq -1, A(C_3^{(m)})=-1, A(C_4^{(m)})=-1\\ 0 & \text{其他}\end{cases} \tag{14-50}$$

对于第 m 次 Monte Carlo 仿真，目标混批数 $Sum\_Fal^{(m)}$ 为

$$Sum\_Fal^{(m)} = \begin{cases} 1 & -1 \neq A(C_1^{(m)}) \neq A(C_2^{(m)}) \neq -1, A(C_3^{(m)}) = A(C_2^{(m)}), A(C_4^{(m)}) \neq A(C_1^{(m)}) \\ 1 & -1 \neq A(C_1^{(m)}) \neq A(C_2^{(m)}) \neq -1, A(C_3^{(m)}) \neq A(C_2^{(m)}), A(C_4^{(m)}) = A(C_1^{(m)}) \\ 2 & -1 \neq A(C_1^{(m)}) \neq A(C_2^{(m)}) \neq -1, A(C_3^{(m)}) = A(C_2^{(m)}), A(C_4^{(m)}) = A(C_1^{(m)}) \\ 0 & \text{其他} \end{cases} \tag{14-51}$$

对于第 m 次 Monte Carlo 仿真，有效目标批数 $Sum\_Target^{(m)}$ 为

$$Sum\_Target^{(m)} = \begin{cases} 2 & -1 \neq A(C_1^{(m)}) \neq A(C_2^{(m)}) \neq -1 \\ 0 & \text{其他} \end{cases} \tag{14-52}$$

经过 M 次 Monte Carlo 仿真，航迹交叉不丢跟概率

$$UnLos\_Prob = 1 - \frac{\sum_{m=1}^{M} Sum\_Los^{(m)}}{\sum_{m=1}^{M} Sum\_Target^{(m)}} \tag{14-53}$$

经过 M 次 Monte Carlo 仿真，航迹交叉不混批概率

$$UnFal\_Prob = 1 - \frac{\sum_{m=1}^{M} Sum\_Fal^{(m)}}{\sum_{m=1}^{M} Sum\_Target^{(m)}} \tag{14-54}$$

(11) 航迹交叉角

对于某典型仿真场景，用户依次选取不同的交叉角，利用本软件获得多次 Monte Carlo 仿真航迹交叉不丢、不混批率。当相应概率高于跟踪系统设计要求时，即可确定该典型仿真场景的最小航迹交叉角。

(12) 航迹交叉速率差

对于某典型仿真场景，用户依次选取不同的交叉速率差，利用本软件获得多次 Monte Carlo 仿真航迹交叉不丢、不混批率。当相应概率高于跟踪系统设计要求时，即可确定该典型仿真场景的最小航迹速率差。

(13) 航迹处理时延

待评估的跟踪系统向性能评估模块输出第 m 次仿真第 i 个航迹输出时刻的航迹处理时延 $\bar{t}_i^{(m)}$。经过 M 次 Monte Carlo 仿真，得到航迹平均处理时延

$$\bar{T} = \sum_{m=1}^{M} \sum_{i=1}^{L^{(m)}} \bar{t}_i^{(m)} \tag{14-55}$$

(14) 航迹处理容量

航迹处理最大容量测试，可在军标模式条件下，增加目标航迹批数，从显示画面上观察和自动记录，航迹自动起始，航迹跟踪等功能是否正常，如正常，继续增加批数，重复试验，直到系统饱和或系统不能继续跟踪目标为止，从而得到航迹容量。

(15) 编队目标跟踪能力

给出适用编队的场景生成(输入包括航迹数目,目标排列方式,编队中心运动参数),利用环境设定获取其指定条件下跟踪系统前述的各项性能指标,最终综合评价判定编队目标跟踪能力。

2. 多传感器系统的性能评估

由于多传感器融合结构的多样性,对于多传感器系统的性能评估必须针对具体的融合结构来进行。下面给出集中式以及分布式融合结构下的系统性能评估。

1) 集中式融合结构下的系统性能评估

对于集中式融合结构,性能评估的指标完全可以参照前面的指标定义,只是由于量测是来源于不同的传感器,需要修改单传感器系统下航迹与目标的关联判断,我们给出集中式融合结构下航迹与目标的关联判断如下。

(1) 计算航迹与目标量测的统计距离

设第 i 条航迹在 $t_k(i)$时刻实现 $k+1$ 次状态更新。(首次状态更新定义在 $t_0(i)$ 时刻)。此时的第 i 条航迹的状态估计为$\hat{\boldsymbol{X}}_i(t_k(i))$。计算 $\boldsymbol{X}^i(t_k(i))$与 $t_k(i)$时刻的第 j 个目标量测之间的统计距离 $d_{ij}(t_k(i))$

$$d_{ij}(t_k(i)) = \left| \prod_{s=1}^{Dim(z_j(t_k(i)))} [h(\hat{\boldsymbol{X}}_i(t_k(i))) - \boldsymbol{z}_j(t_k(i))]_s \right| \tag{14-56}$$

其中$|\cdot|$表示标量的绝对值运算;$\boldsymbol{z}_j(t_k(i))$为 $t_k(i)$时刻第 j 个量测;$[\cdot]_s$ 为相关向量的第 s 维元素;$h(\hat{\boldsymbol{X}}_i(t_k(i)))$为利用状态估计$\hat{\boldsymbol{X}}_i(t_k(i))$重构的量测向量;$Dim(\boldsymbol{z}_j(t_k(i)))$是量测向量 $\boldsymbol{z}_j(t_k(i))$的维数。$Dim(\boldsymbol{z}_j(t_k(i)))$一般取决于相应的传感器类型。

需要注意的是这里的量测 $\boldsymbol{z}_j(t_k(i))$仅是目标量测,对于模拟数据而言,就是目标在量测空间的真实位置,未经过加噪以及检测逻辑处理;对于实际数据而言,就是目标通过 GPS 等手段得到的测量信息。

(2) 计算航迹的目标源序号

对于第 i 条航迹,计算在 $t_k(i)$时刻的目标源序号

$$j^*(i,t_k(i)) = \begin{cases} \arg\{\min_j\{d_{ij}(t_k(i))\}\} & d_{ij}(t_k(i)) \geqslant d_{\text{threshold}} \\ -1 & \text{其他} \end{cases} \tag{14-57}$$

上式中,$d_{\text{threshold}}$是门限阈值,决定航迹是否与目标关联。

注意:目标的标号是从 0 开始定义的,-1 表示航迹在 $t_k(i)$与杂波关联。

(3) 计算航迹的目标源标号序列

设第 i 条航迹分别在 $t_0(i),t_1(i),\cdots,t_{L(i)-1}(i)$时刻利用量测更新了状态估计,其航迹长度为 L(单位:拍数),可计算出第 i 条航迹在 $t_0(i),t_1(i),\cdots,t_{L(i)-1}(i)$时刻的目标源序号,进而组成如下目标源标号序列

$$\{I^*(i,t_0(i)),I^*(i,t_1(i)),\cdots,I^*(i,t_{L(i)-1}(i))\}$$

(4) 计算航迹的目标源归属

定义第 i 条航迹的目标源归属累计因子 $D(i,j)$

$$D(i,j)=\sum_{n=0}^{L(i)-1}\delta(j,I^*(i,t_n)),\quad j=-1,0,1\cdots \tag{14-58}$$

其中

$$\delta(j,I^*(i,t_n))=\begin{cases}1 & j=I^*(i,t_n)\\ 0 & \text{其他}\end{cases} \tag{14-59}$$

$D(i,j)$表示第 i 条航迹的目标源归属标识为

$$A(i)=\arg\{\max_j\{D(i,j)\}\} \tag{14-60}$$

则我们判定:"第 i 条航迹来源于第 $A(i)$个目标"或"第 i 条航迹是跟踪第 $A(i)$个目标"。

在集中式融合结构中,经过上述航迹与目标的关联判断后,就可依照 14.3.1 节定义的性能指标以及计算公式进行计算,具体指标包括:航迹自动起始成功率,虚假航迹自动起始率,目标漏跟率,目标误跟率,目标失跟率,目标稳定跟踪率,航迹自动起始时延,航迹跟踪精度,目标航迹稳定跟踪率,航迹交叉不丢、不混批率,航迹交叉角,航迹交叉速率差,航迹处理时延,航迹处理容量以及编队目标跟踪能力。

2) 分布式融合结构下的系统性能评估

如图 14-6,对于分布式融合结构,我们依照分层评估的思想,对于局部航迹,完全依照14.3.1 节中的单传感器系统的性能评估进行计算,对于融合航迹,我们进一步定义了航迹融合的性能指标。具体包括:融合航迹起始率,融合航迹平均起始时延,融合航迹稳定跟踪能率,融合航迹精度,融合平均运行时间。

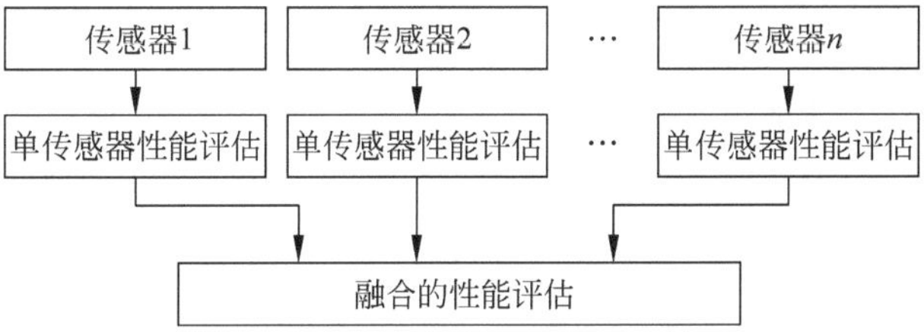

图 14-6 分布式融合结构下的系统性能评估

要进行融合的性能评估,首先,我们同样需要得到融合航迹与目标之间的关联关系。

(1) 融合航迹与目标的关联判断

设第 i 条融合航迹在时刻 $t_k(i)$,由传感器集合$\{S_{ik}\}$进行航迹融合,其中,$\{S_{ik}\}\subset\{S_k\}$,$\{S_k\}$是 $t_k(i)$时刻可以获得目标航迹信息的传感器集合。

① 计算 $t_k(i)$时刻融合航迹的目标归属

设在 $t_k(i)$时刻,第 i 条融合航迹的关联传感器集合$\{S_{ik}\}$中与各目标关联的传感器个数为 $N_j{}^*(i,t_k(i))$,则 $t_k(i)$时刻,融合航迹 i 的目标归属如下

$$j^*(i,t_k(i)) = \arg\{\max_j\{N_j{}^*(i\ ,t_k(i))\}\} \tag{14-61}$$

② 计算融合航迹的目标源标号序列

第 i 条融合航迹分别在 $t_0(i),t_1(i),\cdots,t_{L(i)-1}(i)$时刻利用量测更新了状态估计，其航迹长度为 $L(i)$(单位：拍数)。可计算出第 i 条航迹在 $t_0(i),t_1(i),\cdots,t_{L(i)-1}(i)$时刻的目标源序号,进而组成如下目标源标号序列

$$\{j^*(i,t_0(i)),j^*(i,t_1(i)),\cdots,j^*(i,t_{L(i)-1}(i))\}$$

③ 计算融合航迹的目标源归属

定义第 i 条融合航迹的目标源归属累计因子 $D(i,j)$

$$D(i,j) = \sum_{n=0}^{L(i)-1} \delta(j,j^*(i,t_n)),j = -1,0,1\cdots \tag{14-62}$$

其中

$$\delta(j,j^*(i,t_n)) = \begin{cases} 1 & j = j^*(i,t_n) \\ 0 & \text{其他} \end{cases} \tag{14-63}$$

$D(i,j)$表示第 i 条航迹归属于第 j 个目标的程度。

第 i 条航迹的目标源归属标识为

$$A(i) = \arg\{\max_j\{D(i,j)\}\} \tag{14-64}$$

则我们判定："第 i 条融合航迹来源于第 $A(i)$个目标"或"第 i 条融合航迹是跟踪第 $A(i)$个目标"。

④ 计算目标的关联融合航迹

由于我们已经获得融合航迹的目标归属，反之，我们可以得到目标的关联融合航迹，取最长融合时间段的融合航迹为本目标的关联融合航迹

$$i^*(j) = \arg\{\max_i\{D(i,j)\}\} \tag{14-65}$$

(2) 航迹融合的性能评估指标及计算

对于第 m 次 Monte Carlo 仿真，我们定义目标－融合航迹关联矩阵 $\boldsymbol{Ini}^{(m)}$

$$\boldsymbol{Ini}^{(m)}(i,j) = \begin{cases} 1 & i = i^*(j) \\ 0 & \text{其他} \end{cases} \tag{14-66}$$

对于第 m 次 Monte Carlo 仿真，与第 j 目标关联的融合航迹条数为

$$Ass\_Num^{(m)}(j) = \sum_i \boldsymbol{Ini}^{(m)}(i,j) \tag{14-67}$$

$Ass\_Num^{(m)}(j)=k$ 表示"第 j 个目标存在 k 条融合航迹"，由于在融合航迹与目标关联判断中已经将目标与单独的融合航迹对应，因此，$Ass\_Num^{(m)}(j)=k$ 仅有如下两种情况出现，

① $Ass\_Num^{(m)}(j)=0$ 情况

该情况表示"第 j 个目标不存在融合航迹"；

② $Ass\_Num^{(m)}(j)=1$ 情况

该情况表示"第 j 个目标存在融合航迹"；

在此基础定义了航迹融合的性能指标。具体包括：融合航迹起始率，融合航迹平均起始时延，融合航迹稳定跟踪能率，融合航迹精度，融合平均运行时间。

① 融合航迹起始率

对于第 m 次 Monte Carlo 仿真，第 j 目标融合起始标志为

$$Ini\_Num^{(m)}(j) = \begin{cases} 1 & Ass\_Num^{(m)}(j) > 0 \\ 0 & \text{其他} \end{cases} \tag{14-68}$$

对于 M 次 Monte Carlo 仿真，第 j 个目标的融合航迹起始率为

$$Ini\_Pro(j) = \frac{\sum_{m=1}^{M} Ini\_Num^{(m)}(j)}{M} \tag{14-69}$$

其中 $Ini\_Prob(j)$ 在多次 Monte Carlo 仿真意义下才具有统计意义。

对于 M 次 Monte Carlo 仿真，航迹自动起始成功率为

$$Ini\_Pro = \frac{\sum_{j=1}^{N}\sum_{m=1}^{M} Ini\_Num^{(m)}(j)}{M \times N} = \frac{\sum_{j=1}^{N} Ini\_Pro(j)}{N} \tag{14-70}$$

其中 N 为仿真中设定待跟踪目标的数目。在 1 次 Monte Carlo 仿真统计时目标数不能太少。

② 融合航迹平均起始时延

经过 M 次 Monte Carlo 仿真，第 j 个目标的融合航迹平均起始时延为

$$Ini\_Del(j) = \frac{\sum_{m=1}^{M} Ini\_Del^{(m)}(j)}{\sum_{m=1}^{M} f_2(Ass\_Num^{(m)}(j))} \tag{14-71}$$

$$Ini\_Del^{(m)}(j) = \begin{cases} \dfrac{\sum_{Ini^{(m)}(i,j)=1} t_0^{(m)}(i) - \bar{t}_0(j)}{Ass\_Num^{(m)}(j)} & Ass\_Num^{(m)}(j) > 0 \\ 0 & \text{其他} \end{cases} \tag{14-72}$$

其中 $\bar{t}_0(j)$ 为第 j 个目标出现时刻，$t_0^{(m)}(i)$ 为在第 m 次仿真中第 i 条融合航迹融合起始时刻。

经过 M 次 Monte Carlo 仿真，融合航迹平均起始时延为

$$Ini\_Del = \frac{\sum_{j=1}^{N} Ini\_Del(j)}{N} \tag{14-73}$$

③ 融合航迹精度

融合系统输出的融合航迹在满足条件下才能统计航迹跟踪精度。

对于第 m 次 Monte Carlo 仿真，第 j 目标进行融合标志为

$$Fusion\_Index^{(m)}(j) = \begin{cases} 1, & Ass\_Num^{(m)}(j) > 0 \\ 0, & \text{其他} \end{cases} \tag{14-74}$$

经过 M 次 Monte Carlo 仿真，第 j 目标融合标志为

$$Fusion\_Index(j)=\begin{cases}1 & \sum\limits_{m} Track\_Index^{(m)}(j)>0\\ 0 & \text{其他}\end{cases} \tag{14-75}$$

设在第 m 次仿真中的第 i 条航迹 $i^{(m)}$ 分别在 $t_0^{(m)}(i),t_1^{(m)}(i),\cdots,t_{L(i)-1}^{(m)}(i)$时刻利用量测更新了状态估计，其航迹长度为 $L^{(m)}(i)$（单位：拍数）。

对于第 m 次 Monte Carlo 仿真，第 j 目标在第 s 维状态分量的航迹融合航迹精度为

$$Fusion\_Error^{(m)}(j,s)$$

$$=\begin{cases}\sqrt{\dfrac{\sum\limits_{\substack{t=t_0^{(m)}(i^{(m)})\\ Ini(i^{(m)},j)=1}}^{t_{L(i^{(m)})-1}^{(m)}(i^{(m)})}\left(\left[\boldsymbol{X}_j(t)-\hat{\boldsymbol{X}}_{i^{(m)}}^{(m)}(t)\right]_s\right)^2}{\sum\limits_{Ini(i^{(m)},j)=1} L^{(m)}(i^{(m)})}} & Fusion\_Index^{(m)}(j)=1\\ 0 & \text{其他}\end{cases} \tag{14-76}$$

经过 M 次 Monte Carlo 仿真，第 j 目标在第 s 维状态分量的航迹融合航迹精度为

$$Fusion\_Error(j,s)=\begin{cases}\dfrac{\sum\limits_{m=1}^{M} Fusion\_Error^{(m)}(j,s)}{\sum\limits_{m=1}^{M} Fusion\_Index^{(m)}(j)} & Fusion\_Index(j)=1\\ 0 & \text{其他}\end{cases} \tag{14-77}$$

式(14-77)中$[\cdot]_s$ 为相关向量的第 s 维元素，$\boldsymbol{X}_j(t_k)$为 t_k 时刻第 j 个目标的真实状态，$\hat{\boldsymbol{X}}_i^{(m)}(t_k)$为第 i 条航迹在 $t_k(i)$时刻实现 $k+1$ 次航迹融合的局部航迹状态，经过 M 次 Monte Carlo 仿真，目标在第 s 维状态分量的航迹融合航迹精度为

$$Fusion\_Error(s)=\begin{cases}\dfrac{\sum\limits_{j} Fusion\_Error(j,s)}{\sum\limits_{j} Fusion\_Index(j)} & \sum\limits_{j} Fusion\_Index(j)>0\\ \infty & \text{其他}\end{cases} \tag{14-78}$$

其中∞表示本次仿真中该目标不存在稳定跟踪。

④ 融合航迹稳定跟踪能率

对于第 m 次 Monte Carlo 仿真，第 j 目标的融合航迹稳定跟踪能率

$$Fusion\_Prob^{(m)}(j) = \begin{cases} \dfrac{\sum\limits_{Ini(i^{(m)},j)=1}\left(t^{(m)}_{L_1^{(m)}(i^{(m)})-1}(i^{(m)}) - t_0^{(m)}(i^{(m)})\right)}{\bar{t}^{(m)}_{L_2^{(m)}(i^{(m)})-1}(i^{(m)}) - \bar{t}_0^{(m)}(i^{(m)})} & Fusion\_Index^{(m)}(j) = 1 \\ 0 & \text{其他} \end{cases} \tag{14-79}$$

经过 M 次 Monte Carlo 仿真，第 j 个目标的融合航迹稳定跟踪能率

$$Fusion\_Prob(j) = \begin{cases} \dfrac{\sum\limits_{m=1}^{M} Fusion\_Prob^{(m)}(j)}{\sum\limits_{m=1}^{M} Fusion\_Index^{(m)}(j)} & Fusion\_Index(j) = 1 \\ 0 & \text{其他} \end{cases} \tag{14-80}$$

经过 M 次 Monte Carlo 仿真，融合航迹稳定跟踪能率

$$Track\_Prob = \begin{cases} \dfrac{\sum\limits_{j} Fusion\_Prob(j)}{\sum\limits_{j} Fusion\_Index(j)} & \sum\limits_{j} Fusion\_Index(j) > 0 \\ 0 & \text{其他} \end{cases} \tag{14-81}$$

式(14-80)中 $t_0^{(m)}(i)$为在第 m 次仿真中第 i 条融合航迹的初始融合时标；$t^{(m)}_{L^{(m)}(i)-1}(i)$为在第 m 次仿真中第 i 条融合航迹的最终融合时标；$L_1^{(m)}(i)$为在第 m 次仿真中第 i 条融合航迹的长度(单位：拍数)；$\bar{t}_0^{(m)}(i)$为在第 m 次仿真中第 i 条融合航迹的初始目标量测时标；$\bar{t}^{(m)}_{L_2^{(m)}(i)-1}(i)$为在第 m 次仿真中第 i 条融合航迹的最终目标量测时标；$L_2^{(m)}(i)$为在第 m 次仿真中第 i 条融合航迹的目标量测长度(单位：拍数)。

⑤ 融合平均运行时间

待评估的跟踪融合系统向性能评估模块输出第 m 次仿真第 i 个融合航迹输出时刻的融合处理时延$\bar{t}_i^{(m)}$。经过 M 次 Monte Carlo 仿真，得到融合平均运行时间

$$\bar{T} = \sum_{m=1}^{M}\sum_{i=1}^{L^{(m)}} \bar{t}_i^{(m)} \tag{14-82}$$

14.3.2　图像融合技术的性能评估

图像融合性能评估方法是图像融合技术发展的重要组成部分。本节讨论在图像融合领域中已提出的各种性能评估方法，并分析各种融合结构对融合结果的影响。附加的一些试验是用这些方法来评估一些广泛使用的图像融合技术，证明这些评估方法实用性，并且验证正确性和有效性。

1. 引言

近年来随着图像融合技术的广泛应用，有必要探究关于图像融合效果的客观、

系统、定量的评估准则，以便对各种图像的融合算法的性能做出科学、客观的评价。

本节介绍一些需要给出理想图像或参考图像的基于统计的方法，例如 *SNR*、*PSNR* 和 *MSE*，讲述如 *MI*、*FF* 和 *FS* 等的非线性相关的评价方法以及基于边缘信息的客观评价方法，然后介绍融合结构对图像融合算法的影响，最后对非线性相关分析和信息偏差分析在多输入多输出图像中的应用做简要介绍。

2. 信噪比(*SNR*)，峰值信噪比(*PSNR*)，均方根误差(*MSE*)

信噪比（*SNR*）、峰值信噪比（*PSNR*）、均方根误差（*MSE*）通常用来评估图像融合算法，这种评估方法将图像看作是一种特殊信号，这种信号的质量通常用信噪比来定量地表示，信噪比定义为

$$SNR = 10\log_{10}\left(\frac{Energy_{\text{signal}}}{Energy_{\text{noise}}}\right) \tag{14-83}$$

式中 $Energy_{\text{signal}}$是信号值的平方和，$Energy_{\text{noise}}$是噪声值的平方和。在下文信号估计的算法中，信号涉及到估计信号，噪声指估计信号与源信号之间的差值。*SNR* 无量纲，因而数据单位是独立的。对于特定的图像，它的 *SNR* 可以写成

$$SNR = 10\log_{10}\frac{\sum_{m=1}^{s_1}\sum_{m=1}^{s_2} z\,(m,n)^2}{\sum_{m=1}^{s_1}\sum_{n=1}^{s_2}\left[z(m,n)-o(m,n)\right]^2} \tag{14-84}$$

式中 $z(m,n)$和 $o(m,n)$分别为待估计图像和源图像在(m,n)处直方图的密度。图像的尺寸为 $S_1\times S_2$，*SNR* 越大表明估计误差越小，因此在各种图像融合方法中，具有高信噪比的方法表明具有好的性能。峰值信噪比（*PSNR*）和均方根误差（*MSE*）类似于 *SNR*，定义为

$$PSNR = 10\,\log_{10}\frac{255^2}{\sum_{m=1}^{s_1}\sum_{n=1}^{s_2}\left[z(m,n)-o(m,n)\right]^2} \tag{14-85}$$

上式说明，峰值信噪比越高，融合图像的质量和融合效果越好。

$$MSE = \frac{\sum_{m=1}^{s_1}\sum_{n=1}^{s_2}\left[z(m,n)-o(m,n)\right]^2}{255^2} \tag{14-86}$$

上式说明，方差越小，融合效果越好。

当用上面提到的评价标准来评估一种信息融合技术的效果时，我们需要知道标准参考图像，而这些在实际应用中不一定能得到。

3. 试验

为了评估现有融合方法的性能，选用两个测试图像来源于遥感图像且具有变化的信噪比。所用的源图像是从普渡大学的遥感应用实验室（LARA）下载，这个源图像是 1972 年取得的 AVIRIS 数据的一部分，它涵盖了在印第安纳州的印第安派恩试

验场土地和森林的混合数据。为了产生两个用于融合的测试图像，两个噪声采用了在(0.0,1.0)之间均匀分布随机变量。首先乘以不同的常数，然后与不同的滤波器卷积，最后在不同的区域叠加，例如，源图像的左上角和左下角。图 14-7(a)提供了原始的 AVIRIS 图像，图 14-7(b)、(c)给出了两个有失真的图像 S_A 和 S_B。

(a) 原始的AVIRIS图像　(b) 左上角叠加噪声图像　(c) 左下角叠加噪声图像

图 14-7　原始的 AVIRIS 图像

测试图像采用了两种广泛应用的能产生很好融合效果的算法进行融合。在第一种算法中融合图像 F_a 是源图像 S_A 和 S_B 的简单求平均所得，即 $F_a=(S_A+S_B)/2$；第二种算法是基于小波变换的图像融合，它产生融合图像 F_w。采用两种算法的图像融合方法如图 14-8 所示，描述评价方法的测量值如表 14-1 所示，可以看出基于小波变换的融合方法优于基于平均值的方法。

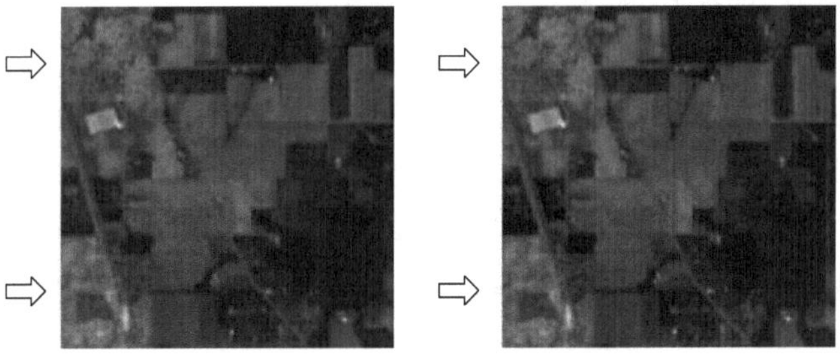

(a) 平均图像　(b) WTF融合图像

图 14-8　使用加载相关噪声的源图像的检测图像得到的融合结果

表 14-1　含有相关噪声的融合图像的评估结果

融合方法	平均图像	WTF 融合图像
SNR	28.4023	29.0421
PSNR	165.0642	165.8180
MSE	6.7819×10^{-8}	6.2894×10^{-8}

4. 互信息(*MI*)，融合因数(*FF*)和融合对称性(*FS*)

上一节所介绍的评价方法主要是基于原始图像与融合图像之间灰度偏差的大量计算。然而，图像融合的一个目标是整合来自多个信号源的信息，因此融合图像更适合于人类视觉感知计算程序。因此，一个评价方法也应该估计从单独输入的图像中获得多少信息，这一节介绍用互信息方法来评价图像融合的效果。

我们都知道互信息是信息论中的一个概念，信息论用于测量两个随机变量统计独立，换句话说，一个随机变量包含另一个随机变量的信息的数量。假设 A 和 B 的边缘概率分布分别表示为 $p_A(a)$ 和 $p_B(b)$，它们的联合概率分布为 $p_{AB}(a,b)$。互信息评价两个随机变量 A 和 B 的独立程度。定义如下

$$MI_{AB}(a,b)=\sum_{a,b}p_{AB}(a,b)\log\frac{p_{AB}(a,b)}{p_A(a)p_B(b)} \tag{14-87}$$

考虑到两幅图像中一组对应的像素的图像的密度值 a 和 b 是由随机变量 A 和 B 产生的样本。可通过联合分布概率 $p_{AB}(a,b)$ 和边缘直方图归一化的边缘概率 $p_A(a)$ 和 $p_B(b)$ 来估计。

融合图像应该包括所有输入(源)图像的重要信息。显而易见，“重要信息”这一概念依赖于应用，因而很难定义。互信息是指一个图像包含另一个图像的信息量。考虑两个输入图像 A，B 和一个融合图像 F，我们可以通过以下公式计算图像 F 不含 A 和 B 的信息量。

$$MI_{FA}(f,a)=\sum_{f,a}p_{FA}(f,a)\log\frac{p_{FA}(f,a)}{p_F(f)p_A(a)} \tag{14-88}$$

$$MI_{FB}(f,b)=\sum_{f,b}p_{FB}(f,b)\log\frac{p_{FB}(f,b)}{p_F(f)p_B(b)} \tag{14-89}$$

因此，一个图像融合的效果评价方法可以定义为

$$MI_F^{AB}=MI_{FA}(f,a)+MI_{FB}(f,b) \tag{14-90}$$

上式表明这种评价方法反映了包含图像 A 和 B 的融合 F 所包含的互信息总数。

前面也提到了用采用融合因数的互信息评价标准，指出当融合因数越大表明从源图像传递到融合图像的信息量越大。但是，它同时也指出大的融合系数同样不能表明源图像是以对称的方式进行融合。因此，它给出了融合对称(FS)这一定义，用方程

$$FS=abs\left(\frac{MI_{FA}(f,a)}{MI_{FA}(f,a)+MI_{FB}(f,b)}-0.5\right) \tag{14-91}$$

来表示与两幅输入图像有关的融合过程的对称性。FS 越小，表明融合过程对称性越好。基于这个定义，当两个传感器中有一个质量差时，我们更注重 FF。当两个传感器都是高质量时，也要关注 FS 这一参数，选择具有相对较小 FS 的算法。

上述评价方法当前这种形式只能用来评估两个源图像融合效果，但是，通过适当的调整，我们也可以评估适用于多个源图像融合方法的性能。

5. 试验

在这个试验中，两个源图像选自 AVIRIS 数据集，如图 14-9 所示。用平均值方法和小波变换方法融合后的图像如图 14-10 所示。采用 MI、FF、FS 指标的性能评估结果如表 14-2 所示。

图 14-9　两个 AVIRIS 源图像

(a) 平均算法　　(b) 小波变换融合算法

图 14-10　采用平均算法和小波变换的算法的融合图像

表 14-2　用 *MI*、*FF*、*FS* 进行性能评价的结果

融合方法		平均图像	WTF 融合图像
MI	s_A	2.3202	2.9627
	s_B	1.4969	1.2421
FF		3.8172	4.2049
FS		0.1078	0.2045

从表 14-2 中可以看出，基于小波变换的融合图像的 *FF* 大于平均算法的融合图像。因为 *FF* 表明从源图像提取的信息量，因此可以说基于小波变换方法的性能优于平均值方法。

此外，因为平均图是从每个图像均等的提取信息，因此，它的 *FS* 大于小波变换的融合图像，这种方法采用更复杂的信息提取方法。因此，如我们期望的那样，性能评估结果与所采用融合方法的理论基本保持一致。

6. 基于边缘信息的客观评价

这一节主要介绍灰度级融合性能的客观评价方法。灰度级图像融合的主要目的是将输入图像中重要的视觉信息合并并保存在单独的输出图像中。

因此，一个客观的融合方法应该提取重要输入图像中重要的感知信息，并测量准确地将这些信息传递到输出图像的融合处理能力。在文献[22]中视觉信息与图像每个灰度的边缘信息有关。

应注意的是这一与边缘信息相关的视觉方法受到人类视觉系统研究的支持，并广泛应用于图像分析和图像压缩系统。此外，通过评估从单个的源图像传递到融合图像中边缘信息量，我们获得了图像效果的评价方法。具体地，考虑两个输入图像 A 和 B 以及它们的融合图像 F。采用 Sobel 算子产生每个图像中像素 (m,n) 的边缘强度信息 $g(m,n)$ 和方向信息 $a(m,n)$，其中 $1\leqslant m\leqslant M, 1\leqslant n\leqslant N$。因此，对于输入图像 A

$$g_A(m,n) = \sqrt{S_A^x(m,n)^2 + S_A^y(m,n)^2} \tag{14-92}$$

$$a_A(m,n) = \tan^{-1}\frac{S_A^y(m,n)}{S_A^x(m,n)} \tag{14-93}$$

式中 $S_A^x(m,n)$ 和 $S_A^y(m,n)$ 为 Sobel 模板在 (m,n) 中心时的输出结果。

图像 A 关于图像 F 在像素点 (m,n) 的相关边缘强度 $G^{AF}(m,n)$ 和方向值 $A^{AF}(m,n)$ 定义为

$$G^{AF}(m,n) = \begin{cases} \dfrac{g_F(m,n)}{g_A(m,n)}, & g_A(m,n) > g_F(m,n) \\ \dfrac{g_A(m,n)}{g_F(m,n)}, & \text{其他} \end{cases} \tag{14-94}$$

$$A^{AF}(m,n) = 1 - \frac{|a_A(m,n) - a_F(m,n)|}{\frac{\pi}{2}} \tag{14-95}$$

从上两式可以推导出下面的边缘强度和方向保存值

$$Q_g^{AF}(m,n) = \frac{\Gamma_g}{1 + e^{\kappa_g(G^{AF}(m,n)-\sigma_g)}} \tag{14-96}$$

$$Q_a^{AF}(m,n) = \frac{\Gamma_a}{1 + e^{\kappa_a(G^{AF}(m,n)-\sigma_a)}} \tag{14-97}$$

式中 $Q_g^{AF}(m,n)$ 和 $Q_a^{AF}(m,n)$ 模拟了图像 F 中的信息感知损失以及图像 A 中像素 (m,n) 的边缘强度和方向值在融合图像中的表示程度。常数 $\Gamma_g, \kappa_g, \sigma_g$ 和 $\Gamma_a, \kappa_a, \sigma_a$ 决定了 sigmoid 函数的精确的形式，sigmoid 函数用于产生边缘强度和方向保存值。边缘信息的保存值定义为

$$Q^{AF}(m,n) = Q_g^{AF}(m,n)Q_a^{AF}(m,n) \tag{14-98}$$

式中 $0\leqslant Q^{AF}(m,n)\leqslant 1$，$Q^{AF}(m,n)=0$ 表示在信息从图像 A 传递到图像 F 的过程中，像素 (m,n) 处边缘信息完全损失；$Q^{AF}(m,n)=1$ 表示无信息损失。

有了 $M\times N$ 大小的图像的 $Q^{AF}(m,n)$ 和 $Q^{BF}(m,n)$，我们可以通过下面的方法得到给定融合过程 P 的加权归一性能矩阵 $Q_p^{AB/F}$

$$Q_p^{AB/F} = \frac{\sum_{m=1}^{M}\sum_{n=1}^{N}(Q^{AF}(m,n)\omega^A(m,n) + Q^{BF}(m,n)\omega^B(m,n))}{\sum_{m=1}^{M}\sum_{n=1}^{N}(\omega^A(m,n) + \omega^B(m,n))} \tag{14-99}$$

值得注意的是边缘保存值 $Q^{AF}(m,n)$ 和 $Q^{BF}(m,n)$ 分别通过 $\omega^{A}(m,n)$ 和 $\omega^{B}(m,n)$ 进行加权。一般情况下，对应边缘强度较高的像素的边缘保存值对 $Q_{P}^{AB/F}$ 的影响大于那些边缘强度相对较低的。因此 $\omega^{A}(m,n)=[g_{A}(m,n)]^{L}$、$\omega^{B}(m,n)=[g_{B}(m,n)]^{L}$，其中 L 为常量，并且应注意 $0\leqslant Q_{p}^{AB/F}\leqslant 1$。

7. 融合结构

在多个源图像的情况下，图像可以以各种不同的方式进行融合，并且融合的顺序不同产生的融合图像也各不相同。这一节主要讨论的是不同的融合结构对融合结果的影响。

1）融合结构

考虑图像融合的一般过程，假设我们有 N 个源图像 $S=\{S_i,i=1,\cdots,N\}$，M 种融合结构 $T=\{T_i,i=1,\cdots,M\}$。当我们采用一些融合算法时，每个融合结构 T_i 将源图像融合成 K_i 个图像 $F_i=\{F_i^j,j=1,\cdots,K_i\}$。因此，融合图像表示为

$$F=\{T(S),i=1,\cdots,M\}=\{F_i^j,i=1,\cdots,M,j=1,\cdots,K_i\} \tag{14-100}$$

因为融合结构不同，产生的融合图像也不同。融合结构可以简单地分为三类，分别是，(1)分层融合结构，(2)集中融合结构，(3)混合融合结构。

如图 14-11 所示，分层融合结构以预先定义好的顺序融合图像，并且每次只能融合两个图像。这种结构适合于专门用来融合两个源图像的融合技术。对于那些一次可以融合多个图像的融合技术更适合选用集中式融合结构，如图 14-12 所示。在大部分应用中，采用以上两种结构结合产生的一种混合结构，这是一种更为一般的结构，如图 14-13 所示。

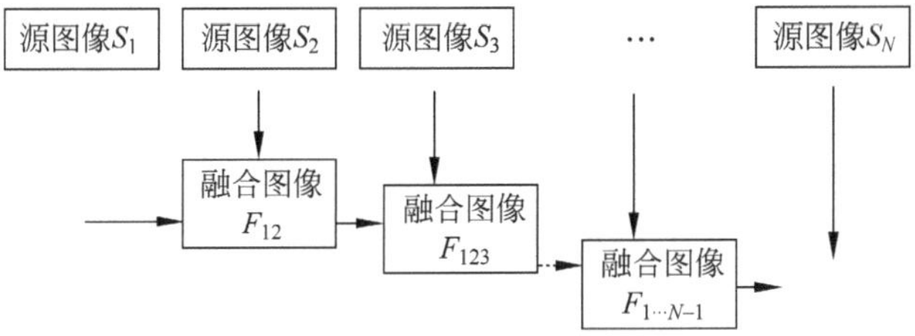

图 14-11 分布式融合结构

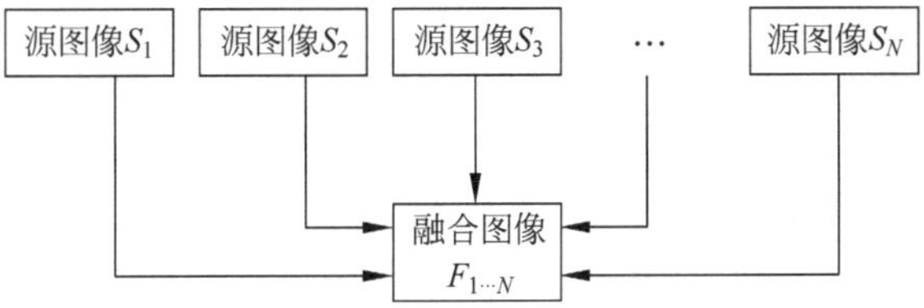

图 14-12 集中式融合结构

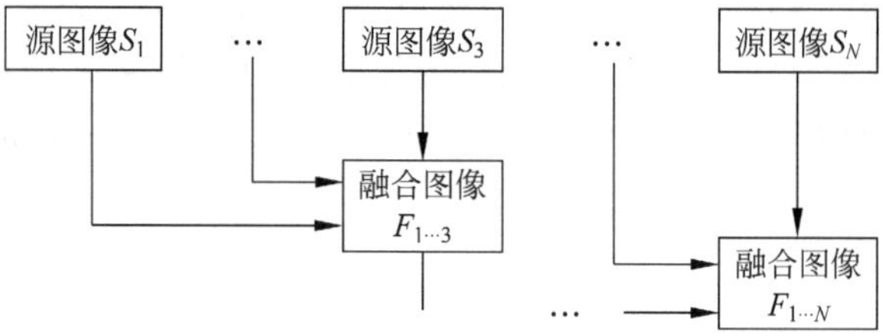

图 14-13 混合式融合结构

2) 融合结构对图像融合效果的影响

我们首先考虑一种广泛应用的基于多分辨率图像融合技术，这种技术可一次融合任意幅图像，例如，基于小波变换的图像融合技术。这种技术的主要原理如图 14-14 所示，其中 S 和 D 分别指的是所谓的近似图和细节图。

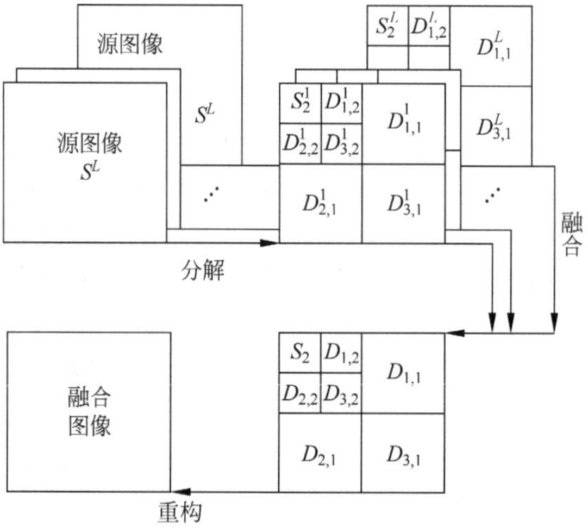

图 14-14 基于小波变换的图像融合

关于源图像分解为近似图和细节子图以及从对应的融合子图到最终的融合图像的详细的过程在文献[30]中做了介绍，对于高频图像融合应用，它以递归的方式采用了基于小波变换的图像融合技术。

特征提取是为了确定下面的权值，这个权值根据子图中当前信息的计算得到

$$E_{j,k}^{l} = QI(j,k,l) \tag{14-101}$$

式中 $QI(j,k,l)$是第 l 个近似图或者细节图在 j 级方向 k 上的信息量。在文献[15]中，评价图像信息采用了标准能量。

当获得某个窗中近似图或者细节图的信息量，即可以计算每个子图的权值，这个权值定义为

$$W_{j,k}^{l} = f_1(E_{j,k}^{1},\cdots,E_{j,k}^{L}), \quad l = 1,\cdots,L \tag{14-102}$$

式中 f_l 是一个权值决策函数，一般为非线性函数。然而，对于一些应用也可以通过以下方式获得线性决策函数

$$W_{j,k}^{l} = \frac{E_{j,k}^{l}}{\sum_{l=1}^{L} E_{j,k}^{l}} \tag{14-103}$$

在给定的窗中，该区域含的信息量越多，$E_{j,k}^{l}$就越大，对应的权值也越大。

图像融合是在近似图和细节图上进行的，融合图像定义为 L 个近似图和细节图的加权和，即

$$S_J = \sum_{i=1}^{L} W_J^l S_J^l, D_{k,j} = \sum_{i=1}^{L} W_{k,j}^l D_{k,j}^l \tag{14-104}$$

式中 S_J 和 $D_{k,j}$分别为近似图和细节图。

如果第 l 个图像包含的信息量很多，那么它的权值就越高，这个图像对最终图像的贡献就越大。在分布式融合结构中，当采用基于小波变换的融合技术时，影响融合效果主要是权值的确定。当我们融合源图像 S^1 和 S^2 时，就可以获得近似图和融合图像如下

$$\begin{aligned}(S_2^1, D_{1,2}^1, D_{2,2}^1, D_{3,2}^1, D_{1,1}^1, D_{2,1}^1, D_{3,1}^1) &= DC(S^1)\\(S_2^2, D_{1,2}^2, D_{2,2}^2, D_{3,2}^2, D_{1,1}^2, D_{2,1}^2, D_{3,1}^2) &= DC(S^2)\end{aligned} \tag{14-105}$$

式中 $DC(\cdot)$是图像的分解过程。

现在以细节子图 $D_{1,2}^1$和 $D_{1,2}^2$融合为例，它们相对应的信息量为 $E_{1,2}^1 = QI(D_{1,2}^1)$，$E_{1,2}^2 = QI(D_{1,2}^2)$，权值为 $W_{1,2}^1 = f_1(E_{1,2}^1 + E_{1,2}^2)$，$W_{1,2}^2 = f_2(E_{1,2}^1 + E_{1,2}^2)$，则融合子图为 $D_{1,2} = W_{1,2}^1 D_{1,2}^1 + W_{1,2}^2 D_{1,2}^2$。因此由源图像 S^1 和 S^2 融合的图像可以从融合的近似图和细节图通过以下方式获得

$$F^{12} = RC(S_2, D_{1,2}, D_{2,2}, D_{3,2}, D_{1,1}, D_{2,1}, D_{3,1}) \tag{14-106}$$

式中 $RC(\cdot)$是图像的重构过程。

因为是分层融合过程，因此另一个源图像 S^3 将与 S^1 和 S^2 融合的图像 F^{12}进行融合。同样地，通过图像分解、特征提取以及 S^2 和 F^{12}权值的确定，它们的权值为（同样选择细节子图 $D_{1,2}^3$为例）

$$\begin{aligned}W_{1,2}^{F^{12}} &= f_1(QI(D_{1,2}^{F^{12}}) + QI(D_{1,2}^3)),\\W_{1,2}^3 &= f_2(QI(D_{1,2}^{F^{12}}) + QI(D_{1,2}^3))\end{aligned} \tag{14-107}$$

对应融合的细节子图为

$$D_{1,2} = W_{1,2}^{F^{12}} D_{1,2}^{F^{12}} + W_{1,2}^3 D_{1,2}^3 \tag{14-108}$$

在集中式融合结构中，源图像 S^1，S^2 和 S^3 在一次融合过程中全部进行融合，在这个融合过程中，近似子图和细节子图与分布式融合结构相似。但是，它所对应的融合子图为

$$D_{1,2} = \sum_{i=1}^{3} f_i(QI(D_{1,2}^1) + QI(D_{1,2}^2) + QI(D_{1,2}^3)) D_{1,2}^i \tag{14-109}$$

因为特征提取和权值决策函数的输入不同，融合子图就与分布式融合结构所对应的融合子图不同，最终的融合图像也就不相同。这个例子就证明了为什么采用相同的融合技术，采用不同的融合结构，融合结果却不相同。

对于混合式融合结构，因为采用了分布式融合结构和集中式融合结构相结合的方法，选择不同的源图像和中间图像进行融合，产生的结果也各不相同。

但是，仍然存在一些特殊情况，在这种情况下，分布式融合结构与集中式融合结构能产生相同的融合结构。因为非线性决策函数分析较为复杂，在这里，我们选用线性决策函数为例进行介绍。在分布式融合结构中

$$D_{12}=\frac{E_{1,2}^{F^{12}}\dfrac{(E_{1,2}^{1}D_{1,2}^{1}+E_{1,2}^{2}D_{1,2}^{2})}{E_{1,2}^{1}+E_{1,2}^{2}}+E_{1,2}^{3}D_{1,2}^{3}}{E_{1,2}^{F^{12}}+E_{1,2}^{3}} \tag{14-110}$$

在集中式融合结构中

$$D_{12}=\frac{E_{1,2}^{1}D_{1,2}^{1}+E_{1,2}^{2}D_{1,2}^{2}+E_{1,2}^{3}D_{1,2}^{3}}{E_{1,2}^{1}+E_{1,2}^{2}+E_{1,2}^{3}} \tag{14-111}$$

可以发现，当特征提取方程满足 $E_{1,2}^{F_{12}}=E_{1,2}^{1}+E_{1,2}^{2}$ 时，采用相同融合方法，两种融合结构产生的细节子图是一致的。因此，我们可以得出这样的结论，在特定条件下，不同的融合结构可以产生相同的效果。

3）融合结构试验

为了证明我们的分析的正确性，同样采用 AVIRIS 的数据进行了试验。

选自数据库的四幅图像通过选用线性加权决策函数，采用基于小波变换的融合技术进行融合。应用两种不同的特征提取方法，一种是标准图像能量的方法；另一种是专门设计的特征提取方法，在这种方法中，源图像和中间融合图像的近似图和细节图的特征定义为产生这些图像的具体图像的数目。例如，假定源图像的特征为 1，一个由两个源图像产生的中间图像 F^{12} 的特征为 2。

图 14-15 显示的是四幅源图像，图 14-16 显示的是当采用标准图像方法提取特征时，两种不同的融合结构产生的融合图像以及它们之间的差异图。图 14-17 显示的是当采用另外一种方法提取特征时，两种不同的融合结构产生的融合图像以及它们之间的差异图。为了能够清楚地表现两幅融合图像的差异，图 14-16、图 14-17 也给出了放大四倍的差异图。

图 14-15 四幅源图像

从图像可以看出，图 14-17 的两幅融合图像相同，因为我们专门设计的特征提取方法满足了不同融合结构产生相同结构的条件，所以两幅图像的差异图像为 0。但是，图 14-16 的融合图像存在很大差异，因为特征提取方程不满足上面的条件，因此，在差异图中存在一些信息。

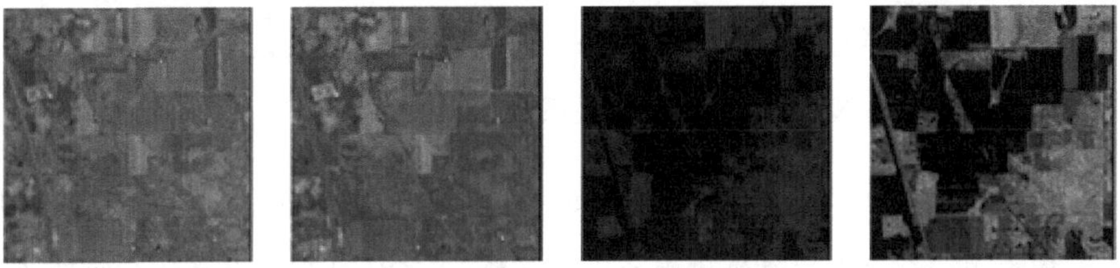

(a) 采用分布式融合结构的融合图像 (b) 采用集中式融合结构的融合图像 (c) 两种结构产生结构的差异图 (d) 放大四倍的差异图

图 14-16 采用标准能量特征提取方法的融合图像

(a) 采用分布式融合结构的融合图像 (b) 采用集中式融合结构的融合图像 (c) 两种结构产生结构的差异图 (d) 放大四倍的差异图

图 14-17 采用专门设计的特征提取方法的融合图像

8. 多输入源图像融合

在这一节我们将讨论将多输入源图像融合成多输出图像的融合技术的性能评价方法。评估方案主要基于下文介绍的源图像与融合图像相关度和信息偏差度。

1) 非线性相关系数(NCC)

为了描述两个变量之间任意的相关性,而不是像相关系数那样仅仅描述线性相关,互信息这一概念得到广泛应用。互信息可以被看作是一种广义的相关性,类似于线性相关系数,它可以描述任何类型的相互关系,而不仅仅是线性关系。

我们来看两个离散变量 $X=\{x_i\}_{1\leqslant i\leqslant N}$ 和 $Y=\{y_i\}_{1\leqslant i\leqslant N}$。它们的值按升序排列,并放在 b 箱子中,第一个 N/b 的值放在第一个箱中,第二个 N/b 的值放在第二个箱中,以此类推。通过寻找单个值对应的箱子,把一组值$\{(x_i,y_i\}_{1\leqslant i\leqslant N}$放在一个 $b\times b$ 的箱格中。调整后两个变量 X 和 Y 的联合熵定义为

$$H(X,Y)=-\sum_{i=1}^{b}\sum_{j=1}^{b}\frac{n_{i,j}}{N}\log_b\frac{n_{i,j}}{N} \tag{14-112}$$

式中 n_{ij} 是第 ij 个箱格中样本对的数量。

$$NCC(X,Y)=H(X)+H(Y)-H(X,Y) \tag{14-113}$$

式中 $H(X)$是变量 X 调整后的熵,定义如下

$$H(X)=-\sum_{i=1}^{b}\frac{n_i}{N}\log_b\frac{n_i}{N} \tag{14-114}$$

注意分布在 X 和 Y 的每个箱中的样本数是不变的。因为

$$H(X) = -\sum_{i=1}^{b} \frac{N/b}{N} \log_b \frac{N/b}{N} = -b \frac{1}{b} \log_b \frac{1}{b} = 1$$

样本对的总数为 N，因此非线性相关系数可以写成

$$NCC(X,Y) = 2 + \sum_{i=1}^{b} \sum_{j=1}^{b} \frac{n_{i,j}}{N} \log_b \frac{n_{i,j}}{N} = 2 + \sum_{i=1}^{b^2} \frac{n_i}{N} \log_b \frac{n_i}{N} \tag{14-115}$$

式中 n_i 用来表示分布在二维箱格中的样本对数。NCC 对两个变量的非线性关系很敏感，它的值介于[0,1]之间，其中 0 表示最小相关，1 表示最大相关。在最大相关情况下，两个变量的抽样序列是相同的，如 $x_i = y_i, i = 1, \cdots, N$。因此

$$NCC(X,Y) = 2 + \sum_{i=1}^{b^2} p_i \log_b p_i = 2 + b \frac{N/b}{N} \log_b \frac{N/b}{N} = 1$$

另外，在最小相关条件下，样本均匀地分布在 $b \times b$ 的格箱中，因此

$$NCC(X,Y) = 2 + \sum_{i=1}^{b^2} p_i \log_b p_i = 2 + b^2 \frac{N/b^2}{N} \log_b \frac{N/b^2}{N} = 0$$

2）非线性相关信息熵（$NCIE$）

在多变量情况下，根据 NCC 的定义，我们可以获得任意两个变量的一般关系，因此，关于 K 的非线性相关矩阵定义为

$$R = \{NCC_{i,j}\}_{1 \leqslant i \leqslant K, 1 \leqslant j \leqslant K} \tag{14-116}$$

式中 $NCC_{i,j}$ 表示第 i 个变量和第 j 个变量的非线性相关系数，因为变量与自身相似，则 $NCC_{i,j} = 1, 1 \leqslant i \leqslant K$。矩阵 R 的对角元素 $NCC_{i,i} = r_{i,i} = 1, 1 \leqslant i \leqslant K$，指的是每个变量的自相关；其余元素 $1 \leqslant r_{i,i} \leqslant 1, i \neq j, i \leqslant K, j \leqslant K$ 表示第 i 个变量和第 j 个变量的相关性。当各变量彼此间不相关时，矩阵 R 是对角矩阵。当所有的变量都相等时，矩阵 R 的每个元素值为 1。在后面这种情况下，各变量间的相关性是最强的。非线性相关矩阵 R 隐含了 K 个变量之间的一般关系。为了定量地描述这一关系，非线性联合熵 H_R 定义为

$$H_R = -\sum_{i=1}^{K} \frac{\lambda_i^R}{K} \log_b \frac{\lambda_i^R}{K} \tag{14-117}$$

式中 $\lambda_i^R, i = 1, \cdots, K$ 是非线性相关矩阵的特征值。根据特征值理论，我们可以推导出

$$0 \leqslant \lambda_i^R \leqslant K, \quad i = 1, \cdots, K \quad 及 \quad \sum_{i=1}^{K} \lambda_i^R = K$$

非线性相关信息熵 $NCIE_R$ 用于测量相关变量的非线性相关程度，且定义为

$$NCIE_R = 1 - H_R = 1 + \sum_{i=1}^{K} \frac{\lambda_i^R}{K} \log_b \frac{\lambda_i^R}{K} \tag{14-118}$$

$NCIE$ 具有很好的数学特性，进一步证明也适合衡量多变量的相关的非线性类型。首先，它位于区间[0,1]之间，其中 0 表示 K 个变量之间的最小非线性相关，1 表示最大非线性相关。如果变量间不相关，非线性矩阵变为单位矩阵，即 $\lambda_i^R = 1, i = 1, \cdots, K$。因此，$NCIE$ 等于 0。如果变量相同，任意两个变量间的非线性相关系数等于 1。这导致非线性相关矩阵的每个元素都为 1，从而使得 $\lambda_i^R = 0, i = 1, \cdots, K-1$ 以及

$\lambda_K^R = K$。在这种情况下，非线性相关信息熵恒等于 1。

最后我们可以得到，非线性相关信息熵对有关 K 个变量的任何相关类型都很敏感，不仅仅是线性相关。这个特性通过下面的数值仿真来证明。

3）数值验证

图 14-18 表明了均匀分布、正态分布和指数分布之间的相互关系以及对应的 $NCIE$。因为相关的三个变量是随机分配的，它们之间的相关性较弱，因此 $NCIE$ 很小。同时图 14-18 也表明三个变量的一般函数，例如线性、圆形、方形相关性。为了

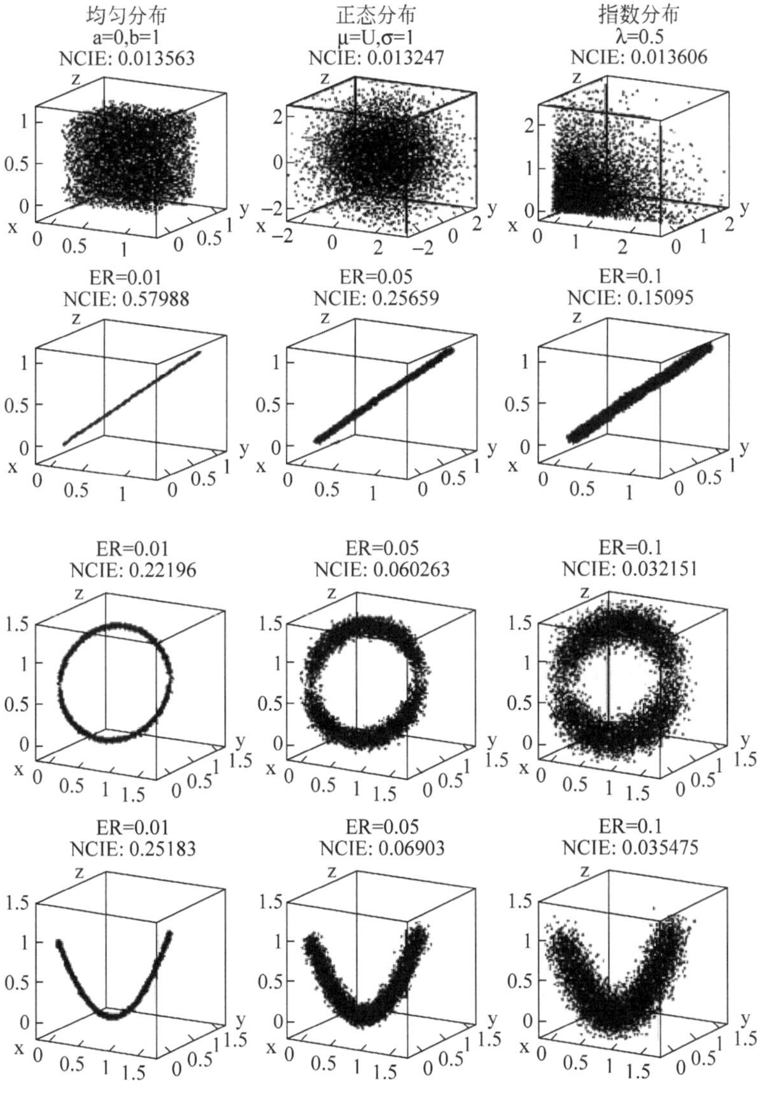

图 14-18 三种典型分布，即均匀分布、正态分布和指数分布的三个随机变量的 $NCIE$ 以及三个一般关系，即线性关系、圆形关系、方形关系的 $NCIE$，每个变量有 10000 个值，箱数为 100

产生不同的相关度，给函数叠加不同强度的噪声。随着叠加噪声幅值的增加，三个变量的相关度降低，同时 $NCIE$ 也减小。这一结果与 $NCIE$ 的定义保持一致，即 $NCIE$ 越大表明相关性越强。

4）信息偏差分析

我们要介绍的另一个衡量标准基于源图像与信息图像的之间的信息偏差这一概念。它可以适用于更为一般的情况，也就是处理多输入和多输出图像融合技术。

分别令采用的融合技术为 $T_i, i=1,\cdots,K$，源图像为 $S, S=\{S_1,S_2,\cdots,S_N\}$，融合图像为 $F_i^j, i=1,\cdots,M;\ j=1,\cdots,K$。在理想情况下，通过完美的融合技术 T_A，源图像中所有的信息传递到融合后的图像中，即令 $F_A^j=T_A(S), j=1,\cdots,K_A$。假如有一个信息量化方法 Q，则信息偏差 $D(S,F_A)=|Q(S)-Q(F_A)|=0$，其中 $F_A=\{F_A^j;\ j=1,2,\cdots,K_A\}$。实际上，在图像融合过程中，融合图像总存在或多或少的信息损失，因此，$D(S,F_i)>0, i=1,2,\cdots,M$。然而由于不同融合技术性能不同，则信息偏差大小 $D(S,F_i)$ 也不同。此外，如果基于融合技术 T_i 的信息偏差大于基于融合技术 T_j 的信息偏差，根据信息偏差的定义，我们可以得出融合技术 T_i 的性能优于 T_j。

现在的主要问题涉及信息量化方法，这种方法不仅涉及量化相同的格式的源图像和融合图像，并且也要与源图像和融合图像的数量无关。

在图像融合过程中，信息从源图像传递到融合图像，信息传递的基本单位是每个图像本身。假设每幅图像有 W 个像素。这些像素有 L 个状态，每个状态 L_i 的可能性为 p_i。每个状态下像素的平均数 $B=\dfrac{W}{L}$ 称为状态宽度。因此根据香农信息定理，对于一个图像 S_A，熵定义为

$$H(S_A)=-\sum_{i=1}^{L}p_i\log p_i$$

其中总和大于图像 S_A 的像素含有 L 个状态。

为了用评估单个图像信息量的方式评价 N 个源图像 $S=\{S_1,S_2,\cdots S_N\}$ 的信息量，我们设状态数等于 L，但是扩展状态宽度到 NB。因此 N 个源图像 S 的信息熵定义为

$$H(S)=-\sum_{i=1}^{L}p_i\log p_i$$

以同样的方式，基于融合技术 T_i 的融合图像 $F_i^j, j=1,2,\cdots,K_i$ 的熵可以用扩展到 K_iB 的状态宽度定义。现在定义了测量源图像和融合图像的信息量的方法，对于某一图像融合技术，融合过程中的信息偏差定义为

$$D_i=|\ H(S)-H(F_i)\ | \tag{14-119}$$

因此，根据上式可以对比和评价不同的图像融合技术。

5）关于 NCA 和 IDA 的试验

为了验证上面所提到的 NCA 和 IDA 评价方法，我们进行了试验，主要是评估两个广泛应用的基于多分辨率分析图像融合方法，即基于小波变换的融合方法

(WTF)和基于金字塔变换的融合方法(PTF)。

试验仍然选用 AVIRIS 的数据，为了计算简单化，对于具体选择的数据，是从 220 个频带中选择 10 个频带作为源图像，如图 14-19 所示。采用上面提到的两种融合方法(WTF 和 PTF)融合的图像如图 14-20 所示。

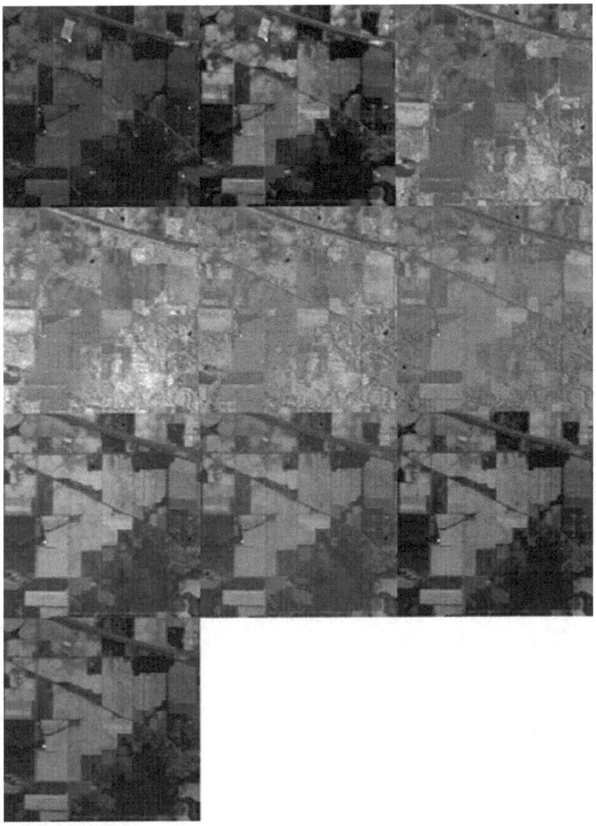

图 14-19　源图像

(a) WTF　(b) PTF

图 14-20　采用基于多分辨率分析的图像融合方法融合的图像

用源信息(10 幅源图像)和融合信息(2 幅融合图像)对两种融合方法进行性能评价及对比。计算源图像与融合图像的相关度，如表 14-3 所示。因为相关性越强表明对应的融合方法性能越好，可以看出，从信息相关这个角度看，基于 WTF 的融合方法更好。此外，根据表 14-3 中 *IDA* 的结果，我们可以发现基于 WTF 的融合方法的偏离量小于基于 PTF 的融合方法的偏离量。因此我们也可以说从信息偏离量的角度，基于 WTF 的融合方法更好。

表 14-3　第一个试验的图像融合效果评价结果

融合方法	*NCA*	*IDA*
WTF	0.08700	0.1770
PTF	0.08611	0.6547

另外一个试验是在高频图像集中进行的，这幅图像包含丰富的内容和较大的尺寸，即 512 行 608 列。这六个源图像如图 14-21 所示，图 14-22 给出了基于 WTF 和 PTF 的融合图像。从表 14-4 中可以看出，WTF 的性能优于 PTF 的性能，因为与 PTF 的结果相比，WTF 的 *NCA* 较大，而 *IDA* 较小。表 14-5 给出了该试验的图像融合效果评价。

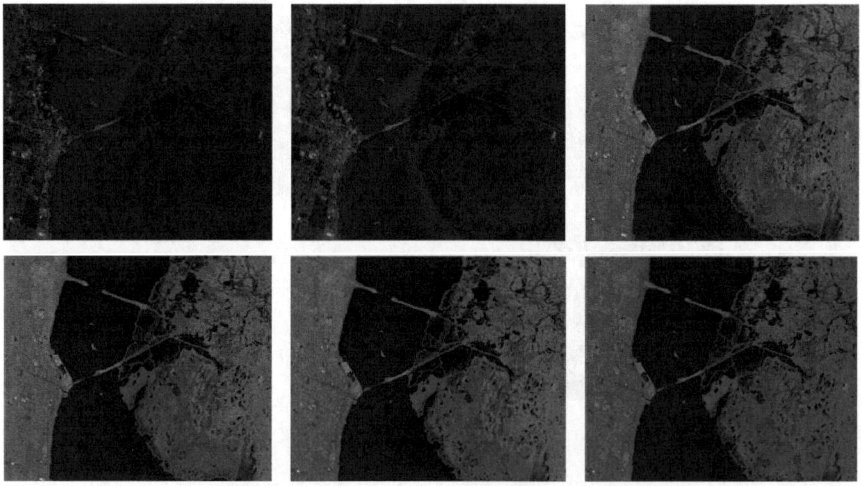

图 14-21　第二个试验的六个具有较大尺寸和丰富内容的高频图像

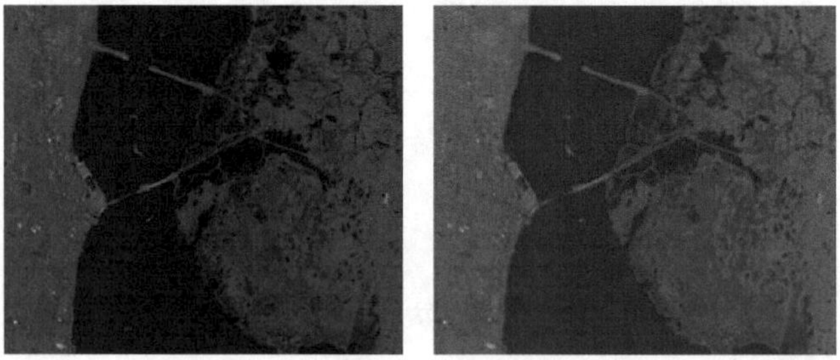

(a) WTF　　(b) PTF

图 14-22　第二个图像的融合结果

表 14-4 高频图像精确分析百分比

融合方法	玉米	草	大豆	森林	平均
WTF	97.40	99.60	90.60	99.00	96.65
PTF	95.60	97.40	86.40	98.40	94.45

表 14-5 第二个试验的图像融合效果评价

融合方法	*NCA*	*IDA*
WTF	0.1036	0.5019
PTF	0.0958	0.5645

14.3.3 面向效能度量(MOE)的指标体系

面向效能度量(MOE)的评估指标体系，评估指标分为定量评估指标和定性评估指标两部分，因此，后续给出定量和定性指标具体计算方法，并通过云重心法将定量和定性指标综合为一个整体效能度量值。

1. 定量评估指标计算

1) 情报搜集能力评估

在战场中，系统首先通过传感器及其他情报搜集资源搜集战场中的目标情报，能否及时、准确、完整地搜集目标情报是系统对作战行动提供支援的基础。

(1) 完备性

完备性描述情报搜集资源能探测到任务区域内的目标的情况，在复杂的战场环境中尽可能多地探测到目标是系统的目的。若实际战场中的敌方目标数为 M，通过系统发现的敌方目标数为 N，由条件概率可知 $N=M(1-e^{a_1})a_2$，其中，a_1 是目标能够被检测到的概率，a_2 为系统已覆盖作战区域面积和作战区域面积之比。因此完备性度量为

$$P_{\text{gcom}} = N/M = (1-e^{a_1})a_2$$

(2) 准确性

准确性指探测到的目标特征与真实目标特性相吻合的程度，要求情报搜集资源能具有较高的探测精度。若 $X_i=[x_i \quad y_i \quad z_i]$表示发现的敌方第 i 个目标位置，$\mu_i=[\mu_x \quad \mu_y \quad \mu_z]$是第 i 个敌方目标位置真实值，n 表示报告目标的总数，实际位置估计偏差为 $A_i=|X_i-\mu_i|$

$$A = \frac{1}{n}\sum_{i=1}^{n} A_i$$

则准确性度量为

$$P_{\text{gcor}} = e^{-(A_x+A_y+A_z)}$$

其中，A_x，A_y，A_z 分别是对 x，y，z 位置(空间三维坐标系)的估算偏差。

(3) 时效性

时效性指完成目标探测和本地数据处理的效率，要求情报搜集资源能在指挥机构需求的时间内完成操作。对于情报搜集这一阶段而言，操作时间越少，效率越高。设情报搜集资源完成目标探测向融合设施输入报告所需时间为 t_s，则时效性度量

$$P_{\mathrm{gcur}} = \mathrm{e}^{-t_s}$$

2) 情报处理能力评估

(1) 完备性

完备性指情报处理利用系统，即情报处理系统对作战区域内目标进行处理的能力。设第 i 个目标在融合系统中被处理的完备性为

$$f_{\mathrm{comi}} = b + \beta(1 - \mathrm{e}^{-\alpha})$$

其中，b 表示传感器或者情报搜集资源本身能够对该探测目标的部分进行分类的能力，$0<b<1$；$b+\beta$ 表示融合系统能够进行处理的最大能力，$0<b+\beta\leqslant 1$；α 表示处理的速度，$\alpha\geqslant 0$。由可靠性理论可以得到情报处理的完备性度量

$$P_{\mathrm{fcom}} = 1 - \prod_{i=1}^{n}(1 - f_{\mathrm{comi}})$$

(2) 准确性

准确性指经融合后的目标特征与真实目标特性相吻合的程度。令 $c_i=\mathrm{e}^{-s_i}$，其中 s_i 表示敌方目标 m 个特征中的第 i 个特征取样的标准偏差，对于小变量(即比较正确)，c_i 的值接近于 1；对于大变量，c_i 的值接近于 0。

$$f_{\mathrm{corj}} = \sum_{i=1}^{m}\omega_i c_i$$

其中，ω_i 表示第 i 个特征的相对权重，$\sum_{i=1}^{m}\omega_i = 1$。设 μ_j 表示各个目标的相对权重，$\sum_{j=1}^{n}\mu_j = 1$，得到情报处理的准确性度量为

$$P_{\mathrm{fcor}} = \sum_{j=1}^{n}\mu_j f_{\mathrm{corj}} = \sum_{j=1}^{n}\sum_{i=1}^{m}\mu_j\omega_i c_i$$

(3) 时效性

时效性指情报处理的效率。设 t_f 是融合系统完成任务所需要的全部时间，则时效性度量为

$$P_{\mathrm{fcur}} = \mathrm{e}^{-t_f}$$

3) 情报传送能力评估

情报传送是各种信息融合系统中的重要环节，网络中心战时代的信息传送是通过由多种通信手段、多种传输媒介组成的通信网络来进行的，通常由多个网络节点及传输链路组成，网络节点之间通过有线、无线和卫星通信等信息传输链路连接。情报传送是将指挥机构所需情报能否完整、准确、及时地传送给用户的基础，是获取信息优势的重要保证。

(1) 可靠性

可靠性指情报传送到各个用户的到达程度。设 p_i表示用户 i 能够接收到所需情报的概率,假设用户接收各自所需信息彼此独立,整个传送系统的可靠性可用下式表示

$$P_{\mathrm{dcom}} = \prod_{i=1}^{n} p_i$$

其中,n 表示用户的数量。

(2) 准确性

准确性指用户能够得到自身所需信息的能力,设 $PCMR$ 为情报传送系统把情报准确发送给所需用户和用户正确接收到所需情报的联合概率。对用户 i 而言,正确接收情报的概率依赖于情报传送的可靠性,即可靠性中的 p_i,边缘概率 $p(r)$为情报被正确发送给所需用户的概率。因此,整个情报传送的准确性度量为

$$P_{\mathrm{dcor}} = PCMR = \prod_{i=1}^{n} P(r) P_i$$

(3) 时效性

时效性是对情报发送到所需用户所需时间的度量。情报传送的时效性受通信链路中数据传输的带宽、速率以及各种节点在处理信息时所需时间的限制。这里将情报处理完毕后通过传送系统端到端发送到用户所需时间作为时效性的度量标准。设情报传送系统的平均传送延时为 t_{n},则时效性为

$$P_{\mathrm{dcur}} = \mathrm{e}^{-t_{\mathrm{n}}}$$

2. 定性评估指标计算

对于系统防护能力、适应能力和人员素质由于涉及因素过于复杂,目前还难以进行定量计算,这里暂时只进行定性评估。由于系统涉及了多学科多专业,因此评估专家组成中既有各种装备研制人员也有使用人员,以及最终用户,专家的身份不同、经验知识不同,会导致他们对效能评估结果具有不确定性和高冲突性。对于不确定性的处理,本节引入了证据理论,由于经典的证据理论组合规则难以处理证据高冲突的情况,这里采用了折扣证据融合规则(DECR)来解决这个问题。

1) 效能信任程度模型

为了便于评估专家对防护能力、适应能力和人员素质指标进行赋值,这里首先构建了效能信任程度模型。效能信任程度是一个两元组$\{\lambda,\delta\}$,$\lambda\in S$,S 为状态集合,δ是专家处于λ 状态的信任程度,$\delta\in[0,1]$。状态信度的物理含义是事物处于某个效能状态的信任程度,这种描述符合人们对某个问题的分析和判断,可以直接给出定性的评价结果,符合人类的认知习惯,特别是对于结构复杂的、存在人为因素的情况。

对于事物状态的定义,根据心理学的研究,通常情况下等级划分的数目一般不宜超过 7 个,本文选用 5 个状态等级进行评估。因此,效能状态定义为:$s=\{s_1,s_2,$

$s_3, s_4, s_5\}$，其中 s_1 为极好状态，s_2 为较好状态，s_3 为一般状态，s_4 为较差状态，s_5 则表示极差状态。假设有 n 位专家参与评估，每位专家的评估记为 m_n，其信任程度分配为

$$m_n(A) = x_1, A = \{s_1\},$$
$$\vdots$$
$$m_n(A) = x_5, A = \{s_5\}, \quad \sum m_n = 1$$

利用状态信任程度，对于每种能力的评估由一组相关领域的专家，分别对效能信任程度做出评判。在这样的模型中，专家对系统的知识都隐含在所做出的信任程度评估值之中。

2）折扣证据融合规则

证据理论为了基本指派函数的归一化而将矛盾信息按比例分配给了所有焦元，导致了在高冲突证据融合时出现违背常理的情况。为此，Dezert 和 Smarandache 在 2005 年提出了五种成比例的冲突重新分配规则（PCR1-PCR5），其中，PCR5 对冲突量重新分配最为精确，在改进的组合规则中最具有代表性，但该规则不满足结合律，在多个证据融合时，若逐个进行融合，则融合顺序势必影响最终结果，若按照多个证据一起融合的公式进行合成，则计算量太大。

为了处理证据高冲突问题，采用了折扣证据融合规则（DECR），通过对证据信息的折扣修正来解决高冲突信息融合的问题。在对证据融合前，按照一定的规则给各证据赋予一定的权重，根据权重修正证据信息，以降低它们的冲突程度，最后用 DS 规则融合。

这里选用证据距离作为给各证据赋予权重系数的重要依据。证据 m_1 和 m_2 的距离定义为

$$d(\boldsymbol{m}_1, \boldsymbol{m}_2) = \sqrt{\frac{1}{2}(\boldsymbol{m}_1 - \boldsymbol{m}_2)^{\mathrm{T}} \underline{\underline{D}}(\boldsymbol{m}_1 - \boldsymbol{m}_2)}$$

$$\underline{\underline{D}}(A, B) = \frac{|A \cap B|}{|A \cup B|}$$

证据距离可以从两证据相同焦元置信值差异的大小刻画出证据的一致程度。

设有 n 个状态信息，那么可以构造 n 个证据 $m_1, m_2, \cdots, m_n$，融合算法步骤如下：

首先利用上式计算出这 n 个证据两两之间的距离。然后，根据两证据距离可以确定其一致程度，也可以称之为相互支持度

$$sup_{i,j} = 1 - D_{i,j}$$

这就得到证据的 $n \times n$ 维相互支持度方阵

$$\boldsymbol{S} = \begin{bmatrix} 1 & s_{1,2} & \cdots & s_{1,n} \\ s_{2,1} & 1 & \cdots & s_{2,n} \\ \vdots & \vdots & \vdots & \vdots \\ s_{n,1} & s_{n,2} & \cdots & 1 \end{bmatrix}_{n \times n}$$

由于 $s_{i,j} = s_{j,i}$，故其为对称矩阵。

确定权重系数的基本原则是：如果某个证据与其他证据一致程度较高，也就是得到其他证据的支持度较高时，则该证据的权重系数应较大，反之较小。那么，每个证据的权重应与被其他证据的综合支持程度成正比关系。

设第 i 个证据的权重系数为 β_i，则

$$\lambda\beta_i = \beta_1 s_{1,i} + \beta_2 s_{2,i} + \Lambda + \beta_n s_{n,i}$$

式中，$i=1,2,\cdots,n$，λ 为比例系数。

令 $\beta=(\beta_1,\beta_2,\cdots,\beta_n)^{\mathrm{T}}$，则可得

$$\lambda\beta = \boldsymbol{S}^{\mathrm{T}}\beta$$

由于 $\boldsymbol{S}$ 为对称阵，$\boldsymbol{S}^{\mathrm{T}}=\boldsymbol{S}$，所以 λ 即为 $\boldsymbol{S}$ 矩阵的特征值，β 为其相应的特征向量。由于 $\boldsymbol{S}$ 是一个非负不可分解矩阵，由 Perron-Frobenius 定理知道，$\boldsymbol{S}$ 存在最大模特征值 $\lambda>0$，并且对应正的特征向量 β，则 β 即为这 n 个证据的权重系数向量。

接下来选择权重系数最大也就是认为可信度最大的证据为关键证据，其权重系数为

$$\beta_{\max} = \max(\beta_1\cdots\beta_i\cdots\beta_n)$$

然后求得各证据的相对权重向量

$$\beta^* = [\beta_1\cdots\beta_n]/\beta_{\max}$$

由此确定第 i 个证据基本概率分配值的“折扣因子”为

$$\alpha_i = \frac{\beta_i}{\beta_{\max}}$$

根据“折扣因子”对证据基本概率分配值进行修正

$$\begin{cases} m_i{}^*(A_k) = \alpha_i * m_i(A_k), (A_k \neq \Theta) \\ m_i{}^*(\Theta) = 1 - \sum m_i{}^*(A_k) \end{cases}$$

按上式修正后的证据利用 DS 规则逐个融合。

在效能评估过程中，各位评估专家对于每个阶段的各个指标的效能信任程度评估结果构成了证据集合。由于证据之间可能会有较大的冲突，在对证据融合前，按照本节提出的折扣规则修正证据信息，以降低它们的冲突程度，最后得到融合后认知能力在各阶段的评估结果。

3. 基于云重心的定性定量综合效能计算

云是用语言值表示的某个定性概念与其定量表示之间的不确定性转换模型，云的数字特征用期望值 Ex、熵 En、超熵 He 三个数值表征，它把模糊性和随机性完全集成到一起，构成定性和定量相互间的映射。其中 Ex 是云的重心位置，标定了相应的模糊概念的中心值；En 是定性概念模糊度的度量，它的大小反映了在论域中可被模糊概念接受的元素数；超熵 He 是熵的熵，反映了云滴的离散程度。

云重心可以表示为 $T=a\times b$，式中 a 表示云重心的位置，b 表示云重心的高度。期望值反应了相应的模糊概念的信息中心值，即云重心位置。期望值相同的云可以

通过比较云重心高度的不同来区分它们的重要性。云重心评判法就是通过云重心的变化反映出系统状态的变化情况。在对系统进行效能评估时,首先根据系统效能指标,采用按照 DECR 规则融合得到的各个阶段的评估结果构成决策矩阵,然后按照云重心评判法的流程得到最终评估结果。

具体算法步骤如下。

步骤 1:求各指标的云模型

在给出的系统的性能指标体系中,提取 n 组样品组成决策矩阵。n 个精确数值型的指标可用一个云模型来表示,其中

$$E_x = (E_{x1} + E_{x2} + \cdots + E_{xn})/n$$

$$E_n = \frac{\max(E_{x1}, \cdots, E_{xn}) - \min(E_{x1}, \cdots, E_{xn})}{6}$$

每个语言值型的指标都可以用一个云模型来表示,则 n 个语言值(云模型)表示的一个指标就可以用一个一维综合云来表征,其中

$$E_x = \frac{E_{x1}E_{n1} + E_{x2}E_{n2} + \cdots + E_{xn}E_{nn}}{E_{n1} + E_{n2} + \cdots + E_{nn}}$$

$$E_n = E_{n1} + E_{n2} + \cdots + E_{nn}$$

步骤 2:用一个 p 维综合云表示具有 p 个性能指标的系统状态

p 个性能指标可以用 p 个云模型来刻画,那么 p 个指标所反映的系统的状态就可以用一个 p 维综合云来表示。当 p 指标所反映的系统的状态发生变化时,这个 p 维综合云的形状也发生变化,相应地它的重心就会改变。p 维综合云的重心 $\boldsymbol{T}$ 用一个 p 维向量来表示,即 $\boldsymbol{T}=(T_1, T_2, \cdots, T_p)$,其中,$T_i = a_i \times b_i (i=1,2,\cdots,p)$。当系统的状态发生变化时,其重心变化为 $\boldsymbol{T}'$,$\boldsymbol{T}'=(T_1', T_2', \cdots, T_p')$。

步骤 3:确定各指标的权重分配

权重的确定方法有很多,如 AHP 法、PC-LINMAP 耦合法等。上述方法各有优长,为了消除部分人为因素的影响,这里用以下公式确定权重

$$w_i = \begin{cases} \dfrac{1}{2} + \dfrac{\sqrt{-2\ln\left(\dfrac{2(i-1)}{n}\right)}}{6} & 1 < i \leqslant \dfrac{n+1}{2} \\[2ex] \dfrac{1}{2} - \dfrac{\sqrt{-2\ln\left(2 - \dfrac{2(i-1)}{n}\right)}}{6} & \dfrac{n+1}{2} < i \leqslant n \end{cases}$$

式中,n 为指标数,i 为排队等级,其中 $w_1 = 1$。再将 W_i 归一化处理即可得到权重 W_i^*。

步骤 4:用加权偏离度来衡量云重心的改变

一个系统理想状态下的各指标值是已知的。假设理想状态下 p 维综合云重心位置向量为 $\boldsymbol{a}=(E_{0x1}, E_{0x2}, \cdots, E_{0xp})$,云重心高度向量为 $\boldsymbol{b}=(b_1, b_2, \cdots, b_p)$,其中,$b_i = w_i \times 0.371$,则理想状态下云重心向量为 $\boldsymbol{T}_0 = a \times b$,$\boldsymbol{T}=(T_{01}, T_{02}, \cdots, T_{0p})$。同

理，求得某一状态下系统的 p 维综合云重心向量 $\boldsymbol{T}=(T_1,T_2,\cdots,T_p)$。这样，可以用加权偏离度($\theta$)来衡量这两种状态下综合云重心的差异情况。首先将此状态下的综合云重心向量进行归一化，得到一组向量 $\boldsymbol{T}_G=(T_{G1},T_{G2},\cdots,T_{Gp})$。其中

$$T_i^G=\begin{cases}(T_i-T_i^0)/T_i^0 & T_i<T_i^0\\(T_i-T_i^0)/T_i & T_i\geqslant T_i^0\end{cases}$$

其中 $i=1,2,\cdots p$。

经过归一化之后，表征系统状态的综合云重心向量均为有大小、有方向、无量纲的值(理想状态下为特殊情况，即向量为(0,0,…,0))。把各指标归一化之后的向量值乘以其权重值，再相加，取平均值后得到加权偏离度 $\theta(0\leqslant\theta\leqslant1)$的值为

$$\theta=\left[\sum_{j=1}^{p}(w_j^*\,T_i^G)\right]$$

步骤 5：用云模型实现评测的评语集

本文为了与状态信度的五种状态对应，采用由五个评语所组成的评语集，即

$$\begin{aligned}V&=(v_1,v_2,v_3,v_4,v_5)=(V_t\mid t=1,2,3,4,5)\\&=(\text{极差},\text{较差},\text{一般},\text{较好},\text{极好})\end{aligned}$$

将五个评语置于连续的语言值标尺上，并且每个评语值都用云模型来实现。构成一个定性评测的云发生器，如图 14-23 所示。对于一个具体的系统评估任务，将由前面步骤所求得的 θ 值输入评测云发生器中，可能存在下面两种激活情况。

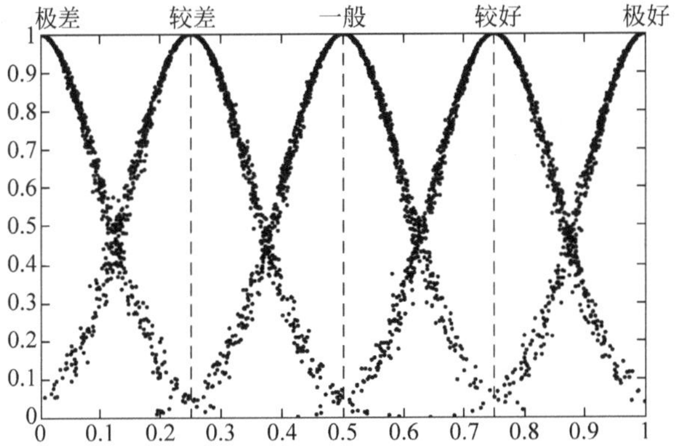

图 14-23　云发生器

第一种：激活某个评语值云对象的程度远大于其他评语值(当二者的激活程度的差值的绝对值大于某个给定的阀值 γ)，这时该评语值即可作为对方案的评测结果输出。

第二种：激活了两个评语值的云对象，且激活程度相差不是很大(当二者的激活程度的差值的绝对值小于某个给定的阀值 γ)，这时运用综合云的原理，生成一个新的云对象，它的期望值将作为评测结果(定量结果)输出，而此期望值对应的定性表述可由专家或系统用户另外给出。

14.4 其他性能评估举例

14.4.1 基于解析法的雷达与红外传感器航迹关联性能评估

假设雷达提供目标的距离、方位角和俯仰角信息，红外传感器提供目标的方位角和俯仰角信息，雷达和红外传感器的测量误差是相互独立的高斯白噪声，目标的状态向量为

$$\boldsymbol{X}=[x_0,y_0,z_0,\dot{x},\dot{y},\dot{z}]^{\mathrm{T}} \tag{14-120}$$

式中，x_0，y_0 和 z_0 表示目标在 t_0 时刻的初始位置，$\dot{x}$，$\dot{y}$ 和 $\dot{z}$ 是目标速度在直角坐标系中的分量。由于红外传感器仅有角度测量，因而为了得到目标在直角坐标系中的状态分量估计，红外传感器必须按一定的方式进行最佳机动。假定红外传感器通过最佳机动获得了目标在直角坐标系中的状态向量估计

$$\boldsymbol{Y}=\hat{\boldsymbol{X}}_{\mathrm{radar}}-\hat{\boldsymbol{X}}_{\mathrm{IR}} \tag{14-121}$$

式中，$\hat{\boldsymbol{X}}_{\mathrm{radar}}$ 和 $\hat{\boldsymbol{X}}_{\mathrm{IR}}$ 分别是由雷达和红外传感器得到的目标航迹状态估计，并假定它们是统计独立的和服从高斯分布的。又设 $\hat{\boldsymbol{M}}_{\mathrm{radar}}$ 和 $\hat{\boldsymbol{M}}_{\mathrm{IR}}$ 分别是 $\hat{\boldsymbol{X}}_{\mathrm{radar}}$ 和 $\hat{\boldsymbol{X}}_{\mathrm{IR}}$ 的协方差阵，H_0 代表雷达和红外航迹关联的假设，则在不考虑互协方差的情况下，雷达和红外的航迹关联决策应服从下面的不等式条件

$$H_0:\boldsymbol{Y}'(\hat{\boldsymbol{M}}_{\mathrm{radar}}+\hat{\boldsymbol{M}}_{\mathrm{IR}})^{-1}\boldsymbol{Y}\leqslant\lambda \tag{14-122}$$

式中，λ 是事先确定的满足给定要求的关联决策门限，当对传感器关联决策性能进行分析时，可以用雷达和红外传感器测量的 Fisher 信息矩阵(FIM)的逆取代协协方差阵。将式(14-122)中的 $\hat{\boldsymbol{M}}_{\mathrm{radar}}$ 和 $\hat{\boldsymbol{M}}_{\mathrm{IR}}$ 分别用 $\boldsymbol{J}_{\mathrm{radar}}$(雷达测量的 FIM)和 $\boldsymbol{J}_{\mathrm{IR}}$(红外测量的 FIM)的逆取代，即得

$$q\overset{\mathrm{def}}{=}\boldsymbol{Y}^{\mathrm{T}}\boldsymbol{W}\boldsymbol{Y}\leqslant\lambda \tag{14-123}$$

式中

$$\boldsymbol{W}=(\boldsymbol{J}_{\mathrm{radar}}^{-1}+\boldsymbol{J}_{\mathrm{IR}}^{-1})^{-1} \tag{14-124}$$

若设 $p(q)$ 是二次型 q 的概率密度函数，$\phi(\mu)$ 是 q 的特征函数，则有

$$p(q)=\frac{1}{2\pi}\int_{-\infty}^{\infty}\mathrm{e}^{-\mathrm{j}\mu q}\,\phi(\mu)\,\mathrm{d}\mu \tag{14-125}$$

$$\phi(\mu)=\frac{1}{\sqrt{\det(\boldsymbol{I}-2\mathrm{j}\mu\boldsymbol{W}\boldsymbol{K})}}\exp\left\{\frac{1}{2}\boldsymbol{a}^{\mathrm{T}}\boldsymbol{K}^{-1}[\boldsymbol{I}-(\boldsymbol{I}-2\mathrm{j}\mu\boldsymbol{W}\boldsymbol{K})^{-1}\boldsymbol{a}\right\} \tag{14-126}$$

式中 $\boldsymbol{K}$ 是向量 $\boldsymbol{Y}$ 的协方差阵，即

$$\boldsymbol{K}=E[(\boldsymbol{Y}-\boldsymbol{a})(\boldsymbol{Y}-\boldsymbol{a})^{\mathrm{T}}] \tag{14-127}$$

式中 $\boldsymbol{a}$ 是 $\boldsymbol{Y}$ 的均值向量，当假设 H_0 成立时，$\boldsymbol{a}=0$。由于 $\boldsymbol{K}=\boldsymbol{W}^{-1}$，并注意到 $\boldsymbol{X}$ 的维数为 6，式(14-126)可简化为

$$\phi(\mu) = (1-2\mathrm{j}\mu)^{-3}\exp\left(\frac{\mathrm{j}\mu s}{1-2\mathrm{j}\mu}\right) \tag{14-128}$$

上式中

$$s = \boldsymbol{a}'\boldsymbol{K}^{-1}\boldsymbol{a}$$

是一个考虑了雷达和红外航迹之间间隔的标量。检验统计量 q 满足式(14-124)的概率为

$$\begin{aligned} p(s) &= \int_0^{\lambda} p(q)\mathrm{d}q = \int_0^{\lambda}\left\{\frac{1}{2\pi}\int_{-\infty}^{\infty}\mathrm{e}^{-\mathrm{j}\mu q}\,\phi(\mu)\mathrm{d}\mu\right\}\mathrm{d}q \\ &= \frac{1}{2\pi}\int_{-\infty}^{\infty}\frac{1}{(1-2\mathrm{j}\mu)^3}\exp\left(\frac{\mathrm{j}s\mu}{1-\mathrm{j}s\mu}\right)\frac{\mathrm{e}^{-\mathrm{j}\mu\lambda}-1}{-\mathrm{j}\mu}\mathrm{d}\mu \end{aligned} \tag{14-129}$$

在上式中,若雷达和红外航迹源于同一个目标,即 $\boldsymbol{a}=0$,则有 $s=0$,此时由上式确定的概率即是雷达和红外航迹正确关联概率 p_c,经计算

$$p_c = 1-\left(1+\frac{\lambda}{2}+\frac{\lambda^2}{8}\right)\exp\left(-\frac{\lambda}{2}\right) \tag{14-130}$$

当 $\boldsymbol{a}\neq 0$ 时,一般来说 $s\neq 0$,此时可确定该概率即为错误关联概率 P_{FAS},为

$$p_{\mathrm{FAS}} = P(s\neq 0) = \frac{1}{2\pi}\int_{-\infty}^{\infty}\frac{1}{(1-2\mathrm{j}\mu)^3}\exp\left(\frac{\mathrm{j}s\mu}{1-2\mathrm{j}\mu}\right)\frac{\mathrm{e}^{-\mathrm{j}\mu\lambda(P_c)-1}}{-\mathrm{j}\mu}\mathrm{d}\mu \tag{14-131}$$

利用数值计算方法,即可用分析得到雷达和红外传感器航迹的正确关联概率和错误关联概率。例如,在给定正确关联概率 p_c 的条件下,按式(14-131)可以得到关联决策门限 $\lambda(p_c)$,将 $\lambda(p_c)$再代入式(14-132)并求解数值积分就可得到错误关联概率 P_{FAS},利用近似计算公式,可以近似得到

$$p_{\mathrm{FAS}} = \begin{cases} 0.5(1-\sqrt{1-\mathrm{e}^{-\Omega}}), & t\leqslant m-\dfrac{2}{3} \\ 0.5(1+\sqrt{1-\mathrm{e}^{-\Omega}}), & t\leqslant m-\dfrac{2}{3} \end{cases} \tag{14-132}$$

式中

$$\Omega = \frac{225m}{83}\left\{\left(\frac{t}{m}\right)^{\frac{1}{3}}-1+\frac{2}{9m}\right\}^2$$

$$t = \frac{\lambda(p_c)-b}{c}$$

$$c = \frac{6+3s}{6+2s},\quad b = \frac{-s^2}{6+3s},\quad m = \frac{(6+2s)^3}{(6+3s)^2}$$

同样,在给定错误关联概率 p_{FAS}的条件下,按式(14-131)可近似得到关联决策门限 $\lambda(p_{\mathrm{FAS}})$为

$$\lambda(p_{\mathrm{FAS}}) = b+cm\left[1-\frac{2}{9m}-\tilde{\omega}\right]^3 \tag{14-133}$$

式中

$$\tilde{\omega} = \sqrt{\frac{-83\ln(4p_{\mathrm{FAS}}(1-p_{\mathrm{FAS}}))}{225m}}$$

将 $\lambda(p_{\mathrm{FAS}})$再代入式(14-131)即可得到正确关联概率 p_c。

这样，就用解析法得到了反映雷达和红外航迹关联性能最重要的两个指标，即正确关联概率和错误关联概率，直接用数值计算就可得到不同条件下的关联性能数值，从而进行定量的评估。

14.4.2 基于解析法的航迹起始性能评估

这里以基于规则的轨迹起始[34,35]为例进行讨论。基于规则的航迹起始算法利用两个简单的启发式规则形成临时轨迹。

规则1：测量或者估计得到的目标速度介于一个最大速度 $v_{\max}$ 和最小速度 $v_{\min}$ 之间，式中 $v_{\max}>v_{\min}\geqslant 0$。利用 N 次连续扫描起始航迹时，速度限制条件表示为

$$v_{\min} < \| r_{i+1} - r_i \| / t_s < v_{\max}, i = 1,2,\cdots,N-1 \tag{14-134}$$

式中 r_i 是第 i 次扫描时目标的位置向量，t_s 是测量间隔。

规则2：测量或者估计得到的目标加速度的绝对值小于一个最大值 $a_{\max}(a_{\max}>0)$，即

$$\| (r_{i+1} - r_i)/t_s - (r_i - r_{i-1})/t_s \| < a_{\max} t_s, i = 1,2,\cdots,N-1 \tag{14-135}$$

航迹检测概率 P_D 能够很好地描述传感器航迹起始的性能，其定义为当前时刻检测得到的真实航迹数与出现的真实目标数的比值。

下面着重介绍利用四次扫描（或）帧测量（即 $N=4$）进行航迹起始时的检测概率获得方法。四次扫描是在综合考虑航迹起始的复杂性和精确度等因素的基础上广泛使用的一种起始扫描数，本节所用到的分析方法还可以推广应用于 N 次扫描的航迹起始。

为了简化分析，这里假设：

(1) 目标之间相互独立；

(2) 目标以速度 v 进行匀速直线运动，且 $v_{\min}\leqslant\|v\|\leqslant v_{\max}$；

(3) 传感器对目标的漏检概率为零；

(4) 各目标量测采样间隔均为 t_s；

(5) 传感器在 x 轴和 y 轴的量测噪声服从独立同分布的零均值白噪声分布，即 $N(0,\sigma^2)$。

不失一般性，假设目标从坐标原点出发，沿 x 轴运动，在此坐标系下，第 i 次量测为

$$x_i = (i-1)t_s v + \xi_i \tag{14-136}$$

$$y_i = \zeta_i \tag{14-137}$$

式中 ξ_i,ζ_i 为量测噪声，且 $v=\|v\|$。

在该假设条件下，N 次扫描进行航迹起始时，航迹检测概率 p_D 表示为

$$p_D = p_{D_1} p_{D_2} \cdots p_{D_N} \tag{14-138}$$

式中 p_{D_1} 是在第 i 次扫描时，传感器对目标航迹的检测概率。

在第二次扫描时，测量值只需满足规则1。将不等式(14-135)两边平方，同时除以 $2\sigma^2$，可得

$$\frac{(v_{\min} t_s)^2}{2\sigma^2} \leqslant \frac{x_2 - x_1}{\sqrt{2}\sigma} \in \frac{(x_2 - x_1)^2}{2\sigma^2} + \frac{(y_2 - y_1)^2}{2\sigma^2} \leqslant \frac{(v_{\max} t_s)^2}{2\sigma^2} \tag{14-139}$$

式中

$$\frac{(x_2 - x_1)}{\sqrt{2}\sigma} \in N[\mu, 1]$$

$$\frac{(y_2 - y_1)}{\sqrt{2}\sigma} \in N[\mu, 1]$$

$$\mu = v t_s / \sqrt{2}\sigma$$

设

$$\rho_2 = \frac{(x_2 - x_1)^2}{2\sigma^2} \tag{14-140}$$

服从自由度为 2 的 χ^2 分布，则 ρ_2 的概率密度函数(PDF)为

$$f_{\rho^2}(z) = \frac{z^{\frac{1}{2}}}{2\sqrt{2}\,\pi}\left[\mathrm{e}^{-(\sqrt{z}-\mu)^2} + \mathrm{e}^{-(\sqrt{z}+\mu)^2}\right], \quad z > 0 \tag{14-141}$$

$$\eta_2 = \frac{(y_2 - y_1)^2}{2\sigma^2} \tag{14-142}$$

服从 χ^2 分布，令式(14-142)中 $\mu=0$，得到 η_2 的概率密度函数。

因为 ξ_i, ζ_i 相互独立，所以 ρ_2 和 η_2 联合概率密度函数可以表示为

$$f_{\rho_2 \eta_2}(x, y) = f_{\rho_2}(x) f_{\eta_2}(y) \tag{14-143}$$

设

$$A^2 = (v_{\min} t_s)^2 / 2\sigma^2 \tag{14-144}$$

$$B^2 = (v_{\max} t_s)^2 / 2\sigma^2 \tag{14-145}$$

则得

$$\begin{aligned} p_{D_1} &= p\{A^2 < \rho_2 + \eta_2 < B^2\} \\ &= \iint\limits_{A^2 < x+y < B^2} f_{\rho_2}(x) f_{\eta_2}(y) \mathrm{d}x \mathrm{d}y \\ &= \int_{-\infty}^{\infty} f_{\rho_2}(x) \mathrm{d}x \int_{A^2 - x}^{B^2 - x} f_{\eta_2}(y) \mathrm{d}y \end{aligned} \tag{14-146}$$

上式可进一步化简为

$$\begin{aligned} p_{D_2} = & \frac{1}{\sqrt{2\pi}} \int_0^A \left[erf\left(\sqrt{\frac{B^2 - z^2}{2}}\right) - erf\left(\sqrt{\frac{A^2 - z^2}{2}}\right) \right] \{\mathrm{e}^{-[(z-\mu)^2/2]} + \mathrm{e}^{-[(z+\mu)^2/2]}\} \mathrm{d}z \\ & + \frac{1}{\sqrt{2\pi}} \int_A^B erf\left(\sqrt{\frac{B^2 - z^2}{2}}\right) \{\mathrm{e}^{-[(z-\mu)^2/2]} + \mathrm{e}^{-[(z+\mu)^2/2]}\} \mathrm{d}z \end{aligned} \tag{14-147}$$

其中 erf 是误差函数。

在第三次扫描时，测量值必须同时满足规则 1 和规则 2，即

$$\max\left[v_{\min} t_s, d_{12} - \frac{1}{2} a_{\max} t_s^{\ 2}\right] < d_{23} < \min\left[v_{\max} t_s, d_{12} + \frac{1}{2} a_{\max} t_s^{\ 2}\right] \tag{14-148}$$

式中

$$d_{ij}=[(x_i-y_j)^2+(y_i-y_j)^2]^{\frac{1}{2}}$$

为第 i 次扫描量测与第 j 次扫描量测之间的距离。由于 d_{12} 是一个随机变量，可以将量测的均方根代入表达式得到最简形式[35]，即

$$\sqrt{d_{12}^2}=\sqrt{2\sigma^2(E(\rho_2)+E(\eta_2))}=\sqrt{2\sigma^2(\mu^2+2)}=d \tag{14-149}$$

设

$$\rho_3=\frac{(x_3-x_2)^2}{2\sigma^2}, \eta_3=\frac{(y_3-y_2)^2}{2\sigma^2}$$

$$C=\max[v_{\min}t_s, d-a_{\max}t_s^2/2]\sqrt{2\sigma}$$

$$D=\min[v_{\max}t_s, d+a_{\max}t_s^2/2]\sqrt{2\sigma}$$

则

$$d_{23}/2\sigma^2=\rho_3+\eta_3 \tag{14-150}$$

$$\begin{aligned}
p_{D_3}&\approx prob(C^2<\rho_3+\eta_3<D^2)\\
&=\int_0^{C^2}f_{\rho_3}(x)\mathrm{d}x\int_{C^2-x}^{D^2-x}f_{\eta_3}(y)\mathrm{d}y+\int_{C^2}^{D^2}f_{\rho_3}(x)\mathrm{d}x\int_0^{D^2-x}f_{\eta_3}(y)\mathrm{d}y\\
&=\frac{1}{\sqrt{2\pi}}\int_0^{C^2}\left[erf\left(\sqrt{\frac{D^2-z^2}{2}}\right)-erf\left(\sqrt{\frac{C^2-z^2}{2}}\right)\right]\{\mathrm{e}^{-[(z-\mu)^2/2]}+\mathrm{e}^{-[(z+\mu)^2/2]}\}\mathrm{d}z\\
&\quad+\frac{1}{\sqrt{2\pi}}\int_{C^2}^{D^2}erf\left(\sqrt{\frac{D^2-z^2}{2}}\right)\{\mathrm{e}^{-[(z-\mu)^2/2]}+\mathrm{e}^{-[(z+\mu)^2/2]}\}\mathrm{d}z
\end{aligned} \tag{14-151}$$

在计算 p_{D_3} 时，目标的速度和加速度估计值通过第二次和第三次的扫描量测得到，同理可以计算 p_{D_4}。如果第一次扫描的量测噪声对第四次扫描状态估计的影响可以忽略，则 $p_{D_3}=p_{D_4}$，因而，基于规则方法利用四次扫描进行航迹起始时的航迹检测概率 p_D 可以忽略到用式(14-139)求出。

14.4.3 基于 Monte Carlo 仿真的雷达组网高度估计性能评估

如图 14-24 所示，设 r_1 和 r_2 分别是目标到达雷达 1 和雷达 2 的距离，θ_1 是目标相对于雷达 1 的方位角，$\theta_2=\pi-(\theta_1+\theta_2)$，由图 14-24 可以得到

$$\frac{\sqrt{r_1^2-h^2}}{\sin\theta_2}=\frac{\sqrt{r_2^2-h^2}}{\sin\theta_1}=\frac{d}{\sin(\theta_1+\theta_2)} \tag{14-152}$$

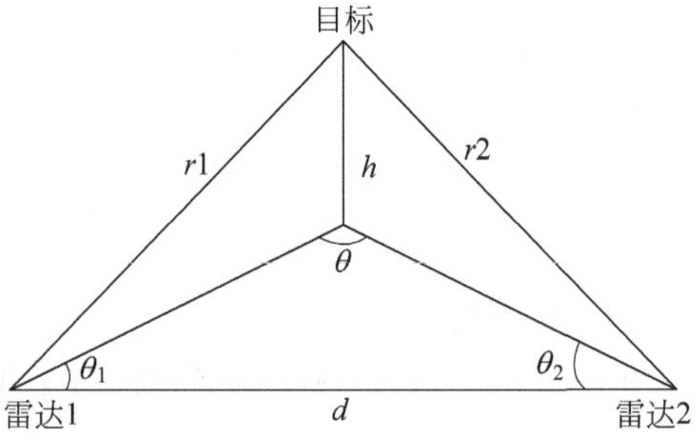

图 14-24　2D 组网雷达测高示意图

于是，可以得到求解目标高度估计的两个公式为

$$\hat{h}_1 = \sqrt{r_{m1}^2 - \frac{d^2 \sin^2\theta_{m2}}{\sin^2(\theta_{m1}+\theta_{m2})}} = f_1(r_{m1},\theta_{m1},\theta_{m2}) \tag{14-153}$$

和

$$\hat{h}_2 = \sqrt{r_{m2}^2 - \frac{d^2 \sin^2\theta_{m1}}{\sin^2(\theta_{m1}+\theta_{m2})}} = f_1(r_{m2},\theta_{m1},\theta_{m2}) \tag{14-154}$$

式中，r_{m1} 和 r_{m2} 分别是 r_1 和 r_2 的测量信息值，θ_{m1} 和 θ_{m1} 分别是 θ_1 和 θ_2 的测量值。可见，在式(14-154)中，没有利用雷达 2 的距离信息，而在式(14-155)中，没有利用雷达 1 的距离信息。

由于存在测量误差，因此，按式(14-154)和式(14-155)计算目标高度估计值时，一般情况下，所得的结果也具有随机性。在假定两部雷达的测距和测角误差是独立、零均值高斯分布的情况下，利用线性化技术，可得按式(14-154)和式(14-155)估计目标高度时的误差方差分别为

$$\sigma_1^2 = \left(\frac{\partial f_1}{\partial r_1}\right)^2 \sigma_{r_1}^2 + \left(\frac{\partial f_1}{\partial \theta_1}\right)^2 \sigma_{\theta_1}^2 + \left(\frac{\partial f_1}{\partial \theta_2}\right)^2 \sigma_{\theta_2}^2 \tag{14-155}$$

和

$$\sigma_2^2 = \left(\frac{\partial f_2}{\partial r_2}\right)^2 \sigma_{r_1}^2 + \left(\frac{\partial f_2}{\partial \theta_1}\right)^2 \sigma_{\theta_1}^2 + \left(\frac{\partial f_2}{\partial \theta_2}\right)^2 \sigma_{\theta_2}^2 \tag{14-156}$$

式中

$$\frac{\partial f_1}{\partial r_1} = \frac{r_1}{h}$$

$$\frac{\partial f_1}{\partial \theta_1} = \frac{d^2 \sin^2\theta_2 \cos(\theta_1+\theta_2)}{h \sin^3(\theta_1+\theta_2)}$$

$$\frac{\partial f_1}{\partial \theta_2} = \frac{-d^2 \sin\theta_2 \sin\theta_1}{h \sin^3(\theta_1+\theta_2)}$$

$$\frac{\partial f_2}{\partial r_2} = \frac{r_2}{h}$$

$$\frac{\partial f_2}{\partial \theta_1} = \frac{-d^2 \sin\theta_2 \sin\theta_1}{h \sin^3(\theta_1+\theta_2)}$$

$$\frac{\partial f_2}{\partial \theta_2} = \frac{d^2 \sin^2\theta_1 \cos(\theta_1+\theta_2)}{h \sin^3(\theta_1+\theta_2)}$$

由于在式(14-154)和式(14-155)，有部分测量是相同的，故按式(14-154)和式(14-155)得到的高度估计是相关的，其互协方差

$$\sigma_{12} = \left(\frac{\partial f_1}{\partial \theta_1}\right)\left(\frac{\partial f_2}{\partial \theta_1}\right)\sigma_{\theta_1}^2 + \left(\frac{\partial f_1}{\partial \theta_2}\right)\left(\frac{\partial f_2}{\partial \theta_2}\right)\sigma_{\theta_2}^2 \tag{14-157}$$

由于式(14-154)和式(14-155)中都没有完全利用两个 2D 雷达的测量信息，因此，可通过对式(14-154)和式(14-155)得到的高度估计进行融合，得到最小均方误差估计为

$$\hat{h}=\hat{h}_1+\frac{\sigma_1^2-\sigma_{12}}{\sigma_E^2}(\hat{h}_2-\hat{h}_1)=\frac{\sigma_1^2-\sigma_{12}}{\sigma_E^2}\hat{h}_2+\frac{\sigma_2^2-\sigma_{12}}{\sigma_E^2}\hat{h}_1 \tag{14-158}$$

式中

$$\sigma_E^2=\sigma_1^2+\sigma_2^2-2\sigma_{12}$$

对应式(14-159)的估计方差为

$$\sigma^2=E[(\hat{h}-h)^2]=E\left\{\left(\frac{\sigma_1^2-\sigma_{12}}{\sigma_E^2}\tilde{h}_2+\frac{\sigma_2^2-\sigma_{12}}{\sigma_E^2}\tilde{h}_1\right)^2\right\}=\frac{\sigma_1^2\sigma_2^2-\sigma_{12}^2}{\sigma_1^2+\sigma_2^2-2\sigma_{12}} \tag{14-159}$$

式(14-159)就是在 MMSE 准则下得到的对两个高度估计进行融合的最优估计。

习　题

1. 简述多源信息融合系统性能评估方法中，Monte Carlo 仿真法、解析法、半实物仿真评估法主要范围，并比较三种方法的优缺点。

2. 查阅国内外相关文献，总结虚警的可能来源有哪些？

3. 如果雷达的角度误差的标准差为 σ_{ar}，当前估计范围为 p_{rr}，那么雷达量测范围的协方差是多少？它的意义是什么？

4. 用于构建基于模糊逻辑的系统的领域专家的知识和经验是什么？

5. 对于传感器而言，目标方面的变化可能会导致传感器反射的焦点中心位置从一个点转到另一个点，这一变动会引起带有噪声的角度测量。这种形式的噪声被称作角度噪声，角度波动或者是跳动噪声。对此类噪声的概率密度函数进行分析，发现它是一种非高斯分布，但可以将其看作是具有中等协方差的高斯噪声和有较大协方差的拉普拉斯噪声，其表现形式如下

$$p_{glint}(\omega)=(1-\varepsilon)p_G(\omega)+\varepsilon p_L(\omega)$$

式中，ε 是波动概率，下标 G 和 L 分别代表高斯分布和拉普拉斯分布。这些零均值的噪声的概率密度函数分别如下

$$p_L(\omega)\stackrel{\text{def}}{=}\frac{1}{2\eta}\mathrm{e}^{-|\omega|/\eta}$$

$$p_G(\omega)\stackrel{\text{def}}{=}\frac{1}{\sqrt{2\pi}\sigma_G}\mathrm{e}^{-\omega^2/2\sigma_G^2}$$

式中，σ_G^2 是高斯噪声的协方差，η 与拉普拉斯协方差 σ_L^2 相关，如 $2\eta^2=\sigma_L^2$。

利用卡尔曼滤波算法和基于模糊逻辑的卡尔曼滤波算法进行目标跟踪估计，请问：波动噪声模型如何建立？

6. 为什么基于模糊逻辑的卡尔曼滤波一般很难满足滤波器一致性检验？

7. 简述基于统计的各种融合效果评价标准以及局限性。

8. 多输入多输出图像融合技术主要采用的性能评价方法有哪些？它们的主要应用范围是什么？

9. 通过仿真验证非线性信息熵与各变量间相关性的关系。

参考文献

[1] Farina A, Studer F A. Radar Data Processing(Vol. I). Letchworth, Hertfordshire, England: Reseatch Studies Press LTD, 1985

[2] 陈永光，李修和，沈阳. 组网雷达作战能力分析与评估. 北京：国防工业出版社，2006

[3] 丁振，潘泉，张洪才，戴冠中. 多目标跟踪系统性能评估及软件包. 现代雷达，1995，17(5)，21～27

[4] 李教. 多平台多传感器多源信息融合系统时空配准及性能评估研究. 博士学位论文，西安：西北工业大学，2003

[5] 龙翔，敬忠良，金德琨，王安. 跟踪效能评估在多目标跟踪系统中的应用. 控制与决策 2002，17(5)：130～134

[6] 杨峰. 现代多目标跟踪与多传感器融合关键技术研究，博士学位论文，西安：西北工业大学 2006

[7] 朱自谦，张世芳. 多目标跟踪(MTT)性能评估系统. 火控雷达技术，2003，32(3)：7～12

[8] Andersson A, Kronhamn T R. General tracking performance description for systems of sensors. In Proceedings of International Conference on Information Fusion, USA, 2002. 128～134

[9] Chang K C, Tian Z, Saha R K. Performance evaluation of track fusion with information matrix filter. IEEE Transactions on Aerospace, Electronic Systems, 2002, 38(2), 455～466

[10] Chang K C, Tian Z, Mori S. Performance evaluation for MAP state estimate fusion. IEEE Trans on Aerospace, Electronic and System, 2004, 40(2), 706～714

[11] Li X R, Bar-Shalom Y. Stability Evaluation and Track Life of the PDAF for Tracking Clutter. IEEE Transaction on Automatic Control, 1991, 36(5): 588～601

[12] Manson K, O'Kane P A. Taxonomic performance evaluation for multitarget tracking system. IEEE Trans on Aerospace, Electronic and System, 1992, 28(3): 775～778

[13] Obata Y, Ito M, Kosuge Y. Performance evaluation of track oriented MHT in splitting target tracking. In the 41st SICE Annual Conference, Japan, 2002, 619～624

[14] Rawat S, Llinas J, Bowman C. Design of a performance evaluation methodology for data-fusion-based multiple target tracking systems. In SPIE Proceedings of Multisensor. Multisource Information Fusion: Architectures, Algorithms, and Applications, Orlando, FL, USA, 2003: 139～151

[15] Zheng H, Farooq M, Main R. MultiTarget Tracking Algorithm Performance Evaluation. In SPIE Proceedings of Sensor Fusion: Architecture, Algorithms and Application III, Florida, FL, USA, 1999, 300～310

[16] Li H, Manjunath B S, Mitra S K. Multisensor image fusion using the wavelet transform. Graphical Models and Image Processing, 1995, 57(3): 235～245

[17] Wilson T A, Rogers S K, Kabrisky M. Perceptual-based image fusion for hy perspectral data. IEEE Transactions on Geoscience and Remote Sensing, 1997, 35(4): 1007～1017

[18] Park J H, Kim K O, Yang Y K. Image fusion using multiresolution analysis. In Proceedings of the International Geoscience and Remote Sensing Symposium, Sydney, NSW, Australia, 2001, 2: 864～866

[19] Zhang Z L, Sun S H, Zheng F C. Image fusion based on median filters and SOFM neural

networks: A three-step scheme. Signal Processing,2001,81(6): 1325~1330

[20] Ramesh C,Ranjith T. Fusion performance measures and a lifting wavelet transform based algorithm fo rimage fusion. In Proceedings of the 5th International Conference on Information Fusion,2002,1: 317~320

[21] Qu G H,Zhang D,Yan P. Information measure for performance of image fusion. Electronics Letters,2002,38(7): 313~315

[22] Xydeas C S,Petrovic V. Objective image fusion performance measure. Electronics Letters, 2000,36(4): 308~309

[23] Wang Q, Shen Y, Zhang Y, Zhang J Q. A quantitative method for evaluating the performances of hyperspectral image fusion. IEEE Transactions on Instrumentation and Measurement,2003,52(4): 1041~1047

[24] Wang Q,Shen Y,Zhang Y,Zhang J Q. Fast quantitative correlation analysis and Information deviation analysis for evaluating the performances of image fusion techniques. IEEE Transactionson Instrumentation and Measurement,2004,53(5): 1441~1447

[25] WangQ,Shen Y. Performances evaluation of image fusion techniques based on nonlinear correlation measurement. In Proceedings of IEEE Instrumentation and Measurement Technology Conference,Como,Italy,2004,472~475

[26] Wang Q,Shenand Y,Zhang J Q. A nonlinear correlation measure for multivariable Data set. Physica D: Nonlinear Phenomena,2005,200(3-4): 287~295

[27] Wald L,Ranchin T,Mangolini M. Fusion of satellite images of different spatial resolutions: Assessing the quality of resulting images. Photogrammetric Engineering and Remote Sensing,1997,63(6): 691~699

[28] Ulug M E, McCullough C L. A quantitative metric for comparison of night vision algorithms. in SPIE Proceedings of Sensor Fusion: Architectures, Algorithms and Applications IV,Orlando,FL,USA,2001,4051: 80~88

[29] Alparone L, Baronti S, Garzelli A. Assessment of image fusion algorithms based on noncritically-decimated pyramids and wavelets. In Proceedings of the Geoscience and Remote Sen sing Symposium (IGARSS),Sydney,NSW,Australia,2001,2: 852~854

[30] Wang Q, Zhang Y, Zhang J Q. The reduction of hyperspectral data dimensionality and classification based on recursive subspace fusion. Chinese Journal of Electronics, 2002, 11(1): 12~15

[31] Roulston M S. Significance testing of information theoretic functionals. Physica D: Nonlinear Phenomena,1997,110(1): 62~66

[32] Mendel J M. Why we need Type-2 fuzzy logic system. http://www.informit.com/articles/article.aspx?p=21312-32k,2009

[33] Raol J R, Girija G, Singh J. Modelling and parameter estimation of dynamic systems. London: IEE Control Engineering,2004

[34] Hu Z J, Leung H, Blanchette M. Statistical Performance Analysis of Track Initiation Techniques. IEEE Transactions on Signal Processing,1997,45(2): 445~456

[35] Hu Z. Performance Analysis of Track Initiation Techniques. Atlantis Sci. Syst. Group Inc. , Ottawa,Ont. ,Canada,1994

第15章 传感器管理

15.1 信息融合中的传感器管理

多传感器的引入带来了多源数据，这就需要对多源数据进行协调优化，协调优化的方法就是信息融合。在多源信息融合系统中，如何在传感器资源有限情况下合理有效地利用传感器资源以满足系统最优性能的要求，以及如何对传感器资源进行协调分配以使系统取得整体性能最优，日益成为信息融合中需要迫切解决的问题。为此，传感器管理技术及系统，不仅大大提高信息融合系统的精度，而且提高了系统整体效能，成为获得最佳作战效果的关键。

传感器管理可以理解为多源信息融合中的反馈控制，如图15-1所示。

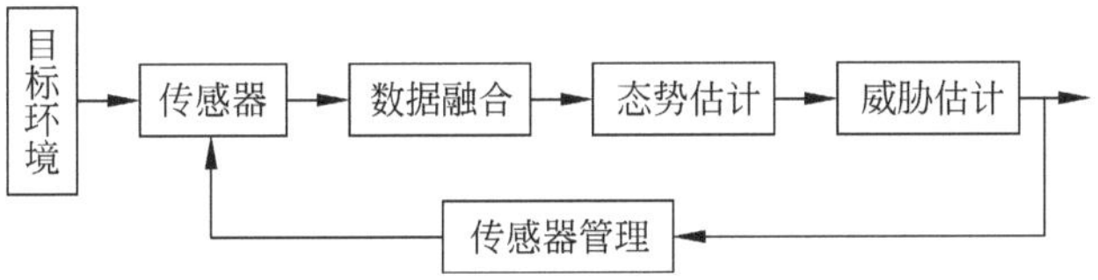

图15-1 传感器管理作为反馈控制的信息融合系统

在图中，传感器子系统的功能相当于整个数据融合系统闭环控制模式的探测装置；数据融合子系统的功能是对传感器子系统探测的作战环境的信息进行融合处理以获得状态估计和目标属性；决策支持子系统接收一级融合处理的结果，以进行二、三级态势和威胁分析；传感器管理子系统对形成数据融合系统的闭环控制模式起着不可替代的反馈调节作用。

在信息融合早期发展阶段，多传感器管理属于信息融合的一个子模块，仅服务于信息融合系统，其在系统中属于"从属关系"地位。之后，多传感器管理的作用逐渐加强，其地位也发生了明显的改变，传感器管理逐渐形成为一个相对独立的功能模块，系统对传感器资源的优化调度越来越重视，追求使每个传感器都能够得到最充分合理的应用，并努力实现整个传感器系统的总体性能最优。但传感器管理依然被当作为信息融合的一个组成部分；而且，多传感器管理的功能还主要是对多传感器资源的分配及反馈控制。

信息融合发展到今天，已形成多层次多类型的融合特点。传感器管理的功能也迅速膨胀，Ng[1]将传感器管理的功能分为两大类：控制与提示，认为信息融合与传感器管理之间属于需求与反馈的关系；Benameur 认为传感器的主要作用是实现系统的自适应信息融合[2]。从近些年的最新研究可以看出，多传感器管理已不仅仅是对信息融合起协调控制作用，同时对系统起着自组织优化作用。多传感器管理作为一个独立存在的系统已经是呼之欲出，它与信息融合密切配合，在多个节点和多个层次上共同作用，这种综合化信息融合与传感器管理是目前发展趋势最强烈的一种方式，如图 15-2 所示。

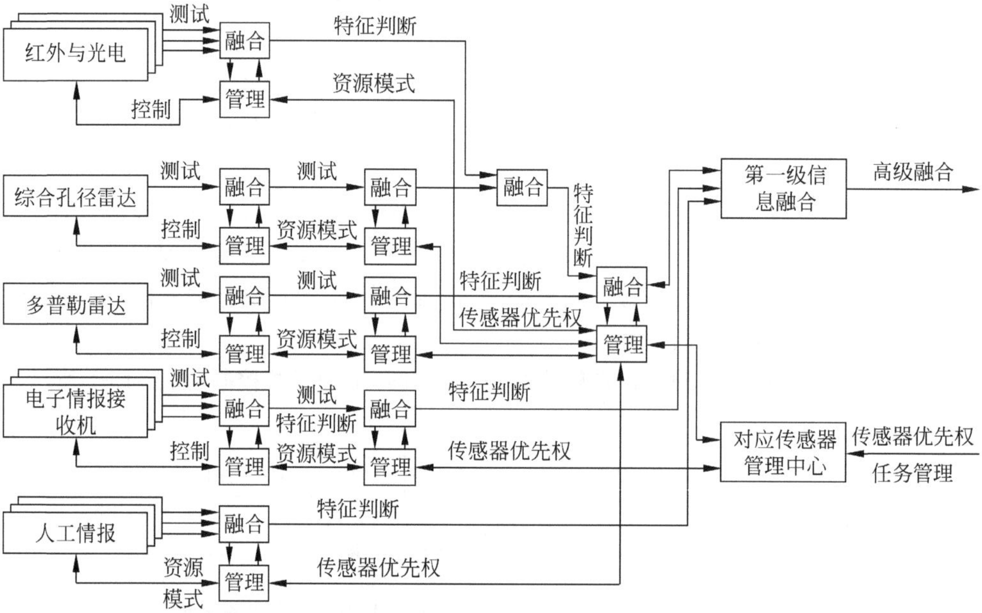

图 15-2 综合化信息融合与传感器管理框架

从图 15-2 可以看出，多传感器管理与信息融合之间既相互联系又相互独立，两者一般情况下是相辅相成，但多传感器管理已经能够作为一个独立的系统存在，不需要必须依附于信息融合。可以说，多传感器管理与信息融合已经由"从属关系"转变为"平等伙伴合作关系"。

15.2 传感器管理概述

15.2.1 传感器管理概念

传感器管理通常是指利用多个传感器收集关于目标与环境的信息，以任务为导向，在一定的约束条件下，合理选择参与执行任务的传感器，通过使传感器信息在网络中实现共享，恰当分配或驱动多传感器协同完成相应的任务，以使一定的任务性能最优。

目前，传感器管理大致可以分为单传感器管理、单平台多传感器管理、多平台多传感器管理等三类。

单传感器管理属于传感器管理的一种特例，主要是针对具有多个工作模式或者工作参数可控的传感器，例如允许快速改变模式和指向的相控阵雷达，以便根据任务的需要，有效地调整工作模式或参数，优化任务性能指标。

单平台多传感器管理又称为平台级管理，主要是针对单一平台上（天基、空基、地基、海基等）的多传感器系统。

多平台多传感器管理主要是针对在地理空间上分布的多传感器或传感器平台组成的网络，也称为网络级管理。网络级管理与平台级管理的差异主要体现在前者需要考虑通信带宽以及通信延迟、故障等网络特性的影响。

传感器管理的作用主要体现在：

(1) 使整个多传感器信息融合系统成为闭环系统，从而可根据任务需要及目标与环境的变化，实时调整传感器的工作任务及状态，充分发挥多个传感器的协同优势，更好地完成对目标及环境的感知任务。

(2) 通过控制传感器的工作参数（如开关状态、工作频率等），避开或降低敌方电子干扰或反辐射导弹的威胁，改善性能，提高自身生存能力，从而在战场中处于有利地位。

(3) 减轻操作员的日常操作负担，从而提高工作效率。

15.2.2 传感器管理的内容

传感器管理通常包括以下内容。

1. 开关状态管理

主动传感器在发射能量时会暴露自己，进而受到攻击，为了隐蔽或保护自己，有必要控制主动传感器的开关状态，降低传感器的辐射次数，在满足基本任务的前提下，尽可能使主动传感器处于静默状态。对于能量受限的传感器，控制传感器的开关状态还能够延长传感器的工作时间或寿命。

2. 工作模式管理

一些传感器具有不同的工作模式，选择不同的工作模式可以完成不同的任务，根据任务需求可以灵活地选择传感器的工作模式。如对于相控阵雷达，可以选择边扫描边跟踪（TWS）工作方式或扫描加跟踪（TAS）等工作方式。

3. 工作参数控制

一些传感器的工作参数可以控制，这些工作参数会对传感器的任务执行产生重要影响。如对于雷达而言，主要的工作参数有工作载频、发射功率、波束指向、波束重复频率等，通过控制这些工作参数，可以优化雷达对目标检测、跟踪的性能。

4. 时间管理

在多传感器系统中，对于不同的任务或观测对象，在某一时刻，可能只需要一部分传感器工作，因此需要在时间序列上规划各个传感器的任务。此外，在某些(个)传感器必须与其他传感器或目标环境中的某种事件在时间上保持同步或某种关系时(如运动目标检测、航迹丢失、对抗活动)，要求对传感器的操作进行时间管理。

5. 空间管理

空间管理的主要任务是确定各个传感器的空间指向，以较好地完成对多目标的检测和跟踪任务。此外，大部分传感器不是全向工作的，这就要求多传感器的空间指向能够确保对整个空域的覆盖和任务执行的连续性，如传感器对目标的指示与交接，同时需要时间及空间管理。

6. 传感器预测

为了产生传感器的可选任务方案，必须事先确定传感器的能力，这些能力包括传感器的可用性(即是否失效或仅对某些目标可用)和监测能力(由传感器的性能决定，如传感器的探测范围、探测精度等)。传感器预测的作用是根据传感器的能力确定传感器对各个目标的有效性。

7. 传感器任务协同

传感器网络中的多个传感器通常具有不同的感知能力，能够获得不同的感知信息，通过在传感器之间实现信息共享，在此基础上协同分配各个传感器的任务，以任务驱动传感器的动作，使多传感器协作完成对战场的感知任务。

8. 传感器配置

传感器配置通过优化传感器的空间配置结构(布站)，充分发挥每个传感器的作用，使系统的整体性能得到优化。军事系统中典型的有雷达组网，网内一般选用不同体制、不同程式、不同频段和不同极化的雷达，可以按提高覆盖空域互补能力、抗干扰和抗摧毁能力或效费比最大准则优化配置。

15.2.3 常用传感器及其可管理的参数和模式

传感器种类繁多，例如按照传感器检测信号的类型可以大致分为电磁传感器、声传感器、光电传感器、热传感器、震动传感器、复合传感器等。常用的传感器对应的传感器类型如图 15-3 所示，不同的传感器有着不同的可管理参数和模式。

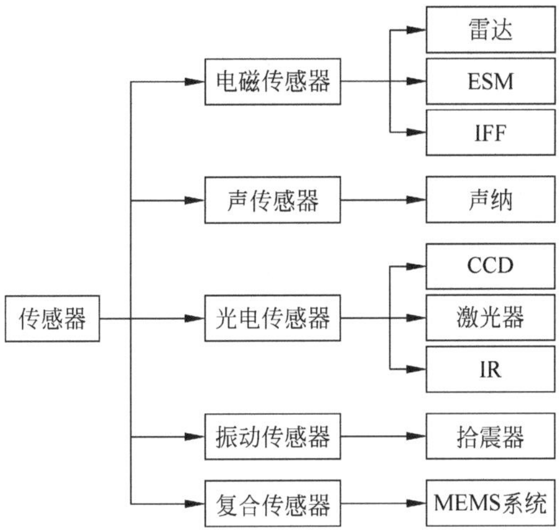

图 15-3 常用传感器分类

1. 雷达

军用雷达的种类有很多种，下面简要介绍几种典型的军用雷达。

(1) 动目标显示雷达(MTI)

动目标显示雷达所采用的关键技术是动目标显示技术，即所谓的 MTI 技术。它是利用固定目标与雷达站没有相对运动，而运动目标与雷达站有相对运动的机理来发现运动目标的。动目标显示雷达给出的测量参数主要是目标离雷达站的距离和目标的方位。

(2) 脉冲多普勒雷达(PD)

脉冲多普勒雷达是一种利用多普勒效应检测运动目标的脉冲雷达，同时具有脉冲雷达的距离分辨率和连续波雷达的速度分辨率。脉冲多普勒雷达可以采用低、中、高三种脉冲重复频率(PRF)的工作模式：高 PRF，无速度模糊，有距离模糊；中 PRF，有速度模糊，也有距离模糊；低 PRF，有速度模糊，无距离模糊。

(3) 相控阵雷达(PAR)

相控阵雷达是一种以电子扫描代替机械扫描从而完成多种功能的目标探测与定位设备，其天线由许多天线单元排成的阵列或数组组成，它利用电子计算机按一定的程序来控制天线阵的移相器，从而改变阵面上的相位分布，促使波束在空间按一定的规则扫描。相控阵雷达具有可靠性高、扫描速度快、功能多、探测距离远、被截获概率低等优点。

(4) 连续波雷达(CW)

连续波雷达是以多普勒效应为原理来检测运动目标的雷达体制。连续波雷达属于测速雷达范畴，即雷达所发射的连续波遇到运动目标之后，反射信号在原来的频率上附加了一个多普勒频率，在接收机经过差拍及其他信号处理，检测出多普勒信号，以确认运动目标的存在。

(5) 合成孔径雷达(SAR)

合成孔径技术的基本思想是用一个小天线沿一直线方向不断移动,在移动中的每个位置上发射一个信号,天线接收相应发射位置的回波信号并存储下来,存储时必须同时保存接收信号的振幅和相位。当天线移动一段距离 L 后,存储的信号与长度为 L 的天线阵列诸单元所接收的信号非常相似,对记录的信号进行光学相关处理得到地面的实际图像。合成孔径雷达是一种新型高分辨率成像雷达,利用发射的线性调频脉冲压缩信号来获取距离上的高分辨率,利用接收脉冲之间的多普勒信息获得方位上的高分辨率。

(6) 天波超视距雷达(OTHR)

天波超视距雷达工作在短波波段,它利用电磁波在电离层与地面之间的反射或电磁波沿地球表面的绕射作用传输高频能量,从而探测到常规雷达无法探测到的地平线以下的超远距离空中和海上运动目标,其作用距离不受地球曲率限制。超视距雷达的特点是作用距离远,覆盖面积大,具有突出的反隐身及抗低空突防能力。

雷达通过发射电磁波并接收回波来获取目标的有关信息,可控制的工作参数主要有开关状态、信号载频、信号带宽、波束宽度、波束驻留目标时间、波束重复频率(采样间隔)、波束指向、检测门限、峰值发射功率等。

对于脉冲信号雷达来说,除了一般雷达可控制的参数外,还可以控制雷达的脉冲宽度、脉冲重复频率等工作参数。对于采用脉冲压缩机制的雷达,通过提高脉冲压缩比可以提高雷达的距离分辨率。

雷达工作模式的管理与雷达的战术任务相关。以电子扫描雷达为例,电子扫描雷达具有搜索、跟踪等基本工作模式,且一般都能够对跟踪和搜索等基本工作模式采取合适的管理方式,如边扫描边跟踪方式(TWS)和扫描加跟踪方式(TAS)等,从而同时完成对多个目标的搜索和跟踪任务。除了搜索和跟踪外,雷达还具有电子对抗、武器评估等工作模式。

2. 电子支持测量(ESM)

ESM 是一种多功能被动式电子战系统,用来辅助雷达和 IFF 进行目标定位和识别。ESM 可提供目标的角度信息,更重要的是可提供无线电辐射特性信息,该信息有助于对目标类型进行估计。通常,ESM 系统能覆盖通信、数据链和雷达的频段,并且能够探测到雷达所不能及的范围内的信号。ESM 的缺点是它提供的角度测量值精度较差。ESM 可通过截获雷达发射的脉冲信号来识别雷达特性,包括射频、脉冲宽度、脉冲重复频率、极化方式、扫描周期等。

电子支持测量的可控制参数主要有开关状态、接收频率指向、驻留目标时间、采样间隔等。

3. 敌我识别器(IFF)

IFF 主要提供目标的敌我信息,它通过向进入监视区域的目标发射询问信号并分析目标的反应来识别目标的敌我属性。它能以极高的置信度识别我方飞机，是防止误伤友机的主要手段。

敌我识别器的可控制参数主要有开关状态、应答频率等。为了能够获得友机的身份，且避免被敌方探测并实施欺骗，敌我识别器的应答频率需要在一定频段范围内进行捷变。

4. 声呐(Sonar)

声呐是利用水声传播特性对水中目标进行传感探测的技术设备，用于搜索、测定、识别和跟踪潜艇和其他水中目标。声呐的工作原理采用了回声探测法：用送入水中的声脉冲探测目标，声脉冲碰到目标就反射回来，返回声源（有所减弱）后被记录下来。通过测定脉冲的往返时间，并且知道超声在水中的传播速度，就可以很精确地测定出目标的距离。声呐按其工作方式可分为被动式声呐和主动式声呐。

被动声呐的可控制参数主要有开关状态、指向、驻留目标时间、采样间隔等。主动声呐的工作机理与雷达类似，其可控制参数主要有开关状态、水下扫描方向、孔径宽度、驻留目标时间、采样间隔、检测门限、峰值发射功率等。

5. CCD 图像传感器

CCD 电荷耦合器件的基本结构是一种密排的 MOS 电容器，能够存储由入射光在 CCD 像敏单元激发出的光信息电荷，并能在适当相序的时钟脉冲驱动下，把存储的电荷以电荷包的形式定向传输转移，实现自扫描，完成从光信号到电信号的转换，这种电信号可以复原成物体的可见光像。CCD 图像传感器具有体积小、重量轻、功耗小、启动快、寿命长、光谱相应范围宽、灵敏度高等特点。

CCD 图像传感器的可控制参数主要有开关状态、空间指向、焦距大小等，空间指向（即观测视角）不同，获得的图像信息也不同；焦距大小不同，能够获得不同观察视场范围内的图像。

6. 激光传感器(Laser)

激光是利用受激辐射效应形成的强大的、方向集中的、单色性好的新型光源，它具有亮度高、单色性（时间相干性）好、方向性（空间相干性）强等特点。激光技术在军事上得到了广泛的应用，大大提高了目标探测与识别能力，提高了全天候作战能力，目前主要有激光制导、激光测距、激光指向、激光通信、激光雷达、激光陀螺、激光武器等。

激光的可控制参数与具体的激光器种类有关，以激光雷达为例，其工作机理类似于微波雷达，可控制参数主要有开关状态、波束宽度、波束重复频率、波束指向、驻留目标时间、波束指向、脉冲重复频率、脉冲宽度、检测门限、峰值发射功率等。

7. 红外传感器(IR)

IR 传感器工作时不发射电磁波，而是接受目标自身产生或反射其他能源的热辐射，得到量测信号。目前军事 MTT 系统中广泛使用的有前视红外成像传感器(FLIR)和红外搜索跟踪传感器(IRST)，主要提供目标角度数据和红外辐射特性信息。FLIR 作用距离较近，但可以得到目标的图像；IRST 将目标作为点进行探测跟踪，作用距离较远。与雷达系统相比，IR 具有隐蔽性好，抗干扰能力强等优点，可以得到高精度的目标方位及俯仰角量测，缺点是在恶劣环境下远距离性能差，不能提供有用的距离信息。

红外传感器属于被动传感器，其可控制参数主要有开关状态、孔径宽度、空间指向、驻留目标时间、采样间隔等。

8. 拾震器

拾震器是一种震动传感器，通过捕捉人员或车辆活动而造成的地面震动信号来探测目标。战场使用时，可采用人工、火炮发送和飞机空投等方式设置在地表层，当人员或车辆经过附近时，传感器便将目标引起的地面震动信号转化为电信号，经放大处理后发给监控中心，进而进行实时的战场监测。

拾震器一般是固定在地面上的，可控制的参数主要有开关状态、采样间隔等，这主要取决于传感器管理对各个传感器的任务分配；对于扫描方向可变的微型拾震器，还可以通过改变其空间指向，以获取不同的观测视角。

9. MEMS 系统

微电子技术的巨大成功在许多领域引发了一场微小型化革命，利用精细加工手段加工出来的微米/纳米级结构在小型机械制造领域开始了一场新的革命，导致了微机电系统(MEMS)的诞生。MEMS 将电子系统和外部世界有机地联系起来，它不仅可以感受运动、光、声、热、磁等自然界信号，并将这些信号转换成电子系统可以认识的电信号，而且还可以通过电子系统控制这些信号，进而发出指令，控制执行部件完成所需要的操作。从广义上讲，MEMS 是指集微型传感器、微型执行器以及信号处理和控制电路、接口电路、通信和电源于一体的完整微型机电系统(如图 15-4 所示)。MEMS 具有微型化、多样化、微电子化等特点。

MEMS 主要包括微型传感器、执行器和相应的处理电路三部分。传感器可以把能量从一种形式转化为另一种形式，从而将现实世界的信号(如热、运动等信号)转化为系统可以处理的信号(如电信号)，图中的“其他”模块包括震动信号等。执行器根据信号处理电路发出的指令完成人们所需要的操作。信号处理器则可以对信号进行转换、放大和计算等处理。

MEMS 的可控制参数主要有开关状态、采样间隔等。MEMS 系统具有多种工作模式，能够检测不同类型的信号，对于 MEMS 系统的工作模式和工作参数的管理

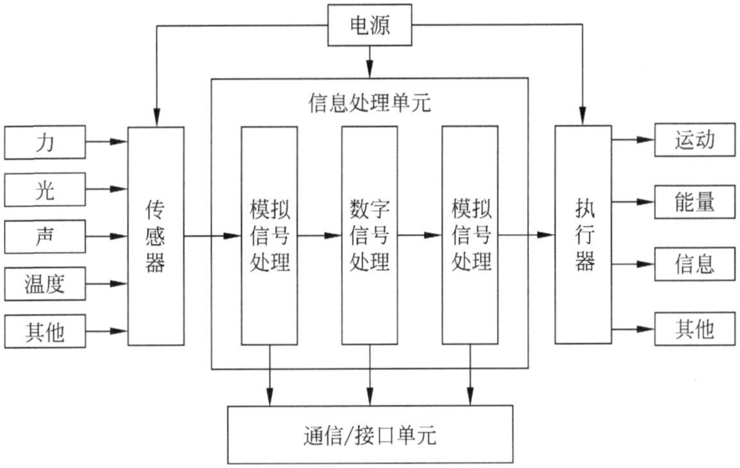

图 15-4　微机电系统的组成

还需要进一步的探究。

15.3　传感器管理的系统结构与功能模型

15.3.1　传感器管理的系统结构

传感器管理的系统结构是实现传感器管理的基础，合理的结构体系既可以保证传感器管理功能的快速实现，又不会过多地增加数据融合系统的工作负担。传感器管理系统结构可分为单传感器管理、集中式和分散式，而分散式又可进一步细分为分布式和分层式两种形式，不同结构的选取主要取决于具体的应用背景和任务需求。

1. 单传感器

单传感器管理属于传感器管理的一种特例，主要是针对具有多个工作模式或者工作参数可控的传感器，例如允许快速改变模式和指向的相控阵雷达，以便根据任务的需要，有效地调整工作模式或参数，优化任务性能指标。这种能力要求传感器能够非常灵活地调整目标扫描时间和复现目标时间，以便维持航迹和一定的照射目标时间，从而获得目标特征的测量。这种传感器的管理需要对搜索中的传感器指向、航迹更新和回波采集的优先级加以控制，它们分别由概率、航迹精度和目标分类精度所确定。为完成所有任务最有效地使用时间，是这种传感器管理目标。从电子扫描发展战略上看，如陆基雷达、舰载预警雷达和机载雷达就是属于此类传感器设备。

它属于微观结构[3]，在该结构中，微观管理器决定各个传感器如何执行给定的任务，负责各个传感器的参数控制或模式选择，微观传感器管理对应于单传感器管理，其主要的技术是控制与优化、多属性决策和时间调度等。

2. 集中式传感器管理系统结构

集中式管理结构是指由融合中心向所有的传感器发送其需要执行的任务和完成该任务的参数集或运行模式。该结构主要用于传感器级的传感器管理系统和基于单平台的传感器管理系统中，优点是结构简单且融合中心拥有整个系统最完备的信息，因而对传感器运行参数和模式的设置、对传感器任务配对和多任务间的协调可以更加精确合理，其缺点是融合中心难以对各个传感器的负载情况作出实时评估，在多任务时会造成负载不均衡，甚至使个别传感器严重过载而无法完成任务，且当传感器数目增多时，融合中心的计算量会急剧上升，通信量也会大大增加[4]。

(1) 单平台集中式传感器管理系统

单平台集中式传感器管理系统结构如图 15-5 所示。其工作原理为：首先对多传感器的原始观测数据进行时空配准，以配准后的数据分别完成状态、属性估计以及态势评估、威胁估计等功能，然后对平台内的多传感器进行任务分配及管理。它属于宏观结构，该结构中，宏观管理器主要确定各个传感器需要执行什么任务，负责对传感器进行动态配置，实现有效或最优的传感器组合，完成传感器间的交互与协调并实现传感器间的引导与交接等。

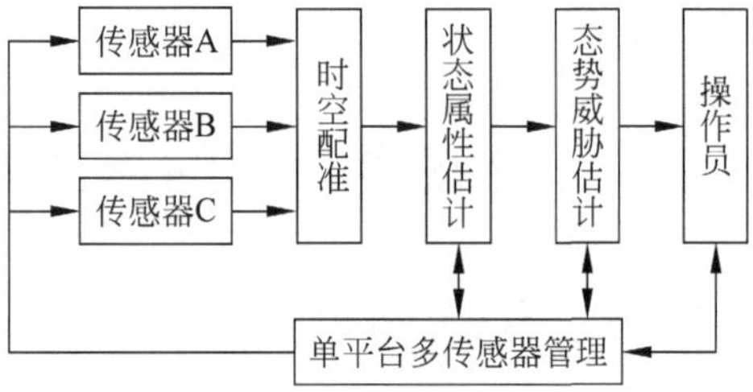

图 15-5 单平台集中式传感器管理系统结构

(2) 多平台集中式传感器管理系统

多平台集中式传感器管理系统结构如图 15-6 所示，各个传感器平台内部依据本平台多传感器的观测信息进行目标状态、属性估计，并将处理后的信息传输到中心平台。中心平台首先将这些信息进行时空配准，根据配准后的信息分别完成状态、属性融合以及态势评估、威胁估计等功能，然后对多平台多传感器进行任务分配及管理。

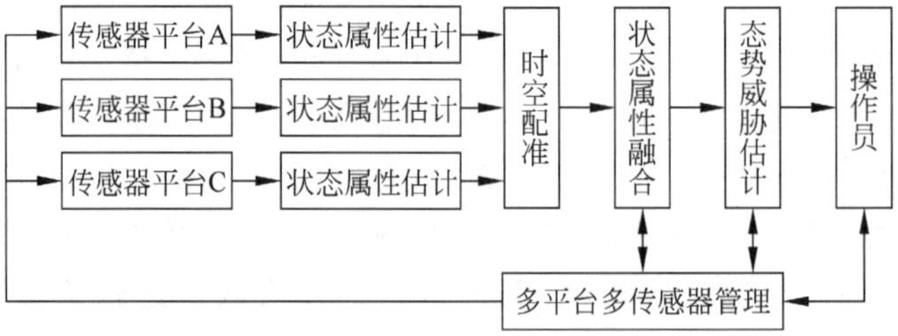

图 15-6 多平台集中式传感器管理系统结构

3. 分布式传感器管理系统结构

随着传感器或传感器平台数量的增加或系统规模的扩大，通信及计算负荷将会急剧增加，这时采用分布式结构是比较合理的，其结构如图 15-7 所示。平台之间共享信息，各个平台内部在进行目标估计时可以融合其他平台的信息。分布式系统中的传感器平台之间可以采取网络型通信模式[5]。

分布式传感器管理系统结构又称为无中心结构，系统中各个传感器平台的功能和地位是对等的，传感器管理功能在各个平台内部完成。分布式传感器管理系统中各平台在目标估计阶段是关联的，在传感器管理阶段是分散的。当平台之间在目标估计阶段不共享信息时，分布式传感器管理系统即退化为多个单平台集中式传感器管理系统。

在分布式系统中，由于不存在传感器管理决策中心，当其中某个或某些平台无法正常工作时，对其他平台的传感器管理功能不产生直接影响，因而系统的可靠性和抗毁性好。另一方面，由于各个平台各自进行传感器资源分配，而没有强调整个网络的总体效能，显然，总体性能相对较差。

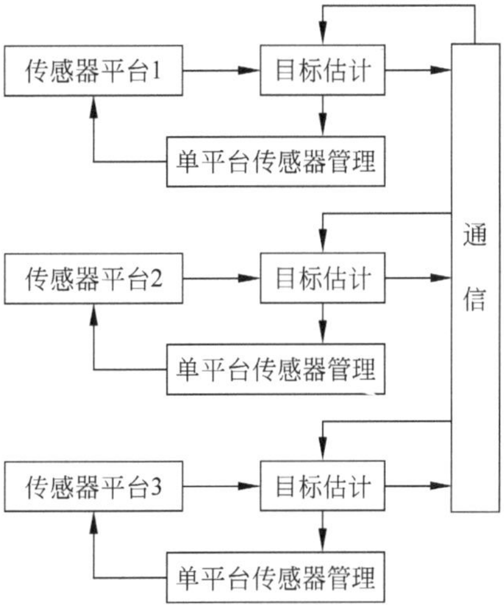

图 15-7　多平台分布式传感器管理系统结构

4. 分层式传感器管理系统结构

传感器或传感器平台数量较多或系统规模较大、空间分布较广时，可考虑采用分层式结构。如图 15-8 所示，各个平台内部利用传感器观测信息进行目标状态、属性估计，并对本平台的传感器资源进行有效分配，每个平台相当于一个局部管理中心。当战术需要时，中心平台联合各个平台的目标估计信息进行估计融合，然后对多平台传感器资源进行联合调度，以优化整个网络任务性能。

分层式传感器管理系统中，由于各个平台内部进行传感器管理，因而具有分布式传感器管理系统的可靠性和鲁棒性；同时，中心平台在通信资源许可的情况下进行多平台集中式传感器管理，具有良好的传感器管理性能。分层式传感器管理系统综合了集中式和分布式系统的优点，因而在实际系统中比较常用。

典型的分层式传感器管理系统结构如图 15-9 所示，可以分为上层节点、中间层节点和下层节点，当情况复杂时，中间层又可以分为多个层次。

下层节点的任务可自身决定，也可由中间层节点分配，中间层节点的任务可以自行决策，也可由上层节点进行管理。同一层次的传感器节点之间可以进行通信交互，但也增加了通信代价和计算量。

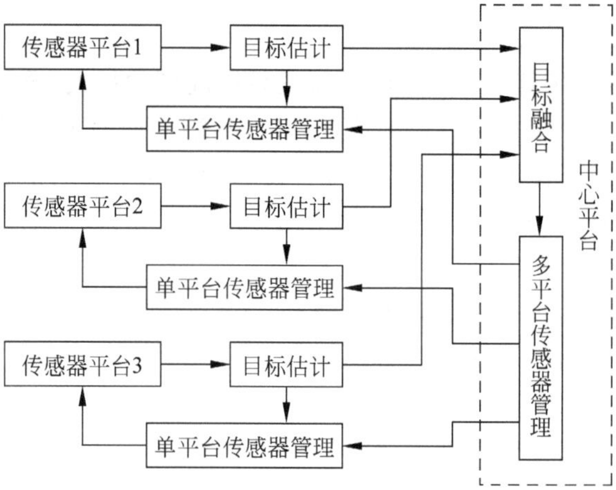

图 15-8 分层式传感器管理系统结构

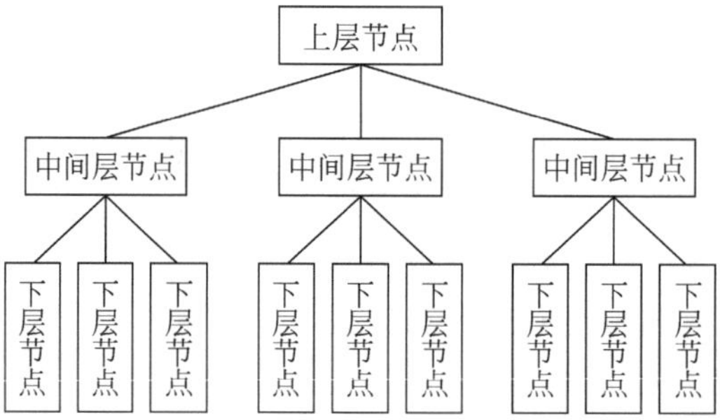

图 15-9 多层传感器系统

在上述多层传感器系统中，每个高层次节点仅负责数量较少的低层次节点的信息融合和管理功能，从而降低了对通信资源和计算资源的要求。

对于传感器网络这一复杂的大系统而言，由于节点的能量有限，下层节点只根据中间层节点分配的任务完成感知功能，而不具有自我管理功能。一般来说，层次越高，传感器节点的能量应当越大，以确保有足够的能量对低层次节点进行管理。由于每个节点的通信对象较少，因而节点的能量消耗相对较少。

15.3.2 传感器管理的功能模型

一般的传感器管理功能如图 15-10 所示。图中虚线框内的部分就是传感器管理功能所包含的主要内容。从管理功能上看，它应完成以下几个功能：目标排列、事件预测、传感器预测、传感器对目标的分配、空间和时间范围控制以及配置和控制策略。

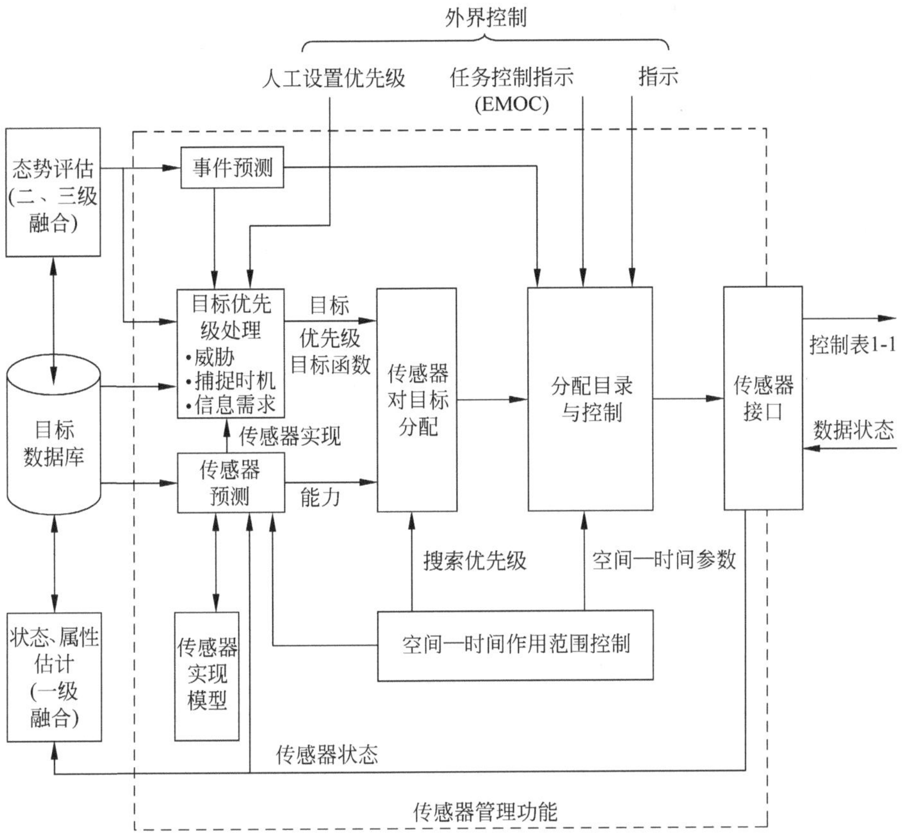

图 15-10 传感器管理功能模型

1. 目标排列

必须确定所探测目标(和可能的搜索空间)的相对优先级,以建立一个数量基础,由此确定传感器资源分配的折中方案。决定目标优先级的因素包括人为指定的优先级,当前目标状态(来自航迹文件)以及未来目标状态(来自数据融合中的态势评估)。这些信息能指出未来可能的威胁或事件。排定的目标优先级将成为传感器对目标进行资源分配的一项重要指标。

2. 事件预测

当前事件、目标状态和战术原则的知识,可以用来预测未来可能发生的事件,为检测或验证所期望的事件而管理传感器。例如在目标跟踪中,根据对目标在复现时位置的预测,指引传感器复现跟踪的目标。

3. 传感器预测

为产生传感器分配的可选方案,必须事先确定传感器监测目标的能力。将任一传感器分配给一个目标的能力是一个有效性的配对。传感器性能模型可用来预测传感器对目标的效能，以便量化各备选的传感器分配效用。

4. 传感器对目标的分配

当出现多目标和多传感器的情况时，传感器管理需要一个多传感器对多目标的分配方案。分配方案一般基于某些合成目标函数的优化处理，这些目标函数是传感器对所有目标的复杂采集性能的一个度量。目标函数也是目标优先级和传感器对目标的效能价值的函数。

5. 空间和时间范围控制

必须通过设置目标指示传感器的视域，来管理一组传感器覆盖的空间范围，以覆盖探测的目标（进行航迹更新），并搜索进入该组传感器监视空间的、尚未探测到的新目标。传感器搜索空间范围或持续照射被跟踪目标所花费的时间总量也必须权衡下述几条准则加以管理：检测概率（新目标），跟踪和识别性能（已建立航迹的目标）以及被敌方传感器检测并反跟踪的概率。这种控制功能被建立为任务模式、操作员人工输入和态势的一个函数。

6. 配置和控制策略

传感器配置要求将传感器分配问题的解转换成对传感器的命令，同时包含一些附加的控制要素，包括下面几点：

（1）反对抗措施：通过控制传感器频带、空间和时间的使用来进行传感器管理，使对敌人的对抗措施（干扰、欺骗和利用）的抗干扰性能达到最优化。

（2）目标指示和交接：当必须将任一传感器（A）指向、搜索并截获原来由另一传感器（B）扫描的目标时，必须给传感器（A）发一个空间搜索指令。这个指令必须定义搜索模式、脉冲间隔、目标标识等必要参数。

（3）目录表：对传感器模式、监测指向、有源工作等有效操作要求按时序对具体的传感器进行控制。目录表需要考虑的约束包括以下几点：

① 多个传感器对目标进行并行测量，以使时间和空间的定位误差最小。

② 将传感器复位时间与探测目标时间的比值全面减小。

③ 使传感器之间的目标指示和交接时间同步。

④ 通过传感器的目标复现率来保持目标航迹的连续性。

传感器的控制输入如表 15-1 所示。

表 15-1 通用传感器控制

类　型	传感器的控制输入
模式控制功能	开机/关机控制 传感器工作模式选择：能级（有源传感器）、波形或处理模式（远距搜索、高分辨力窄覆盖跟踪等）、扫描跟踪或航迹扫描 传感器处理参数：判断门限、检测、跟踪、识别准则

续表

类 型	传感器的控制输入
空间控制功能	指示坐标系(视域的中心位置) 视域选择 扫描/搜索率 扫描/搜索模式选择 控制各传感器参数：传感器坐标、扇区的工作模式 设置指定目标的参数：目标或航迹的索引、坐标或搜索空间、使用的工作模式、预测的出现时间、传感器在目标上驻留时间
时间控制功能	模式、扇区控制的起/止时间 指定扇区的查看时间 对目标、搜索的指定驻留时间 最大容许发射功率周期
报出控制	基于目标属性的报告过滤：我、敌或两者、高度分层过滤、按致命程度过滤 基于空间属性的目标过滤：最小/最大距离限制、高度分层过滤、空间区域过滤 指定的目标优先级

15.4 传感器管理算法与性能指标体系

15.4.1 传感器管理算法简介

20 世纪 90 年代初以来，对传感器管理的研究取得了快速发展，多种技术都应用于传感器管理，如：决策论、效用论、规划论、信息论、模糊逻辑、神经网络、数字信号处理、计算机科学、知识系统以及专家系统等。

1. 单传感器管理方法

单传感器管理应用的方法主要为概率方法，通过优化对目标的检测、跟踪性能来管理传感器的工作参数，主要研究内容有：

(1) 波形与检测门限序列优化

可控制的雷达波形参数主要有脉冲幅度、脉冲宽度、脉冲驻留周期、频扫率、波束宽度等。不同的波形参数能产生不同的距离分辨率，雷达对目标的量测噪声也不相同，从而影响目标的跟踪精度。而适当的检测门限有利于提高目标的检测概率，降低虚警率。

在这一领域，Bar-Shalom、Evans 等的研究最具代表性。Bar-Shalom 等[6,7]提出将前端的硬件检测系统和后端的跟踪系统进行联合研究，指出雷达波形参数不同，距离分辨率、量测噪声也不相同，分析了雷达波束频扫率、检测门限等参数对目标跟踪精度的影响，并根据目标状态最优估计原则来选择波形参数。Evans 等[8]建立了波形参数与量测噪声之间的数学模型，提出了目标跟踪中雷达波形参数和检测门限序列的联合优化控制方案，其中目标优化函数是累计失跟率和状态估计方差序列的函数，可控制的雷达参数包括脉冲幅度、脉冲宽度、频扫率等，并提出了有限时段内的波形序列动态规划算法。

(2) 自适应采样间隔策略

采样间隔与目标跟踪精度、数据率、雷达能耗、计算机负载等因素密切相关。适当的采样间隔策略能够在满足目标所需跟踪精度的条件下，降低数据量，从而减小雷达能耗和计算机负载。

在这一方向，Bar-Shalom、Blair、Hong 等的研究工作比较重要。Bar-Shalom、Blair 等[9,10]基于 Benchmark 问题提出了相控阵雷达参数控制问题的框架，并提出了以确保恒虚警率为准则的波形、检测门限优化方案，而自适应采样间隔则依据状态预测误差标准差来确定。Blair 等[11]研究了传感器辐射时间的确定方法，对于角度，当角度的预测标准方差超过波宽的一定比例时进行量测更新；对于距离，当距离的预测标准方差超过雷达距离门的一定倍数时进行量测更新。Hong[12]提出了基于能量优化的相控阵雷达跟踪采样间隔算法。此外，有些文献分析了采样间隔与目标跟踪精度之间的关系，提出了各种与目标估计误差方差、机动特性等因素相关的自适应采样间隔策略。有些学者提出了多功能雷达参数非线性最小化的控制数学模型及分别研究了用于跟踪和搜索等不同任务的雷达资源规划方法。

2. 单平台多传感器管理

平台级传感器管理算法可归纳为概率方法和非概率方法。无论概率方法还是非概率方法，其研究内容主要是解决多传感器多目标资源分配问题。

1) 概率方法

概率论方法主要是通过建立某种效能函数(又称为目标函数)，以效能函数的取值来决定传感器对目标的分配方案。目前基于概率论的效能函数主要有布尔矩阵、检测概率、跟踪精度、信息熵、信息增量、互信息、Kullback-Leibler 分辨力增益等。建立了效能函数后，可以采用动态规划、线性规划、决策论等方法求解。

(1) 基于方差控制的方法

跟踪中传感器管理的主要目的是为了通过与目标环境相互作用，降低目标的不确定性信息，以便于对目标精确跟踪。在跟踪滤波过程中，目标状态误差协方差表达了目标的不确定性信息，基于方差控制的传感器管理策略是十分简单、实用的方法。基于方差控制的研究很多，Bar-Shalom、Pao、Benameur 等的研究最具代表性[13~21]。Bar-Shalom 等提出了一般性的多传感器跟踪管理框架，并利用 Cramer-Rao 下界控制传感器的精度，由此来分配有限的传感器资源。Pao 等提出以期望方差阵和预测方差阵之间的差作为多传感器选择的原则，并引入一种信息标量，降低了数据关联对传感器管理方差控制算法的影响。Benameur 提出了一种主、被动传感器选择策略，该策略是在一段有限的时间内选择最优的传感器序列，以使目标状态预测方差及传感器观测代价的加权和最小。

(2) 信息论方法

信息论被广泛应用于传感器资源分配目标函数的描述中，主要有信息熵、信息增量、互信息、Kullback-Leibler 分辨力增益等形式。根据信息论的观点，传感器管理的目的是与目标环境相互作用以减少目标环境的不确定性。这种不确定性可以用信息熵来定量描述，通过一个量测执行前后信息熵的减少可以求得信息增量。对于目标检测和识别可以用量测前后概率的变化计算信息熵的变化，对于目标跟踪可以用量测前后误差协方差阵的变化计算信息熵的变化，根据信息增量最大对传感器资源进行科学合理的分配。在这一方向，Hintz、Mahler、Schmaedeke、Kastella 和 Kreucher 等的研究比较突出[22~44]。

Hintz 和 McIntyre 等首先提出将信息论度量方法用于规划单传感器跟踪多目标，他们使用期望的熵变(由协方差阵的范数描述)作为期望信息增量以确定哪一个目标将被更新，并将这种方法应用到目标搜索与跟踪的传感器资源分配以及自动目标识别系统中。Mahler 等利用随机集合理论将基于信息论的传感器管理方法推广到更一般的情况，使得解决更为复杂的传感器系统成为可能。Kreucher 与 Kastella 等提出了一套基于 Renyi 信息的传感器管理算法，该算法以量测前后多目标联合概率密度之间的 Renyi 信息增量最大作为传感器管理的原则，联合多目标概率密度的迭代估计用 Particle 滤波器实现。刘先省分别提出了基于信息熵和信息增量的传感器管理算法，实现了传感器资源对检测、分类、跟踪等任务的分配，并基于目标的运动优先级，提出了一种利用加权值对目标环境进行检测与跟踪的传感器管理算法。

另一种信息论方法是使用分辨力增量[45~54]，它是基于 Kullback-Leibler 分辨力信息函数。Schmaedeke 使用分辨力增量作为 Nash 线性规划目标函数中的传感器分配费用，以确定传感器对目标的资源分配，并讨论了传感器管理与非线性滤波问题。而 Kastella 给出了一种有关传感器管理的非线性滤波的近似解法，用概率分布函数表示目标存在于离散检测单元的概率，然后计算分辨力增量来确定对目标的搜索(目标静止)与跟踪(目标运动)。

(3) 决策论方法

Manyika 和 Whyte 使用决策论的方法解决了分散化信息融合系统中的传感器管理问题[55,56]。Gaskell 等基于决策论方法建立了一个可移动机器人的传感器管理框架[57]。Malhotra 讨论了传感器管理的时间特性，将序列决策过程描述为一般的马尔可夫决策过程，并利用动态规划方法来解决[58~60]。

(4) 规划论方法

规划论也是用来解决传感器管理的常用方法之一，目前主要有动态规划和线性规划算法。应用规划论解决传感器管理问题的关键是要提出相应的数学优化模型。这一方向 Krishnamurthy 的研究成果最具代表[61~64]。Krishnamurthy 提出了基于随机动态规划的传感器规划算法，以使基于估计误差和量测代价的代价函数最小。

此外，研究人员分别研究了基于动态规划的传感器管理算法，并针对组合爆炸、传感器规划的鲁棒性等问题等给出了解决方案。刘先省提出了利用线性规划方法求解传感器资源分配问题。

(5) 其他方法

有些文献使用布尔矩阵定义了一种基于传感器能力和有效性的传感器对目标分配的效能，提出了以欧式距离、马式距离、Hausdorff 距离等统计距离为准则的传感器资源分配算法以及基于 Bayesian 理论对传感器管理问题进行了数学建模和算法研究[65~68]。

2) 非概率方法

(1) 模糊理论方法

模糊理论可以处理非精确描述问题，并且能够自适应地归并信息。影响传感器管理的许多战场因素本身是模糊不清的，需要用模糊语言来描述。Smith 等[69~72]利用模糊理论做了深入的研究，提出了基于模糊决策树的多平台模糊传感器资源管理器，模糊决策树通过其叶子节点、父节点以及它们之间的模糊逻辑关系(一般包括与、非、或等)来确定传感器的任务需求，采用基于遗传算法的数据挖掘技术确定模糊树的结构和参数，并利用多智能体技术实现树的自组织性。Molina 等[73]提出了基于模糊推理的传感器任务优先级确定方法，以此实现传感器管理。模糊推理过程以决策树的形式表示，其中根节点表示传感器的某个任务，而各个子节点由影响传感器任务的各个因素形成。此外，研究人员分别利用模糊理论对不同的传感器管理问题(如传感器任务优先级)进行了研究。

(2) 神经网络方法

神经网络具有大规模并行、分布式存储和处理、自组织、自适应和自学习能力，适用于处理多因素、不确定和模糊的信息处理问题。有些学者利用神经网络来确定目标的优先级及提出了一种基于模糊逻辑和神经网络的传感器管理方案[74]。

(3) 专家系统方法

传感器管理是一个典型的决策问题，需要涉及人的参与。研究者分别利用专家系统提出了传感器管理方案，并以飞机为背景进行了应用研究[75,76]。

(4) 遗传算法

遗传算法是借鉴生物界自然选择和遗传机制的随机化搜索算法，能解决复杂的非线性问题。研究人员分别将传感器管理建模为优化或规划问题，并利用遗传算法搜索解空间以获得最优解[77]。

3. 多平台多传感器管理

多平台多传感器管理主要解决网络环境下的传感器管理问题。按照组成网络的传感器特性，不妨将网络分为两类情形：传统多传感器平台组成的网络(典型的有雷达网)和传感器网络。

近几年来，传感器网络已经成为国际上计算机、信息与控制领域的一个新的研究热点。目前国外研究的主流传感器网络是由大量微型传感器通过无线方式连接成适应动态环境的特定网络，以完成信息采集、信息处理和环境监测等任务。与传统的多传感器平台组成的网络相比，这类传感器网络具有以下特点：

传感器节点尺寸小，价格低，网络配置代价小；

传感器节点数量多，密度大，冗余性高；

传感器节点的能量有限，且计算能力、存储容量、通信带宽有限；

网络拓扑结构容易因节点的增加或删减、环境干扰等原因而动态变化；

传感器节点之间采用无线链接。

传感器网络节点之间主要采用无线方式连接，这是因为传感器网络中的传感器节点数量巨大，空间覆盖范围广，采用物理线路连接网络中的传感器节点会导致非常昂贵的代价，且由于传感器节点的可移动性，使得有线传感器网络在实际中难以实现。

网络级传感器管理研究正在处于起步阶段。目前的网络级传感器管理算法主要应用了概率方法，包括跟踪精度、检测概率和信息论中的互信息等，其主要研究内容如下：

1）网络传感器管理系统构造

Stromberg 等[78]建立了多平台信息融合和传感器管理模型，该模型由操作者智能体、融合智能体、传感器智能体等完成信息交互，并阐述了单传感器管理、单平台多传感器管理、网络多平台多传感器管理的概念和功能。Johnson 等[79]提出了海军网络中心多平台传感器资源管理器。

2）传感器配置

有些学者[80~82]将传感器探测区域视为网格，并对网格进行编码，分别提出了优化的传感器配置方法；提出了以路径暴露程度来衡量传感器配置的好坏，并给出了序贯配置传感器的方案；提出了在考虑敌方传感器覆盖范围的情况下最优配置我方传感器的问题，给出了一种传感器配置方案攻击能力的度量方法，并据此来配置传感器。

3）传感器网络资源分配

传感器网络中的资源管理非常复杂，这一领域中，Grocholsky 和 Whyte 等的研究比较突出。Grocholsky、Whyte 等提出了最大互信息的算法来解决分布式网络中的传感器控制问题，建立了传感器平台轨迹协作优化问题的数学模型，并将其应用到机器人和无人机的控制中[83~87]。有些学者[88~93]研究了传感器网络中通信资源有限的传感器管理问题，以最优化信息效用作为参与共享、协作的传感器选择依据，给出了传感器网络弱连接时的资源分配方案，提出了通信约束条件下的传感器随机规划问题；提出了基于 game 理论谈判的网络多平台传感器选择方案，谈判中以信息增益为传感器选择偏好；研究者从节约传感器网络的能量和最大网络生命周期的角度出发，研究了传感器网络中的传感器管理问题，通过联合规划传感器动作和数据路由路径，提出了传感器选择方案。

15.4.2 传感器管理性能指标体系

如图 15-11 所示，评价传感器管理算法的好坏主要考虑任务因素和资源因素两方面。任务因素指标用来衡量传感器资源分配后的任务执行情况好坏，主要包括跟踪精度因素和威胁因素两方面。而资源因素是指传感器的能耗，影响传感器能耗的因素有多方面，本章以传感器的辐射次数来衡量能量消耗的大小。

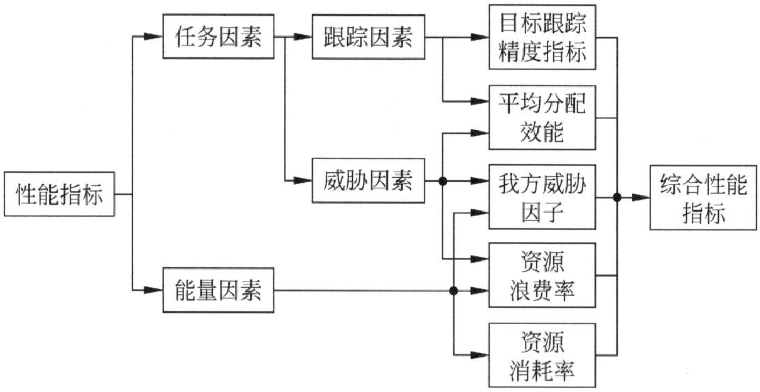

图 15-11 传感器管理算法性能评价指标

1. 战术任务指标

传感器管理是将多传感器资源分配给多目标，以执行相应的战术任务，如目标跟踪、火控等任务，传感器管理算法的好坏，首先取决于这些战术任务的完成情况，因而战术任务指标必不可少。

1）跟踪精度指标

在多传感器多目标分配问题中，传感器对目标的采样周期是变化的。设目标状态真值为 $\boldsymbol{X}$，估计值为 $\hat{\boldsymbol{X}}$，量测值为 $\boldsymbol{Z}$，x_i、$\hat{x}_i$、z_i 分别代表 $\boldsymbol{X}$、$\hat{\boldsymbol{X}}$、$\boldsymbol{Z}$ 的第 i 个分量，则变采样周期下的均值误差 ME、均方根误差 $RMSE$、相对均值误差 RME、相对均方根误差 $RRMSE$、噪声压缩比 SN 等状态估计指标为

$$ME = \frac{1}{N_1}\sum_{k=1}^{N_1}\frac{1}{N_s^k}\sum_{j=1}^{N_s^k}(x_{ij} - \hat{x}_{ij}^k) \tag{15-1}$$

$$RMSE = \sqrt{\frac{1}{N_1}\sum_{k=1}^{N_1}\frac{1}{N_s^k}\sum_{j=1}^{N_s^k}(x_{ij} - \hat{x}_{ij}^k)^2} \tag{15-2}$$

$$RME = \frac{1}{N_1}\sum_{k=1}^{N_1}\frac{1}{N_s^k}\sum_{j=1}^{N_s^k}\left(\frac{x_{ij} - \hat{x}_{ij}^k}{x_{ij}}\right) \tag{15-3}$$

$$RRMSE(X) = \sqrt{\frac{1}{N_1}\sum_{k=1}^{N_1}\frac{1}{N_s^k}\sum_{j=1}^{N_s^k}\left(\frac{x_{ij} - \hat{x}_{ij}^k}{x_{ij}}\right)^2} \tag{15-4}$$

$$RRMSE(Z)=\sqrt{\frac{1}{N_1}\sum_{k=1}^{N_1}\frac{1}{N_s^k}\sum_{j=1}^{N_s^k}\left(\frac{z_{ij}-H\hat{x}_{ij}^k}{Hx_{ij}}\right)^2} \tag{15-5}$$

$$SN=\frac{RRMSE(X)}{RRMSE(Z)} \tag{15-6}$$

其中 N_1 为 Monte Carlo 仿真次数，N_s^k 为第 k 次 Monte-Carlo 仿真所获得的采样拍数。x_{ij}、$\hat{x}_{ij}$、z_{ij} 分别为 x_i、$\hat{x}_i$、z_i 在 j 时刻的值，$\hat{x}_{ij}^k$ 为 $\hat{x}_{ij}$ 在第 k 次 Monte Carlo 仿真时的值。

对于多目标跟踪而言，在传感器资源一定的条件下，资源分配多的目标，其状态估计精度相应较高，而资源分配少的目标，其状态估计精度相应较低。为了评价不同传感器管理算法的优劣，引入目标联合估计精度统计指标的概念，如联合均值误差（UME）、联合均方根误差（$URMSE$）、联合相对均值误差（$URME$）、联合相对均方根误差（$URRMSE$）、联合误差压缩比（USN）等。这些联合性能统计指标由各个目标的相应性能统计指标加权和构成。采用加权和的形式，主要是考虑到各个目标的重要性程度不一样，这种重要性差异可用权值大小来体现。

定义 15.1 联合估计精度指标

$$UME=\sum_{i=1}^{M}w_i^{\mathrm{T}}\times ME_i \tag{15-7}$$

$$URMSE=\sum_{i=1}^{M}w_i^{\mathrm{T}}\times RMSE_i \tag{15-8}$$

$$URME=\sum_{i=1}^{M}w_i^{\mathrm{T}}\times RME_i \tag{15-9}$$

$$URRMSE=\sum_{i=1}^{M}w_i^{\mathrm{T}}\times RRMSE_i \tag{15-10}$$

$$USN=\sum_{i=1}^{M}w_i^{\mathrm{T}}\times SN_i \tag{15-11}$$

其中，M 为目标个数，w_i^{T} 为第 i 个目标的重要性权值，ME_i、$RMSE_i$、RME_i、$RRMSE_i$、SN_i 分别为自适应采样间隔下第 i 个目标的均值误差、均方根误差、相对均值误差、相对均方根误差、误差压缩比等指标。

将目标按照某种准则排序，并采用程万梓提出的目标权系数与目标优先级的函数关系求得目标的重要性权系数。设共有 N_2 个目标优先级。y_i 表示排队优先级为第 i 的目标的权系数，则目标优先级与重要性权系数之间的转换公式为

$$w_i^{\mathrm{T}}=\begin{cases}1 & i=1\\ \dfrac{1}{2}+\dfrac{\sqrt{-2\ln\dfrac{2(i-1)}{N_2}}}{6} & 1<i<\dfrac{N_2}{2}+1\\ \dfrac{1}{2} & i=\dfrac{N_2}{2}+1\\ \dfrac{1}{2}+\dfrac{\sqrt{-2\ln\left(2-\dfrac{2(i-1)}{N_2}\right)}}{6} & \dfrac{N_2}{2}+1<i\leqslant N_2\end{cases} \tag{15-12}$$

由式(15-12)看出，目标的重要性权系数仅仅与目标的优先级 i 有关。

2) 火控任务指标

传感器资源管理功能还应当考虑火控任务因素。当增加给敌方某个目标的传感器资源时，不妨认为我方对该目标构成的威胁也增大了，这是因为传感器资源对该目标分配越多，该目标受我方实施火控精确打击的成功率越高。

引入我方威胁因子的概念。

定义 15.2 我方威胁因子

$$T_{\text{deg}}(i) = T_{\text{aver}}(i) \times e^{n(i)/N} \tag{15-13}$$

$$\sum_{i=1}^{M} n(i) \leqslant N \tag{15-14}$$

式中 N 代表传感器资源总的可分配次数，$n(i)$ 表示传感器资源实际分配给目标 i 的次数。$T_{\text{aver}}(i)$ 表示我方对敌方目标 i 的平均威胁度，M 表示目标数目。

我方对敌方目标的总威胁因子为

$$S_T = \sum_{i=1}^{M} T_{\text{deg}}(i) \tag{15-15}$$

一般来说，S_T 越大，表明相应的传感器资源分配算法性能越好。

2. 资源浪费率指标

传感器对目标的资源分配程度应当与目标对传感器资源的需求程度成正比。比如目标的威胁越大，对该目标分配的传感器资源应越多。

定义 15.3 资源浪费率

$$R_{\text{was}}(i) = \frac{n(i)/N}{T_{\text{aver}}(i)} \tag{15-16}$$

$$\sum_{i=1}^{M} n(i) \leqslant N \tag{15-17}$$

各变量定义同前。显然，如果目标的威胁较小，则应当对其分配较少的传感器资源。此时若传感器对该目标实际分配的资源较多，则该目标的资源浪费率较大，表明该分配效果不好。

3. 传感器资源分配效能指标

传感器管理通常以效能函数为资源分配准则，不同的效能函数获得的分配结果也不相同。考虑以一个统一的效能函数作为标准效能函数，以整个仿真过程该效能函数的平均值(即平均分配效能)来比较不同的传感器管理算法。

定义 15.4 平均分配效能

$$\bar{E} = \frac{1}{N}\sum_{k=1}^{N} E_{\text{allo}}(k) \tag{15-18}$$

$$E_{\text{allo}}(k) = \sum_{j=1}^{N_A} w_j^A e_j(k) \tag{15-19}$$

$E_{\text{allo}}(k)$为第 k 拍传感器资源分配获得的标准效能函数值，它是传感器资源分配所考虑因素效用值的加权和。N 代表传感器资源总的可分配次数，w_j^A 表示第 j 个因素的重要性权值，$e_j(k)$表示第 k 拍传感器资源所分配目标的第 j 个因素的效用值，N_A 为因素个数。

4. 能量消耗指标

传感器的能量消耗是传感器管理需要考虑的一个重要方面，这里以资源消耗率来表征传感器的能量消耗，它与以下因素有重要关系：

(1) 传感器感知能耗。由于传感器每次执行感知任务都要消耗一定的能量，因而降低传感器的辐射频度，能够有效地节约能量。

(2) 通信能耗。通信能耗不仅与传感器之间的距离有关，还与通信数据量有关，而传感器的观测数据量又与传感器的辐射频度有关。

(3) 计算能耗。计算机负载主要是指用于处理传感器获得的目标数据所花费的计算和存储资源。显然，计算机负载与数据量或传感器的辐射频度有关。

(4) 被敌方发现的概率。显然，传感器的辐射频度越高，隐蔽性就越差，被敌方发现并摧毁的概率就越大，这对战争来说是至关重要的。

定义 15.5　资源消耗率

$$R_{\text{res}} = \frac{\sum_{i=1}^{M} n(i)}{N} \tag{15-20}$$

$$\sum_{i=1}^{M} n(i) \leqslant N \tag{15-21}$$

各变量定义同前。

5. 综合性能指标

前面列出了多种评价传感器管理算法的性能指标，实际应用中，往往需要综合考虑多种性能指标。

综合性能指标的计算步骤为：

(1) 构造性能指标矩阵 $\boldsymbol{X}$，性能指标矩阵中的元素为

$$x_{ij} = w_j^I \times I_{\text{index}}(i,j) \quad i = 1,2,\cdots,Q;\ j = 1,2,\cdots,P \tag{15-22}$$

式中 w_j^I 为指标 j 的权值，表示该指标的重要程度。$I_{\text{index}}(i,j)$为在传感器管理算法 i 下获得的指标 j 的值，P 为评价指标个数，Q 为传感器管理算法个数。

(2) 处理性能指标矩阵，获得综合性能指标。

由于各个性能指标值之间的不可公度性，需要对性能指标矩阵进行规范化处理。采用线性比例变换法将性能指标矩阵规范化

$$y_{ij} = \begin{cases} x_{ij} / \max\limits_{i} x_{ij} & j \in J_1 \\ \min\limits_{i} x_{ij} / x_{ij} & j \in J_2 \end{cases} \tag{15-23}$$

J_1 为效益型指标，指取值越大越好的指标；J_2 为成本型指标，指取值越小越好的指标。

$$\boldsymbol{Y} = [y_{ij}]_{Q\times P} \tag{15-24}$$

经过式(15-23)的转化，性能指标矩阵 $\boldsymbol{Y}$ 中的元素 y_{ij} 均为效益性指标，即 y_{ij} 越大，性能越好，且 $0<y_{ij}<1$。则传感器管理算法 i 的综合性能指标值为

$$I_i^S = \sum_{j=1}^{P} y_{ij} \tag{15-25}$$

15.5 工作环境受限的机载多传感器管理

实际战场环境中，不同的目标对传感器资源的需求程度不同，传感器管理方案应当与战术需求紧密相关，也即传感器的工作环境受到了限制。

以往讨论了基于几种信息类效能函数的传感器资源分配结果的一致性，并提出了传感器资源最优决策模型，模型中的状态变量为传感器资源分配给目标获得的效能，其取值是不受约束的。

现在仍然以目标预测误差协方差这一信息类函数作为传感器资源分配的效能，由于处于不同战术任务的目标对传感器资源的需求不同，体现在不同的目标对跟踪精度的要求不同；同时，主动式传感器容易暴露自己，从而受到敌方的干扰和攻击，因而需要控制辐射频度。这些战术需求限制了传感器的工作状态，等效于对决策模型中的状态变量增加了约束条件。

15.5.1 状态变量具有约束条件的传感器管理最优决策模型

引入战术需求后，多传感器多目标分配可描述为状态变量具有约束条件的最优决策问题。设离散系统的状态方程为

$$\boldsymbol{X}(k+1) = f(\boldsymbol{X}(k), \boldsymbol{U}(k), k) \tag{15-26}$$

多传感器多目标分配问题表示为在每一拍寻找决策方案 $\boldsymbol{U}(k)$，使性能指标

$$J(k) = L[\boldsymbol{X}(k), \boldsymbol{U}(k), k] \tag{15-27}$$

最优，其中传感器资源决策变量矩阵 $\boldsymbol{U}(k)=[u_{i,j}^k]_{i\times j}$，元素 $u_{i,j}^k$ 表示 k 时刻传感器 i 对目标 j 的分配状态；状态变量矩阵 $\boldsymbol{X}(k)=[x_{i,j}^k]_{i\times j}$，元素 $x_{i,j}^k$ 表示 k 时刻传感器 i 分配给目标 j 获得的效用。

假设由战术需求等效引入的状态变量(分配效用矩阵)约束条件为

$$\varphi(\boldsymbol{X}(k), \boldsymbol{U}(k), k) \geqslant 0 \tag{15-28}$$

单个传感器的分配要满足传感器的工作能力约束 a_i

$$\sum_{j=1}^{T} u_{ij}^k \leqslant a_i \tag{15-29}$$

即决策变量矩阵满足不等式约束

$$g[\boldsymbol{U}(k), k] \geqslant 0 \tag{15-30}$$

基于信息类效能函数的传感器资源分配决策方案为

$$\hat{\boldsymbol{U}}(k) = \arg\max E(k) \tag{15-31}$$

$\hat{\boldsymbol{U}}(k)$为最优决策矩阵，包含了 k 时刻各个传感器的最优分配结果，$E(k)$为在某种分配方案下的效能预测值

$$E(k) = \sum_{i=1}^{S}\sum_{j=1}^{T} x_{ij}^{k} u_{ij}^{k} \tag{15-32}$$

在进行传感器资源分配时，仍然以目标预测误差协方差作为分配效能，即令式(15-32)中 $x_{ij}^{k} = P_{j,k}^{-}$。

15.5.2　一种战场环境下的主/被动式传感器管理方案与算法

现代跟踪系统可分为主动式跟踪和被动式跟踪两种。在很多应用领域，红外和雷达配合使用，成为相互独立又彼此补充的探测跟踪手段，利用雷达高精度的距离测量和红外高精度的角度测量，可以给出对目标三维坐标的精确估计。同时，当雷达受到敌方电子干扰或为了避免反辐射导弹的袭击而采取静默方式时，可以利用红外被动传感器良好的隐蔽性，独立地对目标进行搜索、跟踪。因此，主、被动式跟踪相结合的复合式跟踪系统是现代跟踪系统的发展趋势。

考虑传感器系统包括三大分系统：

(1) 雷达分系统；

(2) 红外分系统；

(3) 电子战分系统，其中雷达分系统为相控阵火控雷达，其基本采样周期为20ms，红外、电子战系统的基本采样周期为1s。雷达的火控区域为50km。

考虑到战场环境的需要，系统采用以主动为主的工作模式和以被动为主的工模式相互切换的工作机制，如图 15-12 所示。

整个系统的工作原理为：

(1) 起始：电子战 EW 对远方空域进行扫描，并进行目标身份识别；当目标进入雷达作用范围内，开启雷达，由 EW 引导雷达进行搜索；或者由其他探测系统的共享信息起始雷达工作。

(2) EW、RD、IR 将观测到的信息或来自其他平台的信息交给配准模块进行时空配准。

(3) 判断是进入以主动为主的跟踪模式还是以被动为主的跟踪模式(由传感器管理模块根据操作员输入或战场态势决定)，并完成相应跟踪模式下的数据关联、状态估计、态势评估和威胁估计等处理功能。

(4) 传感器管理模块接收状态属性估计模块、态势威胁估计模块的信息以及操作员指令，依据相应跟踪模式下的传感器管理算法，决定下次循环周期内传感器对目标的分配方案。此外，传感器管理模块根据战场态势和操作员意图，决定下一循环的跟踪模式。

(5) 重复步骤(1)～(4)。

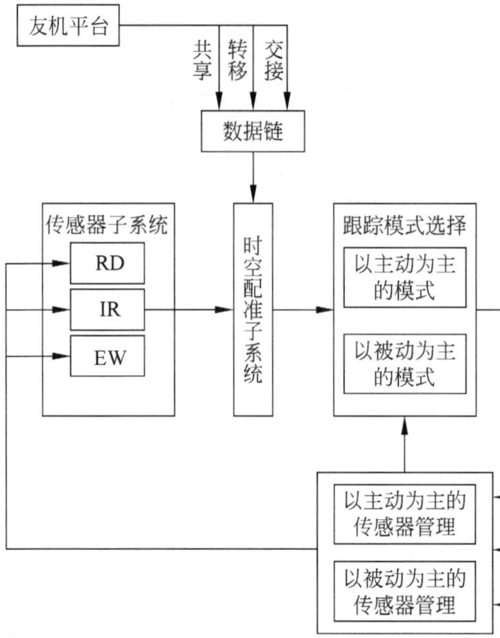

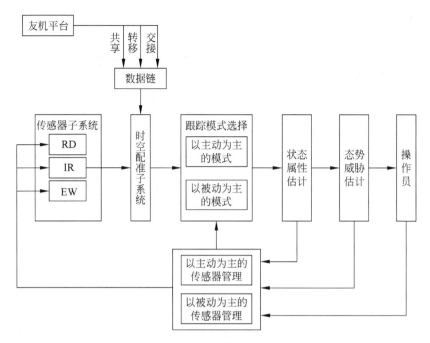

图 15-12　主、被动传感器工作模式管理框图

整个战场环境可分为三个阶段：

第一阶段，在目标进入雷达探测范围之前，由电子战对目标空域进行搜索，此时进行纯角度被动式跟踪。

第二阶段，当目标在雷达工作范围之内且在火控区域之外，执行以被动为主的跟踪模式。这一阶段又包含两个子阶段：当目标在雷达工作范围之内且在红外工作范围之外时，由雷达和电子战协同工作；当目标进入红外搜索区域，由雷达和红外、电子战共同完成对目标的分配。

第三阶段，当目标进入火控区域，采取以主动为主的跟踪模式，雷达和红外、电子战协同工作。

两种工作模式下的传感器管理算法并不完全相同。在以主动为主的跟踪模式中，由于目标已经进入火控区域，因而雷达的工作频度相对较高，具体的工作频度可由传感器管理算法依据目标航迹类型、目标威胁度等因素确定，而红外、电子战等由于不受敌方干扰，一直处于工作状态。

在以被动为主的跟踪模式中，红外、电子战处于连续工作状态，而雷达则间歇性工作，由于此时目标离我方较远，对跟踪精度要求不高，雷达一般以较低的辐射频度工作。在雷达和红外或电子战协同工作时，由于传感器基本采样周期不一样，雷达每隔 20ms 采样一次数据，红外、电子战每 1s 传输一次数据，因此传感器资源分配可分为 1s 内和 1s 时两个层次。在 1s 内，雷达不断地对目标进行资源分配，红外、电子战不分配；在 1s 时，雷达、红外或电子战同时对目标进行资源分配，这时雷达的分配结果只在 1s 这一时刻有效，到了下一拍（20ms 以后）要对目标重新进行分配，而红外、电子战的分配结果在随后的 1s 内都有效。

当目标未进入火控区域，对目标跟踪精度要求不高，为了降低被敌方成功实施干扰、攻击的概率，需要控制雷达的辐射频度，因而此阶段采用以被动为主的跟踪模式，雷达以较低的频度工作。

1. 控制辐射频度的传感器资源分配算法

滤波的目的是为了减小目标状态估计误差，使目标状态估计值更加接近真实值。可以设定一个门限，当目标状态预测误差协方差小于这个门限时，认为该目标的估计精度已经足够高，暂时不需要分配资源，只有当目标状态预测误差协方差超过这个门限时，传感器才对该目标分配资源，这样就实现了主动传感器的辐射频度控制。

此时，控制辐射频度这一战术需求相当于对传感器管理最优决策模型中的状态变量(即传感器资源分配给目标的效能预测值)引入了附加约束式(15-28)，这里约束函数 φ 的显式表达式为

$$\boldsymbol{x}_{ij}^{k} \geqslant \lambda \boldsymbol{R} \tag{15-33}$$

式中 $\boldsymbol{x}_{ij}^{k}=\boldsymbol{P}_{j,k}^{-}$。$\boldsymbol{P}_{j,k}^{-}$为 k 时刻目标 j 的预测误差协方差，$\boldsymbol{R}$ 表示量测误差协方差，它们都是矩阵，可以通过矩阵范数、矩阵迹等方法进行简化计算。λ 取值可以通过专家规则设定，以限定主动传感器的辐射频度。

2. 仿真研究

考虑 1 部雷达探测 4 个目标，雷达的基本采样周期为 0.1s，仿真时间 100s，对应仿真拍数 1000 拍，Monte-Carlo 仿真次数为 100 次，雷达的量测误差标准差为(200，150，80)m。

滤波器采用 IMMKF 算法，模型分别为 CV、CA 模型，模型系统噪声分别为 5m/s^2 和 $40\ \text{m/s}^3$，模型初始概率[0.5，0.5]，马尔可夫转移概率矩阵[0.98，0.02；0.02，0.98]。

目标 1：初始位置(120，－80，20)km，初始速度(－180，120，0)m/s，在 0～20s、41～100s 内做匀速运动，在 21～40s 内做匀加速运动，加速度$(40,30,0)\text{m/s}^2$。

目标 2：初始位置(130，－50，8)km，初始速度(－120，－185，0)m/s，在 0～100s 内做匀速运动。

目标 3：初始位置(100，70，5)km，初始速度(－250，－300，0)m/s，在 0～60s、81～100s 内做匀速运动，在 61～80s 内做匀加速运动，加速度$(40,30,0)\text{m/s}^2$。

目标 4：初始位置(140，40，14)km，初始速度(－120，－150，0)m/s，在 0～100s 内做匀速运动。

仿真中，式(15-33)中的门限参数 $\lambda=0.4$。仿真结果如图 15-13、图 15-14 及表 15-2、表 15-3。

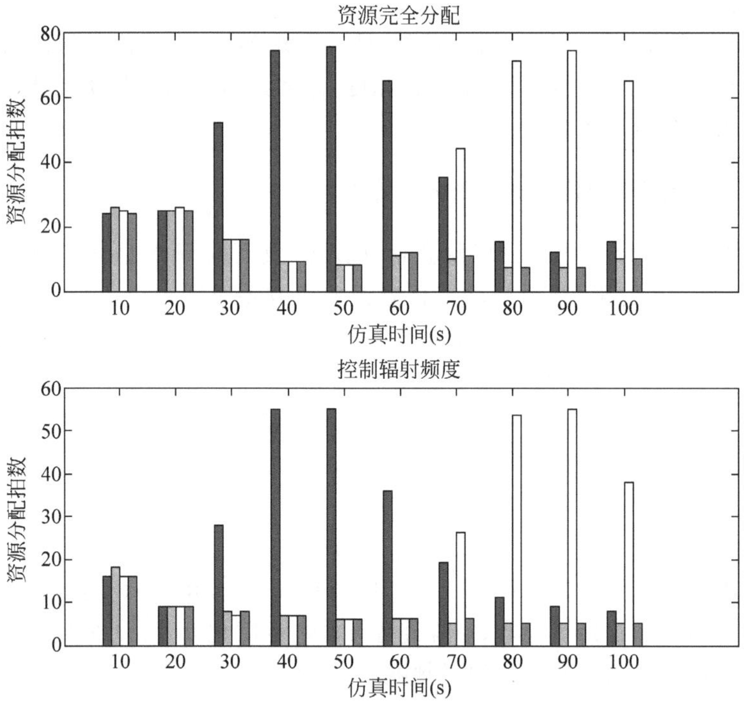

图 15-13 资源完全分配和控制辐射频度下的分配结果比较(分时段)

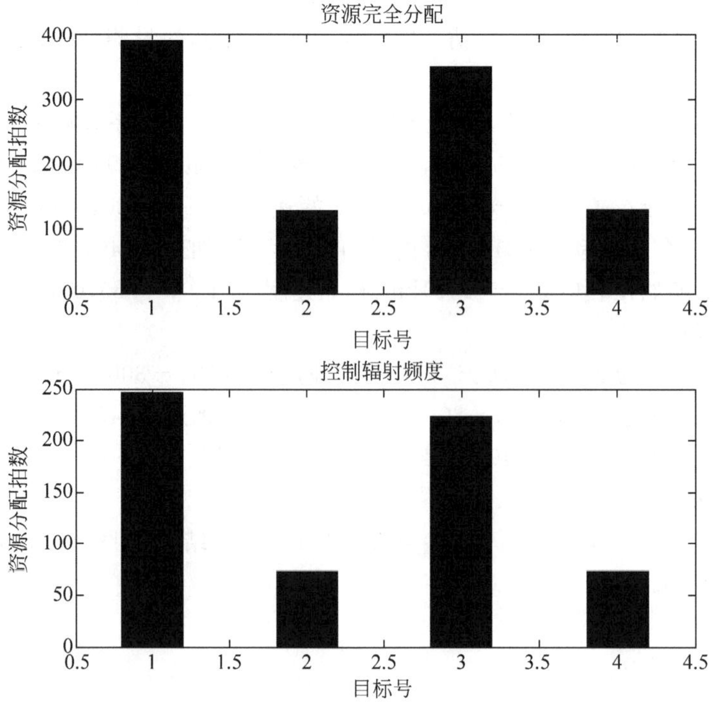

图 15-14 资源完全分配和控制辐射频度下的分配结果比较(不分时段)

表 15-2 资源完全分配和控制辐射频度下的性能统计比较 1

管理规则	目标	分配次数	ME(km)	RMSE(km)	RME	RRMSE	SN	资源消耗率
资源完全分配	1	391	0.076634	0.096006	0.00053649	0.00067454	0.51359	0.39141
	2	128	0.052729	0.067865	0.00038169	0.00049126	0.3567	0.1282
	3	349	0.13415	0.16868	0.0012969	0.0016514	0.92699	0.34932
	4	129	0.055755	0.071004	0.00039809	0.00050761	0.36453	0.12907
控制辐射频度	1	247	0.08883	0.1099	0.00062216	0.00077209	0.5846	0.24702
	2	73	0.058862	0.075435	0.00042602	0.00054581	0.40085	0.07283
	3	224	0.15294	0.18675	0.0014824	0.0018307	1.0204	0.22366
	4	73	0.064722	0.081381	0.00046192	0.00058091	0.42048	0.07283

表 15-3 资源完全分配和控制辐射频度下的性能统计比较 2

管理规则	UME (km)	URMSE (km)	URME	URRMSE	USN	总资源消耗率
资源完全分配	0.3193	0.4036	0.00261318	0.00332478	2.1618	100%
控制辐射频度	0.3654	0.4535	0.00299249	0.00372954	2.4263	61.89%
变化率	−14.43%	−12.37%	−14.52%	−12.17%	−12.23%	38.11%

由仿真结果可知：无论是在传感器资源完全分配还是在控制辐射频度情况下，都可以得到以下结论：在目标都不做机动的时间段内，四个目标获得的传感器分配拍数几乎相等，在某一目标作机动的时间段内，该目标获得的传感器分配拍数要比其他目标多；在整个仿真时间段内，机动目标获得的传感器资源比非机动目标多。

控制传感器的辐射频度时，目标的跟踪精度比资源完全分配时有所降低，但同时消耗的传感器资源也大大减少，因而可以依据战术需求调节参数 λ 的取值，在满足目标跟踪精度需求的基础上，尽可能地降低主动传感器的辐射频度，从而提高自身的生存能力，在战争中取得有利地位。

15.6 基于模糊推理的多因素单平台传感器管理算法

目前的单平台多传感器管理主要是以目标跟踪精度或者信息熵、信息增量等作为效能函数来进行资源分配，而信息熵、信息增量在一定条件下可以转化为目标跟踪精度(一般由状态预测或估计误差协方差表征)的函数。除了目标跟踪精度外，传感器资源的分配还要受到其他许多因素的影响，如目标的身份、距离、速度、高度等，因为在实战中，对于不同类型的目标(如轰炸机、歼击机)的处理方法是不同的。即使对于同类目标，不同距离、不同速度、不同航向、不同高度，其威胁程度也不同。而这些因素取值不同，目标对传感器资源的需求程度及分配也不同。

若将跟踪精度看作目标的一个因素，则目前国内外的传感器管理算法主要是基于单因素的算法,而对考虑多因素的传感器管理算法的研究比较少。本节将研究基于多因素的传感器管理算法,考虑的因素主要有目标身份、距离、速度、航向、高度和跟踪精度等。

15.6.1 考虑目标多因素的传感器管理

基于多因素的传感器管理问题本质上是一个多因素决策问题。用效用理论解决多因素决策问题,一般要经过两个步骤:先把每个因素的实际值折算为无量纲的效用值;再用一种合理的办法把各因素的效用值合并为一个综合效用值,然后按纯量最优化办法作出最优决策。

1. 多因素模糊效用函数设计

影响传感器管理的目标各因素具有不同的量纲,它们的取值范围也大相径庭,为了能够对这些因素进行综合处理,首先需要对因素的实际值进行无量纲转换,转换后的效用值应当具有相同的起止区间,通常的做法是将它们统一到[0,1]区间内。

效用转换的步骤为:根据经验选择效用函数类型;确定效用函数表达式中的参数;通过效用函数把各因素的实际值转换为效用值。

效用函数的形式多种多样,由于模糊函数具有很多优点,因而本章采用模糊函数作为效用函数,将转换后的模糊隶属度作为目标因素的效用值。

因素分为效益型因素和成本型因素。效益型是指因素实际值越大,其模糊效用值越大;成本型是指因素实际值越大,其模糊效用值越小。显然,目标跟踪预测误差协方差、目标速度等因素是效益型因素,而目标距离、高度、方位角等属于成本型因素。无论是效益型因素还是成本型因素,其转换后的模糊隶属度越大,表明该因素的效用值越大,即该因素对传感器资源的需求程度越大,因此模糊函数的选择应当满足这一原则。

模糊函数类型和参数的选择一般根据专家经验确定。如对于目标距离,采用降半高斯分布函数作为它的模糊函数

$$\mu_A(x)=\begin{cases}1 & 0\leqslant x\leqslant a\\ \mathrm{e}^{-k(x-a)^2} & x>a,k>0\end{cases}\tag{15-34}$$

依据经验分析,当目标距离小于 10km 时,由于目标的距离很近,认为该目标距离因素对传感器资源的需求指数为 1,即距离效用值为 1,通过计算可知,模糊函数中的参数 $a=10\text{km}$,用类似的方法可以确定出参数 k。

因素一般包括定性因素和定量因素,对于定量因素,可以利用上面的方法进行效用转换,对于定性因素,则可以利用专家经验直接给出分段值。

2. 基于判断矩阵法的多因素权系数计算

各因素效用对传感器管理的影响程度互不相同,即因素之间存在重要性差异,

需要确定它们的重要性权系数。

本节采用判断矩阵法求解各因素效用的权系数，主要步骤为：

1) 建立因素重要性判断矩阵

首先对因素的重要性进行两两对比。记 $a_{ij}=\dfrac{w_i}{w_j}$，表示第 i 个因素对第 j 个因素的相对重要性，w_i 为第 i 个因素的权重，w_j 为第 j 个因素的权重。这样 n 个因素两两比较所得的结果就构成判断矩阵 $\boldsymbol{A}$。

$$\boldsymbol{A}=\begin{bmatrix} a_{11} & a_{12} & \cdots & a_{1n} \\ \vdots & \vdots & & \vdots \\ a_{n1} & a_{n2} & \cdots & a_{nn} \end{bmatrix}=\begin{bmatrix} w_1/w_1 & w_1/w_2 & \cdots & w_1/w_n \\ w_2/w_1 & w_2/w_2 & \cdots & w_2/w_n \\ \vdots & \vdots & & \vdots \\ w_n/w_1 & w_n/w_2 & \cdots & w_n/w_n \end{bmatrix} \tag{15-35}$$

式(15-35)中的 a_{ij} 应当满足条件 $a_{ii}=1$；$a_{ij}=1/a_{ji}$；$a_{ik}=a_{ij}\cdot a_{jk}(i=1,2,\cdots,n)$。

表 15-4 列出了常用的因素重要性等级及其赋值。

表 15-4　各因素两两对比重要性等级及赋值

	重要性等级	a_{ij} 赋值
1	i,j 两因素同样重要	1
2	i 因素比 j 因素稍重要	3
3	i 因素比 j 因素明显重要	5
4	i 因素比 j 因素稍不重要	1/3
5	i 因素比 j 因素明显不重要	1/5

注：$a_{ij}=\{2,4,1/2,1/4\}$表示重要性等级介于 $a_{ij}=\{1,3,5,1/3,1/5\}$相应值之间时的赋值。

2) 利用方根法求解因素权系数

令 $\boldsymbol{AW}=\lambda\boldsymbol{W}$。此方程是矩阵 $\boldsymbol{A}$ 的特征方程，λ_i 是其中的一个特征值。采用方根法近似求解矩阵 $\boldsymbol{A}$ 的最大特征值 $\max(\lambda_i)$ 和对应的特征向量 $\boldsymbol{W}$，并将 $\boldsymbol{W}$ 作为多因素权系数向量。方根法的计算步骤如下：

(1) 计算判断矩阵 $\boldsymbol{A}$ 中每行元素 a_{ij} 的乘积 M_i

$$M_i=\prod_{j=1}^{n}a_{ij}\quad i=1,2,\cdots,n \tag{15-36}$$

(2) 计算 M_i 的 n 次方根 β_i

$$\beta_i=\sqrt[n]{M_i} \tag{15-37}$$

(3) 对向量 $\beta=(\beta_1,\beta_2,\cdots,\beta_n)^{\mathrm{T}}$ 进行规范化

$$W_j=\frac{\beta_j}{\sum\limits_{i=1}^{n}\beta_i}\qquad j=1,2,\cdots,n \tag{15-38}$$

(4) 计算判断矩阵 $\boldsymbol{A}$ 的最大特征值 $\max(\lambda_i)$

$$\max(\lambda_i)=\frac{1}{n}\sum_{i=2}^{n}\frac{(\boldsymbol{AW})_i}{W_i} \tag{15-39}$$

对任意的 $i=1,2,\cdots,n$，式中 $(\boldsymbol{AW})_i$ 为向量 $\boldsymbol{AW}$ 的第 i 个元素。

3) 进行一致性检验

由于只有当矩阵完全一致时，判断矩阵 $\boldsymbol{A}$ 的最大特征值 $\max(\lambda_i)$ 才等于 n，而不一致时最大特征值 $\max(\lambda_i)$ 大于 n，即可用 $(\max(\lambda_i)-n)$ 这个差值大小来检验一致性的程度，一般用指标 $C.I.$ 表征一致性，$C.I.$ 愈小，一致性愈高。

$$C.I.=(\max(\lambda_i)-n)/(n-1) \tag{15-40}$$

考虑到一致性偏差有可能是随机原因造成的，因此，在检验判断矩阵是否具有满意的一致性时，还需将 $C.I.$ 与平均随机一致性指标 $R.I.$ 进行比较，得出检验数 $C.R.$，即

$$C.R.=C.I./R.I. \tag{15-41}$$

如果 $C.R.<0.1$，即可认为判断矩阵具有满意的一致性，此时就可以用方根法计算的结果作为因素权系数。

$R.I.$ 与判断矩阵的阶数有关，一般阶数愈大，出现一致性随机偏离的可能性也愈大，一般有如表 15-5 所示的数据。

表 15-5 平均随机一致性指标值

阶数	3	4	5	6	7	8	9
$R.I.$	0.58	0.90	1.12	1.24	1.32	1.41	1.45

15.6.2 基于模糊推理的传感器管理

在完成目标各个因素的效用转换后，需要对多因素效用进行综合，以决定传感器资源分配方案。在对目标多因素进行效用转换时，模糊函数的设计和各因素之间的重要性判断存在着主观决策因素，因而不同的决策者会导致不同的分配效果。为了降低传感器资源分配对主观决策的依赖性，本节将提出一种基于模糊推理的传感器管理方法，由于模糊推理方法具有较强的鲁棒性，因而能在一定程度上克服主观决策差异给传感器资源分配所带来的扰动。

1. 传感器管理模糊推理机

Molina 用模糊推理方法来确定传感器任务优先级，任务由层次决策树描述，任务优先级通过树中两两因素之间的模糊推理来确定，这需要大量的模糊规则，而模糊规则本身要依据经验给出，实现起来比较困难。

由信息融合系统可知，传感器管理主要受到状态属性估计、态势评估和威胁估计结果的影响，结合战场实际情况，不妨将影响传感器管理的目标因素分为两类（如图 15-15）：目标跟踪精度因素（目标状态预测误差协方差）、目标威胁因素（由目标身份、距离、速度、飞行方向、高度等因素决定）。

将目标跟踪精度因素按照精度高低划分为五个等级，分别用模糊语言描述为很

高(VH)、高(H)、一般(M)、低(L)、很低(VL)；同样地，将目标威胁因素按照威胁大小等级分别用模糊语言描述为很大(VH)、大(H)、一般(M)、小(L)、很小(VL)；目标对传感器资源的需求程度也分为五个等级，用模糊语言描述为很高(VH)、高(H)、一般(M)、低(L)、很低(VL)等。

基于模糊推理的传感器管理方法主要是通过构造目标跟踪精度高低等级、目标威胁大小等级与目标对传感器资源需求程度等级之间的模糊规则，通过模糊推理计算，获得目标对传感器资源的需求大小，以此来分配传感器资源。

传感器管理模糊推理机如图 15-16 所示，包括数据处理、专家知识库(模糊规则)、模糊控制、传感器动作等四个部分，其工作原理如下：

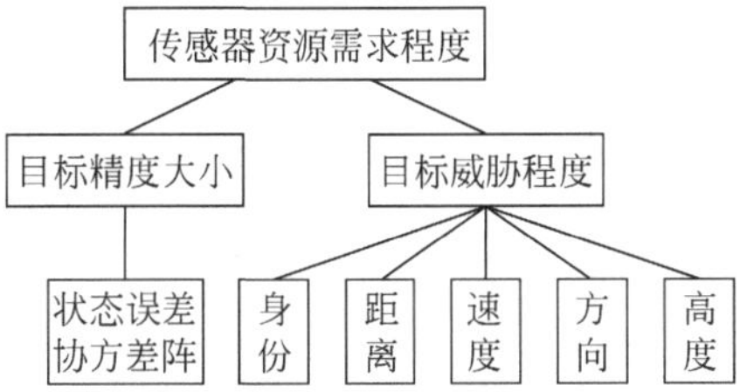

图 15-15　模糊推理因素构成

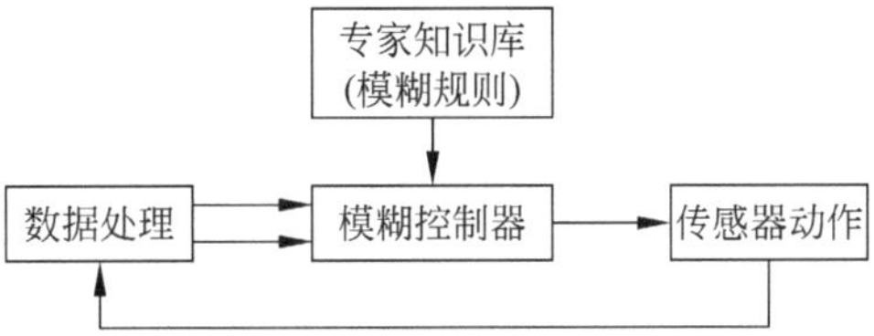

图 15-16　传感器管理模糊推理机

1) 专家知识库构造

专家知识库是传感器管理模糊推理机的核心部分，主要负责制定传感器管理模糊规则。

专家知识库的构建过程如图 15-17 所示，专家根据作战经验及战场需求给出模糊规则，形成专家知识库，并根据战场需求不断修正专家知识库。为了能够使专家知识库更加合理，往往需要多个专家进行决策，并利用适当的方法对多专家决策进行综合，以达到满意的决策结果。专家在进行新一轮决策时，需要借鉴专家知识库中已有的规则，因而基于多专家决策的知识库形成是一种学习机制。

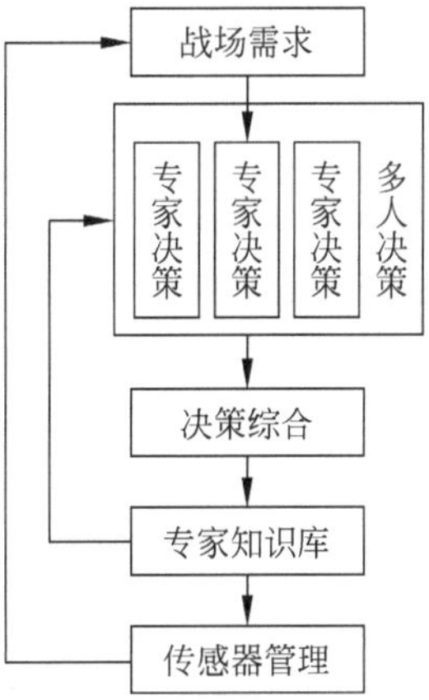

图 15-17　传感器管理专家知识库构造

2) 数据处理

数据处理部分完成状态和属性估计功能，计算目标威胁度，并将目标跟踪精度以及目标威胁度用模糊语言描述。

3) 模糊控制

模糊控制器将数据处理的结果作为模糊规则的输入，进行模糊推理计算，获得目标对传感器资源的需求等级(由模糊语言表示)，并进行反模糊化。

4) 传感器动作

传感器动作模块根据模糊控制器输出的结果决定传感器资源分配方案。

2. 基于模糊推理的多因素传感器管理算法

基于模糊推理的传感器管理算法步骤如下：

1）利用高斯函数将目标各个因素实际值进行模糊效用转换。采用高斯函数是因为它仅有两个未知参数，比较容易确定。

$$\mu_{ij}^{k} = fu_j(x_{ij}^{k}) \tag{15-42}$$

其中，fu_j 为因素 j 的模糊效用函数，x_{ij}^{k} 为 k 时刻目标 i 的因素 j 的实际值，μ_{ij}^{k} 为 k 时刻目标 i 的因素 j 的效用值，其中令目标精度因素转换后的效用值为 μ_{iP}^{k}。

目标速度、跟踪精度的模糊函数采用升半高斯函数，目标距离、高度、航向的模糊函数采用降半高斯函数。

升半高斯分布函数为

$$\mu_A(x)=\begin{cases}0 & x \leqslant a \\ 1-\mathrm{e}^{-k(x-a)^2} & x>a,k>0\end{cases} \tag{15-43}$$

降半高斯分布函数为

$$\mu_A(x)=\begin{cases}1 & 0 \leqslant x \leqslant a \\ \mathrm{e}^{-k(x-a)^2} & x>a,k>0\end{cases} \tag{15-44}$$

函数中的 x 表示因素的实际值，其中速度和航向模糊函数中的 x 为速度和航向实际值的绝对值，目标跟踪精度模糊函数中的 $x=P/R$，P 为预测误差协方差，R 为量测噪声方差。

模糊函数的参数根据经验确定。距离模糊函数中的参数 $k_d=8.5\times10^{-5}$，$a_d=10\text{km}$；速度模糊函数中的参数 $k_v=5.0\times10^{-5}$，$a_v=100\text{m/s}$。高度模糊函数中的参数 $k_h=0.015$，$a_h=1\text{km}$；航向模糊函数中的参数 $k_a=3.5$，$a_a=0(\text{rad})$。跟踪精度的模糊函数参数 $k_P=8$，$a_P=0.2$。

目标身份是定性因素。本文研究的是空战模式，将不同的目标归纳为典型的几类，并对它们直接进行隶属度赋值。

$$\mu_A(j)=\begin{cases}0.8 & \text{导弹} \\ 0.6 & \text{轰炸机} \\ 0.5 & \text{战斗机} \\ 0.4 & \text{电子战飞机} \\ 0.2 & \text{其他种类飞机}\end{cases} \tag{15-45}$$

2）将目标距离、速度、航向、高度、距离等因素转换后的模糊隶属度作为威胁指数，各因素威胁指数的加权和即为目标威胁度。

$$\mu_{iT}^{k} = \sum_{j=1}^{5} w_j \mu_{ij}^{k} \tag{15-46}$$

各因素威胁指数的重要性权系数采用判断矩阵法计算，因素威胁指数之间的重要性判断应当符合以下原则：

(1) 判断矩阵中的决策变量 a_{ij} 应当满足相应的约束条件(同前),决策矩阵应满足一致性条件。

(2) 不同因素威胁指数的重要性应该与战术任务相关,战术任务不同,各因素威胁指数之间的相对重要性也应不同。

(3) 无论哪种战术任务,距离威胁指数和身份威胁指数都应当比其他因素威胁指数更加重要。

(4) 当对目标进行跟踪任务时,此时目标距离威胁指数最重要,当对目标进行火控任务时,目标身份威胁指数最重要。

基于以上原则,与目标威胁度相关的五种因素威胁指数在不同战术任务下重要性决策矩阵如表 15-6 和表 15-7 所示。

表 15-6 跟踪未火控时的五因素威胁指数决策矩阵

	距离威胁指数	速度威胁指数	高度威胁指数	航向威胁指数	身份威胁指数
距离威胁指数	1	3	5	4	2
速度威胁指数	1/3	1	5/3	4/3	2/3
高度威胁指数	1/5	3/5	1	4/5	2/5
航向威胁指数	1/4	3/4	5/4	1	1/2
身份威胁指数	1/2	3/2	5/2	2	1

表 15-7 跟踪且火控时的五因素威胁指数决策矩阵

	距离威胁指数	速度威胁指数	高度威胁指数	航向威胁指数	身份威胁指数
距离威胁指数	1	5/2	2	3/2	1/2
速度威胁指数	2/5	1	4/5	3/5	1/5
高度威胁指数	1/2	5/4	1	3/4	1/4
航向威胁指数	2/3	5/3	4/3	1	1/3
身份威胁指数	2	5	4	3	1

3) 分别将目标跟踪精度模糊效用 μ_{iP}^{k} 和目标威胁度 μ_{iT}^{k} 用模糊语言描述。

如图 15-18 所示,将跟踪精度效用转换为跟踪精度不同等级下的模糊隶属度,对应的模糊集为 $A_1' = \int_{u \in U_1} \mu_{A_1'}(u_1)/u_1$,将目标威胁度转换为威胁大小不同等级下的模

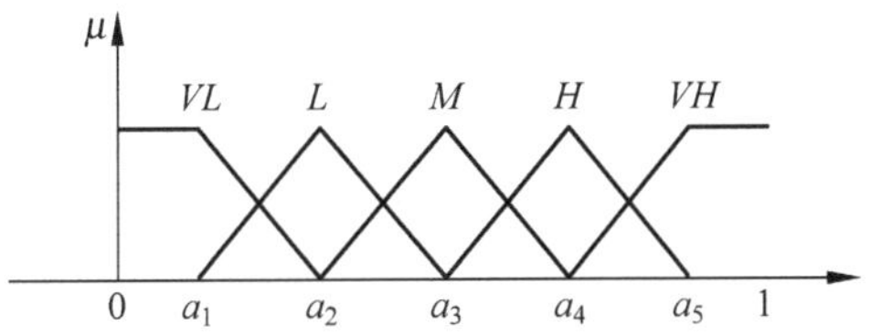

图 15-18 各因素模糊语言转换

糊隶属度，对应的模糊集为 $A_2'=\int_{u\in U_2}\mu_{A_2'}(u_2)/u_2$。图 15-18 中$(a_1,a_2,a_3,a_4,a_5)=(0.1,0.3,0.5,0.7,0.9)$。

4）依据模糊规则进行模糊推理运算。

传感器管理模糊规则的一般形式为

$$\text{IF}\quad P\quad \text{is}\ A_1\quad \text{AND}\quad T\quad \text{is}\quad A_2\quad \text{THEN}\quad R\quad \text{is}\quad B$$

P 为目标跟踪精度，A_1 为跟踪精度等级；T 为目标威胁，A_2 为威胁大小等级；R 为目标对传感器资源的需求，B 为资源需求程度等级。

模糊规则中，$A_i,A_i'\in\Theta(U_i)$，$B,B'\in\Theta(V)$，U_i 及 V 为论域，$i=1,2$。

$U_1=\{$很低(VL)，低(L)，一般(M)，高(H)，很高$(VH)\}$

$U_2=\{$很小(VL)，小(L)，一般(M)，大(H)，很大$(VH)\}$

$V=\{$很低(VL)，低(L)，一般(M)，高(H)，很高$(VH)\}$

传感器管理模糊规则由专家依据经验给出，且应当满足下列原则：

(1) 模糊规则应当与战术任务相关。

(2) 当目标跟踪精度和目标威胁中的某个因素等级固定时，目标对传感器资源的需求等级应当随着另一因素等级的提高而提高。

(3) 当目标未进入火控区域时，模糊规则更看重目标跟踪精度等级，而进入火控区域后，则侧重于目标威胁等级。

基于以上原则，两种战术任务下的传感器管理模糊规则设计如表 15-8 和表 15-9 所示。

表 15-8 目标未进入火控区域的模糊规则

		目标威胁等级				
		VL	*L*	*M*	*H*	*VH*
目标跟踪精度等级	*VL*	*VL*	*VL*	*L*	*L*	*M*
	L	*L*	*L*	*L*	*M*	*M*
	M	*L*	*M*	*M*	*M*	*H*
	H	*M*	*M*	*H*	*H*	*VH*
	VH	*M*	*H*	*H*	*VH*	*VH*

表 15-9 目标进入火控区域的模糊规则

		目标威胁等级				
		VL	*L*	*M*	*H*	*VH*
目标跟踪精度等级	*VL*	*VL*	*L*	*L*	*M*	*H*
	L	*VL*	*L*	*M*	*M*	*H*
	M	*L*	*L*	*M*	*H*	*VH*
	H	*L*	*M*	*M*	*H*	*VH*
	VH	*M*	*M*	*H*	*VH*	*VH*

模糊推理过程如下：

(1) 求出 A_1、A_2 的交集，记为 A，即

$$A = A_1 \cap A_2 = \int_{U_1 \times U_2} \mu_{A_1}(u_1) \wedge \mu_{A_2}(u_2)/(u_1, u_2) \tag{15-47}$$

其中，$\mu_{A_i}(u_i)$是 $A_i(i=1,2)$的隶属函数。

(2) 采用极大极小规则构造 A_1、A_2 与 B 之间的模糊关系，记为 $R(A_1,A_2,B)$，即

$$\begin{aligned} R(A_1,A_2,B) &= [(A_1 \cap A_2) \times B] \cup [\neg(A_1 \cap A_2) \times V] \\ &= \int_{U_1 \times U_2 \times V} [\mu_{A_1}(u_1) \wedge \mu_{A_2}(u_2) \wedge \mu_B(v)] \vee \\ &\quad [1-(\mu_{A_1}(u_1) \wedge \mu_{A_2}(u_2))]/(u_1,u_2,v) \end{aligned} \tag{15-48}$$

(3) 求出证据中 A_1'、A_2'的交集，记为 A'，即

$$A' = A_1' \cap A_2' = \int_{U_1 \times U_2} \mu_{A_1'}(u_1) \wedge \mu_{A_2'}(u_2)/(u_1, u_2) \tag{15-49}$$

(4) 由 A'与 $R(A,B)$的合成求出 B'，即

$$B' = A' \circ R(A,B) = (A_1' \cap A_2') \circ R(A_1,A_2,B) \tag{15-50}$$

其隶属函数为

$$\begin{aligned} \mu_B{}'(v) = \bigvee_{(u_1,u_2) \in U_1 \times U_2} &\{[\mu_{A_1'}(u_1) \wedge \mu_{A_2'}(u_2)] \wedge [(\mu_{A_1}(u_1) \wedge \mu_{A_2}(u_2) \wedge \mu_B(v)) \\ &\vee (1-(\mu_{A_1}(u_1) \wedge \mu_{A_2}(u_2)))]\} \end{aligned} \tag{15-51}$$

(5) 采用区域重心法反模糊化。反模糊化的结果即为传感器资源分配的依据。

在模糊推理计算时，实际输入可能满足两条或两条以上的模糊规则，则目标对传感器资源的需求程度隶属度为每条规则下模糊推理计算结果的加权和，每条规则计算结果的权系数均为 1，即规则之间同等重要。

15.6.3 仿真研究

1. 仿真参数设计

考虑 1 部雷达跟踪 4 个目标，雷达的基本采样周期为 0.1s，仿真时间 100s，对应仿真拍数 1000 拍，Monte-Carlo 仿真次数为 100 次，雷达的量测误差标准差为(200,150,80)m。

滤波器采用 IMMKF 算法，模型分别为 CV、CA 模型，模型系统噪声分别为 5m/s^2和 40m/s^3，模型初始概率[0.5,0.5]，马尔可夫转移概率矩阵[0.98,0.02;0.02,0.98]。

目标 1：电子战飞机。初始位置(70,20,12)km，初始速度(－180,150,0)m/s，在 0～20s、41～100s 内做匀速运动，在 21～40s 内做匀加速运动，加速度(40,30,0)m/s^2。

目标 2：轰炸机。初始位置(30,－15,12)km，初始速度(－150,－150,0)m/s，在 0～100s 内做匀速运动。

目标 3：导弹。初始位置(70，－20，5)km，初始速度(－220，－160，0)m/s，在0～60s、81～100s 内做匀速运动，在 61～80s 内做匀加速运动，加速度(40，30，0)m/s^2。

目标 4：战斗机。初始位置(30，30，10)km，初始速度(－150，－120，0)m/s，在0～100s 内做匀速运动。

在进行算法性能评价时要用到平均分配效能这一指标，平均分配效能利用六因素模糊效用加权和求得。各因素效用的重要性权系数采用判断矩阵法计算，因素效用之间的重要性决策矩阵应当符合以下原则：

(1) 判断矩阵中的决策变量 a_{ij} 应当满足相应的约束条件(同前)，决策矩阵应当满足一致性条件。

(2) 不同因素效用的重要性应该与战术任务相关，战术任务不同，各因素效用之间的相对重要性也应不同。

(3) 无论哪种战术任务下，跟踪精度效用、距离效用和身份效用都应当比其他因素效用更加重要。

(4) 当对目标进行跟踪任务时，比较重要的因素效用依次为跟踪精度效用、距离效用、身份效用；当对目标进行火控任务时，比较重要的因素效用依次为身份效用、距离效用、跟踪精度效用。

基于以上原则，不同战术任务下各因素效用之间的重要性决策矩阵如表 15-10 和表 15-11 所示。

表 15-10 跟踪未火控时的六因素决策矩阵

	距离效用	速度效用	高度效用	航向效用	身份效用	精度效用
距离效用	1	4/2	5/2	5/2	3/2	1/2
速度效用	2/4	1	5/4	5/4	3/4	1/4
高度效用	2/5	4/5	1	5/5	3/5	1/5
航向效用	2/5	4/5	5/5	1	3/5	1/5
身份效用	2/3	4/3	5/3	5/3	1	1/3
精度效用	2	4	5	5	3	1

表 15-11 跟踪且火控时的六因素决策矩阵

	距离效用	速度效用	高度效用	航向效用	身份效用	精度效用
距离效用	1	5/2	4/2	4/2	1/2	3/2
速度效用	2/5	1	4/5	4/5	1/5	3/5
高度效用	2/4	5/4	1	4/4	1/4	3/4
航向效用	2/4	5/4	4/4	1	1/4	3/4
身份效用	2	5	4	4	1	3
精度效用	2/3	5/3	4/3	4/3	1/3	1

2. 仿真结果与分析

分别将基于模糊推理的分配策略和基于最大预测误差方差的分配策略简称为模糊推理法和方差法。在求综合性能指标时，考虑了联合误差压缩比(USN)、我方对敌方的总威胁因子、平均分配效能等三项指标，其中目标的重要性权系数为按目标威胁大小排序转换后的值，各指标的重要性权系数均为 1。仿真结果如图 15-19、图 15-20 及表 15-12、表 15-13。

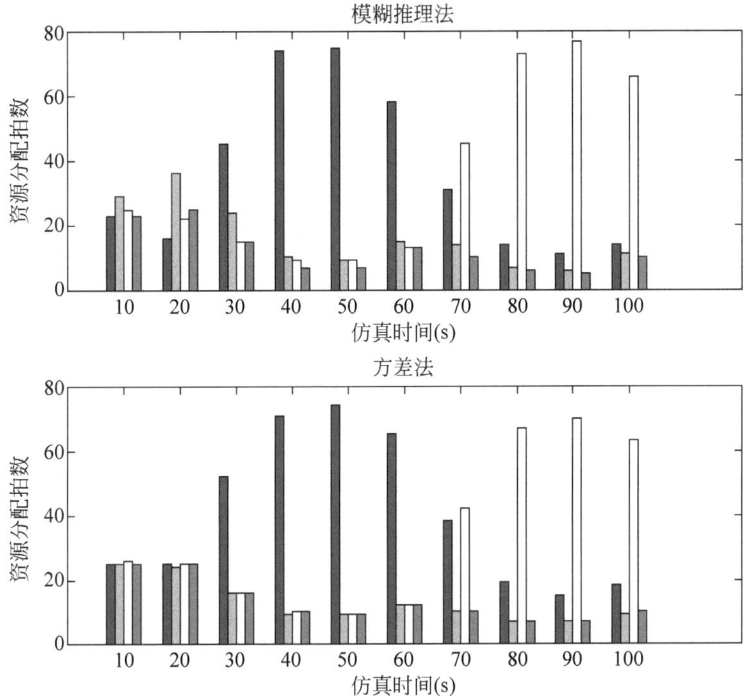

图 15-19 基于模糊推理法及方差法的分配结果比较(分时段)

表 15-12 基于模糊推理法及方差法的性能统计比较 1

	目标	分配次数	ME (km)	RMSE (km)	RME	RRMSE	SN	平均威胁度	我方威胁因子	资源浪费率
模糊推理法	1	362	0.12336	0.15413	0.0015458	0.0019797	0.85247	0.45851	0.65848	0.78906
	2	161	0.04531	0.057929	0.0013072	0.0016703	0.33558	0.54532	0.64057	0.29478
	3	354	0.091305	0.11417	0.0013618	0.001715	0.60793	0.69124	0.98496	0.5121
	4	121	0.049629	0.063575	0.0013833	0.0017841	0.37391	0.50633	0.57182	0.23992
方差法	1	402	0.11593	0.14861	0.0014471	0.0019073	0.83024	0.45851	0.68521	0.87566
	2	127	0.048698	0.062018	0.0014046	0.001787	0.36406	0.54532	0.61956	0.23373
	3	340	0.093129	0.11666	0.0013873	0.0017504	0.61716	0.69119	0.971	0.49152
	4	129	0.049854	0.063453	0.001395	0.0017994	0.37694	0.50634	0.57636	0.25538

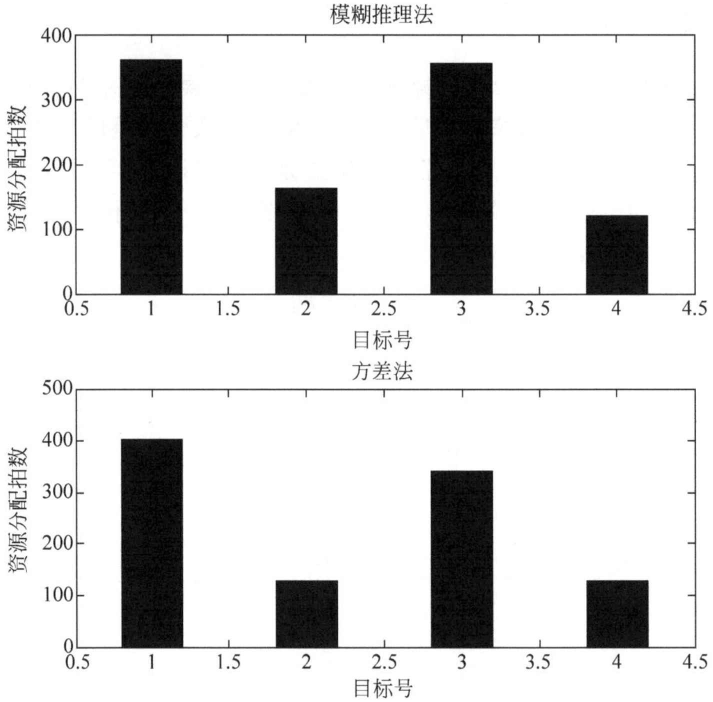

图 15-20　基于模糊推理法及方差法的分配结果比较(不分时段)

表 15-13　基于模糊推理法及方差法的性能统计比较 2

	UME (km)	URMSE (km)	URME	URRMSE	USN	总威胁因子	平均分配效能	综合性能指标
模糊推理法	0.18514	0.23311	0.0034331	0.0043713	1.2875	2.8558	0.56977	1
方差法	0.18718	0.23671	0.0035023	0.0044737	1.3113	2.8521	0.55993	0.98776

分析仿真图表可得:

(1) 模糊推理法与方差法的分配结果相比,目标二、目标三获得的传感器资源增多,而目标一、四获得的传感器资源减少,这是由于目标二、目标三的平均威胁度较高,而目标一、四的平均威胁度较低。

(2) 模糊推理法与方差法的分配结果相比,我方对目标二、目标三的威胁因子更大,这是因为目标二、目标三的平均威胁度较大,而威胁是相对的,传感器应该对威胁较大的目标多分配资源,以增加我方对这些目标的威胁。此外,模糊推理法的总威胁因子比方差法大。由此可见,模糊推理法能够更好地满足传感器资源的分配原则。

(3) 目标一、目标四的平均威胁度较低,而方差法中目标一、目标四的资源浪费率比模糊推理法中的大,由资源浪费率的定义可知,模糊推理法比方差法更加合理。

(4) 比较两种算法的多目标联合估计精度性能指标、平均分配效能和综合性能指标等,可以看出模糊推理法具有更好的性能。

15.7 基于联合信息增量的多平台传感器网络管理

随着传感器技术、通信技术、计算机技术、信息处理技术的快速发展与综合，网络化研究日益受到重视，战争形式正逐渐从“平台中心战”转向“网络中心战”。此外，传感器网络正在成为国际上新的研究热点。

传感器网络的发展及“网络中心战”的需求，对传感器管理问题提出了新的挑战，使得网络级传感器管理成为传感器管理目前的研究重点和难点。

如图 15-21 所示，网络级传感器管理问题可以分为传统网络多平台中的传感器管理和传感器网络中的传感器管理，两类问题的主要差异体现在：

(1) 传感器类型不同。传统的网络多平台传感器管理主要面向雷达、红外等传感器，一般不需要考虑传感器能量耗尽等因素，而传感器网络中的传感器管理主要面向体积小、电源能量有限的微型传感器，传感器的能量消耗是这类传感器管理问题所必须考虑的重要因素。

(2) 传感器数量不同。传统网络多平台中，由于雷达等传感器代价昂贵，因而网络中的传感器数量一般来说不太多，而在传感器网络中，传感器节点数量巨大，可以达到几十万个。传感器的数量存在着巨大的差异，因而对传感器管理的要求(例如管理结构、管理算法)不完全相同。

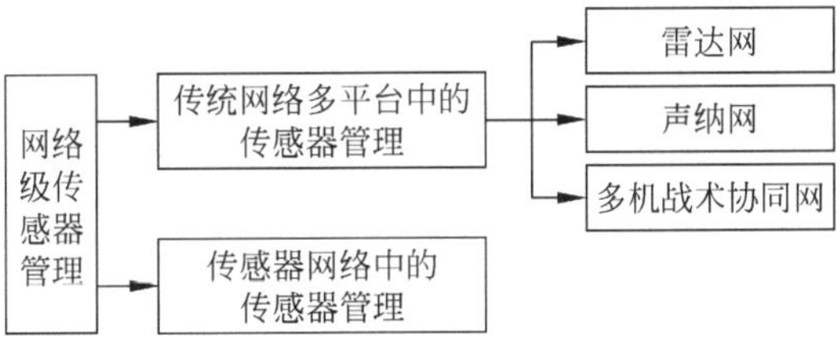

图 15-21 网络级传感器管理问题分类

15.7.1 多传感器多目标跟踪中的联合信息增量

1. 联合信息增量

假设网络中由 S 个传感器组成，其覆盖区域内在 k 时刻有 T 个目标，k 时刻 T 个目标的状态为 $\boldsymbol{X}^k=\{\boldsymbol{x}_1,\boldsymbol{x}_2^k,\cdots,\boldsymbol{x}_T^k\}$，$k$ 时刻的观测集为 $\boldsymbol{Z}^k=\{\boldsymbol{z}^1,\boldsymbol{z}^k,\cdots,\boldsymbol{z}^k\}$，$T$ 个目标的联合条件概率密度为 $p(\boldsymbol{X}^k|\boldsymbol{Z}^k)$。

假设多目标运动模型为 $p(\boldsymbol{X}^k|\boldsymbol{X}^{k-1})$，则 k 时刻多目标联合先验概率密度为

$$p(\boldsymbol{X}^k \mid \boldsymbol{Z}^{k-1}) = \int p(\boldsymbol{X}^k \mid \boldsymbol{X}^{k-1})p(\boldsymbol{X}^{k-1} \mid \boldsymbol{Z}^{k-1})\mathrm{d}\boldsymbol{X}^{k-1} \tag{15-52}$$

k 时刻获得量测 $\boldsymbol{z}^k$ 后，多目标联合后验概率密度为

$$p(\boldsymbol{X}^k \mid \boldsymbol{Z}^k) = \frac{p(\boldsymbol{z}^k \mid \boldsymbol{X}^{k-1})p(\boldsymbol{X}^k \mid \boldsymbol{Z}^{k-1})}{p(\boldsymbol{z}^k \mid \boldsymbol{Z}^{k-1})} \tag{15-53}$$

量测前的多目标联合信息熵(JIE)为

$$H(\boldsymbol{X}^k \mid \boldsymbol{X}^{k-1}) = \int_{-\infty}^{\infty} p(\boldsymbol{X}^k \mid \boldsymbol{X}^{k-1}) \log(p(\boldsymbol{X}^k \mid \boldsymbol{X}^{k-1})) \mathrm{d}\boldsymbol{X} \tag{15-54}$$

量测后的多目标联合信息熵(JIE)为

$$H(\boldsymbol{X}^k \mid \boldsymbol{Z}^k) = \int_{-\infty}^{\infty} p(\boldsymbol{X}^k \mid \boldsymbol{Z}^k) \log(p(\boldsymbol{X}^k \mid \boldsymbol{Z}^k)) \mathrm{d}\boldsymbol{X} \tag{15-55}$$

定义联合信息增量(JIG)为量测执行前后的联合信息熵之差,其表达式为

$$I(\boldsymbol{X}^{k-1}, \boldsymbol{X}^k, \boldsymbol{Z}^k) = H(\boldsymbol{X}^k \mid \boldsymbol{X}^{k-1}) - H(\boldsymbol{X}^k \mid \boldsymbol{Z}^k) \tag{15-56}$$

假设目标状态相互独立,多目标联合概率密度为 $p(\boldsymbol{X}^k) = p(\boldsymbol{x}_1, \boldsymbol{x}_2^k, \cdots, \boldsymbol{x}_T^k)$,不妨先考虑目标数 $T=2$ 的情况,此时 $p(\boldsymbol{X}) = p(\boldsymbol{x}_1, \boldsymbol{x}_2)$。

$$p(\boldsymbol{x}_1, \boldsymbol{x}_2) = p(\boldsymbol{x}_1) p(\boldsymbol{x}_2) \tag{15-57}$$

两个目标的联合信息熵为

$$\begin{aligned} H(\boldsymbol{x}_1, \boldsymbol{x}_2) &= -\iint_{\Omega} p(\boldsymbol{x}_1, \boldsymbol{x}_2) \log(p(\boldsymbol{x}_1, \boldsymbol{x}_2)) \mathrm{d}\boldsymbol{x}_1 \mathrm{d}\boldsymbol{x}_2 \\ &= -\iint_{\Omega} p(\boldsymbol{x}_2) p(\boldsymbol{x}_1) \log(p(\boldsymbol{x}_1)) \mathrm{d}\boldsymbol{x}_1 \mathrm{d}\boldsymbol{x}_2 - \iint_{\Omega} p(\boldsymbol{x}_1) p(\boldsymbol{x}_2) \log(p(\boldsymbol{x}_2)) \mathrm{d}\boldsymbol{x}_1 \mathrm{d}\boldsymbol{x}_2 \\ &= -\int p(\boldsymbol{x}_2) \mathrm{d}\boldsymbol{x}_2 \int p(\boldsymbol{x}_1) \log(p(\boldsymbol{x}_1)) \mathrm{d}\boldsymbol{x}_1 - \int p(\boldsymbol{x}_1) \mathrm{d}\boldsymbol{x}_1 \int p(\boldsymbol{x}_2) \log(p(\boldsymbol{x}_2)) \mathrm{d}\boldsymbol{x}_2 \\ &= H(\boldsymbol{x}_1) + H(\boldsymbol{x}_2) \end{aligned} \tag{15-58}$$

当目标数 $T=3$ 时,$p(\boldsymbol{X}) = p(\boldsymbol{x}_1, \boldsymbol{x}_2, \boldsymbol{x}_3)$。

三个目标的联合信息熵为

$$p(\boldsymbol{x}_1, \boldsymbol{x}_2, \boldsymbol{x}_3) = p(\boldsymbol{x}_1, \boldsymbol{x}_2) p(\boldsymbol{x}_3) \tag{15-59}$$

$$\begin{aligned} H(\boldsymbol{x}_1, \boldsymbol{x}_2, \boldsymbol{x}_3) &= -\iiint_{\Omega} p(\boldsymbol{x}_1, \boldsymbol{x}_2, \boldsymbol{x}_3) \log(p(\boldsymbol{x}_1, \boldsymbol{x}_2, \boldsymbol{x}_3)) \mathrm{d}\boldsymbol{x}_1 \mathrm{d}\boldsymbol{x}_2 \mathrm{d}\boldsymbol{x}_3 \\ &= -\iiint_{\Omega} p(\boldsymbol{x}_3) \mathrm{d}\boldsymbol{x}_3 p(\boldsymbol{x}_1, \boldsymbol{x}_2) \log(p(\boldsymbol{x}_1, \boldsymbol{x}_2)) \mathrm{d}\boldsymbol{x}_1 \mathrm{d}\boldsymbol{x}_2 \\ &\quad - \iiint_{\Omega} p(\boldsymbol{x}_1, \boldsymbol{x}_2) \mathrm{d}\boldsymbol{x}_1 \mathrm{d}\boldsymbol{x}_2 p(\boldsymbol{x}_3) \log(p(\boldsymbol{x}_3)) \mathrm{d}\boldsymbol{x}_3 \\ &= -\iint_{\Omega} p(\boldsymbol{x}_3) \mathrm{d}\boldsymbol{x}_3 \int p(\boldsymbol{x}_1, \boldsymbol{x}_2) \log(p(\boldsymbol{x}_1, \boldsymbol{x}_2)) \mathrm{d}\boldsymbol{x}_1 \mathrm{d}\boldsymbol{x}_2 \\ &\quad - \iint_{\Omega} p(\boldsymbol{x}_1, \boldsymbol{x}_2) \mathrm{d}\boldsymbol{x}_1 \mathrm{d}\boldsymbol{x}_2 \int p(\boldsymbol{x}_3) \log(p(\boldsymbol{x}_3)) \mathrm{d}\boldsymbol{x}_3 \\ &= H(\boldsymbol{x}_1, \boldsymbol{x}_2) + H(\boldsymbol{x}_3) \\ &= H(\boldsymbol{x}_1) + H(\boldsymbol{x}_2) + H(\boldsymbol{x}_3) \end{aligned} \tag{15-60}$$

同理可得 $H(\boldsymbol{x}_1, \boldsymbol{x}_2, \cdots, \boldsymbol{x}_n) = \sum_{i=1}^{n} H(\boldsymbol{x}_i)$。

将式(15-60)代入式(15-56),得到量测前后的多目标联合信息增量为

$$I(\boldsymbol{X}^{k-1},\boldsymbol{X}^{k},\boldsymbol{Z}^{k}) = \sum_{i=1}^{T} H(\boldsymbol{x}_i^k \mid \boldsymbol{x}_{i-1}^k) - \sum_{i=1}^{T} H(\boldsymbol{x}_i^k \mid \boldsymbol{z}_i^k) \tag{15-61}$$

假设同一时刻一个传感器只能分配给一个目标，则 k 时刻的量测数为 S 个。对于那些没有获得传感器资源的目标，传感器量测前后的信息熵保持不变，此时，式(15-61)变为

$$I(\boldsymbol{X}^{k-1},\boldsymbol{X}^{k},\boldsymbol{Z}^{k}) = \sum_{i=1}^{S} H(\boldsymbol{x}_i^k \mid \boldsymbol{x}_{i-1}^k) - \sum_{i=1}^{S} H(\boldsymbol{x}_i^k \mid \boldsymbol{z}_i^k) \tag{15-62}$$

2. 目标跟踪中的联合信息增量计算

假设随机变量 $\boldsymbol{x}$ 的概率密度 $p(\boldsymbol{x})$ 服从正态分布，相应的信息熵为

$$H(\boldsymbol{x}(k \mid k-1)) = -\int_{-\infty}^{\infty} p(\boldsymbol{x})\log(p(\boldsymbol{x}))\mathrm{d}\boldsymbol{x} = \frac{1}{2}\log(2\pi e\sigma^2) \tag{15-63}$$

目标跟踪中，传感器量测前的信息熵为

$$H(\boldsymbol{x}(k \mid k-1)) = \frac{1}{2}\log(2\pi e\boldsymbol{P}(k \mid k-1)) \tag{15-64}$$

传感器量测后的信息熵为

$$H(\boldsymbol{x}(k \mid k)) = \frac{1}{2}\log(2\pi e\boldsymbol{P}(k \mid k)) \tag{15-65}$$

$\boldsymbol{P}(k|k-1)$、$\boldsymbol{P}(k|k)$分别为 k 时刻目标的状态预测误差协方差阵、状态估计误差协方差阵。

由式(15-62)，量测前后的联合信息增量为

$$\begin{aligned} I(\boldsymbol{X}^{k-1},\boldsymbol{X}^{k},\boldsymbol{Z}^{k}) &= \sum_{i=1}^{S} H(\boldsymbol{x}_i^k \mid \boldsymbol{x}_{i-1}^k) - \sum_{i=1}^{S} H(\boldsymbol{x}_i^k \mid \boldsymbol{z}_i^k) \\ &= \sum_{i=1}^{S} H(\boldsymbol{x}_i(k \mid k-1)) - \sum_{i=1}^{S} H(\boldsymbol{x}_i(k \mid k)) \\ &= \sum_{i=1}^{S} \frac{1}{2}\log(2\pi e\boldsymbol{P}(k \mid k-1)) \\ &\quad - \sum_{i=1}^{S} \frac{1}{2}\log(2\pi e\boldsymbol{P}(k \mid k)) \end{aligned} \tag{15-66}$$

15.7.2 基于联合信息增量的集中式网络级传感器管理算法

传统的网络多平台中，由于传感器平台数量不太多，因而可以采用集中式传感器管理系统结构。在集中式传感器管理系统结构中，传感器管理功能在决策中心实现，通过控制网络中多平台传感器的动作，以获得整体分配效能的最优。基于效能函数的集中式多传感器多目标分配准则为

$$U^*(k) = \arg\max_{U_l \in U} J(U_l,k) \tag{15-67}$$

其中 $J(U_l,k)$为多传感器分配方案下获得的联合效用，$U_l=\{u_{1,l},u_{2,l},\cdots,u_{s,l}\}$为第 l

种多传感器分配方案，每种传感器动作集合方案包含了所有传感器的动作，U 为所有可能的多传感器动作方案集合。

联合信息增量反映了多传感器资源对多目标分配前后获得的信息量，因此可以作为集中式传感器管理方案中的联合效用，则第 l 种传感器动作方案的联合效用为

$$J(U_l,k)=I(\boldsymbol{X}^{k-1},\boldsymbol{X}^k,\boldsymbol{Z}^k\mid U_l)$$
$$=\sum_{i=1}^{S}\frac{1}{2}\log(2\pi e\boldsymbol{P}_i^{U_l}(k\mid k-1))-\sum_{i=1}^{S}\frac{1}{2}\log(2\pi e\boldsymbol{P}_i^{U_l}(k\mid k))\tag{15-68}$$

上述分配算法并没有考虑网络特性，因而仅适用于单平台多传感器系统。在实际网络多平台系统中，网络中的很多特性都会对传感器管理算法产生重要影响。本节主要研究网络通信故障、网络通信延迟、网络配准误差等因素对该算法带来的影响。

1. 网络通信故障

战场环境中，由于敌方的电子干扰以及环境干扰等因素，网络中时常出现传感器无法工作（如雷达由于受到敌方反辐射导弹的威胁而选择静默）、传感器平台与中心平台通信中断等现象。

假设 k 时刻网络中有 S_1 个传感器失效，不妨认为这 S_1 个失效传感器的集合为 S_F，此时，网络中的传感器数量由 S 个变为 $S-S_1$ 个，则第 l 种传感器资源决策方案下的联合信息增量为

$$I(\boldsymbol{X}^{k-1},\boldsymbol{X}^k,\boldsymbol{Z}^k\mid U_l)=H(\boldsymbol{X}_i^k\mid \boldsymbol{X}_{i-1}^k)-H(\boldsymbol{X}_i^k\mid \boldsymbol{Z}_i^k)$$
$$=\sum_{i=1,i\notin S_F}^{S}\frac{1}{2}\log(2\pi e\boldsymbol{P}_i^{U_l}(k\mid k-1))$$
$$-\sum_{i=1,i\notin S_F}^{S}\frac{1}{2}\log(2\pi e\boldsymbol{P}_i^{U_l}(k\mid k))\tag{15-69}$$

2. 网络通信延迟

网络通信延迟是网络传输中的另一种常见现象，尤其是当通信资源有限或传感器观测数据量很大时，通信延迟会比较明显。由于系统对传感器管理的实时性要求较高，在进行传感器资源分配决策时，如果发生量测通信延迟，则不妨认为该量测丢失。

由于通信延迟带来了量测缺失，使得目标状态估计误差协方差有所增大，因而联合信息增量发生变化，从而导致不同的传感器资源分配结果。

3. 配准误差

多平台网络中由于各个传感器平台所处的空间位置不一样，获得目标量测的时间也不一致，因而当传感器平台将信息传送到中心平台时，首先需要对多平台信息进行时空配准。时空配准统一了来自不同平台量测的时空坐标，但一般也会引入误

差源，不妨将配准误差等效为传感器量测误差的函数。

定义配准误差函数

$$e_i^R = f(e_i) \tag{15-70}$$

e_i 为平台 i 的传感器量测误差。

引入配准误差 e_i^R 后，平台 i 的量测误差变为

$$e_i^m = e_i + e_i^R \tag{15-71}$$

由于数据配准引入了新的量测误差，使得目标状态估计误差协方差增大，因而联合信息增量发生变化，从而导致不同的传感器资源分配结果。

考虑上述通信因素，则网络级传感器资源决策方案 U_l 下的联合信息增量为

$$I(k,U_l,\boldsymbol{S}_F,D,E) = \sum_{i=1,i\notin S_F}^{S} \frac{1}{2}\log(2\pi e\boldsymbol{P}_{i,D_i,E_i}^{U_l}(k \mid k-1)) - \sum_{i=1,i\notin S_F}^{S} \frac{1}{2}\log(2\pi e\boldsymbol{P}_{i,D_i,E_i}^{U_l}(k \mid k)) \tag{15-72}$$

S_F 为通信故障因素，D 为通信延迟因素，E 为配准误差因素。

如图 15-22 所示，各传感器平台首先对本平台的量测数据进行数据关联、状态估计和预测等处理，然后将预测误差协方差和估计误差协方差等信息传输到决策中心，决策中心依据联合信息增量算法做出下一时刻的传感器资源分配方案。在计算联合信息增量时，需考虑网络通信故障、网络通信延迟、网络配准误差等因素。

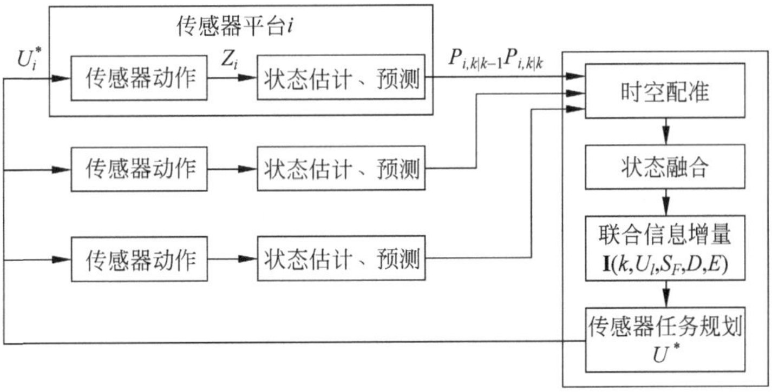

图 15-22 集中式网络多平台传感器管理信息流图

15.7.3 仿真研究

考虑分布在不同地理位置上的 2 个传感器共同探测 4 个目标，仿真时间 100s，对应仿真拍数 1000 拍，Monte-Carlo 仿真次数为 100 次。传感器 1 与传感器 2 的量测噪声标准差均为(200,150,80)m。

滤波器采用 IMMKF 算法，模型分别为 CV、CA 模型，模型系统噪声分别为 $5\mathrm{m/s^2}$ 和 $40\mathrm{m/s^3}$，模型初始概率[0.5,0.5]，马尔可夫转移概率矩阵[0.98,0.02; 0.02,0.98]。

目标 1：初始位置(160,−130,20)km，初始速度(−180,120,0)m/s，在 0～20s、

41～100s 内做匀速运动，在 21～40s 内做匀加速运动，加速度(40,30,0)m/s^2。

目标 2：初始位置(150,120,8)km，初始速度(－120，－185，0)m/s，在 0～100s 内做匀速运动。

目标 3：初始位置(140，－80，5)km，初始速度(－250，－300，0)m/s，在 0～60s、81～100s 内做匀速运动，在 61～80s 内做匀加速运动，加速度(40,30,0)m/s^2。

目标 4：初始位置(170,100,14)km，初始速度(－120，－150，0)m/s，在 0～100s 内做匀速运动。

1. 联合信息增量法与轮流分配法的性能比较

在集中式传感器管理系统结构中，多传感器资源联合分配，以联合信息增量作为联合分配的效能。仿真中采用如下假设：同一时刻至多只能分配一个传感器给同一个目标。

分别在传感器采样周期为 0.1s、0.5s 情况下作仿真研究，基于联合信息增量的集中式分配方案和轮流分配方案的仿真结果如表 15-14 和表 15-15 所示。

表 15-14　联合信息增量分配与轮流分配的性能比较(t=0.1s)

分配策略	目标	ME(km)	RMSE(km)	RME	RRMSE	SN
轮流分配	1	0.07257	0.093381	0.00035444	0.00045628	0.50375
	2	0.050516	0.064059	0.00027865	0.00035413	0.35248
	3	0.06762	0.088422	0.00042016	0.00054851	0.47682
	4	0.051357	0.065037	0.00027255	0.00034555	0.3444
联合信息增量(集中式)	1	0.06326	0.085979	0.00030778	0.00042001	0.46348
	2	0.04282	0.054632	0.00023617	0.00030199	0.29896
	3	0.060479	0.081745	0.00037569	0.00050698	0.4403
	4	0.040088	0.051234	0.00021145	0.00027012	0.27092

表 15-15　联合信息增量分配与轮流分配的性能比较(t=0.5s)

分配策略	目标	ME(km)	RMSE(km)	RME	RRMSE	SN
轮流分配	1	0.13686	0.17728	0.00067057	0.00087106	0.95015
	2	0.065078	0.081581	0.00035819	0.00044913	0.44316
	3	0.1686	0.24283	0.0010442	0.0015001	1.2855
	4	0.065767	0.082863	0.00034813	0.0004384	0.43498
联合信息增量(集中式)	1	0.093854	0.12362	0.00045769	0.00060429	0.66679
	2	0.060472	0.076621	0.00033192	0.00042069	0.41613
	3	0.10408	0.1474	0.00064657	0.00091529	0.79591
	4	0.061686	0.078502	0.0003243	0.00041207	0.41015

由表 15-14 和表 15-15 可以看出，基于联合信息增量的集中式传感器管理方案比轮流分配方案具有更好的跟踪性能，这是由于集中式方案是在多传感器联合效用的基础上进行资源分配，具有全局最优性质。

2. 网络通信对传感器管理影响的仿真研究

假设以平台 1 为决策中心，平台 2 向平台 1 传输数据，传感器的采样周期均为 0.1s。

考虑以下情况：平台 1 在对平台 2 的量测数据进行配准时引入了误差源，假设该误差服从 $N(0,\lambda\sigma_2^2)$的正态分布，其中 σ_2^2 为传感器 2 的量测误差方差，λ 为配准误差系数；当某时刻发生通信延迟时，认为平台 2 在该时刻的数据丢失，F_d 为数据延迟发生频度；当网络通信故障或传感器平台 2 无法工作时，认为该平台失效，T_f 为失效起始时刻，此后无法继续向平台 1 传送数据。分别对上述情况进行仿真研究，结果如表 15-16 所示。

表 15-16　网络通信对传感器管理的影响效果

通信因素	目标	ME(km)	RMSE(km)	RME	RRMSE
$\lambda=0.2$	1	0.064567	0.08822	0.00031421	0.00043111
	2	0.041778	0.053263	0.00023051	0.00029473
	3	0.061074	0.082855	0.00037936	0.00051381
	4	0.041373	0.052748	0.00021828	0.00027821
$\lambda=0.5$	1	0.068018	0.096061	0.00033225	0.00047183
	2	0.04242	0.053859	0.00023321	0.00029597
	3	0.065071	0.098006	0.00040368	0.00060574
	4	0.043323	0.055217	0.00022934	0.0002921
$F_d=5$	1	0.068315	0.091099	0.00033366	0.00044663
	2	0.04406	0.056179	0.0002427	0.00030991
	3	0.06634	0.090974	0.000412	0.00056404
	4	0.043391	0.055155	0.00022884	0.00029065
$F_d=10$	1	0.066421	0.089843	0.0003239	0.00043988
	2	0.043556	0.055629	0.00024016	0.00030739
	3	0.063936	0.08804	0.00039703	0.00054575
	4	0.042116	0.053623	0.0002221	0.00028261
$T_f=80$	1	0.064873	0.089444	0.00031685	0.00043838
	2	0.042408	0.054255	0.00023258	0.00029842
	3	0.059746	0.082255	0.00037162	0.00051058
	4	0.041168	0.052856	0.00021647	0.00027792
$T_f=20$	1	0.066341	0.086564	0.0003262	0.0004268
	2	0.046446	0.058966	0.000253	0.00032179
	3	0.070521	0.092682	0.00043758	0.00057486
	4	0.046894	0.059851	0.00024618	0.00031426

分析表 15-16 中数据，以 RMSE 指标为例，随着配准误差系数的增大，机动目标的 RMSE 有较大幅度的增加，而非机动目标的 RMSE 增加幅度较小；随着数据延迟频度的增大，四个目标的 RMSE 都有所增加；随着网络通信故障时间的延长，目标

的 RMSE 同样有一定程度的增加。其他指标随这些因素变化的规律类似。

总体来说，配准误差越大、网络通信延迟频度越大或者网络通信故障时间越长，基于联合信息增量分配准则下的目标状态估计精度也越低，表明该算法符合实际物理意义。

习　题

1. 机载传感器常用的有主动雷达和被动红外传感器。雷达传感器可以用来测距，且距离分辨率高，但在测角精度、自身隐蔽性和低空探测等方面存在一定的不利因素；而机载被动红外传感器只能提供目标的角度信息，但测角精度要高于雷达，而且不向外辐射能量，可以克服雷达传感器易被侦察和干扰的缺点，同时在反隐身目标和低空补盲等方面也有着很大优势。对两类传感器的数据进行融合可以带来更精确的目标信息，实现我方的作战需求。请查阅国内外相关文献，总结两种传感器有效的组织和管理方法，写出综述报告。

2. 什么是多传感器协同关系？其远离结构和精确原则是什么？

3. 请问基于多 Agent 的传感器管理系统的研究现状是什么？有哪些优点？

4. 考虑雷达传感器 s_1 与红外传感器 s_2 是同时跟踪 4 个目标的情形，设计基于序贯滤波的集中式融合系统，并采用分辨力增益的方法对机载多传感器进行管理。请在 MATLAB 环境中进行仿真，并分析运动轨迹、跟踪滤波误差和传感器分配方案。

基本实验参数如下：雷达传感器采样周期为 0.2 s，测距噪声均方差为 25m，测角噪声均方差为 0.01rad；红外传感器采样时间为0.1s，测角噪声均方差为0.006rad。仿真时间 100s，对应仿真拍数 1000 拍，Monte-Carlo 仿真次数为 500 次。目标运动模型如下：

目标 1：初始位置(160，−130，20)km，初始速度为(−180，120，0)m/s，在 0～20s，41～100s 内做匀速运动，在 21～40s 内做匀加速运动，加速度(40，30，0)m/s^2。

目标 2：初始位置(150，120，8)km，初始速度为(−120，−185，0)m/s，在 0～100s 内做匀速运动。

目标 3：初始位置(140，−80，5)km，初始速度为(−250，−300，0)m/s，在 0～60s、81～100s 内做匀速运动，在 61～80s 内做匀加速运动，加速度(40，30，0)m/s^2。

目标 4：初始位置(170，100，14)km，初始速度为(−120，−150，0)m/s，在 0～100s 内做匀速运动。

5. 假设系统使用三个传感器跟踪一个在 x-y 平面上运动的目标，目标状态由位置、速度组成，状态转移矩阵 $\boldsymbol{F}$=[1 1 0 0; 0 1 0 0; 0 0 1 1; 0 0 0 1]，观测矩阵 $\boldsymbol{H}$=[1 0 0 0; 0 0 1 0]，三个传感器的测量误差协方差矩阵分别为 $\boldsymbol{R}_1$=[sqrt(0.01) 0; 0 sqrt(0.01)]；$\boldsymbol{R}_2$=[sqrt(0.15) 0; 0 sqrt(0.15)]；$\boldsymbol{R}_3$=[sqrt (0.35) 0; 0 sqrt (0.35)]。sqrt()是 MATLAB 语言中的开方函数，目标运动噪声的误差协方差矩阵

Q=[0.02 0 0 0；0 0.02 0 0：0 0 0.02 0：0 0 0 0.02]。

(1) 查阅相关文献，采用由 Nash 提出的线性规划方法，将卡尔曼滤波器的误差协方差矩阵的迹和目标的优先级作为目标函数中的代价系数，以传感器的最大跟踪能力和目标覆盖要求作为约束条件，在满足传感器分配代价最小的情况下，实现多传感器对多目标的分配，并在 MATLAB 环境中仿真实现。

(2) 采用信息熵增量作为传感器对目标的分配代价，以确定传感器对目标的资源分配，并在 MATLAB 环境中仿真实现。

(3) 针对传感器环境下目标的跟踪性能和传感器使用代价之间的矛盾，提出自己的算法实现对传感器的有效管理，并使跟踪性能和传感器使用代价之间达到一个最佳的平衡。

6. 查阅国内外相关文献，针对现代作战飞机中综合了多种先进传感器的管理系统，如：合成孔径雷达(SAR)、敌我识别器(IFF)、前视红外雷达(FLIR)和电子支援系统(NSM)等，写出关于研究进展的综述报告。

参考文献

[1] Ng G W，Ng K H，Wong L T. Sensor management control and cue. In Proceedings of the International Conference on Information Fusion，2000，16～21

[2] Benameur K. Data fusion and sensor management[R]. AD. 2002

[3] 何友，王国宏，关欣，等. 信息融合理论及应用. 北京：电子工业出版社，2010

[4] 王峰. 传感器管理结构与算法研究. 博士学位论文，西安：西北工业大学，2005

[5] 刘先省. 传感器管理方法研究. 博士学位论文，西安：西北工业大学，2000

[6] Kershaw D J，Evans R J. Optimal waveform selection for tracking systems. IEEE Transaction on Information Theory，1994，40(5)：1536～1550

[7] Hong S M，Evans R J，Shin H S. Optimization of waveform and detection threshold for target tracking in clutter. In Proceedings of the 40th SICE Annual Conference，International Session Papers，Nagoya，Japan，2001，42～47

[8] La Scala B F，Moran W，Evans R J. Optimal adaptive waveform selection for target detection. In Proceedings of the International Radar Conference，2003，492～496

[9] Kirubarajan T，Bar-Shalom Y，Blair W D，et al. IMMPDAF for radar management and tracking benchmark with ECM. IEEE Transactions on Aerospace and Electronic Systems，1998，34(4)：1115～1134

[10] Blair W D，Watson G A. Benchmark for Radar Allocation and Tracking in ECM. IEEE Transactions on Aerospace and Electronic Systems，1998，34(4)：1097～1113

[11] Watson Gregory A，Blair William D，Rice Theodore R. Enhanced electronically scanned array resource management through multi-sensor integration. In Proceedings of the SPIE on Signal and Data Processing of Small Targets，Orlando，FL，USA，1997，3163，329～340

[12] Hong S M，Jung Y H. Optimal scheduling of track updates in phased array radars. IEEE Transactions on Aerospace and Electronic Systems，1998，34(3)：1016～1022

[13] Hernandez M L. Efficient data fusion for multi-sensor management. In Proceedings of the IEEE Aerospace Conference，2001，5：2161～2169

[14] Hernandez M L, Kirubarajan T, Bar-Shalom Y. Multi-sensor resource deployment using posterior Cramer-Rao bounds. IEEE Transactions on Aerospace and Electronic Systems, 2004,40(2): 399~416

[15] Hernandez M L, Marrs A D, Gordon N J, et al. Cramer-Rao bounds for non-linear filtering with measurement origin uncertainty. In Proceedings of the Fifth International Conference on Information Fusion, 2002,1: 18~25

[16] Kalandros M, Pao L Y. The Effects of Data Association on Sensor Manager Systems. In Proceedings of the Conference on AIAA Guidance, Navigation, and Control, Denver, CO, 2000,1~6

[17] Kalandros M. Covariance control for multi-sensor systems. IEEE Transactions on Aerospace and Electronic Systems, 2002,38(4): 1138~1157

[18] Pao L Y. Sensor Management and Multi-sensor Fusion Algorithms for Tracking Applications. Biannual rept. 1 Oct 2001-30 Sep 2003, ADA417273, Office of Naval Research, Arlington, VA, 2003

[19] Pao L Y. Homepage of L. Y. Pao. Disaster-Tolerant and Interoperable Communications, http:// ece-www. colorado. edu/~pao/, 2004

[20] Kaouthar Benmeur. On the Determination of Active and Passive Measurements Strategies. In Proceedings of the 4th International Conference on information fusion, 2001

[21] Benameur, K. Data Fusion and Sensor Management. Defense Research Establishment, Ottawa (Ontario), ADA403789, 2001

[22] McIntyre Gregory A, Hintz Kenneth J. An information theoretic approach to sensor scheduling. In Proceedings of the SPIE on Signal processing, sensor fusion, and target recognition V, Orlando, FL, 1996, 8~10

[23] McIntyre Gregory A, Hintz Kenneth J. Sensor management simulation and comparative study. Proc. of the SPIE on Signal processing, sensor fusion, and target recognition VI, Orlando, FL, 1997, 10~63

[24] Hintz Kenneth J, McIntyre Gregory A. Goal lattices for sensor management. In Proceedings of the SPIE on Signal Processing, Sensor Fusion, and Target Recognition VIII, Orlando, FL, USA, 1999, 3365: 249~255

[25] Mcintyre Gregory A., Hintz Kenneth J. Sensor measurement scheduling—An enhanced dynamic, preemptive algorithm. Optical Engineering, 1998, 37(2): 517~523

[26] McIntyre Gregory A. Comprehensive Approach to Sensor Management and Scheduling. Doctoral thesis, George Mason Univ., Fairfax, VA, 1998

[27] Mahler R. Non-additive probability, finite-set statistics, and information fusion. In Proceedings of the 34th IEEE conference on Decision and control, New Orleans, 1995, 1947~1952

[28] Mahler R. Measurement models for ambiguous evidence using conditional random sets. In SPIE Proceedings of Signal Processing, Sensor Fusion, and Target Recognition VI, BocaRaton, FL, USA, 1997, 3068: 40~51

[29] Mahler R. Global posterior densities for sensor management. In SPIE Proceedings of Acquisition, Tracking and Pointing XII, Orlando, FL, 1998, 3365: 252~263

[30] Mahler R. Information for fusion management and performance estimation. In SPIE Proceedings of Signal Processing, Sensor Fusion, and Target Recognition VII, Orlando, FL,

1998,3374：64～75

[31] Musick S, Kastella K, MahlerR. A practical implementation of joint multitarget probabilities. In Proceedings of the SPIE on Signal Processing, Sensor Fusion and Target Recognition VII, Orlando, FL, 1998, 3374：64～75

[32] Kreucher C, Kastella K, Hero A O. A Bayesian method for integrated multi-target tracking and sensor management. In Proceedings of the Sixth International Conference on Information Fusion, 2003, 704～711

[33] Kreucher C, Kastella K, Hero A. Information-based sensor management for multi-target tracking. In Proceedings of the SPIE International Symposium on Optical Science and Technology, San Diego, California, 2003, 480～489

[34] Kreucher C, Hero A, Kastella K, Chang D. Efficient Methods of Non-myopic Sensor Management for Multi-target Tracking. In Proceedings of the 43rd IEEE Conference on Decision and Control, Atlantis, Bahamas, 2004, 722～727

[35] Kreucher C, Kastella K, Hero A. Particle filtering and information prediction for sensor management. In Proceedings of 2003 Defense Applications of Data Fusion Workshop, Adelaide, Australia, 2003, 1～42

[36] Kreucher C, Kastella K, Hero A. Sensor management Using Relevance Feedback Learning. IEEE Transactions on signal processing, special issue on machine learning, 2004, 1-12

[37] Chris Kreucher's Home Page <http://www-personal. engin. umd. umich. edu/～ckreuche / PAPERS/papers. html>. Visited in Oct. 2004

[38] 刘先省，申石磊，潘泉. 传感器管理及方法综述. 电子学报，2002，30(3)：394～398

[39] 刘先省，申石磊. 基于信息熵的一种传感器管理算法. 电子学报，2000，28(9)：39～412

[40] 刘先省，赵巍等. 用于检测与分类的多传感器管理算法研究. 西北工业大学学报，2001，19(1)：27～30

[41] 刘先省，李声威. 基于概率统计模型的一类传感器管理方法. 控制理论与应用，2001，18(5)：805～807

[42] 申石磊，刘先省. 基于运动模型的一类传感器管理方法. 电子学报，2002，30(2)：201～204

[43] 刘先省. 运动目标统计模型下的传感器管理方法. 河南大学学报(自然科学版)，2002，32(2)：20～23

[44] 刘先省，周林，赵雅靓，等. 基于目标优先级加权的一种传感器管理算法. 河南大学学报(自然科学版)，2003，33(4)：43～46

[45] Schmaedeke W. Information based sensor management. In Proceedings of the SPIE on Signal processing, sensor fusion, and target recognition II, Orlando, FL, 1993, 1955：156～164

[46] Schmaedeke W, Kastella K. Event-averaged maximum likelihood estimation and information based sensor management. In Proceedings of the SPIE on Signal Processing, Sensor Fusion and Target Recognition III, 1994, 2232：91～96

[47] Schmaedeke W, Kastella K. Information based sensor management and IMMKF. In Proceedings of the SPIE on Signal and Data Processing of Small Targets, Orlando, FL, Apr. 1998, 3373：390～401

[48] Friedman A, Kastella K, Schmaedeke W. Sensor Management and Nonlinear Filtering Research. NASA No. 19990032046

[49] Schmaedeke W, Kastella K. Event-Averaged Maximum Likelihood Estimation and

Information Based on Sensor Management. In Proceedings of the SPIE on Signal Processing, Sensor Fusion, and Target Recognition III, 1994, 2232: 91~96

[50] Friedman A, Kastella Ke. Sensor Management Research. NASA No. 19980040080

[51] Kastella K. Discrimination gain to optimize detection and classification. In Proceedings of the SPIE, San Diego, CA, 1995, 2561: 66~70

[52] Kastella K. Discrimination Gain for Sensor Management in Multitarget Detection and Tracking. IEEE-SMC and IMACS Multiconference CESA'96, Lille France, 1996, 1: 167~172

[53] Kastella K, Musick S, et al. The Search for Optimal Sensor Management. In Proceedings of the SPIE on Signal and Data Processing of Small Targets, Orlando, FL, 1996, 2759: 318~329

[54] Musick S, Kastella K, et al. Comparison of Sensor Management Strategies for Detection and Classification, Final Report. Report No. AD-A318439, 1996

[55] Manyika J M, Durrant-Whyte H. On Sensor Management in Decentralized Data Fusion. In Proceedings of the 31st Conference on Decision and Control, Tucson, AZ, 1992, 4: 3506~3507

[56] Manyika J M, Durrant-Whyte H F. An Information-Theoretic Approach to Management in Decentralized Data Fusion. In Proceedings of the SPIE on Sensor Fusion V, Boston, MA, 1992, 1828: 202~213

[57] Gaskell A, Probert P. Sensor Models and a Framework for Sensor Management. In Proceedings of the SPIE on Sensor Fusion VI, Boston, MA, 1993, 2059: 2~13

[58] Musick S, Malhotra R. Chasing the elusive sensor manager. In Proceedings of the IEEE National Aerospace and Electronics Conference, Dayton, OH, 1994, 1: 606~613

[59] Malhotra R. Temporal considerations in sensor management. In Proceedings of IEEE National Aerospace and Electronics Conference, Dayton, OH, 1995, 1: 86~93

[60] Malhotra R. Achieving Near-Optimal Sensor Allocation Policies Through Reinforcement Learning. Final Report, Report No.: AD-A318335, 1996

[61] Krishnamurthy V. Algorithms for optimal scheduling and management of hidden Markov model sensors. IEEE Transactions on Signal Processing, 2002, 50(6): 1382~1397

[62] Krishnamurthy V, Wahlberg B. Finite dimensional algorithms for optimal scheduling of hidden Markov model sensors. In Proceedings of the IEEE International Conference on Acoustics, Speech, and Signal Processing, Salt Lake, UT, USA, 2001, 6: 3973~3976

[63] Krishnamurthy V, Wahlberg B. Algorithms for scheduling of hidden Markov model sensors. In Proceedings of the 40th IEEE Conference on Decision and Control, Orlando, FL, USA, 2001, 5: 4818~4819

[64] Karan M, Krishnamurthy V. Sensor scheduling with active and image-based sensors for maneuvering targets. In Proceedings of the Sixth International Conference on Information Fusion, Seattle, 2003, 2: 1018~1023

[65] Bier S G, Rothman P L, Manske R A. Intelligent Sensor Management For Beyond Visual Range Air-to-Air Combat. In Proceedings of the IEEE Conference on National Aerospace and Electronics, Dayton, OH, 1988, 1: 264~269

[66] Rothman P L, Bier S G. Evaluation of Sensor Management Systems. In Proceedings of the IEEE Conference on National Aerospace and Electronics, Dayton, OH, 1989, 4: 1747~1752

[67] Hoffman J R, Mahler R P S. Multi-target miss distance and its applications. In Proceedings of the Fifth International Conference on Information Fusion, 2002, 1: 149~155

[68] Hoffman J R, Mahler R P S. Multi-target miss distance via optimal assignment. IEEE Transactions on Systems, Man and Cybernetics, Part A, 2004, 34(3): 327～336

[69] Smith J F, Rhyne R D. A fuzzy logic resource manager and underlying data mining techniques. In Proceedings of the Third International Conference on Information Fusion, 2000, 2: 3～9

[70] Smith J. F. Fuzzy logic resource manager: multi-agent fuzzy rules, self-organization and validation. In Proceedings of the Fifth International Conference on Information Fusion, 2002, 1: 199～206

[71] Smith J F. Data mining for multi-agent fuzzy decision tree structure and rules. In Proceedings of the Fifth International Conference on Information Fusion, 2002, 1: 72～79

[72] Smith J F. Fuzzy logic resource manager: evolving fuzzy decision tree structure that adapts in real-time. In Proceedings of the Sixth International Conference of Information Fusion, 2003, 2: 838～845

[73] José M M, Jesús G, Francisco J J, et al. Surveillance multi-sensor management with fuzzy evaluation of sensor task priorities. Engineering Applications of Artificial Intelligence, 2002, 15(6): 511～527

[74] Patrick J. Exnav: An Intelligence Sensor Processor. In Proceedings of the IEEE NAECON, 1988: 1219

[75] Cowan Rosa A. Improved Tracking and Data fusion through Sensor Management and Control. In Proceedings of the Data Fusion Symposium, 1987, 661～665

[76] 邹杰，陈哨东，冯星. 一种基于专家控制系统的机载多传感器管理软件的设计与仿真. 电光与控制，2003, 10(2): 23～26

[77] Chen L J, Adel I E, Raman K M, et al. Initial studies on direct sensor management optimization using tracking performance metrics and genetic algorithms. In Proceedings of the SPIE on Signal Processing, Sensor Fusion, and Target Recognition XII. Orlando, FL, USA, 2003, 5096: 234～243

[78] Stromberg D. A multidimensional data fusion and sensor management node. International Conference on Multi-sensor Fusion and Integration for Intelligent Systems, 2001, 195～200

[79] Johnson B W, Green J M. Naval Network-Centric Sensor Resource Management. The 4th Annual Conference on Implementing network centric warfare, Washington, DC, 2002, 1～15

[80] Dhillon S S, Chakrabarty K., Iyengar S S. Sensor placement for grid coverage under imprecise detections. In Proceedings of the Fifth International Conference on Information Fusion, 2002, 2: 1581～1587

[81] Thomas C, Veradej P, et al. Sensor Deployment Strategy. WSNA'02, Atlanta, Georgia, USA, 2002, 42～48

[82] Kannan R, Sarangi S, Ray S, et al. Minimal sensor integrity in sensor grids. In Proceedings of the Fifth International Conference on Information Fusion, 2002, 2: 959～964

[83] Grocholsky B. Information-Theoretic Control of Multiple Sensor Platforms. A Dissertation of Sydney University (Phd), 2002

[84] Grocholsky B, Makarenko A, Durrant-Whyte H. Information-theoretic coordinated control of multiple sensor platforms. In Proceedings of the IEEE International Conference on Robotics and Automation, 2003, 1: 1521～1526

[85] Grocholsky B, Durrant-Whyte H, Peter W. Gibbens. Information-theoretic approach to

decentralized control of multiple autonomous flight vehicles. In Proceedings of the SPIE on Sensor Fusion and Decentralized Control in Robotic Systems III, Orlando, FL, USA, 2000, 4196: 348~359

[86] Durrant-Whyte H, Grocholsky B. Management and Control in Decentralized networks. In Proceedings of the Sixth International Conference on Information Fusion, 2003, 2: 560~566

[87] GRASP Laboratory of Robotics Research and Education. <http://www. grasp. upenn. edu/~bpg/>. Visited in Oct. 2004

[88] Zhao F, Shin j, Reich J. Information-driven dynamic sensor collaboration. IEEE Signal Processing Magazine, 2002, 19(2): 61~72

[89] Howard M, Payton D, Estkowski R. Coalitions for distributed sensor fusion. In Proceedings of the Fifth International Conference on Information Fusion, 2002, 1: 636~642

[90] Pierre D, Vincent N. Distributed resource allocation under communication constraints. In Proceedings of the SPIE on Sensor Fusion: Architectures, Algorithms, and Applications, Orlando, FL, USA, 2001, 4385: 213~224

[91] Sciacca L J, Evans R J, Moran W, et al. Cooperative sensor networks: a stochastic sensor scheduling approach. In Proceedings of Information, Decision and Control, 2002, 99~203

[92] Len J. Sciacca, Robin Evans. Cooperative sensor networks with bandwidth constraints. In Proceedings of the SPIE on Battle space Digitization and Network-Centric Warfare II, Orlando, FL, USA, 2002, 4741: 192~201

[93] Ronnie L, Johansson M, Xiong, N. Christensen H I. A Game Theoretic Model for management of mobile sensors. In Proceedings of the Sixth International Conference on Information Fusion, 2003, 2: 583~590

《全国高等学校自动化专业系列教材》丛书书目

教材类型	编　　号	教材名称	主编/主审	主编单位	备注
本科生教材					
控制理论与工程	Auto-2-(1+2)-V01	自动控制原理(研究型)	吴麒、王诗宓	清华大学	
	Auto-2-1-V01	自动控制原理(研究型)	王建辉、顾树生/杨自厚	东北大学	
	Auto-2-1-V02	自动控制原理(应用型)	张爱民/黄永宣	西安交通大学	
	Auto-2-2-V01	现代控制理论(研究型)	张嗣瀛、高立群	东北大学	
	Auto-2-2-V02	现代控制理论(应用型)	谢克明、李国勇/郑大钟	太原理工大学	
	Auto-2-3-V01	控制理论 CAI 教程	吴晓蓓、徐志良/施颂椒	南京理工大学	
	Auto-2-4-V01	控制系统计算机辅助设计	薛定宇/张晓华	东北大学	
	Auto-2-5-V01	工程控制基础	田作华、陈学中/施颂椒	上海交通大学	
	Auto-2-6-V01	控制系统设计	王广雄、何朕/陈新海	哈尔滨工业大学	
	Auto-2-8-V01	控制系统分析与设计	廖晓钟、刘向东/胡佑德	北京理工大学	
	Auto-2-9-V01	控制论导引	万百五、韩崇昭、蔡远利	西安交通大学	
	Auto-2-10-V01	控制数学问题的 MATLAB 求解	薛定宇、陈阳泉/张庆灵	东北大学	
控制系统与技术	Auto-3-1-V01	计算机控制系统(面向过程控制)	王锦标/徐用懋	清华大学	
	Auto-3-1-V02	计算机控制系统(面向自动控制)	高金源、夏洁/张宇河	北京航空航天大学	
	Auto-3-2-V01	电力电子技术基础	洪乃刚/陈坚	安徽工业大学	
	Auto-3-3-V01	电机与运动控制系统	杨耕、罗应立/陈伯时	清华大学、华北电力大学	
	Auto-3-4-V01	电机与拖动	刘锦波、张承慧/陈伯时	山东大学	
	Auto-3-5-V01	运动控制系统	阮毅、陈维钧/陈伯时	上海大学	
	Auto-3-6-V01	运动体控制系统	史震、姚绪梁/谈振藩	哈尔滨工程大学	
	Auto-3-7-V01	过程控制系统(研究型)	金以慧、王京春、黄德先	清华大学	
	Auto-3-7-V02	过程控制系统(应用型)	郑辑光、韩九强/韩崇昭	西安交通大学	
	Auto-3-8-V01	系统建模与仿真	吴重光、夏涛/吕崇德	北京化工大学	
	Auto-3-8-V01	系统建模与仿真	张晓华/薛定宇	哈尔滨工业大学	
	Auto-3-9-V01	传感器与检测技术	王俊杰/王家祯	清华大学	
	Auto-3-9-V02	传感器与检测技术	周杏鹏、孙永荣/韩九强	东南大学	
	Auto-3-10-V01	嵌入式控制系统	孙鹤旭、林涛/袁著祉	河北工业大学	
	Auto-3-13-V01	现代测控技术与系统	韩九强、张新曼/田作华	西安交通大学	
	Auto-3-14-V01	建筑智能化系统	章云、许锦标/胥布工	广东工业大学	
	Auto-3-15-V01	智能交通系统概论	张毅、姚丹亚/史其信	清华大学	
	Auto-3-16-V01	智能现代物流技术	柴跃廷、申金升/吴耀华	清华大学	

续表

教材类型	编　　号	教材名称	主编/主审	主编单位	备注
本科生教材					
信号处理与分析	Auto-5-1-V01	信号与系统	王文渊/阎平凡	清华大学	
	Auto-5-2-V01	信号分析与处理	徐科军/胡广书	合肥工业大学	
	Auto-5-3-V01	数字信号处理	郑南宁/马远良	西安交通大学	
计算机与网络	Auto-6-1-V01	单片机原理与接口技术	杨天怡、黄勤	重庆大学	
	Auto-6-2-V01	计算机网络	张曾科、阳宪惠/吴秋峰	清华大学	
	Auto-6-4-V01	嵌入式系统设计	慕春棣/汤志忠	清华大学	
	Auto-6-5-V01	数字多媒体基础与应用	戴琼海、丁贵广/林闯	清华大学	
软件基础与工程	Auto-7-1-V01	软件工程基础	金尊和/肖创柏	杭州电子科技大学	
	Auto-7-2-V01	应用软件系统分析与设计	周纯杰、何顶新/卢炎生	华中科技大学	
实验课程	Auto-8-1-V01	自动控制原理实验教程	程鹏、孙丹/王诗宓	北京航空航天大学	
	Auto-8-3-V01	运动控制实验教程	綦慧、杨玉珍/杨耕	北京工业大学	
	Auto-8-4-V01	过程控制实验教程	李国勇、何小刚/谢克明	太原理工大学	
	Auto-8-5-V01	检测技术实验教程	周杏鹏、仇国富/韩九强	东南大学	
研究生教材					
	Auto(*)-1-1-V01	系统与控制中的近代数学基础	程代展/冯德兴	中科院系统所	
	Auto(*)-2-1-V01	最优控制	钟宜生/秦化淑	清华大学	
	Auto(*)-2-2-V01	智能控制基础	韦巍、何衍/王耀南	浙江大学	
	Auto(*)-2-3-V01	线性系统理论	郑大钟	清华大学	
	Auto(*)-2-4-V01	非线性系统理论	方勇纯/袁著祉	南开大学	
	Auto(*)-2-6-V01	模式识别	张长水/边肇祺	清华大学	
	Auto(*)-2-7-V01	系统辨识理论及应用	萧德云/方崇智	清华大学	
	Auto(*)-2-8-V01	自适应控制理论及应用	柴天佑、岳恒/吴宏鑫	东北大学	
	Auto(*)-3-1-V01	多源信息融合理论与应用	潘泉、程咏梅/韩崇昭	西北工业大学	
	Auto(*)-4-1-V01	供应链协调及动态分析	李平、杨春节/桂卫华	浙江大学	